D1687442

Lokale Netze
Kommunikationsplattform der 90er Jahre

Andreas
Zenk

Lokale Netze
Kommunikationsplattform
der 90er Jahre

LAN-Betriebssysteme, Internetworking,
Netzwerkmanagement

2. überarbeitete und erweiterte Auflage

ADDISON-WESLEY PUBLISHING COMPANY

Bonn · Paris · Reading, Massachusetts · Menlo Park, California
New York · Don Mills, Ontario · Wokingham, England · Amsterdam
Milan · Sydney · Tokyo · Singapore · Madrid · San Juan · Seoul
Mexico City · Taipei, Taiwan

CIP-Titelaufnahme der Deutschen Bibliothek

Zenk, Andreas:
Lokale Netze – Kommunikationsplattform der 90er Jahre : LAN-Betriebssysteme, Internetworking, Netzwerkmanagement / Andreas Zenk. –
Bonn ; Paris ; Reading, Mass [u.a.] : Addison-Wesley, 1993
ISBN 3-89319-567-X

© 1991 Addison-Wesley (Deutschland) GmbH
2. überarbeitete und erweiterte Auflage 1993
1. unveränderter Nachdruck 1994

Satz: Evelin Ziegler, CD GmbH, Neuler; gesetzt aus der Garamond 10/12 Pt.
Belichtung: CD GmbH, Neuler
Druck und Bindearbeiten: Druckerei Kösel, Kempten
Produktion: Margrit Müller, Starnberg/Bonn
Umschlaggestaltung: Hommer Grafik-Design, Haar bei München

Das verwendete Papier ist aus chlorfrei gebleichten Rohstoffen hergestellt und alterungsbeständig. Die Produktion erfolgt mit Hilfe umweltschonender Technologien und unter strengsten Umweltauflagen in einem geschlossenen Wasserkreislauf unter Wiederverwendung unbedruckter, zurückgeführter Papiere.

Text, Abbildungen und Programme wurden mit größter Sorgfalt erarbeitet. Verlag, Übersetzer und Autoren können jedoch für eventuell verbliebene fehlerhafte Angaben und deren Folgen weder eine juristische Verantwortung noch irgendeine Haftung übernehmen.
Die vorliegende Publikation ist urheberrechtlich geschützt. Alle Rechte vorbehalten. Kein Teil dieses Buches darf ohne schriftliche Genehmigung des Verlages in irgendeiner Form durch Fotokopie, Mikrofilm oder andere Verfahren reproduziert oder in eine für Maschinen, insbesondere Datenverarbeitungsanlagen, verwendbare Sprache übertragen werden. Auch die Rechte der Wiedergabe durch Vortrag, Funk und Fernsehen sind vorbehalten.
Die in diesem Buch erwähnten Software- und Hardwarebezeichnungen sind in den meisten Fällen auch eingetragene Warenzeichen und unterliegen als solche den gesetzlichen Bestimmungen.

Meiner Frau für die Geduld, mich auch am Ende vieler Arbeitstage vor dem Computer sitzen zu sehen und sitzen zu lassen.

VORWORT

Vorwort zur 1. Auflage

Der Einsatz von lokalen Netzwerken setzt sich in den letzten Jahren immer mehr durch. Wenn man die Möglichkeiten der LANs, die heute zur Verfügung stehen, mit den ersten Netzwerkbetriebssystemen im Jahr 1983 vergleicht, kann man eine rasante Entwicklung sehen. Bei den ersten Netzwerkbetriebssystemen standen auch keinerlei Möglichkeiten zur Kommunikation mit anderen Netzwerken zur Verfügung.

Die Vielfalt an Möglichkeiten zum Aufbau und zum Betrieb von lokalen Netzen, zur Kommunikation und zur Integration von heterogenen Systemen ist rasant fortgeschritten. Aufgrund der Tätigkeit in meinem Unternehmen, das sich speziell mit der Beratung, Projektierung, Systemanalyse und Schulung auf dem gesamten Gebiet der Netzwerke beschäftigt, konnte ich sehr viel Erfahrung sammeln, um für Kunden die optimale Netzwerkstruktur herauszufinden.

Ich habe mit diesem Buch versucht, meine Erfahrungen in der Analyse und Konzeption von Netzwerken der letzten 10 Jahre für Sie als Leser zusammenzutragen, damit Sie einen Überblick erhalten, worauf Sie beim Auswahlprozeß und später bei der Installation und Inbetriebnahme zu achten haben. Dieses Buch soll Ihnen in den weiteren Kapiteln schwerpunktmäßig die Konzepte und technologischen Möglichkeiten von LANs aufzeigen, die unter NetWare betrieben werden. Da die Kommunikation im und von LANs ein wesentlicher Bestandteil ist, erhalten Sie eine umfassende Darstellung, welche Komponenten Sie benötigen, um Netzwerke unter NetWare 286 bzw. v2.2 und NetWare v3.11 in eine heterogene EDV-Landschaft zu integrieren.

Es kann vorkommen, daß sich an der einen oder anderen Stelle versehentlich Fehler eingeschlichen haben. Für Anregungen zur Verbesserung dieses Buches bin ich jederzeit dankbar.

An dieser Stelle möchte ich mich bei meiner Frau und Geschäftsführerin in unserem gemeinsamen Unternehmen bedanken. Durch viele Diskussionsbeiträge, Anregungen und mehrmaliges intensives Korrekturlesen hat sie erheblich zum Gelingen dieses Buches beigetragen. Ihre langjährigen Erfahrungen auf dem Gebiet der PC-Vernetzung, im Schulungs- und Beratungsbereich über Netzwerke und Novell NetWare sind in diesem Zusammenhang unschätzbare Dienste für mich.

VORWORT

Weiterhin bedanke ich mich bei Herrn Tokar und Frau Wagner, Addison Wesley (Deutschland) Verlag GmbH, für die ausgezeichnete Zusammenarbeit, Geduld und zügige Realisierung dieses Buches.

Der Firma Novell GmbH, Herrn Dr. Müller und Herrn Leonhardt, ist für die Bereitstellung der notwendigen Produkte zu danken, um diese testen zu können, damit Ihnen die gewonnenen Erkenntnisse dargestellt werden konnten. Leider wurden die wichtigen Neuerungen nicht immer rechtzeitig bereitgestellt, so daß die Fertigstellung dieses Buches verzögert wurde, da bereits fertig erstellte Kapitel hinterher überarbeitet werden mußten.

München, Juni 1991

VORWORT

Vorwort zur 2. Auflage

Die erste Auflage dieses Buches war kaum im Buchhandel erhältlich, dann wurden bereits die ersten möglichen Korrekturen, Erweiterungen und neue Kapitel konzipiert und gedanklich neu verfaßt, um ein neues noch aktuelleres Buch zu schreiben. Die Netzwerktechnologie erlebt derzeit eine schnelle und zum Teil schwer überblickbare Entwicklung. Am eindrucksvollsten erkennt man diese Situation beim Besuch von Messen.

Die kompletten Erweiterungen dieses Buches, die Anpassung spezieller Ausführungen und die Aufnahme der Beschreibung anderer Netzwerkbetriebssysteme außer Novell NetWare wie Banyan Vines, LAN Manager, Windows NT und LAN Manager NT tragen den Anforderungen Rechnung, einen noch umfassenderen Überblick für das Thema Netzwerke und Kommunikation in diesem Buch zu geben.

Bei den Recherchen zu diesem Buch waren zum Teil auch große Hürden zu nehmen, um schnell an die jeweiligen Informationen bei den einzelnen Herstellern zu gelangen. Irgendwann muß jedoch ein Schnitt gemacht werden und man muß sich selbst sagen, bis zu diesem Zeitpunkt kommen die vorhandenen Informationen noch in das Buch, da ansonsten nie der Zeitpunkt erreicht werden würde, ein fertiges Buch in Druck zu geben.

Wie bereits in der 1. Auflage sind auch in der 2. Auflage sehr viele Erfahrungen eingeflossen, die ich im Laufe von inzwischen 12 Jahren auf dem Gebiet der Analyse und Konzeption von Netzwerken gemacht habe. Stark beeinflußt wurde der Aufbau und der Inhalt des Buches durch die Tätigkeiten der Netzwerkplanung, -konzeption, -analyse und Schulungen auf dem Gebiet Netzwerke in meinem eigenen Unternehmen.

Es kann dennoch vorkommen, daß sich an der einen oder anderen Stelle versehentlich Fehler eingeschlichen haben. Diese bitte ich zu entschuldigen. Für Anregungen zur Verbesserung dieses Buches bin ich jederzeit dankbar.

An dieser Stelle möchte ich mich bei meiner Frau und Geschäftsführerin in unserem gemeinsamen Unternehmen bedanken. Durch ihre Ausdauer, Geduld und Unterstützung durch Diskussionen und Anregungen bei der Auswahl und Gestaltung der einzelnen Kapitel hat sie erheblich zum Gelingen dieses Buches beigetragen. Ihre langjährige Erfahrung auf dem Gebiet der Netzwerktechnologie, im

VORWORT

Schulungs- und Beratungsbereich über Netzwerke sind in diesem Zusammenhang unschätzbare Dienste für mich. Nicht zu vergessen sind die vielen Stunden, die geopfert werden mußten, damit dieses Buch fertig werden konnte.

Frau Wagner und Herrn Tokar (Addison Wesley Deutschland) sind zu danken für die ausgezeichnete Zusammenarbeit und zügige Realisierung dieses Buches.

Dank gebührt auch Frau Ziegler, CD Computer & Dokumentations GmbH für den schnellen und reibungslosen Satz dieses Buches und Herrn Sid Gastl für die Erstellung der in diesem Buch vorhandenen Graphiken und Bilder.

Dank gebührt auch den nachfolgenden Firmen und Personen für die Bereitstellung der notwendigen Unterlagen und Produkte, damit dieses Buch entstehen konnte:

Firma Novell GmbH, Herr Bernd Buchholz, Herr Kai Leonhardt und Herr Hans Krogul.

Firma Microsoft, Herr Wichert für die rasche und unbürokratische Bereitstellung von LAN Manager v2.2, Windows NT und Advanced Server samt dazugehöriger Unterlagen.

Herrn Michael Römer für die freundliche Unterstützung bei der teilweisen Ausarbeitung des Kapitels über den LAN Manager v2.2 im Zuge seiner Diplomarbeit, die er in meiner Firma geschrieben hat.

München, Mai 1993

Inhaltsverzeichnis

	Vorwort	7
	Einleitung	18
1	**Geschichtlicher Überblick**	23
2	**Definitionsgrundlagen für »Lokales Netzwerk«**	28
3	**Kenndaten Lokaler Netzwerke**	47
3.1	Topologische Strukturen Lokaler Netze	47
3.1.1	Sterntopologie	48
3.1.2	Bustopologie	51
3.1.3	Ringtopologie	52
3.2	Übertragungsmedien	56
3.3	Übertragungstechnologie (Basisband versus Breitband)	60
3.4	Zugriffsverfahren in Lokalen Netzen	62
3.4.1	CSMA/CD-Zugriffsverfahren (IEEE 802.3)	63
3.4.2	Token-Passing-Zugriffsverfahren (IEEE 802.5)	67
3.4.3	Token-Bus-Zugriffsverfahren (Token-Ring auf Bussystemen – IEEE 802.4)	71
4	**Netzwerkaufbau und Netzwerktopologien**	76
4.1	Ethernet-LANs	79
4.1.1	Thick-Ethernet	80
4.1.2	Thin-Ethernet	89
4.2	Token-Ring-LANs	98
4.2.1	IBM-Token-Ring-Netzwerk	99
4.3	ARCNET-LANs	123
4.3.1	Thomas-Conrads ARC-CARD-Netzwerkadapter	124
4.4	FDDI-LANs	127
5	**Netzwerkkonzeption**	139
6	**Netzwerkmanagement**	147
6.1	Klassische Aufgaben des Netzwerkmanagements	150
6.1.1	Netzwerkdimension	152
6.1.2	Benutzerdimension	157
6.1.3	Technologiesicherungsdimension	161
6.2	OSI-Netzwerkmanagement	163
6.2.1	OSI-Management-Dienste	167
6.2.2	Funktionale Unterteilung des Systems Management	169
6.3	SNMP-Netzwerkmanagement	172
7	**Aufgaben Lokaler Netzwerke**	177
7.1	Nachrichtenaustausch	178

INHALTSVERZEICHNIS

7.2	Zugriff auf zentrale Betriebsmittel	178
7.3	Zugriff auf die Verarbeitungskapazität anderer Rechner	179
7.4	Zugriff auf zentrale Datenbestände	179
8	**Kommunikationsgrundlagen**	**180**
8.1	Synchronisationsverfahren	181
8.1.1	Asynchrone Datenübertragung	182
8.1.2	Synchrone Datenübertragung	183
8.2	Verbindungslose und verbindungsorientierte Kommunikation	186
8.2.1	Verbindungslose Kommunikation	186
8.2.2	Verbindungsorientierte Kommunikation	187
8.3	Kommunikationsprotokolle	189
9	**Das ISO-Schichtenmodell der offenen Kommunikation**	**191**
9.1	Prinzip des Schichtenmodells	191
9.2	Die Schichten des ISO-OSI-Modells	194
9.2.1	Physical Layer (Bitübertragungsschicht, physikalische Schicht)	199
9.2.2	Link Layer (Sicherungsschicht, Verbindungsschicht)	200
9.2.3	Network Layer (Netzwerkschicht)	201
9.2.4	Transport Layer (Transportschicht)	203
9.2.5	Session Layer (Sitzungsschicht)	204
9.2.6	Presentation Layer (Präsentationsschicht)	205
9.2.7	Application Layer (Anwendungsschicht)	205
9.3	MAP in der Fertigung	209
9.3.1	Das technische Konzept	209
9.3.2	Die MAP-Standards	210
9.3.3	TOP in der Bürokommunikation	210
9.3.4	TCP/IP ein universelles Protokoll	212
10	**Internetworking**	**217**
10.1	Repeater	218
10.2	Bridge	219
10.3.	Router	226
10.4	Gateway	231
11	**Rechnernetze – Basis der Kommunikation**	**237**
11.1	Die Einteilung von Rechnernetzen	238
11.2	Öffentliche Datenkommunikationseinrichtungen	239
11.2.1	Fernmeldewege der Telekom	239
11.2.2	Die Dienste der Telekom	240
11.2.3	Der Weg zum ISDN-Netz	243
11.3	Metropolitan Area Network	264
11.3.1	Der DQDB-Standard	267
12	**Lokale Netzwerke im PC-Bereich**	**274**
12.1	Auswahlkriterien für LANs	275
12.1.1	Die Erstellung eines Kriterienkataloges	275
12.1.2	Entwicklung eines Leistungsmeßverfahrens	283

INHALTSVERZEICHNIS

12.1.3	Bestimmung der Datentransfer-Rate für LANs	284
12.2	Konzeption und Realisierung eines LANs	285
12.3	Komponenten eines PC-Netzwerkes	287
12.3.1	Das Transportsystem	288
12.3.2	Der File-Server	289
12.3.3	Die Peripherie am File-Server	289
12.3.4	Das Gateway	290
12.3.5	Die Bridge	290
12.3.6	Arbeitsplatzrechner	290
12.3.7	Netzwerkdrucker	292
12.3.8	Streamer	293
12.4	Die Phasen der Netzwerkinstallation	294
12.5	Gegenüberstellung LAN und MDT	300
12.5.1	Der Einsatz des PCs als Arbeitsplatzrechner	305
12.5.2	Verteilte Datenverarbeitung und zentrale Datenverarbeitung	307
12.5.3	Die Anwendungs-Software	309
12.5.4	Integration von LANs in die Minicomputer- und Mainframe-Welt	311
12.5.5	Ausdehnung des PCs zum multifunktionalen Arbeitsplatz	312
13	**Die Entwicklungsgeschichte von Novell**	**316**
13.1	Die wichtigsten Entwicklungsphasen von Novell	319
13.2	Ein strategischer Überblick	325
13.2.1	Der LAN-Markt	325
13.2.2	Die fünf Meilensteine von Novell	330
13.3	Die Serverplattform für NetWare	332
14	**Netzwerkbetriebssysteme**	**336**
14.1	Betriebssystemarchitektur	336
14.2	Die wichtigsten Anforderungen an Netzwerkbetriebssysteme	339
14.2.1	Leistungsfähigkeit	339
14.2.2	Zuverlässigkeit	340
14.2.3	Sicherheit	341
14.2.4	Workstation-Unterstützung	341
14.2.5	Standards	342
14.3	Das Client-Server-Prinzip	345
14.3.1	Lokale Netze mit Single-User-Anwendungen	346
14.3.2	File-Sharing: Lokale Netze mit netzwerkfähiger Software	346
14.3.3	Processor-Sharing: Lokale Netze mit Einsatz von netzwerkfähiger Software und der Unterstützung des Client-Server-Modells	347
14.4	Die Server-Strategie von Novell	351
15	**Novell NetWare v3.11**	**354**
15.1	Allgemeiner Überblick über Novell NetWare v3.11	356
15.2	Übertragungseinrichtungen von Novell NetWare v3.11	357
15.3	NetWare v3.11 – eine offene Systemarchitektur	361
15.4	Leistungskomponenten von Novell NetWare v3.11	365

INHALTSVERZEICHNIS

15.4.1	Grundlegende Eigenschaften	366
15.4.2	Mögliche Engpässe bezüglich Geschwindigkeit und Leistung innerhalb eines LANs	366
15.5	Der Betriebssystemkern (Nukleus)	367
15.5.1	Ablauf der Kommunikation zwischen File-Server und Workstation	368
15.5.2	Die Funktionsweise der Shell	369
15.6	Hauptspeicher-Voraussetzung	370
15.7	Dynamische Speicherkonfiguration	373
15.7.1	Nonreturnable Memory	373
15.7.2	Returnable Memory	375
15.8	Unterstützung der Netzwerkadapterkarten	376
15.9	Verbesserte Plattenkanalausnutzung	377
15.10	Festplatten- und Volume-Verwaltung	380
15.10.1	NetWare Partitions	380
15.10.2	Volumes unter NetWare v3.11	381
15.10.3	Disk-I/O	381
15.10.4	Disk Allocation Blocks	383
15.10.5	File Allocation Tables (FATs)	384
15.10.6	Turbo-File Allocation Table (Turbo-FAT)	386
15.10.7	Theoretische Hauptspeicher- und Plattenkapaziät	388
15.10.8	Directory-Hashing in Kombination mit Directory-Caching	389
15.10.9	File-Caching unter NetWare v3.11	391
15.10.10	Optimierung der Plattenzugriffe durch Elevator-Seeking	393
15.10.11	Einsatz von mehreren Plattenkanälen	394
15.11	Dateien und Directories unter NetWare v3.11	395
15.11.1	Directory-Tabellen	395
15.11.2	Multiple Name Space Support	396
15.12	Sparse Files	398
15.13	Salvageable Dateien (Wiederherstellbare Dateien)	399
15.14	Datensicherheit unter Novell NetWare v3.11	401
15.14.1	Die Bindery – zentrale Sicherheitseinrichtung	402
15.14.2	Sicherheitsgruppen und Äquivalenzdefinitionen	408
15.15	Die Accounting-Dienste von NetWare v3.11	409
15.16	Die Login-Sicherheit	412
15.17	Die Rechte-Sicherheit	419
15.18	File-Server-Sicherheit	426
15.19	Das Open Data-Link Interface	427
15.19.1	Paketübertragung	429
15.19.2	MLID Layer	430
15.19.3	Link Support Layer (LSL)	430
15.19.4	Protocol-ID-Information	431
15.19.5	NetWare v3.11 Streams Interface	433
15.20	NetWare Loadable Modules (NLMs)	437

INHALTSVERZEICHNIS

16	**Novell NetWare, das fehlertolerante System**	**440**
16.1	SFT Level I	441
16.1.1	Der Mechanismus des Kontrollesens	441
16.1.2	Der Hot-Fix-Mechanismus	441
16.1.3	Redundante Dateisystemkomponenten	442
16.1.4	UPS-Monitoring	442
16.2	SFT Level II	443
16.2.1	Disk-Mirroring	443
16.2.2	Disk-Duplexing	444
16.2.3	Hot Fix II	446
16.2.4	Split Seeks beim Lesen	446
16.2.5	Das TTS-System	446
16.3	Das UPS-Monitoring	449
16.4	SFT Level III	451
17	**Benutzeroberfläche von NetWare v3.11**	**452**
17.1	Commandline-Utilities	452
17.2	Supervisor-Utilities	456
17.3	Menü-Utilities	458
17.3.1	Das Session Menü	458
17.3.2	Das Filer Menü	459
17.3.3	Das Dspace Menü	460
17.3.4	Das Salvage Menü	460
17.3.5	Das Volinfo Menü	461
17.3.6	Das Syscon Menü	461
17.3.7	Das Pconsole Menü	463
17.3.8	Das Printcon Menü	464
17.3.9	Das Printdef Menü	465
17.3.10	Das Fconsole Menü	466
17.3.11	Das Colorpal Menü	466
17.3.12	Das NetWare Menüprogramm	466
17.4	Consolen-Befehle	467
18	**Novell NetWare v3.11 SFT III**	**477**
18.1	Produktübersicht	479
18.1.1	Komponenten von SFT III	480
18.1.2	Server Kommunikation	483
18.1.3	Dual Prozessor Unterstützung	485
18.2	System Management	486
19	**Novell NetWare 4.0**	**489**
19.1	Heterogener Workstation Support	490
19.2	Performance und Kapazität	490
19.3	Zuverlässigkeit und Sicherheit	490
19.4	Managementbarkeit	491
19.5	Connectivity	491
19.6	Memory Protection und Memory Management	492

INHALTSVERZEICHNIS

19.7	Verbessertes Dateisystem	493
19.8	Verbessertes Sicherheitssystem und Auditing	494
19.9	Erweiterte Client-Dienste	496
19.9.1	Verbesserte DOS Client Software	496
19.9.2	Größere Unterstützung für Windows und OS/2	498
19.9.3	Erweiterte Utilities	498
19.10	Network Auditing	499
19.11	Verbesserte Druckdienste	499
19.12	National Language Support	499
19.13	Dokumentation	500
19.14	NetWare Directory Services	501
19.15	Verwaltung der NetWare Directory-Services-Datenbank	508
19.16	Directory-Services-Sicherheit	514
19.17	Securitiy-Management	519
19.18	Connectivity	520
19.19	Skalierbarkeit	521
19.20	Print Services	521
19.21	Produkt-Voraussetzungen	522
19.22	Workstation-Befehle	524
19.23	Neue und geänderte Menüsystem-Befehle	526
19.24	Workstation-Unterstützung	527
19.25	Neue Consolen-Befehle	527
19.26	Neue NLMs	529
19.27	Änderungen im Rechtesystem	529
20	**UnixWare**	**533**
20.1	Strategie von Univel	534
20.2	UnixWare von Univel	538
20.3	UnixWare Personal Edition	542
20.4	UnixWare Application Edition	547
20.5	UnixWare Zusatzprodukte	550
21	**Banyan Vines**	**555**
21.1	Was steht hinter Vines	556
21.2	Wesentliche Funktionen von Vines	564
21.2.1	StreetTalk	564
21.2.2	ENS for NetWare	568
21.2.3	User Profiles	571
21.2.4	Nicknames und Listen	571
21.2.5	Services	572
21.2.6	Remote Verwaltung	573
21.2.7	Distributed Version Management Service	574
21.2.8	MNet – Netzwerkmanagement-Option	574
21.2.9	Druckerverwaltung	575
21.2.10	Integrierte Software-Optionen	576
21.2.11	Vines Intelligent Communications Adapter (ICA)	578

21.2.12		VFS und VS	579
22		**Microsoft LAN Manager v2.2**	**583**
22.1		Überblick über LAN Manager-Konzepte	583
22.2		Das Client/Server-Konzept des LAN Managers	586
22.3		Grundlegende Betriebssystemeigenschaften	588
22.3.1		OS/2 – das Trägerbetriebssystem des LAN Managers	588
22.3.2		LAN Manager v2.2 – die Netzwerkplattform auf OS/2-Basis	598
22.3.3		Die Rechtestruktur für den LAN Manager v2.2	621
23		**Windows NT**	**626**
23.1		Windows NT Features	626
23.2		Systemübersicht	633
23.2.1		Client/Server-Modell	634
23.2.2		Objektmodell	638
23.2.3		Symmetrisches Multiprocessing	639
23.3		Die Struktur von Windows NT	641
23.3.1		Protected Subsystems	642
23.3.2		Executive	644
23.4		Die wichtigsten Eigenschaften von Windows NT	647
23.4.1		Der Logon-Prozeß	648
23.4.2		Environment Subsystems	649
23.4.3		Native Servise	650
23.4.4		Objekte	651
23.4.5		Virtueller Speicher	651
23.4.6		I/O- und Datei-Systeme	652
23.5		Die Netzwerkfunktionalitäten von Windows NT	654
23.5.1		Eingebaute Netzwerkkomponenten	657
23.5.2		Server	657
23.5.3		Transport-Protokolle	659
23.6		Der Einsatz der Windows NT-Netzwerkfunktionen	661
23.7		Andere Betriebssysteme und der Einsatz im Netz mit Windows NT	666
23.8		Sicherheitsmechanismen von Windows NT	667
23.8.1		Paßwörter unter Windows NT	672
23.8.2		Default Accounts	673
23.8.3		Zugriffsrechte für Directories und Dateien	677
23.9		Plattenverwaltung unter Windows NT	683
24		**Microsoft Windows NT Advanced Server**	**686**
24.1		Überblick	686
24.2		Technische Features von Windows NT Advanced Server	687
		Stichwortverzeichnis	**693**

EINLEITUNG

Einleitung

Die vollständige Überarbeitung des Ihnen vorliegenden Buches, sollen Ihnen helfen, die richtige Entscheidung für den Aufbau, die Auswahl und Realisierung von lokalen Netzwerken zu treffen. Ich habe besonderen Wert auf die sich am Markt abzeichnenden neuen Tendenzen gelegt und versucht, die Zusammenhänge der einzelnen Konzepte und Lösungen aufzuzeigen. Da schon fast tagtäglich neue Lösungen der einzelnen Hersteller angekündigt werden, ist es sehr aufwendig, ein solches Buch zu schreiben. Es ist jedoch sehr gut gelungen, innerhalb kürzester Zeit an alle notwendigen Informationen zu gelangen. Dies spiegelt sich vor allem, im Kapitel über Windows NT und LAN Manager für Windows NT wieder.

Dieses Buch soll allen Entscheidungsträgern Unterstützung bieten, das Gebiet der Netzwerke besser abgrenzen zu können und dient auch allen interessierten Lesern, sich einen umfassenden Überblick über das Gebiet der Netzwerke zu verschaffen. Ich habe die in meiner Tätigkeit im eigenen Unternehmen als Dienstleister für Netzwerke gesammelten und gewonnen Informationen in dieses Buch aufgenommen. Durch diese Informationen aus der Praxis für die Praxis sollen nicht nur rein theoretische Konzepte und Lösungsansätze behandelt werden, sondern es soll auch aufgezeigt werden, wie Installationen in der Realität sinnvoll durchzuführen sind. Ich wünsche Ihnen beim Lesen dieses Buches viel Spaß und hoffe für Sie alle interessanten Bereiche aus dem Gebiet der Netzwerktechnologie abgedeckt zu haben. Der Umfang des Buches wurde während der Erstellung immer wiede korrigiert, da ständig neue und wichtige Aspekte ergänzend aufgenommen werden mußten.

Sie sind nicht gezwungen, dieses Buch Kapitel für Kapitel der Reihe nach zu lesen. Sie können durchaus hergehen, und sich auf die für Sie wichtigen Kapitel und Abschnitte konzentrieren. Dieses Buch kann durchaus als Nachschlagewerk dienen, um über spezielle Themen die richtigen Antworten zu finden.

Kapitel 1 Dieses Kapitel vermittelt einen kurzen geschichtlichen Überblick, um einen Einstieg in die Thematik zu machen. Wer die Geschichte der EDV kennt, kann dieses Kapitel durchaus überspringen.

EINLEITUNG

Kapitel 2   Um eine allgemeine Grundlage zu schaffen, wird in diesem Kapitel dargestellt, was unter Netzwerken überhaupt zu verstehen ist und durch welche Merkmale sich verschiedene Netzwerke voneinander unterscheiden.

Kapitel 3   Dieses Kapitel zeigt auf, durch welche Kenndaten lokale Netze voneinander unterschieden werden können. Es geht dabei vor allem um die Restriktionen der Verkabelung und was beim Aufbau der unterschiedlichen Netzwerke zu beachten ist. Es wird erklärt, worin sich die einzelnen Topologien voneinander unterscheiden, um die Grundlage für spätere Netzwerkkonzeptionen zu erhalten.

Kapitel 4   Da beim Netzwerkaufbau und bei den Netzwerktopologien der einzelnen Hersteller sehr große Unterschiede existieren, wird in diesem Kapitel jede Topologie bezüglich Struktur und Verhalten näher untersucht. Dies dient als Vorbereitung für das Kapitel 5, in dem es über den konzeptionellen Aspekt der Netzwerke geht.

Kapitel 5   Kleinere Netze sind relativ einfach und unproblematisch zu konfigurieren. Anders sieht es bei großen und komplexen Netzwerken aus. Dieses Kapitel soll aufzeigen, wie beim Aufbau größerer Netzwerke vorgegangen werden kann, um flexible und zukunftssichere Strukturen zu erhalten, die auch jederzeit erweiterbar sind.

Kapitel 6   Jeder spricht über Netzwerkmanagement. Wenn man jedoch etwas tiefer bohrt, stellt man fest, daß zum Teil mit Begriffen gearbeitet wird, die keiner so richtig einzuordnen weiß. Dieses Kapitel vermittelt einen Überblick, um was es beim Netzwerkmanagement überhaupt geht, welche Anforderungen zu erfüllen sind und worin die Schwierigkeiten liegen, Netzwerkmanagement im Gesamtsystem durchzuführen. Es werden anhand dieser erarbeiteten Aspekte die am Markt befindlichen Konzepte näher betrachtet: SNMP und OSI-Management.

Kapitel 7   Dieses Kapitel beschreibt, welche Hauptaufgaben ein Netzwerk hat und welche Gründe für eine bestimmte Lösung sprechen. Dabei wird auch beschrieben, worin die Vor- und Nachteile liegen, bestimmte Aufgaben der Datenverarbeitung in LANs durchzuführen.

Kapitel 8   Grundlage der Netzwerktechnik ist Kommunikation. Dieser Abschnitt beschäftigt sich mit den allgemeinen Kommunikationsgrundlagen, um ein Verständnis dafür zu erhalten, was geschieht und ablaufen muß, wenn Rechner-Rechner-Kommunikationen im Netz durchgeführt werden.

EINLEITUNG

Kapitel 9 Dieser Abschnitt darf in keinem Buch über Netzwerke fehlen, da auf dem ISO-Schichtenmodell sehr viele Standards aufsetzen und immer wieder neue Standards definiert werden. Dieses Kapitel soll in leicht verständlicher Weise darstellen, wie das ISO-Schichtenmodell aufgebaut ist, worin der Sinn und Zweck dieses Modells besteht und wie die Zusammenhänge in diesem Modell aufgebaut sind.

Kapitel 10 Beim Aufbau größerer Netzwerke muß immer wieder die Entscheidung getroffen werden, wie Kopplungen zwischen Netzen durchgeführt werden sollen. In diesem Kapitel wird beschrieben, wann eine Bridge, ein Router, ein Brouter oder ein Gateway benötigt wird. Außerdem wird dargestellt, wie diese einzelnen System arbeiten, wo die Vor- und Nachteile zu sehen sind und wann welches Koppelelement für welchen Zweck benötigt wird.

Kapitel 11 Hier wird die Einteilung von Rechnernetzen dargestellt. Es geht vor allem auch darum, zu klassifizieren, wann von einem LAN, MAN oder WAN gesprochen wird und wie solche Netzwerkgebilde aufgebaut werden können. Dabei geht es auch darum, zu zeigen, welche Möglichkeiten die Telekom zur Verfügung stellt, um remote Netzwerkverbindungen zu realisieren. Einen Schwerpunkt bildet dabei ISDN und alles, was damit zusammenhängt. Nicht zu vergessen sind dabei die MAN-Technologie und eine Beschreibung der immer mehr diskutierten ATM-Technik bzw. DQDB.

Kapitel 12 Dieses Kapitel beschäftigt sich mit der Erstellung von Auswahlkriterien für LANs, die Planung eines Kriterienkataloges, die Erläuterung der einzelnen Kriterien und die Entwicklung eines einfachen Leistungsmeßverfahrens für LANs. Anschließend will ich Ihnen aufzeigen, wie Konzeption und Realisierung von LANs durchgeführt werden kann. Dazu gehören die Darstellung der Komponenten für PC-Netzwerke, die Phasen der Netzwerkinstallation und zum Schluß der Vergleich zwischen der Mittleren Datentechnik und der LAN-Technologie.

Kapitel 13 Wenn es um LAN-Technologie geht, kommt man um den Namen Novell nicht herum. Deshalb soll Ihnen in diesem Kapitel die Entwicklungsgeschichte von Novell aufgezeigt werden, da dies exemplarisch für diesen Bereich ist. Sie können daraus ersehen, wie im Laufe einer 10-jährigen Firmengeschichte Netzwerktechniken Schritt für Schritt verfeinert worden sind. Diese Übersicht hilft Ihnen auch bei der Einordnung der weiteren Betriebssystemtechniken.

EINLEITUNG

Kapitel 14 Dieses Kapitel soll einen allgemeinen Überblick über Netzwerkbetriebssystemtechniken vermitteln. Zudem wird aufgezeigt, welche Anforderungen an Netzwerkbetriebssyteme gestellt werden und wie diese erfüllt werden können. Sie erhalten eine Einführung in die Client/Server-Architektur, die die Basis für alle zukünftigen Konzepte sein wird und Hauptbestandteil der Konzeption von Microsoft ist (s. Kapitel über LAN Manager).

Kapitel 15 Dieses Kapitel behandelt die Techniken und Konzepte von NetWare v3.11.

Kapitel 16 In diesem Kapitel werden die fehlertoleranten Konzepte von NetWare v3.11 besprochen. Kapitel 15 und Kapitel 16 sind auch Grundlage für die neuen Konzepte von NetWare v4.0, um einen Vergleich dieser beiden Systeme durchführen zu können.

Kapitel 17 In diesem Kapitel wird Ihnen die Benutzeroberfläche von NetWare v3.11 vorgestellt, um einen Eindruck darüber zu erhalten, wie sich ein Netzwerk in der Praxis darstellt.

Kapitel 18 Ausfallsicherheit wird immer mehr gefordert. Novell bietet mit seiner SFT-III-Lösung eine Möglichkeit, um auch den Ausfall eines gesamten Servers abzusichern. Dieses Kapitel zeigt auf, wie dieses Konzept aussieht und welche Voraussetzungen geschaffen werden müssen.

Kapitel 19 Die neueste Entwicklung von Novell ist NetWare v4.0, welches sich in vielen Punkten grundlegend von NetWare v3.11 unterscheidet. In diesem Kapitel werden Sie in die Funktionalitäten von NetWare v4.0 eingeführt.

Kapitel 20 Leistungsfähige Arbeitsplätze, auf denen alle bisherigen Standardapplikationen ablauffähig sein sollen, werden immer mehr gefordert. Ansätze hierfür existieren am Markt mehrere. In diesem Buch sollen zwei Konzepte näher betrachtet werden: UnixWare von Novell und Windows NT. Dieses Kapitel beschäftigt sich zuerst mit den Aspekten und Techniken, die mit UnixWare verbunden sind.

Kapitel 21 NetWare ist nicht das einzige leistungsfähige Betriebssystem am Markt. Es verzeichnet zwar die meisten Marktanteile, jedoch sollten andere Lösungen nicht unberücksichtigt bleiben. Deshalb will ich Ihnen in diesem Kapitel das Konzept und die technischen Möglichkeiten von Vines 5.5 aufzeigen. Dies soll helfen, eine Abgrenzung der einzelnen Netzwerkbetriebssysteme durchführen zu können.

EINLEITUNG

Kapitel 22 Auf dem Gebiet der Netzwerkbetriebssysteme existieren 3 renomierte Hersteller. Die Lösungen der ersten beiden wurden in den vorherigen Kapiteln behandelt. In diesem Kapitel wird der LAN Manager v2.2 vorgestellt. Dieses Kapitel dient auch als Grundlage für Kapitel 23 und 24.

Kapitel 23 Die neue Betriebssystemplattform von Microsoft ist nicht mehr OS/2, sondern Windows. Als größte Plattform dieser Serie, neben Windows 3.1 und Windows for Workgroups, zählt Windows NT. Windows NT setzt neue Maßstäbe für Workstationbetriebssyteme. Die eingebauten Netzwerkfunktionalitäten, das neue Design und die darauf aufbauenden Konzepte sprechen für sich. Dieses Kapitel soll Ihnen einen Eindruck über die Leistungsfähigkeit und konzeptionellen Aspekte von Windows NT vermitteln.

Kapitel 24 Für große und leistungsfähige Netzwerke reichen die Funktionalitäten von Windows NT nicht mehr aus. Eine Erweiterung erfährt Windows NT durch den Einsatz von Windows NT Advanced Server, dem LAN Manager für Windows NT. Dieses Kapitel soll aufzeigen, um welche Funktionalitäten Windows NT durch den Einsatz von Windows NT Advanced Server erweitert wird.

KAPITEL 1

1 Geschichtlicher Überblick

Die Technologie der Computersysteme entwickelt sich mit einer so rasanten Geschwindigkeit, daß es unwahrscheinlich schwer fällt, hierüber einen Überblick zu behalten. Die Rechenleistungen der Computeranlagen werden ständig schneller. Dafür werden die Computer selbst immer kleiner und handlicher. Dabei hat jedoch nicht nur eine hardwaremäßige Evolution stattgefunden, sondern auch auf dem Gebiet der Softwareentwicklung werden immer bessere und leistungsfähigere Programme für den Anwender zur Verfügung gestellt.

Die Ideen für die heutigen Computer reichen bis in das Jahr 1000 vor Christus zurück. Ohne die Phantasie, die Theorie und die Umsetzung in die Praxis ist keine technologische Entwicklung denkbar. Dies trifft auch für die geschichtliche Entwicklung der Computer bzw. Rechnersysteme zu.

Einer der Vorläufer unserer heutigen Rechner im Altertum war Abakus. Der Abakus diente den Händlern und Gelehrten als mechanische Rechenhilfe und leistete hierbei wertvolle Dienste. Diese Rechenhilfen sind sogar heute noch in einigen Teilen dieser Welt vorzufinden. Man kann mit Recht behaupten, daß es sich hierbei um die ersten mechanischen Rechenmaschinen gehandelt hat.

Fortgeführt wurde diese Entwicklung durch Blaise Pascal im Jahre 1647. Es handelt sich dabei um eine analoge Rechenmaschine. Bekannt wurde dieser »Rechner« unter dem Namen »Pascaline«. Diese Rechenmaschine funktioniert ähnlich wie ein Kilometerzähler. Die Ziffern 0 bis 9 waren auf Rädern angebracht. Hat sich ein Rad um eine volle Umdrehung bewegt, wird das benachbarte Rad um eine Stelle weitergedreht. Es war zur damaligen Zeit jedoch äußerst schwierig, entsprechend genaue und zuverlässige Komponenten herzustellen.

1666 stellte Sir Samuel Moreland eine Additions- und Subtraktionsmaschine vor und sieben Jahre später eine Multipliziermaschine. Fast zur selben Zeit entwickelte Leibniz in Deutschland einen funktionsfähigen Rechner zur Multiplikation und Division von Zahlen. Auch Leibniz benutzte als Grundlage das 10er System, jedoch hatte er als erster den Gedanken, aufgrund der Einfachheit der Binärarithmetik, diese in einem Rechner zu verwenden. Dies geschah 150 Jahre bevor die beiden Mathematiker Boole und

KAPITEL 1

De Morgan die Algebra soweit entwickelt hatten, um diese binäre Notation als Basis in Rechenmaschinen einsetzen zu können.

Als »Vater der modernen Rechner« wird Charles Babbage bezeichnet. Er stellte seine Maschine 1821 der Royal Astronomical Society vor. Weil Babbage für die Technik dieser Anlage das Prinzip der Differenzen zwischen Zahlen benutzte, wird sie auch als Differenziermaschine (Difference Engine) bezeichnet.

Babbage erkannte Anfang des Jahres 1830 die Grenzen dieser Maschinen, da sie nur ganz bestimmte Aufgaben erledigen konnten. Um diese leistungsfähiger zu gestalten und damit auch andere Berechnungen durchführen zu können, hätte es einer vollkommen neuen Konstruktion bedurft. Aufgrund dieser Tatsache entwarf Babbage das Konzept der Allzweckrechenmaschine: die analytischen Maschine (Analytical Engine).

Babbage hat bei seinen Überlegungen erkannt, daß Computer aus fünf grundlegenden Elementen bestehen müssen:

Eingabe: Die Möglichkeit, den Computer mit Zahlen zu »füttern«. Babbage verwendete hierfür Lochkarten, so wie sie Jacquard anfänglich für die Steuerung seiner Webstühle verwendet hat. Wer die Entwicklung der Computer kennt, weiß, daß Lochkarten noch bis ca. 1970/75 verwendet worden sind.

Speicher: Die Möglichkeit, dem Computer ein »Gedächtnis« zu geben. Für die Berechnungen ist es unabdingbar, daß Ergebnisse für spätere Berechnungen zwischengespeichert werden.

Arithmetische Einheit: Dient zur Durchführung von Berechnungen.

Leitwerk: Die Aufgabenausführung wird durch Vorgabe eines Programmes gesteuert. Bei heutigen Rechnern werden die arithmetische Einheit und das Leitwerk in Form der CPU (Central Processing Unit=Zentraleinheit) zusammengefaßt.

Ausgabe: Was nützen die besten Berechnungen, wenn die Ergebnisse nicht sichtbar gemacht werden können? In der heutigen Zeit werden hierfür Bildschirme und Drucker verwendet. Babbage stellte sich die Ausgabe mit Lochkarten vor.

Die nächste überragende Figur dürfte Dr. Hermann Hollerith gewesen sein. Für seine Maschinen wurden ebenfalls Lochkarten zur Eingabe von Daten verwendet. Seine Maschinen, die Hollerith-Tabulierer, waren die ersten, die keine mechanische Verarbeitung einsetzten. Dieser Ansatz wurde von einer der bekanntesten Firmen ausgewertet und erfolgreich vermarktet. Es handelt sich dabei um die Firma *IBM* (International Business Machines), mittlerweile

Geschichtlicher Überblick

der Welt größter Computerhersteller. Dies alles erfolgte im Jahr 1890.

Konrad Zuse verwendete bei der Zuse Z1 für die Ausführung von Binäroperationen vollkommen mechanische Elemente. Beim Nachfolgemodell wurden bereits elektronische Relais statt mechanischer Schalter eingesetzt. Als Eingabemedium dienten hierfür Lochstreifen.

Durch ein von IBM finanziertes Projekt wurde im Jahre 1943 die Harvard Mark I fertig gestellt. Im gleichen Jahr setzte man Colossus I zur Entschlüsselung von Nachrichten ein. Dies war der erste elektronische Rechner. Die Maschine arbeitete mit zweitausend Röhren.

An dieser Zusammenfassung ist festzustellen, daß die Entwicklung auf dem Gebiet der Computertechnologie im zweiten Weltkrieg sehr schnelle und große Erfolge verbuchen konnte. 1946 ging die ENIAC (Electronic Numerical Integrator and Calculator) in Betrieb. Hiermit konnten Ballistische Tafeln für Kanonen und Geschosse berechnet werden. Dieser Computer bestand aus nicht weniger als 18000 Röhren. Trotzdem konnten damit nur zwanzig zehnstellige Zahlen gespeichert werden. Der Aufwand, die Maschine anders zu programmieren, war sehr groß.

Ein Wendepunkt in der Entwicklung von Computern wurde durch die Arbeiten von John von Neumann eingeleitet. In der Informatik werden diese Entwicklungen auch als das »von Neumann Prinzip« bezeichnet. Alle herkömmlichen Rechner basieren heute noch auf diesem Prinzip. Von Neumann realisierte das Konzept der Steuerung durch ein gespeichertes Programm auf elektronischen Digitalrechnern. Die legendäre Mark I arbeitete nach diesem Prinzip. Im Jahre 1948 verarbeitete dieser Rechnertyp sein erstes Programm.

Die Entwicklungen wurden stetig vorangetrieben. Antriebsfedern hierfür waren einerseits die Bemühungen der Industrie, andererseits die Forschungsarbeiten in den Labors der Universitäten.

Da die ersten Rechner »stromfressende« und »tonnenschwere« Ungetüme waren, wurde auch versucht, Computer nicht nur leistungsfähiger sondern auch kleiner werden zu lassen. Einen Schritt in Richtung Miniaturisierung läuteten die Bell Telephone Laboratories 1948 ein. Zu diesem Zeitpunkt wurde der Transistor erfunden. Mit Hilfe der Transistoren konnten die Röhren ersetzt werden. Die Rechner benötigten damit nicht nur weniger Strom, sondern neben der gesteigerten Rechenleistung waren diese auch nicht mehr so groß und schwer.

KAPITEL 1

Ein Rechner wie die ENIAC benötigte eine Stellfläche in der Größe eines Fußballfeldes, bei einem Stromverbrauch einer Kleinstadt und einem Gewicht von fast 30 Tonnen. Die Rechenleistung war jedoch wesentlich kleiner als die der ersten Home-Computer von Apple oder Commodore.

Großrechner beherrschten lange Zeit die Szene auf dem Gebiet der Datenverarbeitung, obwohl Firmen wie DEC Rechner der Mittleren Datentechnik (Minicomputer) auf den Markt brachten (PDP-8). Durch den Einsatz der integrierten Schaltkreise (ICs) war man jetzt in der Lage, Computerleistung auf ein Stückchen Silizium zu integrieren, welches nicht größer als der Daumennagel eines Menschen ist.

1971 stellte die Firma Intel den ersten Mikroprozessor vor. Eine vollständige Computerzentraleinheit war auf einer Fläche von 6x6 mm untergebracht. Die gesamte Computerschaltung bestand aus 2250 Transistoren, die notwendig sind, um die arithmetische Einheit und das Leitwerk eines Rechners verwirklichen zu können.

Die Integration von immer mehr Leistung auf immer kleinerem Raum ist nach wie vor in vollem Gange. Es ist auch noch kein Ende abzusehen, wann dieser Prozeß abgeschlossen sein wird. Derzeit ist es möglich, auf einem Chip zirka 1 bis 2 Millionen elektronische Bausteine – Transistoren, Kondensatoren, Dioden etc. – unterzubringen.

Früher oder später ist dieser Entwicklung jedoch eine natürliche Grenze gesetzt. Das ist dann der Fall, wenn die Abstände der Leiterbahnen auf den ICs so klein sind, daß es unter anderem zu Elektronenüberspringen kommt, und ein Funktionieren der Systeme nicht mehr möglich ist. Da diese Tatsache bereits bekannt ist, ist man inzwischen dabei, sich nach anderen Grundstoffen an Stelle von Silizium umzusehen.

Neben der technologischen Entwicklung, auf dem Gebiet der Hardware, ist jedoch auch eine rasche Entwicklung auf dem Gebiet der Betriebssysteme und Anwendungsprogramme (Anwenderapplikationen) festzustellen. Zu Beginn des Einsatzes von Computern konnten diese nur von Fachleuten bedient werden. Vor allem durch den vermehrten Einsatz von PCs (Personal Computer) werden für Anwender die unterschiedlichsten Betriebssysteme und Anwendungsprogramme angeboten. Beim Betriebssystem handelt es sich um den wichtigsten Teil eines Computersystems.

Geschichtlicher Überblick

Ein Computer kann eingeteilt werden in:

- Hardware (CPU, Speicher, I/O-Einheiten)
- Betriebssystem
- Anwendungsprogramme (Compiler, Textsysteme, Zeichenprogramme etc.)

Die Aufgabe des Betriebssystems besteht darin, die unterschiedlichen Ressourcen eines Computers zu verwalten. Die Betriebssysteme von Großrechnern unterscheiden sich dabei grundlegend von den Betriebssystemen auf PCs. Da ich mich in diesem Buch mit den Möglichkeiten von Betriebssystemen für Lokale Netze und deren Leistungsfähigkeit befassen will, soll zunächst dargestellt werden, was unter Lokalen Netzen zu verstehen ist.

KAPITEL 2

2 Definitionsgrundlagen für »Lokales Netzwerk«

An Anfang der elektronischen Datenverarbeitung gab es ausschließlich die zentrale Datenverarbeitung. Der Computer (Großrechner, Host, Mainframe) stand in einem klimatisierten Raum und konnte nur von Spezialisten bedient werden. Im Laufe der Entwicklung wurden diese Systeme weiter ausgebaut und somit benutzerfreundlicher. Ein erster Schritt in diese Richtung war der Einsatz von Terminals (Bildschirmarbeitsplätze). Anwender bekamen ein Terminal auf den Schreibtisch und konnten von diesem die einzelnen Arbeitsaufträge am Host anstoßen.

Es konnten jedoch nur die dem Anwender zur Verfügung gestellten Dienstleistungen in Anspruch genommen werden, d.h. nur die für ihn bereitgestellten Programme konnten ausgeführt werden. Datenbestände, die sich auf diesem Computer befanden, konnten ver- und bearbeitet werden. Die Terminals konnten nur in bestimmten Abständen zum Rechner installiert werden, da die technischen Möglichkeiten noch keine anderen Alternativen zur Verfügung stellten.

Diese technischen Einschränkungen brachten es mit sich, daß zum Beispiel in Zweigstellen von Firmen ebenfalls EDV eingesetzt und Datenbestände mit der Zentrale ausgetauscht werden mußten. Am Anfang wurde dies aufwendig durch das Verschicken von Lochkarten, später durch Datenträgeraustausch mittels Magnetbändern durchgeführt. Dann wurde die Datenkommunikation durch einfache DFÜ-Verbindungen (Daten-Fern-Übertragung) weiterentwickelt. Es handelte sich dabei um eine reine Punkt-zu-Punkt-Verbindung. Auf diese Art und Weise konnten Nachrichten oder Dateien übermittelt werden. Später war es sogar möglich, komplette Verarbeitungsaufträge für den anderen Computer mit Hilfe von sogenannten RJE-Stationen (Remote Job Entry) zu übertragen.

Mit dieser Rechner-Rechner-Kopplung war es jedoch nicht möglich, daß Arbeiten in der Stadt X mit Hilfe eines Terminals auf einem Rechner in der Stadt Y durchgeführt werden konnten. Der nächste Schritt bestand darin, Dialog-Terminals an weit entfernt stehenden Computern über Telefonleitung anzuschließen.

Die Punkt-zu-Punkt-Verbindung wurde zu Mehr-Punkt-Verbindungen erweitert. Somit konnten mehrere Rechner und deren Anwender miteinander verbunden werden. Es entstanden die ersten

Definitionsgrundlagen für »Lokales Netzwerk«

Fernnetze, mit dem Ziel, Nachrichtenaustausch mit beliebigen Teilnehmern durchzuführen und gemeinsame Datenbestände benutzen zu können. Somit mußte kein komplizierter Datenträgeraustausch mehr durchgeführt werden. Änderungen von den Außenstellen wurden direkt auf dem zentralen Datenbestand durchgeführt (z.B. Buchungen von Reisebüros).

Ich habe es zu Beginn bereits angedeutet, daß im Laufe der Computerentwicklung immer kleinere Systeme konzipiert und entwickelt worden sind. Es handelt sich dabei um die sogenannten Minicomputer. Auch diese Rechnerwelten konnten nach und nach in die Großrechnerwelt integriert werden.

Durch die Komprimierung von Rechenleistung auf kleinsten Raum ist es inzwischen möglich geworden, sich die 10- bis 100-fache Rechenleistung einer ENIAC auf den Schreibtisch zu stellen und dies bei einem Gewicht von 20 bis 30 Kilogramm. Angesprochen sind hier die kleinen und leistungsfähigen Personal Computer, die mit dem Eintritt der IBM in diesen Wirtschaftszweig einen rasanten Aufschwung erlebt haben.

Wie sich in diesem Buch zeigen wird, besteht in sehr vielen Fällen auch bei den PCs der Bedarf nach Integration in die Mini- und Großrechnerwelt. Mit der Forderung nach der Vernetzung dieser Systeme innerhalb einer Firma wurden die ersten Ansätze für Local Area Networks aus der Taufe gehoben. Die Firmen Xerox, Intel und Digital Equipment entwickelten das erste Lokale Netzwerk. Es ist heute noch unter der Bezeichnung ETHERNET bekannt.

Bild 2.1
Zentralrechner mit installierten Ein-/Ausgabeeinheiten

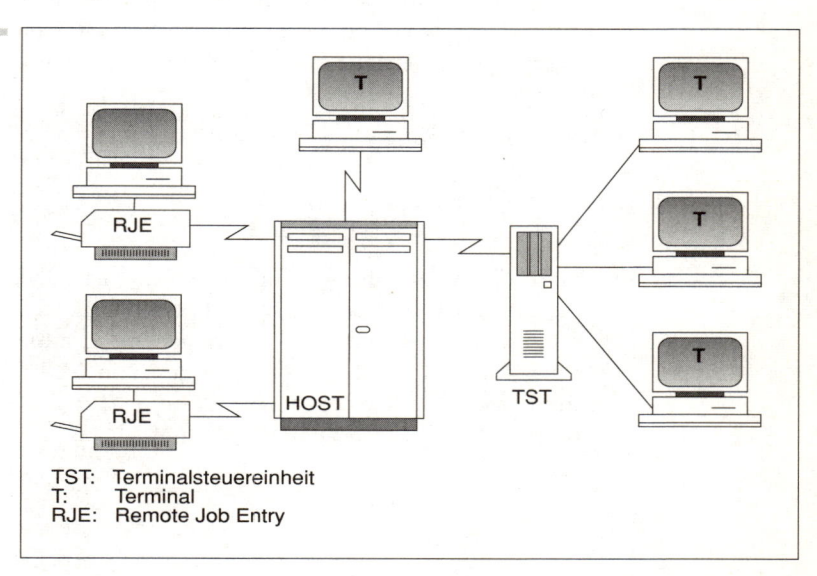

TST: Terminalsteuereinheit
T: Terminal
RJE: Remote Job Entry

KAPITEL 2

In Abbildung 2.1 ist das Prinzip eines Zentralrechners mit den installierten Ein- und Ausgabeeinheiten dargestellt.

*Bild 2.2
Aufbau von Fernnetzen*

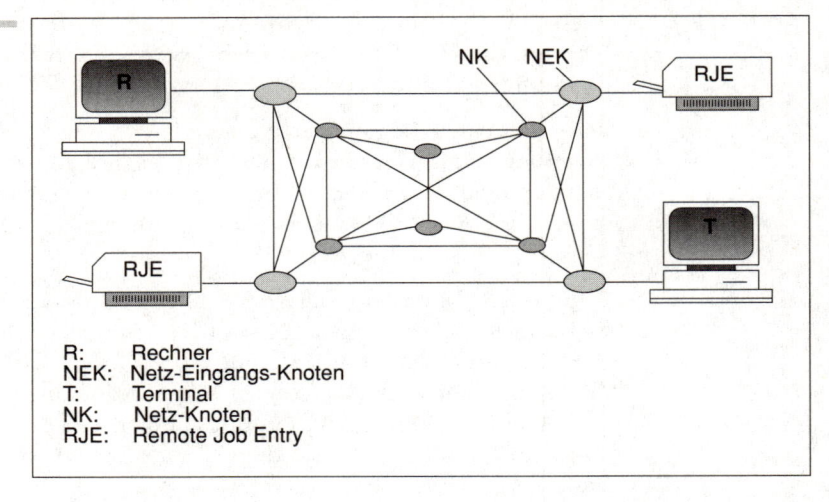

```
R:    Rechner
NEK:  Netz-Eingangs-Knoten
T:    Terminal
NK:   Netz-Knoten
RJE:  Remote Job Entry
```

In Abbildung 2.2 sehen Sie das Prinzip eines Fernnetzes (Wide Area Network). Ich werde Ihnen in einem gesonderten Kapitel aufzeigen, welche Möglichkeiten Ihnen zur Verfügung stehen, um Wide Area Networks mit LANs aufzubauen.

In Abbildung 2.3 ist das Grundprinzip eines LANs (Local Area Network) aufgezeigt.

Es handelt sich dabei jedoch noch nicht um ein PC-LAN. Auf den Unterschied zwischen LANs und PC-LANs werde ich später noch eingehen. Die möglichen Einsatzbereiche Lokaler Netzwerke können sein:

- Ressourcen-Sharing
- Lastverbund
- Electronic Mail
- Datei-Sharing (File-Sharing)

Durch den vermehrten Einsatz von PCs in Fachabteilungen und in den Büros ist eine sehr rasante Entwicklung auf dem Gebiet von PC-LANs zu verzeichnen. Einen großen Einfluß übte dabei die Firma IBM aus, da durch den Einstieg von IBM in den PC-Bereich innerhalb kürzester Zeit immer leistungsfähigere und preiswertere kompatible PCs auf dem Markt verfügbar waren.

Definitionsgrundlagen für »Lokales Netzwerk«

*Bild 2.3
Aufbau von allgemeinen, Lokalen Netzwerken*

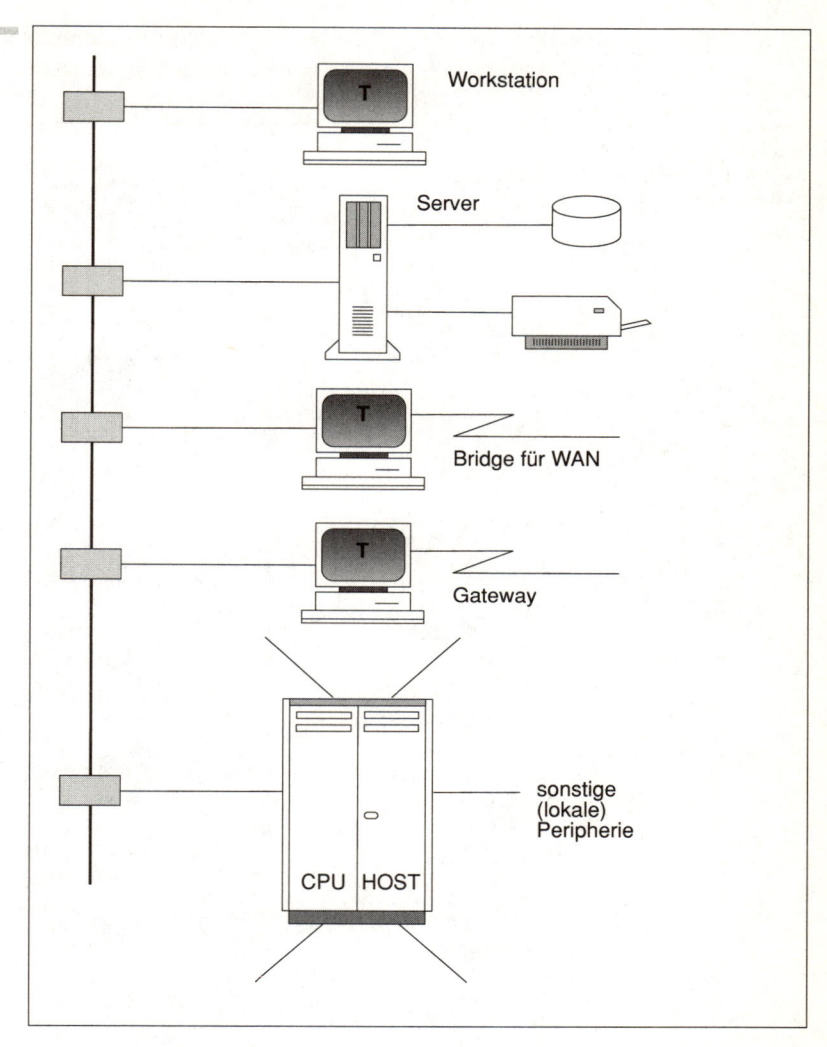

- Workstation
- Server
- Bridge für WAN
- Gateway
- sonstige (lokale) Peripherie
- CPU HOST

Im Jahre 1981 verkaufte die Firma IBM in Amerika den ersten IBM PC, der auf einem Intel 8088 Prozessor basierte. 1983 wurde das erste PC-LAN-Betriebssystem der Firma Novell verkauft: Novell NetWare 86. Seit diesem Zeitpunkt werden ständig neue verbesserte und leistungsfähigere LAN-Betriebssysteme angeboten. Allgemein können Lokale Netze, speziell für PCs, wie folgt definiert werden:

Lokale Netze im PC-Bereich verbinden ausschließlich PCs und gegebenenfalls Geräte mit zentralen Funktionen miteinander. Es besteht keine Forderung nach Lastverbund. Jeder PC erbringt seine eigene Rechenleistung. In Abbildung 2.4 ist der Aufbau eines

KAPITEL 2

Lokalen Netzes, ohne Berücksichtigung irgendeiner Architektur dargestellt.

Bild 2.4
Aufbau von Lokalen
Netzwerken

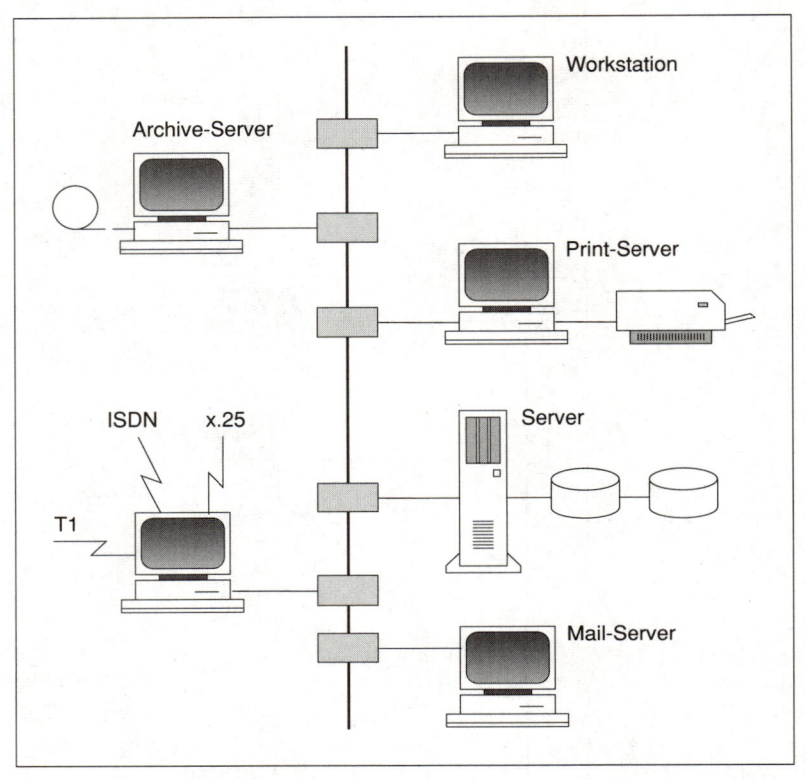

Die Merkmale von Lokalen Netzen sollen etwas genauer betrachtet werden.

In der Literatur gibt es eine sehr große Anzahl unterschiedlicher Definitionen, die im Grunde jedoch alle dasselbe zum Ausdruck bringen. Ich habe mich deshalb auf zwei Definitionen beschränkt. Anhand dieser Definitionen sollen die darin enthaltenen Aussagen und die damit verbundenen Merkmale näher betrachtet werden.

In einer Definition nach ISO (International Standard Organisation) ist zu lesen:

»Ein Lokales Netzwerk dient der bitseriellen Informationsübertragung zwischen miteinander verbundenen unabhängigen Geräten. Es befindet sich vollständig im rechtlichen Entscheidungsbereich des Benutzers und ist auf sein Gelände (Firmengelände, Anm. des Autors) beschränkt.«

Definitionsgrundlagen für »Lokales Netzwerk«

Auf dem Telematica-Kongreß in Stuttgart 1986 wurde von Hr. Gihr folgende Defintion abgegeben:

»Unter Lokalen Netzwerken (Local Area Network, LAN) werden spezielle Kommunikationsnetze verstanden, welche durch eine eng begrenzte räumliche Ausdehung von nur wenigen Kilometern, ein gemeinsames breitbandiges Übertragungsnetz sowie eine dezentrale Steuerung gekennzeichnet sind. LANs eigenen sich besonders gut zur Vernetzung von Rechnern, Arbeitsplatzsystemen (Workstations), [...] u.a.m., zwischen denen kurzzeitig große Datenmengen ausgetauscht werden müssen.«

Definieren wir unter einem LAN zunächst eine nicht näher festgelegte Infrastruktur an deren Peripherie sich gleichartige Systeme befinden. Jedes Endgerät sollte dabei in der Lage sein, eine Verbindung zu einem beliebigen anderen Gerät in diesem Netz herzustellen. Dies bedeutet, daß jede Einheit mit jeder anderen Einheit in Verbindung treten kann. Wir werden noch sehen, daß sich dies zwar sehr einfach anhört, in der Praxis jedoch gar nicht so einfach realisierbar ist. Das LAN soll dabei so gestaltet sein, daß bei Ausfall einer Komponente nur die Ressource dieser ausgefallenen Einheit nicht mehr zur Verfügung steht. Ein Einfluß auf die restlichen Kommunikationsbeziehungen sollte dabei nach Möglichkeit nicht entstehen.

Deshalb muß beim Aufbau eines LANs darauf geachtet werden, daß im Falle eines Ausfalls einer einzelnen Komponente so viele Einzelfunktionen wie möglich zur Verfügung stehen. Diese Sicherheit kann in den meisten Fällen mit Hilfe eines redundanten Aufbaus einer Netzwerkstruktur erreicht werden. Dies läßt bereits den Schluß zu, daß eine Integration von sehr vielen Funktionalitäten in eine einzige Komponente (Server, Gateway, Bridge, Router, etc.) dazu führt, auf einen Schlag eine große Anzahl von Funktionen nicht mehr verfügbar zu haben, wenn genau diese Komponente ausfallen sollte.

Auf einen gemeinsamen Nenner gebracht läßt sich damit formulieren:

Sicherheit bedeutet Redundanz – Redundanz wiederum bedeutet höhere Kosten.

Dieser wichtige und kritische Aspekt ist jedoch beim Auswahl- und Aufbauprozeß eines LANs vom jeweiligen Betreiber selbst zu entscheiden. Wichtig ist nur, daß Sie sich für Ihre jeweilige Umgebung und Situation für das richtige entscheiden.

Häufig wird beim Aufbau eines LANs auch gefordert, daß eine Station nicht nur mit den Komponenten innerhalb desselben Netzes kommunizieren können muß. Es ist in diesen Fällen deshalb notwendig, Übergänge zu schaffen, um Verbindungen zu Partnern in anderen Netzwerken herstellen zu können oder diese ständig und permanent zur Verfügung zu haben. Es kann sich dabei um Netzwerke im gleichen Gebäude, auf dem gleichen Firmengelände oder in anderen Stadtteilen oder Städten handeln. Letzteres erfordert dann die Einbeziehung der öffentlichen Netze, die Ihnen durch die Telekom angeboten werden. Es muß jedoch auch nicht zwingend vorausgesetzt sein, daß es sich bei den zu koppelnden Netzwerken um den gleichen Typ Netzwerk handelt. Auch hierfür müssen geeignete Übergänge geschaffen werden.

Wenn der Inhalt beider Definitionen zusammengefaßt wird, dann können folgende relevante Eigenschaften von LANs erkannt werden.

Ausdehnung

Ein Lokales Netzwerk ist von seiner Ausdehung auf das eigene Firmengelände beschränkt. Es werden keine Dienste der Telekom eingesetzt. Sobald sich das Netzwerk über das eigene Firmengelände ausdehnen soll, müssen die Dienste der Telekom in Anspruch genommen werden. Dies gilt zumindest in der Bundesrepublik Deutschland, da Telekom das Monopol für die Kommunikation außerhalb des eigenen Territoriums besitzt. In diesem Fall handelt es sich auch nicht mehr um ein Lokales Netzwerk, sondern um ein Wide Area Network (WAN). Dieses kann sich dann sogar über die ganze Welt erstrecken.

Topologie

Unter der Topologie ist die Art und Weise zu verstehen, wie Rechner und Kommunikationssysteme miteinander verbunden werden können. In Laufe der Zeit haben sich drei Grundformen der topologischen Verbindungsmöglichkeiten etabliert: Ring-, Stern- und Bustopologie.

In Abbildung 2.5 sind diese drei Grundformen allgemein dargestellt. Ein eigenes Kapitel wird sich mit den Vor- und Nachteilen dieser Topologien befassen.

Definitionsgrundlagen für »Lokales Netzwerk«

*Bild 2.5
Drei Standard-
Topologien für den
Aufbau des LANs*

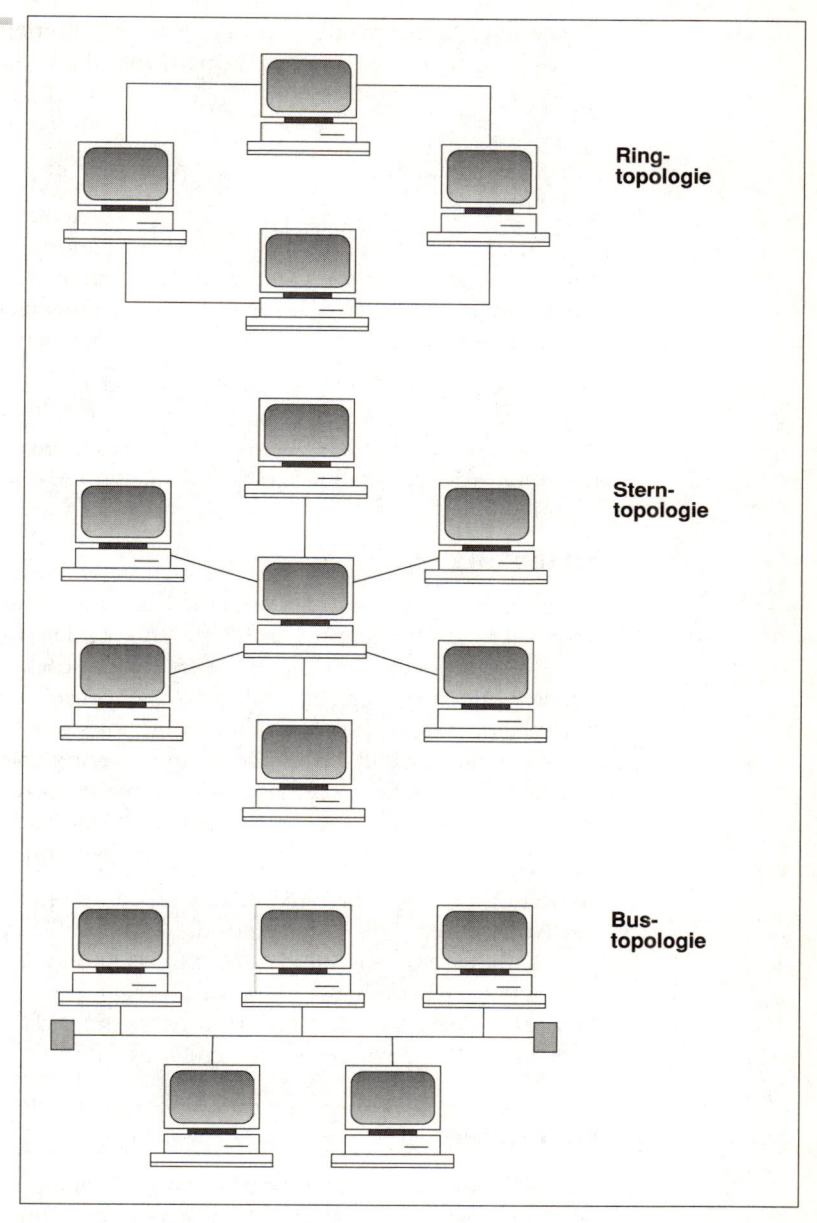

**Ring-
topologie**

**Stern-
topologie**

**Bus-
topologie**

Übertragungsmedium

In Lokalen Netzwerken wird üblicherweise mit Übertragungsraten von 1 Mbit/s bis 16 Mbit/s gearbeitet. Inzwischen gibt es jedoch Hersteller, die Komponenten anbieten, um mit bis zu 100 Mbit/s

KAPITEL 2

Übertragungsgeschwindigkeit arbeiten zu können. Als Übertragungsmedien kommen derzeit in Betracht:

- Zweidrahtleitung (Telefonkabel oder IBM Verkabelungssystem)
- Koaxialkabel in verschiedenen Ausführungen (z.B. 50, 75 oder 93 Ohm Kabel)
- Glasfaserkabel (Lichtwellenleiter)

Als Übertragungstechnik kann zwischen Breitband- und Basisbandübertragung unterschieden werden. Dieser Unterschied soll später betrachtet werden.

Die eingesetzten Übertragungsmedien und Übertragungstechniken sind von LAN zu LAN unterschiedlich. Zu beachten ist dabei nur, daß unter bestimmten Umgebungsbedingungen nur spezielle Übertragungsmedien einsetzbar sind.

Steuerung

Bei Fernnetzen werden zur Steuerung der Informationsübertragung und der Kommunikation von Rechnern sogenannte Knotenrechner (s. Abbildung 2.2 Netzknoten) verwendet. Diese Knotenrechner arbeiten meist in der Art und Weise, daß die zu übermittelnden Informationen (s. Datenformate) aufgenommen werden und auf einer weiteren Leitung zum nächsten Knotenrechner weiter geleitet werden, bis das Informationspaket beim Empfänger angekommen ist.

Die Topologie bei diesen Netzen (Fernnetzen oder LANs) und die Steuerung der Übertragung ist wesentlich komplexer als bei Lokalen Netzwerken. Bei LANs sind alle Kommunikationseinheiten an ein und dasselbe Medium (z.B. Koaxialkabel) angeschlossen. Es wird keine Flußsteuerung wie im vorher geschilderten Fall bei Fernnetzen benötigt. Bei Informationsübertragung wird der Zugang zum Netz über ein sogenanntes Zugangsverfahren realisiert.

Datenformate

In Abbildung 2.6 ist der prinzipielle Aufbau eines Datenpaketes dargestellt, so wie es in etwa bei der Übertragung von Informationen in Netzwerken Verwendung findet. Es sei jedoch darauf hingewiesen, daß der Aufbau dieser Datenpakete in einigen Punkten bei unterschiedlichen Protokollen zur Datenkommunikation verschieden ist.

Definitionsgrundlagen für »Lokales Netzwerk«

Bild 2.6
Der Aufbau eines
Datenpaketes

Synch	Steuer-Inform.	Absend. Adresse	Empfäng. Adresse	Folge-nummer	Nutz-Daten	Prüf-summe

Generell ist es jedoch so, daß die Übertragung innerhalb eines Netzwerkes (Lokales Netz oder Fernnetz) in Datenblöcken erfolgt. Die Länge des Nutzdatenfeldes ist hierbei festgelegt (in Abhängigkeit des Protokolls). Angenommen dieses Feld darf maximal 2000 Byte (Zeichen) groß sein, dann bedeutet dies, daß bei einem Datensatz von 3500 Byte (Zeichen) Länge, der übertragen werden soll, dieser in zwei Etappen übertragen werden muß. Zuerst wird das erste Datenpaket mit 2000 Byte Nutzdaten übertragen und dann die restlichen 1500 Byte. Es können in diesem Beispiel immer nur Nutzdaten von maximal 2000 Byte innerhalb eines Datensatzes (Frame) übertragen werden. Bei längeren Daten müssen diese in je 2000 Byte großen Blocks übermittelt werden.

Beteiligte Stationen

In Lokalen Netzen sind meist Rechnersysteme, Ein-/Ausgabegeräte, Speichermedien oder spezielle Peripheriegeräte (z.B. für Prozeßsteuerung) integriert. Bei Fernnetzen hingegen sind nur die Rechner miteinander verbunden, da es aufgrund der relativ geringen Übertragungsgeschwindigkeiten zum Teil viel zu lange dauern würde, auf spezielle Subsysteme zuzugreifen.

Der Einsatz von LANs erlebte in den letzten Jahren einen enormen Aufschwung. Für diese rasante Entwicklung und das große Interesse hierfür muß es aber auch Gründe geben. Ich will Ihnen die wichtigsten Gründe im nachfolgenden Abschnitt etwas näherbringen. Die häufigsten aufgeführten Gründe für den Einsatz von Netzwerken sind:

- Server-Funktionen
- Netzwerkressourcen-Sharing
- Wirtschaftliche Erweiterung der PC-Basis
- Möglichkeit, Netzwerksoftware zu nutzen
- Electronic Mail
- Einrichten von Workgroups
- Zentralisiertes Management
- Erweiterte Sicherheit
- Betriebssystembasis auf dem PC
- Erweiterung der unternehmensweiten Struktur

KAPITEL 2

Server-Funktionen

Dem Server-Konzept liegt die Tatsache zugrunde, daß ein zentrales System im Netzwerk, der Server, notwendige Dienstleistungen allen im Netz angeschlossenen Einheiten zur Verfügung stellt. Es ist dabei nicht festgelegt, daß sich diese Server-Maschine an einem bestimmten Ort befinden muß, d.h. der Standort des Servers kann frei gewählt werden. Unter Umständen kann dieser auch über eine WAN-Verbindung integriert werden. Dies ist jedoch aufgrund der zu transportierenden Datenmengen nur in bestimmten Ausnahmefällen zu empfehlen. Über eine WAN-Kopplung sollten nur die benötigten Datenmengen übertragen werden und nicht ein kompletter Serverbetrieb aufgebaut werden.

Auf einem Server können inzwischen mehrere Dienste gemeinsam installiert werden. Ein Server kann somit mit den unterschiedlichsten Aufgaben ausgestattet werden. Die wichtigsten Funktionalitäten werde ich Ihnen nachfolgend aufzeigen.

File-Server

Unter einem File-Server ist ein Rechner zu verstehen, der zur Verwaltung und Bereitstellung von Dateien dient. Jeder berechtigte Anwender im Netz kann Dateien von diesem Server laden, ändern oder löschen. Wichtig dabei ist jedoch, daß Mechanismen zur Verfügung gestellt werden, die einen gemeinsamen Zugriff auf Dateien gewährleisten. Denken Sie beispielsweise an ein Auftragssystem. In einem solchen System müssen mehrere Mitarbeiter die Möglichkeit haben, in ein und derselben Datei unterschiedliche Datensätze zu bearbeiten. Diese Aufgabe muß sowohl die Applikation als auch das File-Server-Betriebssystem gewährleisten. Für den Anwender entsteht jedoch der Eindruck, als wären die Datenbestände »lokal« nur für ihn vorhanden. In den Anfängen der LANs für den PC-Betrieb war dies die grundsätzliche Funktionalität, die von einem Netzwerkbetriebssystem auf einem Server zur Verfügung gestellt wurde. Generell gilt, daß dem Anwender die lokale Arbeitsumgebung um die Möglichkeiten des Servers erweitert wird. D.h. man besitzt eine größere Plattenkapazität, mehr Drucker und andere zentralisierte Dienste.

Ein Zugriff auf die Ressourcen am Server ist allerdings nur dann möglich, wenn dem Benutzer die dazu benötigten Rechte vergeben worden sind. Diese Rechte erhält der Anwender durch den Netzwerkverwalter zugewiesen. Hierüber werden Sie mehr im Abschnitt über das Einrichten von NetWare erfahren.

Programm-Server

File-Server und Programm-Server sind genau betrachtet die gleiche Einheit. Da es sich bei Programmen, abstrakt betrachtet, um nichts anderes handelt als um Dateien, werden diese auch auf dem File-Server abgespeichert und bei Bedarf vom Anwender von diesem geladen. Ebenso wie bei der Verwaltung von Daten-Dateien, können Programme zentral auf einem Rechner, dem Server, gehalten werden, und es kann somit die zentrale Wartung und Pflege von Programmen gewährleistet werden. Dies stellt sicher, daß alle Arbeitsplätze im Netz mit der gleichen Version des Programmes arbeiten und alle den gleichen aktuellen Datenbestand verwenden. Redundante Daten- und Programmhaltung kann somit vermieden werden.

Zudem gibt es von sehr vielen Herstellen inzwischen netzwerkfähige Applikationen. Diese sind in der Regel nicht nur preisgünstiger als entsprechende Standalone-Versionen. Zudem ersparen Sie sich beim Update auf eine neue Programmversion eine Menge Zeit, wenn sämtliche Programme auf dem Server verwaltet werden. Sie müssen damit die neue Version nur auf den Server einspielen und nicht mehr jeden einzelnen Arbeitsplatz aufsuchen, um die Umstellung auf die neue Version durchzuführen.

Über Zusatzfunktionen kann gewährleistet werden, daß benutzerspezifische Teile des Programms, welche unter Umständen auf den lokalen Platten abgelegt werden müssen, automatisch auf den Arbeitsplätzen über den Server geladen werden. D.h. sobald sich der Benutzer nach einer Umstellung am Server anmeldet, werden die notwendigen Änderungen sofort auf die Platte des Benutzers kopiert, ohne daß der davon etwas bemerkt.

In besonders wichtigen Fällen können Sie bei der Installation von Netzwerken in Verbindung mit einem Server, aus Sicherheitsgründen noch einen Schritt weiter gehen. Arbeitsplätze können bei Bedarf ohne jegliche periphere Speicherkapazität ausgestattet werden, sogenannte Diskless Workstations. In solchen Fällen werden nicht nur Programme und Daten von Server geladen, sondern es wird auch das PC-Betriebssystem über besondere Einrichtungen von der Platte des Servers geladen. Eine unerwünschte Manipulation von Daten oder das Einspielen von Daten von der Workstation kann damit nicht mehr erfolgen. Diese Mechanismen werden vor allem in letzter Zeit immer häufiger verwendet, da immer häufiger Viren durch nicht geprüfte Disketten ins LAN gelangen.

Print-Server
Die Möglichkeit, spezielle Systeme im Netz einzusetzen, denen sogenannte Print-Server-Funktionen übertragen werden, stellt eine sehr wirtschaftliche Situation dar. Im Netzwerkbetrieb ist es dann nicht mehr erforderlich, jeden Arbeitsplatz mit teuren und leistungsfähigen Druckern auszustatten. Je nach Anwendungsfall können ein oder mehr Print-Server eingesetzt werden, welche die Aufgabe haben, die definierten Drucker im LAN zu verwalten und die entsprechenden Druckaufträge auszugeben.

Die Drucker können dabei direkt am Print-Server angeschlossen sein. Es besteht jedoch auch die Möglichkeit, einen Netzwerkdrucker an einer Workstation zu installieren, um diese allen Benutzern im LAN zur Verfügung zu stellen. Seit einiger Zeit gibt es auch Möglichkeiten, Drucker direkt als Node im Netz zu installieren, d.h. diese Drucker besitzen dann eine eigene Netzwerkadatperkarte. Für Drucker, die diese Möglichkeit nicht besitzen, kann eine kleine »Black Box« als Koppelelement für Drucker installiert werden. Diese Black Box besitzt dann eine bestimmte Anzahl von Schnittstellen (parallel, seriell), an die Drucker angeschlossen werden können. Drucker mit integrierter Netzwerkadapterkarte werden z.B. von HP angeboten (HP IIISi). Black Box Systeme gibt es z.B. von Intel (Intel NetPort). Die Firma EtherNext stellt eigene Netzwerkadapter für HP-Drucker her und kleine Pocket-Print-Server, welche direkt an die parallele Schnittstelle aufgesteckt werden, und mit einem Netzwerkanschluß versehen sind.

Kommunikations-Server
Kommunikations-Server erhalten die Aufgabe, die Verbindung zu anderen Netzen herzustellen. Es kann sich dabei um die Kommunikation zu anderen LANs handeln, um den Anschluß an das öffentliche Datennetz oder um den Anschluß an MDTs oder Mainframes. Der Vorteil liegt darin, daß von jedem beliebigen Arbeitsplatz aus, sofern der Benutzer die Berechtigung hierfür besitzt, die Verbindung zu den jeweiligen Systemen hergestellt werden kann. Der Server steuert dabei die notwendigen Vorgänge, um eine reibungslose Kommunikation zu ermöglichen. Die Workstation selbst benötigt einen direkten Anschluß an das andere Netz, die MDT oder den Host, da alles über den entsprechenden Kommunikations-Server im Netzwerk abgearbeitet wird.

Es besteht dabei die Möglichkeit, bestimmte Funktionen auf den Server zu legen, der bereits als File-Server und Print-Server fungiert oder einen eingenen separaten Kommunikations-Server zu installieren. Die Entscheidung für eine der beiden Installationen, hängt davon ab, wie belastet der Server bereits ist und welche Sicherheitsanforderungen Sie an das Netzwerk stellen. Beim Ausfall des File-Servers, würde auch der Kommunikations-Server ausfallen, wenn beide Funktionen auf der gleichen Maschine laufen. Bei einer getrennten Installation kann der Kommunikations-Server weiter genutzt werden, auch wenn der File-Server ausgefallen ist.

Archive-Server
Es handelt sich dabei um einen Streamer in Verbindung mit einer passenden Streamersoftware, um die zentrale Datensicherung im Netzwerk durchführen zu können. Bei der Auswahl der Streamersoftware ist es wichtig, darauf zu achten, daß die Software in der Lage ist, alle Dateien und die dazugehörigen Informationen, die von der Netzwerkbetriebssystemsoftware benötigt werden, zu sichern. Sie können zwar einen Server unter NetWare auch mit dem herkömmlichen DOS-Backup sichern, anschließend fehlen Ihnen jedoch alle benötigten Dateiattribute, Zugangsberechtigungen für Dateien und Directories, d.h. alles um einen kompletten Restore nach einem Serverabsturz durchführen zu können. Sie hätten dann zwar alle Dateien wieder auf den Platten des Servers, müßten aber das Einrichten der Benutzer und alles, was dazugehört, per Hand nachholen.

Die Archive-Server-Software gibt es in Abhängigkeit des Herstellers nur lauffähig auf dem Server (die Überwachung und Steuerung erfolgt von einer Workstation aus im Netz), oder nur lauffähig auf einer dedizierten oder nicht dedizierten Workstation im Netzwerk oder beides. Die neuen Softwareprodukte erlauben es auch, zentral eine Datensicherung der lokalen Platten der Workstations durchzuführen, d.h. Sie können damit den Anwender von der leidigen Arbeit der Datensicherung entlasten, dafür haben Sie als Netzwerkadministrator mehr zu tun.

Aufgrund der Plattenkapazitäten sollten Sie an den Einsatz von 4mm- oder 8mm-Streamereinheiten denken. Auf einem 4mm-Band können derzeit bis zu 2 Gbyte und auf einem 8mm-Band bis zu 5.4 Gbyte Daten gespeichert werden. Wem dies nicht reicht, der kann sich einen Autoloader/Stacker installieren, mit dem ein automatischer Bandwechsel durchgeführt wird, wenn das aktuelle Band voll ist. Mit diesen Systemen können dann derzeit bis zu 54 Gbyte gespeichert werden. Wenn Sie dieses Buch lesen, kann die Technik diesbezüglich jedoch schon wieder weiter fortgeschritten sein.

In diesem Zusammenhang fällt mir ein, daß Sie sich in der heutigen Situation daran gewöhnen müssen, daß die Systeme, die Sie heute kaufen, morgen bereits wieder alt sind. Anderseits gilt, daß heute gekaufte Systeme morgen wieder viel billiger sind. Sie können aber nicht ewig warten, sonst haben Sie bis zu Ihrer Pensionierung noch kein Netzwerk installiert.

Netzwerkressourcen-Sharing

Zu den Ressourcen im Netzwerk, die in einem LAN gemeinsam genutzt werden können, zählen Drucker, Plotter, periphere Speicherkapazitäten, MDTs, Host-Systeme, CD-ROMs, WORMs und dergleichen mehr. Somit läßt sich durch das LAN eine kostengünstigere Nutzung teurer Peripherie erreichen.

Wirtschaftliche Erweiterung der PC-Basis

Netzwerke bieten eine ökonomische Möglichkeit, die Anzahl der Computer in einem Unternehmen durch den Einsatz preisgünstiger Systeme zu erweitern, da diese nicht mehr mit allen peripheren Subsystemen ausgestattet sein müssen. Diese werden schließlich durch Ressourcen-Sharing allen gemeinsam zentral zur Verfügung gestellt. Voraussetzung hierfür muß es jedoch sein, daß eine Infrastruktur zur Verfügung steht (Verkabelung), mit der es möglich wird, schnell und einfach neue Arbeitsplätze zu installieren, um diesen dann alle notwendigen Ressourcen freizugeben. Welche Möglichkeiten bezüglich der Infrastruktur zur Verfügung stehen, werde ich Ihnen in nachfolgenden Kapiteln zeigen.

Möglichkeit, Netzwerksoftware zu nutzen

Es wurde bereits angesprochen, daß der Einsatz von LANs durch die Einsatzmöglichkeit netzwerkfähiger Software interessant wird. Damit können kostengünstiger Mehrfachlizenzen gekauft und installiert werden. Es ist jedoch darauf zu achten, daß die Software auch die Möglichkeiten eines LANs unterstützt, d.h. Datei-Sharing, Record-Locking und die Fähigkeiten, userspezifische Umgebungen festzulegen. Der letzte Aspekt ist deshalb besonders wichtig, da in einem LAN nicht jeder PC mit der gleichen Hardware ausgestattet ist (z.B. anderer Bildschirm, unterschiedliche Speicherausstattung, verschiedene Einstellung der Bildschirmfarben und Default-Laufwerke). Da die Programmsoftware nur einmal auf dem Server installiert wird, müssen diese userspezifischen Einstellungen für jeden Benutzer individuell einstellbar sein.

Electronic Mail

Electronic Mail wird deshalb eingesetzt, um Benutzern oder Benutzergruppen Nachrichten oder gesamte Dokumente über das Netzwerk verschicken zu können, egal ob diese im gleichen LAN oder über remote Verbindungen erreichbar sind. Die Nachrichten werden dabei in elektronischen Briefkästen auf dem Server für den jeweiligen Empfänger gespeichert. Dieser kann die Nachricht oder das Dokument lesen, ausdrucken oder eine Antwort hierfür versenden. Über eine Alarmfunktion kann in den meisten Systemen der Benutzer darüber informiert werden, daß eine Nachricht für ihn eingetroffen ist.

Der Einsatz von Electronic-Mail-Systemen in einem Unternehmen steht und fällt mit der Akzeptanz der Anwender. Verwendet keiner das Electronic-Mail-System, um Nachrichten und Dokumente zu versenden, oder liest keiner die für ihn eingetroffenen Nachrichten, nutzen die schönsten und komfortabelsten Systeme nichts.

Bei der Auswahl der Electronic-Mail-Systeme ist darauf zu achten, in welchen Umgebungen diese benötigt werden. Auf diesem Gebiet haben sich zwei »Standards etabliert. Zudem existieren einige proprietäre Systeme großer renomierter Hersteller. Im PC-Bereich in Verbindung mit LANs werden zumeist Electronic-Mail-Systeme auf Basis des MHS-Protokolls eingesetzt. Als ISO-Standard wurde X.400 verabschiedet, der von vielen anderen Herstellern eingesetzt wird. MHS ist zwar eine Teilmenge von X.400, wurde jedoch soweit zugunsten der Performance reduziert, daß keine Kompatibilität mehr zu X.400 existiert. Einen Übergang von MHS zu X.400 und vice versa kann jedoch über eigene MHS/X.400 Gateways hergestellt werden.

Es existieren auch proprietäre Systeme wie zum Beispiel All-in-one von DEC oder Dissos/Profs der IBM, die zueinander nicht kompatibel sind. Um auch hierfür Kommunikationsmöglichkeiten aufbauen zu können, werden ebenfalls Gateways von Drittherstellern angeboten. MS-Mail von Microsoft bietet zum Beispiel Gateways, um die Anbindung zu einer Vielzahl von anderen Electronic-Mail-Systemen herstellen zu können.

Sie sehen, daß es vor einer Entscheidung für ein Electronic-Mail-System unbedingt notwendig ist, die Randbedingungen abzuklären, um sich nicht eine Insellösung im Netzwerk zu installieren.

Einrichten von Workgroups

Eine Anzahl von Benutzern kann innerhalb einer Abteilung oder auch abteilungsübergreifend an einem gemeinsamen Projekt arbeiten. Durch den Einsatz von Netzwerken und der jeweiligen Netzwerkbetriebssystem-Software auf dem Server ist es möglich, einer Gruppe von Benutzern spezielle Directories und Ressourcen zuzuweisen, auf die keine anderen Benutzer im Netzwerk Zugriff haben. Bei Bedarf können diese Zuweisungen jederzeit geändert werden. Das Versenden von Nachrichten, die für alle Anwender im Netzwerk gelten, kann ohne Einschränkung durchgeführt werden. Auf diese Art und Weise ist es möglich, daß auf einem gemeinsamen Server unterschiedliche Arbeitsgruppen oder Abteilungen arbeiten, ohne daß sich diese gegenseitig behindern oder gar Daten zu Gesicht bekommen, die für diese nicht bestimmt gewesen wären.

Zentralisiertes Management

Da in der Regel alle Ressourcen zentralisiert auf dem Server oder über das Netzwerkbetriebssystem verwaltet werden, wird das Management solcher Ressourcen wesentlich vereinfacht. In den letzten Monaten werden dabei immer mehr Produkte entwickelt und angeboten, um die Managementfunktionen in einem Netzwerk noch besser gestalten zu können. Langfristig gesehen geht es dabei jedoch nicht nur um die Verwaltung der Netzwerkressourcen, sondern auch um die Möglichkeiten, die einzelnen Verkabelungskomponenten zu überwachen und zu steuern. Ich werde in einem eigenen Kapitel kurz auf die wichtigsten Aspekte des Netzwerkmanagements eingehen.

Erweiterte Sicherheit

In meiner bisherigen Tätigkeit mußte ich bei Schulungen, Beratungen und Projektarbeiten immer wieder feststellen, daß die eingesetzten Mechanismen zum Schutz eines unberechtigten Zugriffs auf die lokalen Ressourcen eines PCs immer noch recht gering sind. Die PC-Betriebssysteme bieten hierfür immer noch keine oder nur unzureichende Möglichkeiten. Durch die Zentralisierung der Programm- und Datenbestände auf einem File-Server kann dieses Sicherheitsloch der PCs sehr gut geschlossen werden. In den heutigen Systemen sind generell Funktionen enthalten, um festzulegen, mit welchen Rechten ein Benutzer auf Dateien und Directories zugreifen darf, wann dieser sich am Server anmelden kann, von welcher Workstation dies gestattet wird und wie andere Ressourcen im Netzwerk zur Verfügung gestellt werden. Welche Möglichkeiten

Ihnen hierbei Novell NetWare zur Verfügung stellt, ist unter anderem Bestandteil dieses Buches.

Betriebssystembasis auf dem PC

Die größte Betriebssystembasis auf dem PC bildet immer noch DOS bzw. Windows unter DOS. Es sind jedoch auch eine breite Basis von Unix-, Macintosh- und OS/2-Systemen im Einsatz. In einem Netzwerk soll und muß die Möglichkeit bestehen, alle diese PCs mit den oben genannten Betriebssystemen einsetzen zu können. Wie Sie noch sehen werden, bietet NetWare hierfür eine elegante Möglichkeit. Es ist dabei nicht nur so, daß mit diesen unterschiedlichen PCs vom Server Daten und Programme geladen werden können, sondern diese Systeme können ihre Daten in ihrer eigenen Dateinamenskonvention abspeichern und bearbeiten. D.h. der Anwender sieht seine gewohnte Umgebung. Umgekehrt können jedoch auch andere Workstations auf Daten zugreifen, die unter einem anderen Betriebssystem abgelegt worden sind, sofern das jeweilige Programm kompatibel zum Dateiformat ist. Da die einzelnen Betriebssysteme jedoch unterschiedliche Dateinamenskonventionen einsetzen, müssen unter Umständen bei der Namenskonvertierung Änderungen durchgeführt werden, da ein Macintosh-Dateiname länger sein kann als der Dateiname unter DOS. Wie dies erfolgt, wird später näher erläutert werden. Bei Novell wird diese Funktion für NetWare als NetWare Name Space Support bezeichnet.

Erweiterung der unternehmensweiten Struktur

Durch den Einsatz von Lokalen Netzen und der Kopplung dieser LANs miteinander ist es wesentlich einfacher, bislang getrennte Bereiche miteinander zu vereinen. Die Bildung von Workgroups und damit verbunden die Kommunikation und der Datenaustausch innerhalb dieser Workgroups wird wesentlich vereinfacht. Mußten bislang notwendige Daten anderen Abteilungen über Postweg versandt werden, kann dies durch die Kopplung von LANs schneller bzw. gleich ein direkter Zugriff erfolgen. Erst vor kurzem stellte ich ein Konzept auf, wie mit Hilfe einer LAN-Kopplung der Datenaustausch einer Programmierabteilung vereinfacht werden konnte. Dabei befand sich der eine Teil der Abteilung in Deutschland und der andere Teil in Amerika. Der Abgleich der Programme erfolgte dabei jede Nacht. Es können aber auch die notwendigen Informationen mittels Datenaustausch oder gemeinsamen Zugriffs auf spezielle Datenbestände zwischen einzelnen Abteilungen schneller und einfacher realisiert werden.

KAPITEL 2

Bald werden wir in einem Unternehmen auf jeden Schreibtisch einen PC vorfinden, der in ein Netzwerk integriert ist. Diese Situation erfordert eine vernünftige Planung der Netzwerkinfrastruktur, um ein flächdeckendes Netzwerk sukzessive aufbauen zu können.

Wie solche Lösungen aussehen könnten, werde ich Ihnen bei der Betrachtung der Netzwerktopologien näher erläutern.

3 Kenndaten Lokaler Netzwerke

Es existieren mehrere Klassifikationen Lokaler Netzwerke, nach denen diese unterschieden beziehungsweise eingeteilt werden können. Diese Grobeinteilung kann erfolgen in:

- Topologie
- Übertragungsmedien
- Übertragungstechnik
- Zugriffsverfahren

Die räumliche Ausdehnung von Lokalen Netzen ist vom Übertragungsverfahren, vom Übertragungsmedium und von der Übertragungsgeschwindigkeit, mit der gearbeitet wird, abhängig.

Die beteiligten Stationen werden sowohl durch die Anwendung im Netzwerk als auch vom Netzwerkbetriebssystem bestimmt.

Das Datenformat, welches bei der Kommunikation und der Datenübertragung verwendet wird, hängt vom verwendeten Protokoll ab.

3.1 Topologische Strukturen Lokaler Netze

Im folgenden sollen die Stern-, Bus- und Ringstruktur Lokaler Netze behandelt werden. Abbildung 3.1 soll die Ausgangssituation darstellen. Anhand dieses Beispiels werden nun die einzelnen topologischen Grundlagen und deren Eigenschaften erläutert.

KAPITEL 3

*Bild 3.1
Zu vernetzende PCs mit ihren unterschiedlichen Funktionen*

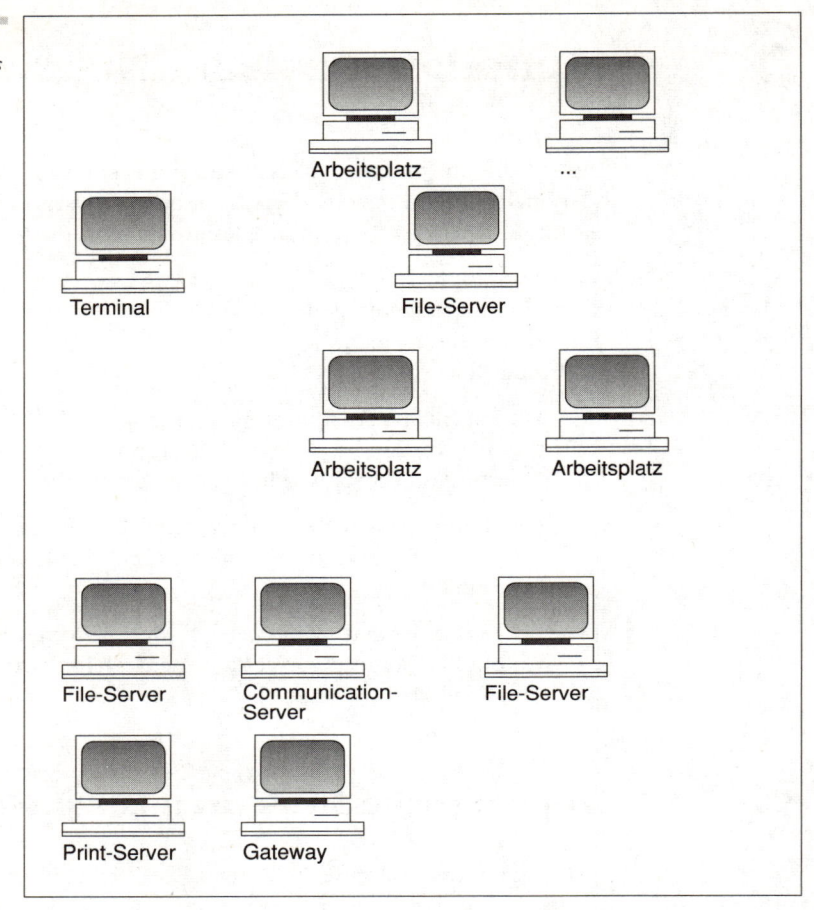

Arbeitsplatz ...

Terminal   File-Server

Arbeitsplatz   Arbeitsplatz

File-Server   Communication-Server   File-Server

Print-Server   Gateway

3.1.1 Sterntopologie

In ihrer herkömmlichen Form handelt es sich um die historisch älteste Form zum Aufbau von Netzwerken. Sie ist Basis vieler heutiger Informationsnetzwerke. Denken Sie zum Beispiel an Terminalnetzwerke, Verkabelung der MDTs oder Telefon-Nebenstellenanlagen.

Die Sterntopologie, wie sie in Abbildung 3.2 dargestellt wird, ist von der Auslegung des Betriebssystems her die einfachste Struktur. Sie wurde in den letzten 20 Jahren häufig eingesetzt, wird inzwischen jedoch immer seltener verwendet, da ihr die anderen Topologien weit überlegen sind. Ein klassisches Großrechnersystem der IBM ist nach wie vor nach diesem Prinzip verkabelt. In der Mitte befindet sich der Host (Mainframe), und sternförmig daran angeschlossen sind die einzelnen I/O-Systeme.

Kenndaten Lokaler Netzwerke

Bild 3.2
LAN, basierend auf
Sterntopologie

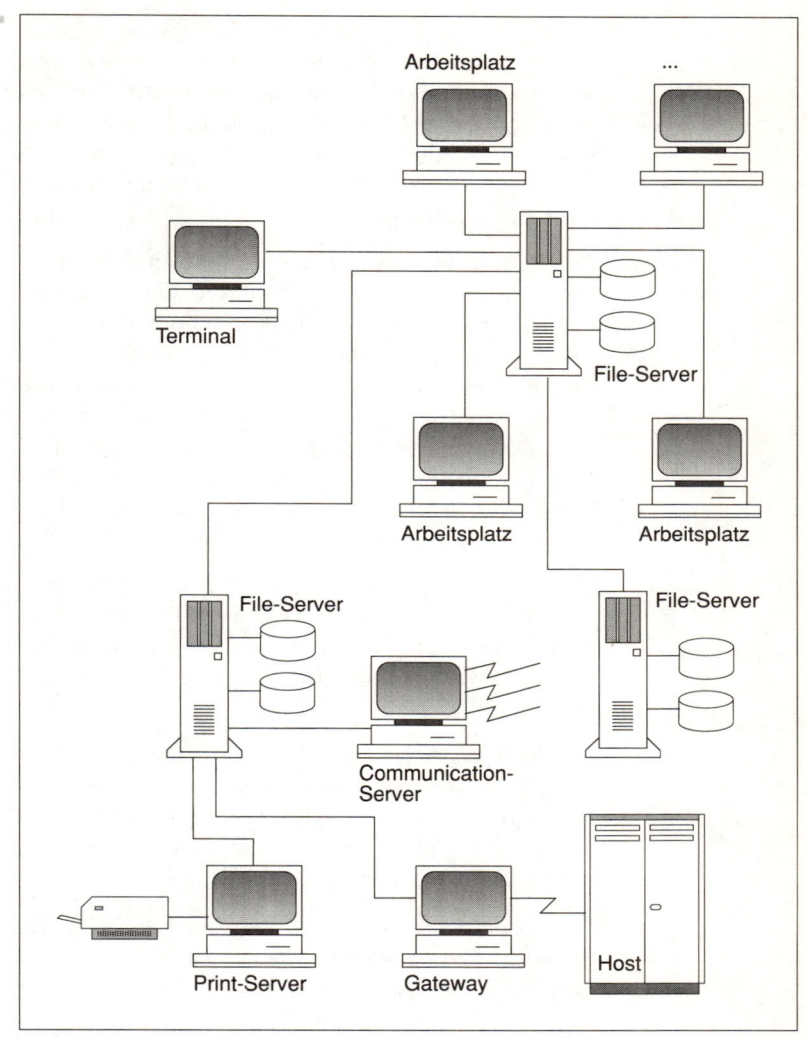

Der zentrale Knotenrechner (File-Server, Mainframe, Mini) hat die Verantwortung für die gesamte Kommunikation im Netzwerk und steuert den Verkehr im Netz. Will eine Station einer anderen Station auch nur eine Nachricht schicken, läuft dies immer über den zentralen File-Server. Dieser nimmt die Nachricht auf und übermittelt sie an die Zielstation.

Es gibt verschiedene Möglichkeiten der Zugriffsregelung, d.h. wie die einzelnen Workstations mit dem Server kommunizieren. Bei einer Methode sendet jede Station an den zentralen Rechner die Anforderungen und wartet auf die entsprechenden Ergebnisse. Dies kann dazu führen, daß der File-Server bei sehr vielen Anfor-

KAPITEL 3

derungen überlastet wird. Die Workstations müssen dann entsprechend »gebremst« werden. Zum einen, damit keine Anforderungen verloren gehen und zum anderen, damit der File-Server die entsprechenden Anfragen auch schnell beantworten kann. Damit dies vernünftig realisiert werden kann, ist es notwendig, daß der Server mit einer ausreichenden Puffer-Kapazität ausgestattet wird, damit die Überlastsituation nicht zu schnell eintreten kann.

Die andere Methode ist das Polling-Verfahren. Bei dieser Zugriffsvariante bei Sternsystemen fragt der zentrale File-Server nach einem bestimmten Verfahren nacheinander alle Stationen ab, ob diese Übertragungswünsche haben. Trifft der Rechner auf eine Station, welche übertragen will, wird diese bedient. Damit das Verfahren auch »fair« ist, ist es notwendig, daß nach Abarbeitung der momentan aktiven Station die unmittelbar nachfolgenden behandelt werden. Es darf auf keinen Fall so sein, daß ein und dieselbe Station für längere Zeit den File-Server exklusiv benutzt, weil die Übertragungswünsche so groß sind.

Da für jeden Übertragungswunsch der File-Server einbezogen werden muß, wäre eine Peer-to-Peer (Programm-zu-Programm) Kommunikation innerhalb des Systems auf diese Art und Weise nicht möglich, wie es zum Beispiel bei Bus- und Ringsystemen der Fall ist.

Ein Nachteil ergibt sich aus dem gerade gesagten: Der Server des Systems unterliegt einer sehr hohen Belastung und sollte deshalb auch entsprechend leistungsfähig sein. Bei Ausfall des File-Servers ist das gesamte Netzwerk lahmgelegt. Keine Workstation ist mehr in der Lage zu arbeiten.

Der Verkabelungsaufwand ist zudem sehr groß. Je nachdem, wo der File-Server aufgebaut ist, ist es notwendig, daß von jeder Station ein Kabel zur Zentrale verlegt wird.

Eine andere Form der Stern-Topologie stellt nicht den Server zentral in den Mittelpunkt der Datenverarbeitung, sondern verwendet ausschließlich für den physikalischen Aufbau der Verkabelung eine sternförmige Struktur. Diese Formen der Verkabelung sind vor allem dann vorzufinden, wenn Netzwerke auf Basis von Twisted-Pair-Verkabelung aufgebaut werden. Es gibt jedoch auch ein Netzwerk in Form einer Koaxialverkabelung, die auf einer Stern-Topologie aufsetzt. Es handelt sich dabei um ARCNET.

Kenndaten Lokaler Netzwerke

3.1.2 Bustopologie

In Abbildung 3.3 ist der Aufbau eines Netzes basierend auf einer Bustopologie zu sehen. Bei dieser Methode sind alle Stationen an einem gemeinsamen, passiven Medium, dem Bus, angeschlossen. Jede Station kann frei kommunizieren, jeder mit jedem, ohne Zuhilfenahme einer gesondert deklarierten Master-Station, während man im Vergleich dazu den File-Server beim Sternnetz als Master bezeichnen würde.

Bild 3.3
LAN basierend auf Bustopologie

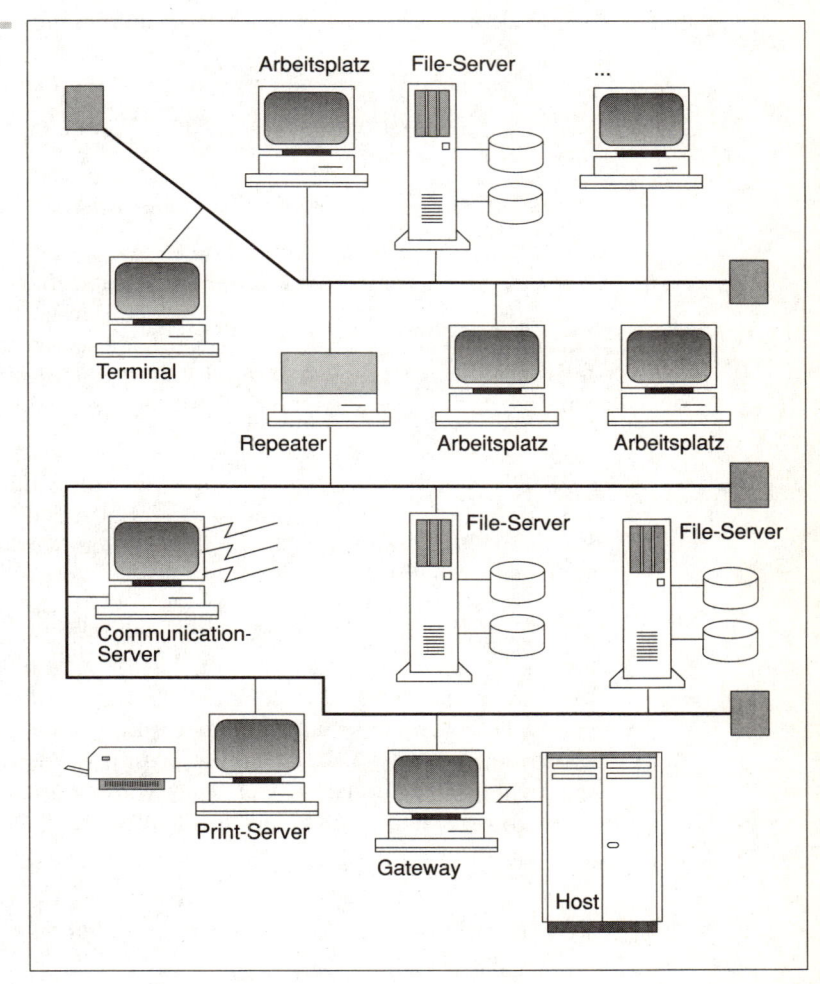

Daten, die über den Bus zu einer Empfängerstation übertragen werden sollen, werden somit von allen Stationen empfangen, allerdings nur von der Station ausgewertet, für die die Daten bestimmt sind.

Die Vorteile bei dieser Topologie sind folgende:

- Die Struktur ist leicht erweiterbar.
- Das Anfügen oder Abklemmen von einzelnen Stationen ist meist während des Betriebes möglich, ohne daß das gesamte Netzwerk ausfällt oder Netzwerkfehler auftreten.
- Die Busverkabelung ist modular.

Es gibt jedoch auch bei dieser Art der Verkabelung ein paar Nachteile:

- Diese Struktur ist anfällig gegenüber Ausfall des Mediums.
- Je nach eingesetztem Protokoll treten unvorhersehbare Wartezeiten bei der Kommunikation der Stationen auf.
- Die Längenausdehnung ist begrenzt.

Bekannt wurde dieses System durch Ethernet. Auf die Eigenschaften von Ethernet werde ich später noch im Detail eingehen.

3.1.3 Ringtopologie

Bei einer Ringstruktur, wie sie in Abbildung 3.4 dargestellt ist, wird auch ein gemeinsames Übertragungsmedium, ähnlich wie bei Bussystemen verwendet, nur daß dieses zu einem Ring zusammengeschlossen ist. Jede Station hat einen eindeutigen Vorgänger und einen eindeutigen Nachfolger. Die zu übertragende Information wird von einer Station an ihren Nachfolger ausgesandt. Dieser nimmt die Information auf und überprüft, ob sie für ihn bestimmt ist. Ist dies nicht der Fall, gibt diese Station wiederum die Information an ihren Nachfolger weiter. Dies wird solange ausgeführt, bis die Nachricht beim Empfänger eingetroffen ist.

Eine Ringstruktur läßt sich relativ leicht erweitern, arbeitet mit einer minimalen Leitungsanzahl und hat einen geringen Zuwachs der Verkabelungslänge bei neu einzufügenden Stationen.

Der Nachteil dieser Struktur ist jedoch aus obiger Beschreibung offensichtlich. Fällt eine Station aus bzw. wird durch Kabelbruch oder ähnliches die Verbindung zwischen zwei Stationen gestört, ist der gesamte Ring lahmgelegt, da die Nachricht nicht mehr komplett durch das Ringsystem transportiert werden kann.

Kenndaten Lokaler Netzwerke

Bild 3.4
LANs basierend auf Ringtopologie

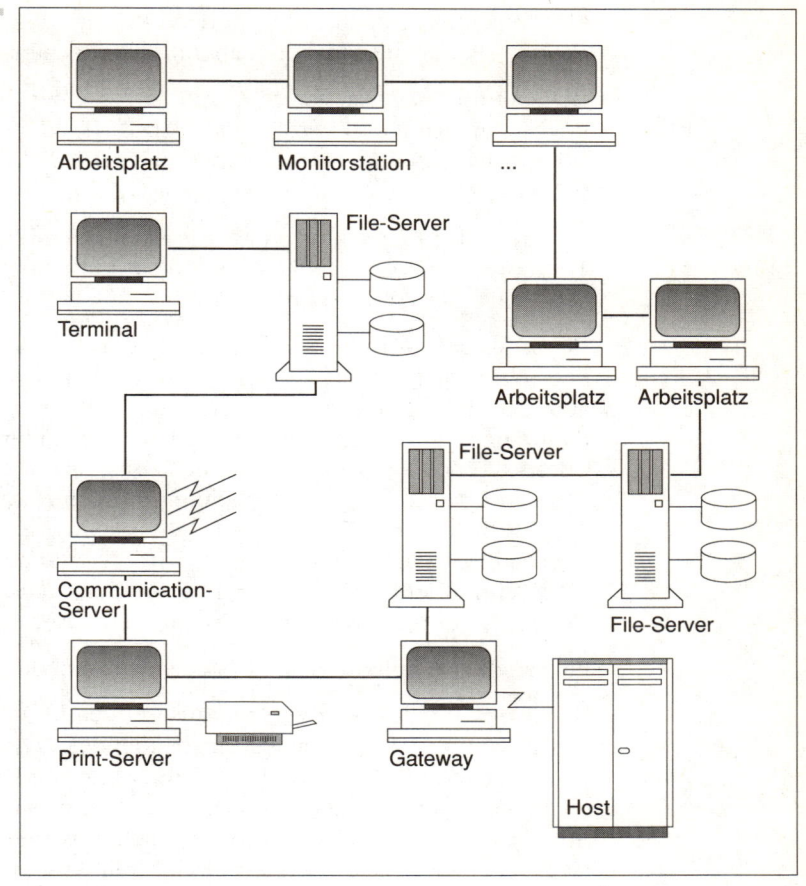

Es gibt mehrere Lösungsansätze, um dies zu verhindern: zum Beispiel Verwendung einer redundanten Verkabelung. Damit könnte bei Ausfall die defekte Station auf einer Ersatzleitung umgangen werden. Es wäre auch möglich, die Übertragung nicht nur in einer Richtung zuzulassen, sondern bei einem Ausfall einer Station das System quasi von »hinten« aufzurollen, also in der Gegenrichtung zu übertragen.

Die Nachrichtenübertragung ist proportional zur Anzahl der Stationen, da jede Nachricht durch jede Station transportiert werden muß.

In der Gesamtsumme können die Kabellängen dieser Topologie sehr schnell sehr groß werden.

Aufgrund der aufgeführten Nachteile, vor allem der Problematik des Stationsausfalles oder des Kabelbruches, gibt es diese Art der Topologie in dieser Reinstform nicht. Es gibt bessere und sichere

KAPITEL 3

Möglichkeiten, die zwar nach dem Prinzip des Ringes arbeiten, aber bei Betrachtung der Verkabelung kein echter Ring sind.

Bekannteste Beispiele hierfür, auf die in einem späteren Kapitel noch eingegangen wird, sind ARCNET der Fa. Data-Point (Ringstruktur auf Busverkabelung) bzw. der Token-Ring von IBM (physikalischer Stern und ein logischer Ring).

Im Laufe der Entwicklung haben sich auch Mischformen dieser 3 Topologien entwickelt, die jedoch nicht unbedingt überall sinnvoll eingesetzt werden können.

Beim Aufbau von großen Netzwerken ist es äußerst schwierig, über eine einzige Netzwerkverkabelung alle notwendigen Bereiche abdecken zu können. Zum einen wird das physische Netzwerk dadurch zu groß und zum anderen reichen unter Umständen die physikalischen Spezifikationen nicht aus, um das gesamte Netzwerk in einer einzigen Verkabelung realisieren zu können. Es hat sich deshalb eine Technik der Verkabelung entwickelt, die als sogenannter Backbone bezeichnet wird. Inzwischen wird auch von einer strukturierten Verkabelung gesprochen, um große, komplexe Netzwerk auf diese Art und Weise zu realisieren.

Ein möglicher Aufbau dieses Systems ist in Abbildung 3.5 skizziert.

Bei dieser Art des Netzwerkaufbaus verwendet man ein zentrales, das gesammte Unternehmen umspannendes Netzwerk, als Rückgrad (Backbone) der Verkabelung, um darin mit Hilfe von Koppelelementen alle anderen Subnetze des Unternehmens anzubinden. Auf diese Art und Weise ist es möglich, ein unternehmensweites Netzwerk aufzubauen, indem jeder mit jedem kommunizieren kann. Als Backbone kann im Prinzip jedes Netz und jede Verkabelung eingesetzt werden. Jedoch werden an das Backbone-Netzwerk Anforderungen gestellt, die dazu geführt haben, daß hierfür ein leistungsfähiges Hochgeschwindigkeits-Netzwerk als Trägersystem entwickelt worden ist.

Die Kopplung der Subnetze an den Backbone erfolgt durch Koppelelemente, die eine logische Trennung der Netze durchführt, d.h. solange die Stationen auf ihrem eigenen Netzwerk arbeiten, ist der Backbone als Übertragungsmedium nicht notwendig.

Kenndaten Lokaler Netzwerke

Bild 3.5
LANs, die an einem Backbone angeschlossen sind

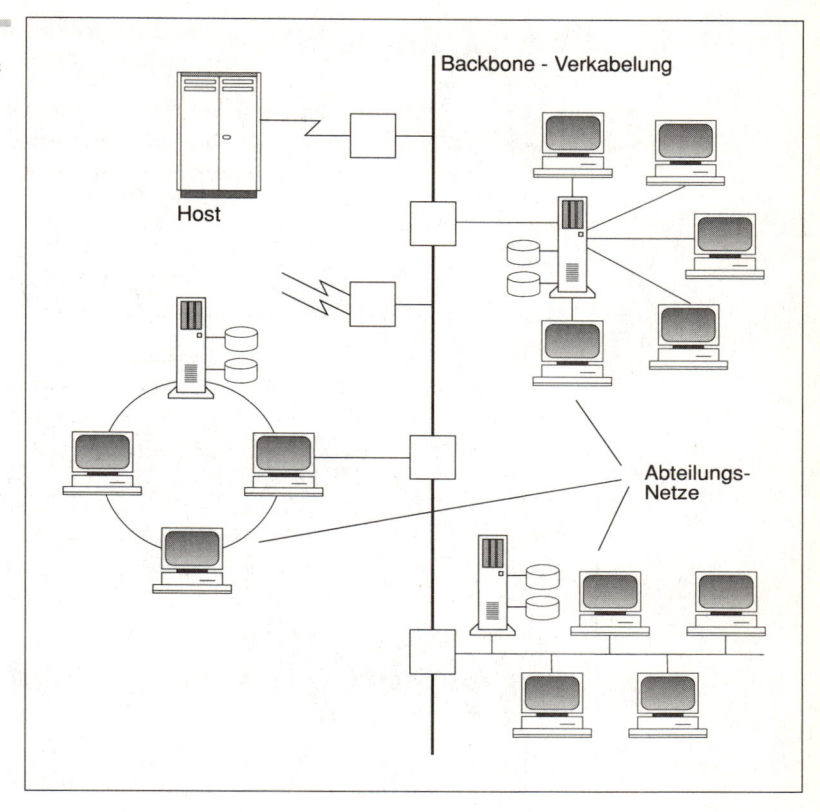

Wird jedoch netzübergreifend gearbeitet, d.h. Daten werden von einem Server benötigt, die in einem anderen Subnetz gespeichert sind, oder es wird auf Komponenten zugegriffen, die sich direkt im Backbone befinden, steht dem Anwender ein leistungsfähiges Netzwerk, der Backbone, zur Verfügung. In dieses Backbone-Netz können in der Regel alle eingesetzten Rechnersysteme und die damit verbundenen Netzwerkarchitekturen eingebunden werden.

Es kann sich um Mainframes, MDTs, PCs, Communication-Server, Archive-Server, etc. handeln, die in ein Gesamtnetzwerk zusammengeführt werden. In der neueren Fachliteratur wird die Backbone-Verkabelung auch als Primärverkabelung bezeichnet. Der weitere Ausbau der Subnetze kann im Form einer Sekundär- und Tertiär-Verkabelung durchgeführt werden. Bei der Besprechung von FDDI als spezielles Backbone-Netzwerk in einem späteren Kapitel werde ich auf diese Art des Aufbaus von Netzen nochmals etwas genauer eingehen.

KAPITEL 3

3.2 Übertragungsmedien

Ein Lokales Netz ist nicht nur durch seine topologischen Eigenschaften bestimmt, sondern auch durch die Art der verwendeten Übertragungsmedien, mit denen es arbeiten kann.

*Bild 3.6
Unterschiedliche
Kabeltypen für den
Aufbau von LANs*

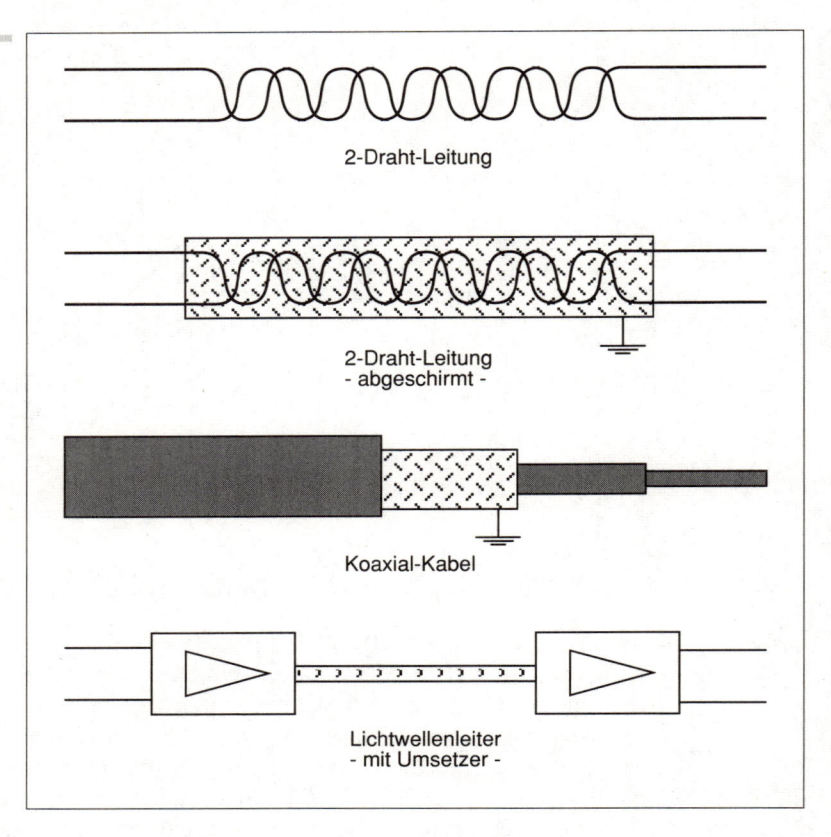

- 2-Draht-Leitung
- 2-Draht-Leitung - abgeschirmt -
- Koaxial-Kabel
- Lichtwellenleiter - mit Umsetzer -

Man unterscheidet folgende Übertragungsmedien (siehe Abbildung 3.6):

- verdrillte Zweidrahtleiter (Telefonkabel)
- verdrillte Vierdrahtleiter (IBM-Verkabelung)
- Koaxialkabel
- Lichtwellenleiter (Glasfaserkabel)

Die verwendeten Kabeltypen unterscheiden sich nicht nur in ihren Kosten, sondern auch durch die möglichen Übertragungsraten, die Anfälligkeit gegen elektromagnetischen Störungen, Verlegbarkeit (Biegeradien, Durchmesser), überbrückbare Entfernungen (Dämpfung, Einstreuung).

Verdrillte Kupferkabel (Twisted Pair)

Die verdrillte Kupferdoppelader ist schon sehr lange durch den Einsatz im Fernmeldewesen bekannt und stellt das kostengünstigste Verkabelungssystem dar. Dabei werden Paare von Kupferdrähten zu einer Spiralform verdrillt, wodurch im Vergleich zur nicht verdrillten Doppelader Störeinflüsse von außen keinen besonders großen negativen Effekt mehr ausüben können (sofern die Störstrahlungen nicht zu groß werden). Bei der Verdrillung der Adern haben sich inzwischen unterschiedliche Techniken entwickelt, um die Leistungsfähigkeit, d.h. die möglichen Übertragungsraten, noch weiter zu erhöhen. So werden zum Beispiel paarweise verdrillte Kabel angeboten oder besondere Sternviererverseilung (auch verdrillte Kabel). Bei der Sternviererverseilung sind alle 4 Adern ineinander verdrillt (nicht mehr jedes Paar einzeln) und diese Paare dann schließlich nochmals ineinander verdrillt.

Man unterscheidet bei Twisted-Pair-Kabeln zwischen Unshielded (UTP) und Shielded Twisted Pair (STP). Shielded-Twisted-Pair-Kabel besitzen eine Abschirmung um jedes Adernpaar. Diese sind dann miteinander verdrillt und darum wird nochmals ein Metallmantelgeflecht gelegt.

Beim Unshielded-Twisted-Pair-Kabel sind, je nach Hersteller, die 4 Adern verdrillt (oder Sternviererverseilung), dann mit einer Metallfolie umgeben und schließlich mit einem Metallmantelgeflecht versehen.

UTP-Kabel sind bezüglich der Verkabelung wesentlich einfacher zu handhaben, da diese Kabel dünner und flexibler sind als normale STP-Kabel. Mag man den Prognosen glauben schenken, dann wird sich auf dem Gebiet der Verkabelung, vor allem wenn es um struktutierte Verkabelung geht, das UTP-Kabel durchsetzen (meist in Verbindung mit Lichtleiterverkabelung).

Koaxialkabel

Das Koaxialkabel ist wahrscheinlich jedem bekannt, da dieser Kabeltyp für den Antennenanschluß des Fernsehers benutzt wird. Auch die IBM verwendet spezielle Koaxialkabel für den Anschluß von Terminals an die Steuereinheiten des IBM Großrechners. Das Koxialkabel besteht aus einem äußeren Leiter, der einen innenliegenden Leiter vollständig umschließt und dadurch abschirmt. Die beiden Leiter werden durch einen Isolator, das Dielektrikum, voneinander getrennt.

Koxialkabel werden in den verschiedensten Ausführungen angeboten und eingesetzt. Dies hängt davon ab, welche Netzwerktypen eingesetzt werden sollen. Weit verbreitet sind 50-Ohm-Kabel für

KAPITEL 3

Ethernet, 75-Ohm-Kabel für Breitbandnetze oder 93-Ohm-Kabel für ARCNET-Netzwerke. Die Kabel können einen Durchmesser von 3 Millimeter bis zu 1.5 Zentimeter haben.

Die Bedeutung der Koaxialkabeltechnik weicht aber immer mehr der UTP-Verkabelungstechnik, weil dadurch eine wesentlich höhere Flexibilität erreicht werden kann. Es ist inzwischen möglich, um ein und dasselbe UTP-Kabel Ethernet-, Token-Ring- oder ARCNET-Netzwerke aufzubauen. Der Trend geht in die Richtung, dasselbe Kabel für alle notwendigen Kommunikationsdientse (inklusive Telefon, ISDN, etc.) durchführen zu können. Wenn es jedoch um den Aufbau kleinerer Netze geht, wird bis auf weiteres die herkömmliche Koaxialverkabelung eingesetzt werden (außer Token-Ring), da diese preiswerter ist. Sie werden später noch sehen, daß es beim Einsatz von Twisted-Pair-Kabeln immer um eine sternförmige Verkabelung geht. Die Komponenten hierzu sind zum einen teurer, und Sie benötigen wesentlich mehr Kabel, als dies bei Busverkabelung (Koaxialkabel) der Fall ist.

Lichtleiterkabel (Glasfaser)
Beim Einsatz von Kupferkabeln (metallische Leiter) werden die Binärdaten in Form von elektrischen Signalen übertragen. Die Umwandlung der Binärdaten in diese elektrischen Signale wird unter anderem von der Netzwerkadapterkarte durchgeführt. Der Lichtleiter hingegen transportiert die Binärdaten in Form von Lichtsignalen. Ein wesentliches Merkmal dieser Verkabelungsart ist die hohe Übertragungskapazität, die mit diesem Kabel erzielt werden kann. Es sind Kapazitäten denkbar, die im Bereich von einigen Gbit/s liegen können. Zudem können die Lichtsignale nicht durch elektrische oder elektromagnetische Störquellen beeinflußt werden. Wenn LANs in Produktionsbetrieben installiert werden sollen, die durch sehr hohe magnetische Störstrahlungen beeinflußt sind, können meist nur noch Lichtleiterkabel verwendet werden, da ansonsten eine störungsfreie Übertragung nicht mehr gewährleistet werden kann. Inzwischen werden von vielen Herstellern Komponenten angeboten, mit denen es möglich ist, gemischt Kupfer- und Lichtleiterverkabelung einzusetzen. D.h. in den Bereichen, wo es ausreicht, werden Kupferkabel verlegt, und wenn es die Umgebung erfordert, wird mit Lichtleiterkabeln gearbeitet.

Die weiteren Merkmale der Lichtwellenleiter sind:

■ Sehr hohe Abhörsicherheit im Gegensatz zum Kupferkabel. Ein Einkoppeln in den Lichtleiter ist fast unmöglich.

Kenndaten Lokaler Netzwerke

▪ Es tritt kein Nebensprechen auf, so wie es aus dem Fernsprechbereich bekannt ist. Schlechte Twisted-Pair-Kabel weisen übrigens das gleiche Problem auf.

▪ Durch die Übertragung von Lichtsignalen eignet sich dieses Medium besonders gut in explosionsgefährdeten Umgebungen.

▪ Die überbrückbaren Entfernungen, d.h. daß dazwischen keine Verstärker (Repeater) eingesetzt werden müssen, liegen im Kilometerbereich (in Abhängigkeit der Kabel).

Zusammengefaßt ergeben sich folgende charakteristische Eigenschaften:

▪ Verdrillte Zweidrahtleitung

   am billigsten
   9.6 Kbit/s bis 19.2 Kbit/s
   am störanfälligsten
   leicht zu verlegen
   geringe Ausdehnung

▪ Verdrillte Vierdrahtleiter (spezielle Kabel, je ein Paar verdrillt und abgeschirmt, die Leiterpaare selbst sind dann nochmal mit einem Metallmantel abgeschirmt)

   relativ teuer (im Vergleich zum Zweidrahtleiter)
   4 Mbit/s bis 16 Mbit/s, das IBM-Verkabelungssystem ist für diesen speziellen Leitertyp bis 16 Mbit/s Übertragung getestet
   IBM Typ 2 Kabel sind relativ starr und nicht sehr einfach zu verlegen
   geringe Störanfälligkeit
   ohne Zwischenverstärker geringe Ausdehnung

▪ Koaxialkabel (Basisband)

   mittelmäßiger Preis
   hohe Übertragungsraten bis 50 Mbit/s
   Verlegung recht gut
   noch besser gegen Störanfälligkeit abgesichert
   relativ große Entfernungen möglich

▪ Koaxialkabel (Breitband)

   können sehr teuer werden
   Übertragungsraten bis 500 Mbit/s möglich
   Verlegung recht gut
   gutes Verhalten gegen Störeinflüsse
   große Entfernungen möglich

- Lichtwellenleiter (Glasfaserkabel)

  momentan noch am teuersten
  Übertragungsraten im Giga-Bit-Bereich
  leicht zu verlegen
  Störeinflüsse von außen können die Übertagung nicht beeinträchtigen
  enorm hohe Entfernungen möglich

Es hängt von der Leistung und den Umgebungsbedingungen des Lokalen Netzes ab, welchen Kabeltyp Sie verwenden wollen. Der Lichtwellenleiter kann inzwischen bei allen Standard-Topologien gemischt verwendet werden. D.h., an den Stellen, wo normales Kupferkabel ausreicht, verwenden Sie diese Verkabelung. Ist es jedoch aufgrund der Umgebungsbedingungen nicht möglich, z.B. wegen zu starker elektromagnetischer Einstrahlung in Produktionsstätten, verwenden Sie für diesen Teilstrang das störunanfällige Glasfaserkabel. Die entsprechenden Umsetzer und Adapter sind bereits verfügbar. Wenn sich der Einsatz dieser Systeme immer mehr durchsetzt, werden im Laufe der Zeit auch die Kosten für den Lichtwellenleiter sinken.

3.3 Übertragungstechnologie (Basisband versus Breitband)

Jedes Verkabelungssystem arbeitet mit einer bestimmten Übertragungsbandbreite. Diese Bandbreite ist ausschlaggebend für die maximale Übertragungsgeschwindigkeit, mit der ein Lokales Netzwerk arbeiten kann. Wenn wir von einer Übertragungsleistung von 10 Mbit/s pro Sekunde sprechen, bedeutet dies, daß die Signale mit 10 MHz über das Medium Kabel übertragen werden. Diese 10-MHz-Frequenz ist die Übertragungsbandbreite des Netzes.

Bei der Basisbandtechnologie wird die gesamte Bandbreite für die Übertragung der Signale verwendet. Es kann somit nur zu einem Zeitpunkt in einer Richtung übertragen werden. Eine Darstellung dieses Prinzips finden Sie in Abbildung 3.7.

Im Gegensatz dazu können bei der Breitbandtechnologie zu einem Zeitpunkt mehrere unterschiedliche Übertragungen über ein und dasselbe Kabel erfolgen.

Ein typisches Breitband-Netz kennen Sie aus dem alltäglichen Leben. Wenn Sie sich Ihren Fernseher zu Hause ansehen, werden Sie feststellen, daß an diesem nur ein Kabel an der Rückseite mit

Kenndaten Lokaler Netzwerke

der Fernsehantenne verbunden ist. Dennoch ist es möglich, daß Sie mehr als ein Programm über nur ein vorhandenes Kabel (Koax-Kabel) empfangen können.

Bild 3.7
Basisband-Netzwerktechnologie

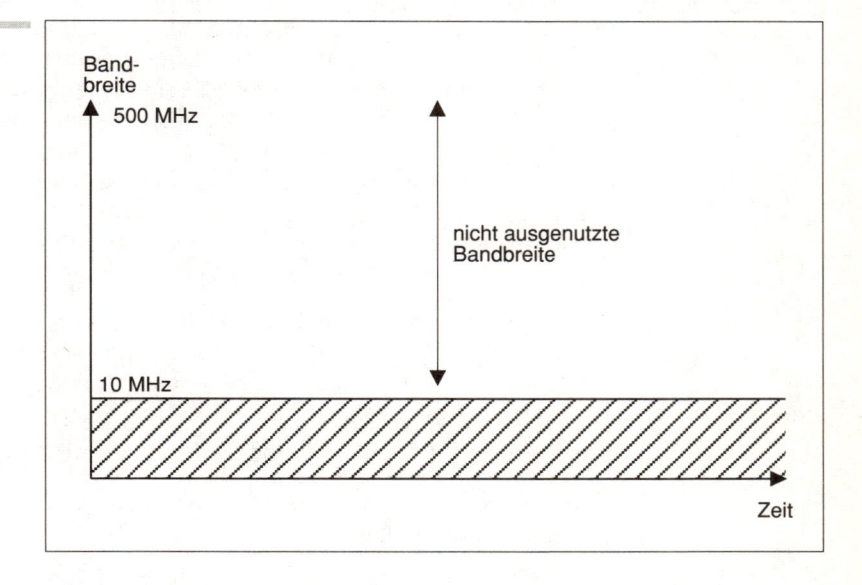

Bild 3.8
Breitband-Netzwerktechnologie

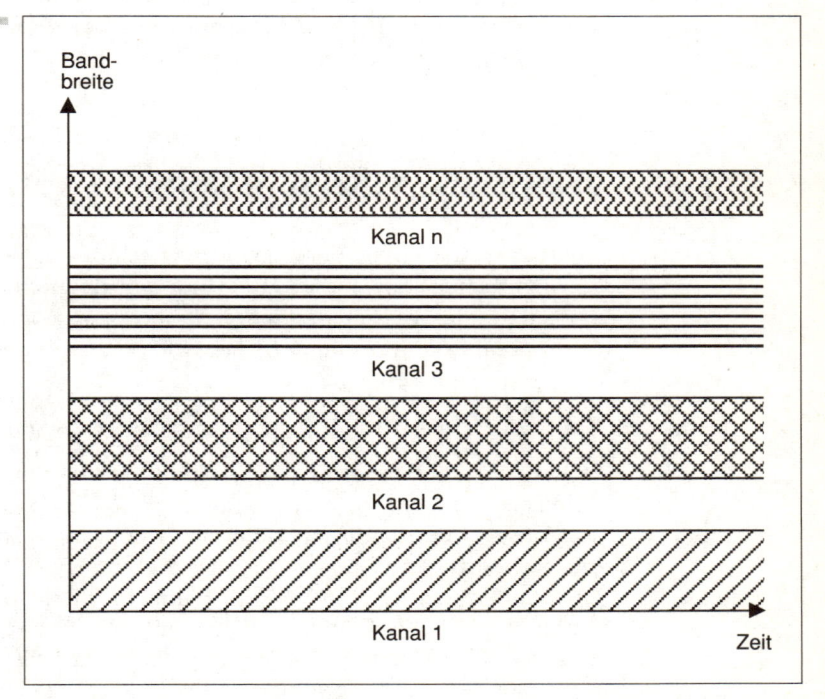

KAPITEL 3

Das Breitband-System teilt das gesamte Frequenzspektrum das zur Verfügung steht, in kleinere Frequenzbänder ein. Jedem Übertragungsdienst wird auf diese Art und Weise ein ganz bestimmtes Frequenzspektrum zugewiesen, auf dem die Übertragung zu erfolgen hat. Um dies auch durchführen zu können, muß das zu übertragende Signal auf eine bestimmte Trägerfrequenz für einen dafür definierten Kanal aufmoduliert werden. Auf der Seite des Empfängers wird dieses modulierte Signal wieder demoduliert, d.h. die Trägerfrequenz wird herausgefiltert und das ursprüngliche Nutzsignal (die Daten) stehen zur Verfügung. Die entsprechenden Einrichtungen, die dies bewerkstelligen, werden deshalb auch als MODEM (MOdulator und DEModulator) bezeichnet. In Abbildung 3.8 ist dieses Prinzip dargestellt.

Das ISDN (Integrated Services Digital Network) Projekt der Telekom zielt zum Beispiel darauf ab, ein Breitband-System zur Verfügung zu stellen, mit dem es gestattet sein wird, über ein Kabel gleichzeitig Bewegtbilder (Videokonferenzen, Fernsehübertragung), Daten, Sprache (Telefonieren) und Festbilder zu übertragen. Für diese Dienste wird es dann ausreichend sein, einen multifunktionalen Arbeitsplatz einzurichten, der nur noch eine Anschlußleitung besitzt.

Am besten geeignet für diese Art von Informationsübertragung sind Lichtwellenleiter, da diese in einem Frequenzbereich von bis zu einigen Giga-Hertz betrieben werden können.

3.4 Zugriffsverfahren in Lokalen Netzen

Aus den bisher beschriebenen Kennzeichen Lokaler Netze wissen Sie inzwischen, daß LANs unter anderem dadurch gekennzeichnet sind, daß alle angeschlossenen Stationen zur Kommunikation und Datenübertragung ein und dasselbe Transportmedium (Kabel) verwenden müssen.

Ein Beispiel aus der alltäglichen Praxis soll dies verdeutlichen.

Stellen Sie sich eine große, lange Straße in einer Stadt vor. In diese Straße münden lauter Nebenstraßen ein. Die große, lange Straße soll unser Übertragungsmedium im Netzwerk symbolisieren und die Nebenstraßen sind unsere angeschlossenen Arbeitsstationen. Die Straßen werden von Verkehrsteilnehmern zur Beförderung von Waren benutzt (auf Lokale Netze umgesetzt, der Tranposrt von Informationen). Jeder, der Waren befördern will, muß von den Nebenstraßen auf die große, lange Straße einbiegen.

Kenndaten Lokaler Netzwerke

Wenn dieses Einreihen in den Verkehrsfluß im Straßenverkehr nicht geregelt werden würde (durch Ampeln, Vorfahrtsschilder, Verkehrspolizisten), entstünde das reinste Chaos. Sie kennen dies bestimmt auch, sobald die Ampel an einer Kreuzung ausfällt, ist der natürliche Verkehrsfluß nicht mehr vorhanden, und es bilden sich Verkehrsstauungen.

Genauso verhält es sich in Lokalen Netzen, da nur ein Übertragungsmedium für alle Teilnehmer zum Transport von Daten zur Verfügung steht. Es muß genau festgelegt werden, wer zu welchem Zeitpunkt das Kabel zur Datenübertragung verwenden darf. Zwei zur gleichen Zeit ist bei den herkömmlichen Verfahren nicht erlaubt.

Im Laufe der Zeit haben sich drei Verfahren als Standard für die Kommunikationsregelung in Lokalen Netzen durchgesetzt. Dies sind:

CSMA/CD   für Bussysteme

Token-Passing   für Ringtopologie

Token-Bus   für Bustopologie mit Token-Verfahren

Wir werden im folgenden Abschnitt diese drei Verfahren der Reihe nach genauer behandeln.

Von IEEE (ISO Standard, siehe Kapitel 9) wurden die Netzzugangsverfahren festgelegt, d.h. »wer darf wann übertragen?«. Da im LAN für alle Stationen nur ein Übertragungsmedium zur Verfügung steht, muß auf irgendeine Art und Weise geregelt werden, wer zu welchem Zeitpunkt dieses Medium zum Senden seiner Daten nutzen darf. Da es für die verschiedensten LAN-Topologien auch unterschiedliche Zugangsverfahren gibt, werden von IEEE verschiedenen Standards diesbezüglich festgelegt, die auch als IEEE 802-Standards bezeichnet werden.

3.4.1 CSMA/CD-Zugriffsverfahren (IEEE 802.3)

An dieser Stelle sei auf folgende Unterschiede hingewiesen:

■ In der Literatur wird der IEEE 802.3- und der Ethernet-Standard gleichgesetzt. Beide Varianten unterscheiden sich jedoch grundlegend, so daß es nicht möglich ist, LANs, die auf IEEE 802.3- und Ethernet-Standard basieren, miteinander zu mischen. Wenn wir im folgenden von Ethernet sprechen, meinen wir damit den IEEE 802.3-Standard.

KAPITEL 3

■ Im 802.3-Standard wird neben den Spezifikationen für die Schicht 1 (Physical Layer, Medium Attachment, Physical Signaling) vor allem auch das Zugriffsverfahren für das gemeinsam benutzte Medium, das Übertragungsmittel für die Kommunikation im Netz, festgelegt. Das heißt, dieser Standard definiert die MAC-Ebene, Media Access Control, eine Unterschicht der Ebene 2. Die für Ethernet definierte Zugriffsmethode wird als CSMA/CD bezeichnet (Carrier Sense Multiple Access with Collision Detection Access Method). Wir wollen uns im folgenden dieses Verfahren etwas genauer ansehen.

■ Der IEEE 802.3-Standard definiert die CSMA-Variante für das 1persistentProtokoll. An dieser Stelle sei deshalb nur erwähnt, daß es für das Zugriffsverfahren CSMA mehrere Abwandlungen gibt, zum Beispiel CSMA/CA oder CSMA/CE.

In Abbildung 3.9 sehen Sie eine Darstellung des CSMA/CD-Verfahrens.

Die Zuteilung der Genehmigung, welche sendewillige Station wann über das Kabel verfügen darf, wird wie folgt festgelegt:

1. Die sendewillige Station überwacht den Kanal, ob dieser frei ist oder gerade von einer anderen Station zum Zwecke der Datenübertragung benutzt wird (carrier sense, listen before talking).
2. Ist der Kanal frei, beginnt die Station zu übertragen. Die Übertragung wird jedoch frühestens 9,6 Mikro-Sekunden (interframe gap) nach Freiwerden des Mediums begonnen.
3. Ist der Kanal jedoch belegt, wird dieser weiter überwacht und abgehört, bis dieser als nicht mehr belegt erkannt wird. Wird der Kanal dann als frei vorgefunden, wird sofort mit der Übertragung begonnen.
4. Während die Übertragung der Station durchgeführt wird, wird der Kanal weiter abgehört, das heißt, die eigene Übertragung wird zusätzlich überwacht. Dieser Mechanismus wird auch als listen while talking bezeichnet.
5. Da das Signal der momentan sendenden Station eine gewisse Zeit braucht, bis dieses bei allen Rechnern angekommen ist, kann der Fall eintreten, daß eine weitere sendewillige Station den Kanal als frei vorfindet, da das Signal der anderen bei dieser noch nicht angelangt ist (multiple access). Hierbei treffen auf dem Kanal die Signale von zwei Stationen aufeinander und die Übertragung bzw. die Signale sind zerstört.

Kenndaten Lokaler Netzwerke

Bild 3.9
Das CSMA/CD-
Zugangsverfahren

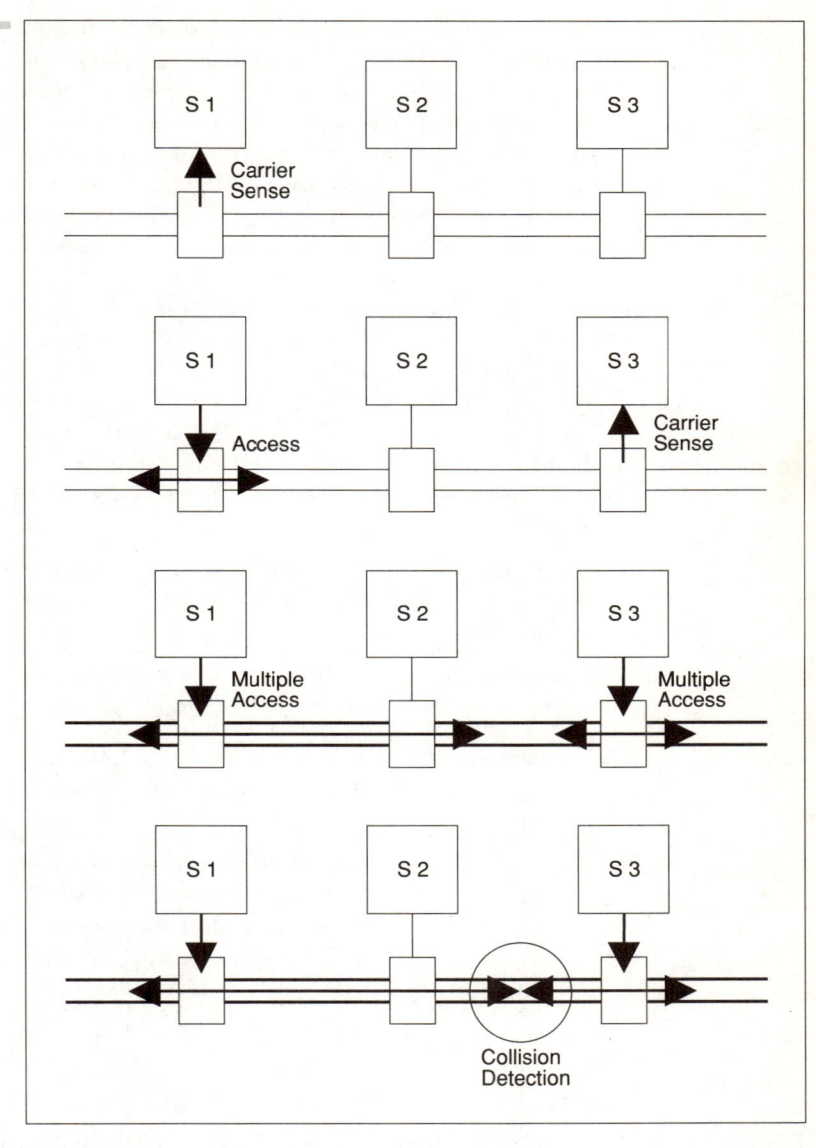

Da jede sendende Station die eigenen Signale auch mit abhört, wird eine solche Kollision erkannt und die Übertragung sofort abgebrochen. Anschließend wird ein spezielles Störsignal (jam signal) auf den Kanal gegeben.

6. Nach Absenden des Störsignals wird eine bestimmte Zeit gewartet (backoff) und die CSMA-Übertragung wird neu versucht.

Die erwähnte Wartezeit in Punkt 6 wird nach bestimmten Regeln bestimmt. Die Berechnung dieser Zeit erfolgt nach dem »truncated binary exponential back off« Verfahren. Die Verzögerungszeit wird dabei mit i*SlotTime festgelegt. Die SlotTime entspricht dabei der Übertragungszeit für 64 Byte. Die Zahl i ist der zufällige Wert einer gleichverteilten Zufallsgröße (eine natürliche Zahl) im Intervall $0 <= i <= 2^k$, wobei k = min(n,10) ist und n die Durchnumerierung des Wiederholungsversuchs für dieselbe Sendung repräsentiert. Nach 10 vergeblichen Sendeversuchen wird das back-off-Intervall nicht weiter vergrößert. Nach 16 Fehlversuchen wird eine Fehlermeldung erzeugt. Wie hierbei zu erkennen ist, versucht man durch den Algorithmus, sich an steigende Netzlasten anzupassen. Es ist auch zu erkennen, daß dabei Neubewerber im Vorteil sind. Da zu den Neubewerbern alle Wiederholungsversuche kommen, wird deutlich, daß bei hohen Verkehrslasten der Kollisionsoverhead eine zusätzliche, die Konfliktwahrscheinlichkeit erhöhende Last darstellt.

Es gibt drei Typen von Algorithmen zur Festlegung der Aktion, die eine Station durchführen muß, wenn diese den Kanal als belegt vorfindet:

1-persistent   Dies ist das Verfahren, das im 802.3-Standard festgelegt worden ist.

Non-persistent   Die Station wartet eine Zeitdauer zufälliger Länge, bevor sie den Kanal wieder abhört.

p-persistent   Die Station hört den Kanal solange ab, bis er frei ist, dann sendet sie mit der Wahrscheinlichkeit p. Mit der Wahrscheinlichkeit 1-p wartet sie eine festgelegte Zeit, dann hört sie den Kanal erneut ab, d.h. sie wiederholt die Prozedur.

Das CSMA/CD-Verfahren ist mit Ethernet bekannt geworden. Ein Nachteil von CSMA/CD ist, daß dieses Verfahren nicht deterministisch ist. D.h. es kann nicht genau festgelegt werden, zu welchem Zeitpunkt die einzelne Station senden wird.

Für Realzeit-Steuerung ist dieses Verfahren deswegen nicht zu gebrauchen.

Zudem kann der Durchsatz bei einer bestimmten Anzahl aktiver Stationen und einer gewissen Grenzlast des Systems sehr langsam werden bzw. gar zum Stillstand kommen.

Dieser Grenzbereich hängt von mehreren Faktoren ab, die wir in einem späteren Kapitel näher behandeln wollen.

3.4.2 Token-Passing-Zugriffsverfahren (IEEE 802.5)

Das Token-Passing-Verfahren wird in der Fachliteratur oft auch Token-Ring-Verfahren, sequentielle Token-Methode oder Newhall-Verfahren genannt. Newhall-Verfahren geht auf den Erfinder dieses Zugriffsverfahrens zurück (NEWHALL und FARMER, 1969).

Abbildung 3.10 zeigt das Prinzip des Token-Passing-Verfahrens.

Ein Token ist ein spezielles Bitmuster, eine Datenstruktur, die dazu dient, das Zugriffsverfahren in einem Ring zu steuern.

Beim Token-Ring kreist ein Token (Berechtigungsmarke) im Ring und gibt den jeweiligen Stationen die Erlaubnis zu senden. Im Ring kann zu einem Zeitpunkt, wie bei allen bisher besprochenen Zugangsverfahren, nur eine Station senden. Diese Station muß dabei das Token besitzen. Eine Station, die senden will, kann dies nur dann durchführen, wenn sie ein als *frei* markiertes Token empfängt. Sie ändert sodann den Zustand des Tokens in *belegt* und sendet ihre Daten direkt im Anschluß an das Belegt-Token. Stehen in der Station keine Daten an, die gesendet werden müssen, so gibt sie das Frei-Token sofort an die nachfolgende Station weiter. Empfängt eine Station ein Token, das als belegt gekennzeichnet ist, weiß diese, daß anschließend Nachrichten eingehen werden. Jede Station, außer der, die die Nachrichten gesendet hat, überpüft sodann, ob die mitübertragene Empfängeradresse mit der eigenen Stationsadresse übereinstimmt. Bei Übereinstimmung kopiert die betroffene Station die Nachricht in den hierfür vorgesehenen Pufferbereich. Danach wird der gesamte Nachrichten-Frame (Token und Nachricht) an die nächste Station weitergegeben. Der komplette Frame wird dann auf alle Fälle zur nächsten Station weitergegeben. Dabei wird jedoch ein sogenanntes Antwortbit gesetzt, das für den Sender der Nachricht notwendig ist. Die gesendete Nachricht kreist genau einmal um den Ring und trifft somit nach einem Umlauf wieder beim Sender ein. Die Station, die die Nachricht versendet hat, nimmt den Frame wieder vom Ring. Diese Station erzeugt anschließend ein neues Frei-Token und übergibt dieses an die nächste Station weiter, wenn die Übermittlung der Nachricht abgeschlossen ist und das Belegt-Token, das einmal im Ring gekreist ist, beim Sender der Nachricht wieder eingetroffen ist. Trifft beim Sender der Nachricht ein Frame ein, der nicht die eigene Quellenadresse enthält, muß ein Fehler aufgetreten sein, d.h. mehr als ein Token im Netz existieren und es wird daher kein Frei-Token erzeugt. Die Fehlerbeseitigung ist Aufgabe der *Monitorstation* (siehe weiter unten).

KAPITEL 3

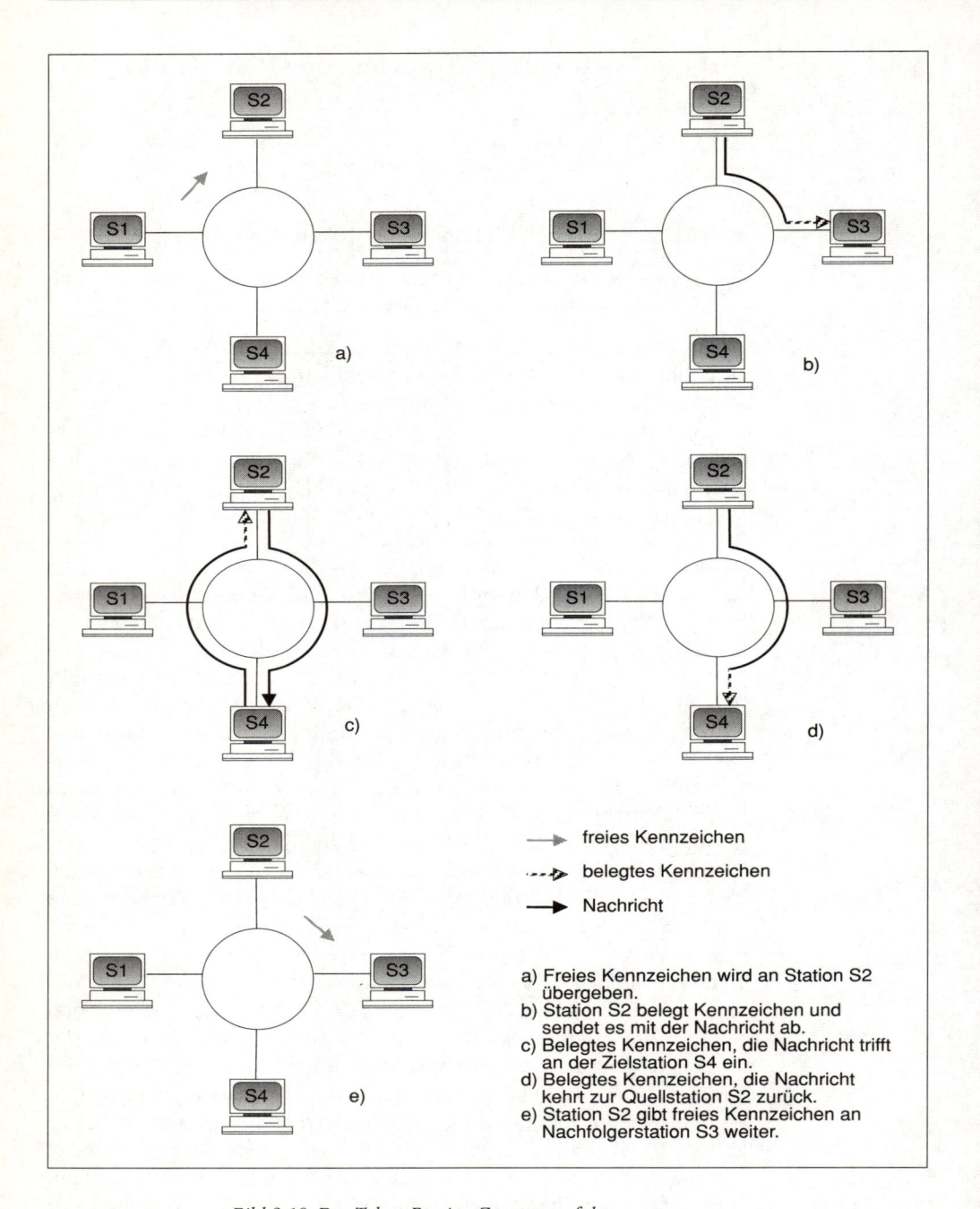

Bild 3.10 Das Token-Passing-Zugangsverfahren

→ freies Kennzeichen
--▷ belegtes Kennzeichen
➡ Nachricht

a) Freies Kennzeichen wird an Station S2 übergeben.
b) Station S2 belegt Kennzeichen und sendet es mit der Nachricht ab.
c) Belegtes Kennzeichen, die Nachricht trifft an der Zielstation S4 ein.
d) Belegtes Kennzeichen, die Nachricht kehrt zur Quellstation S2 zurück.
e) Station S2 gibt freies Kennzeichen an Nachfolgerstation S3 weiter.

Kenndaten Lokaler Netzwerke

Zu bemerken sei noch, daß jede Station eine Verweilzeit von 1 Bit in ihrem Ringinterface benötigt, um Bits während der Weiterleitung ändern zu können.

Sendet eine Station ein Frei-Token, so hat die Folgestation die Möglichkeit, sich das Token anzueignen und selbst Nachrichten zu versenden. Unter sehr starker Last des Ringes erfolgt der Zugang zum Ring nach einer *Round-Robin-Methode*. Unter Kenntnis der maximalen Nachrichtenlänge ist es nun möglich, die maximal auftretende Wartezeit für den Ringzugang zu berechnen.

Da die Quellenstation die eigene Nachricht wieder empfängt und entfernt, kann die Nachricht eine Antwort der Empfängerstation enthalten. Dies erlaubt es dem Sender festzustellen, ob die Empfängerstation aktiv ist oder nicht, ob diese beschäftigt ist (dann wurde die Nachricht nicht kopiert und unquittiert weitergegeben), ob die Nachricht richtig empfangen worden ist oder im ungünstigsten Falle nochmal gesendet werden muß, oder ob von einer anderen Station im Ring ein Fehler entdeckt worden ist.

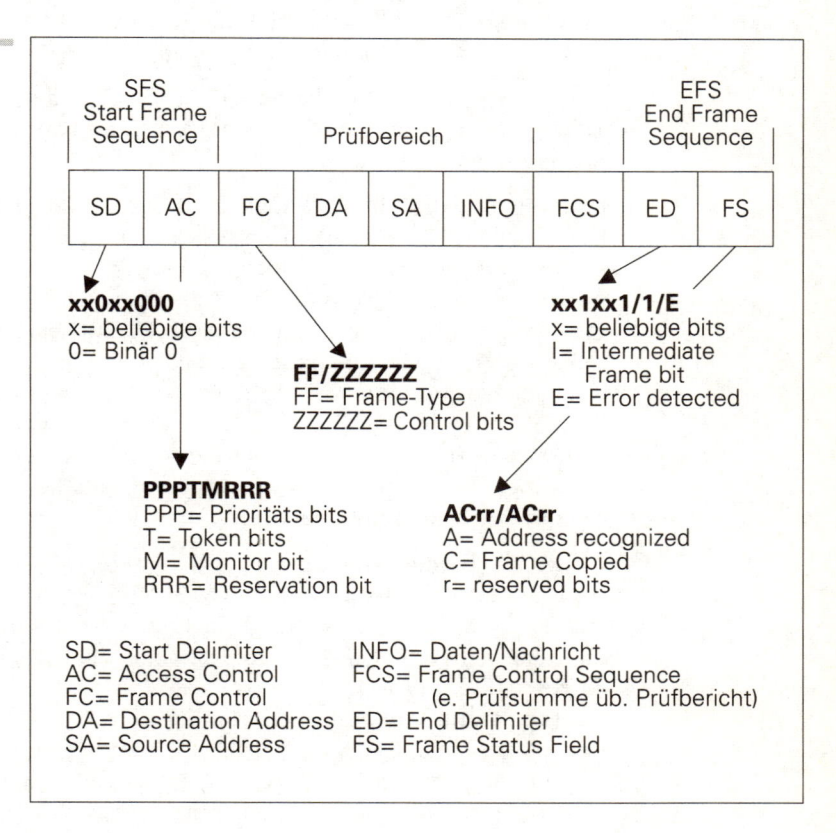

Bild 3.11
Der Aufbau des 802.5 Frame Formates

```
                SFS                                              EFS
            Start Frame                                      End Frame
             Sequence          Prüfbereich                    Sequence

         | SD | AC | FC | DA | SA | INFO | FCS | ED | FS |
```

xx0xx000
x= beliebige bits
0= Binär 0

FF/ZZZZZZ
FF= Frame-Type
ZZZZZZ= Control bits

xx1xx1/1/E
x= beliebige bits
I= Intermediate Frame bit
E= Error detected

PPPTMRRR
PPP= Prioritäts bits
T= Token bits
M= Monitor bit
RRR= Reservation bit

ACrr/ACrr
A= Address recognized
C= Frame Copied
r= reserved bits

SD= Start Delimiter
AC= Access Control
FC= Frame Control
DA= Destination Address
SA= Source Address

INFO= Daten/Nachricht
FCS= Frame Control Sequence
 (e. Prüfsumme üb. Prüfbericht)
ED= End Delimiter
FS= Frame Status Field

69

KAPITEL 3

Bild 3.12
Der Aufbau des
802.5 Token
Formates

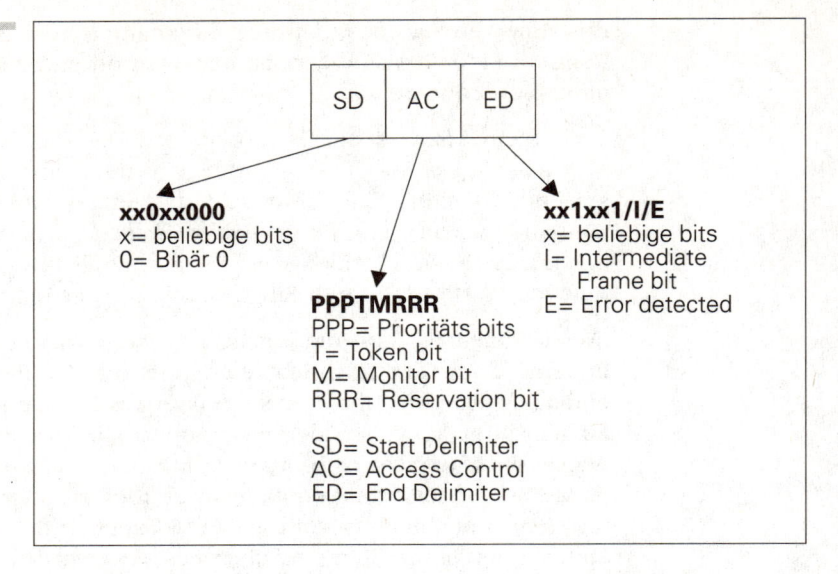

```
           ┌────┬────┬────┐
           │ SD │ AC │ ED │
           └────┴────┴────┘
```

xx0xx000
x= beliebige bits
0= Binär 0

PPPTMRRR
PPP= Prioritäts bits
T= Token bit
M= Monitor bit
RRR= Reservation bit

xx1xx1/I/E
x= beliebige bits
I= Intermediate Frame bit
E= Error detected

SD= Start Delimiter
AC= Access Control
ED= End Delimiter

In Abbildung 3.11 bzw. Abbildung 3.12 ist der Aufbau des Tokens und des Nachrichtenpaketes aufgezeigt.

Wie in Abbildung 3.12 zu sehen ist, besteht die Möglichkeit, im Token einen Prioritätsindikator anzugeben. Was kann mit dieser Angabe bewirkt werden?

Eine Station, die ein Datenpaket mit hoher Priorität senden will, kann in das Belegt-Token ihre Prioritätsstufe eintragen. Wenn sodann der momentane Sender ein Frei-Token erzeugt, besitzt das neue Frei-Token diese hohe Priorität. Eine Station mit einer niedrigeren Priorität kann sich dann das Frei-Token nicht aneignen, um selbst Daten zu übertragen. Das Frei-Token mit der hohen Priorität wird solange im Ring weitergereicht, bis die Station mit der hohen Priorität erreicht ist. Sind keine Datenpakete von dieser Station mehr zu übertragen, setzt diese die Prioritätsstufe wieder auf den ursprünglichen Zustand zurück und das Verhalten im Token-Ring-Netz ist wie gewohnt wieder hergestellt.

Es wurde bereits angedeutet, daß es im Token-Ring-Netz eine sogenannte *Monitorstation* gibt. Generell ist es so, daß eine aktive Station als Monitorstation ausgezeichnet ist. Normalerweise besitzt die erste aktive Station, also die Station, die zu allererst im Netz eingeschaltet worden ist, diesen Status. Die Monitorstation ist für die Erkennung von Fehlern zuständig, d.h. für die Erkennung des Verlustes eines Tokens oder eines ständig kreisenden Belegt-Tokens. Ein Tokenverlust wird ganz einfach durch einen Zeitüberwachungsmechanismus erkannt. Dadurch daß die maximale Zeit für ein einmalig zirkulierendes Frei-Token bekannt ist, erkennt

Kenndaten Lokaler Netzwerke

dies die Monitorstation, wenn innerhalb dieser Zeit kein Frei-Token diese Station passiert. Ist dieser Timeout abgelaufen, erzeugt die aktive Monitorstation ein neues Frei-Token, damit im Netz weitergearbeitet werden kann. Dieser Mechanismus kann ebenfalls für die erstmalige Erzeugung eines Frei-Tokens beim Starten des Netzes eingesetzt werden.

Ein ständig zirkulierendes Belegt-Token wird von der Monitorstation wie folgt erkannt und bereinigt:

Ein an der Monitorstation vorbeikommendes Belegt-Token wird durch Setzen eines bestimmten Bits im Token auf 1 markiert. Erkennt sodann die Monitorstation ein Belegt-Token, das dieses Bit bereits gesetzt hat, dann weiß diese, daß das Datenpaket schon einmal um den Ring gelaufen ist und vom Sender bzw. von der Quelle nicht vom Ring entfernt worden ist. Dieser Fehler wird dadurch behoben, daß das Belegt-Token in ein Frei-Token umgewandelt wird. Im Token-Ring-Netz kann jede Station aktiver Monitor werden. Um zu vermeiden, daß mehrere Stationen die Rolle des aktiven Monitors übernehmen, können unterschiedliche Timeoutzeiten oder ein spezieller Wettbewerbsauflösungsalgorithmus verwendet werden. Ebenfalls wird durch einen Protokollmechanismus dafür gesorgt, daß bei Ausfall oder nicht mehr existentem aktiven Monitor eine andere Station dessen Aufgabe übernimmt.

Bei der Token-Ring- bzw. Token-Passing-Methode kann man drei Merkmale erkennen:

1. Die Zugriffsmethode ist deterministisch und bezüglich der Steuerung dezentral gestaltet. Mit Hilfe mathematischer Verfahren läßt sich genau berechnen, wie lange eine Station im ungünstigsten Falle warten müßte, bis sie wieder senden darf.
2. Es handelt sich bei diesem Verfahren um ein »faires« Verfahren, da jede Station pro freien Tokenzyklus die Möglichkeit erhält, Daten zu übertragen.
3. Für Realzeitanwendungen kann eine obere Zeitschranke gewährleistet werden, bis ein Kanalzugriff für eine Station gewährt wird.

3.4.3 Token-Bus-Zugriffsverfahren (Token-Ring auf Bussystemen – IEEE 802.4)

Beim Token-Bus-Verfahren der Firma Datapoint handelt es sich physikalisch um eine Bustopologie auf der jedoch protokollmäßig ein Ring implementiert ist. Von der Steuerung des Zugriffs wird das gleiche Token-Prinzip verwendet wie bereits oben beschrieben.

KAPITEL 3

Beim Aufbau des logischen Ringes muß von den einzelnen Stationen nur eine Tabelle geführt werden, wer Vorgänger bzw. Nachfolger der Station ist (siehe Abbildung 3.13). Mit Hilfe dieser Information ist es einfach, den logischen Ring auf der Bus-Struktur aufrechtzuerhalten.

Bild 3.13
Token-Passing auf Bustopologie

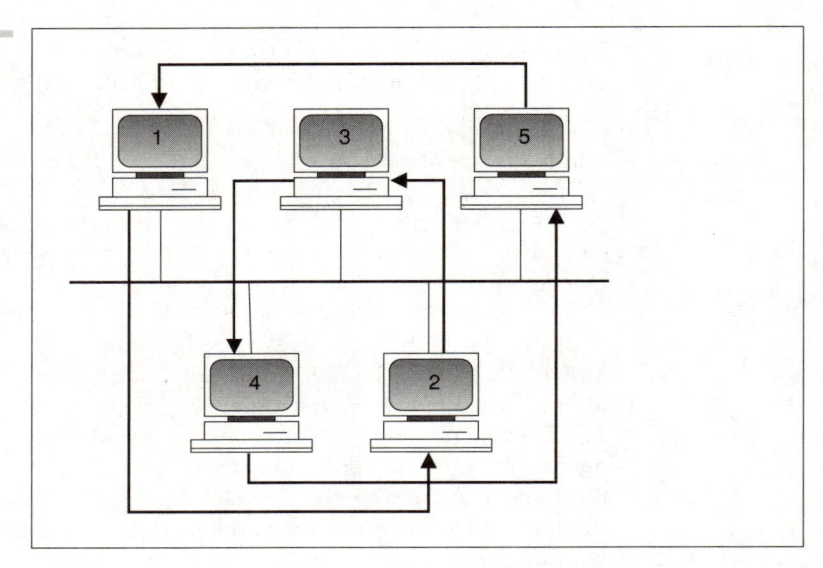

Da Token-Bus die gleichen Vorteile bietet wie beim Token-Passing-Zugriffsverfahren bereits beschrieben, wird dieses Protokoll für das MAP (Manufacturing Automation Protocol) Projekt der Firma General Motors in den Standard mit aufgenommen. General Motors gab hierfür den Entwicklungsauftrag und ist nicht wie oft behauptet wird, der Hersteller dieses Verfahrens.

Die mit dem Bus verbundenen Stationen bilden einen logischen Ring. Dieser logische Ring wird durch spezielle Mechanismen des eingesetzten Protokolls aufgebaut. Bei diesem Protokoll (Token-Passing, wir werden dieses Verfahren noch bei der Besprechung des Token-Ring-Protokolls antreffen) kreist ein spezielles »Paket«, Token genannt, auf diesem Ring. Das Token kann zwei Zustände annehmen, frei oder belegt. Die Station, die Daten über das Netz senden will, muß warten, bis sie ein freies Token erhält. Das Token wird dabei in einer geordneten Reihenfolge zwischen den Stationen transportiert, so daß eine Ringstruktur entsteht. Dabei muß jede Station Informationen darüber besitzen, wer ihr Nachfolger bzw. ihr Vorgänger ist. Diese Informationen pflegt jede Station durch das Führen einer Tabelle, in der eingetragen wird, welche Station Vorgänger und welche Nachfolger dieser einen Station ist. Ausschlaggebend hierfür sind die Nodeadressen der einzelnen Sta-

Kenndaten Lokaler Netzwerke

tionen, um den entsprechenden Adresseneintrag durchführen zu können. Aufgrund der Busverkabelung ist im Gegensatz zum klassischen Token-Ring-Verfahren die Reihenfolge der Stationen unabhängig von ihrer physikalischen Position im Netz.

Die Station, die das freie Token besitzt, kann Nachrichten senden oder Anforderungen an andere Stationen absetzen. Solange sie das Frei-Token besitzt, fungiert sie praktisch als Masterstation. Hat eine Station ihre Aufgaben erledigt oder ist ihre Zeit abgelaufen, muß sie das Token, als *Frei-Token* gekennzeichnet, an die in der Reihenfolge nächste Station weitergeben. Dies geschieht mittels einer Tokenübergabekontrollnachricht. Das Nachrichtenprioritätsschema ist vergleichbar mit dem des Token-Ring.

Bei der Verwaltung des Token sind dabei folgende Gesichtspunkte zu beachten:

Aufnahme in den Ring

Da kein Netzwerk während des Betriebes statisch ist, weil neue Stationen hinzukommen oder die Arbeit beenden, muß diesen die Möglichkeit gegeben werden, periodisch in den Ring aufgenommen zu werden. Damit dies geschehen kann, generiert die Station, die gerade das Token besitzt, periodisch eine »solicit successor«-Nachricht.

Dieser Nachrichtenblock bewirkt, daß andere Stationen mit einer Adresse zwischen ihrer eigenen und der ihres Nachfolgers mit einer Anforderung für die Aufnahme in den Ring antworten. Die Station wartet eine gewisse Zeitdauer. Die Zeitdauer entspricht dabei dem Antwortfenster (mindestens jedoch zweimal die Zeit für die Ausbreitung des Signals von einem Ende zum anderen). Existiert eine Aufnahmeanforderung, d.h. es muß eine neue Station in den Ring integriert werden, dann nimmt die das Token besitzende Station die neue Station als ihren Nachfolger in der Tabelle auf und sendet ihr das Frei-Token zu. Die Sendeberechtigung geht an die neu aufgenommene Station über. Wird eine Aufnahmeanforderung von mehr als einer Station gesendet, kollidieren diese »Rückmeldungen« und werden verstümmelt.

In diesem Fall sendet die das Token besitzende Station eine »resolve-contention«-Nachricht und wartet auf 4 Antwortfenster. Die an der Kollision beteiligten Stationen verwenden die ersten beiden Bits ihrer Adresse, um das für ihre Anforderung zu benutzende Antwortfenster identifizieren zu können. Bemerkt die neue Station dabei jedoch einen Datenverkehr, bevor ihr Fenster an der Reihe ist, dann sendet sie keine Aufnahmeanforderung zurück. Tritt jedoch wieder eine Kollision auf, dann durchlaufen die an der Kollision beteiligten Stationen wieder eine Phase zur Kollisionsauflösung, die dann allerdings auf den nächsten beiden Adreßbits basiert. Dies geht solange, bis eine eindeutige Anforderung über das Netz gelangt oder die maximale Anzahl von Versuchen überschritten ist.

Löschen aus dem Ring

Will eine Station den Ring verlassen, sendet diese, wenn sie das Token erhält eine »*set-successor*«-*Nachricht* an ihren Vorgänger. Die »*set-successor*«-*Nachricht* enthält dabei die Information, wer der Nachfolger dieser Station ist. Der Vorgänger der Station schickt entsprechend eine Nachricht an seinen Nachfolger.

Doppeltes Token

Hört eine das Token besitzende Station eine andere Station senden, verwirft diese das Token und kehrt in den Empfangsmodus zurück.

Ausfall des Nachfolgers

Wird ein Token an den Nachfolger weitergegeben, muß dieser innerhalb des Antwortfensters antworten. Die das Token noch innehabende Station führt einen nochmaligen Versuch durch. Antwortet der Nachfolger dabei immer noch nicht, sendet sie eine »*who follows*«-*Nachricht*. Mit dieser Nachricht versucht sie den Nachfolger der ausgefallenen Station zu finden. Die das Token besitzende Station sollte dann eine »*set-successor*«-*Antwort* erhalten.

Nachdem sie diese Nachricht erhalten hat, berichtigt sie ihre Nachfolgerinformation und gibt das Token weiter. Wenn notwendig, wird die »*who-follows*«-*Nachricht* auch ein weiteres Mal gesendet. Ist dann jedoch immer noch kein Nachfolger ausfindig gemacht, dann sendet die das Token besitzende Station eine »*any-successor*«-*Nachricht*. Zu diesem Zeitpunkt ist die Station froh, irgendeine andere Station als Nachfolger zu bekommen. Erhält sie dann immer noch keine Antwort, nimmt sie an, daß sie isoliert im Netz arbeitet und schaltet in den Empfangsstatus um.

Initialisierung des Ringes

Dieser Vorgang tritt in zwei Fällen ein:

1. Starten des Netzwerkes
2. Verlust des Tokens

Der Verlust des Tokens wird bemerkt, wenn eine oder mehrere Stationen feststellen, daß für eine bestimmte Zeitdauer keinerlei Aktivität auf dem Bus vorhanden ist. Ist in einer Station die Zeitüberwachung für die Ringinaktivität abgelaufen, dann gibt diese eine *»claim-token«-Nachricht* auf den Bus. Dabei auftretende Kollisionen werden unter der Verwendung von Adressen wie oben bereits beschrieben aufgelöst.

Der Token-Passing-Bus zeichnet sich durch eine sehr komplexe Token-Verwaltung aus. Bei kleiner Last ist die Leistung dieses Verfahrens schlechter als CSMA/CD. Unter zunehmender Last ist er jedoch dem CSMA/CD-Verfahren überlegen. Treten keine Fehler auf, kann eine obere Grenze für die Verzögerung einer Nachricht angegeben werden. Der Bus kann länger sein als für CSMA/CD-Verfahren, da keine Notwendigkeit besteht, während des Sendens den Bus abzuhören und die elektrischen Restriktionen weniger ins Gewicht fallen.

KAPITEL 4

4 Netzwerkaufbau und Netzwerktopologien

Unter einem Netzwerk kann man ein modulares, erweiterbares und anpaßfähiges System verstehen, das an die jeweiligen Bedürfnisse der einzelnen Unternehmen angepaßt werden kann. Die Modularität erleichtert es, neue Komponenten hinzuzufügen oder bestehende Komponenten wieder zu entfernen oder an anderer Stelle wieder einzufügen. Im letzten Kapitel wurde am Ende bereits die Netzwerktopologie und das zugehörige Zugriffsverfahren gegenübergestellt. Ich will Ihnen in diesem Kapitel Ethernet, Token-Ring, ARCNET und FDDI näher vorstellen.

▪ Ethernet bietet im ursprünglichen Sinne eine lineare Busstruktur mit CSMA/CD-Zugriffsverfahren. Wie Sie noch sehen werden, kann Ethernet inzwischen auch als sternförmige Verkabelungsstruktur aufgebaut werden. Als Kabeltyp kommen Thin- oder Thick-Ethernet (Koaxialkabel), Twisted Pair oder Glasfaserkabel in Frage.

▪ Token-Ring ist eine sternförmige Verkabelungsstruktur, die mit Hilfe spezieller Verkabelungskomponenten einen Ring bildet. Als Zugriffsverfahren wird Token-Passing und als Kabeltyp Twisted Pair, Unshielded Twisted Pair oder Glasfaserkabel verwendet.

▪ ARCNET wird als Stern oder Bus aufgebaut und Token-Passing als Zugriffsverfahren verwendet. Als Kabeltyp wird Koaxialkabel, Twisted Pair oder Glasfaserkabel verwendet.

▪ FDDI (Fibre Distributed Data Interface) bildet ein Hochgeschwindigkeitsnetz auf Basis einer Ringstruktur und Token-Passing-Zugriffsverfahren. Standardmäßig wird für dieses Netzwerk eine reine Glasfaserverkabelung verwendet. Es gibt jedoch inzwischen Produkte, mit denen FDDI auf Unshielded Twisted-Pair-Kabel eingesetzt werden können. Dann sind jedoch die überbrückbaren Längen wesentlich geringer.

Wenn man die neuen Installationsbasen auf dem Gebiet der Lokalen Netze betrachtet, stellt man fest, daß sich immer mehr die Twisted-Pair-Verkabelung durchsetzt. Ein Grund hierfür ist darin zu sehen, daß über diesen Kabeltyp inzwischen alle Topologien eingesetzt werden können. Die Bedeutung der 50-Ohm-Koaxkabel für Ethernet und 93-Ohm-Kabel für ARCNET nimmt zumindest für größere, flexible und zukunftssichere Verkabelungsstrategien

Netzwerkaufbau und Netzwerktopologien

immer mehr ab. Bei kleineren Netzen ist es von der jeweiligen Umgebungssituation abhängig, auf welche Art und Weise das Netz aufgebaut und verkabelt wird.

Wenn ein LAN in einer organisatorischen Einheit zu installieren ist, dann stehen vor allem folgende Fragestellungen im Mittelpunkt der Betrachtung:

- Welche Datenendeinrichtungen (PCs, MDTs, spez. Peripherie) sollen vernetzt werden?
- Existieren bereits Netzwerke und wenn ja, wie können diese sinnvoll mitgenutzt werden oder wie können zu diesen Verbindungen hergestellt werden, wenn die Notwendigkeit existiert?
- Mit welcher Topologie soll das Netzwerk aufgebaut werden?
- Mit welchen Übertragungsmedien soll verkabelt werden?
- Existieren bereits Kabelschächte und wenn ja, ist in diesen noch Platz für die neu zu verlegenden Kabel?
- Können bereits vorhandene Kabel genutzt werden?
- Welche Art von Daten sollen übertragen werden?
- Handelt es sich dabei um Daten, Text, Sprache oder Bild?
- Welche Datenmengen muß das Netz zur Spitzenlast übertragen können?
- Mit welcher Übertragungstechnik (Basisband oder Breitband) wird die Verkabelung geplant?
- Welches Zugriffsverfahren (s. IEEE-Standards) soll zum Einsatz kommen?
- Wie weit liegen die einzelnen Stationen voneinander entfernt (maximale bzw. minimale Entfernung)?
- Welcher bzw. wieviele Server sollen eingesetzt werden?
- Wie hoch muß die maximale Übertragungskapazität sein?
- Welche Rolle spielt die Datensicherheit im Netzwerk?
- Welche Maßnahmen müssen gegen Ausfall des Servers übernommen werden?
- Wieviel Stationen arbeiten gleichzeitig im Netzwerk?
- Welches Netzwerkbetriebssystem erfüllt die gestellten Anforderungen?
- Welche Applikationen sollen im Netzwerk betrieben werden?

KAPITEL 4

■ Besteht die Forderung nach netzwerkfähiger Software? Wenn ja, existiert diese und ist sie auch für das ausgewählte Netzwerkbetriebssystem verfügbar?

■ Zu welchen anderen Netzen (Nebenstellenanlagen, andere LANs, öffentliche Netze, WANs oder Hostrechernetze) sind Schnittstellen, d.h. Gateways erwünscht oder notwendig?

■ Welche Betriebssystem-Varianten werden auf den Workstations eingesetzt?

■ Welche Workstations sollen eingesetzt werden (PCs, ATs, PS/2, MACs oder Unix-Systeme)?

■ Wird sich das Netzwerk nur auf eine Abteilung beziehen oder soll es abteilungsübergreifend eingesetzt werden?

■ Soll die Hardware und Software von einem Hersteller geliefert werden oder ist eine Umgebung mit Produkten verschiedener Hersteller sinnvoller oder gar unausweichlich?

Dies sind nur die wichtigsten Aspekte. Man könnte diese Liste noch um sehr viele Punkte erweitern. Genausowenig entspricht die Reihenfolge der Punkte deren Wichtigkeit. Für jeden Anwendungsfall wird ein anderer Punkt größere Bedeutung haben. Sie sollen bei dieser Zusammenstellung nur ein ungefähres Gefühl dafür bekommen, welche Probleme beim Aufbau und bei der Auswahl von LANs zu berücksichtigen sind.

Die wichtigsten Bestandteile eines LANs lassen sich wie folgt deklarieren:

■ Zu vernetzende Datenendeinrichtungen (MS-DOS-Rechner, OS/2-Rechner, MACs, Unix-Systeme etc.)

■ Verkabelungssystem (Zweidrahtleitung, Koaxial-Kabel, IBM-Verkabelungssystem, Lichtleiterkabel)

■ Anschlußsystem jeder Station (Breitband- oder Basisbandanschluß)

■ Gemeinsam nutzbare Ressourcen (Hard- und Software, Drucker, Periphere Speicher, Streamer, Scanner, Plotter, Gateways, Bridges, Datenbestände etc.)

■ Netzwerkbetriebssystem (z.B. Novell NetWare in der notwendigen Ausbaustufe)

Betrachten wir uns nun die vier wichtigsten Netzwerke, die heute am häufigsten eingesetzt werden.

4.1 Ethernet-LANs

Ethernet ist das bisher am meisten verbreitete und auch bekannteste Basisband-Bussystem, basierend auf Koaxialkabeltechnik. Es stützt sich auf das von der Firma Xerox entwickelte und bereits 1975 implementierte und danach sukzessive ausgebaute experimentelle Ethernet-System.

Die Bezeichnung ETHERNET ist ein geschütztes Warenzeichen der Firma Xerox. Die Firmen *Digital Equipment*, *Intel* und *Xerox* (DIX-Firmenkonsortium) haben ein kommerzielles Ethernet-LAN auf Basis des CSMA/CD-Zugriffsverfahrens für ein Basisband-Koaxialkabel entwickelt. Dieses Netzwerk arbeitet mit einer Übertragungsgeschwindigkeit von 10 Mbit/s und wurde Anfang 1980 auf den Markt gebracht. Ein Ethernet-Netz kann inzwischen auf zweierlei Art und Weise aufgebaut werden. Entweder durch Einsatz der *Thick-Wire-Verkabelung* (*Yellow-Cable*) oder mit Hilfe der *Thin-Wire-Verkabelung* (*Cheapernet*). Betrachten wir zunächst die Komponenten für Thick-Ethernet-Verkabelung. Häufig sind Berichte zu lesen, in denen Thin-Ethernet-Verkabelung und Cheapernet-Verkabelung gleichbedeutend verwendet werden. Dies ist jedoch nicht der Fall. Thin-Ethernet-Kabel und Cheapernet-Kabel unterscheiden sich grundlegend, so daß diese beiden Kabeltypen im gleichen Netzwerk nicht miteinander gemischt werden dürfen. Eine Kopplung über Bridge-Rechner, Router oder Repeater hingegen ist durchaus erlaubt.

Neben Ethernet gibt es den ISO-Standard IEEE 802.3, welches ebenfalls Ethernet-Netzwerke repräsentiert. Der Unterschied zwischen Ethernet und IEEE 802.3 ist nicht besonders groß, hat jedoch zur Folge, daß beide Systeme nicht kompatibel zueinander sind. In diesem Fall geht es nicht um die technische Spezifikation (Netzwerkaufbau) sondern um das Frameformat, welches in beiden Fällen benutzt wird. NetWare unterstützt auf einfache Art und Weise, wie noch zu sehen ist, beide Standards. Es ist dabei jedoch zu beachten, daß bei der Installation von NetWare angegeben werden muß, ob DIX-Ethernet (Ethernt II) oder IEEE 802.3 verwendet werden soll.

Egal mit welchen Kabeln Ethernet aufgebaut wird, ob IEEE 802.3 oder Ethernet II, es handelt sich immer um ein Netzwerk mit einer Übertragungsgeschwindigkeit von 10 Mbit/s. Für die unterschiedlichsten Verkabelungsmöglichkeiten haben sich auch entsprechende Bezeichnungen am Markt etabliert. Diese Standardangaben sind wie folgt zu interpretieren:

KAPITEL 4

xxBBByy

xx: Übertragungsgeschwindigkeit

BBB: Basisband oder Breitband

yy: Länge eines Segments (yy*100); Ausnahme Twisted Pair

Die Standardbezeichnungen sind wie folgt:

10Base5   Koaxkabel mit einer maximalen Segmentlänge von bis zu 500 Meter und Basisbandtechnik. Mit diesem Kabeltyp ist Ethernet »groß« geworden, auch bekannt unter der Bezeichnung Thick-Ethernet. Wird heute immer weniger eingesetzt.

10Base2   Koaxkabel mit einer Segmentlänge von bis zu 185 Meter und Basisbandtechnologie. Man unterscheidet zwei Kabeltypen. Thin Ethernet: doppelt geschirmtes Kabel und Cheapernet: einfach geschirmtes Kabel. Die beiden Kabel weisen dadurch eine unterschiedliche Dämpfung auf und dürfen deshalb nicht im gleichen Segment gemischt werden.

10Base-T   Twisted-Pair-Verkabelung mit sternförmigen Aufbau und einer maximalen Kabellänge von bis zu 100 Meter.

10Broad5   Koaxialkabel mit einer maximalen Segmentlänge von 3600 Meter auf Basis einer Breitbandtechnologie.

10Base-F   Glasfasersegmente mit einer Übertragungsgeschwindigkeit von 10 Mbit/s.

Aufgrund der Installationsbasen werde ich mich in den nachfolgenden Ausführungen auf 10Base5, 10Base2 und 10Base-T beschränken.

4.1.1 Thick-Ethernet

In diesem Abschnitt wollen wir einen Überblick über die wichtigsten Komponenten von Ethernet-LANs geben. Behandelt werden dabei Koax- und Linksegmente, Transceiver, Transceiverkabel, Controller, Repeater und Fan-Out-Units. Die nachfolgende Abbildung zeigt den Aufbau eines Thick-Ethernet LANs.

Netzwerkaufbau und Netzwerktopologien

Bild 4.1
Aufbau eines Thick-Ethernet LANs

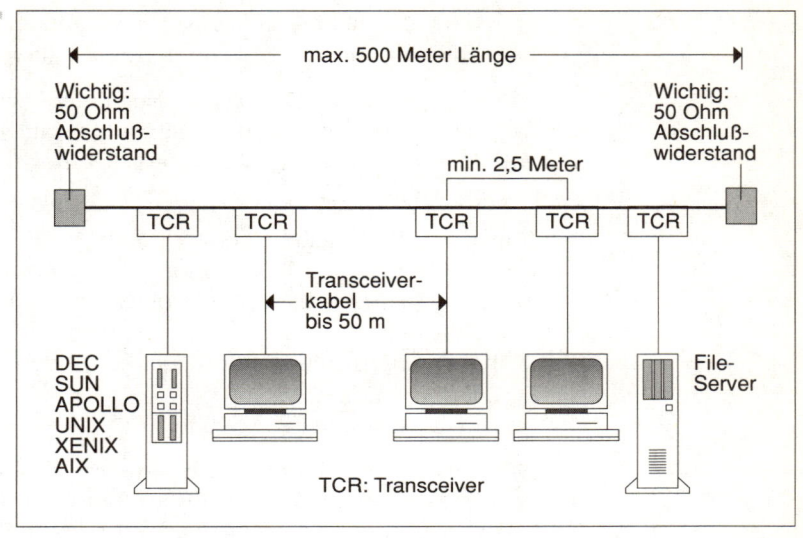

[Diagramm: max. 500 Meter Länge; Wichtig: 50 Ohm Abschlußwiderstand (an beiden Enden); TCR-Transceiver mit min. 2,5 Meter Abstand; Transceiverkabel bis 50 m; angeschlossene Rechner DEC, SUN, APOLLO, UNIX, XENIX, AIX und File-Server; TCR: Transceiver]

Das Koaxialkabel-Segment

Als Übertragungsmedium werden Koaxialkabel mit 50 Ohm Impedanz eingesetzt. Für die Verkabelung wird dabei das dicke, gelbe Ethernet-Kabel verwendet, im Gegensatz zum anschließend behandelten Thin-Ethernet. Diese Kabelsegmente können aus einem oder mehreren gekoppelten Koaxialkabelstücken bestehen und dürfen dabei eine Länge von 500 m nicht überschreiten. Die einzelnen Kabelstücke werden in diesem Fall mit sogenannten N-Barrel-Steckern gekoppelt.

Nach Möglichkeit sollten bei der Verkabelung jedoch nur Einkabelstück-Segmente verwendet werden, um auftretende Signalreflexionen an den Verbindungssteckern zu vermeiden. Soll ein Segment bis zur maximalen Ausbaustufe von 500 m später erweitert werden, kann es jedoch notwendig werden, weitere Kabelstücke anzukoppeln. Dabei ist folgendes zu beachten:

■   Wird ein Koaxialkabel-Segment aus mehreren Koaxialkabelstücken zusammengesetzt, dann sollte jedes Teilstück ein ungerades Vielfaches von 23,4 m sein.

■   Die Kabellängen können beliebig miteinander kombiniert werden und zu Segmenten unterschiedlicher Länge zusammengesetzt werden, ohne daß sich die Signalreflexionen an den Verbindungsstellen phasenmäßig so aufaddieren, daß es zu Störungen im Netzwerkbetrieb kommt. Dabei sollte jedoch darauf geachtet werden, daß die einzelnen Koaxialkabelstücke von einem Hersteller stammen und dieselben physikalischen Charakteristika aufweisen, z.B. Durchmesser, Impedanz, Dämpfungsverhalten.

An beiden Enden eines Koaxialkabelsegmentes wird und muß ein *Abschlußwiderstand* (Wellenabschlußwiderstand) aufgeschraubt werden. Die wesentlichen Charakteristika des Ethernet Yellow-Kabels sind wie folgt:

- Impedanz des Koaxialkabels: 50 Ohm
- Schutzbeschichtung: PVC, Teflon, Fluorpolymere
- Markierungsringe im Abstand von 2,5 m (+-0,5 cm) für Transceiveranschlüsse
- Wellenabschlußwiderstand an beiden Enden eines Segmentes von 50 Ohm
- maximale Segmentlänge: 500 m

Pro Koax-Segment dürfen nicht mehr als 100 Transceiver angeschlossen werden. Zwischen den Transceivern muß dabei ein Abstand von mindestens 2,5 m (Markierungen am Kabel) oder ein Vielfaches davon eingehalten werden. Dies ist notwendig, damit sich Signalreflexionen am TAP-Anschluß nicht phasenmäßig aufaddieren können. Der TAP-Anschluß stellt die Verbindung des Transceiver zum Innenleiter des Koaxkabel her.

Transceiver

Das Wort Transceiver ist eine Kombination der beiden Begriffe Transmitter (Sender) und Receiver (Empfänger) und bedeutet soviel wie Sende- und Empfangseinheit. Die ist notwendig, um eine Station physikalisch an das Koaxialkabel anschließen zu können. Pro Koax-Segment von max. 500 m Länge dürfen nicht mehr als 100 Transceiver (jeweils mindestens 2,5 m voneinander entfernt) angeschlossen werden. Die mechanisch-elektrische Ankopplung eines Transceivers wird über einen TAP-Anschluß ermöglicht. Dabei wird mit dem Handbohrer des Installationskits das Koaxialkabel an einer Markierung fast bis zum Innenleiter angebohrt. In dieses kleine Loch wird dann ein Zapfen gedreht. Dieser TAP-Anschluß stellt den mechanisch-elektrischen Anschluß her. Bei sachgemäßer Installation des Transceivers am Koaxialkabel wird der Netzbetrieb nicht unterbrochen, d.h. die Anbringung eines Transceivers kann während des Netzwerkbetriebes erfolgen.

Netzwerkaufbau und Netzwerktopologien

Bild 4.2 Aufbau und Funktion eines Transceivers

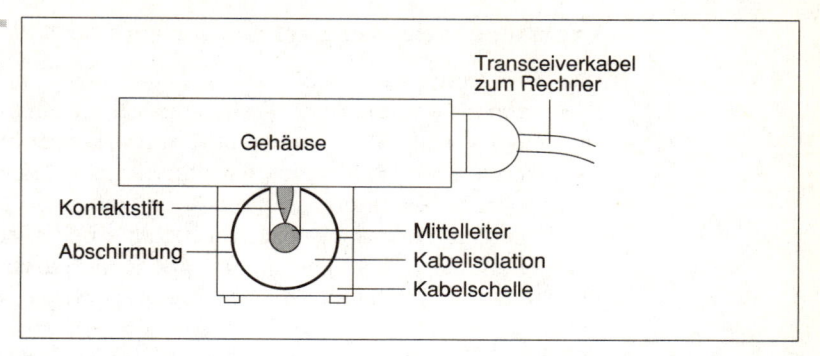

[Abbildung: Transceiver mit Beschriftungen: Gehäuse, Transceiverkabel zum Rechner, Kontaktstift, Abschirmung, Mittelleiter, Kabelisolation, Kabelschelle]

Die Aufgabe des Transceivers soll hier nochmal zusammengefaßt werden:

- Koaxialkabel-Signalisierung, Weiterleiten von kodierten bit-seriellen Datenströmen auf das Koaxialkabel.
- Die Signalisierung muß repeaterfrei bis zu einer Übertragungsstrecke von 500 m gewährleistet werden.
- Empfangen von bit-seriellen Datenströmen vom Koaxial-Kabel.
- Kollisionserkennung
- Carrier Sense
- Unterstützung einer Datenrate von 10 Mbit/s.

Transceiverkabel

Das Transceiverkabel, häufig auch Drop-Kabel genannt, verbindet die Netzwerkadapterkarte mit dem Transceiver. Das Transceiverkabel darf dabei nicht länger als 50 m sein. Auf Seiten der Station endet das Transceiverkabel in einem männlichen und auf Seite des Transceivers in einem weiblichen 15-poligen Subminiaturstecker.

Da das Transceiverkabel relativ starr und somit inflexibel zu verlegen ist, werden auch dünnere Kabelversionen (z.B. von DEC) angeboten. Da aber bei diesen Kabeln die Leitungsdurchmesser geringer sind, sind somit auch die elektrischen Kenngrößen schlechter. Die Maximallänge reduziert sich deshalb bei diesen Kabeln entsprechend. Im DEC-Fall darf das Transceiverkabel dann nicht länger als 12,5 m sein.

Netzwerkadapterkarte

Die Kommunikationssoftware ist – wie noch ausführlich besprochen werden wird – eine Station in einem Lokalen Netz, nach dem ISO/OSI-Referenzmodell in sieben Schichten unterteilt. Die unteren vier Schichten realisieren dabei das Transportsystem, die oberen Schichten repräsentieren die vom Transportsystem unabhängigen Dienstleistungen. Letztere arbeiten sehr eng mit dem Betriebssystem des jeweiligen Rechners zusammen. Deshalb erscheint es sinnvoll, die Protokollsoftware, die durch das Transportsystem realisiert wird, auf einem eigenständigen Netzwerk-Controller zu implementieren. Dadurch wird der Stationsrechner von der Abarbeitung dieser Aufgaben entlastet.

Zum heutigen Zeitpunkt werden Adapterkarten angeboten, die die Funktionen bis zur Ebene 2, andere hingegen bereits Funktionen bis zur Ebene 4 auf der Karte integriert haben. Netzwerkadapterkarten werden von den unterschiedlichsten Herstellern angeboten. Dies sind unter anderem:

- MICOM
- IMC
- TORUS
- 3COM
- NOVELL
- PURE DATA (Ethernet Board für Toshiba Laptops)
- WESTERN DIGITAL
- Schneider & Koch
- Compu-Shack

Daneben gibt es ein paar hilfreiche Mittel, um Kabelsegmente miteinander zu verbinden bzw. am Anfang und Ende zu terminieren. Somit ist es möglich, ein defektes Thick-Ethernet-Kabel nicht gleich sofort komplett austauschen zu müssen, sondern mit einfachen Methoden wieder instandzusetzen. Folgende Elemente stehen zur Verfügung:

- *N-Series male Connectors*

Diese Thick Ethernet Cable Connectors werden an beiden Enden des Kabels installiert, wenn T-Connector-Transceiver verwendet werden. Bei vorinstallierten Kabeln sind diese Connectors bereits installiert.

- *N-Series Barrel Connectors*

Mit diesen Connectors werden zwei Kabelstücke miteinander verbunden. Bei einem Kabelbruch zum Beispiel kann man auf diese Art und Weise die defekte Stelle wieder reparieren.

N-Series Terminatoren

Wie bereits erwähnt, muß das Thick-Ethernet-Kabel an beiden Enden terminiert werden. Hierzu wird ein 50 Ohm N-Series Terminator verwendet. Für jedes Kabelsegment wird der eine Terminator mit der Erdung des Gebäudes verbunden, wohingegen der andere Terminator in der Regel nicht auf Erdung geschaltet wird.

Repeater

Repeater werden dann eingesetzt, wenn die Topologie über die einzuhaltenden 500 m Koaxialkabel-Segmente-Länge hinaus erweitert werden muß. Hierbei sind zwei unterschiedliche Kopplungsmöglichkeiten zu unterscheiden:

*Bild 4.3
Kopplung von
Ethernet LANs mit
Repeater*

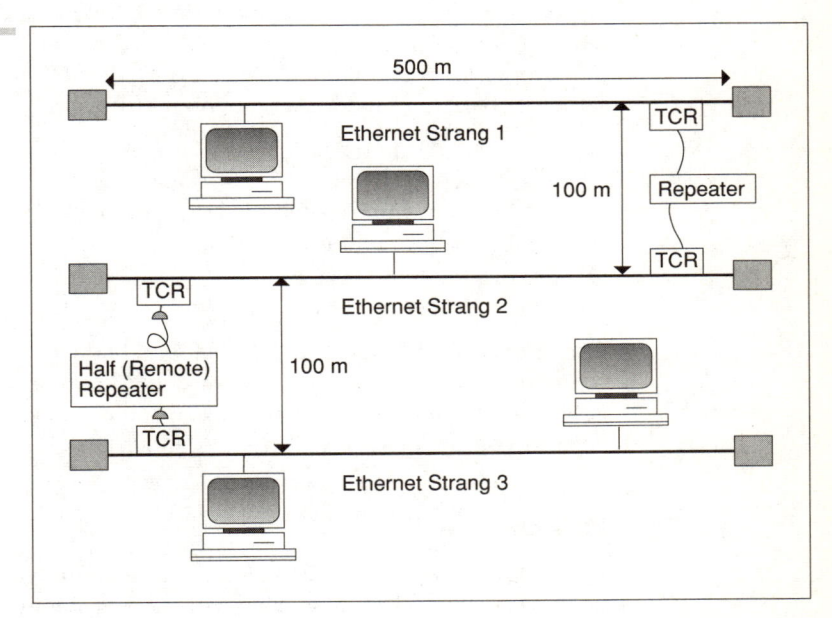

Local Repeater

Local Repeater verbinden zwei Kabelsegmente miteinander, wenn diese weniger als 100 m voneinander entfernt sind. Der Repeater wird dann mittels eines Transceiver-Kabels und je eines Transceivers an jedes Kabelsegment angeschlossen. Ein Repeater regeneriert und wiederholt alle Signale eines jeden Segments und gibt diese auf das andere Segment weiter.

Liegen die Segmente weiter als 100 m voneinander entfernt, können nur noch remote Repeater eingesetzt werden.

Remote Repeater

Beim Einsatz von remote Repeatern wird die gesamte Repeater-Funktion über zwei Repeater-Hälften erbracht. Diese sind über eine Duplex-Glasfaserstrecke miteinander verbunden. Die maximale Länge dieser Glasfaserstrecke darf dabei insgesamt nicht über 1000 m liegen, wenn mehrere remote Repeater auf dem gleichen Datenweg installiert sind. Jeder remote Repeater wird über ein Transceiverkabel mit einem Transceiver des jeweiligen Segmentes gekoppelt. Da wir inzwischen wissen, daß das Transceiverkabel maximal 50 m lang sein darf, ergibt sich eine Gesamtentfernung der beiden Segmente von maximal 1100 m. Die zu überbrückende Strecke inklusive beider Repeater-Hälften verhält sich dabei bezüglich der Netzauslegung wie ein einzelner local Repeater.

Repeater können dabei so konfiguriert werden, daß sie ein defektes Segment isolieren können. Der Netzbetrieb kann jedoch auf den anderen Segmenten ohne Störung fortgeführt werden. Die Repeater haben folgende Aufgaben zu erfüllen:

- Weiterleiten der Daten
- Signalregenerierung
- Carrier Sense und Datenwiederholung
- Kollisionserkennung
- Jam-Signalgenerierung
- Testfunktionen

Ein Repeater muß nicht unbedingt am Ende eines Koaxialkabelsegmentes installiert werden. Der Anschluß kann an einer beliebigen Stelle des Segments erfolgen. Der Abstand zwischen zwei Transceivern von mindestens 2,5 m muß jedoch beachtet werden.

Fan-Out-Unit

Im Laufe der Zeit hat sich bei der Installation von Ethernet-LANs herausgestellt, daß man sehr oft vor dem Problem steht, innerhalb eines Raumes mehrere Ethernet-Endgeräte an das Netz anschließen zu müssen. Bei der herkömmlichen Vorgehensweise würde dies bedeuten, daß pro Endgerät ein Transceiver benötigt wird, sowie ein Minimalabstand der Transceiver von 2,5 m eingehalten werden muß. Wegen der letzteren Spezifikation war man deshalb oft gezwungen, künstliche Kabelschleifen einzufügen, um diese Abstände auch gewährleisten zu können. Deshalb haben sich einige Hersteller darüber Gedanken gemacht und sogenannte Fan-Out-Units, auch Multi-Port-Transceiver genannt, hergestellt. Herkömmliche Fan-Out-Units erlauben den Anschluß von bis zu acht Endgeräten über die normalen Transceiverkabel. Die Fan-Out-Unit selbst wird über ein Transceiverkabel und einen einzigen Transceiver an das Koaxialkabel angeschlossen. Ein zusätzlicher Vorteil dieser Multiport-Transceiver ist die Möglichkeit der Serienschaltung zweier Fan-Out-Units (zweistufige Kaskadierung).

Eine Fan-Out-Unit muß nicht unbedingt an ein Ethernet-Kabel angeschlossen sein. Im Stand-alone-Betrieb erlaubt dies die Bildung eines eigenständigen Mini-Ethernet-Netzes. Wenn Sie die Möglichkeit durchrechnen, stellen Sie fest, daß auf diese Art und Weise ein Ethernet-Netz durch Serienschaltung der Fan-Out-Units von maximal 64 Endgeräten aufgebaut werden kann, ohne daß Sie einen Meter Yellow-Cable benötigen (immer unter Beachtung der einzuhaltenden Transceiverkabellängen).

Systemausbaustufen

In diesem Abschnitt wollen wir zusammenfassend die Ausbaustufen des physikalischen Übertragungssystems für die IEEE-802.3-Spezifikation betrachten. Hierbei werden die Komponenten und Restriktionen einer Minimalkonfiguration und die Kopplungsmöglichkeiten von Segmenten bis hin zur Konfiguration mit maximalem Signalweg abgehandelt.

Minimale Systemkonfiguration

Wenn wir ein Ethernet aufbauen, das der minimalen 802.3-Spezifikation Rechnung tragen soll, besteht dieses Netz aus einem einzigen Koaxialkabelsegment, wobei dieses wiederum aus mehreren Kabelstücken zusammengesetzt sein kann, aber nicht länger als 500 Meter ist. An dieses Koaxialkabelsegment werden dann mit Hilfe der Transceiver die einzelnen Stationen oder Repeater angeschlosssen. Station bzw. Repeater werden dabei mit dem Transceiver-Kabel verbunden. An beiden Enden des Kabels muß der richtige Wellenabschlußwiderstand angebracht werden, um auftretende Signalreflexionen zu verhindern. Man spricht hier auch von einer sogenannten *Signalsenke*. Der Abstand zwischen zwei Transceivern auf dem Koaxialkabelsegmet sollte mindestens 2,5 Meter betragen. Sind die Abstände größer zu wählen, sollte der Abstand ein vielfaches dieser 2,5 Meter sein. Auf diese Art und Weise wird verhindert, daß sich die Signalreflexionen an den Transceiver-Anschlüssen phasenmäßig aufaddieren können. Die maximale Anzahl von Transceiver auf einem 500 Meter Segment ist mit 100 festgelegt. Das Transceiverkabel, d.h. der Abstand von Station zum Transceiver, darf maximal 50 Meter betragen. Wenn all diese Vorschriften für den Aufbau eines minimal ausgestatteten Ethernet-Stranges unter Thick-Ethernet-Verkabelung eingehalten werden, treten beim Betrieb eines solchen Netzes keinerlei Schwierigkeiten auf, außer

Sie haben irgendwelche gravierenden Installationsanweisungen nicht beachtet.

Kopplung von Segmenten

Da in speziellen Fällen die 500 Meter Koaxial-Kabel-Segmentlänge nicht ausreichen, kann die physikalische Topologie durch den Einsatz von Repeater-Komponenten erweitert werden. Durch die Installation von Repeatern können zwei oder mehrere Segmente miteinander verbunden werden.

Die Segmente bestehen dabei aus den Repeatern, zwei Transceiverkabeln und zwei Transceivern. Dabei können die Transceiverkabel optional sein, da die Transceiver auch in den Repeaterkomponenten integriert sein können. Mit diesen Repeaterkomponenten dürfen Koaxialkabelsegmente miteinander verbunden werden, die höchstens 100 Meter voneinander entfernt sind. Müssen größere Entfernungen überbrückt werden, müssen sogenannte *Link-Segmente* (remote Repeater) eingesetzt werden. Wie aus der obigen Beschreibung bereits hervorging, realisiert jedes Link-Segment eine Punkt-zu-Punkt-Verbindung zwischen zwei Repeater-Komponenten. An dieser Verbindung dürfen keine weiteren Transceiver angeschlossen werden. Zwei entfernt liegende Koaxialkabelsegmente können somit über diese Repeaterkomponenten und ein Link-Segment gekoppelt werden. Im Signalweg zwischen zwei beliebigen Stationen dürfen höchstens zwei Link-Segmente eingesetzt werden. Als Übertragungsmedium für dieses Link-Segment wird Glasfaser bzw. ein Lichtleiterkabel verwendet.

Konfiguration mit maximaler Ausdehnung

Gemäß der 802.3 Festlegungen sind für die Übertragung von Signalen zwischen zwei beliebigen Stationen folgende Restriktionen zu beachten:

Im Übertragungsweg zwischen zwei Stationen dürfen höchstens zwei Stations-Transceiver-Kabel, drei Koaxialkabelsegmente und zwei Link-Segmente installiert sein. Statt der Link-Segment-Kopplung kann die Verbindung auch mit Local-Repeatern hergestellt werden.

Unter Beachtung der IEEE 802.3 Erweiterungen von 1986, die für das Link-Segment den Einsatz von Lichtwellenleitern vorsieht (Fibre Optic Interrepeater Link) und eine maximale Glasfaser-Link-Entfernung zwischen zwei beliebigen Stationen von 1000 m festlegt, ergibt sich für den maximalen Abstand zwischen zwei Stationen:

Netzwerkaufbau und Netzwerktopologien

Zwei Transceiverkabel	100 m
Drei Koaxkabelsegmente	1500 m
Insgesamt zulässige Länge des Link-Segments	1000 m
Vier Transceiver-Kabel	
(vier Remote Repeater Komponenten)	200 m
Maximaler Abstand zwischen zwei Stationen:	2800 m

Wird auf den Einsatz von Link-Segmenten verzichtet, ergibt sich ein maximaler Signalweg zwischen zwei beliebigen Stationen von 1800 m.

Kopplung eigenständiger Netzwerke

Durch den vermehrten Informationsbedarf ist es bei heutigen Unternehmensformen nicht mehr möglich, diese Anforderung mit nur einem Netz zu erfüllen. In der Praxis ist es deshalb nicht selten, daß eine Vielzahl von Netzen miteinander verbunden werden sollen, um im Bedarfsfall Informationen aus anderen Datenbeständen, die nicht die eigenen sind, herausholen zu können.

Hier können dann Fälle auftreten, wo nicht nur IEEE-802.3- oder Ethernet-Netze gekoppelt werden müssen, sondern auch Netze mit unterschiedlicher Struktur und unterschiedlichen Protokollen. Hierbei können folgende Kopplungsmöglichkeiten unterschieden werden:

- Verknüpfung mit Repeatern (s. oben)
- Verknüpfung mit Bridges (s. spätere Beschreibung)
- Verknüpfung mit Routern
- Verknüpfung mit Gateways

4.1.2 Thin-Ethernet

Das unter der Bezeichnung Cheapernet bekanntgewordene CSMA/CD-Netz stellt ein preiswertes Ethernet-Derivat dar. Bei der Installation sollte darauf geachtet werden, welcher Kabeltyp zum Einsatz kommt, daß sich Thin-Ethernet Kabel und Cheapernet Kabel nicht miteinander mischen lassen. In der Literatur werden diese beiden Typen jedoch meistens synonym verwendet, obwohl dies nicht der Fall ist. Das Cheapernet unterscheidet sich vom Thick-Ethernet nur durch die kürzere Ausdehnung der Koaxialkabelsegmente und dem eingesetzten Koaxialkabel. Die Übertragungsrate von 10 Mbit/s und das MAC-Protokoll sind gleich.

KAPITEL 4

Bild 4.4
Aufbau eines Thin-Ethernet LANs

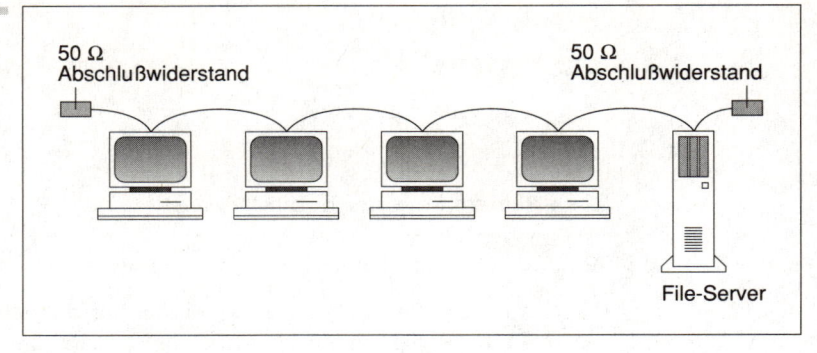

Da sich die Spezifikationen für die Installation jedoch nicht unterscheiden, wird im nachfolgenden die Bezeichnung Thin-Ethernet und Cheapernet wahlweise verwendet werden. Es sei nochmals darauf hingewiesen, da bei der Installation ein Mischung beider Kabeltypen nicht möglich ist.

Cheapernet verwendet das im Vergleich zum Yellow-Cable preiswertere und leichtere RG58-A/U-Koaxialkabel sowie BNC-T-Stecker zum mechanischen Anschluß der einzelnen Stationen. Der Transceiver kann an den BNC-T-Stecker angeschlossen werden. Wenn Sie sich jedoch die Ethernet-Karten betrachten, sind auf diesen oft bereits zwei Anschlüsse vorhanden, ein 15-poliger Transceiver-Anschluß und ein BNC-Anschluß. Wird über den vorhandenen BNC-Stecker angekoppelt, muß die Karte entsprechend eingestellt werden, da dann der integrierte Transceiver auf der Karte (VLSI-Controllerboard) die Einkopplung und die Arbeit im Netz übernimmt. Da sich Cheapernet von Ethernet nur auf der physikalischen Ebene unterscheidet (es wird ein anderes Übertragungsmedium eingesetzt) und ansonsten gleiche Funktionalität vorherrscht (CSMA/CD und 10 Mbit/s Übertragungsgeschwindigkeit) dürfen Cheapernet-Segmente problemlos über Repeater mit Standard-Koaxial und/oder Lichtleitersegmenten gekoppelt werden. Die maximale Ausdehnung eines Cheapernet-Segments darf nicht über *185 Meter* hinausgehen und es können auf dieser Länge auch nur maximal 30 Stationen angeschlossen sein. Die Stationen werden über den BNC-T-Stecker mit dem Kabel verbunden. Anders wie bei Thick-Ethernet-Verkabelung wird dabei das Kabel an der jeweiligen Station unterbrochen (durch den BNC-T-Stecker). Ein problemloses Einkoppeln von neuen Stationen ist dabei nicht mehr möglich, da das Kabelsegment geöffnet werden muß und aufgrund dessen ein Netzstillstand hervorgerufen wird. Ebenso darf im laufenden Betrieb der BNC-T-Stecker nicht von einer Station entfernt werden, da es dabei zu Schwierigkeiten des Wellenwiderstandes kommen kann.

Netzwerkaufbau und Netzwerktopologien

*Bild 4.5
Anbindung einer
Workstation an
Thin-Ethernet*

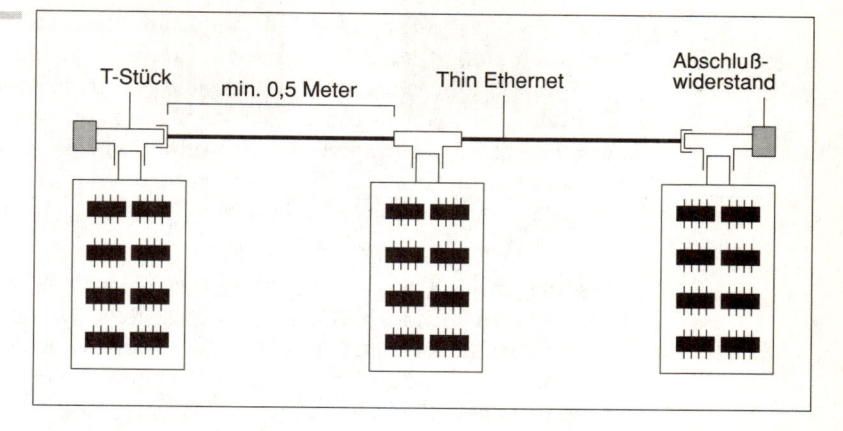

Die Entfernung von zwei Stationen, die nebeneinander installiert werden sollen, muß mindestens 0,5 Meter betragen. Auch beim Einsatz von Cheapernet ist zu beachten, daß an beiden Enden des Segments Wellenabschlußwiderstände eingesetzt werden (Signalsenke).

Bei Cheapernet ist eine Verbindung zum normalen Ethernet (Thick-Ethernet) durch den Einsatz von Repeatern möglich. Es gibt jedoch einige Hersteller, die sogenannte Multi-Port-Repeater anbieten. Über diese Multi-Port-Repeater kann ein Anschluß am Thick-Ethernet erfolgen, die anderen Anschlüsse werden für Cheapernet-Segmente verwendet.

So wie bereits für Thick-Ethernet aufgeführt, gibt es auch für Thin Ethernet (Cheapernet) BNC Barrel Connectors, um zwei Kabelsegmente miteinander zu verbinden.

An dieser Stelle sei jedoch ausdrücklich darauf hingewiesen, daß die Anzahl der Barrel Connectors, sowohl für Thin-Ethernet als auch für Thick-Ethernet so gering wie möglich sein sollte, das jeder Barrel Connectors eine Dämpfung des Signals erzeugt.

Twisted-Pair-Ethernet

Inzwischen setzt sich bei der Verkabelung für Ethernet-Netzwerke immer mehr der Einsatz von Twisted-Pair-Kabeln durch. Die Standardbezeichnung hierfür ist 10BASE-T. 10BASE-T bietet die meisten Vorteile von Ethernet, jedoch basierend auf einer neuen Verkabelungsform, d.h. es ist nach wie vor ein CSMA/CD-Zugriffsverfahren mit einer Übertragungsgeschwindigkeit von 10 Mbit/s. Bei dieser Verkabelungsform handelt es sich jedoch nicht um eine Busstruktur sondern eine sternförmige Verkabelung. Zu diesem Zwecke werden Ethernet Twisted Pair Concentrator verwendet.

KAPITEL 4

10BASE-T ist kompatibel zu allen anderen Ethernet-Standards. Dadurch stehen auch Produkte zur Verfügung, um den Übergang von einem zum anderen Kabelmedium zu realisieren. D.h. es stehen zum Beispiel Repeater zur Verfügung, um von Thin-Ethernet auf Twisted-Pair-Ethernet zu wechseln. Somit ist eine problemlose Integration in bestehende Ethernet-Segmente möglich bzw. der Einsatz unterschiedlichster Ethernet-Strukturen, je nach Einsatzgebiet, erlaubt und machbar.

Bislang werden fast für alle Ethernet-Karten die Anschlüssen für Thin-Ethernet und Thick-Ethernet unterstützt. Neuere Karten unterstützen zusätzlich noch Twisted Pair. Diese werden oft als Three-In-One-Karten bezeichnet. Andere Hersteller bieten als Anschlußmöglichkeiten Thick-Ethernet und Twisted Pair oder die Kombination Thin-Ethernet und Twisted Pair an.

In der 10BASE-T-Spezifikation ist eine sogenannte Kabel-Test-Funktion definiert, bezeichnet als Link Status Test. Über diese Funktion testet das System ständig die Twisted-Pair-Verkabelung auf offene Kabel oder Kurzschlüsse im Kabel. Das Monitoring der Verkabelung wird mit Hilfe spzieller Verkablungskomponenten und entsprechender Software ermöglicht.

In der nachfolgenden Abbildung wird eine mögliche Twisted-Pair-Verkabelung dargestellt. Es ist dabei bereits zu sehen, daß die Entfernung zwischen Station-Concentrator und Concentrator-Concentrator maximal 100 Meter betragen kann. Sie wissen bereits, daß Sie für den Anschluß von Nodes an Thick-Ethernet einen Transceiver benötigen. Angenommen Sie haben nur ältere Ethernet-Karten und wollen diese dennoch unter Twisted-Pair-Verkabelung einsetzen, was dann? Eine Möglichkeit wäre der Einsatz eines Repeaters, der von Twisted Pair auf Thick-Ethernet umsetzen kann.

Inzwischen werden jedoch Transceiver nicht nur für den Anschluß an Thick-Ethernet angeboten, sondern auch für den Anschluß an Twisted Pair und Thin-Ethernet. Auf diese Art und Weise läßt sich ein voll flexibles und ständig erweiterbares System aufbauen. Es gibt zum Beispiel spezielle Netzwerkadapter für Ethernet, die nur einen Transceiveranschluß besitzen. Wenn Sie diese dennoch unter Thick-Ethernet oder Twisted-Pair-Ethernet einsetzen wollen, dann besorgen Sie sich einfach einen Transceiver für 10BASE2 oder 10BASE-T.

Netzwerkaufbau und Netzwerktopologien

Bild 4.6
Aufbau von
10BASE-T Ethernet
LANs

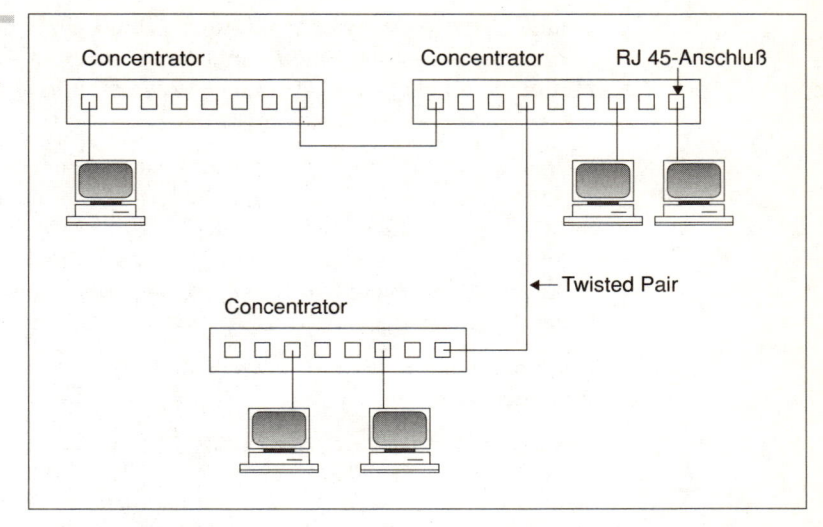

In der nachfolgenden Abbildung sind die unterschiedlichen Möglichkeiten aufgezeigt, die mit diesen Transceivern verfügbar sind.

Bild 4.7
Einsatzmöglich-
keiten unterschied-
licher Transceiver

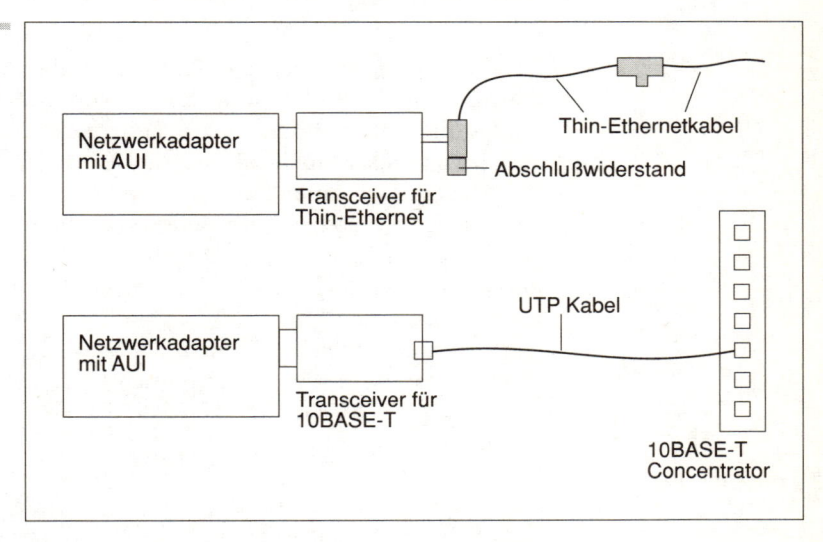

In Abbildung 4.6 ist zu sehen, wie Workstations und Endgeräte an den zentralen Concentrator angeschlossen werden. An dieser Stelle sei erwähnt, daß jeder Concentrator, genauer gesagt jeder Anschlußpunkt des Concentrator eine Repeaterfunktion ausführt. D.h. die Signale werden an jedem Anschlußpunkt verstärkt.

Wenn eine Station Datensignale erzeugt, treffen diese beim Concentrator ein, der diese auf alle anderen aktiven Anschlußports

KAPITEL 4

weiterleitet. Sie sehen anhand der Abbildung 4.6 auch, daß an einen Anschlußpunkt wiederum ein Concentrator angeschlossen werden kann. D.h. die 10BASE-T-Concentrator können auf diese Art und Weise kaskadiert werden.

Endgeräte werden an den Concentrator über ein Twisted-Pair-Kabel angeschlossen. In der Regel handelt es sich dabei um ein 100 Ohm Unshielded Twisted-Pair-Kabel. Es gibt jedoch auch Concentrator, die es gestatten, das 150 Ohm Shielded-Twisted-Pair-Kabel zu verwenden, welches von der IBM für den Aufbau von Token-Ring-Netzen standardisiert worden ist.

Die Entwicklung des 10BASE-T-Standards wurde maßgeblich von folgenden Firmen beeinflußt:

AT&T, Hewlett-Packard, SynOptics, Wang, Western Digital, 3Com, Advanced Micro David Systems, DEC, Intel, National Semiconductor, NCR, Ungermann-Bass und Racal Interlan. Sie sehen, alles bekannte und renommierte Hersteller qualitativ hochwertiger Netzwerkkomponenten.

Durch den 10BASE-T-Standard sollen als wesentliche Ziele erreicht werden:

1. Es soll eine Möglichkeit geschaffen und definiert werden, um die phyikalische Verbindung im LAN über Twisted-Pair-Kabel durchführen zu können. In der amerikanischen Literatur finden Sie an dieser Stelle sehr oft den Hinweis, eine bestehende Telefonverkabelung nutzen zu können. Dies sollten Sie bei unseren Telefonkabeln vermeiden, da diese Kabel nicht den Qualitätsanforderungen entsprechen. Für eine Twisted-Pair-Verkabelung sollten spezielle Twisted-Pair-Kabel eingesetzt werden.
2. Die Produkte, welche diesem Standard entsprechen, sollen nicht nur preisgünstig, sondern auch leicht zu installieren und zu bedienen sein. Die Praxis zeigt, daß diese Forderung sehr gut erreicht worden ist.
3. Die Richtlinien müssen kompatibel zu den bereits entwickelten und sich im Einsatz befindlichen Netzwerk-Schnittstellen sein. D.h. der Schutz der Investitionen muß gewährleistet sein. Da sich alle bisher am Markt befindlichen Produkte ohne Schwierigkeiten in bestehende Netzwerke eingliedern lassen, wird auch diese Forderung ausreichend erfüllt.
4. Die Implementierung unter den bereits bestehenden Standards dürfen durch den Zusatz nicht in Frage gestellt werden. Auf diese Art und Weise soll die Kompatibilität aller 802.3-Produkte auf Twisted-Pair-Verkabelung gewährleistet werden. Auch hier zeigt die Praxis, daß dies voll erfüllt wird. Es gibt

Netzwerkaufbau und Netzwerktopologien

inzwischen Koppelelemente zwischen Thin-Ethernet und Twisted Pair oder auch Thick-Ethernet und Twisted Pair. Das sind Repeater, die nicht größer sind als eine Zigarettenschachtel oder auch Twisted Pair Transceiver, die noch kleiner sind als eine Zigarettenschachtel.

10BASE-T entspricht zwar dem 802.3-Standard, aber aufgrund der technischen Notwendigkeit mußten wichtige Änderungen hinzugefügt werden:

1. 10BASE-T ist strukturell eine sternförmige Verkabelung. Die Segmentlänge (Concentrator-Node, Concentrator-Concentrator) beträgt dabei nicht mehr als 100 Meter mit einem eingebauten Link-Status-Test für die Verbindung.
2. Repeater müssen in der Lage sein, Netzwerksegmente abtrennen zu können, falls es zu Störungen auf diesem Segment kommt. Da jeder Anschlußpunkt separat verstärkt wird, heißt dies im Falle einer Störung, hinter diesem Anschlußpunkt den Port automatisch zu schließen, ohne die weitere Funktionsfähigkeit der restlichen Ports zu beeinflussen.
3. Der größte Teil des neuen Standards betrifft allerdings die Festlegungen für die Verbindung über verdrillte Zweidrahtleitungen (Twisted Pair). Dabei werden die funktionellen, elektrischen und mechanischen Spezifikationen für 10BASE-T-MAUs (Media Access Unit) festgelegt. Eine MAU ist zuständig für den korrekten Anschluß und die Verbindung zum Netzwerk. Es kontrolliert die Verbindung zwischen dem Node (PC, Drucker, etc.) oder dem Concentrator Port und dem Kabel.

Die MAU selbst wird wieder in zwei Bereiche unterteilt: das Physical Medium Attachment (PMA) und das Medium Dependent Interface (MDI). Das PMA enthält die Schaltungstechnik und das MDI stellt die mechanische und elektrische Schnittstelle zwischen dem Kabelsegment und der MAU dar. Aufgrund dieser getroffenen Festlegungen ist bereits ersichtlich, daß alle Implementierungen auf der MDI-Ebene kompatibel sein müssen, um solche Lokalen Netze miteinander koppeln zu können bzw. Komponenten von Drittherstellern ohne Schwierigkeiten einsetzen zu können. Es muß zum Beispiel möglich sein, Concentrator und Netzadapterkarten verschiedener Hersteller miteinander mischen zu können. Auf MAU-Ebene allerdings haben die Hersteller für die Umsetzung der Schaltungen eine ziemlich große Freiheit.

Die MAU stellt bestimmte Dienste bereit. Dies betrifft unter anderem den Transport von Informationen zur physikalischen Signalebene des Eingabegerätes. Die Verbindung wird über eine sogenannte AUI (Attachment Unit Interface) hergestellt. Entspre-

KAPITEL 4

chend dem 802.3-Standard ist die AUI-Schnittstelle zwischen der MAU und dem Eingabegerät bzw. dem Concentrator Port.

Die MAU kann dabei entweder bereits im Eingabegerät oder im Concentrator enthalten sein oder aber auch als externes Gerät realisiert werden. Beim Einsatz einer externen MAU existiert eine physikalische AUI. Dies kann durch ein Kabel realisiert werden, das die MAU mit dem AUI Port der Netzadaperkarte verbindet. Handelt es sich hingegen um eine eingebaute MAU, wird lediglich eine logische AUI benötigt. In Abbildung 4.8 ist der Unterschied dieser beiden Techniken dargestellt.

Bild 4.8
Interne und externe MAU

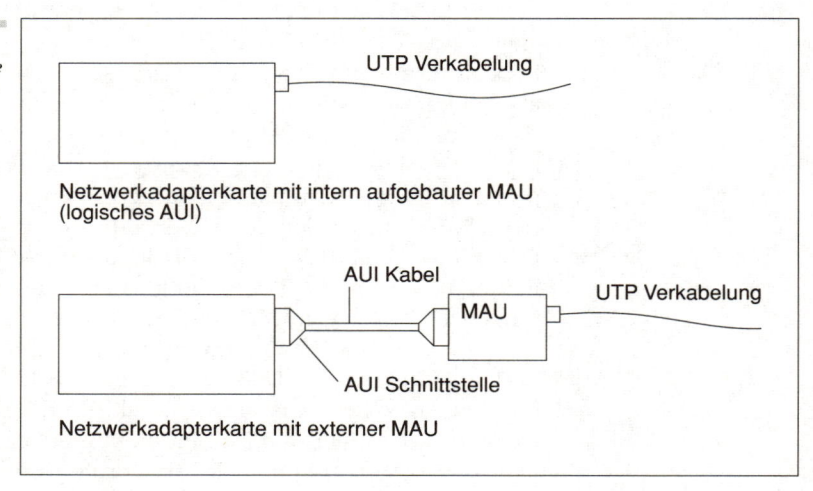

- Netzwerkadapterkarte mit intern aufgebauter MAU (logisches AUI) — UTP Verkabelung
- Netzwerkadapterkarte mit externer MAU — AUI Kabel, AUI Schnittstelle, MAU, UTP Verkabelung

Wie bereits erwähnt, existiert für 10BASE-T ein Verbindungstest, ob der Kontakt zwischen Concentrator (Repeater) und Endgerät noch aktiv ist. Dabei gehen vom Concentrator in regelmäßigen Abständen Signale an die MAUs. Antwortet eine MAU nicht mehr, wird die Verbindung zu diesem Endgerät unterbrochen und eine Meldung ausgegeben (sofern eine Managementfunktion zur Verfügung steht), daß der Test nicht erfolgreich gewesen ist. Fängt die MAU plötzlich wieder an, Signale auszusenden, wird ohne Ihr Zutun die Concentrator Port wieder geöffnet und die Station in das Netz integriert.

Die Sterntopologie läßt sich generell leichter installieren und überwachen. Fällt in einem 10BASE-T-Netzwerk ein Segment aus, wird nur dieses Segment abgeschaltet (der einzelne Port) und nicht das gesamte Netzwerk, wie dies bei einer Bus-Topologie der Fall wäre. Alle 10BASE-T Concentrator (Repeater) müssen einen sogenannten Auto-Partition-/Reconnection-Algorithmus unterstützen. Dieser Algorithmus erlaubt dem Concentrator (Repeater) das auto-

Netzwerkaufbau und Netzwerktopologien

matische Abschalten eines Ports, wenn dieser einen Fehler aufweist, und das automatische Reaktivieren des Ports, wenn der Fehler behoben ist. Auf diese Art und Weise wird nur der defekte Port deaktiviert und nicht der gesamte Repeater.

An beiden Enden des Verbindungskabels wird zum Anschluß an den Concentrator (Repeater) ein RJ45-Stecker verwendet. In Abbildung 4.9 ist die Pin-Belegung für diesen Anschlußstecker aufgezeigt.

*Bild 4.9
Steckerbelegung
(RJ45) für 10BASE-T*

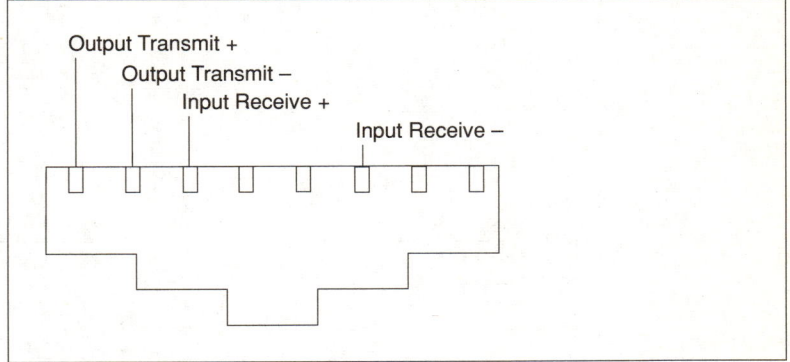

```
Output Transmit +
  Output Transmit –
    Input Receive +
          Input Receive –
```

Durch die zur Verfügung stehenden Möglichkeiten, die 10BASE-T-Komponenten zum Aufbau und zur Überwachung von LANs zur Verfügung stellt, wird die Fehlerdiagnose wesentlich vereinfacht. Gute Netzadapterkarten und Concentrator (Repeater) haben pro Port eine eigene LED für den Link State. Diese leuchtet (meist grün), wenn die Verbindung zwischen Concentrator (Repeater) und Netzadapterkarte oder dem nächsten Concentrator in Ordnung ist. Man hat hier bereits optisch die Möglichkeit, die korrekte Verbindung zu überprüfen.

In der nachfolgenden Abbildung ist dargestellt, wie 10BASE-T im OSI-Modell eingegliedert ist.

Die Anzahl der Ports an einem Concentrator ist von Hersteller zu Hersteller unterschiedlich. Die Auswahl der entsprechenden Concentrator hängt von der jeweiligen Situation ab, d.h. wieviele Nodes vernetzt werden sollen, um die geeignetsten Komponenten auszuwählen. In der Regel dürfen bis zu 12 Concentrator kaskadiert werden, um die entsprechende Port-Anzahl zur Verfügung zu haben bzw. die entsprechenden Längen überbrücken zu können.

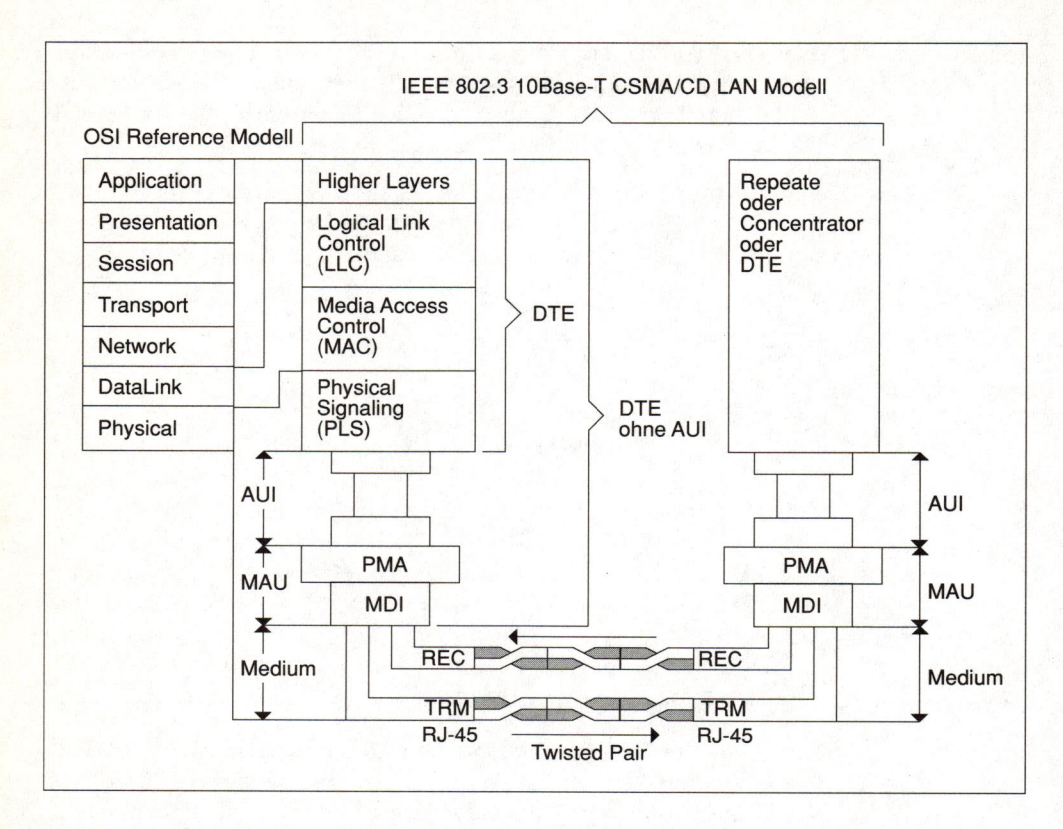

Bild 4.10 10BASE-T im ISO-OSI-Schichtenmodell

Eine weitere wichtige und marktbeherrschende Netzwerktopologie bildet der Token-Ring. Die Funktionalitäten und Möglichkeiten sollen im nächsten Abschnitt aufgezeigt werden.

4.2 Token-Ring-LANs

Der Aufbau von Token-Ring-Netzwerken unterscheidet sich grundsätzlich von den im vorherigen Kapitel besprochenen Ethernet-Netzen, allerdings nur solange man auf klassische Bustopologie setzt. Wie Sie noch sehen werden, ist die Verkabelung physikalisch gesehen eine sternförmige Struktur, ähnlich wie Sie es bereits von 10BASE-T kennengelernt haben. In den nachfolgenden Abschnitten will ich Ihnen aufzeigen, wie Token-Ring-Netze aufgebaut werden können.

4.2.1 IBM-Token-Ring-Netzwerk

Das IBM-Token-Ring-Netzwerk basiert auf den bereits erwähnten internationalen Standards für Lokale Netze, IEEE 802.5. Bevor wir uns näher mit den technischen Spezifikationen dieses Netzwerkes auseinandersetzen, wollen wir uns zuerst das IBM-Verkabelungssystem etwas genauer ansehen. Bemerkt sei an dieser Stelle, daß das IBM-Token-Ring-Netz genau auf dieses Verkabelungssystem aufbaut.

Das IBM-Verkabelungssystem

Wie Sie bereits aus den Ausführungen zu Beginn dieses Buches wissen, können bei der Verkabelung von Gebäuden, für den Aufbau von LANs, und den Anschluß von Datenstationen eine Vielzahl unterschiedlicher Kabeltypen eingesetzt werden. Jeder dieser Kabeltypen zeichnet sich durch spezielle technische und physikalische Eigenschaften aus, die für die vorgesehenen Einsatzbereiche optimale Einsatzbedingungen gewährleisten. Ausschlaggebend für die Verwendung der einzelnen Kabeltypen sind neben technischen Aspekten vor allem auch Wirtschaftlichkeit und Migrationsfähigkeit für zukünftige Verkabelungsvorhaben.

Weil unterschiedliche Netzwerke oft auch verschiedene Kabeltypen erfordern, ist bis heute in Firmen vielfach Mehrfachverkabelung notwendig. Damit sind natürlich erhöhte Kosten verbunden.

Dies schlägt sich vor allem dann negativ nieder, wenn eine sehr hohe Dichte von Datenendgeräten erreicht wird und zudem eine Vielfalt unterschiedlicher Systeme eingesetzt werden muß. Der Aufwand für eventuelle Änderungen und die damit verbundenen Kosten dürfen dabei nicht vernachlässigt werden.

Da bei IBM selbst die einzelnen Systeme über unterschiedliche Kabeltypen miteinander verknüpft werden und dazu auch noch unterschiedliche Steckdosen verwendet werden müssen, wurden Überlegungen angestellt, diesen Sachverhalt zu ändern.

So wird beispielsweise beim System IBM 3600/4700 ein Klinkenstecker verwendet, während hingegen die mit Twinax-Kabel angeschlossenen Systeme, IBM 5250, Spezialstecker verwenden. Bildschirme und Drucker der IBM-Hostwelt werden (3270-Welt) über BNC-Stecker angeschlossen, während Ringleitungssysteme der IBM 8100 oder der IBM 4300 mit IBM-Spezialsteckern angeschlossen werden.

KAPITEL 4

Diese unterschiedlichen Anschlußvoraussetzungen können nur durch den Einsatz einer einheitlichen Datensteckdose und einem gemeinsamen Verkabelungssystem umgangen werden.

Die angestrebte Zielsetzung ist der Einsatz einer einheitlichen Datensteckdose und eine einheitliche Verkabelung für alle Gerätetypen.

Der IBM-Datenstecker, der für das IBM-Token-Ring-Netzwerk benötigt wird, erfüllt diese Forderung und ist zudem von der IEEE genormt. Für die Montage des IBM-Datensteckers steht ein Einsatz für eine Standardeinbaudose zur Verfügung. In diesen Einsatz kann von der Rückseite, der mit dem Kabel versehene Datenstecker eingeklinkt und arretiert werden. Nach Einschub dieser Kombination in die Installationsdose wird die Frontseite mit einer Abdeckplatte abgeschlossen. Der Anschluß eines Endgerätes an die montierte Wandsteckdose erfolgt mit dem gleichen Steckertyp, der dabei nur um 180 Grad gedreht werden muß. IBM bezeichnet diesen Stecker auch als *»hermaphroditischen«-Stecker*, da nur noch ein Steckertyp benötigt wird, um die Endgeräte anschließen zu können, im Gegensatz zu den bisherigen Steckerverbindungen, die zwischen male und female Steckern unterscheiden mußten.

Für das IBM-Verkabelungssystem stehen insgesamt 7 verschiedene Kabeltypen zur Verfügung. Im folgenden sollen deren grundsätzlichen Unterschiede dargestellt werden.

Typ 1 Kabel

Dieses Kabel besteht aus zwei verdrillten Doppeladern aus massivem Kupferdraht, die mit einer doppelten Abschirmung versehen sind. Die kunststoffisolierten Leiter sind farbcodiert und finden sich in drei Kabelversionen wieder, die für die stationäre Verkabelung gedacht sind. Bei der Standardversion handelt es sich um die am meisten verwendete Type für Bereiche, die keinen besonderen Anforderungen unterliegen.

Die teflonummantelte Version ist für Bereiche gedacht, die besonderen feuerpolizeilichen Bestimmungen unterliegen (dieses Kabel wird jedoch nur in den USA so ausgeliefert, da in der BRD andere Vorschriften existieren). Die letzte Version ist für Außenmontage gedacht und zeichnet sich im wesentlichen durch eine besondere physische Stabilität aus.

Typ 2 Kabel

Dieser Kabeltyp ist im Aufbau mit dem Typ 1 Kabel vollkommen identisch. Zusätzlich sind jedoch noch 4 einfache Doppeladern außerhalb der Abschirmung untergebracht, die für spezielle Zwecke eingesetzt werden, zum Beispiel um hierüber Telefone anzuschließen oder wie es die Firma *Proteon* für die eigenen voll kompatiblen Ringleitungsverteiler vorsieht, um den Ring zu überwachen und Fehler zu lokalisieren.

Typ 3 Kabel

Das Typ 3 Kabel entspricht qualitätsmäßig einem Telefonkabel und kann auch für die Verkabelung eines Token-Ring-Netzes eingesetzt werden. Hierbei sind jedoch bestimmte Einschränkungen zu beachten, auf die wir später noch zu sprechen kommen.

Typ 5 Kabel

Dieser Kabeltyp wird für Glasfaserstrecken verwendet. Das Typ 5 Glasfaserkabel ist für 100/140 Micron spezifiziert. Dieser Kabeltyp wird inzwischen jedoch nicht einmal mehr von IBM empfohlen, da bereits fast alle anderen LWL-Typen eingesetzt werden können.

Typ 6 Kabel

Das Typ 6 Kabel ist eine flexible Ausführung des Typ 1 Kabels und sollte nur für die direkte Verbindung von Endgerät und Ringleitungsverteiler oder Endgerät und Wandsteckdose eingesetzt werden. Für alle anderen Anschlüsse sollten die besseren Kabeltypen (1, 2 oder 5) eingesetzt werden. Da die physikalischen Eigenschaften dieses Kabels auch nicht denen der anderen Typen entsprechen, lassen sich keine so großen Entfernungen überbrücken. Die Innenleiter des Kabels bestehen aus gedrehten Kupferlitzen im Gegensatz zum massiven Kupferdraht beim Typ 1 oder Typ 2 Kabel.

Typ 8 Kabel

Bei diesem Kabeltyp der IBM handelt es sich um ein spezielles Flachkabel, das es erlaubt, Endgeräte nachträglich zu installieren, ohne vorhandene Kabelschächte zur Kabelverlegung zu verwenden. Das Kabel kann unter den Teppichboden zur Datensteckdose hin verlegt werden.

KAPITEL 4

Typ 9 Kabel
Das Typ 9 Kabel ist ein spezielles brandgesichertes Teflonkabel für das IBM-Verkabelungssystem und entspricht bezüglich der physikalischen Eigenschaften dem Typ 1 Teflonkabel. Der einzige Unterschied liegt im Preis.

Das Typ 9 Kabel ist eine billigere Ausführung und wird vorwiegend in den USA benutzt, da dort üblicherweise die Kabelverlegung in den Klimaschächten erfolgt. Dieses Kabel entspricht jedoch nicht der deutschen feuerpolizeilichen Bestimmung.

Bei den beschriebenen Kabeltypen werden verdrillte Kupferdoppeladern verwendet, außer es handelt sich um das Typ 5 Kabel (Fibre Optic). Bei den verdrillten Kupferadern handelt es sich um ein sogenanntes »*symmetrisches Medium*«, das die Eigenschaft besitzt, relativ unempfindlich gegen magnetische Störungen zu sein, was sich positiv auf die Zuverlässigkeit der Datenübertragung auswirkt.

Die Kabel aus Kupferadern zeichnen sich zudem dadurch aus, daß diese vor allem für den Anschluß von Endgeräten, zwischen Verteilerraum und Anschlußpunkt, einfach und zuverlässig installiert werden können. Dies ist wichtig, da es sich bei diesen Installationen meist um eine große Anzahl von Anschlüssen handelt und an den Anschlußpunkten nicht selten erschwerte Arbeitsbedingungen vorherrschen.

Damit das Kabel zusätzlich gegen Störungen von außen abgesichert werden kann, ist diese zusätzlich mit einer doppelten Abschirmung versehen, die einerseits das Erdpotential trägt und auf der anderen Seite aber einen weiteren Schutz gegen elektrische Störungen bietet.

Da in einem Ringnetz Sender und Empfänger permanent aktiv sind und die Leitungen des Sende- und Empfangssignals sehr eng nebeneinander liegen, ist der Einsatz eines symmetrischen Mediums, wie die verdrillte Doppelader, sehr von Vorteil. Diese Kabelform gewährleistet, daß relativ wenig Energie von der Sende- auf die Empfangsleitung übergehen kann (Effekt des *Nebensprechens*).

Außerdem erlaubt der Einsatz eines Doppeladerpaares, Gleichstromkomponenten zu übertragen, um zum Beispiel durch zusätzliche Steuerung in einem Kabelverteiler die dynamische Einfügung eines Endgerätes in den Ring vorzunehmen. Es ist somit möglich eine automatische Überbrückung bei Ausfall einer Station oder einer Anschlußleitung vorzunehmen und einen Schleifentest vom Endgerät aus zu implementieren.

Netzwerkaufbau und Netzwerktopologien

Für den Einsatz von Token-Ring-Systemen mit dem IBM-Verkabelungssystem sind für den Anschluß von Endgeräten und den Einsatz von Wandsteckdosen Datenstecker entwickelt worden, die gleichzeitig als Stecker oder als Buchse verwendet werden können. Diese Steckertypen werden auch unter der Bezeichnung »hermaphroditischer Stecker« geführt. Der Stecker verfügt über mehrere Möglichkeiten der Kanalzuführung. Das Kabel kann entweder senkrecht nach oben oder nach unten herausgeführt werden. Es ist aber auch möglich, das Kabel von hinten oder unter einem Winkel von 45 Grad zu montieren. Damit ist eine gewisse Flexibilität erreicht worden, die es erlaubt, auch komplizierte Installationsbedingungen sehr gut meistern zu können.

Betrachtet man den Stecker und die Montage der Kabel etwas näher, stellt man fest, daß diese unter dem Gesichtspunkt größtmöglicher Einfachheit und Zuverlässigkeit bei der Installation entwickelt worden sind. Für den Anschluß der Kupferleiter und den Zusammenbau des Steckers sind beispielsweise keinerlei Lötarbeiten erforderlich, auch müssen keine Spezialwerkzeuge verwendet werden. Für die Montage genügt eine Zange zum Abschneiden des Kabels und ein Messer oder Abisolierwerkzeug zum Freilegen der Kupferleiter. Die Anschlüsse an den goldplattierten Kontakten sind mit einer Farbcodierung versehen, die derjenigen der einzelnen Kupferadern entspricht Eine Vertauschung der Leiter ist dadurch bei sorgfältigem Arbeiten fast ausgeschlossen. Die Leiter werden an den Anschlüssen nur eingeklemmt und dadurch automatisch »aufgeschlitzt«, genauso wie bei Quetschverbindern für Flachbandkabel. Ein explizites Abisolieren der einzelnen Leiterkabel entfällt somit gänzlich.

Für Schleifentests, für den Einsatz in bestehenden Systemkonfigurationen oder für den Einsatz in zukünftigen Token-Ring-Netzen verfügt der Stecker über einen automatischen Schleifenschluß (paarweise Verbindung zweier Kontakte). Dieser Schleifenschluß wird für jeden der zu einer Verbindung gehörigen Stecker im Moment der Auftrennung der Steckverbindung wirksam.

Nachfolgendes Zubehör wird nur kurz beschrieben, da eine detaillierte Beschreibung den Rahmen dieses Buches bei weitem sprengen würde.

Bestandteile des IBM-Verkabelungssystems sind normalerweise einer oder mehrere Verteiler. An diesen zentralen Punkten werden die einzelnen von den Anschlußdosen herkommenden und zum Beispiel an das Rechenzentrum weiterführenden Kabel miteinander verknüpft oder durch entsprechende Hardwareeinrichtungen konzentriert. Für diesen Verteiler wird von der Firma IBM ein soge-

KAPITEL 4

nannter Verteilerrahmen angeboten. Dieser Verteilerrahmen kann in 19 Zoll Gestelle eingesetzt werden. Der Verteilerrahmen enthält 64 Aussparungen, in die von hinten die Anschlußkabel, versehen mit IBM Datensteckern, eingeklinkt und verriegelt werden können. Von vorne können somit nach Bedarf Verbindungskabel zu Konzentratoren oder zu weiterführenden Kabeln, die in einem anderen Verteilerrahmen aufgelegt sein können, gesteckt werden. Die einzelnen Steckerpunkte des Verteilerrahmens sind mit Spalten- und Zeilenmarkierungen versehen, damit eine sehr leichte Lokalisierung der Positionen möglich ist.

In diese 19-Zoll-Gestelle können neben den Verteilerrahmen spezielle Coax-Anschlußplatten eingebaut werden, die es erlauben, 3270-Systeme über diesen Verteilerrahmen auf einen anderen Kabeltyp umzusetzen. Die Coax-Anschlußplatte enthält insgesamt 24 BNC-Doppelbuchsen, an die jeweils von hinten und von vorne Koaxialstecker angeschlossen werden können. Entsprechende Verbindungskabel zur Weiterführung auf einen anderen Kabeltyp werden von IBM angeboten.

Aufbau eines IBM-Token-Ring-Netzes

Wie bereits mehrfach erwähnt, basiert das IBM-Token-Ring-Netz und alle hierzu kompatiblen Netze auf dem IEEE 802.5 Standard. Die Token-Ring Architektur setzt grundsätzlich keine Grenzen bezüglich der eingesetzten Übertragungsgeschwindigkeit. Die anschließend zu besprechenden Spezifikationen und Möglichkeiten orientieren sich am 4-Mbit/s-Token-Ring der IBM. Ich werde Ihnen anschließend die Spezifikationen für den 16-Mbit/s-Token-Ring aufzeigen. In den meisten Fällen wird inzwischen zwar der 16-Mbit/s-Token-Ring installiert, aber dennoch soll zuerst der 4-Mbit/s-Token-Ring aufgezeigt werden. Fast alle neuen Token-Ring-Karten lassen es zu, zwischen 4 Mbit/s und 16 Mbit/s zu wählen.

IBM beschreibt die eigene Architektur aufgrund der eingesetzten Komponenten als *logischen Ring*, der in einer Struktur physischer untereinander verbundener *Sternnetze* resultiert. Die Übertragungsmedien werden durch das IBM-Verkabelungssystem festgelegt. Wie Sie später noch sehen werden, kann es sich dabei um mehrfach abgeschirmte Kupferdoppeladern hoher Qualität oder um optische Leiter handeln.

Die maximale Ausbaufähigkeit eines einzelnen Token-Rings ist auf 260 anschließbare Komponenten begrenzt. Der Grund für diese Limitierung ist in der physikalischen Arbeitsweise des Token-Ring-Netzes begründet. Die Ursache hierfür liegt beim auftretenden »Jitter«-Effekt.

Netzwerkaufbau und Netzwerktopologien

Die Beiträge von IBM an IEEE bezüglich der Implementierung eines Token-Ring-Netzwerkes gehen von einer physischen Sternverkabelung aus. Dabei enthält jedes Kabel, das zum Endgerät führt, einen Pfad für die Hin- sowie einen Pfad für die Rückleitung. Durch spezielle Verknüpfungen im Sternpunkt ist es möglich, auf diese Art und Weise ein Ringnetz aufzubauen.

Die Komponenten, die die Aufgabe dieses Sternpunktes übernehmen, werden als *Ringleitungsverteiler*, *Wire-Center* oder *Multi Station Access Unit* bezeichnet. In den nachfolgenden Ausführungen werden wir die Bezeichnung RLV (Ringleitungsverteiler) verwenden.

Ein klassischer passiver RLV enthält Anschlußpunkte für maximal 8 anschließbare Endgeräte. Die Firma TCC bietet inzwischen RLVs für 16 Anschlüsse an, und IBM hat den neuen 8230 RLV mit insgesamt 80 Anschlußpunkten. Dieser klassische passive RLV kann entweder in ein 19 Zoll Gestell, eventuell zusammen mit anderen IBM-Komponenten oder 19 Zoll kompatiblen Systemen, eingebaut werden, oder er kann in einem eigenen Gehäuse untergebracht und in Wand- oder Tischmontage eingesetzt werden. Der RLV der IBM enthält selbst keine eigene Stromversorgung (im Gegensatz zu anderen kompatiblen RLVs der Fa. Proteon zum Beispiel). Der IBM-RLV benötigt zur Ausführung seiner Funktion die Ansteuerung des entsprechenden Endgerätes. Durch die Ansteuerung des Endgerätes wird gewährleistet, daß Endgeräte automatisch in den Ring eingefügt werden, sowie bei Bedarf oder im Fehlerfall auch wieder aus dem Ring entfernt werden können.

Übersteigt die Anzahl von Endgeräten 8 Stück, können zur Vergrößerung des Ringes mehrere RLVs zusammengeschaltet werden. Hierfür besitzt jeder RLV neben den 8 Anschlüssen für die Endgeräte auf der rechten Seite einen Ring-Output (RO) und auf der linken Seite einen Ring-Input (RI) Anschluß. Beim RO-Anschluß wird die Verbindung zum nächsten RLV hergestellt, wohingegen beim RI-Anschluß das Kabel des letzten RLV angesteckt wird.

Wird ein Endgerät in den Ring eingefügt, so findet nach Einschalten des Gerätes zunächst ein interner Adaptertest statt. Anschließend wird die im Ringleitungsverteiler noch kurzgeschlossene Anschlußleitung mit einem Testmuster beschickt, so daß die Funktionsweise des Adapters und der Verbindungsleitung überprüft werden kann. Schließlich wird vom Endgerät veranlaßt, daß durch Anlegen einer Versorgungsspannung (Phantomspannung) an die im Ringleitungsverteiler befindliche Relaisschaltung, sich dieses öffnet und das Endgerät somit in den Ring eingefügt ist. Diese Phantomspannung fließt anschließend ständig zwischen Endgerät

KAPITEL 4

und RLV. Sobald diese fehlt (z.B. Stecker ziehen) schließt das Relais am RLV.

Anhand der Abbildung 4.11 soll die Funktionsweise des RLV näher erläutert werden.

Bild 4.11
Die Funktionsweise des Ringleitungsverteilers

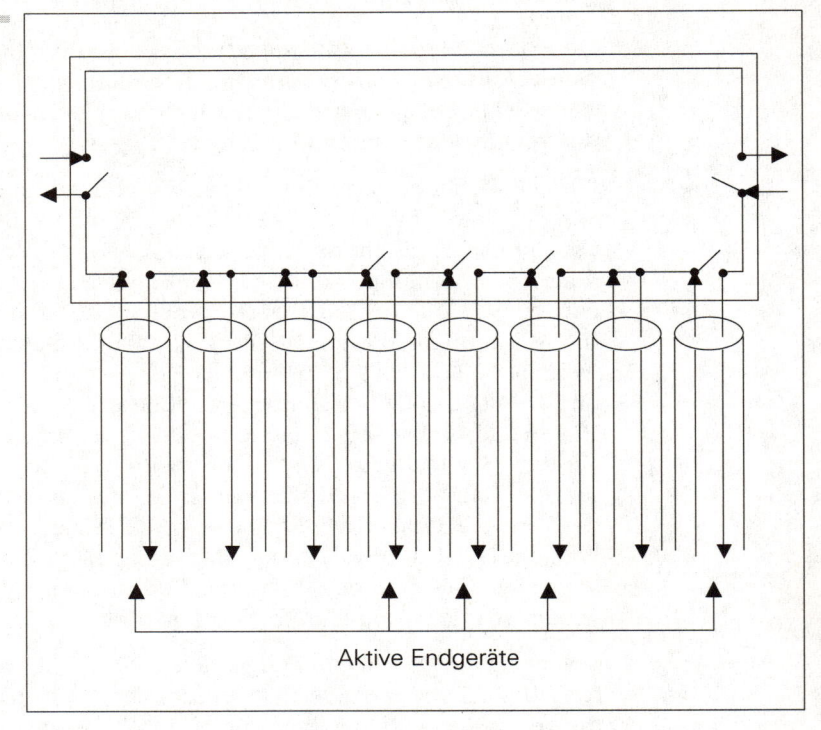

Die Anschlußpositionen für die einzelnen Endgeräte – wie bereits besprochen 8 Stück – werden durch eine Relaisschaltung abgeschlossen. Auf diese Art und Weise ist beim Fehlen von angeschlossenen Endgeräten oder wenn dieses ausgeschaltet ist, der Ring im Ringleitungsverteiler geschlossen. Im Moment der Inbetriebnahme eines Endgerätes wird von diesem – wie bereits besprochen – dafür gesorgt, daß es durch die Aktivierung des Relais in den Ring eingeschaltet wird. Das bedeutet, daß die Signale nun auch durch dieses Endgerät (Funktion des Ringes) durchgeschleust werden. Dieser Vorgang findet für alle Endgeräte nach Inbetriebnahme statt.

Tritt ein Fehler auf, zum Beispiel eine durchtrennte Leitung, ein abgeschaltetes Endgerät oder Stromausfall des Endgerätes, wird dieser Anschlußpunkt wegen der fehlenden Aktivierung durch das

Netzwerkaufbau und Netzwerktopologien

Endgerät wieder kurzgeschlossen und die Ringstruktur somit wieder hergestellt.

Für die Anschlüsse der weiterführenden Leitungen zu anderen RLVs, RI- bzw. RO-Schaltung, gilt dieses Verfahren allerdings nicht. An diesen beiden Anschlußpunkten findet der jeweilige Kurzschluß bzw. das Auftrennen der Leitung durch das Einfügen des Datensteckers statt. Dies liegt daran, daß an diesen Anschlußpunkten keine Endgeräte angeschlossen werden und somit auch keine Aktivierung des Relais erfolgen kann. Diese Funktionsweise älterer Ringleitungsverteiler für RI und RO hat jedoch einen entscheidenden Nachteil: Dadurch daß die Verbindung von RI zu RO durch Steckerkontakt erfolgt, bedeutet dies bei einem Kabelbruch zwischen den beiden RLVs, daß der Ring unterbrochen ist und somit »steht«, da kein automatisches Schließen erfolgen kann. Bei den älteren RLVs mußte man in solchen Fehlersituationen wissen, zwischen welchen RLVs der Fehler liegt und die Kabel per Hand (manuell) ziehen, um die Kontakte für den RI des einen RLVs und den RO des anderen RLVs zu schließen und den Ring wieder funktionsfähig zu haben.

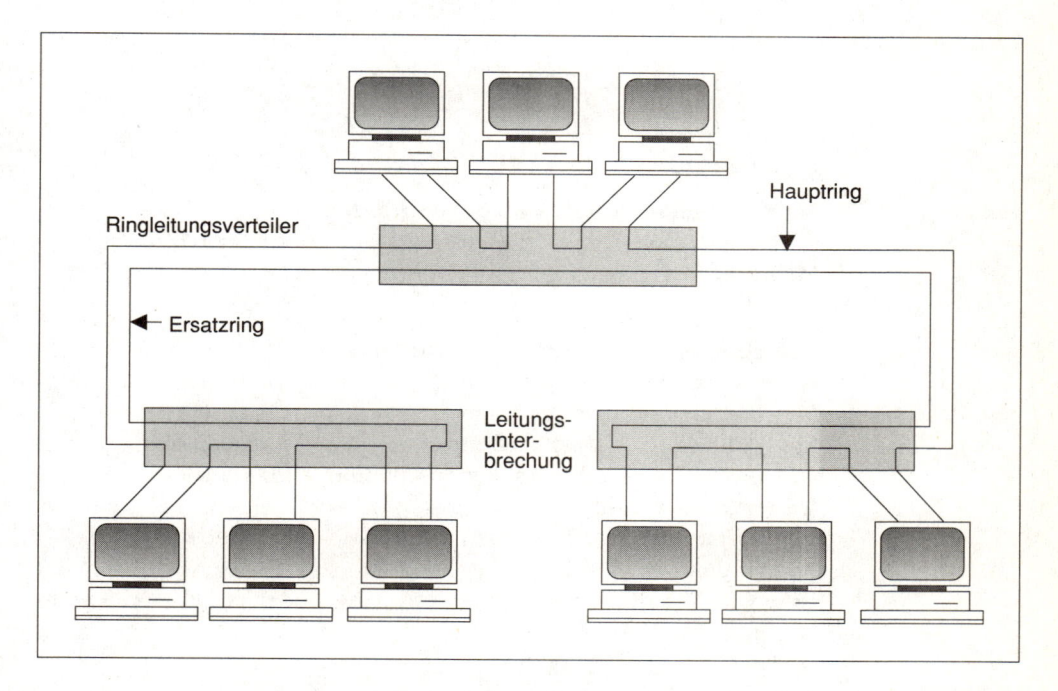

Bild 4.12 Ersatzschaltung im Fehlerfall

KAPITEL 4

Dieser Mißstand wurde von anderen Herstellern bereits früh erkannt und gelöst, indem auch die RI- und RO-Anschlüsse über Relais gesichert werden. Beim Kabelbruch zwischen zwei RLVs fehlt somit die Phantomspannung und die Relais schließen automatisch und erhalten den Ring aufrecht. Die IBM nutzt diese Technik erst mit den neuen RLVs 8230 und bietet somit wieder ein verbesserten Ausfallmechnismus, indem der Ring automatisch geschlossen wird.

Die erste Generation RLVs der IBM werden unter der Bezeichnung IBM 8228 geführt, d.h. wenn Sie in IBM-Beschreibungen in Verbindung mit Token-Ring-Netzen etwas über IBM-8228-Geräte lesen, sind damit Ringleitungsverteiler gemeint. Für den Aufbau von Token-Ring-Netzen sind jedoch bestimmte Längenrestriktionen zu beachten, wenn Sie diese Netze ohne zusätzliche Verstärkereinrichtungen betreiben wollen. Diese Längenangaben beziehen sich auf die Verkabelung mit den vorgeschriebenen IBM-Kabeltypen, die bereits weiter oben beschrieben worden sind.

In der nachfolgenden Tabelle sind die Restriktionen der Datenkabel Typ 1 und 2 bzw. Datenkabel Typ 3 wiedergegeben.

	Datenkabel Typ 1/2	Datenkabel Typ 3
Datenrate getestet	16 Mbit/s	4 Mbit/s
Kabellänge Verteilerraum-Anschlußdose		
1 Verteilerraum	max. 300 m *)	max. 100 m
Mehrere Verteilerräume	max. 100 m	max. 45 m
Kabellänge Verteilerraum- Verteilerraum		
Ohne Verstärker	max. 200 m *)	max. 100 m T 1
Mit IBM 8218	max. 750 m *)	max. 600 m
Mit IBM 8219	max. 2000 m	max. 2000 m
	(bei Kaskadenschaltung > 2000 m)	
Unterstützte Anzahl der Endgeräte	max. 260	max. 72
Anzahl der RLVs	max. 33	max. 9
Anzahl Verteilerräume	max. 12	max. 2
Filter im Endgerätestecker notwendig	nein	ja

*) nur 4 Mbit/s

Netzwerkaufbau und Netzwerktopologien

Beim Einsatz von Kabel Typ 9 sind die Längenangaben 2/3 Typ 1 zu nehmen. Der Kabeltyp 6 sollte nur als Lobe-Kabel für die Verbindung Endgerät-Wandsteckdose eingesetzt werden und auf keinen Fall für eine RLV-RLV-Kopplung.

Reichen die Entfernungen zwischen den RLVs für den Aufbau von Token-Ring-Netzen nicht aus, bietet IBM hierfür entsprechende Komponenten an, um größere Strecken überbrücken zu können. Es handelt sich dabei um einen *Leitungsverstärker IBM 8218* (nur für 4 Mbit/s) und um einen *Lichtleiter-Umsetzer IBM 8219* (nur für 4 Mbit/s) (siehe obige Tabelle).

Der IBM 8218 ist als Erweiterungsbaustein des IBM Token-Ring-Netzes zu verstehen. Die Aufgabe des Leitungsverstärkers besteht darin, größere Entfernungen zwischen zwei Ringleitungsverteilern auf der Basis von 4 Mbit/s Übertragungsgeschwindigkeit zuzulassen. Im Gegensatz zum Ringleitungsverteiler der IBM, der ein passives Verhalten aufweist (er wird ohne Stromversorgung betrieben), benötigt der Leitungsverstärker einen eigenen Netzanschluß. Die Hauptaufgabe dieser Komponente besteht darin, die Datensignale zu verstärken, zu resynchronisieren und zu regenerieren. Da der RLV nur eine Übertragungsrichtung verstärkt und regeneriert, müssen die Verstärker paarweise pro Leitung eingesetzt werden. Für die Verbindung RLV1-RO und RLV2-RI benötigen Sie somit insgesamt 4 Leitungsverstärker, zwei Stück pro Leitung.

Der Leitungsverstärker kann einzeln oder in einem 19-Zoll-Gestell (maximal 7 Stück) montiert werden. In Abbildung 4.13 ist eine typische Konfiguration mit Einsatz eines Leitungsverstärkers aufgezeigt.

Wie Sie in diesem Bild sehen können, sind zwischen zwei RLVs, die mit Typ 1 Kabel verbunden sind, je zwei Leitungsverstärker vorgeschaltet. Der Grund für die angeordneten hintereinander geschalteten Verstärker an jedem Kabelende liegt im Verstärkerverhalten und in der Token-Ring-Struktur. Da im Verbindungskabel der RLVs sowohl Haupt- als auch Ersatzleitung untergebracht sind, läßt sich keine andere Anordnung finden.

Da beide Leitungen, Haupt- und Ersatzleitung, verstärkt werden sollen und der Ringleitungsverteiler jedoch nur in einer Richtung verstärken kann, muß die aufgezeigte Schaltungsanordnung so gewählt werden. Um somit eine Entfernung von maximal 750 Metern zwischen RLVs überbrücken zu können, sind also 4 IBM 8218 (pro Kabel) notwendig.

KAPITEL 4

Bild 4.13
Der Einsatz eines Leitungsverstärkers für Token-Ring LANs

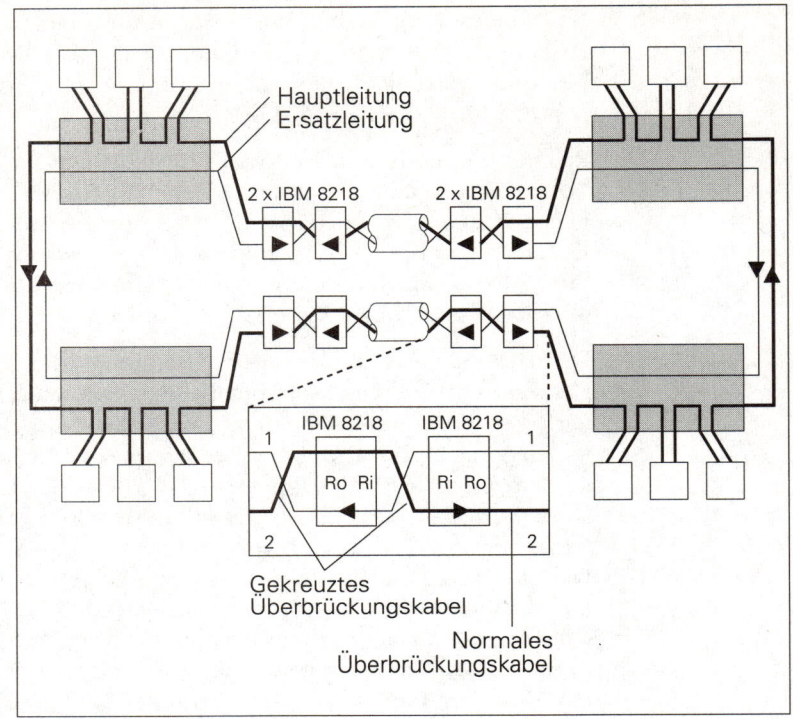

Reichen diese 750 Meter Entfernung auch nicht aus, kann dies mit einem Token-Ring-Lichtleiterumsetzer wesentlich weiter überbrückt werden. Beim Lichtleiterumsetzer handelt es sich im Endeffekt um eine Komponente, die zum selben Zweck eingesetzt wird wie der vorher beschriebene Leitungsverstärker. Auch diese Einheit kann als Bestandteil des 4 Mbit/s Token-Ring-Netzwerkes eingesetzt werden. Hier wird zur Inbetriebnahme ebenfalls eine eigene Stromversorgung benötigt. Damit kann man die Entfernung zwischen zwei RLVs auf bis zu 2000 Meter ausdehnen. Voraussetzung hierfür ist der Einsatz optischer Leiter zwischen zwei paarweise betriebenen Lichtleiterumsetzern. Die angegebene Maximalentfernung kann nur dann erreicht werden, wenn das Kabel Typ 5 des IBM Verkabelungssystems eingesetzt wird (Fibre Optic 100/140 Mikron). Der Lichtleiterumsetzer wandelt dabei das auf dem Kupferkabel ankommende elektrische Datensignal in ein optisches (Licht) Signal für die Lichtleiterkabel um und führt die umgekehrte Funktion auf der anderen Seite aus. Im Gegensatz zum Leitungsverstärker wird pro Leitungsende nur ein einziges Gerät benötigt.

Netzwerkaufbau und Netzwerktopologien

*Bild 4.14
Der Einsatz von
Lichtleiterumsetzern
in Token-Ring LANs*

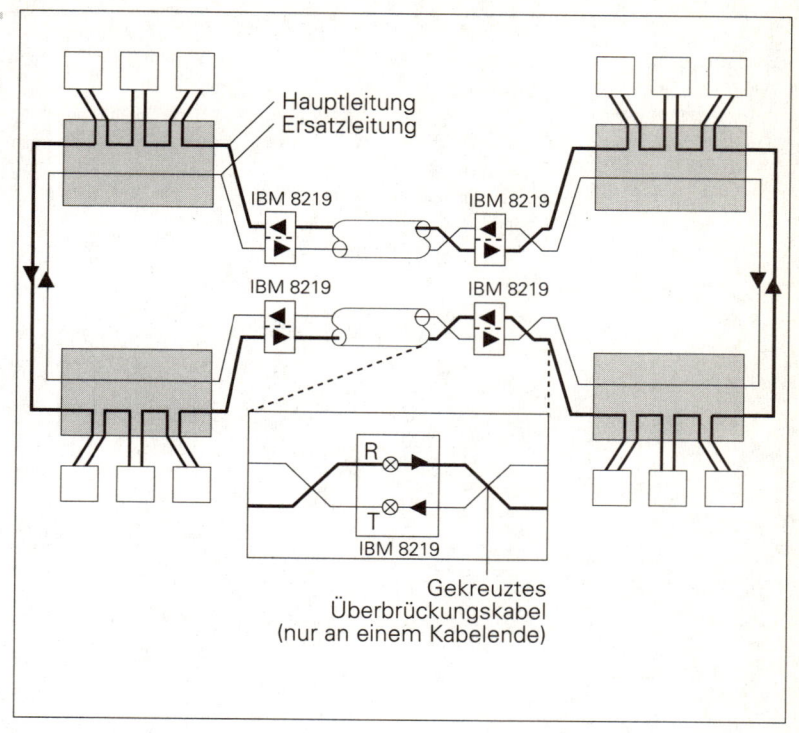

In Abbildung 4.14 ist ein Konfigurationsbeispiel gezeigt, mit dem eine maximale Entfernung von 2000 Metern überbrückt werden kann. Da der Lichtleiterumsetzer in der Lage ist, sowohl die Hauptleitung als auch die Ersatzleitung umzusetzen, ist lediglich ein Paar Lichtleiterumsetzer pro Kabelstrang notwendig. Hierbei ist jedoch zu beachten, daß am Übergang zu den RLVs an einem Ende ein normales, am anderen Ende hingegen ein gekreuztes Überbrückungskabel verwendet werden muß.

In Abbildung 4.15 ist ein kleines Beispiel aufgezeigt, wie durch den Einsatz der RLVs, Leitungsverstärker und Lichtleiterumsetzer Token-Ring-Netze über größere Entfernungen hinweg aufgebaut werden können. Hierbei ist zu beachten, daß sich die Entfernungen zweier RLVs durch die Verwendung von kaskadierten Lichtleiterumsetzern über 2000 Metern ausdehnen. Durch diese Kaskadiermöglichkeit besteht rein theoretisch keine Entfernungsbeschränkung mehr zwischen zwei RLVs.

KAPITEL 4

*Bild 4.15
Ein Konfigurationsbeispiel für die Vergrößerung der Netzausdehnung*

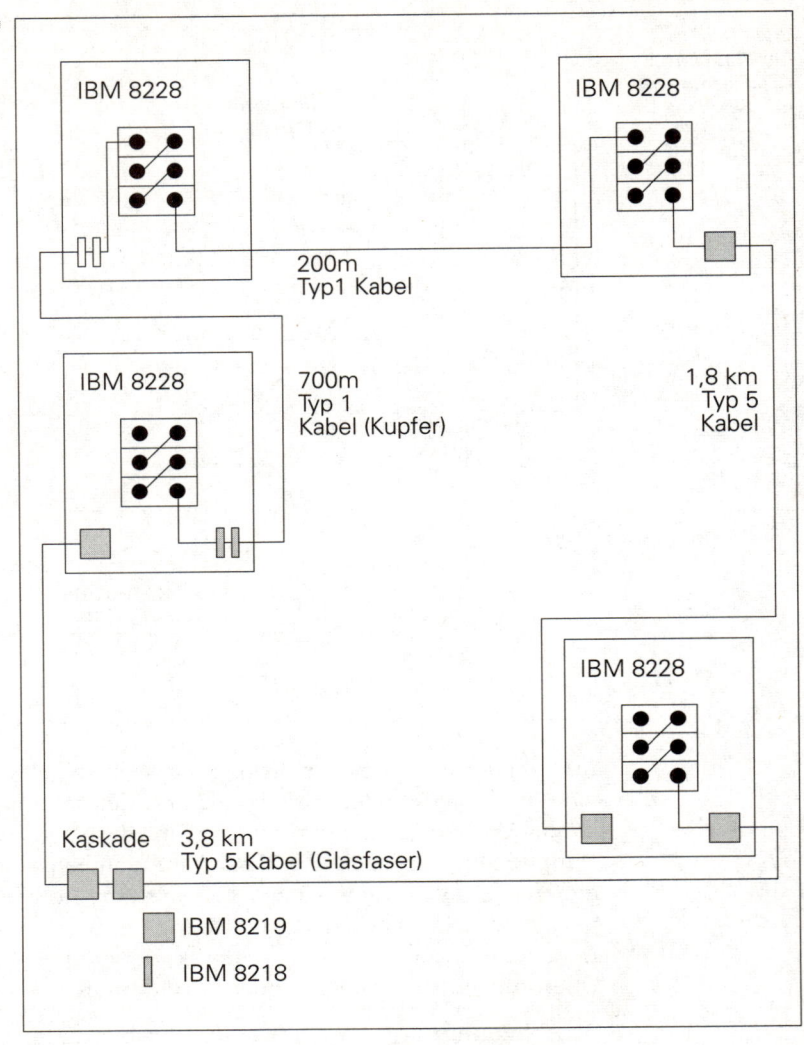

IBM 8228

IBM 8228

200m
Typ1 Kabel

IBM 8228

700m
Typ 1
Kabel (Kupfer)

1,8 km
Typ 5
Kabel

IBM 8228

Kaskade   3,8 km
Typ 5 Kabel (Glasfaser)

IBM 8219

IBM 8218

Nachdem wir uns nun ausführlich mit den Kabeltypen und den generellen technischen und physikalischen Eigenschaften der einzelnen Komponenten auseinandergesetzt haben, wollen wir uns schließlich noch darüber Gedanken machen, was bei der Verkabelung eines Token-Ring-Netzes mit IBM-Komponenten zu berücksichtigen ist, vor allem bezüglich der Längenrestriktionen der Kabel.

Die maximale Ausdehnung eines Token-Rings beim Einsatz von Standardkabeln ist begrenzt. Hierbei unterscheidet IBM zwei Ring-Typen, wenn es um die Berechnung der maximalen Kabellängen geht. Das sind zum einen Ringe mit nur einem Verteilerraum (ein

Netzwerkaufbau und Netzwerktopologien

19-Zoll-Gestell oder nur ein RLV) und zum anderen Token-Ring-Netze mit zwei oder maximal 12 Verteilerräumen.

Bei Verwendung von nur einem Verteilerraum wird empfohlen, zwischen den RLVs mit maximalen Leitungslängen von 2,4 Metern zu arbeiten. Generell wird die Empfehlung der IBM ausgesprochen, das Lobe-Kabel (Verbindung Endgerät-RLV) nicht länger als 100 Meter werden zu lassen. Wenn mit nur einem Verteilerraum gearbeitet wird, können die Endgeräte in einer Entfernung von maximal 300 Metern aufgestellt werden.

Werden Ringe aufgebaut, die mit mehr als einem Verteilerraum ausgestattet sind, ist die Lobe-Länge von der sogenannten *gemittelten Ringlänge* (*adjusted ring length ARL*) abhängig. IBM hat zur einfacheren Handhabung dem Token-Ring-Handbuch »Installation and Planning« Tabellen und Formulare beigefügt, aus denen der Benutzer jeweils maximal mögliche Kabellängen für den 4 Mbit/s Token-Ring entnehmen kann.

Es gibt immer noch eine große Anzahl von Token-Ring-Installationen, die mit einer Übertragungsgeschwindigkeit von 4 Mbit/s arbeiten, dies ist meist historisch bedingt. Alle neueren Token-Ring-Installationen werden mit einer Übertragungsgeschwindigkeit von 16 Mbit/s installiert. Hierfür werden nicht nur entsprechende Adapterkarten benötigt, es gibt auch zusätzliche Restriktionen, die beachtet werden müssen.

Wir wollen uns im nächsten Abschnitt die Möglichkeiten des 16 Mbit/s Token-Ring, die neuen technischen Komponenten und die strategischen Aspekte etwas genauer betrachten.

IBMs 16 Mbit/s Token-Ring

Mit dieser neuen Produktvariante können nunmehr Token-Ring-Systeme aufgebaut werden, die mit einer Geschwindigkeit von 16 Mbit/s arbeiten. Somit steht eine wesentlich höhere Übertragungsgeschwindigkeit und Übertragungskapazität zur Verfügung. Wenn es um den neuen Aufbau von LANs unter Token-Ring geht, sollte man sich ausschließlich für diese Technik entscheiden. Es gibt jedoch noch genügend ältere Installationen, die mit 4 Mbit/s betrieben werden und erweitert werden müssen. Deshalb bieten neue Token-Ring-Karten die Möglichkeit, zwischen 4 und 16 Mbit/s zustellen zu können.

Für den 16 Mbit/s Token-Ring sind zusätzliche Performance-Verbesserungen durch die Erweiterung der Token-Ring-Architektur ermöglicht worden. Mit Hilfe einer sogenannten Early Token Release Funktion, auf die wir später noch genauer eingehen wol-

KAPITEL 4

len, kann der Durchsatz im Netz erheblich verbessert werden. Die neue Early Token Release Funktion stellt übrigens eine Erweiterung des internationalen Standards IEEE 802.5 für 16 Mbit/s Token-Ring-Netze dar. Für das 16 Mbit/s Token-Ring-Netz wurde auch ein neuer Token-Ring-Lichtleiterumsetzer vorgestellt, der sowohl Übertragungsraten von 4 Mbit/s als auch 16 Mbit/s auf optischen Leitern unterstützt. Dieser Lichtleiterumsetzer wird als IBM 8220 bezeichnet und stellt eine intelligente Komponente dar. In Fehlerfällen kann dieser Umsetzer automatisch auf den Ersatzring umschalten. Damit wird eine hohe Zuverlässigkeit in Token-Ring-Netzen erreicht.

Für den Anschluß von Arbeitsplatzgeräten (PCs, ATs, PS/2 Modelle) werden neue Adapterkarten angeboten, die wahlweise mit 4 oder 16 Mbit/s betrieben werden können. Auch für eine Vielzahl von Steuereinheiten und Prozessoren der IBM-Host-Welt stehen neue Karten zur Verfügung, die auch wahlweise mit 4 oder 16 Mbit/s arbeiten können (direkte Einbindung von Host-Systemen, MDT in Token-Ring-Netze).

Das neue 16 Mbit/s Token-Ring-Netz zeichnet sich insbesondere dadurch aus, daß die Kapazität des Netzes auch im Lastbereich noch sehr gute Ergebnisse liefert. Somit ist es denkbar, Netzstrukturen aufzubauen, die es erlauben, den steigenden Anforderungen bzgl. Übertragungskapazität im *Inhouse*-Bereich mehr als gerecht zu werden. Mit der vermehrten Einführung von Graphikanwendungen, CAD/CAM, Übertragung von Programmen, verteilten Datenbanken und dergleichen mehr sind Netzwerke erforderlich, die sehr hohe Datenraten aufweisen.

Als Einsatzkriterien für das 16 Mbit/s Token-Ring-Netz sind denkbar:

- In vielen Fällen wird es so sein, daß 16 Mbit/s Token-Ring-Netze als Backbone-Ringe aufgebaut werden. Ein Backbone Ring ist im allgemeinen dadurch gekennzeichnet, daß an diesen normalerweise keine Arbeitsplätze angeschlossen sind, sondern nur Bridge-Rechner oder Gateways zu Großrechnersystemen oder Minicomputern. Dieser Einsatz ist vor allem dann sinnvoll, wenn ein bislang stark belastetes Einzelringsystem in mehrere Ringe aufgeteilt werden soll, die wiederum ihre gemeinsame Kommunikation und die Kommunikation mit dem Host über ein Backbone-Netz abwickeln können.

- Bei Backbone-Ringen ist es auch denkbar, Doppelringe herzustellen, die über Bridges miteinander verbunden sind. Es erhöht sich dadurch nicht nur der Durchsatz. Es können durch die Funktion der Lastverteilung extrem hohe Zuverlässigkeiten erzielt wer-

Netzwerkaufbau und Netzwerktopologien

den. Dies ist vor allem dann von großem Interesse, wenn sich Backbone-Netze über ein weites Firmenareal erstrecken.

■   Es spricht aber nichts dagegen, auch Arbeitsplatzrechner an ein 16 Mbit/s Token-Ring-Netz anzuschließen. Es kann dabei entweder ein eigenes 16 Mbit/s Token-Ring-Netz aufgebaut werden, oder spezielle Arbeitsplätze können direkt am 16 Mbit/s Backbone bunden werden. Man könnte sich zum Beispiel vorstellen, daß ein Server mit einer bestimmten Funktion, die für alle verfügbar sein soll, an diesem Backbone-Netz angebunden wird.

■   Als Gateway werden die Rechner oder Komponenten in einem Netz bezeichnet, die die Verbindung vom LAN zum Host oder Minicomputer herstellen. Da mit diesem Gateway unter Umständen sehr viele Anwender gleichzeitig arbeiten, ist es nicht notwendig, daß der Gateway-Rechner selbst entsprechende Kapazität aufweist, sondern dieser mit hohen Übertragungsgeschwindigkeiten die Daten weiter geben kann.

Die 16 Mbit/s Adapterkarten können wahlweise mit 16 Mbit/s oder 4 Mbit/s Übertragungsgeschwindigkeit betrieben werden. Es kann somit aus Kompatibiltätsgründen zunächst mit anderen 4 Mbit/s Karten gearbeitet werden und später, wenn alle 4 Mbit/s Karten ersetzt werden sollen, die 16 Mbit/s Karte, die bisher mit 4 Mbit/s betrieben worden ist, auf die höhere Geschwindigkeit umgestellt werden. Der Übergang auf eine andere Geschwindigkeit kann im Bedarfsfall durch einen Jumper oder Schalter auf der Karte erfolgen, oder bei den PS/2 Modellen über das System Setup erfolgen, bei anderen Herstellern ist es auch denkbar, dies über eine Generierungsoption in der Software oder im Mikrocode durchzuführen.

Auch der Einsatz des 16 Mbit/s Token-Rings von IBM basiert auf dem Einsatz des IBM-Verkabelungssystems. Wir haben uns bereits bei der Behandlung des 4 Mbit/s Token-Rings mit der Frage beschäftigt, welche Längenrestriktionen im Einzelfall zu beachten sind. Die gleiche Frage wollen wir uns nun für den 16 Mbit/s Token-Ring stellen.

Der Betrieb des Token-Ring-Netzes mit 16 Mbit/s sieht nach wie vor den Einsatz des IBM-Verkabelungssystems vor. Wegen der stark erhöhten Übertragungsfrequenz bei 16 Mbit/s gegenüber 4 Mbit/s sind jedoch einige Einschränkungen zu beachten.

Die bei der Einführung des IBM-Verkabelungssystems für das IBM-Token-Ring-Netz getroffenen Empfehlungen hinsichtlich der Leitungsentfernung zwischen Arbeitplatzgerät und Verteilerraum von 100 Metern gelten auch bei 16 Mbit/s Netzwerken unverändert. Damit sind die getätigten Investitionen eines bereits installierten

KAPITEL 4

Token-Ring-Netzes hinsichtlich dieser Verkabelung gesichert. Unter Berücksichtigung der oben genannten technischen Gegebenheiten muß allerdings beim Übergang auf die höhere Übertragungsgeschwindigkeit eine Reduktion der maximal anschließbaren Komponenten bei der Beibehaltung einer bestimmten Kabellänge in Kauf genommen werden. Dies bedeutet im Falle eines einzigen Verteilerraums und Anschlußkabellängen von 100 Metern die maximale Ausbaufähigkeit des Systems auf 8 Ringleitungsverteilern und damit 96 Endgeräte. Sofern die Anschlußlängen geringer sind, können naturgemäß auch mehr als 96 Endgeräte an diesem Token-Ring angeschlossen werden. Die Daten hierfür sind den entsprechenden Tabellen dem Installationshandbuch für das IBM-Verkabelungssystem zu entnehmen.

Bei Token-Ring-Systemen mit mehreren Verteilerräumen sind die dargestellten Einschränkungen sinngemäß anzuwenden. So können im gezeigten Beispiel bei zwei Verteilerräumen, Anschlußlängen von 100 Metern und ohne den Einsatz von Verstärkern bei einem Abstand von 62 Metern der Verteilerräume nur noch 16 Endgeräte betrieben werden. Da bereits angesprochen wurde, daß das 16 Mbit/s Token-Ring-Netz vorwiegend als Backbone-Netz eingesetzt werden wird und sich damit über größere Entfernungen erstrecken wird, ist der Einsatz von Verstärkern unumgänglich. Dies wird durch den neuen Lichtleiterumsetzer IBM 8220 für 4 Mbit/s und 16 Mbit/s Netze als Verbindungsglied zwischen zwei Verteilerräumen ermöglicht. Eigenen Aussagen der IBM zufolge, wird die Verbindung von Verteilerräumen beim 16 Mbit/s Token-Ring nur noch mit LWL erfolgen.

Generell ist zu bemerken, daß sich die Kabellängen zwischen den Verteilerräumen im Vergleich zum 4 Mbit/s Token-Ring-Netz halbieren.

Da sich der neue Ringleitungsverteiler der IBM durch grundlegende neue technische Eigenschaften auszeichnet, soll dieser explizit beschrieben werden.

IBMs 8230 Ringleitungsverteiler

Mit dem steuerbaren Ringleitungsverteiler 8230 werden Mechanismen zur Verfügung gestellt, die schon lange als zusätzliche Sicherheitseinrichtungen gefordert und notwendig geworden sind. Ähnliche Einrichtungen werden auch von anderen Herstellern zur Verfügung gestellt. Die Komponente der IBM soll hier nur stellvertretend betrachtet werden, da es ansonsten den Rahmen dieses Buches sprengen würde. Es soll Ihnen jedoch dabei helfen, ein Gefühl dafür zu kriegen, was möglich ist bzw. möglich sein kann.

Netzwerkaufbau und Netzwerktopologien

Der steuerbare Ringleitungsverteiler 8230 unterscheidet sich in seinen technischen Möglichkeiten grundlegend vom 8228. Im Grunde dürfen diese beiden Produkte gar nicht miteinander verglichen werden. In einer Funktion sind sie gleich: Beide dienen zum Aufbau von Token-Ring-Netzwerken. Beim 8228 spricht man von einem passiven Ringleitungsverteiler, wohingegen der 8230 als aktiver Ringleitungsverteiler bezeichnet wird.

Der 8230 bietet neue Möglichkeiten der Verfügbarkeit, sowie erweiterter Sicherheit durch die Einführung von Inventarisierungs- und Steuerungsfunktionen, die sich der ISO-CMIP-Protokolle bedienen.

Der IBM 8230 Ringleitungsverteiler besteht aus einer Basiseinheit, die über alle notwendigen Steuerungs- und Überwachungsfunktionen verfügt. Die umfangreichen Systemanzeigen erlauben es dem Netzwerkverantwortlichen, den Status der IBM 8230 auf einen Blick zu erkennen. Ebenso wie der IBM 8228 kann der 8230 Ringleitungsverteiler in einem 19 Zoll Schrank eingebaut werden. Über den standardmäßig vorhandenen Ringinput- und Ringoutput-Anschluß kann die Verbindung zu anderen Ringleitungsverteilern mit Hilfe eines Typ 1 Kabels durchgeführt werden. Es handelt sich dabei um einen klassischen hermaphroditischen Stecker der IBM.

Jeder dieser Anschlüsse ist in einer Baugruppe zusammengefaßt, wodurch es möglich ist, zwischen zwei Verteilerräumen wesentlich größere Entfernungen zu überbrücken. Sofern die Notwendigkeit besteht, große Entfernungen zwischen zwei Ringleitungsverteilern (Verteilerräumen) zu überwinden, oder wo aus technischen Gründen (Störeinflüsse von außen, z.B. magnetische Felder) der Einsatz von Typ 1 Kabeln nicht machbar ist, kann jeder der Module (RI und RO getrennt für sich) gegen ein optisches Umsetzmodul getauscht werden. Die optischen Umsetzer können jedoch nicht paarweise mit den optischen Umsetzern 8220 betrieben werden. Es ist jedoch durchaus gestattet, paarweise IBM 8220 Strecken in ein und demselben Token-Ring-Netz zu installieren.

Mit dem 8230 können sowohl 4 als auch 16 Mbit/s Netze betrieben werden. Die dazugehörige Umstellung auf 4 oder 16 Mbit/s erfolgt an der Basiseinheit durch einen Schalter auf der Frontseite des Gerätes.

Durch die im 8230 Basismodul befindlichen logischen Funktionen ist dieser in der Lage, bei Fehlersituatuionen im Hauptring, je nach Fehlerort, unterschiedliche Rekonfigurationen vorzunehmen. In diesem Fall wird der jeweilige Backup-Pfad genutzt, so wie dies in ähnlicher Weise beim optischen Umsetzer 8220 der Fall ist.

KAPITEL 4

Auf der Basiseinheit des 8230 befinden sich keinerlei Anschlüsse für Endgeräte. Um auch noch Endgeräte an den 8230 RLV anschließen zu können, müssen an diesen zusätzlich Leitungsanschlußeinheiten installiert werden. An eine Leitungsanschlußeinheit können maximal 20 Endgeräte gekoppelt werden, und an jede Basiseinheit können bis zu 4 Leitungseinheiten angeschlossen werden. Die Leitungsanschlußeinheiten sind mit rückwärtigen Steckern versehen und werden über ein mehradriges Verbindungskabel mit Steckern an der Rückseite der Basiseinheit verbunden.

Die maximale Entfernung zwischen zwei 8230 Ringleitungsverteilern beträgt beim Betrieb mit Kupferverstärkern:

Typ 1 Kabel und 4 Mbit/s: 400 Meter
Typ 1 Kabel und 16 Mbit/s: 200 Meter

Beim Betrieb mit optischen Umsetzern gelten typischerweise Entfernungen von bis zu 2000 Metern. Wie aus den obigen Zahlenwerten und Ausführungen zu entnehmen ist, fungiert der 8230 zugleich als Verstärkereinheit: je nach Anschlußmodul für RI und RO als Kupfer- oder Optischer-Verstärker.

Der IBM 8230 kann, wenn dies die Notwendigkeit erfordert, auch als reiner Verstärker eingesetzt werden. Dies gilt sowohl für Typ 1 Kabel als auch für Glasfaserkabel. Dies ist dann der Fall, wenn Sie die 8230 Basiseinheit ohne Leitungsanschlußeinheiten betreiben, da Sie dann nur noch die Verstärkerwirkung der Basiseinheit nutzen.

Die Leitungsanschlußeinheiten werden in zwei Varianten angeboten. Es handelt sich zum einen um die Leitungsanschlußeinheit für 20 Endgeräte über Kabel Typ 1, Typ 6 oder Typ 9 mit den hermaphroditischen Datensteckern. Diese Steckertechnik entspricht dem Standard IEEE 802.5 für LANs nach dem Token-Ring-Verfahren. Zum anderen werden Leitungsanschlußeineiten angeboten, an die ebenfalls bis zu 20 Endgeräte angeschlossen werden können, diesmal jedoch über Unshielded Twisted-Pair-Kabeln und RJ45 Kleinsteckern. Die IBM unterstützt mit diesem Kabel keine 16 Mbit/s Übertragungsgeschwindigkeit.

Für jede Leitungsanschlußeinheit gilt, daß eine LED den Status des jeweiligen Ports signalisiert. Da an eine Basiseinheit bis zu 4 Leitungsanschlußeinheiten angeschlossen werden können, ist es möglich, bis zu 80 Endgeräte über eine Basiseinheit zu betreiben. Aufgrund der in der 8230 implementierten Verstärkerfunktion können an einem Verteilerpunkt jetzt mehr Endgeräte über längere Anschlußleitungen betrieben werden. Eine Längenberechnung in Abhängigkeit der angeschlossenen Stationen, so wie dies früher bei den 8228 der Fall gewesen ist, entfällt.

Netzwerkaufbau und Netzwerktopologien

Bild 4.16
8230 Basiseinheit

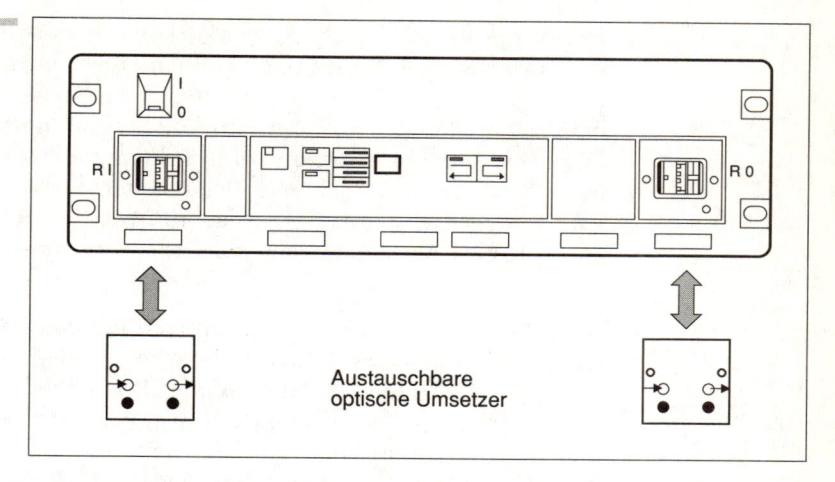

Austauschbare optische Umsetzer

Es können nunmehr folgende Maximallängen für die Anschlußleitungen, unabhängig von der Stationsanzahl, verwendet werden:

Typ 1 Kabel bei 4 Mbit/s:	375 Meter
Typ 1 Kabel bei 16 Mbit/s:	145 Meter
Typ 3 Kabel (UTP) bei 4 Mbit/s:	100 Meter

Das Hinzufügen und Entfernen von Leitungsanschlußeinheiten kann und darf im laufenden Betrieb erfolgen, ohne anschließend die Basiseinheit neu starten zu müssen.

Bild 4.17
Funktionsweise
eines 8230 RLV

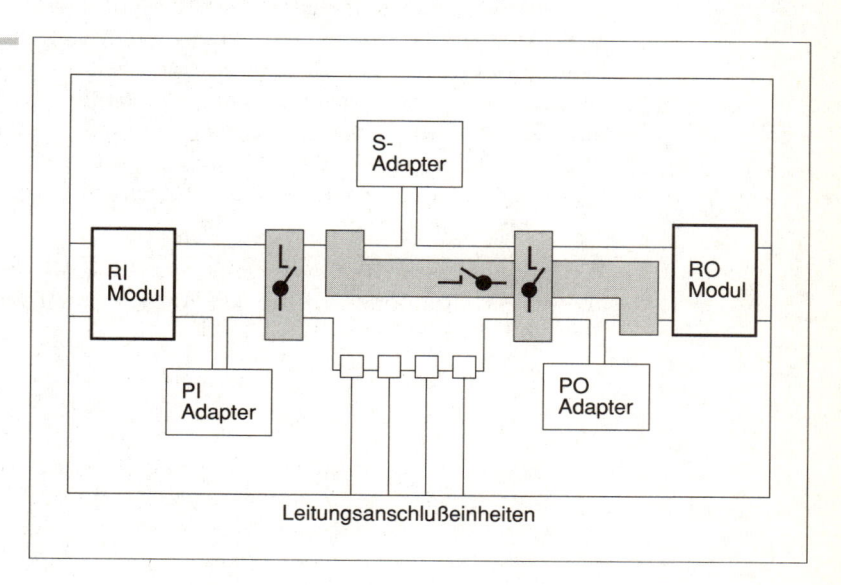

119

KAPITEL 4

Interessant ist auch noch die Funktionsweise der IBM 8230. Wichtig für den 8230 RLV sind die logischen Funktionen, die in wesentlichen Teilen die Verfahren zur Ersatzschaltung bei Ringfehlern beinhalten. Deshalb wird der 8230 im Token-Ring-Netzwerk durch nicht weniger als insgesamt drei Token-Ring-Adressen repräsentiert. Dabei befinden sich zwei der Adapteradressen im Hauptpfad, während sich die dritte Adresse im Backup-Pfad befindet. Die nachfolgende Abbildung zeigt, wie der Aufbau des 8230 RLVs aussieht.

Wenn Fehler im Haupt- oder Backup-Pfad auftreten, versucht der RLV die Funktionalität des Token-Ring-Netzes wiederherzustellen. Dies geschieht mit Hilfe einer Vielzahl von Prüffunktionen, welche den Fehlerort lokalisieren sollen, die entsprechenden Überbrückungsfunktionen aktivieren müssen und somit den Ring wieder als funktionsfähigen Ring herstellen. Wenn dazu passende Netzwerkmanagementsysteme eingesetzt werden, erhalten diese auch die Informationen über die aufgetretenen Fehler mitgeteilt.

Die einzelnen Leitungsanschlußeinheiten werden von der Basiseinheit separat für sich verwaltet. Jedes angeschlossene Endgerät wird mit der eigenen Portnummer an der jeweiligen Leitungsanschlußeinheit identifiziert. Der IBM 8230 RLV führt nicht nur selbständig Funktionen wie Ersatzschaltungen oder Übertragung von Inventarisierungsdaten durch, sondern kann auch durch die Netzwerkmanagementsoftware (z.B. IBM LAN-Netzwerkmanager) veranlaßt werden, bestimmte Funktionen auszuführen. So kann zum Beispiel gezielt eine einzelne Station, d.h. ein Leitungsanschluß über die Netzwerkmanagementsoftware deaktiviert werden. Es kann eine ganze Leitungseinheit logisch abgehängt werden oder bei Bedarf, ohne daß der Fehler aufgetreten ist, die Ersatzschaltung auf dem Backup-Pfad erfolgen, um z.B. zu prüfen, ob dieser noch funktioniert.

Die nachfolgende Abbildung zeigt, wie eine Mischung neuer und älterer IBM-Komponenten für den Aufbau von Token-Ring-Netzen eingesetzt werden können.

*Bild 4.18
Konfigurationsmöglichkeiten mit IBM 8230*

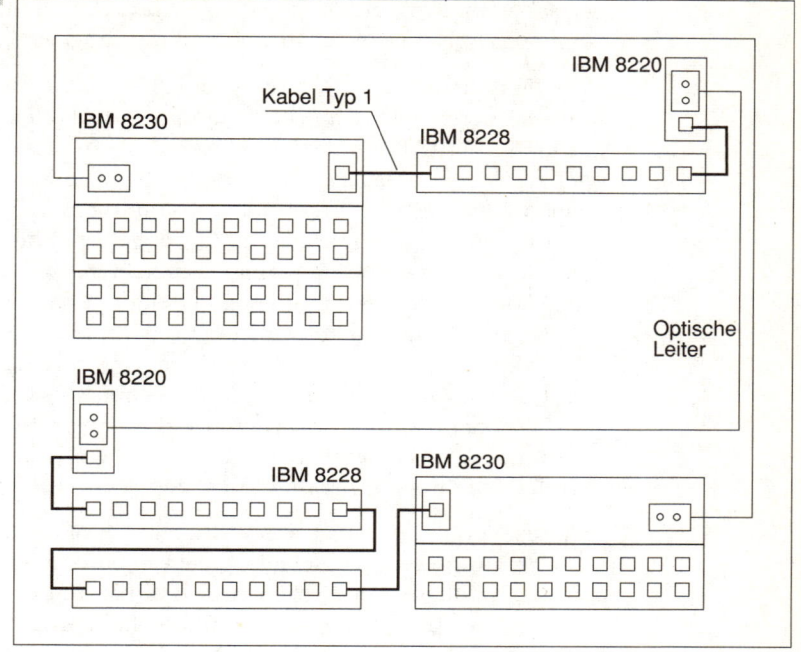

Early Token Release

Das Prinzip des Early Token Release ist eine Erweiterung der Token-Ring-Architektur für 16 Mbit/s Token-Ring-Netze und im IEEE 802.5 Standard verankert. Von dieser Betriebsweise kann im 16 Mbit/s Token-Ring-Netz wahlweise Gebrauch gemacht werden. Bei der 4 Mbit/s Token-Ring-Architektur würde aus einem rotierenden Token ein Frame, sobald das Token von der Station, die Daten sendet, mit Adreßinformation versehen und ein Datensatz samt Nachsatz (Trailer) angefügt wird. Die den Frame erzeugende Station ist im Normalfall als einzige berechtigt, einen neuen Token zu erzeugen. Dies geschieht jedoch nicht vor Erhalt des letzten Zeichens des Nachsatzes, nachdem dieser Frame den Ring einmal umkreist hat.

Betrachtet man diese Technik genauer, dann läßt sich erkennen, daß bei hohen Übertragungsgeschwindigkeiten und großer Netzlänge oder kurzen Nachrichten, die Ausnutzung des Ringes nicht sehr effektiv ist. Sogenannte Idle-Zeichen belegen den Ring, während andere Stationen auf ein Frei-Token warten müssen, um Daten übertragen zu können. Die neue Funktion des Early Token Release vermeidet dieses Problem und erlaubt auch bei hoher

KAPITEL 4

Geschwindigkeit, großer Netzlänge und relativ kurzen Nachrichten eine wesentlich bessere Ausnutzung des Ringes.

Die Funktionsweise des Early Token Release ist jedoch nichts Neues. Bereits vor ca. sechs Jahren hat die Firma Proteon ein ProNET10 (10 Mbit/s) und ein ProNET80 (80 Mbit/s) auf den Markt gebracht und damals schon die Methode implementiert. Im Vergleich zum 4 Mbit/s Token-Ring besteht die Möglichkeit, daß mehrere Datenblöcke zur gleichen Zeit auf dem Ring vorhanden sind. Das Token wird somit nicht festgehalten, bis die Daten beim Absender wieder eingetroffen sind, sondern das Token wird an die Daten angehängt. Es kennzeichnet das Ende des Frames. Jede Station, die das Token sieht, weiß somit, daß hier die Daten zu Ende sind und kann eigene an dieser Stelle hinzufügen. Die Quittierung des Datenempfanges erfolgt durch das Setzen einer Marke. Diese Marke wird beim Absender ausgelesen. Wird die Übertragung als erfolgreich erkannt, nimmt dieser die Daten aus dem Ring.

Dieses Verfahren bringt jedoch nur bei großen Ringen mit hoher Übertragungsgeschwindigkeit einen spürbaren und meßbaren Vorteil. In allen anderen Fällen ist die Idle-Zeit des Token-Rings so kurz, daß das genannte Verfahren keinen Performancegewinn bringt. Verdeutlicht werden kann die Situation dadurch, wenn man sich vor Augen hält, daß in einem 4 Mbit/s Token-Ring ein 250 Byte langer Datensatz auf dem Token-Ring eine Länge von nicht weniger als 100 km aufweist. Bei einem 5 km langen Token-Ring bedeutet dies, daß im ungünstigsten Falle nur 2.5% der möglichen Kapazität ungenutzt bleibt, da auf das Token gewartet werden muß. Beim 16 Mbit/s Token Ring und einer Länge von 25 km läßt sich hingegen unter Verwendung des Early Token Release Verfahrens bei einer Übertragung von 250 Byte langen Datensätzen eine fast 50%ige Steigerung des Durchsatzes erzielen.

Es sei an dieser Stelle darauf hingewiesen, daß das Early-Token-Release-Verfahren nicht mit einem Mehrtokenverfahren verwechselt werden darf. Dieses Mehrtokenverfahren wird bei noch schnelleren Netzen auf Token-Ring-Basis eingesetzt. Beim Early-Token-Release-Verfahren befindet sich nach wie vor ein Token auf der Leitung, aber dafür mehrere Frames gleichzeitig.

Am Ende dieses Kapitels werden Sie noch neue Techniken sehen, die es erlauben Token-Ring-Netze und dazugehörige Netzwerkmanagementfunktionen zu installieren. Es wird dabei auch um eine Integration von Ethernet- und Token-Ring gehen. Als Schlagwort sei hier momentan nur die Bezeichnung Hub-Technologie angeführt.

Netzwerkaufbau und Netzwerktopologien

Ein immer noch häufig eingesetztes Netzwerk ist ARCNET. Deren Bedeutung geht in der letzten Zeit aber immer weiter zurück. Ich will Ihnen dennoch die Möglichkeiten dieses Netzes aufzeigen.

4.3 ARCNET-LANs

Bei ARCNET handelt es sich um ein Netzwerk, das auf der Grundlage der Token-Passing-Technologie aufgebaut ist. Die Übertragungsrate liegt bei 2.5 Mbit/s. Weltweit wird eine Installation von ca. 1 000 000 Knotenpunkten geschätzt. ARCNET kann sowohl mit Baum- als auch mit Bus-Topologie aufgebaut werden. Die Netzwerkdistanzen können dabei bis zu 6000 Meter betragen. ARCNET zeichnet sich vor allem dadurch aus, daß das Netzwerk auch bei starker Belastung durch die Kollisionsfreiheit sehr gute Antwortzeiten aufweist. In den meisten Fällen werden ARCNET-Stationen über Verteiler gekoppelt. Hierbei ist zwischen aktiven und passiven Verteilern zu unterscheiden.

Beim Einsatz von aktiven Verteilern (Active Hubs) können je nach Version 8 oder 16 Rechner an einen Verteiler angeschlossen werden. Dieser Verteiler besitzt gleichzeitig eine Verstärkerwirkung der Signale. An jeden Port eines Active Hubs können je ein Rechner (über die ARCNET-Karte) oder ein weiterer aktiver oder passiver Verteiler angeschlossen werden. Die Entfernung zwischen Rechner und Active Hub oder zwischen zwei Active Hubs beträgt maximal 600 Meter. Das Signal darf dabei über nicht mehr als 16 hintereinander geschaltete Active Hubs laufen. Die Entfernung zwischen Passive Hub und Rechner bzw. zwischen Passive Hub und Active Hub darf bis zu 30 Meter betragen. Dabei muß beachtet werden, daß Passive Hubs nicht hintereinander geschaltet werden dürfen.

Es gibt einige Hersteller, die es gestatten, bis zu 8 Rechner durch ein einfaches Buskabel, ähnlich Ethernet-Verkabelung, miteinander zu verbinden. Die Boards, die hierzu in den Rechnern eingebaut werden müssen, werden als HZ-Boards bezeichnet.

In Abbildung 4.19 ist eine mögliche Netzwerkkonfiguration mit den einzuhaltenden Entfernungen aufgezeigt.

KAPITEL 4

*Bild 4.19
Ein Konfigurations-
beispiel für ARCNET
LANs*

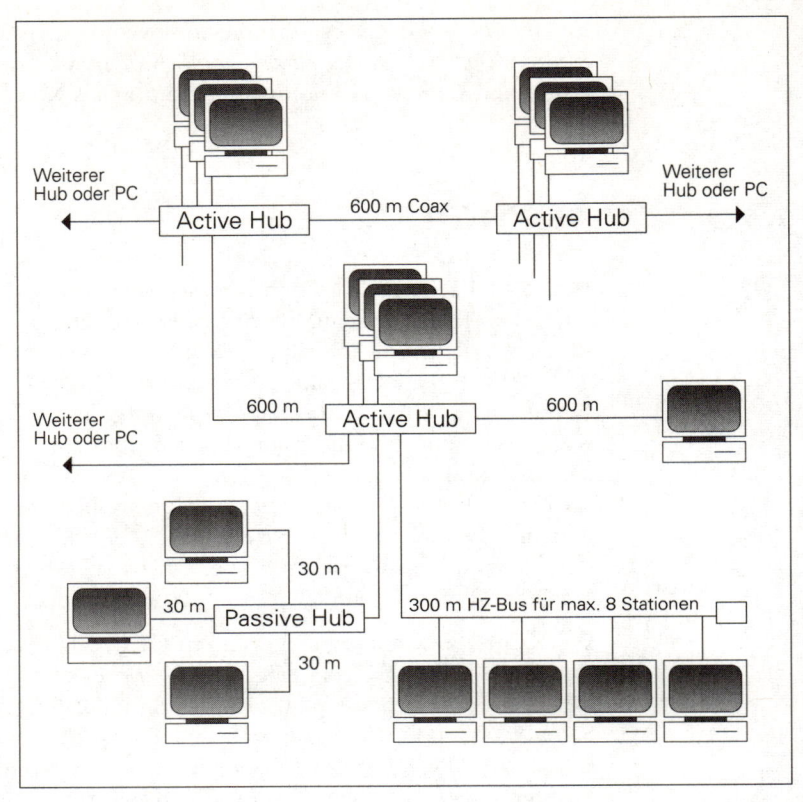

4.3.1 Thomas-Conrads ARC-CARD-Netzwerkadapter

Die Firma TCC ist Hersteller innovativer ARCNET-Hardware und bietet die größtmögliche Zuverlässigkeit und Sicherheit, die es auf dem Markt gibt. Die Produktreihe für Netzwerkadapterkarten umfaßt 8- und 16-Bit-Versionen für PCs, XTs, ATs und PS/2 und allen hierzu kompatiblen Rechnern.

Alle ARCNET-Komponenten dieses Herstellers genügen höchsten Ansprüchen bezüglich maximaler Bustaktrate des Rechners, Betriebssicherheit und Verträglichkeit mit Zubehör. Ausgereifte Schaltungstechnik, hochwertige Komponenten sowie entsprechend abgestimmte Treiber garantieren einwandfreien Betrieb bei Bustaktraten (nicht CPU-Takt, dieser kann wesentlich höher sein) von bis zu 20 MHz. Alle Boards werden in einem BURN-IN unter Realbedingungen getestet und künstlich vorgealtert. Diese Maßnahme sorgt dafür, daß alle Boards extrem ausfallsicher sind.

Die herausragenden Kennzeichen dieser TCC-Boards kurz zusammengefaßt:

Netzwerkaufbau und Netzwerktopologien

- TCC-Boards geben Ihnen die größtmögliche Flexibilität auf Seiten der Software. TCC-Boards können in verschiedenen Betriebsarten eingesetzt werden, so daß sie sich mit Hilfe von ARCNET-Treibern praktisch unter jedem Netzwerkbetriebssystem einsetzen lassen.

- TCC-Boards sind von Novell als voll kompatibel ausgewiesen.

- TCC-Boards verwenden lediglich 16 Kbyte des Systemadreßraums und werden ausschließlich über den Systemspeicher angesteuert. Damit werden Konflikte mit anderen Erweiterungskarten im gleichen Rechner vermieden, die den Ein-/Ausgabebereich des Rechners belegen.

- TCC-Boards werden mit Software-Treibern ausgeliefert, die es gestatten, das Board je nach Bedingung auf den notwendigen Speicherbereich und Interrupt einzustellen.

- TCC-Boards können mit einem Remote Reset ROM ausgestattet werden, um diese auch in Workstations einbauen zu können, die ohne Diskettenlaufwerk betrieben werden.

Die Standard-Koaxial-Ausführung der TCC-Boards und die entsprechenden Sternverteiler ermöglichen den Aufbau eines Netzwerkes in einer Stern-Topologie mit RG62/U-Koaxialkabeln. Generell ist zu bemerken, daß alle ARCNET-Netzwerke mit RG62/U (93 Ohm) Koaxialkabeln aufgebaut werden.

Neben den herkömmlichen Boards für den Einsatz von Sternverteilern (Active oder Passive Hubs) gibt es zudem von TCC eine Adapterkarte, die es erlaubt, bis zu 8 Stationen an einen Bus mit einer maximalen Gesamtlänge von 300 Metern anzuschließen, ohne daß hierfür Sternverteiler eingesetzt werden müssen. Diese HZ-Bus-Verkabelung kann wiederum an einem Active Hub enden bzw. beginnen.

Wenn die Entfernung von 600 Metern für den Anschluß von Station zum Active Hub bzw. die Entfernung von 600 Meter für die Kopplung von Active und Active Hub nicht ausreicht, gibt es die Möglichkeit, TCC-Boards bzw. Active Hubs für Glasfaseranschluß einzusetzen. TCC-Boards auf Glasfaserbasis und die entsprechenden Active Hubs erlauben die Überbrückung einer maximalen Entfernung von bis zu 2400 Metern zwischen zwei Knoten. Sie sind mit zwei Kabeln zwischen jedem Knotenpunkt versehen. Das eine Kabel ist für den Anschluß an die Sendeleitung und das andere für die Empfangsleitung. Die TCC-Boards für Glasfaserkabel verwenden einen Standard SMA-Anschluß.

KAPITEL 4

Wer es kleiner und billiger haben will, kann ein ARCNET-Netzwerk aufbauen, das mit verdrillten Kabeln installiert wird. TCC bietet hierfür die entsprechenden Karten und Sternverteiler für Twisted-Pair (verdrillte Leitungen) an. Mit diesen Boards können dann Netzwerke aufgebaut werden, die maximal 240 Meter Entfernung zwischen zwei Knoten aufweisen und nicht mehr als 32 Stationen im Netzwerk betreiben.

TCC bietet für den Aufbau von ARCNET Netzen drei unterschiedliche Sternverteiler an. Diese Sternverteiler oder Active Hubs weisen generell folgende Merkmale auf:

- TCC Active Hubs sind für drei Verkabelungsarten verfügbar:

  Koaxial-,
  Glasfaser- und
  Twisted-Pair-Leitungen

- Die maximalen Entfernungen zwischen zwei Knoten betragen:

  600 Meter für Koaxialkabel
  2400 Meter für Glasfaser
  240 Meter für Twisted Pair

- TCC Active Hubs haben LED-Anzeigen für jeden Knotenanschluß, um die Netzwerkaktivität nachprüfen zu können.

- TCC Active Hubs sind in 8er-Schritten erweiterbar.

In dieser Aufzählung sehen Sie, daß es auch für ARCNET Netzwerke die Möglichkeit gibt, diese mit Shielded Twisted-Pair-Kabeln aufzubauen.

Neben TCC gibt es auch noch andere renomierte Hersteller von ARCNET-Produkten. Es ist jedoch zu erkennen, daß fast alle Hersteller, die bis vor kurzem noch ausschließlich ARCNET-Komponenten hergestellt haben, inzwischen auch Ethernet- und/oder Token-Ring-Komponenten herstellen. Begründet werden kann dieser Schritt damit, daß in allen zukunftsweisenden Installationen die Entscheidung entweder für Ethernet oder Token-Ring getroffen wird.

Der Aufbau von ARCNET mit Hilfe von Active oder Passive Hubs wird auch als Sternverkabelung bezeichnet, wohingegen die Bus-Karten-Technik als Busstruktur bezeichnet wird. Als Kabel werden klassische 93-Ohm-Kabel verwendet. Diese sind deswegen so bekannt, weil IBM diesen Kabeltyp zum Anschluß der Terminals an die IBM-Steuereinheiten verwendet. Jeder nicht belegte Port an Active Hub, bzw. Anfang und Ende des Kabels bei Busstruktur, müssen mit 93 Ohm Abschlußwiderständen terminiert werden.

Dies wird zwar in vielen Fällen nicht beachtet, da ARCNET meist immer noch funktioniert, aber auftretende Fehler haben häufig die Ursache in den nicht eingesetzten Abschlußwiderständen.

Sie haben bis jetzt Netzwerke vorgestellt bekommen, die sich in einem Übertragungsbereich von 2.5 Mbit/s und 16 Mbit/s bewegen. Wie noch zu sehen ist, erfordern größere Netzwerke eine gut durchdachte Verkabelungs- und Infrastruktur. Damit verbunden ist auch die Notwendigkeit, in einem Teilbereich des Netzes (Backbone) mit entsprechend hohen Übertragungsgeschwindigkeiten arbeiten zu können. Ich werde Ihnen im nachfolgenden Abschnitt ein Netzwerk vorstellen, welches diesen Anforderungen entspricht. Es handelt sich dabei um das FDDI-Netzwerk.

4.4 FDDI-LANs

FDDI (Fibre Distributed Data Interface) ist mit Ausnahme einer Komponente eine von ANSI vorgeschlagene ISO-Norm und wird unter der Bezeichnung ANSI X3T9.5 geführt. Es handelt sich um einen Token-Ring mit einer Übertragungsgeschwindigkeit von 100 Mbit/s. Das FDDI-Protokoll wurde dabei speziell für eine hohe Bandbreite und für die Verwendung eines reinen Glasfasersystems entwickelt. Es gibt zwar inzwischen auch Produkte, die es erlauben, FDDI über Unshielded Twisted-Pair-Kabel zu betreiben, aber die überbrückbaren Längenausdehnungen sind dabei wesentlich geringer als beim FDDI-Glasfasersystem.

In einem FDDI-Ring können auf einer Gesamtlänge von 100 Kilometer bis zu 500 Stationen eingebunden werden, wobei die Entfernung von 2 Stationen maximal 2 Kilometer betragen kann, vorausgesetzt der FDDI-Ring wird mit Glasfaserkabeln aufgebaut. Deshalb wird der FDDI-Ring nicht nur als leistungsfähiges Hochgeschwindigkeitsnetz eingesetzt, sondern in sehr vielen Fällen als Backbone-System für größere, strukturierte Verkabelungskonzepte, wenn zugleich gefordert wird, einen leistungsfähigen Backbone nutzen zu können. Für den Aufbau von FDDI-Ringen werden Glasfaserkabel des Typs 50/125 μm bzw. 62.5/125 μm verwendet.

Da inzwischen häufig diskutiert wird, diese Übertragungsgeschwindigkeit auch bis zum Endgerät zur Verfügung zu stellen, steht FDDI auch für Unshielded- und Shielded-Twisted-Pair-Verkablungen zur Verfügung. Dies liegt auch darin begründet, daß immer mehr Verkabelungen dieses Kabeltyps existieren.

KAPITEL 4

Zur Überbrückung von Leitungsfehlern ist FDDI so konzipiert, daß das Netzwerk aus zwei Ringen (Primär- und Sekundärring) aufgebaut ist, die beide in entgegengesetzer Richtung betrieben werden. Der Sekundärring wird in der Regel als reiner Backup-Ring betrieben. Das ANSI Komitee schließt allerdings eine Verwendung des Sekundärrings zur Kapazitätsteigerung nicht aus. Man spricht in diesem Fall von der sogenannten Dual MAC-Option. In diesem Buch wird uns allerdings nur die klassische FDDI-Form interessieren.

Die FDDI-Topologie ist mit dem Token-Ring vergleichbar. Es existieren Stationen mit zwei oder vier Glasfaseranschlüssen. Stationen mit vier Glasfaseranschlüssen werden direkt an den Doppelglasfaser-Ring angebunden, d.h. sie sind sowohl auf dem Primär- als auch auf dem Sekundärring angeschlossen. Man bezeichnet diese Endgeräte als Class-A-Stationen. Für Stationen mit zwei Anschlüssen (Class-B-Stationen) gibt es einen Concentrator (Class-A), der an den Primärring angeschlossen ist und der die Backup-Funktion in der Art eines Ringleitungsverteilers übernehmen kann.

Die A-Stationen und der C-Concentrator besitzen eine intelligente Komponente, um Leitungsausfälle zu überbrücken. Diese intelligente Komponente wird als Station Manager (STM) bezeichnet. Dieser Station Manager ist in der Lage, Leitungsfehler zwischen A- bzw. C-Stationen und auf den Leitungen zu B-Stationen zu erkennen. Erstere werden durch die Benutzung des Sekundärrings in einer Art automatischer Rekonfiguration behoben. Letztere führen zum Ausfall der B-Station und werden innerhalb des C-Concentrator überbrückt.

Das von FDDI verwendete Zugriffsverfahren entspricht im wesentlichen dem Token-Ring-Protokoll nach IEEE 802.5. Der grundsätzliche Unterschied besteht darin, daß die Art und Weise zur Erzeugung des Frei-Tokens durch die sendende Station nach Abschluß einer Datenübertragung anders ist.

Das FDDI-Protokoll legt fest, daß eine Station das Frei-Token unmittelbar nach Aussendung des letzten Datenpaketes innerhalb der maximalen Sendedauer auf den Ring geben kann, während bei IEEE 802.5 das Frei-Token erst nach Eintreffen des (einzigen) Datenpaketes bei der sendenden Station auf den Ring gegeben werden darf. FDDI läßt die Sendung mehrerer Datenpakete innerhalb eines Token-Besitzes zu, IEEE 802.5 nur die Sendung eines einzigen Datenpaketes. Somit ist das FDDI-Protokoll vergleichbar mit dem Early-Token-Release-Verfahren, wie dies beim 16 Mbit/s Token-Ring eingesetzt werden kann.

Netzwerkaufbau und Netzwerktopologien

In den nachfolgenden Abbildungen ist dargestellt, wie FDDI im Normalbetrieb und wie ein rekonfigurierter FDDI nach einer Leitungsstörung aussieht.

*Bild 4.20
FDDI Ring-
Topologie*

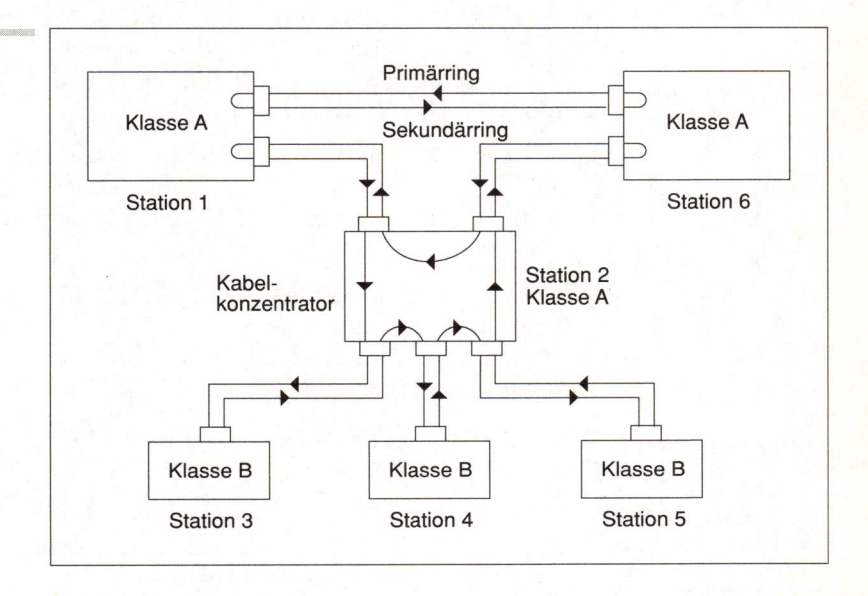

*Bild 4.21
Rekonfigurierbarer
FDDI Ring*

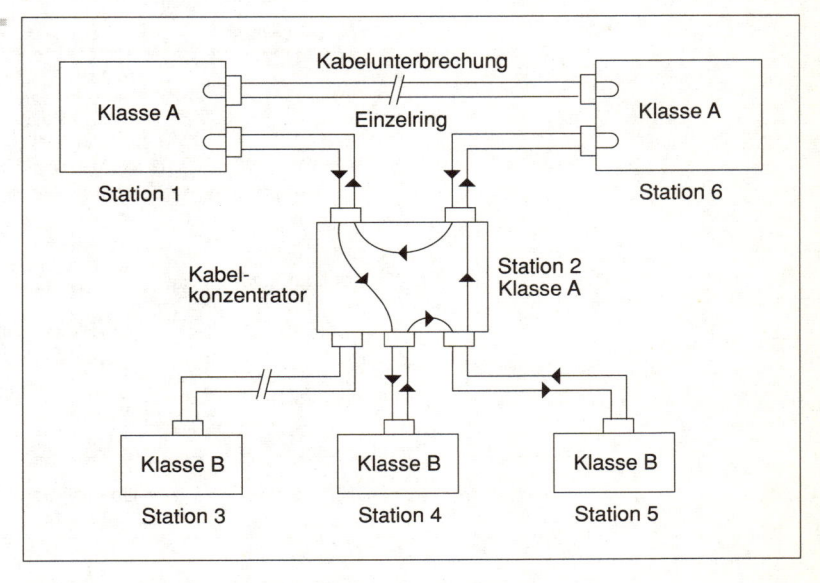

Innerhalb von FDDI gibt es einen synchronen Verkehr mit höherer Priorität und einen asynchronen Verkehr mit niedriger Priorität. Dabei ist es durchaus möglich, innerhalb einer Station für den

KAPITEL 4

asynchronen Verkehr weitere Prioritätsänderungen durchzuführen. Auf diese Art und Weise wird die Auslastung des FDDI-Ringes wesentlich verbessert.

Am im Kapitel 9 ausführlich behandelten ISO/OSI-Schichtenmodell können Sie sehen, daß die Datensicherungsschicht (Ebene 2) in die Schicht 2a (Media Access Control-MAC) und 2b (Logical Link Control-LLC) unterteilt wird.

FDDI umfaßt vier Standarddokumente, die sowohl die physikalische Schicht als auch das Medienzugangsverfahren umfassen und eine Verbindung zwischen Übertragungsmedium und der Teilebene 2b realisieren:

- Media Access Control (MAC)
- Physical Layer Protocol (PHY)
- Physical Layer Medium Dependent (PMD)
- Station Management (SMT)

Die notwendigen Komponenten für FDDI und deren Zusammenspiel sind in der nachfolgenden Abbildung dargestellt.

Bild 4.22
FFDI-Komponenten-Blockdiagramm

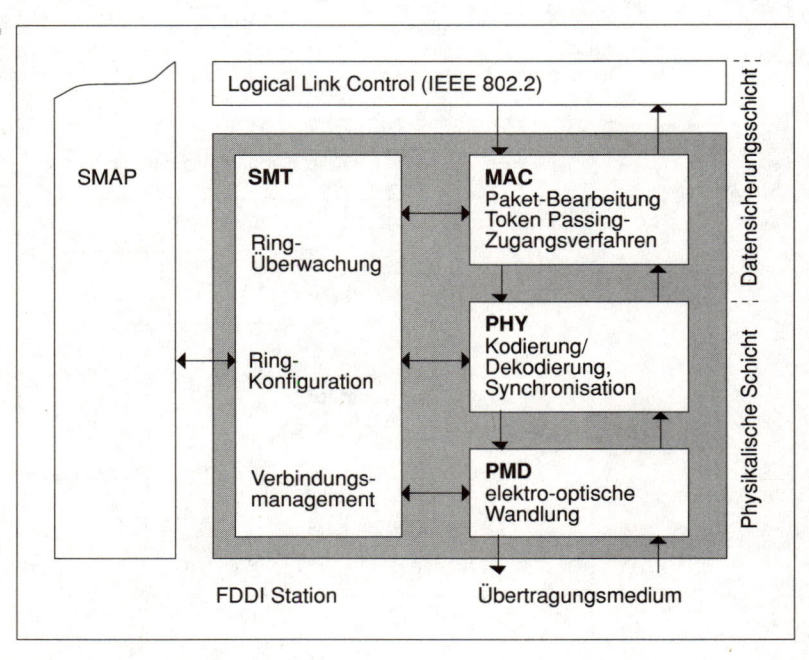

Die Aufgaben und Funktionen dieser einzelnen Ebenen sollen anschließend kurz erläutert werden. Eine zu umfangreiche Beschreibung würde den Rahmen dieses Buches sprengen, da es inzwischen gute und umfangreiche Literatur über FDDI gibt.

FDDI – Media Access Control

Das Medienzugangsverfahren arbeitet nach dem Prinzip des Token-Passing. Die Übertragung einer Nachricht wird von der Schicht 2b angestoßen. Die Nachricht wird mit der Aufforderung zur Übertragung an die MAC-Schicht weitergereicht. Die MAC-Schicht generiert aus dieser Nachricht eine PDU (Protocol Data Unit, auch Frame genannt) zur Übertragung an die entsprechende Zielstation.

Zur Übertragung muß die sendewillige Station auf ein freies Token warten, welches sie in ein belegtes Token umwandelt und daran die eigene Nachricht anfügt und überträgt. Die Umwandlung des freien Tokens in ein belegtes Token ist bei FDDI anders realisiert, wie Sie dies von IEEE 802.5 her kennen. Bei FDDI wird das freie Token vom Ring entfernt, und anschließend wird mit der Übertragung begonnen. D.h. es gibt kein explizites Belegt-Token. Die Nachricht, d.h. das zu übertragende Datenpaket, wird durch eine Start-Ende-Kennung markiert.

Damit FDDI auch effizient genug arbeiten kann, arbeitet FDDI mit dem bereits bekannten und sinnvollen Early-Token-Release-Verfahren. FDDI unterstützt im wesentlichen zwei Dienste:

1. die Übertragung herkömmlicher asynchroner Daten, z.B. File-Transfer und
2. die Übertragung synchroner Daten, z.B. digitale Sprache.

Beide Dienste übertragen Daten paketweise. Den synchronen Diensten werden dabei Prioritäten eingeräumt, indem das Station Management einen entsprechenden Bandbreitenkanal hierfür reserviert. Die verbleibende Bandbreite kann von asynchronen Diensten in Anspruch genommen werden.

Auch FDDI besitzt eingebaute Überwachungsfunktionen, ähnlich wie diese für IEEE 802.5 existieren. Es handelt sich dabei um folgende Funktionen des FDDI MAC Protokolls:

Ring Monitoring

Im Gegensatz zum IEEE 802.5, bei dem eine explizite Monitorstation die Überwachung des Ringes übernimmt und alle anderen Stationen als passiver Monitor fungieren, sind die MAC-Monitorfunktionen beim FDDI zur Ringüberwachung dezentral auf alle angeschlossenen Stationen des Ringes verteilt. Jede FDDI-Station überwacht den FDDI-Ring ständig auf auftretende Fehler, die unter Umständen eine Neuinitialisierung des Ringes erforderlich machen. Als auftretende Fehler werden Inaktivität oder auch nicht erlaubte Aktivitäten auf dem FDDI-Ring erkannt.

Die Inaktivität wird durch den Ablauf eines Valid-Timers festgestellt. Nicht erlaubte Aktivitäten wie zum Beispiel Protokollstörungen, werden durch mehrfaches Ablaufen des Token Rotation Timers oder duch Kontrollprozesse des Station Managements (SMT) erkannt. Damit diese Störungen auch behoben werden können, sind im MAC-Protokoll unterschiedliche Fehlerbehebungsprozeduren eingerichtet. Es handelt sich dabei um:

Claim-Token-Prozeß

Da jede Station im FDDI als aktiver Monitor arbeitet, können somit auch mehrere Monitore eine Störung des Protokolls erkennen. Jede solche Station generiert daraufhin einen sogenannten Claim-Token-Prozeß. Innerhalb dieses Prozesses konkurrieren die Stationen um das Recht, ein neues Frei-Token generieren zu dürfen, indem sie immer wieder Bid-Frames erzeugen und übertragen. Gleichzeitig achtet jede Station auf das Eintreffen von Bid-Frames anderer Stationen.

Die Station mit der kürzeren TTRT-Zeit, die Sollzeit für die Rotation des Tokens, erhält in diesem Fall den Zuschlag. Der Claim-Prozeß ist dann abgeschlossen, sobald eine Station ihr eigenes Claime-Paket wieder erhält. Diese Station darf nun den Ring neu initiieren und ein neues Frei-Token erzeugen.

Beacon-Prozeß

Wenn der Claim-Token-Prozeß nicht zum gewünschten Erfolg führt, dann muß eine schwerwiegende Störungen vorliegen, z.B. eine physikalische Ringunterbrechung. In diesem Fall bzw. wenn das SMT eine entsprechende Aufforderung gibt, startet die Station einen Beacon-Prozeß.

Sinn und Zweck ist es dabei, alle Station davon in Kenntnis zu setzen, daß eine logische Unterbrechung des Ringes aufgetreten ist. Gleichzeitig wird die Rekonfiguration des Ringes unterstützt, die durch das Station-Management durchgeführt wird. Beim Starten des Beacon-Prozesses beginnt die Station, kontinuierlich Beacon-Frames zu übertragen. Da jede Station ein eintreffendes Beacon-Frame weiterleiten muß und eigene Übertragungen zurückzustellen sind, ist der FDDI-Ring vollständig mit Beacon-Frames ausgefüllt, die sich in Übertragungsrichtung unmittelbar hinter der Störung befinden.

Erhält die Station ihr Beacon-Frame zurück, ist die Ringunterbrechung behoben, z.B. durch Überbrückung der fehlerhaften Station. In diesem Fall wird von der Station unmittelbar danach der Claim-Token-Prozeß eingeleitet.

FDDI Physical Layer Protocol (PHY)

Durch das FDDI Physical Layer Protocol wird der obere Teil der physikalischen Schicht entsprechend dem ISO/OSI-Schichtenmodell beschrieben. Es wird dadurch das Bindeglied zwischen PMD und MAC zur Verfügung gestellt.

Die wesentliche Aufgabe dieser Schicht besteht darin, die physikalischen Verbindungen zwischen PHY-Instanzen benachbarter FDDI-Knoten aufrechtzuerhalten und gegebenenfalls auch wiederherzustellen. Zum anderen werden auf dieser Schicht auch die Verfahren zur Kodierung und Dekodierung der Information definiert. Diese Schicht legt auch fest, wie der Sendetakt und die Regeneration des Sendetaktes zur Synchronisation der Station erfolgen muß, damit eine serielle Datenübertragung durchgeführt werden kann.

Im Gegensatz zu IEEE 802.5 wird der Sendetakt von jeder FDDI-Station dezentral durch einen eigenen Oszillator erzeugt. Der Empfangstakt wird aus dem einlaufenden Bitstrom erhalten. Dabei wird eine maximale Abweichung von 0.01 % der Nominaldatenrate als Abweichung zwischen Signaltaktung einlaufender Signale und dem lokalen Oszillator zugelassen. Um einen eventuellen Unterschied zwischen Empfangs- und Sendetakt ausgleichen zu können, wird das einlaufende Signal durch einen Pufferspeicher geschleust, der die Frequenzunterschiede kompensieren kann.

Im Gegensatz zu FDDI arbeitet der IEEE 802.5 Token-Ring mit einem zentralen Oszillator, der jeweils vom aktiven Monitor bereitgestellt wird. Auch hier führt der verwendete Pufferspeicher zu einer Netzlimitierung. Beim IEEE 802.5 Token-Ring beträgt die Limitierung 260 Stationen unter der Voraussetzung, daß mit Typ 1 Kabeln und passiven Ringleitungsverteilern gearbeitet wird. Man sollte sich beim Token-Ring in Abhängigkeit der eingesetzten Komponenten beim Hersteller erkundigen, ob andere Beschränkungen gelten, als dies durch den Standard festgesetzt ist.

FDDI Physical Medium Dependent (PMD)

Diese Ebene stellt eine digitale Punkt-zu-Punkt-Verbindung zwischen FDDI-Knoten zur Verfügung. Die wesentliche Hauptaufgabe dieser Ebene liegt in der Festlegung der physikalischen Eigenschaften des Übertragungsmediums. Dies umfaßt auch die Festlegung der Steckertechnik, der Sende- und Empfangseinheiten, einem (optionalen) Bypass und den Schnittstellen zu PHY und dem Station Management (SMT).

KAPITEL 4

In der anfänglichen Entwicklung wurde für FDDI eine multimodale Gradientenindexfaser als Übertragungsmedium festgelegt, genormt und eingesetzt. Im Laufe der Zeit stellte man fest, daß man weit größere Entfernungen als »nur« 2 Kilometer zwischen zwei benachbarten Knoten überwinden will. Deshalb sind auch Monomode-Glasfaserkabel in Verbindung mit Laserdioden in den Standard aufgenommen worden. Auf diese Art und Weise ist es möglich, bis zu 60 Kilometer zwischen zwei FDDI-Knoten zurückzulegen.

Die jüngsten Bestrebungen gehen in die Richtung, FDDI bis zum Endgerät verfügbar zu machen, dann jedoch nicht mit Glasfaserkabeln, obwohl dies auch immer billiger wird, sondern auf Basis von Kupferkabeln. Mehrere Hersteller, z.B. Chipcom, SynOptics, DEC und Schneider & Koch, arbeiten in den letzten Jahren verstärkt an einer Lösung verdrillter Vierdraht-Kupferkabel (Copper Distributed Data Interface – CDDI). Diese Technik wird sowohl für geschirmte Vierdrahtleitungen (STP) in Typ 1 Qualität gemäß IBM-Verkabelungssystem als auch für Unshielded Twisted Pair (UTP) entwickelt. Dabei sollen in der Regel Distanzen von bis zu 100 Meter zwischen FDDI-Knoten überwunden werden können.

FDDI-Station-Management (SMT)

Auf dieser Ebene befinden sich die Funktionen und Komponenten als auch die Schnittstellen, die zur Initiierung und zum Betrieb des FDDI-Ringes notwendig sind. Außerdem werden Prozeduren definiert, die im Fehlerfall ausgeführt werden und die eine Rekonfiguration des Ringes durchführen können.

Nachdem Sie nun wissen, wie FDDI im großen und ganzen funktioniert, will ich Ihnen noch aufzeigen, welche unterschiedlichen Stationstypen für FDDI zur Verfügung stehen und welche Stationstypen zu welchen Zweck benötigt werden.

FDDI-Stationstypen

Zum Aufbau von FDDI läßt das Station-Management verschiedene Konfigurationen von FDDI-Stationen zu. Grundsätzlich sind zwei Klassen von Stationstypen zu unterscheiden. Diese unterscheiden sich durch die Art und Weise, wie diese an den Primärring bzw. an den Sekundärring angeschlossen werden. Eine weitere Klassenbildung wird durch die Medienzugangkomponenten (MAC) gebildet, mit denen eine FDDI-Station ausgestattet ist.

Netzwerkaufbau und Netzwerktopologien

Es ergeben sich somit folgende Aufteilungen:

- Stationen mit einer Verbindung zu beiden Ringen und einer MAC-Komponente: Single MAC Dual Attachment Station (SM DAS)

- Stationen mit einer Verbindung zu beiden Ringen und zwei MAC-Komponenten: Dual MAC Dual Attachment Station (DM DAS)

- Stationen mit einer Verbindung zum Primärring mit MAC-Komponente: Single Attachment Station (SAS)

- Konzentrator mit einer Verbindung zu beiden Ringen (die MAC-Ebene ist optional): Dual Attachment Concentrator (DAC)

- Konzentrator mit nur einer Verbindung zum Primär-Ring (MAC optional): Single Attachment Concentrator (SAC)

Dual-Attachment-Knoten (SM DAS, DM DAS und DAC) lassen sich direkt in den Doppelring (Primär- und Sekundärring) einbinden. Jeder Knoten dieses Typs enthält zwei Ports, die mit A und B bezeichnet werden. Der Port A ist in diesem Fall mit der eingehenden LWL-Faser des Primärringes und der ausgehenden Faser des Sekundärringes verbunden. Der Port B ist mit der eingehenden LWL-Faser des Sekundärringes und der ausgehenden Faser des Primärringes verbunden. Der Anschluß sieht nun so aus, daß bei Dual Attachment Stations der Port A eines Knotens mit dem Port B seines Nachbarknotens verbunden ist.

Konzentratoren (DAC und SAC) verfügen über einen oder mehrere Typ M-Ports. Damit ist man in der Lage, eine baumförmige Struktur aufzubauen. Single Attachment Knoten (SAS und SAC) verfügen über einen S-Port (Slave Port), der innerhalb eines baumartigen Gebildes mit dem M-Port eines Konzentrators verbunden wird. In der nachfolgenden Abbildung ist dargestellt, wie die einzelnen Stationstypen in einem FDDI-Ring eingebunden werden.

Da auch schon viel über Fehlertoleranz und Ausfallsicherheit bei FDDI gesprochen und geschrieben worden ist, soll in der nachfolgenden Abbildung noch aufgezeigt werden, wie die einzelnen Fehlersituationen im FDDI Ring rekonfiguriert werden können.

KAPITEL 4

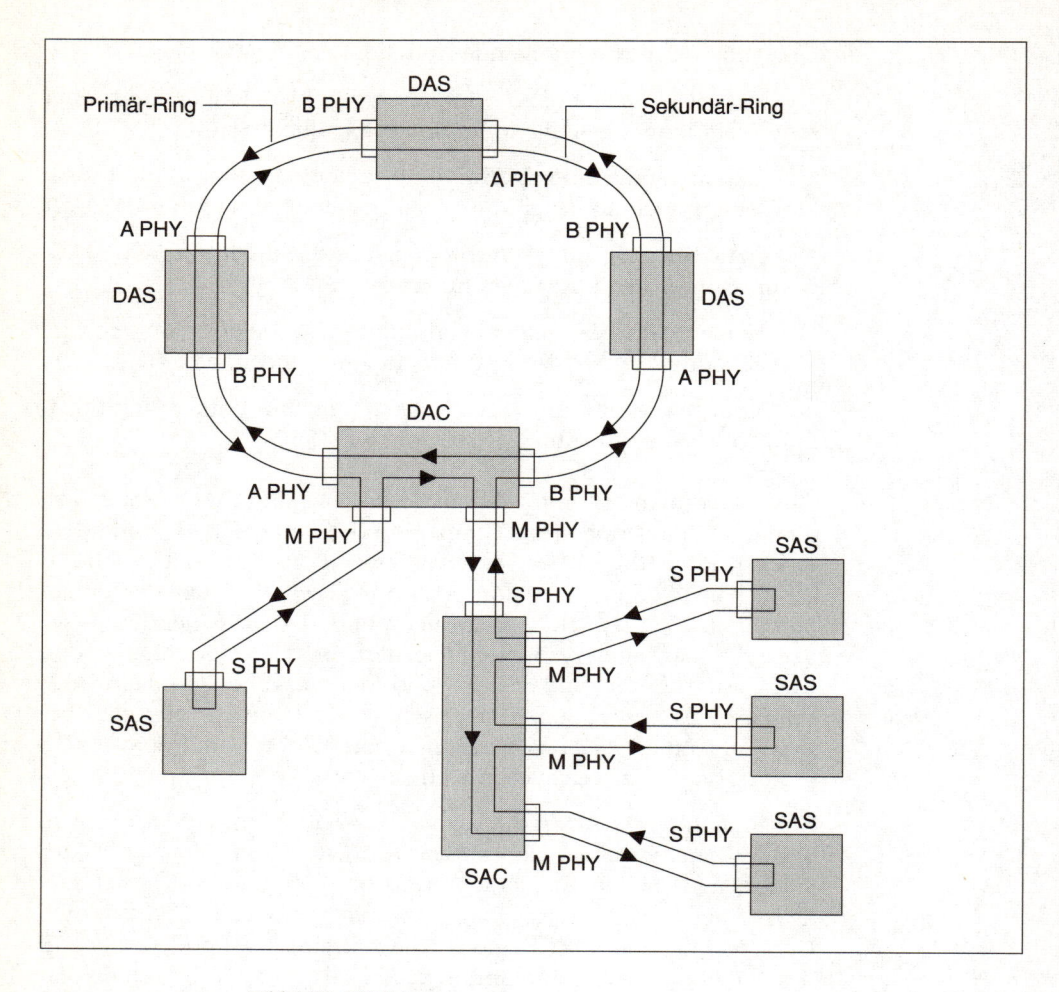

Bild 4.23 FDDI-Stationstypen

Da FDDI so wichtig ist, sollen anschließend die wichtigsten Eigenschaften von FDDI nochmals zusammengefaßt werden.

Optische Übertragungstechnologie:

- Optische Fasern: Gradientenindexfaser 62.5/125 µm, 50/125 µm, 85/125 µm, 100/140 µm Monomode Faser 9-10/125 µm
- Anschlußtechnik: in FDDI-PMD genormter Duplex-LWL-Stecker
- Passiver optischer Bypass: optional für Dual Attached Knoten

Netzwerkaufbau und Netzwerktopologien

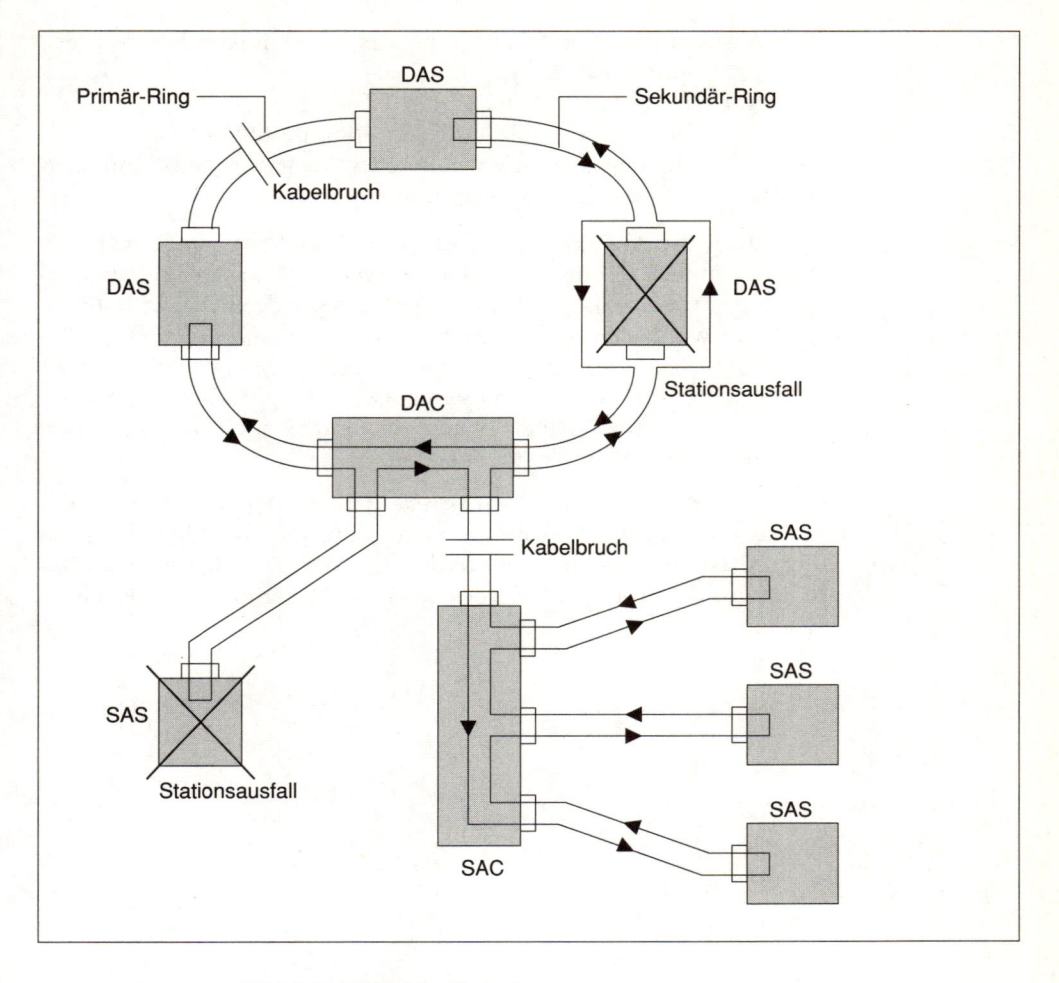

Bild 4.24 FDDI-Rekonfiguration

Topologie und Architektur:

- Doppelter, gegenläufig operierender Ring, Primärring, Sekundärring
- Inhärente Fehlertoleranz
- Dual-Attachment-Knoten (Anschluß an Primär- und Sekundärring)
- Single-Attachment-Knoten (Anschluß an Primärring)
- FDDI-Stationen und FDDI-Konzentratoren
- Anzahl anschließbarer Stationen: 500
- Medienlänge: bis zu 200 Kilometer

KAPITEL 4

- Abstand zwischen FDDI-Knoten: max. 2 km (Gradientenfaser), 40-60 km (Monomodefaser)
- Nutzbare Datenrate: 100 Mbit/s
- Timer gesteuertes Multiple Token-Ring-Protokoll
- Unterstützung von konventionellen (asynchronen) und zeitkritischen (synchronen) Anwendungen

Da FDDI als strategisches Konzept zum Aufbau von Backbone-Verkabelungen genutzt wird und als Netzwerk in den Abteilungen Ethernet, Token-Ring, ARCNET oder auch wieder FDDI in Betracht gezogen werden, ist die Frage zu stellen, wie eine vernünftige, flexible und zukunftssichere Verkabelungsstrategie erstellt werden kann. Ich will Ihnen im nächsten Kapitel die grundlegenden Konzepte hierzu etwas näherbringen und dabei auch auf die schon erwähnte Hub-Technologie eingehen.

Es sei an dieser Stelle jedoch bereits darauf hingewiesen, daß dies keine vollständige Ausführung sein kann, da über dieses Thema eigene Bücher geschrieben werden können. Es sollte aber ausreichen, um Ihnen einen Eindruck über die Mächtigkeit von FDDI zu geben.

5 Netzwerkkonzeption

In kleineren Netzen ist es durchaus ausreichend, die Verkabelung in einer Dimension zu betrachten, d.h. es gibt nur eine Ebene der Verkabelung. Aufgrund der Gebäudestrukturen ist abzuklären, ob sich die Busstruktur oder die Sternstruktur besser eignet. Sobald LANs jedoch größere Dimensionen annehmen, ist eine Aufteilung der Verkabelungsstruktur unumgänglich. Man kann dieses Konzept dann entweder 2-stufig oder 3-stufig aufbauen. Auch dies hängt von den baulichen Gegebenheiten ab und bedarf einer ausreichenden Analyse.

Ich werde versuchen, Ihnen nachfolgend die Möglichkeiten so aufzuzeigen, daß Sie zumindest ersehen können, in welche Kategorie Ihr Verkabelungskonzept eingestuft werden kann. Ein hierarchisch aufgebautes LAN kann aus drei unterschiedlichen Anteilen bestehen:

1. *Primäres LAN (Backbone Verkabelung)*
Hierbei handelt es sich um eine Gebäude-zu-Gebäude-Verkabelung. D.h. die primäre Verkabelung durchläuft – meist im Keller – alle Gebäude auf einem Gelände, bzw. wenn nur ein Gebäude vorhanden ist, dieses von vorne bis hinten. Auf diese Art und Weise kann vom primären LAN in jedes Gebäudeteil abgezweigt werden. Da es sich meist um längere Stecken handelt, wird in diesem Fällen eine LWL-Verkabelung empfohlen.

2. *Sekundäres LAN*
Diese Verkabelung wird vom Backbone bis in die letzte Etage des Gebäudes verlegt. Man spricht hier auch von einer sogenannten Steigleitung. Damit ist es möglich, vom Sekundärnetz aus alle Etagen zu erreichen. Je nach Ausdehnung kann auch hier mit LWL verkabelt werden oder Kupferverkabelung eingesetzt werden.

3. *Tertiäres LAN*
Es handelt sich hier um die Verkabelung der einzelnen Etagen. Deshalb spricht man auch von einer Etagenverkabelung. Diese Verkabelung erfolgt in den meisten Fällen mit Kupferkabeln. Sowohl für Ethernet als auch für Token-Ring setzt man hier auf die sternförmige Verkabelung auf Basis von Twisted-Pair-Kabeln.

Welches Netzwerk auf den einzelnen Ebenen verwendet werden soll, hängt von den jeweiligen Anforderungen ab, die an das Gesamtnetz gestellt werden. Eine denkbare Lösung wäre zum Beispiel, das primäre LAN auf FDDI-Basis, das sekundäre und tertiäre

KAPITEL 5

LAN mit Token-Ring zu vernetzen oder auch Ethernet zu verwenden. Es ist aber auch möglich, Primär-, Sekundär- und Tertiär-Ebenen auf Token-Ring-Basis zu vernetzen.

Eine offene Frage bleibt jedoch: Wie kann der Übergang vom Primär- auf das Sekundär-LAN und vom Sekundär- auf das Tertiär-LAN erfolgen? Hierzu werden Koppelelemente benötigt, die man als Bridge, Router oder Brouter bezeichnet. Worin die Unterschiede dieser Elemente liegen, will ich Ihnen im nächsten Kapitel näher erläutern.

Das eben aufgeführte Konzept bietet auch den Vorteil, daß sich die einzelnen Netzwerkkomponenten logisch sinnvoll installieren lassen. Auf dem Primärnetz werden zum Beispiel alle Endgeräte angeschlossen, die allen Teilnehmern im Netzwerk zentral zur Verfügung gestellt werden sollen. Im Sekundärnetz werden zum Beispiel Server und zentrale Drucker installiert, die mehreren Abteilungen zur Verfügung gestellt werden sollen, sofern sich diese nicht auf einer Etage befinden. Ein Server für eine Abteilung, die genau auf einer Etage arbeiten, wird in das Tertiärnetz installiert.

An dieser Stelle sollten Sie bereits wissen, daß die Koppelelemente (Bridge, Router, Brouter) eine logische Trennung der Netze durchführt. D.h. Datenpakete werden immer nur dann in das andere Netzwerk transportiert, wenn sich der Empfänger des Datenpaketes im anderen Netzwerk befindet. Somit können große und leistungsfähige Netzwerke aufgebaut werden, wenn man deren logische Struktur sinnvoll plant. In Abbildung 5.1 ist dargestellt, wie eine sinnvolle Werksverkabelung (Gebäudeverkabelung) aussehen könnte.

Beim Aufbau solcher Verkabelungskonzepte und auch zur Strukturierung kleinerer LANs eignen sich besonders gut die Hubs der neuen Generation.

Es handelt sich dabei um Verkabelungskomponenten, die in der Lage sind, nicht nur Ethernet, sondern auch Token-Ring- und FDDI-Komponenten zu integrieren. Da, wie oben bereits erwähnt, durch Koppelelemente die einzelnen LANs miteinander verbunden werden müssen, können in diese Hubs gleich die entsprechenden Bridge- oder Router- (Brouter-) Einschübe eingebaut werden. Falls es diese Möglichkeit noch nicht gibt, muß man auf externe Verbindungselemente zurückgreifen.

Netzwerkkonzeption

Bild 5.1
Werksverkabelung

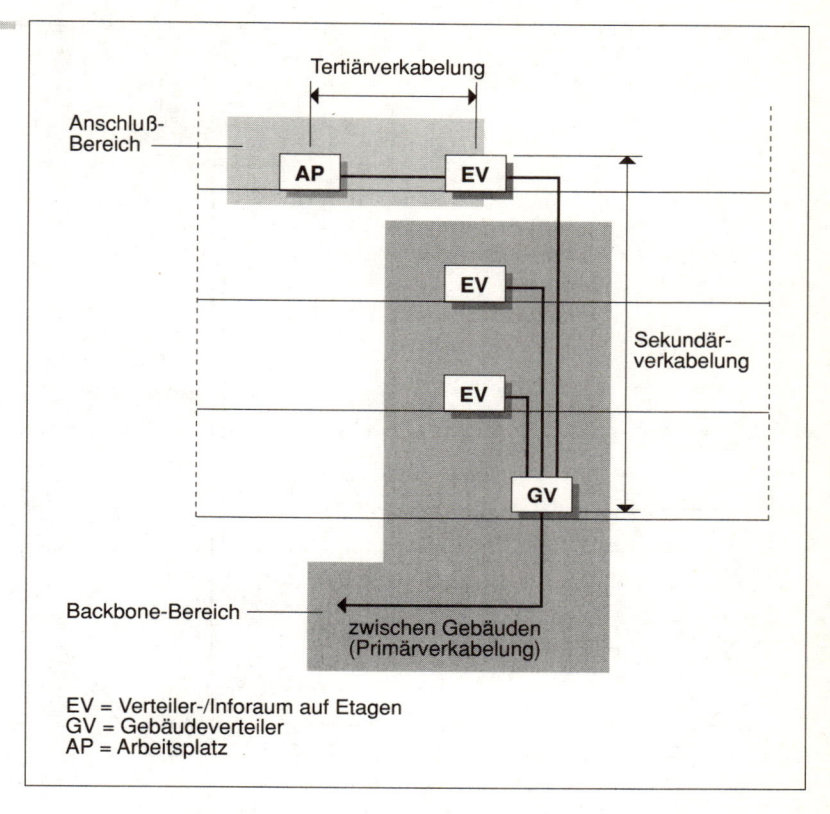

[Diagramm: Werksverkabelung mit Anschluß-Bereich (AP, EV), Tertiärverkabelung, Sekundärverkabelung (EV, EV, GV) und Backbone-Bereich zwischen Gebäuden (Primärverkabelung)]

EV = Verteiler-/Inforaum auf Etagen
GV = Gebäudeverteiler
AP = Arbeitsplatz

Es ist aber auch möglich, den Hub einheitlich mit den gleichen Einschüben zu bestücken (nur Ethernet, Token-Ring oder FDDI-Module).

Auf den einzelnen Einschüben werden meist die unterschiedlichsten Kabeltypen unterstüzt. Daneben werden in den Hub noch eigene Managementmodule eingeschoben, damit man in der Lage ist, die Hubs von zentraler Stelle über eine Managementconsole zu überwachen, zu steuern und zu konfigurieren.

In der nachfolgenden Abbildung ist dargestellt, wie solche Hubs aufgebaut sind und wie die einzelnen Verteilerräume, in denen der Übergang von Primär- auf Sekundär-Netz bzw. von Sekundär- auf Tertiär-Netz erfolgt, aussehen könnten.

KAPITEL 5

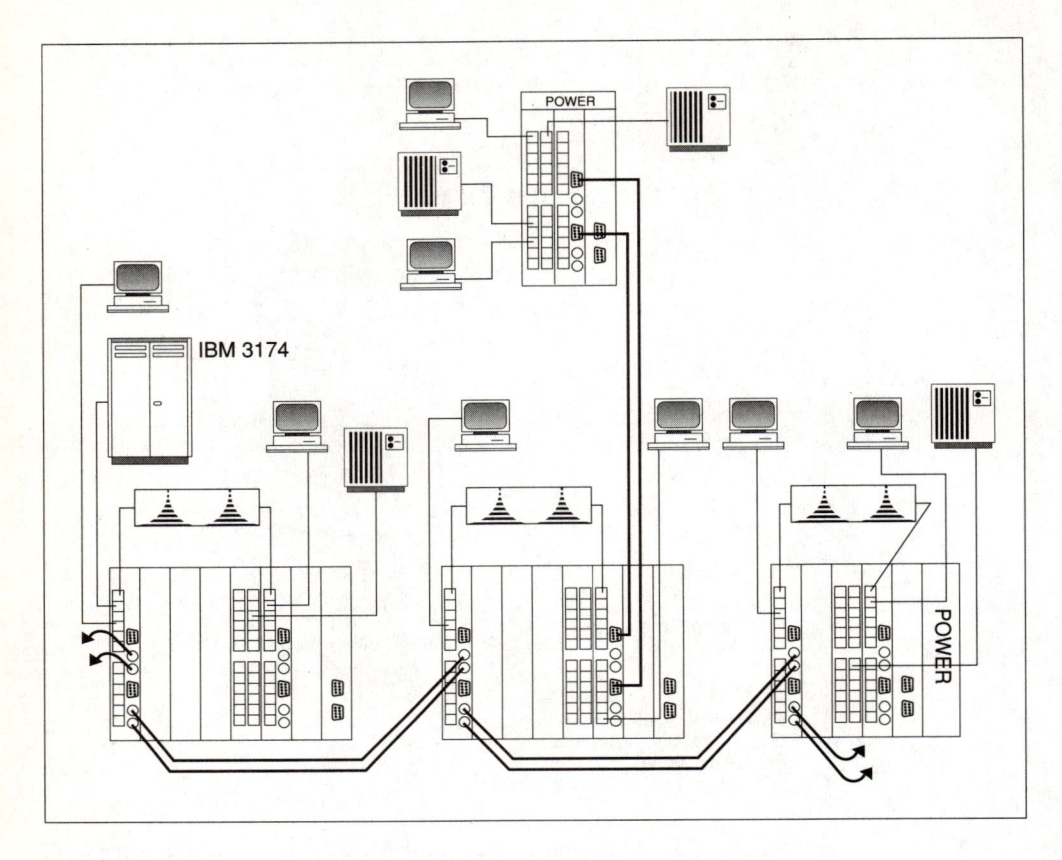

Bild 5.2 Aufbau von Hubs in der Praxis

Es gibt inzwischen eine solch große Anzahl unterschiedlichster Hubs verschiedenster Hersteller, daß diese im Rahmen dieses Buches nicht im Detail erläutert werden können. Aufgrund der jeweiligen Situation muß entschieden werden, welches System für welchen Einsatz am geeignetsten ist.

Bei der Behandlung der Token-Ring-Technologie habe ich Ihnen bereits die wichtigsten Komponenten von IBM vorgestellt. Zum Zeitpunkt der Erstellung dieses Buches wurde von IBM eine ganz neue Generation von Produkten zum Aufbau von LANs vorgestellt. Ich will deshalb die Gelegenheit nutzen, Ihnen dieses »neue« Konzept vorzustellen. Es muß jedoch an dieser Stelle darauf hingewiesen werden, daß die Funktionalitäten, die in diesen neuen Produkten stecken, von anderen Herstellern bereits seit langem realisiert sind. Inzwischen hat auch die Firma IBM erkannt, daß die Anforderungen am Markt, die Existenz solcher Produkte fordern.

Netzwerkkonzeption

IBM stellt einen eigenen Multiprotokoll Hub vor, um damit die Möglichkeit zu schaffen, nicht nur Token-Ring-Netzwerke aufbauen zu können.

IBM 8250 Multiprotokoll Hub

Die IBM 8250 Produkte bilden eine Familie von intelligenten Hubs, um damit sternförmige LAN-Verteilungen und LAN-Konzentrationen mit dem Management unterschiedlicher LAN-Topologien aufbauen zu können. Die 8250 Produktfamilie bilden die Modelle 006, 017 und Zusatzfunktionen.

Technisch betrachtet bestehen die IBM 8250 Einheiten aus einem Gehäuse, um als Standmodell installiert zu werden, oder aus einem Gehäuse, um in einen Verteilerschrank eingebaut werden zu können. Zudem existieren eine Vielzahl von Funktions-Modulen zur Unterstützung von LANs und LAN-orientierten Funktionen und Management-Funktionen zur Steuerung der 8250-Funktionen und zur Überwachung der angeschlossenen LANs.

Zu den wesentlichen Funktionen der IBM 8250 zählen:

- LAN Hub für Ethernet, Token-Ring und FDDI
- LAN und Media Management
- Hub Management
- Bridge-Verbindungen (Bridging Interconnection)

Das Modell IBM 8250-006 besitzt 6 Einschübe (6-Slot-Modell) wohingegen das Modell IBM 8250-017 17 Einschübe (17-Slot-Modell) besitzt. In jeden Slot können unterschiedliche Einschubkarten für bestimmte Funktionalitäten eingebaut werden. Zu diesen Einrichtungen gehören:

- IBM 8250 Hub Gehäuse-Einrichtungen

    Fault Tolerant Controller Modul
    6-Slot Gehäuse-Back-up-Spannungsversorgung
    17-Slot Gehäuse-Back-up-Spannungsversorung

- Ethernet-Modul

- Ethernet Transceiver

- Token-Ring-Modul

    MAU RI/RO 8-Port, RJ45 Anschlüsse
    Twisted Pair Media, 20-Port, RF45 Anschlüsse
    Fiber Repeater + RI/RO, ST + RJ45 Anschlüsse
    Basic T/R Managment Modul

KAPITEL 5

- FDDI-Modul

    Fiber, 8-Port, ST Anschluß
    STP Media, 8-Port
    Management/Uplink-Modul, A/B Port

- Interconnect-Modul

    Ethernet Bridge, 2-Port

Mit den 8250 Hubs lassen sich, wie mit Hubs anderer Hersteller auch, zentrale und/oder vermaschte LANs mit Managementfunktionen für die unterschiedlichen LAN-Topologien aufbauen. Mit Hilfe der 6-Slot oder 17-Slot Hubs plus modularem Aufbau mit flexiblen Ausbaumöglichkeiten zur Unterstützung unterschiedlicher LAN-Techniken und -Protokolle ist man in der Lage (mit Hilfe von Zusatzmodulen), sowohl kleine als auch große und komplexere Netzwerke aufzubauen. Durch den modularen Aufbau der 8250-Serie ist eine Segmentierung von LANs und von LAN-Subnetzwerken möglich, um diese auch noch übersichtlich zu steuern und Teilnetze isolieren zu können.

Durch das IBM AIX NetView Hub Management/6000(R) Programm stehen zudem umfangreiche Managementfunktionen zur Steuerung und Überwachung der IBM 8250 Hubs, der Zusatzmodule und der damit aufgebauten LANs zur Verfügung.

Da der Ausfall eines Hubs für das Netzwerk fatale Folgen hätte, kann der 8250 mit Fault-Tolerant-Einrichtungen erweitert werden. Hierzu gehören eine redundante Stromversorgung oder auch die gesamten Managementfunktionen.

Die wichtigsten Funktionen sind im einzelnen:

LAN Concentrator (Hub) — Der 8250 unterstüzt den Einbau und Aufbau von Token-Ring, Ethernet und FDDI mit einer Vielzahl unterschiedlicher Kabeltyen (Shielded Twisted Pair – STP, Unshielded Twisted Pair – UTP, Glasfaser und Koaxialkabel) und unterschiedlichen Kabelsteckern. Somit können LANs mit unterschiedlichen Eigenschaften und unterschiedlichen Topologien in einem 8250 aufgebaut werden.

Hub Management — Mit dem 8250 werden eine Vielzahl von Hub-Mangementfunktionen zur Verfügung gestellt. Die unterschiedlichen Module und Elemente im Hub können durch remote Stationen überwacht und gesteuert werden.

Netzwerkkonzeption

LAN und Media Management Das 8250 Management bietet Managementfuntkionen, um für die LAN-Transportmedien (Ethernet, Token-Ring und FDDI) der gesamten LAN-Topologie und/oder der LAN-Segmente Managementinformationen zu erstellen (Performance, Statistiken, Konfiguration, Fehler). Die Managementinformationen können dem Netzwerkverwalter über eine Management-Console angezeigt werden.

Interconnect Die LAN-Interconnect-Funktion zwischen LANs wird durch den Einbau eines LAN-Bridge-Moduls ermöglicht. Derzeit wird so eine Einbau-Bridge nur für Ethernet angeboten. Es ist aber damit zu rechnen, daß dies auch für Token-Ring zur Vergügung gestellt wird.

SNMP Management Der 8250 Hub nutzt als Management-Protokoll SNMP. Zur Überwachung des Hubs über SNMP wird auch noch eine eigene private Management Information Base (MIB) zur Verfügung gestellt.

Die LAN- und Management-Module sowie alle Zusatzeinrichtungen werden frontseitig in die 8250-Slots eingebaut (so wie dies bei fast allen Hubs der Fall ist). Die für den 8250 Hub genutzte Backplane-Technik (haben ebenfalls fast alle anderen Hubhersteller) erlaubt die Installation und/oder den Austausch von Modulen zu Zusatzeinrichtungen im laufenden Betrieb (hot plagging), ohne daß dabei die 8250- und LAN-Vorgänge unterbrochen werden.

Durch die Backplane-Architektur sind Positionen für die unterschiedlichen Modultypen bzw. Modulfunktionen festgelegt. D.h. jedes Modul kann in jeden Slot des 8250 eingebaut werden. Funktionell betrachtet entspricht der Backplane einem Bus-System für die Verbindung von 8250 Modulen untereinander. Der Backplane unterstützt jede Kombination von Ethernet, Token-Ring und FDDI-Segmenten. Die maximale Anzahl von LAN-Segmenten pro IBM 8250 ist jedoch begrenzt (ist auch üblich). Somit sind für die 8250 Hubs gestattet:

- bis zu 3 Ethernet-Segmente,
- bis zu 7 Token-Ring-Segmente und
- bis zu 4 FDDI-Segmente.

Die Module mit Port-Switching-Technik ermöglichen eine weitere Flexibilität der Zuordnung von LAN-Ports auf den Modulen zu verschiedenen LAN-Segmenten des gleichen LAN-Typs über das Backplane-Bus-System. Damit dieser Mechanismus zur Verfügung steht, müssen die Module mit den entsprechenden Steuerungen für Port Switching und Module Switching ausgerüstet sein.

Die Fault-Toleranz kann durch Zusatzeinrichtungen oder durch die Redundanz von kritischen Funktionselementen, z.B. doppelte Stromversorung, Hub-Control-Module zur Überwachung der Hub-

KAPITEL 5

Steuerfunktionen, der Temperaturkontrolle etc., erreicht werden. Die redundante Installation von Modulen mit automatischer Umschaltung von LANs zu anderen Modulen über den Backplane erlauben einen kontinuierlichen Betrieb des LANs.

Das System-Management ist eine der wesentlichen Funktionen der IBM 8250 Serie. Übersichtige Managementfunktionen für die Hubs selbst und für die angeschlossenen LANs werden zur Verfügung gestellt. Durch diese umfangreichen Management-Funktionen und -Steuerungen können neben dem LAN/Hub-Management durch das Management-Personal Maßnahmen zur automatischen LAN- und Modul-Rekonfiguration vorgenommen werden, wenn dies aufgrund bestimmter Gegebenheiten und/oder Störungen notwendig ist.

Die Betriebszustände der IBM 8250 und/oder der LANs werden dargestellt. Somit wird das LAN-Management und das verantwortliche Personal ständig über das Verhalten der IBM 8250 und der daran angeschlossenen LANs informiert und auf dem laufenden gehalten. Im Bedarfsfall kann deshalb schnell eingegriffen werden, wenn dies die Umstände erfordern.

Abschließend läßt sich sagen, daß die Entwicklung der IBM 5250 Hubs längst überfällig geworden ist. Bleibt nur zu hoffen, daß IBM auch in nächster Zeit eine neue und schnellere Generation der IBM 8209 Bridge auf den Markt bringen wird und vor allem im Zuge der 8250 Multiprotokoll Hubs auch eigene Router in das Programm aufnehmen wird.

Bei dieser Hub-Technologie ist jedoch zu beachten, daß in einem Hub unterschiedliche Topologien betrieben werden können, und daß daher die Netzwerkübergänge (z.B. FDDI-Token-Ring oder Ethernet-Token-Ring) durch zuätzliche Bridges oder Router zu erfolgen hat. Wie Sie aus der Beschreibung der IBM-8250-Hubtechnologie entnehmen können, bietet IBM eine Ethernet Bridge als Einschubmodul an. Wenn Sie im Hub Ethernet und Token-Ring Module eingebaut haben und Sie benötigen die Übergänge im LAN von Ethernet auf Token-Ring, dann müssen zwischen diesen Netzwerken entweder Ethernet-Token-Ring-Bridges oder Ethernet-Token-Ring-Router installiert werden.

Ein weiterer wichtiger Faktor wurde bereits mehrfach angesprochen: Netzwerkmanagement. Die grundlegenden Gedanken und Möglichkeiten sollen im nachfolgenden Kapitel erläutert werden.

KAPITEL 6

6 Netzwerkmanagement

Solange das Netzwerk relativ klein ist, läßt sich dieses noch ohne größeren Aufwand überwachen und intakt halten. Man hat alles im Griff und weiß auch noch wann und warum man hier und dort kleinere oder größere Änderungen gemacht hat. Sobald jedoch größere Netzwerkdimensionen erreicht werden, die unterschiedlichsten Stationen (PC, Macintosh, Unix, etc.) eingebunden sind und mehr als ein Protokoll im Einsatz ist (IPX, NetBios, TCP/IP, ATP, etc.), kann es bereits zu Problemen kommen, wenn es heißt, Fehler zu lokalisieren und zu beheben. Deshalb ist es auf alle Fälle notwendig, sich über den Einsatz geeigneter Managementsysteme Gedanken zu machen und deren Installation in Erwägung zu ziehen.

Wenn es um den Einsatz von Netzwerkmanagmentsystemen geht, sind unterschiedliche Aspekte zu beachten und zu berücksichtigen. Mann kann jedoch bereits jetzt festhalten, daß es zum derzeitigen Zeitpunkt keine »eierlegende Wollmilchsau« gibt, d.h. ein System, das alles kann und alles zur Verfügung stellt. Die Probleme liegen vor allem in folgenden Punkten begründet:

Die Entwicklung auf dem Gebiet der Netzwerke hat uns in den letzten Jahren eine fast unüberschaubare Vielfalt an Techniken und Komponenten beschert. Dem internationalen Standard ist es dabei vor allem zu verdanken, daß der konzeptionelle Wildwuchs in erträglichen Grenzen liegt. Ethernet, Token-Ring, ARCNET oder FDDI sind dabei die am häufigsten eingesetzten Netzwerktypen mit allen ihren unterschiedlichen Möglichkeiten und Eigenschaften. Nicht selten ist deren Einsatz gemischt, vor allem dann, wenn mit Hilfe strukturierter Verkabelung Backbone-Netzwerke konzipiert werden.

Man wird sich in den nächsten Jahren immer noch damit abfinden müssen, daß für die einzelnen Rechnersysteme unterschiedliche Protokolle eingesetzt werden. Genauso wird in naher Zukunft kein einziges großes Netzwerk exisitieren, sondern eine Vielzahl Netzwerke, die ein Internet bilden, d.h. Teilnetze werden zusammengefügt.

Die nachfolgende Abbildung zeigt einen kleinen Auszug möglicher Protokolle, die beim Aufbau von Netzwerken zum Einsatz kommen können und werden.

KAPITEL 6

ISO-OSI-Ref.	Standards (Bsp.)	DoD-Familie		SAA-Familie	Novell	
Application	X.400 FTAM	SMTP		DCA / DIA	Btrieve MHS Compiler	
Presentation	ASN.1	FTP		SNADS	NetWare Kern	
Session	ISO 8326/27	TELNET DNS / NSP		APPC-Schnittst.		
Transport	ISO 8072/73	TCP	UDP	LU 6.2	IPX SPX	NetBios
Network	X.25 WAN	ICMP	EGP	PU 2.1		
		IP ARP RARP				
Data Link	X.25 WAN ISO 8802 LAN	ARPANET ETHERNET TOKEN RING ARCNET X.25 PDN andere		Token Ring Local Area Net Ethernet oder SDLC	irgendeines von ca. 80 verschiedenen LANs	
Physical	X.25 WAN ISO 8802 LAN					

Bild 6.1 Die Protokollvielfalt

In homogenen Bereichen etablieren sich die klassischen Protokolle (IPX/SPX, NetBios, ATP, etc.), während sich in heterogenen Umgebungen in den letzten Jahren das bereits angestaubte aber jetzt wieder zum Leben erweckte TCP/IP zu dem »Standard«-Protokoll in heterogenen Welten entwickelt hat. TCP/IP bietet auf den Schichten 3 und 4 einfache anwendungsorientierte Grunddienste wie File Transfer, Electronic Mail und Virtual Terminal Emulation. Deren Einsatz wurde, vor allem durch die Unix-Welt, weiter gefördert und entwickelt. Mit TCP/IP kann man in einfacher Art und Weise heute das tun und machen, was man mit den Protokollen und Standards nach OSI eigentlich machen möchte. Wenn es jedoch darum geht, heute eine heterogene Welt aufbauen zu wollen, kommt man um TCP/IP nicht umhin, da man hierfür eher Lösungen findet als für OSI.

Jeder renommierte Rechnerhersteller bietet heute Implementierungen für TCP/IP an, um heterogene Welten erschließen zu können. Man hat vor allem auch die Gewißheit, daß TCP/IP-Implementierungen unterschiedlicher Hersteller untereinander kommunizieren können und deren Dienste zueinander kompatibel sind. Es ist dabei vollkommen gleichgültig, ob es sich dabei um

Netzwerkmanagement

Installationen auf einem IBM Host, einer Unix-Anlage, einer Siemens-Anlage oder einen PC mit TCP/IP handelt.

Im Zuge der TCP/IP-Entwicklung wurde auch ein einfaches Netzwerkmanagement-Protokoll entwickelt – SNMP – dazu später mehr. Für die Zukunft (man weiß jedoch heute noch nicht, wann dies im Detail sein wird), wird langfristig gesehen die OSI-Protokollfamilie der Standard sein bzw. werden. Auch hierfür wird ein OSI-Netzwerkmanagement entwickelt.

Netzwerkmanagement unter SNMP, und somit über TCP/IP, ist heute für jeden renomierten Hersteller ein Muß. Schwierigkeiten bereitet derzeit allerdings noch das Management von OSI-Netzwerken. Dies liegt zum Teil daran, daß die Funktionalität der Kommunikationskomponenten vorhanden ist, das Netzwerkmanagement jedoch noch unklar für OSI formuliert wurde. Eine Begründung hierfür ist auch darin zu sehen, daß die OSI-Gremien das Netzwerkmanagement in der Vergangenheit eher stiefmütterlich behandelt hat, so daß jetzt zum entscheidenden Zeitpunkt die notwendigen Standards und Produkte hierfür fehlen. Man ist zwar momentan kräftig dabei, an diesem Zustand etwas zu ändern, d.h. man arbeitet intensiv an der Verabschiedung des Standards. Bis dieser jedoch endgültig zu Verfügung stehen wird, vergehen gerne noch bis zu 5 Jahre, vielleicht auch etwas weniger. Bis dahin existieren allerdings bereits wieder eine Vielzahl von auf SNMP basierenden Netzwerkmanagementsysteme, die beim Anwender installiert worden sind, und dieser wird nicht von heute auf morgen alles wieder auf OSI umstellen wollen. Somit ist der flächendeckende Einsatz von OSI wieder im Hintertreffen. Eine ähnliche Entwicklung geschieht derzeit auch für OSI-Protokolle versus TCP/IP-Protokolle und deren Einsatz in der Praxis.

Ein weiterer Aspekt, der Lösungen für das Netzwerkmanagement fordert, ist die Vielfalt an Betriebssystemen, die in hetorogenen Welten zu finden sind. Dies beginnt bereits bei den Arbeitsplatzrechnern (DOS, OS/2, Windows, Windows NT, Unix) und endet bei den Server-Systemen (LAN Manager, Unix, NetWare). Die Situation verschärft sich, wenn auch noch MDTs oder Großrechnersysteme zum Einsatz kommen. Jedes dieser Systeme bietet andere individuelle Möglichkeiten zur Verwaltung und Überwachung der Systeme bzw. deren Umgebung. Wenn es nun darum geht, Netzwerkmanagement unter allen diesen Gesichtspunkten zu betreiben, wird man feststellen, daß man schnell am Rande seiner Möglichkeiten und Kapazitäten angelangt ist. Der Trend zu Network Computing, d.h. die Vernetzung von Netzwerken und den Aufbau von verteilten Systemen.

KAPITEL 6

Die Problematiken verteilter Systeme sind nicht nur erkannt sondern auch sehr gut gelöst worden. Die meisten Probleme entstehen deswegen, weil meist eine heterogene Welt aufgebaut wird, um allen Anforderungen gerecht zu werden, d.h. unterschiedliche Rechnerarchitekturen, Betriebssysteme und Kommunikationssoftware. Die Kunst dabei ist es nun, ein System für den Anwender zur Verfügung zu stellen, damit dieser seine Arbeit erledigen kann und zwar so, daß er nicht durch das ständige Wechseln in neue Arbeitsumgebungen irritiert wird, nur um seine wichtigsten Dinge erledigen zu können.

Der Anwender soll am Schluß ein System vor sich haben, mit dem gearbeitet wird. Dabei soll es für ihn vollkommen transparent sein, von wo seine Daten stammen (Server, MDT, Host), die ver- und bearbeitet werden sollen. Man ist derzeit dabei, solche Systeme zu entwickeln und zur Verfügung zu stellen. Bis man jedoch soweit sein wird, diese Wunschvorstellung der Arbeitsumgebung für einen Anwender in letzter Konsequenz bereitstellen zu können, werden noch einige Jahre vergehen. Bis dahin muß man sich mit Interimslösungen behelfen, um die Arbeitsumgebung so einfach wie möglich gestalten zu können.

Für das integrierte Netzwerkmanagement bedeutet dies, den verstreuten und vernetzten Systemen die Fähigkeiten, die diesen bis dato noch fehlen, notfalls händisch zu verleihen. Die Anforderungen und Möglichkeiten für Netzwerke wachsen stetig und permanent. Wenn man nichts genau vorhersagen kann, dann zumindest zwei Anforderungen an Netzwerke:

- Die Anzahl der Stationen im Netzwerk wird ständig steigen.
- Die logische Komplexität bzw. die Funktionalität wird weiter wachsen.

Ich kenne kein Netzwerk, welches auf einen bestimmten Status eingefroren werden konnte. Bevor wir uns mit der Netzwerkmanagementproblematik näher befassen, sollten die Aufgaben des Netzwerkmanagements exakter formuliert und betrachtet werden.

6.1 Klassische Aufgaben des Netzwerkmanagements

Betrachtet man die heutigen Netzwerksysteme, lassen sich fünf Bereiche aufführen, die durch ein Netzwerkmanagement abgedeckt werden sollten:

Netzwerkmanagement

- *Netzsteuerung (Operational Management)*

Hiermit werden die Funktionen gemeint, die im laufenden Betrieb dazu genutzt werden sollen, die Betriebsmittel in einem Netzwerk nicht nur bereitzustellen sondern auch zu verwalten. Man erhält somit auch einen vernünftigen Überblick vom Netzwerk und zum Teil auch darüber, in welchem Zustand sich das Netz befindet.

- *Fehlermanagement (Maintenance)*

Damit sind alle Methoden und Mechanismen gemeint, die zur Fehlerprophylaxe, Fehlererkennung und Fehlerbehebung im Netzwerk benutzt werden sollen. Mit diesen Möglichkeiten sollen Netzwerkverwalter in der Lage sein, nicht zu reagieren sondern zu agieren, d.h. frühzeitig abnormale Erscheinungen, die auf auftretende Fehler hinweisen könnten, zu erkennen.

- *Konfigurationsverwaltung (Configuration Management)*

In diesen Tools sollen Hilfsmittel enthalten sein, die zur Planung, Erweiterung und Änderung der Netzwerkkonfiguration notwendig sind. Darin eingeschlossen sind auch Mechanismen, die zur Pflege der Konfigurations-Informationen notwendig sind. Dieser Bereich kann eine Vielzahl von Endgeräten im Netzwerk betreffen, z.B. Bridges, Router, Brouter, Gateway, Server, Workstations und ähnliches mehr. Da die Arbeitsweise dieser Systeme zum Teil so unterschiedlich ist, ist das Auffinden einer Software, die alle diese Bereiche abdecken kann und wird, schwierig.

- *Netz-Tuning (Performance Management)*

Es sollen Hilfsmittel und Tools gefunden werden, mit denen es möglich ist, den Datendurchsatz im Netzwerk zu messen und zu analysieren und anschließend Aufschlüsse über Schwachstellen im Netz zu erhalten. Beim Einsatz unterschiedlicher Protokolle sollte auch die Möglichkeit bestehen, die Analyse gezielt auf Protokollebene durchzuführen.

- *Benutzerverwaltung (User Administration)*

Die generellen Möglichkeiten sind im Netzwerkbetriebssystem enthalten und in Abhängigkeit von diesem zu betrachten und zu bewerten. Die damit verbundenen Möglichkeiten zur Berechtigungsvergabe, Accounting, Login-Zugangskontrolle und dergleichen mehr hängen vom Netzwerkbetriebssystem ab. Durch Zusatztools werden diese Möglichkeiten noch erweitert. Man sollte dabei nur berücksichtigen, seine Arbeit nicht durch eine zu große Fülle von Tools zu erschweren statt zu erleichtern.

Die Möglichkeiten des Netzwerkmanagements sind bereits bei der Planung eines Netzwerkes zu berücksichtigen. D.h. man muß sich bereits von Anfang an Gedanken darüber machen, welche Funktionalitäten ein Netzwerkmanagement bieten soll, um nicht später feststellen zu müssen, daß man sich mit den bisherigen Produkten in eine Sackgasse begeben hat. Nicht selten werden bei der Netz- und Systemverwaltung manche wichtige Aspekte vollkommen vergessen bzw. diesen keine allzu große Bedeutung geschenkt. Die nachfolgenden Aspekte sollen Ihnen helfen, einen Überblick darüber zu bekommen, was bei einer Planung von Netzwerken und der späteren Inbetriebnahme zu berücksichtigen ist, um ein ziemlich umfassendes und ausgereiftes Netzwerkmanagement zu konzipieren und zu installieren.

Man unterteilt diese Bereiche inzwischen in drei Dimensionen:

- Netzwerkdimension
- Benutzerdimension
- Technologiesicherungsdimension

6.1.1 Netzwerkdimension

In diesem Bereich werden Funktionen zusammengefaßt, die einen wesentlichen Bestandteil sinnvollen Netzwerkmanagements ausmachen: die Dokumentation des installierten Netzwerkes in allen Details, d.h. beginnend bei den Kabeln (wo diese verlaufen und warum), Steckern und Steckdosen, Adapterkarten und deren Eigenschaften (Parameter-Einstellungen, Typ Adapterkarte), Endgeräte-Konfiguration bis hin zur installierten Software (Betriebssystem, Konfiguration der Steuerdateien, etc.). Es gibt inzwischen sehr gute Software, mit der ein Großteil dieser Anforderungen gut bis sehr gut erfüllt werden kann. Die Entscheidung für ein Managementsystem ist immer von den geforderten Managementinformationen und -möglichkeiten abhängig.

Diese Informationen sollten von Anfang an geführt werden, da die Praxis zeigt, daß der nachträgliche Aufwand viel zu groß ist, und meist auch gescheut wird (solange nicht der erste massive Fehler aufgetreten ist), die Daten nachträglich zu erfassen. Meist fehlen dann ein paar »Schmierzettel«, auf denen bruchstückweise kleinere Detailinformationen erfaßt worden sind. Wenn man die Pflege jedoch bereits bei der Installation durchführt und dies auch bei jeder zusätzlichen Erweiterung ergänzt, ist der Aufwand relativ gering und abschätzbar.

Hierunter fallen auch Informationen über eventuelle Ersatz- und Redandanzinstallationen für den Fall, daß wichtige und notwendige Komponenten ausfallen und ein schneller und reibungsloser Betrieb so schnell wie möglich wieder hergestellt werden muß.

Netzwerkmanagement

In der Dokumentation sollten auch Informationen über das technische Umfeld aufgenommen werden, z.B. Störstrahlungsmaßnahmen, die berücksichtigt werden müssen, freier Platz in den Kabelschächten, um bei Erweiterungen nicht feststellen zu müssen, daß ein Kabel nicht so wie geplant verlegt werden kann. Vor allem ist zu beachten, daß nachträgliche Erweiterungen teurer sind, als wenn man beim Aufbau eines LANs nach Möglichkeit alles in einen Verkabelungsplan einbezieht und zumindest die technischen Voraussetzungen gleich schafft. Wenn eine Decke bereits abgehängt ist, kommt es billiger, ein Kabel mehr einzuziehen, als dies nach 6 Monaten nachträglich verlegen zu lassen, auch wenn dieser Strang nicht sofort benötigt wird.

Installation von Komponenten

Wenn die Planung eines Netzes abgeschlossen ist, müssen die Komponenten für das Netzwerk gekauft und installiert werden. Dabei sollte man nicht versuchen, einen Gemischtwarenhandel von Komponenten zu betreiben, sondern sich für einen Hersteller entscheiden und von diesem die Komponenten beziehen. Dabei kann es durchaus vorkommen, daß Server, PCs, Netzwerkadapterkarten, Koppelelemente und Software aus unterschiedlichen Häusern stammt, innerhalb der Komponenten sollte jedoch der gleiche Hersteller erhalten bleiben. Es ist schwierig genug, bei auftretenden Fehlern zu erkennen, an welcher Komponente der Fehler zu suchen ist.

Bei der Installation ist zu beachten, Server, Verteilerschränke, Koppelelemente, Datensicherungseinheiten und ähnliche sicherheitsrelevante Komponenten nicht in unmittelbare Nähe von Endanwendern zu installieren, sondern diese in eigenen, abschließbaren Verteilerräumen zu installieren. Die Planung dieser Aufstellungsorte sollte bereits vor der Installation abgeschlossen sein (Lokation, Platzbedarf, Sicherheitsanforderungen), um nicht während der Installation feststellen zu müssen, daß entweder die Räume nicht zur Verfügung stehen oder Platz zu Installation der geplanten Endgeräte nicht ausreicht. Aus der eigenen Praxis sind mir Fälle bekannt, bei denen komplette Planungen geändert werden mußten oder Interimslösungen notgedrungen akzeptiert werden mußten, da die benötigten Räume nicht oder nur teilweise zur Verfügung standen.

Die installierten Endsysteme müssen nicht nur dokumentiert werden (wo, wie in welcher Konfiguration, Kabelverlauf, etc.) sondern auch abgenommen werden. Hierzu sind vor allem bei den Verkabelungen Meßprotokolle zu fordern, um sofort zu ersehen, ob die

Kabel auch sachgemäß verlegt worden sind. Dem Kabel selbst sehen Sie es nicht unbedingt von außen an, ob es innerlich beschädigt worden ist. Dies kann nur durch leistungsfähige Meßgeräte ermittelt werden. Diese Liste ließe sich noch sehr weit ausdehnen, d.h. man könnte sogar ein eigenes Buch darüber schreiben, was bei einer Installation des Netzes alles passieren könnte und kann, woran man nicht im entferntesten gedacht hätte.

Konfiguration von Komponenten

Die Konfigurationsplanung ist ein sehr wichtiger Bestandteil der Netz- und System-Management-Funktionen. Die Komponenten und die enthaltene Soft- und Firmware müssen so aufeinander abgestimmt werden, daß ein reibungsloses Zusammenwirken gewährleistet werden kann. Nicht selten sind diese Einstellungen ohne tiefere, technische Kenntnisse schwer zu ermitteln. D.h. die hardwaremäßigen Einstellungen der Endgeräte müssen exakt bekannt sein, um diese Einstellungen vornehmen zu können. Wie oft treten Probleme bei der »einfachen« Installation von Netzwerkadapterkarten auf, weil man die vom Werk eingestellte Konfiguration beläßt und nicht berücksichtigt, daß im Rechner bereits der gewünschte IRQ oder I/O Port belegt ist.

Für PCs gibt es inzwischen gute Software, um sich die vorhandene Konfiguration ausgeben zu lassen, und um sofort zu ersehen, welche Hardwareeinstellungen bereits belegt sind.

Es ist natürlich auch notwendig, diese Konfigurationen entsprechend zu dokumentieren. Wenn es nicht mit Hilfe geeigneter Software automatisch möglich ist, sollten diese Informationen per Hand in einem Configuration Mangement eingetragen werden. Wünschenswert wäre, für alle Endsysteme ein und dieselbe Datenbank nutzen zu können. Fraglich ist dabei, wie einfach die notwendigen Daten eingetragen oder übertragen werden können.

Statusüberwachung

Um das Netzwerk ständig unter Kontrolle zu haben, ist es notwendig, den Zustand der physikalischen und logischen Einheiten in regelmäßigen, wenn möglich kurzen, Intervallen zu überwachen. Ansonsten haben Sie keine Information, in welchem Zustand sich das Netzwerk befindet. Da man nicht verlangen kann, 24 Stunden am Tag das Netz im Augenschein zu halten, muß es eine Aufgabe des Netzwerkmangements sein, über kritische Situationen sofort zu informieren. Vorteilhaft ist, wenn die Möglichkeit besteht, bei wichtigen Komponenten (Koppelelement, Last auf dem Kabel, etc.)

selbst Schwellwerte zu definieren, bei deren Überschreiten Sie entsprechende Mitteilung an der Netzwerkmanagement-Console erhalten. Um einen Vergleich mit Vergangenheitswerten durchführen oder auch Langzeitstatistiken erstellen zu können, sollten auch Möglichkeiten vorhanden sein, historische Werte über einen längeren Zeitraum abspeichern zu können.

Lastmessung

Damit Sie gesicherte Aussagen über den Lastzustand Ihres Netzwerkes erhalten, ist es erforderlich, nicht nur die statischen Zustände, sondern auch die dynamischen Vorgänge zu beobachten. Statistische Analysen ergeben in den meisten Fällen, daß die Spitzenlast im Netzwerk am Vormittag zwischen ca. 9.30 und 11.00 Uhr auftritt und am Nachmittag sich etwa von 14.00 bis 15.30 Uhr ergeben. Wenn es darum geht, Erweiterungen im Netzwerk durchzuführen (Einbindung neuer Stationen, Installationen neuer komplexerer Software, die einen höheren Datenverkehr erzeugt), sollte man sich vorher Gedanken darüber machen, wie sich eine Lasterhöhung auf das Antwortzeitverhalten auswirken wird.

Hilfreich sind dabei Produkte, die es erlauben, künstliche Last im Netzwerk zu erzeugen, um zu ersehen, wie sich diese im Gesamtverhalten auswirkt. Es ist aber nicht nur wichtig, die Netzlast zu überprüfen und zu überwachen. Ebenso gehört es in diesen Aufgabenbereich, die Lastsituation der Server, Koppelelemente (Bridges, Router, Gateways) zu prüfen, ob nicht unter Umständen diese ursächlich verantwortlich sind, daß das Antwortzeitverhalten im Netzwerk schlechter wird. Es könnte aber auch der Fall sein, daß ganz allgemein die eingesetzte Netzwerksoftware zu viel Overhead erzeugt und somit zu einem schlechteren Antwortzeitverhalten führt.

Wenn zusätzlich noch mehrere Protokolle über ein und dasselbe Kabel verwendet werden, ist es hilfreich und aufschlußreich, sich mit Hilfe eines LAN-Analysers den Datenverkehr der einzelnen Protokolle auf dem Kabel ausfiltern zu lassen. Sie werden dann gezielt feststellen, ob das eine oder andere Protokoll zu viel Last erzeugt und entsprechende Maßnahmen ergreifen. Diese Analysen erfordern jedoch breites und detailiertes Wissen auf dem Gebiet der Kommunikationstechnik und der Protokollabläufe.

KAPITEL 6

Wartung und Test

Ist es bereits zum Ausfall und Stillstand des Netzes gekommen, ist es bereits zu spät. Sehr viele Fehler würden sich bereits im voraus erkennen lassen (schleichendes Anbahnen des Fehlers), wenn man das Netzwerk in regelmäßigen Abständen überprüft. Nur eine ordentliche, sorgfältige und regelmäßige Wartung aller Komponenten ist der Garant für möglichst wenig Fehler und Ausfälle. Dies gilt sowohl für die physikalischen Komponenten als auch für die logischen Komponenten eines Netzwerkes. Defekte Kabel, sporadisch auftretende Fehler bei Netzwerkadaptern, Störstrahlungen von außen können genauso zum Absturz führen wie Fehler in Softwarepaketen.

Es ist ein Irrglaube, wenn man meint, daß man einmal installierte Komponenten nicht mehr prüfen muß. Dieser Vorgang beginnt bei der Verkabelung und endet bei den installierten Hardwarekomponenten im Server, in der Workstation und in allen Koppelelementen. Vor allem die Prüfung der bestehenden Netzwerkverkabelung wird immer wieder unterschätzt. An Kabeln, Steckern und Dosen wird immer wieder gezogen, gezerrt, man stolpert darüber, die Putzfrau bleibt mit dem Staubsauger hängen, und ähnliches mehr kann passieren. Dies kann dazu führen, daß das Kabel an empfindlichen Stellen beschädigt wird. Nur eine regelmäßige Überprüfung (ebenfalls mit Erstellung von Meßprotokollen) und dem Vergleich mit den vorangegangenen Messungen kann Aufschluß über den Zustand dieser Komponenten geben.

Zu den regelmäßigen Wartungsintervallen gehört auch die Pflege der Platteninhalte, vor allem auf den Serversystemen. Hierzu gehört vor allem das Entfernen von »Datenleichen«. Eine Schwierigkeit dabei ist vor allem, daß sehr oft einmal gespeicherte Daten nicht mehr gelöscht werden. Dies muß meist durch solche Bereinigungsintervalle gelöst werden.

Fehlerprophylaxe und Fehlerbehebung

Alle bisher aufgeführten Maßnahmen können bereits als Fehlerprophylaxe eingestuft werden und gehören somit auch in das Gebiet des Fault-Managements. Bei allen Maßnahmen wird es sich jedoch nicht verhindern lassen, daß es doch einmal zum Ausfall im Netzwerk kommt. Wie schwerwiegend dieser Fall dann ist, hängt davon ab, welche Komponente ausgefallen ist. Man kann deshalb auch von gutartigen und bösartigen Fehlern sprechen. Fällt zum Beispiel ein Arbeitsplatzrechner aus, auf dem keine eigenen Daten abgespeichert sind (diese befinden sich alle auf dem Server), dann läßt sich dieser entweder sehr schnell tauschen oder wichtige

Arbeiten können von einem anderen Arbeitsplatzrechner aus durchgeführt werden. Der Ausfall des Servers oder eines Koppelelementes (Bridge, Router, Brouter, Gateway) kann hingegen dazu führen, daß Arbeiten über mehrere Stunden nicht mehr durchgeführt werden können, außer man hat auch hierfür bereits ausgereifte Sicherheitsmechanismen (Redundanz notwendiger Systeme) ins Kalkül gezogen.

Wie Sie noch sehen werden, bieten Netzwerkbetriebssysteme bereits ausgereifte Mechanismen an, um den Ausfall kritischer Komponenten durch Redundanz abzufangen. Novell geht hier inzwischen einen Schritt weiter und bietet eine NetWare SFT III (siehe später), bei der das gesamte Serversystem redundant gehalten werden kann und beim Ausfall des Hauptservers ein Ersatzserver verzögerungsfrei die Arbeit im Netzwerk übernimmt.

Zum Abschluß einige Zitate:

Murphys Gesetz besagt »Wenn etwas schiefgehen kann, dann wird es auch schiefgehen«. Die erste digitale Ableitung hierfür lautet: »Murphys Gesetz wird durch Computer optimiert.« Die zweite digitale Ableitung lautet: »Alles geht auf einmal schief.« Die erste elektronische Anwendung hiervon besagt: »Bei Computern ist nichts undenkbar, geschweige denn unmöglich – außer dem wünschenswerten.« Für Fehler im Netzwerk kann daraus geschlossen werden:

- »Man kann nie einer großen Panne entgehen, indem man eine kleine produziert.
- Im besten Falle gesellt sich die kleine Panne zur großen, um diese zu unterstützen.
- Billige Pannen gibt es nicht.
- War eine Panne doch einmal billig, so wurde ihr wahrer Umfang nicht erkannt.«

6.1.2 Benutzerdimension

Die Verwaltung von Benutzern d.h. echten Anwendern in einem Netzwerk, gehört meiner Meinung nach zu den schwierigsten Aufgaben, die Ihnen als Netzwerkverwalter auferlegt werden können. In Gesprächen mit einer Vielzahl von Netzwerkadministratoren und deren gemachten Erfahrungen auf diesem Gebiet, wurde dieser Eindruck immer wieder bekräftigt und bestätigt. Besonders kritisch wird die Gesamtsituation bei Anwendern, die bislang einen eigenen PC hatten und nach der Installation und Inbetriebnahme

KAPITEL 6

des Netzwerkes mit neuen Restriktionen konfrontiert werden. Plötzlich ist das eigenständige Arbeiten, alles tun dürfen (auf dem eigenen PC) nicht mehr möglich. In einigen Verzeichnissen kann man Daten nur noch lesen, in andere Verzeichnisse hat man keinen Zugriff mehr, und was das schlimmste ist, alle Daten sollen plötzlich nicht mehr lokal, sondern zentral auf der Serverplatte gespeichert werden. Noch härter ist es, wenn man sich aus Sicherheitsgründen für diskettenlose Stationen entscheidet. Dies sind Umstände, die zum Teil psychologisches Geschick und Einfühlungsvermögen erfordern.

Auf folgende Bereiche ist besonders Augenmerk zu richten, wenn es um zukünftiges und sinnvolles Netzwerkmangement geht, um Ihnen die Arbeit so weit wie möglich zu erleichtern.

Zugriffsrechte und User-Profiles

Wenn es um die Installation der logischen Netzwerkumgebung geht, ist vorab genau zu klären, welcher Benutzer auf welche Daten, Directories und andere physikalische Ressourcen (Drucker, Gateways, etc.) Zugriffsrechte erhält und vor allem mit welchen Rechten er darauf zugreifen darf. Ich habe schon einige Netzwerke gesehen, in denen alle Benutzer generell sämtliche Rechte besitzen, d.h. überall alles machen dürfen. (Auch eine Methode, um sich keinerlei Gedanken über die logische Implementierung des Netzes machen zu müssen!) Allderdings widerspricht dies zum einen dem Sinn des Netzes, und Sie erhalten dadurch ein zusätzliches Sicherheitsrisiko. Wenn dann wirklich einmal wichtige Bestände zerstört sind oder nicht mehr komplett vorzufinden sind, dann war es bekanntlicherweise keiner.

Die Möglichkeiten der Netzwerkbetriebssysteme sind inzwischen so ausgereift, daß fast keine Wünsche mehr offen bleiben. Ihre Aufgabe ist es dann nur noch, diese Funktionalitäten nach Ihren Vorstellungen und Anforderungen umzusetzen. Man sollte sich hierfür genügend Zeit lassen, bevor man produktiv mit der logischen Implementierung beginnt. Der Aufwand, einmal erstellte Strukturen wieder zu ändern, ist viel zu groß.

Beim Umsetzen der Benutzeranforderungen in Benutzerprofile sollte man generell so vorgehen, daß man diese so flexibel wie möglich gestaltet, um den Aufwand für nachträgliche Erweiterungen oder Einschränkungen so gering wie möglich zu halten. Man sollte immer versuchen, soviel wie möglich zu standardisieren und alles, was nicht standardisiert werden kann, individuell für jeden einzelnen Benutzer zu definieren. Modularität ist angesagt. Bevor man jedoch die vorhandenen Möglichkeiten des Systems nutzen kann, muß man sich vergegenwärtigen, was Ihnen von diesem System an Funktionalitäten angeboten wird. Erst wenn Ihnen dies bewußt ist, können Sie die Planung der logischen Struktur beginnen. Nicht selten müssen innerbetriebliche Kompromisse eingegangen werden, um den logischen Aufbau der Netzwerkstruktur nicht zu komplex werden zu lassen. D.h. unter Umständen kann ein Netzwerk auch organisatorische Auswirkungen für das Unternehmen bedeuten (Änderung von Arbeitsabläufen, Zuständigkeiten, etc.).

Installation neuer Anwendungen und Dienste

Wenn es um die Installation und Inbetriebnahme eines Netzwerkes geht, ist es empfehlenswert, mit der Implementierung einer kleinen Menge von Diensten zu beginnen und erst nach erfolgreicher Übergabe dieser Dienste an die Benutzer mit der weiteren Installation von Diensten fortzufahren. Die alles auf einmal Methode ist deswegen nicht sinnvoll, weil man gerade zu Beginn von neuen Installationen voll damit beschäftigt ist, die fehlerfreie Installation durchzuführen. Wenn man sich hingegen mit zu vielen Diensten auf einmal auseinandersetzen muß, ist es äußerst schwierig, festzustellen, welcher Dienst in welcher Kombination ursächlich verantwortlich für eventuell auftretende Fehler ist. Diese Vorgehensweise gilt gleichermaßen für Hard- und Softwarekomponenten. Stellen Sie sich vor, Sie installieren in einem Server oder einer Workstation auf einmal 3 neue Adapterkarten, die dazugehörige Software und nehmen anschließend den Rechner wieder in Betrieb. Daraufhin stellen Sie fest, daß keine der 3 Karten funktioniert. Woran liegt es? Man baut dann wieder alle neu installierten Karten aus, baut die erste ein, installiert die dazugehörige Software, testet, und wenn es funktioniert, wird mit der nächsten Adapterkarte und/oder Software genauso verfahren.

Zudem empfiehlt sich, wenn neue Dienste eingerichtet werden müssen, daß diese zunächst von ausgewählten Benutzern – nach Möglichkeit in einem vom Gesamtnetz unabhängigen Experimental (Test) Netz, indem auch neueste Hardware erprobt werden kann – getestet werden. Anschließend sollte man sich Gedanken über eine kleine Schulungsphase machen, um die betroffenen Benutzer in die neuen Dienste einweisen zu können. Parallel dazu können die ausgetesteten Dienste in das produktive System übernommen werden. Generell gilt, daß man in einem Netzwerk installierte Komponenten immer wieder von neuem durchtesten muß bzw. sollte. Es schleichen sich immer wieder kleine Flüchtigkeitsfehler ein. Nichts ist peinlicher als die Freigabe neuer Dienste durchzuführen (nicht mehr auf Funktionalität getestet) und dann nach bereits 2 Minuten die ersten Hilfeschreie zu erhalten, daß dieses oder jenes nicht funktioniert.

Mein Unternehmen hat einen Renommierkunden, dessen Netzwerk seit 3 Jahren ohne Abstürze und Ausfälle in Betrieb ist. Des Rätsels Lösung liegt darin begründet, daß in diesem Netz keinerlei Experimente durchgeführt werden und nur ausgetestete Software installiert wird und alle Komponenten vor Freigabe ausführlich getestet werden.

Einige Leser werden sich jetzt wahrscheinlich die Frage stellen, ob diese komplizierte und komplexe Vorgehensweise sein muß. Die Praxis beweist jedoch, daß Sie beim Abweichen von dieser vorgeschlagenen Vorgehensweise erhebliche operationelle, organisatorische und sicherheitsrelevante Risiken eingehen. Wenn es bei der Installation von Hard- und Software auch noch so eilig ist, man sollte sich dabei nach Möglichkeit nicht unter Druck setzen lassen. Auch hier zeigt die Praxis, daß sich bei allen unter Druck durchgeführten Installationen vermehrt Fehler einschleichen. Auch hier sollte eine langfristige und ausgefeilte Projektplanung Abhilfe schaffen.

Auswerten von Logfiles

In den meisten Fällen bieten Netzwerkmanagementsysteme und zum Teil auch Netzwerkbetriebssysteme in geeigneter Form Logfiles, deren Inhalte Aufschluß über das Verhalten des Netzwerkes und zum Teil über die Benutzer gibt. Man sollte es nicht versäumen, diese Logfiles in regelmäßigen Abständen auszuwerten. Auch in diesem Falle gilt, daß Sie nicht 24 Stunden am Tag aufpassen können, ob der Server oder andere Überwachungssysteme Fehlermeldungen erzeugen. Zu diesem Zweck schreiben diese Systeme alle Fehlerzustände in diese Logfiles. Nur deren regelmäßige Überprüfung läßt erkennen, wann und wo im Netzwerk kritische Situationen aufgetreten sind.

Kritischer wird die Situation, wenn es um die Überwachung von Benutzern im Netzwerk geht. Die Rede ist vom Accounting-System, das von Netzwerkbetriebssystemen und Netzwerkmanagementsystemen zur Verfügung gestellt werden kann. In den meisten Fällen wird in größeren Unternehmen die Installation von Accounting-Systemen im LAN untersagt, da es sich dabei um Mitarbeiterkontrolle handeln würde. Hierzu sei nur soviel angemerkt: Accounting-Systeme auf Großrechnerseite ist eine Selbstverständlichkeit, in PC-Netzwerken wird dies nicht gewünscht und genehmigt.

Wenn Sie mit der Installation solcher Systeme liebäugeln, erkundigen Sie sich vorher bei Ihren Firmenchefs, ob Sie ähnliches überhaupt einsetzen dürfen, ohne mit Betriebsratsbestimmungen in Konflikt zu geraten. Eins ist klar: Da es sich zum Teil um personenbezogene Daten handelt, müssen besondere Vorkehrungen getroffen werden, um unberechtigte Auswertung zu unterbinden.

Zur einfacheren und besseren Unterstützung der Anwender, gibt es im Netzwerk auch die Möglichkeit, eine sogenannte Fernsteuersoftware einzurichten. Mit diesen Systemen sind Sie in der Lage, zu überwachen, was der einzelne Benutzer auf seinem Rechner gerade macht. Diese Software ist nicht dazu gedacht, zu überwachen, was einzelne Anwender im Netzwerk tun oder auch nicht tun. Der ursprüngliche Zweck ist darin zu sehen, dem Benutzer vom eigenen Arbeitsplatz aus über das Netzwerk hinweg zu helfen. Sie können sich Bildschirm und Tastatur des Anwenders auf Ihren Rechner heranholen und von diesem aus »auf die Finger sehen«, was er tut (Erkennen einer fehlerhaften Bedienung oder Eingabe). Zur Fernunterstützung ist diese Software hervorragend geeignet. Schwierigkeiten dabei bereitet die Möglichkeit des Mißbrauches.

6.1.3 Technologiesicherungsdimension

Mit der »einfachen« Installation eines Netzwerkes ist es noch lange nicht getan. Sie müssen auch die Netzwerkverantwortlichen für das oder die neuen Systeme ausbilden. Das ist allerdings auch noch nicht genug. Ab diesem Zeitpunkt gehört es fast zur Pflicht, die verantwortlichen Mitarbeiter ständig und permanent zu schulen, damit diese auf dem aktuellen Stand der Technik bleiben. Sich in die pure Abhängigkeit von externen Firmen zu begeben, kann nicht Sinn und Zweck sein. Externe Unternehmen bei der Planung und beim Aufbau hinzuzuziehen ist mit Sicherheit nicht die schlechteste Entscheidung. Es sollte jedoch versucht werden, nicht »schlüsselfertige« Installationen nach Wochen oder Monaten überreicht zu bekommen, sondern selbst aktiv am Aufbau der Netzwerke beteiligt werden.

Der Vorteil externer Unternehmen ist auch darin zu sehen, daß diese einen anderen Blickwinkel besitzen und notwendige Zusammenhänge oder Mißstände eher erkennen als Mitarbeiter des Unternehmens selbst. Änderungsvorschläge sind auch leichter vorzubringen und werden meist schneller akzeptiert, als wenn diese vom eigenen Mitarbeiter vorgebracht werden. Die Überwachung und Kontrolle des Netzwerkes kann nicht die Aufgabe von Beratern sein. Für alle Phasen des Netzes von der ersten Idee bis hin

KAPITEL 6

zur Inbetriebnahme und Fehlererkennung und -behebung ist es unbedingt notwendig, eigenes Wissen im Unternehmen heranzuziehen. Die Unterstützung durch Berater kann dabei schon hilfreich sein, um dieses Wissen sukzessive aus- und aufzubauen. Eine enge Zusammenarbeit mit den verantwortlichen Mitarbeitern ist unumgänglich, da der Berater die vorhandenen Firmeninternas und innerbetriebliche Abläufe nicht so im Detail kennen kann, außer der Berater ist bereits über Jahre in einem Unternehmen aktiv tätig.

Ungünstig sind auch Unternehmensgrößen, in denen meist nur ein kompetenter Mitarbeiter für das Netzwerk verantwortlich ist. Die Abhängigkeit von einer einzigen Person ist wegen der möglichen Erpreßbarkeit des Unternehmens im Zuge der immer weiter wachsenden Abhängigkeit vom installierten Netzwerk nicht zu empfehlen. Mir sind einige Fälle bekannt, bei denen Kunden bei uns nachfragen, ob die Möglichkeit besteht, über eine Hintertür in einen installierten Server »einsteigen« zu können, da der Netzwerkverantwortliche das Unternehmen verlassen hat, und alle Paßwörter vorher geändert hat bzw. auch nur das Paßwort des allesdürfenden »Administrator-User«, das jetzt keiner kennt. Es ist auch versäumt worden, einen anderen User einzurichten, der zumindest Äquivalenzrechte besitzt.

Sie sehen, daß es mehrere Aspekte gibt, die berücksichtigt werden müssen, um Netzwerke nicht nur sicher aufzubauen, sondern deren Verwaltung und die Verantworlichkeitsbereiche der Netzwerkverwalter sinnvoll und sicher zu organsieren.

Alle Überwachungen und Leistungstest, Setzen von Unternehmensstandards und Aufbau von Richtlinienen dienen auch dazu, über kurz oder lang notwendige Erweiterungen gezielt und frühzeitig durchführen zu können. Es wird sich auch nicht vermeiden lassen, irgendwann neue Hardwarekomponenten zu installieren. Diese sollten vorher getestet werden, um deren Funktionsfähigkeit zu prüfen. Dies ist vor allem dann von großer Bedeutung, wenn es sich um Komponenten eines anderen Herstellers handelt oder um ganz neue Softwareprodukte.

Sie sehen, in welchen Bereichen das Netzwerkmanagement eingesetzt werden kann und hilfreiche Dienste erbringen kann und soll. Der nächste Abschnitt wird sich damit beschäftigen, aufzuzeigen, welche Möglichkeiten des Netzwerkmanagements zur Verfügung stehen und was dabei zu beachten ist. Ich werde mich dabei auf das Netzwerkmanagement allgemeiner »Standard«-Lösungen beschränken, d.h. nicht auf herstellerspezifische Lösungen ein-

Netzwerkmanagement

gehen wie z.B. IBM NetView, DEC EMA oder Siemens Netzmanagement-Lösungen.

Auf dem Gebiet der Netzwerkmanagementsysteme hat sich inzwischen ein de-facto-Standard entwickelt. Ein ISO-Standard für OSI-Netzwerkmanagement ist noch in Vorbereitung. Ich will Ihnen zuerst das OSI-Netzwerkmanagement aufzeigen und anschließend den de-facto-Standard SNMP erläutern.

6.2 OSI-Netzwerkmanagement

Generell kann gesagt werden, daß in einem Netzwerk Ressourcen installiert werden, die zum Verarbeiten, Speichern und Übertragen von Daten dienen und genutzt werden. Das OSI-Netzwerkmanagement legt vor allem Wert darauf, die zur Datenübertragung notwendigen Ressourcen (OSI-Environment) zu verwalten. Ressourcen, die zur Speicherung und Verarbeitung von Daten dienen, werden innerhalb der OSI-Normen nicht behandelt. Im Sinne von OSI läßt sich somit das Netzwerkmanagement ganz allgemein wie folgt beschreiben:

»Aktivitäten zur Kontrolle, Koordination und Überwachung aller Ressourcen, die eine Kommunikation in der OSI-Umgebung ermöglichen [ISO 7498-4].«

Dabei wird vor allem darauf abgezielt, Informationen über den aktuellen Zustand aller OSI-Ressourcen zu erhalten und Kontrolle über diese Ressourcen ausüben zu können. Da in einem heterogenen und offenen System unterschiedliche Ressourcen verwendet werden, mußte man zunächst einmal Möglichkeiten schaffen, diese in einer einheitlichen Begriffswelt zu beschreiben. Aus diesem Grund wurde dafür der Begriff Managed Object gebildet (diesen werden Sie für SNMP auch wieder vorfinden). Nach OSI wird darunter verstanden:

»die OSI-Management-Sicht auf eine Systemressource (z.B. Protokoll-Instanz, Verbindung, Modem), die unter Zuhilfenahme von OSI-Management-Protokollen verwaltet werden soll [ISO 7984-4].«

Ein Managed Object repräsentiert somit eine abstrakte Sicht auf eine Ressource, die nur der für das Netzwerkmanagement der Ressource wichtigen Eigenschaften umfaßt. Managed Objects können dabei auch noch spezifisch für eine spezielle Schicht sein. In einem solchen Fall wird das Managed Object als N-Layer Managed Object bezeichnet. Ist das Managed Object hingegen für mehrere Layer von Bedeutung oder beziehen sie sich auf das gesamte

System, so werden die Managed Objects als System Managed Objects bezeichnet.

Bei der Konzeption des OSI-Netzwerkmanagements war man bestrebt, eine leichte Erweiterbarkeit der OSI-Management-Protokolle und Prozeduren zu erzielen und eine modulare Standardisierung zu ermöglichen. Deshalb entschied man sich bei der Definition der Managed Objects, nach dem objektorientierten Ansatz vorzugehen. Das Managed Object wird festgelegt durch:

- die an seiner Schnittstelle sichtbaren Attribute,
- die auf das Managed Object anwendbaren Management-Operationen,
- das Verhalten des Object in Reaktionen auf seine Management-Operationen und
- die vom Object zu erwartenden Meldungen.

Die Attribute beschreiben allgemein gesehen Eigenschaften des Managed Object. Diese Attribute dienen zur

- Identifikation der Managed Object Klasse
- Identifikation eines bestimmten Object
- Beschreibung des aktuellen Zustands des Object
- Speicherung von Statistiken über das vorangegangene Verhalten des Object

Wenn nun Operationen auf dem Managed Object durchzuführen sind (Lesen, Ändern, Setzen, usw.), kann dies nur dadruch erfolgen, daß dem Managed Object eine entsprechende Mitteilung gesendet wird, in der festgelegt ist, was getan werden soll. In diesem »Datenpaket« wird somit die Operation festgelegt, die auf dem Managed Object auszuführen ist und bei Bedarf auch noch weitere Parameter, wenn diese benötigt werden. Das Managed Object nimmt diese Nachricht auf und interpretiert deren Inhalt, um die Operation ausführen zu können. Bei den Management-Operationen werden grundsätzlich zwei Typen unterschieden:

- Operationen, die an ein Objekt gerichtet sind und auf die Attribute des Managed Object Einfluß nehmen (z.B. Lesen oder Ändern eines Attributwertes)
- Operationen, die sich direkt auf das Managed Object auswirken bzw. darauf beziehen. (Zum Beispiel wird ein Objekt erzeugt oder gelöscht oder die Ausführung einer objektspezifischen Operation veranlaßt).

Ein Managed Object ist auch in der Lage, unaufgefordert Meldungen zu erzeugen und diese an entsprechende Stellen (Netzwerkmangement-Console) weiterleiten. Wenn z.B. ein kritischer Fehler

Netzwerkmanagement

auftritt, wird dieser dem Manager an der Console sofort bekanntgegeben. Dadurch wird vermieden, daß der Zustand erst beim nächsten Abfragen des Managed Object bekannt wird, da es bereits zu spät sein könnte.

Innerhalb des Standards wird keinerlei Beschränkung zur Implementierungsform festgelegt. Die Art und Weise aller Informationen des Managed Object ist von der Implementierung abhängig und unterliegt ebenfalls keinem Standard. Da es jedoch notwendig ist, innerhalb des Standards wenigstens die Operationen und eine abstrakte Syntax/Semantik der Managed Objects zu definieren, ist der Begriff der Management Information Base (MIB) eingeführt worden. Die MIB repräsentiert die Informationen innerhalb des offenen Systems, die im Rahmen von OSI-Managementprotokollen benutzt, verändert und /oder transferiert werden. Die MIB kennt alle Managed Objects und deren Attribute. Die Management Information Base wird von den am Management beteiligten Instanzen gemeinsam unterhalten und unter Einsatz von Protokollen modifiziert.

Mit den Modellen der Managed Objects und der Management Information Base wird eine einheitliche Basis zur Beschreibung der verwalteten Objekte durch das Mangement in einem offenen System geschaffen. Damit die auf den Managed Objects definierten Management-Aufgaben auch durchgeführt werden können, wird definiert:

- Systems Management
- (N)-Layer Management
- (N)-Layer Operation

Hiermit werden hierarchisch aufbauend Funktionen mit unterschiedlichen Gültigkeitsbereichen eingeführt. Dabei betreffen die (N)-Layer Operationen nur jeweils eine Instanz der Kommunikation, die Funktionen des (N)-Layer Managements betreffen mehrere oder alle Instanzen der (N)-Schicht, und die Operationen des Systems Management beziehen sich auf das gesamte System bzw. das globale OSI-Netzwerk.

(N)-Layer Operation

Hiermit werden Management-Funktionen innerhalb des normalen Protokollablaufs zur Verfügung gestellt, wobei immer nur eine Instanz der Kommunikation betroffen ist.

KAPITEL 6

(N)-Layer Management

Diese Funktion bietet Mechanismen zur Überwachung, Kontrolle und Koordination der Managed Objects auf der (N)-Layer. Die von diesem Management bereitgestellten Operationen beziehen sich immer auf die generelle Funktion dieser Schicht und nicht nur auf eine einzelne Instanz einer Kommunikation. Es werden unter anderem Funktionen zur Verfügung gestellt, die folgendes bewirken:

- Übertragen von Attributwerten von Managed Objects der (N)-Schicht,
- Prüfen der Funktionsfähigkeit der (N-1)-Schicht und
- Weiterleiten der Informationen über Fehlerursachen von Operationen der (N)-Schicht.

Die (N)-Layer-Management-Instanzen kommunzieren miteinander durch:

- Zuhilfenahme des Systems Managements über das Systems Management Protokoll oder
- über ein spezifisches (N)-Layer Management Protokoll.

Systems Management

Damit werden Funktionen bereitgestellt, welche die Betriebsbereitschaft des OSI-Netzwerkmanagements unterstützen. Es erbringt im wesentlichen Aufgaben, die mehrere Schichten gleichzeitig betreffen. Zu diesen Aufgaben gehören:

- die koordinierte Veränderung von Parametern mehrerer Schichten,
- das Lesen von Parametern mehrerer Schichten,
- die Veränderung der System- oder Netz-Konfiguration etc.

Der Systems Mangement Process (SMP) ist verantwortlich, das Systems Management überhaupt zu realisieren. Der SMP kann in zwei unterschiedlichen Rollen arbeiten:

- Managing Process
- Agent Process

Der Managing Process ist ein Teil eines SMP, der im Rahmen einer verteilten Anwendung durch die Modifikation von Managed Objects eine bestimmte Managementaufgabe erbringt. Der Agent Process hingegen verwaltet auf Anforderung eines Managing Process die ihm zugeordneten Managed Objects und gibt die entsprechenden Nachrichten (Meldungen) der Managed Objects an die entsprechende Management-Instanz weiter.

Im OSI-Netzwerkmanagement kann ein einzelnes OSI-System gleichzeitig sowohl in der Rolle eines Manager-Systems als auch in der Rolle eines Agent-Systems betrieben werden. Damit die Kommunikation zwischen einem Manager und einem Agent realisiert werden kann, wird die »Systems Management Application Entity« (SMAE), die ein Teil des SMP ist, implementiert.

Innerhalb des Systems Management werden fünf spezifische Funktionalitätsbereiche zur Unterstützung des Administrators bei der Verwaltung von Netzen definiert:

- Fault Management
- Accounting Management
- Configuration Management
- Performance Management
- Security Management

Die 5 Bereiche werden im OSI-Netzwerkmanagement als Systems Management Functional Areas (SMFA) bezeichnet.

Bevor ich Ihnen die SMFAs etwas näher aufzeigen werde, will ich Ihnen noch die OSI-Management-Dienste erläutern, die notwendig sind, um überhaupt Informationen von den Managed Objects zu erhalten bzw. um diese verwalten zu können.

6.2.1 OSI-Management-Dienste

OSI-Management wird »einfach« durch die Zusammenarbeit von Systemen in der Rolle eines Managers und anderen Systemen in der Rolle eines Agent erreicht. Diese kommunizieren unter Verwendung der Systems Management Application Entity miteinander. Für die auszutauschenden Informationen wurde ein eigener Dienst definiert – Common Management Information Service (CMIS). Dieser wird durch das Common Management Information Protocol (CMIP) realisiert.

Die von CMIS zur Verfügung gestellten Dienst-Primitive können wie folgt unterteilt werden:

- *Management Notification Services*
In bestimmten Situationen muß das Management System automatisch vom Agent über aufgetretene Ereignisse informiert werden. Die Aufgabe wird durch den Management Notification Service durchgeführt. Damit wird ein ressourcenaufwendiges Polling durch das Management-System vermieden. Ganz speziell steht die Primitive M_EVENT_REPORT zur Verfügung. Dieser Dienst kann bestätigt oder auch unbestätigt genutzt werden. Dies ist abhängig von der Belegung eines Parameters beim Aufruf des Dienstes. Im

KAPITEL 6

bestätigten Modus wird zusätzlich eine Quittierung über den Erhalt der Meldung gefordert.

■ *Management Operation Services*
Die Dienstprimitive dieser Klasse bieten die Möglichkeit, Managed Objects zu manipulieren und mit den Attributen der Managed Objects zu operieren. Folgende Dienste stehen zur Verfügung:

M_CREATE — Anforderung an die Management-Partner-Instanz zur Erzeugung eines neuen Managed Object. Dieser Dienst steht nur als bestätigter Dienst zur Verfügung.

M_DELETE — Anforderung an die Management-Partner-Instanz zur Löschung eines spezifischen Managed Object. Dieser Dienst steht nur im bestätigten Modus zur Verfügung.

M_GET — Abrufen von Informationen aus der MIB der Management-Partner-Instanz. Auch dieser Dienst steht nur als bestätigter Dienst zur Verfügung.

M_CANCEL_GET — Damit kann die Partner-Instanz zum Abbrechen einer zuvor angeforderten GET-Operation aufgefordert werden, wenn diese Information aus irgendwelchen Gründen nicht mehr benötigt wird.

M_SET — Hiermit können Informationen in der MIB geändert werden. Dieser Dienst kann sowohl im bestätigten als auch unbestätigten Modus verwendet werden.

M_ACTION — Die Partner-Instanz wird zur Durchführung einer Aktion aufgefordert. Dieser Dienst steht im bestätigten und unbestätigten Modus zur Verfügung.

CMIP ist ein Anfrage-/Antwort-Dienst zwischen gleichberechtigten Partnern im System. Es ermöglicht zudem die Beobachtung und Aufzeichnung von Ereignissen (Events). Der Standard definiert eine abstrakte Syntax für SMIP-Protokoll-Dateneinheiten und Prozeduren zur Übermittlung von Managementinformationen zwischen gleichberechtigten Anwendungs-Arbeitseinheiten. CMIP legt auch Prozeduren für die korrekte Interpretation von Protokoll-Kontroll-Informationen, die CMIP Implementierungen aufweisen müssen, fest.

Wenn man es genau betrachtet, enthält CMIP Prozeduren für jeden CMIS-Dienst. Diese Prozeduren bilden zusammen mit den entsprechenden Protokoll-Dateneinheiten hinreichende Informationen zur Implementierung.

Eine weitere wichtige Festlegung im Rahmen des OSI-Netzwerkmanagements ist die Structure of Management Information (SMI). Die SMI-Spezifikation definiert OSI-Elemente, die in allen anderen Bereichen des OSI-Netzwerkmanagements benutzt werden. SMI definiert die logische Struktur der OSI-Managementfunktionen. Diese enthält prinzipiell jede Information, die Bestandteil der Kommunikation zwischen OSI-Managementeinheiten ist. Diese Struktur wird durch Managed Objects, deren Attributen, den Operationen auf diesen Objekten und den Benachrichtigungen, die von Managed Objects erzeugt werden können, definiert. SMI legt die Regeln zur Benennung von Objekten und Attributen fest.

6.2.2 Funktionale Unterteilung des Systems Management

Wie bereits erwähnt, wird das Systems Management in 5 SMFAs unterteilt, die als Fault Management, Accounting Management, Configuration Management, Performance Management und Security Management bezeichnet werden. Deren Bedeutung soll nachfolgend etwas näher erläutert werden.

Fault Management

Die Aufgabe des Fault Management soll darin bestehen, abnormale Operationen in der Netzwerkumgebung zu entdecken und zu identifizieren. Durch einen Fehler kann es dazu kommen, daß die Aufgaben des Netzwerkes nicht mehr ordnungsgemäß ausgeführt werden können. Diese Fehler können dauerhaft (Kabelbruch) oder temporär (Stromausfall in einem Bereich) sein. Kritische Fehler werden sofort durch Events an die Netzwerkmanagement-Console weitergereicht. Aufgabe der Netzwerkmangementsysteme soll es auch sein, diese Fehler in Protokolldateien zu speichern. Sämtliche Fehlermeldungen sollen helfen, Fehler nicht nur rechtzeitig zu erkennen, sondern auch entsprechende Maßnahmen einleiten zu können. Man unterscheidet deshalb zwischen Fehlererkennung, Fehlerdiagnose und der Fehlerbeseitigung.

Zu allen diesen Punkten stellt das Netzwerkmanagementsystem entsprechende Mittel zur Verfügung, um den Zustand des Netzwerkes zu jedem Zeitpunkt erkennen zu können. Es sei nochmals darauf hingewiesen, daß sinnvolles Fault Management nur dann ausgeführt werden kann, wenn man die erzeugten Systemmeldungen auch regelmäßig überprüft und von Zeit zu Zeit die erzeugten Statistiken an der Netzwerkmanagement-Console einsieht.

KAPITEL 6

Accounting Management

Das Accounting Management umfaßt Mechanismen zur Überwachung und Kontrolle von Informationen und Betriebsmitteln, die Benutzer der Netzwerkumgebung zur Verfügung haben. Damit werden Administratoren in die Lage versetzt, die Benutzung von Ressourcen zu analaysieren und bei Bedarf kostenpflichtige Ressourcen anteilsmäßig zu berechnen und damit die Kostenanteile hierfür gerecht zu verteilen. Hierbei sind hauptsächlich zwei Aspekte von Bedeutung: Kosten für Kommunikationsmedien (Leitung, Koppelelemente, etc.) und Kosten für Betriebsmittel (CPU, Plattenkapazität, Drucker, etc.).

Administratoren benötigen oft Möglichkeiten, Obergrenzen für die verbrauchten Ressourcen (User-bezogen) zu definieren. Mit deren Hilfe sollten sie über das Erreichen des Limits informiert werden. Zudem müssen beim Erreichen von Limits Administratoren in der Lage sein, den Bedarf neuer Ressourcenkapazitäten auszuhandeln (wichtig auch zur zukünftigen Ressourcenplanung). Die Implementierung dieser Funktionalität ist in den meisten Netzwerkmanagementsystemen gar nicht oder nur teilweise vorhanden. Dies liegt unter anderem daran, daß damit verbundene Mitarbeiterkontrolle durchgeführt werden kann (siehe bereits gemachte Aussagen).

Configuration Management

Der Netzwerkverwalter erhält damit die Möglichkeit, Kontrolle über das Netzwerk auszuüben, diesmal nicht bezüglich Fehlermeldungen sondern in bezug auf Änderungen von Netzwerkkomponenten.

Die damit verbundenen Funktionalitäten beinhalten:

- Managed Object zu erzeugen und zu löschen,
- bestimmte Aktionen für Managed Objects anzustoßen,
- Attribute von Managed Objects zu lesen bzw. zu ändern,
- Meldungen der Manged Objects zu übertragen,
- Meldungen zu generieren, wenn neue Managed Objects erzeugt bzw. bestehende Managed Objects gelöscht worden sind,
- Meldungen zu generieren, wenn der Name eines Managed Objects geändert worden ist und
- Meldungen zu generieren, wenn Attributwerte eines Managed Objects geändert worden sind

Zudem stehen Funktionen zur Verfügung, um den Zustand eines Managed Object zu beschreiben. Es wird damit der aktuelle Zustand (Verfügbarkeit und Betriebsbereitschaft) dargestellt.

Da die einzelnen Komponenten in einem Netzwerk miteinander in Beziehung stehen, können Operationen auf der einen Komponente andere Komponenten beeinflussen. Damit Netzwerke ordnungsgemäß verwaltet werden können, müssen solche Beziehungen dem Netzwerkverwalter bekannt sein. Das Configuration Management stellt Funktionen zur Verfügung, mit denen die Beziehungen zwischen Objekten beschrieben werden können, sowie Attribute, um solche Beziehungen in einer standardisierten Art und Weise ausdrücken zu können.

Performance Management

Dieser Bereich ermöglicht es, die Leistungsfähigkeit der Systeme und des Gesamtnetzes zu überwachen und einen Überblick über die Lastsituation zu erhalten.

Eine wichtige Rolle spielt dabei die Überwachung des Nutzungsgrades von System-Ressourcen. Der Nutzungsgrad variiert dabei mit des Lebensdauer des Netzes, da sich die Randbedingungen im Laufe der Zeit ändern. Es ist unter Umständen notwendig, die Kapazitäten der Ressourcen an die veränderten Randbedingungen (Anforderungen der Benutzer) anzupassen, damit kostengünstige und qualitativ ausgereifte Netzwerkdienste zur Verfügung gestellt werden können.

Eine Funktion des Performance Management, Worklaod Monitoring, stellt Dienste zur Verfügung, um die Ausnutzung von Ressourcen zu überwachen. Des weiteren sind Schwellenwerte hinsichtlich des Nutzungsgrades und der an die Ressource gestellten Anforderungen definierbar. Werden diese Schwellenwerte erreicht, wird eine Meldung generiert, die auf eine beginnende Überlast oder auch nur eine zeitweise Überlastung des Netzes hinweist. Man sollte dabei die Schwellenwerte nicht zu niedrig setzen, damit nicht bereits bei kleinen Spitzen entsprechende Meldungen erzeugt werden.

Security Management

Mit dieser Funktionalität sollen, die zur Kommunikation notwendigen Ressourcen geschützt werden. Bei Verstoß gegen diese Vorschriften sollen entsprechende Meldungen erzeugt werden, aus denen der Netzwerkverwalter ersieht, wer gegen wen oder was verstoßen hat.

KAPITEL 6

Problematisch dabei dürfte nur sein, daß jedes Netzwerkbetriebssystem bereits eigene Mechanismen implementiert hat, die sicherheitsrelevante Aspekte beinhalten. Bei der Beschreibung der einzelnen Netzwerkbetriebssysteme können Sie ersehen, welche Sicherheitsfunktionen diese im einzelnen unterstützen bzw. zur Verfügung stellen. Die Frage, die dann zu klären ist, lautet: Wie soll ein OSI-Netzwerkmangement Sicherheitsfunktionen unterstützen, wenn es eine Vielzahl verschiedener Netzwerkbetriebssysteme mit den eigenen Mechanismen gibt?

Ich habe versucht, in diesem Kapitel das OSI-Netzwerkmangement so einfach wie möglich zu beschreiben, und ich habe die wichtigsten Informationen aus unterschiedlichen Quellen zusammengesucht. Es existiert dabei nicht unbedingt Einheitlichkeit bezüglich bestimmter Formen, Regeln und Beschreibungen.

Zu bedenken ist auch, daß das OSI-Netzwerkmangement heute bereits die dritte vollständige konzeptionelle Modifikation erfahren hat. Es ist fraglich, ob dies die letzte sein wird. Die Standardisierung selbst ist noch nicht vollständig abgeschlossen. Dieser Prozeß wird auch noch ein paar Jahre dauern. Alle bislang angebotenen Produkte, von denen Hersteller behaupten, Sie würden OSI-Netzwerkmangement unterstützen, sind nur vorläufige Lösungen, die in den nächsten Jahren immer wieder an den modifizierten OSI-Standard angepaßt werden müssen bzw. werden.

Da die Standardisierung des OSI-Netzwerkmanagements noch nicht vollständig abgeschlossen ist, und dies eben auch noch einige Zeit dauern wird, gewinnt ein De-facto-Standard für das Netzwerkmanagement immer mehr an Bedeutung. Es handelt sich um SNMP. Die meisten Hersteller von Netzwerkprodukten (Bridges, Router, Brouter, Hubs, Server, etc.) unterstützen bereits heute SNMP und verdrängen damit auch immer mehr herstellereigene Lösungen.

Ich will Ihnen im nächsten Kapitel den Aufbau und die Möglichkeiten des SNMP-Netzmanagements aufzeigen.

6.3   SNMP-Netzwerkmanagement

Für die Kommunikation in heterogenen Netzen hat sich in den letzten Jahren immer mehr die TCP/IP-Produktfamilie etabliert. SNMP, als Abkürzung für Simple Network Management Protocol, hat das Ziel, Netzwerkverwaltern einen zentralen Punkt zur Beob-

Netzwerkmanagement

achtung, Kontrolle und Verwaltung des installierten Netzwerkes zur Verfügung zu stellen.

SNMP kommt aus der Welt der TCP/IP-Protokollfamilie. SNMP-basierende Produkte ermöglichen Ihnen die Pflege komplexer Internetworks und die Rekonfiguration einer Vielzahl von Endgeräten im Netzwerk, beginned bei der Workstation bis hin zum Router. Die dazugehörigen Produkte werden meist in Form von graphischen Systemen angeboten und zur Verfügung gestellt. Die Bedienung, Überwachung und Steuerung der Netzwerkkomponenten wird somit wesentlich vereinfacht.

Hinter SNMP verbirgt sich ein Satz von Vereinbarungen, die vom amerikanischen Internet Activities Board (IAB), dem Betreiber des US Forschungs- und Regierungsnetzes, vorgenommen wurden. In den sogenannten Requests for Comments (RFCs) werden die für das Internet gültigen Standards veröffentlicht.

Mit dem Netzwerkmangement beschäftigen sich der RFC1052. Hierin werden allgemeine Empfehlungen des IAB zum Management heterogener Netze festgehalten. Die Struktur und Identifikation der SMI wird im RFC 1065 festgelegt. Der RFC 1066 befaßt sich mit der Management Information Base (MIB) und der RFC1157 mit dem SNMP Protokoll.

Das SNMP-Konzept wurde im Gegensatz zum OSI-Netzwerkmanagement nicht von einer großen Schar Personen und Herstellern konzipiert, sondern 1987 von vier Personen aufgestellt: Jeffrey Case, Universität Tennessee, James Davin, Massachusetts Institute for Technology (MIT), Mark Fedor und Martin Schoffstall, Performance Systems International.

SNMP ist eigentlich das Protokoll, das zur Zusammenarbeit zwischen Agents (zu überwachende Ressourcen) und der Netzwerkmanagement-Console (NMS) benötigt wird. Die SNMP-Systeme können dabei das verbindungslose UDP-Protokoll oder das verbindungslose TCP-Protokoll verwenden, um Informationen auszutauschen. Die Management-Software auf der Netzwerkmanagement-Console überwacht und kontrolliert die Endgeräte, indem diese in regelmäßigen Abständen abgefragt werden (Polling). Die Agents liefern dabei die seit dem letzten Polling gesammelten Daten an die NMS-Software ab. Die hauptsächliche Aufgabe des Agents, der auf dem zu überwachenden Endgerät laufen muß, ist das Bereithalten und Sammeln von Informationen über das jeweilige Objekt. Die Agents speichern diese Informationen und geben sie auf Anfrage an ein NMS-System ab.

KAPITEL 6

Unaufgeforderte Meldungen (Alarme) werden von den Agents nur dann erzeugt und sofort an die NMS-Console gesandt, wenn kritische Situationen (Bedingungen) oder außergewöhnliche Fehler aufgetreten sind.

SNMP unterstützt drei wichtige Kommando-Typen: GET, SET und EVENT. GET dient zum Abfragen von Information aus der Agent MIB, SET wird zum Ändern von Werten in der Agent MIB benötigt und EVENT ermöglicht es dem Agent, bei außergewöhnlichen Ereignissen der NMS-Software sofort eine entsprechende Meldung zu übermitteln.

Eine weitere wichtige Funktion von SNMP ist der sogenannte Proxy Agent. Damit wird einer Managementstation ermöglicht, Netzwerkelemente zu überwachen und zu kontrollieren, die keine SNMP-Spezifikation implementiert haben. Der Proxy Agent kann dabei Protokolle konvertieren und verschafft der NMS-Station somit eine einheitliche Managementumgebung.

Auch SNMP kennt die SMI-Spezifikation. Hiermit wird auch bei SNMP festgelegt, wie Netzwerk-Variablen oder Objekte für die Benutzung durch das Netzwerkmanagementprotokoll definiert sein müssen, wie das Protokoll auf die Objekte zugreift und wie Objekte in die MIB eingebracht werden können. Zur Beschreibung der Datenformate für Objekte wird die OSI-Sprache ASN.1 (Abstract Syntax Notation One) verwendet.

Auch SNMP kennt die MIB bzw. arbeitet mit dieser. Die für das Management benötigten Daten werden von den Management Agents in der MIB verwaltet. Die MIB ist im Prinzip mit einer Datenbank vergleichbar, die eine Menge von Objekten enthält, die den Netzknoten selbst und dessen interne Komponenten sowie aktuelle Werte beschreiben. Jeder Agent verfügt über eine eigene Datenbasis, in die er Statuswerte und dynamische Werte (Auslastung, Anzahl übertragener Pakete, etc.) einträgt.

Die MIB ist hierarchisch aufgebaut, wobei die individuellen Objekte (z.B. Auslastung, Meßwerte) jeweils auf der untersten Stufe vorzufinden sind und über Tabellen auf den höheren Hierarchiestufen erreichbar sind. Die MIB umfaßt bis heute bereits 126 verschiedene Objekttypen (MIB II), die man in acht Gruppen zusammenfaßt:

- System Group
- Interface Group
- Address Translation Group
- IP Group

Netzwerkmanagement

- ICMP Group
- TCP Group
- UDP Group
- EGP Group

Die System Group enthält z.B. die Identifikation des Systems und die Betriebszeit, die Interface Group könnte die Anzahl und Art der Schnittstellen, die Address Translation Group die für das Routing notwendigen Informationen und die weiteren Gruppen andere notwendige Paramter enthalten (z.B. Paketzähler, Kollisionszähler, etc.).

Beim Einsatz einer SNMP-Netzwerkmanagement-Software arbeitet der NMS-Verwalter an einer zentralen NMS-Console. Auf dieser NMS-Console läuft die Netzwerkmanagement-Software, wohingegen auf den zu überwachenden oder überwachungsfähigen Endgeräten SNMP-konforme Agents laufen müssen. Da die Leistung der NMS-Console sehr groß sein muß (vor allem in Netzwerken mit einer großen Anzahl von Endgeräten, die überwacht werden müssen), handelt es sich meist um Unix-Anlagen (kleiner Sparc oder so). Es gibt aber auch NMS-Produkte, die auf OS/2- oder Windows-3.1-Systemen laufen können.

Über diese zentrale NMS-Console übernehmen Administratoren im Netzwerk die Aufgabe, diese zu überwachen, zu steuern und eventuell zu konfigurieren. Die Beobachtung des Netzes erfolgt bei SNMP durch einfaches Pollen der einzelnen Endgeräte. Dabei wird kontinuierlich aus den Agents die gespeicherte Information abgefragt, geholt und in der zentralen Datenbank der NMS-Console zu Korrelations- und Planungszwecken gesammelt. Der Netzwerkverwalter hat die Möglichkeit, die Pollingrate zu bestimmen. Die Agents antworten der NMS-Console auf die Polling-Anfrage und leeren dabei unmittelbar ihren Speicher. Somit ist der vom Endgerät in Verbindung mit dem Agent benötige Speicherbedarf relativ klein.

Mit SNMP können sowohl intelligente LAN-Verkabelungssysteme als auch Rechner in ein integriertes Management einbezogen werden, so daß Hersteller, die diesen De-facto-Standard nicht unterstützen, sich ins Abseits stellen. Problematisch dabei ist nur, daß herstellereigene Komponenten oft auch herstellereigene NMS-Systeme zur Verfügung stellen, die aufeinander abgestimmt sind. Dies liegt darin begründet, daß für solche Komponenten private MIBs existieren, die andere NMS-Consolen, d.h. die dazugehörige NMS-Software, nicht unbedingt unterstützen müssen. Man sollte sich deshalb vor der Entscheidung für ein NMS-System vergewissern, daß die NMS-Software auch die im Netzwerk

KAPITEL 6

eingesetzten Endgeräte und deren Private MIB über SNMP kontrolliert werden können.

Beispiele für die weite Verbreitung von SNMP über das gesamte LAN-Spektrum findet man bei den Verkabelungssystemen (Hirschmann, SynOptics, Cabletron, Sytek, etc.), bei den Bridges (Retix), bei Routern (Cisco, Wellfleet, Proteon, etc.) und bereits in Betriebssystemen (Unix, NetWare, LAN Manager), in denen ein SNMP Agent zum Standard gehören.

SNMP ist zwar kein ISO-Standard, hat aber durch seine weite Verbreitung in heutigen Netzwerkkomponenten einen festen Platz gefunden. Daß SNMP-Implementierungen einfach bedient werden können, kompakt implementiert sind und preiswert angeboten werden, hat auch zu diesem Erfolg geführt.

Ein komplettes und vollständiges Netzwerkmangement, das im Netz installierte Endgeräte, verteilte Ressourcen und Anwendungen umfaßt, Engpässe erkennt und nach Möglichkeit behebt, ein netzweites Accounting vornimmt und Sicherheitslücken im System meldet, erfordert noch viel Entwicklungsaufwand. Es gibt zwar für viele Problemstellungen sehr gute Lösungen, jedoch wird von ihnen immer nur ein Teilbereich der Managementfunktionen abgedeckt. So bleibt heute dem Anwender nur die Möglichkeit, das für seine Umgebung am besten geeignete Konzept mit den wenigsten fehlenden Funktionen auszuwählen.

*Bild 6.2
Generelle Arbeitsweise eines NMS*

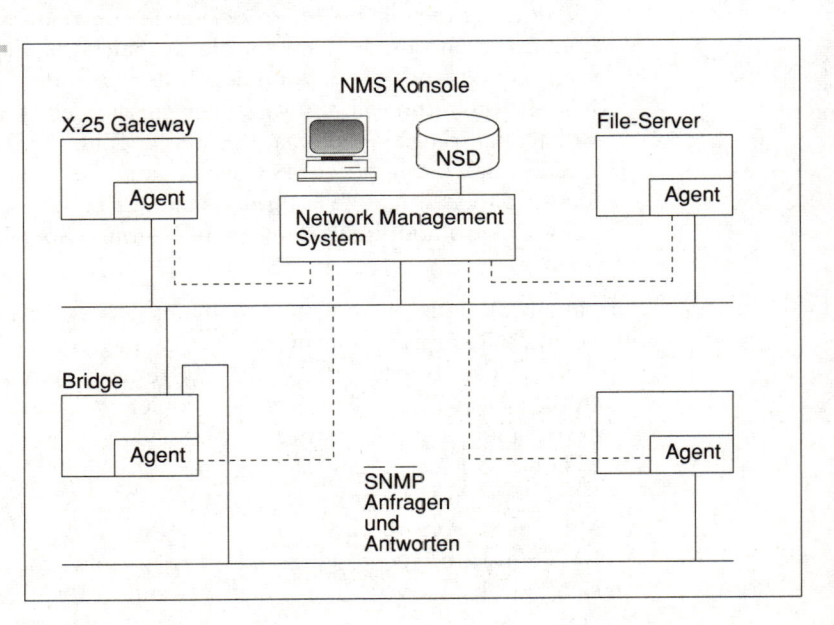

KAPITEL 7

7 Aufgaben Lokaler Netzwerke

Bild 7.1
Die vier Aufgaben
eines LANs

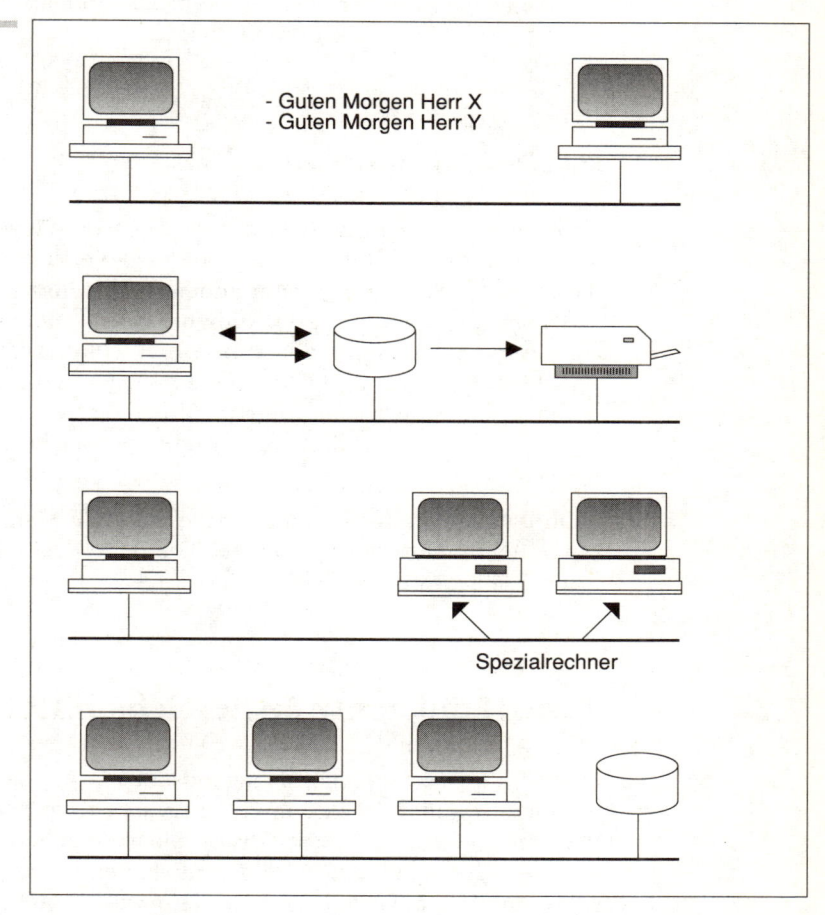

- Guten Morgen Herr X
- Guten Morgen Herr Y

Spezialrechner

Nachdem bisher sehr viele grundlegende Voraussetzungen für den Betrieb und den Aufbau von LANs näher betrachtet worden sind, sollen in diesem Abschnitt die Aufgaben eines LANs näher untersucht werden. Es ist dabei zu beachten: Wenn hier von LANs gesprochen wird, sind ganz allgemeine Lokale Netzwerke gemeint. Es kann sich dabei um Netzwerke handeln, die aus beliebigen Rechnertypen bestehen. Tatsache ist, daß sich dieses LAN generell nur auf die eigene Grundstücksfläche beschränkt. Später werde ich mich dann den speziellen LANs – PC-LANs – widmen. Hierbei handelt es sich um Netzwerke, die nur aus Personal Computern bestehen. Die Aufgaben eines LANs kann man, wie in Abbildung 7.1 zu sehen ist, in folgende Bereiche einteilen:

- Nachrichtenaustausch
- Zugriff auf zentrale Betriebsmittel
- Zugriff auf die Verarbeitungskapazität anderer Rechner
- Zugriff auf zentrale Datenbestände

7.1 Nachrichtenaustausch

Unter Nachrichtenaustausch ist zum einen die einzeilige Nachrichtenübermittlung an andere Stationen zu verstehen (Einblendung dieser in der Statuszeile), zum anderen der Einsatz von Electronic-Mail-Systemen, um ganze Dokumente oder Dateien an Mitarbeiter zu versenden. (Das papierlose Büro der Zukunft läßt grüßen.) Die verschickten Texte und Dokumente bleiben in einem elektronischen Briefkasten solange beim Empfänger gespeichert, bis diese vom Empfänger gelesen, anderweitig gespeichert oder gelöscht werden.

Grundsätzlich kann mit einem Electronic-Mail-System jede Art von Datei übertragen werden. Es handelt sich dabei im Prinzip um einen File-Transfer.

7.2 Zugriff auf zentrale Betriebsmittel

In einem LAN ist es nicht zwingend notwendig, daß alle Stationen mit einer kompletten Peripherie ausgestattet werden. Es muß zum Beispiel nicht jeder Arbeitsplatz einen eigenen Drucker oder hochwertigen Plotter zur Verfügung haben. Eine geforderte Aufgabe eines LANs besteht deshalb darin, allen im Netz befindlichen Stationen eine festgelegte Peripherie zur Verfügung zu stellen. Dies gilt vor allem für zentrale Plattenspeicher, Drucker oder Spezial-Peripherie. Die Aufgabe, die ein LAN erfüllen sollte, wird auch als »Ressourcen-Sharing« bezeichnet, das bedeutet gemeinsamer Zugriff auf zentrale Betriebsmittel.

7.3 Zugriff auf die Verarbeitungskapazität anderer Rechner

Allgemeine LANs bieten in der Regel die Möglichkeit, Verarbeitungsaufträge (Stapeljobs) auf Rechner innerhalb eines Netzwerkes zu verteilen. Diese Art der Netzwerkausnutzung ist auch unter dem Begriff des Lastverbundes bekannt. Um Aufträge nicht nur auf einer Maschine abarbeiten zu lassen, was zuweilen zu Engpässen auf den Verarbeitungsmaschinen führen kann, wird gefordert, Aufgaben auf verschiedene Rechner aufteilen zu können. Damit kann die Belastung und Geschwindigkeit des LANs optimal genutzt werden.

Denkbar ist es jedoch auch, Rechenoperationen oder ähnliches an Spezialprozessoren vergeben zu können. Es wäre somit möglich, daß ein Rechner zur Verarbeitung von Bilddaten (rechenintensiv und teuer) in einem Bildverarbeitungssystem eingesetzt wird und im LAN allen Benutzern zur Verfügung steht.

7.4 Zugriff auf zentrale Datenbestände

Neben dem Ressourcen-Sharing ist dies mit eine der wichtigsten Aufgaben eines Lokalen Netzes. Datenbestände sollen von allen Mitarbeitern, die diese benötigen, auch benutzt werden können, sei es nur lesend oder lesend und ändernd. Für diese Art der Problemstellung reicht es nicht aus, daß das Netzwerkbetriebssystem dies zuläßt. Die Anwendungssoftware muß für einen gemeinsamen Zugriff auf die zentralen Datenbestände konzipiert sein. Stichwort hierfür ist die Multi-User-Fähigkeit. Das heißt, mehrere Personen können zum Beispiel zu ein und demselben Zeitpunkt mit der gleichen Datenbank arbeiten. Die Applikations-Software muß hierfür geeignete Synchronisationsmechanismen, in Zusammenarbeit mit dem Netzwerkbetriebssystem, zur Verfügung stellen, damit der Datenbestand zu jedem Zeitpunkt konsistent und die Integrität der Daten erhalten bleibt.

Bevor ich Ihnen einen Kriterienkatalog für die Auswahl von LANs aufzeigen werde und wir uns näher mit den Möglichkeiten der Netzwerkbetriebssysteme von Novell NetWare auseinandersetzen wollen, sollen die wichtigsten Grundlagen der Kommunikation und der damit verbundenen Kopplung von Netzwerken betrachtet werden.

8 Kommunikationsgrundlagen

Unter Kommunikation ist allgemein die Übertragung einer Nachricht zwischen einem Punkt als Sender und einem anderen Punkt als Empfänger zu verstehen. Ein Kommunikationssystem stellt eine Infrastruktur dar, welches durch Kommunikationseinrichtungen und ein Wegenetz (Übertragungseinrichtungen) die Verteilung von Nachrichten ermöglicht. Ein Kommunikationssystem besteht im Prinzip aus folgenden Komponenten:

- Nachrichtenquelle
- Sendeeinheit
- Übertragungskanal
- Empfangseinheit
- Nachrichtensenke

In Abbildung 8.1 ist dieser Zusammenhang dargestellt.

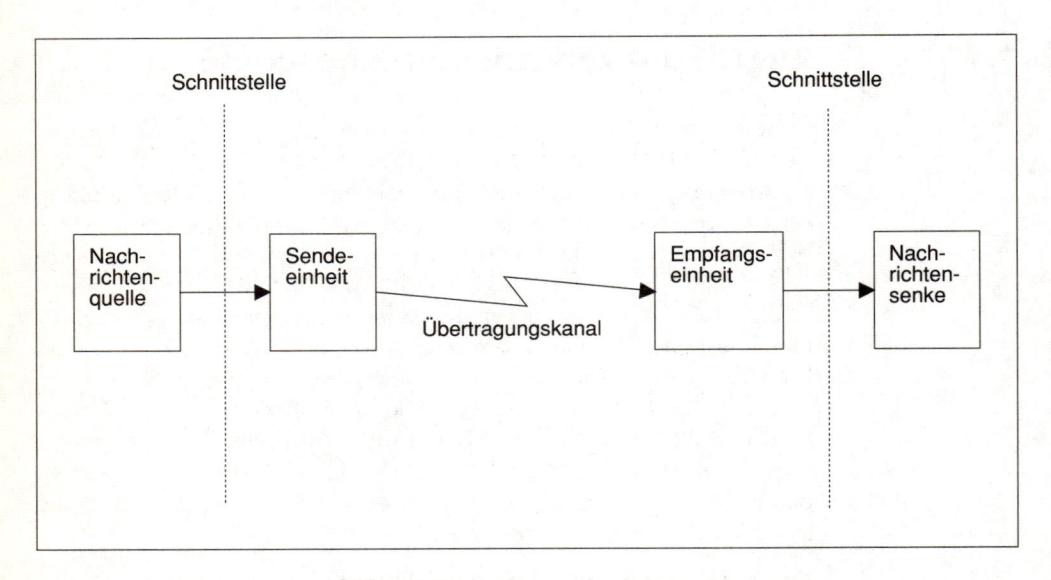

Bild 8.1 Komponenten einer Kommunikationseinheit

Die Verarbeitung von Nachrichten erfolgt dabei in drei Phasen:
1. Aufbereitung der Nachricht und Umsetzung in übertragungskonforme Signale, d.h. Modulation der Nachricht
2. Signaltransport der Nachricht über das Übertragungsmedium

> **Kommunikationsgrundlagen**

3. Aufnahme der Nachricht und Umsetzung in empfangskonforme Signale (Demodulation)

Die *Nachrichtenquelle* ist die Einheit, die aus der Menge aller möglichen Nachrichten die zu übermittelnde auswählt.

Die *Sendeeinheit* wandelt die Nachricht in eine adäquate Signalfolge um, um diese über den Übertragungskanal zu transferieren (Signalkonverter).

Der *Übertragungskanal* ist das Medium zur Übertragung der Signale vom Sender zum Empfänger. Maßzahlen zur Beurteilung des Übertragungskanals sind:

- Übertragungsdistanz
- Kanalkapazität
- Durchlaufzeit
- Zuverlässigkeit
- Wirtschaftlichkeit
- Flexibilität

Der Informationsfluß kann dabei entweder

- in eine Richtung (Simplex-Betrieb) oder
- abwechselnd in der einen oder anderen Richtung (Halb-Duplex-Betrieb) oder
- gleichzeitig in beiden Richtungen (Duplex-Betrieb) erfolgen.

In der *Empfangseinheit* erfolgt die Rekonstruktion der Nachricht in eine für die Schnittstelle zur Nachrichtensenke adäquate Form.

Die *Nachrichtensenke* ist die Einheit, für welche die zu übermittelte Nachricht bestimmt ist.

Die *Schnittstelle* ist die Gesamtheit der Festlegungen über:

- die physikalischen Eigenschaften der Schnittstellenleitungen,
- die auf den Schnittstellen ausgetauschten Signale und
- die Bedeutung der ausgetauschten Signale.

8.1 Synchronisationsverfahren

In der Datenfernübertragung erfolgt die Datenübertragung über größere Entfernungen immer seriell. Bei der seriellen Übertragung ist eine Synchronisation, d.h. ein Gleichlauf von Sender und Empfänger erforderlich, um die korrekte Interpretation der Wechsel zwischen den binären Zuständen »0« und »1« zu gewährleisten.

KAPITEL 8

Die Signalwechsel werden deshalb in einen sogenannten »Rahmen« verpackt, um die Unterscheidung von Nutzinformation, Steuerinformation und Pausen zu ermöglichen. Innerhalb dieses Rahmens müssen Sender und Empfänger zeitsynchron laufen, damit der Empfänger genau weiß, wie lang ein Bit ist und wann das nächste Bit abgetastet werden muß.

In der Praxis werden zwei Synchronisationsmechanismen angewandt:

- Asynchrone Datenübertragung
- Synchrone Datenübertragung

8.1.1 Asynchrone Datenübertragung

Die Datenübertragung erfolgt bei der asynchronen Übertragung zwischen Sender und Empfänger immer zeichenweise (Byte für Byte). Dabei wird vor jedem Zeichen, das übertragen werden soll, ein »Startbit« und nach jedem Zeichen ein »Stopbit« gesendet. D.h. die Synchronisation zwischen Sender und Empfänger wird immer für kurze Zeit (ein Zeichen) vorgenommen. Sender und Empfänger weisen deshalb eine relativ große Toleranz für die Gleichlaufgenauigkeit auf. Die asynchrone Datenübertragung wird allerdings nur bei ziemlich niedrigen Übertragungsgeschwindigkeiten eingesetzt. Es wird beispielsweise für die Übertragung von Terminals oder Druckern und bei der Übertragung in Fernmeldenetzen mit Hilfe von Akustikkopplern meist mit Übertragungsgeschwindigkeiten von ca. 1200 Bit/s gearbeitet.

Bild 8.2
Der Rahmenaufbau
für asynchrone
Übertragung

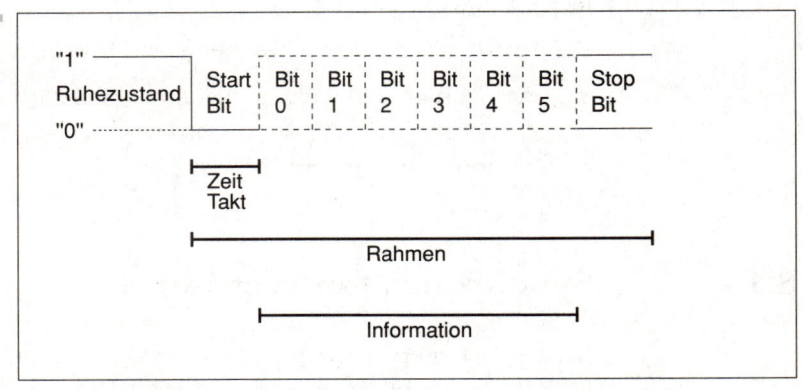

"1" Ruhezustand	Start Bit	Bit 0	Bit 1	Bit 2	Bit 3	Bit 4	Bit 5	Stop Bit

Zeit Takt

Rahmen

Information

Der Vorteil beim Einsatz der asynchronen Datenübertragung liegt unter anderem darin, daß die notwendige Hardware hierfür einfach und billig ist. Nachteilig hingegen ist die Empfindlichkeit gegen Signalverzerrungen, die vor allem bei höheren Übertra-

> **Kommunikationsgrundlagen**

gungsgeschwindigkeiten und längeren Bitfolgen auftreten. Zudem ist eine große Redundanz durch den erhöhten Synchronisationsaufwand je Zeichen zu verzeichnen. Dadurch steigen auch die Kosten für die Datenübertragung.

In Abbildung 8.2 ist die Rahmenbildung für die asynchrone Datenübertragung dargestellt.

8.1.2 Synchrone Datenübertragung

Bei der synchronen Datenübertragung wird der Empfangstakt aus dem Leitungssignal wiedergewonnen. Dieses Verfahren ist somit frei von Start- und Stopbits. Es werden immer ganze Datenblöcke übertragen, meistens mehrere hundert Zeichen, bevor eine neue Synchronisation zwischen Sender und Empfänger durchgeführt wird. Die Erkennung des Rahmenbeginns und des Rahmenendes muß dennoch immer durchgeführt werden. Man unterscheidet hierbei zwischen:

- Byte-(Oktett-)Synchronisation
- Bit-Synchronisation

Der Unterschied zwischen diesen beiden Verfahren soll im folgenden Abschnitt erläutert werden.

Byte-Synchronisation

Zusätzlich zur Bitsynchronisation muß der Empfänger noch einen Oktett-Gleichlauf aufbauen. Um dies zu erreichen, wird vor der Übertragung des Rahmens ein für diesen Zweck reserviertes Zeichen zwei- bis viermal übertragen. Hierfür läßt sich zum Beispiel das ASCII-Zeichen <SYN> (Synchronisation) verwenden. Damit stellt sich der Empfänger auf die weiteren nachfolgenden Oktett-Sequenzen ein. Die eigentliche Rahmenbildung erfolgt dann, je nach eingesetztem Protokoll, mit weiteren Zeichen.

Im ASCII-Code sind dies die folgenden Zeichen:

<SOH>:	Start of Header
<STX>:	Start of Text
<ETX>:	End of Text
<EOT>:	End of Transmission

Diese Zeichen können generell nicht mehr als Informationseinheit verwendet werden, sondern dienen nur noch zur Synchronisation.

KAPITEL 8

Sollen nun im Datenpaket trotzdem beliebige Zeichen (inkl. der eigentlichen Synchronisationszeichen) übertragen werden, also auch die Zeichen, die zur Rahmenbildung verwendet werden, müssen Vorkehrungen getroffen werden, damit der Rahmenaufbau klar erkennbar bleibt. Diese notwendige Vorkehrung wird als Transparenz bezeichnet. Wie wird das erreicht?

Realisierung der Transparenz:

■ Vor einem transparent zu übermittelnden Zeichen wird ein sogenanntes Ausweichzeichen (bei ASCII-Code das Zeichen <DLE>) eingefügt, das beim Empfänger anschließend wieder entfernt wird.

■ Bei der anderen Methode wird der Rahmenteil mit einem Ausweichzeichen (ASCII-Code <DLE>) gekennzeichnet. Im Informationsteil muß dann nur noch das Zeichen <DLE> bei der Übertragung mit Hilfe eines Ausweichzeichens gekennzeichnet werden. Auch dieses wird beim Empfänger anschließend wieder entfernt.

In den Abbildungen 8.3 und 8.4 ist die Transparenz durch Ausweichzeichen und die Rahmenbildung und Transparenz mit Hilfe von Ausweichzeichen dargestellt.

Information   <A><B><STX><C><DLE><D>

Übermittlung   <SYN><SYN><STX><A><B><DLE><STX><C><DLE><DLE><D><ETX>

Oktett Synch.

Rahmen Beginn   Ausw.   Ausw.   Rahmen Ende

Rahmen

Information

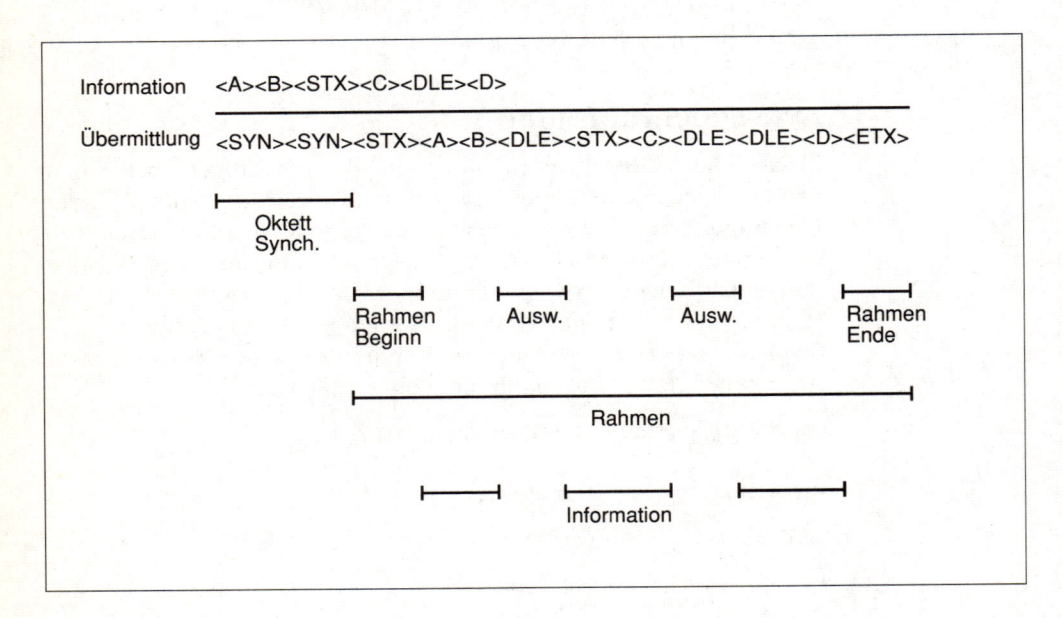

Bild 8.3 Transparenz durch Einfügen von Ausweichzeichen

Kommunikationsgrundlagen

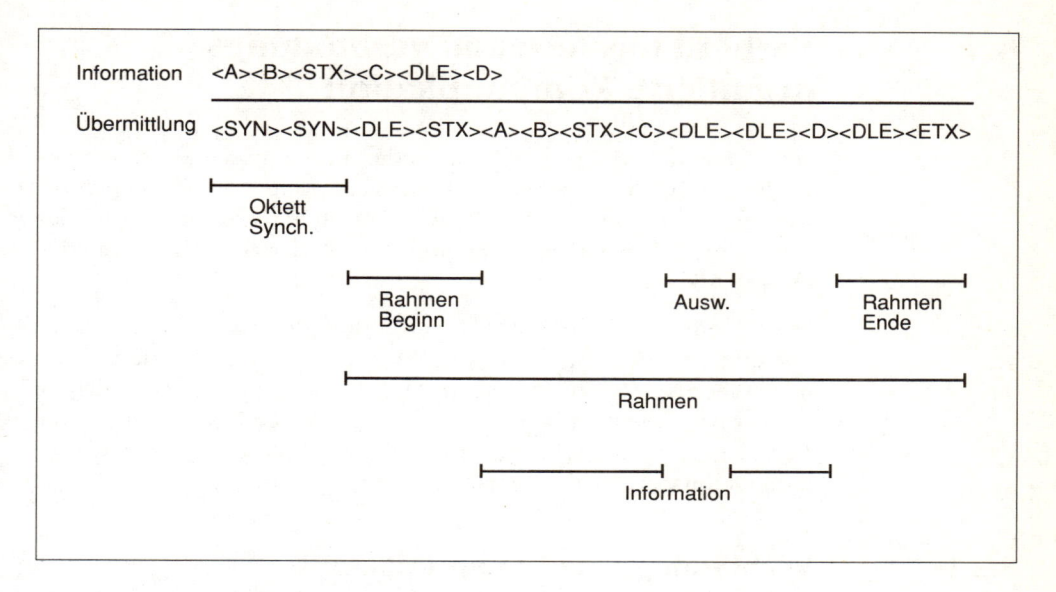

```
Information    <A><B><STX><C><DLE><D>
Übermittlung   <SYN><SYN><DLE><STX><A><B><STX><C><DLE><DLE><D><DLE><ETX>
```

Oktett Synch. | Rahmen Beginn | Ausw. | Rahmen Ende | Rahmen | Information

Bild 8.4 Rahmenaufbau und Transparenz mittels Ausweichzeichen

Bit-Synchronisation

Bei der bitsynchronen Datenübertragung wird der Takt ebenfalls aus dem Leitungssignal wiedergewonnen. Im Gegensatz zur Byte-Synchronisation muß der Empfänger die ankommenden Signale nicht mehr als Oktett-Sequenz interpretieren, da zur Rahmenbildung eindeutige, einfache Bitsequenzen an beliebiger Stelle verwendet werden.

Beispiel: Übertragungsprozedur HDLC (High Level Data Link Control)

Beim HDLC-Format kennzeichnet die Bitsequenz »0111 1110« (als Flag) den Beginn und das Ende eines Rahmens. Damit das besprochene Transparenzproblem umgangen werden kann, muß sichergestellt sein, daß keine Bitfolge von 6 Bit mit »1« zwischen den Flags auftritt. Die bei dieser Prozedur verwendete Methode wird allgemein als »Stopfen« (bit stuffing) bezeichnet. D.h. nach jeweils 5 aufeinanderfolgenden »1«-Bits wird ein zusätzliches Bit »0« eingefügt. Dieses Bit gehört somit nicht zur ursprünglichen Information und wird beim Empfänger wieder automatisch entfernt.

Wenn als Information übertragen wird:

Information: ...01111111001101011111000110110...

dann erzeugt die HDLC Prozedur die Bitfolge:

Übertragung: ...0**11111**01100110810**11111**0000110110...

KAPITEL 8

8.2 Verbindungslose und verbindungsorientierte Kommunikation

Die Kommunikation zwischen Sender und Empfänger kann entweder verbindungslos oder verbindungsorientiert durchgeführt werden. In diesem Abschnitt will ich Ihnen zeigen, worin der Unterschied dieser beiden Methoden liegt und wie diese funktionieren.

Ein Kommunikationsdienst ist verbindungslos, wenn jede Nachrichtentransaktion unabhängig von der vorangehenden oder nachfolgenden Nachricht ist. Im Gegensatz hierzu muß bei der verbindungsorientierten Kommunikation vor der Übertragung einer Nachricht eine logische Verbindung zwischen den beiden Kommunikationspartnern aufgebaut werden.

8.2.1 Verbindungslose Kommunikation

Bei dieser Kommunikationsart können die beiden Kommunikationspartner ihre Kommunikation im Prinzip spontan durchführen. D.h. vor dem Austausch von Daten muß keine Verbindung zwischen Sender und Empfänger aufgebaut werden. Die Nutzdaten werden dem Transportsystem unmittelbar übergeben.

Bild 8.5
Prinzip der verbindungslosen Kommunikation

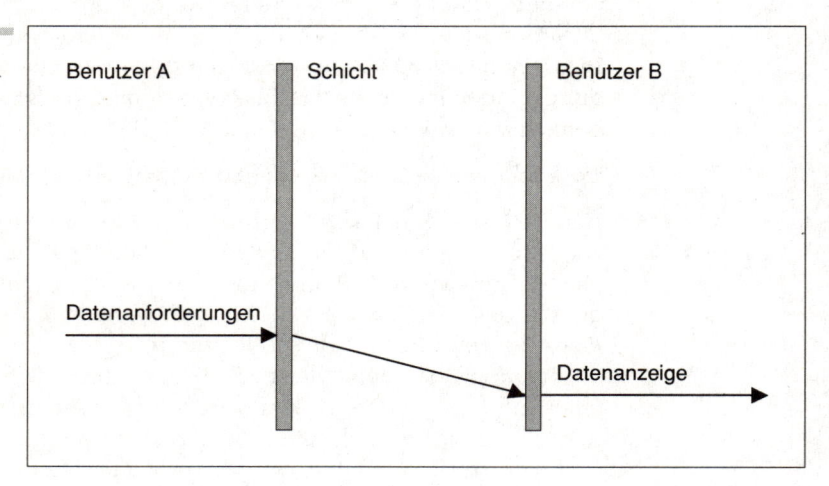

Die zu übertragenden Blöcke von Daten werden als Datagramme bezeichnet. Da keine Verbindung aufgebaut wird und aufeinanderfolgende Datagramme von einer Quelle zum gleichen Ziel über unterschiedliche Wege geleitet werden können, muß jedes Datagramm mit der Absender- und Empfängeradresse versehen sein. In Abbildung 8.5 ist diese Kommunikationsart schematisch dargestellt.

8.2.2 Verbindungsorientierte Kommunikation

Die verbindungsorientierte Kommunikation ist wesentlich komplexer zu realisieren als dies bei der verbindungslosen Kommunikation der Fall ist. Chrakteristisch für diese Kommunikationsart ist, daß jede Kommunikation aus drei Operationsphasen besteht:

Verbindungsphase, Datentransferphase und Verbindungsabbauphase.

Die Verbindung zwischen Sender und Empfänger muß aufgebaut werden, bevor ein Datentransfer zwischen beiden Partnern durchgeführt werden kann. Nach erfolgreicher Datenübertragung muß die Verbindung wieder abgebaut werden. Für den Verbindungsaufbau ist die Angabe der vollständigen Netzadresse des Empfängers notwendig. In der Datentransferphase wird anschließend ein »kurzer« Verbindungsidentifizierer eingesetzt, um den Benutzer zu identifizieren. Die Verbindungsaufbauphase kann dazu verwendet werden, die Dienstgüte oder bestimmte Optionen »abzusprechen«.

Die Dienstleistungen des analogen Fernsprechnetzes, des Telexnetzes, aber auch die Dienstleistungen der im kommerziellen Bereich eingesetzten Herstellernetze sind verbindungsorientiert.

In Abbildung 8.6 ist die verbindungsorientierte Kommunikation schematisch dargestellt.

KAPITEL 8

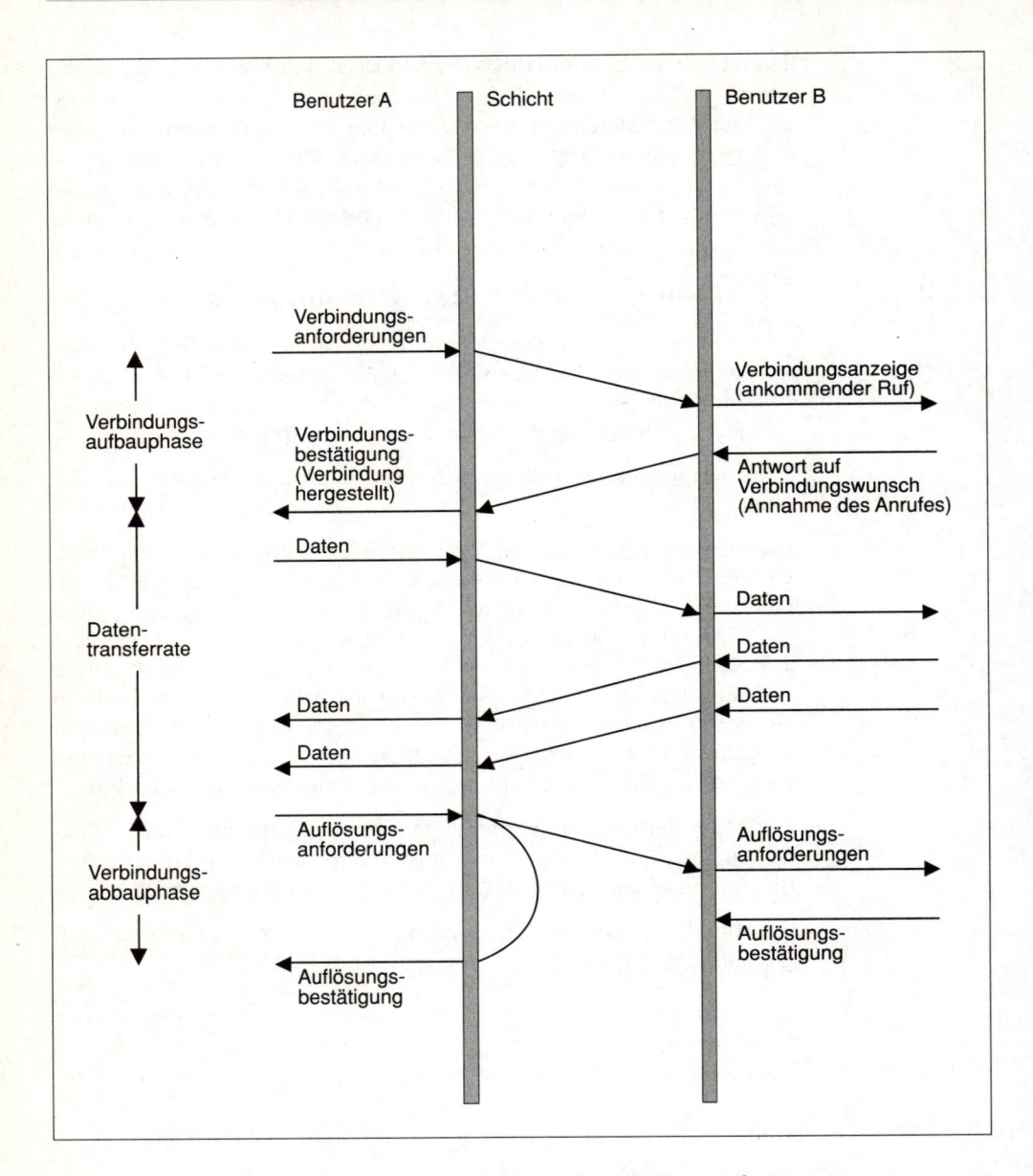

Bild 8.6 Prinzip der verbindungsorientierten Kommunikation

8.3 Kommunikationsprotokolle

Ein Protokoll (Prozedur) beinhaltet Regeln, die genau festlegen, wie die Kommunikation zwischen einem Sender und einem Empfänger durchzuführen ist. Zur erfolgreichen Datenübertragung reicht die Festlegung von physikalischen Schnittstellenparametern bei weitem nicht aus. Es bedarf hierfür noch weiterer wichtiger Funktionalitäten.

Festgelegt werden muß unter anderem:

- Übertragungsgeschwindigkeit
- Gleichlaufverfahren
- Datenformat
- Codierung
- Sicherungsverfahren
- Betriebsarten
- algorithmischer Ablauf der Übertragung mit allen (Ausnahme-) Situationen

Folgende Funktionen können einzeln im Protokoll definiert sein:

1. *Synchronisation*
Hier handelt es sich um die Einrichtung zum Erkennen des ersten Bits eines Bytes.

2. *Initialisierung, Terminierung*
Dies ist ein Prozeß zum Starten bzw. zum Beenden der Datenübertragung. Es dient somit dem Verbindungsaufbau und -abbau.

3. *Blockbildung*
Regeln zur Kennzeichnung von Blockbeginn und Blockende.

4. *Steuerung der Datenverbindung*
Überwachung des Ablaufs der Datenübertragung.

5. *Fehlererkennung*
Das Erkennen von Übertragungsfehlern durch Blocksicherungskennzeichen nach den unterschiedlichsten Verfahren (VRC, LRC oder CRC). Empfangene Blöcke müssen unter Umständen quittiert werden.

6. *Blocknumerierung*
Die Verwendung einer fortlaufenden Numerierung der Übertragungsblöcke verhindert die Duplizierung von Nachrichten und ermöglicht somit die Feststellung, ob Blöcke bei der Datenübertragung verloren gegangen sind.

KAPITEL 8

7. *Flußkontrolle*
Dieser Mechanismus regelt die Weiterleitung von Datenblöcken über unterschiedliche Übertragungswege, sofern diese zur Verfügung stehen.

8. *Transparenz*
Möglichkeit, beliebige Datenströme zu übertragen.

9. *Wiederherstellungsverfahren*
Tritt ein abnormaler Zustand ein, muß es möglich sein, auf einen definierten Zustand aufsetzen zu können (z.B. Timeout, Sequenzfehler, Kollision).

10. *Zugangskontrolle*
Hier wird festgelegt, wann eine Datenendeinheit (DEE) den Zugang zum Netzwerk erhält, um Daten senden oder empfangen zu können.

Im Bereich der Netzwerktechnologie existieren die unterschiedlichsten Protokolle. Damit der Wildwuchs auf diesem Gebiet eingeschränkt werden kann, wird versucht, diese Protokolle durch internationale Gremien normieren zu lassen.

Gängige und häufig eingesetzte Leitungsprotokolle (Kommunikationsprotokolle) sind:

- Basis-Mode-Protokolle LSV, MSV oder BSC
- DLC-Protokoll
- SDLC-Protokoll

Die oben aufgeführten Protokolle unterscheiden sich hinsichtlich der Konzeption:

- Die Basis-Mode-Protokolle sind zeichenorientiert, d.h. es sind nur definierte Übertagungssteuerzeichen zulässig. Als Übertragungscode kann zum Beispiel EBCDIC oder CCITT IA5 eingesetzt werden.

- Die HDLC/SDLC-Protokolle sind bitorientiert, d.h. die Steuerfunktion für die Datenübertragung sind bitverschlüsselt. Somit ist es möglich, eine codeunabhängige Datenübertragung durchzuführen.

KAPITEL 9

9 Das ISO-Schichtenmodell der offenen Kommunikation

Die Netzwerkarchitekturen der einzelnen Hersteller verfolgen unter anderem das Ziel, den gemischten Einsatz von Hardware verschiedener Hersteller in Netzen unter Sicherstellung der Funktionalität zu ermöglichen. Einzelne Architekturen haben sich im Laufe der Zeit zu De-facto-Standards entwickelt, so zum Beispiel SNA der IBM, DECnet von DEC oder Transdata von Siemens. Dritthersteller erhalten so die Möglichkeit, eigene Hard- und Software zu entwickeln, die dann auch auf Systemen anderer Hersteller lauffähig sind. Für die Kopplung der verschiedensten Rechnersysteme und Netzwerke ist dies jedoch keine befriedigende Lösung. Dieser Mißstand wird durch die Aktivitäten verschiedener Großanwender, eigene, herstellerunabhängige Architekturen zur Vernetzung heterogener Systeme zu entwickeln, unterstrichen.

9.1 Prinzip des Schichtenmodells

Es reicht normalerweise nicht, daß zwei oder mehr Rechner, die miteinander kommunizieren sollen, mit etwas Draht verbunden werden und dann hat sich die Sache. Nein, im Gegenteil, neben den Hardware-Voraussetzungen müssen auch noch eine große Menge softwaremäßige Probleme bewältigt werden.

Solange es sich um die Kommunikation von homogenen Systemen handelt (Geräte ein und desselben Herstellers), läßt sich dies mit gewissen Einschränkungen meist auch realisieren. Schwieriger wird die Sache jedoch, wenn unterschiedliche Systeme untereinander und miteinander vernetzt werden sollen, um einen Datenaustausch gewährleisten zu können.

Da jeder Hersteller unterschiedliche Konventionen benutzt, herstellereigene Netze und Protokolle verwendet, wurde versucht, dieses Problem durch die Festlegung von Richtlinien in den Griff zu bekommen.

Die herstellerabhängigen Systeme, die mit bestimmten Protokollen, Zeichensätzen und Übertragungssequenzen arbeiten, werden oft auch als geschlossene Systeme bezeichnet, da bei der Festlegung dieser Konventionen an die Einbindung von Fremdsystemen nicht

KAPITEL 9

gedacht worden ist. Zum Zeitpunkt der Entwicklung dieser Architekturen sah man sich auch nicht gezwungen, die Schnittstellen von diesen Systemen offenzulegen.

Im Gegensatz zu den geschlossenen Systemen werden bei offenen Systemen bestimmte Richtlinien eingehalten, die es anderen Herstellern erlauben, entweder kompatible Geräte zu bauen, die in das andere System ohne Probleme zu integrieren sind, oder Schnittstellen-Programme zu schaffen, die eine nachträgliche Eingliederung möglich erscheinen lassen.

Um eben dieses Durcheinander der einzelnen Hersteller nicht noch größer werden zu lassen, wurde 1978 ein »Referenzmodell für die Kommunikation offener Systeme« definiert. OSI ist die Abkürzung für Open Systems Interconnection und ISO steht für International Standardisation Organisation. In der Literatur finden Sie für dieses Modell zuweilen unterschiedliche Bezeichnungen, alle meinen jedoch das gleiche. Die Bezeichnungen reichen von ISO/OSI-Modell bis Sieben-Schichtenmodell.

Wie die zuletzt genannte Bezeichnung bereits erahnen läßt, besteht dieses Modell aus insgesamt 7 Ebenen (Schichten oder auch Layers genannt).

Mit Hilfe dieser sieben Schichten wird versucht, die Problematik der Kommunikation innerhalb eines Netzwerkes und von Netzwerken untereinander hardware- und softwaremäßig genau festzulegen, zu standardisieren. Ziel ist es, eine Definitionsgrundlage zu schaffen, mit der es gelingt, Systeme zu entwickeln (Hardware und Software), die, wenn sie sich streng an dieses Schichtenmodell orientieren, untereinander kommunizieren bzw. miteinander verbunden sein können.

Aus der Erfahrung heraus ist festzustellen, daß die Wirkungsweise dieses Modells immer wieder auf großes Mißverständnis stößt. Entweder wird der Sinn dieses Modells nicht verstanden, oder die Arbeitsweisen der Ebenen werden falsch gedeutet.

Ein kleines Beispiel aus dem Alltag soll versuchen, die Funktion des Schichtenmodells zu erläutern.

Es hat zwar mit Netzwerken nichts zu tun, beinhaltet jedoch einige Grundzüge der Informationsübertragung.

Ein deutscher Tourist (Hans) lernt im Urlaub in Frankreich eine Französin kennen (Marlene). Da er diese Bekanntschaft auch nach seinem Urlaub aufrechterhalten will, beschließt er, mit ihr brieflich in Kontakt zu bleiben. Er kann jedoch kein Französich und sie kein Deutsch. Da sie sonst auch keine weitere gemeinsame Fremd-

Das ISO-Schichtenmodell der offenen Kommunikation

sprache zur Verständigung benutzen können, müssen sie einen Dolmetscher einschalten. In Abbildung 9.1 ist der Ablauf dieses Vorganges illustriert.

Hans verfaßt seinen Brief an Marlene in Deutsch und gibt diesen an seinen Dolmetscher weiter. Dieser übersetzt ihn hoffentlich unverfälscht, ins Italienische (gemeinsam festgelegte Sprache der Kommunikation), steckt den Brief in ein Kuvert, adressiert dieses und gibt ihn zur Deutschen Bundespost. Durch die Post wird der Brief nun per Flugzeug oder Bahn nach Frankreich zum Office PTT transportiert. Der Dolmetscher von Marlene erhält den Brief, nimmt ihn aus dem Kuvert und übersetzt ihn ins Französische. Der übersetzte Brief wird vom Dolmetscher an Marlene weitergereicht, die diesen dann lesen kann.

An diesem Beispiel wird klar, daß auf beiden Seiten der Kommunikationspartner bestimmte Regeln eingehalten werden müssen. Hans muß den Brief in Deutsch schreiben (es sei unterstellt, daß der Dolmetscher nur vom Deutschen ins Italienische übersetzen kann). Der Dolmetscher dagegen darf den Brief von Hans nur in die italienische Sprache übersetzen, da sonst der Dolmetscher von Marlene den Brief nicht zurückübersetzen könnte.

Bild 9.1
Schichtenmodell für den Briefverkehr

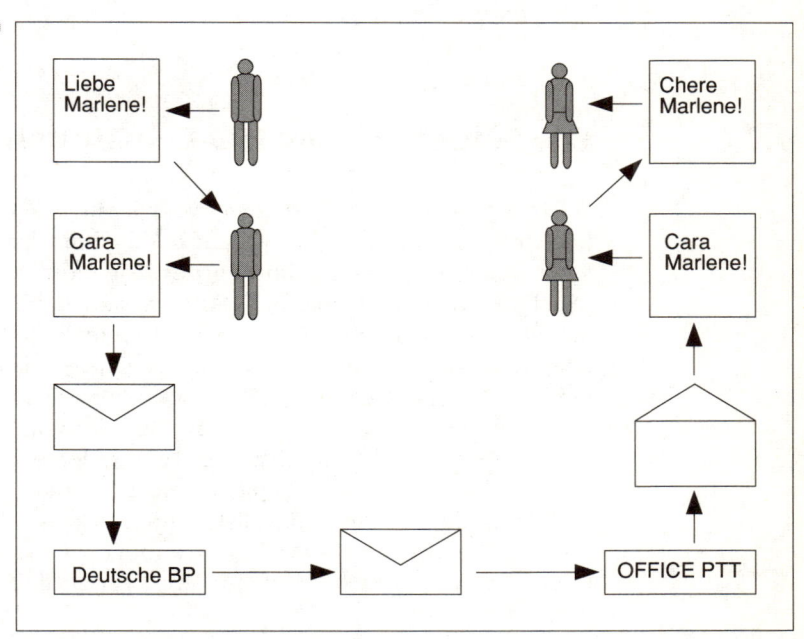

Würde Hans einen neuen Dolmetscher beauftragen, seine Briefe zu übersetzen, der nur vom Deutschen ins Arabische übersetzen

KAPITEL 9

kann, müßte diese Änderung der Gegenseite mitgeteilt werden, da Marlene dann einen Dolmetscher bräuchte, der vom Arabischen ins Französische übersetzt.

Der Dolmetscher von Hans darf den Brief auch nicht in irgendeinen Briefkasten einwerfen, oder an irgendeine Adresse verschicken, sondern muß sich daran halten, einen Briefkasten der Deutschen Bundespost zu verwenden bzw. die Adresse von Marlene auf das Briefkuvert zu schreiben.

Desgleichen muß der Brief in lateinischen Buchstaben geschrieben werden, wenn man sich auf diese Art der »Codierung« geeinigt hat, und darf nicht etwa in kyrillischen Buchstaben verfaßt werden.

An diesem Beispiel sehen Sie, daß exakte Regeln existieren, die es zu befolgen gilt. Genauso verhält es sich bei der Festlegung von Vorschriften zur Datenkommunikation.

Im OSI-Modell zur Kommunikation offener Systeme wird auf jeder Ebene genau festgelegt, was in dieser Schicht getan bzw. eingehalten werden muß. Die Ebenen erfüllen ganz bestimmte Aufgaben und nur die Aufgaben, die man ihnen aufgetragen hat.

Im nächsten Abschnitt soll das Sieben-Schichtenmodell näher erläutert werden.

9.2   Die Schichten des ISO-OSI-Modells

Wie bereits erwähnt, ist das Modell in sieben hierarchische Schichten aufgeteilt. Jeder Schicht oder Ebene ist eine klar umrissene Aufgabe zur Durchführung der Kommunikation zugewiesen. Die Formen der Schichtendefinitionen sind dabei willkürlich festgelegt worden. Es wären durchaus andere Einteilungen denkbar, aber irgendwann mußte man sich auf eine einheitliche Einteilung einigen. Das komplexe Problem der Datenkommunikation innerhalb eines Netzwerkes und im Verbund von Netzwerken wird durch dieses Modell in kleinere Teilprobleme gegliedert. Es ist durchaus zulässig, eine Schicht selbst wieder in kleinere Teilschichten aufzuteilen, wie dies zum Beispiel in der Schicht 2 erfolgt. Die Schicht 2 wird in sich nochmal in eine MAC-Layer (Media Access Control) und LLC-Layer (Logical Link Control) aufgeteilt.

Dies ist dann durchaus sinnvoll, wenn die Protokolle einer Schicht bei einem speziellen Netzkonzept zu umfangreich sind, um noch übersichtlich gestaltet zu werden.

Das ISO-Schichtenmodell der offenen Kommunikation

Umgekehrt ist es nicht zwingend notwendig, daß jede Schicht eines Protokolls Verwendung findet. Es ist durchaus gestattet, daß einzelne Schichten (oder Teilschichten) leer bleiben, wenn sie für die Funktion nicht benötigt werden.

Für jede Schicht wird eine Beschreibung des Funktionsumfanges sowie das notwendige Verhalten an den Schnittstellen zu den darunter oder darüber liegenden Schichten angegeben. Wie diese Schichten zu implementieren sind, wird nicht festgelegt. Es wird nur gefordert, daß die notwendigen Funktionen abgedeckt werden.

In Abbildung 9.2 sind das ISO-Referenzmodell und der Ablauf einer Kommunikation zweier Partner schematisch dargestellt.

*Bild 9.2
Aufbau und Ablauf des Schichtenmodells*

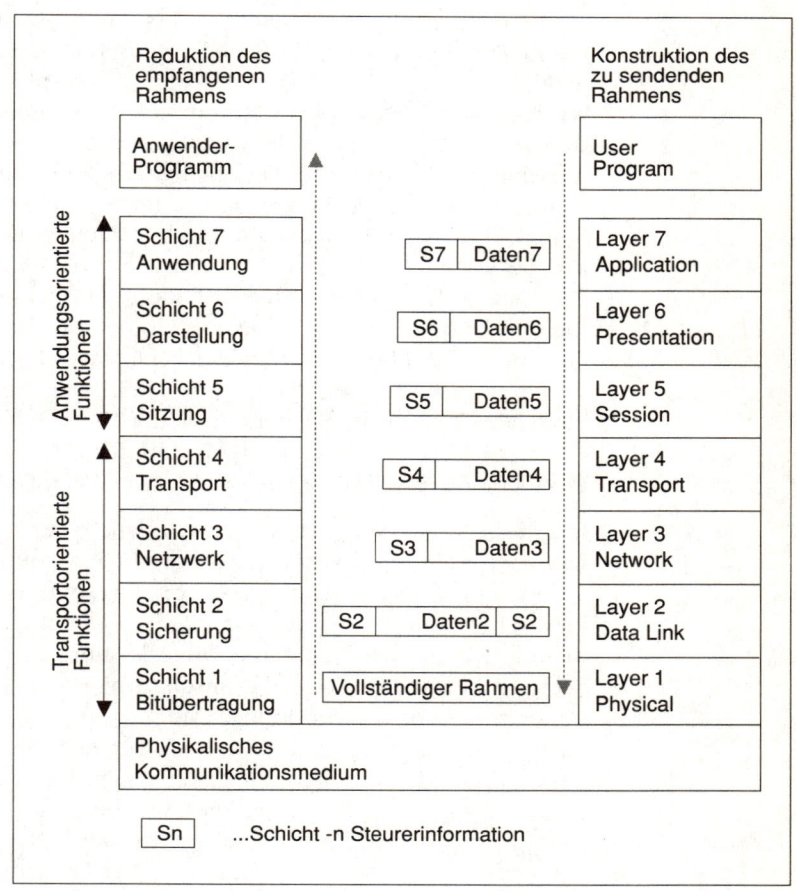

Reduktion des empfangenen Rahmens		Konstruktion des zu sendenden Rahmens
Anwender-Programm		User Program
Schicht 7 Anwendung	S7 | Daten7	Layer 7 Application
Schicht 6 Darstellung	S6 | Daten6	Layer 6 Presentation
Schicht 5 Sitzung	S5 | Daten5	Layer 5 Session
Schicht 4 Transport	S4 | Daten4	Layer 4 Transport
Schicht 3 Netzwerk	S3 | Daten3	Layer 3 Network
Schicht 2 Sicherung	S2 | Daten2 | S2	Layer 2 Data Link
Schicht 1 Bitübertragung	Vollständiger Rahmen	Layer 1 Physical
Physikalisches Kommunikationsmedium		

Anwendungsorientierte Funktionen: Schichten 5–7
Transportorientierte Funktionen: Schichten 1–4

Sn ...Schicht -n Steuerinformation

Der vorher etwas einfach dargestellte Mechanismus zur Arbeitsweise einer Kommunikation zwischen zwei Partner soll jetzt etwas

KAPITEL 9

näher betrachtet werden, um darzustellen, wie die einzelnen Abläufe im Schichtenmodell zu sehen sind.

Beim Ablauf einer Kommunikation zwischen Sender und Empfänger wird vom Sender das zu übertragende Datenpaket erzeugt, durchläuft von Schicht 7 bis Schicht 1 das OSI-Modell und wird über die physikalische Leitung übertragen. Auf Seite des Empfängers durchläuft das Datenpaket Schicht 1 bis Schicht 7. Es wird und muß ein tieferer Sinn darin bestehen, daß man sich für diese 7 Schichten und deren Funktionalität entschieden hat. Dies will ich Ihnen nachfolgend näher erläutern.

Der Kommunikationsprozeß zwischen zwei Partnern im Netz hat immer eine vertikale und eine horizontale Komponente, die es gilt, zu betrachten. Jede Schicht N (N = [1..7]) in einem System S (Sender) kommuniziert mit Schicht N im System E (Empfänger) auf gleicher Ebene. Diese vorhandene horizontale Kommunikation wird auch als Peer-to-Peer Kommunikation bezeichnet. Der Ausdruck »Peer« stammt aus dem Englischen und bedeutet soviel wie »gleichgestellter Partner«. Die gültigen Regeln und Formate zur Kommunikation zwischen Schicht N im System S und Schicht N im System E werden in einem Protokoll festgelegt. Dabei spricht man für die Ebene N vom N-Layer-Protokoll. Für alle Ebenen im OSI-Referenzmodell, außer Ebene 1, handelt es sich ausschließlich um logische Kommunikation bzw. Verbindung. Nur auf Ebene 1 (physikalische Ebene) erfolgt die echte tatsächliche physikalische Verbindung und Übertragung der Daten. Die Dateneinheiten, die zwischen zwei Peer-Ebenen ausgetauscht werden, heißen PDU (Protocol Data Unit), also z.B. DPDU für die Data Link Protocol Data Unit oder SPDU für Session Protocol Data Unit.

Damit die Daten von der Anwendung auf System S bis zum physikalischen Kabel und von diesem Kabel wieder bis zur Anwendung auf System E übertragen werden können, sind vertikale Kommunikationsmechanismen festgelegt. Jede Schicht im OSI-Referenzmodell erfüllt ganz bestimmte Dienstleistungen, diese werden als Services bezeichnet. Diese Dienstleistungen stellt sie der nächsthöheren Schicht zur Verfügung. Dabei greift sie auf die Dienste der nächstniedrigeren Schicht zu, die sie zur Realisierung der eigenen zu erbringenden Funktionen nutzt. Dazu sind im Rahmen der Standardprotokolle Schnittstellen zwischen zwei Schichten definiert, an denen ganz bestimmte Dienste über Dienstzugangspunkte zur Verfügung gestellt werden. Diese Dienstzugangspunkte werden als *Service Access Point (SAP)* bezeichnet. Die Dienste einer Schicht sind wiederum in Instanzen angeordnet, wobei eine Instanz der Schicht N als N-Instanz bezeichnet wird. Dieser Zusammenhang ist in Abbildung 9.3 dargestellt.

Das ISO-Schichtenmodell der offenen Kommunikation

Bild 9.3
Prinzip der vertikalen und horizontalen Kommunikation im OSI-Referenzmodell

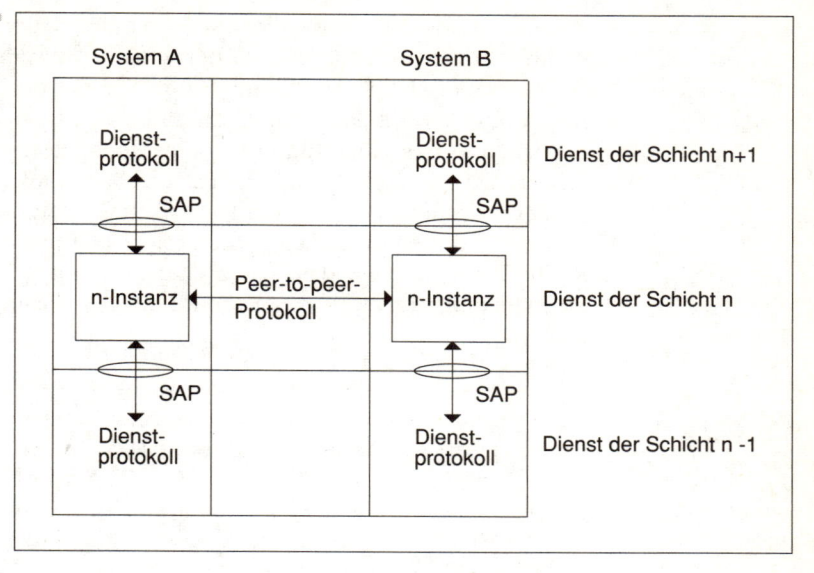

```
          System A                System B
       ┌──────────┐            ┌──────────┐
       │ Dienst-  │            │ Dienst-  │
       │ protokoll│            │ protokoll│
       │    ↕     │            │    ↕     │       Dienst der Schicht n+1
       │   SAP    │            │   SAP    │
       │    ↕     │            │    ↕     │
       │ ┌──────┐ │Peer-to-peer│ ┌──────┐ │
       │ │n-Inst│◄┼─Protokoll──┼►│n-Inst│ │       Dienst der Schicht n
       │ └──────┘ │            │ └──────┘ │
       │    ↕     │            │    ↕     │
       │   SAP    │            │   SAP    │
       │    ↕     │            │    ↕     │
       │ Dienst-  │            │ Dienst-  │       Dienst der Schicht n-1
       │ protokoll│            │ protokoll│
       └──────────┘            └──────────┘
```

Beim Kommunikationsablauf bettet jede Schicht die Nutzdaten in Protokollinformationen ein, damit sie von der Peer-Schicht entsprechend verarbeitet und weitergeleitet werden können. Die Protokollinformationen bezeichnet man auch als Header, da diese am Paketanfang vorhanden sind. Informationen, die an das Paketende gefügt werden, bezeichnet man als Trailer. Die hinzugefügten Protokollinformationen sind in Relation zu den Nutzdaten zusätzlicher Overhead, der übertragen werden muß, da diese beim Empfänger in allen Schichten wieder entfernt werden müssen, bis das eigentliche Nutzdatenpaket, wie dies vom Sender aufgebaut worden ist, in seiner ursprünglichen Form wieder vorliegt.

Wichtige und wesentliche Elemete des Protokoll-Overhead sind vor allem die physikalische Sender- und Empfängeradresse, sowie die logische Sender- und Empfängeradresse und bei bestimmten Protokollen Routinginformationen zum Weitertransport des Paketes in einem mit Routern gekoppelten Internet-Netzwerk. Außerdem zählen auch Informationen zur Eintragung des Protokolltyps dazu, um verschiedene Protokolle unterscheiden zu können.

Wenn man sich den Protokollablauf genau ansieht, stellt man fest, daß die Nutzdaten von der Anwendung bis zur Übertragung sechsmal mit Protokollinformationen angereichert werden, d.h. auf jeder Schicht wird zusätzlicher Protokoll-Overhead erzeugt. Die Protokollinformationen einer höheren Schicht werden von der niedrigeren Schicht als Nutzdaten betrachtet und somit vollkommen transparent behandelt. Auf der untersten Schicht wird das Nutzdatenpaket, so wie dies vom Sender über die Anwendung

KAPITEL 9

erzeugt wurde, inklusive aller Protokollinformationen in einen Bitstrom umgewandelt und über das physikalische Medium (Kupferkabel, Lichtwellenleiter, Funk, Laser, etc.) übertragen. In Abbildung 9.4 sehen Sie auf der linken Seite den schichtweisen Aufbau und das Hinzufügen der einzelnen Protokollinformationen an das Datenpaket. Dabei ist festzustellen, daß auf Ebene 2 ein Trailer (zusätzlich zum Header) an das Datenpaket angehängt wird. Es handelt sich dabei um das sogenannte CRC-Feld (Cyclic Redundancy Check), das, wie später noch zu sehen ist, der erste Mechanismus ist, um die Korrektheit der Datenübertragung zu prüfen.

Bild 9.4
Peer-to-Peer
Kommunikation
zwischen Sender
und Empfänger

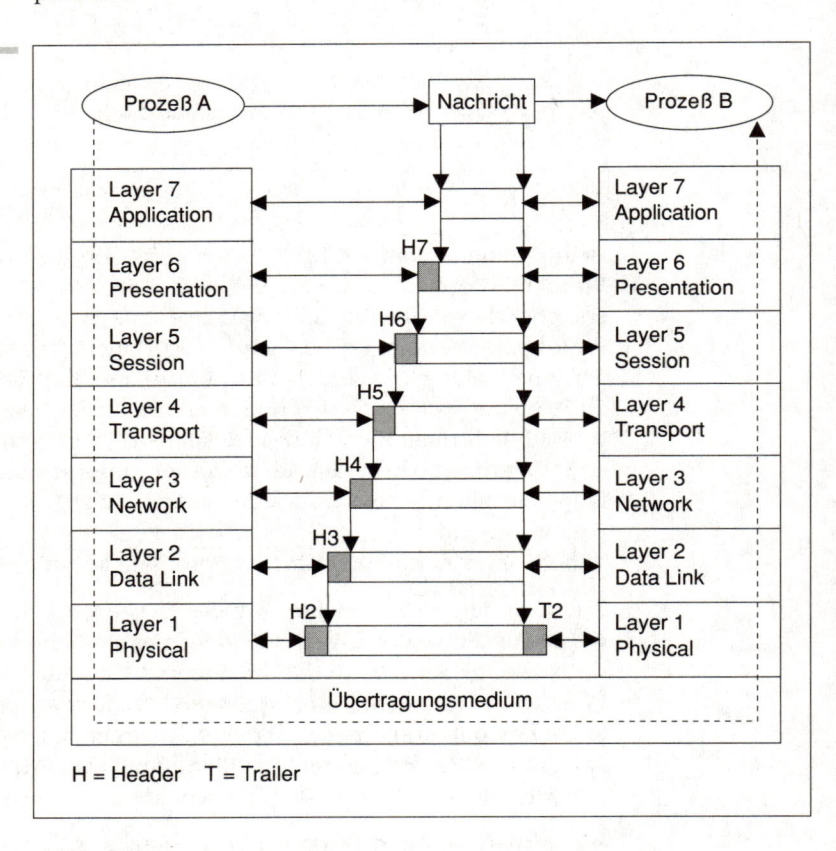

Auf der Seite des Empfängers erfolgt mit dem übertragenen Datenpaket der umgekehrte Vorgang. Auf Empfängerseite werden auf jeder Schicht die Protokollinformationen der Peer-Schicht, die auf Senderseite hinzugefügt worden sind, interpretiert und nach erfolgreicher Durchführung der entsprechenden Dienste entfernt. Die verbleibende Nachricht mit eventuellen weiteren Protokollinformationen, die für höhere Schichten bestimmt sind, wird an die

Das ISO-Schichtenmodell der offenen Kommunikation

nächsthöhere Schicht weitergereicht, die den gleichen Vorgang durchführt, wie dies vorher beschrieben wurde. Trifft die Nachricht bei der Anwendung des Empfängers ein, sind bis dahin alle Protokollinformationen entfernt. Nur das ursprüngliche Nutzdatenpaket wird empfangen. In Abbildung 9.4 ist dies auf der rechten Seite dargestellt.

Wie später noch zu sehen ist, können bei der Kommunikation zwischen zwei Endsystemen auch Zwischenknoten vorhanden sein. Diese werden auch als Relay-Systeme bezeichnet, die nur bestimmte Funktionalitäten zu erfüllen haben. Deshalb sind dabei nicht alle Schichten implementiert. Solche Relay-Systeme können Brücken, Router, Bridge/Router oder Gateways sind.

Nachdem Sie jetzt wissen, wie der Kommunikationsablauf zwischen zwei Endsystemen stattfindet, will ich Ihnen im nachfolgend die Funktionen der 7 Schichten aufzeigen.

Wie bereits bekannt, ist das OSI-Referenzmodell in 7 Schichten aufgeteilt, wobei die ersten vier Schichten zusammen unter der Bezeichnung Transportsystem und die Schichten 5 bis 7 als Anwendersystem festgelegt worden sind. Im Normungsgremium für die Schichten des Transportsystems hat sich eine Unterscheidung zwischen LANs und WANs ergeben. Für die Definition von WANs wurde auf die Festlegungen von CCITT und EIA zurückgegriffen. Bei den Festlegungen für LANs hingegen orientierte man sich an IEEE (Dokumente der IEEE 802), die von der ISO als Serie ISO 8802 übernommen worden sind.

9.2.1 Physical Layer (Bitübertragungsschicht, physikalische Schicht)

Aufgabe der Schicht 1 ist die Übertragung von Bitströmen über die Datenleitung zwischen den an dieser Leitung angeschlossenen Systemen. Es hängt von der gewählten Topologie ab, ob über diese Leitungen zwei oder mehrere Rechner miteinander verbunden werden. Dabei sind vor allem folgende Aspekte zu unterscheiden:

- *Mechanische Definition*
Es handelt sich dabei um die Festlegung der Kabelspezifikation, der Spezifikation des Steckers und der entsprechenden PIN-Belegungen dieser Stecker.

- *Elektrische Definitionen*
Hierbei geht es um die Zuordnung der physikalischen Meßgrößen bezüglich der logischen Werte 0 und 1 zur Darstellung von Bits.

Ebenso werden Festlegungen für Widerstandswerte, Impedanz etc. getroffen.

■ *Funktionale Definitionen*
Es werden Aussagen darüber gemacht, wie die Funktionen der einzelnen Leitungen und die Zeitabläufe auszusehen haben. Bei den Leitungen muß zwischen Datenleitungen, Steuerleitungen und Erdungsleitungen unterschieden werden.

Ebenso muß festgelegt werden, wie die Datenflußrichtung und die Bedeutung der Steuerleitungen auszusehen hat. In welcher Betriebsart die Übertragung stattzufinden hat, ist auch Bestandteil der Schicht 1. Man unterscheidet hierbei zwischen paralleler und serieller Datenübertragung.

Bei der Festlegung der Übertragungsrichtung ist zu unterscheiden, ob die Datenübertragung in beiden Richtungen gleichzeitig möglich ist. In diesem Fall spricht man von Vollduplexübertragung. Kann die Datenübertragung hingegen nur abwechselnd für die eine und dann für die andere Richtung durchgeführt werden, wird dies als Halbduplexverfahren bezeichnet. Ist die Übertragung dagegen nur in einer Richtung möglich, so spricht man von einer Simplexübertragung.

9.2.2 Link Layer (Sicherungsschicht, Verbindungsschicht)

Die Ebene 2 im OSI-Referenzmodell ist für den zuverlässigen Austausch von Datenpaketen zwischen Systemen, die durch die Schicht 1 miteinander gekoppelt sind, zuständig. Sie ist unter anderem für den logischen Auf- und Abbau (nur von Bedeutung bei verbindungsorientierten Übertragungen, z.B. HDLC) von Verbindungen, für die Erkennung und Beseitigung von Übertragungsfehlern und der Synchronisation der darunterliegenden Schicht verantwortlich.

Die grundlegenden Aufgaben der Schicht 2:

■ Aktivierung, Überwachung und Deaktivierung einer Verbindung.

■ Aufteilung der zu übertragenden Informationen in Datenpakete. Diese werden auch als *Frames* bezeichnet.

■ Erkennung und Beseitung von Übertragungsfehlern, die von der Schicht 1 kommen. Hierzu werden in Standard-LANs über alle Bits eines Paketes Prüfsummen nach dem CRC-Verfahren gebildet und als Protokollinformation angefügt (Trailer).

- Synchronisation der verbundenen Einheiten.
- Steuerung der Reihenfolge von Datenpaketen.

Für Lokale Netze ist die Schicht 2 in zwei Subebenen aufgeteilt. Es handelt sich um die Media Access Control (MAC, Zugangsverfahren) und die Logical Link Control (LLC) Ebenen. Auf diese beiden Ebenen wird im Kapitel zur Behandlung der Standards für LANs näher eingegangen werden.

9.2.3 Network Layer (Netzwerkschicht)

Die Aufgabe dieser Schicht liegt darin, den Austausch von Binärdatenpaketen zwischen nicht direkt miteinander verbundenen Stationen zu steuern. Sie ist für den reibungslosen Ablauf der logischen Verknüpfung von an physikalischen Leitungen gebundenen Schicht-2-Verbindungen zuständig. Dabei erfolgt der Datentransport über einzelne Zwischenknoten. In dieser Schicht wird vor allem die Vermittlungsfunktion der Zwischenknoten im Netz behandelt.

Die Network Layer unterstützt im einzelnen:

- Die Identifizierung der Knoten (Netzwerkadressen)
- Den Auf- und Abbau logischer Verbindungskanäle:

  Wegsteuerung (Routing)
  Flußsteuerung

Die Netzwerkknotenadressen sind notwendig, um Zielknoten von Nachrichten eindeutig identifizieren zu können.

Die Hauptaufgabe der Netzwerkschicht ist darin zu sehen, daß logische Knoten-zu-Knoten-Wege zwischen beliebigen Knoten des Netzwerkes aufgebaut werden können. Die notwendigen Verbindungen können dabei auf verschiedene Art und Weise hergestellt werden.

Generell denkbar wären dabei:

- Leitungsdurchschaltung
- Virtuelle Kanäle (Virtual Circuit)
- Datagramme

Im Rahmen der Realisierung von OSI sind jedoch nur virtuelle Kanäle und Datagramme vorgesehen. Beiden Prinzipien ist gemeinsam, daß die Verbindung nicht über die elektrische Durchschaltung von Leitungen, sondern durch das Store and Forward Prinzip von Datenpaketen realisiert ist. Dabei wird ein Datenpaket von einer Station zur nächsten übertragen und dort zwischenge-

KAPITEL 9

speichert. Anschließend verschickt diese Station die Pakete wieder weiter. Im Rahmen dieser Datenübertragung werden über eine Schicht-2-Verbindung logischerweise Pakete aus verschiedenen Schicht 3 Verbindungen übertragen, d.h. es ist eine Mehrfachnutzung der Schicht 2 Verbindungen (Multiplex) möglich. Wird vor Beginn der eigentlichen Datenübertragung ein expliziter Verbindungsaufbau durchgeführt, in dessen Rahmen für die folgende Datenübertragung die Wegsteuerung vorgenommen werden muß, so spricht man von *virtuellen Kanälen* oder einer *virtuellen Verbindung*. Über diese virtuelle Verbindung werden sodann die Datenpakete vom Absender zum Empfänger übertragen. Die Datenpakete benötigen dabei keine Informationen mehr, wer der Empfänger ist, da der Kanal, sprich der Weg zum Empfänger, virtuell durchgeschaltet worden ist. Ist die Datenübertragung beendet, wird der virtuelle Kanal, die virtuelle Verbindung, explizit wieder abgebaut (z.B. X.25 Verbindung).

Im Gegensatz dazu wird bei der Datagrammtechnik kein virtueller Kanal zwischen Sender und Empfänger geschaltet. Jedes zu übertragende Paket muß gesondert übertragen werden und erhält jeweils die Adresse des Empfängers mit dazu. Für jedes Paket, das übertragen wird, wird die Wegsteuerung (Routing), neu vorgenommen, so daß die Pakete auf verschiedenen Wegen zum Empfänger gelangen können. Bei dieser Technik ist es möglich, daß bei Überlast eines Weges eine alternative Wegwahl durchgeführt wird. Im Gegensatz dazu muß bei der virtuellen Verbindung die Nachricht komplett über den für die Übertragung aufgebauten virtuellen Kanal transportiert werden. Bei der Datagramm-Technik hingegen können die einzelnen Pakete in verschiedener Reihenfolge beim Empfänger eintreffen, aufgrund der unterschiedlichen Wegwahl für die einzelnen Pakete. Es müssen also Maßnahmen ergriffen werden, die die richtige Reihenfolge der übertragenen Pakete wieder herstellen.

Je nachdem, welche Topologie in einem Netzwerk eingesetzt wird, können Nachrichtenpakete auf verschiedenen Wegen vom Sender zum Empfänger gelangen. Die Aufgabe der *Wegesteuerung (Routing)* liegt vor allem darin, solche Übertragungsstrecken zu finden, die für die Übermittlung der Daten am geeignetsten sind und bei mehreren Alternativen den optimalsten auszuwählen. Bezüglich der Optimierungsentscheidung sind der maximale Durchsatz und die minimale Transportzeit für die einzelne Nachricht, die übertragen werden soll, zu nennen. Die am meisten eingesetzten *Routing-Algorithmen* verwenden Tabellen, die in den einzelnen Netzwerkknoten geführt und aktualisiert werden. In Zusammenarbeit mit der Adressierungstechnik wird mit Hilfe dieser Tabellen entschieden, auf welchem Weg, d.h. über welche Leitung die Nachricht durch das Netzwerk transportiert wird. Die Tabelleneinträge können dabei statisch sein oder dynamisch dem Verkehrsaufkommen auf den einzelnen Leitungsabschnitten angepaßt werden. Im letzteren Falle wird auch von einer *adaptiven Routing-Methode* gesprochen. Mit dieser Art der Anpassung werden unter anderem Überlastsituationen auf einzelnen Leitungsabschnitten vermieden. Die adaptive Routing-Methode erfordert jedoch einen selbständigen Informationsaustausch aller Netzwerkknoten untereinander, um die Routing-Tabellen dementsprechend anpassen zu können. Das ist vor allem dann der Fall, wenn ein kompletter Netzwerkknoten ausgefallen ist, und die Nachrichten nicht mehr über diesen geschickt werden können.

In Zusammenhang mit diesen Routing-Mechanismen ist auch die Flußsteuerung zu sehen. Diese hat dafür Sorge zu tragen, daß durch gute Routingmethoden Überlastungen einzelner Leitungsabschnitte im Vorfeld vermieden werden. Dennoch kann es passieren, daß durch enorm hohes Datenvolumen eine Überlastung nicht mehr zu vermeiden ist. Die Komplexität der einzusetzenden Methoden und Mechanismen zur dynamischen Verwaltung und Steuerung eines Netzwerkes nimmt dabei sehr rasch zu.

Zusammengefaßt werden von der Schicht 3 folgende grundlegenden Aufgaben erfüllt:

- Wegwahl (Routing)
- Multiplexen von Schicht-2-Verbindungen
- Sequenzbildung von Paketen (Aufteilung in angepaßte Längen)
- Flußkontrolle
- Acknowledgements
- Fehlerbehandlung
- priorisierte Übertragung

9.2.4 Transport Layer (Transportschicht)

Die Aufgabe der Transportschicht ist es, den höheren Schichten die Möglichkeit zu bieten, Nachrichten zwischen logischen Benutzern des Netzwerkes zu übertragen. Unter logischen Benutzern sind dabei kommunikationsfähige Einheiten der höheren Schichten zu verstehen. Im praktischen Einsatz handelt es sich dabei um Menschen, die Prozesse auf Knotenrechnern ablaufen lassen. Vor den Benutzern sollen dabei die Details der Übertragung auf den unteren Schichten verborgen werden und zudem verschiedene Transportqualitäten angeboten werden. Die Transportschicht ist die oberste Ebene des Transportsystems und stellt seine Dienste dem

Anwendungssystem zur Verfügung. Es bildet praktisch eine Schnittstelle zwischen Transport- und Anwendungssystem. Zwischen einem Paar logischer Benutzer können mehrere Transportverbindungen gleichzeitig bestehen.

In der Transportschicht werden die logischen Benutzer durch Transportadressen gekennzeichnet. Dabei werden bei zu übertragenden Informationen die Transportadressen in die Netzwerkadressen jener Knoten umgesetzt, in denen die logischen Benutzer zu finden sind. Die Nachrichten werden durch die Transportschicht in Datenpakete für die Netzwerkschicht verpackt. Eine Nachricht kann dabei sehr wohl in mehrere Pakete zerfallen, oder ein Paket kann mehrere Nachrichten enthalten. Eingehende Pakete hingegen werden in der richtigen Reihenfolge wieder zu den entsprechenden Nachrichten zusammengesetzt. Auf der Transportschicht werden aber auch Maßnahmen zur Steuerung des Datenflusses unternommen.

9.2.5 Session Layer (Sitzungsschicht)

Wenn es sich bei der Transport Layer um die oberste Schicht des Transportsystems handelt, so ist die Session Layer die unterste Schicht des Anwendungssystems. Ihre Aufgabe besteht darin, den Dialog auch bei vorübergehenden Ausfall des Transportsystems aufrechtzuerhalten. Auf dieser Ebene können logische Benutzer gleichzeitig über mehrere Verbindungen kommunizieren. Session-Layer-Verbindungen werden unter Verwendung von Transportverbindungen realisiert. Bricht dabei eine Transportverbindung zusammen, so ist es die Aufgabe der Sitzungsschicht, die Verbindung aufrecht zu erhalten, im Notfall auch durch den Aufbau einer neuen Transportverbindung.

Analog zu den Betriebsweisen von Datenleitungen, kann man die Kommunikationsform der Sessionschicht wie folgt einteilen:

- *Two-way Simultaneous Interaction*, entspricht der Vollduplex Betriebsart. Hierbei können beide Kommunikationspartner gleichzeitig senden und empfangen.

- *Two-way Alternate Interaction*, vergleichbar mit der Halbduplex-Betriebsart. Der Dialog wird durch wechselseitiges Senden und Empfangen der Kommunikationspartner realisiert.

- *One-way Interaction*, genauso wie bei der Simplexmethode ist hier nur ein Monolog möglich. Nachrichten können nur von einem Benutzer gesendet und vom anderen empfangen werden.

Zusammengefaßt ermöglicht also die Sessionschicht den höheren Ebenen den Aufbau, Betrieb und Abbau von Sitzungsschicht-Verbindungen. Zudem stellt diese Schicht Elemente zur Verfügung, die den Dialog steuern und synchronisieren.

9.2.6 Presentation Layer (Präsentationsschicht)

Auf dieser Ebene werden die Darstellungsformate der übertragenen Nachrichten behandelt. Dabei ist es notwendig, daß eine gemeinsam bekannte Darstellungsart zwischen den entsprechenden Systemen zur Verfügung steht. Man könnte die Dienstleistung dieser Ebene auch als Dolmetscherdienst bezeichnen. Typische Funktionen der Ebene 6 sind Remote Job Entry Funktion, Terminalemulation oder Datenübertragung zwischen unterschiedlichen Systemen.

Die wesentliche Aufgabe liegt in der Umwandlung von Codes und Formaten. Die Ebene 6 erzeugt eine neutrale Form der Daten, so daß sie auch für Systeme von verschiedenen Herstellern interpretiert werden können. Es muß eine Transformation der Datendarstellung und des Datentyps erfolgen, d.h. eine Umsetzung der Syntax und der Semantik. Numerische Werte zum Beispiel werden auf verschiedenen Rechnern, die nicht zueinander kompatibel sind, unterschiedlich dargestellt. Sie müssen daher an das jeweilige Zielsystem angepaßt werden.

9.2.7 Application Layer (Anwendungsschicht)

Die Anwendungsschicht bildet das Bindeglied zur eigentlichen Benutzeranwendung. Sie ist aus einer Reihe von Protokollen zusammengesetzt, die sich ständig erweitern, entsprechend den wachsenden Anforderungen der Anwender. Die Ebene 7 kann dabei unterteilt werden in »association control service elements (ACSE)« und in »specific application service elements (SASE)«. Zur SASE-Gruppe gehören folgende Netzwerkanwendungen:

FTAM (File Transfer Access and Management)

Hierbei handelt es sich um die Möglichkeit, einem Anwenderprogramm den Zugriff auf ein entferntes Datei-System zu gewährleisten, das Ändern der Datei-Attribute (Lesen, Schreiben etc.) und den damit verbundenen File-Transfer.

JTM (Job Transfer and Manipulation)

Erlaubt das Abschicken eines Programmes an einen anderen Rechner und die ständige Kontrolle des Programmes während seiner Ausführung.

VT (Virtual Terminal)

Erlaubt den Dialogzugriff von einem Endgerät auf einen entfernten Rechner in einer vom Hersteller des Terminals und des Rechners unabhängigen Form.

MHS (Message Handling System)

Der Datenaustausch für Electronic-Mail-Systeme gemäß X.400 Standardisierung wird dadurch gewährleistet.

DS (Directory Services)

Dies sind Netzwerkanwendungen, die Informationen über die Teilnehmer eines Netzwerkes verwalten und verfügbar machen. Standards werden dabei im Rahmen des X.400-Projektes erarbeitet und dabei als X.500 bezeichnet. Der Protokollstandard X.500 wird für NetWare 4.0 eine besondere Bedeutung haben, da auf diesem Standard die neuen Directory Services aufbauen.

Bild 9.5
Das ISO/OSI-Modell und das IEEE-802-Modell im Vergleich

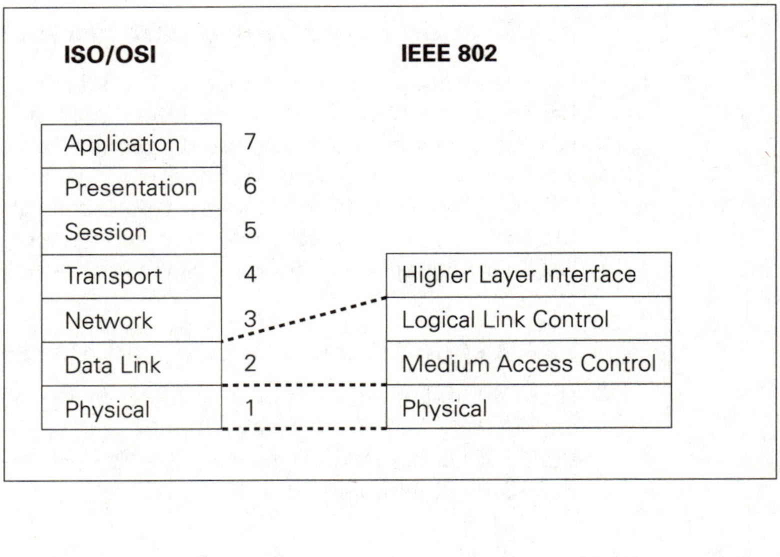

ISO/OSI		IEEE 802
Application	7	
Presentation	6	
Session	5	
Transport	4	Higher Layer Interface
Network	3	Logical Link Control
Data Link	2	Medium Access Control
Physical	1	Physical

Das ISO-Schichtenmodell der offenen Kommunikation

Zum Aufbau von Kommunikationssystemen sind inzwischen fest etablierte Standards am Markt vorhanden. Das ISO/OSI-Referenzmodell läßt sich als Kommunikationsarchitektur auch für LANs heranziehen.

Aufgrund der speziellen Eigenschaften von LANs (zum Beispiel entfällt die Vermittlung in Lokalen Netzen, da andere Zugangsverfahren eingesetzt werden) wurde vom IEEE Standards Committee 802, als auch von der ECMA eine von den unteren drei Schichten des ISO/OSI-Modells abgeleitete LAN-Architektur entwickelt. In Abbildung 9.5 ist das IEEE-802-Modell dem ISO/OSI-Schichtenmodell gegenübergestellt. Abbildung 9.6 hingegen zeigt die einzelnen Komponenten im Detail.

Wir werden uns im folgenden mit diesen einzelnen Komponenten etwas näher befassen.

Bild 9.6
Die einzelnen Funktionalitäten des IEEE 802 Modells

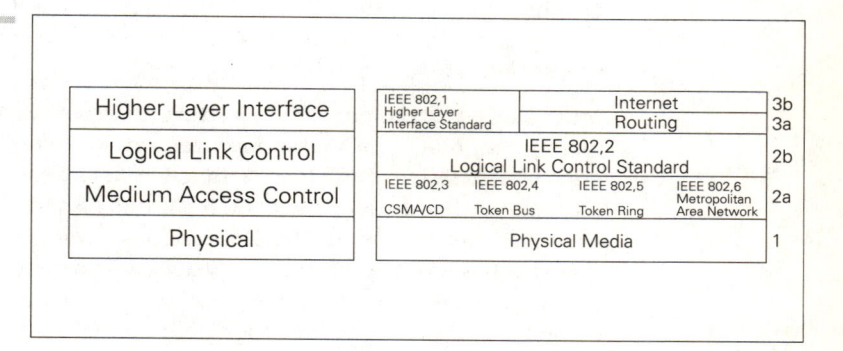

Higher Layer Interface	IEEE 802,1 Higher Layer Interface Standard	Internet		3b
		Routing		3a
Logical Link Control	IEEE 802,2 Logical Link Control Standard			2b
Medium Access Control	IEEE 802,3 CSMA/CD	IEEE 802,4 Token Bus	IEEE 802,5 Token Ring	IEEE 802,6 Metropolitan Area Network	2a
Physical	Physical Media			1

IEEE 802.1: Higher Layer Interface Standard (Schicht 3)

In dieser Beschreibung wird zum einen eine Einführung in die Struktur des IEEE-802-Berichts gegeben und zum anderen wird die Problematik des Internetworking behandelt. Unter Internetworking ist der Teil der Kommunikation zu verstehen, der notwendig ist, um Informationen zwischen Lokalen Netzwerken austauschen zu können. Hierunter fällt auch die Kommunikation zwischen heterogenen Lokalen Netzwerken über Gateways. Der IEEE-802.1 Bericht enthält auch Beschreibungen über Funktionen für noch zu spezifizierende höhere Schichten. Neben der Behandlung der Gateway-Funktion werden vor allem auch die Funktionen von Bridges festgelegt. Hierbei sind die Definition des Spanning Tree und das Management zu nennen.

IEEE 802.2: Logical Link Control

Dieser Standard beschreibt das für alle Netztechnologien gleiche Protokoll der Data-Link-Ebene und die Schnittstelle zur Netzwerk-Ebene und Medium Access Control Sublayer sowie zu den dazu notwendigen Management-Funktionen.

Im IEEE 802.2 werden zwei Servicetypen spezifiziert, die der Netzwerkebene angeboten werden:

- Typ 1: datagrammorientierte (verbindungslose) Dienste,
- Typ 2: verbindungsorientierte Dienste.

Beim Typ-1-Dienst werden Dateneinheiten unabhängig voneinander gesendet. Eine bestimmte Reihenfolge muß dabei nicht eingehalten werden. Die Daten können dabei zu einer (Punkt-zu-Punkt), zu mehreren (Multi-Cast) oder an alle (Broad-Cast) angeschlossenen Empfänger gesendet werden. Der Empfang von Dateneinheiten wird nicht bestätigt. Überlegungen werden jedoch inzwischen dahingehend geführt, einen Datagrammdienst mit Quittungen einzuführen.

Im Gegensatz dazu muß beim Typ 2 Dienst, bevor Daten gesendet werden können, eine Verbindung zwischen Sender und Empfänger aufgebaut werden. Dabei ist es möglich, daß bestimmte Merkmale für die Verbindung ausgehandelt werden. Nach Beendigung des Datenaustausches wird die Verbindung wieder abgebaut. Die Dateneinheiten werden unter Beachtung der Reihenfolge über diese aufgebaute Verbindung gesendet. Der Empfang von Dateneinheiten wird bei dieser Art der Verbindung quittiert. Dies gilt vor allem bei WAN-Verbindungen und den hierfür eingesetzten Protokollen, z.B. HDLC.

IEEE 802.3 bis IEEE 802.6: Media Access Control

In diesem Standard wurden die Netzzugangsverfahren festgelegt, d.h. »wer darf wann übertragen?«. Da im LAN für alle Stationen nur ein Übertragungsmedium zur Verfügung steht, muß auf irgendeine Art und Weise geregelt werden, wer zu welchem Zeitpunkt dieses Medium zum Senden seiner Daten verwenden darf. Da es für die verschiedenen LAN-Topologien auch unterschiedliche Zugangsverfahren gibt, wurden von IEEE verschiedene Standards diesbezüglich festgelegt, die auch als IEEE-802-Standards bezeichnet werden.

9.3 MAP in der Fertigung

In der industriellen Fertigung sind oft sogenannte Automatisierungsinseln vorzufinden. Im Rahmen des Konzepts CIM (Computer Integrated Manufactoring) ist es notwendig, diese Inseln miteinander zu koppeln. Hierfür sind Lokale Netzwerke, die den speziellen Anforderungen in der Fertigung Rechnung tragen, besonders gut geeignet. Um die unterschiedlichsten Geräte miteinander verbinden zu können, muß gefordert werden, daß die Kommunikation zwischen diesen Geräten nach herstellerunabhängigen, einheitlichen Verfahren abgewickelt werden kann. MAP (Manufacturing Automation Protocol) von General Motors ist ein Standardisierungsvorschlag für die Kommunikation im Fertigungsbereich.

Die wichtigsten Ausprägungen von MAP sind nach Sikora/ Steinparz:

- »Die Integration der verschiedenen im Rahmen der Produktion eingesetzten Anlagen und Computer durch einen einheitlichen Kommunikationsstandard zu unterstützen.

- Durch wohlüberlegte Einschränkung auf wenig Wahlmöglichkeiten in jeder Sicht nach ISO/OSI der Gefahr einer unüberschaubaren Vielfalt inkompatibler Implementationen Rechnung zu tragen.

- Durch Aufbau von unabhängigen Zentren für Conformance-Tests und Validierung die Verbreitung des Standards zu fördern.

- Durch öffentliche Absichtserklärungen verschiedener beteiligter Firmen einen Markt für standardkonforme Produkte zu schaffen.«

MAP wurde von GM nicht im Alleingang durchgeführt, sondern von Beginn an auf eine breite Basis gestellt. Hersteller und Anwender wurden mit einbezogen. Bereits im Jahre 1981 waren die essentiellen Ziele und Eigenschaften abgesteckt. Für die Realisierung dieses komplexen Projektes wurde ein fünfstufiger Implementierungsplan aufgestellt. Für die ersten MAP-Netze wird daran gedacht, PCs, CNC-Steuerungen, Roboter, unterschiedliche Rechner und Terminals zu integrieren.

9.3.1 Das technische Konzept

Das Konzept für MAP legt das Nachrichtentransportnetz einschließlich der nachrichtenorientierten Komponenten zwischen den einzelnen Stationen fest. Die Basis eines MAP-Netzes bildet der sogenannte MAP-Backbone. MAP setzt ein Breitbandsystem mit einer Übertragungsgeschwindigkeit von 10 Mbit/s in einem 12

KAPITEL 9

MHz Frequenzbereich voraus. Als Zugangsverfahren zum Netz wird das Token-Bus-Protokoll gemäß der Norm IEEE 802.4 eingesetzt. Dadurch ist ein konfliktfreier, deterministischer Zugang zum Transportmedium möglich.

Sinnvollerweise sollte der MAP-Backbone von allen Stellen auf dem Fabrikgelände erreichbar sein. Zudem müssen bereits vorhandene Anlagen und Insellösungen in das MAP-Netzwerk einbezogen werden können. Diesen beiden Aspekten wird durch sogenannte Subnetze Rechnung getragen. Dabei kann es durchaus vorkommen, daß diese Subnetze eventuell nicht der MAP-Spezifikation entsprechen.

Diese Subnetze werden durch drei Arten von Koppelelementen miteinander verbunden:

- Bridges: Bridges sind Einheiten, die verschiedene Segmente eines Netzes zu einem Gesamtnetz verbinden.

- Router: Router werden eingesetzt, um gleichartige Netzwerke miteiander zu verbinden. Sie dienen auch zur Wegwahlbestimmung in Abhängigkeit der Zieladressen und der Auslastung der Teilstrecken.

- Gateway: Ein Gateway verbindet vollkommen unterschiedliche Netzwerke miteinander. Es können auch Fremdnetze mit MAP gekoppelt werden.

9.3.2 Die MAP-Standards

In Abbildung 9.5 ist dargestellt, welche Standards für die einzelnen Schichten des ISO/OSI-Modells festgelegt worden sind. Der vorgegebene Rahmen des Modells erlaubt vielfältige Alternativen für die unterschiedlichsten Anwendungsbereiche. Die MAP-Spezifikation für die einzelnen Schichten werden speziell unter dem Aspekt der Fertigungsumgebung zusammengestellt.

Die Problematik der Kopplung unterschiedlichster Komponenten im Fertigungsbereich existiert, allerdings anders gelagert, auch in der Bürokommunikation. Ich werde Ihnen diese Aspekte im nächsten Abschnitt etwas genauer aufzeigen.

9.3.3 TOP in der Bürokommunikation

Was für den Fertigungsbereich MAP regelt, wird im Bürobereich durch TOP festgelegt. TOP (Technical and Office Protocols) entstand beim Flugzeughersteller Boeing und hat die Standardisierung der unternehmensweiten Kommunikation zum Ziel.

Das ISO-Schichtenmodell der offenen Kommunikation

In den letzten Jahren ereigneten sich zahlreiche technische Änderungen in der Büroumgebung. Der Personal Computer wird in vielen Fällen bereits als multifunktionales Endgerät eingesetzt. Somit ist es möglich, Informationen schnell und flexibel verarbeiten zu können. Diese Informationen können entweder aus lokalen oder auch aus entfernten (remote) Datenbanken stammen. Allerdings ist die Kommunikationsstruktur in der Regel stark herstellerbezogen oder es existieren inkompatible Insellösungen. Ziel von TOP soll es sein, ein einheitliches Kommunikationskonzept zu entwickeln.

Nach Sikora/Steinparz existieren folgende Ziele:

- Verbindung verschiedener Lokaler Netze zu einem globalen Netzwerk
- Integration heterogener Arbeitsstationen
- Integration digitaler Nebenstellenanlagen
- Integration interner Kommunikation mit öffentlichen Kommunikationsdiensten
- Realisierung bei geringen Kosten
- Nutzung bestehender Standards und Forcierung der Vollendung des ISO Kommunikationsstandards OSI
- Beeinflussung des Marktes, um passende Arbeitsstationen verfügbar zu machen
- Aufbau von Institutionen für Anbieter und Benutzer zur Etablierung von TOP als Standard

Layers	TOP V1.0 Protocols	MAP V2.1 Protocols
LAYER 7 Application	ISO FTAM (DP)8571 File Transfer	ISO FTAM (DP)8671 File Transfer Manufactoring Message Format Standard (MMFS) und Common Application Service Elements (CASE)
Layer 6 Presentation	NULL (ASCII und Binary Encoding)	
LAYER 5 Session	ISO Session (IS)8327 Basic Combined Subset und Session Kernel, Full Duplex	
Layer 4 Transport	ISO Transport (IS)8073 Class 4	

KAPITEL 9

Layers	TOP V1.0 Protocols	MAP V2.1 Protocols
Layer 3 Network	ISO Internet (DISS)8473 Connectionsless und für X.25-Subnetwork Dependent Convergence Protocol (SNDCP)	
Layer 2 Data Link	ISO Logical Link Control (DIS)8802/2 (IEEE 802.2) Type1, Class1	
Layer 1 Physical	ISO CSMA/CD (DIS) 8802/3 (IEEE 802.3) CSMA/CD Media Access Control	ISO Token Passing Bus (DIS) 8802/4 (IEEE 802.4) Token Passing Bus Media Access Control

Bild 9.7 MAP und TOP im Vergleich, Einordnung im ISO-OSI-Modell

In Abbildung 9.7 sind die beiden ISO-Standards TOP und MAP zum Vergleich einander gegenüber gestellt. Hierbei ist zu beobachten, daß sowohl MAP als auch TOP auf die ISO-Standards aufbauen. Die Unterschiede zwischen den beiden Standards liegen in den Schichten 1 und 7. TOP verwendet in Schicht 1 den CSMA/CD-Standard ISO-8802/3 (IEEE 802.3). Auf der Schicht 7, der Application Layer, war MAP lange Zeit TOP unterlegen (vgl. Abbildung 9.7, TOP v1.0). Mit der neuesten Version TOP v3.0 wird eine umfassende Anzahl von Diensten angeboten. Es handelt sich hierbei um:

- Austausch von Grafikdaten
- Electronic Mail zum Übermitteln von Dokumenten
- Remote File Access Service
- Remote Terminal Service
- Verteilte Transaktionsbearbeitung
- Network Directory Service
- Unterstützung des Netzwerkmanagements

Sowohl Hardewarelieferanten (z.B. SUN) als auch Softwarehäuser bieten bereits Implementierungen von TOP an.

9.3.4 TCP/IP ein universelles Protokoll

Hinter TCP/IP (Transmission Control Protocol/Internet Protocol) verbirgt sich eine vollständige Familie von Protokollen und Funktionen, die in den siebziger Jahren im Auftrag vom DoD (Department of Defense der USA) entwickelt und implementiert

Das ISO-Schichtenmodell der offenen Kommunikation

wurden. Das Ziel war eine möglichst gesicherte Verbindung zwischen heterogenen Systemen über Wide Area Networks.

Die TCP/IP-Protokolle entwickelten sich zu einem Kommunikationspaket, das sowohl in lokalen als auch in öffentlichen Netzen eingesetzt wird. Durch die Offenheit von TCP/IP und als Bestandteil der Berkeley Unix Version 4.2 wurde TCP/IP zum »Industrie-Standard« zur Vernetzung von unterschiedlichen Systemen.

Langfristiges Ziel aller Bemühungen um die Kommunikationsstandards ist die universelle Open Systems Interconnection auf der Basis von ISO-Standards. Doch diese Standards sind trotz aller Euphorie noch nicht vollständig definiert, und es wird sicher noch einige Zeit dauern, bis sie verfügbar sein werden. Dagegen stellt heutzutage TCP/IP die einzige definierte Architektur für herstellerübergreifende Datenkommunikation dar. TCP/IP hat sich inzwischen im professionellen Einsatz vielfach bewährt und gilt als Zwischenlösung bis entsprechende ISO-Standards verfügbar sind.

In Abbildung 9.8 ist die Eingliederung des TCP/IP-Protokolls in das ISO/OSI-Referenzmodell dargestellt. Die Bedeutung der wichtigsten Protokolle von TCP/IP sind:

Bild 9.8
TCP/IP im ISO-OSI-Modell

OSI	TCP/IP		
Application	Anwendungen		
Presentation	Standard: TELNET FTP SMTP	Erweiterte Anwendungen: NFS Name Server Drucker Server Remote Execution Terminal Server	System- meldungen Fehlerbe- handlung
Session			
Transport	TRANSMISSION CONTROL PROTOCOL (TCP) USER DATAGRAM DELIVERY PROTOCOL (UDP)		
Network	INTERNET PROTOCOL (IP) ADDRESS RESOLUTION PROTOCOL (ARP) ITERNET CONTROL MESSAGE PROTOCOL (ICMP)		
Data Link	Übertragungsmedium		
Physical	802.3 Ethernet, 802.5 TRN, ProNET 4/10/80 Synchron, X.25/T1		

Internet Protocol (IP)

Das Internet Protocol deckt die Schicht 3 (Network) ab. In Schicht 1 und 2 sind keine speziellen Protokolle vorgesehen. (In Abbildung 9.8 sind die gebräuchlichsten aufgelistet.) Die Aufgabe des IP besteht darin, Datenpakete von einem Sender über mehrere Netze hinweg zu einem Empfänger zu transportieren. Diese Datenpakete sind sogenannte Datagramme. Das IP gewährleistet weder die Einhaltung einer bestimmten Datagramm-Reihenfolge noch die Ablieferung beim Empfänger.

Um Sender und Empfänger eindeutig adressieren zu können, verwendet IP 32-Bit-Adressen, die normalerweise in 4 Oktetts geschrieben werden, welche wiederum dezimal dargestellt werden: z.B. 128.5.9.16. Die Bezeichnung Oktett statt Byte hat seinen guten Grund. Bei verschiedenen Computern, die TCP/IP unterstützen, hat ein Byte nicht die Länge von 8 Bit. Diese Internet-Adressen werden vom DDN-Network Information Center weltweit eindeutig vergeben, so daß jeder Anwender von TCP/IP mit allen anderen TCP/IP-Benutzern kommunizieren kann.

Ein Teil dieser Adressen spezifiziert das Netzwerk, der Rest die Rechneradresse innerhalb eines Netzes. Die Grenze zwischen Netzwerk-Anteil und Host-Anteil an der Gesamtadresse ist fließend und hängt maßgeblich von der Größe des Netzwerks ab. Da diese Adresse beliebig vergeben werden kann, ist sie auch unabhängig von der zur Datenübertragung eingesetzten Hardware.

Transmission Control Protocol (TCP)

Das Transmission Control Protocol setzt direkt auf dem Internet Protocol auf, das bedeutet somit, daß TCP auf Ebene 4 des OSI-Modells arbeitet. Somit ist es für den Aufbau von logischen Verbindungen zwischen zwei Kommunikationspartnern verantwortlich.

TCP ist ein verbindungsorientiertes end-to-end-Protokoll, das eine folgerichtige und zuverlässige Datenübertragung gewährleistet. Zur Absicherung der Datenübertragung ist ein relativ großer Protokoll-Overhead notwendig, der die Übertragung aber auch langsamer werden läßt. Jedoch ist die Sicherung der Datenübertragung bei der Entwicklung dieses Protokolls ein sehr wichtiger Aspekt gewesen und somit wird dieser kleiner Nachteil in Kauf genommen. Jedes Datagramm wird mit einem Header, der eine Mindestlänge von 20 Oktetts hat, versehen. In diesem Header befindet sich auch eine Folgenummer (Sequence Number), mit der jedes Datagramm so durchnumeriert wird, daß die richtige Reihenfolge der Pakete erkannt werden kann. Bei einem Netzwerkverbund können die

Das ISO-Schichtenmodell der offenen Kommunikation

einzelnen Datagramme so auch auf unterschiedlichen Wegen zum Ziel gelangen.

Die Schichten 5 bis 7 des OSI-Referenzmodells werden von den verschiedenen TCP/IP-Anwendungen abgedeckt. Auf keinen Fall dürfen bei einer TCP/IP-Anwendung die drei Standard-Protokolle File-Transfer, Terminalemulation und Mail Transfer fehlen.

TCP/IP ist grundsätzlich unter Ethernet, Token-Ring oder anderen gängigen Netzwerktopologien einsetzbar. Da TCP/IP jedoch meist zusammen mit Unix eingesetzt wird und beim Einsatz von Unix-Rechnern fast ausschließlich Ethernet zum Einsatz kommt, findet man TCP/IP-Protokolle meist zusammen mit der Ethernet-Topologie.

Da bei TCP/IP einige Anwendungen fest definiert sind, sollen diese kurz dargestellt werden. Bei keiner Installation von TCP/IP fehlen die Anwendungen Telnet, FTP oder SMTP.

File Transfer Protocol (FTP)

Dieses Protokoll erlaubt die gemeinsame Benutzung von Dateien auf unterschiedlichen Systemen, den Transfer von Dateien zwischen den Systemen und eine vereinfachte Dateihandhabung. D.h. der Benutzer kann z.B. Dateien auf seinen Rechner kopieren oder seine Dateien auf einen anderen Computer ablegen.

Terminalemulation (TELNET)

Mit Telnet ist es für einen Benutzer möglich, sich auf einem beliebigen anderen Rechner anzumelden. Bekannt muß der Name des Rechners sein, sowie der entsprechende Benutzername inklusive Paßwort. Jede Eingabe wird dann direkt an den anderen Rechner weitergegeben, wenn nötig wird eine Zeichensatz-Umwandlung durchgeführt. Für den Host bedeutet dies nur, daß ein zusätzliches Terminal angeschlossen ist. Nach dem Abmelden vom Host wird die Terminalemulation beendet und man kann auf dem eigenen Rechner wieder lokal weiterarbeiten. Im Normalfall werden standardmäßig die Teminalemulationen für VT100- und VT220-Terminals angeboten. Über entsprechende Treiber lassen sich aber auch andere Emulationen einbinden.

Mail Transfer (SMTP)

Mit dem Mail-System SMTP (Simple Mail Transfer Protocol) ist es möglich, einem anderen Anwender kurze Nachrichten oder Texte innerhalb des TCP/IP-Netzwerkes zu übertragen. Dazu muß jedoch beim entsprechenden Zielrechner das Mail-System aktiviert sein. Beim Einsatz von PCs wird ein sogenannter Mail-Server empfohlen.

KAPITEL 9

Dieser kann immer eingeschaltet sein und die eingehenden Nachrichten zwischenspeichern, da der Empfänger ausgeschaltet oder mit einer anderen Applikation beschäftigt sein kann. Dies ist bei Mini- oder Großrechnern natürlich kein Problem.

Zusätzlich zu diesen drei Standardanwendungen stehen noch weitere Anwendungen zur Verfügung, die nachfolgend kurz erläutert werden sollen.

Network File System (NFS)

Mit Hilfe des Network File System können die Dateien direkt auf fremden Computern im TCP/IP-Netzwerk bearbeitet werden. Man arbeitet dabei mit virtuellen Festplatten. D.h. der Anwender erhält den Eindruck, als sei die Datei auf der eigenen Festplatte abgespeichert. Somit können große Festplatten-Kapazitäten dem gesamten Netzwerk zur Verfügung gestellt werden.

Name-Server

Um bei großen Netzwerken die gesamten Definitionen wie Benutzernamen, Paßwörter, Netzwerkadressen usw. nicht auf jeden Host pflegen zu müssen, können sogenannte Name Server eingerichtet werden. Auf diesem Name Server werden somit alle Benutzerdefinitionen etc. zentral gespeichert und zur Verfügung gestellt. Ich werde auf einen ähnlichen Mechanismus für Novell NetWare zu sprechen kommen, wenn es um das neue Produkt NetWare Naming Service von Novell geht.

Remote Execution

Mit dieser Applikation können Programme auf anderen Rechner aufgerufen und ausgeführt werden. Anwendungen, die beispielsweise ganz bestimmte Ressourcen benötigen, können dann auf dem Rechner gestartet werden, der diese Ressourcen besitzt.

10 Internetworking

In diesem Kapitel will ich zeigen, auf welche Art und Weise Netzwerke erweitert werden können. Das geschieht durch Repeater, Bridges oder Router. Wenn es um den Einsatz kleiner Netze geht, muß man sich in der Regel keine Gedanken über diese Möglichkeiten machen, bei größeren Netzen sieht die Situation jedoch wieder ganz anders aus.

Durch den Einsatz solcher Koppelelemente werden unter anderem die Anzahl anschließbarer Stationen vergrößert, bessere Lastkontrolle und vor allem Entlastung des gesamten Netzwerkes erreicht, Übergänge von einem Netzwerk zu einem anderen Netzwerk ermöglicht (Aufbau heterogener Netze) und auch die Anbindung an öffentliche Netze zur Verfügung gestellt.

Folgende Koppelelemente stehen zur Verfügung:

Repeater — Repeater arbeiten auf Ebene 1 des ISO/OSI-Schichtenmodells. Ein Repeater nimmt Datensignale auf, verstärkt diese und gibt sie auf das andere Kabelsegment wieder aus.

Bridge — Die Bridge dient zum Verbinden zweier oder mehrerer LANs und transportiert Datenpakete zwischen diesen LANs.

Router — Router führen das gleiche durch wie Bridges (Koppeln von LANs), arbeiten jedoch auf anderen Ebenen im Schichtenmodell und unterscheiden sich deshalb grundlegend in ihrer Arbeitsweise.

Brouter — Der Brouter ist eine Kombination aus der Arbeitsweise einer Bridge und eines Routers. Je nach Anwendungsfall behandelt der Brouter zu transportierende Datenpakete wie eine Bridge oder wie ein Router.

Gateway — Ein Gateway arbeitet auf der höchsten Ebene im ISO/OSI-Schichtenmodell und erlaubt es dadurch, daß Netze mit unterschiedlichsten Protokollen und Zeichensätzen miteinander verbunden werden.

Die Arbeitsweise und der Einsatz dieser Koppelelemente soll in den nächsten Kapiteln näher ausgeführt werden.

10.1 Repeater

Beim Repeater handelt es sich um das einfachste Koppelelement. Es dient ausschließlich der Verstärkung von Signalen und der Kabellängen eines LANs zur Vergrößerung. Mit Repeatern der neuen Generation ist es auch möglich, die Umsetzung auf unterschiedliche Kabeltypen durchzuführen, z.B. Kupfer auf LWL oder Koaxialkabel auf Twisted Pair und dergleichen mehr. Im Prinzip besteht der Repeater aus einer reinen Hardwareschaltung, d.h. zum Betreiben eines Repeaters werden keinerlei Softwarekomponenten benötigt. Dies macht den Einsatz auch sehr einfach. Im Prinzip ist dies eine klassische Plug-and-Play-Lösung.

Mit neuen Repeatern können nicht nur zwei Kabelsegmente miteinander gekoppelt werden, sondern es besteht die Möglichkeit, mehrere Segmente miteinander zu verbinden. Bei diesen Systemen handelt es sich dann um sogenenannte Multiport Repeater. Aus Sicherheitsgründen sind gute Repeater auch in der Lage, defekte Segmente automatisch abzuschalten, um nicht den Betrieb der anderen Segmente in Mitleidenschaft zu ziehen. Daneben sind Repeater auch in der Lage, »Rauschen« auf der Leitung zu filtern.

Repeater haben folgende Charakteristiken:

- Sie sind primär aus dem Bereich der Ethernetverkabelung bekannt. Hierfür gibt es auch eine Vielzahl unterschiedlicher Varianten, da Ethernet mit den unterschiedlichsten Kabeltypen aufgebaut werden kann und entsprechende Übergänge mit Hilfe von Repeatern realisierbar sein sollen und müssen. Token-Ring verstärkt die Signale in jeder Adapterkarte. Daneben kann über RI bzw. RO ein Repeater eingesetzt werden, um die Entfernungen zwischen zwei Ringleitungsverteilern zu erhöhen. Bei ARCNET fungiert jeder Active bereits als Verstärker.

- Repeater arbeiten gemäß dem ISO/OSI-Schichtenmodell auf der untersten Ebene 1, der physikalischen Ebene. Protokolle und Zugriffsmethoden sind für Repeater uninteressant, da eine reine Signalverstärkung der einzelnen Bitströme durchgeführt wird. Es muß sich bei den zu koppelnden Segmenten jedoch um das gleiche Zugriffsverfahren handeln (Ethernet, Token-Ring oder ARCNET-Topologie). Eine Kopplung von Ethernet und Token-Ring zum Beispiel ist mit Repeatern nicht möglich. Hierfür werden andere Einheiten benötigt (Bridge, Router oder Brouter).

- Die Nodeadressen der einzelnen Stationen in den zu koppelnden Segmenten müssen unterschiedlich sein, da durch einen Repeater keine logische Trennung des Netzes durchgeführt wird.

Internetworking

Für die Stationen gesehen handelt es sich um ein physikalisches Netzwerk. Jedes Signal wird ohne Rücksicht auf Verluste auf das andere Segment übertragen.

Sie sollten sich auf alle Fälle fragen, ob durch den Einsatz von Repeatern das erwartete Ziel erreicht wird. Man ist zwar in der Lage, die Längenausdehnung eines LANs damit zu erhöhen, hat aber keine Möglichkeit, Lasttrennung im LAN durchzuführen. Am Ende dieses Kapitels werden Sie sehen und erkennen, wann welche Koppelelmente für welchen Zweck benötigt werden.

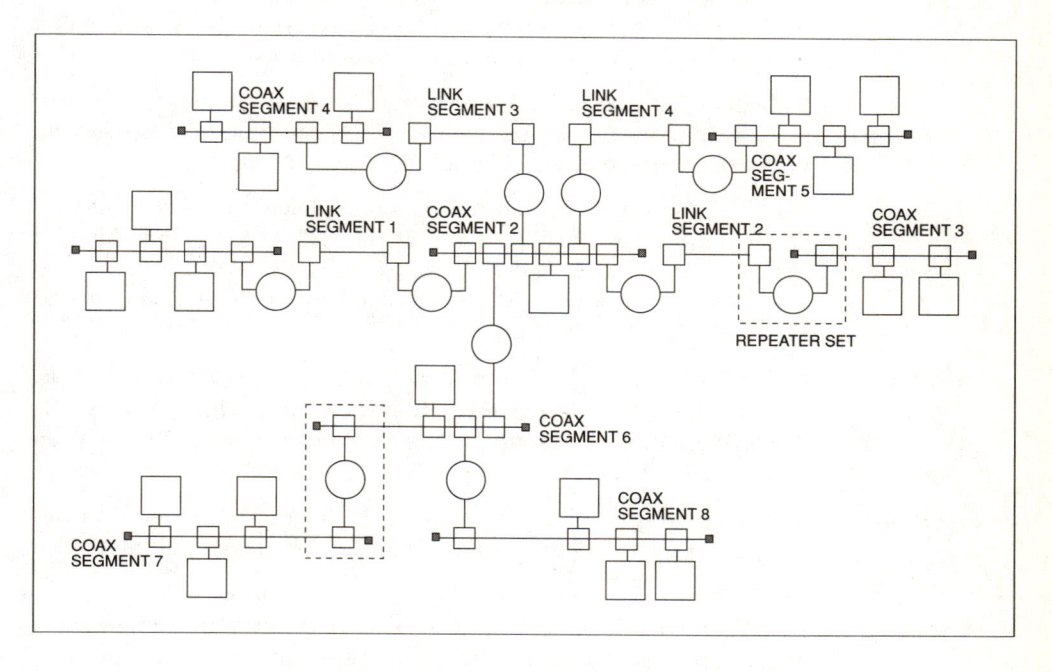

Bild 10.1 Der mögliche Einsatz von Repeatern

10.2 Bridge

Wie bei der Beschreibung von Repeatern erwähnt, führen diese keine logische Trennung von Netzen durch. Signale, die im Segment 1 erzeugt werden, transportiert der Repeater fast uneingeschränkt auf alle anderen durch den Repeater gekoppelten Netzwerksegmente weiter.

KAPITEL 10

In vielen Situationen wird jedoch die Forderung gestellt, durch die Kopplung von LANs auch gleichzeitig eine logische Trennung der Netze durchzuführen. Die Gründe hierfür können unter anderem sein:

1. Die Kopplung durch Repeater genügt nicht den Anforderungen.
2. Durch die Integration eines Koppelelementes soll nicht nur die Längenausdehnung vergrößert werden, sondern es soll auch die Anzahl der Stationen in den neuen Segmenten berechnet werden können.
3. Es soll eine logische Trennung des LANs durchgeführt werden, d.h. es erfolgt eine Lastaufteilung. Nicht jedes Datenpaket wird unbedingt in das andere Segment übertragen.

Es ließen sich noch eine Vielzahl von Gründen finden. Sie werden jedoch anhand der Funktionalität einer Bridge selbst feststellen, worin die Vorteile dieses Koppelelementes liegen.

Durch eine Bridge werden in der Regel gleichartige Netze miteinander verbunden, d.h. Token-Ring mit Token-Ring und Ethernet mit Ethernet. Es gibt jedoch inzwischen eine kleine Anzahl von Anbietern von Bridges, die es ermöglichen, auch Token-Ring und Ethernet miteinander zu koppeln.

Die Bridge trennt dabei die Netze in zwei »unabhängige« LANs, wobei jedes LAN einen eigenen Token bzw. das eigene CSMA/CD-Zugriffsverfahren realisiert. Man unterscheidet dabei mehrere Arten von Bridges:

Lokale Bridge   Es werden physikalisch zwei LANs miteinander verbunden. In der Bridge sind zwei oder mehrere Adapterkarten angeschlossen, an denen die LANs direkt angebunden sind.

Remote Bridges   Diese Bridges bestehen immer aus zwei Paaren und werden eingesetzt, wenn sich die zwei LAN-Segmente nicht am gleichen Ort befinden und sich somit über die normale Standardverkabelung verbinden lassen. Jede Bridge ist physikalisch an ein LAN angebunden. Zwischen den beiden Bridges befindet sich eine remote Verbindung. Es handelt sich dabei in der Regel um Leitungen der Telekom (Standlleitung, ISDN, X.25, T1, etc.). Beim Einsatz von remote Bridges erfolgt der Übergang vom LAN zum WAN.

Multiport Bridges   Lange Zeit waren ausschließlich 2-Port Bridges im Einsatz. Damit konnten genau zwei Netzwerke miteinander verbunden werden. Da Netze jedoch immer größer werden, besteht die Forderung, über eine Bridge mehr als zwei LANs zu koppeln. Man kann davon ausgehen, daß dies eine allgemeine Forderung für Bridges sein wird.

Internetworking

Dabei ist jedoch zu berücksichtigen, daß die Multiport Bridge in diesem Fall sehr leistungsfähig sein muß, um allen angeschlossenen LANs die notwendige Performance bieten zu können.

LANs verbinden eine Vielzahl von Endgeräten über ein und denselben Kabelstrang. Aus diesem Grund müssen die Endgeräte im LAN (Nodes) eindeutig identifizierbar sein und benötigen eine eindeutige Adresse. Diese Adresse wird als MAC-Adresse (Media Access Control Address) bezeichnet. Bei Ethernet und Token-Ring ist die MAC-Adresse auf der Karte fest eingebrannt und braucht in der Regel nicht geändert werden. Bei ARCNET-Karten müssen die Adressen manuell eingestellt werden.

Eine Änderung der eingebrannten Adressen bedeutet für den LAN-Verwalter zusätzlichen Aufwand, da er eindeutige Adressen vergeben muß. Dies ist vor allem – wie Sie noch sehen werden – beim Einsatz von Bridges äußerst wichtig, da in den gekoppelten Segmenten, im Gegensatz zur Kopplung mit Routern, die Adressen auch in den gekoppelten Netzen eindeutig sein müssen.

Die MAC Adressen werden im ISO-OSI-Schichtenmodell auf Ebene 2 benötigt. D.h. auf dieser Ebene arbeitet das Protokoll mit den physikalischen Adressen. Höhere Protokollebenen hingegen sind in der Lage, mit logischen Adressen zu arbeiten. Dies erfolgt ab Ebene 3 des Schichtmodells. Die logischen Adressen sind stark protokollabhängig. Dies hat spezielle Auswirkungen auf den Einsatz von Routern.

- Eine Bridge arbeitet auf der MAC-Ebene (untere Hälfte der Schicht 2, darüber liegt die LLC-Ebene). Deshalb sind der Bridge die oberen Protokollebenen vollkommen gleichgültig. Das ist alles, was über der MAC-Ebene liegt. Man spricht deswegen auch davon, daß die Bridge protokolltransparent ist.

- Die Bridge entscheidet über die Weiterleitung von Paketen aufgrund der physikalischen MAC-Adresse. Dies ist auch der Grund dafür, warum die MAC-Adresse in allen über Bridges gekoppelte LANs eindeutig sein muß.

Bridges sind für die Endstationen, im Gegensatz zum Router, vollkommen transparent. Die Endstation interessiert sich für die MAC-Adresse und somit für die Anwesenheit einer Bridge in keinster Weise. Nachfolgend will ich Ihnen die Funktionsweise einer Bridge etwas näher erläutern. Ich will mich dabei auf das wesentliche beschränken, da es ansonsten den Rahmen diese Buches vollkommen sprengen würde.

KAPITEL 10

*Bild 10.2
Vereinfachter
Datentransport über
eine Bridge*

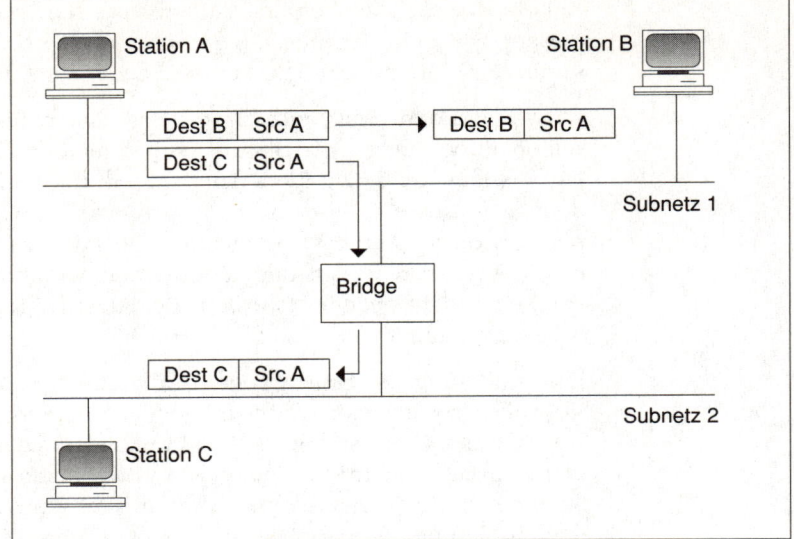

Eine Bridge kann als äußerst neugieriges Element im LAN bezeichnet werden, da es sich jedes Paket im LAN ansieht. Man bezeichnet diese Arbeitsweise der Bridge auch als »Promiscuous Mode«. Eine Bridge trifft ständig eine Entscheidung: Alle Pakete die bei einer Bridge vorbeikommen, egal auf welchem Segment, müssen daraufhin überprüft werden, ob die einzelnen Pakete über die Bridge auf das andere Segment übertragen werden müssen oder nicht.

Die generellen Funktionselemente einer Bridge zur Durchführung seiner Aufgaben sind gemäß Standard IEEE 802.1d:

- Filtern und Weiterleiten von Paketen (Frames)

- Pflegen von Adreß- und Filtertabellen und Durchführung entsprechender Filter- und Transportentscheidungen

- Managementfunktionen für die oben aufgeführten Funktionen

Die Kopplung von LAN-Segmenten über Bridges erfolgt auf MAC-Ebene. Daraus ergibt sich:

- Es erfolgt keine direkte Adressierung der Bridge durch die Endstation. Pakete zwischen Endstationen beinhalten als Zieladresse die MAC-Adresse der Empfängerstation, für die das Datenpaket bestimmt ist, und nicht die MAC-Adresse der Bridge.

- Verbindungsorientierter Dienst zwischen Brücken und Endstationen oder zwischen verschiedenen Brücken wird generell nicht überstützt. D.h. es erfolgt keine Empfangsbestätigung und Paket-

Internetworking

wiederholung. Diese Vorgänge müssen auf höherer Protokollebene geregelt werden.

- Alle MAC-Adressen im gesamten Netzwerk, das durch Bridges verbunden ist, sind eindeutig.

- Die Topologie und die Konfiguration eines LANs mit Bridges dürfen keine Restriktionen für die MAC-Adressen der Endstationen mit sich bringen.

- Bei Ausfall einer Bridgeverbindung muß die Unterstützung redundanter Wegpfade im LAN möglich sein, um das Netz funktionsfähig zu halten.

Auf einen Nenner gebracht heißt dies:

Ein Netz mit MAC-Bridges soll sich genauso verhalten, als ob es sich um ein großes gesamtes Netzwerk ohne Bridges handeln würde. Bridges müssen unsichtbar die entsprechenden Dienste erfüllen. Damit eine Bridge die ihr gestellten Aufgaben erfüllen kann (vor allem Weiterleiten von Paketen), muß sie wissen, was wo liegt. Hierzu ist in der Bridge ein Lernalgorithmus implementiert.

Fast jede inzwischen angebotene Bridge unterstützt einen sogenannten Lernalgorithmus, mit dessen Hilfe die Bridge selbständig lernt, wo im LAN, d.h. in welchem Segment, sich die einzelnen Stationen befinden, wenn die MAC-Adresse des Empfängerfeldes im Datenpaket interpretiert wird. Eine manuelle Konfiguration einer Bridge ist in diesem Falle nicht mehr notwendig und wäre auch viel zu aufwendig.

Die Bridge baut nach dem Einschalten automatisch eine Adreßtabelle auf. Wenn die Bridge auch noch Filterfunktionen unterstützen kann und muß, wird auch noch hierfür eine kleine Tabelle bzw. Datenbank aufgebaut und gepflegt. Diese Funktionen können über das Weiterleiten oder Vernichten von eingehenden Paketen entscheiden.

Die Bridge prüft jedes Datenpaket, das auf einem Port empfangen wird. Wie bereits erwähnt, muß dies die Brdige uneingeschränkt für alle eingehenden Pakete tun. Im Datenpaket wird die Source-Adresse geprüft. Befindet sich diese nicht in der Adreßtabelle, wird diese in die Adreßdatenbank eingetragen. Damit weiß die Bridge, auf welchem Port sich die eingetragene Quellstation befindet. In diesem Falle hätte die Bridge nur eine Tabelle, da die Quelladresse mit dem Port in Verbindung gebracht wird. Es gibt jedoch auch Bridges, die pro Port eine eigene Tabelle pflegen, da dadurch das Durchsuchen einfacher wird.

Eine Bridge kann immer nur individuelle Quelladressen lernen und ist nicht in der Lage, Broadcasts und Gruppenadressen zu lernen. Solche Adressen werden von der Bridge immer auf alle anderen Ports verteilt, außer in der Bridge ist zum Beispiel ein besonderer Broadcastfilter gesetzt worden.

Nachdem wir nun wissen, wie eine Bridge die Stationen im LAN sukzessive lernt, ist noch von Bedeutung, wie eine Bridge die Transportentscheidung für Pakete durchführt. Nach dem Lernprozeß einer Bridge wird für das Datenpaket die Transportentscheidung getroffen. Hierfür wird zusätzlich zur Quelladresse (Source) die Zieladresse (Destination) interpretiert. Befindet sich die Zieladresse in der Adreßtabelle, d.h. ein Datenpaket mit dieser Adresse ist bereits einmal eingetroffen und wurde von der Bridge gelernt, so ergeben sich mehrere Möglichkeiten:

1. Das Datenpaket ist auf dem gleichen Port eingegangen, der mit der Zieladresse assoziiert worden ist. In diesem Fall wird das Datenpaket als lokaler Datenverkehr erkannt und auf keinen anderen Port transportiert. Das Datenpaket wird einfach zerstört.
2. Das Datenpaket ist nicht auf dem Port, der mit der Zieladresse in Verbindung gebracht worden ist, angekommen. Somit wird das Datenpaket als segmentübergreifend erkannt und auf den Port weitergegeben, der mit der Zieladresse in Verbindung steht.
3. Wenn sich die Zieladresse hingegen nicht in der Adreßtabelle befindet, dann muß die Bridge das Datenpaket auf alle aktiven Ports weitertransportieren. Es ist einleuchtend, daß das Datenpaket nicht auf den Port ausgegeben werden muß, auf dem das Datenpaket eingetroffen ist. Durch diese notwendige Maßnahme entsteht in solchen Fällen ein gewisser Overhead im gesamten Netzwerk.

Mit der Zeit lernt die Bridge alle Stationen im Netz und die zusätzliche Belastung durch Weiterleiten nicht bekannter Zieladressen nimmt ab. Kritisch wird die Situation allerdings, wenn die Anzahl Stationen im LAN größer ist, als die Tabelle an Einträgen aufnehmen kann. Hierfür existieren geeignete Maßnahmen. Dieser wird als sogenannter Aging Mechanismus bezeichnet, d.h. »Altern« von Einträgen. Nach gewisser Zeit werden ältere Einträge in der Tabelle gelöscht, wenn ein neuer Eintrag erfolgen muß und die Tabelle bereits voll ist.

Wichtig ist, daß mehrere parellel geschaltete Bridges oder LAN-LAN-Verbindungen mit Hilfe von Bridges mit mehreren Wegen von der Quelle zur Zielstation zu Loops führen. In diesem Falle würden

Internetworking

Datenpakete unendlich im LAN kreisen und das Netz vollkommen lahm legen. Dieser Problemfall wird mit Hilfe eines Spanning-Tree-Algorithmus gelöst. Dieser dient dazu, genau so viele Bridges in Stand-By-Modus zu schalten, daß zwischen allen Stationen im LAN genau ein Weg existiert. Für den Fall, daß eine Bridge ausfällt, schaltet sich eine Bridge, die bislang im Stand-By-Modus lag, wieder dazu.

Bislang sind wir immer davon ausgegangen, daß die Entscheidung für den Weitertransport eines Paketes in der Bridge erfolgt. Spezifisch für den Token-Ring gibt es jedoch ein anderes Verfahren, das vor allem von der IBM eingesetzt wird. Es handelt sich um das Source-Routing-Verfahren.

Obwohl das Source-Routing-Verfahren theoretisch auch für Token-Bus und CSMA/CD-Netze eingesetzt werden könnte, ist es bislang nur für Token-Ring implementiert. Source Routing Bridges sind im Vergleich zu den anderen klassischen Bridges ziemlich dumm und lassen die Arbeit andere machen. Die Bezeichnung Source Routing ist eigentlich nicht ganz korrekt, da es sich um keine Routing-Funktionalität im klassischen Sinne handelt. Eigentlich müßte man vom Source Bridging sprechen. Um Source Routing implementieren zu können, müssen im Datenpaket zusätzliche Informationen eingetragen werden können, damit dieser Mechanismus auch erfolgreich durchgeführt werden kann. Es handelt sich dabei um folgende zusätzliche Felder: Routing Information Indicator und Routing Information Feld.

Beim Source Routing weiß die Quellstation, über welchen Weg, d.h. welche Source Routing Bridges, das Datenpaket transportiert werden muß, um die Zielstation zu erreichen. Dieser Weg wird, solange sich an der Netzkonfiguratin im laufenden Betrieb nichts ändert, von der Zielstation immer genutzt. Die Frage, die sich jetzt stellt ist: Woher weiß die Quellstation den Weg zur Zielstation? Ganz einfach, sie muß den Weg lernen. Ich will Ihnen nachfolgend diesen Lernalgorithmus für das Source Routing kurz beschreiben.

Angenommen, Station A will an Station B ein Datenpaket schicken. Station A sendet eine »Find«-Nachricht an alle Stationen im eigenen Ring, um feststellen zu können, ob die Zielstation im eigenen Ring existiert. Wird die Zielstation nicht im eigenen Ring gefunden, wird eine »Find-Broadcast«-Nachricht (Path Explorer Paket) über alle Bridges in alle Netze verschickt. Damit ist gewährleistet, daß das Datenpaket mit Sicherheit zur Zielstation kommt.

Jede Source Routing Bridge ergänzt das Datenpaket im Routing Information Feld um notwendige Angaben, um später den exakten Weg von der Quelle zum Ziel bestimmen zu können. Wenn das

KAPITEL 10

Datenpaket bei der Station B eintrifft, schickt diese das Paket unverändert in umgekehrter Richtung zurück. Da beim Einsatz mehrerer Bridges im LAN mehrere Datenpakete bei der Station B eintreffen, werden somit auch mehrere Datenpakete zur Station A zurückgeschickt. Die Station A nimmt das erste Datenpaket, das bei ihr von der Station B wieder eintrifft, auf und nimmt von nun an den im Datenpaket vorgefundenen Weg.

Source Routing vermeidet somit, daß Frames von den Bridges kopiert werden, obwohl diese eigentlich gar nicht weitertransportiert werden müßten. Das Source-Routing-Verfahren stellt einen wesentlichen Unterschied zu den anderen Bridges-Verfahren dar, in denen die Bridge erst das Datenpaket empfängt und danach entscheidet, ob es weitertransportiert werden muß oder nicht. Beim Source Routing sind die Wegwahltabellen von den Bridges in die Endstation verlagert.

Im Gegensatz zu klassischen Bridges entsteht beim Source Routing je nach Komplexität des Gesamtnetzes durch die Broadcast-Pakete beim Suchen eines Weg von A nach B eine deutliche Erhöhung der Netzwerklast. Der Overhead beim Source Routing steigt genau dann, wenn viele Stationen senden. Das bedeutet andererseits, steigenden Overhead bei steigender Nutzlast. Genau dann, wenn man im Netz den Overhead am wenigsten brauchen kann, steigt dieser rapide an. Eine andere Art der Kopplung von Netzen ist der Einsatz von Routern. Diese sollen im nächsten Abschnitt näher erläutert werden.

10.3. Router

Betrachtet man die Entwicklungsgeschichte zur Kopplung von Netzwerken, existieren Router länger als Bridges, da WANs in seinen Anfängen durch Vermittlungsknoten gekoppelt wurden, die Funktionalitäten eines Router besaßen. Nach und nach wurden auch in LANs Router verwendet. Router der ersten Generation konnten allerdings immer nur ein Protokoll routen (TCP/IP, DECnet, IPX, etc.). Wurden nun in einem LAN die verschiedensten Rechnerwelten mit den unterschiedlichsten Protokollen eingesetzt, bedeutete dies, für jedes routingfähige Protokoll einen eigenen Router zu installieren. Dies waren zur damaligen Zeit teuere Investitionen, die getätigt werden mußten.

Mit der zunehmenden Notwendigkeit, LANs mit unterschiedlichen Protokollen zu betreiben, und der Entwicklung von MAC Layer Bridges, verloren die Router immer mehr an Bedeutung, da diese nicht nur teuer (vor allem wenn mehr als ein Protokoll eingesetzt wurde) sondern auch weniger flexibel (ein Protokoll pro Router) waren als die MAC Layer Bridges. Denken Sie daran, daß sich Bridges durch ihre Protokolltransparenz auszeichnen.

Durch die Weiterentwicklung und Verbesserung der Router in den vergangenen zwei Jahren erleben diese Systeme jedoch wieder neuen Aufschwung und mehr Bedeutung, wenn es um die Kopplung von LANs geht, da Router im Vergleich zu Bridges einige wichtige Vorteile bieten. Diese sind unter anderem:

1. Aufgrund der verbesserten Architektur ist der Durchsatz eines Routers der neuen Generation mit dem einer Bridge vergleichbar.
2. Mit der zunehmenden Erweiterung von Netzen, d.h. die Vernetzung von Netzen, und den unterschiedlichsten Endgeräten, die damit in ein Gesamtkonzept integriert werden müssen, steigt die Komplexität der Netzwerke derart, daß dies von Bridges nicht mehr sinnvoll bewerkstelligt werden kann. Mit Routern läßt sich eine wesentlich bessere Strukturierung mit geringerem Overhead durchführen.
3. Durch die Entwicklung von sogenannten Multi-Protokoll-Routern lassen sich ähnliche Ergebnisse erzielen, wie dies durch protokolltransparente Bridges erzielt werden kann. Problematisch wird es allerdings nur dann, wenn Protokolle zum Einsatz kommen, die sich nicht routen lassen (z.B. NetBIOS oder LAT). Solche Protokolle können nur über Bridges transportiert werden. Auch hierfür gibt es inzwischen eine gute Lösung. Es handelt sich dabei um die sogenannten Brouter, die anschließend kurz betrachtet werden sollen.

Wie für Bridges gibt es auch für Router bestimmte Merkmale: Gemäß Definition stellen Router eine Verbindung zwischen zwei oder mehreren Subnetzwerken auf Ebene 3 des ISO-OSI-Schichtenmodells (Network Layer) her und realisieren somit die Funktionen bis zur Ebene 3 (Physical, MAC, LLC, Network). Eine zentrale Funktion der Ebene 3 ist die Wegwahl von der Sende- zur Empfängerstation. Router gehen somit etwas weiter wie Bridges und müssen das Protokoll oberhalb der LLC-Ebene kennen und verstehen. Deswegen spricht man davon, daß Router protokollabhängig sind. Bekannte routingfähige Protokolle sind unter anderem:

- TCP/IP
- IPX
- XNS
- DNA
- X.25

KAPITEL 10

Bezüglich der Wesensmerkmale bei den Restriktionserweiterungen für Subnetzwerk, leisten Router dasselbe wie Bridges und erweitern diese Funktionalitäten auch noch in einigen Punkten.

1. Der Router erweitert die Grenzen eines Netzes in Bezug auf Stationenanzahl und Längenausdehnung, wie dies von Bridges auch erfüllt wird. Wird ein Netzwerk durch einen Router in Subnetze aufgeteilt, kann jedes Subnetz wieder die volle Anzahl Stationen beinhalten und eine Längenausdehnung entsprechend des vorgegebenen LAN-Standards aufweisen.
2. Router weisen eine Fehlerbegrenzung auf den Ebenen 2 und 3 auf. Fehlerhafte Pakete auf Data-Link-Ebene oder Datenpakete mit korrekter Data-Link-Ebene aber fehlerhafter Netzwerkebene werden nicht in das andere Subnetzwerk transportiert. Somit bleiben die fehlerhaften Pakete im Subnetz ihres Entstehens beschränkt und wirken sich nicht negativ auf die anderen Subnetze aus. Zum Teil generieren Router sogar Fehlermeldungen mit dem Hinweis des Nichttransportierens. Eine Bridge führt so etwas nicht durch. Eine Bridge vernichtet ein als fehlerhaft erkanntes Paket, ohne etwas darüber zu »sagen«.
3. Der Router kümmert sich um die Prüfung eines Datenpaketes zum Weitertransport erst dann, wenn man ihn explizit dazu auffordert. Dies bedeutet auf der anderen Seite, daß ein Router im Gegensatz zur Bridge nicht jedes Paket prüfen muß.
4. Ein wichtiges Unterscheidungsmerkmal des Routers im Vergleich zur Bridge liegt vor allem darin, daß Router Wegwahl-Funktionen (Routing-Funktion) unterstützt, um zwischen Sender und Empfänger den günstigen Weg zu nehmen, wenn dieser über Router erreichbar ist.
5. Bei einer Bridge wird das LAN zwar in zwei Subnetze geteilt, wobei es für die Bridge betrachtet immer noch das gleiche große Netz bleibt. Bei einem Router hingegen wird das LAN in »echte« Subnetze mit unterschiedlichen Netzwerkadressen unterteilt. D.h. es erfolgt eine logische Unterteilung des Netzes in Subnetze. Dies ist auch der Grund, warum Router bei der Installation konfiguriert werden müssen, im Gegensatz zur Bridge, bei der man die beiden Segmente an die Bridge anschließt und in der Regel sonst nichts zu tun hat, außer die Bridge in Betrieb zu nehmen. Somit arbeitet man bei Routern, im Gegensatz zur Bridge nicht mehr mit flachen MAC-Adressen, sondern mit Subnetzwerk-Hierarchien.

Aus diesen gesamten Wesensmerkmalen läßt sich für den Router folgende Definition aufstellen:

Unter einem Router versteht man ein Koppelelement, das unterschiedliche Subnetze auf Ebene 3 des ISO/OSI-Schichtenmodells

Internetworking

verbindet. Wichtigstes Wesensmerkmal von Routern ist die Interpretation von Netzwerkprotokollen der Ebene 3. Deshalb ist der Router nicht protokolltransparent. Der Router führt eine optimierte Wegwahl zwischen Sender- und Empfangsstation durch. Der Router unterteilt das Netzwerk in logische Subnetzwerke. Alle Protokolle, die in den verbundenen Subnetzwerken eingesetzt werden, müssen vom Router verstanden werden, damit dieser in der Lage ist, bei Bedarf die Pakete in das jeweilige Zielnetzwerk zu transportieren. Durch die Nutzung der Netzwerkprotokolle ist der Router bezogen auf die darunterliegenden Ebenen »transparent«. Dies bedeutet auf der anderen Seite, daß die Schichten bis zur Ebene 2 ziemlich leicht ausgetauscht werden können. Ein Router verhält sich damit in diesem Fall ähnlich wie eine Bridge.

Bild 10.3
Adressierung beim Router auf Ebene 2 und 3

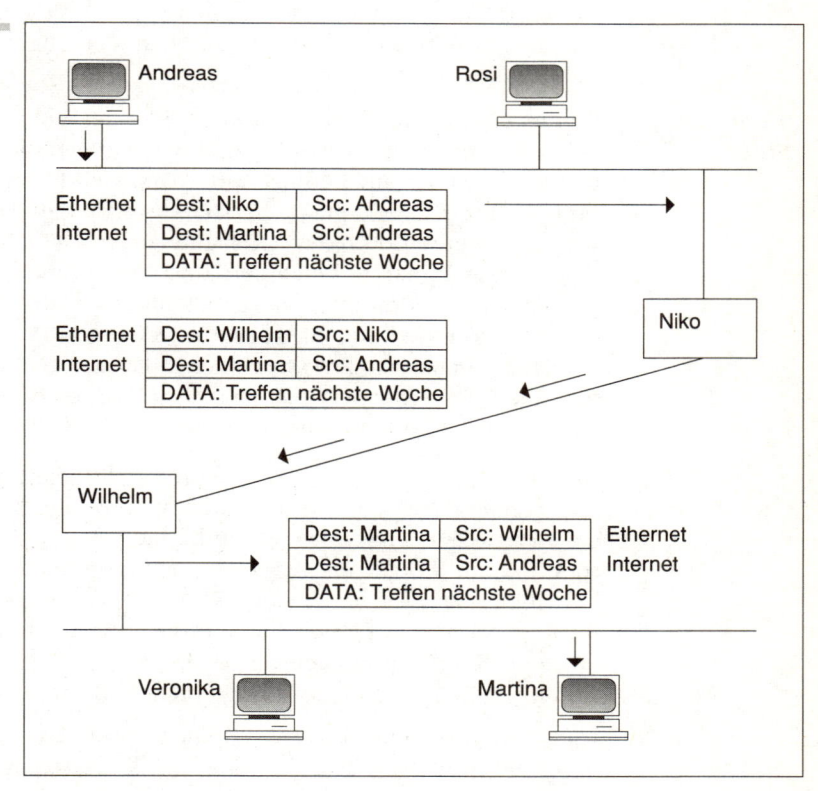

Inzischen gibt es eine Vielzahl unterschiedlicher Router mit den jeweiligen, den Bedürfnissen entsprechenden Leistungsanforderungen und Möglichkeiten. Die wichtigsten Systeme sollen kurz aufgeführt werden, wobei zur Vertiefung auf die weiterführende Literatur verwiesen sei.

KAPITEL 10

Einprotokoll-Router
Dies ist der einfache Router schlechthin, der immer mehr an Bedeutung verliert, da in den heutigen LANs, die mit Routern gekoppelt werden, meist mehr als ein Protokoll eingesetzt wird. Dieser Router ist nur in der Lage, jeweils ein Protokoll zu verstehen.

Multiprotokoll-Router
Dieser Typ Router gewinnt aufgrund der LAN-Entwicklung immer mehr an Bedeutung, da man mit diesem System in der Lage ist, ein Koppelelement einzubinden, das mehr als ein Protokoll verstehen kann. Hierzu wird der Router mit Protokoll Stacks ausgerüstet, das bedeutet die Implementierung mehrerer Ebene-3-Protokolle. Somit kann vermieden werden, pro eingesetzen Protokoll einen eigenen Router zu installieren, sondern es werden alle notwendigen Protokolle über ein Gerät bedient, sofern für den Router der entsprechende Protokoll Stack zur Verfügung steht. Man sollte bei der Auswahl eines Routers darauf achten, ob sich dieser auch im nachhinein mit zusätzlichen Protokollen ausstatten läßt, wenn dies die Installation erfordert.

Bridging Router (Brouter)
Das ist ein System, welches sinnvoll in einer Umgebung eingesetzt werden kann, indem sowohl routingfähige als auch nicht routingfähige Protokolle im Einsatz sind. Damit wird vermieden, Bridges und Router parallel einsetzen zu müssen. Alle Pakete, die nicht geroutet werden können (NetBIOS oder LAT), werden gemäß einer Bridgefunktion behandelt und transportiert. Somit arbeitet der Brouter wieder im Promiscuous Mode, in dem alle Pakete zur weiteren Verarbeitung überprüft werden. Erst nachdem die entsprechenden Kontrollinformationen analysiert worden sind, kann entschieden werden, ob das Paket wie von einer Bridge oder wie von einem Router kommend behandelt wird.

Anschließend soll noch kurz auf die Funktionsweise von Routern eingegangen werden, um die Beschreibung dieses Koppelelementes abzurunden. Aufgrund der vorherigen Beschreibung dürfte klar sein, daß ein Router im Vergleich zur Bridge nicht alle Pakete, die bei ihm vorbeikommen auf Routingnotwendigkeit überprüfen muß, sondern daß er sich nur um die Pakete kümmert, die direkt an den Router adressiert sind. Der Router ist somit für das Netzwerk im Vergleich zur Bridge nicht mehr transparent.

Die prinzipielle Aufgabe eines Router ist es, zwischen zwei kommunikationswilligen Endsystemen auf Netzwerkebene eine Ende-zu-Ende-Verbindung herzustellen. Um die notwendige Verbindung von Endgeräten in verschiedenen Subnetzwerken auf Netzwerkebene zu leisten, muß ein Router eine Vielzahl von Basisbestandteilen implementiert haben:

- Einen Mechanismus für Stationen (Endgeräte), um sich dem Router gegenüber zu identifizieren und vice versa.

Internetworking

■ Einen Algorithmus für nichtlokale Datenpakete, damit der nächste Router ausgewählt werden kann, der das Datenpaket empfangen soll. Dieser Algorithmus wird als Routing bezeichnet. Daher auch die Bezeichnung Router für das Koppelelement.

■ Verwaltung einer Routing-Tabelle, um Informationen über Routingwege und Filterfunktionen speichern zu können.

■ Sammlung von Informationen, um die Routing-Tabellen aktualisieren zu können.

■ Weitergabe von Informationen an andere Router, damit diese in der Lage sind, die Routing-Tabellen zu pflegen. Dieser und der vorherige Punkt sind dafür verantwortlich, daß Router einen gewissen Overhead erzeugen, da die jeweiligen Routing-Tabellen gepflegt werden müssen. Dies hängt stark vom verwendeten Routing und von Router-Protokollen ab.

■ Ein Router muß die jeweiligen Verbindungswege berechnen und deren Existenz aufrechterhalten. Hierzu gehört vor allem auch die Entscheidung, ob ein Datenpaket überhaupt weitertransportiert werden muß. Wenn dies der Fall ist, muß der Router wissen, wohin das Paket soll.

Wir haben bereits erfahren, daß Bridges im Laufe der Zeit die einzelnen Stationen (MAC-Adressen) im LAN kennen. Ein Router kennt nicht die einzelnen Stationen im Netzwerk, sondern weiß nur von der Existenz der einzelnen Netzwerke. Deshalb ist es bei der Kopplung von Subnetzen mit Routern erlaubt, daß in den gekoppelten Subnetzen die gleichen MAC-Adressen vorhanden sind.

10.4 Gateway

Die Installation von Netzwerken bereitet inzwischen keine allzu großen Probleme mehr, sofern es sich um eine reine homogene Welt handelt. Wer nur PCs miteinander vernetzen will, kann dies bei vernünftiger Planung in relativ kurzer Zeit durchführen. Anders sieht die Situation jedoch aus, wenn neben PCs auch noch Apple-Macintosh-Rechner, Unix-Systeme oder gar andere Netzwerke integriert werden sollen. Es kann sich dabei entweder um Großrechnernetzwerke, wie zum Beispiel IBM SNA, Siemens Transdata, oder die Verbindung zu anderen Netzwerken unter Einbeziehung der Telekom-Dienste, z.B. Datex-P, Datex-L, HfD, T1 oder auch ISDN, handeln.

KAPITEL 10

Sobald Sie vor dieser Problematik stehen, ein heterogenes Netzwerk realisieren zu wollen, fängt die Suche schon an, wie Sie eine sinnvolle und funktionsfähige Kopplung bzw. Integration dieser heterogenen Struktur realisieren können. Wie Sie bereits gesehen haben, kann eine Kopplung von Netzwerken entweder über Bridges, Router, Brouter oder – was uns in diesem Abschnitt interessiert – Gateways durchgeführt werden.

Bei der Weiterentwicklung der Netzwerktechnologie war es schon immer ein besonderes Problem, aber auch immer eine interessante Aufgabe, die Kopplung von Netzwerken durchzuführen, vor allem dann, wenn es sich um Netzwerke unterschiedlicher Hersteller handelt. Die einzelnen Hersteller neigen leider immer dazu, eigene Protokolle und Zeichensatzdarstellungen in ihren Netzwerken zu verwenden. Die Aufgabe von Gateways ist es letztendlich, diese unterschiedlichen Welten einander näherzubringen, so daß Sie als Anwender ohne großen Aufwand von einem Netzwerk in das andere Netzwerk kommen können; und das alles unter dem Aspekt, die Transparenz für den Endanwender zu erhalten.

Die Kopplung von mehreren unterschiedlichen Netzwerken erfordert mehr Intelligenz, als man das von festverdrahteten Einrichtungen gewohnt ist. Um diese Intelligenz auch aufbringen zu können, erfordert das Gateway immer den Einsatz eines Rechners, der die gestellten Anforderungen und Leistungen auch erbringen kann. Deshalb werden Rechner, die mit mehreren Kommunikations-Subsystemen zusammenarbeiten und somit Komponenten mehrerer Netzwerke sind, als Gateway bezeichnet.

Aus den bisherigen Ausführungen ist bereits ersichtlich, daß ein Gateway nicht nur die reine Verbindung zwischen Netzwerken übernimmt, so wie dies für einen klassischen Repeater der Fall ist. Eine Forderung, die beim Einsatz von Gateways aufgestellt wird, ist die bleibende Unabhängigkeit der Netzwerke, die über das Gateway miteinander verbunden werden. Es ist in der Praxis fast unmöglich, zur Erleichterung des Netzwerkverbundes die Protokolle und Nachrichtenübermittlungskomponenten aller im Verbund teilnehmenden Komponenten zu ändern, d.h. auf den gleichen Stand zu bringen. Versuchen Sie das mal bei einer Kopplung zwischen IBM SNA-Netzwerken und DEC-Netzwerken. Um diese beiden Systeme einander näher zu bringen, benötigen Sie teure und leistungsfähige Gateways.

Durch die Forderung der Unabhängigkeit der Netze im Verbund ist es notwendig, daß das Gateway den für den Internetverkehr notwendigen Kommunikationsmechanismus über eine Knotenrechner-Funktion übernehmen muß. D.h. das Gateway kann auch als

Internetworking

Knotenrechner bezeichnet werden. Die Aufgaben, die damit verbunden sind, werden wie folgt festgelegt:

- Adreßinterpretation und Routenwahl (Wegfindung)
- Flußsteuerung und Fehlerbehandlung
- Fragmentierung und Reassemblierung bei ungleichen Framegrößen für die Nachrichten- oder Paketlängen in den einzelnen Netzen.

Um die Unabhängigkeit der zu koppelnden Netzwerke bewahren zu können, ergibt sich eine weitere Konsequenz, die vom Gateway erfüllt werden muß. Das Gateway muß die in den einzelnen Kommunikations-Subsystemen vereinbarten und eingesetzten Übertragungsprotokolle vollständig gegeneinander isolieren. In der nachfolgenden Abbildung ist dargestellt, wie dies in etwa aussehen kann.

Bild 10.4 Funktionsweise eines Gateways

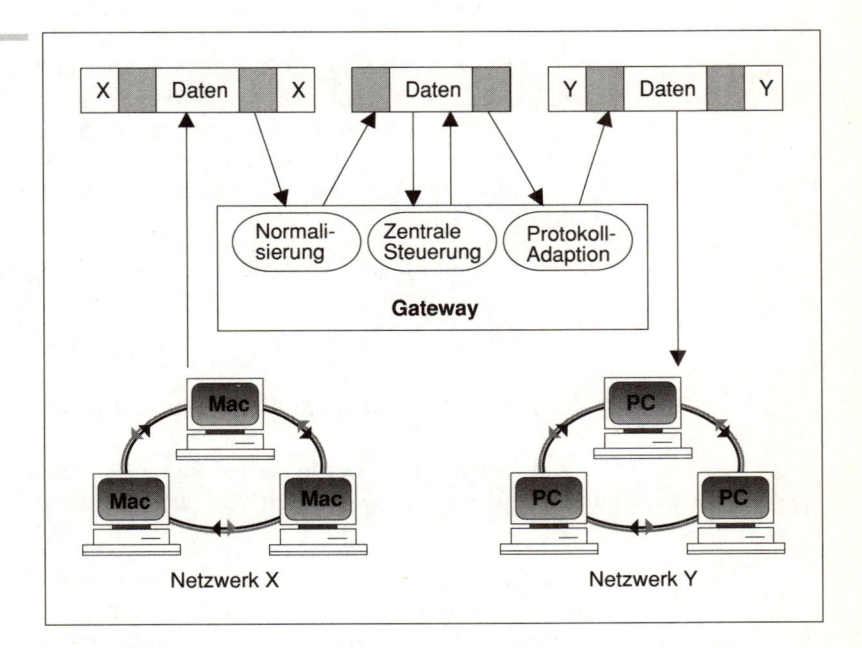

Handelt es sich um Nachrichten für das Übernetz, dann wird der Rahmen für das Zwischenetzprotokoll in die Protokollrahmen der jeweils durchlaufenden Einzelnetze eingebettet. Somit wird es vom Kommunikations-Subsystem als Teil der zu übermittelnden Nutzdaten betrachtet und somit auch nicht interpretiert. Die Aufgaben, die das Gateway zu erfüllen hat, sind:

- den alten Protokollrahmen des übergebenden Kommunikations-Subsystems zu entfernen,

KAPITEL 10

- die Adressierung und weitere Informationen des Zwischennetz-Protokollrahmens zu interpretieren und

- aus diesen Informationen für die Weiterleitung einen neuen Protokollrahmen aufzubauen, der entsprechend den Anforderungen des nächsten Kommunikations-Subsystems aufgebaut sein muß.

Ein weiteres Problem besteht in der Adressierung, um Daten in ein anderes Netzwerk zu transportieren. Man unterscheidet hierbei in der Regel zwei Möglichkeiten, die eingesetzt werden können:

- laufwegorientierte oder
- hierarchische Adressierungsmethode.

Bei der laufwegorientierten Adressierung werden die Adressen der zu duchlaufenden Gateways jeweils nach den Konventionen des gerade für den Weitertransport zuständigen Einzelnetzwerks in der Reihenfolge des Gesamtlaufweges miteinander verkettet. Auf diese Art und Weise wird die vollständige Adresse gebildet. Die zentrale Steuerung eines jeden Gateways entnimmt dann aus dieser Adreßkette die jeweils nächste benötigte Teiladresse. Im neu generierten Teilnetz-Protokollrahmen benutzt sie diese zur Adressierung, um das Paket zum nächsten Gateway oder zum Ziel-Host zu transportieren.

Bei der hierarchischen Adressierung werden hingegen nur zwei Adreßangaben genutzt:

- die Adresse des Teilnetzes, an dem der Ziel-Host angeschlossen ist, und
- die Hostadresse des Ziel-Host in diesem Teilnetz.

Jedes Gateway des Übernetzes verfügt über eigene Wegtabellen. Mit Hilfe dieser Tabellen wird die hierarchische Adresse ausgewertet:

- Ist das Ziel-Teilnetz nicht an diesem Gateway angeschlossen, sendet das Gateway das Datenpaket entsprechend seinem Laufweg-Algorithmus an den nächsten zuständigen Gateway-Rechner.

- Im zweiten Fall wird das Datenpaket an den Ziel-Host weitergereicht.

Die Erfahrung zeigt, daß es sich bei der zweiten Methode um die günstigere handelt, da man von einer definierten Länge der Gesamtadresse ausgehen kann, da diese immer aus zwei Feldern besteht. Die zweite Methode ist auch bezüglich der Wegfestlegung (Routing) wesentlich besser.

Die laufwegorientierte Adressierung impliziert notwendigerweise bereits bei der Generierung der Gatewaysoftware eine zentrale Festlegung der Laufwege. Dadurch wird eine spätere Änderung bei neuen Anforderungen, zeitweisen Ausfällen oder Überlastsituationen von Teilnetzen erschwert. Bei der hierarchischen Adressierung hingegen ist eine dynamische Wegwahl und Wegeadaption möglich. Ich will nachfolgend auf weitere Aspekte eingehen, die für den Einsatz von Gateway relevant sind.

Protokollanpassung

Ich habe bereits mehrfach darauf hingewiesen, daß Gateways dafür eingesetzt werden, um unterschiedliche Netzwerke miteinander zu verbinden, in denen auch verschiedene Protokolle eingesetzt werden. Es kann zum Beispiel die Aufgabe eines Gateways sein, zwei höhere Protokollebenen miteinander zu koppeln oder einen File-Transfer zwischen den Netzwerken zu ermöglichen. Solche Gateways werden Sie benötigen, um Internetworking mit unterschiedlichen Technologien zu ermöglichen. Dies ist auch dann der Fall, wenn Sie LANs und WANs nutzen wollen, damit ein Datenaustausch zwischen diesen ermöglicht wird, bzw. Netzwerke über WANs miteinander gekoppelt werden.

Bei einem File-Transfer ist es aber unter Umständen auch notwendig, eine Code-Konvertierung durchzuführen. Das gleiche muß übrigens auch erfolgen, wenn Sie Terminalemulation einsetzen und diese auf unterschiedlichen Systemen erfolgt. Eine Darstellung der 3270 Emulation auf einem PC oder einem DEC-Terminal erfordert einige Anpassungen. Gelangen Daten von einem Netzwerk in ein anderes Netzwerk, in dem auch noch andere Zeichendarstellungen gewählt werden, müssen diese adaptiert werden. Beim File-Transfer zwischen PC und IBM-Großrechner zum Beispiel muß die zu übertragende Datei von EBCDIC-Code in den ASCII-Code konvertiert werden und umgekehrt, je nachdem in welche Richtung der Datentransfer (Download, Upload) erfolgt.

Anpassung der Paketgröße

Bei der Kopplung von Netzwerken mit unterschiedlichen maximalen Paketgrößen besteht die Aufgabe des Gateways auch noch darin, das eingehende Datenpaket entsprechend zu fragmentieren, um dieses dann im anderen Netzwerk übertragen zu können. D.h. aus einem eingehenden Datenpaket muß das Gateway unter Umständen mehrere kleinere Datenpakete bilden und gewährleisten, daß diese beim Empfänger auch wieder in der richtigen Reihenfolge eintreffen.

KAPITEL 10

Für die Kopplung von Netzwerken werden Ihnen die unterschiedlichsten Gateways angeboten, in Abhängigkeit von den Netzwerken, die Sie miteinander koppeln wollen, und vor allem in Abhängigkeit von den Kommunikationsdiensten, über die die Kopplung erfolgen soll. Ich will in diesem Abschnitt bewußt nicht auf einzelnen Produkte eingehen, da es von der jweiligen Situation und dem eingesetzen Netzwerkbetriebssystem abhängt, welche Alternativen zur Verfügung stehen.

Bei der Entscheidung für den Einsatz von Gateways muß vorher immer genau geklärt werden, wie die Systemumgebung aussieht und was mit diesem einzusetzenden Gateway gelöst werden soll. Hierbei kommt noch in Betracht, ob Sie die Kopplung über Telekom-Dienste realisieren wollen oder ob die Kopplung lokal innerhalb ihres Unternehmens zu realisieren ist.

Abschließend sei noch angeführt, daß das Gateway bezogen auf das ISO/OSI-Schichtenmodell auf der obersten Ebene (Ebene 7) aufsetzt, somit alle Ebenen durchlaufen werden müssen und das Gateway somit das komplexeste aller Koppelelemente darstellt.

11 Rechnernetze – Basis der Kommunikation

Ein Rechnernetz ist ein Verbund von räumlich mehr oder weniger getrennten Rechnern oder Gruppen von Rechnern zum Zwecke des Datenaustauschs bzw. der Zusammenarbeit dieser Rechner. Die Zielsetzung eines Rechnernetzes ist aus Sicht des Gesamtsystems der *Verbundaspekt*. Im folgenden sollen die wichtigsten Aspekte diesbezüglich näher betrachtet werden.

Datenverbund   Unabhängig vom Ort der Speicherung steht die Menge der verfügbaren Daten der Gesamtheit zur Verfügung. Die Bearbeitung der Daten erfolgt unabhängig von den unterschiedlichen Applikationen. Dadurch wird eine Datenredundanz vermieden, es muß aber eine sorgfältige »Pflege« der Daten gewährleistet sein.

Funktionsverbund   Hierunter versteht man die Bereitstellung von erweiterten Funktionen für die angeschlossenen Arbeitsplätze in Form von Spezialrechnern, Peripheriegeräten, Speicherplatz usw., auf die mit Hilfe des Rechnernetzes zugegriffen werden kann.

Verfügbarkeitsverbund   Durch diesen Mechanismus wird die Verfügbarkeit des Gesamtsystems gesteigert bzw. bei verminderter Leistungsfähigkeit des Gesamtsystems durch den Ausfall mehrerer Komponenten der volle Leistungsumfang im Rechnernetzwerk aufrechterhalten.

Leistungsverbund   Mit Hilfe des Netzwerkes können komplexe oder aufwendige Probleme auf mehrere Rechner verteilt werden. Voraussetzung hierfür ist natürlich, daß sich das Problem in entsprechende Teilprobleme zerlegen läßt, die wiederum auf mehrere Rechner verteilt werden können (verteilte Anwendungen).

Lastverbund   In diesem Fall besteht das Ziel darin, die Verteilung von Lasten innerhalb des Netzwerkes durchführen zu können. Es können beispielsweise überlastete Stationen einzelne Aufgaben an weniger belastete Stationen abgeben. Dies ist auch heute noch bei den teuren Großrechnern ein wichtiger Aspekt.

KAPITEL 11

11.1 Die Einteilung von Rechnernetzen

Bevor die einzelnen Kommunikationsnetze näher betrachtet werden sollen, will ich Ihnen zwei wichtige Begriffserklärungen zu Abbildung 11.1 bringen:

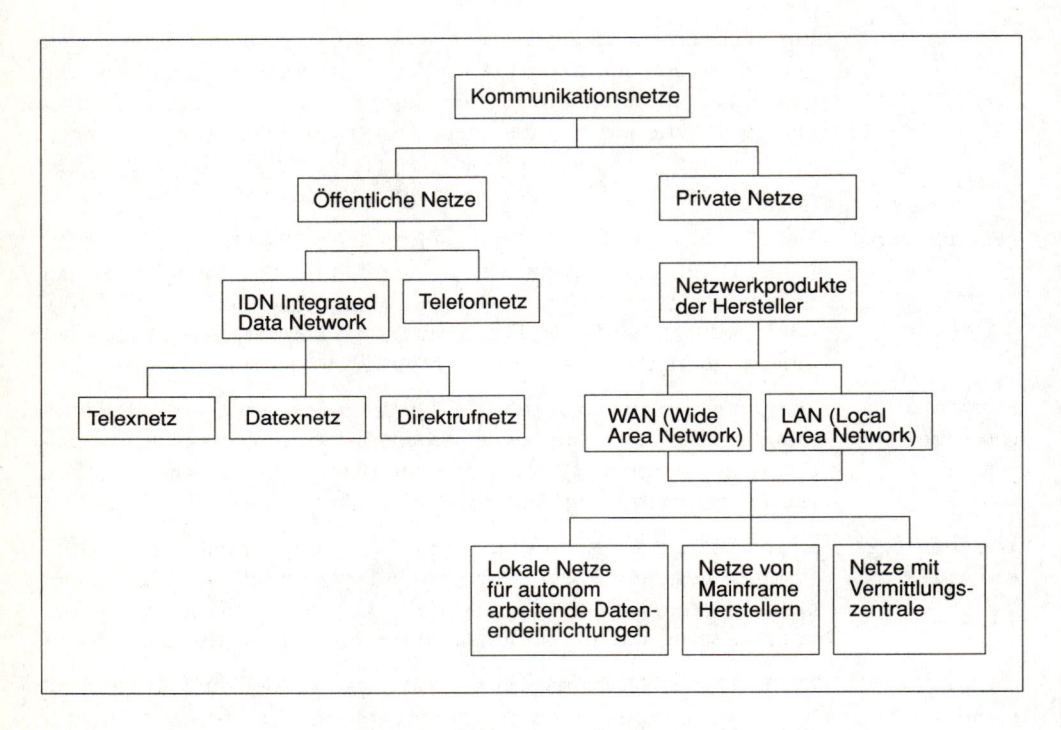

Bild 11.1 Kommunikationsnetze im Überblick

Local Area Network (LAN)
Ein Lokales Netzwerk ist laut ISO »ein innerhalb von Grundstücksgrenzen unter rechtlicher Kontrolle des Benutzers befindliches Netzwerk für die bitserielle Übertragung von Informationen zwischen dessen unabhängigen, miteinander gekoppelten Elementen.« Der Betreiber eines LANs ist also nicht von den Postverwaltungen oder Telekommunikationsunternehmen abhängig.

Wide Area Network (WAN)
Im Gegensatz dazu ist ein WAN oder auch Weitverkehrsnetz ein Netzwerk ohne Beschränkung auf Grundstücksgrenzen. Es dient der Verbindung weit verteilter Computersysteme unter Zuhilfe-

nahme der Kommunikationsnetze und -dienste der Telekom, wenn man von den Begebenheiten in der BRD ausgeht.

Metropolitan Area Network (MAN)
Der Aufbau von WANs über herkömmliche Telekom-Dienste führt oftmals aufgrund zu geringer Übertragungsraten beim Übergang vom LAN zum WAN nicht zu gewünschten Ergebnissen. Die Forderung nach schnelleren Verbindungen wird immer stärker. Ein neuer Standard 802.6 (MAN) wird dazu beitragen, diesen noch vorhandenen Mißstand zu lösen. Nach der Behandlung von ISDN werde ich Ihnen den Aufbau und die Arbeitsweise von MAN näher erläutern.

11.2 Öffentliche Datenkommunikationseinrichtungen

Aufgrund der gesetzlichen Bestimmungen in der BRD unterliegt die Datenübertragung außerhalb des eigenen Grundstücks der Hoheit der Telekom. Nachfolgend soll kurz aufgezeigt werden, welche Möglichkeiten hierbei zur Verfügung stehen.

11.2.1 Fernmeldewege der Telekom

Bild 11.2 Die Fernmeldewege der Telekom

Die Leitungen, die Ihnen von der Telekom zum Zwecke der Datenübertragung, zur Verfügung gestellt werden, lassen sich in zwei Gruppen einteilen:

KAPITEL 11

Wählnetze

Fernsprechnetz:	Leitungsvermittelte Wählverbindungen Analoges Übertragungsverfahren Übertragung von Sprache und von Daten
Telexnetz:	Leitungsvermittelte Wählverbindungen Digitales Übertragungsverfahren Übertragung von schriftlichen Informationen
Datex-L-Netz:	Leitungsvermittelte Wählverbindungen Digitales Übertragungsverfahren
Datex-P-Netz:	Speichervermittelte Wählverbindungen Digitales Übertragungsverfahren

Mietleitungsnetze

Direktrufnetz:	Standleitungsverbindungen zwischen zwei Hauptanschlüssen für Direktruf (HFD) Digitales Übertragungsverfahren

Die Vorteile von Wählleitungen gegenüber Mietleitungen sind:

a) Verbindungen zu verschiedenen Teilnehmern durch Wählen.
b) Kostengünstiger bei kurzen Übertragungszeiten, da meist nur die Kosten für die Verbindungsdauer anfallen.

Die Vorteile von Mietleitungen gegenüber Wählleitungen sind:

a) Da die Verbindung ständig vorhanden ist, entfallen Verbindungsaufbauzeiten.
b) Wähleinrichtungen sind nicht notwendig.
c) Kostengünstiger bei langen Übertragungszeiten. Es fallen pauschale Kosten an, egal ob Daten übertragen werden oder nicht.

11.2.2 Die Dienste der Telekom

In diesem Kapitel sollen die Datendienste der Telekom im Überblick dargestellt werden, um einen Eindruck darüber zu gewinnen, welche Möglichkeiten zur Datenübertragung zur Verfügung stehen.

Telex

Es handelt sich hierbei um die Textkommunikation mit Fernschreiber, d.h. die Telexteilnehmer können mit allen anderen Telexteilnehmern schriftliche Nachrichten austauschen. Als Tansportmedium wird das Telexnetz zur Verfügung gestellt. Die Übertragungsdauer für eine DIN-A4-Seite (ca. 2000 Zeichen) beträgt ungefähr 5 Minuten. Im Telexnetz wird nur mit einer Übertragungsgeschwindigkeit von 50 Bit/s gearbeitet. Das Telexnetz stellt Zugangsmöglichkeiten zum Teletexnetz zur Verfügung.

Teletex
Hierbei handelt es sich um einen Fernschreibdienst mit einer Übertragungsgeschwindigkeit von 2400 Bit/s. Die Übertragungsdauer einer DIN-A4-Seite beträgt ungefähr nur 8 Sekunden. Als Transportmedium wird das Datex-L-Netz verwendet. Voraussetzung für diesen Dienst sind elektronische Speicherschreibmaschinen. Da der Zugang zum Telexnetz besteht, stehen weltweite Kommunikationsmöglichkeiten zur Verfügung.

Datex-L
Datex-L wird zur Übertragung von großen Datenmengen bei hoher Übertragungsgeschwindigkeit im leitungsvermittelnden Wählnetz verwendet. Die Übertragungsgeschwindigkeit kann dabei bis zu 64000 Bit/s betragen. Der Verbindungsaufbau erfolgt sehr schnell (0,4 bis 1 Sekunde). Anwendungsschwerpunkte sind die Stapelübertragung oder zeitkritische Anwendungen (auch im Dialogbetrieb). Von einer DEE können mehrere verschiedene DEEs angewählt werden. Es können jedoch nur kompatible DEEs miteinander kommunizieren. Das Datex-L-Netz zeichnet sich auch durch eine Protokolltransparenz aus. Der Zugang zum Datex-P-und Fernsprechnetz ist möglich.

Datex-P
Dieses Netz wird zur Übertragung geringer bis mittlerer Datenvolumen im teilstreckenvermittelnden Wählnetz benutzt. Das Dienstleistungsangebot umfaßt Hauptanschlüsse mit einer Übertragungsgeschwindigkeit von bis zu 64000 Bit/s. Es besteht die Möglichkeit, vom Fernsprechnetz und vom Datex-L-Netz sowohl asynchron als auch synchron auf das Datex-P-Netz zuzugreifen. Als Haupteigenschaften für das Datex-P-Netz werden angeboten:

Mehrfachnutzung der Anschlußleitungen, feste und gewählte virtuelle Verbindungen, Geschwindigkeitsanpassung, Anpassungsdienste für unterschiedliche Übertragungsprotokolle, verkehrsorientierte Gebührenstruktur.

Über diesen Dienst haben die Teilnehmer weltweit direkten Zugriff auf eine große Anzahl von Datenbanken und Electronic-Mail-Diensten. Datex-P ist jedoch nicht geeignet, um zeitkritische Anwendungen damit zu betreiben. Die Übertragung von großen Datenmengen wird relativ teuer.

KAPITEL 11

Hauptanschluß für Direktruf (HfD)
Hierbei erfolgt die Datenübertragung auf fest geschalteten Verbindungen zwischen zwei DEEs mit einer Übertragungsgeschwindigkeit von bis zu 1,92 Mbit/s. Als Transportmedium wird das Direktrufnetz benutzt. Anwendungsschwerpunkte für HfD sind vor allem zeitkritische Anwendungen oder die Übertragung hoher Datenvolumen zwischen zwei festen Partnern. Für die Ortsverbindungen muß nur eine geringe Pauschalgebühr bezahlt werden. Ansonsten sind die Gebühren jedoch stark entfernungsabhängig.

Fernsprechen
Für die gelegentliche bis regelmäßige Übertragung geringer Datenmengen ist das Fernsprechnetz bestens geeignet. Mit dem Fernsprechnetz kann eine große Anzahl von Teilnehmern erreicht werden, da das Fernsprechnetz sehr flächendeckend ausgebaut ist, und das weltweit. Mit Hilfe von Modems oder Akustikkopplern für den mobilen Einsatz können mit einer Datenübertragungsgeschwindigkeit von maximal 4800 Bit/s Daten übertragen werden. Die Datenübertragung im Fernsprechnetz ist code- und protokolltransparent. Die Bit-Fehlerwahrscheinlichkeit liegt jedoch nur bei 0,0001. Die Gebühren sind sowohl von der Tageszeit als auch von der Entfernung abhängig. Sie brauchen hierbei nur Ihre Telefonrechnung etwas genauer anzusehen.

Telefax
Hierunter versteht man die Möglichkeit des Fernkopierens, d.h. die originalgetreue Abbildung und Übertragung von Schrift und Graphik mit einer Auflösung von bis zu 1728 Bildpunkten/Zeile und 7,7 Zeilen/mm (schwarz-weiß). Dieser Dienst benutzt das weit verbreitete Fernsprechnetz. Als Datenendeinrichtung werden sogenannte Telekopiergeräte (Telefaxgeräte) verwendet.

Bildschirmtext (Btx)
Dies ist ein preisgünstiger Informationsdienst mit Bestellmöglichkeit für private und kommerzielle Benutzer. Btx ist ein Fernmeldedienst, den jeder nutzen kann, der über einen geeigneten Fernseher und einen Telefonanschluß verfügt. Inzwischen gibt es auch entsprechende Lösungen, um PCs als Btx-Endgeräte einzusetzen. Telefon und Fernseher (PC) werden über eine Anschlußbox miteinander verbunden. Über das Telefon wird die nächste Btx-Vermittlungsstelle angewählt und somit die Verbindung zum Btx-Netz aufgebaut. Die Übertragungsgeschwindigkeit zur Bildschirmtext-

zentrale erfolgt mit 75 Bit/s und mit 1200 Bit/s in die Gegenrichtung, d.h. von der Btx-Zentrale zum Btx-Endgerät.

Temex
Mit diesem Dienst kann man entfernte Objekte steuern und überwachen (Fernwirk-Informationen). Diesem Dienst liegt das Fernsprechnetz zugrunde. Anwendungsfälle für dieses Netz sind unter anderem die Fernanzeige von Störungen, das Fernschalten technischer Einrichtungen oder das Fernmessen der Temperatur.

Telebox
Dieser Dienst speichert die Daten und Texte, welche übermittelt werden sollen, solange in einem elektronischen Briefkasten, bis sie vom Empfänger abgeholt werden. Die Briefkästen sind dabei in einem zentralen Großrechner angelegt, der aus allen bekannten Netzen heraus direkt angewählt werden kann. Zudem ist das Telebox-System mit vielen Electronic-Mail-Systemen anderer Länder verbunden.

Wie später noch gezeigt wird, kann der größte Teil dieser Übertragungsdienste auch direkt in LANs genutzt werden, um entweder die Verbindung zu anderen Netzwerken aufzubauen oder diese Dienste allen Benutzern zur Verfügung stellen zu können.

In letzter Zeit wurde die Diskussion über ISDN immer häufiger geführt. Die Fragen, die dabei auftreten, sind die Möglichkeiten und der Nutzen, die ein ISDN-Netz bietet. Im nächsten Abschnitt soll dargestellt werden, wie ISDN arbeitet und welche Möglichkeiten damit verbunden sind. An anderer Stelle werden ich noch darauf eingehen, wie Sie ISDN-Netzwerke miteinander koppeln können und welchen Vorteil Sie daraus erwarten können.

Zudem taucht auch immer wieder die Frage auf, ob ISDN den Einsatz von LANs ersetzen kann. Ich werde versuchen, basierend auf den bisherigen Ausführungen von Netzwerktopologien, Übertragungsgeschwindigkeit etc., diesen Hintergrund näher zu beleuchten.

11.2.3 Der Weg zum ISDN-Netz

Bei den bisherigen Ausführungen über die Möglichkeiten einer LAN-Kopplung mit anderen Rechnernetzen, dem Aufbau von Wide Area Networks, stellt man fest, daß die Kommunikation derzeit über zwei Netze der Telekom durchgeführt werden kann:

KAPITEL 11

- dem Telefonnetz und
- dem integrierten Text- und Datennetz (IDN).

Die klassischen Netze und Dienste der Telekom sind in Abbildung 11.3 dargestellt.

Netzbe-zeichnung	Integrierte Netze	Dienste	Dienstart
Fernsprechnetz (Telefonnetz)		Telefonie (Fernsprechen)	Teledienst
Integriertes Text- und Datennetz (IDN)		Telefax (Fernkopieren)	Teledienst
		Datenübertr. im Fernsprechnetz	Trägerdienst
		Bildschirmtext	Teledienst
	Telexnetz	Telex (Fernschreiben)	Teledienst
		Datenübertr. im Fernschreibnetz	Trägerdienst
	Datex-L-Netz	Teletex (Bürofernschreiben)	Teledienst
		Datex-L	Trägerdienst
	Datex-P-Netz	Datex-P	Trägerdienst
	Direktrufnetz	Hauptanschluß für Direktruf	Trägerdienst
	Stromwege	Int. (Telegrafen) Stromwege, Mietleitungen	Trägerdienst
	Gentexnetz	Telegrammdienst	Teledienst
Breitbandnetz		Tonrundfunk	Teledienst
		Fernsehen	Teledienst

Bild 11.3 Die »klassischen« Netze und Dienste der Telekom

Das IDN ist der erste wichtige Schritt im Bereich der Kommunikation im Hinblick auf eine Vereinheitlichung der Netzwerkstruktur und der Netzwerktechnologie. Gleichzeitig tragen die Dienste, die ein solches Netz zur Verfügung stellt, dazu bei, die Qualität und die Funktionalität zu steigern.

Beim ISDN wird ein weiterer Schritt vorwärts getan, um alle schmalbandigen Dienste wie Sprache, Daten, Text und Faximile zu integrieren. ISDN steht dabei als Akronym für Integrated Services Digital Network. Aus der Bezeichnung lassen sich zwei wichtige Funktionen dieses Netzes ableiten:

Rechnernetze – Basis der Kommunikation

1. DN – Digital Network: Es handelt sich um ein digitales Netz.
2. IS – Integrated Services: Das Netz ist dadurch gekennzeichnet, daß die Kommunikationsdienste integiert sind, d.h. es wird mehr als ein Dienst über das gleiche Netz unterstützt.

Die CCITT definiert ISDN wie folgt: »An ISDN is a network, in general evolving from telephony IDN, that provides end-to-end digital connectivity to support a wide range of services, including voice and non-voice services, to which users have access by a limited set of standard multi-purpose user-network interfaces.«

Es gibt einige vernünftige Argumente, die für die Einführung eines universellen öffentlichen Datennetzes sprechen:

Qualität

Bei der analogen Übertragung ist das Signal relativ ungeschützt gegenüber einer Störung, sprich Verfälschung, durch andere Signale. Bei der Überlagerung eines analogen Signals mit anderen Signalen entsteht ein neues analoges Signal. Das originale Signal läßt sich nur sehr schwer wieder rekonstruieren. Die Elemente der analogen Übertragung, wie zum Beispiel Verstärker, unterscheiden nicht zwischen Original-, Stör- oder Summensignal. Somit wird eine Störung, wenn diese vorhanden ist, genauso verstärkt. Ein digitales Signal hingegen kann auf mehrere Arten vor Störungen geschützt werden. Ein digitales Signal kann sich nur innerhalb bestimmter Schwellenwerte bewegen, die binäre Darstellung einer 0 oder einer 1. Durch geeignete Hardware, einem Schmitt-Trigger zum Beispiel, können verstümmelte Signale wieder zurückgewonnen werden. Zudem kann durch eine redundante Codierung der darzustellenden Zeichen eine zusätzliche Sicherheit bei der Datenübertragung eingebaut werden. Als weitere Sicherungsmaßnahme kann eine blockweise Absicherung der Daten durch Anfügen von Prüfsummen erreicht werden. Somit stellt man fest, daß durch Maßnahmen wie

- bitweise Regenerierung
- wortweise Codierung
- blockweise Prüfung

die Qualität der Datenübertragung sehr verbessert werden kann.

Die Umsetzung der analogen Signale in digitale Signale und umgekehrt, stellt heute kein Problem mehr da.

Rationalisierung

Es wurde bereits mehrfach darauf hingewiesen, daß die Informationsflut in der heutigen Zeit immer mächtiger wird und damit der Bedarf an Kommunikation sehr schnell zunimmt. Durch den Einsatz von offenen multifunktionalen Endgeräten wird die Vereinheitlichung der Systeme am Arbeitsplatz wesentlich einfacher. Bei genauer Betrachtung der Anforderung für die Kommunikation von Netzwerken untereinander, ist ein ISDN langfristig die einzig mögliche und sinnvolle Einrichtung. Die Mannigfaltigkeit der Individuallösungen wird dadurch zwar auch geschmälert, aber mit dem positiven Nebeneffekt, daß die Systeme aufgrund der Standardisierung billiger werden.

Schrittweise Einführung von ISDN

Die flächendeckende Einführung von ISDN kann nicht derart durchgeführt werden, daß sofort alle bekannten Fernmeldedienste in das ISDN eingebunden werden. Ausgangspunkt für ISDN ist die Digitalisierung des Telefonnetzes. In diesem Bereich ist die meiste Arbeit zu erbringen, da es sich beim Telefonnetz der Telekom um ein rein analoges Netz handelt. Ist erst einmal das Telefonnetz digitalisiert, so können neben dem Fernsprechen alle anderen auf diesem Netz basierenden Dienste digital angeboten werden.

Das Fernsprechnetz besteht aus den Bereichen Anschlußtechnik, Vermittlungstechnik, Übertragungstechnik und der Zentralkanalzeichengabe. Arbeiten die letzten drei Bereiche digital, kann von einem digitalen Telefonnetz geprochen werden. Einfacher formuliert: Beim digitalen Fernsprechnetz reicht die digitale Verbindung von Ortsvermittlungsstelle zu Ortvermittlungsstelle; die Teilnehmeranschlußleitung wird unverändert analog betrieben, so daß sich auch bezüglich der angeschlossenenen bzw. anschließbaren Endgeräte keine Änderungen ergeben. Um nun dieses digitale Telefonnetz zu einem ISDN-Telefonnetz werden zu lassen, müssen die analogen Anschlüsse durch digitale Anschlußleitungen ersetzt werden. Zudem müssen die Vermittlungsstellen mit den genormten ISDN-Leistungsmerkmalen ausgestattet sein.

Die Weiterführung der Digitaltechnik bis zum Teilnehmer ist die logische Weiterentwicklung des digitalen Fernsprechnetzes. Eine durchgegehende digitale Verbindung von Teilnehmer zu Teilnehmer erlaubt die Realisierung einer Reihe neuer Leistungsmerkmale. Der durchgehende 64.kbps-Kanal hat – abgesehen von der Festlegung der für Sprachübertragung geeigneten Bitrate – keine dienstspezifischen Eigenschaften. Er kann deshalb für alle Kommunikationsdienste benutzt werden, für die eine Datenrate von 64 kbps ausreichend ist, d.h. auf dieser Basis kann ein dienstintegrierendes Netz – das ISDN – aufgebaut werden.

Die Digitalisierung des Telefonnetzes bedeutet, daß die anfallenden analogen Sprachsignale binärcodiert, auf elektronischem Weg, übertragen werden. Im Vergleich zur herkömmlichen Technik bedeutet dies eine einfachere Verarbeitung. Neben der höheren Qualität der Sprachübertragung, (kein Rauschen in der Leitung, kein Übersprechen der Leitung), zeichnet sich die digitale Telefonie auch durch schnellere Verbindungsaufbauzeiten aus.

Struktur, Schnittstellen und Anschlußarten des ISDN

ISDN wird zunächst auf den herkömmlichen Zweidrahtkabeln aus Kupfer eingeführt werden. Dies liegt vor allem daran, daß bereits ein sehr großes flächendeckendes Kupferdoppeladernetz, das Telefonnetz, existiert und damit einer Realisierung von ISDN nichts mehr im Wege steht.

Die Kupferdoppelader gestattet technisch bedingt eine maximale Nettodatenrate von 144 Kbit/s. Diese Übertragungsrate ist der Ausgangspunkt für die Kanalstruktur von ISDN. ISDN besteht aus zwei Kanälen (B1 und B2) mit je 64 Kbit/s Kapazität und einem D0 Kanal mit 16 Kbit/s Leistung. Dies ergibt 64+64+16=144 Kbit/s. Diese Struktur wird als ISDN-Basisanschluß bezeichnet. Die verfügbare Bruttoübertragungsrate liegt jedoch über 144 Kbit/s, da zusätzliche Kapazität benötigt wird, um diverse Steuerungsaktivitäten nutzen zu können, zum Beispiel zu Prüfzwecken oder fehlerkorrigierenden Maßnahmen.

Über die beiden B-Kanäle können alle Dienste durchgeführt werden, für die eine Übertragungsrate von 64 Kbit/s ausreichend ist. Der D-Kanal wird zur Übertragung von Steuerungsinformationen für die eingesetzten Dienste benötigt, die über die beiden B-Kanäle ausgeführt werden. Alle Kanäle werden dabei wechselseitig betrieben.

Daneben wird Ihnen auch noch der Primärmultiplexanschluß angeboten, der für Kunden mit hohem Kommunikationsbedarf gedacht ist. Dieser Anschluß umfaßt nicht weniger als 30 Kanäle mit einer Datenrate von 64 Kbit/s und einen Steuerkanal mit einer Datenrate von 64 Kbit/s. Daran werden mittlere und große TK-Anlagen ober auch Anlagen zur Datenübertragung (z.B. Großrechner) angeschlossen. Der Netzabschluß (NT) für den Basisanschluß wird mit einer Kupferdoppelader bereitgestellt, der Netzanschluß für den Primärmultiplexanschluß wird durch einen speziellen Netzabschluß zur Verfügung gestellt: entweder zwei herkömmliche Kupferdoppeladern oder über zwei Glasfasern. In Abbildung 11.4 sind diese beiden Varianten dargestellt.

KAPITEL 11

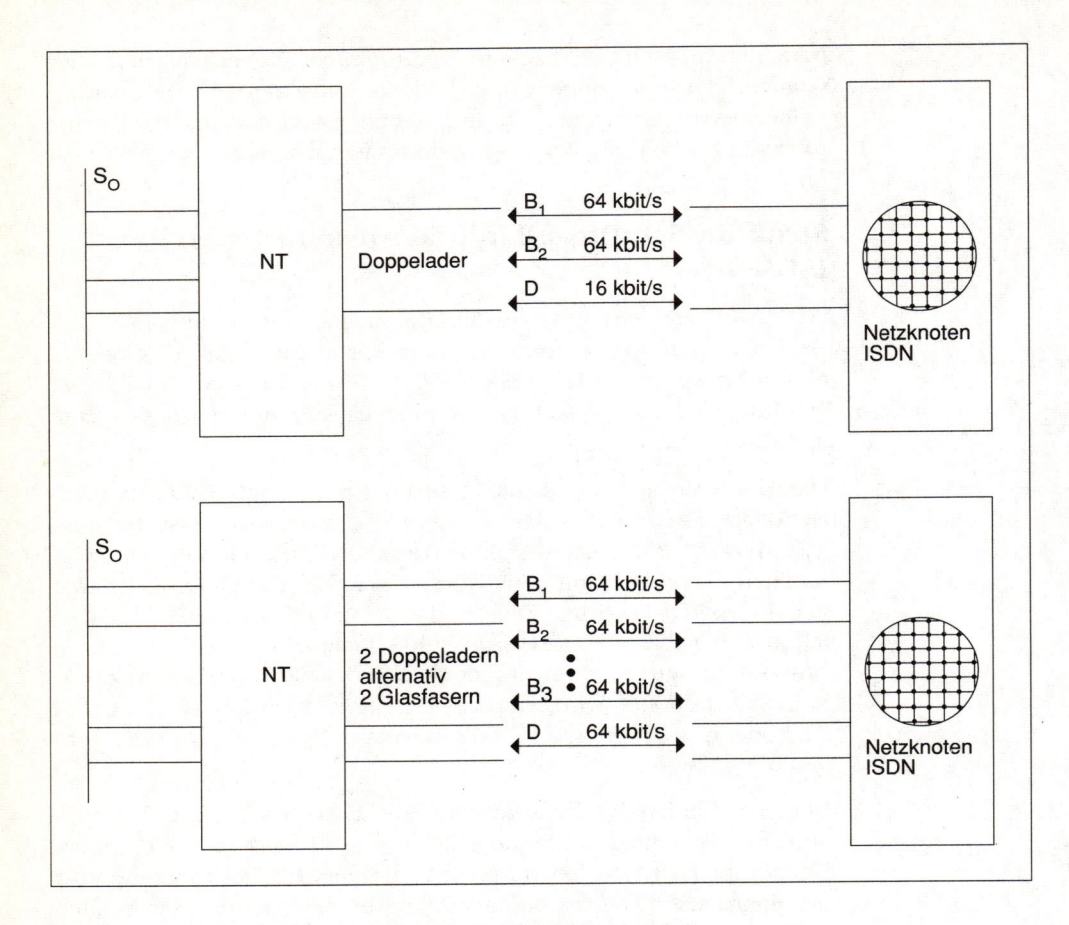

Bild 11.4 Basis- und Primärmultiplexanschluß

Die Schnittstelle, mit der zum Beispiel Telefone, Fernkopierer, Btx-Geräte, Personalcomputer – kurz, alle ISDN-Endgeräte – an den Basisanschluß angeschaltet werden, ist die international standardisierte Schnittstelle S0. Das ISDN-Konzept sieht auf der Teilnehmerseite Mehrgerätekonfiguratioen vor, d.h. es können mehrere Endgeräte installiert sein, wovon aber – da beim Basisanschluß zwei B-Kanäle zur Verfügung stehen – nur zwei gleichzeitig aktiv sein können. Man hat sich bei der Festlegung der S0-Schnittstelle darauf geeinigt, diese am Netzabschluß als passiven Bus für den Anschluß von maximal 8 Endgeräten zu konzipieren. Beim Primärmultiplexanschluß existiert an der Ortsvermittlungsstelle eine eigenständige Leitungsendeinrichtung. Die Benutzerschnittstelle wird in diesem Falle als S2M bezeichnet und stellt das Bindeglied zwischen dem Netzabschluß (Posteigentum) und der Teilnehmereinrichtung (z.B. ISDN-fähige digitale Nebenstellenanlage) dar.

Rechnernetze – Basis der Kommunikation

Die einzelnen Komponenten im ISDN sind die Endgeräte, die Kommunikationssteckdose, das Netzabschlußgerät (NT) mit der definierten Schnittstelle, die Übertragungswege und die Vermittlungseinrichtungen. Der technische Verantwortungsbereich der Telekom endet an der Schnittstelle zwischen den Endeinrichtungen und dem Anschluß. Diese Schnittstelle befindet sich physikalisch gesehen im Netzabschlußgerät und stellt den definierten Übergabepunkt für Informationssignale dar. Alle anderen Komponenten, wie Endgeräte und Kommunikationssteckdosen fallen zwar in den Zuständigkeitsbereich des ISDN-Kunden, doch bietet die Telekom eine Vielzahl von Lösungen an.

Der Netzabschluß (NT) am Basisanschluß hat folgende Aufgaben:

Der Netzabschluß (NT) kann als Übergang zwischen dem öffentlichen Netz und der Teilnehmerinstallation auf der Kundenseite betrachtet werden. Dem NT kommen die Aufgaben zur Bereitstellung der standardisierten S0-Schnittstelle, Fehlerdiagnose und Störungseingrenzung, die Anpassung an die Übertragungseigenschaften des Netzes, die Spannungsversorgung der Telefone und der Schutz des Netzes bei Fehlern im Endstellenbereich zu.

Wie im anlogen Netz genügt auch für einen ISDN-Basisanschluß eine herkömmliche Kupferdoppelader als Anschlußleitung. Deshalb müssen zur Realisierung eines ISDN-Basisanschlusses keine neuen Leitungen zum Gebäude des Kunden verlegt werden. Eine einfache Doppelader wird am NT des Teilnehmers angeschlossen. Die Leitung verläuft dann, vom NT abgehend, mit zwei Doppeladern weiter zu den Endgeräten. In der Regel können wiederum die im Gebäude bereits vorhandenen Leitungen weiter verwendet werden. Der Übergang von der Anschlußleitung auf den NT wird als UK0- und vom NT auf die Busleitung zu den Endgeräten als S0-Schnittstelle bezeichnet.

Zum Anschluß aller Endgeräte mit der international standardisierten S0 gibt es im ISDN eine einheitliche Telekommunikationssteckdose IAE (ISDN-Anschluß-Einheit), die ebenfalls international standardisiert ist. Diese universelle Anschlußtechnik gewährleistet, daß Sie Ihre ISDN-Endgeräte, egal ob Telefon oder PC, flexibel und Ihren Bedürfnissen entsprechend einsetzen können. Der ISDN-Basisanschluß kann in zwei Konfigurationen realisiert werden.

1. Punkt-zu-Punkt-Konfiguration

Es wird an einem ISDN-Basisanschluß nur ein einzelnes Endgerät angeschlossen. Dabei kann die Entfernung zwischen einem NT und der angeschlossenen Endeinrichtung bis zu 1000 Meter betragen. In Abbildung 11.5 ist diese Möglichkeit dargestellt.

KAPITEL 11

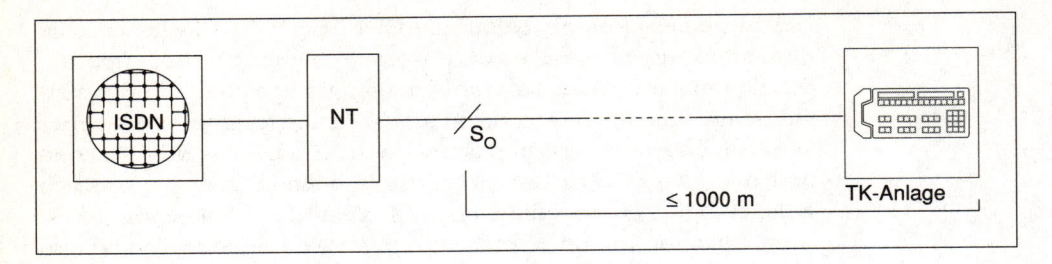

Bild 11.5 Punkt-zu-Punkt Konfiguration

2. Punkt-zu-Mehrpunkt-Konfiguration

Diese Art der Konfiguration wird auch als passiver Bus bezeichnet. In diesem Fall können an einem ISDN-Basisanschluß bis zu zwölf einheitliche ISDN-Steckdosen angeschlossen werden. Die Entfernung vom NT bis zur letzten Dose kann bis zu 200 Meter betragen. Bei anderen Varianten des passiven Busses können aber auch größere Entfernungen erreicht werden. So lassen sich zum Beispiel beim erweiterten passiven Bus, das sind mehrere Endeinrichtungen am Ende einer langen Installationsleitung, Reichweiten bis zu 500 Meter realisieren. An die zwölf ISDN-Steckdosen können und dürfen nicht mehr als 8 Endgeräte angeschlossen werden, wobei das Anschlußkabel zwischen Endgerät und Steckdose maximal 10 Meter lang sein darf. In Abbildung 11.6 ist auch diese Möglichkeit dargestellt.

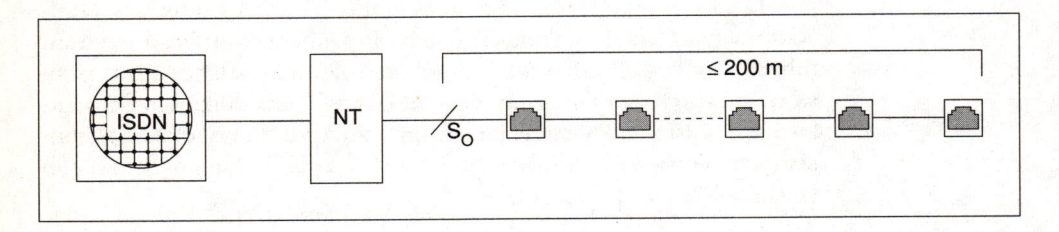

Bild 11.6 Punkt-zu-Mehrpunkt-Konfiguration

Neben Basis- und Primärmultiplexanschluß gibt es noch: ISDN-Festanschluß, Basisfestanschluß und Primärmultiplexfestanschluß. Die Bedeutung soll kurz erläutert werden.

Rechnernetze – Basis der Kommunikation

ISDN-Festanschluß

Neben den bekannten Universalanschlüssen stehen im ISDN auch Festverbindungen der Gruppe 2 zur Verfügung. Bei solchen Verbindungen handelt es sich um dauernd bereitgestellte Verbindungen zwischen zwei fest definierten Anschlüssen. Der Unterschied zu einer Wählverbindung ist darin zu sehen, daß der Verbindungsaufbau durch Wählen einer Rufnummer und die entsprechende Zuordnung in der Vermittlungsstelle nicht mehr notwendig ist. Je nach Kommunikationsbedarf kann zwischen Basisfestanschluß und Primärmultiplexfestanschluß gewählt werden.

Basisfestanschluß

An einem Basisfestanschluß mit der Schnittstelle S0FV lassen sich bis zu zwei Festverbindungen der Gruppe 2 betreiben. Beide müssen zu einem gemeinsamen Zielanschluß führen. Dafür stehen zwei Nutzkanäle mit jeweils 64 Kbit/s und ein Steuerkanal mit 16 Kbit/s zur Verfügung.

Primärmultiplexfestanschluß

An einem Primärmultiplexfestanschluß lassen sich bis zu 30 Festverbindungen der Gruppe 2 zu einem gemeinsamen Zielanschluß betreiben. Die Nutzkanäle ermöglichen eine Übertragungsgeschwindigkeit von jeweils 64 Kbit/s. Mit der gleichen Übertragungsgeschwindigkeit arbeitet der Steuerkanal. Die Schnittstelle ist eine S2MFV-Schnittstelle.

Grundsätzlich können mit ISDN alle bisher verfügbaren Telekommunikationsdienste verwendet werden, wenn diese mit einer 64 Kbit/s Leitung auskommen. Hierzu gehören auf alle Fälle die schmalbandigen Dienste der Telekom wie Telefonieren, Fernkopieren (Telefax), Datenübertragung, Bildschirmtext, Fernschreiben und dergleichen. Deshalb wird die erste Phase der Einführung von ISDN auch als Schmalband-ISDN bezeichnet. Im nächsten Schritt der Entwicklung wird ISDN zur Unterstützung von breitbandigen Diensten eingesetzt werden können. Welche Bedingungen hierfür zu erfüllen sind, wird später noch angesprochen werden.

Im einzelnen sind folgende Dienste im *Schmalband-ISDN* möglich:

ISDN-Fernsprechen

Die wichtigste Erneuerung auf diesem Gebiet ist die verbesserte Qualität beim Telefonieren. Diese kann bis zur Rundfunktonqualität verbessert werden. Die Verbindungsaufbauzeiten werden drastisch verkürzt. Störgeräusche beim Telefonieren (Nebensprechen, Knacken und dergleichen) treten nicht mehr auf. Folgende nützliche Dienste können zusätzlich genutzt werden:

KAPITEL 11

Anzeigen der Rufnummer und Anklopfen

Im ISDN können Sie bereits vor dem Zustandekommen der eigentlichen Verbindung dem gewünschten Kommunikationspartner Ihre Rufnummer mitteilen. So wird ein Verbindungswunsch auch dann signalisiert, wenn der andere Anschluß bereits besetzt ist. Ein Telefonanruf zum Beispiel wird einfach auf dem Display des ISDN-Telefons angezeigt. Der Angerufene kann entsprechend reagieren. Man bezeichnet diesen Vorgang als Anklopfen.

Feststellen ankommender Wählverbindungen

Auf eine ähnliche Art und Weise lassen sich die Rufnummern von sogenannten Klingelstörern, bedrohenden oder belästigenden Anrufern durch einen Auftrag an die Telekom identifizieren. Auf Wunsch lassen sich in der Vermittlungsstelle ankommende Wählverbindungen feststellen. Ganz gleich, ob eine Verbindung zustande kam oder nicht, die Informationen können ermittelt werden. Als Ergebnis erhalten Sie einen Ausdruck über die Rufnummer des Anrufers, Datum und Uhrzeit des Anrufs oder Anrufversuchs. Dieser Dienst ist allerdings nicht kostenlos.

Anrufweiterschaltung

Im ISDN kann jeder eingehende Anruf dienstspezifisch zu einem anderen Anschluß weitergeschaltet werden. Dabei spielt es keine Rolle, wo sich das Ziel der Weiterschaltung befindet. Ohne Einschränkung lassen sich Anrufe zu jedem Anschluß auf der Welt weiterschalten – auch zu Funktelefonen. Werden bei der Anrufweiterschaltung I ankommende Anrufe sofort zum angegebenen Ziel weitergeschaltet, erfolt die Weiterschaltung bei der Anrufweiterschaltung II erst nach 15 Sekunden.

1991 erweiterte die Telekom den ISDN-Telefondienst um das Bildtelefonieren im ISDN. Die Bitrate von 64 Kbit/s ermöglicht die Übertragung fester und bewegter Bilder. Für die Bildtelefonverbindung benötigen Sie zwei Nutzkanäle. Ein Kanal wird für das Bild, der andere für die Sprachübertragung genutzt.

ISDN-Teletex

Teletex ist ein Fernmeldedienst der Telekom, bei dem zeichenorientiert Dokumente (Texte) von Speicher zu Speicher übertragen werden. Vergleicht man den Telex-Betrieb mit Teletex, so wie er heute zur Verfügung steht, dann zeichnet sich Teletex bereits jetzt durch einen höheren Zeichenvorrat aus. Zudem nutzt Teletex momentan mit einer Übertragungsgeschwindigkeit von 2,4 Kbit/s im integrierten Text- und Datennetz (IDN) eine 50 mal höhere Geschwindigkeit wie der Telexdienst. Das Übermitteln einer DIN-A-4 Seite benötigt im IDN zwischen 8 und 12 Sekunden. Mit 64 Kbit/s im ISDN wird die Übertragungszeit unter einer Sekunde liegen.

ISDN-Telefax

Durch ISDN wurde die Winführung einer ganz neuen Generation von Fernkopierern möglich – Fernkopierer der Gruppe 4. Diese nutzen die hohe Übertragungsgeschwindigkeit von 64 Kbit/s und bieten darüber hinaus noch weitere interessante Vorteile.

Beim Fernkopierdienst werden Bilder oder Texte dadurch übermittelt, daß die Vorlage punktartig abgetastet wird, die Informationen verschlüsselt werden und über die Leitung zur Gegenstelle übertragen werden. Die Auflösung von Gruppe 4 Fernkopierern beträgt bis zu 400 Bildpunkte pro Inch. Bei Fernkopierern der Gruppe 3 (analogen Geräten) beträgt die Auflösung maximal 300 Bildpunkte pro Inch. Die Übertragungsgeschwindigkeit von Fernkopierern der Gruppe 4 ist fast sechsmal schneller als bei Geräten der Gruppe 3. Das Fernkopieren einer Seite dauert heute noch zwischen 1 und 3 Minuten. Beim Einsatz unter ISDN sieht die Sache dagegen wesentlich besser aus. Neben der verbesserten Qualiät, die zur Verfügung steht, wird zudem die Übertragung einer DIN-A-4 Seite in weniger als 10 Sekunden erfolgen. Über Endgeräteadatper a/b lassen sich auch die bisher an einem analogen Anschluß betriebenen Fernkopierer am ISDN-Anschluß weiter verwenden. Bei dieser Kommunikation muß jedoch bedacht werden, daß die Vorteile des ISDN auf der Strecke bleiben.

ISDN-Datenübermittlung

Die Telekom bietet zur Zeit eine Fülle von unterschiedlichen Datenübermittlungsdiensten an. Diese stehen in mehreren Netzen mit unterschiedlichen Übertragungskapazitäten und Schnittstellen zur Verfügung (vgl. Abbildung 11.3).

- Datenübertragung mit Hilfe von Modems im Fernsprechnetz (300 bis 4800 Bit/s)

- Datenübertragung im DATEX-L Netz (von 300 bis 64.000 Bit/s)

- Datenübertragung im DATEX-P Netz (von 110 bis 48.000 Bit/s)

- Hauptanschluß für Direktruf (HfD) (von 50 Bit/s bis 1.92 Mbit/s)

In den ersten drei Fällen handelt es sich um Wählnetze mit Wählverbindungen, beim Direktrufnetz werden nur feste Verbindungen zwischen zwei Teilnehmern ermöglicht.

Die zur Verfügung stehenden Kanäle von 64 Kbit/s für das Übertragen von Daten im ISDN eröffnen eine Vielzahl neuer Anwendungsmöglichkeiten, sowohl im geschäftlichen als auch im privaten Bereich. Es kann davon ausgegangen werden, daß eine ISDN-

KAPITEL 11

Standard-Datenübertragung mit 64 Kbit/s dazu beitragen wird, die zur Zeit vorhandene Vielfalt unterschiedlicher Übertragungsgeschwindigkeiten mittelfristig entscheidend zu verringern.

Im Geschäftsbereich wird die 64 Kbit/s-Datenübertragung die Bürokommunikation sehr stark beeinflussen und mitgestalten. Diese wird aber den immer komplexer werdenden Anforderungen und dem steigenden Datenvolumen im Netzwerk immer noch nicht gerecht. Hier werden neue Lösungen dazu führen, dies zu verbessern. Das Schlagwort hierfür ist MAN oder auch DQDB. Auf diesen Aspekt soll im nächsten Abschnitt etwas näher eingegangen werden.

Die Basis- und die Primärmultiplexanschlüsse mit den Schnittstellen S0 und S2m erlauben eine transparente Datenübermittlung. D.h. die Protokolle der Schicht 1 im Nutzkanal (B-Kanal) und die Protokolle der Schichten 1,2,3 im Steuerkanal (D-Kanal) sind gemäß OSI-Schichtenmodell standardisiert. Für die Übermittlung der Daten im B-Kanal stimmen die Kommunikationspartner die verwendeten File-Transfer-Protokolle miteinander ab oder sie bedienen sich standardisierter Protokolle, z.B. Teletex-Transparent-Mode. Eine andere Alternative für die transparente Datenübermittlung stellen die Basisfest- und die Primärmultiplexfestanschlüsse mit den Schnittstellen S0FV und S2MFV dar. Diese Anschlüsse unterscheiden sich von den Wählanschlüssen dadurch, daß die bereitgestellten Festverbindungen nicht über eine ISDN-Vermittlungsstelle geführt werden. Deshalb muß einer der Kommunikationspartner die Signalisierungsaufgaben der Vermittlungsstelle übernehmen. Ansonsten müssen die verwendeten Übertragungsverfahren miteinander abgestimmt werden. Wie in Abbildung 11.7 dargestellt, können zur Datenübertragung in erster Linie Datenendeinrichtungen mit integrierter S0-Schnittstelle verwendet werden. In Frage kommen zum Beispiel PCs, eine Datenverarbeitungsanlage oder ein Schnittstellencontroller in einem LAN. Durch den modularen Aufbau können diese Endgeräte problemlos mit einer S0-Schnittstelle ISDN-fähig gemacht werden. Für die Anpassung eines PCs an die S0-Schnittstelle verwendet man eine ISDN-Adapterkarte mit der dazugehörigen Kommunikationssoftware. Zur LAN-LAN-Kopplung sind entsprechende Karten in den Gateway-Rechnern einzusetzen. Hinzu kommt dabei die LAN-Software, um über die ISDN-Karte beide LANs miteinander koppeln zu können. Es gibt inzwischen eine Vielzahl von Herstellern auf dem Markt, die sowohl Einplatz- als auch Netzwerklösungen anbieten.

Es ist aber auch möglich, herkömmliche Datenendgeräte mit V- oder X-Schnittstelle im ISDN zu betreiben. Man bedient sich dabei

Rechnernetze – Basis der Kommunikation

entsprechender Terminaladapter, um dies zu realisieren. In Abbildung 11.7 ist auch diese Anschlußmöglichkeit aufgezeigt.

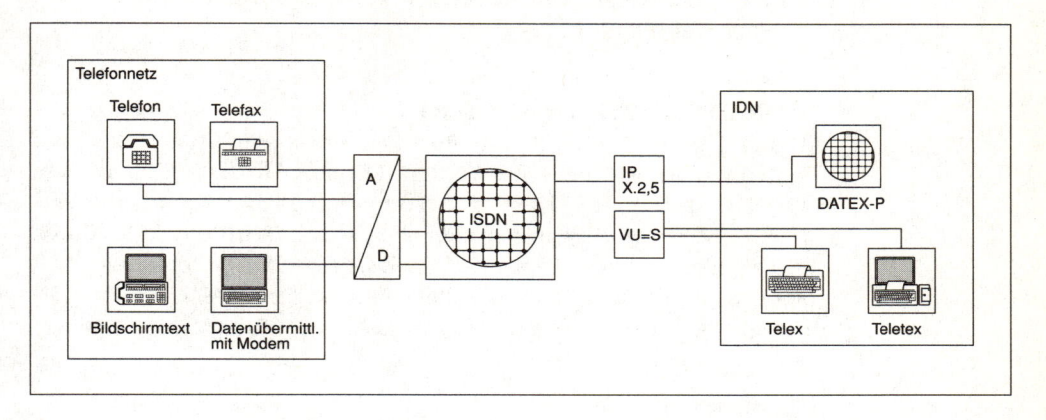

Bild 11.7 ISDN Anschluß über Terminaladapter

Der Terminaladapter a/b dient zur Anpassung von Endgeräten mit analoger Leitungsschnittstelle an die S0-Schnittstelle. Auf diese Art und Weise können analoge Modems für die Datenübermittlung adaptiert werden, auch wenn diese bisher im herkömmlichen Telefonnetz betrieben worden sind. Voraussetzung für die Datenübertragung ist, daß bei der Gegenstelle im ISDN entweder die gleiche Konfiguration vorliegt oder die V.24 Endeinrichtung – wie bisher – über ein Modem an einem analogen Telefonanschluß angeschaltet ist.

Es können auch Endgeräte über direkten V.24/V.28-Schnittstellenanschluß an das ISDN angeschlossen werden. Sie benötigen hierzu einen Termianladapter V.24. Mit diesem Terminaladapter wird die erforderliche Umsetzung auf die standardisierte S0-Schnittstelle im ISDN durchgeführt. Der Einsatz ist der Funktion eines Modems ähnlich. PCs können somit über die vorhandene V.24-Schnittstelle ohne großen Aufwand und vor allem ohne besonderen Systemeingriffe über einen TA V.24 im ISDN kommunizieren.

Herkömmliche Datenendeinrichtungen mit einer X.21/X.21bis Schnittstelle von 2,4 bis 64 Kbit/s können mit Hilfe von Terminaladaptern X.21/X.21bis am ISDN-Netz teilnehmen. Die Gegenstelle muß sich ebenfalls im ISDN-Netz mit entsprechendem Adapter und gleicher Geschwindigkeit befinden. Verbindungen von und zu Datex-L-Anschlüssen über TA X.21/X.21bis sind nicht möglich.

Zudem stellt die Telekom Mechanismen zur Verfügung, um die Übergänge zwischen ISDN und drei weiteren wichtigen Diensten im IDN zu ermöglich. Es handelt sich dabei um die Übergänge für Teletex, Telex und Datex-P.

ISDN-IDN für Teletex und Telex

Damit Teletex- und Telexteilnehmer im integrierten Text- und Datennetz (IDN) erreicht werden können, wird zwischen dem ISDN und IDN mit Hilfe des Verbindungsunterstützungssystems (VU-S) der Netzübergang ermöglicht. Erreicht wird das VU-S durch die Wahl einer dienstespezifischen Zugangsziffer. Möchte man beispielsweise vom Teletex im ISDN aus einen Anschluß im IDN erreichen, dann müssen die Zugangsziffern 0195 gewählt werden.

ISDN-IDN für Datex-P

Der Übergang vom ISDN zum Datex-P-Dienst im IDN wird durch einen Interworking-Port X.25 (IP X.25) ermöglicht. Vom ISDN-Anschluß wird der Zugang zum Datex-P im IDN ermöglicht, ohne daß vom ISDN spezielle Paketvermittlungsfunktionen ausgeführt werden. Das ISDN bietet lediglich über eine 64 Kbit/s Wählverbindung den Zugang dorthin. Das bedeutet, daß der ISDN-Anschluß von anderen Datex-P-Anschlüssen nicht über die ISDN-Rufnummer des Teilnehmers, sondern über eine Datex-P-Rufnummer erreicht werden kann. Diese Anschlußform ist deshalb auch von Vorteil, weil ein vorhandener ISDN-Anschluß auch für Datex-P-Endgeräte mitbenutzt werden kann, die über einen Terminaladpater angepaßt werden und somit keine weiteren Installationskosten anfallen.

Die einheitliche ISDN-Anschlußtechnik sorgt darüber hinaus für ein hohes Maß an Beweglichkeit im Endgerätebereich. Ein Standortwechsel des Endgerätes ist ohne zusätzlichen Installationsaufwand möglich.

Für den Zugang zu Datex-P werden Endgeräte mit X.25-Schnittstelle verwendet. Diese werden über einen Endgeräteadapter TA X.25 an das ISDN angepaßt. Dem TA X.25 ist ein IP X.25 fest zugeordnet, der den Übergang zwischen dem ISDN und Datex-P im IDN realisiert. Die bei diesem Zugangsverfahren am TA X.25 angebotenen Übertragungsgeschwindigkeiten sind 2400, 4800 und 9600 bit/s. In Abbildung 11.7 sind diese Möglichkeiten dargestellt. Damit Sie sich einen abschließenden Gesamtüberblick für ISDN verschaffen können (Schnittstellen, Anschlüsse, etc.) ist dies in Abbildung 11.8 nochmals zusammengefaßt dargestellt.

Bild 11.8 ISDN-Schnittstellen im Netz der Telekom

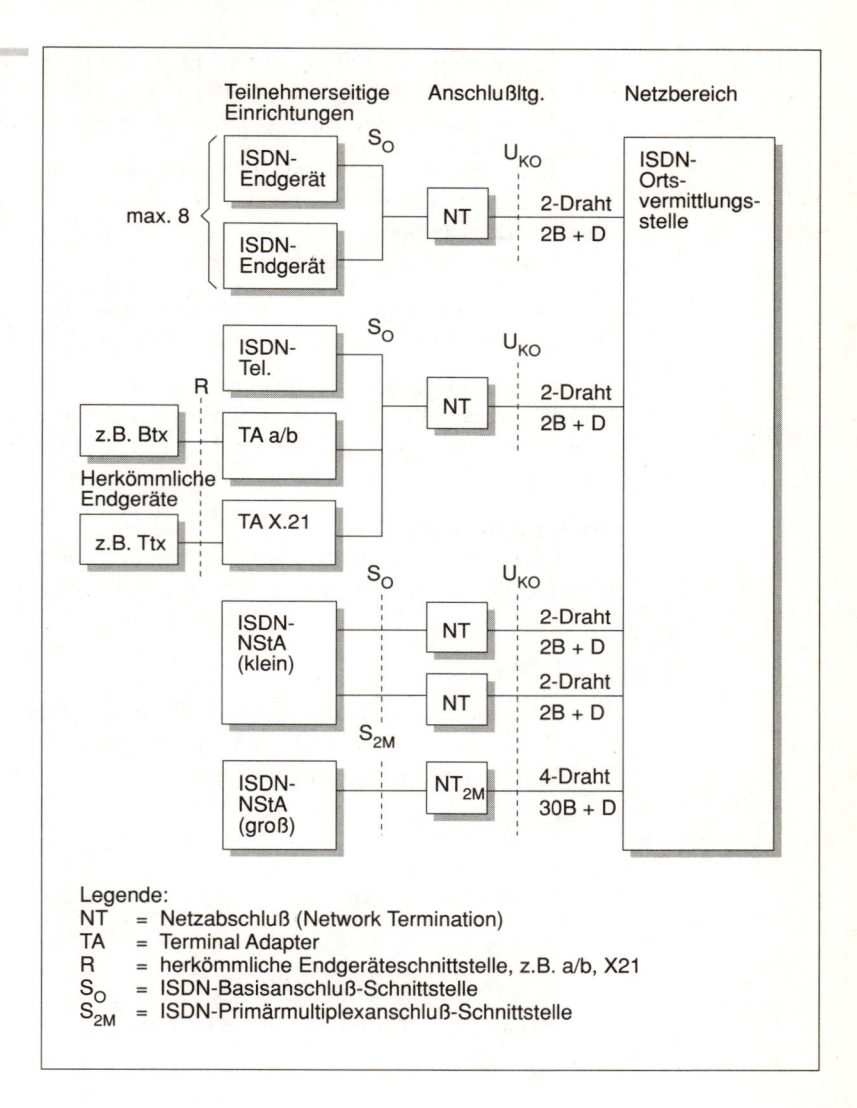

```
                Teilnehmerseitige      Anschlußltg.      Netzbereich
                Einrichtungen
                              S_O                U_KO
                    ISDN-                                ISDN-
                    Endgerät                             Orts-
          max. 8                      NT      2-Draht    vermittlungs-
                    ISDN-                     2B + D     stelle
                    Endgerät

                              S_O                U_KO
                    ISDN-
                    Tel.
              R                       NT      2-Draht
    z.B. Btx        TA a/b                    2B + D
    Herkömmliche
    Endgeräte
    z.B. Ttx        TA X.21

                              S_O                U_KO
                    ISDN-
                    NStA                NT     2-Draht
                    (klein)                    2B + D
                                        NT     2-Draht
                              S_2M              2B + D

                    ISDN-
                    NStA                NT_2M  4-Draht
                    (groß)                     30B + D
```

Legende:
NT   = Netzabschluß (Network Termination)
TA   = Terminal Adapter
R   = herkömmliche Endgeräteschnittstelle, z.B. a/b, X21
S_O = ISDN-Basisanschluß-Schnittstelle
S_{2M} = ISDN-Primärmultiplexanschluß-Schnittstelle

ISDN-Bildschirmtext

Heutige Anwender nutzen Bildschirmtext als dialogfähiges Informationssystem. Bildschirmtext wird zur Zeit durch Zuhilfenahme von Modems (Anschaltboxen) durchgeführt. Die Übertragungsleistung ist dabei mit 1200 Bit/s von der Zentrale zum Anwender und mit 75 Bit/s in der Gegenrichtung sehr gering. Bildschirmtext wird durch die Abwicklung über ISDN erhebliche Vorteile mit sich bringen. Großen Nutzen kann Btx aus der höheren Übertragungsgeschwindigkeit ziehen. Damit ergeben sich wesentlich kürzere Bildaufbauzeiten und schnellerer Bildwechsel. Wer die heutigen

KAPITEL 11

mosaikförmigen Darstellungen von Btx als störend empfindet, muß sich gedulden, bis Btx im ISDN-Betrieb verbessert wird. Btx wird sodann durch folgende Betriebsweisen ergänzt werden:

- die geometrische Betriebsweise, bei der geometrische Formen, zum Beispiel Kreise, Rechtecke, Quadrate oder Dreiecke, nur durch die Angaben der wesentlichen Merkmale dargestellt und übermittelt werden können;

- die photographische Betriebsweise, mit deren Unterstützung Bilder in Einzelpunkte aufgelöst und übermittelt werden.

Durch die Einführung von ISDN werden aber nicht nur bestehende Dienste verbessert, sondern es werden auch neue Dienste ermöglicht, wie nachfolgend gezeigt wird.

ISDN-Bilddienste

Mit der Bildkommunikation kann ein neuer Dienst im ISDN angeboten werden. Hierbei sind unterschiedliche Anwendungen denkbar.

- Fernskizzen

  Übermitteln von Skizzen während des Entstehens
  Gleichzeitiges Darstellen auf Bildschirmen
  Kombination mit Fernsprechern

- Fernzeichnen

  Hohe Auflösung
  Geeignet für Grafikabstimmung

- Festbildübertragung

  Betrachten eines Kataloges
  Austausch technischer Darstellungen

- Langsames Bewegtbild

  Betrachten von Personenbildern
  Betrachten von Funktionsabläufen

- Bewegtbild mit einfacher Bewegungsdarstellung

  Übertragen von Personenbildern
  Bildbegleitung beim Telefonieren
  Einsatz bei Telekonferenzen

ISDN-Fernwirken

Hierunter sind Anwendungen zu verstehen wie:

- Fernüberwachen

    Fernanzeigen: Einfache Meldesignale, wie Alarme, werden einer Zentrale übermittelt.
    Fernmessen: Meßdaten werden zu einer Leitstelle übertragen.

- Fernsteuern

    Fernschalten: Durch einfache Befehlssignale wird eine Maschine an- oder abgeschaltet.
    Ferneinstellen: Mit Befehlssignalen wird zum Beispiel der Druck eines Druckkessels exakt eingestellt.

ISDN-Textfax

Dieser Dienst vereinigt die Eigenschaften von Teletex und Telefax und gewährt die originalgetreue Übermittlung von Schwarz-Weiß-Dokumenten.

Aufgrund der Tatsache, daß unter ISDN alle Dienste über ein gemeinsames Netz laufen werden, sind inzwischen Entwicklungen im Gange, nicht nur Geräte zu entwickeln, die ISDN-fähig sind, sondern multifunktionale Endgeräte herzustellen. Die Vorteile liegen auf der Hand:

- Endgerätekomponenten für verschiedene Dienste werden mehrfach ausgenutzt.

- Integration verschiedener Nachrichtenformen in einem Gerät.

- Raumersparnis im Büro.

Auch die Kommunikation von LANs über ISDN ist sehr vorteilhaft. Um jedoch auch die Möglichkeiten sinnvoll im Bürobereich nutzen zu können, ist es notwendig, die herkömmlichen Nebenstellenanlagen durch ISDN-fähige Nebenstellenanalgen zu ersetzen.

Diese neuen Nebenstellenanlagen bieten nicht nur die Vorteile zur Kommunikation außerhalb des Firmengeländes, sondern auch innerhalb einer Firma. In Abbildung 11.9 sind die Nutzungsmöglichkeiten zukünftiger ISDN-Kommunikationsanlagen dargestellt.

Aus Abbildung 11.9 ist ersichtlich, daß durch ISDN Lokale Netze nicht abgelöst werden sollen, sondern die Möglichkeiten der Verbindung von LANs, sowohl Inhouse als auch durch WANs, verbessert und vereinfacht werden sollen. Den Funktionen der Server, die Sie in Abbildung 11.9 sehen, kommen folgende Bedeutung zu:

KAPITEL 11

- Telekommunikations-Server

   Übernimmt die Aufgaben für Mailbox-Dienste
   Zuständig für die Abwicklung von Teletex- und Telexverkehr
   Übernimmt die Protokollumwandlung, wenn Datenterminals oder Workstations den Zugang zu Teletex oder Telex durchführen

*Bild 11.9
Nutzungsmöglichkeiten der ISDN-fähigen Nebenstellenanlagen*

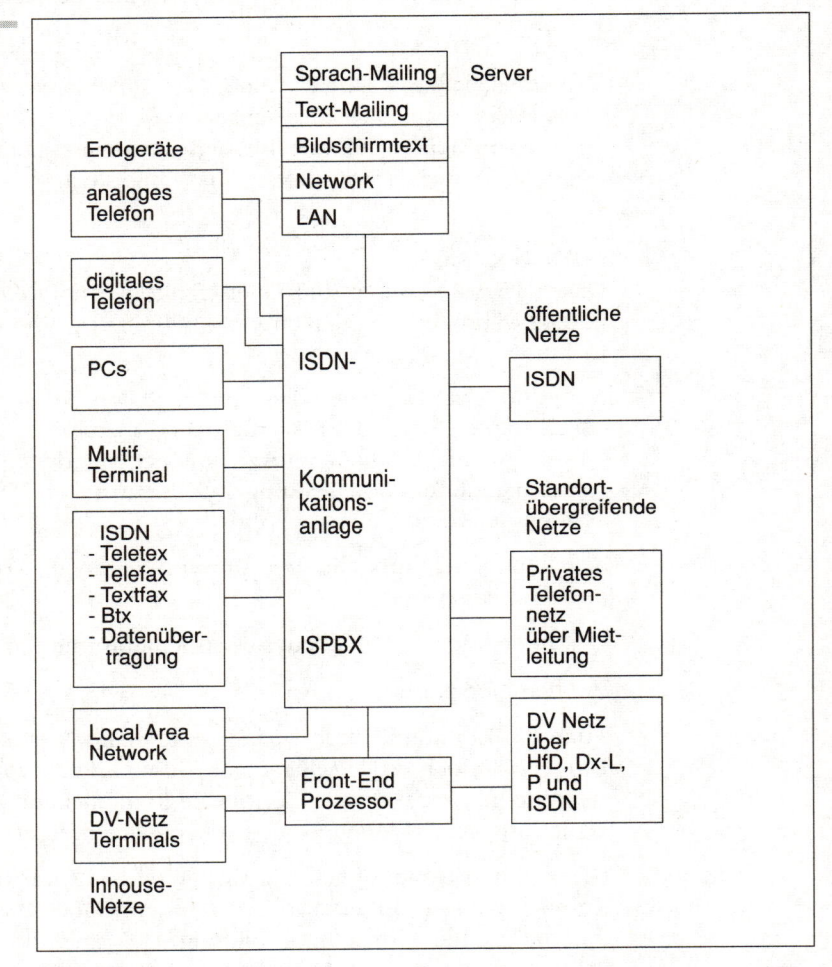

- Text-, Fax-Server

   Abwicklung des Teletex- oder Telefaxverkehrs
   Zuständig für interne oder externe Kommunikation
   Zuständig für die Umwandlung von Teletex in Telefax

Rechnernetze – Basis der Kommunikation

- Sprach-Server

    Speicherung von Sprachmitteilungen
    Abruf von Sprachmitteilungen
    Verschicken von Broadcast-Messages

- Network-Server

    Gateway-Rechner-Funktion für Netzwerkübergänge
    Gateway zu öffentlichen Netzen

- LAN-Server

    Gateway oder Bridge zu einem anderen LAN
    Zugang für asynchrone Terminals in einem LAN

- Btx-Server

    Zuständig für Btx-Verbindungen

In Abbildung 11.10 ist dargestellt, wie ein WAN-Konzept mit Hilfe von ISDN bzw. ISDN-fähigen Anlagen aussehen könnte.

*Bild 11.10
Kommunikation
unter ISDN*

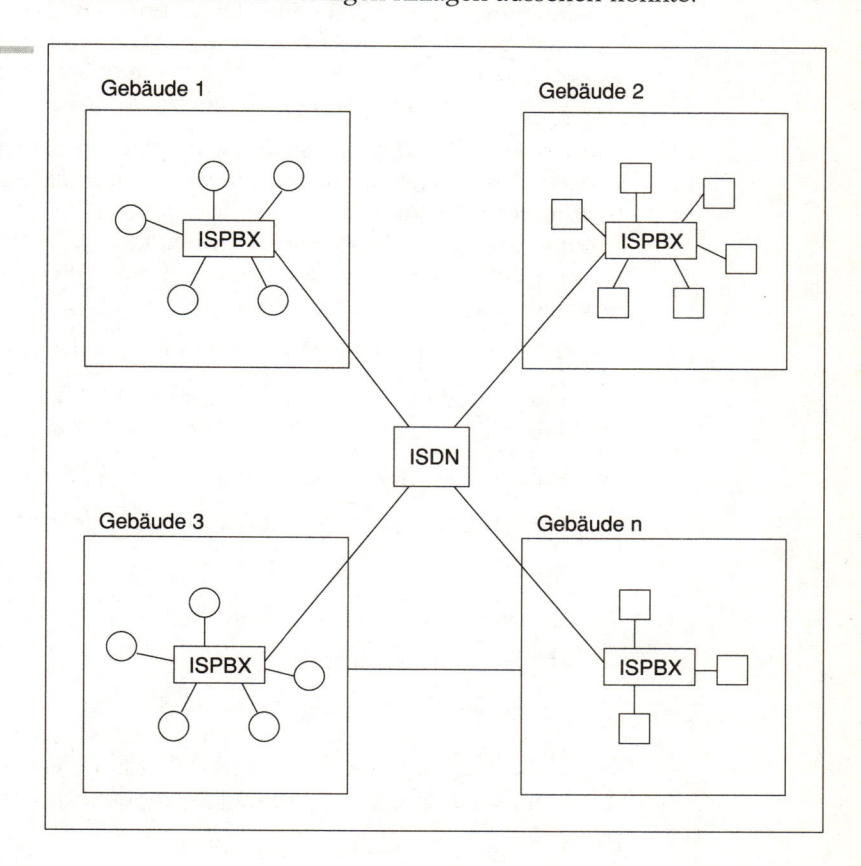

KAPITEL 11

LANs und ISDN werden somit nebeneinander bestehen und sich gegenseitig ergänzen. Die Möglichkeiten der Kopplung von LANs über große Stecken hinweg wird somit in Zukunft wesentlich einfacher und besser werden.

Was ist als Weiterentwicklung für ISDN geplant? Nachdem das derzeitige ISDN auch als Schmalband-ISDN bezeichnet wird, ist zu folgern, daß es irgendwann auch ein Breitband-ISDN geben wird.

Glasfasernetze – Basis für Breitband-ISDN

Für die Kommunikation mit Hilfe von metallischen Leitern gibt es physikalisch bedingte Grenzen der Übertragungsgeschwindigkeiten. Da eine schnelle Kopplung auch über große Entfernungen für die Zukunft gefordert wird, ist das Übertragungsmedium der Zukunft die Glasfaser bzw. der Lichtwellenleiter. Im Bereich der PC-LANs werden inzwischen von allen führenden Herstellern Kopplungseinrichtungen angeboten, um die Netzwerke durch den Einsatz von Lichtwellenleitern (LWL) über die bisher möglichen Entfernungen weiter ausdehnen zu können. Zudem sind Übertragungen über LWL, wie zu Beginn der Einführung bereits erwähnt wurde, störunempfindlich gegen äußere Einflüsse.

Die zu übertragende Information wird durch Lichtsignale von Ort A nach Ort B transportiert. Zur Zeit sind mit dieser Technik Übertragungsgeschwindigkeiten von 600 Mbit/s möglich, wenn die Leitungslänge nur einige Kilometer beträgt. Auf längeren Strecken müssen entweder Verstärker eingesetzt oder die Übertragungsgeschwindikeiten gesenkt werden.

Die Vorteile der Glasfasertechnik sollen nochmal aufgeführt werden:

- Unempfindlich gegenüber elektrischen und magnetischen Strahlungen

- Vollständige elektrische Trennung von Sender und Empfänger

- Kein Auftreten von Potentialproblemen (Erdschleifen)

- Risikofrei in explosionsgefährdeter Umgebung

- Kein Auftreten von Nebensprechen

- Gegen Abhören sicher

- Sehr hohe Übertragungskapazitäten

- Sehr geringe Dämpfung, damit Verlustarmut

- Geringes Kabelgewicht und kleiner Querschnitt des Kabels

- Unbegrenzte Materialverfügbarkeit

Rechnernetze – Basis der Kommunikation

Die Schwachstelle bei den Systemen, die mit LWL als Übertragungstechnik arbeiten, liegt in der Ansteuerungselektronik. Mit elektrooptischen Bauelementen sind durchaus Übertragungsbandbreiten von einigen hundert Giga-Hertz denkbar (einige 100 Gbit/s). Aber erst mit der Verfügbarkeit der notwendigen technischen Gerätschaft, werden Kopplungen mit diesen Geschwindigkeiten denkbar sein.

Im Fernnetzbereich sind Lichtwellenleiter dort interessant, wo Telefonleitungen die notwendige Übertragungsgeschwindigkeit nicht mehr erbringen können. Die geplanten neuen Dienste, wie Bildfernsprechen, Videokonferenzen und dergleichen, erfordern allein beim Teilnehmeranschluß Datenraten von bis zu 140 Mbit/s.

Bild 11.11
Stufen der
Integration

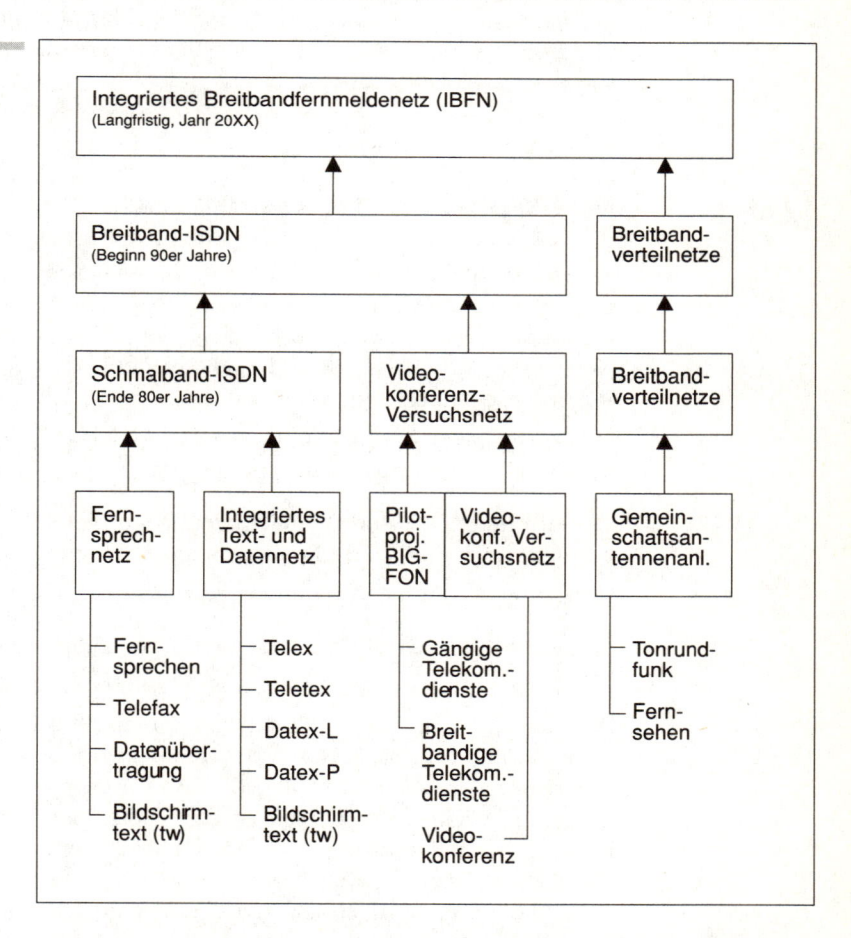

```
                    ┌─────────────────────────────────────────┐
                    │ Integriertes Breitbandfernmeldenetz     │
                    │ (IBFN)                                  │
                    │ (Langfristig, Jahr 20XX)                │
                    └─────────────────────────────────────────┘
                         ↑                            ↑
              ┌──────────────────┐         ┌──────────────────┐
              │ Breitband-ISDN   │         │ Breitband-       │
              │ (Beginn 90er J.) │         │ verteilnetze     │
              └──────────────────┘         └──────────────────┘
                 ↑           ↑                      ↑
        ┌─────────────┐  ┌──────────┐      ┌──────────────┐
        │ Schmalband- │  │ Video-   │      │ Breitband-   │
        │ ISDN        │  │ konferenz│      │ verteilnetze │
        │ (Ende 80er) │  │ Versuchs.│      │              │
        └─────────────┘  └──────────┘      └──────────────┘
          ↑         ↑      ↑      ↑               ↑
      ┌──────┐ ┌────────┐┌─────┐┌──────┐   ┌──────────┐
      │Fern- │ │Integr. ││Pilot││Video-│   │Gemein-   │
      │sprech│ │Text- u.││proj.││konf. │   │schafts-  │
      │netz  │ │Datenn. ││BIG- ││Vers.-│   │antennen- │
      │      │ │        ││FON  ││netz  │   │anlagen   │
      └──────┘ └────────┘└─────┘└──────┘   └──────────┘
        │        │         │              │
     ├Fern-    ├Telex    ├Gängige      ├Tonrund-
     │sprechen │         │Telekom.-    │funk
     │         ├Teletex  │dienste      │
     ├Telefax  │         │             └Fern-
     │         ├Datex-L  ├Breit-         sehen
     ├Daten-   │         │bandige
     │übertra- ├Datex-P  │Telekom.-
     │gung     │         │dienste
     │         └Bildsch.-│
     └Bildsch.- text (tw)└Video-
      text (tw)           konferenz
```

Die ersten Versuche werden von der Telekom bereits durchgeführt und sind unter dem Kürzel BIGFON bekannt (breitbandiges integriertes Glasfaser-Fernmeldeortsnetz). In Abbildung 11.11 ist dargestellt, wie die einzelnen Netze zu einem Universalnetz vereint werden sollen. Bis dies jedoch im vollen Umfang zur Verfügung stehen wird, werden noch einige Jahre, wenn nicht sogar Jahrzehnte verstreichen. Deshalb ist es nicht unbedingt sinnvoll, sich über diese zukünftigen Entwicklungen jetzt schon zu viele Gedanken zu machen. Wichtiger ist es, die in naher Zukunft zur Verfügung stehenden Dienste sinnvoll auszunutzen und einzusetzen.

Es läßt sich heute noch nicht genau abschätzen, wie die Auswirkungen einer Integration von Netzen auf die zugehörigen Dienste aussehen soll. Es ist mit Sicherheit nicht machbar, von heute auf morgen alle herkömmlichen Fernmeldedienste in das ISDN zu übernehmen und somit zu ISDN-Diensten zu machen. Zudem ist bei einigen Diensten noch nicht ganz geklärt, ob sie in das ISDN übernommen werden sollen oder bis zu ihrer endgültigen Ablösung ein Inseldasein fristen.

11.3 Metropolitan Area Network

Es wurde bereits mehrfach darauf hingewiesen, daß das immer größer werdende Datenvolumen im lokalen und im standortübergreifenden Kommunikationsbereich den Einsatz leistungsfähiger Netzwerktechnologien erforderlich macht. Als Gründe für das Wachtums können angesehen werden:

- die immer größer werdende Anzahl installierter Rechner am Arbeitsplatz (PCs, CAD-Stationen, DTP-Stationen, etc.),

- die immer bessere Qualität der Dokumente (komplexe Farbgraphik, hochauflösende Drucke, Scanner Images, etc.),

- der Einsatz kommunikationsorientierter Anwendungen und

- der intensive Datenaustausch zwischen unterschiedlichen Standorten.

Wie aus den bisherigen Ausführungen ersichtlich ist, wird diese Entwicklung auch stark durch den Einsatz von LANs, basierend auf internationalen Standards, gefördert und immer weiter nach vorne getrieben. Nicht zu vergessen ist dabei, daß die gesamte Entwicklung und die Forderungen der Anwender immer größer werden. Die Standardisierung auf diesem Gebiet hat auch dazu beigetragen, daß die Kommunikation zwischen heterogenen Netzwerken ermöglicht wird. Hätte man vor einigen Jahren daran gedacht, Netzwerkbetriebssysteme wie NetWare, LAN-Manager, Vines, Unix, Apple Share, etc. in ein Gesamtkonzept zu integrieren, um von

Rechnernetze – Basis der Kommunikation

einem Arbeitsplatz aus auf alle diese Systeme zugreifen zu können, könnten die Systeme unter- und miteinander Daten und Informationen austauschen.

Die Entwicklung leistungsfähiger Koppelelemente wie Bridges, Router, Brouter und Gateways haben geholfen, einzelne LANs und Hostsysteme zu einem unternehmensweiten Netzwerk zusammenführen zu können. Damit werden auch neue Informationstechniken ermöglicht. Denken Sie an die Entwicklung der Client-Server-Datenbanken und an den Aufbau verteilter Datenbanken. Ganz groß im Trend liegen derzeit die Möglichkeiten, die Ihnen durch das Multimedia zur Verfügung gestellt werden, um Text, Graphik, Daten, Sprache und Video zu integrieren. Damit verbunden sind allerdings auch riesige Datenmengen, die nicht nur bewältigt (immer leistungsfähigere Rechner) sondern auch bewegt werden müssen, vor allem wenn diese im LAN bzw. Internet zu transportieren sind.

Damit die Datenvolumen im LAN bewältigt werden können, wird in vielen Unternehmen inzwischen FDDI zumindest im Backbone-Bereich eingesetzt. Es gibt auch Installationen, bei denen FDDI bis zum Arbeitsplatz installiert wird, nur um die benötigten Datenmengen in vernünftigen Zeiten von A nach B verschicken zu können.

Die Möglichkeit, ein solches unternehmensweites Netzwerk standortübergreifend zu realisieren ist beim heutigen Stand der Technik der angebotenen Telekommunikationsdienste kaum zu realisieren. Die Übertragungsraten in öffentlichen Netzen von momentan 9.600 bit/s, 64 Kbit/s oder auch 2 Mbit/s (T1-Verbindung) liegen um ein Vielfaches unter der Leistungsfähigkeit von LANs. Noch krasser wird der Gegensatz, wenn Sie durchgängig FDDI mit 100 Mbit/s einsetzen.

Die Möglichkeit zur effektiven Gestaltung der Kommunikation sind schnelle Paketvermittlungsdienste, basierend auf der Frame-Relay-Technik. Deren Funktionsweise ist vergleichbar mit der von LANs und können zur Übertragung von Daten und Bildern genutzt werden. Derzeit wird diese Technik allerdings nur in privaten Netzen und unter dem Einsatz nichtstandardisierter Formate realisiert. Derzeit werden CCITT-Dienste, die auch auf der Frame-Relay-Technik aufbauen, für das Schmalband-ISDN standardisiert.

Die Telekom hat den wachsenden Bedarf an breitbandiger, schneller und sicherer Kommunikation erkannt und ist im Herbst 1991 in die Pilotphase für den Einsatz der MAN-Technologie gegangen. An dieser Pilotphase sind die drei Standorte Stuttgart, München und Frankfurt beteiligt. Das Metropolitan Area Network setzt auf dem 802.6 Standard auf und verwendet als Technik

KAPITEL 11

DQDB (Distributed Queue Dual Bus). Die DQDB-Technik wurde Mitte der 80er Jahre an der Universität von Westaustralien entwickelt. Mit der Unterstützung des Postwesens in Australien wird die Technologie von der Firma QCL vermarktet. Die Zugriffsmethode wird als QPSX (Queued Packet Switch Exchange) bezeichnet. Ein kurzer Überblick soll Ihnen einen Eindruck über die Möglichkeiten der MAN-Technologie vermitteln.

Sinn und Zweck eines MAN ist es, integrierte Dienste wie Daten, Sprache und Video über große Distanzen hinweg übertragen zu können. Das MAN besteht aus untereinander verbundenen DQDB-Teilnetzwerken. Die Verbindung dieser Teilnetze erfolgt entweder über Bridges, Router oder Gateways. Ein auf der Basis von DQDB konzipiertes MAN stellt sowohl asynchrone Übertragungsdienste (Paketvermittlung), wenn es um die Kopplung von Netzen geht, als auch isochrone Übertragungsdienste (Durchschaltvermittlung), wenn es um die Übertragung von Sprache und Video geht, zur Verfügung. Man muß dabei bedenken, daß die Übertragung von Daten in herkömmlichen LANs tatsächlich asynchron ist. Man will kurzfristig eine größere Menge von Daten. Wenn es im Gegensatz dazu um die Übertragung von Bildern geht, braucht man über einen längeren Zeitraum eine »feste« Verbindung zwischen den Partnern.

Da sich das MAN an 802.6 orientiert, wird gefordert, daß ein MAN eine Distanz von mindestens 50 Kilometern überbrücken kann (Metropolitan Area = Region) und die Übertragungsstrecken mit sehr großen Geschwindigkeiten bereitgestellt werden. Das MAN wird dabei mit Übertragungsraten von 34 Mbit/s oder 140Mbit/s arbeiten. Aufgrund dieser hohen Übertragungsgeschwindigkeit kommt bei der DBP Telekom nur der Einsatz von Glasfaser in Betracht.

Damit nicht jeder MAN-Teilnehmer plötzlich mit Teilnehmern kommuniziert, mit denen er dies nicht dürfte, sind entsprechende Sicherheitsmechanismen implementiert bzw. vorgesehen. Es erfolgt eine Adress Validation, d.h. eine syntaktische Prüfung der Adresse, um festzustellen, daß die vorgegebene Adresse dem Aufbau und der Form für das MAN entspricht. Zudem wird auch eine Adress Authorization durchgeführt, mit der eine Source-Adresse auf Zugangserlaubnis überprüft wird. Das Address Screening stellt sicher, daß die Zieladresse, die unter der betrachteten Source-Adresse angegeben ist, auch als Kommunikationspartner anerkannt wird. Bei der Konzeption wurde großer Wert auf Fehlertoleranz gelegt, so daß bei Kabelbruch zum Beispiel eine automatische Rekonfiguration des MAN erfolgt. Hierzu jedoch später mehr.

Durch die Vereinbarungen zwischen IEEE 802.6 und der CCITT-Studienkomission XVIII, die Empfehlungen für das B-ISDN auf ATM-Basis erarbeitet, wird sichergestellt, daß die Definitionen des CCITT bezüglich der ATM-Zellenlänge und ATM-Struktur für DQDB übernommen wird. Somit ist die Integration von MAN in ein B-ISDN und der länderübergreifende Aufbau von MAN abgesichert.

11.3.1 Der DQDB-Standard

Die Begriffsbildung DQDB setzt sich aus der Bezeichnung für das Medienzugriffsverfahren (Distributed Queue) und der Bezeichnung für die Topologie (Dual Bus) zusammen. DQDB wurde Ende 90 standardisiert (IEEE 802.6). Die wesentlichen Elemente des Standards sind der DQDB Bus, die Rahmenstruktur und der Medienzugriff für den isochronen und den asynchronen Datenverkehr. In Abbildung 11.12 ist der prinzipielle Aufbau eines DQDB-Bussystems dargestellt.

Bild 11.12
Aufbau eines
DQDB-Bussystems

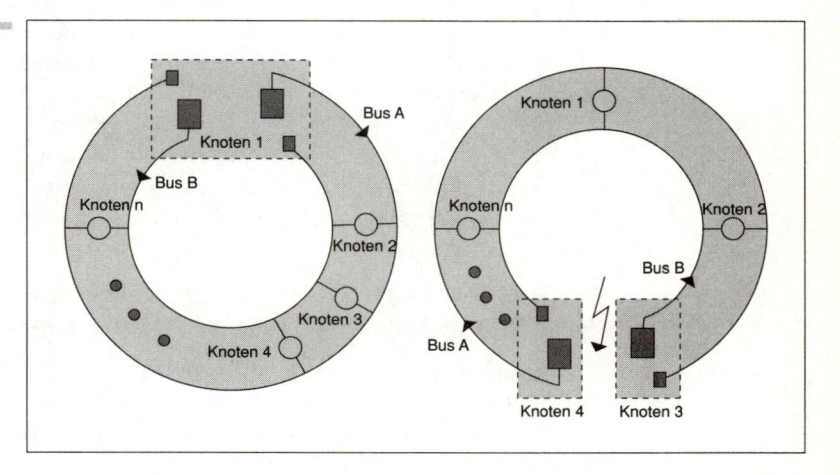

Ein MAN-Teilnetz basierend auf dem DQDB-Standard besteht generell aus zwei unidirektionalen Bussystemen, als Bus A und Bus B bezeichnet, und mehreren angeschlossenen Knoten. Die Übertragungsrichtung von Bus A und Bus B ist gegenläufig und erlaubt Vollduplex-Verkehr. Die beiden Bussysteme arbeiten unabhängig voneinander, womit auf beiden Bussystemen die volle Übertragungskapazität zur Verfügung steht. Jeder einzelne Knoten ist mit jedem der beiden Busse sowohl mit einer Lese- als auch mit einer Schreibeinheit verbunden, wie in Abbildung 11.13 dargestellt.

KAPITEL 11

*Bild 11.13
Anschluß eines
Knotens im MAN*

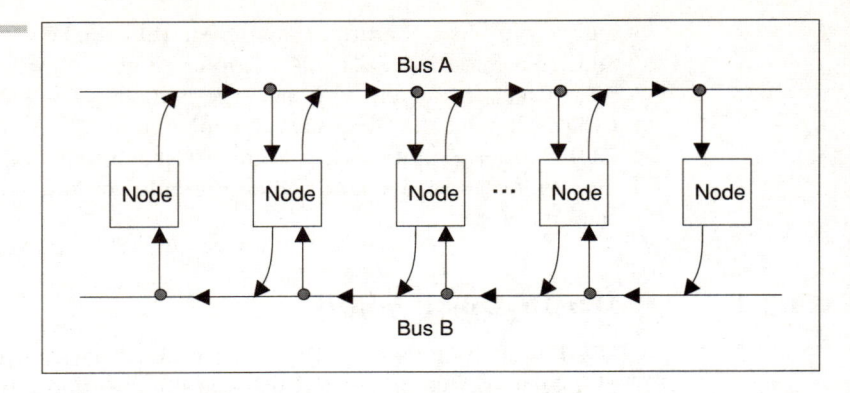

Der Zugriff auf das Medium wird von einer – in jedem Knoten installierten – Zugriffseinheit realisiert. Der vorbeikommende Bitstrom wird zuerst gelesen, bevor in einen freien Slot über ein logisches ODER geschrieben werden kann. Die Generierung der Frames geschieht am Kopf der Busse: Kopfstation, Head of Bus (HOB). Der Datenfluß endet am Busende: End of Bus (EOB). Die Knoten enthalten Tabellen, in denen eingetragen ist, über welchen Bus die anderen Knoten erreichbar sind. Zwischen Head of Bus (HOB) und End of Bus (EOB) fließt ein kontinuierlicher Bistrom von 34 bzw. 140 Mbit/s. Der im HOB befindliche Rahmen-(Frame-)Generator formatiert diesen in 125 Mikrosekunden-Rahmen. Jeder Rahmen wird in »Frame Header«, »n Slots« und ein »Stuffing Field« unterteilt. In Abhängigkeit der Übertragungsgeschwindigkeit (34 Mbit/s=4.296 bit/Frame, 140 Mbit/s=17.408 bit/Frame) enthält ein Rahmen 6 bzw. 27 Slots.

Der Rahmen wird wiederum in Zeitschlitze, auch als Slots oder Zellen bezeichnet, aufgeteilt und setzt sich zusammen aus:

- Access Control Field (ACF) (1 Byte)

Dieses Feld beinhaltet das Kontrollbit für »request/non-request«, das »busy« bzw. »empty« Bit und den Slot-Typ (isochron oder asynchron).

- Segment Header (4 Byte)

Der Datenteil enthält die segmentierten Daten des LAN-Paketes einschließlich MAC-Adressen und Protokoll-Header der höheren Schichten.

- Datenteil (payload) 48 Byte

Bevor die Daten über ein DQDB-MAN übertragen werden können, müssen diese zuvor in 44-Byte-Segmente (Segmentation Unit) aufgeteilt werden, sowie mit Header und Trailer (je 2 Byte) versehen werden. Man unterscheidet dabei 4 Segmenttypen:

- BOM – Beginning of Message
- COM – Continuation of Message
- End of Message
- SSM – Single Segment Message (wenn Daten nur aus einer Segmentation Unit bestehen)

Die BOM Segmentation Unit enthält die MAN-Adresse, die Teilnehmer-Adresse und die ersten Daten.

Es wurde bereits erwähnt, daß die MAN-Technologie sowohl für isochronen Datenverkehr als auch für asynchronen Datenverkehr genutzt werden kann. Es sollen anschließend die Medienzugriffe für die beiden Möglichkeiten erläutert werden.

Zugriff für isochronen Datenverkehr

Durch die Anforderungen einer Station im Netzwerk wird durch die Kopfstation die Vorbelegung von Zellen bzw. Bytes für die Übertragung isochroner Dienste vorgenommen. Die durch isochrone Kanäle verbundenen Stationen erkennen ihren Kanal an der Position der Bytes, die durch die Kopfstation reserviert wurden. Wird eine Verbindung nicht mehr benötigt, so erfolgt der Verbindungsabbau ebenfalls über die Kopfstation.

Zugriff für den asynchronen Datenverkehr

Das Zugriffsprotokoll setzt voraus, daß in jedem Knoten, für jeden Bus sowohl ein Request Counter (RC) als auch ein Countdown Counter (CD) vorhanden ist. Eine Station, die ein Segment auf Bus A übertragen möchte, sendet einen Request auf Bus B zu allen »stromaufwärts« liegenden Stationen. Jede Station, die einen Request auf Bus B empfängt, inkrementiert den RC für Bus A. Für jede freie Zelle (Busy Bit = 0), die den Bus A passiert, wird der RC für Bus A dekrementiert. Hat eine Station einen Sendewunsch, wird der Inhalt des RC in den CD geladen und der RC zurückgesetzt. Für jede freie Zelle, die den Bus A passiert, wird nun der CD für Bus A dekrementiert. Ist der CD = 0, wird die nächste freie Zelle zur Übertragung genutzt. Mit diesen beiden Zählern (pro Bus) in jedem Knoten wird eine verteilte Warteschlange (pro Bus) für den Zugriff auf frei Zellen gebildet (-> Distributed Queue).

Durch die modulare Bauweise des MAN-Vermittlungssystems wird eine flexible Anpassung an die lokalen Gegebenheiten, die bereits existierende Verkabelungsinfrastruktur und die Anforderungen an die Verfügbarkeit erreicht.

KAPITEL 11

Bezüglich der möglichen Topologien unterscheidet man:

Punkt-zu-Punkt Topologie
Es handelt sich hier um die einfachste Form des »Open-Bus«. Immer wenn zwei Teilnetze miteinander verbunden werden, geschieht dies mit einer einfachen Punkt-zu-Punkt-Verbindung.

Offener Bus
Der Offene Bus (Open-Bus) ist eine Erweiterung der Punkt-zu-Punkt-Verbindung durch ein Ein- oder Anfügen weiterer Knoten.

Looped Bus
Diese Art des Aufbaus (Looped Bus, Ringbus) stellt eine Sonderform des Offenen Busses dar. Er zeichnet sich vor allem dadurch aus, daß die Kopfstation der Busse A und B in einen Knoten vereinigt werden. Dadurch wird eine einfache und schnelle Rekonfiguration des Busses im Fehlerfall ermöglicht.

Aus Sicherheitsgründen kommen beim Einsatz öffentlich betriebener MANs vor allem die Looped-Bus-Konfiguration vor. Dies liegt darin begründet, daß der Looped Bus einen hervorragenden Rekonfigurationsmechanismus verwendet.

Bild 11.14 Aufbau eines Looped Bus

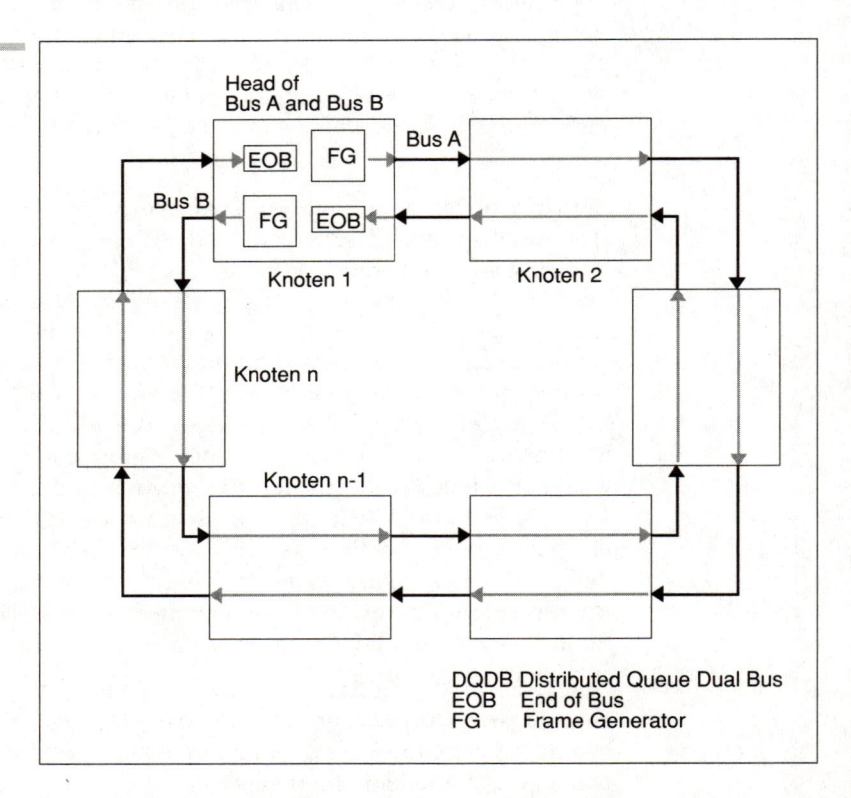

DQDB Distributed Queue Dual Bus
EOB   End of Bus
FG   Frame Generator

Unterbrechungen der Übertragungsstrecke können nur durch eine Rekonfiguration des Netzes behoben werden. Handelt es sich dabei um einen Looped Bus, wird dies dadurch erreicht, daß in

Rechnernetze – Basis der Kommunikation

der Kopfstation sowohl Bus A als auch Bus B vereinigt sind, wie dies in der Abbildung 11.14 dargestellt ist.

Tritt nun eine Leitungsunterbrechung auf, wird die Funktion der Kopfstation in den von der Unterbrechung unmittelbar betroffenen Knoten verlagert, und die bisherige Kopfstation schaltet die Busse einfach durch. Die Funktions- und Leistungsfähigkeit des Netzes wird dadurch in keinster Weise vermindert. Die nachfolgende Abbildung zeigt, wie ein rekonfigurierter Looped Bus aussieht.

Bild 11.15
Rekonfigurierter
Looped Bus

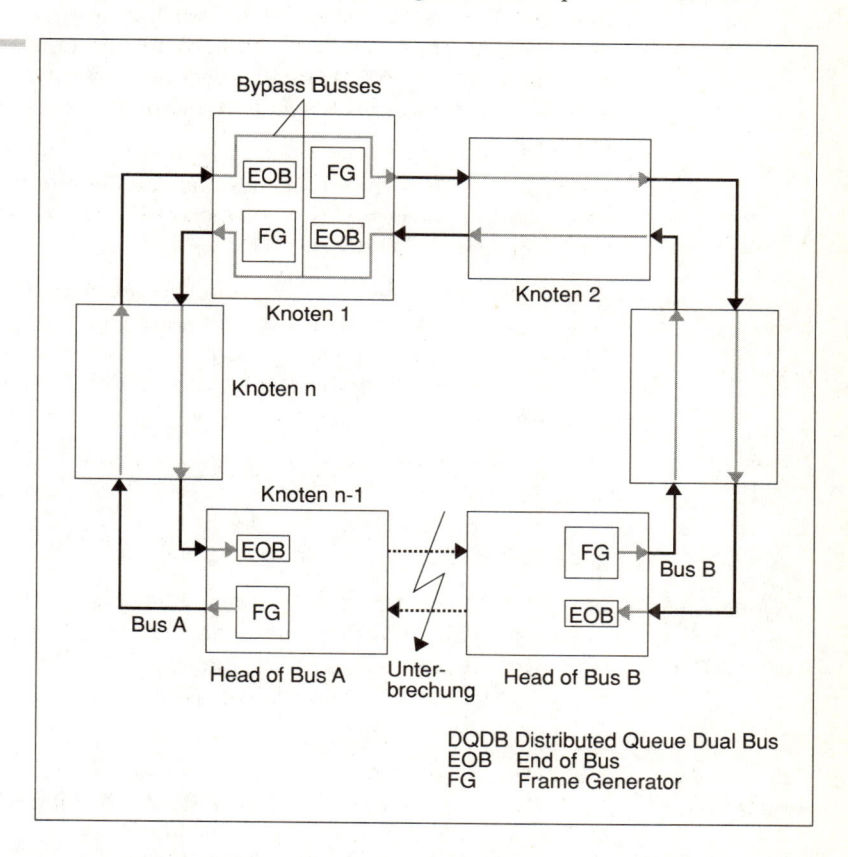

Eine Leitungsunterbrechung bei einem Offenen Bus führt dabei zu einer Teilung des Netzes. Dies ist aus Sicherheitsgründen nicht unbedingt zu empfehlen.

Beim Einsatz von MANs in öffentlichen Bereichen ist eine Strukturierung in mehreren Netzebenen notwendig. Man unterscheidet dabei zwischen dem Teilnehmeranschlußnetz (Customer Access System, CAN) und dem eigentlichen Transportnetz (MAN Switching System, MSS).

KAPITEL 11

Im Teilnehmeranschlußnetz werden nur die Daten eines Teilnehmers übertragen. Das Teilnehmeranschlußnetz kann eine Punkt-zu-Punkt-Verbindung, ein Offener Bus oder ein Looped Bus sein. Die eigentlichen Teilnehmernetze, wie Ethernet, Token-Ring oder andere, werden über sogenannte Customer Gateways (CGW) an das Teilnehmeranschlußnetz angekoppelt.

Für das Transportnetz gilt, daß abhängig von der Ausdehnung des Versorgungsbereiches oder des zu übertragenden Datenvolumens mehrere MAN-Subnetze gebildet werden können. Die MAN-Subnetze werden mit Hilfe von Subnetwork Routern zu einem MAN-Switching-System (MSS) aneinander gekoppelt. Durch die Kopplung immer größerer Netzwerkeinheiten können Hierachien aufgebaut werden.

Das MAN-Switching-System besteht aus mehreren Bussen und einer Anzahl Knoten. Als MAN-Netzwerkelemente können eingesetzt werden:

Customer Gateway (CGW)	Das Customer Gateway wird in der Regel beim Teilnehmer selbst installiert und beinhaltet die notwendigen Koppelemente, z.B. Bridge für das 802.x LAN, um das Teilnehmernetz an das Teilnehmeranschlußnetz anbinden zu können: der Übergang vom LAN zum MAN.
Edge Gateway (EGW)	Das Edge Gateway stellt eine Vermittlungseinheit innerhalb eines MAN-Switching-Systems für den Teilnehmeranschluß dar. Das EGW wird in den Gebäuden der Telkom installiert sein: der Übergang vom Teilnehmeranschlußnetz zum MAN-Switching-System.
Customer Network Interface Unit (CNIU)	In der Customer Network Interface Unit sind die Funktionen eines EGW und eines CGW zusammengefaßt installiert. Mit dieser Einheit wird es möglich sein, Teilnehmernetze direkt an ein MAN-Subnetz zu koppeln. Die CNUI ist für die Installation privater MANs konzipiert worden.
Subnetwork Router	Der Subnetwork Router ist eine Vermittlungseinheit innerhalb eines MAN-Switching-Systems und verbindet MAN-Subnetze miteinander. Der Subnetwork Router führt Relay- und Routingfuktionen durch.
Inter-MSS Router (I-Router)	Es wird damit ermöglicht, eigenständige MAN-Switching-Systems zusammenzuschalten. Die nachfolgende Abbildung zeigt den Zusammenhang der einzelnen Netzwerkelemente.

Rechnernetze – Basis der Kommunikation

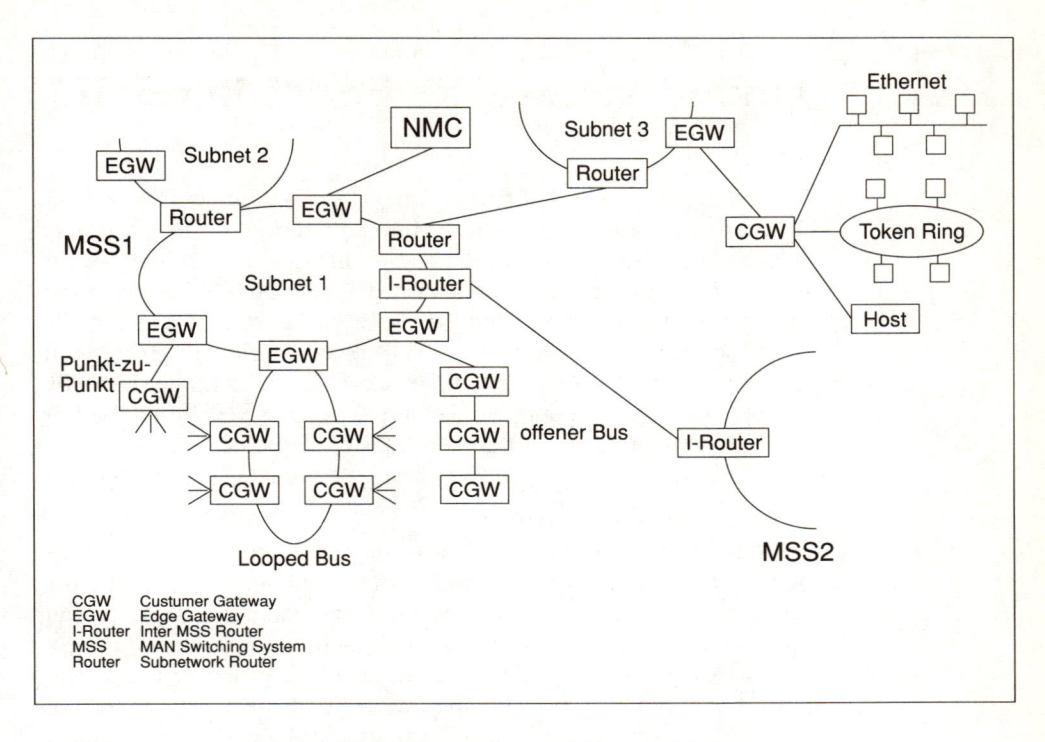

Bild 11.16 Metropolitan Area Network Netzwerkelemente

KAPITEL 12

12 Lokale Netzwerke im PC-Bereich

Im Vordergrund der Aufgaben von PC-LANs steht im Prinzip das Resourcen-Sharing, d.h. die Nutzung zentraler Betriebsmittel (Festplatten, Drucker) durch die angeschlossenen Stationen. Natürlich spielt auch die Kommunikation der Teilnehmer untereinander und der Austausch von Daten eine sehr große Rolle. Das Hauptziel ist jedoch der Zugriff auf zentrale Datenbestände mit Hilfe multiuser-fähiger Programme. Da beim Zugriff auf zentrale Datenbestände auch Datenschutz und Datensicherheit gewährleistet werden müssen, ist darauf zu achten, daß diese beiden Aspekte nicht vernachlässigt werden, wie dies beim Einsatz von Standalone-PCs meistens der Fall ist.

Neben diesen Bereichen zeigt sich auch die Tendenz, den Einsatz von Gateway und Kommunikationseinrichtungen, zur Verbindung mit anderen Netzen, immer weiter auszubauen, damit nicht nur LANs, sondern mit Hilfe dieser zusätzlichen Kommunikationseinrichtungen Wide Area Networks aufgebaut werden können. Dies betrifft sowohl die Ausnutzung der öffentlichen Datennetze als auch die Verbindung zu Host-Rechnern und Rechnern der mittleren Datentechnik. Auf diese Art und Weise soll jeder Anwender im Netzwerk die Möglichkeit erhalten, von seinem Arbeitsplatz aus über das Datex-P-Netz, Btx-Netz oder ISDN-Netz die Verbindung zu anderen Systemen aufzubauen oder mit Hilfe von Gateway-Rechnern und den Einsatz von Terminalemulationen den PC im Netz zeitweise als Host-Terminal einsetzen zu können.

Somit ist es nicht mehr notwendig, daß auf dem Schreibtisch der Mitarbeiter mehrere Bildschirmarbeitsplätze eingerichtet werden, sondern es besteht die Möglichkeit mit dem PC alle notwendigen Arbeiten an den unterschiedlichsten Rechnern in den verschiedensten Netzwerken durchzuführen.

Wie solche Netzwerke aufgebaut werden können und welche technischen Möglichkeiten hierfür derzeit angeboten werden, ist das Ziel der nächsten Kapitel. Zunächst will ich Ihnen zeigen, welche Kriterien für die Auswahl von LANs entscheidend sind.

Da ich durch meine Tätigkeit im Beratungsbereich immer wieder mit der Frage konfrontiert werde, ob ein LAN der MDT (Mittleren Datentechnik) zu bevorzugen ist, werde ich mich auch mit dieser Frage auseinandersetzen.

12.1 Auswahlkriterien für LANs

Wenn Sie sich entscheiden, Lokale Netze einzusetzen, fangen die Schwierigkeiten meistens erst an. Mit der Entscheidung, diese Technik zu nutzen, eröffnet sich auch das große Tor der Ungewißheit: Was soll man einsetzen? Welches LAN für welche Einsatzgebiete? Welche Form der Verkabelung ist die günstigste?

Der Grundsatz »Planung vor Technik« sollte in allen Fällen strikt eingehalten werden.

In diesem Kapitel will ich Ihnen einige Entscheidungskriterien auflisten, mit deren Hilfe es leichter fällt, Planungen und letztendlich Kaufentscheidungen gezielt treffen zu können.

12.1.1 Die Erstellung eines Kriterienkataloges

Bevor Sie eine anwendergerechte Entscheidung treffen können, müssen Sie eine Reihe von Fragen beantworten, um die richtigen Produkte zur richtigen Zeit auswählen zu können. Diese Fragen können meist mit Hilfe von Datenblättern der verschiedensten Hersteller abgeklärt werden. Ich werde Ihnen die einzelnen Kriterien zuerst einmal in geeigneten Blöcken zusammengefaßt auflisten und anschließend etwas genauer behandeln.

- Technische Eigenschaften

    Topologie
    Übertragungsmedium
    Übertragungsgeschwindigkeit
    Zugriffsverfahren
    Übertragungsverfahren
    Minimale und maximale Entfernung zwischen zwei Stationen
    Maximale Gesamtlänge des LANs

- Art der anzuschließenden Stationen

    Voraussetzung für den Anschluß von Workstations

- Anzahl der anschließbaren Rechner

    Wie viele Stationen können in einem LAN maximal angeschlossen werden?
    Wie viele Stationen sind realistisch?

- Konzept des Netzwerkbetriebssystems

    Anforderung an Server
    Maximale Anzahl von Server in einem LAN

KAPITEL 12

    Welche zentralen Betriebsmittel verwaltet der Server?
    Wie viele zentrale Betriebsmittel kann der Server verwalten?

- Leistungsfähigkeit des Netzwerkbetriebssystems

    Effektive Übertragungsrate
    Einsatz von Schutzmechanismen
    Datensicherungs-Konzept (zentral/dezentral)
    Realisierung von Datei-Sharing
    Netzwerkfähige Software vorhanden?

- Einbindung von Fremdsystemen

    Kommunikationsalternativen
    Unterstützung vom Netzwerkbetriebssystem
    Einbuße bei der Übertragungsgeschwindigkeit
    Unterstützt der Fremdrechner die Software?

Dieser Kriterienkatalog kann als Grundlage für die Erstellung eines Pflichtenheftes herangezogen werden, wenn es darum geht, ein LAN (Hardware und Software) aus den vielen Angeboten genau für die eigenen Bedürfnisse auszuwählen.

Technische Eigenschaften

Topologie

Für den Betrieb des Netzes ist es zwar nicht relevant, unter welcher Topologie das Netzwerk betrieben wird, in punkto Durchsatz und Leistungsfähigkeit spielt dieser Punkt jedoch eine nicht zu unterschätzende Rolle. Daneben ist es auch für die Verkabelung innerhalb eines Gebäudes nicht unerheblich, ob Sie als Topologie ein Stern-, Ring- oder Bus-LAN einsetzen wollen.

Es ist auch wichtig, wie die Verteilung der einzelnen Stationen innerhalb eines Gebäudes aussehen wird. Die strukturelle Begebenheit des Gebäudes oder der Gebäude, in denen ein LAN aufgebaut werden soll, muß bei diesem Punkt unbedingt mit ins Kalkül gezogen werden. Sie sollten dabei auf alle Fälle überprüfen, ob Kabelschächte vorhanden sind und wenn ja, ob in diesen noch Platz für zusätzliche Kabel sind. Haben Sie keine Kabelschächte oder keinen Platz mehr in bestehenden Schächten, ist zu prüfen, ob und wie neue verlegt werden können, um diese eventuell an die topologischen Begebenheiten anpassen zu können.

Übertragungsmedium

Bei der Auswahl des Kabels sind verschiedene Punkte zu beachten:

1. Können normale Kupferkabel verwendet werden? Soll ein LAN zum Beispiel in einem Bereich mit starken magnetischen Feldern installiert werden, scheiden Kupferkabel aufgrund der

Lokale Netzwerke im PC-Bereich

Störanfälligkeit meistens aus. In diesem Fall sind nur noch Lichtleiterkabel einsetzbar.

2. Die Kosten der Kabel sind in den meisten Fällen wesentlich höher als man allgemein annimmt. Beim Einsatz von Lichtleiterkabeln schlägt dies vermehrt zu Buche, da diese Kabel leider immer noch die teuersten sind.
3. Bei einer notwendigen maximalen Übertragungsgeschwindigkeit können nur ganz bestimmte Kabeltypen verwendet werden.
4. Bei der Verlegung der Kabel müssen die nicht zu überschreitenden Längen und Biegeradien berücksichtigt werden. Die verschiedenen Kabeltypen besitzen unterschiedliche Eigenschaften. Es muß dabei auch berücksichtigt werden, ob die Kabel in den bestehenden Kabelschächten untergebracht werden können.

Die Eigenschaften der verschiedenen Kabelarten haben wir bereits in den vorherigen Abschnitten behandelt und können bei Bedarf nachgelesen werden.

Übertragungsgeschwindigkeit

Darunter versteht man die Brutto-Datenrate. Es handelt sich dabei um die Bitrate mit der Daten, Informationen oder Nachrichten über das Netz transportiert werden. Wie Sie bereits wissen, ist für den Aufbau und das Funktionieren des Kommunikationsprotokolls das ISO-OSI-Modell zugrundegelegt. An diesem Modell ist zu ersehen, daß jede Nachricht, die über das Netzwerk transportiert wird, mit Zusatzinformationen versehen wird. Aufgrund dieser und anderer Aspekte, die wir in einem späteren Kapitel behandeln werden, gibt der Brutto-Wert für die Übertragungsgeschwindigkeit keinen klaren Anhaltspunkt. Wichtiger und wesentlich interessanter ist die Angabe eines Netto-Durchsatz-Wertes. Dieser Wert zeigt, wie groß der Durchsatz von wirklichen Nachrichten ist.

Das Spektrum der angebotenen Übertragungsraten reicht von ca. 1 Mbit/s bis 16 Mbit/s. Bei diesen Netzen handelt es sich um Netzwerke, die in der Praxis von Interesse sind.

Zugriffsverfahren

Das Zugriffsverfahren ist neben anderen Faktoren entscheidend für den Durchsatz in Lokalen Netzen. Hierbei spielt es jedoch eine wesentliche Rolle, wie hoch die Auslastung des Gesamtsystems sein wird. Da das Token-Passing-Protokoll eine maximale Übertragungszeit garantiert (proportional zur Anzahl der Stationen) sind diese Mechanismen (Token-Ring- oder Token-Bus-Topologie) bei stark belasteten Systemen eher zu empfehlen als Netze, die auf CSMA/CD basieren.

Eine Daumenregel besagt, daß bei ca. 20 bis 25 Stationen ein Netz unter CSMA/CD noch sehr gute Antwortzeiten aufweist.

KAPITEL 12

Ab einer größeren Anzahl von Stationen sind Token-Passing-Protokolle dem CSMA/CD vorzuziehen. Dabei spielt es aber eine wesentliche Rolle, ob alle Stationen gleichzeitig aktiv sind oder nicht und welche Applikationen mit welchen I/O-Transferraten auf die File-Server-Platte zugreifen. Ein schwach ausgelastetes Netz kann mit 100 Stationen unter CSMA/CD durchaus hervorragende Antwortzeiten bieten.

Bevor Sie diese Entscheidung treffen, sollten Sie sich vergewissern, wie I/O-intensiv die einzusetzenden Programme sein werden !!

Übertragungsverfahren

Für das LAN ist dies von nachrangiger Bedeutung. Diese Wahl hat nur Auswirkung auf die einzusetzenden Kabel. Zudem kommt hinzu, ob für einen späteren Zeitpunkt geplant ist, dieses Kabel als Breitbandsystem zum Beispiel für die gleichzeitige Übertragung von Text, Daten, Bild und Sprache zu verwenden. Eines sollte Ihnen dabei jedoch klar sein: Breitband-Netze sind von den Kosten her teurer als Basisbandsysteme.

Entfernung zwischen zwei Stationen

Diese Restriktion hat Auswirkungen auf das aufzustellende Verkabelungskonzept. Entscheidend dabei ist, in welchen Abständen zwei Rechner minimal voneinander entfernt aufgestellt werden können. Der Abstand zwischen zwei Stationen muß zum Beispiel bei der Thick-Ethernet-Verkabelung mindestens 2,50 Meter betragen.

Ein Beispiel für die maximale Entfernung ist der IBM-Token-Ring. Die Entfernung zwischen zwei Stationen darf dabei nicht größer als 300 Meter sein. Die Angaben werden benötigt, um festlegen zu können, an welchen Stellen eventuell Zwischenverstärker eingebaut werden müssen. Bei den minimalen Abständen hat dies nur Auswirkung auf die Kabelführung. Sollte ein Kabel den Anforderungen nicht entsprechen, brauchen Sie es nur etwas länger verlegen.

Maximale Gesamtausdehnung

Entscheidend hierbei ist, ob die Gesamtlänge eines Lokalen Netzes ausreicht, um die geplanten Stationen innerhalb eines Gesamtnetzes miteinander zu verbinden. Sollte die Lokation der Workstations die angegebene Gesamtausdehnung überschreiten, müssen Überlegungen angestrebt werden, wie dieses Problem gelöst werden kann.

Angebracht sind in solchen Fällen zum Beispiel der Einsatz von Lichtleiterkabeln, die größere Entfernungen überbrücken können, oder man kann mit Hilfe von Repeatern Kabelsegmente miteinander verbinden. Eine andere Alternative könnte sein, durch den Einsatz von Bridge-Rechnern physikalisch getrennte Netze rein logisch zu einem Gesamtnetz zu vereinigen. Die Möglichkeiten, die dafür zur Verfügung stehen, werden in einem späteren Kapitel im Detail besprochen.

Lokale Netzwerke im PC-Bereich

Art der anzuschließenden Stationen

Voraussetzung für den Anschluß von Workstations: Wenn es sich beim Einsatz von Lokalen Netzen um den Einsatz eines PC-LANs handelt, gibt es keine andere Alternative, als IBM-Rechner oder kompatible Systeme zu verwenden. Dies können PCs, XTs, ATs oder PS/2-Modelle sein. Wichtig dabei ist, daß für die einzelnen Systeme die entsprechenden Netzwerk-Adapter erhältlich sind und vom einzusetzenden Netzwerkbetriebssystem unterstützt werden.

Inzwischen werden jedoch auch Möglichkeiten angeboten, Unix-Systeme, DEC-Systeme und Apple-Macintosh-Geräte in ein und demselben Netzwerk einzusetzen. Alle Systeme können dann ohne Schwierigkeiten nebeneinader betrieben werden.

Anzahl der anschließbaren Rechner

Wie viele Stationen können in einem LAN maximal angeschlossen werden? Die Antwort dieser Frage hängt wiederum vom einzusetzenden Netzwerk ab. Behandeln wir die maximal möglichen Stationen nacheinander für ARCNET, Ethernet und Token-Ring-Netze.

ARCNET Wie bereits erwähnt, darf in keinem Netzwerk (physikalisch betrachtet) die gleiche Node-Adresse mehr als einmal vorhanden sein. Bei den ARCNET-Karten wird die Node-Adresse mit Hilfe von DIP-Schaltern oder per Software eingestellt. Diese Codierung basiert auf der binären Logik. Die Adresse wird über 8 DIP-Schalter eingestellt. Daraus ergibt sich eine Adressierung von 0 bis 255 (insgesamt wären also 256 Stationen möglich). Da jedoch die Stationsnummer 0 nicht verwendet werden darf, stehen nur noch 255 mögliche Adressen zur Verfügung. Die maximale Anzahl anschießbarer Rechner beläuft sich somit auf 255 Stück.

Ethernet Bei der Behandlung der Bus-Topologie wurde bereits darauf hingewiesen, daß in einem Ethernet-Segment nicht mehr als 100 Transceiver vorhanden sein dürfen. Wenn Sie an jeden Transceiver einen Rechner anschließen, können Sie pro Segment 100 Workstations installieren. Wie Sie inzwischen jedoch auch wissen, ist es möglich, einzelne Kabelsegmente mit Repeater untereinander zu verbinden. Das Datensignal muß jedoch nach dem zweiten Repeater, den dieses passiert, die Empfängerstation erreicht haben.

Token-Ring Beim Token-Ring-Netz können aus bereits besagten Gründen (Jitter-Effekt) nicht mehr als 260 Stationen (33 Ringleitungsverteiler) in einem Netzwerk installiert werden. Generell haben Sie jedoch immer die Möglichkeit, physikalisch getrennte Netze durch geeignete Zusatzeinrichtungen (Bridge) zu einem gesamten logischen Netzwerk zusammenzuschließen.

KAPITEL 12

Wie viele Stationen sind realistisch?

Die Anzahl der wirklich einsetzbaren Stationen hängt von mehreren Faktoren ab, die genau untersucht werden müssen. Einerseits spielt hier die Übertragungsgeschwindigkeit eine maßgebende Rolle, andererseits müssen die I/O-Belastung des Systems bei der täglichen Arbeit, die Anzahl der gleichzeitig arbeitenden Stationen (im Normalbetrieb und zur Spitzenbelastung), das Netzverhalten der eingesetzten Applikationen und natürlich das ausgewählte Zugriffsverfahren berücksichtigt werden.

Konzept des Netzwerkbetriebssystems

Anforderung an den Server: Es ist die Frage zu beantworten, ob das Netzwerkbetriebssystem einen bestimmten Rechnertyp als Server voraussetzt. Unterschieden wird dabei zwischen PCs oder Fremdgeräten als Server. Beim Einsatz von PC-LANs ist es bisher üblich gewesen, aufgrund der Homogenität auch einen PC als Server einzusetzen. Wir werden bei der Behandlung von NetWare for VMS jedoch noch sehen, daß es durchaus PC-LANs geben kann, wo der Einsatz eines anderen Gerätetyps als Server-Maschine angebracht ist.

Bei der Funktion des Servers ist noch zu klären, ob dieser dedicated (reiner Server) oder non-dedicated eingesetzt werden kann oder soll (non-dedicated bedeutet, daß der Server gleichzeitig als Workstation benutzt werden kann). In kleineren Netzen mag der Einsatz von non-dedicated Servern durchaus sinnvoll erscheinen. Aus Sicherheitsgründen sollte diese Variante jedoch nach Möglichkeit vermieden werden.

Maximale Anzahl von Servern in einem Netz: Wenn die Kapazität des Servers im LAN nicht ausreicht oder gewisse Aufgabenbereiche auf verschiedenen Servern aufgeteilt werden sollen, stellt sich die Frage, wie viele Server in einem Netzwerk installiert werden können. Damit verbunden ist die Frage, auf wie vielen Servern ein Anwender gleichzeitig arbeiten kann.

Welche zentralen Betriebsmittel verwaltet der Server?

In diesem Fall ist zu prüfen, wieviel periphere Speicherkapazität ein Server verwalten kann (im Megabyte- oder Gigabyte-Bereich), und wie viele Drucker an einem Server angeschlossen werden können, die dann jedem Benutzer im Netzwerk zur Verfügung stehen. Zu unterscheiden ist dabei die Anzahl der parallelen und seriellen Schnittstellen. Interessant ist auch die Frage, wie und ob ein Streamer zur Datensicherung am Server angeschlossen werden kann. Da der Komplex Datensicherung ein sehr wichtiges Thema für den Betrieb von Lokalen Netzen ist, wird diesem Thema ein eigenes Kapitel gewidmet. Wie viele zentrale Betriebsmittel der Server verwalten kann, wurde bereits im vorherigen Abschnitt behandelt.

Leistungsfähigkeit des Netzwerkbetriebssystems

Wenn Sie die Beschreibungen der einzelnen Netzwerkbetriebssysteme durchlesen, werden überall die unterschiedlichsten Methoden zur Erhöhung der Leistungsfähigkeit angepriesen. Jeder Hersteller versucht dabei, mit den verschiedensten Mechanismen, Leistungsfähigkeit, Sicherheit, Zugangsschutz und vieles mehr zu realisieren. Bei der Beschreibung von Novell NetWare werden diese Komponenten auf ihre Tauglichkeit und Komplexität hin untersucht und beschrieben.

In diesem Zusammenhang muß auch das Umfeld der netzwerkfähigen Software untersucht werden. Sie müssen hierbei zwischen »im Netz lauffähiger Software« und »netzwerkfähiger Software« unterscheiden.

Unter »im Netz lauffähiger Software« sind Programme zu verstehen, die ursprünglich Single-User-Systeme waren und auf dem Server installiert werden können, um von den einzelnen Workstations benutzt werden zu können. Es gibt allerdings bei diesen Programmen zum Beispiel keinerlei Mechanismen zum Schutz gegen parallelen Zugriff auf ein und denselben Datensatz in einem Datenbanksystem. Dies kann jedoch katastrophale Folgen haben. Solange das Programm und die Datendatei nur von einem Anwender benutzt wird, stellt dies noch kein Problem dar. Anders verhält es sich, wenn mehrere Benutzer gleichzeitig die Programme und Datendateien verwenden.

Nicht zu vergessen ist dabei die rechtliche Folge von Einplatzversionen, die im Netz installiert werden. Es sei an dieser Stelle auf die Rechtsprechung in punkto Urheberrechtsschutz für Programme hingewiesen.

Netzwerkfähige Software ist vom Konzept her auf Multi-User-Fähigkeit ausgelegt. Die vorher angeführten Probleme treten bei diesen Programmen nicht auf.

KAPITEL 12

Einbindung von Fremdsystemen

Dem Themenkomplex »Einbindung von PC-Netzen in bestehende DV-Konzepte« ist ein eigenes Kapitel gewidmet, da es von der Wichtigkeit her angebracht ist, dies ausführlicher zu behandeln. Aus diesem Grunde soll an dieser Stelle darauf nicht näher eingegangen werden.

Zur Abrundung des bisher Besprochenen sollen die wichtigsten LAN-Funktionen noch einmal zusammengefaßt werden: Ein Lokales Netzwerk ist ein System zur Verbindung von Computern mit Peripherie zum elektronischen Austausch von Programmen und Informationen. Eine derartige Kopplung von Einheiten ist auf eine Grundstücksfläche beschränkt. Die normale Ausdehnung von Lokalen Netzen reicht von einigen 100 Metern bis zu ca. 10 Kilometern.

Ein LAN wird häufig zuerst als Insellösung innerhalb einer Abteilung realisiert und im Laufe der Zeit zu einem Gesamtnetzwerk zusammengefaßt. Die Verbindungen innerhalb eines Lokalen Netzes können mit verschiedenen Kabeltypen erfolgen:

- einfach verdrillte, zweiadrige Kabel
- Koaxial-Kabel
- und/oder Glasfaser
- vieradrige IBM-Token-Ring-Kabel
- Satellitenübertragung

Die Übertragungsgeschwindigkeiten liegen im Bereich von 1 Mbit/s bis 16 Mbit/s.

Ein LAN sollte Systeme und Peripherie von unterschiedlichen Herstellern unterstützen. Ein LAN muß die Möglichkeit zur gemeinsamen Nutzung von Programmen, Daten und Peripherie bieten. Dabei sollte der Anwender nach Möglichkeit keine Einschränkung in Bezug auf die Zugriffszeit bemerken.

Die Anwendung von PC-Lösungen für den Benutzer im Netzwerk darf – trotz der erweiterten organisatorischen Möglichkeiten – nicht komplizierter werden im Vergleich zu Standalone-Systemen, die er vielleicht bereits gewohnt ist. Die einfachste Durchführung dieser Forderung ist der Einsatz von komfortablen Menüsystemen, mit denen der Anwender innerhalb seiner Netzwerkumgebung geführt wird und somit von der Existenz eines LANs gar nichts bemerken muß.

Bei der Auswahl und dem Einsatz von Lokalen Netzen ist ein wichtiger Faktor die Geschwindigkeit, mit der Daten von einer Workstation zum File-Server oder umgekehrt transportiert werden können. Ich will Ihnen im nächsten Abschnitt eine Methode vorstellen, mit der Sie einen verständlicheren Überblick über die Übertragungsgeschwindigkeit des Netzes erhalten.

12.1.2 Entwicklung eines Leistungsmeßverfahrens

Beim Einsatz von Lokalen Netzen ist die zentrale Frage: Wie schnell ist das Netz wirklich?

Gemeint ist dabei die effektive Übertragungsrate, d.h. die Übertragungsgeschwindigkeit, die der Anwender an seinem Arbeitsplatz beim Zugriff auf Ressourcen des oder der Server zu spüren bekommt: das Antwortzeitverhalten.

Die effektive Übertragungsgeschwindigkeit liegt weit unter der technischen Übertragungsgeschwindigkeit. Ein LAN mit 10 Mbit/s Bruttoübertragungsrate arbeitet im Netzwerkbetrieb nie mit dieser Transferrate. Technisch bedingt ist die Nettorate << Bruttorate. Es gibt Möglichkeiten um diese Nettodatenrate zu erhöhen. Dies kann durch den Einsatz eines sehr leistungsstarken Netzwerkbetriebssystems geschehen (File-Caching, Directory-Caching, Hauptspeicher etc.), durch die Verwendung von schnellen File-Servern in Kombination mit schnellen Plattenlaufwerken, schnellen Netzwerkadapterkarten (Onboard-Processor, Puffer-Speicher etc.).

Für die Unterscheidung verschiedener Netzwerke reichen einfache Verfahren aus, um ein Gespür davon zu kriegen, welches LAN schneller arbeitet. Das Netzwerk muß im Bereich der Zugriffe zum File-Server gute Antwortzeiten aufweisen, d.h. der Zugriff zu den Plattenlaufwerken des File-Servers muß schnell erfolgen. Da die hauptsächlichen Arbeiten des File-Servers Dateiverwaltungen sind, ist dies ein zentrales Problem.

Um diese Geschwindigkeit abschätzen zu können (Netzübertragung, Suchzeit, Übertragungszeit der Platte usw.), genügt ein einfaches Meßverfahren für den Vergleich zweier Netze. Dieses Verfahren kann auch als Vergleich herangezogen werden: Wird das Laden von Programmen im Netz schneller vom File-Server durchgeführt oder ist das Laden von der lokalen Platte schneller?

Für den Vergleich sollten die zu vergleichenden Systeme dieselben sein. Zur Durchführung des Tests erzeugen Sie auf dem Server (oder auf der lokalen Platte) eine Datei mit 256 Kbyte Größe. Diese Datei kopieren Sie auf Ihre Workstation vom File-Server. Das gleiche tun Sie mit dem zu vergleichenden System. Um die Zeiten auch messen zu können, erstellen Sie sich folgende BATCH-Datei:

```
LADEN.BAT
TIME 00:00
COPY x:TEST.DAT NUL:
TIME
```

KAPITEL 12

Für x müssen Sie in Ihrer BATCH-Datei das entsprechende Laufwerk (Lokales oder Netzwerklaufwerk) einsetzen.

Nach Ausführung der BATCH-Datei bekommen Sie am Bildschirm die Ladezeit angezeigt, die für die Übertragung der Datei erforderlich war. Zwei Dinge sind dabei zu beachten:

1. Der COPY-Befehl von DOS kann verwendet werden, weil DOS beim Kopieren die Datei in den Hauptspeicher der Workstation lädt.
2. Die Ausgabe auf das Dummy-Gerät NUL bewirkt, daß die Daten nicht, wie sonst beim COPY-Befehl, zurück auf Platte geschrieben, sondern vernichtet werden. Die damit erzielten Ergebnisse geben Ihnen nur einen Anhaltspunkt für den Geschwindigkeitsvergleich. Nicht berücksichtigt werden dabei Faktoren, die durch Hard- und Software bedingt mit einfließen. Sie sollten dieses Verfahren deshalb nur zum Vergleich von:

- Geschwindigkeiten mit und ohne Netzwerk
- Vergleich zweier Netzwerke

verwenden. Interessanter ist es, die Datentransfer-Rate in einem Netzwerk zu bestimmen. Dies soll im nächsten Abschnitt erfolgen.

12.1.3 Bestimmung der Datentransfer-Rate für LANs

Es soll die Geschwindigkeit gemessen werden können, mit der Daten von der File-Server-Platte in den Hauptspeicher der Workstation geladen werden können.

Dieses Meßverfahren berücksichtigt sowohl die Geschwindigkeit des Netzes als auch die Zugriffszeit der verwendeten Festplatte. Sie könnten damit zum Beispiel auch einen Vergleich aufstellen, wie sich das LAN beim Einsatz von verschiedenen Plattenlaufwerken verhält bzw. ob dieser Faktor durch das Netzwerkbetriebssystem aufgefangen werden kann (z.B. durch File-Caching).

Zur Durchführung dieses Tests verwenden Sie folgendes BATCH-Programm:

```
TIME 00:00
COPY D256K.DAT NUL:
TIME
TIME 00:00
COPY D1B.DAT NUL:
TIME
```

Erklärung der BATCH-Prozedur und der Genauigkeit des Meßverfahrens: Dieses Verfahren verwendet wieder den DOS COPY-Befehl. Bei dieser Operation werden neben der eigentlichen Zeit für das Lesen der Datei und der Übertragung über das Netzwerk auch noch die Zeiten für das Öffnen der Datei und der Initialisierung zur Netzwerkübertragung mit einbezogen. Diese Anteile sind jedoch störend für das Meßverfahren und sollten eliminiert werden können. Deshalb wird bei diesem Meßverfahren noch eine zweite Datei gelesen, die jedoch nur 1 Byte groß ist. Bei dieser Datei fallen im Endeffekt nur die Zeiten für das Öffnen der Datei und der Initialisierung zur Netzwerkübertragung an. Wenn beide Meßwerte vorliegen, kann mit folgender Formel die Transferrate bestimmt werden:

$$\text{Transferrate} = \frac{256 \text{ KByte}}{(t2 - t1) \text{ s}} = X \text{ KByte/s}$$

$t2$ ist die Zeit, die zum Lesen der 256 Kbyte großen Datei benötigt wird.

$t1$ ist die Zeit, die zum Lesen der 1 Byte großen Datei benötigt wird.

Mit dem letzten Meßverfahren könnte auch ein Gesamttest für ein Netzwerk durchgeführt werden. Sie lassen an mehreren Rechnern gleichzeitig die Batch-Prozedur starten und erhalten damit einen Anhaltspunkt, wie sich das Zeitverhalten der einzelnen Arbeitsplätze ändert.

Dieses Verfahren soll nur ein Vorschlag sein, wie die Leistungsfähigkeit eines LANs ermittelt werden kann. Inzwischen werden eine Vielzahl von Programmen angeboten, die es Ihnen gestatten, die Leistungsfähigkeit Ihres Netzwerkes zu ermitteln. Bei Bedarf kann auch auf diese Systeme zurückgegriffen werden, um gezielte Meßergebnisse zu erhalten.

12.2 Konzeption und Realisierung eines LANs

Die Diskussionen, ob und warum ein LAN eingesetzt werden soll, sind noch lange nicht abgeschlossen. Dies liegt zum einen daran, daß die Leistungsfähigkeit dieser Systeme erst ganz langsam erkannt wird, die Diskussion ob LAN oder MDT immer noch zu sehr diversen Auseinandersetzungen führt und Erfahrungen im Bereich der PC-LANs erst allmählich zu Tage treten.

KAPITEL 12

Zudem ist es von jeher so, daß eine neue Technik immer mit Skepsis betrachtet wird und viele erst einmal abwartend diesem Neuen gegenüberstehen. Ich werde im folgenden Abschnitt versuchen, Ihnen die wichtigsten Phasen bei der Entscheidungsbildung und bei der Realisierung von LANs aufzuzeigen.

Bevor irgendjemand mit Kabeltrommel, Schraubendreher und Zange bewaffnet durch die Bürogebäude huscht, um Kabel für ein zu installierendes LAN zu verlegen, sollte man sich erst einmal überlegen:

1. Warum soll ein LAN installiert werden. Welchen organisatorischen und betriebswirtschaftlichen Nutzen bringt diese Investition.
2. In welchen Bereichen soll vernetzt werden. Betrifft dies nur eine einzelne Abteilung, oder ist es sinnvoller, gleich mehrere Büros unterschiedlicher Fachabteilungen mit einzubeziehen.
3. Wird Kommunikation nach außen verlangt, oder bleibt es eine reine insuläre Lösung.

Ausgangssituationen, die anzutreffen sind:
Es lassen sich insgesamt drei verschiedene Ausgangssituationen beim Anwender feststellen, bevor dieser eine Vernetzung ins Auge faßt:

1. *Vernetzung vorhandener Einplatz-PCs*
Dieses Territorium bietet nicht mehr sehr viel Spielraum für die Planung. Aufgrund der vorhandenen PCs und der damit verbundenen Investitionen sind gewisse Systemkomponenten bereits vorhanden. An diesen läßt sich auch meist nichts mehr ändern. Die Entscheidungen, die hier noch getroffen werden können, sind die Auswahl des File-Servers (wenn überhaupt) und der Einsatz des richtigen Netzwerkbetriebsystems. Hauptaugenmerk wird auf die problemlose Einbindung der vorhandenen PCs und der Peripherie gelegt. Ein Netzwerk dient in solchen Fällen meist als Medium zum Austausch von Daten, welche früher über Diskette weitergegeben werden mußten und zum Zugriff auf ein eventuell neues und teueres Peripheriegerät (Laserdrucker, Telefax u. ä.). Die bereits vorhandene Anwendersoftware (in den meisten Fällen ohne Ausnutzung des Netzwerkes in der Eigenschaft als Multi-User-System) wird weiterhin benutzt. D.h. die Einplatzversionen werden von den lokalen Platten (wenn man Glück hat) auf den File-Server kopiert und von dort geladen. Sehr oft sind jedoch auch Situationen anzutreffen, in denen die Software lokal gestartet wird und nur der neue Datenbestand auf der Platte des Servers abgespeichert wird. Erst wenn neue Software installiert werden soll, wird netzwerkfähige Software eingesetzt.

2. *Neuinstallation von PCs und PC-LAN*
Der Aufbau einer Erstinstallation bietet, da keinerlei Zwänge in Bezug auf vorhandene Hardware und Software vorhanden sind, die meisten Möglichkeiten für eine anwendungsgerechte Planung und Realisierung eines Gesamtnetzwerkes. Man kann so richtig schön aus dem Vollen schöpfen und für alle Beteiligten die optimalen Bedingungen und Lösungen auswählen.

An den Planer selbst werden die höchsten Anforderungen gestellt, da ein solches Lösungskonzept nicht selten als Gegenprojekt zur Mittleren Datentechnik angesehen wird. Da es in Konkurrenz zur Mittleren Datentechnik läuft, ist der Einsatz von netzwerkfähiger Software unumgänglich. Nicht selten werden jedoch auch MS-DOS-Einplatz-Versionen eingesetzt. Das Angebot an netzwerkfähiger Software ist inzwischen wesentlich besser als früher.

3. *Verbindung PC-LANs mit Großrechner- und MDT-Systemen*
Datenaustausch zwischen Systemen der Mittleren Datentechnik und des Großrechnerbereichs ist nach wie vor ein ernstzunehmendes Problem. Schwierigkeiten treten bei diesen Kopplungen auf, da unterschiedliche Codierungen, Datenformate und Protokolle verwendet werden. Ein PC-LAN kann beim Anschluß an den Großrechner oder einer MDT-Anlage organisatorische und technische Erleichterungen bringen. Möglichkeiten zur Einbindung bestehen für die gängigsten Rechnersysteme (IBM, Siemens, DEC, verschiedene Unix-Systeme). Welche Möglichkeiten der Integration in diesem Bereich zur Verfügung stehen, wird in einem eigenen Kapitel erläutert.

12.3 Komponenten eines PC-Netzwerkes

Ein lokales PC-Netz besteht nicht nur aus den Workstations, die mit Hilfe eines Kabels untereinander verbunden werden. Anhand von Abbildung 12.1 sollen die einzelnen Komponenten unter organisatorischen Gesichtspunkten näher betrachtet werden.

KAPITEL 12

*Bild 12.1
Kopplungsmöglich-
keiten im LAN*

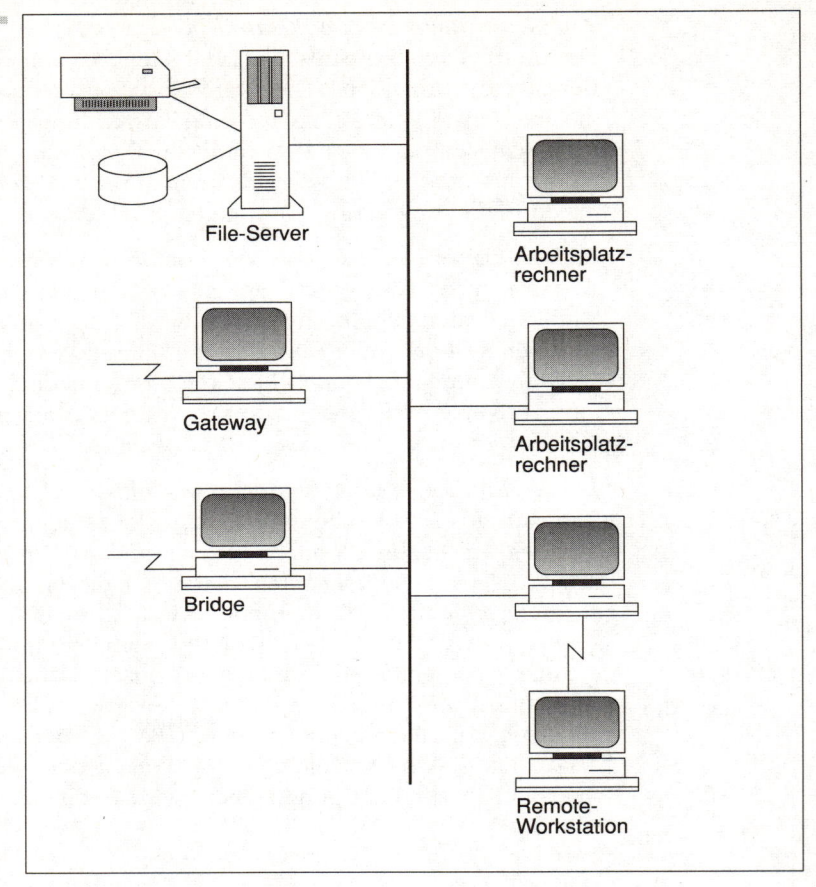

File-Server

Gateway

Bridge

Arbeitsplatz-
rechner

Arbeitsplatz-
rechner

Remote-
Workstation

12.3.1 Das Transportsystem

Unter Transportsystem sind die Komponenten zu verstehen, die zum reibungslosen Ablauf der Kommunikation in einem Netzwerk notwendig sind. Dies sind im einzelnen:

Netzwerkadapterkarte in jedem PC
Mit den Karten und den darauf befindlichen Anschlüssen werden die einzelnen Workstations in das entsprechende Verkabelungs-system eingebunden. Die Netzwerkadapterkarten sind zuständig für die Datenübertragung und die Steuerung. Im ISO-OSI-Modell decken die Netzwerkkarten mit den entsprechenden Drivern die Ebenen 1 und 2 ab.

Anschlußeinheiten
Hierunter sind die speziellen Einrichtungen zu verstehen, mit denen die Adapterkarten verbunden werden. Dies kann zum Beispiel der Ringleitungsverteiler von IBM sein oder ein Active-Hub für ARCNET-Netze.

Übertragungsmedium
Dies ist das Kabel, auf dem die eigentliche Datenübertragung stattfindet. Wie bereits besprochen, können mitunter Zwischenverstärker erforderlich sein.

Der technische Aufbau der Verkabelung kann in einem kleineren Netz meist sehr schnell durchgeführt werden. In größeren Netzwerken sind jedoch sehr viele Umgebungsbedingungen abzuklären (Kabelschächte, äußere Störeinflüsse etc.). Dies sollte von langer Hand geplant sein, um eine zügige Realisierung gewähren zu können.

12.3.2 Der File-Server

Der File-Server ist das zentrale Betriebsmittel in einem Netzwerk. Der Server ist zuständig für die Überwachung des Systems, der Zugangsüberwachung, der Verwaltung von Daten, dem Bereitstellen von Daten und vielen Dingen mehr.

Da in einem Netzwerk sehr viele Workstations mit dem gleichen File-Server arbeiten, ist es notwendig, daß es sich bei diesem Gerät um eine sehr leistungsfähige Hardware handelt, um ein akzeptables Antwortzeitverhalten gewährleisten zu können. Mit welchen Softwarekonzepten Netzwerkbetriebssysteme zusätzlich Leistung steigern können, werden wir bei der Behandlung von Novell NetWare erfahren.

12.3.3 Die Peripherie am File-Server

Die am File-Server angeschlossenen peripheren Einheiten stehen allen Netzwerkbenutzern zur Verfügung. In den meisten Fällen verwendet man dabei bessere und schnellere Geräte (Laserdrucker, Plattenlaufwerke etc.).

Man sollte bei der Auswahl der Peripherie darauf achten, daß der Durchsatz am File-Server wegen zu langsamer Geräte nicht herabgesetzt wird.

Zudem ist zu berücksichtigen, daß diese Peripherie nicht von einem Anwender beansprucht wird, sondern von allen.

12.3.4 Das Gateway

Der Gateway-Rechner nimmt eine Sonderstellung im Netzwerk ein. Im Grunde handelt es sich bei dieser Maschine um einen speziellen Server, der nur dann benötigt wird, wenn ein PC im Netzwerk mit einem Netzwerk eines anderen Herstellers kommunizieren will.

Das andere Netz paßt sowohl von der Hardware als auch von der Software (Protokoll) nicht zusammen. Der Gateway-PC übernimmt dabei die Umsetzung der Daten, die zwischen den beiden Systemen ausgetauscht werden sollen (Code-Konvertierung). Gleichzeitig ist der Gateway-Rechner für die Protokollumwandlung vom einen Netz in das andere zuständig. Dies kann zum Beispiel durch eine Terminalemulation mit eingebauten File-Transfer-Möglichkeiten geschehen oder durch den Einbau einer zweiten Netzwerkadapterkarte, die dann den Anschluß zum anderen Netz ausführt.

Der Gateway-Rechner stellt seine Leistung dem gesamten Netzwerk zur Verfügung, deshalb wird das Gateway auch oft Communication-Server genannt.

12.3.5 Die Bridge

Eine Bridge erfüllt ähnliche Aufgabe wie das Gateway. Wenn Sie an die Beschreibung des ISO-OSI-Modells zurückdenken, werden Sie sich erinnern, daß die Bridge jedoch bei weitem nicht die Komplexität besitzt wie ein Gateway. Eine Bridge wird jedoch im allgemeinen dafür verwendet, zwei LANs auf der ISO-Ebene 2 miteinander zu verbinden.

12.3.6 Arbeitsplatzrechner

Der Rechner, mit dem der Anwender im Netzwerk arbeitet, ist die eigentliche Schnittstelle zwischen Anwender und Netzwerk. Es stellt auch die letzte Komponente innerhalb eines Netzwerkes dar. Zum Einsatz können dabei PCs jeder Ausbaustufe kommen (PCs, XTs, ATs oder PS/2). Nicht selten trifft die Situation zu, daß die Benutzerstationen mit zusätzlicher (redundanter) Peripherie ausgestattet sind (Festplatte, Drucker, Plotter). Ob diese Konstellation sinnvoll ist, muß aus den Bedürfnissen der Anwender im Zusammenhang mit den abzulaufenden Programmen gesehen werden. Nach Möglichkeit sollte es aber so konzipiert werden, daß der einzelne Arbeitsplatzrechner nur noch mit Diskettenlaufwerk ausgestattet ist. Ansonsten werden alle Datenbestände zentral auf dem File-Server abgespeichert und verwaltet. Sie vermeiden dadurch

Lokale Netzwerke im PC-Bereich

zum einen redundante Datenhaltung und zum anderen können Maßnahmen für Datenschutz und Datensicherheitsvorkehrungen zentral implementiert und verwaltet werden.

Eine immer mehr geforderte Funktion besteht inzwischen darin, daß Netzwerkbetriebssyteme Mechanismen zur Software Distribution unterstützen. Man ist bezüglich dieser Funktionalität gerade dabei, entsprechende Unterstützung anzubieten, d.h. Softwarelösungen bereitzustellen. Ziel soll es dabei sein, die Konfiguration der Workstations zentral über den Server steuern zu können. Dies betrifft auch die Anpassungen und Änderungen notwendiger Konfigurationsdateien der Workstation.

In diesem Zusammenhang tritt auch immer wieder die Frage auf, ob in einem Netzwerk Diskless Workstations aus Sicherheitsgründen eingesetzt werden sollen oder nicht. Diese Frage ist immer in Abhängigkeit der eingesetzten Software und der zukünftigen Entwicklungen zu betrachten. Wenn Sie reine DOS-Arbeitsplätze einsetzen wollen, und auch für die nächsten Jahre garantieren können, daß dies ausreicht, können Sie ohne Bedenken klassische Diskless Workstations einsetzen. Die Erfahrung der letzten Monate und Jahre zeigt jedoch, daß Windows und auch OS/2 als Workstation-Betriebssystem immer mehr zum Einsatz kommt. Diese mächtigen Betriebssysteme zentral über den Server zu laden ist zwar möglich (in diesem Fall speziell Windows) aber nicht anzuraten. Da diese Betriebssysteme mit graphischer Oberfläche bekanntlicherweise sehr viel Overhead erzeugen (Swap Dateien), kann dies zu unvorhersehbaren Belastungen des Netzwerkes und der I/O-Kanäle am Server führen. Aus diesem Grunde ist in diesen Fällen der Einsatz einer lokalen Platte zu empfehlen und schon fast zwingend notwendig.

Um jedoch Datenschutz und Datensicherheit der lokalen Platten gewähren zu können, müssen andere Mechanismen eingesetzt werden. Die eine Möglichkeit besteht darin, das lokale Diskettenlaufwerk auszubauen und nur die lokale Platte in der Workstation zu betreiben oder spezielle Vorrichtungen zum Absperren der lokalen Diskettenlaufwerke zu nutzen. Andere Lösungen sind durch Software realisiert, wobei dann die Möglichkeit besteht, dem Anwender auf der Workstation den Zugriff auf das lokale Diskettenlaufwerk generell zu verbieten.

Diese Forderungen werden vor allem deswegen immer häufiger aufgestellt, weil die Gefährdung der Daten durch Viren immer größer wird und immer häufiger auftritt. In diesem Zusammenhang wird auch die Forderung notwendig, sich ein ausgereiftes und durch-

KAPITEL 12

dachtes Datensicherungskonzept zu überlegen und diese auch konsequent durchzuführen.

Exakte Analysen und Konzepte sind von Firma zu Firma unterschiedlich, so daß hier nur auf die zu beachtenden Faktoren aufmerksam gemacht werden soll und Detaillösungen von Fall zu Fall entschieden werden müssen.

12.3.7 Netzwerkdrucker

Der Anschluß von Netzwerkdruckern im LAN wird immer komfortabler gestaltet. Es gibt inzwischen eine Vielzahl an Möglichkeiten, um Netzwerkdrucker dort einsetzen zu können, wo sie benötigt werden. Fast alle Netzwerkbetriebssystemhersteller unterstützen inzwischen die Möglichkeit, Netzwerkdrucker nicht nur am Server anzuschließen und somit allen Anwendern im Netzwerk zur Verfügung zu stellen, sondern unterstützen auch die Möglichkeit, Drucker an Workstations anzuschließen und als Netzwerkdrucker zu konfigurieren. Dabei ist es möglich, DOS- und OS/2-Arbeitsplätze zu verwenden.

Eine andere Möglichkeit wird von Drittherrstellern angeboten. Entweder besteht für den Drucker selbst die Option, eine Netzwerkadapterkarte einzubauen, um den Drucker direkt in das Netzwerk zu integrieren oder es wird eine Zusatzhardware angeboten, die direkt in das Netzwerk eingebunden werden kann. Daran sind wiederum mehrere Drucker anschließbar. Eine komfortable Möglichkeit ist, auf den parallelen Port des Druckers einen sogenannten Pocket Print-Server aufzustecken, der wiederum den direkten Anschluß im Netzwerk realisieren kann.

Alle aufgeführten Möglichkeiten dienen dazu, die Drucker im Netzwerk dort installieren zu können, wo diese auch benötigt werden. Je nach Konfiguration und Umgebungsbedingung ist zu entscheiden, welche der Alternativen der Vorzug zu geben ist. Tatsache und wichtig ist, daß alle aufgeführten Optionen sehr gut eingesetzt werden können und auch einfach zu handhaben sind.

Je nach Netzwerkbetriebssystem (z.B. Novell NetWare) werden auch Möglichkeiten angeboten, Drucker, die in unterschiedlichen Systemen konfiguriert sind, als Netzwerkdrucker allen Anwendern im System zur Verfügung zu stellen. So bietet z.B. Novell eine Option an, Drucker, die unter Unix konfiguriert sind auch unter NetWare betreiben zu können. D.h. ein Anwender unter NetWare hat die Möglichkeit, seine Druckaufträge wie gehabt in eine NetWare Print Queue zu stellen und ein spezieller Print-Server-Mechanismus übergibt die Druckaufträge an das LP-Spool-System der Unix-Maschine.

Ebenso ist es umgekehrt möglich, daß ein Unix-Anwender wie gewohnt seine Druckaufträge an das Unix LP-Drucksystem abgibt und das speziell konfigurierte Unix LP-Drucksystem übergibt die Druckaufträge an NetWare. Somit können Unix-Anwender auch auf Drucker ausdrucken, die unter NetWare konfiguriert sind.

Eine ähnliche Konfiguration bietet Novell für die SNA-Welt an. Ein NetWare-Drucker kann mit Zusatzsoftware (Host Print) so konfiguriert werden, daß zusammen mit dem NetWare for SAA Gateway von Novell ein 3270-Anwender seine Druckaufträge direkt an einen unter NetWare konfigurierten Drucker ausgeben kann.

Diese Möglichkeiten sind bei Bedarf von Hersteller zu Hersteller abzuklären, wenn in Ihrer Netzwerkkonfiguration die Möglichkeit bestehen soll, diese oder ähnliche Mechanismen nutzen zu können. Auch wenn sich dieses Buch nicht nur mit NetWare und den damit verbundenen Konzepten beschäftigen soll, ist es unmöglich, auf alle unterstützten Funktionen im Detail einzugehen, da ansonsten der Umfang den Rahmen dieses Buches bei weitem sprengen würden. Zudem werden fast täglich neue Features angeboten, so daß gar nicht schnell genug reagiert werden könnte, um diese alle beschreiben zu wollen. Die aufgeführten Möglichkeiten und Konzepte sollen Ihnen jedoch einen umfassenden Überblick darüber geben, welche Leistungsfähigkeit und welche Funktionalitäten von heutigen Netzwerkbetriebssytemen unterstützt werden.

12.3.8 Streamer

Hierbei handelt es sich um einen der wichtigsten Faktoren, wenn es um den Aufbau von Netzwerken geht und sollte von Anfang an in das Konzept einbezogen werden und installiert werden.

Da in der Regel – so sollte es zumindest sein – alle Unternehmensdaten zentral auf dem oder den Servern abgespeichert werden, würde ein Ausfall der zentralen Speicherkomponenten (Platte, Server selbst) zu Datenverlusten führen, die unter Umständen nur durch erhöhten Aufwand und viel Zeitverlust rekonstruiert werden könnten.

Aus diesem Grunde muß im Netzwerk eine ausgereifte Datensicherung durchgeführt werden, deren Konzept gewährleisten kann, auch ältere Datenbestände bei Verlust wieder restaurieren zu können. Schlug man sich früher mit Streamerkapazitäten von 100 Mbyte oder 250 Mbyte herum, so diskutiert man heute bereits von

Anfang an über Streamerkapazitäten von 1, 2 oder 5 Gbyte. In speziellen Fällen werden auch Lösungen benötigt, die es erlauben, automatisch Kapazitäten von bis zu 54 Mbyte zu sichern.

Wenn man sich die heutige Streamertechnik ansieht, dann bringt man auf immer kleinere Bänder immer mehr Datenkapazitäten. In speziellen Fällen wird auch gefordert, nicht häufig benötigte Daten statt auf Platte auf optischen Medien abzulegen (Archivierung), um dennoch bei Bedarf darauf zurückgreifen zu können.

Eine häufig gestellte Forderung ist dabei, daß die Datensicherung automatisch ohne Eingriffe des Administrators durchgeführt werden soll. Dies sind Funktionalitäten, die von der Streamer-Software erfüllt werden müssen. Wenn es sich dabei um Plattenkapazitäten handelt, die nicht mehr auf ein einzelnes Band passen, muß unter Umständen ein System gewählt werden, das einen automatischen Bandwechsel durchführen kann. In solchen Fällen kommen Autoloader oder Stacker-Systeme zum Einsatz.

Bei der Auswahl der Streamer-Software ist nicht nur auf die oben aufgeführten Funktionen Rücksicht zu nehmen, sondern es muß auch geklärt werden, ob die Streamer-Software für das jeweilige Netzwerkbetriebssystem tauglich ist. Fast alle Hersteller verwenden spezifische Security-Dateien, die nur von einer dafür abgestimmten Streamer-Software gesichert werden kann. Ohne diese speziellen Systemdateien wäre es ansonsten nicht mehr möglich, einen ordnungsgemäßen Restore von Daten durchzuführen.

12.4 Die Phasen der Netzwerkinstallation

Wenn die Entscheidung für den Einsatz eines LANs getroffen worden ist, ergeben sich im weiteren Verlauf der Planung und in der Realisierung für das Gesamtsystem in der Regel verschiedene Phasen für die Durchführung der Installalation bis zur endgültigen Freigabe zum produktiven Betrieb. Die nachfolgend aufgeführten Planungsphasen stellen einen Vorschlag dar, der von Fall zu Fall variiert werden kann bzw. variiert werden muß.

Bei genauerer Betrachtung der einzelnen Schritte zur Durchführung derartiger Installationen, lassen sich 10 Planungsphasen erkennen, die es von oben nach unten auszuführen gilt.

1. Erstellung eines Pflichtenheftes
2. Erstellung eines Systemkonzepts
3. Entscheidung über die Hardware treffen

4. Spezifikation des Anwendungssystems (Verfeinerung des Pflichtenheftes)
5. Netzwerkkonzept erstellen
6. Netzwerkhardware und Netzwerkbetriebssystem auswählen
7. Netzwerkinstallation
8. Anwendersoftware installieren
9. Testen aller Komponenten
10. Übernahme in produktiven Betrieb

Erklärung der einzelnen Phasen

1. Schriftliche Fixierung der Zielvorgaben. Was soll mit dem neuen System durchgeführt werden können. Anforderungen, die das System auf alle Fälle erfüllen sollte bzw. muß. Daneben enthält das Pflichtenheft Wünsche, die nach Möglichkeit berücksichtigt werden sollen.
2. Auf Basis der vorbereitenden Analyse muß zuerst ein Konzept für das Gesamtsystem erstellt werden. In diesem Konzept werden ein grober Anforderungskatalog erstellt und daneben bereits die ersten Ansätze zur Modularisierung definiert. Damit werden bereits die ersten Komponenten der Anwendungssoftware festgelegt. Es kann sich dabei z.B. um Bausteine wie Angebotserstellung, Finanzbuchhaltung, Auftragsbearbeitung usw. handeln.
Bereits hier werden im groben Rahmen die Hardwareanforderungen festgelegt. Dies betrifft vor allem Angaben über den notwendigen Massenspeicherbedarf, Anzahl der Arbeitsplätze, Volumen des Druckoutputs u.ä.
3. Aufgrund der Festlegungen in Phase 2, die bestimmte Hardwareanforderungen genau vorgibt, kann in Phase 3 eine erste Entscheidung für eine ungefähre Hardwarerichtung eingeschlagen werden. Es werden hier die Alternativen bezüglich Einsatz eines Zentralrechners, einer Mittleren Datentechnik oder eines PC-Netzwerkes gegeneinander abgewogen. Dies erfordert eine genaue Prüfung der einzelnen Möglichkeiten.
4. Das in Phase 1 erstellte Konzept wird hier genauer aufgeschlüsselt.
5. Die Informationen zur Erstellung des Netzwerkkonzepts stammen aus den Phasen 2 und 4. Im Netzwerkkonzept sollten folgende Fragestellungen enthalten sein:

   ■ Wie viele Arbeitsplätze werden ingesamt eingesetzt?

   ■ Wie groß ist die ungefähre Anzahl von Arbeitsplatzrechnern, die gleichzeitig aktiv sind?

KAPITEL 12

- Wie viele Workstations arbeiten mit zentralen Datenbeständen?

- Auslegung der Server-Peripherie:

  Plattenkapazität
  Anzahl der Drucker
  Geschwindigkeit der Drucker
  Sicherungsmedium (Streamer zentral oder dezentral)

- Gesamtausdehnung des Netzwerkes, Integration in die Gebäudestruktur.

- Können Störeinflüsse von außen auftreten (Produktionsstätten, Spannungswandler etc.)?

- Sollen bestehende EDV-Anlagen einbezogen werden (Gesamtumfeld der Endausbaustufe)?

6. Mit Hilfe dieser Überlegungen ist es nun möglich, die Hardware als auch die Software für das Netzwerk auszuwählen. Dabei ist jedoch mit besonderer Vorsicht vorzugehen, da auch die Wahl der Arbeitsplatzrechner getroffen werden muß. Die Systeme sollen aufeinander abgestimmt sein. Es ist zum Beispiel zu beachten, daß beim Einsatz von DTP-Systemen eventuell 19-Zoll-Bildschirme eingesetzt werden und nicht die herkömmlichen 12-oder 14-Zoll-Schirme. Überlegt werden sollte auch, ob das Netzwerk bei dem einen Händler, Server- und Workstation-Hardware von einer Zweit- oder Drittfirma beschafft werden. Aus der eigenen Erfahrung erscheint es von Vorteil, das gesamte Equipment aus einer Hand zu besorgen. Bei auftretenden Fehlern kann es Ihnen dann nicht passieren, daß der einzelne Händler das Problem auf die Hard- oder Software des anderen Händlers schiebt. Dies vor allem dann, wenn der Fehler nicht eindeutig dem LAN, dem PC oder dem Server zuzuordnen ist.

Die richtige Wahl zu treffen ist nach wie vor eines der größten Probleme. Der bereits vorgestellte Kriterienkatalog soll Ihnen dabei eine kleine Hilfestellung geben. Es werden dabei aber nicht alle Fragen abgedeckt, da es von den einzelnen, individuellen Begebenheiten abhängt, welche Komponenten besser oder schlechter geeignet sind. Hilfreich sind in solchen Fällen auch Referenzkunden, die ein ähnliches Netzwerk der gleichen Größenordnung in Betrieb haben. Der Händler sollte dabei so unterstützend sein, Ihnen diese Referenzkunden zu nennen, damit Sie sich selbst vom Funktionieren dieser Netzwerke überzeugen können.

Neben dem Einsatz von standardisierter Hardware ist es auch notwendig, bei der Auswahl von Software darauf zu achten, ob es sich um spezielle Software für dieses spezielle Netzwerkbetriebssystem handelt oder ob die Software auf allen gängigen Systemen läuft. De-facto-Standard in diesem Bereich ist derzeit Novell NetWare auf Seite des Netzwerkbetriebssystems bzw. DOS 3.3 als Workstation-Betriebssystem. Bei diesen Produkten haben Sie die Sicherheit für eine langfristige Funktionsfähigkeit des Gesamtsystems.

7. Bevor die Fachabteilung mit der ausgewählten Software arbeiten kann, muß das Netzwerk auch installiert werden. Die Installation kann dabei in mehrere Phasen eingeteilt werden:

■ Verkabelung des Gebäudes

Spätestens zu diesem Zeitpunkt ist zu überlegen, wie die Räume verkabelt werden können, d.h. reicht der Platz in vorhandenen Kabelschächten oder müssen neue Schächte gelegt werden. Es ist dabei zu beachten, ob eventuell für einen späteren Zeitpunkt zusätzliche Kabel in die Schächte eingezogen werden können. Die Montage der Steckdosen in den Büros muß sorgfältig geplant werden, damit nicht der Fall eintritt, daß die Dose so plaziert wird, daß ein Kabel durch den ganzen Raum gelegt werden muß, um den PC anschließen zu können. Ebenfalls muß überprüft werden, ob die Kabellängen der einzelnen Stränge nicht die vorgeschriebene Maximallänge überschreiten. Selten lassen sich Kabel direkt in die Räume verlegen, sondern müssen meistens verschlungen durch Decken und Keller gezogen werden. Gleichfalls sollte man überprüfen, ob in den Schächten oder in der Nähe von Schächten nicht andere Kabel liegen (Starkstrom etc.), die magnetische Abstrahlungen aufweisen und damit die Datenübertragung stören.

■ Installation von Server und Workstation

Bei diesem Vorgang werden die entsprechenden Adaperkarten in den einzelnen Stationen eingebaut. Große Sorgfalt muß darauf gelegt werden, die Adapter so einzustellen, daß sie von der Hardware der Rechner akzeptiert werden (I/O-Adresse, Base-Memory-Adresse, Interrupt-Request müssen aufeinander abgestimmt sein). Ganz wichtig ist hierbei, daß die Node-Adressen der einzelnen Rechner unterschiedlich eingestellt werden, da sonst das Netzwerk nicht richtig funktioniert und dieser Fehler nur schwer zu lokalisieren ist.

■ Einbau der Server-Peripherie

Dies betrifft die Installation von Platten und Platten-Subsystemen, Drucker oder Notstromversorgung. Es gilt dabei der gleiche

KAPITEL 12

Grundsatz wie oben, d.h. es ist darauf zu achten, daß die Peripherie mit der restlichen Hardware zusammenpaßt.

■ Erster Test der Verkabelung und Hardwarekonfiguration

Es gibt bei Novell NetWare zum Beispiel die Möglichkeit, nach der Hardware-Installation (Verkabelung, Server und Workstation) diese auf korrektes Funktionieren zu überprüfen. Dabei lassen sich leicht und schnell Fehler in den Hardwarekomponten der Rechner (falsche Interrupts etc.) und der Verkabelung (Kabelbruch, defekter Stecker, defekter Active- oder Passive-Hub, nicht intakter Ringleitungsverteiler, kaputte Dose, doppelte Node-Adressen etc.) feststellen, erkennen und beseitigen.

Wenn solche Testmöglichkeiten zur Verfügung stehen, sollten diese auch genutzt werden, da man sich dabei eventuell lange Fehlersuchzeiten sparen kann.

■ Installation des Netzwerkbetriebssystems

Dies muß nach den Installationsvorgaben des Herstellers erfolgen. Bevor Sie jedoch anfangen, das Betriebssystem zu installieren, sollten Sie vorher gründlich das Handbuch hierfür durchlesen. Sie vermeiden dadurch lange und unnötige Fehlversuche oder Falscheingaben.

8. Wenn diese Arbeiten erfolgreich durchgeführt worden sind, kann damit begonnen werden, die Anwendersoftware zu installieren. In den Installationsanweisungen sollten besonders die Anleitungen für eine Netzwerkinstallation beachtet werden, vorausgesetzt es handelt sich um netzwerkfähige Software. Im anderen Fall sind eventuell notwendige Änderungen zu überprüfen.

    Nachdem die einzelnen Applikationen auf die Serverplatte gespielt worden sind, müssen die einzelnen Benutzer eingerichtet werden. Bei dieser Arbeit müssen unter anderem auch die notwendigen Berechtigungen vergeben werden. Für den Fall, daß der Endanwender über Menüs auf dem Server arbeitet, muß zu diesem Zeitpunkt auch das Anwendermenü erstellt werden.

9. Testen aller Komponenten: Bevor ein Netz für den produktiven Betrieb freigegeben wird, sollten alle Komponenten, Hardware und Software, sehr sorgfältig ausgetestet werden. Erst wenn alle Tests erfolgreich abgeschlossen sind, kann das System freigegeben werden. Parallel zu diesen Tests kann eine Einweisung und Schulung der Endanwender durchgeführt werden. Wenn es als notwendig erachtet wird, kann, wie bei allen DV-Systemen, ein Parallelbetrieb aufrechterhalten werden. Dieser Parallelbetrieb sollte »so lange wie möglich und so lange wie nötig« durchgeführt werden, um alle Fehler frühzeitig aufdecken zu können.

10. Produktionslauf: Ab diesem Zeitpunkt sind die Arbeiten abgeschlossen. Nach Freigabe des Systems kann man nur hoffen, daß alles reibungslos funktioniert.

Diese 10 Projektphasen sind ein kleiner Anhaltspunkt, wie der Aufbau eines LANs durchgeführt werden könnte. Sie sollten diese Phasen nicht als einen starren Plan zur Durchführung der Netzwerkinstallation ansehen. Es wird hier nur ein Überblick über die einzelnen Phasen gegeben.

Innerhalb dieser 10 Phasen wird die Notwendigkeit bestehen, entsprechende Schulungen durchzuführen, um mit den Möglichkeiten und der Bedienung, Wartung und Pflege des Systems vertraut zu werden. Sinnvoll ist es dabei, diese Schulungen, vor allem für das jeweilige Netzwerkbetriebssystem, vor Beginn der logischen Implementierung des Netzwerkes durchzuführen. Nur so kennen Sie alle Möglichkeiten, Restriktionen und Zusatzoptionen, die für das gewählte Netzwerkbetriebssystem zur Verfügung stehen.

Es hilft Ihnen relativ wenig, wenn Sie sich die schönsten Konzepte zur Implementierung der Netzwerkstruktur ausdenken und später bei der Umsetzung der Konzepte feststellen müssen, daß diese Möglichkeiten von der Software gar nicht unterstützt werden.

Achten Sie auch darauf, daß alle Phasen der Netzwerkinstallation durchgängig dokumentiert werden. Dies beginnt bei der Verlegung der Kabel und hört bei der Dokumentation der Serverstrukturen und der Konfiguration der Workstations auf. In diesem Zusammenhang ist auch nach geeigneten Produkten zu suchen, die Ihnen die Erstellung der Dokumentation erleichtern. Dies sind Entscheidungen und Konzepte, die in Zusammenhang mit Netzwerkmanagement zu betrachten sind.

Sie werden bei allen Produkten (unabhängig vom Netzwerkbereich) auf spezielle Anforderungen stoßen, die es nicht erlauben, sich an diesen Projektplan zu halten. Es soll als Anregung gedacht sein und auch als solche verstanden werden.

Bevor wir nun spezielle Netzwerkbetriebssysteme im Detail besprechen wollen, was die Leistungsfähigkeit, die unterschiedlichen Konzepte und Merkmale anbelangt, soll ein Vergleich von LAN und Minicomputer durchgeführt werden. Nach wie vor ist es eine Streitfrage, was besserer ist, der Einsatz von LANs oder die Verwendung der Mittleren Datentechnik. Im nächsten Abschnitt versuche ich, auf diese Frage einzugehen.

12.5 Gegenüberstellung LAN und MDT

Eine Bewertung dieser beiden Systeme, die Betrachtung der Vor- und Nachteile, gewinnt mehr und mehr an Bedeutung, da die Lokalen Netze in Bereiche vordringen, die bis vor kurzem noch eine reine Domäne der Minicomputer (MDT) waren.

Ein Lokales Netz und Minicomputer-Systeme repräsentieren im Grunde technologisch verschiedene Philosophien:

- das LAN als Kommunikationsmedium
- die MDT-Systeme als Rechner.

In der Praxis werden diese beiden Begriffe für zwei mögliche Alternativen verwendet, wenn es um den Einsatz von Datenverarbeitungssystemen geht.

Wie bereits mehrfach besprochen, handelt es sich bei LANs in der Regel um Netzwerke mit verteilten PC-Arbeitsplätzen. Die Mittlere Datentechnik dagegen vertritt das Konzept der Host-Zentraleinheit, d.h. es wird ein gemeinsam genutztes Verarbeitungsnetzwerk verwendet, an dem Terminals ohne eigene Rechnerkapazität angeschlossen sind.

Es ist klar, daß ein Vergleich dieser Systeme nicht nur schwierig, sondern auch sehr vage ist, um geeignete Aussagen treffen zu können. Letztendlich kommt es auch auf die Anwendungen an, mit der diese eingesetzt werden sollen. Wenn Sie einen Sattelschlepper aussuchen wollen, vergleichen Sie diesen auch nicht mit einem PKW.

Soll ein Vergleich angestrebt werden, kann man sich auf drei Punkte konzentrieren:

1. Netzwerk: Zentrale oder dezentrale Verarbeitung
2. Server/Host: PC oder Minicomputer
3. Arbeitsplatzrechner: Intelligente PCs oder unintelligente Terminals

Durch »SAA – das immer noch neue Konzept der IBM«, zeichnet sich der Trend ab, daß die Datenverarbeitung und die Datenspeicherung immer mehr vom zentralen Großrechner losgelöst wird und in die einzelnen Abteilungen verlagert wird. Für diese Entwicklung werden verschiedene Bezeichnungen verwendet, dies sind zum Beispiel:

Lokale Netzwerke im PC-Bereich

- Verarbeitung am Arbeitsplatz
- Verteilte Verarbeitung
- Verarbeitung auf Abteilungsebene
- Gleichrangige Netzwerkverarbeitung
- Individuelle Datenverarbeitung

Diese Tendenz hat mehrere Ursachen, eine davon ist der sogenannte Anwenderstau, der sich im Laufe der Zeit auf Seiten des Großrechners ergeben hat. Auf diese Problematik wird später noch näher eingegangen werden.

Eigentlich ist eine Abteilung nichts anderes als ein kleines Unternehmen. Dementsprechend müssen Systeme zur Verfügung stehen, mit denen die Datenverarbeitung durchgeführt werden kann. Wie in kleinen Unternehmen entsteht Datenverarbeitung vor Ort. Der Aufwand für den Großrechner und für die Datenübertragung (in Verbindung mit dem Host) wird geringer. Deshalb werden verstärkt PCs eingesetzt und diese PCs vernetzt. Die andere Alternative ist der Einsatz einer MDT-Anlage.

Wenn man die Entwicklungsgeschichte betrachtet, kamen Minicomputersysteme in den frühen 70er Jahren zum Einsatz. Dies war der erste Schritt für die verteilte Verarbeitung. Faktoren, die eine zentrale Verarbeitung erzwungen haben, vor allem der Preis der Host-Systeme, verloren durch die immer sinkenden Preise an Bedeutung. Damit lohnte es sich, im begrenzten Maße verteilte DV einzuführen.

Betrachtet man die Architektur eines Minicomputer-Systems, so stellt man fest, daß es sich dabei im Grunde um einen Host im Kleinformat handelt. In beiden Fällen wird die Datenverarbeitung (Programmablauf, Steuerung der Terminals etc.) von diesen Rechnern übernommen. Die angeschlossenen Terminals besitzen dabei keine eigene Rechnerintelligenz, dies übernimmt der Host. Zum Zeitpunkt der Entwicklung dieser Systeme gab es noch keine andere Möglichkeit, um solche Arbeitsplatzrechner zur Verfügung zu stellen.

Fast ein Jahrzehnt lang entwickelte sich die verteilte Datenverarbeitung in dieser Form. Erst durch die Möglichkeiten der PCs, kurz darauf der Einsatz der ersten LANs, beschleunigte sich die Entwicklung hin zur verteilten Datenverarbeitung sehr rasch. Einerseits bieten MDTs die Funktionalität der Host-Terminal-Interaktion, andererseits ist das LAN (Verarbeitung am Arbeitsplatz – intelligentes Terminal) die natürliche Weiterentwicklung des Personal Computers.

KAPITEL 12

Hätte man zur damaligen Zeit einen Vergleich dieser beiden Technologien (LAN versus MDT) durchgeführt, dann wäre das LAN kläglich unterlegen. LANs waren damals nichts anderes als einfache Systeme zur gemeinsamen Nutzung von Peripheriegeräten (Disk-Server-Konzept der ersten LANs). Systeme der Mittleren Datentechnik hingegen boten die Fähigkeiten zum Anschluß zahlreicher Bildschirmarbeitsplätze in Multi-User-Umgebung und die Möglichkeiten der Einbindung in Fernbereichsnetze (WAN).

Inzwischen haben die LAN-Entwicklungen große Fortschritte gemacht, dies gilt vor allem für folgende Bereiche:

Festplattenverwaltung im File-Server
Die Schreib-/Lesefunktionen der Festplatte werden von der im File-Server ablaufenden Software gesteuert und verwaltet. Probleme, die mit der verteilten Plattenverwaltung entstehen, werden dadurch vermieden. Die Gewährleistung der Integrität der Daten im LAN erreicht deshalb einen Stand, wie er auch auf Großrecher- und Minicomputer-Systemen zu finden ist. Die Firma Novell hat 1983 als erster Hersteller für Netzwerkbetriebssysteme dieses Konzept verwendet. Es hat sich inzwischen zum De-facto-Industriestandard entwickelt.

Multi-User-Software
Seit der Einführung von Standards für MS-DOS-Mehrbenutzer-Software, wurden immer mehr solcher Produkte entwickelt. Bis heute gibt es über 6500 Stück davon. Darunter sind mehrere Datenbanksysteme, die mit Datei und Satzsperrung arbeiten.

Es gibt mehrere MS-DOS-Mehrbenutzer-Programme, die direkt von Großrechnerversionen und MDT-Versionen auf den PC-Bereich übertragen worden sind, so daß Funktionsumfang und Kompatibilität mit diesen Systemen erhalten geblieben sind. Es gibt aber auch durchaus den umgekehrten Weg, daß MS-DOS-Programme für den Host oder Mini umgeschrieben worden sind.

Weitere Systeme sind speziell für den Einsatz in PC-LANs entwickelt worden. Alles in allem gesehen hat der Anwender eine reiche Auswahl an Software.

Datenübertragung
Über Gateways ist es möglich, den Zugang zum Großrechner oder MDT zu schaffen. Es können damit Dateien übertragen werden oder Online-Sitzungen durchgeführt werden. Der Arbeitsplatz wird dann zum Terminal des Host-Rechners oder der MDT-Anlage.

Durch den Einsatz von Bridge-Rechnern werden transparente Verbindungen zu anderen LANs hergestellt. Über asynchrone Verbindungen oder über Datex-P-Anschlüsse ist die Basis geschaffen, Fernnetze aufzubauen.

Fehlertoleranz

1986 führte die Fa. Novell bei seinem LAN-Betriebssystem die Fehler-Tolerante-NetWare ein. Mit der Fehlertoleranz wird ein System vor Datenverlust und Ausfallzeiten geschützt, die sich durch den Ausfall einzelner Komponenten ergeben. Dies ist nur dann möglich, wenn diese Komponenten redundant im System vorhanden sind (Sicherungseinrichtungen). Beim Ausfall einer Komponente wird sofort mit der Ersatzeinrichtung weitergearbeitet. Erst durch dieses fehlertolerante System wurde der Einsatz von LANs in vielen Unternehmen interessant.

Datenschutz und Datensicherheit

Auf dem Gebiet von Datenschutz und Datensicherheit werden ständig neue Methoden entwickelt und erforscht, um den unberechtigten Zugriff auf Datenbestände zu verhindern. Host-Systeme, MDT-Anlagen und LANs sind alle mit dem gleichen Problem konfrontiert. Auf ein und derselben Anlage arbeiten mehrere Anwender gleichzeitig. Jeder verwendet die gleichen Platten, um seine Daten zu speichern und zu bearbeiten. Es ist aber nicht gestattet bzw. es darf nicht gestattet sein, daß jeder die Daten des anderen einsehen kann.

Offensichtlich wird das Problem, wenn Sie sich überlegen, was es bedeuten würde, wenn »Hinz und Kunz« die Personalstamm-Dateien lesen könnte. Jeder würde zum Beispiel herausfinden, welcher Mitarbeiter wieviel verdient. Der Problemkreis ist sehr weit gespannt und muß dementsprechend abgesichert werden. Durch den Einsatz der PCs traten hier enorme Schwierigkeiten auf, da diese Systeme am Anfang ohne jeglichen Schutz, auf den Schreibtischen der Mitarbeiter für jedermann zugänglich waren. Die besten Sicherheitsmechanismen sind hier auf den Großrechnern zu finden. Paßwortkontrolle, Zugangsberechtigungen, Audit-Trail und vieles mehr wird dort zum Schutz der Daten eingesetzt. Auf dem Gebiet der MDTs und LANs werden diese Methoden erst allmählich eingesetzt und weiter verbessert. Novell NetWare bietet ab der Version 2.1x diesbezüglich Möglichkeiten, die derzeit seinesgleichen suchen. Novell realisierte Sicherheit in dem Maße, wie sie momentan nur auf Host-Systemen, zum Beispiel einer IBM 3090 unter RACF, vorzufinden sind. Genauere Beschreibungen und Erklärungen werden wir bei der Beschreibung von Novell NetWare

KAPITEL 12

anführen. In einem späteren Kapitel über Datenschutz und Datensicherheit werden wir auch noch grundsätzliche Strategien zum Schutz eines LAN- oder MDT-Systems besprechen: Schutz von außen, Schutz von innen und Schutz gegen Ausfall!

Aufgrund dieser Verbesserungen der LAN-Technologie konnten LAN-Systeme in Bereiche vordringen, die bisher nur den MDT-Anlagen vorbehalten waren.

Vom pragmatischen Gesichtspunkt aus, stehen LANs und MDTs nicht in Konkurrenz zueinander, sondern bilden eine Ergänzung. Betrachtet man die Entwicklung auf diesem Gebiet, stellt man fest, daß sowohl die LANs als auch die Mittlere Datentechnik dahingehend weiterentwickelt worden ist, daß beide Techniken miteinander verwendet werden können. Nicht nur, daß die Systeme innerhalb eines LANs miteinander existieren können, die MDT-Anlage kann sogar als File-Server für ein LAN eingesetzt werden (z.B. DEC VAX unter VMS mit dem Betriebssystem NetWare for VMS).

Damit können VAX-Rechner über das Netzwerk als Speicher- oder Rechenmedium eingesetzt werden und PCs im LAN als VAX-Terminals verwendet werden. Ähnliche Anschlußmöglichkeiten existieren auch für andere Computersysteme.

Zwei Faktoren sind für diese Entwicklung ausschlaggebend:

1. Die zunehmende Verbreitung von PCs und LANs. Auf dem Gebiet der Minicomputer ist dagegen kaum noch ein Wachstum zu verzeichnen.
2. Hersteller von MDT-Systemen erreichen eine Wertsteigerung für ihre Geräte, indem sie für die Anschlußmöglichkeiten zu diesem Wachstumsbereich der Datentechnik sorgen.

Für den LAN-Anwender hingegen ist die Möglichkeit des Anschlusses an den Minicomputer vorteilhaft. Damit erhalten die Benutzer von LANs und PCs Zugriff auf vorhandene Systeme und damit verbunden, auf Datenbestände und Programme.

Dieses Einsatzgebiet ist allerdings nur dann sinnvoll, wenn es sich um bestehende Systeme handelt. Schutz der Investition sei hier als Stichwort angeführt. Bei völligen Neuinstallationen ist der Einsatz von PCs als File-Server eher anzuraten, da der PC der Mittleren Datentechnik im Leistungsverhalten in nichts mehr nachsteht. Zudem ist ein leistungsfähiger PC gegenüber einer MDT um einiges kostengünstiger.

Ein MDT-System ist im Gegensatz zum PC bzw. File-Server wesentlich aufwendiger zu warten und zu installieren. Für die mei-

Lokale Netzwerke im PC-Bereich

sten PC-LANs ist ein File-Server mit hoher Leistung von Bedeutung. Bewertet man das Preis-/Leistungsverhältnis, stellt man fest, daß ein PC mit 80386-Architektur die bessere Lösung als ein Minicomputer ist.

12.5.1 Der Einsatz des PCs als Arbeitsplatzrechner

Muß ein System für die Abteilung ausgewählt werden, spielen sehr viele Gesichtspunkte eine Rolle. Oft wird gewünscht, PCs als Arbeitsplatzrechner einzusetzen. Aus den Installationszahlen (steigende Tendenz seit Jahren) läßt sich ableiten, daß der PC mit zum zentralen Medium der Datenverarbeitung geworden ist bzw. sich dahin entwickelt. Die Anwendungen können dabei auf dem Schreibtisch des Anwenders abgearbeitet werden, was zu Kosteneinsparungen bei der Datenübertragung und bei der Host-Verarbeitung führt. Auf Zusatzsysteme wie Host-Rechner, spezielle Peripherie, spezielle Server wird nur bei Bedarf zugegriffen.

Daneben bietet der Einsatz von PCs funktionelle und qualitative Eigenschaften, die ihm gegenüber anderen Systemen (Systemen mit Terminals) echte Produktivitätsvorteile bringen.

Terminalsysteme als Arbeitsplatzrechner wurden unter anderem deshalb entwickelt, um teure Rechen- und Speicherkapazität bzw. teure Peripherie gemeinsam von allen benutzen zu können. Nachdem allerdings die Preise für Rechner, Speicher und Peripherie in letzter Zeit gefallen sind, ist es inzwischen finanziell vertretbar, jedem Benutzer diese Rechenleistung und die peripheren Einheiten in Form von PCs zur Verfügung zu stellen.

Der PC als Arbeitsplatzrechner bietet folgende Vorteile:

1. Verläßliche Antwortzeiten
2. Verbesserte Benutzerschnittstelle
3. Zuverlässigkeit
4. Benutzergesteuerte Anwendungsumgebung
5. Große Auswahl an Software-Produkten
6. Rechenleistung jederzeit verfügbar
7. Bessere Kontrolle der Daten
8. Spezielle Anwendung auf PC zugeschnitten, bessere Bedienung und Qualität (Leistungsumfang)

Das Anwortzeitverhalten der Teminals hängt von der Auslastung des MDT-Systems ab. Ist dieses überbeansprucht, muß der Endanwender entsprechend lange auf seine Ergebnisse am Bildschirm oder am Drucker warten. Fällt das Host-System aus, können die Terminals nicht mehr arbeiten; fällt in einem LAN der File-Server

KAPITEL 12

aus, können, wenn die Arbeitsplätze entsprechend gestaltet sind, diese dennoch standalone benutzt werden.

Die Verarbeitungsgeschwindigkeit der Minicomputer hängt von der Belastung ab. Je mehr Terminals aktiv sind, um so geringer ist die Zeitspanne, in der das Terminal bedient werden kann. In einer LAN-Umgebung erbringt die Rechenleistung nach wie vor der einzelne PC selbst (zentralisiere Datenverwaltung – dezentralisierte Rechenleistung). In eine Büroumgebung integriert, gewinnt der PC zudem an Bedeutung, da nicht nur teure Peripherie geteilt werden kann, sondern auch PC-Benutzer miteinander kommunizieren können.

Bei der Integration eines LANs in die Bürowelt handelt es sich um eine natürliche Erweiterung des PCs. Die Verarbeitung bleibt im PC und die MS-DOS-Betriebsumgebung bleibt erhalten, d.h. MS-DOS-Programme können nach wie vor eingesetzt werden.

Durch die Verwendung von speziellen Applikationen für eine LAN-Umgebung, kann die Funktionalität eines Mehrplatzsystems erreicht werden. Alle bisher gewohnten Eigenschaften werden wie in der vertrauten PC-Umgebung genutzt. Gemeinsame Datenbankzugriffe, zum Beispiel, stellen kein Problem mehr dar, da der File-Server des LANs die einzelnen Zugriffe steuert und Konflikte vermeidet, erkennt oder auflöst.

Sollten PCs durch ein Minicomputer-System unterstützt werden, liegt das Problem unter anderem darin, wie zwei unterschiedliche Betriebssysteme in Einklang gebracht werden: Die MDT arbeitet unter einem bestimmten Betriebssystem und der PC arbeitet zum Beispiel unter MS-DOS. Es gibt verschiedene Alternativen, um dies zu lösen.

1. Der PC emuliert ein nicht intelligentes Terminal der MDT-Anlage. Es können dann Applikationen auf der MDT ausgeführt werden. Die Vorteile des Arbeitsplatzrechners gehen dabei jedoch verloren, wie zum Beispiel hohe Prozessorleistung oder die DOS-Umgebung. Der Prozessor, der Speicher und die meisten Funktionen des PCs werden bei dieser Variante nicht genutzt.
2. Der Minicomputer wird als »große Festplatte« verwendet. Der Mini bietet dabei eine VHS-Funktion (virtual host storage) zur Abspeicherung von Dateien im DOS-Format. Zur Bearbeitung auf den PCs werden diese vom Mini heruntergeladen. Anwendungen auf dem Minirechner können dann jedoch nicht mehr ausgeführt werden.
   Es verhält sich genau umgekehrt wie bei Lösung 1), d.h. Prozessor, Arbeitsspeicher und Funktionen der MDT werden nicht

genutzt. Der Mini dient letztendlich als große und teure Festplatte, mit meist langsameren Übertragungsgeschwindigkeiten.
3. Man richtet auf dem Minicomputer eine DOS-kompatible Umgebung ein, die als Prozeß dieser Anlage unter dessen Betriebssystem abläuft. Damit können Single-User-Anwendungen unter DOS ausgeführt werden.

Da es sich bei diesen beiden Systemen um total unterschiedliche Architekturen bezüglich Zentraleinheit und Betriebssystem handelt, sind für die Übertragung der Daten und Informationen komplexe Übersetzungsvorgänge notwendig. Dies ist der Grund dafür, daß die Antwortzeiten wesentlich länger sind, als wenn man mit dem »originalen System« arbeiten würde. Alleine das Laden von Anwendungen vom Mini auf den PC kann über das Normale weit hinausgehen; bei großen Datenbeständen oder sehr häufig auftretenden Ein-/Ausgabevorgängen macht sich dies besonders bemerkbar. Bei der Durchführung obiger Alternativen ist immer zu entscheiden, welcher Zweck sich dahinter verbirgt. Bei reinen MDT-Systemen wäre es nicht sinnvoll, als Terminal einen PC zu verwenden, damit dieser nur in der Terminalemulation verwendet werden kann. Wenn jedoch Applikationen im Einatz sind, die es sowohl auf PC-Ebene als auch auf MDT-Systemen gibt und die es erlauben, Datenbestände des einen oder anderen Systems zu verwenden, ist eine Kombination beider Welten durchaus sinnvoll und praktikabel einsetzbar.

12.5.2 Verteilte und zentrale Datenverarbeitung

Wie zu Beginn bereits erwähnt, waren Rechen- und Speicherkomponenten in den Anfängen der Datenverarbeitung sehr teuere Betriebsmittel. Aus besagten Gründen wurden diese Betriebsmittel zentral angeordnet, um zum einen die Kosten zu senken und zum anderen die Auslastung zu erhöhen.

Dadurch wurde der Host-Rechner zum Dreh- und Angelpunkt der Datenverarbeitungssysteme. An diesen Host wurden bzw. werden Terminals angeschlossen, so daß er vielen Benutzern zur Verfügung steht, inklusive der verwalteten Betriebsmittel. Es entstand das Prinzip der gemeinsamen zentralen Verarbeitung.

Inzwischen sind die Kosten für Rechner- und Speicherkomponenten beständig gefallen. Aus betriebswirtschaftlichen Überlegungen heraus ist es sinnvoll geworden, den einzelnen Benutzern eigene Rechner und eigene Speicherkapazität auf die Schreibtische zu stellen. Dieser Ansatz, Verlagerung von Rechenkapazität vom zen-

KAPITEL 12

tralen »Hobel« auf den Schreibtisch des Sachbearbeiters, wird als verteilte Verarbeitung bezeichnet.

Die zentrale Verarbeitung zeichnet sich dadurch aus, daß an der Spitze des Systems der Host angesiedelt ist. Alles was am Terminal ausgeführt wird, läuft über den Großrechner, sei es eine Anforderung, die angesetzt wird, oder ein ganz einfacher Tastendruck.

Bei der verteilten Verarbeitung werden Übertragungskosten (Zeit) durch die horizontale Architektur reduziert. Der PC als Arbeitsplatzrechner wird zum Zentrum der Datenverarbeitung. Die meisten Vorgänge zur Verarbeitung von Daten werden innerhalb des PCs durchgeführt. Auf spezielle Dienste wie Hochgeschwindigkeitsrechner, Übertragungs-Server, Print-Server, Communication-Server, File-Server wird nur zugegriffen, wenn diese Funktionen auch benötigt werden. Geräte für diesen Bereich können Großrechner, Minicomputer oder PCs sein.

Der Host-Rechner stellt damit einen Netzwerkknoten dar, auf den nur zugegriffen wird, wenn er auch eingesetzt werden soll. Bei der verteilten Verarbeitung liegt in der Regel die Zahl der Übertragungsvorgänge wesentlich niedriger als bei zentraler Verarbeitung.

Ein wesentlicher Unterschied zwischen LANs und Minicomputer liegt in der Form der Verarbeitung. Ein LAN beruht in aller Regel auf dem Prinzip der verteilten Verarbeitung, ein Minicomputer auf dem der zentralen Verarbeitung. Es gibt jedoch Ansätze, die dieses Bild etwas verschieben. Beispielsweise handelt es sich beim OS/2-LAN-Manager um eine Kombination dieser beiden Welten. Andere Systeme verfolgen genau die gleichen Strategien.

Eine andere Variante der Mischung beider Formen ist der Einsatz von Datenbank-Servern innerhalb eines LANs. In der Regel erbringt die Workstation die volle Rechenleistung, beim Einsatz von Datenbank-Servern jedoch wird die Verwaltungsaufgabe der Datenbank nicht von der Workstation zur Verfügung gestellt, sondern vom Datenbank-Server. Die Workstation überträgt dem Datenbank-Server nur noch die Aufgaben, die zu erledigen sind, als Antwort erhält diese dann das Ergebnis.

In anderen Fällen kann die Anwendungsverarbeitung einen Arbeitsplatzrechner unter Umständen übermäßig lange binden. Mit Novell NetWare, zum Beispiel, können solche Anwendungen in Stapelrechnern durchgeführt werden – eine Form der gemeinsamen Nutzung von Netzwerkressourcen.

Der wichtigste Dienst in einem LAN ist der Dateidienst, der vom File-Server erbracht werden muß. Manche LAN-Philosophien sind so strukturiert, daß auch alle zusätzlichen Dienste auf dem File-

Server ablaufen (Print-Server, Gateway-Server, Communication-Server etc.). Der Verarbeitungsaufwand für den File-Server und für die anderen Dienste wird dadurch erhöht, deshalb kann es zu einem Leistungsabfall bei allen beteiligten Server-Diensten kommen.

Aus diesem Grunde ist eine Architektur vorzuziehen, die es erlaubt, Dienste als Prozesse anderer Hersteller laufen zu lassen. Über das auf Gleichrangigkeit arbeitende Netzwerkprotokoll kann ein Arbeitsplatzrechner direkt mit einem Dienst (Application-Server) kommunizieren, ohne daß der File-Server von diesem Geschehen etwas weiß. Notwendig hierfür ist der mögliche Einsatz von sogenannten Peer-to-Peer-Protokollen (Netbios, APPC, LU 6.2).

Physikalisch gesehen können auch alle zusätzlichen Dienste in einem File-Server integriert werden. Zentraleinheit, Systembus und Speicher werden somit gemeinsam von allen verwalteten Diensten des Servers benutzt. Dies hat jedoch sehr großen Einfluß auf die Performance des Systems. Sollte dies passieren, ist es angebracht, die einzelnen Dienstleistungen auf seperate Rechner (Application-Server) zu verteilen. Sollte ein Server-System ausfallen, kann man zudem mit den noch vorhandenen Diensten arbeiten. Beim Ausfall des File-Servers kann beispielsweise mit dem Gateway-Server gearbeitet werden (z.B. Terminalemulation), da die Kommunikation zwischen Arbeitsplatzrechner und Application-Server unter Umgehung des File-Servers erfolgt.

12.5.3 Die Anwendungs-Software

Der Bereich der Anwendungs-Software ist sehr weit gespannt. Es gibt so ziemlich für alle Gebiete Software-Systeme in den verschiedensten Leistungsklassen. Software-Pakete für eine MDT-Anlage sind nicht dieselben wie die für LANs. Dem Endanwender ist es jedoch gleichgültig, worin sich diese unterscheiden. Derjenige, der zwischen LAN oder MDT die Entscheidung treffen muß, sollte sich allerdings auch mit diesem Problem befassen. Hierbei sind Typ und Qualität der Software zu prüfen, die Existenz passender und ergänzender Software (sekundäre Applikationen), die Dauer der Einarbeitung (Komplexität, Bedienung, Benutzerführung, etc.), der Wartungsaufwand und der Preis, der hierfür zu entrichten ist.

Anwendungen für Minicomputer sind für ganz spezielle Architekturen von Zentraleinheiten geschrieben. Für den PC hingegen existieren etwa 40.000 Anwendungspakete, die sich alle auf einen Standard beziehen: MS-DOS bzw. IBM-Kompatibilität.

Da der Markt für MDT-Systeme bei weitem nicht so groß ist wie der von IBM-PCs und IBM-kompatiblen Systemen, wird Software

KAPITEL 12

für Minicomputer nur in beschränktem Umfang entwickelt. Für ein spezielles Minicomputer-System gibt es zum Beispiel nur ein paar wenige Textsysteme oder Kalkulationssysteme, zwischen denen man sich entscheiden kann. Vergleicht man dies mit dem PC-Bereich, dann stellt man fest, daß das Angebot schon fast wieder zu umfangreich ist, da die Entscheidung, welches Programm für welchen Einsatz das bessere ist, gar nicht mehr so leicht getroffen werden kann.

Dem Anwender eines PC-LANs steht somit die gesamte Bandbreite der MS-DOS-Systeme zur Verfügung. Darüber hinaus gibt es aber auch mehrere tausend netzwerkfähige Software-Produkte, die eingesetzt werden können.

Da der MDT-Markt begrenzt ist und eine andere Preispolitik verfolgt, sind Anwendungen hierfür in den meisten Fällen teurer als Anwendungen für den PC-LAN-Bereich.

In diesem Kapitel sind einige Punkte angesprochen worden, die beim Vergleich zwischen Minicomputer-Systemen und LANs eine Rolle spielen. Die Entscheidung für das eine oder andere System hängt jedoch meist davon ab, ob

- vorhandene oder geplante PCs unterstützt werden,

- es bestimmte PC- oder Minicomputeranwendungen gibt, auf die man sich festlegen muß,

- die Notwendigkeit einer kostengünstigen, wirtschaftlichen und produktiven Lösung besteht.

Dienen PCs bereits als Arbeitsplatzrechner, oder ist es geplant, solche zu installieren, so ist mit Sicherheit der Einsatz eines LANs die richtige Entscheidung. Bei den bisherigen Ausführungen und im Verlauf der weiteren Ausarbeitung sehen Sie, daß die Vorteile, nämlich die Leistung der intelligenten Arbeitsplätze, ständig verbessert und optimiert werden. Es bleibt einerseits die PC-Umgebung erhalten, andererseits wird die Nutzung fortschrittlicher. Dies betrifft sowohl die Übertragungsmöglichkeiten als auch die gemeinsame Nutzung von Betriebsmitteln.

Wird eine bestimmte Anwendung benötigt, aus welchen Gründen auch immer, und existiert diese Anwendung nur auf einem der beiden Systeme, PC oder MDT, so wird sich die Entscheidung danach richten, auf welchem System die geforderte Anwendung lauffähig ist.

Beim letzten Fall der oben genannten drei Punkte ist entscheidend, mit welchem System man am kostengünstigsten und am produktivsten eine Anwendung oder eine Reihe von Anwendungen betreiben kann.

Vergleicht man die Verkaufszahlen von MDT-Systemen mit denen von LANs, zeigt die Entwicklung auf diesem Gebiet, daß sich der Einsatz Lokaler Netze im Vergleich zu den MDTs rasant entwickelt.

12.5.4 Integration von LANs in die Minicomputer- und Mainframe-Welt

Im vorherigen Abschnitt haben wir einen Vergleich zwischen LANs und Minicomputer durchgeführt. Es stellt sich jedoch die Frage, ob und wie ein LAN in die bestehende DV-Welt integriert werden kann. Bei der Entwicklung der Datenverarbeitung bestand nicht selten das Problem, Großrechnersysteme oder MDT-Anlagen in die LAN-Umgebung mit einzubinden bzw. die LAN-Umgebung in bestehende Systeme. Ich werde versuchen, in diesem Abschnitt grundlegende Konzepte und Techniken dafür vorzustellen und gegeneinander abzuwägen.

Da sich MDTs und Großrechnersysteme von der Architektur sehr ähnlich sind, werde ich im folgenden keine Unterscheidung zwischen diesen beiden Systemen durchführen, sondern allgemein von Host-Rechnern oder Host-Systemen sprechen.

Inwieweit ist es sinnvoll, LANs und Host-Systeme miteinander zu koppeln? Soll die PC-Fähigkeit soweit erweitert werden, um auf den zentralen Host zuzugreifen? Wie stark ist die Belastung des Rechenzentrums durch den zusätzlichen Support-Aufwand? Ist es nicht sinnvoller, die Anwendungen auf dem Host zu belassen, mit Terminals an diesem System zu arbeiten und Probleme bezüglich Datenschutz und Datensicherheit dadurch zu vermeiden? Ein Benutzer, der nur mit seinem Terminal arbeitet, hat keine Möglichkeit, sich Datenbestände auf Diskette oder Platte zu kopieren. Beim Einsatz von LANs bzw. PCs als Terminalsystem ist es ein leichtes, Daten zu kopieren und eventuell aus der Firma herauszutragen. Wer kann dies unterbinden?

Diese und ähnliche Fragen und Überlegungen beschäftigen immer wieder die einzelnen Abteilungen, DV-Leiter, Vorgesetzte und Chefetagen. Die Ankopplung von LANs, bzw. mit deren Unterstützung die PCs in diesen LANs, kostet nicht nur Geld, Support und Personal, sondern sprengt auch das Sicherheitsgefüge. Es handelt sich dann nicht mehr um einen Closed-Shop-Betrieb. Würde ein Mitarbeiter aus dem Rechenzentrum – sofern er den Zutritt erhält – Datenträger heraustragen, fiel dies mit Sicherheit auf. Steckt er sich dagegen eine kleine 3.5 Zoll Diskette mit kopierten Daten vom

KAPITEL 12

Host in die Jackentasche, bemerkt das normalerweise keiner. Welche Firma führt deswegen Leibesvisitationen durch?

Ich werde versuchen, Gründe für diese Ankopplung zu erarbeiten und dabei auch auf gewisse Aspekte aufmerksam machen, die es zu beachten gilt.

Im Grunde gibt es drei wichtige Gründe für die Kopplung von LANs (PCs) an den Host:

- Zusätzliche Funktionen für den PC
- Datenintegrität und Datensicherheit im Unternehmen
- Verbesserung der Effektivität der Arbeit

12.5.5 Ausdehnung des PCs zum multifunktionalen Arbeitsplatz

Nicht selten sind Büros anzutreffen, in denen der Benutzer mehrere Systeme auf seinem Schreibtisch stehen hat. Dabei handelt es sich unter anderem um das Host-Terminal, den PC, Teletex-Anlage, Telex-Anlage, BTX-System und vielleicht noch erweitert um ein Telefax-Gerät.

Da diese Systeme nicht alle auf seinen Schreibtisch gestellt werden können, da er sonst keinen Platz mehr zum Arbeiten hätte, ist er gezwungen, je nachdem was er gerade benötigt, seinen Schreibtisch zu verlassen. Im ungünstigsten Fall sind diese Systeme nicht alle in seinem Büro, sondern verteilt auf der Etage, somit muß er auch noch sein Büro verlassen. Es ist aber nicht gesagt, ob das System, welches benötigt wird, auch zur Verfügung steht, weil vielleicht gerade ein anderer Mitarbeiter daran arbeitet. Inzwischen sind die Entwicklungen auf diesem Gebiet soweit fortgeschritten, daß alle diese Funktionen in ein und denselben PC (LAN) integriert werden können.

Wie bereits gesagt, geht der Trend hin zur dezentralen Datenverarbeitung. Mit den verfügbaren Software-Produkten für den PC-Bereich können wesentlich mehr Aufgaben, Auswertungen etc. durchgeführt werden als mit dem Host. Dies erfordert jedoch, daß auf dem PC die Daten des Großrechners zur Verfügung stehen.

Damit verbunden ist die Forderung: Wenn ein PC als Terminalemulation am Host Verwendung findet, dann nicht nur als intelligentes Terminal, sondern auch mit den Möglichkeiten des File-Transfers.

Dies ist der wichtigste Grund für eine PC-Host-Kopplung. Man unterscheidet beim File-Transfer zwischen der Übertragung vom

Lokale Netzwerke im PC-Bereich

PC zum Host (UP LOAD) und der Übertragung der Daten vom Host zum PC (DOWN LOAD).

Für die Verwendung der UP-LOAD-Funktion gibt es drei Gründe:

1. Einsatz des PCs (LAN) als Datensammelstation: Datenerfassungen werden am PC durchgeführt. Zu fest vorgegebenen Zeiten werden diese zum Host übertragen, der diese dann, meist durch Batch-Läufe, auf die entsprechenden Datenbanken überspielt. Datenerfassungen in Filialen und danach Übertragung zum Zentralrechner können als Beispiel angeführt werden.
2. Einsatz zur Vorverarbeitung von Daten: Daten werden vor Ort erfaßt und vorverarbeitet. Anschließend überträgt man diese Daten zum Host, oder dieser ruft die Daten ab.
3. Einsatz in der Bürokommunikation: Übertragung von fertigen Texten (inkl. Drucksteuerzeichen für den Host-Drucker) vom PC zum Hochleistungsdrucker.

Für die Nutzung der DOWN-LOAD-Funktion gibt es 5 mögliche Einsatzgebiete:

1. Auswertung von Datenmaterial von nationalen und internationalen Datenbanken (Online-Recherchen).
2. File-Transfer zwischen zwei PCs, Host dient als Zwischenspeicher
3. Übertragen von Updates (neue Preise für Computerkassen, zum Beispiel) vom Zentral-Rechner zu den Filial-Rechnern
4. Übertragung von Druck-Output
5. Übertragung von Datenmaterial für das Management, Aufbereitung vor Ort. Diese Daten werden zum Beispiel mit Graphik-Programmen weiterverarbeitet, um Repräsentationen durchführen zu können.

Aus diesen und ähnlichen Gründen werden die Vorteile einer PC-Host-Anbindung immer mehr geschätzt. Beim Aufbau von LANs verstärkt sich diese Forderung noch mehr. Da es sich beim PC-LAN um eine ganz andere Philosophie der Netzwerkstruktur handelt (Zugriffsverfahren, Protokollaufbau), kann der Anschluß eines LANs nur durch den Einsatz eines Gateways erfolgen, bis auf eine Ausnahme: bei Verwendung eines IBM-Token-Ring-Netzes.

Eine LAN-Host-Verbindung bietet mehrere Vorteile:

- Möglichkeiten der Host-Ankopplung (Terminalemulation, File-Transfer in beiden Richtungen)

- Jeder Anwender kann von einem beliebigen Arbeitsplatz aus, unter seiner Anmeldung, die Verbindung zum Großrechner herstellen.

KAPITEL 12

■ In den Arbeitsplatzrechnern muß nicht pro Connection eine Adapterkarte für den Anschluß eingebaut werden. Durch die Verwendung eines Gateways haben alle Workstations die Möglichkeit, eine Host-Session herzustellen. Die Verbindung zum Host wird dann durch das Gateway kontrolliert und überwacht.

Eine Gefahr der PC-Host-Kopplung besteht darin, daß das Sicherheitssystem des Host geschwächt wird. Es ist leider noch nicht generell so, daß PCs vor unberechtigtem Zugriff geschützt werden. Meist werden zwar auf der Platte des PCs Menüs mit Paßwortschutz installiert. Dies hilft jedoch nichts, wenn sich der PC nach wie vor über die Diskettenstation ohne jeglichen Schutz booten läßt und damit die gesamte Festplatte totzdem frei zugänglich ist. D.h. alle Daten könnten gelesen, geändert oder gar auf andere Datenträger kopiert werden.

Die Einbindung der Arbeitsplatzrechner über ein LAN in die Host-Umgebung spart nicht nur Geld und hat den Vorteil, daß unabhängig von der Workstation mit der eigenen Benutzerkennung die Verbindung zum Host aufgebaut werden kann, sondern bietet zudem erweiterte Möglichkeiten in punkto Datenschutz und Datensicherheit.

Der Zugang zum Großrechner und die Berechtigung, Daten von diesem zu lesen, regelt das Host-System selbst. Anders sieht es jedoch aus, wenn Daten mit DOWN-LOAD-Funktionen auf Platte gezogen werden. Der Host kann eine weitere Verwendung dann nicht mehr kontrollieren. Diese Aufgabe muß dann vom LAN-Betriebssystem übernommen werden. Um dies sinnnvoll nutzen zu können, sollten 2 Punkte strikt befolgt werden:

1. File-Transfer vom Host auf das LAN darf nur auf die File-Server-Platte erfolgen. Damit obliegt es dem Systemverantwortlichen wie sicher die Zugangsschutzmechanismen aufgebaut werden, um den Zugriff Unberechtigter zu unterbinden. Der Transfer sollte auf Plattenbereiche erfolgen, auf die nur die Personen zugreifen können, die auch berechtigt sind.
2. Auch wenn Datenbestände auf die Platte des File-Servers verlagert werden und nur Berechtigte darauf zugreifen können, ist es immer noch möglich, daß diese Daten auf lokale Platte oder Diskette kopiert werden. Dies kann auf zwei Arten unterbunden werden:

Lokale Netzwerke im PC-Bereich

▪ Der Einsatz von Diskless-Workstations. In diesem Fall besteht der PC aus der notwendigen Hardware, um im Netz arbeiten zu können, es ist jedoch kein Platten- oder Diskettenlaufwerk eingebaut. Der Zugang zum File-Server wird mit sogenannten Boot-Proms realisiert.

▪ Wird aus bestimmten Gründen lokale Speicher-Peripherie benötigt, dann existiert bei einigen Netzwerkbetriebssystemen die Möglichkeit (z.B. Novell NetWare) bei einem bestimmten User-Login, die lokalen Platten und Diskettenlaufwerke temporär »abzuhängen«. D.h. solange der User XY im Netz angemeldet ist, kann er mit seiner lokalen Speicher-Peripherie nicht arbeiten. Sobald er sich jedoch vom System abmeldet, kann er mit seinem PC als Standalone-System arbeiten.

Die Möglichkeiten der Ankopplung von LANs an Host- und MDT-Systeme werde ich in einem eigenen Kapitel behandeln. Bei der Darstellung der neuen Eigenschaften von Novell NetWare v3.11 werde ich Ihnen zudem zeigen, mit welchen Funktionen und Möglichkeiten Novell die Ankopplung von LANs mit Hilfe des Communication-Servers realisieren will. Bevor ich jedoch auf diese speziellen Bereiche eingehen werden, sollen zuerst die wichtigsten Grundlagen von Novell NetWare aufgezeigt werden.

KAPITEL 13

13 Die Entwicklungsgeschichte von Novell

Die Firma Novell wurde 1983 gegründet. Der Hauptsitz befindet sich in Provo, Utah mit weiteren Niederlassungen unter anderem in Sunnyvale, San Jose, Kalifornien und Austin Texa. In Deutschland befindet sich die Niederlassung in Düsseldorf.

Neben den Netzwerkbetriebssystemen bemüht sich Novell zudem um die Unterstützung und den Vertrieb von Kommunikationsprodukten, Entwicklungs-Tools und Management-Tools, um Ihnen als Anwender alle Möglichkeiten an die Hand zu geben, LANs, Großrechnersysteme und Anlagen der Mittleren Datentechnik nach Ihren eigenen Vorstellungen integrieren zu können.

Je nachdem, welchen Statistiken man Glauben schenken mag, liegt der weltweite Marktanteil von Novell im LAN-Bereich bei ca. 60 bis 70%. Somit kann man mit Recht behaupten, daß Novell der Markt- und Technologieführer auf dem Gebiet der Lokalen Netzwerke ist.

Als Novell 1983 gegründet worden ist, befand sich der LAN-Bereich im Entwicklungsstadium. Zu dieser Zeit wurde der Einsatz von LANs dazu benutzt, um mit Hilfe von PCs einfach teuere Peripherie-Geräte gemeinsam benutzen zu können. Es handelte sich dabei fast ausschließlich um Drucker- und Platteneinheiten. Netzwerkfähige Software gab es zu diesem Zeitpunkt noch nicht sehr viel. Man darf in diesem Zusammenhang auch nicht vergessen, daß man zu dieser Zeit noch ca. 10000,-- bis 15000,-- DM für eine 10 Mbyte Platte bezahlen mußte.

Das LAN-Betriebssystem besaß auch noch keine Multi-User-Funktionalitäten, d.h. Mechanismen wie Datei- oder Record-Locking wurden in den Verantwortungsbereich der Anwendungs-Software verlagert. Novell erkannte, daß auf PC basierende Netzwerke mit der Unterstützung des Distributed-Processing-Konzepts einen sehr großen Bedarf abdecken könnten.

Somit begann Novell mit der Entwicklung von Produkten für LANs, d.h. LAN-Betriebssystem mit Zusatzprodukten, mit dem Ziel, Datei-Sharing-Funktionen und die Einbindung von MDTs und Großrechneranlagen in ein PC-Netzwerk integrieren zu können. Seit diesem Zeitpunkt wurden ständig verbesserte und erweitere LAN-Betriebssystem-Versionen von Novell auf den Markt gebracht, die sich auch an die ständig wachsenden Anforderungen der Technik, der

Die Entwicklungsgeschichte von Novell

Software-Technologie und vor allem der Anwender orientiert und angepaßt haben.

Die ersten LAN-Betriebssysteme deckten den Bereich des Workgroup-Computing-Konzepts ab. Mit der neuen NetWare v3.11 orientiert sich Novell auf den Bereich des Network Computing. Auf den Unterschied dieser beiden Konzepte werde ich später noch eingehen.

Betrachtet man die Entwicklung der PC-Hardware, dann stellt man fest, daß mit der Einführung neuer Technologien auch immer wieder weitere Entwicklungen auf dem Gebiet der Software-Technologie stattgefunden haben und immer noch stattfinden. Ein Ende dieser Entwicklungen ist noch lange nicht in Sicht. Novell hat seit Einführung des LAN-Betriebssystems Novell NetWare durch Weiter- und Fortentwicklung des Betriebssystem dieser Entwicklung Rechnung getragen.

Damit hat der Anwender vollkommene Wahlfreiheit, beginnend bei der Auswahl der Verkabelung, bis hin zur Entscheidung für den Einsatz von Workstations, Workstation-Betriebssystemen und Protokollen. Es besteht die Möglichkeit, zu jedem Zeitpunkt das bereits installierte LAN, unter Novell NetWare, ständig an die neuen Entwicklungen anzupassen. Dies ist besonders wichtig! Kein Anwender wäre begeistert, alle paar Monate auf neue Hard- oder Software umstellen zu müssen. Dies muß alles unter dem Aspekt »Schutz der Investition« betrachtet werden. Novell bietet Ihnen hierbei volle Unterstützung aufgrund der großen Flexibilität und Anpassungsfähigkeit.

Die Produkte von Novell sind durch folgende Eigenschaften gekennzeichnet:

- Hohe Performance

Novell NetWare zählt von Anfang an zu den schnellsten LAN-Betriebssystemen. Dies ist darin begründet, daß Novell das Betriebssystem ständig an die neuen Hardwareanforderungen anpaßt. Mit der Einführung von NetWare v3.11 wurde ein Betriebssystem geschaffen, das bereits jetzt der Hardwareentwicklungen im PC-Bereich weit voraus ist. Ich werde bei der Besprechung von NetWare v3.11 noch genauer auf diesen Aspekt eingehen. Das Ziel von Novell ist aber nicht nur das LAN-Betriebssystem NetWare, sondern auch alle weiteren Zusatzprodukte, die zum Aufbau von LANs und WANs angeboten werden, bezüglich Geschwindigkeit zu optimieren.

KAPITEL 13

■ Zuverlässigkeit

Das LAN-Betriebssystem NetWare zeichnet sich durch einen sehr hohen Grad an Zuverlässigkeit aus. Damit haben NetWare-Anwender die Gewähr, daß alle Daten bzüglich Datenintegrität und Datenkonsistenz optimal abgesichert sind. Hierbei geht es jedoch nicht nur um den Schutz bzw. das Abfangen von Softwarefehlern sondern auch um die Möglichkeit, Hardwareausfälle (Netzwerkadapterkarten, Plattensubsysteme oder File-Server) abzufangen, um ein reibungsloses Arbeiten im Netzwerk gewähren zu können. Novell realisiert diese Sicherheitsmechanismen mit Hilfe unterschiedlicher Sicherheitsstufen, mit denen NetWare angeboten wird.

■ Sicherheit

Das Ziel von Novell ist es, ein LAN-Betriebssystem anzubieten, das bezüglich Zugangsbeschränkungen, Rechtevergabe oder Zugriffsberechtigung auf einzelne Dateien optimal ausgerichtet ist. Die Sicherheitsmechanismen, die hierfür zur Verfügung stehen, wurden ständig verbessert und verfeinert. Es ist dabei nicht zu verkennen, daß man sich bei diesen Mechanismen sehr stark an die Großrechnerwelt angelehnt hat.

■ Offene Architektur

Um anderen Hard- und Software-Herstellern die Möglichkeit zu geben, Zusatzprodukte für NetWare entwickeln zu können, legt Novell alle Software- und Hardware-Schnittstellen offen dar.

■ Unabhängigkeit

NetWare unterstützt unterschiedliche Standards. Das bewirkt eine große Unabhängigkeit. Durch diese Unabhängigkeit ist es möglich, mit den Novell-Produkten die Kopplung mit unterschiedlichen Systemen erfolgreich durchführen zu können. Somit kann der Anwender selbst entscheiden, welche Systeme unter NetWare integriert werden sollen. Sie haben somit kein Standalone-Netzwerk in Ihrer Firma, sondern ein System, das sich an fast alle gängigen Systeme anschließen läßt.

Ein weiterer wichtiger Aspekt in diesem Zusammenhang ist die intensive Zusammenarbeit von Novell mit anderen Herstellern. Anzuführen sind hierbei die Firmen Digital Equipment Corporation, Hewlett-Packard, IBM, Xerox oder Compaq. Damit ist gewährleistet, daß Novell seine Produkte ständig an die neuen Begebenheiten anpassen kann und das, ohne lange Verzögerungszeiten in Kauf nehmen zu müssen.

13.1 Die wichtigsten Entwicklungsphasen von Novell

Der Erfolg von Novell liegt unter anderem in der konsequenten Strategie begründet. Hierbei legt Novell sehr großen Wert auf die Unterstützung der Industriestandards und der ständigen Entwicklung neuer Strategien und Produkte zum Ausbau des Network-Computing-Konzepts. In Tabelle 13.1 ist eine kurze geschichtliche Zusammenfassung der technologischen Entwicklung dargestellt.

Tabelle 13.1 Technologische Entwicklung von Novell

1981	*	April:	Ankündigung des IBM-PCs
1983	*	Januar:	Erste Auslieferung einer File-Server-Software von Novell
	*	Mai:	Novell kündigte Medienunabhängigkeit an
1985	*	März:	IBM liefert DOS 3.1 (Netzwerkunterstützung) und NetBios aus
	*	September:	Novell unterstützt als erstes unabhängiges Netzwerkunternehmen DOS 3.1 und NetBios
1986	*	Januar:	Novell liefert das erste Protected-Mode LAN-Betriebssystem für 80286-Prozessoren aus. Novell bietet medienunabhängige Routing-Dienste
	*	März:	IBM liefert das Token-Ring-Netzwerk aus. Novell ist das erste unabhängige Netzwerkunternehmen, das IBM-Token-Ring unterstützt
	*	September:	Novell liefert die ersten fehlertoleranten LAN-Produkte aus
1987	*	September:	Novell kündigt die Open-Protocol-Technologie an
	*	Oktober:	IBM liefert die OS/2 Standard Edition aus
1988	*	September:	Novell liefert NetWare for VMS und den NetWare Requester für OS/2 aus
	*	November:	IBM liefert die OS/2 Extended Edition aus. Der Novell Requester für OS/2 unterstützt die OS/2 Extended Edition
	*	Dezember:	Novell liefert die Apple-Macintosh-Unterstützung aus
1989	*	Februar:	Novell führt Portable NetWare ein
		Mai:	Novell führt NetWare Open Systems ein
	*	September:	Novell liefert das erste 32-Bit, 80386-basierende Netzwerkbetriebssystem aus
1990	*	Januar:	Novell liefert den ersten SNMP-basierenden Netzwerk-Monitor aus
	*	April:	Der erste strategische Partner, NCR, liefert Portable NetWare aus
	*	Juli:	Novell liefert das Protokollunabhängige Serverbetriebssystem aus.
1991	*	Februar:	Novell liefert NetWare Name Service und Remote Management Facility aus. Novell gibt die Vereinbarung zwischen Novell und IBM über Lizensierung, Distribution und Support von Novell-Produkten offiziell bekannt.
	*		Auslieferung der Produkte TCP/IP-, NFS-,

KAPITEL 13

		Macintosh-, FTAM-, OSI-NetWare Loadalbe Modules. Ebenso die Auslieferung des Communication-Servers mit NetView-Unterstützung
		NetWare wird von IBM ausgeliefert und unterstützt
		Erste OSI und US GOSIP Lösung verfügbar, NetWare FTAM
1992	*	NetWare NFS integriert Unix Workstations in ein NetWare Netzwerk. DOS, MAC, OS/2 und Unix können somit gemeinsam NetWare Dienste nutzen.
		NetWare for SAA, NetWare-Anbindung an IBM Host und IBM AS/400
		NetWare Lite für kleine einfache Netzwerke
		Auslieferung von UnixWare PE und AS
1993	*	Ankündigung und Auslieferung von NetWare v4.0, globales Network-Computing

Ich will Ihnen nachfolgend die wichtigsten strategischen Konzepte von Novell aufzeigen, durch die sich die LAN-Betriebssysteme NetWare von Novell auszeichnen.

File-Service

1983, weniger als zwei Jahre nachdem IBM den ersten PC vertrieben hat, entwickelte und verkaufte Novell das erste LAN-Betriebssystem. Mit Hilfe der File-Server-Architektur wird die Multi-User-Funktion durch das Betriebssystem unterstützt – damit kann die netzwerkfähige Software einfacher und schneller entwickelt werden. Die notwendigen Sicherheitsmechanismen und Datenintegrität werden durch den File-Server und dem darauf laufenden Betriebssystem unterstützt. Das Konzept der File-Server-Technologie besagt, daß auf dem File-Server das LAN-Betriebssystem läuft und auf jeder angeschlossenen Workstation das eigene Workstation-Betriebssystem eingesetzt wird, z.B. MS-DOS. Alle Programme und Daten werden von der Platte des File-Servers in den Hauptspeicher der Workstation geladen. D.h. die Applikation läuft auf der Workstation und nicht auf dem File-Server ab.

Unabhängigkeit des Mediums

Für den Aufbau von LANs werden seit jeher unterschiedliche Topologien angeboten. Sie können LANs zum Beispiel entweder unter Ethernet, Token-Ring oder ARCNET betreiben. Mit der Einführung von LAN-Betriebssystemen boten zur damaligen Zeit Hersteller diese lauffähig auf bestimmten Topologien an, meist herstellerabhängig. Novell entschied sich damals bereits für eine offene Architektur und entwickelte ein Konzept, welches es erlaubt, NetWare mit den unterschiedlichsten Topologien einsetzen zu können. Der Anwender hat somit die Wahlfreiheit, mit welcher LAN-Topolige NetWare eingesetzt werden soll, und ist nicht an

Die Entwicklungsgeschichte von Novell

bestimmte herstellerabhängige Hardware- und Softwareprodukte gebunden. Hierfür bietet NetWare bestimmte LAN-Driver an. Durch die Offenheit des Systems werden auch von Drittherstellern LAN-Driver angeboten, um NetWare mit deren Netzwerkadapterkarten einsetzen zu können.

Aufgrund der Unabhängigkeit von NetWare kann dieses System heute auf über 30 unterschiedlichen Netzwerktypen eingesetzt werden, und es werden derzeit LAN-Driver für über 100 Netzwerkadapterkarten angeboten. Fast jeder Hersteller von LAN-Adapterkarten bietet auch gleichzeitig einen LAN-Driver für Novell NetWare an. Durch die Offenheit des Systems können auch die unterschiedlichsten Hardware-Systeme für den Server und die Workstation eingesetzt werden.

Routing-Services
Novell erweiterte das Konzept der Unabhängigkeit vom Medium für NetWare 1986 durch die Unterstützung der mediumunabhängigen Routing-Services. Auf diese Art und Weise kann der Anwender in einen File-Server mehrere Netzwerkadapterkarten unterschiedlichen Typs einbauen und betreiben. D.h. mit einem File-Server können bis zu 4 LANs unterschiedlichen Typs betrieben werden. Der Anwender selbst hat den Eindruck als würde es sich um ein einziges Netzwerk handeln. Man nennt diesen Mechanismus »Internes Routing«.

DOS 3.x und NetBIOS-Unterstützung
Im März 1985 lieferte IBM das neue Betriebssystem PC-DOS 3.1 aus. In diesem Betriebssystem ist die Unterstützung der File-Server-Umgebung, der Netzwerke und der netzwerkfähigen Programme enthalten. DOS 3.1 bietet Schnittstellen zur Multi-User-Fähigkeit unter DOS. Mit der Einführung des LAN-Betriebssystems, IBM-PC-LAN, von IBM wurde auch ein neues Peer-to-Peer-Protokoll entwickelt. Es handelt sich dabei um NetBIOS. Diese NetBIOS-Schnittstelle erreichte sehr schnell einen gewissen Standard, nicht zuletzt durch die Vermarktung und Unterstützung von IBM. Um auch diese neuen Entwicklungen unter NetWare unterstützen zu können, lieferte Novell bereits im September 1985 entsprechende Softwareprodukte aus, um DOS 3.x und NetBIOS unter NetWare einsetzen zu können.

Damit können sowohl die bestehenden Applikationen als auch Applikationen, die speziell für DOS 3.1 geschrieben worden sind, eingesetzt werden.

321

KAPITEL 13

80286 Protected Mode Betriebssystem

Mit der Einführung des IBM ATs wurde ein weiterer leistungsfähiger PC von IBM angeboten. Dieser Rechnertyp arbeitet durch den Einsatz des Intel 80286 Prozessors nicht nur schneller, sondern kann mehr Hauptspeicher und Plattenkapazität als seine Vorgänger unterstützen. Damit kann dieser AT-Rechner als idealer File-Server eingesetzt werden. Die erweiterten Möglichkeiten des ATs kann nur durch die Ausnutzung des Protected Modes des 80286 Prozessors voll genutzt werden. Knapp ein Jahr nach der Auslieferung des ersten ATs bot Novell die volle Unterstützung dieser neuen PC-Hardware mit einem neuen LAN-Betriebssystem an.

NetWare 286 war das erste Betriebssystem für LANs, das den Intel 80286 Prozessor in seiner vollen Funktionalität ausnutzen kann. Es zählt somit zu den ersten 16-Bit Netzwerkbetriebssystemen.

Der Erfolg von NetWare ist unter anderem auch auf die Tatsache zurückzuführen, daß Novell immer innerhalb kürzester Zeit seine Produkte auf die neuen Hardwareerfordernisse angepaßt hat.

Token-Ring-Netzwerkunterstützung

Als IBM im März 1986 das IBM-Token-Ring-Netzwerk auslieferte, demonstrierte Novell die schnelle Unterstützung von neuen Standards mehr denn je. Im gleichen Monat wurden bereits Programme zur Unterstützung des IBM-Token-Rings unter NetWare ausgeliefert. Novell war damit der erste unabhängige Netzwerkhersteller, der IBM-Token-Ring-Netzwerke unterstützte. Es wird geschätzt, daß ca. 50% der derzeit installierten Token-Ring-Netzwerke unter Novell NetWare betrieben werden.

Im September 1986 setzte Novell einen weiteren Meilenstein auf dem Gebiet der LAN-Betriebssysteme. Zu diesem Zeitpunkt wurde NetWare um die System Fault Tolerant (SFT) Mechanismen erweitert. Hiermit werden Sicherheitsmechanismen angeboten, die zum Teil heute noch einzigartig für LAN-Betriebssysteme sind. Andere Hersteller von Netzwerkbetriebssystemen haben sich zwar an diesen Mechanismen bereits orientiert, aber dennoch hat Novell, vor allem durch die neue Version NetWare v3.11, einen Vorsprung vor allen anderen Herstellern von LAN-Betriebssystemen.

Open-Protocol-Technologie

1987 kündigte Novell eine neue Strategie für NetWare an. Es handelt sich um die Protokollunabhängigkeit, von Novell als Open Protocol Technology (OPT) vermarktet. Die Unterstützung dieser neuen Technik wurde 1988 durch die Auslieferung von NetWare 286 v2.15 und NetWare for Macintosh realisiert. Bei NetWare for

Die Entwicklungsgeschichte von Novell

Macintosh handelt es sich um ein Zusatzprodukt für NetWare, um auf einem NetWare File-Server das Apple Filing Protocol und das Apple Talk Protocol unterstützen zu können. Mit NetWare v3.11 und v4.0 werden diese Mechanismen noch weiter ausgebaut.

VMS- und OS/2-Unterstützung

Zur Unabhängigkeit von NetWare gehört auch die Unterstützung der unterschiedlichen Workstation-Betriebssysteme. Neben der Einbindungsmöglichkeit von Apple-Macintosh-Rechnern mit Hilfe von NetWare for Macintosh können auch OS/2-Arbeitsplätze unter NetWare betrieben werden. Dies geschieht durch den Einsatz des NetWare Requester für OS/2.

Der nächste Schritt in Richtung Network Computing, d.h. Einbindung unterschiedlichster Systeme unter NetWare, war die Einführung von NetWare for VMS. Damit kann die VAX sowohl als DEC-MDT-Anlage als auch als NetWare File-Server eingesetzt werden. Ich werde auch auf dieses Betriebssystem an anderer Stelle nochmals im Detail zu sprechen kommen.

NetWare, das offene System

Die Absicht von Novell besteht darin, Marktführer beim Übergang von Workgroup Computing zum Network Computing zu werden. Deshalb kündigte Novell 1989 das NetWare Open System an, die Architektur für Network Computing. Mit dieser offenen Architektur werden weitreichende Dienste für den Einsatz unterschiedlichster Plattformen festgelegt. Damit ist es für Softwareentwickler sehr einfach, netzwerkfähige Applikationen auf den Markt zu bringen. Durch die Implemetierung dieser Komponenten und der Unterstützung anderer Technologien ist es möglich, daß NetWare Open System die Architektur sein kann, mit der es Novell gelingen wird, Netzwerklösungen für die 90-iger Jahre anzubieten, die genauso effizient sind wie die Lösungen, die Novell in den 80-iger Jahren zum Erfolg verholfen haben.

NetWare v3.11

Die Ankündigung und Auslieferung von NetWare v3.11 hat zu genauso großen Reaktionen und positiver Resonanz geführt wie dies bei Einführung von NetWare 286 der Fall gewesen ist. Bei NetWare v3.11 handelt es sich um eine wesentlich verbesserte Version im Vergleich zu NetWare 286, wobei der Schwerpunkt nicht nur auf erhöhte Sicherheit, Zuverlässigkeit und Geschwindig gelegt worden ist, sondern damit ein großer Schritt in Richtung Network Computing vollzogen wird.

KAPITEL 13

Im nächsten Abschnitt werde ich Ihnen die wichtigsten strategischen Konzepte und Vorhaben von Novell etwas näher erläutern, um einen Eindruck über die Entwicklungstendenzen im LAN-Bereich zu geben.

UnixWare

Im Dezember 1992 wurde offiziell die erste Version von UnixWare Personal Edition und Application Server ausgeliefert. Novell unternimmt damit den Versuch, einen weiteren Markt zu erobern, den Unix-Markt. Mit den UnixWare-Produkten steht nicht nur ein neues Unix-System System V Release 4.2 zur Verfügung, sondern auch eine Betriebssystem-Plattform, die es gestattet, daneben DOS- und Windows-Applikationen einsetzen zu können. Es überrascht nicht, daß UnixWare standardmäßig die Kommunikationsprotokolle IPX/SPX unterstützt und sich wie ein NCP Client den NetWare Servern gegenüber verhält. Wie noch zu sehen ist, läßt sich UnixWare somit einfach in eine bestehende NetWare-Umgebung integrieren. Um jedoch auch in einer bestehenden Unix-Welt eingesetzt werden zu können, unterstützt UnixWare auch die Mechanismen TCP/IP und NFS. Somit steht ein abgerundetes und flexibles Betriebssystem zur Verfügung. UnixWare wurde auch so konzipiert und entwickelt, daß Stanard-Unix-Anwendungen eingesetzt werden können. Weitere Informationen werden in einem späteren Kapitel gegeben.

NetWare v4.0

Wenn vorher davon gesprochen worden ist, daß NetWare v3.11 zu großen Reaktionen und positiver Resonanz geführt hat, dann trifft dies für NetWare v4.0 noch mehr zu. Am 10.3.93 wurde in Wiesbaden offiziell die Ankündigung von NetWare v4.0 durchgeführt und dies weltweit über eine Satellitenübertragung von Amerika. Im Vergleich zu NetWare v3.11 handelt es sich bei NetWare v4.0 um eine vollständig überarbeitete NetWare mit dem Ziel, das Netzwerkbetriebssystem nicht nur noch sicherer und schneller zu machen, sondern auch die gesamte Administration von NetWare zu verbessern. Wesentlicher Aspekt dabei ist, daß man sich von der bisher verwendeten Bindery löst, um serverbasierend Objekte im Netzwerk zu verwalten und statt dessen eine globale Datenbank (NetWare Directory Services) verwendet, um ein gesamtes Netzwerk zu verwalten. Ich werde in diesem Buch ausführlicher auf NetWare 4.0 eingehen.

13.2 Ein strategischer Überblick

Wenn Sie sich mit dem Einsatz von LANs auseinandersetzen, dann stellen Sie fest, daß in letzter Zeit sehr viele Diskussionen über Standards geführt werden. Dies beginnt beim Einsatz unterschiedlicher Topologien. Es geht hierbei um die Frage, ob sich der Bus (Ethernet) oder der Ring (Token-Ring) durchsetzen wird, genauso geht es um die Frage, inwieweit der Einsatz von Twisted-Pair-Verkabelung forciert werden soll und kann. Daneben geht es auch um die Frage, in welchen Fällen sich der Einsatz von FDDI-Netzwerken lohnt.

In diese Diskussion greift derzeit auch die Firma TCC ein. Die Firma TCC bietet ein leistungsfähiges Netzwerk (TCNS) an, basierend auf Lichtleiterverkabelung, mit einer Übertragungsgeschwindigkeit von 100 Mbit/s. Dies soll keine Konkurrenz zu FDDI sein, da FDDI für den Einsatz als Backbone-Verkabelung gedacht ist. TCNS von TCC ist für den Einsatz von Hochleistungsnetzwerken gedacht, bei denen die Anforderung nach hohen Datendurchsätzen gegeben ist.

Sie werden auch Veröffentlichungen über SAA-konforme Applikationen, OS/2, LAN-Manager, LAN-Server oder Client-Server-Konzepte finden. Dabei versucht jeder Hersteller seine eigenen Konzepte und Strategien als den Standard herauszustellen. In diesem Abschnitt werde ich versuchen, Ihnen einen Teil dieser neuen Konzepte und Strategien darzustellen und Ihnen einen Einblick darüber verschaffen, wie Novell sich an diese Entwicklungen anpassen will.

13.2.1 Der LAN-Markt

Zu Beginn der Einführung von PCs, Anfang 1980, wurden diese ausschließlich als Standalone-Systeme eingesetzt. Sowohl die notwendigen PC-Dienste als auch Daten, welche durch das eigene PC-Betriebssystem, meist PC-DOS, verwaltet wurden, waren nur isoliert und dediziert einem einzelnen Benutzer vorbehalten. Im Laufe der Zeit wurden in den Unternehmen immer mehr PCs eingesetzt, auf denen die individuellen Daten verwaltet und bearbeitet wurden. Die Forderung nach Datenaustausch zwischen diesen PCs wurde immer größer, d.h. die Möglichkeit Daten gemeinsam nutzen zu können. Diese Notwendigkeit beschleunigte den Prozeß der Evolution vom Standalone-PC zu »Workgroups« von PCs, welche über Lokale Netzwerke miteinander verbunden sind. In Abbildung 13.1 ist der Entwicklungsprozeß dargestellt.

KAPITEL 13

*Bild 13.1
Der Entwicklungs-
prozeß für LANs*

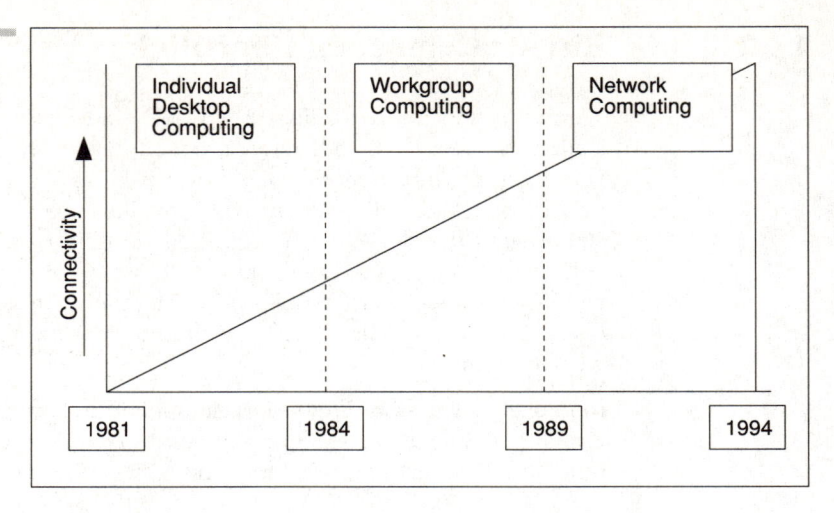

Workgroup Computing

Das Konzept Workgroup Computing erlaubt es Benutzern, Ressourcen gemeinsam zu benutzen, indem man die PCs in ein LAN integriert und diese damit gemeinsamen Zugriff auf einen File-Server haben, d.h. Zugriff auf Daten, Drucker und Plattensubsysteme. Auf dem File-Server übernimmt das Netzwerkbetriebssystem – nicht ein Workstation-Betriebssystem – die Kontrolle über die Hardware dieses Rechners. Das Netzwerkbetriebssystem muß auch die notwendigen Funktionen für Datensicherheit, Datenschutz, Zugriffsberechtigung etc. übernehmen. Der Anwender selbst merkt normalerweise nichts von der Existenz eines File-Servers. Er kann seinen PC so benutzen, wie bisher, zuzüglich der erweiterten Ressourcen, die ihm der File-Server zur Verfügung stellt, d.h. größere Plattenkapazität, größere Druckleistung und dergleichen mehr.

Die ständige Anpassung der LAN-Betriebssysteme an die Bedürfnisse der Anwender und der Verfall der Hardwarekosten haben dazu beigetragen, daß innerhalb kürzester Zeit die Anzahl der installierten LANs rapide angestiegen ist. Nicht selten wurden LAN-Installationen denen von MDTs vorgezogen. Diese Entwicklungstendenz, weg von Shared-Processing-Systemen (MDT) und hin zu Distributed-Processing-Systemen (LAN) bewirkt gleichzeitig eine Änderung bestimmter Unternehmensstrukturen.

Die organisatorische Struktur in einem Unternehmen ist in einem weit geringerem Ausmaß als früher hierarchisch aufgegliedert und führt damit auch zu anderen Organisationsformen der Rechnerhierarchien. Aufgrund dieser Entwicklungstendenzen stieß das Prinzip des Workgroup Computing sehr schnell an seine Grenzen.

Nach der Einführung von LANs wurde sehr schnell der Bedarf geweckt, LANs in ein unternehmensweites EDV-Konzept einbinden zu können. Dies bedeutet, daß die Möglichkeit der Anbindung von LANs an Großrechner- oder MDT-Anlagen möglich sein muß. Somit sollen die Anwender den transparenten Zugriff auf die File-Server-Ressourcen und die Ressourcen des Host oder MDT erhalten. Mit diesem Konzept ist es notwendig, daß jeder Benutzer weiß, auf welchem Rechner (File-Server, Host oder MDT) seine einzelnen Ressourcen zur Verfügung stehen. Zudem wird durch dieses Konzept das Netzwerkmanagement wesentlich komplizierter. D.h. die Verwaltungsmöglichkeit der unterschiedlicher Rechnersysteme wird durch den Netzwerkverwalter mit Hilfe unterschiedlichsten Software-Systeme durchgeführt.

Durch diese Eigenschaften des Workgroup Computing wurde die nächste Entwicklungsphase im Netzwerkbereich eingeleitet. Es handelt sich um den Schritt in Richtung Network Computing.

Network Computing

Besteht das Ziel von Workgroup Computing darin, PCs in ein LAN zu integrieren, so wird mit dem Konzept des Network Computing eine unternehmensweite Integration von LANs und WANs verfolgt. Somit kann eine unternehmensweite Kommunikation mit den unterschiedlichsten Systemen durchgeführt werden. Dieses Vorhaben verlangt vor allem von den LANs und den Netzwerkbetriebssystemen eine sehr flexible Struktur, da diese meist in bestehende Großrechner- oder MDT-Systeme integriert werden müssen.

Die gängigsten Rechnersysteme und damit verbundenen Betriebssysteme, die zu einem Gesamtsystem zusammengeführt werden sollen, sind die Systeme von DEC unter VMS, IBM unter VM oder MVS, Unix und LAN-Systeme unter NetWare oder LAN-Manager. Auf den PCs muß die Integration von DOS, OS/2, Macintosh oder Unix möglich sein.

Mit dem Konzept des Network Computing kann ein Gesamtnetzwerk aufgebaut werden, welches die Einbindung der oben aufgeführten Systeme erlaubt. Auf diese Art und Weise haben die Anwender im Netzwerk Zugriff auf Großrechner-, MDT- und LAN-Server-Systeme. Durch den Aufbau von WANs besteht zudem die Möglichkeit, auf Rechnerressourcen an entfernt liegenden Orten zugreifen zu können.

Network Computing verfolgt das Ziel, daß alle Benutzer im Netzwerk in einem Unternehmen auf Daten und Rechnerdienste trans-

KAPITEL 13

parent zugreifen können. Beim Workgroup Computing sind die Ressourcen und Dienste, die einem Benutzer zur Verfügung gestellt werden, in einem File-Server vereinigt. Beim Network Computing hingegen bildet das Netzwerk selbst die Plattform für die Bereitstellung der Netzwerkdienste. In Abbildung 13.2 ist ein solches Netzwerkkonzept dargestellt. Sie können daraus ersehen, daß hierbei die unterschiedlichsten Rechner- und Netzwerksysteme über einen gemeinsamen Backbone-Strang miteinander gekoppelt sind und jeder Benutzer somit Zugriff auf die einzelnen Rechnerressourcen hat.

Host minicomputers: IBM VM, IBM MVS, DEC VMS, UNIX

NetWare: File server, Print server, Database server, Messaging server, Network management server, WAN server

Workstations: DOS, Windows, OS/2, Mac, UNIX

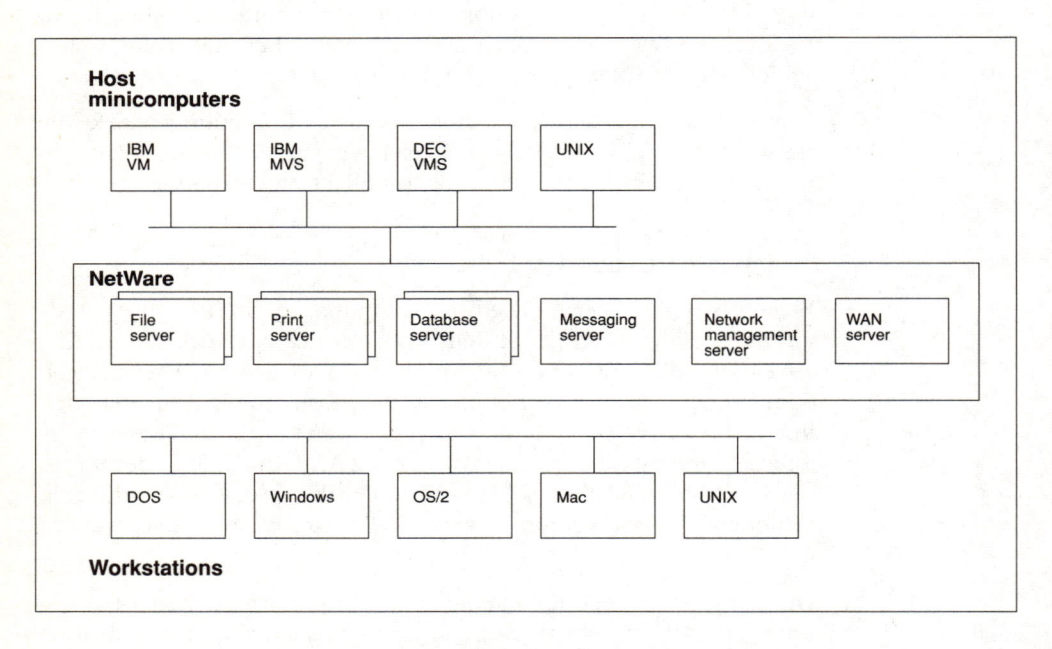

Bild 13.2 Das zukünftige Konzept des Network Computing

Um das Prinzip des Network Computing nutzen zu können, reicht der Aufbau von heterogenen Netzwerken alleine nicht aus. Es müssen hierzu Mechanismen zur Verfügung stehen, die nicht nur das Netzwerk als Transportmedium verwenden, sondern die es möglich machen, daß die einzelnen unterschiedlichen Systeme miteinander kommunizieren können. Dies stellt nicht nur bestimmte Anforderungen an die Netzwerkbetriebssysteme sondern auch an die einzelnen Applikationsprogramme auf den einzelnen Rechnern.

Diese Programme, welche ursprünglich als Distributed Applikations eingesetzt worden sind, erfordern die Mechanismen der Programto-Program-Kommunikation (Peer-to-Peer) mit der Funktionalität,

Die Entwicklungsgeschichte von Novell

über die Grenzen von speziellen Maschinentypen, Server-Betriebssystemen und Workstation-Betriebssystemen hinweg aufgerufen werden zu können. Um diese Lösungsansätze realisieren zu können, werden folgende Anforderungen an das Network Computing gestellt:

Aufgrund der Tatsache, daß die individuellen serverbasierenden Netzwerkbetriebssysteme für das Workgroup Computing ausgelegt sind, ist es notwendig, Netzwerkbetriebssysteme neu zu konzipieren. Ein Betriebssystem für die Unterstützung des Network Computing muß das Netzwerk, bestehend aus einzelnen unterschiedlichen Netzwerken, als ein Gesamtnetzwerk betrachten und verwalten können.

In der Vergangenheit, und zum Teil auch heute noch, wird die Integration heterogener Systeme durch die Existenz unterschiedlicher Standards für den Aufbau von Netzwerken erschwert. Verschiedene Standards für das Übertragungsmedium, Übertragungsprotokolle und eine Vielzahl von Host- und Workstation-Betriebssystemen erfordern zum Teil einen hohen Aufwand, um diese miteinander vereinen zu können. Den Anwendern kann der Nutzen des Network Computing erst bewußt werden, wenn Netzwerklösungen nicht nur die Unabhängigkeit von diesen unterschiedlichen Standards bieten, sondern wenn auch die Unterstützung und Integration dieser Standards in einem Gesamtsystem zur Verfügung steht.

Aufgrund der Ausdehnung von Netzwerken auf unternehmensweite Konzepte und Lösungen ist es auch erforderlich, daß sich die hierfür entwickelten Netzwerkbetriebssysteme durch eine höhere Funktionalität und Geschwindigkeit auszeichnen. Dies gilt vor allem dann, wenn im Netzwerk zeitkritische Anwendungen zum Einsatz kommen. Eine weitere notwendige Forderung ist die Offenheit der Betriebssysteme für Entwickler und die Bereitstellung von geeigneten Entwicklungstools, um das Erstellen von Applikationen zur vereinfachen.

Durch die Integration mehrerer unterschiedlicher Netzwerke in ein Gesamtnetzwerk ist es auch erforderlich, daß der Netzwerkverantwortliche geeignete Management-Utilities zur Verfügung hat, um das Netzwerk zu überwachen und zu steuern.

KAPITEL 13

13.2.2 Die fünf Meilensteine von Novell

Als Novell sein erstes Netzwerkbetriebssystem auf den Markt brachte, handelte es sich auch um eine Workgroup-Computing-Lösung. D.h. DOS Anwender hatten damit die Möglichkeit, Daten und Ressourcen gemeinsam zu benutzen. NetWare wurde zum weit verbreiteten Netzwerkbetriebssystem, da es den Anwendern die Möglichkeit bot, Daten und Ressourcen in einer zuverlässigen, sehr schnellen und flexiblen Umgebung gemeinsam nutzen zu können.

Die Funktionalitäten von NetWare sind das direkte Ergebnis von Novell, auf die gestellten Anforderungen der Endanwender und die zukünftigen Bedürfnisse der Netzwerkbenutzer und Netzwerkverwalter einzugehen. Diese Entwicklungsschritte teilen sich in 5 Phasen auf, man spricht auch von 5 Meilensteilen bei der Entwicklung von Novell. In Abbildung 13.3 sind diese dargestellt.

Bild 13.3
Die fünf Meilensteine in der Entwicklung von Novell NetWare

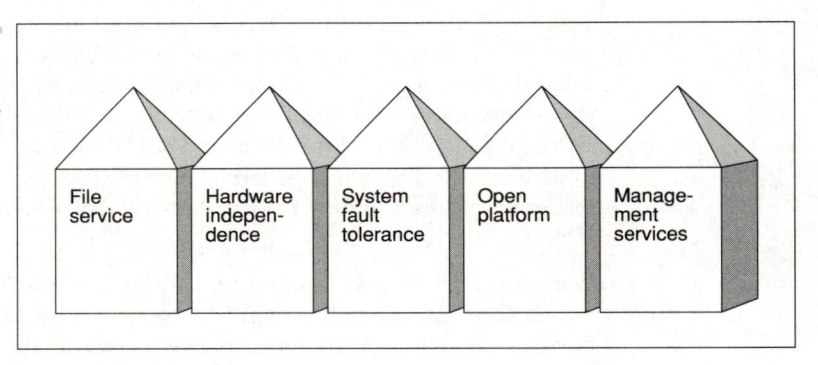

| File service | Hardware independence | System fault tolerance | Open platform | Management services |

Novell NetWare wird als quasi Standard für Netzwerkbetriebssysteme bezeichnet. Zur Zeit arbeiten ca. 5-6 Millionen Anwender mit NetWare bei ca. 500-600 Tausend installierten Systemen. Dieser Erfolg ist nicht nur auf die große Performance und unternehmensweite Integration von NetWare zurückzuführen. Durch NetWare werden den PC-Anwendern Funktionen und Sicherheitsmechanismen zur Verfügung gestellt, die bisher nur auf Host- und MDT-Rechnern zu finden waren.

Außerdem wurde NetWare als ein vom Medium unabhängiges Betriebssystem auf dem Markt eingeführt. Durch die rasche Unterstützung dieser Funktionalität kann NetWare heute auf über 30 unterschiedlichen Netzwerken eingesetzt werden, und für über 100 Netzwerkadapterkarten werden LAN-Driver angeboten. Damit kann NetWare auch auf einer Vielzahl von Server und Workstations eingesetzt werden.

Die Entwicklungsgeschichte von Novell

Ein weiterer Standard wurde von Novell durch die Einführung der System Fault Tolerant (SFT) NetWare auf dem LAN-Markt eingeführt. Durch diese Mechanismen kann der Ausfall des Netzwerkes minimiert werden. Ich werde bei der Behandlung von NetWare v3.11 auf diese Mechanismen genauer eingehen.

Mit Einführung der Open Protocol Technology wurde NetWare protokollunabhängig. Damit wurde es möglich, NetWare problemlos in eine heterogene EDV-Welt einbinden zu können. D.h. es konnten als Workstations gleichzeitig DOS, OS/2 und Apple Computer eingesetzt werden. Weitere Pläne waren und sind die Unterstützung von Unix Workstations. Mit OPT wurde auch die Unterstützung weiterer Transportprotokolle angekündigt. Bislang unterstützt NetWare nur IPX/SPX. Mit OPT öffnet sich NetWare gegenüber den Tansportprotokollen TCP/IP und OSI.

Diese Entwicklungsschritte sind maßgeblich verantwortlich für den Übergang von Workgroup Computing zu Network Computing, um eine unternehmensweite Vernetzung aufbauen zu können. Die Integration von Macintosh durch die Unterstützung des Apple Filing Protocolls (AFP) und die Ankündigung von NetWare for VMS und Portable NetWare sind große Schritte in Richtung Network Computing. Der letzte Schritt zur vollständigen Integration in ein Network-Computing-Konzept ist NetWare v3.11/4.0 und die damit verbundenen Management Services.

Mit OPT wird die Protokollunabhängigkeit von NetWare ausgebaut. Management Services runden das Gesamtbild für Network Computing ab, da sich hier Konzepte der sogenannten Directory Services, System Management und Security Mechanismen verbergen.

Directory Services sind auch unter der Bezeichnung Naming Services bekannt. Dies bedeutet, daß Benutzer auf Ressourcen im Netzwerk zugreifen können, ohne wissen zu müssen, auf welchen Systemen sich diese Ressourcen befinden. Sowohl das Network Mangement als auch die zusätzlichen Sicherheitsmechanismen sind eng mit den neuen Naming-Service-Diensten gekoppelt. Dies ist notwendig, um unternehmensweite Netzwerke, basierend auf dem Konzept des Network Computing, besser verwalten zu können.

13.3 Die Serverplattform für NetWare

Wenn Sie das Konzept des Network Computing betrachten, handelt es sich dabei letztendlich um die Vernetzung der Datenverarbeitung und zwar unterschiedlichster Systeme. Deshalb wird Network Computing auch sehr häufig als vernetzte Datenverarbeitung bezeichnet.

Die Entwicklung von Novell auf dem Gebiet der vernetzten Datenverarebeitung stützt sich auf eine Architektur, die als NetWare Open Systems bezeichnet wird. Dabei werden die oben angesprochenen Meilensteine von Novell und andere Technologien und Strategien wie WANs und die offene Architektur miteinander vereint, um eine Basis für Network Computing zu schaffen. Basisbestandteil dieser Entwicklung ist NetWare v3.11, ein Netzwerkbetriebssystem für verteilte Systeme, das die Entwicklung von Novell bis in die 90er Jahre bestimmen wird.

Die Strategien, die sich hinter NetWare Open Systems verbergen, können, wie folgt, zusammengefaßt werden:

- Anbieten von NetWare-Diensten auf ausbaubaren Serverplattformen

- Unterstützung der Industriestandards, damit die Integration, Kommunikation und Kompatibilität mit Fremdprodukten aufrecht erhalten werden kann und die Protokollunabhängigkeit ermöglicht wird

- Die Bereitstellung integrierter Routing- und WAN-Dienste

- Die Bereitstellung einer offenen Architektur mit einer leistungsfähigen Entwicklungsumgebung

Die von Novell verfolgte Strategie wird im wesentlichen durch die Bereitstellung bzw. Unterstützung der Produkte auf vier Gebieten erreicht:

- Serverplattformen
- offene Architektur
- offene Protokolltechnologie
- NetWare-Dienste

In Abbildung 13.4 ist der Zusammenhang dieser vier Schlüsselbereiche dargestellt.

Die Entwicklungsgeschichte von Novell

Bild 13.4
Die vier Schlüsselbereiche von Novell NetWare

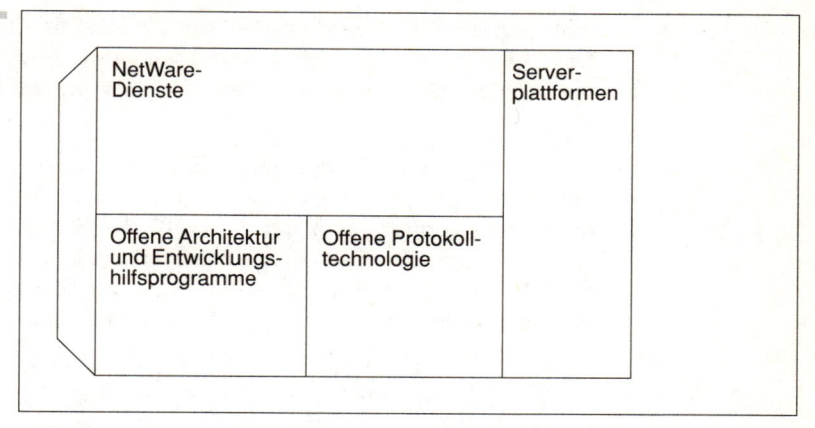

NetWare-Dienste		Serverplattformen
Offene Architektur und Entwicklungshilfsprogramme	Offene Protokolltechnologie	

Durch die Kombination dieser vier Bereiche kann Novell eine weitreichende Lösung zum Zwecke des Network Computing, d.h. der vernetzten Datenverarbeitung anbieten und realisieren. Die NetWare-Dienste wurden auf zwei wichtigen Serverplattformen zur Verfügung gestellt: NetWare v3.11 und Portable NetWare.

Jede dieser Serverplattformen zeichnet sich durch eine offene Architektur aus, welche einen wichtigen Bestandteil für jede Komponente der NetWare Open Systems darstellt. Zudem werden geeignete Anwendungsschnittstellen für alle NetWare-Dienste bereitgestellt.

Somit haben verteilte Anwendungen auf allen Ebenen Zugriff auf das Netzwerk. Die Entwicklungstools unterstützen den Anwender und Softwarehersteller bei der Entwicklung von verteilten Anwendungen und bieten große Flexibilität durch die offene Protokolltechnologie über unterschiedliche Industriestandards.

Mit der NetWare Open Systems entwickelt Novell die siebte Generation von NetWare-Produkten. Der Übergang von der Datenverarbeitung in Arbeitsgruppen (Workgroup Computing) zur vernetzten Datenverarbeitung (Network Computing) mit Hilfe von NetWare gewährleistet ein stabiles Wachstum basierend auf der Grundlage einer markterprobten Technologie. Durch welche Konzepte und Funktionen sich NetWare v3.11 und Portable NetWare von anderen Netzwerkbetriebssystemen unterscheiden und inwieweit sich hierbei die NetWare Open Systems Strategie wiederspiegelt wird an anderer Stelle näher erläutert werden.

Um alle notwendigen Netzwerkoperationen durchführen zu können, ist es erforderlich, eine geeignete Serverplattform hierfür einzusetzen. Dabei ist es vollkommen nebensächlich, ob dabei mit dem ursprünglichen Betriebssystem des Servers gearbeitet wird

KAPITEL 13

oder mit einem Host-Betriebssystem wie zum Beispiel VMS von DEC. Das Dateisystem, die Speicherverwaltung und das Scheduling werden beispielsweise alle von den Serverplattformen bereitgestellt.

Die richtige Auswahl der Serverplattform, die in einem Netzwerk eingesetzt werden soll, hat auf viele Bereiche des Netzwerkbetriebes Auswirkungen. Von der Auswahl der Serverplattform hängen die Leistung, Zuverlässigkeit und Sicherheit des gesamten Netzwerkes ab. Anwendungen für das Netz können umso leichter entwickelt werden, wenn es sich dabei um eine offene Basis handelt.

Verständlicherweise kann eine Serverplattform nicht alle Erfordernisse abdecken. Benutzer brauchen die Möglichkeit, den geeigneten Server aus einer Reihe von ausbaubaren Serverplattformen auswählen zu können. Für unterschiedliche Anwendungsbereiche lassen sich entweder spezialisierte Server, wie NetWare Server oder Universalserver wie OS/2-Anwendungsserver einsetzen, je nachdem welche am besten geeignet sind. Es gibt aber auch Fälle, in denen der Wunsch besteht, eine bereits existierende MDT-Anlage zusätzlich als Server einsetzen zu können, um damit die bestehende Hardware-Investition am besten nutzen zu können. Auf diese Art und Weise könnten Betriebssysteme wie VMS oder UNIX die Server-Funktion übernehmen.

Bei NetWare Open Systems gibt es zwei strategische Serverplattformen: NetWare v3.11 und Portable NetWare. Unter NetWare v3.11 basieren die NetWare-Dienste auf Novell Multitasking-Kern und -Dateisystem mit Echtzeitverarbeitung. Dieses Betriebssystem nutzt die 32-Bit-Umgebung des 80386 bzw. 80486 Prozessors voll aus, aber darüber später mehr.

Portable NetWare ist eine weitere Version der NetWare-Dienste, die sich leicht auf andere Träger-Betriebssysteme adaptieren läßt. So ist es möglich, NetWare als Task auf einer VAX unter dem Betriebssystem VMS oder unter UNIX einsetzen zu können. Der Zusammenhang zwischen NetWare v3.11 und Portable NetWare ist in Abbildung 13.5 dargestellt.

Durch die Verfügbarkeit unterschiedlicher Serverplattformen und der Unterstützung von NetWare Open System wird dem Benutzer die Möglichkeit gegeben, sich den geeigneten Netzwerkserver auszuwählen, um die unterschiedlichsten Bedürfnisse damit abdecken zu können. Beide Serverumgebungen sind dabei voll interaktionsfähig und können auf der unterschiedlichsten Server-Hardware ablaufen. Dem Benutzer stehen somit bei der Auswahl des Servers viele Optionen und Möglichkeiten zur Verfügung, um das Server-System zu finden, das seinen Bedürfnissen am besten entspricht.

Die Entwicklungsgeschichte von Novell

Bild 13.5
NetWare 386 und
Portable NetWare
im Vergleich

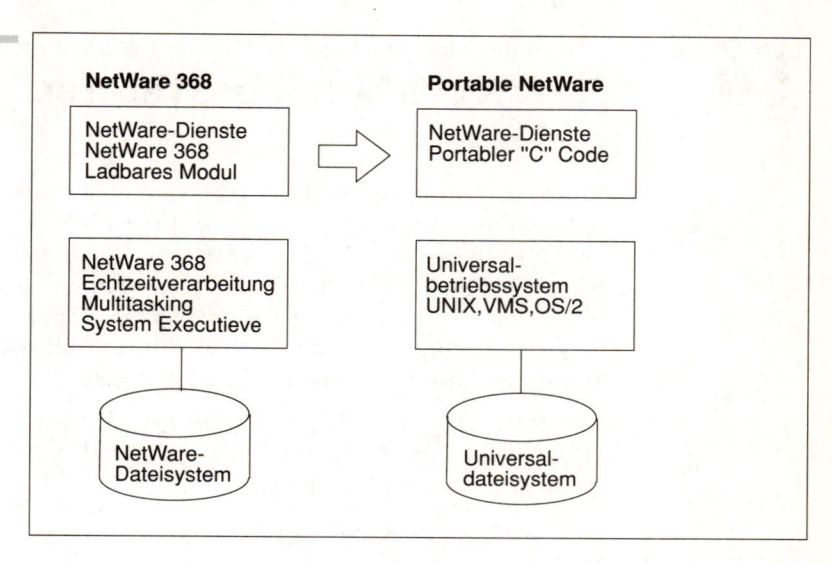

NetWare 368

- NetWare-Dienste
  NetWare 368
  Ladbares Modul

- NetWare 368
  Echtzeitverarbeitung
  Multitasking
  System Executieve

- NetWare-Dateisystem

Portable NetWare

- NetWare-Dienste
  Portabler "C" Code

- Universal-
  betriebssystem
  UNIX, VMS, OS/2

- Universal-
  dateisystem

14 Netzwerkbetriebssysteme

Neben der richtigen Wahl der hardwaremäßigen Ausstattung eines LANs ist es nicht weniger wichtig, sich für das geeignete Netzwerkbetriebssystem zu entscheiden, um die notwendigen Aufgaben und Funktionen in einem LAN ausführen zu können. In diesem Kapitel will ich Ihnen die wichtigsten Aspekte hierfür aufzeigen. Im nächsten Kapitel werden die Netzwerkbetriebssysteme von Novell und ihre Funktionalität näher erläutert.

Auf die wichtigsten Aufgaben der LANs bin ich bereits im Detail eingegangen. Bei Auswahl von Netzwerbetriebssystemen sind unter anderem zu beachten:

- Betriebssystemarchitektur
- Serverplattform
- Protokollunterstützung
- Performance
- Zuverlässigkeit
- Unterstützte Standards

14.1 Betriebssystemarchitektur

Wenn es um die Auswahl von Netzwerkbetriebssystemen geht, können vier Komponenten unterschieden werden:

- Serverplattform
- Unterstützte Netzwerk-Dienste
- Redirection Software
- Kommunikationssoftware

Diese Komponenten beeinflussen im wesentlichen die Funktionsfähigkeit und Flexibilität eines Netzwerkes. In Abhängigkeit davon können Sie die Leistungsfähigkeit des Gesamtsystems bewerten. Der Zusammenhang dieser Teilbereiche ist in Abbildung 14.1 dargestellt.

Wie bereits besprochen, stellt die Auswahl der richtigen Serverplattform das Kernstück eines Netzwerkbetriebssystems dar und ist somit verantwortlich für die Leistungsfähigkeit und Ausbaufähigkeit eines Netzwerkes. Auf dieser Serverplattform läuft das Netzwerkbetriebssystem und stellt in Zusammenarbeit mit dem Betriebssystem alle notwendigen Funktionen zur Verfügung.

Netzwerkbetriebssysteme

Bild 14.1
Wie Server und Workstation miteinander kommunizieren

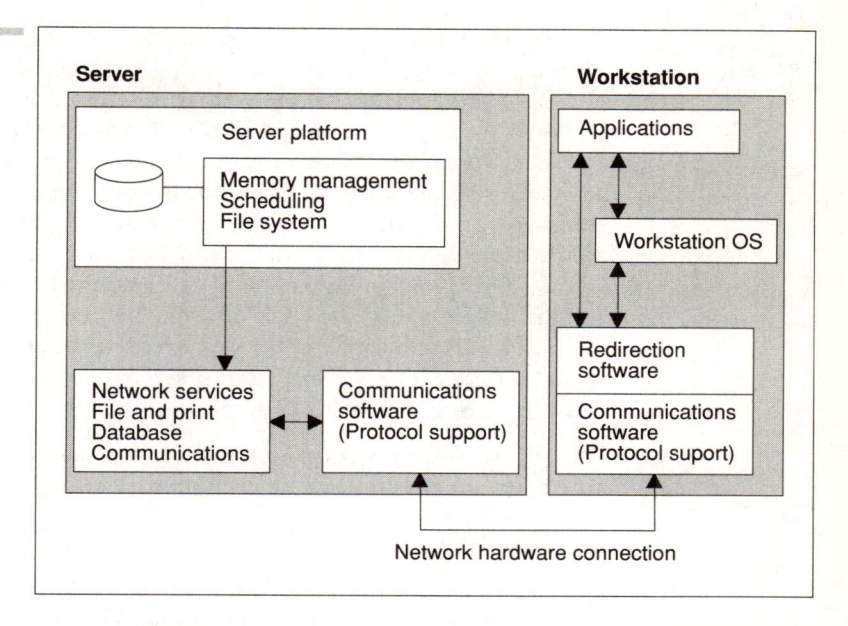

```
Server                                              Workstation
┌─────────────────────────────────────┐   ┌──────────────────────────┐
│  ┌───────────────────────────────┐  │   │   Applications           │
│  │  Server platform              │  │   │        ↕                 │
│  │  Memory management            │  │   │   Workstation OS         │
│  │  Scheduling                   │  │   │        ↕                 │
│  │  File system                  │  │   │   Redirection            │
│  └───────────────────────────────┘  │   │   software               │
│                                     │   │        ↕                 │
│  Network services   Communications  │   │   Communications         │
│  File and print  ↔  software        │   │   software               │
│  Database           (Protocol       │   │   (Protocol suport)      │
│  Communications     support)        │   │                          │
└─────────────────────────────────────┘   └──────────────────────────┘
                        Network hardware connection
```

Die Unterstützung des Dateisystems, das Memory Management oder auch das Scheduling (Verwalten) der Prozessortasks werden maßgeblich von dieser Serverplattform bestimmt. Wenn in den folgenden Kapiteln auf NetWare v4.0 und NetWare v3.11 eingegangen wird, werden Sie besser verstehen, in welchem Zusammenhang diese Faktoren stehen.

Die unterstützten Netzwerk-Dienste auf dieser Serverplattform sind verantwortlich für die Unterstützung wichtiger Netzwerk-Dienste, wie zum Beispiel File- und Record-Locking. Es kann sich dabei aber auch um wesentlich komplexere Bereiche handeln, wenn zum Beispiel auf der Serverplattform ein SQL-Server abläuft und dieser für die Verwaltung von verteilten Datenbanken zuständig ist bzw. SQL-Abfragen erledigen muß. Es handelt sich hierbei um eine typische Anwendung von verteilter Verarbeitung, ein Schlagwort hierfür ist inzwischen das Client-Server-Prinzip geworden.

Auf irgendeine Art und Weise muß in einem Netzwerk eine Verbindung zwischen dem Workstation-Betriebssystem und dem Netzwerkbetriebssystem hergestellt werden. Die reine Verkabelung der einzelnen Komponenten reicht dabei noch nicht aus. Die Systeme müssen auch noch in der Lage sein, das zu verstehen, was ihnen der andere Partner erzählt. Dieser Teil der Kommunikation wird von der Netzwerkkommunikationssoftware abgedeckt. Diese ist in der Lage, eine logische Verbindung, mit Hilfe der physikalischen Verkabelung, zwischen den im Netzwerk beteiligten Stationen aufzubauen.

Die Kommunikationssoftware unterstützt ein oder mehrere Kommunikationsprotokolle, um Anfragen (Requests) bzw. Antworten (Replies) über das Netzwerk empfangen und versenden zu können. Ein Bindeglied auf der Workstation zwischen der Anwendung und der Kommunikationssoftware ist die sogenannte Redirection Software, sehr oft auch als Shell bezeichnet. Deren Aufgabe ist, zu entscheiden, ob eine formulierte Anfrage vom eigenen Workstation-Betriebssystem oder vom Netzwerkbetriebssystem zu erledigen ist. Ein typischer Anwendungsfall ist zum Beispiel der Zugriff auf die lokale Festplatte zum Lesen einer Datei (dies muß vom Workstation-Betriebssystem erledigt werden) oder das Lesen einer Datei von der File-Server-Platte (dies muß von der Redirection Software zum File-Server übertragen werden).

Wie bei NetWare v3.11 zu sehen sein wird, kann auf die Redirection Software unter bestimmten Voraussetzungen verzichtet werden, zumindest was die besondere Anpassung an die NetWare-Umgebung anbelangt.

In den letzten Ausführungen habe ich Ihnen bereits grundlegende Aspekte in Bezug auf die möglichen Serverplattformen aufgezeigt. Wie Sie daraus ersehen können, lassen sich zwei Plattformen herausfiltern:

- Native Server (»spezielle« Server)
- Hostbasierende Server (»allgemeine« Server)

Auf beiden Servertypen können eine breite Palette von Netzwerk-Diensten abgedeckt werden, um diese in Netzwerken einsetzen zu können. Eine serverbasierende Datenbankapplikation kann zum Beispiel in Verbindung mit den Netzwerk-Datei- und Druckdiensten laufen.

Native Server zeichnen sich dadurch aus, daß diese für ganz spezielle Aufgaben im Netzwerk konzipiert werden, bzw. das Betriebssystem die Funktionalitäten auf diesen Servern voll ausnutzen kann. Ein dedicated NetWare Server zum Beispiel ist optimiert für die Unterstützung von Datei- und Druck-diensten im Netzwerk. Da diese Native Server zur Abarbeitung spezieller Jobs optimiert sind, können von diesen spezielle Funktionen Leistungssteigerungen und Zuverlässigkeitsaspekte unterstützt werden, wie sie nicht unbedingt von hostbasierenden Servern angeboten werden können. Native Server werden vor allem dann eingesetzt, wenn sehr großer Wert auf Zuverlässigkeit, Sicherheit, Geschwindigkeit, Funktionalität und Flexibilität gelegt wird.

In den meisten Fällen basieren Native Server auf 80386 oder 80486 Prozessoren, da diese Prozessoren bezüglich der Leistungsfähigkeit

Netzwerkbetriebssysteme

eine Vielzahl von Netzwerk-Diensten innerhalb eines Serversystems abdecken und hohe Leistungsfähigkeit zur Verfügung stellen können. Server mit 80286-Prozessoren sind aufgrund der geringeren Leistungsfähigkeit in diesen Punkten beschränkt. Ausschlaggebend hierbei ist auch der Einsatz des richtigen Netzwerkbetriebssystems, damit dieses die Prozessorleistungen voll ausnutzen kann. Hierin liegt der große Unterschied von NetWare 286 und NetWare v3.11.

Hostbasierende Server stützen sich auf Betriebssysteme wie OS/2, Unix, VMS, MVS oder OS-AS400. In diesen Fällen muß das Einsatzgebiet für diese Serverformen genau untersucht werden, um feststellen zu können, für welche Einsatzgebiete diese Server geeignet sind. Sehr oft geht es dabei auch um effektive Kopplung unterschiedlicher Netzwerksysteme. Da diese Server auf unterschiedlichen Hardware-Plattformen angeboten werden, unterscheiden sich diese zum Teil wesentlich in ihren Funktionen, Geschwindigkeiten, flexiblen Ausrichtungen und Leistungsfähigkeit. Da diese hostbasierenden Server nicht dediziert eingesetzt werden, können bei deren Einsatz unter Umständen Kosten eingespart werden. Diese Kosteneinsparung bedeutet aber auch nicht selten die Einbuße von Zuverlässigkeit oder Leistungsfähigkeit. Dies ist jedoch stark abhängig von der eingesetzen Hardware-Plattform.

14.2 Die wichtigsten Anforderungen an Netzwerkbetriebssysteme

Um die nachfolgenden Ausführungen über die unterschiedlichen Netzwerkbetriebssysteme besser verstehen zu können, werde ich in diesem Abschnitt die wichtigsten Anforderungen, die ein Netzwerkbetriebssystem erfüllen muß oder sollte, kurz darstellen. Wie Sie bei den unterschiedlichen Netzwerkbetriebssystemkonzepten von Novell anschließend sehen werden, unterscheiden sich diese durch die Erfüllung dieser einzelnen Faktoren mehr oder weniger stark. Sie können die hier aufgeführten Faktoren auch heranziehen, um einen Vergleich unterschiedlicher Netzwerkkonzepte durchführen zu können.

14.2.1 Leistungsfähigkeit

Dies ist die häufigste Anforderung, die an Netzwerkbetriebssysteme gestellt wird. Da Netzwerke immer größer werden, bekommt dieser Faktor vor allem im Zuge des Network Computing

KAPITEL 14

immer größere Bedeutung, da dabei Netzwerke mit mehreren hundert Endstationen keine Seltenheit mehr sein werden. Deshalb benötigen immer mehr Benutzer Netzwerk-Dienste des File-Servers. Hierbei ist aber nicht nur ein ausgefeiltes Netzwerkbetriebssystem am File-Server notwendig, sondern es sollte auch großer Wert auf die Verkabelung des gesamten Systems gelegt werden. Was nützt Ihnen das leistungsfähigste Netzwerkbetriebssystem, wenn gleichzeitig das Verkabelungssystem, d.h. die Topologie des Netzwerkes, nicht in der Lage ist, das Datenvolumen, welches über das Netzwerk transportiert werden muß, schnell genug übertragen zu können. Hierbei hängt es jedoch nicht nur vom Einsatz der richtigen Netzwerktopologie ab, sondern auch vom Einsatz leistungsfähiger Netzwerkadapterkarten. Dieser Faktor wird leider bei der Auswahl von Netzwerken sehr oft unterschätzt, da nur das Augenmerk auf die Leistungsfähigkeit des File-Servers gelegt wird. Was nützt Ihnen jedoch der schnellste File-Server und das leistungsfähigste Netzwerkbetriebssystem, wenn über das Verkabelungssystem die Daten nicht schnell genug transportiert werden können.

Berücksichtigen Sie deshalb bei der Auswahl von Netzwerken auch diese Faktoren, um sich nicht bereits bei der Verkabelung und den Netzwerkadapterkarten einen Flaschenhals einzubauen. Beachten Sie dabei den Grundsatz: Ein Gesamtsystem ist nur so gut wie das schwächste Glied in der Kettte.

Bei der Auswahl der File-Server-Komponente können Sie sich zwischen Native Servern (z.B. PCs) und hostbasierenden Servern entscheiden. In diesen Fällen sind auch noch die Kosten für diese Serverplattform zu berücksichtigen.

14.2.2   Zuverlässigkeit

In jedem Netzwerk wird sehr großer Wert auf die Zuverlässigkeit der Netzwerkinstallation gelegt. Dieser Faktor bekommt eine umso größere Bedeutung, je mehr kritische Anwendungen über das Netzwerk abgewickelt werden und je größer die Abhängigkeit der Benutzer vom Funktionieren des Netzwerkes ist. Der Ausfall eines Netzwerkes über längere Zeit hinweg kann unter Umständen die Existenz eines Unternehmens aufs Spiel setzen. Deshalb muß sowohl von der Hardware als auch vom Netzwerkbetriebssystem ein gewisses Maß an Zuverlässigkeit gegeben sein, um alle kritischen Faktoren eines Ausfalls abfangen zu können.

14.2.3 Sicherheit

Da die Benutzer im Netzwerk auf immer mehr Ressourcen Zugriff haben (dies gilt vor allem für vernetzte Datenverarbeitung), muß ein immer größeres Augenmerk auf die Sicherheit im Netzwerk gelegt werden. Es muß gewährleistet werden, daß die Benutzer nur auf die Daten und Ressourcen Zugriff haben, die diese unbedingt für die Arbeit benötigen. Die dafür notwendigen Sicherheitsmechanismen können in folgende Bereiche aufgeteilt werden:

- Accounting-Sicherheit
- Paßwort-Sicherheit
- Directory-Sicherheit
- Datei-Sicherheit
- Internetwork-Sicherheit
- File-Server-Sicherheit

Die am Markt befindlichen Netzwerkbetriebssysteme variieren in der Flexibilität, alle diese Sicherheitsmechanismen mehr oder weniger gut abdecken zu können. Die Unterstützung dieser Mechanismen ist zum Teil auch stark abhängig von der eingesetzten Serverplattform. Auf die einzelnen Aspekte werde ich bei Besprechung der von Novell angebotenen Netzwerkbetriebssysteme näher eingehen.

14.2.4 Workstation-Unterstützung

Vor ca. zwei Jahren konnte noch ohne Bedenken behauptet werden, daß DOS als Workstation-Betriebssystem den Markt beherrscht. Heute sieht die Situation jedoch bereits ganz anders aus. Wenn man diesen Markt näher betrachtet, kann man vier Standardbetriebssysteme für Workstations unterscheiden: DOS, OS/2, Macintosh Betriebssystem und Unix. Es besteht deshalb die Anforderung, diese unterschiedlichen Workstation-Betriebssysteme auf Arbeitsplatzrechnern im Netzwerk einzusetzen. Es ist aber leider nicht so, daß man jedes beliebige Betriebssystem auf den Workstations einsetzen kann, um damit auf dem File-Server arbeiten zu können. Wenn Sie Abbildung 14.1 ansehen, stellen Sie fest, daß dazu die notwendigen Softwareschnittstellen und Programme zur Verfügung stehen müssen, damit diese in ein Netzwerkkonzept eingebunden werden können.

Jedes Betriebssystem verwendet dabei sein eigenes Dateisystem, das mit den anderen Dateisystemen nicht kompatibel ist. Damit der Anwender im Netzwerk nicht auf ein bestimmtes Betriebssystem für die Workstation beschränkt ist (Novell spricht hierbei von »the users'freedom to choose the workstation operating system«), muß das Netzwerkbetriebssystem den Einsatz unterschiedlicher Workstation-Betriebssysteme unterstützen, entweder durch spezielle Funktionen am File-Server (s. NetWare v3.11) oder durch spezielle Software auf der Workstation, wie dies der Fall für NetWare 2.x der Fall gewesen ist. Man geht jedoch dazu über, die Funktionalität eines sogenannten Multi-Protokoll-Stacks auf die Serverplattform zu verlagern, um so flexibler zu bleiben und Workstations in der native Umgebung zu belassen, d.h. so wie sie sind, was sie können und wie sie bislang zum Einsatz gekommen sind.

Das Problem liegt aber nicht nur in den unterschiedlichen Dateisystemen sondern auch in den unterschiedlich eingesetzten Protokollen, die miteinander nicht kompatibel sind, um Anfragen zum File-Server zu übertragen bzw. Antworten des File-Servers verstehen zu können. Deshalb ist die Forderung nach Protokollunabhängigkeit auf Seiten des Netzwerkbetriebssystems eine unabdingbare Forderung. Mit NetWare v3.11 wird dieser Anforderung Rechnung getragen.

14.2.5 Standards

Neben der unterstützten Architektur, der Leistungsfähigkeit, der Zuverlässigkeit und Sicherheit des File-Servers ist auch noch die Unterstützung von Industriestandards durch das Netzwerkbetriebssystem von entscheidender Bedeutung. Die Unterstützung unterschiedlicher Standards gewährt die Einbindung in ein heterogenes System, vor allem dann, wenn es um Network Computing geht. Somit wird die Effektivität und Leistungsfähigkeit eines Netzwerkes wesentlich verbessert. Sie sind somit nicht auf eine vorgegebene Hard- und Software-Plattform festgelegt, sondern können ein flexibles und leistungsfähiges Netzwerk aufbauen.

Mit der Einführung und Entwicklung von Netzwerken haben sich leider auch unterschiedliche Standards entwickelt. Die für den Betrieb von Netzwerken notwendigen Standards können aufgeteilt werden in Anwendungs-Standards und Kommunikationsprotokoll-Standards.

Anwendungs-Standards

Generell können drei Klassen von Netzwerkprogrammen unterschieden werden: reine Netzwerkprogramme, clientbasierende und serverbasierende Applikationen. In der Vergangenheit waren fast alle netzwerkfähigen Programme sogenannte Workstation-basierende Programme. D.h. diese Programme liefen ausschließlich auf der Workstation im Netzwerk ab.

Netzwerkbetriebssysteme

Anwendungen dieses Typs stützen sich auf das Dateisystem und sind abhängig vom speziellen Workstation-Betriebssystem, wo diese Applikation eingesetzt wird. Die Anwendungen können entweder für DOS-, OS/2- Macintosh- oder Unix-Umgebung geschrieben sein. Im Abschnitt über die Workstation-Unterstützung wurde bereits darauf hingewiesen, daß in einem Netzwerkbetriebssystem für den Einsatz unterschiedlicher Workstation-Betriebssysteme nicht nur die dazugehörigen Kommunikationsprotokolle sondern auch die unterschiedlichen Dateisysteme unterstützt werden.

Während bestimmte Applikationen Workstation-basierend bleiben werden, gibt es für andere Anwendungsfälle berechtigte Vorteile, diese nach dem Client-Server-Prinzip zu entwickeln und einzusetzen. Hierbei läuft ein Teil der Applikation als serverbasierendes Programm auf dem File-Server ab, der andere Teil der Applikation läuft als Workstation-basierendes Programm in der Workstation im Netzwerk ab. Bei Applikationen, die nach dem Client-Server Prinzip arbeiten, wird im Netzwerk eine Peer-to-Peer-Verbindung zwischen dem Client- und Server-Prozeß aufgebaut. Damit kann die Applikation unabhängig vom Netzwerkserver arbeiten.

Diese Client-Server-Applikationen werden häufig auch als Distributed Applications oder verteilte Anwendungen bezeichnet. Um verteilte Anwendungen im Netzwerk effektiv in einem unternehmensweiten Konzept unterstützen zu können, muß das Netzwerkbetriebssystem eine Vielzahl von sowohl Server- als auch Client-Plattformen unterstützen. Hierbei sind als Client-Plattform DOS, OS/2, Macintosh-OS und Unix zu nennen. Als Server-Plattform sind unter anderem OS/2, VMS oder andere Server-Plattformen zu unterstützen.

Unabhängig von der eingesetzten Server- und Client-Plattform verwenden serverbasierende Anwendungen sogenannte Interprocess-Communications-Protokolle (IPC), um eine logische Verbindung zwischen dem Client- und dem Server-Prozeß aufzubauen. Auf dem Markt existieren unterschiedliche Interprocess Kommunikationen. Um auch hierfür eine Flexibilität für den File-Server in Bezug auf den Einsatz von Client-Server-Anwendungen im Netzwerk zu gewährleisten, sollte das Netzwerkbetriebssystem unterschiedliche IPC-Mechanismen unterstützen. Derzeitige IPC-Standards sind Novells SPX, IBMs NetBIOS und APPC, Microsofts Named Pipes und das Transport Library Interface (TLI) von AT&T. Diese gängigen Standards sollten von einem Netzwerkbetriebssystem unterstützt werden.

KAPITEL 14

Protokoll-Standards

Zum Einsatz von Netzwerken gehören nicht nur Verkabelung, Netzwerkadapterkarten, Netzwerkbetriebssystem und netzwerkfähige Software sondern auch die Unterstützung eines geeigneten Kommunikationsprotokolls. Die Protokolle für LANs können in drei Gruppen eingeteilt werden: Medienprotokolle, Transportprotokolle und Client-Server-Protokolle. Jeder Protokolltyp unterstützt dabei unterschiedliche Dienste, um dem Benutzer den Zugriff auf gemeinsame Ressourcen gewähren zu können. Für jedes dieser notwendigen Protokolle gibt es aber auch mehrere Standards am Markt.

Das Medienprotokoll bestimmt die Art und Weise der physikalischen Verbindung im Netzwerk. Wenn eine hardwaremäßige Verbindung zwischen den Stationen im Netzwerk hergestellt ist, wird ein Transportprotokoll benötigt, um Datenpakete zwischen den Stationen transportieren zu können.

Wenn sowohl die Hardwareverbindung und der Transport von Datenpaketen im Netzwerk geregelt ist, dann benötigt man noch ein Client-Server-Protokoll, um auf die Dienste des File-Servers zurückgreifen zu können. Das Client-Server-Protokoll bestimmt die Art und Weise, wie eine Workstation Netzwerk-Dienste anfordern kann und wie der File-Server die Antworten zur Workstation zurückgibt.

Alle diese Protokolle arbeiten zusammen, um den Benutzern im Netzwerk die Möglichkeit zur Verfügung zu stellen, Daten und Dienste von Servern (z.B. File-Server) im Netzwerk zu erhalten. Zum Beispiel wird die Anforderung zum Öffnen einer Datei normalerweise innerhalb einer Applikation abgesetzt. Diese Anforderung wird von der Netzwerksoftware, die auf der Workstation läuft, aufgenommen und gemäß dem Client-Server-Protokoll aufbereitet. Diese Anforderung wird dann durch den Einsatz des Transport- und Medienprotokolls zum File-Server übertragen. Auf dem File-Server wird das Datenpaket entgegengenommen, da dieser das gleiche Client-Server-Protokoll unterstützt. Dieser ver- und bearbeitet die Anfrage, bereitet die Antwort gemäß dem Client-Server-Protokoll auf und überträgt dieses Datenpaket zur Workstation. Dies geschieht auch wieder über den Einsatz des Transport- und Medienprotokolls. Die Kombination dieser Protokolle wird sehr oft als »Protocol-Stack« oder »Protocol-Suite« bezeichnet. Diese Bezeichnung spiegelt die Abhängigkeit der einzelnen Protokollschichten wieder.

Solange Sie in einem Netzwerk immer nur die gleichen Medien-, Transport- und Client-Server-Protokolle einsetzen, ist es relativ

> **Netzwerkbetriebssysteme**

unproblematisch, einheitliche Komponenten einzusetzen. Anders sieht es aus, wenn Sie bereits mit unterschiedlichen LAN-Topologien, wie Ethernet, Token-Ring oder ARCNET, arbeiten müssen.

Daneben existieren eine Vielzahl von Transportprotokollen, wie zum Beispiel Novells IPX, IBMs NetBEUI/DLC oder TCP/IP. Client-Server-Protokolle werden meist für eine bestimmte Workstation-Umgebung entwickelt. Das Client-Server-Protokoll AFP (Apple Filing Protocol) wurde ausschließlich für den Einsatz in einer Macintosh-Umgebung entwickelt. Sun Microsystems NFS (Network File System) wurde für die Unix-Umgebung konzipiert und IBMs SMB (Server Message Blocks) für OS/2 Extended Edition.

Das ISO-Gremium versucht zwar, hier eine gewisse Standardisierung zu entwickeln, bis dies jedoch vereinheitlicht ist, werden noch Jahre vergehen. Solange können Sie allerdings nicht warten, um heterogene Netzwerke aufzubauen. Aus diesem Grund ist es erforderlich, daß leistungsfähige Netzwerkbetriebssysteme (zum Einsatz in einem heterogenen Umfeld oder für den Einsatz des Network Computing) nicht nur einen Protokoll-Standard unterstützen, sondern ausbaufähig für den Einsatz der unterschiedlichsten Protokoll-Standards sind und dementsprechend erweitert werden können. Somit kann auch der Weg offen gehalten werden, wenn zukünftige Protokolle eingebunden werden sollen, die heute noch gar nicht existieren, z.B. OSI-Protokolle.

Diese Ansätze werden von vielen Herstellern mehr oder weniger gut unterstützt und angeboten. Um ein für die Zukunft offenes System zu installieren, muß auf diese Tendenzen und Funktionen geachtet werden. Es ist schließlich in den meisten Fällen nicht möglich, jährlich ein neues Netzwerk zu installieren, um auf die neuen Entwicklungen zurückgreifen zu können.

Die neuen Netzwerke und Netzwerkbetriebssysteme der Zukunft müssen flexibel und ausbaufähig sein, damit zukünftige Entwicklungen problemlos integrierbar sind, ohne komplette Server-Plattformen austauschen zu müssen.

14.3 Das Client-Server-Prinzip

Was unterscheidet ein herkömmliches Programm von verteilten Anwendungen (Distributed Applications), die nach dem Client-Server-Prinzip arbeiten? Diese Frage soll in diesem Kapitel näher beleuchtet werden. Wenn man die Arbeitsweise von Applikationen

KAPITEL 14

im Netzwerk betrachtet, können 3 unterschiedliche Arten unterschieden werden:

- Lokale Netze mit Single-User-Anwendungen
- File-Sharing: Lokale Netze mit netzwerkfähiger Software
- Processor-Sharing: Lokale Netze mit Einsatz von netzwerkfähiger Software und der Unterstützung des Client-Server-Modells

14.3.1 Lokale Netze mit Single-User-Anwendungen

Die Arbeitsweise dieser Anwendungen ist in Abbildung 14.2 dargestellt.

Bild 14.2 Standalone-Programme im LAN

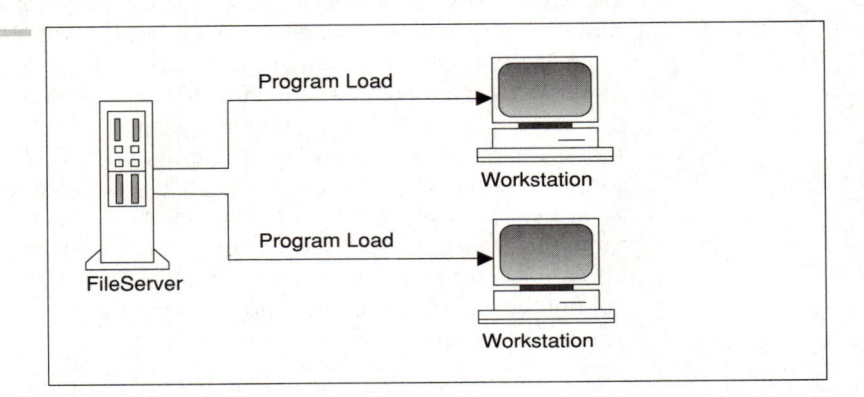

Der File-Server wird nur dazu verwendet, um das Programm oder Daten von der Platte des File-Servers zu laden bzw. Daten auf dieser zu aktualisieren oder zu löschen. Es besteht keine Möglichkeit, daß mehrere Benutzer gleichzeitig auf den gleichen Datenbestand zugreifen können, da ansonsten die Konsistenz und Integrität der Daten nicht mehr gewährleistet werden kann. Es handelt sich schließlich auch um eine Einplatzversion. Zudem dient das Netzwerk dazu, allen Benutzern im Netzwerk die Peripherie am File-Server (Platten, Drucker etc.) zur Verfügung zu stellen. Auch können allen Benutzern die Sicherheitsvorkehrungen des Netzwerkes zur Verfügung gestellt werden.

14.3.2 File-Sharing: Lokale Netze mit netzwerkfähiger Software

Bei dieser Variante kann das Programm von mehreren Benutzern im Netzwerk gleichzeitig benutzt werden. Zudem werden von diesen Programmen Mechanismen unterstützt, um File- oder Record-Locking für gemeinsame Zugriffe koordinieren zu können. Dies ist

Netzwerkbetriebssysteme

notwendig, damit die Integrität von Daten, auf die gleichzeitig von mehreren Benutzern zugegriffen wird, erhalten bleibt. Beispiele hierfür sind mehrplatzfähige Datenbanksysteme, Druck-Spool-Programme oder Textverarbeitungssysteme. Die Programme laufen jedoch, wie im obigen Beispiel auch, alle im Hauptspeicher der Workstation ab, von der das Programm geladen wird. Man spricht in diesem Fall auch von einer zentralen Datenverarbeitung und einer dezentralen Rechenleistung. Das Programm wird von der Platte des File-Servers in den Hauptspeicher der Workstation geladen und auf dieser gestartet. Die Synchronisation für gemeinsame Datenzugriffe wird von der netzwerkfähigen Software unter Einbeziehung der entsprechenden Schnittstellen zum Netzwerkbetriebssystem durchgeführt. D.h. in diesen Fällen wird auf die netzwerkfähige Unterstützung des File-Servers zurückgegriffen.

Bild 14.3
Netzwerkfähige Programme im LAN

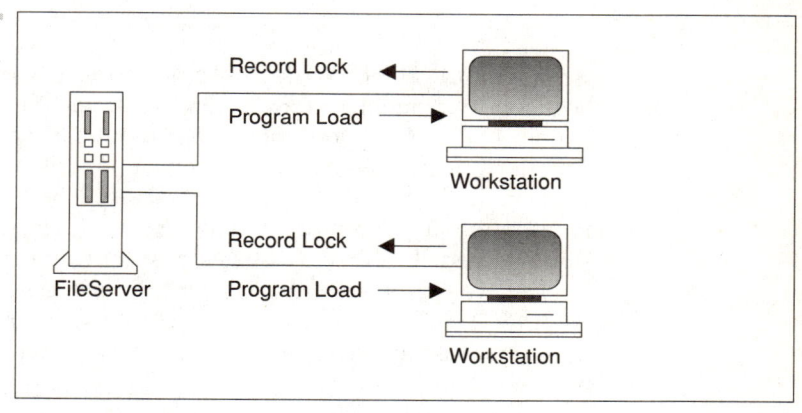

14.3.3 Processor-Sharing: Lokale Netze mit Einsatz von netzwerkfähiger Software und der Unterstützung des Client-Server-Modells

Diese Methode der Kommunikation in einem Netzwerk ist für PC-LANs neu und revolutionär. Das Konzept der Abarbeitung von Programmen wird entweder als verteilte Anwendung oder Client-Server-Applikation bezeichnet. Bei diesem Verfahren stellt der Client (Workstation) eine Anfrage an den Server und erhält von diesem das gewünschte Resultat. Man bezeichnet diese Programme auch als Workstation-Based (Client) und Server-Based (Server) Applications. Das Workstation-Programm (Client) muß sich nicht mehr darum kümmern, wie es die Daten vom File-Server erhält. Es ist auch kein unnötiger Datentransfer über das Netzwerk mehr nötig, da nur noch die Daten vom Server übertragen werden, die von der Workstation benötigt werden. D.h. der gesamte Overhead

KAPITEL 14

der Datenübertragung bleibt somit erspart. In Abbildung 14.4 ist das ganze Verfahren bildlich dargestellt.

Bild 14.4
Distributed
Applications

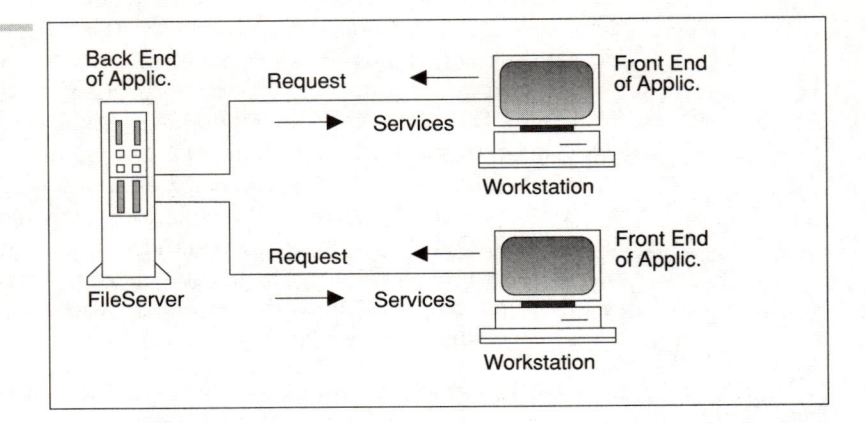

```
Back End                                    Front End
of Applic.          Request                 of Applic.
            ┌─────────────◄─────────────┐
            │                            │
            └─────────────►─────────────┘
                    Services             Workstation

                                         Front End
                    Request              of Applic.
            ┌─────────────◄─────────────┐
            │                            │
FileServer  └─────────────►─────────────┘
                    Services             Workstation
```

Beim Einsatz von Server-Based-Applications werden die zugrundeliegenden Programme in zwei Bereiche unterteilt, dem Server-Programm und dem Client-Programm. Zusammen ergeben diese beiden Programmteile eine vollständige Applikation. Beide Programmteile laufen dabei auf unterschiedlichen Maschinen, d.h. Prozessoren ab. Durch die Aufteilung der Programme wird die Leistung so verteilt, daß eine optimale Ausnutzung beider Maschinen erreicht werden kann. Da beide Programme gleichzeitig ablaufen, kann die Synchronisation beider Prozesse nur durch die Kommunikation zwischen dem Server- und dem Client-Prozeß durchgeführt werden.

In einem Netzwerk laufen der Client- und der Server-Prozeß auf unterschiedlichen Maschinen. Der Server-Prozeß sollte dabei auf einem schnellen Rechner mit genügend peripherem Speicher ablaufen. Der Client-Prozeß hingegen wird auf einer beliebigen Workstation im Netzwerk gestartet. Der Server wird häufig auch als Back-End-Process und der Client als Front-End-Process bezeichnet.

Der Front-End ist der Teil, den der Benutzer zu sehen bekommt, der Back-End arbeitet für den Benutzer im Verborgenen, d.h. er muß davon überhaupt nichts wissen. Der Front-End führt jedoch die Hauptaufgaben für die Applikation durch. Die Front-End-Software wird vom Benutzer bedient und stellt diesem Bildschirm-Masken, Ein- und Ausgaben etc. zur Verfügung. Der Back-End hingegen aktualisiert Daten, sucht nach bestimmten Datensätzen oder speichert notwendige Informationen ab.

Wie Sie aus den bisherigen Ausführungen ersehen können, muß sich der Softwarehersteller bei der Entwicklung von Client-Server-

Netzwerkbetriebssysteme

Applikationen entscheiden, für welches Netzwerk diese Applikation erstellt werden soll. Da unterschiedliche Netzwerke auch unterschiedliche Protokolle unterstützen, muß dies bei der Entwicklung solcher Distributed Applications berücksichtigt werden. Die Adaptierung der gleichen Software für ein anderes Netzwerksystem bedeutet für den Entwickler die Anpassung der Software an das andere Protokoll für dieses Netzwerk.

Um Softwareherstellern hierfür eine größere Flexibilität zur Verfügung zu stellen, wird von Netwise eine sogenannte RPC-Unterstützung angeboten. Auf diese Art und Weise können bereits bestehende Distributed Applications ohne größeren Aufwand an die Umgebung anderer Netzwerke angepaßt werden, ohne die komplette Software neu konzipieren zu müssen. Wie wird diese Aufgabe durch die RPC-Software gelöst?

Das RPC-Modul (Remote Procedure Call) stützt sich auf die Schnittstelle der Kommunikation der Software zwischen den Computern im Netzwerk. Das Konzept geht davon aus, daß der herkömmliche Prozeduraufrufprozeß erweitert werden kann, so daß die aufrufende Prozedur und die aufgerufene Prozedur auf unterschiedlichen Maschinen im Netzwerk sein können. Unter einem herkömmlichen Prozeduraufruf ist dabei folgendes zu verstehen: Die aufrufende Prozedur übergibt ein Argument an die aufgerufene Prozedur und erhält von dieser das benötigte Ergebnis. In Abbildung 14.5 ist dieser Vorgang dargestellt.

*Bild 14.5
Herkömmlicher lokaler Prozeduraufruf*

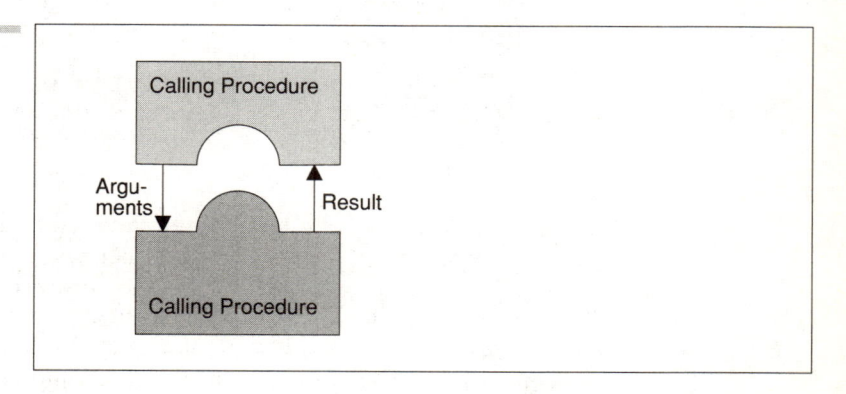

Mit Hilfe der RPC-Tools können einfach und schnell Distributed Applications entwickelt werden. Die mit Hilfe der RPC-Tools entwickelte Applikation überträgt anschließend nur noch die Daten über das Netzwerk, die von der Workstation angefordert worden sind. Auf diese Art und Weise lassen sich Distributed Applications entwickeln. Die Einbindung und der Ablauf von Client-Server-Pro-

KAPITEL 14

grammen, die mit Hilfe der RPC-Tools entwickelt werden, sind in Abbildung 14.6 dargestellt.

Bild 14.6
Konzept der Remote Procedure Call Architektur

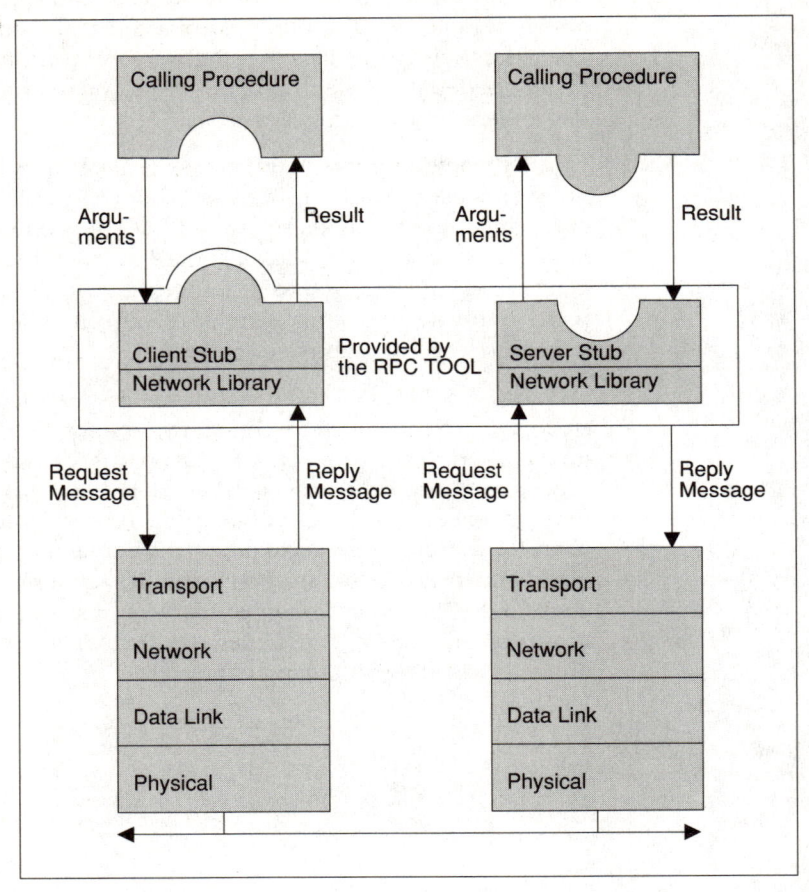

Die Netwise RPC-Tools bestehen unter anderem aus einem Source Code Compiler, der die entsprechende netzwerkfähige Client-Server-Applikation erzeugt. Die RPC-Tools unterstützen zum Beispiel die Transportprotokolle von NetWare (SPX), IBM (NetBIOS), TCP/IP, DECnet und SNA/APPC. Die Netwise Tools und die damit erzeugte Applikation können auf allen herkömmlichen PCs, VAX Minis, Sun-UNIX-Rechnern, Crays, IBM-Host-Rechnern oder auch Unisys-Rechnern eingesetzt werden. Die unterstützten Betriebssysteme sind unter anderem MS-DOS, OS/2, VMS, Ultrix, UNIX oder NetWare.

Erst vor kurzem wurde von Netwise die Unterstützung der RPC-Tools für IBM-MVS-Großrechner und Apple-Macintosh-Computer freigegeben. Somit unterstützt Netwise inzwischen über 50 Platt-

Netzwerkbetriebssysteme

formen für die Entwicklung und den Einsatz von Distributed Applications. Dies reicht vom Großrechner bis hin zu DOS-basierenden Anwendungen. Es ist somit möglich, durch Austauschen der RPC-Schnittstelle die Distributed Application schnell und einfach auf andere Netzwerke und Betriebssysteme anzupassen.

14.4 Die Server-Strategie von Novell

Die meisten Netzwerkbetriebssysteme sind für den Einsatz auf bestimmten Workstation-Umgebungen konzipiert. Da Novell kein Vertreiber von Workstation-Betriebssystemen ist, wird ein besonderes Augenmerk auf die Unterstützung aller gängigen Workstations und Workstation-Betriebssysteme gelegt. Somit kann die Einbindung in ein heterogenes Netzwerkkonzept realisiert werden.

Da NetWare zudem kein Trägerbetriebssystem benötigt, wie dies zum Beispiel beim LAN-Manager der Fall ist (benötigt OS/2), ist es auch unabhängig von der Serverplattform, auf der NetWare eingesetzt wird. Dies wird vor allem durch die Portable NetWare erreicht.

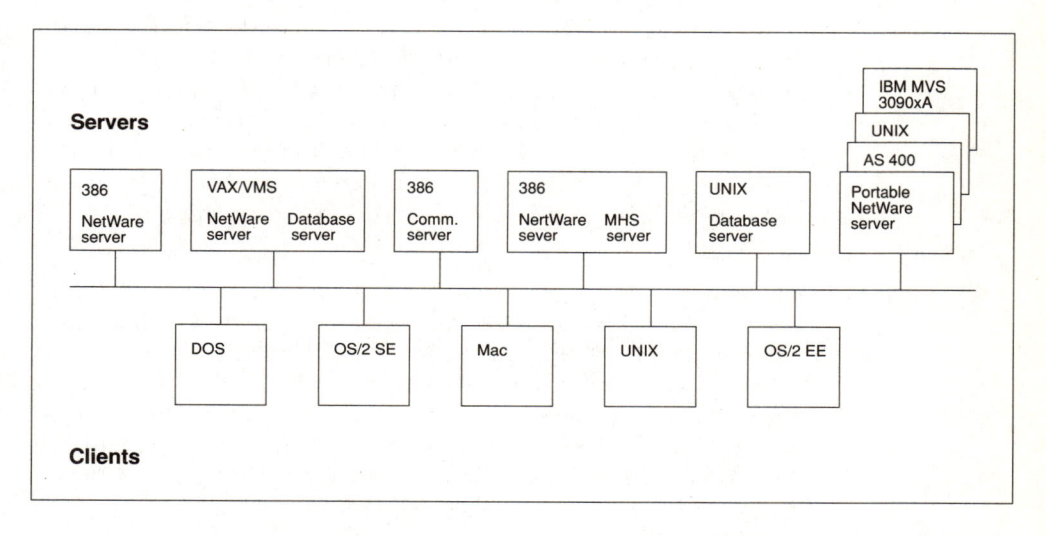

Bild 14.7 Die Hardware- und Protokollunabhängigkeit von NetWare

Es kann somit erreicht werden, daß NetWare sowohl von der Hardware- als auch vom Protokoll unabhängig wird und somit Netzwerke, wie in Abbildung 14.7 dargestellt, aufgebaut werden können.

KAPITEL 14

Innerhalb dieser heterogenen Welt will Novell die unterschiedlichsten Anwendungen unterstützen. Hierbei ist vor allem an die Unterstützung von bestehenden clientbasierenden und netzwerkfähigen Applikationen gedacht, um auch zukünftige Entwicklungen integrierbar zu machen. Zusätzlich wird durch dieses heterogene Umfeld ein Client-Server-Modell aufgebaut, welches aus einer Vielzahl von Client- und Server-Plattformen besteht. Novell ist bestrebt, für alle gängigen Client-Server-Anwendungen in diesen heterogenen Netzen volle Unterstützung bieten zu können. Dies kennzeichnet einmal mehr die Strategie, Netzwerkbetriebssysteme für Network Computing zu entwickeln. Novell stellt zudem allen Entwicklern Tools zur Verfügung, um einfach und schnell netzwerkfähige bzw. Client-Server-Applikationen erstellen zu können.

Diese strategischen Ziele erlauben es Novell, eine Umgebung aufzubauen, die für den Benutzer von wirklichen Nutzen ist. Es handelt sich dabei um eine Umgebung, die sich durch ein Maximum an Flexibilität in Implementierung und Ausbau auszeichnet. Der Anwender kann aus einer großen Anzahl von Server-Plattformen auswählen und mit diesen die Standard-Workstation-Umgebungen einsetzen – alles unter dem Gesichtspunkt, welche Anforderungen der Anwender an dieses Netzwerksystem stellt.

Novell unterstützt derzeit drei NetWare-Produkte für den Einsatz von Native Servern: NetWare 286 und NetWare v3.11. NetWare 286 ist dabei für den Einsatz auf 80x86 Rechnern gedacht und NetWare v3.11 und NetWare v4.0 für den Einsatz auf 80386/80486 Rechnern. Die Bedeutung von NetWare 2.x ist jedoch immer mehr rückläufig. Deshalb soll dieser Betriebssystemvariante von Novell in diesem Buch keine große Bedeutung mehr zugemessen werden.

Um NetWare auf hostbasierenden Servern einsetzen zu können, kündigte Novell 1988 NetWare for VMS an. Hierbei wird NetWare als zusätzliche Task auf einer DEC VAX oder MicroVAX unter dem Betriebssystem VMS eingesetzt. Um diese Serverplattformen weiter ausbauen zu können, kündigte Novell 1989 Portable NetWare an. Hiermit kann die NetWare-v3.11-Technologie auf unterschiedliche Host-Betriebssysteme portiert werden. Dabei läuft NetWare als zusätzliche Task auf dem Host-Betriebssystem. Auf dieses Konzept wird später noch genauer eingegangen werden.

In Anbetracht der bisherigen Ausführungen über Server-Plattformen, Client-Server-Applikationen, Protokollstandards, zukünftigen Strategien oder Auswahlkriterien für LANs und Netzwerkbetriebssysteme will ich Ihnen in den nächsten Kapiteln die Funktionsweisen und Leistungskriterien von NetWare v3.11 und NetWare v4.0 im Detail aufzeigen.

Netzwerkbetriebssysteme

Um einen Vergleich mit anderen Netzwerkbetriebssystemkonzepten zu erhalten, will ich Ihnen daraufhin die Systeme von Microsoft und Banyan vorstellen.

Danach sollen noch einige ausgewählte Produkte betrachtet werden, die zur Verfügung stehen, um heterogene Netzwerklösungen zu implementieren. Wichtig sind dabei vor allem die Möglichkeiten, die sich damit für Sie ergeben, da diese von Hersteller zu Hersteller und den einzelnen Produkten etwas variieren. Bei speziellen Lösungen sind exakte Analysen durchzuführen, um das für Sie am besten geeignete Produkt finden zu können.

KAPITEL 15

15 Novell NetWare v3.11

Nachdem ich Ihnen in den letzten Kapiteln sehr viel über Funktionalitäten, Netzwerkkonzepte, Network Computing oder Workgroup Computing erzählt habe, will ich Ihnen in den nachfolgenden Kapiteln aufzeigen, auf welche Art und Weise diese Konzepte von Novell NetWare abgedeckt werden. Es soll Ihnen dabei der funktionelle Aufbau der NetWare, die Funktionen der Zuverlässigkeit, Sicherheitsmechanismen und im Überblick die Bedienung des Systems nähergebracht werden.

Während der Erstellung dieses Buches wurde von Novell offiziell die neue NetWare v4.0 freigegeben. Deshalb erhalten Sie auch einen detaillierten Überblick über dieses neue Netzwerkbetriebssystem. Es sei jedoch bereits jetzt darauf hingewiesen, daß diese Beschreibungen nicht als Installationsanweisungen gedacht sind, sondern sich an den Konzepten und Funktionen orientiert. Sind Sie an der Installation und den Arbeiten mit NetWare interessiert, dann sei auf meine weiteren Bücher über Novell NetWare verwiesen, die im gleichen Verlag erschienen sind.

Um die Strategie von Novell abzurunden, erhalten Sie nach der Behandlung von NetWare v3.11 und NetWare v4.0 auch noch übersichtlich die Funktionen und Mechanismen von UnixWare dargestellt. Novell will mit dieser Software den nicht zu unterschätzenden Unix-Bereich abdecken und stellt sowohl eine Workstation- als auch eine Server-Plattform zur Verfügung.

Im Vorgängerbuch über Lokale Netze habe ich noch ausführlich über NetWare v2.x geschrieben. Dieses System verliert jedoch immer mehr an Bedeutung. Warum Novell dieses Produkt noch nicht aus der Produktpalette gestrichen hat, versteht keiner so recht. Dies ändert jedoch nichts an der Tatsache, daß Sie über diese Version in diesem Buch nichts erfahren werden. Ich habe es mir auch gespart, NetWare Lite in die Beschreibung aufzunehmen. Dieses Buch behandelt komplexe Möglichkeiten der Netzwerkgestaltung. Man kann bei NetWare Lite nicht davon sprechen, sichere und leistungsfähige Netzwerklösungen zu implementieren, da als Basis für NetWare Lite MS-DOS bzw. DRDOS dient und jeder selbst weiß und abschätzen kann, welche Leistungsfähigkeiten und Sicherheitsmechanismen in diesem Betriebssystem enthalten sind.

Somit werde ich mich im ersten Teil mit NetWare v3.11 beschäftigen, Ihnen anschließend NetWare v4.0 vorstellen und vergleichend dazu das Konzept von UnixWare erläutern.

Novell NetWare v3.11

Das Netzwerkbetriebssystem Novell NetWare zählt zu den besten und leistungsstärksten Betriebssystemen für PC-LANs. Das erste Betriebssystem dieser Art wurde bereits 1983 zur Verfügung gestellt und seither den laufenden Entwicklungen auf dem Hard- und Softwaremarkt angepaßt.

Novell NetWare basiert auf dem Prinzip des Servers (File-Server, Print-Server, Communication-Server, etc.), wobei alle diese Server-Dienste auf der gleichen Maschine eingesetzt werden können. Im Gegensatz zu anderen Systemen wie PC-LAN von IBM oder MS-NET von Microsoft, die als Träger-Betriebssystem MS-DOS verwenden, oder LAN Manager bzw. LAN Server, die als Trägerbetriebssystem OS/2 verwenden, setzt Novell NetWare v3.11/v4.0 direkt auf der Hardware, sprich auf der 80386-bzw. 80486-Architektur auf. Dies bedeutet, genauso wie bei OS/2, die volle Ausnutzung der Leistungsfähigkeit dieses Prozessortyps. Für den Benutzer sind die zusätzlichen Leistungen und Ressourcen im Netzwerk nur Erweiterungen der vorhandenen Umgebung. Das Konzept, das hierbei zugrunde liegt, heißt Netzwerkleistung auf das PC-Betriebssystem zuzuschneiden und nicht umgekehrt. Novell prägte hierfür den Begriff »PC-Zentralität«. Durch diese Struktur erscheinen dem Benutzer die Netzwerkumgebung, die Dienste und die Ressourcen, die dadurch zur Verfügung stehen, als eine Einheit. Der Kern des Netzwerks, eine Kombination aus Netzwerkkomponenten, die auf die Erfordernisse des Benutzers abgestimmt sind, bleibt unsichtbar. Es können zum Beispiel neue Komponenten, Technologien, Protokolle oder Hardware in das Netzwerk integriert oder auch wieder entfernt werden, ohne daß dies negative Auswirkungen hat. Darüber hinaus ist es möglich, durch den modularen Aufbau des Netzwerkbetriebssystems, ein bereits installiertes Netz schrittweise zu erweitern. Novell NetWare hat sich im Laufe der Jahre zu einem mächtigen und leistungsstarken Betriebssystem für Lokale Netze weiterentwickelt, das seinesgleichen sucht. Mit NetWare v4.0 ist es Novell gelungen, ein Betriebssystem zu entwickeln, welches lang geforderte Mechanismen beinhaltet und das Einrichten und Verwalten von Multi-Server-Netzwerken wesentlich verbessert und erleichtert. NetWare v4.0 wird zwar nicht als Ersatz für NetWare v3.11 gesehen und als solches vermarktet, aber meiner Einschätzung nach werden wir die gleiche Situation ereichen, wie dies mit NetWare v2.2 geschehen ist, daß in einigen Monaten fast keiner mehr NetWare v3.11 einsetzen will, sondern sich gleich für NetWare v4.0 entscheiden wird.

Durch das Konzept, ein Netzwerkbetriebssystem speziell für die Hardware abzustimen, d.h. ohne darunterliegendes Trägersystem zu arbeiten, ist es auch möglich, allen Overhead, mit dem Trägerbetriebssysteme zwangsläufig behaftet sind und sein müssen, zu vermeiden bzw. gar nicht erst aufkommen zu lassen. Da Trägerbetriebssysteme wie OS/2, Windows NT oder Unix auch noch für den Einsatz kommerzieller Software entwickelt sind, sind darin auch noch andere Techniken enthalten, die ein Netzwerkbetriebssystem nicht unbedingt benötigt. D.h., daß die anderen Konzepte unter Umständen an der Trägheit der Basis, auf der aufgesetzt wird, zu leiden haben.

15.1 Allgemeiner Überblick über Novell NetWare v3.11

File-Sever, die unter Novell NetWare v3.11/v4.0 betrieben werden, stehen unter der Kontrolle des Betriebssystems, das für Datensicherheit, Zugriffsverwaltung, Datei- und Verzeichnisverwaltung und Übermittlung von Nachrichten Sorge zu tragen hat. Im NetWare File-Service Core Protocol (NCP) sind an die 200 Dienstleistungsaufrufe verankert, die von einer vernetzten Workstation, über deren Betriebssystem, abgesetzt werden können. Diese Schnittstelle dient der Kommunikation der Workstation-Shell mit dem Netz, damit lokale Anwendungen Dienste des Netzes in Anspruch nehmen können.

Mit Hilfe der Schnittstellenkonzeption des NCP können unterschiedliche PC-Betriebssysteme ohne Probleme an die Dienste und Ressourcen unter NetWare angebunden werden. Diese Anbindung wird mit Hilfe der Shell realisiert. Die Funktion des Betriebssystems auf der Workstation wird erweitert, und es wird die Integration in die Netzwerkumgebung ermöglicht.

Außerdem erlaubt Novell NetWare, Hardware-Netzwerkkomponenten auf mehrere Stellen im Netz zu verteilen. File-Server, Dienste, Anwendungen und gemeinsame Betriebsmittel jeglicher Art können zentral, verteilt und/oder spezifisch genutzt und zur Verfügung gestellt werden. NetWare koordiniert den transparenten Zugriff auf diese heterogenen Netzwerkkomponenten sowie die notwendigen Sicherheitsmaßnahmen. Der Benutzer erhält den Eindruck, als handle es sich um ein einziges System.

Die offene Architektur gestattet es den Entwicklern, File-Server, Netzdienstleistungen und Anwendungen anderer Hersteller in die erweiterte Arbeitsumgebung der Benutzer zu integrieren. Sowohl File-Server als auch Dienste anderer Hersteller lassen sich dadurch in eine Netzwerkumgebung einpassen, und einzelne Dienstleistungen im Netz lassen sich ergänzen oder ersetzen. Beispiele hierfür können sein:

Druck-Server, Communication-Server, Stapeljob-Server, Archivierungs-Server oder Datenbank-Server. Diese Funktionen können in Workstations (non-dedicated), auf eigenen Rechnern (dedicated) oder auf einem File-Server integriert werden.

Durch dieses Konzept der Synergie von File-Service in Zusammenhang mit offener Architektur, Systemfehlertoleranz und der Möglichkeit, Netzdienstleistungen zu dezentralisieren oder über das gesamte Netzwerk zu verteilen, erreicht Novell NetWare ein Leistungsspektrum, das bisher nur von MDT-Systemen oder Host-Systemen bekannt ist.

15.2 Übertragungseinrichtungen von Novell NetWare v3.11

Technologische Innovation betrifft nicht nur Hardware sondern auch Software. Auf dem Gebiet der Kommunikationstechniken und Netzwerkarchitekturen werden Protokolle ständig verbessert oder gar neu entwickelt. Deshalb wurde Novell NetWare so konzipiert, daß mit allen gängigen Protokollen und Architekturen zusammengearbeitet werden kann. Durch die Systemarchitektur bereitet es keine Probleme, NetWare-Produkte an neue sich entwickelnde Standards anzupassen. Dieses weitsichtige Konzept ist entscheidend dafür, daß Novell auf dem Gebiet der Integration von Systemen, die eine Kombination aus Produkten verschiedener Hersteller sind, weiterhin am Markt ganz vorne dabei sein wird und kann.

Das ISO/OSI-Modell für offene Kommunikation haben wir bereits ausführlich behandelt. Wir wollen jetzt aufzeigen, wie Novell im LAN-Bereich hier einzuordnen ist. Das Schichtenmodell läßt zwei verschiedene Übertragungstechniken in einer Netzwerkumgebung zu: die formelle und die informelle Methode.

Die *informelle Methode* ist eine der ältesten und einfachsten Techniken. Ein übertragenes Paket wird wie eine geschlossene Einheit behandelt. Jedes Paket enthält deshalb die Zieladresse und kann mit dieser transportiert und zugeteilt werden, ohne daß vorher eine Absprache zwischen Sender und Empfänger getroffen worden ist. Pakete dieser Art werden Datagramme genannt. Die informelle Methode wird deshalb in der Literatur auch als Datagrammtechnik bezeichnet.

KAPITEL 15

Folgende Protokolle basieren auf dieser Übertragungstechnik:

- UDP, The Department of Defense's User Datagram Protocol
- IPX, Internet Packet Exchange von Novell
- PEP, Packet Exchange Protocol von Xerox
- DDP, Datagramm Delivery Protocol von Apple

Anderen Methoden gegenüber hat diese Methode folgende Vorteile:

1. Es wird ein unnötiger Verbindungsaufwand für die Implementierung von Station-Netzwerk-Shells, Brücken und Servereinheiten vermieden.
2. Ein informelles Paket kann problemlos an viele Zielgruppen verschickt werden (Broadcast).
3. Es ist nicht erforderlich, daß Absender und Empfänger gleichzeitig sende-/empfangsbereit sind.

Dies macht die informelle Methode zu einer leistungsstarken Lösung für Paketübertragungsnetze.

Bei der *formellen Methode* wird vor dem Datentransfer eine logische Verbindung zwischen Sender und Empfänger aufgebaut. Zunächst wird ein Verbindungsanforderungs-Paket an die Zielstation geschickt. Damit wird diese zum Aufbau der logischen Verbindung aufgefordert. Akzeptiert die Zielstation die Verbindung, sendet sie eine Nachricht zurück »Verbindung akzeptiert«. Die Verbindung ist somit aufgebaut und der Datentransfer kann beginnen. Solange der Transfer andauert, kann das formale System Funktionen wie Flußsteuerung, Überwachung der korrekten Reihenfolge des Datenflusses und die Fehlerüberwachung übernehmen. Bei Beendigung des Datentransfers erhält die Sendestation eine Quittierung.

Protokolle, welche die formelle Methode anwenden, sind:

1. TCP, Transmission Control Protocol vom DoD
2. SPP, Sequenced Packet Protocol von Xerox
3. ATP, Appletalk Transaction Protocol von Apple

Die formelle Methode ist zwar sicherer als die informelle Methode, erfordert jedoch einen gewissen Mehraufwand. Die informelle Übertragung ist in der Praxis meist effektiver, unter der Voraussetzung, daß Sender und Empfänger für eine korrekte Fehlerbehandlung Sorge tragen.

Novell basiert auf der informellen Methode. Formelle Dienstleistungen können durch zusätzliche Dienste über diese gelegt werden. Anwendungen, die solche Dienste anfordern, können diesen zusätzlichen Dienst in Anspruch nehmen.

Novell NetWare v3.11

Damit Entwickler eine flexible Netzwerkumgebung vorfinden, ist NetWare mit vier unterschiedlichen Netzschnittstellen ausgestattet:

- Datagrammschnittstelle
- Schnittstelle für virtuelle Verbindungen
- Kommunikationssteuerungs-Schnittstelle
- Stations-Shell-Schnittstelle

In Abbildung 15.1 ist eine Einordnung von Novell und dem Schichtenmodell aufgezeigt, und in Abbildung 15.2 sind die vier Schnittstellen dem Schichtenmodell gegenübergestellt.

Bild 15.1 Einordnung von Novell NetWare in das ISO/OSI-Schichtenmodell

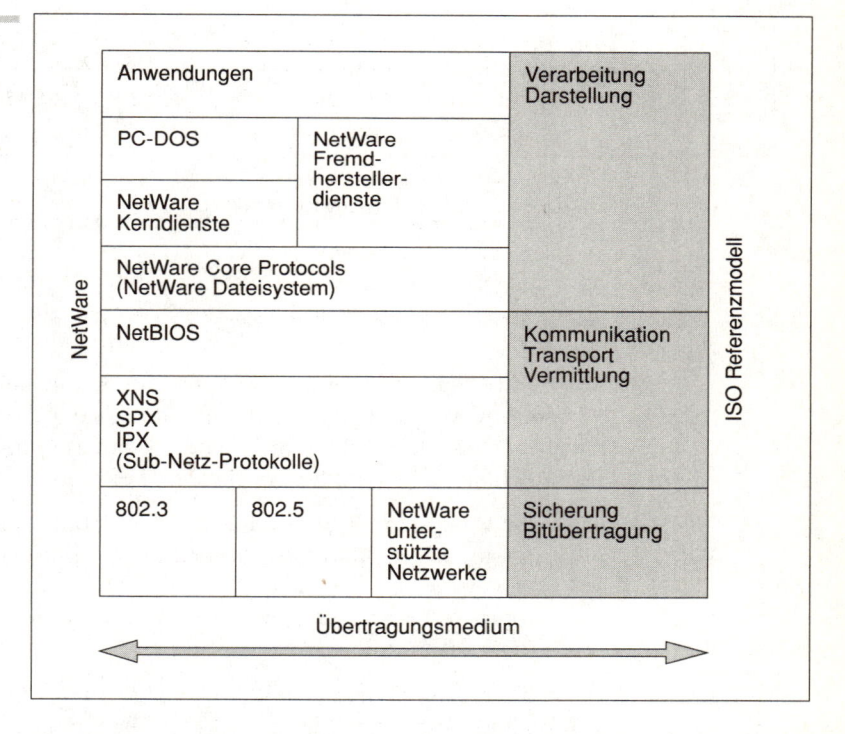

NetWare			ISO Referenzmodell
Anwendungen		Verarbeitung Darstellung	
PC-DOS	NetWare Fremdhersteller-dienste		
NetWare Kerndienste			
NetWare Core Protocols (NetWare Dateisystem)		Kommunikation Transport Vermittlung	
NetBIOS			
XNS SPX IPX (Sub-Netz-Protokolle)			
802.3	802.5	NetWare unterstützte Netzwerke	Sicherung Bitübertragung

Übertragungsmedium

Die Datagrammschnittstelle sorgt für schnelle und unkomplizierte Datagrammdienste (informelle Methode), denn diese kommt ohne die erhöhten Aufwendungen für Initialisierung und Aufrechterhalten der Verbindung aus, wie dies bei den höheren Transport- und Kommunikationssteuerungs-Protokollen der Fall ist. Die Datagrammschnittstelle eignet sich deshalb besonders für Anwendungen und Dienste, die selbst eine Zustellungsprüfung vornehmen. Dies sind zum Beispiel Anwendungen, die auf Master/Slave-Beziehungen basieren.

KAPITEL 15

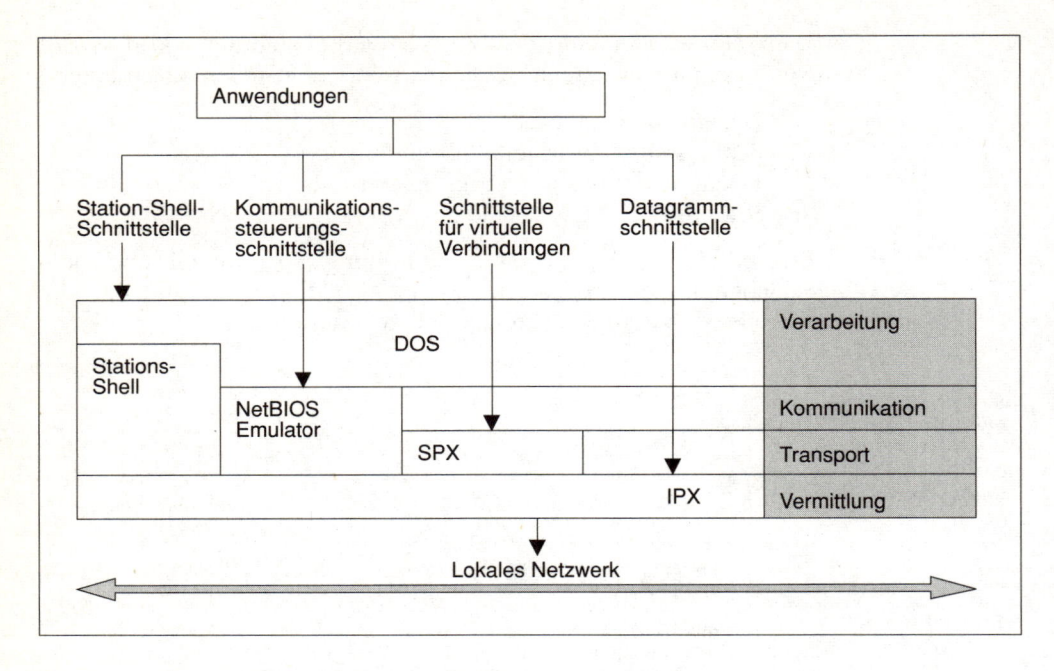

Bild 15.2 Die vier NetWare Schnittstellen

Auf der Datagrammschnittstelle setzt die Schnittstelle für virtuelle Verbindungen auf, diese garantiert die Zustellung der Pakete, da nach erfolgreicher Zustellung eine positive Quittierung erfolgt. Diese Schnittstelle garantiert optimale Übertragungsleistung.

Über der Datagrammschnittstelle liegt die Schnittstelle für Kommunikationssteuerung. Mit Hilfe dieser Schnittstelle können zum Beispiel Anwendungen im Netz, die für NETBIOS konzipiert worden sind, unter NetWare ablaufen. Eine Anpassung der Anwendung ist somit nicht erforderlich.

Die Stations-Shell-Schnittstelle ist mit dem DOS-Dateiservice kompatibel. Auch diese liegt über der Datagrammschnittstelle. Die Stations-Shell ordnet einer DOS-Anfrage einen Unterprogrammaufruf des entsprechenden NetWare-Dienstes zu. Für DOS ist dies vollkommen transparent. Durch diesen Mechanismus können Standardanwendungen Zugriff auf NetWare-Ressourcen ausführen und von den Dienstleistungen der NetWare profitieren. Zum Beispiel erkennt die Shell, ob der Zugriff auf die lokale Festplatte eines PCs ausgeführt wird oder ob der Zugriff auf die File-Server-Platte umgeleitet werden muß. »Erweiterung der PC-Umgebung« sei hier nochmal als Stichwort angeführt, alles unter dem Gesichtspunkt, daß der Anwender davon nichts bemerkt, er arbeitet ganz normal unter seiner gewohnten DOS-Umgebung.

Bereits zu Beginn dieses Buches habe ich darauf hingewiesen, daß LANs nicht als Insellösungen in einer Abteilung, Büro oder Firma eingesetzt werden, vielmehr wird eine Einbindung in die bestehende DV-Welt beziehungsweise eine Anbindung angestrebt. Hierbei kann es sich um Host-Systeme oder MDT-Anlagen auf dem Firmengelände handeln. Auch die Verbindung zu entfernt liegenden Systemen außerhalb des Grundstücks oder in einer anderen Stadt bzw. in einem anderen Land wird angestrebt. Aus einem LAN wird somit ein WAN (Wide Area Network). Dem Benutzer eröffnen sich damit wesentlich höhere und flexiblere Arbeitstechniken und -möglichkeiten. Eine Vielzahl von Ressourcen auf der ganzen Welt kann verwendet werden. Die NetWare-Architektur deckt die vier Übertragungsschnittstellen ab, die mit den gängigsten Übertragungsprotokollen und -medien zusammenarbeiten:

- IBM-kompatible Schnittstelle
- IBM-Gateway-Schnittstelle
- Asynchrone Service-Schnittstelle

Durch Fremdhersteller werden diese Bereiche zusätzlich ergänzt und erweitert. Wir werden bei der detaillierten Besprechung von Gateways hierauf noch näher eingehen.

Dieses Konzept ist bereits von früheren NetWare Versionen bekannt. Mit NetWare v3.11/v4.0 ist man jedoch nicht mehr daran gebunden, für den NetWare Server ausschließlich IPX-Protokolle zu verankern. NetWare v3.11 und Netware v4.0 bieten eine wesentlich offenere Systemarchritektur. Diese offene Architektur will ich Ihnen nachfolgend näher erläutern.

15.3 NetWare v3.11 – eine offene Systemarchitektur

Wenn man das Konzept und den Aufbau der Architektur von NetWare v3.11 näher betrachtet, fällt auf, daß NetWare v3.11 im Design wesentlich verbessert worden ist – es handelt sich um eine offene Systemarchitektur.

Die Verbesserungen betreffen die Unterstützung von Transport/Client-Server-Protokollen, das Datei- und Directory-System, Dateinamenskonventionen, LAN-Driver und andere zusätzliche NetWare-Dienste. Durch die offene Serverplattform ist es für den Systemverantwortlichen sehr leicht und einfach, zusätzliche Dienste oder NetWare Module am File-Server zu laden oder auch wieder zu entfernen. Dies beginnt bereits bei der Installation von

KAPITEL 15

NetWare. NetWare v3.11 läßt sich im Vergleich zu NetWare 286 viel einfacher und schneller installieren. Auch nachträgliche Erweiterungen oder Anpassungen des File-Server-Systems sind viel schneller durchzuführen.

Durch die Unterstützung von zusätzlichen Tansport- und Client-Server-Protokollen (dies alles unter dem Gesichtspunkt eines offenen Systems) wird eine wichtige Grundlage für NetWare als Serverplattform des Network Computing geschaffen. NetWare v3.11 ist nicht mehr auf ein Transportprotokoll und ein Client-Server-Protokoll beschränkt, wie dies bei NetWare 286 der Fall gewesen ist. Neben dem standardmäßig von Novell unterstützten Transportprotokoll IPX und dem Client-Server-Protokoll NCP kann NetWare v3.11 um weitere zusätzliche Transport- und Client-Server-Protokolle erweitert werden.

Darüberhinaus ist NetWare v3.11 nicht mehr auf eine Datei- und Directory-Namenskonvention beschränkt, wie dies bei NetWare 286 der Fall ist. Durch zusätzliche Module kann ein sogenannter Name Space Support geladen werden. Damit ist es möglich, daß der File-Server unter NetWare v3.11 neben den DOS Datei- und Directory-Konventionen auch Macintosh, OS/2 oder auch UNIX Datei- und Directory-Konventionen unterstützen kann.

Auf diese Art und Weise wird erreicht, daß jede Workstation mit seinem eigenen Betriebssystem unter NetWare v3.11 eingesetzt werden kann und jedes Workstation-Betriebssystem mit seinen eigenen Datei- und Directory-Konventionen seine Dateien und Directories am File-Server ablegen und pflegen kann.

Die offene Systemarchitektur von NetWare v3.11 besteht im wesentlichen aus drei Hauptkomponenten:

- *NetWare v3.11 Loadable Modules (NLMs):*

Der File-Server wird beim Einsatz von NetWare v3.11 im Prinzip zum größten Teil aus NLMs aufgebaut. Der Kernel von NetWare wird durch das Programm SERVER.EXE unter DOS gestartet. Nachdem dieses Programm geladen ist (es handelt sich hierbei um die System-Executive), werden alle anderen notwendigen File-Server-Komponenten nacheinander geladen. Bei allen diesen Modulen handelt es sich um NLMs. Durch das Laden von NLMs wird die System-Executive um zusätzliche Komponenten erweitert. Diese NLMs können im laufenden File-Server-Betrieb geladen und auch wieder entladen werden. Außer der System-Executive (SERVER.EXE) handelt es sich bei allen anderen Komponenten um NLMs. Dies gilt unter anderem für LAN-Driver, Disk-Driver, Installationsprogramm, Datenbank-Server, Print-Server, Server-Utilities, Kommunikationsdienste und dergleichen mehr.

Novell NetWare v3.11

- *Open Data Link Interface:*
Hierbei handelt es sich um eine Menge von Spezifikationen, die NetWare v3.11 zu einer offenen Serverplattform macht, auf der sogenannnte Multiple Link Interface Driver, d.h. spezielle NLMs, aufbauen. Durch diese Spezifikationen ist es möglich, daß sich mehrere Transportprotokolle (Communication Protocols), wie zum Beispiel IPX/SPX, TCP/IP oder AppleTalk, den gleichen LAN-Driver und den gleichen Netzwerkadapter teilen. D.h. diese Protokolle können über ein und denselben Netzwerkadapter be- und verarbeitet werden.

- *Streams Interface:*
Diese Schnittstelle ist notwendig, damit mehrere Client-Server-Protokolle innerhalb eines File-Servers abgearbeitet und verstanden werden können; d. h. um NetWare v3.11 zu einer offenen Serverplattform machen zu können.

In Abbildung 15.3 ist der prinzipielle Aufbau von NetWare v3.11 dargestellt. In den nachfolgenden Beschreibungen soll auf diese einzelnen Komponenten und Funktionen von NetWare v3.11 näher eingegangen werden.

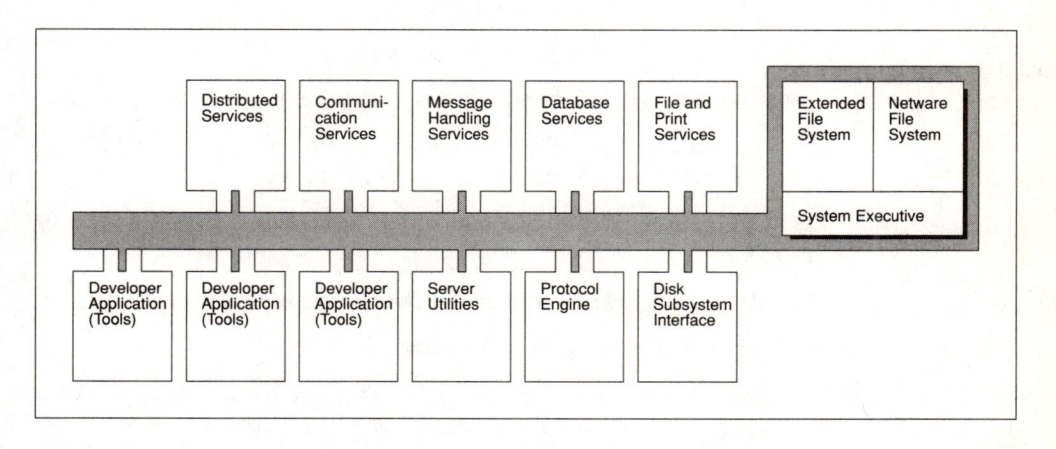

Bild 15.3 Der Aufbau von Netware v3.11

NetWare v3.11 unterstützt standardmäßig die System Fault Tolerant Stufe II (SFT II). Seit Ende 92 steht auch zusätzlich die SFT III zur Verfügung, mit der es möglich ist, gesamte Server zu spiegeln. Die genauen Unterschiede zu SFT I, II und III sollen in einem späteren Abschnitt erläutert werden.

KAPITEL 15

Durch die volle Ausnutzung des 80386 bzw. 80486 Prozessors zeichnet sich NetWare v3.11 durch folgende grundlegenden Eigenschaften aus:

- Integration von LAN- und WAN-Technologie
- Unterstützung einer unternehmensweiten Vernetzung
- Unterstützung der unterschiedlichsten Workstations und Workstation-Betriebssysteme
- Unterstützung von Workstation- und Host-Anbindung und deren Verträglichkeit
- Protected-Mode-Unterstützung
- 32 Bit Instruktionen
- 32 Bit Datenpfad
- Keine Speichersegmentierung mehr
- 4 Gbyte physikalisch adressierbarer Hauptspeicher
- 32 Tbyte periphere Plattenkapazität
- 250 gleichzeitige Benutzer pro File-Server
- 100 000 gleichzeitig geöffnete Dateien am File-Server
- Dynamische Hauptspeicherkonfiguration am File-Server
- 64 Volumes pro File-Server, wobei ein Volume über 32 Festplatten verteilt sein kann (Spanned Volumes)
- 16.777.216 Bindery-Objekte und -Properties pro File-Server möglich
- 1024 Festplatten können pro File-Server unterstützt werden
- Sparse Files werden unterstützt

Da NetWare v3.11 als Netzwerkbetriebssystem für Network Computing konzipiert worden ist, beinhaltet NetWare v3.11 Funktionalitäten, die genau auf diese Systemanforderungen zugeschnitten sind. Mit NetWare v3.11 hat der Systemverwalter Wahlfreiheit für die einzusetzenden Workstations. Somit können DOS, OS/2, MACintosh-OS oder auch Unix-Rechner als Arbeitsplatzrechner eingesetzt werden. Die neue Architektur ist modular aufgebaut, so daß es möglich ist, zusätzliche Netzwerkbetriebssystem-Komponenten im laufenden Betrieb am File-Server zu laden und zu entladen. Die Verwaltung und Überwachung des File-Servers unter NetWare v3.11 ist somit wesentlich flexibler und einfacher im Vergleich zu NetWare 286. Mit NetWare v4.0 wird diese Funktionalität nochmals verbessert.

Die zentrale Komponente von NetWare v3.11 ist das Real-Time-Betriebssystem, d.h. der Kernel von NetWare v3.11. Der Kernel ist neben den erwähnten Funktionen unter anderem zuständig für das Alloziieren von Hauptspeicher, für das Überprüfen der Zugangsberechtigungen und somit für die Freigabe der Dateien und Directories für den Benutzer und für das Verwalten der einzelnen Tasks (gestartete Prozesse) am File-Server.

Aufgrund der 80386- bzw. 80486-Unterstützung zeichnet sich NetWare v3.11 durch wesentlich höhere Verarbeitungsgeschwindigkeiten im Vergleich zu früheren NetWare Versionen aus.

15.4 Leistungskomponenten von Novell NetWare v3.11

Ein Netzwerkbetriebssystem erfordert ein Konzept, das Leistungsfähigkeit und Sicherheit in den Vordergrund stellt. Die Probleme der Leistungsengpässe sind allzusehr bekannt, wenn man den Bereich der Mittleren Datentechnik betrachtet. In einem LAN erbringt zwar die Workstation die Rechenleistung, aber der File-Server ist verantwortlich dafür, wie schnell die Anforderung der Workstation (Datei lesen, Datei schreiben etc.), erledigt werden kann. Da NetWare auch noch Funktionen zur Verfügung stellt, zusätzliche Server-Dienste auf ein und derselben Maschine zu implementieren (Print-Server, Communication Server, Router, etc.), muß noch mehr darauf geachtet werden, leistungsfähig zu sein und zu bleiben. In diesem Abschnitt wollen wir aufzeigen, mit welchen Mechanismen Novell diesen Bereich abdeckt. Eines sei bereits jetzt vorweg genommen: Es gibt derzeit kein anderes Betriebssystem auf PC-Ebene, das ähnliche Konzepte in dieser Art und Weise realisiert hat. Dies gilt auch im Vergleich zum LAN Manager 2.x.

Novell wollte ein spezialisiertes Betriebssystem entwerfen und untersuchte die Bedingungen für verteilte Verarbeitung. Eine Liste grundlegender Charakteristika und möglicher Engpässe wurde zusammengestellt, inklusive der Anforderung spezieller notwendiger Dienste, die ein solches System abdecken muß. Dieser Entwurf ergab ein System umgebungsspezifischer Anforderungen, die zur Realisierung eines LAN-Betriebssystems mit verteilter Verarbeitung notwendig sind.

15.4.1 Grundlegende Eigenschaften

1. Da die Forderung aufgestellt worden ist, ein System zu entwickeln, das es gestattet, Arbeitsplätze mit den unterschiedlichsten Betriebssystemen zu unterstützen, mußte die File-Service-Umgebung so spezifiziert werden, daß sie eine breite Palette von Unterprogrammaufrufen zur Verfügung stellt, damit Datenzugriffe und Datennutzung synchronisiert werden können.
Damit können die Dateianforderungen von allen Benutzern an die File-Service-Dienste des Netzwerkes weitergeleitet werden.
2. Das Antwortzeitverhalten der angeschlossenen PCs muß besser, zumindest gleich denen alleinstehender PCs sein.
3. Der Entwurf eines neuen Betriebssystems bot die Gelegenheit, Dienste zu implementieren, die bisher von PC-Betriebssystemen noch nicht angeboten worden sind.

15.4.2 Mögliche Engpässe bezüglich Geschwindigkeit und Leistung innerhalb eines LANs

Die Leistungsfähigkeit eines LANs hängt von mehreren Faktoren innerhalb des Netzwerkes ab. Ein solcher Engpaß kann neben Netzwerkadapterkarte, Übertragungsrate des Netzes vor allem das Betriebssystem selbst sein. Es kommt dabei vor allem auf die interne Struktur, d.h. auf die Verarbeitungsweise des Betriebssystems an, um entsprechend effizient und schnell arbeiten zu können. Die Steuerung des Prozessors, der Taskwechsel in der CPU und die Hauptspeicherverwaltung sind nur einige dieser Faktoren. Da ankommende Anforderungen die momentane Bearbeitung eines Prozesses unterbrechen können, muß dieser Wechsel bzw. das Umschalten auf einen anderen Prozeß sehr schnell erfolgen.

Ist der Aufwand für einen Taskwechsel und die Steuerung der Prozesse zu aufwendig, kann es soweit kommen, daß die CPU bereits bei sehr wenigen parallelen Aktivitäten nur noch damit beschäftigt ist, von der einen Task auf die nächste umzuschalten und damit keine Anforderungen mehr erledigen kann. Man sagt in solchen Fällen auch, das Betriebssystem ist mit der eigenen Verwaltung voll ausgelastet und kann deshalb nichts anderes mehr erledigen. In Fachkreisen wird dies als »thrashing« (Überlastung) bezeichnet. Dagegen schränken unnötige Operationen der CPU im File-Server die Leistungsfähigkeit des Netzwerkes erheblich ein.

Da der File-Server von allen angeschlossenen und aktiven Stationen zum Laden und Abspeichern von Daten und Programmen verwendet wird, ist es für den Durchsatz auch entscheidend, wie schnell die Übertragungs- und Plattenkanäle sind. Dies kann einen weiteren Engpaß auf dem File-Server bilden. Entscheidend für den Durchsatz des Plattenkanals ist die eingesetzte Hardware im File-Server. Die Plattenkanäle arbeiten – wie alle peripheren Einheiten eines Computers – im Vergleich zur CPU wesentlich langsamer. Hierbei kann ein Faktor von 100 durchaus erreicht werden. Novell hat es sich beim Erstellen des Konzepts für ein LAN-Betriebssystem zum Grundsatz gemacht, eine Reihe von Verbesserungen diesbezüglich mit einzubeziehen. Im nachfolgenden Abschnitt werden wir diese Konzepte und Möglichkeiten näher untersuchen.

Folgende Netzwerkdienste und -leistungen sind laut Novell entscheidend für die Architektur eines LAN-Betriebssystems.

1. Unterstützung aller File-Services für PCs und den hierfür eingesetzten unterschiedlichen Betriebssystemen
2. Hohe Leistung
3. Kompatibilität zu allen anerkannten Übertragungsstandards
4. Transparenter Zugriff auf Ressourcen beim Einsatz von »Internetworking« mit dynamischer Wegwahl (Routing)
5. Fehlertoleranz in mehreren Ausbaustufen
6. Verwendung von Transaktionsfortschreibung, damit die Integrität und Konsistenz von Datenbeständen erhalten bleibt
7. Einsatz eines modularen Internetwork-Konzepts, damit dieses schrittweise ausgebaut werden kann
8. Offene Architektur, um damit anderen Herstellern die Integration von zusätzlichen Diensten zu ermöglichen

Wir werden im Laufe dieser Ausarbeitung feststellen, daß dies für Novell nicht nur Schlagworte sind, sondern daß Novell diese Bereiche auch verwirklicht hat.

Das Betriebssystem von Novell stellt eine elegante Lösung für verteilte PC-Netzwerke dar. Der Nukleus, der Übertragungskanal und der Plattenkanal wurden so konzipiert, daß sie Dienste in einer Mehrbenutzerumgebung mit verteiler Verarbeitung bieten und koordinieren können.

15.5 Der Betriebssystemkern (Nukleus)

Der Nukleus oder Kernel eines Betriebssystems entscheidet darüber, wie schnell oder wie langsam es Arbeiten erledigen kann. Wird die CPU ständig durch andere Prozesse aufgefordert, die CPU freizugeben, damit diese abgearbeitet werden können, kann kein Prozeß vernünftig und kontinuierlich abgearbeitet werden. Novell hat sich deshalb dafür entschieden, daß laufende Verarbeitungs-

KAPITEL 15

prozesse die CPU von sich aus freigeben, zum Beispiel, wenn auf das Lesen von Daten von der Festplatte gewartet werden muß. Dies bedeutet, daß ankommende Prozesse warten, bis der gerade laufende Prozeß endet oder dieser die CPU freigibt. Ein Wechsel der CPU von einem Prozeß zum anderen erfolgt somit nur, wenn es unbedingt notwendig ist. Der entstehende Overhead für Prozeßwechsel und damit verbunden die Prozessorsteuerung, wird auf ein Minimum reduziert.

Ankommende Pakete besitzen alle die gleiche Priorität und haben den gleichen Anspruch auf Dienstleistungen. Ankommende Anforderungen müssen somit warten und können nicht einfach den laufenden Prozeß unterbrechen. Dies ist eine Ergänzung zum oben erwähnten Prinzip.

Aufgrund dieser Voraussetzungen konnte der Programmcode für den Nukleus entsprechend reduziert werden, was wiederum dazu beiträgt, daß die Abarbeitungsgeschwindigkeit um einiges höher wird und die Leistung des Betriebssystems zunimmt.

15.5.1 Ablauf der Kommunikation zwischen File-Server und Workstation

Damit die erweiterten Funktionen des Netzwerkes auch genutzt werden können (Datenmanipulation, Zugriffsschutz, Zugriffssynchronisation etc.), die vom File-Server geboten werden, muß eine Schnittstelle zwischen der Applikation, die in der Workstation läuft und dem File-Server geschaffen werden. Die Aufgabe der Koordination übernimmt die Workstation-Shell.

Bei der Shell handelt es sich um ein residentes Programm, das auf der Workstation im Hintergrund läuft. Die Funktionen des Betriebssystems auf der Workstation (hierbei kann es sich um DOS DOS 3.x, DOS 4.x, DOS 5.x, DOS 6.x oder OS/2 handeln), werden um zusätzliche Dienste, die der File-Server zur Verfügung stellt, erweitert. Es wird praktisch ein »Fenster zum Netzwerk« eröffnet, über das gearbeitet werden kann. Durch die Unterstützung unterschiedlicher Protokollwelten ist es möglich, Workstations in ihrer nativen Form zu integrieren (Apple, Unix). Hierzu werden Funktionen auf dem Server installiert, die einem Apple-Rechner den NetWare Server wie einen AppleShare Server erscheinen lassen oder einer Unix-Maschine den Eindruck vermitteln, als ob es sich beim NetWare Server um einen Unix-Server handeln würde. Dies betrifft auch die Unterstützung der spezifischen Dateinamenskonventionen.

Novell NetWare v3.11

Für die Einbindung von Macintosh-Rechnern oder Unix-Systemen werden zusätzliche Mechanismen am Server installiert, um entsprechende Protocol Stacks unterstützen zu können. Wie noch zu sehen ist, kann auch eine Workstation so eingerichtet werden, daß diese mit mehreren Protocol Stacks arbeiten kann. Dies ist unter anderem dann notwendig, wenn neben IPX/SPX-Protokollen auch TCP/IP-Protokolle notwendige ist, um gleichzeit an einer Unix-Anlage über Telnet oder FTP arbeiten zu können. Hierzu jedoch später mehr.

15.5.2 Die Funktionsweise der Shell

Wird die Stations-Shell aktiviert, wird sie automatisch von DOS als Standard-DOS-Anwendung geladen. Wenn die Steuerung an die Shell abgegeben wird, paßt sich diese an die DOS-Umgebung an, bevor sie endet. Durch die Shell wird der DOS-Interrupt 21H im unteren Bereich mit Adressen, die in den Adreßbereich der Shell zurückweisen, überschrieben. Die Shell übernimmt somit die Steuerung aller DOS-Funktionsaufrufe, die über den Interrupt 21H ausgeführt werden und ordnet die Systemaufrufe den Netzwerkdiensten zu. Schließlich beendet sich die Shell selbst, bleibt jedoch resident im Speicher und wartet erneut auf Anfoderungen der Applikation.

In Abbildung 15.4 ist die Eingliederung der Softwareschnittstellen in das ISO-OSI-Modell beim Einsatz von Novell NetWare dargestellt.

Bild 15.4 Einordnung der Protokolle unter NetWare im ISO-OSI-Modell

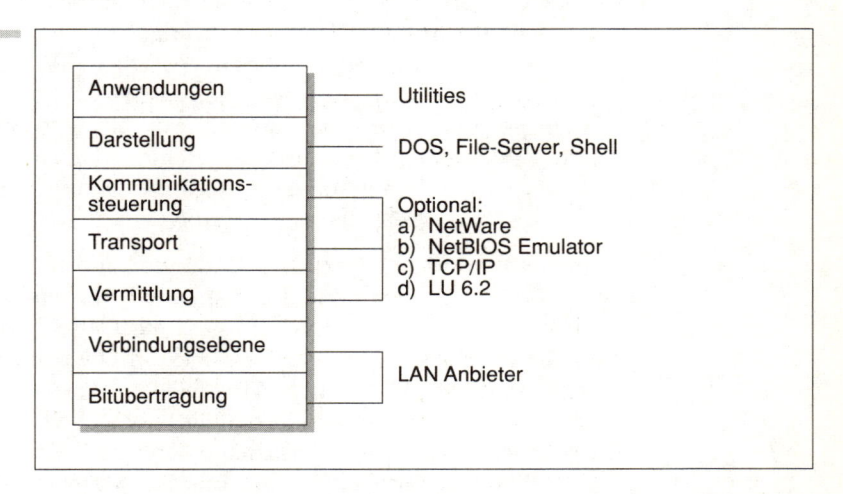

ISO-OSI Schicht	
Anwendungen	— Utilities
Darstellung	— DOS, File-Server, Shell
Kommunikationssteuerung	Optional:
Transport	a) NetWare b) NetBIOS Emulator c) TCP/IP d) LU 6.2
Vermittlung	
Verbindungsebene	
Bitübertragung	— LAN Anbieter

Damit NetWare in der Lage ist, diese Funktionen alle in der Performance unterstützen zu können, wird von jeher sehr viel Wert auf die optimale Ausnutzung des Hauptspeichers geachtet und durchgeführt. Eine immer wieder zu hörende Aussage lautet, je mehr Hauptspeicher, umso besser für die Performance. Die nachfolgenden Darstellungen sollen Ihnen helfen zu verstehen, warum dies so ist.

15.6 Hauptspeicher-Voraussetzung

Um NetWare v3.11 zu starten, muß der File-Server zuerst mit DOS gebootet werden. Unter DOS wird anschließend das Programm SERVER.EXE geladen, um die System-Executive von NetWare v3.11 zu aktivieren. Sobald die System-Executive gestartet ist, wird DOS auf dem File-Server »schlafen« gelegt, d.h. DOS belegt zwar noch den Hauptspeicher, kann aber nicht mehr benutzt werden. NetWare v3.11 läßt sich nur als dedicated File-Server einsetzen. Um den Speicher, den DOS im Hauptspeicher belegt, zusätzlich für NetWare zur Verfügung zu stellen, kann DOS aus dem Hauptspeicher entfernt werden. Für NetWare v4.0 ist der Startvorgang gleich. NetWare v3.11/v4.0 ist somit nicht im Besitz eines eigenen Bootstrap-Loaders und muß deshalb auf DOS als Mittel zum Zweck zurückgreifen können. Meinen Sie jetzt aber bitte nicht, daß NetWare unter DOS läuft, DOS wird nur als Starthilfe benötigt.

D.h. nach dem Starten von NetWare wird der Hauptspeicher unterteilt für DOS, für das NetWare v3.11 Betriebssystem und für Einheiten von Cache-Puffer. Diese Cache-Puffer werden benötigt, um File-Caching, Directory-Caching und Directory-Hashing durchführen zu können. Werden zusätzliche Module (NLMs) am File-Server geladen, werden aus den Cache-Puffer-Bereichen Hauptspeicherplätze entnommen, um diese Module laden und starten zu können. Es wurde zu Beginn der Ausführungen über NetWare v3.11 bereits erwähnt, daß die Hauptspeicherverwaltung unter NetWare v3.11 dynamisch erfolgt.

Um NetWare v3.11 einsetzen zu können, sind neben einem 80386- oder 80486-Rechner mindestens 4 Mbyte Hauptspeicher erforderlich. Je nachdem wie groß Ihre gesamte Plattenkapazität ist, müssen Sie eventuell mehr Hauptspeicher im File-Server einbauen, um NetWare starten zu können. Von welchen Faktoren dies abhängt, werde ich Ihnen an anderer Stelle noch aufzeigen. Durch das dynamische Hauptspeichermanagement erhalten Sie automatisch eine Mitteilung an der Server-Console, wenn das Betriebssystem feststellt, daß mehr Hauptspeicher erforderlich ist. Der File-Server läuft in diesem Fall zwar ohne Probleme weiter, aber aufgrund des zu geringen Hauptspeichers und der dynamischen Hauptspeicherverwaltung leidet die Performance des File-Servers, da ständig Hauptspeicher zwischen den einzelnen aktiven Tasks hin- und hergeschaufelt werden muß.

Der Hauptspeicher des File-Servers wird unter NetWare in Cache-Puffer-Bereiche eingeteilt. Einen Teil des Hauptspeichers belegt das Netzwerkbetriebssystem (System-Executive), und der verbleibende Rest wird von den zusätzlich geladenen NLMs belegt. Daneben benötigt NetWare noch Hauptspeicher zum Ablegen der FAT-Tabellen für jedes einzelne Volume, für das Directory-Caching, für das Einrichten der Directory-Hashing-Tabellen und das File-Caching.

Generell gilt, daß der nicht belegte Cache-Puffer-Bereich für das File-Caching bereitgestellt wird. Wird nun ein neues NLM geladen oder benötigt ein geladenes NLM zusätzlichen Hauptspeicher, wird dieser entweder einem anderen Prozeß entzogen, wenn dieser den Cache-Puffer-Bereich freigeben kann, oder aus dem File-Cache-Puffer-Bereich entnommen. Hierbei ist jedoch gewährleistet, daß unter anderem für File-Caching, Directory-Caching und Directory-Hashing eine Mindestanzahl von Cache-Puffern reserviert wird, die nicht von anderen Prozessen oder NLMs benutzt werden dürfen.

Sie sehen, daß NetWare v3.11 mit den gleichen Komponenten zur Leistungssteigerung am File-Server arbeitet, wie dies bereits von NetWare 286 bekannt ist. Jedoch ist dieser Prozeß vollkommen dynamisch. Bei der Installation von NetWare 286 müssen Sie unter anderem Angaben über die Anzahl der Dirctory-Einträge pro Volume, die Anzahl der Communication Buffers, die Anzahl der Turbo FATs oder die Anzahl der gleichzeitig offenen Dateien am File-Server durchführen. Diese Angaben mußten unter NetWare 286 gemacht werden, damit beim Starten von NetWare 286 die Hauptspeichereinteilung korrekt durchgeführt werden konnte. An dieser Anordnung des Hauptspeichers wurde während des Betriebes von NetWare 286 auch nichts mehr geändert, die Zuordnung war statisch. Alles was unter NetWare 286 nicht vom Betriebssystem belegt wurde (Caching- und Hashing-Tabellen, NET$OS.EXE, etc.) wurde für das File-Caching verwendet.

Durch die dynamische Hauptspeicherverwaltung unter NetWare v3.11 muß man sich über die Werte bei der Installation keine Gedanken mehr machen, da NetWare v3.11 diese selbst bei Bedarf vergrößert. Es muß nur beachtet werden, daß im Laufe des Betriebes die möglichen Maximalwerte nicht überschritten werden. So ist es zum Beispiel nicht möglich, auf ein Volume unter NetWare v3.11 mehr als 2 097 152 Directory-Einträge zu schreiben oder mehr als

KAPITEL 15

100 000 Dateien am File-Server gleichzeitig offen zu halten. Hierbei handelt es sich allerdings um Grenzwerte, die von kaum einer Installation erreicht werden dürften.

Die Default Cache-Puffer-Größe unter NetWare 286 und NetWare v3.11 beträgt 4 Kbyte. Beim Starten des File-Servers kann unter NetWare v3.11 festgelegt werden, mit welcher Cache-Puffer-Größe der Hauptspeicher eingerichtet werden soll. Es steht hierbei die Einteilung von 4 Kbyte, 8 Kbyte oder 16 Kbyte zur Verfügung. Durch eine Vergrößerung der Cache-Puffer-Größe kann die Geschwindigkeit des File-Servers erhöht werden. Am File-Server werden Cache-Puffer zu folgenden Zwecken verwendet:

■ Der Server leiht sich Cache-Puffer, wenn NetWare Loadable Modules, wie zum Beispiel LAN-Driver, Disk-Driver, das INSTALL Utility, das Monitor-Programm oder andere Management NLMs etc. geladen werden. Wird das NLM wieder entladen, dann wird der freiwerdende Hauptspeicher wieder zum Cache-Puffer-Bereich zurückgegeben.

■ Der Server legt sich genügend Cache-Puffer an, um die FAT eines jeden Volumes in den Hauptspeicher laden zu können.

■ Der Server legt sich Cache-Puffer an, um Teile der Directory-Tabellen eines jeden Volumes in den Hauptspeicher laden zu können. Es ist nicht mehr so wie unter NetWare 286, daß die gesamte Directory-Struktur eines Volumes in den Hauptspeicher geladen wird, sondern immer nur der Teil, der am häufigsten bzw. momentan im Zugriff ist, d.h. der Teil, der von den Anwendern benötigt wird.

■ Der Server benutzt den verbleibenden Cache-Puffer-Bereich, um alle im Zugriff befindlichen Dateien im Hauptspeicher des File-Servers zwischenspeichern zu können.

■ Der Server belegt Cache-Puffer, um Hash-Tabellen für alle Directory-Einträge anlegen zu können.

■ Der Server legt sich Cache-Buffer an, um Turbo FATs einrichten zu können. Diese Turbo FATs werden automatisch eingerichtet, wenn Dateien als Random-Access-Dateien im Zugriff sind und mehr als 64 FAT-Einträge besitzen. Die Datei selbst muß nicht mehr mit dem Dateiattribut Indexed versehen werden, wie dies unter NetWare 286 der Fall gewesen ist.

15.7 Dynamische Speicherkonfiguration

Beim Einsatz von NetWare v3.11 muß sich der Systemverantwortliche keine Gedanken mehr machen, wieviel Speicherbereich für bestimmte Systemressourcen am File-Server zugewiesen werden muß. Wenn die System-Executive geladen ist, überwacht diese die richtige Speicherzuordnung für Cache Speicher, Directory-Caching und Hashing, NLMs etc. Jedesmal, wenn ein Netzwerkdienst zusätzlichen Speicher benötigt, wird dieser von der System-Executive zugewiesen. Die Zuordnung geschieht jedoch immer in Abhängigkeit des zur Verfügung stehenden Gesamtspeichers. Die dynamische Speicherkonfiguration – Novell spricht hier von der sogenannten Dynamic Resource Configuration – erfolgt für:

- Directory Cache-Buffer
- File Service Processes
- Turbo FAT Index Tables
- FAT Tables
- Routing Buffers
- Disk Elevator Size
- Directory Hash Tables
- Router/Server Advertising Memory
- Maximum Number Of Open Files
- File Locks
- Kernel Processes
- Kernel Semaphores
- TTS Transactions
- Memory For Loadable Modules

Um jedoch unnötige Speicherzuordnungen zu vermeiden, die aufgrund plötzlicher, unregelmäßiger Spitzen von Serveraktivitäten auftreten könnten, wartet der Server ein paar Sekunden, nachdem die Speicheranforderung beim File-Server eingetroffen ist. Kann die Speicheranforderung von einem anderen Prozeß abgedeckt werden, muß kein Speicher aus dem Cache-Puffer entnommen werden.

Die dynamische Speicherkonfiguration kann auf fünf Arten erfolgen. Hierbei werden die ersten zwei Arten als Nonreturnable und die anderen 3 Arten als Returnable bezeichnet.

15.7.1 Nonreturnable Memory

Nonreturnable Memory wird nicht mehr an den File-Cache-Puffer-Bereich zurückgegeben, nachdem dieser von einem Prozeß einmal angelegt und dann wieder von diesem freigegeben wird. Dieser Cache-Puffer wird nur dann wieder freigesetzt und an den File-

Cache-Puffer zurückgegeben, wenn der File-Server DOWN gefahren wird. Der einmal belegte Puffer-Bereich für Nonreturnable Memory wird anschließend nur noch an den Memory-Pool zurückgegeben, von dem er angelegt worden ist. Dies gilt nicht für den sogenannten Permanent Memory Alloc Pool. Für den Nonreturnable-Memory-Bereich sind zu unterscheiden:

Alloc Pool
- Speicher wird schnell und effizient angelegt.
- Legt Speicher in kleineren Bereichen als 4 Kbyte Cache-Block-Größe an.
- Legt Speicher an, wenn dieser nur kurze Zeit benötigt wird.
- Legt den Speicher in genau der Größe an, in der dieser benötigt wird.
- Der Speicher wird nicht an den File-Cache-Puffer zurückgegeben.
- Der Speicher wird an den Memory-Pool zurückgegeben.
- Der Speicher wird nicht verschoben.

Permanent Memory Alloc Pool
- Legt Speicher in beliebigen Größen an.
- Legt den Speicher in genau der Größe an, in der dieser benötigt wird.
- Der angelegte Speicher wird nicht mehr an den File Cache-Puffer zurückgegeben (NLMs können diesen Speichermechanismus nicht benutzen).
- Der Speicher wird auch nicht mehr an den Memory-Pool zurückgegeben.
- Der Speicher wird nicht verschoben.

Permanent Returnable
- Der Speicher wird in kleineren Größen als der eines 4 Kbyte Blocks angelegt.
- Dieser Speicher wird angelegt, wenn er für längere Zeit benötigt wird.
- Der Speicher wird in genau der Größe wie angefordert angelegt.
- Der Speicher wird nicht mehr an den File Cache-Puffer zurückgegeben.
- Der Speicher wird an den Memory-Pool zurückgegeben.
- Der Speicher wird nicht verschoben.

15.7.2 Returnable Memory

Ein Prozeß, der Speicher als returnable angelegt hat, gibt diesen wieder an den File-Cache-Puffer zurück, wenn dieser vom Prozeß freigegeben wird. Der gesamte Returnable Memory wird an den Memory-Pool nach seiner Freigabe zurückgegeben. Für diese Hauptspeicherklasse sind zu unterscheiden:

Nonmoveable Memory (von NLMs benutzt)

- Legt Speicher in den Cache Block Größen von 4 Kbyte, 8 Kbyte oder 16 Kbyte an.
- Legt den Speicher für kurze oder längere Zeitperioden an.
- Der Speicher wird wieder an den File-Cache-Puffer-Bereich zurückgegeben.
- Der Speicher wird an den Memory-Pool zurückgegeben.
- Der Speicher wird nicht verschoben.

Moveable Memory

- Der Speicher wird in großen Cache-Block-Größen von 4 Kbyte, 8 Kbyte oder 16 Kbyte angelegt, wenn dieser Bereich wachsen kann, z.B. wenn Systemtabellen angelegt werden und diese aufgrund der dynamischen Konfiguration größer werden können.
- Der Speicher kann sowohl kurzfristig als auch langfristig angelegt werden.
- Der Speicher wird an den File-Cache-Puffer-Pool zurückgegeben.
- Der Speicher wird an den Memory-Pool zurückgegeben.
- Der Speicher kann verschoben werden. Es gibt Prozesse, die in der Lage sein müssen, Pointer für diesen Speicherbereich anpassen zu können.
- Es wird keine Fragmentierung des Cache-Puffer-Bereichs verursacht.

So schön diese Speicherverwaltung aussieht, Vorteile bietet sie allemal und kann mehr Leistung aus dem System holen. Im Laufe der Zeit stellte man jedoch fest, daß durch diese Speicherverwaltung auch Nachteile entstehen können. Durch häufiges Laden und Entladen von NLMs zum Beispiel ist es durchaus möglich, daß der Hauptspeicher so fragmentiert ist, daß kein NLM mehr geladen werden kann, obwohl insgesamt gesehen genügend Hauptspeicher zur Verfügung steht, dieser jedoch nicht zusammenhängend ist. Beim Laden von NLMs wird immer nach einem in der Größe notwendigen zusammenhängenden Speicher gesucht.

Es gibt auch belegte Speicherbereiche, die nach dem einmaligen Anlegen nicht mehr an den Disk Cache Bereich zurückgegeben werden, obwohl der belegte Speicher von dieser Anwendung nicht mehr benötigt wird. Dies betrifft unter anderem zur Spitzenlast angelegte Packet Receive Buffers oder Directory Cache Buffers, die im Alloc Pool behalten werden, auch wenn deren Gebrauch nicht mehr notwendig wäre. Mit NetWare v4.0 wird auch dieser Problemfall gelöst sein, da es unter diesem Betriebssystem nur noch einen einzigen Memory-Pool geben wird.

15.8 Unterstützung der Netzwerkadapterkarten

NetWare arbeitet unabhängig von physischen Medien und Zugriffsprotokollen. In jedem File-Server eines Netzes können theoretisch bis zu 16 Netzwerkkarten eingebaut werden. Es kann sich dabei um homogene oder heterogene Karten handeln. Somit besteht die Möglichkeit, mit einem File-Server mehrere physisch getrennte Netze zu betreiben, wobei alle Workstations der gekoppelten Netzwerke mit ein und demselben File-Server zusammenarbeiten und Stationen in LAN A auch Dienste, die im LAN B installiert sind, nutzen können. Alle können den gleichen Datenbestand verwenden und untereinander Nachrichten austauschen, sowie gemeinsame Ressourcen benutzen. Dieser Mechanismus ist in Abbildung 15.5 dargestellt.

NetWare fungiert in diesem Falle als interner Router, um Datenpakete innerhalb dieser LANs über den Routermechanismus von NetWare transportieren zu können. Dies funktioniert vor allem auch deshalb, weil das NetWare-IPX-Protokoll, wie auch IP und ATP als routingfähiges Protokoll konzipiert ist. Dies unterscheidet das IPX- ganz stark vom NetBEUI-Protokoll, da NetBEUI nicht routingfähig ist.

Bei den erwähnten theoretischen 16 LAN-Adaptern pro Server ist zu beachten, daß jeder zuszäliche Protokoll-Header, den eine LAN-Karte unterstützen kann, unter NetWare jeweils eine eigene logische Netzwerkadapterkarte darstellt. D.h. wenn Sie eine physikalische Netzwerkkarte im Server installiert haben, z.B. eine Ethernet Karte, und diese Karte sowohl Ethernet 802.3 und Ethernet II unterstützen kann, verwaltet der Server intern zwei logische Adapterkarten. Führen Sie das Beispiel fort, und Sie installieren 4 Ethernet Karten und jede unterstützt die maximalen 4 Protokoll Header (Ethernet 802.3, Ethernet II, Ethernet 802.2, Ethernet

SNAP), dann haben Sie Ihre 16 logischen Netzwerkkarten im Server bereits installiert.

Über die Arbeitsweise dieser Mechanismen und die Unterstützung der Protokoll Stacks wird noch berichtet werden.

Bild 15.5
Physikalisch eine Karte, logisch wird für jeden Protokoll Header eine eigene Karte verwaltet. Zugleich ist somit internes Routing aktiv.

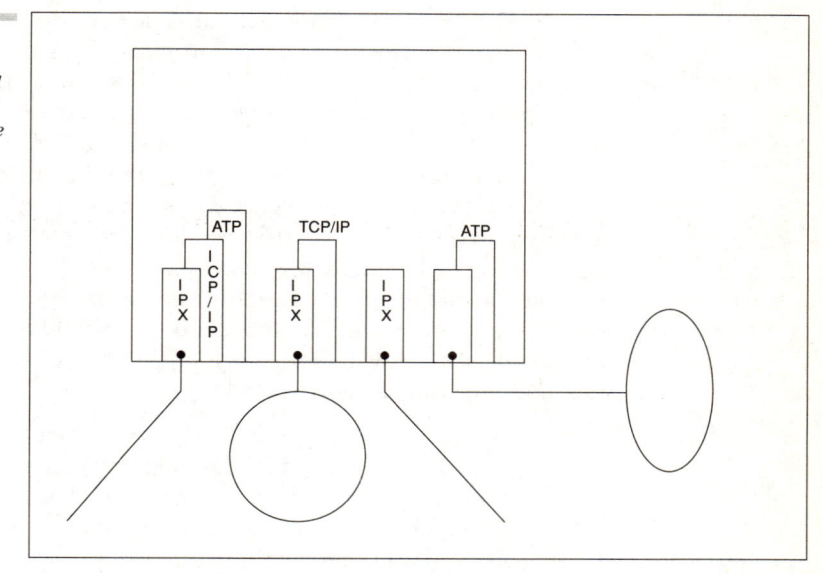

15.9 Verbesserte Plattenkanalausnutzung

Tests in LANs haben gezeigt, daß die meisten Anforderungen an den File-Server das Lesen oder Schreiben auf die Festplatte(n) betreffen. Zudem zwingen die unterschiedlichen Geschwindigkeiten zwischen File-Server-CPU und Plattenlaufwerk dazu, eine Optimierung des Datentransportes durchzuführen. Der Ausdruck »Plattenkanal« soll dabei die Software und die Hardware bezeichnen, die für einen erfolgreichen Lese- oder Schreibzugriff auf die Festplatte erforderlich sind.

KAPITEL 15

Vergleicht man die Geschwindigkeit zwischen CPU und Plattenkanal, dann stellt man fest, daß während einer Plattenoperation die CPU zwischen 50.000 und 100.000 Befehle ausführen könnte, je nachdem welcher Prozessor mit welchem Taktzyklus für diesen Vergleich verwendet wird.

Die Hardware des Plattenkanals und die File-Server-CPU arbeiten asynchron miteinander. Somit wäre es am besten, die Hardware des Plattenkanals mit höchster Geschwindigkeit arbeiten zu lassen, während die CPU andere Tätigkeiten ausführt (ein weiterer Grund für das Multi-Tasking von Novell). Noch einfacher und schneller wäre es, wenn es gelingen würde, den Plattenkanal völlig zu umgehen. Um diese notwendigen Optimierungen einsetzen zu können, arbeitet Novell NetWare mit einem Mehrpfad-Plattenprozeß und verschiedenen Cache-Methoden, um die Geschwindigkeit des Plattenkanals zu erhöhen und in vielen Fällen die Hardware des Plattenkanals ganz zu umgehen. In Abbildung 15.6 sind die gesamten, von Novell eingesetzten Techniken, zur Plattenkanal-Optimierung aufgezeigt.

Wenn Sie auf eine Festplatte DOS, OS/2 oder UNIX aufspielen wollen bzw. diese unter einem der genannten Betriebssysteme einsetzen möchten, dann muß vorher auf der Platte eine DOS, OS/2 oder UNIX Partition eingerichtet werden. Ebenso ist es, wenn eine Platte unter NetWare eingesetzt werden soll. Hierzu muß die Platte bei der Installation mit einer NetWare Partition versehen werden. Diese NetWare Partition kann man nun wiederum in Teilbereiche einteilen. Man bezeichnet diese als sogenannte Volumes. Sie können eine NetWare Partition in mehrere Volumes aufteilen, wobei auf einer Partition jedoch nicht mehr als 8 Volumes eingerichtet sein dürfen. Die Größe des Volumes unter NetWare v3.11/v4.0 kann maximal 32 Tbyte betragen. Der File-Server kann bis zu 64 Volumes verwalten.

Mit NetWare v4.0 haben Sie auch die Möglichkeit, CD-ROM-Laufwerke an Standard SCSI Controllern zu installieren und als Volume zu mounten. Somit können dann alle Anwender im Netzwerk auf diese CD-ROM-Laufwerke zugreifen. NetWare v3.11 bietet aber bezüglich der Festplattenunterstützung und Performancesteigerung noch eine Vielzahl weiterer Mechanismen.

Novell NetWare v3.11

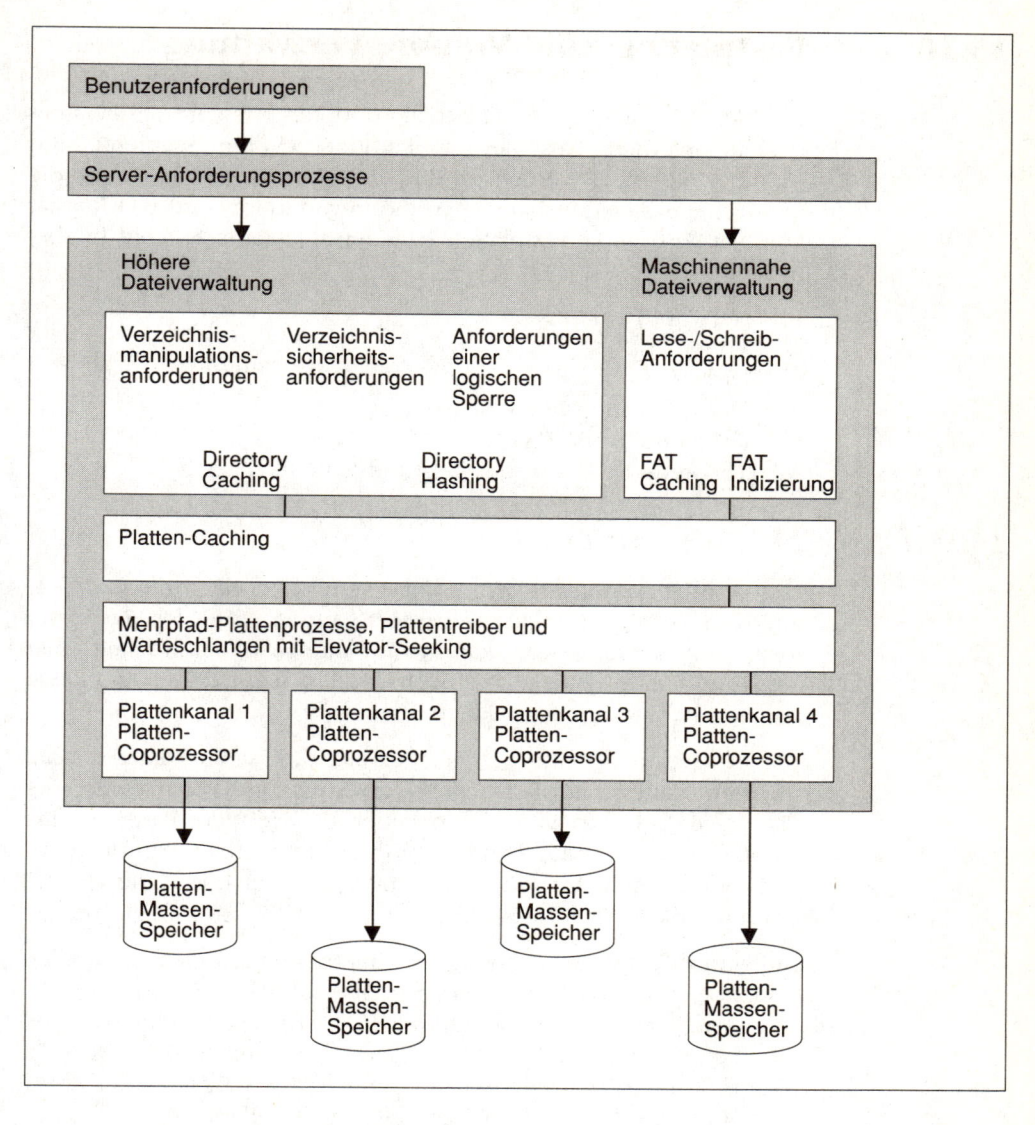

Bild 15.6 Plattenverwaltung unter NetWare

15.10 Festplatten- und Volume-Verwaltung

Bei der Verwaltung von Festplatten unter NetWare v3.11 muß beachtet werden, daß diese in Partitions, Volumesegmente und Volumes aufgeteilt werden. In diesem Abschnitt will ich Ihnen die unterschiedlichen Mechanismen, die Organisation und das Format von NetWare v3.11 Festplatten genauer aufzeigen. Es geht hierbei um:

- NetWare Partitions
- Volumes
- Disk-I/O
- Disk Allocation Block Size
- FATs und Turbo FATs
- Theoretische Hauptspeicher- und Plattenkapazität

15.10.1 NetWare Partitions

Um Festplatten unter NetWare einsetzen zu können, müssen diese zuerst in NetWare Partitions eingeteilt werden. Wird der File-Server unter NetWare eingesetzt, kann jede Platte ausschließlich mit einer NetWare Partition eingerichtet werden, d.h. außer dieser sind keine anderen Partitions auf der Platte vorhanden.

Auf der internen Platte des File-Servers, das ist die Platte die am internen Plattencontroller angeschlossen ist und von welcher der File-Server gebootet wird, kann neben der NetWare Partition eine zusätzliche kleine DOS Partition eingerichtet werden. Auf diese Art und Weise kann der File-Server mit DOS von der Platte booten und über die AUTOEXEC.BAT automatisch SERVER.EXE aufrufen.

Auf jeder Festplatte können zwar mehrere Partitions vorhanden sein, aber auf jeder Platte kann nur eine NetWare Partition vorhanden sein. Die NetWare Partition wird aufgeteilt in eine Hot Fix Redirection Area und den NetWare-Datenbereich. Die Hot Fix Redirection Area wird verwendet, um den Mechanismus der »Read after Write Verification« und den damit verbundenen Mechanismus der Fehlererkennung, wie später bei SFT Level I beschrieben, abzudecken.

Jede NetWare Partition verfügt über vier Kopien einer Volume-Definitionstabelle. Diese Kopien sind auf den Sektoren 32, 64, 96 und 128 abgelegt. Diese 512 Byte große Tabelle beschreibt den Rest der NetWare Partition, beginnend bei Sektor 160 bis zum Ende der Partition. Jede Partition kann in 1 bis maximal 8 Volumes bzw. Volumesegmente eingeteilt werden. Jedes Volumesegment kann dabei zu einem anderen Volume gehören.

15.10.2 Volumes unter NetWare v3.11

Ein File-Server unter NetWare v3.11 kann bis zu 64 Volumes verwalten. Ein NetWare Volume ist dabei eine logische Einheit, die aus mindestens einem bis maximal 32 Volumesegmenten besteht. Ein Volume unter NetWare v3.11 kann maximal 32 TeraByte groß sein. Jedes Volumesegment kann entweder die ganze NetWare Partition der Platte oder auch nur einen Teil der NetWare Partition belegen. Ein Volume kann sich über mehr als eine Festplatte, d.h. NetWare Partition erstrecken. Ein Volumesegment hingegen ist immer auf eine NetWare Partition beschränkt, d.h. es kann sich somit nicht über mehrere Platten erstrecken.

Durch diesen Mechanismus ist es sehr leicht möglich, ein bestehendes Volume im laufenden File-Server-Betrieb zu vergrößern. Man fügt zum bestehenden Volume ein neues Volumesegment hinzu und hat somit das Volume um die Größe des Segments erweitert. In Abbildung 15.7 ist eine mögliche Plattenaufteilung unter NetWare v3.11 dargestellt.

Bild 15.7
Verteilung der Volumesegmente unter NetWare v3.11

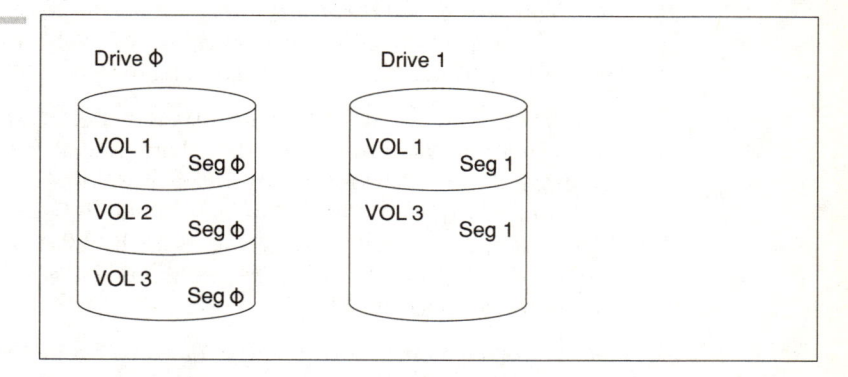

Die Erweiterung eines Volumes kann ohne Probleme im laufenden Betrieb durchgeführt werden, d.h. während andere noch am File-Server arbeiten, kann dieses Volume vergrößert werden.

15.10.3 Disk-I/O

Mit NetWare v3.11 wird der Anschluß von Platten an den File-Server über SCSI Controller und der damit verbundenen Vorteile noch besser ausgenutzt als dies bei NetWare 286 der Fall gewesen ist. Ein SCSI (Small Computer Systems Interface) Disk-Driver ist verantwortlich für den I/O mit den Festplatten. Auf früheren NetWare Servern wurde eine Art Hand-Shake-Verfahren beim Platten I/O durchgeführt. D.h. es wurde der Platte die I/O-Anforderung mit-

KAPITEL 15

geteilt. Daraufhin wartete der Driver-Prozeß bis die Platte bereit war, die Anforderung zu erledigen. Anschließend wurde der I/O mit der Platte durchgeführt. Dieser Mechanismus wurde bei jedem neuen Platten I/O erneut durchgeführt. Es ist leicht einsichtig, daß diese Methode nicht unbedingt die schnellste ist, vor allem wenn man bedenkt, daß sich die SCSI-Driver-Spezifikation diesbezüglich wesentlich besser ausnutzen läßt.

Diese Disk-I/O-Methode ist deshalb ineffizient, weil der SCSI-Driver Prozeß untätig bleibt und wartet, bis die Platte den Disk-I/O durchgeführt hat bzw. bis die Platte bereit ist, den DISK-I/O durchzuführen. Da NetWare v3.11 den sogenannten SCSI-Disconnect-Mechanismus für das Enhanced DCB (EDCB) und das DCB/2 Board unterstützt, ist dieser Nachteil nicht mehr vorhanden.

Durch die Unterstützung des SCSI-Disconnect-Mechanismus sendet der SCSI-Driver-Prozeß eine Nachricht zur Platte, daß Daten auf die Platte geschrieben oder von der Platte gelesen werden sollen. Ist die Platte zur Bearbeitung dieser Anforderung bereit, muß diese eine entsprechende Meldung an den SCSI-Driver-Prozeß zurückschicken, um dem Prozeß mitzuteilen, daß die Platte bereit ist, die Anforderung durchzuführen. Dies alles geschieht, bevor der SCSI-Driver-Prozeß mit dem I/O auf die Platte beginnt.

Der Vorteil von SCSI Disconnect ist, daß der SCSI-Driver-Prozeß nicht mehr warten muß, bis die Platte bereit ist, den Disk-I/O durchzuführen. Während auf die Ready-Meldung der einen Platte gewartet wird, kann der SCSI-Driver-Prozeß bereits eine andere Platte davon in Kenntnis setzen, daß auch auf dieser I/Os durchzuführen sind, oder der SCSI-Driver-Prozeß kann den I/O auf einer anderen Platte durchführen.

Da das Lesen von und das Schreiben auf Platten über Disk-Driver durchgeführt wird, kann der Server nur eine bestimmte Anzahl von Disk-I/Os pro Sekunde durchführen. Dieser Engpaß kann vermieden werden, wenn die Volumes über zwei, drei oder mehr Platten verteilt werden. Sind diese Platten auch noch an unterschiedlichen Plattencontrollern angeschlossen, ist ein zusätzlicher, verbesserter Durchsatz beim Lesen bzw. Schreiben zu verzeichnen.

Ist ein Volume über mehrere Platten verteilt, d.h. die Platte besteht aus mehreren Volumesegmenten, dann füllt NetWare v3.11 beim Schreiben nicht zuerst das erste Segment des Volumes und wenn dieses voll ist das nächste Segment und so weiter, sondern verteilt die Daten gleichmäßig über die einzelnen Volumesegmente. Aufgrund dieser Technik ist die Wahrscheinlichkeit sehr groß, daß von den Anwendern im Netz Daten gelesen und geändert werden, die sich zwar auf dem gleichen Volume befinden, aber aufgrund der

Aufteilung des Volumes in Segmente, auf unterschiedlichen Platten abgelegt sind.

Dieses Verfahren birgt allerdings auch eine gewisse Gefahr, wenn man nicht besondere Sicherheitsmaßnahmen einsetzt. Da viele der Dateien eines Volumes über mehrere Volumesegmente verteilt sein können, und somit über mehrere Platten, bedeutet der Ausfall einer Platte den Verlust dieser Dateien. In diesen Fällen gilt ein Grundsatz:

Werden Volumes über mehrere Platten verteilt, sollten diese immer gespiegelt werden. Das bedeutet entweder den Einsatz von Disk Mirroring oder Disk-Duplexing. Dies ist möglich, da NetWare v3.11 die SFT II Mechanismen beinhaltet.

An dieser Stelle sei auch noch erwähnt, daß sich ein Volume im laufenden Betrieb zwar problemlos vergrößern läßt, daß aber ein Verkleinern des Volumes, d.h. das Entfernen eines Volumesegments, nicht möglich ist. Soll ein Volume verkleinert werden, kann dies nur dadurch geschehen, daß man dieses Volume löscht und anschließend wieder neu anlegt. In diesem Fall darf die Datensicherung des Volumes nicht vergessen werden, da ansonsten alle Daten des Volumes verloren sind.

15.10.4 Disk Allocation Blocks

Wenn Sie Daten auf der Platte des File-Servers abspeichern, müssen diese auf irgendeine Art und Weise organisatorisch so abgelegt werden, daß diese später auch wieder gefunden werden. Zum Wiederauffinden der Datei dient zum einen der Directory-Eintrag und zum anderen die Verknüpfung der Datei mit der File Allocation Table (FAT). Dieses Prinzip wird auch von MS-DOS verwendet. Nun ist es aber nicht so, daß Dateien sektorweise auf der Platte abgelegt werden. Um die Effizienz des Speicherns und Lesens besser nutzen zu können, werden die Daten unter MS-DOS immer in Clustern abgelegt. NetWare speichert die Daten in Blöcken ab, wobei ein Block in der Regel 4 Kbyte groß ist.

Unter NetWare v3.11 können Sie beim Einrichten eines Volumes festlegen, mit welcher Blockungsgröße dieses Volume arbeiten soll. Sie haben hierbei zwischen einer 4 Kbyte, 8 Kbyte, 16 Kbyte, 32 Kbyte oder 64 Kbyte Blockung zu wählen. Sie können dabei für jedes Volume eine andere Blockungsgröße verwenden. Die Disk Allocation Block Size legt die kleinste Einheit fest, mit der Daten auf dem Volume abgelegt werden.

Angenommen, Sie haben für ein Volume eine Blockungsgröße von 4 Kbyte gewählt. Wenn Sie eine Datei abspeichern, die von einem Byte bis 4095 Byte groß ist, belegt diese physikalisch auf der Platte einen Block von 4 Kbyte Größe. Legen Sie eine Datei ab, die 4097 Byte bis 8010 Byte groß ist, dann belegt diese Datei physikalisch auf der Platte zwei 4 Kbyte Blöcke.

Um ein Optimum an Effizienz zu erzielen, ist es sinnvoll, Volumes entsprechend der Verwendung zum Abspeichern von Daten mit unterschiedlichen Blockungsgrößen einzurichten. Sie müssen dabei abwägen, wie groß Ihre Dateien sind oder werden, die auf den Volumes abzulegen sind. Für große Dateien wählen Sie dann einen höheren Blockungsfaktor und für kleine Dateien benutzen Sie für das Volume einen kleineren Blockungsfaktor. Sie dürfen an dieser Stelle nicht vergessen, daß NetWare beim Lesen von Datenbeständen diese immer blockweise, in Abhängigkeit von der Disk Allocation Block Size, von der Platte liest.

Denken Sie aber auch daran, daß Sie beim Abspeichern einer 5 Kbyte großen Datei auf einem Volume mit einer Disk-Allocation-Block-Größe von 64 Kbyte auf dem Volume 59 Kbyte Plattenplatz verschwenden, da die kleine Datei trotzalledem einen ganzen Block auf der Platte belegt.

15.10.5 File Allocation Tables (FATs)

Auf jedem Volume befindet sich ein Abschnitt, der als File Allocation Table (FAT) bezeichnet wird. Für das Abspeichern und Wiederauffinden von Daten auf den File-Server-Platten verwendet Novell NetWare, genauso wie MS-DOS eine FAT.

Die FAT ist eine einfach verknüpfte Liste von Pointern, die je nach definierter Disk Allocation Block Size auf Plattenbereiche von 4, 8, 16, 32 oder 64 Kbyte verweisen und den Daten einer bestimmten Datei entprechen. Das Betriebssystem durchsucht diese Liste und findet so heraus, wo sich die angeforderten Daten auf der Platte befinden. Jede Datei hat ihre eigene FAT-Liste, die definiert, wo die Daten der Datei gespeichert sind. Soll zum Beispiel ein Datensatz einer Datei gelesen werden, der bei 20 Kbyte in der Datei beginnt, dann sucht das Betriebssystem in der FAT nach dem fünften Eintrag und dieser Wert des fünften Eintrages ist dem entsprechenden Plattensektor zugeordnet. Der Datensatz kann dann gelesen werden.

Bei der FAT handelt es sich also um einen Index auf einem oder mehreren Disk Allocation Blocks, auf denen die Dateien abgespeichert werden. NetWare v3.11 liest die gesamte FAT eines Volumes

Novell NetWare v3.11

in den Hauptspeicher des File-Servers, wenn NetWare das Mounten des Volumes durchführt. Auf diese Art und Weise kann NetWare die Dateien wesentlich schneller finden, weil der Zugriff auf die FAT auf der Platte beim Lesen einer Datei nicht durchgeführt werden muß, da diese komplett im Hauptspeicher abgelegt ist. Änderungen der FAT, die im Hauptspeicher durchgeführt werden, schreibt NetWare sofort auf das Volume zurück. Über eine Verkettung der FAT-Einträge kann NetWare feststellen, auf welchen Blöcken die Datei auf dem Volume abgespeichert ist. In Abbildung 15.8 ist der Zusammenhang zwischen einer Datei und der FAT dargestellt.

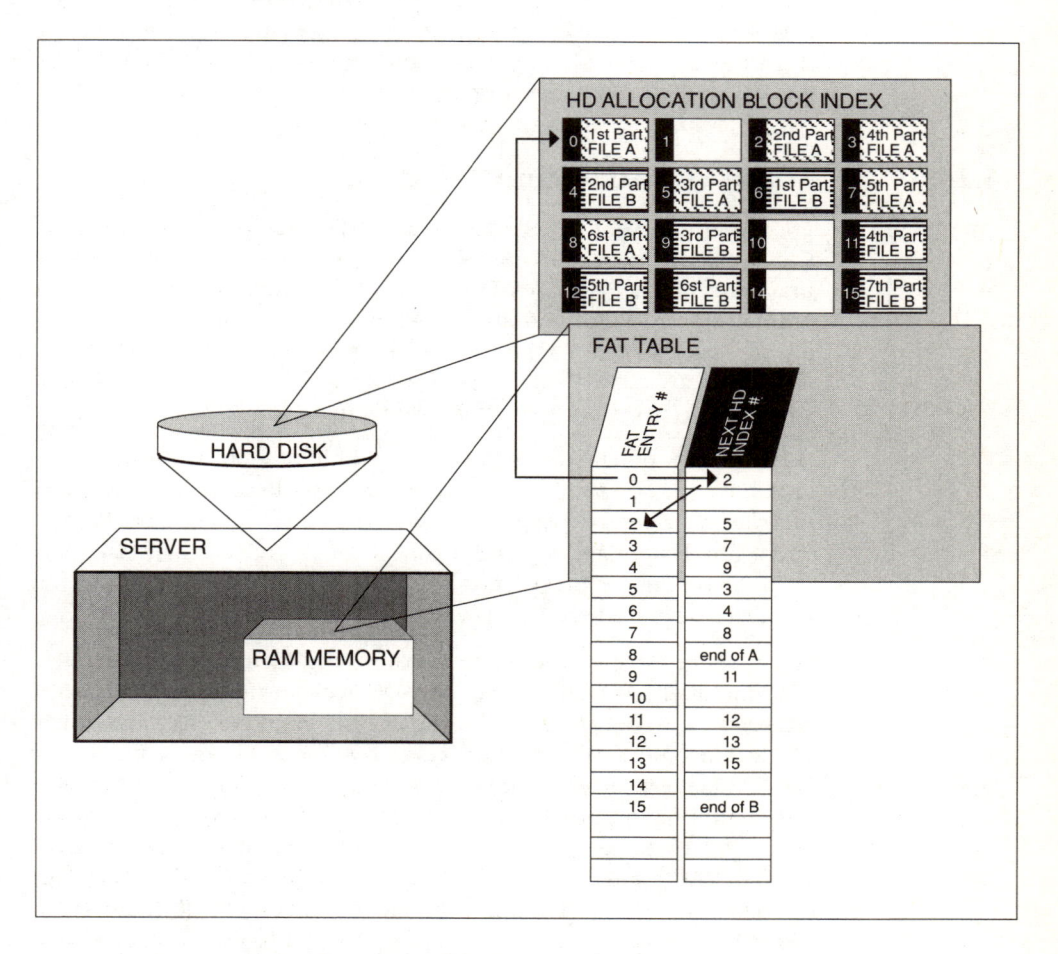

Bild 15.8 Prinzip der FAT-Verarbeitung

Jeder FAT-Eintrag belegt im Hauptspeicher des File-Servers 8 Byte. Wenn Sie nun wissen wollen, wieviel Hauptspeicher Sie alleine für die FAT benötigen, müssen Sie nur wissen, wieviele Blöcke ein Volume besitzt. Sie addieren anschließend die Anzahl Blöcke pro Volume und multiplizieren die Summe mit 8, dann erhalten Sie den Speicherbedarf für die FAT in Byte. Dividieren Sie diesen Wert durch 1024 und Sie haben die Anzahl KiloByte. Eine zweite Division durch 1024 ergibt den Mbyte-Wert.

Angenommen, Sie haben ein Volume mit 300 Mbyte Kapazität, dann haben Sie auf diesem 76800 Blöcke, bei einer Disk Allocation Block Size von 4 Kbyte. Dies ergibt 76800 * 8 = 614400 Byte bzw. 600 Kbyte Hauptspeicherbedarf zum Ablegen der FAT. Haben Sie 2 Volumes à 300 Mbyte, dann benötigen Sie hierfür bereits fast 1,2 Mbyte Hauptspeicher für die FAT.

15.10.6 Turbo-File Allocation Table (Turbo-FAT)

Für einen rein sequentiellen Zugriff auf Dateien ist diese Organisation des Zugriffs auf die FAT sehr gut geeignet. Das Betriebssystem braucht die FAT nur der Reihe nach abzuarbeiten, um die Ein-/Ausgabe-Anforderungen zu erledigen. Der Speicherplatz des letzten FAT-Zugriffs wird dabei gespeichert, damit nachfolgende Operationen an dieser Stelle wieder aufsetzen können und das sequentielle Lesen fortgesetzt werden kann.

Wesentlich ineffizienter wird diese Technik jedoch, wenn die Verarbeitung einer Datei nicht sequentiell, sondern im sogenannten »wahlfreien Zugriff« erfolgt, zum Beispiel random access in Reinstform für Datenbankanwendungen. In den nächsten Beispielen wird davon ausgegangen, daß ein Blockungsfaktor von 4 Kbyte für das Datenvolume verwendet worden ist.

Wurde zum Beispiel die letzte Anforderung für den Plattenbereich 100 durchgeführt (das entspricht 400K weit in der Datei), und der nächste Satz, der gelesen werden soll, liegt auf Plattenbereich 1000, dann müßte das Betriebssystem 900 FAT-Einträge überlesen, bis der Plattenplatz für Block 1000 gelesen werden kann. Da sich das Betriebssystem den letzten Einsprung (100) merkt, müssen nur noch 900 Einträge gelesen werden. Gilt die nächste Anforderung für Block 900, müßte das Betriebssystem zum Anfang der FAT-Liste zurückspringen, um den Speicherplatz für Block 900 zu finden, der letzte Einsprung in unserem Beispiel ist ja 1000. Da es sich bei der FAT um eine einfach verkettete Liste handelt, die nur vorwärts durchsucht werden kann, läßt sich dies nicht anders lösen.

Novell NetWare v3.11

Diese Verarbeitungsweise zum Auffinden von Datenblöcken ist für ein Netzwerkbetriebssystem zu langsam. Die Zeit für das Durchsuchen eines Eintrages in der FAT dauert in etwa 5 Mikrosekunden, da sich die FAT immer im Hauptspeicher befindet, ansonsten wäre es noch zeitraubender. Um 1000 Einträge zu durchsuchen, muß mit einer Verarbeitungszeit von ca. 5 Millisekunden gerechnet werden. Beträgt die Größe einer Datei 32 Mbyte, so belegt diese 8192 FAT-Einträge. Ein gesamtes Durchsuchen dieser FAT von Anfang bis Ende würde somit ca. 40 Mikrosekunden dauern. Bedenkt man dabei, daß das Lesen eines Cache-Speichers normalerweise weniger als eine Millisekunde dauert, so ist es durchaus sinnvoll, die Zeit zum Durchsuchen der FAT bei großen Dateien zu optimieren.

Deshalb erlaubt es Novell NetWare, daß eine Datei als »indexed« gekennzeichnet wird (macht NetWare v3.11/v4.0 nach bestimmten Regeln automatisch).

Wird eine Datei von mehreren Stationen geöffnet, so teilen sich diese alle denselben FAT-Index. Auch wenn alle Stationen diese Datei schließen, bleibt der FAT-Index im Hauptspeicher erhalten, bis die Anzahl gekennzeichneter Dateien größer wird als die Anzahl konfigurierter FAT-Indizes. Wird eine Datei geöffnet, und es existiert bereits eine Turbo-FAT im Hauptspeicher des File-Servers, so wird diese benutzt, ohne daß eine neue Turbo-FAT erstellt werden muß.

Beim Einsatz von NetWare v3.11 müssen Sie weder bei der Installation angeben, wieviele Turbo-FATs angelegt werden sollen, noch Dateien mit dem Attribut Indexed versehen. Weiter vorne habe ich Ihnen bereits alle Bereiche aufgezählt, für die NetWare das dynamische Memory Management einsetzt. In diesen Bereich fällt auch die Zuordnung der Turbo-FATs. NetWare v3.11 geht dabei so vor, daß für jede Datei, die mehr als 64 FAT-Einträge belegt, automatisch eine Turbo-FAT eingerichtet wird.

Hat eine Datei mehr als 1024 FAT-Einträge, dann wird nicht mehr jeder FAT-Eintrag in die Turbo-FAT übernommen. In Abbildung 15.9 ist das Prinzip der Turbo-FATs dargestellt.

KAPITEL 15

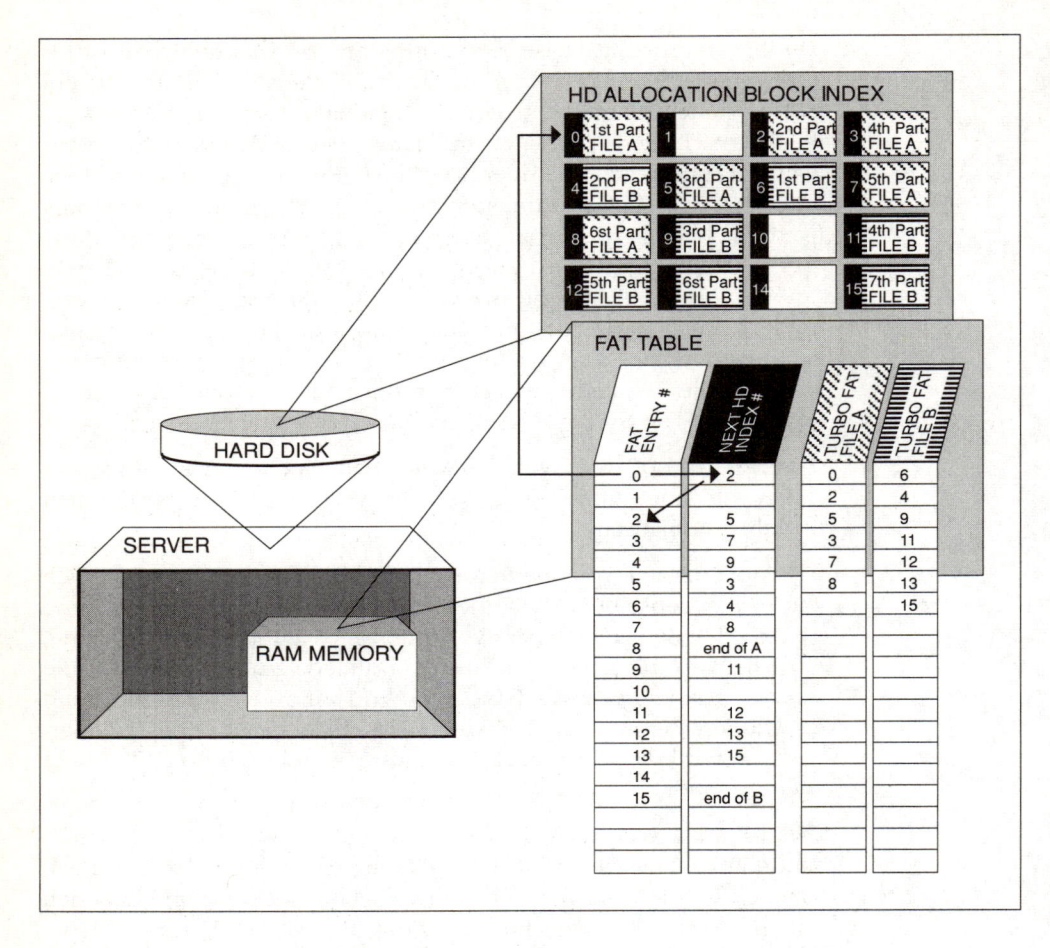

Bild 15.9 Einsatz der Turbo-FAT

15.10.7 Theoretische Hauptspeicher- und Plattenkapaziät

Die gesamte Plattenkapazität, die unter NetWare v3.11 verwaltet werden kann, wird von 3 Faktoren bestimmt:

- Größe eines FAT-Eintrages im Hauptspeicher (8 Byte)
- 4 Gbyte Hauptspeicher, die unter NetWare v3.11 verwaltet werden können
- Die größte erlaubte Disk Allocation Block Size (64 Kbyte)

Rein theoretisch können auf dem NetWare v3.11 File-Server bis zu 536.870.912 FAT-Einträge verwaltet werden. Dies ergibt sich aus der maximalen Hauptspeicherkapazität dividiert durch 8 Byte (pro FAT-Eintrag). Mit jedem FAT-Eintrag kann ein Block mit 64 Kbyte auf der Platte adressiert werden, wenn Sie mit der maximalen Disk Allocation Block Size arbeiten. Wenn Sie die theoretische Anzahl von FAT-Einträgen, die im Hauptspeicher verwaltet werden können, mit 64 Kbyte Blockgröße multiplizieren, erhalten Sie die maximale Plattenkapazität von 32 TeraByte .

Um auf diese Plattenkapazität zu kommen, müßten Sie ca. 220 000 Festplatten à 155 Mbyte Kapazität anschließen. NetWare v3.11 unterstützt derzeit maximal 2048 Platten. Dies ergibt sich daraus, daß NetWare bis zu 64 Volumes verwalten kann, wobei jedes Volume über 32 Platten verteilt sein kann (64 * 32 = 2048).

15.10.8 Directory-Hashing in Kombination mit Directory-Caching

Die Festplattenlaufwerke eines File-Servers können unter Novell NetWare in mehrere Volumes aufgeteilt werden. Beim Zugriff auf Dateien werden nur Teile dieser Directory-Struktur in den Hauptspeicher des Servers geladen.

Der Zugriff auf eine Datei des entsprechenden Volumes erfolgt dann nur noch über die Directory Entry Table, die sich im Hauptspeicher des File-Servers befindet und nicht mehr über das Volume. Nur Änderungen innerhalb des Directories werden auf die Platte zurückgeschrieben. Im Hauptspeicher befindliche Directory Blöcke werden bei Bedarf wieder freigegeben und durch neue Blöcke überschrieben. Ein einmal angelegter Directory Cache Block wird nicht mehr an den File Cache Buffer zurückgegeben.

Zusätzlich zum Caching-Verfahren verwendet NetWare zwei verschiedene Arten von Hashing-Tabellen, um den Zugriff auf die Verzeichnisse und die Dateien innerhalb der Verzeichnisse zu optimieren. Ein rein sequentielles Durchlesen der Directory-Struktur zum Auffinden einer Datei, die gelesen werden soll, wie es zum Beispiel unter MS-DOS der Fall ist, wäre für den File-Server viel zu langsam. Wie bereits erwähnt, wird das Directory-Caching bei der Initialisierung des Servers, individuell für jedes Volume durchgeführt. Im Gegensatz dazu wird das Directory-Hashing auf zweierlei Arten durchgeführt.

KAPITEL 15

Die erste Möglichkeit ist die Verwendung eines Hash-Algorithmus, um die Verzeichnisstrukturen eines jeden Verzeichnisbereiches zu indizieren, die zweite Möglichkeit ist die Verwendung eines Hash-Algorithmus, um die Dateien nach Verzeichnisbereichen und Unterverzeichnissen zu indizieren. Dieser Algorithmus ist leistungsfähiger, wenn nach Dateinamen mit Globalzeichen gesucht wird.

Bild 15.10
Das Prinzip des Directory-Cachings

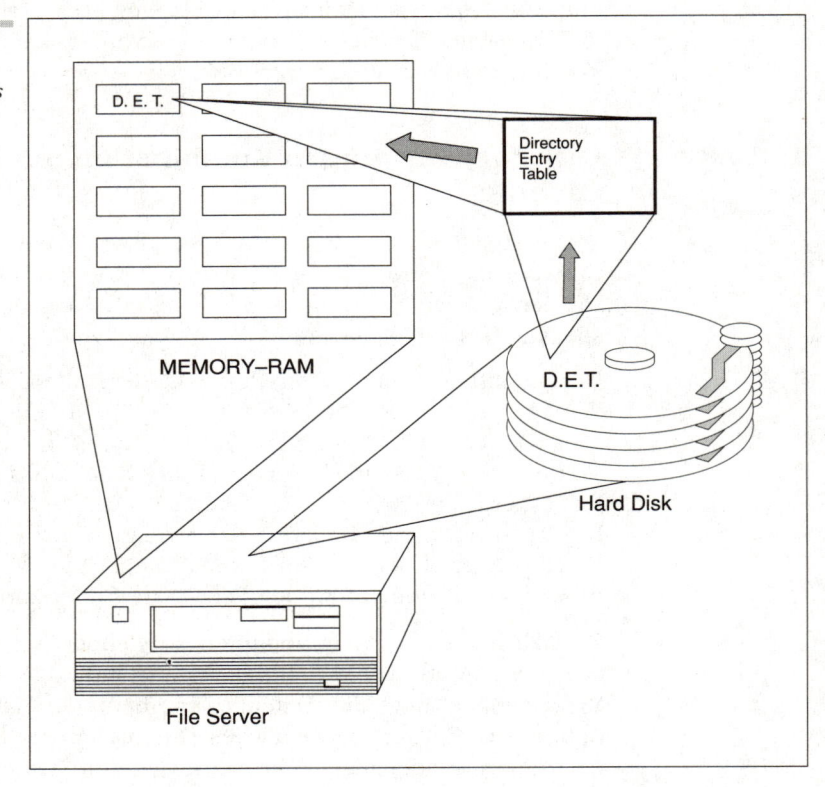

Das Directory-Caching macht physikalische Plattenzugriffe überflüssig, wenn Dateien im Directory gesucht werden sollen, sprich gelesen werden. Die beiden Directory-Hashing-Algorithmen optimieren zusätzlich den Plattenkanal, indem die Anzahl der Zugriffe auf ein Verzeichnis reduziert werden, wenn eine Datei im Verzeichnis gefunden werden soll. In Abbildung 15.10 und Abbildung 15.11 ist die Wirkungsweise von Directory-Caching bzw. Directory-Hashing aufgezeigt.

*Bild 15.11
Das Prinzip des
Directory-Hashings*

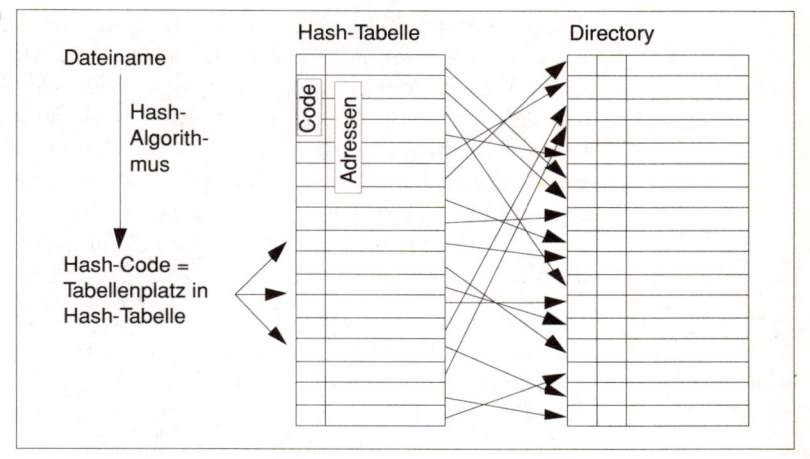

15.10.9 File-Caching unter NetWare v3.11

Ein weiterer Mechanismus den NetWare zur Leistungssteigerung verwendet, ist das Prinzip des File-Caching. File-Caching beschreibt das Verfahren zum Speichern von Daten im Hauptspeicher des File-Servers. Caching ist ein wesentlicher Bestandteil von NetWare, da die Leistung des File-Servers dadurch entscheidend verbessert wird. Der Plattenprozeß von NetWare ist so programmiert, daß immer ganze x-Kbyte-Blöcke von der File-Server-Platte (in Abhängigkeit der Disk Block Size) gelesen werden. Eine Benutzeranforderung dagegen ist vielleicht nur 1 Kbyte oder 2 Kbyte groß. Bei einer ankommenden Leseanforderung wird also immer ein 4-Kbyte-Plattenblock eingelesen. Bevor die Anforderung, d.h. der Datensatz, an den Benutzer weitergereicht wird, führt NetWare ein Caching des gesamten Plattenblocks durch. Damit werden mehr Daten in den Hauptspeicher gelesen als angefordert. Nach der LRU-Strategie (Least Recently Used) wird der Hauptspeicherbereich mit einem neuen Cache-Block überschrieben, der am längsten nicht mehr benutzt worden ist, falls der Hauptspeicher für den Cache-Mechanismus bereits voll ist.

Das Prinzip des File-Caching verbessert die Leistung des File-Servers entscheidend. Die Übertragung von großen Datenmengen wird schneller, da die Festplatte in ganzen Abschnitten gelesen wird. Kleine, sequentielle Anforderungen werden schneller, da Zugriffe auf den Hauptspeicher schneller sind, als Plattenzugriffe.

Auch beim Schreiben von Daten wird das Caching verwendet. Tifft die Schreiboperation eines Benutzers beim File-Server ein, werden die Daten in den Cache-Speicher geschrieben, und es wird bereits

KAPITEL 15

eine positive Quittierung an den Benutzer zurückübertragen. Dadurch ist es möglich, daß der File-Server zusätzlich optimiert wird. Kleine Schreibanforderungen werden zu größeren zusammengefaßt, bevor sie physisch auf die Platte zurückgeschrieben werden. Der Benutzer muß somit nicht warten, bis die Daten physisch auf der Platte stehen, sondern nur bis diese beim File-Server angekommen sind. Der File-Server koordiniert dann die Schreibzugriffe auf die Platte, ohne damit die Leistung der Station zu beeinflussen.

Da alle bisherigen Methoden im Hauptspeicher des File-Servers ablaufen, um Geschwindigkeitsvorteile zu erzielen, ist es unabdingbar, den File-Server mit soviel Hauptspeicher wie möglich auszustatten. Dann können die gesamten Mechanismen am optimalsten genutzt werden. In Abbildung 15.12 ist das Prinzip des File-Caching aufgezeigt.

Bild 15.12
Die Arbeitsweise des File-Caching

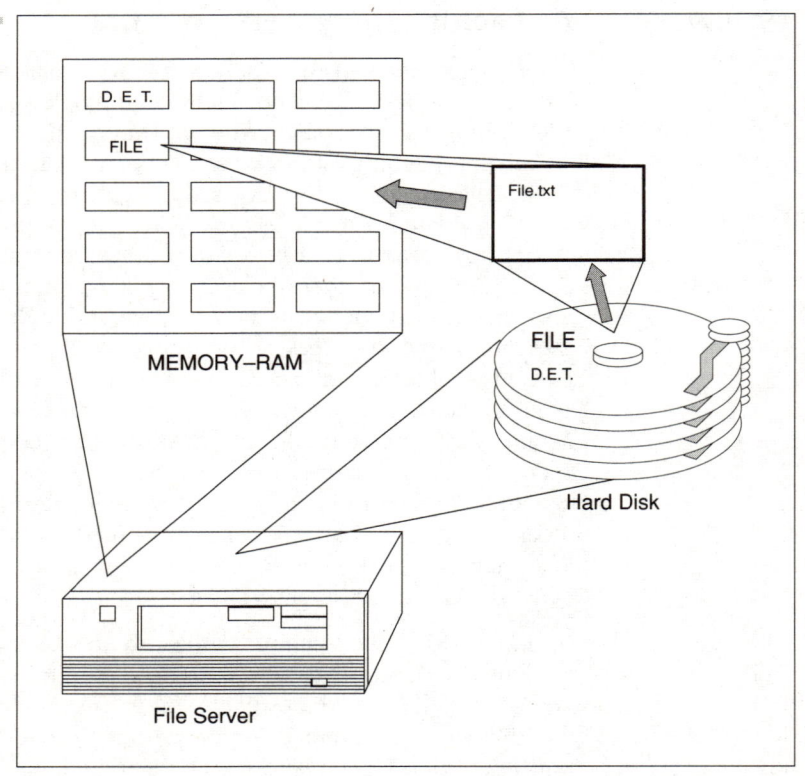

15.10.10 Optimierung der Plattenzugriffe durch Elevator-Seeking

Die Verwendung dieser Methode für Zugriffe auf die Plattenlaufwerke des Servers stellt eine hochmoderne Technik dar, die es bisher bei keinem anderen File-Server-System gibt. Das Lesen von Dateien wird durch dieses Prinzip optimal organisiert. In Abbildung 15.13 ist die Funktionsweise dieses Mechanismus aufgeführt.

Gemeinsam genutzte Platten und der dazugehörige Kanal können durch die vermehrten Anforderungen und die stark voneinander abweichenden Anforderungen und Operationen innerhalb eines LANs sehr schnell überlastet werden. Durch das Elevator-Seeking wird ein Auftreten solcher Überlastungen vermieden, da die Plattenoperationen in eine logische Ordnung gebracht werden, bevor sie als Lese- oder Schreiboperation vom Server ausgeführt werden.

Bild 15.13
Der Mechanismus des Elevator-Seekings

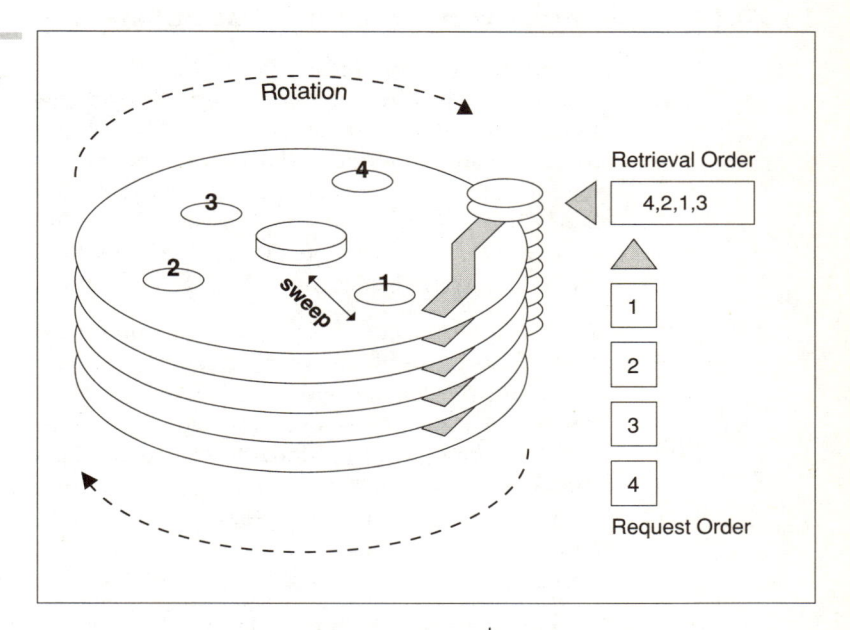

Der Elevator-Seeking-Algorithmus optimiert durch den Einsatz einer heuristischen Prozedur den Zugriff auf die Festplatten des File-Servers. Für den Plattentreiber innerhalb des File-Servers wird eine Warteschlange gepflegt. Die Lese- und Schreiboperationen, die in die Warteschlange eines bestimmtes Laufwerkes eingereiht werden, werden vom Betriebssystem so geordnet, daß der Plattenkanal nicht unnötig belastet wird.

KAPITEL 15

Der Plattentreiber bedient die Warteschlange so, daß nachfolgende Anforderungen entweder vor oder hinter die letzte Anforderung eingefügt werden. Der Schreib-/Lesekopf der Platte bewegt sich deshalb in Schwingbewegungen von einem Ende der Platte zum anderen Ende der Platte. Die Suchzeiten auf der Platte werden dadurch reduziert und die Belastung des Laufwerkes durch unnötige Positionierungen der Köpfe vermieden. Das Elevator-Seeking ist vergleichbar mit der Funktionsweise eines Aufzuges, daher auch die Bezeichnung (elevator=Aufzug). Wenn in einem Hochhaus der Aufzug zuerst im 5. Stock dann im 3.Stock und anschließend im 2.Stock angefordert wird, dann fährt der Aufzug auch nicht in der Reihenfolge der Anforderung die einzelnen Etagen ab, sondern bleibt beim Auf- und Abfahren auf den entsprechenden Stockwerken stehen.

15.10.11 Einsatz von mehreren Plattenkanälen

Die meisten PC-Entwürfe sind so ausgelegt, daß diese nur einen Plattenkanal verwenden. Schreib- und Leseoperationen werden nur über diesen einzigen Kanal ausgeführt. Novell hat deshalb zusätzliche Hardware entworfen, die es erlaubt, noch bis zu 4 weitere Plattenkanäle im File-Server zu verwenden, da Zugriffe auf die Platte die Hauptfunktion des File-Servers ist. Mit dem Einsatz des internen AT-Plattencontollers (auch IDE oder SCSI oder ESDI möglich) stehen somit insgesamt 5 Plattenkanäle zur Verfügung.

Novell NetWare kann dafür mit sogenannten DCBs (Disk Coprocessor Board) installiert werden. Man geht jedoch immer mehr dazu über, die leistungsfähigen SCSI-Karten einzusetzen. Arbeiten zum Beispiel zwei verschiedene Abteilungen mit einem gemeinsamen File-Server, wäre es sinnvoll, die beiden Datenbereiche dieser Abteilungen auf getrennten Platten zu speichern und jede Platte an einem separaten DCB oder SCSI-Board anzuschließen. Da beide Plattenkanäle unabhängig voneinander sind und parallel arbeiten können, kann der Durchsatz hierfür verdoppelt werden.

Bei der Behandlung der Sicherheitsmechanismen unter Novell NetWare werden wir noch genauer auf diese Variante zu sprechen kommen.

15.11 Dateien und Directories unter NetWare v3.11

Dateien werden auf den Volumes des File-Servers abgelegt. Wie unter MS-DOS unterteilt man diese meist in Directories, um auch eine sinnvolle Directory-Struktur auf den Volumes zu erzielen. Die Möglichkeiten, die Ihnen hierbei von NetWare v3.11 geboten werden, unterscheiden sich sowohl von MS-DOS als auch von NetWare 286. Die zur Verfügung stehenden Funktionen und Möglichkeiten beziehen sich auf die Bereiche:

- Directory-Tabellen
- Multiple Name Space Support
- Sparse Files
- Salvageable Dateien (Wiederherstellbare Dateien)

15.11.1 Directory-Tabellen

Auf jedem Volume befindet sich ein Bereich, in dem Directory-Einträge gespeichert werden, d.h. Dateien und Subdirectories. Die Directory-Einträge belegen dabei mehrere Blöcke auf dem Volume. Unabhängig von der gewählten Disk Allocation Block Size für das Volume werden die Directory-Blöcke immer in 4 Kbyte Blockgrößen angelegt. Bei der Installation von NetWare 286 muß die Anzahl der Directory-Einträge festgelegt werden. Dies entfällt bei der Installation von NetWare v3.11. Wenn NetWare einen neuen Directory-Block benötigt, wird dieser auf dem Volume einfach angelegt. Ein einmal angelegter Directory-Block wird nicht mehr freigegeben. D.h. wenn Sie für die bestehenden Directory-Einträge z.B. 10 Blöcke auf dem Volume belegt haben und alle Dateien von diesem Volume löschen, bleiben diese Directory-Blöcke erhalten. In einem 4 Kbyte Directory-Block können 32 Einträge mit je 128 Byte Länge angelegt werden.

Auf einem Volume können jedoch nicht beliebig viele Directory-Blöcke eingerichtet werden, da die maximale Anzahl Directory-Einträge pro Volume auf 2 097 152 beschränkt ist, da auf einem Volume nicht mehr als 65 536 Directory-Blöcke à 32 Einträge angelegt werden können.

In einem Directory-Block können die unterschiedlichsten Arten von Einträgen stehen:

KAPITEL 15

- Datei-Einträge für unterschiedliche Workstation Betriebssysteme
- Directory-Einträge für unterschiedliche Workstation-Betriebssysteme
- Datei-Trustee-Einträge
- Directory-Trustee-Einträge
- Freie Einträge

In jedem Eintrag werden Informationen über Dateien, Directories, Datei-Trustees, Directory-Trustees etc. abgelegt. Das Volume SYS wird zu Beginn mit 6 Directory-Blöcken angelegt. Jedes andere Volume wird mit zwei Directory-Blöcken eingerichtet. Wenn auf dem Volume im Laufe des Betriebes zusätzliche Directory-Blöcke benötigt werden, legt NetWare diese dynamisch auf dem Volume an.

15.11.2 Multiple Name Space Support

Es wurde bereits mehrfach erwähnt, daß NetWare v3.11 speziell für den Bereich des Network Computing entwickelt worden ist. Da ein solches Netzwerkbetriebssystem die Möglichkeit bieten muß, unterschiedliche Workstations und Workstation-Betriebssysteme einbinden zu können, sind damit natürlich auch gewisse zusätzliche Forderungen zu erfüllen.

Jedes Workstation-Betriebssystem zeichnet sich durch andere Funktionalitäten und Dateikonventionen aus. Wenn Sie zum Beispiel mit MS-DOS arbeiten, dürfen Ihre Datei- und Directory-Namen aus 8 Stellen Datei- bzw. Directory-Namen und 3 Stellen Extension bestehen. Arbeiten Sie hingegen mit Apple-Macintosh-Betriebssystem können die Dateinamen bis zu 32 Stellen haben, unter OS/2 1.2 mit High Performance File System sind 255 Stellen für den Dateinamen erlaubt. Unter Unix können die Dateinamen bis zu 32 Stellen lang sein.

NetWare v3.11 unterstützt bei der Einbindung unterschiedlicher Arbeitsplatzrechner und deren Betriebssysteme diese im sogenannten Native Mode, d.h. der File-Server unterstützt Dateikonventionen und Dateiformat so, wie es Ihnen vom Workstation-Betriebssystem angeboten wird. Man muß sich also nicht auf einen gemeinsamen »Nenner« für Dateiformat und Dateikonvention einigen, sondern der File-Server jedes unterstützten Workstation-Betriebssystems steht in seiner vollen Leistung zur Verfügung.

Dies wird durch die Einführung des Multiple Name Space Support erreicht und realisiert. Wenn Sie unter MS-DOS eine Datei am File-Server abspeichern, wird hierfür ein Dateiname vergeben. Dieser

Dateiname belegt einen Directory-Eintrag in der Dircectory-Tabelle des File-Servers. In diesem Directory-Eintrag wird neben dem Dateinamen auch noch die Länge des Dateinamens (1 Byte), Dateiattribute, der Eigentümer, Erstellungsdatum und -uhrzeit und die Verbindung zur Datei-Trustee-Liste abgelegt.

Die Dateikonventionen einzelner Workstation-Betriebssysteme können sich hinsichtlich der Länge des Dateinamens, erlaubte Zeichen im Dateinamen, Data und Resource Fork, etc. unterscheiden. Um alle diese Unterschiede am File-Server unterstützen zu können, muß für das entsprechende Workstation-Betriebssystem ein Name Space Modul am File-Server geladen werden. Dies ist jedoch nur unter NetWare v3.11 und NetWare v4.0 möglich.

Multiple-Name-Space-Unterstützung bedeutet tatsächlich das Vorhandensein mehrerer Dateieinträge. Ist Ihr File-Server zum Beispiel so eingerichtet, daß sowohl DOS- als auch Macintosh-Name-Space-Unterstützung für ein Volume festgelegt ist, dann werden für jede Datei, die Sie am File-Server ablegen, zwei 128 Byte Datei-Einträge generiert. In einem Dateieintrag sind die Dateiattribute, Eigentümer, Erstellungszeit und -datum, DOS-Dateiname etc. abgelegt. Im anderen Dateieintrag wird der Macintosh-Dateiname und die Macintosh-Finder-Information abgelegt. Unterstützt ein File-Server Multiple Name Space, dann wird für jede Datei ein Datei-/Directory-Eintrag für jeden unterstützten Name Space Support eingerichtet.

Beim Anlegen von Directory-Namen wird auf die gleiche Art und Weise verfahren. Die Unterstützung der DOS und OS/2 1.x Konvention ist standardmäßig im Netzwerkbetriebssystem enthalten, d.h. hierfür muß kein separater Name Space geladen werden. Zu beachten ist dabei, daß der Name Space Support für jedes Volume einzeln festgelegt wird, d.h. Sie können Volumes installiert haben, für die Sie unterschiedliche Name-Space-Unterstützung festgelegt haben. In Abbildung 15.14 ist die Aufteilung der Directory-Tabellen beim Einsatz von Multiple Name Space aufgezeigt.

Wenn Sie für ein Volume einen zusätzlichen Name Space Support festgelegt haben, benötigt der File-Server den doppelten, dreifachen etc. Hauptspeicher, um die Directory-Einträge im Hauptspeicher ablegen zu können, je nachdem, ob Sie zwei, drei etc. Name Space Support Module geladen haben.

KAPITEL 15

```
Directory Table
┌─────────────────┐
│ HYPERCARD       │◄──── DOS directory entry: HYPERCARD
│ Hypercard       │◄──── ┌─────┬──────┬────────┬──────────┬──────────┐
│ NETWARE         │      │ DOS │Dates │Creator │Link to   │Link to   │
│ NetWare 353     │      │Name │      │        │DOS Data  │Name Space│
│ HOME <DIR>      │      │     │      │        │Fork      │Entry     │
│ WORK <DIR>      │      └─────┴──────┴────────┴──────────┴──────────┘
│ GRAPHICS        │
│ Graphics        │      Macintosh directory entry: Hypercard
└─────────────────┘      ┌─────┬──────────┬──────────┬──────────┐
                         │ Mac │Link to   │Resource  │Link to   │
                         │Name │Mac       │Fork Size │Name Space│
                         │     │Resource  │          │Entry     │
                         │     │Fork      │          │          │
                         └─────┴──────────┴──────────┴──────────┘
```

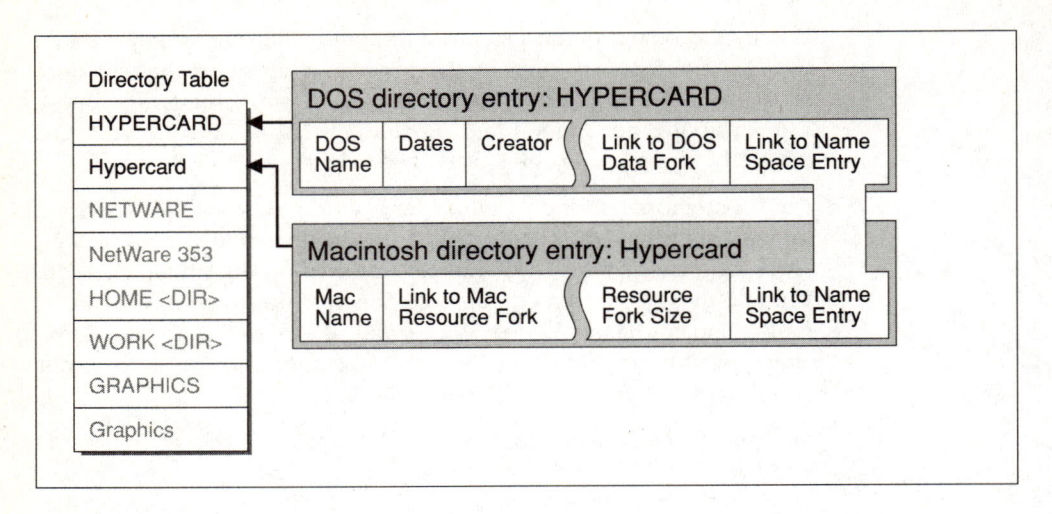

Bild 15.14 Name Space Support unter NetWare v3.11

NetWare v3.11 unterstützt auch sogenannte Multiple Byte Characters für Dateien, Directories und Bindery-Einträge. Dies ist notwendig, weil es Workstation-Betriebssysteme gibt, die zwei Bytes benötigen, um ein Zeichen darstellen zu können. Da NetWare v3.11 eine maximale Dateigröße von 4 Gbyte unterstützt und Volumes über mehrere Platten erstreckt werden können, ist es auch möglich, daß sich Dateien über mehrere Platten erstrecken (Spanned Files).

15.12 Sparse Files

Unter NetWare v3.11 werden auch sogenannte Sparse Files unterstützt. Solche Dateien werden sehr oft von Datenbanksystemen erzeugt. Wie Sie bereits wissen, werden Dateien auf der Platte des File-Servers immer blockweise abgespeichert. Unter einem Sparse File versteht man eine Datei, bei der mindestens ein Block leer ist, d.h. dieser Block enthält noch keine Informationen. NetWare v3.11 schreibt den Block nicht mehr auf die Platte, wenn dieser leer ist. Befindet sich im Block auch nur ein Byte Information, wird dieser auf die Platte geschrieben.

Folgendes Beispiel macht Ihnen das Prinzip plausibler:

Angenommen, Sie legen auf dem Volume DATEN, das mit einer Disk Allocation Block Size von 4 Kbyte eingerichtet worden ist, Ihre Datenbankdateien ab. Außerdem wird davon ausgegangen, daß von der Datenbank eine neue Datei geöffnet wird, und auf die Byte-Stelle 1 048 576 in der Datei 5-Byte-Daten geschrieben werden sollen und anschließend die Datei wieder geschlossen wird. Ein nicht optimal arbeitender Server würde in diesem Fall die gesamte Datei auf dem File-Server abspeichern. (D.h. 256 Blöcke, die mit Null gefüllt sind (das erste MegaByte) und anschließend einen weiteren Block mit 5-Byte-Daten und 4091 Nullen).

Auf diese Art und Weise verschwenden Sie auf der Platte 1 Mbyte Plattenkapazität. NetWare v3.11 schreibt das erste MegaByte, gefüllt mit Nullen, nicht auf die Platte des File-Servers. NetWare v3.11 schreibt nur den letzten Block auf die Platte. Versucht nun das Datenbanksystem Informationen vom ersten MegaByte der Platte zu lesen, dann werden vom Server Nullen generiert und an das Datenbankprogramm zurückgegeben.

15.13 Salvageable Dateien (Wiederherstellbare Dateien)

Wem ist dies noch nicht passiert? Sie arbeiten auf Ihrem PC und wollen Dateien löschen. Unter der Annahme, daß Sie sich im richtigen Directory befinden, geben Sie den Befehl DEL *.* ein. Auf die Abfrage von MS-DOS, ob auch wirklich alle Dateien gelöscht werden sollen, antworten Sie selbstbewußt mit Yes. Kaum haben Sie mit Yes bestätigt, ist es auch schon passiert. Nicht nur, daß Ihre Dateien von der Platte gelöscht worden sind, Sie stellen auch noch fest, daß Sie sich im falschen Directory befunden haben. D.h. Sie haben die verkehrten Dateien gelöscht. In diesem Falle müssen Sie unter MS-DOS auf Utilities wie NORTON oder PC-TOOLS zurückgreifen, um alle gelöschten Dateien restaurieren zu können.

Die Möglichkeit des Wiederherstellens von gelöschten Dateien wird auch von NetWare 286 angeboten, allerdings nicht so komfortabel wie unter NetWare v3.11. Wenn Sie unter NetWare 286 Dateien gelöscht haben, und Sie wollten die Löschung wieder rückgängig machen, dann mußten Sie den Befehl SALVAGE eingeben. Anschließend wurden alle zuletzt gelöschten Dateien wiederhergestellt. Zu beachten ist dabei nur, daß zwischen dem Befehl DEL und dem Befehl SALVAGE kein Schreiben des Benutzers auf die File-Serverplatte, kein neuer LOGIN oder LOGOUT des Benutzers, kein neues DEL oder gar das Absetzen des Befehls PURGE erfolgen darf. Wird dies nicht beachtet, dann ist ein Wiederherstellen der Dateien nicht mehr möglich. Die Dateien sind in solchen Fällen physikalisch von der Platte entfernt worden, d.h. es

KAPITEL 15

wird nicht nur der Directory-Eintrag von der Platte gelöscht, sondern auch jeder Block, den die Datei auf der Platte des File-Servers belegt hat, wird mit Hex 00 überschrieben.

Unter NetWare v3.11 und NetWare v4.0 werden alle gelöschten Dateien in ihrem ursprünglichen Directory erhalten. Erst wenn auf dem Volume kein Platz mehr vorhanden ist, wird begonnen, die bereits am längsten gelöschten Dateien zu überschreiben. Der Benutzer kann aber auch jederzeit bestimmen, daß wiederherstellbare Dateien vollständig von der Platte entfernt werden sollen. Man spricht in diesem Fall davon, daß ein PURGE auf die Datei durchgeführt wird. Was passiert jedoch, wenn Sie ein komplettes Directory von der Platte löschen? Wie oben beschrieben, werden gelöschte Dateien im ursprünglichen Directory aufbewahrt.

Wenn Sie komplette Directories löschen, werden alle Dateien des Directories in einem hierfür speziell eingerichteten Directory angelegt. D.h. alle gelöschten Dateien von gelöschten Directories werden im DELETED.SAV Directory abgelegt. Dieses spezielle Directory befindet sich automatisch auf jedem Volume. Solange wiederherstellbare Dateien nicht explizit durch PURGE oder durch Überschreiben der gelöschten Datei von der Platte entfernt werden (weil die Platte voll ist), können diese jederzeit restauriert werden.

Neben allen anderen notwendigen Informationen für diese gelöschte Datei wird zusätzlich ausgewiesen, wann und von wem die Datei gelöscht worden ist. Das Wiederherstellen von gelöschten Dateien wird durch das SALVAGE Menüsystem durchgeführt. Für den Fall, daß Sie eine Datei restaurieren wollen, deren Dateiname inzwischen bereits für eine neue Datei in diesem Directory verwendet worden ist, fragt das SALVAGE Menüsystem nach, unter welchem Namen die Datei restauriert werden soll.

Mit dem SALVAGE Menüsystem können Sie auf einer oder auf mehreren Dateien einen PURGE durchführen. Soll es für Dateien nach dem Löschen unmöglich gemacht werden, sie wiederherzustellen, haben Sie hierfür drei Möglichkeiten.

1. Sie vergeben für die Datei das Attribut PURGE. Damit legen Sie fest, daß diese Datei nach dem Löschen sofort von der Platte entfernt wird, d.h. nicht mehr wiederherstellbar ist.
2. Sie vergeben für das Directory das Attribut PURGE. Hiermit legen Sie fest, daß jede Datei in diesem Directory nach dem Löschen nicht mehr wiederhergestellt werden kann.
3. Sie setzen am File-Server den Parameter *Immediate Purge of Deleted Files=ON*. Hiermit wird für jede gelöschte Datei ein PURGE durchgeführt, wenn diese auf der Platte des File-Servers gelöscht wird. Hiermit erhöhen Sie zwar auch die Per-

formance des File-Servers aber mit dem Nachteil, daß Sie die Funktionalität des Wiederherstellens von gelöschten Dateien nicht mehr besitzen. Wenn Sie diesen Parameter verwenden, gilt der Mechanismus für alle Volumes des File-Servers, d.h. er kann nicht auf ein bestimmtes Volume beschränkt werden.

15.14 Datensicherheit unter Novell NetWare v3.11

Die Datensicherheit eines Netzwerkes muß zwei Seiten abdecken. Zum einen geht es um die Sicherheit der Daten, d.h. es müssen Mechanismen vorhanden sein, die es unterbinden, daß jeder das Netz benutzen kann, obwohl er gar nicht berechtigt ist, und daß jeder die Daten des anderen einsehen kann. Zum anderen geht es um die Hardware-Sicherheit. Was kann getan werden, damit das System vor Ausfällen geschützt ist.

In diesem Abschnitt werden wir uns mit dem ersten Problem beschäftigen, der nächste Abschnitt wird dann die Methoden aufzeigen, die Novell anbietet, um das Netz vor Ausfällen zu sichern.

Die Daten- und Ressourcen-Sicherheit gewinnt im Zuge der Vernetzung immer mehr an Bedeutung. Diese Problematiken sind bei den Großrechnersystemen seit langem schon gelöst. Im PC-Bereich liegt dieser Bereich noch etwas brach. Im PC-LAN-Bereich bietet Novell hierfür hervorragende Lösungen an.

Novell NetWare stellt Entwicklern und Systemverwaltern eine Reihe leistungsstarker Sicherheitsmechanismen zur Verfügung, wenn Datensicherheit im LAN gefordert wird. Eine zentrale Sicherheitseinrichtung steuert ein System von alternativen Sicherheitseinrichtungen, das aus folgenden Punkten besteht:

- Sicherheit auf Abrechnungsebene
- Sicherheit auf Paßwortebene
- Sicherheit auf Verzeichnisebene
- Sicherheit auf Dateiebene
- Sicherheit auf Internet-Ebene

Dem Verantwortlichen stehen eine Reihe von Utilities zur Verfügung, mit deren Hilfe die oben genannten Sicherheitsmechanismen aktiviert und definiert werden können. Inwieweit die einzelnen Methoden verwendet und umgesetzt werden, obliegt dem Systemverantwortlichen.

Mit Hilfe des ausgereiften Sicherheitssystems von NetWare v3.11 wird festgelegt

KAPITEL 15

- wer am File-Server arbeiten darf,
- welche Ressourcen der Benutzer am File-Server verwenden darf (Directories, Dateien, Print-Queues etc.),
- was der Benutzer mit diesen Ressourcen machen darf (z.B. nur Lesen, Lesen und Schreiben, Ändern etc.) und
- wer Programme (Tasks) am File-Server starten darf.

Das zentrale Sicherheitsmedium, um diese Mechanismen zu realisieren, wird durch die Bindery, dem zentralen Sicherheitssystem von NetWare v3.11 aufrechterhalten.

15.14.1 Die Bindery – zentrale Sicherheitseinrichtung

Bei der Bindery handelt es sich um eine Datenbank, mit der alle notwendigen Sicherheitsbereiche des File-Servers überwacht und gesteuert werden. In der Bindery werden Informationen über die Ressourcen, wie zum Beispiel File-Server, Print-Server, Datenbank-Server, abgelegt und zwar zusammen mit den Angaben, welche Benutzer mit welchen Berechtigungen auf diese Ressourcen Zugriff haben. Wenn zum Beispiel ein Print-Server die Dienste für ein gesamtes Internetwork als Ressource zur Verfügung stellt, dann wird dieser Print-Server mit einem Namen und einer Internetwork-Adresse in der Bindery eines jeden File-Servers in diesem Internetwork verwaltet. Die Bindery kann als Ressource Directory betrachtet werden, von dem sich die Benutzer (Clients) eine Auflistung aller Ressourcen, die im Netzwerk zur Verfügung stehen, ausgeben lassen können.

In der Bindery werden zudem für jeden Benutzer alle Informationen abgespeichert, welche als Basis zum Aufbau der Login-Sicherheit unter NetWare v3.11 notwendig sind. Dies betrifft unter anderem den Paßwort-Schutz, Accounting des Benutzers, Benutzer-Restriktionen, Trustee-Rechte etc. Im folgenden werde ich Ihnen das Prinzip und die Arbeitsweise der Bindery in 3 Abschnitten erklären:

- Bindery-Dateien
- Bindery-Komponenten
- Bindery-Sicherheit

Bindery-Dateien

Die Bindery unter NetWare v3.11 teilt sich in drei Dateien auf. Diese drei Bindery-Dateien werden auf dem NetWare System-Volume SYS:SYSTEM abgelegt und gepflegt. Diese können von herkömmlichen Benutzern nicht gelöscht oder kopiert werden – nicht einmal vom Supervisor. Eine Modifikation der Bindery ist nur

Novell NetWare v3.11

durch entsprechende NetWare Utilities möglich und erlaubt. Es handelt sich hierbei um die Dateien:

NET$OBJ.SYS   Verwalten der Bindery-Objekte
NET$PROP.SYS Verwalten der Bindery-Properties
NET$VAL.SYS   Verwalten der Bindery-Data-Sets

In der Bindery können bis zu 16 777 216 Objekte und 16 777 216 Properties gespeichert und verwaltet werden. Ein Bindery-Objektname kann bis zu 48 Byte lang sein, ein Byte-Längenfeld gefolgt von 1 bis 47 Byte für den Objektnamen. Wie bereits für Dateien und Directories besprochen, unterstützt die Bindery unter NetWare v3.11 auch MultipleByte Characters. Die Unterschiede der Bindery unter NetWare v3.11 und NetWare 286 sind wie folgt:

NetWare v3.11 Bindery	NetWare 286 v2.1x Bindery
Maximale Anzahl Objekte 16 777 216	Maximale Anzahl Objekte 65 536 (Anzahl Properties / 2)
Maximale Anzahl Properties 16 777 216	Maximale Anzahl Properties 131 072 (Anzahl Objekte * 2)
Bindery-Dateien NET$OBJ.SYS NET$PROP.SYS NET$VAL.SYS	Bindery-Dateien NET$BIND.SYS NET$BVAL.SYS

Komponenten der Bindery

Die Bindery setzt sich aus Objekten und Properties zusammen. Ein Objekt kann ein Benutzer, eine Benutzergruppe, ein File-Server, ein Print-Server oder jedes andere logische oder physikalische Objekt in einem Netzwerk sein, dem ein Name gegeben wird. Jedem Objekt werden sogenannte Properties zugewiesen, wobei jedes Property einen Property-Wert besitzt.

Property-Werte wiederum werden in zwei Bereiche aufgeteilt: SET Properties oder ITEM Properties. Ein Property SET besitzt eine Liste oder einen SET von Objekt-IDs, die als Property-Wert eingetragen sind. Ein Property ITEM hingegen besitzt einen Property-Wert, der jeden beliebigen Datenwert besitzen kann. Typischerweise handelt es sich dabei um numerische Werte, einen String oder eine Struktur.

Jedem Objekt können mehrere Properties zugewiesen werden. Zum Beispiel kann dem Objekt Benutzer als Property ein Paßwort, eine Account-Balance oder eine Liste von Gruppen zugewiesen sein, in denen dieser Mitglied ist. Ein Server hingegen wird nur ein Property haben, es handelt sich dabei um die Netzwerkadresse.

Der Property-Wert enthält den momentan aktuellen Wert, der diesem Property zugewiesen ist. Das Paßwort eines Benutzers wird zum Beispiel im Property-Wert abgelegt, der für das Property-Paßwort vergeben worden ist. Obwohl ein Property nur einen Wert haben kann, kann dieser Wert mehrere Segmente enthalten, wobei jedes Segment 128 Byte groß sein kann.

Bindery-Sicherheit

Die Sicherheitsmaßnahmen des File-Servers werden unter NetWare von der Bindery abgedeckt. Streng genommen sind die Sicherheitsvorkehrungen der Bindery und die Dateisystem-Sicherheit unabhängig voneinander. In der Bindery werden keinerlei Trustee-Informationen gespeichert (Datei-und Directory-Trustee-Rechte). Alle Directory- und Datei-Trustee-Informationen werden im Directory-Eintrag abgespeichert. Der einzige Zusammenhang zwischen der Bindery und dem Dateisystem besteht darin, daß im Dateisystem jegliche Information von Directory- und Datei-Trustee-Rechten mit Hilfe der Objekt-ID abgespeichert ist. D.h. wird einem Benutzer ein Trustee-Recht für ein Directory zugewiesen, dann legt NetWare für dieses Directory in einem weiteren Directory-Eintrag die User-Objekt-ID und die dazugehörigen Rechte ab.

Die Bindery stellt eine flexible aber sichere Betriebssystem-Umgebung durch eine Vielzahl von Sicherheitsmechanismen zur Verfügung. Es handelt sich dabei um:

- Security Access Levels (Sicherheitsstufen)
- Privileges
- Encrypted Passwords

Sicherheitsstufen

Jedem Objekt und jedem Property in der Bindery wird eine Sicherheitsstufe zugewiesen, welche den Lese- und Schreibzugriff auf ein Bindery-Objekt und deren Properties überwacht. Die Objekt-Sicherheit und die Property-Sicherheit werden in zwei Halb-Bytes festgelegt. Das niederwertige Halb-Byte steuert die Sicherheit für das Lesen und das höherwertige Halb-Byte steuert die Sicherheit für das Schreiben. Für jedes Halb-Byte werden folgende Werte benutzt:

Hex	Binär	Zugriff	Beschreibung
0	0000	Anyone	Der Zugriff wird allen Clients erlaubt, auch wenn dieser nicht am File-Server angemeldet ist.
1	0001	Logged	Der Zugriff wird nur den Clients erlaubt, die sich erfolgreich am File-Server angemeldet haben.

Novell NetWare v3.11

Hex	Binär	Zugriff	Beschreibung
2	0010	Object	Der Zugriff wird nur erlaubt, wenn der Benutzer, der auf dieses Objekt zugreifen will, am Server als dieses Objekt angemeldet ist.
3	0011	Supervisor	Der Zugriff wird nur Clients erlaubt, die sich als Supervisor oder Supervisor-Equivalent am File-Server angemeldet haben.
4	0100	NetWare	Der Zugriff wird nur dem NetWare Betriebssystem gewährt.

Privileges

Die Sicherheit unter NetWare v3.11 mit Hilfe der Bindery wird durch zusätzliche Privileges erhöht: Supervisors, Workgroup-Managers, Benutzer.

Nach der Installation von NetWare auf dem File-Server existiert, unabhängig von der Art des File-Servers, automatisch ein Benutzer. Es handelt sich dabei um den Benutzer *Supervisor*. Der Supervisor hat alle notwendigen administrativen Aufgaben im Netzwerk zu erledigen, d.h. das Einrichten von Benutzern, das Einrichten von Gruppen, die Vergabe von Directory- und Datei-Rechten oder die Vergabe von Account Restrictions etc. Sie haben auch die Möglichkeit, für einen Benutzer Security-Equivalence-Funktionen zu vergeben. D.h. der Benutzer erhält die gleichen Rechte wie das Objekt, über das dieser Security-Equivalence-Rechte besitzt.

Die Definition von Security-Equivalence-Funktionen ist sehr hilfreich beim Einrichten und Benutzen von Gruppendefinitionen. Man faßt bestimmte Rechte in einer Gruppe zusammen und erteilt einem Benutzer die Security-Equivalence-Funktion für diese Gruppe. Auf diese Art und Weise erhält der Benutzer die gleichen Rechte, wie die Gruppe selbst. Mit dieser Funktionalität ist es auch möglich, den Benutzer A zum Security-Equivalence von Benutzer B zu machen. Somit hat Benutzer A die gleichen Rechte wie Benutzer B. Wenn Sie einen Benutzer zum Security-Equivalence-Supervisor machen, dann hat dieser Benutzer die gleichen Rechte wie der Supervisor.

Mit NetWare v3.11 werden zwei neue Properties unterstützt. Es handelt sich dabei um WG_MANAGER und OBJ_SUPERVISOR. Diese beiden Properties werden benötigt, um das neue Workgroup-Manager-Konzept von NetWare v3.11 unterstützen zu können. Was versteht man unter einem *Workgroup-Manager*?

Wenn es um die Verwaltung eines Netzwerkes unter NetWare geht, existiert ein Benutzer oder Benutzer-Equivalence, der die gesamte Verantwortung und Kontrolle darüber hat – der Supervisor. Dieser ist unter anderem für das Einrichten von Benutzern, Vergeben von Zugriffsrechten, Einrichten von Gruppen, Festlegen von Account Restrictions, Einrichten von Applikationen etc. verantwortlich. Da Netzwerke jedoch immer größer werden, wachsen damit natürlich auch die Aufgaben, die von diesem Supervisor zu erfüllen sind. Mit Hilfe des Workgroup-Manager-Konzepts ist es möglich, diese Art Aufgaben auf mehrere Benutzer zu verteilen. D.h. Sie legen einen oder mehrere Benutzer fest, die Workgroup-Manager-Status besitzen und ermöglichen somit, daß dieser Workgroup-Manager für das Einrichten, Vergeben von Rechten etc. selbst verantwortlich ist. Die Oberhand behält zwar immer noch der Supervisor. Dieser legt auch fest, wer diesen Status erhält. Er kann jedoch administrative Aufgaben im Netzwerk sinnvoll verteilen.

WG_MANAGER ist ein Property Set, das mit dem Objekt Supervisor verbunden ist. Der Supervisor vergibt dieses Property für einen Benutzer oder eine Gruppe beim Einrichten mit Hilfe des Menüs *Syscon*. Er vergibt somit eingeschränkte Supervisor-Privilegien an einzelne Benutzer oder Gruppen, d.h. diese werden zum Workgroup-Manager.

Wird eine Objekt-ID im WG_MANAGER Data Set eingetragen, kann dieses Objekt neue Bindery-Objekte einrichten. In Abbildung 15.15 ist dargestellt, wie dieser Zusammenhang aussieht, wenn Sie den Benutzer als Objekt-ID in den WG_MANAGER Data Set eintragen.

Bild 15.15 Aufbau der Workgroup-Manager-Beziehung

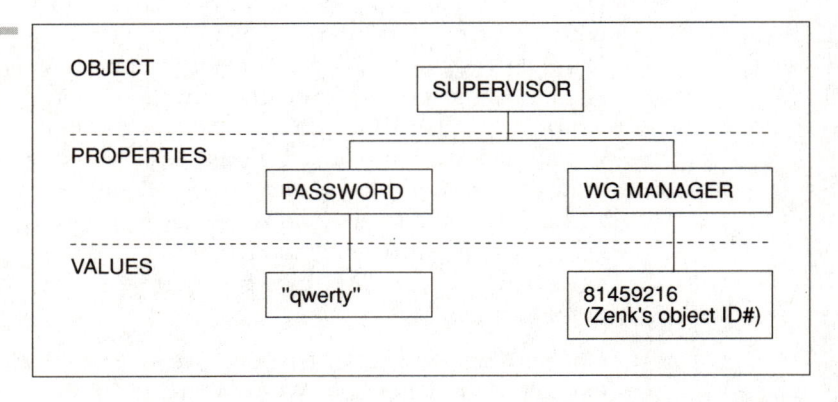

Jedes Objekt, das von einem Workgroup-Manager eingerichtet wird, erhält das Property Set OBJ_SUPERVISOR zugewiesen, in dem die Objekt-ID des Workgroup-Managers eingetragen wird, der dieses Objekt in der Bindery eingerichtet hat. Wenn zum Beispiel der Workgroup-Manager Zenk den Benutzer Rosi eingerichtet hat, dann wird im Property Set OBJ_SUPERVISOR die Objekt-ID von

Benutzer Zenk eingetragen. In Abbildung 15.16 ist dieser Zusammenhang dargestellt.

Beachten Sie: Wenn die Objekt-ID von Benutzer Zenk im OBJ_SUPERVISOR Property Set von Objekt Rosi eingetragen ist, dann hat Objekt Zenk alle Rechte über das Objekt Rosi, egal ob die Objekt-ID von Zenk im SUPERVISOR WG_MANAGER Data Set eingetragen ist oder nicht. Auf diese Art und Weise können Sie einen beliebigen Benutzer zum User-Account-Manager eines anderen Benutzers definieren. Dieser hat dann alle Rechte über diesen Benutzer.

Bild 15.16 Eintrag der Bindery, wenn Benutzer von einem Workgroup-Manager eingerichtet wird

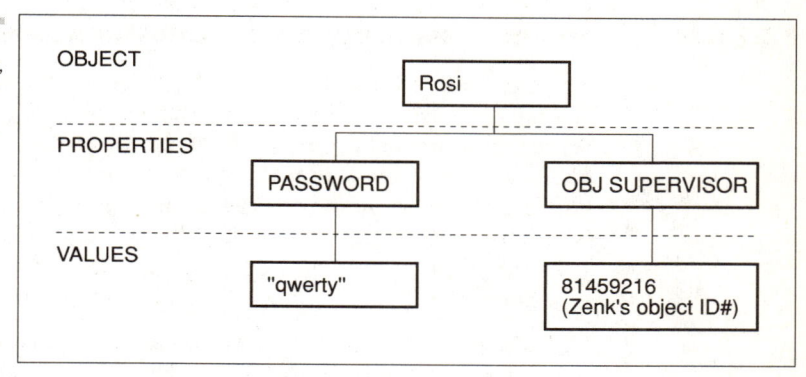

```
OBJECT                    ┌──────┐
                          │ Rosi │
                          └──┬───┘
          ┌──────────────────┴──────────────┐
PROPERTIES│                                 │
       ┌──┴───────┐                ┌────────┴──────┐
       │ PASSWORD │                │ OBJ SUPERVISOR │
       └────┬─────┘                └────────┬───────┘
VALUES      │                               │
       ┌────┴─────┐                ┌────────┴─────────┐
       │ "qwerty" │                │ 81459216         │
       └──────────┘                │ (Zenk's object ID#)│
                                   └──────────────────┘
```

Encrypted Password

Zusätzlich zu den neuen Sicherheitsmechanismen in Bezug auf Workgroup-Manager und User-Account-Manager, bietet die Bindery auch noch weitere Sicherheitsfunktionen in Bezug auf die Login-Sicherheit in Verbindung mit dem Property Password. Mit NetWare v3.11 wird das Paßwort eines Benutzers nicht nur verschlüsselt in der Bindery abgelegt, wie dies auch für NetWare 286 der Fall ist. Das Paßwort wird mit NetWare v3.11 auch noch verschlüsselt über die Netzwerkleitung übertragen. Auf diese Art und Weise ist es nicht möglich, mit Hilfe eines LAN-Analysers ein übertragenes Paßwort von der Workstation zum File-Server abzuhören. Da NetWare 286 nicht mit dieser Funktion arbeitet, ist es möglich im gemischten Netzwerkbetrieb, d.h. Einsatz von NetWare 286 und NetWare v3.11 File-Servern, am NetWare v3.11 File-Server festzulegen, auch nichtverschlüsselte Paßwörter zu akzeptieren. NetWare v2.2 verwendet inzwischen auch Encrypted Passwords.

Im nächsten Abschnitt will ich Ihnen zeigen, auf welche Art und Weise das Sicherheitssystem von NetWare v3.11, mit Hilfe der Bindery, aufgebaut und realisiert wird. In der Einleitung von Abschnitt

15.14. habe ich bereits darauf hingewiesen, daß sich die Sicherheit von NetWare v3.11 über die Bereiche

- Login-Sicherheit
- Rechte-Sicherheit
- Attribut-Sicherheit
- File-Server-Sicherheit

erstreckt. Diese sollen näher betrachtet werden. Ich will Ihnen auch weiterführende Informationen über die Accounting-Services von NetWare v3.11 geben.

15.14.2 Sicherheitsgruppen und Äquivalenzdefinitionen

Ein wesentliches Merkmal von NetWare bildet die Möglichkeit, Objekte zu Gruppen zusammenfassen zu können. Sind am File-Server mehrere Benutzer mit ihren Benutzer-IDs definiert, können diese zu Gruppen zusammengefaßt werden. Andere Benutzer können zu einer anderen Gruppe zusammengefaßt werden. Jeder Gruppe können entsprechende Rechte zugewiesen werden, die sich danach richten, welche Berechtigungen die Gruppe für die Erfüllung ihrer Arbeit benötigt (Festlegung von Zugriffsrechten).

Eine Gruppe wird durch ihren Namen gekennzeichnet. Wird für diese Gruppe zum Beispiel Schreib- und Lesezugriff auf ein bestimmtes Subdirectory erteilt, aber kein Recht, Dateien daraus zu löschen, kann ein Mitglied dieser Gruppe an diesen Definitionen nichts ändern. Die Vergabe von Rechten obliegt ausschließlich dem Supervisor oder dem Supervisor-Equivalence. Durch diesen Mechanismus ist es für den Systemverantwortlichen sehr einfach, die Kontrolle und den Überblick über das Netzwerk mit all seinen Benutzern zu behalten.

Existieren für bestimmte Objekte bereits vorgegebene Sicherheitsdefinitionen, und die gleiche Definition wird für ein anderes Objekt auch benötigt, so können sogenannte Äquivalenzen vergeben werden. Novell bezeichnet diese Art der Definiton als Security-Equivalence. Ein Benutzer A mit Äquivalenzrechten von Benutzer B, besitzt die gleichen Zugriffsrechte wie Benutzer B, ohne daß zusätzliche Definitionen angegeben werden müssen.

Meldet sich ein Benutzer am File-Server korrekt an, sammelt dieser alle Gruppenzugehörigkeiten und Äquivalenzinformationen über den Benutzer. Werden Zugriffsberechtigungen für einen Benutzer durch den Netzwerkadministrator durchgeführt, während er noch angemeldet ist, sind diese für den Benutzer sofort wirksam ohne daß dieser sich neu anmelden muß.

Nach der Installation des Netzwerkbetriebssystems existiert standardmäßig bereits ein Benutzer mit dem Namen Supervisor. Der User Supervisor ist verantwortlich für die Vergabe von Rechten, Festlegung der Benutzer und Gruppendefinitionen, der Vergabe von Directory-Rechten und der File-Attribute und vieler Dinge mehr, wie wir später noch sehen werden. Dem Supervisor können keine Rechte entzogen werden, er hat ausschließliche Privilegien und kann als Benutzer auch nicht gelöscht werden. Ohne Supervisor bzw. ohne Benutzer mit Supervisor-Equivalenz-Rechten kann am Filer-Server nicht mehr definiert und kontrolliert werden. Daher sollte mit dieser Benutzerkennung äußerst vorsichtig umgegangen werden.

15.15 Die Accounting-Dienste von NetWare v3.11

Um die Definition und Anwendung der Sicherheitseinrichtungen für den Systemverwalter so einfach wie möglich zu gestalten, bietet NetWare v3.11 hierfür eine Vielzahl von Mechanismen an, die es gestatten, für die Benutzer im Netzwerk genau festzulegen, auf welche Ressourcen diese Zugriff haben.

Mit dem Accounting-System von NetWare v3.11 ist es möglich, für die Benutzung von Server-Diensten Gebühren zu verrechnen. So könnte es zum Beispiel sein, daß man bei einem Datenbank-Server festlegt, wie hoch die Gebührensätze für das Lesen von Datenbanksätzen, das Schreiben von Datenbanksätzen, die Verbindungszeit zum Datenbank-Server etc. sein sollen. Bei einem Print-Server können Sie die Gebührensätze in Abhängigkeit der gedruckten Seiten festlegen. Der Supervisor für den File-Server bestimmt, für welche Bereiche Gebührensätze in welcher Höhe verrechnet werden sollen.

Die Information darüber, für welchen Server in welcher Höhe Gebührensätze berechnet werden sollen, wird in der Bindery des File-Servers abgelegt. In der Bindery wird auch abgelegt, wie groß zum einen der Kontostand des einzelnen Benutzers ist und wie hoch das Kreditlimit eines Benutzers ist. Sobald ein Server als Accounting-Server in der Bindery eingetragen und aktiv ist, können folgende Aufgaben durchgeführt werden:

- Abbuchen von Gebührensätzen vom Konto des Benutzers,
- das Account eines Benutzers auf HOLD stellen, wenn das Konto aufgebraucht ist,
- den Account-Status eines Benutzers abfragen und

■ Accounting-Informationen in einem Audit-File – Accounting-Protokolldatei – abspeichern.

Da auch die Accounting-Dienste durch die Bindery verwaltet werden, benötigt NetWare auch dazu besondere Properties. Hierzu stehen in der Bindery 3 Properties zur Verfügung, um die Objekt-IDs aller festgelegten Accounting-Server als auch alle Informationen über das Account des bzw. der Benutzer (Clients) zu verwalten. Es handelt sich hierbei um die Properties ACCOUNT_SERVERS, ACCOUNT_BALANCE, ACCOUNT_HOLDS. Die Aufgabe dieser drei Properties soll anschließend etwas näher betrachtet werden.

Property ACCOUNT_SERVERS

Wird für einen Server, egal ob File-Server, Print-Server oder auch Datenbank-Server, das Accounting eingerichtet, muß für jeden Server ein ACCOUNT_SERVER Property eingerichtet werden. Dieser Property-Eintrag enthält die Objekt-ID eines jeden Servers, der die Berechtigung besitzt, Accounting-Daten zu übertragen. Bevor zum Beispiel der Print-Server PS-SERVER Accounting-Abrechnungsdaten zum File-Server FS1 übertragen kann, muß die Objekt-ID von PS-SERVER in der Property ACCOUNT_SERVERS in der Bindery von File-Server FS1 eingetragen sein.

Dies gilt auch für jedes Objekt, das Security-Equivalent zu einem Objekt ist, welches in der ACCOUNT_PROPERTY eingetragen ist.

Property ACCOUNT_BALANCE

Jedes Objekt, das sich am File-Server anmelden kann, d.h. Property Password hat, besitzt eine ACCOUNT_BALANCE Property. Die Account Balance (Kontostand) des Objekts und das Kreditlimit für das Objekt wird im Property ACCOUNT_BALANCE gespeichert. Besitzt ein Objekt diese Property nicht, kann der Zugang zum File-Server verwehrt werden. Wenn das Kreditlimit eines Objekts erreicht ist, wird der Zugang zum entsprechenden Server verweigert, falls dieser Accounting-Daten erzeugt.

Property ACCOUNT_HOLDS

Ein berechtigter Server kann das Account eines Benutzers auf HOLD stellen, d.h. außer Kraft setzen, den Status des User-Account abfragen oder einen Gebührensatz für den Benutzer in Rechnung stellen. Jedes Objekt, das sich am Server anmelden kann, ist in der Lage, ein Property ACCOUNT_HOLD zu besitzen. Dieser Property-

Eintrag erfolgt nur dann, wenn das Accounting des Benutzers abgelaufen ist, temporär deaktiviert wird oder auch das Konto des Benutzers aufgebraucht ist. Wird das Account eines Benutzers wieder freigegeben, dann wird dieser Eintrag für das Objekt gelöscht.

Die Einrichtung des Accounting-Systems ist unter NetWare v3.11 optional. Nach der Installation des Accounting-Systems wird ein Protokoll darüber geführt, wann sich ein Benutzer von welcher Station aus am File-Server angemeldet und wieder abgemeldet hat. Außerdem wird auch registriert, welche Accounting-Beträge, für das Lesen von Daten, das Schreiben von Daten etc. in dieser Login-Zeitperiode am File-Server von den Benutzern in Anspruch genommen worden sind.

Mit der Installation des Accounting-Systems können zusätzlich für einzelne Ressourcen Gebührensätze festgelegt werden. Diese Gebührensätze können für jeden Tag und in 30-Minuten-Intervallen unterschiedlich gestaffelt werden. Für die Benutzung der Ressourcen müssen nur sogenannte Charge Rates (Kontobelastung) definiert werden. Folgende Optionen stehen dabei zur Verfügung:

■ Verrechnung von Gebührensätzen für jeden Benutzer:
Der Supervisor legt fest, welcher Server (File-Server, Print-Server, Datenbank-Server, Communication-Server etc.) die Berechtigung erhält, für die Inanspruchnahme seiner Ressourcen Charge Rates zu verrechnen.

■ Welche Ressourcen verrechnet werden sollen:
Der Supervisor entscheidet, welche Dienste des Servers verrechnet werden. Je nach Anwendung können einzelne Möglichkeiten eingesetzt werden, andere hingegen, die nicht notwendig erscheinen, müssen nicht aktiviert sein.

Für folgende Bereiche können Charge Rates definiert werden:

Blocks Read Die Festlegung dieses Gebührensatzes bestimmt, welcher Betrag vom Konto des Benutzers abgebucht wird, wenn dieser Blöcke von der Platte des Servers liest. Der Gebührensatz wird pro gelesenem Datenblock festgelegt. Ein Datenblock entspricht dabei der entsprechenden Disk Allocation Block Size des Volumes, von dem die Daten gelesen werden.

Blocks Written Mit dieser Festlegung wird ein Gebührensatz für jeden Datenblock, der auf die Platte des File-Servers abgespeichert wird, bestimmt. Ein Datenblock entspricht dabei der entsprechenden Disk Allocation Block Size des Volumes, auf das die Daten geschrieben werden.

KAPITEL 15

Connect Time   Mit dieser Charge Rate wird bestimmt, wieviel ein Benutzer für die Dauer des Logins am File-Server bezahlen muß. Die Charge Rate wird dabei pro Minute berechnet.

Disk Storage   Diese Option erlaubt die Bestimmung einer Charge Rate für jeden Block, der auf der Platte für einen Tag abgespeichert ist. Die Charge Rate wird dabei durch die Bestimmung Blöcke/Tag bestimmt (Anzahl der Blöcke an einem Tag).

Service Requests   Diese Option erlaubt die Bestimmung der Charge Rate für jeden Server-Dienst (Anfrage an den File-Server), den der Benutzer in Anspruch nimmt. Die Charge Rate wird dabei für jeden Request vom Konto des Benutzers abgebucht.

15.16 Die Login-Sicherheit

Hiermit wird überwacht, ob der Benutzer die Berechtigung besitzt, sich am File-Server anzumelden und mit welchen Rechten er am File-Server arbeiten darf. Es wird festgelegt und kontrolliert, welcher Benutzer am File-Server arbeiten kann, wann er am File-Server arbeiten kann, auf welchen Workstations er sich am File-Server anmelden kann und auf welche Ressourcen der Benutzer Zugriff hat. Diese Festlegungen werden vom Supervisor bzw. Workgroup-Manager beim Einrichten des Benutzers definiert. Diese Festlegungen können jederzeit wieder geändert werden.

Jeder Benutzer besitzt nach dem Einrichten ein User-Account. Dieses User-Account stellt einen weiteren Teil der Möglichkeiten zur Festlegung von Sicherheitsmechanismen dar. Einige der Optionen werden automatisch beim Einrichten des Benutzers angelegt, andere Teile hingegen müssen explizit eingerichtet und zugewiesen werden. Hierbei gibt es Optionen, die wahlweise verwendet werden können. Im folgenden sollen diese User-Account-Optionen der Reihe nach angesprochen werden.

Username

Ein Benutzer kann am File-Server den Login erst dann durchführen, wenn er zumindest in der Bindery als Objekt eingetragen ist. Der Benutzername kann dabei 1 bis 47 Zeichen lang sein. Diesem Benutzer werden dann zusätzliche Properties, Property Sets und Werte hierfür zugewiesen.

Mitgliedschaft einer Gruppe

Als Supervisor oder Workgroup-Manager haben Sie die Möglichkeit, neue Gruppen zu definieren, die Rechte für diese Gruppe festzulegen und zu bestimmen, welcher Benutzer Mitglied in diesen Gruppen sein soll.

Trustee-Assignments

Damit ein Benutzer auf Directories und Dateien am File-Server Zugriff hat, muß ihm der Supervisor oder Workgroup-Manager auch den Zugriff auf Directories und Dateien gewähren. Die Berechtigung hierzu erhält der Benutzer durch die Festlegung von Trustee-Assignments. In den Trustee-Assignments wird bestimmt, mit welchen Berechtigungen der Benutzer auf Directories und Dateien zugreifen kann. Solange diese Trustee-Assignments fehlen, hat der Benutzer keine Berechtigung, auf diese zuzugreifen. Die Festlegung von Trustee-Rechten kann entweder direkt für den Benutzer selbst oder in einer Gruppendefinition erfolgen, wobei der Benutzer dann Mitglied dieser Gruppe sein muß. Auf die Möglichkeiten, die Ihnen NetWare v3.11 hierfür zur Verfügung stellt, werde ich in einem eigenen Kapitel noch zu sprechen kommen.

Security-Equivalences

Durch die Festlegung der Security-Equivalences können dem Benutzer die gleichen Berechtigungen vergeben werden, die entweder ein anderer Benutzer oder eine andere Gruppe besitzt. Wenn Sie einem Benutzer zum Security-Equivalent-Supervisor machen, hat dieser Benutzer die gleichen Rechte wie der Supervisor.

User-Login-Script

Nach Ausführung des Logins betrachtet NetWare den Benutzer als Anwender, der mit bestimmten Rechten ausgestattet ist. Diese Rechte sind durch die Statuskennzeichen und Sicherheitsmasken für den Benutzer in der Bindery festgelegt und können nur vom Supervisor oder dem Supervisor Equivalence geändert werden. Für den Benutzer selbst ist jedoch noch keine vernünftige Arbeitsumgebung geschaffen wie Vorgabe von Suchpfaden, Laufwerkszuordnungen und dergleichen. Deshalb ist es möglich, für jeden Benutzer ein sogenanntes Login-Script zu erstellen, das automatisch nach einem erfolgreichen Login ausgeführt wird, wenn es existiert. Ein

Login-Script entspricht einer AUTOEXEC.BAT unter MS-DOS, allerdings auf Netzwerkebene bezogen.

Nachdem ein Benutzer in der Regel Mitglied von verschiedenen Gruppen ist, kann die Verarbeitungsweise bestimmter Login-Script-Definitionen auch auf Gruppenzugehörigkeit abgestimmt werden. Beispielsweise wird, nur wenn der Benutzer Mitglied dieser Gruppe ist, eine entsprechende Definition innerhalb des Login-Scripts ausgeführt.

Hierbei ist zwischen dem System-Login-Script, dem User-Login-Script und dem Default-Login-Script zu unterscheiden. Generell gilt: Existiert ein System-Login-Script, dann wird dies immer beim LOGIN des Benutzers ausgeführt. Danach wird das User-Login-Script ausgeführt. Das User-Login-Script ist ein nur für diesen Benutzer eingerichtetes Login-Script und gilt auch nur für diesen Benutzer.

Ist kein User-Login-Script vorhanden, dann wird das Default-Login-Script ausgeführt. Im Default-Login-Script werden nur die wichtigsten Laufwerkszuordnungen und Suchpfaddefinitionen festgelegt. Die Ausführung des Default-Login-Scripts ist unabhängig von der Existenz des System-Login-Scripts. Das Default-Login-Scripts wird also nur dann ausgeführt, wenn kein User-Login-Script vorhanden ist.

NetWare verwendet die Bindery, um das Login-Verfahren und das Login-Script zu integrieren. Ein Teil des Login-Verfahrens initialisiert die Sicherheitsberechtigungen des Benutzers, während das Login-Script die Umgebung des Benutzers initialisiert. Das Resultat beider Verfahren wird als »Benutzerprofil« bezeichnet. Zusammengefaßt kann gesagt werden, daß das Benutzerprofil den Zugang eines Benutzers zum Netzwerk bildet.

Account-Management

Da der Supervisor für das Einrichten von Benutzern verantwortlich ist, kann dieser auch jeder Zeit das Account der Benutzer ändern. Der Benutzer selbst kann sein eigenes User-Account nur sehen, aber nicht ändern. Neben dem Supervisor hat der Workgroup-Manager die Berechtigung, das User-Account der Benutzer zu ändern, die er selbst eingerichtet hat oder für die er als User-Account-Manager eingetragen ist.

Das Konto eines Benutzers kann vom Supervisor, Workgroup-Manager oder User-Account-Manager jederzeit gesperrt werden, ohne daß der Benutzer aus der Bindery gelöscht werden muß. Ist das Konto eines Benutzers gesperrt, kann dieser solange nicht mehr am File-Server arbeiten, bzw. den Login ausführen, bis das Konto des Benutzers wieder freigegeben wird.

Login-Restriktionen

Jedem Benutzer können sogenannte Login-Restriktionen auferlegt werden. Damit soll verhindert werden, daß nicht autorisierte Benutzer den Zugang zum Netz erhalten. Es handelt sich dabei um einen zusätzlichen Sicherheitsmechanismus, den NetWare v3.11 zur Verfügung stellt. Diese Login-Restriktionen können als Default-Werte eingestellt werden und gelten ab der Festlegung für alle neu eingerichteten Benutzer. Bereits existierende Benutzer werden von der Änderung der Default-Werte nicht berührt. Beim Benutzer selbst können diese Werte individuell angepaßt werden. Als Login-Restriktionen stehen die nachfolgenden Mechanismen zur Verfügung.

Account-Balance

Wenn Sie das Accounting-System zum Abrechnen von Ressourcen installiert haben, kann mit der Festlegung einer Account-Balance und der Vergabe eines Kreditlimits der Kontostand des Benutzers bestimmt werden. Sie überweisen dem Benutzer praktisch einen Geldbetrag (Account-Balance) auf sein Konto und legen fest, wie groß sein Dispositionskredit (Kredit-Limit) ist.

Ist die Account-Balance aufgebraucht und der gewährte Kredit erschöpft, dann wird das User-Account »disabled«. D.h. der Benutzer kann ab diesem Zeitpunkt solange nicht mehr am File-Server arbeiten, bis er vom Supervisor, dem verantwortlichen Workgroup-Manager oder User-Account-Manager wieder freigegeben wird.

Ablaufdatum des User-Account

Für den Benutzer kann ein Ablaufdatum für das User-Account festgelegt werden. Nach Ablauf dieses Datums kann sich der betroffene Benutzer nicht mehr am File-Server anmelden. Der Supervisor, Workgroup-Manager oder User-Account-Manager können diese Sperrung wieder aufheben.

Beschränkung der gleichzeitigen Anmeldungen

Es tritt immer wieder auf, daß ein Benutzer mit derselben Anmeldung an mehreren Workstations gleichzeitig arbeitet. Dies kann unter NetWare auch eingeschränkt werden. Diese Angabe der

Begrenzung gilt nur für die Verbindung zu einem File-Server, nicht jedoch für die Verbindungen im Internet. Ist ein Benutzer bereits mit der maximal möglichen Anzahl von Verbindungen am File-Server angemeldet, weist der Server jeden weiteren Versuch ab, bis eine der bestehenden Verbindungen aufgelöst worden ist. Wird die Anzahl der gleichzeitigen Logins vom Supervisor nicht begrenzt, kann sich ein Benutzer beliebig oft an einem File-Server anmelden, solange die maximale Anzahl von Benutzern noch nicht erreicht ist. Die Begrenzung der möglichen gleichzeitigen Verbindungen gilt auch für den Supervisor, wenn diese festgelegt worden ist.

Beschränkungen für die Paßwort-Vergabe

Die Möglichkeiten für die Beschränkungen bei der Vergabe von Paßwörtern werden erst dann ermöglicht, wenn für den Benutzer ein Paßwort zwingend vorgeschrieben wird. Der Benutzer wird damit verpflichtet, sich an diese Paßwort Restriktionen zu halten. Die Möglichkeiten hierfür sind wie folgt:

Minimale Länge des Paßwortes

Hiermit wird festgelegt, aus wievielen Zeichen das Paßwort mindestens bestehen muß. Ein Paßwort, das kürzer als diese Vorgabe ist, wird nicht akzeptiert. Als Default-Wert gibt NetWare 5 vor. Es kann hier ein maximaler Wert von 20 festgelegt werden. Das Paßwort muß in diesem Fall mindestens 20 Zeichen lang sein. Das Paßwort kann insgesamt bis zu 127 Zeichen lang sein.

Änderungsintervall des Paßwortes

Mit dieser Maßnahme wird festgelegt, in welchen Abständen der Benutzer das Paßwort ändern muß. Als Voreinstellung vergibt NetWare 40 Tage, d.h. das Paßwort muß spätestens alle 40 Tage geändert werden. Sie können Änderungsintervalle zwischen 1 (einen Tag) und 365 (365 Tage) definieren.

Benutzer darf Paßwort ändern

Es kann festgelegt werden, ob der Benutzer die Berechtigung hat, sein Paßwort selbst zu ändern, oder ob dies nur dem Supervisor, Workgroup-Manager oder User-Account Manager vorbehalten ist.

Beschränkung der Grace Logins

Hiermit kann bestimmt werden, wie oft der Benutzer den Login mit dem alten Paßwort durchführen kann, obwohl dieses schon abgelaufen ist.

Als Default-Einstellung gewährt NetWare dem Benutzer, sich noch sechsmal mit einem bereits abgelaufenen Paßwort anzumelden. Wird in dieser Zeit das Paßwort nicht geändert, obwohl ihm das System beim Login dazu auffordert und die verbleibenden Grace Logins auf 0 stehen, wird das User-Account des Benutzers von NetWare gesperrt und nur der Supervisor, Workgroup-Manager oder User-Account-Manager haben die Möglichkeit, dieses wieder freizusetzen.

Jedesmal, wenn der Benutzer nach dem Login und der Aufforderung das Paßwort zu ändern mit No weitermacht, wird der Zähler der verbleibenden Grace Logins um eins reduziert.

Eindeutigkeit des Paßwortes
Der Benutzer kann damit gezwungen werden, beim Paßwortwechsel 10 unterschiedliche Paßwörter verwenden zu müssen. Beim Versuch ein Paßwort zu verwenden, das unter die letzten 10 verwendeten Paßwörter fällt, wird dies vom System abgewiesen und nicht akzeptiert.

Verschlüsselung des Paßwortes
Bevor das Paßwort eines Benutzers auf die Festplatte geschrieben wird, wird dieses mit Hilfe eines nicht reversiblen Algorithmus verschlüsselt. Personen mit direktem Zugriff auf den File-Server können somit die Paßwörter nicht einsehen. Auch dem Supervisor ist es nicht möglich, das Paßwort eines Benutzers einzusehen. Der Benutzer kann damit die gleichen Paßwörter auf unterschiedlichen File-Servern verwenden, ohne daß der Supervisor des einen File-Servers sein Paßwort für die anderen File-Server findet. Für den Fall, daß ein Benutzer sein Paßwort vergessen hat, kann der Supervisor jedoch, ohne das alte Paßwort des betreffenden Benutzers zu kennen, dieses neu definieren. Außerdem ist das Paßwort auch bei der Übertragung über die Leitung verschlüsselt, so daß auch mit Sniffern oder LAN-Analyser-Systemen nicht mehr gesehen werden kann, welcher Benutzer mit welchem Paßwort arbeiten kann.

Da es jedoch immer vorkommt, daß Benutzer ihre Paßwörter vergessen, hat der Supervisor oder entsprechend berechtigte Personen die Möglichkeit, das Paßwort eines Benutzers zu ändern, ohne deren altes Paßwort zu kennen.

KAPITEL 15

Plattenplatzbeschränkung pro Volume

Für jeden Benutzer kann individuell festgelegt werden, wieviel Plattenplatz dieser insgesamt auf jedem Volume zur Verfügung gestellt bekommt. Ist die freigegebene Volumekapazität des Benutzers aufgebraucht, kann dieser zwar noch am File-Server arbeiten, aber beim Versuch, Daten abzuspeichern, bekommt dieser eine Fehlermeldung, daß nicht genug Speicherplatz zur Verfügung steht. Der Supervisor, Workgroup-Manager oder User-Account Manager kann die Plattenkapazität des Benutzers jederzeit erhöhen. Wie später noch zu sehen sein wird, kann unter NetWare v3.11 die Plattenplatzbeschränkung für einen Benutzer nicht nur pro Volume festgesetzt werden, sondern es besteht die Möglichkeit, für jedes einzelne Directory eine Kapazitätsbeschränkung einzuführen.

Zeit-Restriktion

Einheitlich für alle Benutzer oder individuell für jeden einzelnen Benutzer kann bestimmt werden, wann sich diese am File-Server anmelden dürfen. Außerhalb der festgelegten Zeit wird ein Versuch des Logins abgewiesen. Ist ein Benutzer bereits angemeldet, und die Zeit des erlaubten Logins ist abgelaufen, bekommt dieser von NetWare 5 Minuten vorher eine Mitteilung, daß er sich doch bitte abmelden sollte. Ignoriert er diesen Hinweis, dann bekommt er diese Meldung 4 Minuten später noch einmal. Meldet er sich daraufhin immer noch nicht ab, dann tut dies eine Minute später NetWare für ihn.

Stationen-Restriktion

Unter Novell NetWare ist es auch möglich, festzulegen, daß ein bestimmter Benutzer sich nur an fest definierten Workstations ins Netz einloggen darf. Es kann hierbei sowohl die physikalische Netzwerknummer als auch die die Knotenadresse von Workstations angegeben werden. Die Beschränkungen können für ganze Netzwerke von Workstations oder für einzelne Workstations gelten, wenn diese über ein Internet verteilt sind.

Erkennung von Eindringlingen (Intruder) mit automatischem Sperren

Mit der sogenannten Intruder-Detection können unter NetWare »Hacker-Versuche« abgewehrt werden. Der Supervisor vergibt hierbei einen Schwellenwert. Der Schwellenwert wird als eine Anzahl von falschen Login-Versuchen innerhalb einer bestimmten Zeitspanne definiert. Wird diese Zahl in der vorgegebenen Zeit erreicht, so wird eine entsprechende Protokollnachricht mit der Meldung erzeugt, daß ein »Intruder« entdeckt worden ist. Die Protokollnachricht enthält den Zeitpunkt des Eindringens, den Benutzernamen, mit dem die Versuche durchgeführt wurden und die physikalische Stationsadresse (Node-Address) des Arbeitsplatzes, von wo aus der Intruder-Versuch ausgeführt wurde. Die Anzahl der falschen Login-Versuche wird auf Null gesetzt, wenn ein erfolgreicher Login ausgeführt wird oder wenn seit dem letzten Fehlversuch eine längere Zeit, als die im Schwellenwert festgelegte, vergangen ist.

Neben der Festlegung, daß eine Protokollnachricht erzeugt werden soll, kann der Supervisor bestimmen, daß das betroffene Konto gesperrt wird, wenn ein Intruder entdeckt worden ist. Mit dieser Festlegung muß der Supervisor auch die Dauer der Sperre bestimmen. Diese Sperre kann eine Minute bis maximal 40 Tage 23 Stunden und 59 Minuten betragen. Durch diese Sperrfunktion, d.h. ein Login ist innerhalb dieser Sperre nicht mehr möglich, auch wenn das Paßwort gleich beim ersten Versuch richtig eingegeben wird, kann die Zeit, die für einen Hacker über willkürlich ausgewählte Paßwörter nötig ist, so gewählt werden, daß ein Versuch des Eindringens unmöglich wird.

Der Supervisor kann die Sperrung des Kontos jederzeit außer Kraft setzen. Eine Aktivierung der Intruder-Detection gilt für alle User, die sich am Server anmelden und dabei ihr Paßwort falsch eingeben, auch für den Supervisor.

15.17 Die Rechte-Sicherheit

Unter NetWare v3.11 sind die Konzepte der Sicherheitsfunktionen im Vergleich zu NetWare 286 wesentlich geändert worden. Es wurde nicht nur die Rechtestruktur für NetWare v3.11 geändert, sondern auch die Möglichkeiten der Rechtevergabe und der zur Verfügung stehenden Rechte. Daneben ist es unter NetWare v3.11 auch möglich, die Rechte nicht nur auf Directory-Ebene zu vergeben, sondern Rechte bis auf Dateiebene festzulegen. Es ist möglich, daß Sie einem Benutzer für ein Directory Leserechte vergeben. Somit besitzt er die Berechtigung, alle Dateien in diesem Directory zu lesen. Für eine spezielle Datei in diesem Directory können Sie die Rechte für einen Benutzer jedoch erweitern oder einschränken. Sie können für eine Datei dem Benutzer die Berechtigung vergeben, diese zusätzlich auch noch ändern zu dürfen, d.h. Sie vergeben dem Benutzer das Schreibrecht. Sie können aber auch festlegen, daß der Benutzer für eine bestimmte Datei überhaupt keine Rechte mehr besitzt. Er kann dann mit dieser einen Datei nicht mehr arbeiten, aber mit allen anderen Dateien im Directory.

Zur Festlegung der Rechtestrukturen für die einzelnen Benutzer sind folgende Mechanismen zu unterscheiden:

- Datei-/Directory-Rechte
- Trustee-Rechte
- Datei-/Directory-Attribute
- Inherited Rights Mask

Auch für NetWare v3.11 gilt – wie für NetWare 286–, daß bei der Vergabe von Rechten für den Benutzer die sogenannten effektiven Rechte bestimmt werden müssen, jedoch erfolgt die Bestimmung der effektiven Rechte auf eine andere Art und Weise. Wenn Sie einen Benutzer einrichten, besitzt dieser am File-Server keinerlei Rechte. D.h. der Systemverwalter ist dafür verantwortlich, auf welche Directories und welche Dateien mit welchen Rechten er zugreifen darf. Der Benutzer muß somit zuerst die Berechtigung dafür erhalten, auf Direcotories und Dateien zugreifen zu können. Solange dies nicht geschehen ist, besteht keinerlei Möglichkeit des Zugriffs.

Dieser Vorgang erfolgt durch die Vergabe sogenannter Trustee-Rechte für den Benutzer. Die Trustee-Rechte können für ein Directory, eine Datei oder beides vergeben werden. Ein Trustee für ein Directory oder eine Datei, mit damit verbundenen Zugriffsrechten wird auch als »der Berechtigte« bezeichnet. Welches effektive Recht ein Benutzer für das Dirctory oder eine Datei besitzt, wird durch die Kombination der Trustee-Rechte mit der Inherited Rights Mask des Dirctories oder der Datei berechnet.

Eine Trustee-Recht-Definition ist somit immer für den Benutzer oder für die Gruppe maßgeblich. Die Inherited Rights Mask wird für ein Directory oder eine Datei vergeben und ist für alle Benutzer und Gruppen gültig. Daneben stehen Ihnen auch noch Directory- und Dateiattribute zur Verfügung, um nach Festlegung eines effektiven Rechtes zusätzlich bestimmte Funktionen für das Arbeiten mit Directories und Dateien einzuschränken.

Besitzen Sie zum Beispiel als effektives Recht Lesen und Schreiben, bedeutet dies, daß Sie eine Datei auch ändern dürfen. Ist für diese Datei jedoch das Attribut Read-Only vergeben, können Sie dennoch keine Änderungen in dieser Datei durchführen, da dem Attribut eine höhere Priorität zugewiesen wird.

Die Anzahl und Bedeutung der Rechte zur Vergabe von Trustee-Rechten und zur Festlegung der Inherited Rights Mask auf Directory-Ebene sind gleichbedeutend und sollen nachfolgend aufgeführt werden.

Supervisory	Gewährt alle Rechte für das Directory, für die Dateien und Subdirectories. Das Supervisory-Recht überschreibt alle Beschränkungen, die für Subdirectories oder Dateien mit Hilfe einer Inherited Rights Mask beschränkt worden sind. D.h. das Supervisory-Recht kann in Subdirectory-Pfaden nicht mehr eingeschränkt werden. Benutzer mit diesem Recht können anderen Benutzern Rechte für dieses Directory, bzw. für Subdirectories und Dateien vergeben.
Read	Gewährt das Lesen und Öffnen von Dateien in diesem Directory. Dateien können somit gelesen oder aufgerufen werden (Programm-Dateien).
Write	Gewährt das Schreiben und Öffnen von Dateien in diesem Directory. Der Inhalt einer Datei kann somit geändert werden.
Create	Gewährt das Recht, Dateien und Subdirectories in diesem Directory zu erstellen. Besitzt ein Benutzer für ein Directory nur das Create-Recht, kann er somit eine neue Datei erstellen, diese mit Daten füllen und anschließend schließen. Nach dem Schließen dieser Datei, kann er darauf nicht mehr zugreifen.
Erase	Mit diesem Recht kann ein Directory, die Dateien, Subdirectories und Subdirectory-Dateien gelöscht werden.
Modify	Mit diesem Recht können die Directory- und Dateiattribute geändert werden. Ebenso kann der Directory- und der Dateiname geändert werden. Mit diesem Recht kann nicht der Inhalt einer Datei geändert werden.
File Scan	Mit diesem Recht bekommen Sie den Inhalt des Directories angezeigt (z.B. mit DIR).

KAPITEL 15

Access Control	Mit diesem Recht können Directory- oder Datei-Zuweisungen geändert werden; dies beinhaltet auch die Änderung der Inherited Rights Mask. Benutzer mit diesem Recht können anderen Benutzern alle Rechte vergeben (Trustee-Recht-Zuweisung), außer dem Supervisory Recht. Sie können Trustee-Rechte vergeben, die sie selbst nicht besitzen.

Auf Dateiebene stehen Ihnen folgende Rechte zur Verfügung:

Supervisory	Mit diesem Recht besitzen Sie alle Rechte für diese Datei. Benutzer mit diesem Recht können anderen Benutzern Rechte für diese Datei vergeben und die Inherited Rights Mask für diese Datei ändern.
Read	Gewährt das Recht, die Datei zu öffnen und zu lesen.
Write	Gewährt das Recht, die Datei zu öffnen und zu beschreiben.
Create	Dieses Recht gestattet Ihnen nach Löschen einer Datei, diese mit Hilfe von SALVAGE wieder herzustellen. D.h. jeder Benutzer, der das Create-Recht für eine Datei besitzt, kann diese mit SALVAGE restaurieren.
Erase	Mit diesem Recht dürfen Sie die Datei löschen.
Modify	Mit diesem Recht können die Dateiattribute geändert werden, und Sie haben das Recht, der Datei einen andern Namen zu geben. Sie haben nicht das Recht, den Inhalt einer Datei zu ändern.
File Scan	Mit diesem Recht wird Ihnen die Datei beim Auflisten des Directoryinhaltes angezeigt.
Access Control	Mit diesem Recht können Sie die Trustee-Zuweisungen und die Inherited Rights Mask ändern. Benutzer mit diesem Recht können anderen Benutzern alle Rechte für die Datei, außer dem Supervisory-Recht, gewähren.

In Abbildung 15.17 ist zusammengestellt, wie Sie die effektiven Rechte eines Benutzers für Directories berechnen müssen. Abbildung 15.18 hingegen stellt dar, wie Sie die effektiven Rechte für Dateien bestimmen müssen. Als Beispiel sehen Sie sich Abbildung 15.19 an und vergleichen dieses Beispiel mit den aufgezeigten Vorgehensweisen zur Bestimmung der effektiven Rechte.

*Bild 15.17
Bestimmung der
effektiven Rechte auf
Directory-Ebene*

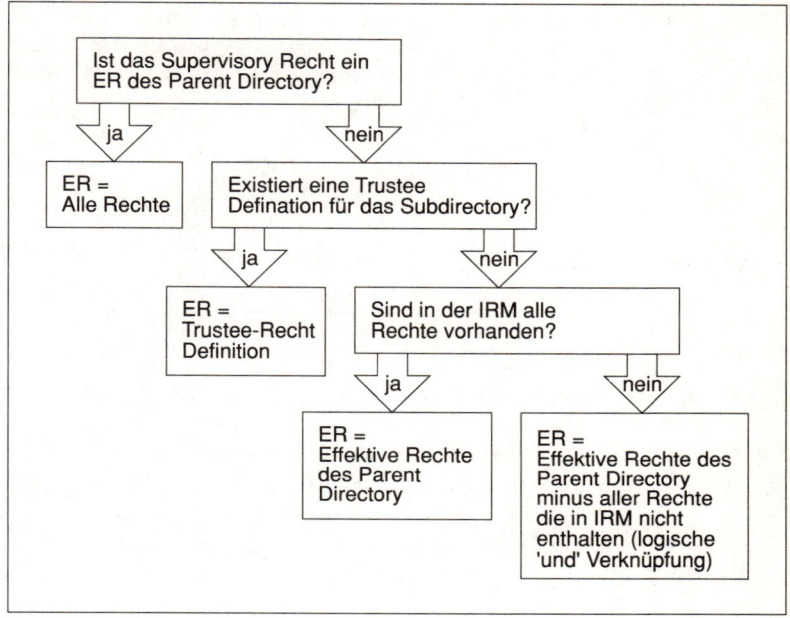

```
Ist das Supervisory Recht ein
ER des Parent Directory?
         |
    ja --+-- nein
    |         |
ER =      Existiert eine Trustee
Alle      Defination für das Subdirectory?
Rechte         |
          ja --+-- nein
          |         |
      ER =      Sind in der IRM alle
      Trustee-  Rechte vorhanden?
      Recht          |
      Definition ja --+-- nein
                  |         |
              ER =       ER =
              Effektive  Effektive Rechte des
              Rechte     Parent Directory
              des Parent minus aller Rechte
              Directory  die in IRM nicht
                         enthalten (logische
                         'und' Verknüpfung)
```

*Bild 15.18
Bestimmung der
effektiven Rechte für
Dateien*

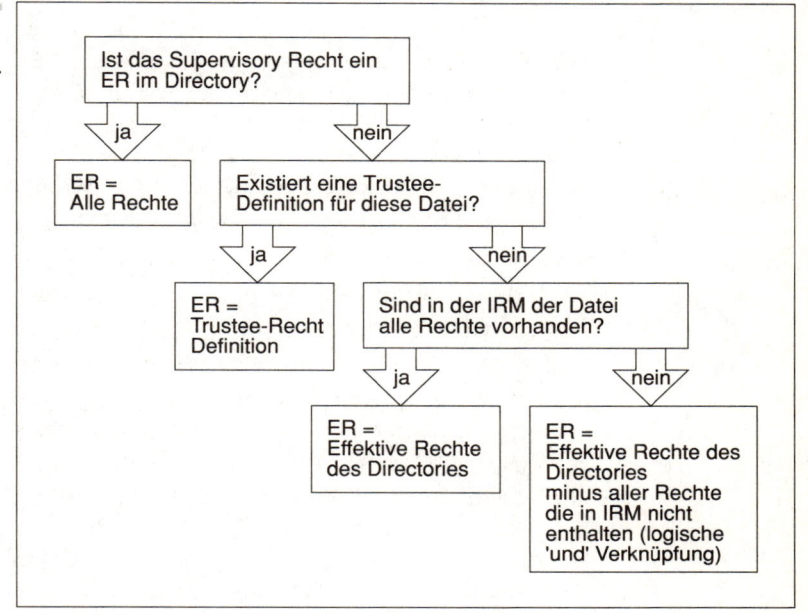

```
Ist das Supervisory Recht ein
ER im Directory?
         |
    ja --+-- nein
    |         |
ER =      Existiert eine Trustee-
Alle      Definition für diese Datei?
Rechte         |
          ja --+-- nein
          |         |
      ER =      Sind in der IRM der Datei
      Trustee-  alle Rechte vorhanden?
      Recht          |
      Definition ja --+-- nein
                  |         |
              ER =       ER =
              Effektive  Effektive Rechte des
              Rechte     Directories
              des        minus aller Rechte
              Directories die in IRM nicht
                         enthalten (logische
                         'und' Verknüpfung)
```

KAPITEL 15

Bild 15.19
Beispiel zur
Bestimmung der
effektiven Rechte

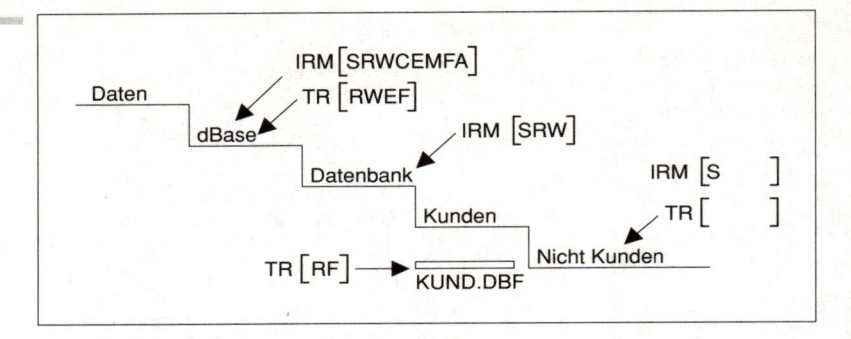

```
Daten
     └─ dBase   IRM [SRWCEMFA]
              TR [RWEF]
              └─ Datenbank   IRM [SRW]
                           └─ Kunden
                                    └─ Nicht Kunden   IRM [S    ]
                                                     TR  [     ]
              TR [RF] → KUND.DBF
```

Als erstes müssen Sie bestimmen, für welches Directory in einem Directory-Pfad eine Trustee-Recht-Zuweisung vergeben worden ist. Es gilt, daß diese Trustee-Recht-Zuweisung gleich dem effektiven Recht ist, egal welche Rechte in der Inherited Rights Mask vergeben worden sind. Ist in der Trustee-Recht-Zuweisung das Supervisory-Recht vergeben, besitzt der Benutzer für alle darunterliegenden Directories und Dateien alle Rechte. Das Supervisory-Recht kann auch nicht mehr eingeschränkt werden.

Als nächstes müssen die effektiven Rechte der darunterliegenden Subdirectories bestimmt werden. Hierbei gilt:

Ist im Subdirectory keine Änderung der Inherited Rights Mask durchgeführt worden, entspricht das effektive Recht des Subdirectories dem effektiven Recht des darüberliegenden Directories. Wurde die Inherited Rights Mask des Subdirectories eingeschränkt, berechnet sich das effektive Recht durch eine logische UND-Verknüpfung des effektiven Rechts des darüberliegenden Directories mit der Inherited Rights Mask des Directories.

Haben Sie auf Dateiebene keine Änderung der Inherited Rights Mask durchgeführt oder für eine bestimmte Datei keine expliziten Trustee-Rechte vergeben, dann entspricht das effektive Recht des Directories dem effektiven Recht der Datei in diesem Directory.

Ist für eine Datei ein Trustee-Recht vergeben, dann ist das effektive Recht der Datei gleich dem Trustee-Recht, das für die Datei vergeben worden ist. Haben Sie als effektives Recht das Supervisory Recht, dann können Sie auch auf Dateiebene keine Einschränkungen mehr durchführen. Ist für eine Datei keine Trustee-Recht-Definition vorgenommen, dann ergibt sich das effektive Recht für die Datei aus der logischen UND-Verknüpfung der Inherited Rights Mask für diese Datei mit dem effektiven Recht des Directories.

Neben der Vergabe von Trustee-Rechten und Inherited Rights Masks für Directories und Dateien steht Ihnen auch noch die Vergabe von Directory- und Dateiattributen zur Verfügung. Hiermit

Novell NetWare v3.11

können Sie zusätzlich den Zugriff auf Dateien regeln. Auf Dateiebene können folgende Attribute vergeben werden:

Archive Needed	Dieses Attribut wird von NetWare automatisch vergeben, wenn eine Datei seit dem letzten Backup geändert worden ist. Das Attribut wird beim nächsten Backup der Datei wieder zurückgenommen.
Copy Inhibit	Dieses Attribut hat nur Auswirkungen für Macintosh-Benutzer. Auch wenn der Benutzer Read- und File-Scan-Recht besitzt, kann eine Datei mit diesem Attribut nicht mehr kopiert werden.
Delete Inhibit	Auch wenn Benutzer das Erase-Recht besitzen, kann eine Datei mit diesem Attribut nicht mehr gelöscht werden.
Execute Only	Dieses Attribut kann, wenn es einmal vergeben worden ist, nicht mehr zurückgenommen werden. Damit legen Sie fest, daß eine Datei nur noch ausgeführt werden kann. Das Attribut kann nur für COM- und EXE-Dateien vergeben werden. Ein Kopieren, Umbenennen oder Überschreiben der Datei ist nicht mehr möglich.
Hidden	Eine Datei mit diesem Attribut wird beim Auflisten des Directoryinhaltes nicht mehr angezeigt.
Indexed	Wenn eine Datei mehr als 64 FAT-Einträge besitzt, wird dieses Attribut automatisch vergeben. Der Zugriff auf diese Datei wird durch das Anlegen einer Turbo-FAT beschleunigt.
Purge	Eine Datei mit diesem Attribut kann nach dem Löschen durch SALVAGE nicht mehr restauriert, d.h. wiederhergestellt werden.
Read Audit	Dieses Attribut wird derzeit noch nicht unterstützt. Sie können das Attribut zwar setzen, es hat aber dann keinerlei Wirkung.
Read-Only	Wenn Sie dieses Attribut vergeben, setzt NetWare automatisch die Attribute Delete Inhibit und Rename Inhibit. Die Datei kann dann nur noch gelesen werden, ein Überschreiben, Löschen oder Umbenennen der Datei ist nicht mehr möglich.
Rename Inhibit	Die Datei kann nicht umbenannt werden, auch wenn Sie das Modify-Recht besitzen. (Sie können mit dem Modify-Recht natürlich das Rename Inhibit ändern und dann umbenennen.)
Shareable	Die Datei kann von mehreren Benutzern gleichzeitig geöffnet werden. Wird hauptsächlich für netzwerkfähige Programme benötigt.
System	Die Datei wird beim Auflisten des Directoryinhalts nicht angezeigt. Wird hauptsächlich von NetWare für NetWare-Dateien verwendet.
Transactional	Um Dateien mit Hilfe des TTS-Systems zu schützen, muß dieses Attribut vergeben worden sein.

KAPITEL 15

Write Audit
: Dieses Attribut wird derzeit noch nicht unterstützt. Sie können es zwar setzen, es hat aber keinerlei Auswirkung.

Auf Directory-Ebene können folgende Attribute vergeben werden:

Delete Inhibit
: Das Directory kann nicht mehr gelöscht werden, auch wenn Sie das Erase-Recht besitzen. Dateien des Directories können nach wie vor gelöscht werden, wenn Sie das Erase-Recht hierfür besitzen.

Hidden
: Das Directory wird beim Auflisten nicht angezeigt. Wenn Sie die Berechtigung dazu besitzen und wissen, wie das Directory heißt, können Sie jedoch in dieses zum Beispiel mit CD wechseln.

Purge
: Alle Dateien, die Sie in diesem Directory löschen, können mit SALVAGE nicht mehr restauriert werden. Die Dateien sind physikalisch auf der Platte nicht mehr vorhanden.

Rename Inhibit
: Das Directory kann nicht mehr umbenannt werden, auch wenn Sie das Modify-Recht besitzen. Dateien in diesem Directory können nach wie vor umbenannt werden, wenn Sie das Modify-Recht hierfür besitzen und Dateien nicht mit dem Attribut Rename Inhibit versehen worden sind.

System
: Das Directory wird beim Auflisten der Directories nicht mehr angezeigt. Dieses Attribut verwendet NetWare für spezielle NetWare-Directories.

15.18 File-Server-Sicherheit

Unter NetWare v3.11 werden alle Module, die zum Serverbetrieb notwendig sind (LAN-Driver, Disk-Driver, Management-Utilities, zusätzliche Server-Module) als NetWare Loadable Modules (NLM) realisiert. Jedes NLM kann im laufenden Serverbetrieb geladen und auch wieder entladen werden. NLMs können dabei von Diskette, von der internen Platte des File-Servers oder von einem Server-Volume geladen werden. Damit nicht jeder Mitarbeiter, der physikalischen Zugriff zum File-Server hat, beliebig NLMs laden und wieder entladen kann, bietet NetWare v3.11 hierfür zwei Sicherheitsmechanismen an.

1. Das Keyboard der Serverconsole kann über ein Modul, das am File-Server läuft, verriegelt werden. Nur der Supervisor oder die Person, welche das Keyboard verriegelt hat, kann das Keyboard wieder freigeben. Erst wenn die Console entriegelt ist, können wieder Consolenbefehle eingegeben werden.
2. An der Console kann der Befehl SECURE CONSOLE eingegeben werden. Damit wird der Server in einen soge-

nannten SECURE Status versetzt. In diesem Status können NLMs nur noch aus einem Verzeichnis auf der Serverplatte geladen werden. Es handelt sich dabei um das Volume SYS und das Unterverzeichnis SYSTEM. Auf dieses Verzeichnis hat nur der Supervisor Zugriff. D.h. der Supervisor ist dafür verantwortlich, daß sich in diesem Verzeichnis nur NLMs befinden, die zum File-Server-Betrieb notwendig sind. Ein Laden von NLM über das Diskettenlaufwerk oder die interne Festplatte am File-Server ist dann nicht mehr möglich. Zugleich wird in diesem Status DOS aus dem Hauptspeicher des Servers entfernt.

Bezüglich der Ausfallsicherheit bietet NetWare v3.11 die gleichen Funktionen, die auch für NetWare 286 Gültigkeit haben. NetWare v3.11 unterstützt derzeit SFT Level II und SFT Level III von Novell. Der einzige Unterschied bezüglich der angebotenen Sicherheitsmechanismen für SFT Level II besteht darin, daß bestimmte Funktionen von NetWare v3.11 dynamisch und voll automatisch eingerichtet und verwaltet werden. Dies hat letztendlich nur positive Auswirkungen auf die Geschwindigkeit von NetWare v3.11.

15.19 Das Open Data-Link Interface

Neben der erhöhten Leistungsfähigkeit und Funktionalität von NetWare v3.11 im Vergleich zu NetWare 286 zeichnet sich NetWare v3.11 im wesentlichen durch seine Transportprotokoll- und Communication-Protokollunabhängigkeit aus. Es handelt sich hierbei um neue Technologien, die maßgeblich den Erfolg von NetWare v3.11 beeinflussen.

Wenn man die bisherigen Entwicklungen von LAN-Betriebssystemen genauer betrachtet, stellt man fest, daß File-Server bisher nur ganz bestimmte Transportprotokolle (Communication-Protokolle) und Service-Protokolle verstehen können. Für NetWare 286 gilt hierbei zum Beispiel, daß der File-Server nur IPX als Communication-Protokoll und NCP als Service-Protokoll verstehen kann. Für die Einbindung von Workstations bedeutet dies, daß alle Workstations so angepaßt werden müssen, daß diese IPX und NCP einsetzen, um mit dem File-Server kommunizieren zu können.

Wenn Sie OS/2-Workstations in einem LAN unter NetWare 286 v2.1x einsetzen wollen, benötigen Sie auf der Workstation einen OS/2 NetWare Requester, damit sich die OS/2 Workstation mit dem File-Server unterhalten kann. Dies liegt daran, daß OS/2 ein Communication-Protokoll und Service-Protokoll einsetzt, mit dem

KAPITEL 15

NetWare nicht arbeiten kann. Der OS/2 Requester führt eine entsprechende Umsetzung auf IPX und NCP durch, da nur dies vom NetWare File-Server verstanden wird.

Dies sieht unter NetWare v3.11 etwas anders aus. Der NetWare v3.11 File-Server wird deshalb auch als sogenannte Multiprotokoll-Maschine bezeichnet. D.h. der File-Server ist in Lage, mehrere Communication- und Service-Protokolle gleichzeitig zu verstehen. Hierbei ist es vollkommen unabhängig, über welche Netzwerkadapterkarte die unterschiedlichen Datenpakete eintreffen. Eine Token-Ring-Karte ist somit in der Lage, neben IPX auch noch TCP/IP- oder Apple-Talk-Protokolle zu akzeptieren. Dies ist eine neue Funktion, die bisher noch nicht unterstützt worden ist, und NetWare v3.11 damit eine wesentlich höhere Flexibilität und Funktionalität verleiht.

Bild 15.20
NetWare Streams
Implementierung
unter v3.11

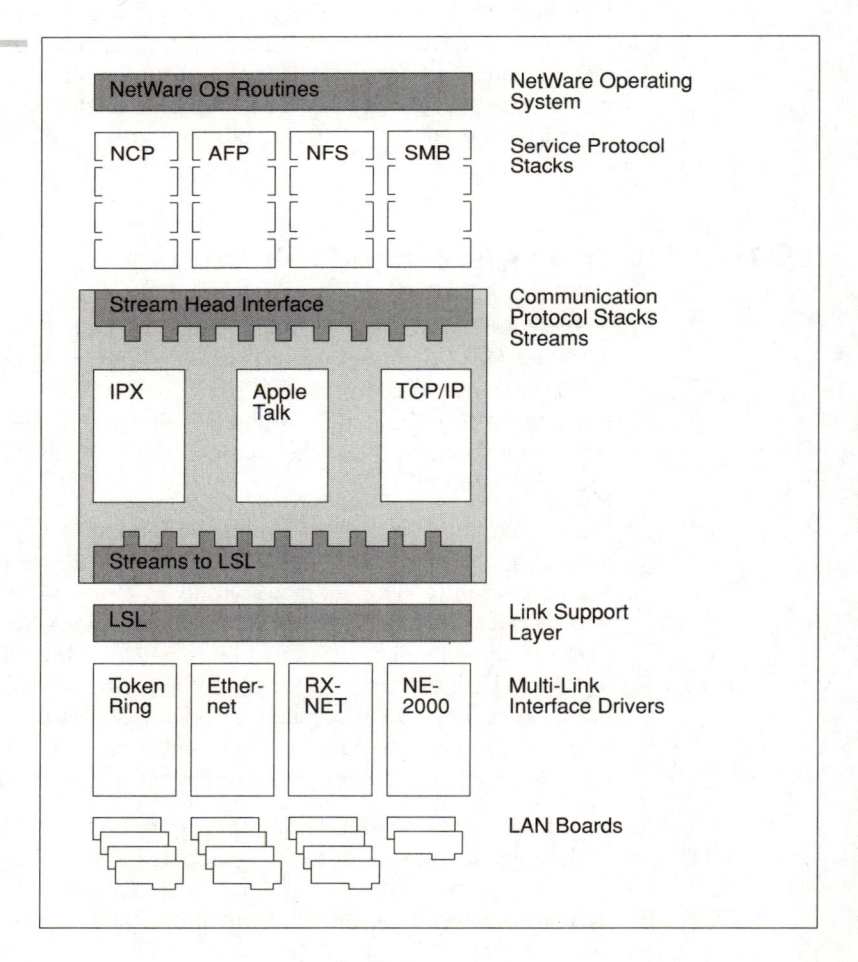

In Abbildung 15.20 ist der funktionelle Aufbau von NetWare v3.11 dargestellt. Ich will Ihnen anschließend den Aufbau und die Funktion der einzelnen Ebenen etwas näher erläutern.

Maßgeblich für diesen Mechanismus ist das Open Data-Link Interface von Novell NetWare v3.11. Diese Schnittstelle bietet eine offene Kommunikationsplattform. Dadurch wird eine medien- und protokollunabhängige Kommunikation ermöglicht. Durch diese offene Plattform kann NetWare v3.11 eine Vielzahl von Netzwerkadapterkarten unterstützen und außerdem eine Vielzahl von Communication-Protokollen über dasselbe Kabelmedium gleichzeitig senden und empfangen (z.B. IPX/SPX, TCP/IP, AppleTalk).

Die Implentierung des Open Data-Link Interface geschieht mit Hilfe mehrerer Schichten, die von einem Datenpaket durchlaufen werden müssen. Diese Schichten werden wie folgt aufgeteilt:

- Netzwerkadapterkarte und die Multi-Link-Interface-Driver-Ebene
- Link Support Layer
- Protocol Stack

15.19.1 Paketübertragung

Ohne Open Data-Link Interface (in einem NetWare 286 LAN) schickt eine Netzwerkadapterkarte ein IPX-Paket zu einer anderen Workstation oder zu einem anderen Server, wo es vom Netzwerkadapter empfangen wird. Der LAN-Driver der Netzwerkadapterkarte reicht das Paket zum IPX-Programm der Workstation weiter, von wo aus es entweder auf eine höhere Ebene transportiert oder an einen anderen Netzwerkadapter weitergegeben wird, um es in einen anderen Netzwerkstrang zu übertragen. Dieser Vorgang erlaubt zu einer Zeit nur ein Protokoll-Paket auf der Leitung. Denn der LAN-Driver für die Netzwerkadapterkarte ist so konzipiert, daß nur ein spezieller Pakettyp identifiziert und akzeptiert wird, entweder ein IPX-, ein AppleTalk- oder ein TCP/IP-Paket, etc.

Die NetWare v3.11 Implementierungen der Open-Data-Link-Interface-Spezifikationen unterstützen hingegen eine Vielzahl von Protokollen auf der Leitung oder der Netzwerkadapterkarte. In einem NetWare v3.11 Netzwerk kann ein Netzwerkadapter mit Hilfe der Open-Data-Link-Interface-Spezifikation jedes Paket (IPX, AppleTalk, TCP/IP, etc.) zu einer anderen Workstation senden, wo dieses von der Netzwerkadapterkarte empfangen wird. Der LAN-Driver dieser Netzwerkadapterkarte kann, im Gegensatz zum LAN-Driver des NetWare 286 Netzwerks, jeden Pakettyp akzeptieren. Deshalb wird der LAN-Driver auch als Multiple Link Interface Driver

(MLID) bezeichnet. Der MLID gibt das Paket zur nächsten Ebene im Open Data-Link Interface weiter, der Link Support Layer (LSL).

Die Link Support Layer ist für die Identifizierung zuständig, d.h. sie erkennt, welchen Pakettyp sie erhalten hat und gibt dieses Paket an den entsprechenden Protocol Stack in der nächsthöheren Ebene weiter. Die Protocol Stack Layer enthält eine Anzahl Protocol Stacks, wie zum Beispiel IPX, AppleTalk und TCP/IP. Trifft ein Datenpaket im entsprechenden Protocol Stack ein, wird es entweder zur nächst höheren Layer transportiert oder über die LSL-Schnittstelle an eine MLID weitergegeben, um so über eine weitere Netzwerkadapterkarte in ein anderes Netzwerk übertragen zu werden (internes Routing von NetWare v3.11).

15.19.2   MLID Layer

Wie aus den vorherigen Beschreibungen ersichtlich ist, unterscheiden sich die NetWare v3.11 MLID-LAN-Driver wesentlich von den LAN-Drivern der NetWare 286. Ein MLID-LAN-Driver gestattet das Empfangen von mehreren unterschiedlichen Communication Protokollen. Im Gegensatz dazu akzeptieren die NetWare 286 LAN-Driver nur das IPX Communication Protocol. Die MLID Layer führt keine Analyse des empfangenen Datenpakets durch, sondern kopiert die Information zur Identifizierung des Datenpakets in einen Receive ECB (Event Control Block) und reicht diesen ECB an die LSL-Layer weiter. Ebenso wird beim Versenden eines Datenpakets von der MLID Layer die Information zur Identifizierung des Datenpakets von einem Send ECB in ein Datenpaket kopiert und über das Netzwerk an den Empfänger verschickt.

15.19.3   Link Support Layer (LSL)

Die LSL ist eine Art Schalter, um Datenpakete zwischen dem LAN-Adapter und dem dazugehörigen MLID und den Protocol Stacks zu transportieren. Deshalb muß es Informationen über diese beiden Layers enthalten. Aus diesem Grund enthält die LSL Layer ein Datensegment, welches Informationen über den Netzwerkadapter, die Protocol-Stack-Informationen, Binding-Informationen und ECB-Informationen pflegt.

Die LSL vergibt für jeden LAN-Adapter eine logische Nummer und pflegt Informationen über jeden LAN-Adapter. Diese Information wird beim Laden festgehalten.

Obwohl die MLID Layer so konfiguriert werden kann, um Datenpakete für mehr als einen Protocol Stack zu senden und zu empfangen, sieht die LSL unter sich nur Netzwerkadapter und verbunden mit jedem Netzwerkadapter einen Datenblock, eine Senderoutine und eine Kontrollroutine. Obwohl Netzwerkadapter die gleiche Sende- und Empfangsroutine haben können (vom gleichen Driver gesteuert, wenn mehr als eine Netzwerkadapterkarte vom gleichen Typ eingesetzt wird), hat dies keine Auswirkung auf die LSL Layer, da jeder Netzwerkadapter immer seinen eigenen Datenblock hat.

Die LSL weist auch jedem Protocol Stack eine logische Protocol-Stack-Nummer zu und pflegt die entsprechenden Informationen über jeden Protocol Stack. Es werden bis zu 16 Protocol Stacks unterstützt.

Zusätzlich zu den Informationen über den unter der LSL liegenden Netzwerkadapter und den Protocol Stacks, die über der LSL liegen, benötigt die LSL auch noch Informationen vom Event Control Block (ECB), die entweder als Receive ECBs oder als Send ECBs eintreffen. Die LSL benutzt die Paket-ID-Information in den ECBs und die andere Information über die Netzwerkadapter, die unterhalb der LSL liegen und den Protocol Stacks, die oberhalb der LSL liegen, um Pakete von den Netzwerkadaptern zu den Protocol Stacks und von den Protocol Stacks zu den Netzwerkadaptern weiterzureichen.

Und schließlich muß die LSL auch noch eine Reihe von Routinen enthalten, um die Driver unterhalb der LSL zu unterstützen, und eine Reihe von Routinen zur Unterstützung der Protocol Stacks, die über der LSL liegen. Durch den Einsatz dieser Informationen ist die LSL in der Lage, als Schalter zu dienen, um die Zusammenarbeit von Protocol Stack/MLID und den Transport von Paketen innerhalb des Servers zu koordinieren.

15.19.4 Protocol-ID-Information

Jedes Paket auf der Netzwerkleitung besteht aus folgenden Komponenten:

- Kommunikationsprotokoll-Paket, z.B. IPX, TCP/IP oder Apple Talk
- Rahmen für das Medium
- Global verwalteter Wert (1 bis 6 Byte), der sich innerhalb der Medien-Kennung befindet. Dieser Wert wird als Protocol-ID (PID) bezeichnet.

KAPITEL 15

Die Protocol ID wird in jedem Paket gesetzt und ist eine Art Label, der folgendes für das Paket kennzeichnet:

■ Das Paket enthält einen bestimmten Communication Protocol Header
■ Das Paket enthält einen bestimmten Frame-Rahmen

*Bild 15.21
Kennung der
Datenpakete mit
Hilfe der Protocol ID
(PID)*

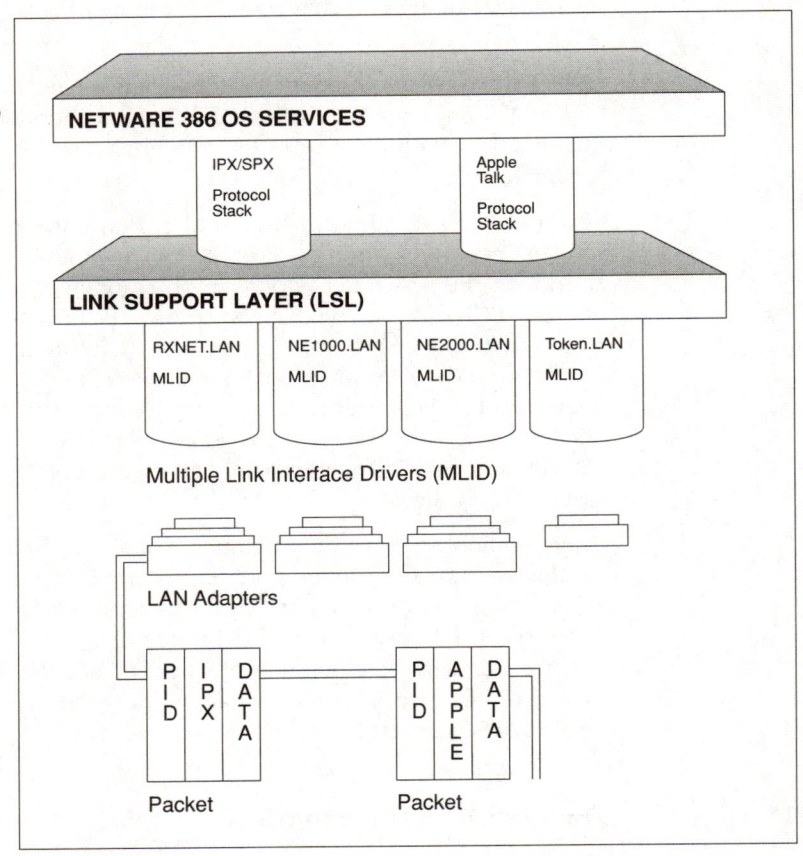

Wie in Abbildung 15.21 dargestellt, kennzeichnet die Protocol ID 8137h ein IPX-Paket mit einem Ethernet II Paketrahmen. Eine Protocol ID von FAh legt fest, daß es sich um einen AFP Header in einem Ethernet II Rahmen handelt. Die LSL benutzt die Protocol ID, um das eingehende Paket an den entsprechenden Protocol Stack weiter zu geben.

Novell NetWare v3.11

	IPX	AFP	TCP/IP
LocalTalk			
Ethernet II	8137	FA	
Ethernet 802.2			
Token-Ring 802.2			
ARCNET			

Obwohl die meisten Pakete einen PID-Eintrag besitzen, der es der LSL erlaubt, das Paket zum richtigen Protocol Stack zu transportieren, gibt es Pakete, die keine PID haben. Zum Beispiel enthalten Netzwerke, die Pakete mit einem 802.3 Header versenden, keine PID, da diese Netzwerke nur ein Communication Protocol unterstüzen. In diesen Fällen sollten die MLIDs so konzipiert sein, daß sie eingehende ECBs mit einem PID-Wert versehen.

15.19.5 NetWare v3.11 Streams Interface

Bei den NetWare Streams handelt es sich um eine Reihe von Tools, die aus Systemaufrufen, Kernel Ressourcen und Kernel Utility Routinen bestehen. Diese Tools werden benötigt, um einen Stream einzurichten, zu benutzen oder leer zu machen. Unter einem Stream versteht man einen voll duplex arbeitenden Datentransfer-Pfad zwischen dem Driver am unteren Ende des NetWare-Betriebssystems und der Benutzeranwendung am oberen Ende.

Die Streams-Entwicklung stammt von AT&T und ist für das Unix V System verfügbar. Die Streams-Implementierung für NetWare v3.11 baut auf dieser Entwicklung auf. Ein Stream legt die Schnittstelle für die Ein- und Ausgabe von Zeichen innerhalb des Kernels und zwischen dem Kernel und dem restlichen Betriebssystem fest. Ein Stream besteht aus drei wesentlichen Teilen:

■ Stream Head, der mit Benutzeranwendungen zusammenarbeitet

■ Wahlweise eingesetzte Module, die eingesetzt werden, um den Datentransfer zwischen dem Stream Head und dem Stream End zu steuern

■ Stream End oder Driver, der eine Schnittstelle zur zeichenweisen Ein- und Ausgabe zur Verfügung stellt

Die Unabhängigkeit vom Medium und vom Protokoll ist auch einer der großen Vorteile, die in der Implemtierung des Transport Level Interface (TLI) und Streams begründet sind. TLI ist eine Programmschnittstelle, die zwischen den Streams und den Benutzerapplikationen eingebettet ist und die Zusammenarbeit mit Transportprotokollen, wie zum Beispiel SPX, erlaubt.

KAPITEL 15

NetWare v3.11 realisiert Streams durch eine Vielzahl von NetWare Loadable Modules (NLMs). Ein NLM enhält die Anwendungsschnittstellen-Routinen, die Utility-Routinen für Streams-Module, dem Log-Device und einem Driver für das Open Data-Link Interface. Die Utility-Routinen im NLM enthalten alle gemeinsamen Funktionen, die von den Streams-Modulen benutzt werden. Andere NLMs, die getrennt geliefert werden und zur Verfügung stehen, enthalten eine große Anzahl Streams-Module, um Kommunikationsprotokolle wie IPX/SPX oder TCP/IP anbieten zu können.

Aufgrund der bisherigen Ausführungen zeichnet sich NetWare v3.11 nicht nur durch die Unabhängigkeit vom Medium aus, sondern auch durch die Transportprotokollunabhängigkeit. Als Novell die ersten Netzwerkbetriebssysteme entwickelte, gab es für LANs keine geeigneten Transportprotokolle. Die meisten Transportprotokolle wurden fast ausschließlich zur Kommunikation von Hosts zu Arbeitsplatzrechnern eingesetzt und waren für eine Peer-to-Peer-Kommunikation zwischen intelligenten Endgeräten nicht geeignet. Für eine LAN-Topolgoie ist diese Peer-to-Peer-Kommunikation jedoch unabdingbar. Deshalb entwickelte Novell seinen eigenen Transportmechanismus. Dieser ist auf der Grundlage des Xerox Network System (XNS) Protocol aufgebaut und wird von Novell unter der Bezeichnung Internetwork Packet Exchange Protocol (IPX) vermarkt. IPX wird dazu verwendet, Anforderungen an NetWare Server zu übertragen und die Antworten des Servers zur anfordernden Station zurückzuschicken.

Der LAN-Markt hat sich jedoch weiterentwickelt. So gibt es heute nicht nur ein Transportprotokoll, das in Netzwerken eingesetzt wird. Neben IPX von Novell existieren NetBEUI/DLC von IBM, AppleTalk von Apple oder TCP/IP als universelles Transportprotokoll. Bei der Implementierung unternehmensweiter Netzwerke ist es sehr oft der Wunsch der Anwender, zentrale Netze auf Basis von Industriestandardprotokollen, wie z.B. TCP/IP oder den OSI-Protokollen, aufzubauen. In anderen Fällen reicht es aus, einen De-facto-Standard wie DECnet-Protokolle einzusetzen.

Damit alle unterschiedlichen Systeme mit dem File-Server arbeiten können, muß dieser tranportprotokollunabhängig sein. D.h. NetWare darf nicht nur auf IPX fixiert sein, sondern muß die Möglichkeit bieten, parallel mehrere Protokolle zu unterstützen. Novell hat seit Beginn der Entwicklung den Benutzern die Freiheit gelassen, einen LAN-Adapter-Hersteller der eigenen Wahl einzusetzen. Mit NetWare v3.11 überläßt Novell den Netzwerkverwaltern auch die Wahlfreiheit, NetWare mit beliebigen Transportprotokollen einzusetzen.

Diese Transportprotokollunabhängigkeit wird für NetWare v3.11 durch zwei Komponenten erreicht: die Open Data-Link Interface-Schnittstelle (ODI) und die NetWare Streams. Wie bereits erwähnt, ist ODI eine Standardschnittstelle für Tranportprotokolle, mit der über einen Netzwerkadapter problemlos mehrere Transportprotokolle eingesetzt werden können. Auf Hardwareebene stellt ODI eine konsistente Schnittstelle zu den LAN-Adapter-Treibern dar und in ähnlicher Weise ist ODI eine konsistente Schnittstelle für die Transportprotokolle. Diese können somit unabhängig von der vorhandenen Netzwerkhardware betrieben werden.

Fremdhersteller können, wenn sie dazu bereit sind, für diese Schnittstelle Protokollstacks schreiben, damit ihre Protokolle mit jedem beliebigen Adapter, der einen ODI-Treiber verwendet, eingesetzt werden können. Ebenso ist jeder Adapter, der einen ODI-Teiber besitzt, mit jedem Protokollstack, der für diese Schnittstelle geschrieben ist, kompatibel.

NetWare Streams bieten auf höherer Ebene eine ähnliche Sammlung von Schnittstellen. Zum einen sind die NetWare Streams eine gemeinsame Schnittstelle für die Transportprotokolle, die Daten und Anforderungen zur Bearbeitung an NetWare weiterleiten. Zum anderen sind die NetWare Streams eine Schnittstelle zu NetWare selbst. Dadurch ist NetWare v3.11 in der Lage, mit jedem beliebigen Streams-unterstützten Protokoll zu kommunizieren. Da die NetWare Streams das Transportprotokoll für das Netzwerkbetriebssystem transparent machen, können die gleichen Dienste im gesamten Netzwerk zur Verfügung gestellt werden, unabhängig davon, welche Transportprotokolle eingesetzt werden. Deshalb können Netzwerkverwalter die Protokolle ihrer Wahl einsetzen und sogar die vorhandenen Protokolle ändern, ohne die Dienste, die dem Benutzer zur Verfügung gestellt werden, zu beeinträchtigen.

Neben der Unterstützung von IPX/SPX sieht Novell die Unterstützung von NetBEUI/DLC, SNA, TCP/IP und den OSI-Protokollen vor. Die unterschiedlichen Übertragungsmechanismen zwischen den Prozessen (IPC), die von Novell unterstützt werden, können durch den Einsatz der NetWare Streams die Serveranwendungen protokollunabhängig unterstützen. NetBIOS, Named Pipes und das Transport Layer Interface (TLI) sind protokollabhängige Mechanismen, über die remote Prozesse verteilter Anwendungen miteinander kommunizieren können. Um zu garantieren, daß diese Anwendungen unabhängig vom eingesetzten Transportprotokoll auf einem NetWare LAN eingesetzt werden können, unterstützt Novell diese IPC-Mechanismen innerhalb der NetWare Streams-Umgebung. Auf diese Art und Weise verlieren diese IPC-Mecha-

KAPITEL 15

nismen ihre Protokollabhängigkeit und die für sie geschriebenen Applikationen laufen in einer protokollunabhängigen Umgebung.

Die OSI-Protokolle sind ein Versuch, die üblichen Kommunikationsprobleme durch die Schaffung einer Reihe von internationalen Standards für den Netzwerkbereich zu lösen bzw. in den Griff zu bekommen. Sehr viele Benutzer betrachten den derzeit aktuellen TCP/IP-Standard als Übergangslösung, bis es eine vernünftige OSI-Protokoll-Realisierung gibt. Da Novell protokollunabhängig sein will, ist sowohl die Unterstützung von TCP/IP und OSI vorgesehen. Diese Unterstützung wird sich aber nicht nur auf die Unterstützung der Transportprotokolle beschränken, die diesen Standards zugrundeliegen, sondern wird auch für Standards gelten, die für die LAN-Umgebung von Bedeutung sind.

Für TCP/IP unterstützt NetWare unter anderem Telnet, FTP, SMTP, die R-Utilities und andere anerkannte TCP/IP-Anwendungen. Für die OSI-Umgebung unterstützt NetWare die bekanntesten OSI-Anwendungen, wie z.B. X.400.

Ich habe bereits darauf hingewiesen, daß bei der Entwicklung von NetWare keine leistungsfähigen Client-Server-Protokolle zur Verfügung standen. Um Benutzern die LAN-Funktionen verfügbar zu machen, wurde von Novell ein eigenes Client-Server-Protokoll, das NetWare Core Protocol (NCP), entwickelt. Dieses NCP wurde anfänglich speziell für DOS-Anwender entwickelt und wird inzwischen auch für OS/2-Anwender unterstützt.

Der LAN-Markt hat sich im Laufe der Zeit weiterentwickelt und mit dieser Entwicklung wurden auch andere Client-Server-Protokolle zur Verfügung gestellt. Neben NCP sind heute als gängige Client-Server-Protokolle das Server Message Block (SMB) Protokoll für OS/2 Arbeitsplätze, das AppleTalk Filing Protocol (AFP) von Apple, das TOPS Filing Protocol (TOPS) von Sun Microsystems für Apple-Macintosh-Arbeitsplätze und das Network File System (NFS) von Sun Microsystems für Unix-Arbeitsplätze im Einsatz.

Aus diesen Beispielen können Sie ersehen, daß Client-Server-Protokolle gewöhnlich für eine bestimmte Art Arbeitsplatzrechner entwickelt und eingesetzt werden. NCP zum Beispiel ist zwar für DOS und OS/2 sehr gut geeignet, kann aber die AFP-Funktionen unter normalen Umständen nicht unterstützen, um Macintosh-Systeme in ein Novell-Netzwerk einbinden zu können. Der entsprechende Vergleich kann für SMB, NFS oder jedes andere Client-Server-Protokoll angeführt werden.

Statt nun alle Arbeitsplatzrechner auf eine einheitliche Client-Server-Protokoll-Ebene zu drücken – damit ist keinem so recht gedient – entschied man sich bei Novell, auf dem Server unterschiedliche Client-Server-Protokolle zu unterstützen. Mit der Unterstützung der jeweils betriebssystemeigenen Server-Protokolle kann garantiert werden, daß das Workstation-Betriebssystem vollen Zugriff auf alle NetWare-Dienste hat, ohne den ursprünglichen Funktionsumfang zu verlieren. Man spricht auch davon, daß die Workstation im sogenannten »Native Mode« eingebunden wird, d.h. mit ihrer ureigenen Umgebung. Neben NCP wird von Novell auch AFP von Apple unterstützt. In Planung ist die Unterstützung für NFS (Unix-Arbeitsplatz), TOPS (Macintosh-Arbeitsplatz) und SMB (OS/2-Arbeitsplatz).

15.20   NetWare Loadable Modules (NLMs)

Mit NetWare v3.11 wurde ein komplett neues Konzept bezüglich der Multi-Tasking-Umgebung geschaffen. Im Gegensatz zu NetWare 286 muß bei NetWare v3.11 kein Betriebssystem entsprechend den Anforderungen im File-Server generiert und erzeugt werden. Um NetWare 286 auf einem Server starten zu können, mußte eine NET$OS.EXE generiert werden. Bei der Installation von NetWare 286 muß man diese NET$OS.EXE erstellen. Man muß hierzu festlegen, mit welchen Disk-Drivern, LAN-Drivern etc. das Netzwerkbetriebssystem erstellt werden soll. Anschließend werden diese Driver, zusammen mit der NET$OS.OBJ, zur NET$OS.EXE zusammengestellt. Jede zusätzliche Hardwareänderung, wie zum Beispiel der Einbau einer zusätzlichen Netzwerkadapterkarte oder eines zusätzlichen Plattenkontrollers, erfordert bei NetWare 286 jedesmal die Erstellung einer neuen NET$OS.EXE, die dann wieder auf die Systemplatte des File-Servers übertragen werden muß.

Das Betriebssystem NetWare v3.11 weist diesbezüglich eine weit größere Flexibilität auf. Der Kernel von NetWare v3.11 ist das einzige ausführbare Programm, das bei der Installation von NetWare v3.11 benötigt wird. Es handelt sich dabei um die SERVER.EXE. Zum Starten des File-Servers wird SERVER.EXE gestartet und jedes andere Modul, z.B. LAN-Driver, Disk-Driver, Management-Programm etc., werden im laufenden Betrieb geladen und bei Bedarf wieder entladen. Man spricht auch davon, daß NetWare v3.11 aus dem Kernel-Betriebssystem und einer Sammlung von Run-Time-Loadable-Modules besteht.

Bei den NLMs handelt es sich um Programme, die zusammen mit dem Betriebssystem NetWare v3.11 im Hauptspeicher des Servers laufen. Für NetWare 286 gibt es ein ähnliches, jedoch bei weitem nicht so flexibles System, um zusätzliche Programme auf dem File-

KAPITEL 15

Server an NetWare 286 anzubinden. Es handelt sich dabei um die Möglichkeiten der VAP-Technologie. Bei den VAPs können jedoch nur zusätzliche Programme (Print-Server, Datenbank-Server, etc.) geladen werden. VAPs können zudem nur beim Starten des File-Servers geladen werden und lassen sich im laufenden Betrieb nicht mehr entladen. Hierzu ist es unter NetWare 286 notwendig, den File-Server DOWN zu fahren, die VAPs, die nicht geladen werden sollen, zu löschen oder umzubenennen und dann den NetWare 286 File-Server erneut zu starten.

Sobald ein NLM geladen worden ist, wird es Bestandteil von NetWare v3.11. Das heißt, NLMs können über den Aufruf von internen Betriebssystem-Routinen auf NetWare-Dienste zugreifen, ohne auf Service-Protokolle zugreifen zu müssen.

Der Betriebssystem-Kern wird durch das Starten von SERVER.EXE aktiviert. Alle weiteren Funktionen und Driver werden durch das Laden der entsprechenden NLMs aktiviert. Das Laden von NLMs erfolgt über den Befehl LOAD an der Server-Console. NLMs werden derzeit in vier Gruppen eingeteilt, wobei jede Gruppe durch eine spezielle NLM-Extension gekennzeichnet sind. Folgende Extensions werden unterschieden:

- LAN-Driver besitzen die Extension .LAN
- Disk-Driver besitzen die Extension .DSK
- Utilities besitzen die Extension .NLM
- Name Space Module besitzen die Extension .NAM

Sobald ein NLM an der Server-Console über den Befehl LOAD geladen ist, wird das Modul durch den NetWare LOADER direkt an das Betriebssystem gebunden. Nach dem Laden verhält sich das Modul so, als wäre es direkt als Bestandteil von NetWare v3.11 programmiert worden.

NLMs können im laufenden Betrieb von der DOS Partition einer Platte geladen werden, vom A- oder B-Diskettenlaufwerk, vom Volume SYS:SYSTEM oder jedem anderem Volume und Subdirectory-Pfad auf der Serverplatte. Nach dem erstmaligen Starten von NetWare v3.11 müssen Sie zum Beispiel das NLM INSTALL aktivieren, um alle notwendigen Installationsschritte durchzuführen, damit Sie anschließend den Server in Betrieb nehmen können. Zum Laden des INSTALL NLMs geben Sie zum Beispiel ein:

```
LOAD A:INSTALL
```

Wenn Sie mit der Installation fertig sind, können Sie das NLM wieder entfernen (dies gilt auch für jedes andere NLM). Durch das Entladen von NLMs werden alle belegten Ressourcen, die von diesem NLM beansprucht worden sind, wieder freigegeben (z.B. Speicher, Interrupt-Vektoren, I/O-Ports etc.). Zum Entladen des INSTALL NLM geben Sie an der Server-Console ein:

UNLOAD INSTALL

Es sei an dieser Stelle betont, daß durch das NLM-Konzept das Netzwerkbetriebssystem wesentlicher flexibler ist und auch wesentlich einfacher zu verwalten ist. Alle Module (Driver, Utilities, etc.) müssen als NLM zur Verfügung stehen. Die von Novell angebotenen Module zum Einbinden von Macintosh-Rechnern, TCP/IP-Unterstützung, NFS-Unterstützung, OSI- und FTAM-Protokolle werden als NLM zur Verfügung stehen.

KAPITEL 16

16 Novell NetWare, das fehlertolerante System

Ausfälle jeglicher Art verursachen unerwünschte Unterbrechungen in der Datenverwaltung. Wesentlich gravierender sind die dabei auftretenden Beschädigungen oder Datenverluste bei gemeinsam benutzten Datenbeständen. Im Einplatzbetrieb wird bei Ausfall des Rechners nur eine Person blockiert, im Netzwerk dagegen sind alle davon betroffen, die mit dem File-Server arbeiten. Dateien, Indexdateien, Baumstrukturen und periphere Geräte können durch unkontrollierte Ausfälle beschädigt werden. Der Ausfall kann dabei von einer Station ausgehen, und das Übertragungsmedium, den File-Server oder gar die Platteneinheiten betreffen.

Im Bereich der Großrechner-DV wird dieses Problem seit langem erfolgreich bekämpft, allerdings sind solche Maßnahmen immer mit sehr hohen Hardware- und Softwarekosten verbunden. Zudem werden die Lösungen von den Herstellern meist nur für den eigenen Computer angeboten.

Grundsätzlich muß dieser Schutz durch den vermehrten Einsatz von PCs, MDTs und Host-Systemen für alle diese Systeme zur Verfügung stehen. Novell hat deshalb von vornherein eine Reihe von Sicherheitsmaßnahmen in das Netzwerkbetriebssystem integriert. Die Systemfehlertoleranz deckt folgende Bereiche ab:

- Duplizierung von Plattenverzeichnissen
- Duplizierung der File Allocation Table
- Read after Write Verification
- Fehlererkennung und Korrektur
- Directory-Überprüfung bei Power-Up
- Bindery-Überprüfung bei Power-Up
- UPS Monitoring

Außerdem gibt es zu diesen Mechanismen, die jede NetWare-Version abdeckt, das Netzwerkbetriebssystem in drei unterschiedlichen Sicherheitsstufen: SFT I, SFT II und SFT III.

16.1 SFT Level I

Ein fehlerhaftes Speichermedium führt in zahlreichen Fällen zu Anwendungs- und Netzwerkausfällen. Jedes Betriebssystem führt zwar bei der Formatierung einer Platte entsprechende Schritte durch, um defekte Sektoren zu erkennen und entsprechend zu markieren (Eintrag in eine Bad-Block-Table). Jedoch entstehen mit fortschreitender Alterung der Platte zusätzliche neue Defekte, die von den bisherigen Betriebssystemen nicht mehr behoben werden können. Von MS-DOS kennt jeder die Fehlermeldung `Fehler beim Lesen/Schreiben Abort, Retry, Ignore`. Ähnliche Reaktionen im Netzwerkbetrieb deckt Novell NetWare SFT I ab. Diese Version bedient sich mehrerer Techniken, um die Probleme, die durch nachträglich auftretende defekte Sektoren auftreten, zu lösen.

16.1.1 Der Mechanismus des Kontrollesens

Die SFT I führt nach jedem Schreiben von Datenbeständen ein Kontrollesen durch. Dieses Verfahren stellt sicher, daß die geschriebenen Daten wenigstens einmal abgerufen werden können und zum Zeitpunkt des Abspeicherns korrekt auf der Platte stehen. Die Wahrscheinlichkeit von Fehlern bei künftigen Leseoperationen wird herabgesetzt.

16.1.2 Der Hot-Fix-Mechanismus

Ergänzt wird das Kontrollesen durch einen Mechanismus der als »Hot Fix« bezeichnet wird. Mit dieser Methode kann NetWare auftretende Plattenfehler während der Verarbeitung behandeln. Für den Hot-Fix-Mechanismus sollten ungefähr 2 Prozent jeder Platte als Reservebereich verwendet werden. Stellt NetWare beim Kontrollesen fest, daß der Sektor, auf den gerade geschrieben worden ist, defekt ist, holt sich Novell aus dem Reservebereich einen neuen Sektor und schreibt auf diesen den Datenbestand. Somit ist gewährleistet, daß die Daten auf alle Fälle korrekt auf die Platte abgespeichert werden. Diese Maßnahme gilt jedoch nur für Schreiboperationen. Ein Sektor kann aber bei der Abspeicherung noch intakt gewesen sein und erst später zerstört werden, so daß im Laufe der Zeit beim Lesen Fehler auftreten. Diese Gefahrenquelle wird unter anderem durch SFT II von Novell abgedeckt.

16.1.3 Redundante Dateisystemkomponenten

Die Zuverlässigkeit und die Korrektheit von Systemen kann durch Redundanz verbessert werden. Deshalb arbeitet NetWare mit einem doppelten Dateiverzeichnis und einer doppelten File Allocation Table. Beide Komponenten werden bei Veränderungen ständig abgeglichen. Bei jedem Start des File-Servers werden die beiden Directory-Strukturen und die beiden FATs miteinander verglichen und geprüft. Erkennt NetWare während des Einschaltens oder während des laufenden Betriebes einen Defekt in einer der beiden Systeme (Directory oder FAT) wird mit dem Ersatz weiter gearbeitet. Der File-Server schreibt eine entsprechende Meldung am Bildschirm heraus bzw. macht eine Eintragung im Error-Log-File. Die Reparatur kann – soweit möglich – mit NetWare-Dienstprogrammen durchgeführt werden, oder das defekte Laufwerk wird ausgewechselt.

Alle Novell NetWare-Systeme beinhalten die SFT-I-Sicherheitsvorkehrungen. Man kann auch sagen, daß es hierbei um Grundfunktionen handelt, die jede Grundinstallation von NetWare beinhaltet. Mit Hilfe der SFT II und SFT III Mechanismen stehen Ihnen Funktionen zur Verfügung, die Sie optional einsetzen und nutzen können. NetWare v3.11 und NetWare v4.0 unterstützen per default auch die Mechanismen von SFT II. Eine NetWare v3.11/v4.0 mit SFT III Unterstützung muß als spezielles Netzwerkbetriebssystem gekauft werden.

16.1.4 UPS-Monitoring

An den File-Server wird aus Sicherheitsgründen eine UPS angeschlossen, die den Server mit Strom versorgen soll, falls dieser ausfällt. Zu diesem Zweck wird der Server mit der UPS über ein Signalkabel verbunden, um diesen über den Zustand der UPS zu informieren. Im Gegensatz zu NetWare 2.x, die diese Funktion ebenfalls besitzt, kann beim Laden des UPS-Moduls eine sogenannte Recharge Time angegeben werden. Diese legt für den Fall, daß die UPS den Server mit Strom versorgen mußte und der Strom vor der vollen Ladung der UPS erneut ausfällt, fest, wie lange die UPS braucht, um wieder voll geladen zu sein. Bei NetWare v3.11 ist die UPS-Monitoring-Funktion als NLM realisiert und kann bei Bedarf geladen werden, sofern eine von NetWare untersützte USV-Anlage angeschlossen ist. Von NetWare unterstützte USV heißt, daß diese über ein Signalkabel mit dem Server verbunden wird, um die Funktionsfähigkeit der USV überprüfen zu können, bzw. beim Stromausfall dementsprechende Aktionen (Mitteilung der Benutzer,

Shut Down fahren des Servers, wenn Batterie leer ist, etc.) durchführen zu können.

16.2 SFT Level II

Eine weitere mögliche Fehlerursache wurde bei der Behandlung von Hot Fix unter SFT I bereits angesprochen. Diese kann aber nicht von SFT I, sondern nur von SFT II beseitigt werden. Die SFT II schützt den File-Server vor Datenverlust bei Ausfall von Plattenlaufwerken oder Plattenkontrollern. Die SFT II bietet dabei zwei Möglichkeiten an:

- Disk-Mirroring
- Disk-Duplexing

16.2.1 Disk-Mirroring

In Abbildung 16.1 ist das Prinzip von Disk-Mirroring aufgezeigt. Beim Disk-Mirroring werden identische Daten auf zwei getrennten Platten abgespeichert. Fällt eines der Laufwerke aus, arbeitet der File-Server mit der zweiten Platte weiter und schreibt eine Fehlermeldung auf den Bildschirm bzw. in das Error-Log-File. Wird die defekte Platte ausgetauscht, wird durch Eingabe eines Befehls ein automatischer Abgleich zwischen der intakten und der neuen Platte durchgeführt. In Zusammenarbeit mit Hot Fix schützt SFT II auch vor Lesefehlern. Tritt ein Lesefehler auf, holt sich der Plattenprozeß die Daten einfach von der gespiegelten Platte. Der defekte Bereich auf der anderen Platte wird gekennzeichnet und der richtige Datenbestand wieder auf die Platte übertragen. Diese Aktionen sind für den Benutzer im Netzwerk transparent. Durch Disk-Mirroring wird zudem der File-Server bei Leseoperationen leicht beschleunigt. Beim Lesen von Daten sucht sich der File-Server die Platte heraus, bei der der Schreib/Lesekopf am günstigsten positioniert ist.

KAPITEL 16

Bild 16.1
Das Prinzip des
Disk-Mirroring

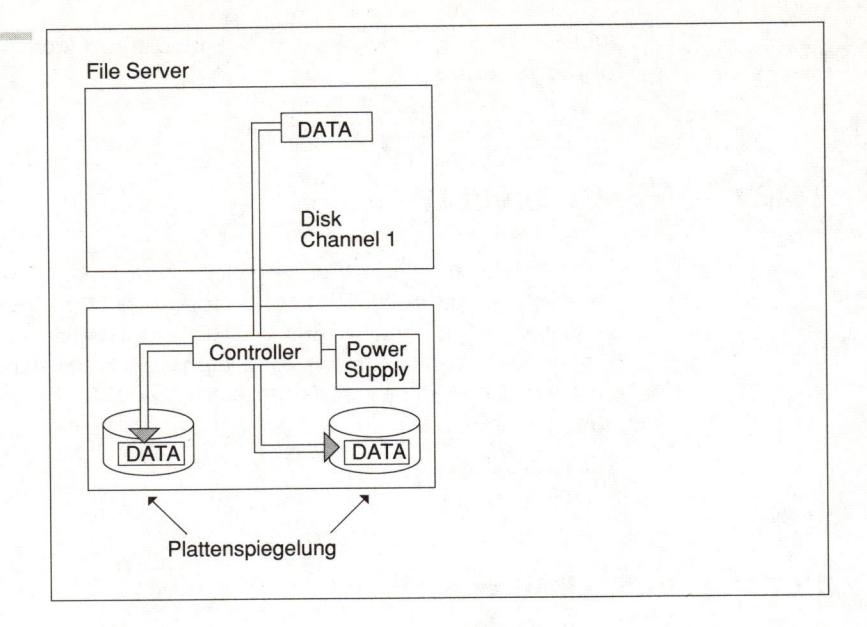

```
File Server
    DATA
    Disk Channel 1

    Controller   Power Supply
    DATA         DATA
      ↓           ↓
      Plattenspiegelung
```

16.2.2 Disk-Duplexing

Disk-Duplexing schützt, genauso wie Disk-Mirroring vor Ausfall des Plattenlaufwerkes. Beim Disk-Duplexing wird jedoch zudem noch der Ausfall des Plattenkontrollers abgesichert. Da beim Disk-Mirroring beide Platten, die gespiegelt werden, an einem Controller hängen, fallen bei Defekt des Controllers auch beide Platten aus. Anders bei der Verwendung von Disk-Duplexing. Das Disk-Duplexing wird so durchgeführt, daß identische Platten- und Dateispeicher-Konfigurationen auf bis zu vier parallelen I/O-Kanälen angesprochen werden können. Novell NetWare und der Einsatz von Disk-Coprocessor-Boards ermöglichen die Kanalspiegelung durch die Verwaltung von vier separaten, unabhängigen Ein-/Ausgabe-Kanälen. Abbildung 16.2 zeigt das Prinzip des Disk-Duplexing.

Novell NetWare, das fehlertolerante System

Bild 16.2
Das Prinzip des
Disk-Duplexing

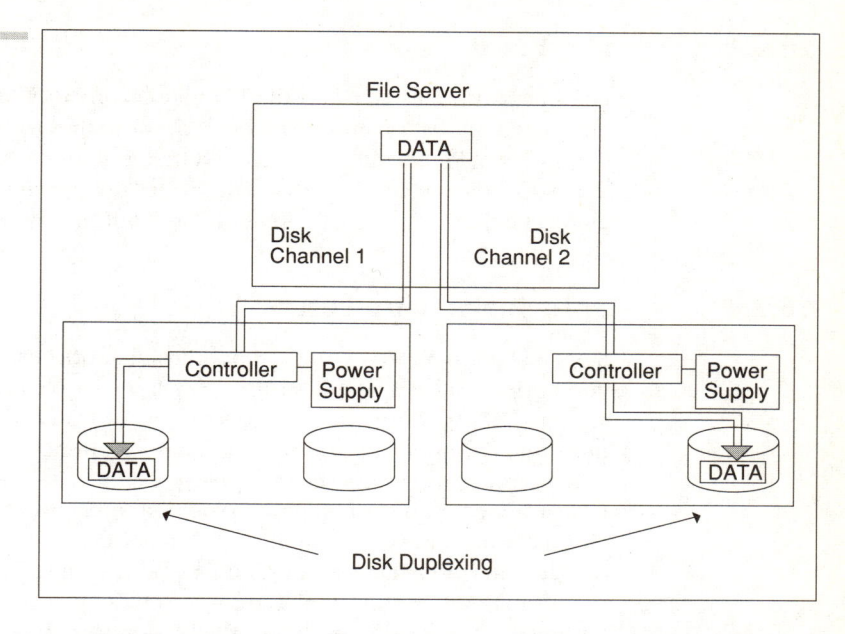

Das Disk-Duplexing schützt zum einen vor Ausfällen des Controllers oder eines Plattenlaufwerkes und zum anderen wird das Spiegeln von Platten optimiert. Ein zusätzlicher Vorteil besteht darin, daß der File-Server parallele Leseoperationen ausführen kann. Der File-Server kann das Lesen von Daten auf zwei Kanäle aufteilen, also halbieren. Dies kann die Leistungsfähigkeit des Servers bei Spitzenbelastungen durch Leseoperationen verdoppeln.

Mit SFT I und SFT II werden so ziemlich alle Risiken im Bereich der Hardwareausfälle abgedeckt. Bis auf eines, nämlich der Schutz vor Ausfall des File-Servers selbst. Diese Sicherheitsmaßnahme wird durch die SFT III Version von Novell abgedeckt.

Im Vergleich zu früheren SFT II Versionen wurde der Mechanismus von SFT II für NetWare v3.11 für das Spiegeln bzw. Duplexen von Platten erweitert. Bisher war es unter NetWare 2.x nur möglich, die Primary-Platte auf eine Secondary-Platte zu spiegeln/duplexen. Mit NetWare v3.11 ist es jetzt möglich, eine Primary-Platte auf bis zu sieben Ersatzplatten zu spiegeln. Die Ausfallsicherheit wird dadurch nochmals um ein erhebliches Maß gesteigert.

16.2.3 Hot Fix II

Hierbei handelt es sich um die Fähigkeit von NetWare, anhand der gespiegelten Platten einen nicht mehr lesbaren Datenbereich auf der Primary-Platte mit Hilfe der nochmals vorhandenen Daten auf der Secondary-Platten (bzw. den insgesamt möglichen 7 gespiegelten Platten) und der Redirection Area automatisch abzugleichen.

16.2.4 Split Seeks beim Lesen

Sind in einem Server Festplattencontroller und Festplatten doppelt verhanden und der Mechanismus des Disk Duplexing eingerichtet, sind auf den geduplexten Platten sämtliche Daten doppelt vorhanden und können über die separaten Plattencontroller getrennt voneinander angesteuert und gelesen werden. Deshalb können Leseanfragen vom Server auf beide Platten verteilt werden. Liegt eine Leseanfrage vor, ermittelt NetWare, welche Platte schneller auf die gewünschten Daten zugreifen kann. Ist eine Festplatte bereits mit der Bearbeitung von Daten beschäftigt, werden die Daten automatisch von der anderen Platte gelesen. Existieren mehrere Leseaufträge, werden diese auf die beiden Platten verteilt. Diese Arbeitsweise der verteilten Zugriffe wird Split Seeks genannt und trägt wesentlich zu Erhöhung der Zugriffsgeschwindigkeit bei Leseaufträgen bei. Wenn Sie sich jetzt noch vorstellen, daß NetWare auf bis zu 8 Platten den Duplexing-Mechanismus ausdehnen kann, können Sie sich vorstellen, welche Effekte damit erzielt werden könnten.

16.2.5 Das TTS-System

Das TTS schützt gemeinsam benutzte Datenbestände vor Verlust oder Beschädigung durch unvollständige Transaktionen. Eine Transaktion wird dabei als ein Abschnitt innerhalb einer Applikation definiert, der entweder vollständig oder überhaupt nicht ausgeführt wird. Dieser Abschnitt besteht dabei aus einer Reihe von Schreiboperationen, Dateiänderungen, die alle komplett ausgeführt werden müssen, damit die Konsistenz und die Integrität einer Datenbank oder einer Datei erhalten bleiben. Änderungen innerhalb einer Datei oder Datenbank betreffen aber nicht nur die Datensätze, sondern auch Index- und Schlüsselstrukturen, die für die Anwendung notwendig sind. Das TTS-System stellt sicher, daß alle Schreiboperationen in einer definierten Transaktion entweder vollständig oder überhaupt nicht auf der Festplatte gespeichert werden. Damit wird die Integrität und Konsistenz der Dateien

Novell NetWare, das fehlertolerante System

gewährt, auch wenn Workstations, der File-Server oder die Übertragungsmedien ausfallen, bevor die Transaktion abgeschlossen ist.

Der Schutz vor Verlust oder Zerstörung der Daten oder Dateien wird dadurch gewährt, daß unvollständige Transaktionen zurückgesetzt werden. Die Dateien werden dabei in den Zustand zurückgesetzt, wie er war, bevor die Transaktion gestartet worden ist. Dieser Mechanismus wird als Backward-Recovery bezeichnet. Es kann jedoch auch der Fall eintreten, daß Transaktionen vollständig abgearbeitet und beendet wurden, der File-Server die Aktualisierung jedoch noch nicht auf Platte hat und dann der File-Server abstürzt. Der Benutzer nimmt guten Glaubens an, daß er sich um nichts mehr kümmern muß, da seine Transaktionen vollständig abgearbeitet worden sind. Auch dieser Fall wird durch den Einsatz von TTS abgedeckt. Diese Art der Transaktionsfortschreibung wird als Forward-Recovery bezeichnet. Alle bereits als beendet definierten Transaktionen werden beim Wiederanlauf des Systems nachgefahren.

Beide Mechanismen, Backward-Recovery und Forward-Recovery, sind alt bekannte Funktionen aus dem Bereich der Groß-DV und stehen jetzt auch im PC-LAN unter Novell NetWare zur Verfügung. Die Sicherheitsstufen die NetWare, beginnend mit SFT I bis herauf zu SFT III anbietet, sind einmalig für den LAN-Bereich, aber dennoch eine unabdingbare Forderung, wenn Wert auf Sicherheit gelegt wird.

Das TTS sollte immer aktiviert sein, auch wenn Sie keinen Einsatz von Multiuser Datenbanken planen. TTS unter NetWare v3.11 schützt im Gegensatz zu NetWare 2.x auch die NetWare v3.11 Bindery und Queue-Datenbankdateien vor Zerstörung. Auf Großrechner- und MDT-Rechnersystemen sind die TTS-Funktionen meist Bestandteil des Datenbanksystems und nicht Bestandteil des Netzwerkbetriebssystems.

Die Implementierung von TTS auf Betriebssystemebene auf dem File-Server bietet im Gegensatz zur Softwareimplementierung auf Datenbanksystem-Ebene zwei wesentliche Vorteile:

- Die Performance wird drastisch erhöht, da Transaktionen auf dem Server, der die Schreiboperationen durchführt, überwacht werden. Aufgrund dieser Strategie wird der Transport von Daten über das Netzwerk reduziert und alle Transaktionen können den Geschwindigkeitsvorteil des NetWare Disk Caching Systems voll nutzen.

- Durch TTS wird Datenbankapplikationen, die nicht für einen Transaktions-Backout konzipiert sind, eine Backout-Fähigkeit verliehen. In diesem Fall wird eine sogenannte implizite Transaktionsdefinition eingesetzt. D.h. wenn eine Datenbankapplikation ohne Backout-Fähigkeit eine physikalische oder logische Satzsperre für eine Datenbank durchführt, wird TTS darüber informiert, daß eine Transaktion beginnt. Ab diesem Zeitpunkt überwacht TTS diese implizite Transaktion, so daß sie bei Auftreten eines Fehlers zurückgesetzt werden kann. Wenn die Applikation eine physikalische oder logische Satzsperre freigibt, wird TTS darüber informiert, daß die Transaktion beendet ist. Ab diesem Zeitpunkt ist die Überwachung der Transaktion durch TTS beendet.

Es gibt drei Arten von Datenbankapplikationen, die TTS nutzen können:

- Applikationen die nicht für einen Transaktions-Backout konzipiert sind. Diese nutzen die implizite Definitionsmethode für Transaktionsbeginn und -ende.

- Applikationen mit eingebauten Transaktions-Backout-Funktionen (z.B. Btrieve).

- Applikationen, die explizite NetWare TTS-Aufrufe verwenden, um Transaktions-Backout-Funktionen zu nutzen. Beispiele für explizite Transaktionsaufrufe sind BEGIN, ABORT und END.

Durch TTS soll garantiert werden, daß alle Dateiänderungen, die während einer Transaktion durchgeführt werden, entweder vollständig oder überhaupt nicht durchgeführt werden. Damit eine Transaktion für eine bestimmte Datei eingesetzt werden kann, muß die Datei durch das Dateiattribut Transactional gekennzeichnet werden.

Nachfolgend soll aufgezeigt werden, wie TTS den Schreibvorgang auf eine Datei durch eine Transaktion überwacht:

1. Eine Applikation schreibt neue Daten in eine Datei auf dem File-Server.
2. Der Server speichert die neuen Daten in einem Cache-Speicher. Die Zieldatei auf der Festplatte des File-Servers bleibt noch unverändert.
3. Der Server durchsucht die Zieldatei auf der Platte des File-Servers und stellt fest, daß Daten geändert worden sind, d.h. findet alte Daten vor, und kopiert die alten Daten in einen Cache-Speicher. Der Server protokolliert auch den Namen und den Directory-Pfad der Zieldatei und die Länge und Position der alten Datensätze innerhalb der Datei. Die Zieldatei auf der Platte des File-Servers bleibt unverändert.

4. Der Server schreibt die alten Daten des Cache-Speichers in eine Transaktions-Work-Datei auf der Platte des File-Servers. Diese Transaktions-Work-Datei befindet sich im Root-Directory des Volumes auf dem File-Server. Die Zieldatei auf der Platte des File-Servers ist immer noch unverändert.
5. Der Server schreibt die neuen Daten des Cache-Speichers in die Zieldatei auf der Platte des File-Servers. Die Zieldatei ist jetzt geändert.

Der Server wiederholt diese Schritte für jeden Schreibvorgang innerhalb einer Transaktion. Dabei wird die Transaktions-Work-Datei immer größer, um die alten Daten eines jeden Schreibvorganges sammeln zu können. Wird die Transaktion unterbrochen, schreibt der Server den entsprechenden Inhalt der Transaktions-Work-Datei in die Zieldatei. Dabei wird die Datei in den Zustand zurückgesetzt, der vor Beginn der Transaktion existiert hat. D.h. der Server setzt die Transaktion zurück.

Wie bereits erwähnt, ist TTS ein integraler Bestandteil von NetWare v3.11 (da SFT II Unterstützung) und keine zusätzliche Option. Das TTS wird immer dann aktiviert, wenn das Volume SYS gemountet wird und noch genügend Platz auf der Platte und im Hauptspeicher des File-Servers vorhanden ist. Bei Bedarf kann das TTS an der Server-Console durch die Eingabe `DISABLE TTS` abgeschalten werden und durch die Eingabe `ENABLE TTS` wieder aktiviert werden. Wird TTS durch einen Problemfall am File-Server selbständig und automatisch abgeschaltet, muß das Problem zuerst behoben werden, bevor Sie TTS wieder aktivieren können.

Ein automatisches Abschalten von TTS erfolgt dann, wenn das Volume SYS voll ist oder der File-Server nicht mehr genügend freien Hauptspeicher besitzt. Wenn TTS deaktiviert ist, kann auf einer Workstation trotzalledem eine Transaktion ausgeführt werden, jedoch wird die Datenbank nicht mehr durch das TTS geschützt.

16.3 Das UPS-Monitoring

Mit Hilfe des UPS-Monitoring (Uninterruptable Power Supply) ist es möglich, den File-Server durch ein spezielles, von NetWare gesteuertes Notstrom-Versorgungssystem gegen Stromausfälle abzusichern. In Abbildung 16.3 ist ein möglicher Aufbau einer UPS an einem File-Server aufgezeigt. Dabei ist auf alle Fälle zu beachten, daß nur UPS-Anlagen eingesetzt werden, die novelltauglich sind. Für den Fall, daß das UPS die Stromversorgung des File-Servers

KAPITEL 16

übernehmen muß, wird vom File-Server, wie folgt, reagiert. Alle noch aktiven Stationen, die vom Stromausfall nicht betroffen sind, bekommen unterschiedliche Meldungen am Bildschirm:

```
You are on auxiliary power. Server will go down in xx minutes.
```

Diese Meldung erscheint nach Stromausfall und Übernahme der Stromversorung des File-Servers durch UPS. Die Angabe *xx* gibt an, wie lange die UPS den File-Server mit Strom versorgen kann.

```
Batteries are low. Server will go down in one minute.
```

Diese Meldung erscheint eine Minute, bevor *xx* Minuten verstrichen sind.

```
Commercial power has been restored to server.
```

Diese Meldung erscheint, wenn der Strom vor Ablauf der *xx* Minuten wieder zur Verfügung steht.

Aus Sicherheitsgründen sollte auf alle Fälle jeder File-Server mit einer UPS, novellgesteuert, ausgestattet werden, um das System zusätzlich, neben allen anderen Sicherheitseinrichtungen, vor Ausfall zu schützen.

Bild 16.3
Die Funktionsweise einer UPS-Anlage, die von NetWare gesteuert wird

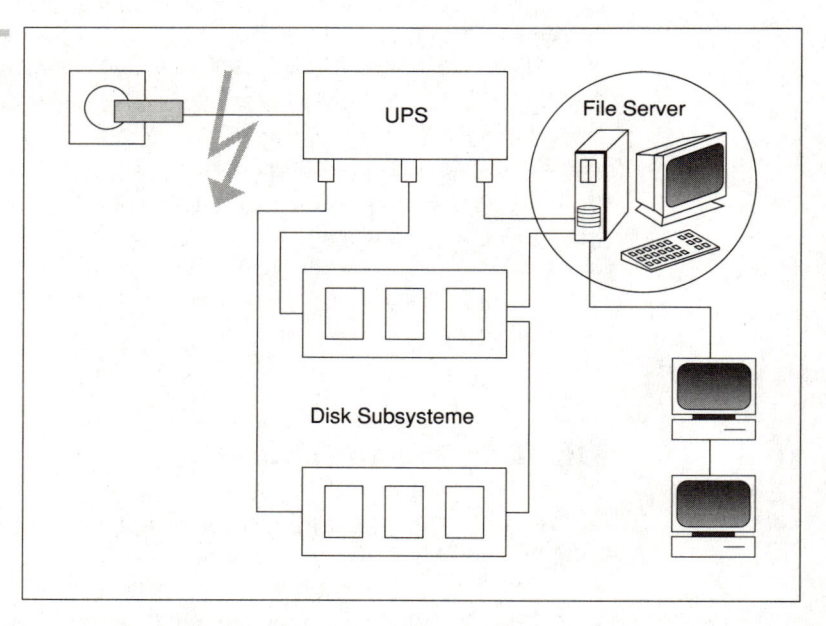

Da es in einem Netzwerkbetriebssystem und dem Einsatz von mehrplatzfähigen Programmen sehr unangenehme Folgen haben kann, wenn Programme unkontrolliert beendet werden, bietet

Novell NetWare, das fehlertolerante System

Novell, ab SFT II, im Lieferumfang enthalten, das gerade besprochene Transaction Tracking System an.

Das UPS-Monitoring-System wird uneingeschränkt von allen NetWare Versionen unterstützt.

16.4 SFT Level III

NetWare SFT III ist nach langjähriger Ankündigung seit Dezember 1992 verfügbar. NetWare SFT III wird sowohl für NetWare v3.11 und NetWare v4.0 angeboten werden. Mit dieser Version ist eine ununterbrochene Arbeit, auch bei Ausfall des File-Servers möglich, da, ohne daß der Benutzer es merkt, mit dem zweiten Server weitergearbeitet wird, für den Fall, daß der Primary File-Server ausfällt. Die Verbindung der beiden File-Server zum Abgleich der beiden Systeme wird mit ziemlicher Sicherheit mit Hilfe einer Glasfaserstrecke erfolgen. Dies ist notwendig, da nur durch diese Art der Kopplung die notwendige Übertragungsgeschwindigkeit von ca. 100 Mbit/s erreicht werden kann.

Aufgrund der »Einmaligkeit« eines gespiegelten Server-Konzeptes im LAN-Bereich, soll diese Netzwerkbetriebssystem-Version und die damit verbundenen Änderungen in einem eingenen Kapitel beschrieben werden. Um für diese Version nicht Wiederholungen aufzählen zu müssen, sollen Ihnen zuerst die Benutzeroberfläche und Befehle von NetWare v3.11 aufgezeigt und anschließend NetWare SFT III vorgestellt werden.

17 Benutzeroberfläche von NetWare v3.11

In diesem Kapitel will ich Ihnen aufzeigen, welche Möglichkeiten Ihnen NetWare v3.11 bietet, den File-Server als systemverantwortlicher Supervisor zu bedienen und zu überwachen und welche Utilities somit auch für Benutzer zur Verfügung stehen. Die Benutzeroberfläche kann dabei in vier Bereiche unterteilt werden:

- Commandline-Utilties
- Supervisor-Utilities
- Menü-Utilities
- Consolen-Befehle

Diese Befehle und Menüsysteme sollen anschließend kurz erläutert werden.

17.1 Commandline-Utilities

Unter Commandline-Utilities werden Programme verstanden, die jedem Anwender zur Verfügung stehen. Mit den zur Verfügung stehenden Befehlen haben Anwender die Möglichkeit, sich zum einen spezielle Informationen über die Netzwerkumgebung ausgeben zu lassen und zum anderen neue Umgebungsbedingungen festzulegen. Die Commandline-Utilities werden auf DOS-Betriebssystemebene der Workstation eingegeben. Anschließend will ich Ihnen die Befehle kurz beschreiben.

LOGIN Anmelden am File-Server durch Angabe des File-Server-Namens (optional) und des User-Namens. Sie können an bis zu 8 File-Servern gleichzeitig angemeldet sein. Nach einem erfolgreichen LOGIN geschieht jedes weitere Anmelden an einem File-Server jedoch mit dem Befehl ATTACH.

ATTACH Anmelden an zusätzlichen File-Servern im Netzwerk, ohne sich von den bisherigen File-Servern abmelden zu müssen, d.h. alle bisherigen Anmeldungen bleiben bestehen.

LOGOUT Abmelden vom File-Server. Durch Eingabe eines File-Server-Namens melden Sie sich nur von einem bestimmten Server ab.

Benutzeroberfläche von NetWare v3.11

Wenn Sie auf mehreren Servern angemeldet sind und nur den Befehl LOGOUT ohne weiteren Parameter eingeben, melden Sie sich von allen File-Servern gleichzeitig ab.

SLIST	Anzeigen aller File-Server im Netzwerk.
SYSTIME	Das Datum und die Uhrzeit des File-Servers werden angezeigt und zugleich erfolgt die Synchronisation von Datum und Uhrzeit auf der Workstation mit Datum und Uhrzeit auf dem File-Server. Es kann angegeben werden, mit welchem File-Server die Synchronisation erfolgen soll.
MAP	Dieser Befehl dient zum Einrichten von logischen Netzwerklaufwerken und Suchpfaden. Insgesamt stehen dem Anwender bis zu 26 Laufwerksbuchstaben zur Verfügung (A-Z). Davon können 16 Laufwerksbuchstaben für Suchpfade herangezogen werden (S1-S16).
USERLIST	Anzeigen aller momentan im Netzwerk angemeldeten Benutzer. Hierbei können zusätzliche Informationen über Datum und Uhrzeit des Login, Connection-Slot und des Objekt-Typs (User, Print-Server etc.) angezeigt werden.
SETPASS	Vergabe und Änderung des Paßworts. Es können damit auch die Paßwörter auf mehreren File-Servern synchronisiert werden.
SMODE	Mit diesem Befehl kann festgelegt werden, wie ein Programm Suchpfade verwenden soll, wenn Datendateien verwendet werden. Dieser Befehl ist mit dem APPEND Befehl von MS-DOS vergleichbar, bietet aber eine wesentlich höhere Flexibilität.
WHOAMI	Anzeigen wichtiger Informationen über die eigenen Anmeldungen auf den jeweiligen File-Servern. Sie erhalten generelle Systeminformationen, Anzeige der effektiven Rechte, Anzeige der Gruppenzugehörigkeiten und die Security-Equivalences, die der Benutzer besitzt.
TLIST	Anzeige der Trustees (Benutzer oder Gruppen) eines Directories mit den dazugehörigen Rechten. Hierbei kann unterschieden werden, ob nur Benutzer- oder Gruppeninformationen aufgelistet werden sollen.
SEND	Hiermit können kurze Nachrichten an andere Benutzer im Netzwerk verschickt werden. Die Nachricht erscheint auf dem Bildschirm des Empfängers in der 25. Statuszeile und muß durch eine explizite Tastenkombination entfernt werden.

KAPITEL 17

CASTOFF Der Empfang von Nachrichten kann mit diesem Befehl unterdrückt werden. Hierbei kann unterschieden werden, ob nur der Empfang von Nachrichten anderer Workstations, des File-Servers oder beider Systeme abgeschaltet werden soll.

CASTON Hiermit schalten Sie den Empfang von Nachrichten wieder ein.

CHKDIR Da NetWare v3.11 die Möglichkeit bietet, den Plattenplatzbedarf eines Directories zu beschränken, können Sie mit diesem Befehl anzeigen lassen, wieviel Platz auf dem Volume insgesamt zur Verfügung steht, wieviel belegt, wieviel noch frei ist und wieviel für das angegebene Directory definiert worden ist und wieviel davon wieder belegt bzw. noch frei ist.

CHKVOL Zeigt die Volume-Größe, belegten Platz auf der Platte, belegten Platz gelöschter Dateien, freiwerdenden Platz, wenn die wiederherstellbaren Dateien entfernt werden, freie Kapazität auf dem Volume und die freie Kapazität auf dem Volume für den Benutzer, der CHKVOL aufruft.

LISTDIR Hiermit erhalten Sie die Auflistung der gesamten Directory-Struktur eines Volumes. Sie können dabei weitere Informationen über die Inherited Rights Mask, die effektiven Rechte und Erstellungsdatum und -uhrzeit angezeigt bekommen.

NDIR Mit diesem Befehl können Sie sich detaillierte Informationen über Dateien und Directories anzeigen lassen. Sie haben damit auch die Möglichkeit, nach bestimmten Dateien zu suchen, wenn Sie zwar noch wissen, wie die Datei heißt, sich aber nicht mehr daran erinnern können, in welchem Directory sich diese Datei befindet. Die Angabe von Parametern ermöglicht Ihnen eine gezielte Auswahl von Dateien und Directories und die Festlegung der Sortierung, wie die Informationen ausgewiesen werden sollen.

RIGHTS Hiermit erhalten Sie als Benutzer die effektiven Rechte für das angegebene Directory ausgewiesen, die Sie als Anwender für dieses Directory besitzen.

FLAG Hiermit können Sie sich die Dateiattribute anzeigen lassen und neue Dateiattribute setzen.

FLAGDIR Hiermit können Sie sich die Directoryattribute anzeigen lassen und neue Directoryattribute setzen.

NCOPY Dieser Befehl ist identisch zu bedienen wie der DOS COPY Befehl. Die zu kopierende Datei bzw. Dateien werden dabei jedoch nicht über das Netzwerk in den Hauptspeicher der Workstation transportiert, sondern direkt zwischen Quelle und Ziel übertragen.

Benutzeroberfläche von NetWare v3.11

	Durch Parameter kann angegeben werden, daß ebenfalls Subdirectories kopiert und Dateiattribute beim Kopiervorgang übernommen werden sollen.
PURGE	Alle restaurierbaren Dateien des Benutzers werden mit diesem Befehl unwiederbringlich gelöscht. D.h. diese Dateien können dann mit Hilfe des SALVAGE-Befehls nicht mehr wiederhergestellt werden.
CAPTURE	Eine der wichtigsten Funktionen im Netz ist das Drucken. Um Druckaufträge von der lokalen Workstation auf einen Netzwerkdrucker umzuleiten, muß der CAPTURE-Befehl verwendet werden. Durch Parametereinstellungen lassen sich sehr viele Einstellungen durchführen. Alle drei lokalen LPT-Schnittstellen lassen sich gleichzeitig umleiten.
ENDCAP	Das Umleiten von Druckaufträgen wird durch diesen Befehl aufgehoben. Jede LPT-Schnittstelle kann einzeln auf den lokalen Modus umgestellt werden.
NPRINT	Eine bereits vorhandene, druckaufbereitete Datei kann mit diesem Befehl auf einen Netzwerkdrucker ausgegeben werden. Ein vorheriges Umleiten der lokalen Schnittstelle ist bei diesem Befehl nicht notwendig.
GRANT	Mit dem Befehl GRANT kann man Benutzern oder Benutzergruppen Trustee-Rechte für Directories vergeben. Trustee-Rechte können hierbei sowohl für Benutzer als auch für Gruppen vergeben werden.
RENDIR	Mit diesem Befehl kann für ein Directory ein neuer Name vergeben werden, wenn Sie das Recht hierzu besitzen.
SETTTS	TTS nimmt an, daß eine Transaktion bei der physikalischen oder logischen Satzsperre beginnt (implizite Methode) und bei Aufhebung der Satzsperre endet. Von manchen Applikationen wird diese Satzsperre für interne Zwecke verwendet. Mit SETTTS kann man dem TTS eine spezifizierte Anzahl von physikalischen oder logischen Satzsperren mitteilen. Diese werden dann von TTS ignoriert, bevor es den Beginn einer Transaktion festlegt.
NVER	Anzeigen der Netzwerkversion des File-Servers und der Versionen der Programme IPX/SPX, LAN-Driver, SHELL, DOS und NetBIOS auf der Workstation.
PSC	Ein Anwender kann damit sehr schnell, wenn er Print-Server Operator ist, Print-Server und Netzwerkdrucker im Netzwerk überwachen und steuern. Man kann sich unter anderem den Status des Print-Servers bzw. der Netzwerkdrucker anzeigen lassen und andere notwendige Steuerungen durchführen.

KAPITEL 17

ALLOW — Hiermit kann die Inherited Rights Maks für ein Directory oder eine Datei angezeigt, geändert oder neu definiert werden.

REMOVE — Dieser Befehl ermöglicht, daß ein Benutzer oder eine Gruppe aus der Trustee-Liste für eine Datei oder ein Directory gelöscht wird.

REVOKE — Damit können Sie einem Benutzer oder einer Gruppe die Trustee-Rechte für ein Directory oder eine Datei einschränken. D.h. Trustee-Rechte werden entfernt.

17.2 Supervisor-Utilities

Supervisor-Utilities werden wie die Commandline-Utilities auf der Betriebssystemebene der Workstation ausgeführt. Aus Gründen der Sicherheit sollten diese Befehle nur vom Supervisor ausgeführt werden. Folgende Befehle stehen Ihnen zur Verfügung. Abgelegt sind diese im SYS:SYSTEM Directory:

BINDFIX — Sollten irgendwann einmal Probleme mit der Bindery des Servers auftreten, kann mit diesem Befehl die Reparatur der Bindery durchgeführt werden. Die Bindery besteht unter NetWare v3.11 aus drei Dateien: NET$OBJ.SYS, NET$PROP.SYS und NET$VAL.SYS. Bevor BINDFIX mit der Reparatur der Bindery beginnt, wird eine Kopie der drei bestimmenden Binderydateien angelegt. Die Kopien werden mit der Extension .OLD im SYS:SYSTEM Directory abgelegt.

BINDREST — Ist die Durchführung von BINDFIX nicht erfolgreich gewesen, können Sie mit BINDREST den Zustand der alten Bindery wiederherstellen. Das geht nur, wenn alle 3 Bindery-Dateien mit der Extension .OLD noch nicht gelöscht worden sind.

PAUDIT — Sie erhalten mit diesem Befehl alle Accounting-Transaktionen aufgelistet. Diese beinhalten, wann sich ein Benutzer am File-Server angemeldet hat (mit Angabe der Netzwerk- und Nodeadresse) und wieviele Ressourcen der einzelne Benutzer am File-Server belegt hat.

SECURITY — Hiermit wird die gesamte Netzwerkeinrichtung mit Hilfe der Bindery auf sogannte »Sicherheitslöcher« überprüft. Die Inhalte der Bindery werden auf folgende Komponenten durchsucht:

- Objekte ohne Paßwort
- Objekte mit zu einfachen Paßwörtern
- Objekte mit Security-Equivalence-Rechten
- Objekte mit Rechten im Root-Directory

Benutzeroberfläche von NetWare v3.11

- Objekte ohne Login-Script
- Objekte, die kein Paßwort benötigen
- etc.

Sie erhalten damit eine gesamte Auflistung von Bindery-Definitionen, die aus Sicherheitsgründen geändert werden sollten.

ATOTAL Mit diesem Utility erhalten Sie eine Auswertung des Accounting Systems von NetWare. Diese Auswertung bezieht sich auf folgende Angaben:

- alle gelesenen Blöcke
- alle geschriebenen Blöcke
- die gesamte »Verbindungszeit«
- alle Service Requests
- Festplatten-Speicherplatz in Blöcken/Tag

Die ausgegebenen Informationen werden in eine tägliche und eine wöchentliche Summierung aufgeteilt. Es besteht die Möglichkeit, durch Eigenprogrammierung wesentlich detailliertere Informationen auszuwerten (z.B. pro Benutzer).

Neben diesen Befehlen werden Ihnen auch noch eine Vielzahl von Menüsystemen zur Verfügung gestellt, die notwendig sind, um die Serverumgebung einzurichten, d.h. Benutzer, Gruppen, Print-Server, Drucker etc. zu definieren und Berechtigungen für die einzelnen Objekte im Netzwerk zu vergeben. Das sind Menüsysteme die einfach benötigt werden, um das Netzwerk komfortabel verwalten zu können.

Daneben steht dem Netzwerkverwalter noch eine Menge von Befehlen zur Verfügung, die an der File-Server Console eingegeben werden können. Ich werde Ihnen nach Darstellung der zur Verfügung stehenden Menüsysteme und Consolen-Befehle ein Utility aufzeigen, mit dem es möglich ist, den File-Server von der Workstation aus nicht nur zu steuern, sondern auch zu installieren und zu konfigurieren. Es handelt sich dabei um die sogenannte Remote Management Facility. Dadurch wird die totale Steuerung des File-Servers vom Arbeitsplatz aus möglich, d.h. Sie benötigen keinen direkten, physikalischen Zugriff auf den File-Server. Sie müssen somit nicht mehr in den File-Server-Raum gehen, um irgendwelche Servereingaben durchzuführen. Der weitere Vorteil liegt darin, daß Sie damit in der Lage sind, auch File-Server mit Hilfe von Remote-Verbindungen zu installieren und zu überwachen.

17.3 Menü-Utilities

Für die leichtere Verwaltung, Pflege und Überwachung des gesamten File-Server-Systems stellt NetWare v3.11 einige Menüsysteme zur Verfügung, die Ihnen das Arbeiten wesentlich erleichtern. Bei den Menüsystemen und Befehlen von NetWare v3.11 handelt es sich um sogenannte bimodale Utilities, die sowohl unter NetWare v3.11 und NetWare 286 eingesetzt werden können.

Jedes Menüsystem bietet Ihnen zu jedem beliebigen Zeitpunkt eine Online Hilfe am Bildschirm, die immer mit der Taste [F1] abgerufen werden kann. Sie erhalten daraufhin am Bildschirm eine kurze Erläuterung der Menüoptionen (optionenabhängig) und können somit im Laufe der Zeit auch ohne Handbuch mit den Menüs arbeiten. Ich will Ihnen anschließend die grundlegenden Funktionen der NetWare Menüs darstellen. Eine ausführlichere Darstellung würde jedoch weit über das Ziel dieses Buches hinausgehen.

17.3.1 Das Session Menü

Mit diesem Menü kann jeder Benutzer im Netzwerk temporär logische Laufwerke definieren, ändern oder löschen. Das gleiche gilt für das Einrichten, Ändern und Löschen von Suchpfaden. Zudem besteht die Möglichkeit, sich an einem anderen File-Server anzumelden, auf diesen zu wechseln, sich von einem File-Server abzumelden oder sich unter einem anderem Namen anzumelden. Bei der Definition von logischen Laufwerken sind von Novell mit NetWare v3.11 durch den Einsatz einer neuen Shell und neuer Menü- und Commandline-Utilities für das Einrichten von logischen Laufwerken neue Möglichkeiten geschaffen worden. Diese Änderungen erlauben es jetzt, sogenannte fiktive Root-Laufwerke zu definieren.

Hiermit hat man die Möglichkeit, ein logisches Laufwerk, dem ein Directory-Pfad zugewiesen wird, so zu behandeln, als sei es ein Root-Directory. Dies ist unter anderem bei der Installation von speziellen Programmen notwendig, die ihr Programm-Directory direkt unter dem Root-Directory anlegen wollen bzw. dies dort verlangen. Die Möglichkeit der Definition dieser fiktiven Root-Laufwerke ist auch im *Session* Menü enthalten.

Daneben können Sie sich im *Session* Menü noch die vorhandenen Gruppen auflisten lassen und eine Meldung an eine bestimmte Gruppe versenden. Diese Meldung wird dann bei jedem Benutzer, der Mitglied dieser ausgewählten Gruppe und am File-Server angemeldet ist, in der 25. Statuszeile eingeblendet.

Eine weitere Option des *Session* Menüs ist die Festlegung eines sogenannten Default-Drive. Wenn Sie mit dieser Option ein Laufwerk auswählen und das *Session* Menü verlassen, befinden Sie sich sofort im ausgwählten Default-Drive.

Neben den Gruppen können Sie sich auch alle momentan angemeldeten Benutzer auflisten lassen und sich über einen Benutzer Informationen anzeigen lassen oder nur diesem Benutzer eine Meldung schicken. Dieser bekommt dann die Meldung in der 25. Statuszeile eingeblendet.

17.3.2 Das Filer Menü

Dieses Menüsystem dient zum Überwachen der gesamten Directory-Struktur und der Dateien auf dem File-Server. Sie haben damit die Möglichkeit, sich über das Directory, das Sie momentan ausgewählt haben, die wichtigsten Informationen anzeigen zu lassen oder diese zu ändern. Es handelt sich dabei um den Owner, das Erstellungsdatum und die Erstellungsuhrzeit des Directories, um die Directory-Attribute, die effektiven Rechte und die Inherited Rights Mask des Directories. Zudem haben Sie noch die Möglichkeit, Benutzer oder Gruppen als Trustees für dieses Directory zu definieren.

Sie können sich auch den Inhalt des Directories (Dateien, Subdirectories) auflisten lassen und ändern. D.h. Sie können Subdirectories oder Dateien löschen, Sie können Dateien kopieren oder verschieben, Sie können gesamte Subdirectory-Strukturen kopieren und sich über Subdirectories Informationen anzeigen lassen. Daneben besteht noch die Möglichkeit, anzeigt zu bekommen, wer auf ein Subdirectory oder eine Datei Rechte hat, oder Sie können sich den Inhalt einer Datei auflisten lassen.

Sie können über das *Filer* Menü auch den aktuellen Directory-Pfad wechseln, um Informationen über ein anderes Directory angezeigt zu bekommen. Die Option *Set Filer Options* erlaubt Ihnen die Einstellung bestimmter Parameter: ob zum Beispiel das Löschen von Dateien abgefragt werden soll oder welche Dateien oder Directories (Wildcards) aufgelistet werden sollen.

Man kann sich auch die momentane Auslastung eines Volumes anzeigen lassen, um zum Beispiel zu überprüfen, zu wieviel Prozent das Volume bereits belegt ist.

17.3.3 Das Dspace Menü

Sie haben mit diesem Menü wieder die Möglichkeit, den File-Server zu wechseln, sich an einen anderem File-Server anzumelden, Ihr Login zu ändern oder sich an einem bestimmten File-Server abzumelden. Diese Option werden Sie in mehreren Menüs finden, da hiermit die Möglichkeit besteht, mit einem Aufruf des entsprechenden Menüs, dies auch noch auf anderen File-Servern durchzuführen, ohne diese explizit von diesem File-Server starten zu müssen.

Zu den wichtigen Funktionen, die mit *Dspace* zur Verfügung gestellt werden, gehört die Vergabe der Plattenplatzbeschränkung auf Volumeebene für einen Benutzer. Er hat dann nur den von Ihnen festgelegten Plattenplatz auf dem Volume zur Verfügung.

Zudem können Sie eine Plattenplatzbeschränkung auf Directory-Ebene durchführen. Diese gilt dann für alle Benutzer, die Zugriff auf dieses Directory haben. Ist die definierte Kapazität zu Ende, kann im Dircetory nichts mehr abgespeichert werden. Der Supervisor muß dann entweder das Directory bereinigen oder die Kapazität erhöhen.

17.3.4 Das Salvage Menü

Unter NetWare 286 gab es nur den *Salvage* Befehl, da Sie hier nur immer die zuletzt gelöschten Dateien restaurieren können. Für NetWare v3.11 hat man ein Menü entwickeln müssen, da Sie unter NetWare v3.11 alle bisher gelöschten Dateien wieder zurückholen können, es sei denn, die Platte ist voll und es mußte begonnen werden, die gelöschten Dateien (angefangen mit der zuerst gelöschten) auf der Platte zu überschreiben.

Sie haben damit die Möglichkeit, gelöschte Dateien in Directories und gelöschte Dateien, deren Directory ebenfalls gelöscht worden ist, zu restaurieren. Wird beim Wiederherstellen der Datei festgestellt, daß inzwischen eine Datei unter diesem Namen im Directory existiert, werden Sie aufgefordert, die zu restaurierende Datei umzubenennen. Sie erhalten beim Wiederherstellen einer gelöschten Datei auch angezeigt, wann und von wem die Datei gelöscht worden ist.

Sie haben aber auch die Möglichkeit, auf eine gelöschte Datei einen PURGE durchzuführen, d.h. die Datei wird unwiederbringlich von der Platte entfernt und der belegte Platz dieser Datei wird mit Hex 00 überschrieben.

17.3.5 Das Volinfo Menü

Sie erhalten mit diesem Menü eine Aufstellung aller Volumes des File-Servers mit Angabe der Gesamtkapazität und der freien Kapazität. Es wird auch angegeben, wieviele Directory-Einträge angelegt worden sind und wieviel davon noch frei sind. Beachten Sie dabei, daß NetWare v3.11 die Directory-Einträge dynamisch einrichtet und Sie insgesamt 2.097.152 Directory-Einträge pro Volume zur Verfügung haben.

Auch in diesem Menü können Sie auf einen anderen File-Server wechseln, sich an einem anderen File-Server anmelden oder sich von einem File-Server abmelden.

17.3.6 Das Syscon Menü

Es handelt sich hierbei um eines der wichtigsten Menüs für das gesamte Netzwerk. Mit diesem Menü wird die gesamte Netzwerkumgebung eingerichtet, d.h. wer, wann, mit welchen Rechten am File-Server arbeiten darf, Accounting Definitionen etc.

Mit der Option *Accounting* richten Sie beim erstmaligen Aufruf das Accounting-System ein. Anschließend können Sie für bestimmte Leistungen des Servers Gebührensätze festlegen, die vom Konto des Benutzers abgebucht werden, wenn dieser gebührenpflichtige Leistungen in Anspruch nimmt. Es sei an dieser Stelle nochmals betont, daß es sich hierbei um eine optionale Funktion handelt, die genutzt werden kann. Welche Leistungen berechnet werden können, habe ich Ihnen bereits in einigen Kapiteln weiter vorne beschrieben.

Die Option *Change Current Server* bietet die Möglichkeit, auf einen anderen File-Server zu wechseln, um dort *Syscon* aufzurufen, sich an einem anderen File-Server anzumelden oder sich von einem File-Server abzumelden.

Mit der Option *File Server Information* erhalten Sie die wichtigsten Informationen des ausgewählten File-Servers. Dies ist unter anderem Server-Name, Netzwerkversion, Netzwerkadresse, Nodeadresse etc.

Mit der Option *Group Information* erhalten Sie die Auflistung aller momentan eingerichteten Gruppen. Sie können hiermit auch neue Gruppen anlegen oder bestehende löschen bzw. umbenennen. Ist eine Gruppe eingerichtet, kann für diese ein »sprechender Name« definiert werden, Sie können Manager für diese Gruppe festlegen oder löschen oder sich nur auflisten lassen, wer über diese Gruppe den Manager-Status besitzt. Zudem können bzw. müssen Sie fest-

KAPITEL 17

legen, wer Mitglied dieser Gruppe ist. Sie können auch einem Benutzer die Mitgliedschaft wieder entziehen, indem Sie ihn aus der Tabelle löschen. Sie müssen definieren, welche Trustee-Rechte auf Directory- und Dateiebene die Gruppe besitzt. Jeder Benutzer, der dann Mitglied dieser Gruppe ist, besitzt automatisch diese Trustee-Rechte.

Mit der Option *Supervisor Option* werden dem Supervisor bzw. Supervisor-Equivalent zusätzlich spezielle Möglichkeiten gegeben, die Netzwerkumgebung so optimal wie möglich einzurichten. Hierbei sind auch Optionen enthalten, die sogenannte Default-Einstellungen festlegen, um das spätere Einrichten von Benutzern zu erleichtern.

Es bestehen unter anderem die Möglichkeiten, Default Account Balance/Restrictions zu definieren. D.h. es wird eine Voreinstellung für das Konto des Benutzers festgelegt, und es werden die Login Restrictions für einen Benutzer bestimmt. Nach Festlegung dieser Werte wird jeder neue Benutzer, den Sie einrichten, mit diesen Einstellungen definiert. Sie haben dann nachträglich die Möglichkeit, diese individuell zu ändern.

Das gleiche gilt für die Festlegung der Default Time Restrictions. Sie legen hiermit global fest, zu welchem Zeitpunkt sich Benutzer am File-Server anmelden dürfen. Jeder Benutzer, den Sie dann nachträglich einrichten, wird mit diesen Time Rectrictions definiert, die nachträglich individuell geändert werden können.

Mit der Option *Supervisor Options* wird auch das System-Login-Script eingerichtet und definiert, wer den Workgroup-Manager-Status erhält. Da sich der Systemverantwortliche von Zeit zu Zeit über den Zustand des File-Servers informieren sollte, ist in dieser Option auch die Möglichkeit enthalten, sich über *View File Server Error Log* das Fehlerprotokoll des File-Servers anzeigen zu lassen. Daneben können Sie auch noch die *Intruder/Detection Lockout* Funktion aktivieren und festlegen in welchen Intervallen diese gelten soll.

Mit der Option *User Information* erhalten Sie nicht nur alle im Netzwerk definierten Benutzer aufgelistet, sondern Sie haben hier auch die Möglichkeit, neue Benutzer einzurichten oder bestehende Benutzer zu löschen bzw. umzubenennen. Sie legen dann für jeden Benutzer das Accounting, die Login Restrictions, das Login-Script, die Time Restrictions oder die Station Restrictions fest.

Zudem können Sie einen Benutzer über einen anderen Benutzer zum Manager definieren. In dieser Option können Sie auch für den Benutzer die Volumebeschränkung festlegen, d.h. festlegen, wie-

Benutzeroberfläche von NetWare v3.11

viel Platz der Benutzer auf dem Volume zur Verfügung hat. Geben Sie hier nichts an, steht ihm das gesamte Volume zur Verfügung.

Eine ganz wichtige Definition, die in dieser Option geschieht, ist die Vergabe von Trustee-Rechten für Directories bzw. Dateien, die ein einzelner Benutzer erhalten soll.

17.3.7 Das Pconsole Menü

Dieses Menü dient zur gesamten Drucker- und Print-Server-Verwaltung im Netzwerk.

Mit den beiden Optionen *Print Queue Information* bzw. *Print Server Information* richten Sie die gesamte Druckerumgebung für Ihr Netzwerk ein bzw. überwachen diese. Mit der Option *Print Queue Information* können neue Print Queues eingerichtet oder bestehende Queues gelöscht bzw. umbenannt werden.

Für eine bestehende Queue können zudem folgende Funktionen durchgeführt werden:

- Auflisten der momentanen Druckaufträge in der Queue mit der Möglichkeit, die Priorität von Druckaufträgen zu ändern
- Löschen eines oder mehrerer Druckaufträge
- Ändern der Parameter eines Druckauftrages
- Hinzufügen eines neuen Druckauftrages (vgl. mit NPRINT-Befehl)
- Anzeigen und Ändern des momentanen Queue-Status
- Anzeigen der Print-Queue-ID
- Festlegen, wer Print-Queue-Operator-Status erhält (können Benutzer oder Gruppen sein)
- Festlegen, welcher Print-Server diese Queue bedient
- Festlegen, welcher Benutzer in diese Queue Druckaufträge ablegen darf

Mit der Option *Print Server Information* stehen Ihnen folgende Möglichkeiten zur Verfügung:

- Vergabe und Änderung des Paßworts für den Print-Server. Jedesmal, wenn der Print-Server gestartet wird, muß dann dieses Paßwort eingegeben werden.
- Vergabe eines sprechenden Namens für den Print-Server
- Einrichten der Print-Server-Konfiguration: welche Drucker bedient der Print-Server, Festlegung der Notify-List (um Fehlermeldungen des Druckers an Benutzer/Gruppen zu schicken), Festlegung, welche Queue der Drucker bedient, etc.

KAPITEL 17

- Anzeigen der Print-Server-ID

- Festlegung, wer Print-Server-Operator ist (Benutzer oder Gruppen)

- Festlegung, welche Benutzer Print-Server-User sind; diese können sich dann Informationen über den Print-Server-Status anzeigen lassen, aber nichts ändern.

Unter NetWare v3.11 und beim Einsatz des Print-Servers unter NetWare 286, können Sie im Netzwerk erst dann drucken, wenn Sie mindestens einen Print-Server ordnungsgemäß eingerichtet und gestartet haben.

17.3.8 Das Printcon Menü

Das *Printcon* Menü und das nachfolgende *Printdef* Menü bieten weitere Möglichkeiten, mit denen es Ihnen erleichtert wird, das Drucken im Netzwerk zu steuern. Diese beiden Menüs müssen jedoch, im Gegensatz zum *Pconsole* Menü, nicht eingesetzt werden. Mit dem *Printcon* Menü kann sich jeder Benutzer eigene sogenannte Druckkonfigurationen einrichten.

Wie bei der Behandlung der Commandline-Utilities angesprochen, können Sie mit dem Befehl CAPTURE Ihre Druckaufträge in eine Print-Queue umleiten, sofern dies nicht bereits von Ihrer netzwerkfähigen Software geregelt wird. Der CAPTURE Befehl läßt sich mit einer Vielzahl von Parametern steuern, die in der Regel je nach Bedarf eingesetzt werden können. Es handelt sich dabei zum Beispiel um die Angabe der Queue, der Anzahl der Kopien, des Timeout, ob mit oder ohne Banner gedruckt wird, mit oder ohne Seitenvorschub nach Druckende, etc. Um den Benutzern die Arbeit zu erleichtern, können sich diese mit Hilfe von Printcon Druckjobkonfigurationen einrichten, in denen diese Parameterwerte bereits gesetzt sind. Beim Aufruf von CAPTURE wird dann nur noch die Druckjobkonfiguration angegeben, die verwendet werden soll, und somit werden die darin vergebenen Parameter verwendet. Zudem hat der Benutzer die Möglichkeit, sich eine Default-Druckjobkonfiguration zu definieren, die immer dann verwendet wird, wenn im CAPTURE Befehl keine Druckjobkonfiguration angegeben ist.

Der Supervisor hat zudem die Möglichkeit, entweder von ihm eingerichtete Druckjobkonfigurationen oder die eines anderen Benutzers für einen Benutzer zu kopieren.

17.3.9 Das Printdef Menü

Mit diesem Menü können sowohl Formulare als auch sogenannte Print-Devices festgelegt werden. Formulare werden immer dann eingesetzt, wenn Sie einen Drucker im Netzwerk verwenden, auf dem Druckaufträge ausgegeben werden, die auf unterschiedliches Papier gedruckt werden müssen. Jedesmal wenn ein Druckauftrag ausgegeben wird, dessen Formularnummer nicht mit der übereinstimmt, die dem Drucker momentan bekannt ist, wird der Drucker angehalten, und eine Meldung ausgegeben, daß das entsprechende Formular eingelegt werden soll. Ist dies geschehen, muß der Druckauftrag zum Ausdruck angestoßen werden. Mit der Option *Form* können Sie im *Printdef* Menü neben den Formularnummern zusätzlich Namen definieren. An der Console wird dann zum Beispiel für das Formular mit der Nummer 7 und dem Namen Geschäftspapier der Hinweis ausgewiesen, daß das Formular »Geschäftspapier« im Drucker eingelegt werden muß. Bei der Behandlung des Print-Servers werden Sie noch sehen, auf welche Art und Weise sich die Druckausgabe über diese Formulardefinitionen steuern läßt.

Print-Devices bieten die Möglichkeit, für einen Drucker Device-Functions zu definieren. Hierbei handelt es sich um alle Steuersequenzen, die für den entsprechenden Drucker (Print-Device) zur Verfügung stehen (Schmaldruck, Fettschrift, Unterstreichen etc.). Mit Hilfe dieser *Device-Functions* können nun Device-Modes festgelegt werden. In ein *Device-Mode* werden alle notwendigen Device-Functions eingetragen, die notwendig sind, um den Drucker für eine bestimmte Arbeitsweise zu initialisieren. Wenn Sie nun einen Druckauftrag ausgeben, und ein Device-Mode hierzu festlegen, wird der Drucker zuerst in die Arbeitsweise inititalisiert, die mit dem Device-Mode festgelegt worden ist, und anschließend wird Ihr eigentlicher Druckauftrag ausgeführt. Am Ende des Druckauftrages wird der Drucker durch den Device-Mode *Re-Initialize* in Grundstellung gebracht.

Durch die *Import* Funktion können bereits bestehende Print-Devices eingelesen werden (mit NetWare wird eine Vielzahl solcher Print-Devices bereits ausgeliefert). Mit der *Export* Funktion können definierte Print-Devices auf Platte, Diskette oder auf einen anderen File-Server ausgelagert werden, um diese an einem anderen File-Server durch Import wieder einzulesen.

KAPITEL 17

17.3.10 Das Fconsole Menü

Das *Fconsole* Menü bietet unter NetWare v3.11 nicht mehr alle Optionen, so wie diee unter NetWare 286 zur Verfügung stehen. Dies liegt daran, daß mit NetWare v3.11 die ganzen Informationen in das File-Server-Monitor-NLM verlagert worden ist. Die einzigen Optionen, die Ihnen unter NetWare v3.11 für das *Fconsolen* Menü zur Verfügung stehen, sind das Versenden von Broadcast-Nachrichten, das Wechseln des File-Servers, die Connection Information, die jedoch sehr eingeschränkt ist, da alle weiteren Informationen über das Monitor-File-Server-Menüsystem zur Verfügung stehen, das Down-Fahren des File-Servers, die Status-Information, um Datum und Uhrzeit des Servers zu ändern, den Login am File-Server zu aktivieren bzw. zu deaktivieren, das Ein- und Ausschalten des TTS-Systems und die Anzeige der Version des File-Server-Betriebssystems.

17.3.11 Das Colorpal Menü

Mit dem *Colorpal* Menü hat jeder Benutzer im Netzwerk die Möglichkeit, sich die Farbgestaltung der Novell Menüsysteme nach seinen Bedürfnissen anzupassen. Man kann dabei entweder die 5 bestehenden Farbpaletten ändern, dann ändern sich damit auch die Menüfarben der NetWare Menüs (diese verwenden nur Palette 0 bis 4) oder neue Farbpaletten definieren, die dann speziell für selbst geschriebene Menüsysteme zur Verfügung stehen (siehe nachfolgende Beschreibung).

17.3.12 Das NetWare Menüprogramm

Mit NetWare wird ein kleines System ausgeliefert, das es erlaubt, einfach und schnell eigene Menüsysteme für den Benutzer zu schreiben. Dieses kann dann beim Login aufgerufen werden und alle Programme, die dem Benutzer zur Verfügung stehen, werden dann nur über dieses Menüsystem aktiviert, einschließlich des Abmeldens vom File-Server. Man benötigt hierzu nur einen kleinen ASCII-Editor, mit dem das Menü geschrieben wird. Der Aufruf erfolgt über das Programm *MENU* und der Angabe des Textfiles, in dem sich das Menüsystem befindet. Für das Menüsystem müssen nur die Menüfenster definiert werden (Name und Koordinaten), die Optionen, die in diesem Menüfenster erscheinen sollen, und der Aufruf weiterer Untermenüs. Die Gestaltung des Layouts der Menüs wird vom Programm MENU übernommen. Das Menüsystem sieht im Endeffekt so aus, wie jedes andere Menüsystem von NetWare auch. Sie haben bei einer Option außerdem die Möglichkeit,

Benutzeroberfläche von NetWare v3.11

die zum Zeitpunkt des Aufrufs der Option notwendigen Parameter abzufragen. Das ist zum Beispiel notwendig, wenn Sie den Copy-Befehl einbauen und wissen wollen, was wohin kopiert werden soll. Dieses Menüsystem bietet in sehr vielen Fällen ausreichende Funktionalität. Wenn Sie jedoch mehr Leistung haben wollen, muß ein eigenes, für NetWare konzipiertes Menüsystem gekauft werden. Anbieter hierfür gibt es inzwischen genügend. Sie können zum Beispiel auch Windows 3.x als Benutzeroberfläche einsetzen, da dies von NetWare 286 und NetWare v3.11 voll unterstützt wird.

Nachdem ich Ihnen alle Befehle und Menüsysteme kurz dargestellt habe, die Ihnen auf der Workstation zur Verfügung stehen, will ich Ihnen anschließend alle Consolen-Befehle darstellen. Da man hierbei zwischen Befehlen und NLMs unterscheiden muß, werde ich in Klammer Befehl oder NLM dazuschreiben. Hierbei beachten Sie dann bitte, daß jedes NLM durch den Consolen Befehl LOAD geladen werden muß. Zudem ist bei den NLM zwischen Driver und Menüsystemen zu unterscheiden. Wenn es sich um ein Menüsystem handelt, werde ich zumindest eine Abbildung des Menüs hinzufügen.

17.4 Consolen-Befehle

LOAD (Befehl)

Er ist einer der wichtigsten Befehle. Hiermit werden alle NLMs am File-Server geladen. Als NLMs stehen derzeit standardmäßig zur Verfügung (anderen werden von Drittherstellern bereitgestellt):

Disk-Driver:

ISADISK	(AT-Plattencontroller)
DCB	(Novell Disk Coprocessor Board)
PS2ESDI	(IBM ESDI-Driver für PS/2 Modelle)
PS2MFM	(IBM MFM-Driver für PS/2 Modelle)
PS2SCSI	(IBM SCSI-Driver für PS/2 Modelle)

LAN-Driver:

TRXNET	(schneller RXNET-Driver für Novell ARCNET-Karten, kann auch für alle RXNET-kompatiblen Boards eingesetzt werden)
3C503	(Ethernet-Karte von 3COM)

KAPITEL 17

3C505 (Ethernet-Karte von 3COM)

3C523 (Ethernet-Karte von 3COM)

NE2 (Ethernet-Karte von Novell PS/2 MCA)

NE-32 (Ethernet-Karte von Novell 32-Bit PS/2 MCA)

NE1000 (Ethernet-Karte von Novell ISA)

NE2000 (Ethernet-Karte von Novell ISA)

NE3200 (Ethernet-Karte von Novell EISA)

TOKEN (IBM-Token-Ring 4/16 Mbit/s, erkennt selbst, ob Karte mit 4 Mbit/s oder 16 Mbit/s eingesetzt wird.)

PCN2L (IBM PC-Network II & Baseband)

TOKENDMA (IBM-Token-Ring-Bus Master)

IPTUNNEL (IP Tunnel Mechanismus für IPX Transportprotokoll)

DISKSET
Spezielles Menüsystem zum Einrichten der DCBs, um diesen mitzuteilen, welche Platten am DCB angeschlossen sind. Nur beim Einsatz von Novell DCBs notwendig.

Für Driver können mit dem Befehl LOAD *Driver* auch noch die benötigten Parameter (IRQ, DMA, PORT, etc.) angegeben werden, ansonsten werden die benötigen Angaben interaktiv abgefragt.

INSTALL (NLM)
Dieses NLM-Menüsystem dient zum Installieren des File-Servers. Hiermit werden neue Platten hinzugefügt und eingerichtet, Platten formatiert, NetWare Partitions auf den Platten erstellt, Partitions gelöscht, der Hot-Fix-Bereich geändert, Platten gespiegelt oder gedupléxt (bis zu acht Stück), die Spiegelung wieder aufgehoben, die Platte getestet, Volumes eingerichtet, Volumes gelöscht, Volumes umbenannt, Volumes vergrößert, System- und Public-Dateien auf das Volume SYS übertragen und alle notwendigen Einstellungen durchgeführt, um den File-Server automatisch booten zu können. In Abbildung 17.1 ist diese Menüsystem dargestellt.

Benutzeroberfläche von NetWare v3.11

*Bild 17.1
Aufbau des Install-NLM für NetWare v3.11*

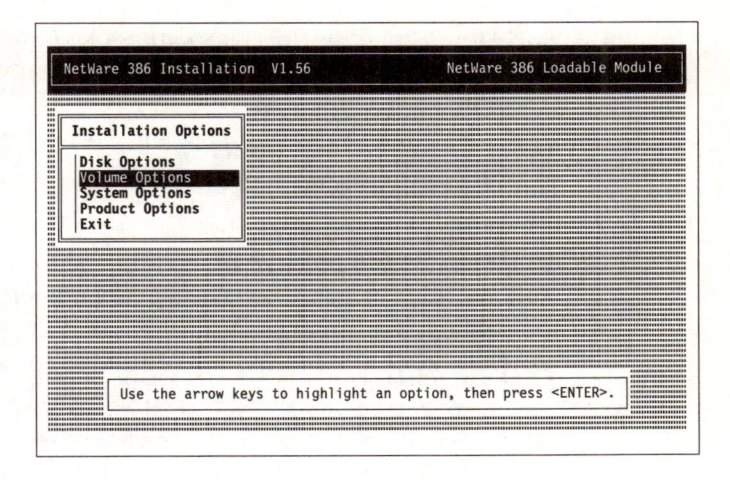

```
NetWare 386 Installation  V1.56           NetWare 386 Loadable Module

        ┌─ Installation Options ─┐
        │ Disk Options           │
        │ Volume Options         │
        │ System Options         │
        │ Product Options        │
        │ Exit                   │
        └────────────────────────┘



  ┌────────────────────────────────────────────────────────────────┐
  │ Use the arrow keys to highlight an option, then press <ENTER>. │
  └────────────────────────────────────────────────────────────────┘
```

REMOTE (NLM)
Modul, das zusammen mit RSPX auf dem Server geladen werden muß, um von der Workstation aus den File-Server mit dem Befehl RCONSOLE überwachen zu können.

RSPX (NLM)
Muß zusammen mit REMOTE-NLM geladen sein.

MAC (NLM)
Macintosh Name Space Modul, damit auf dem Server die Dateien mit der Macintosh-Dateinamenskonvention abgelegt werden können.

ADD NAME SPACE (Befehl)
Damit Dateien auf dem Volume anders als in der DOS-Format-Dateikonvention abgelegt werden können, muß dem Volume dieses bekanntgegeben werden. Hierzu muß angegeben werden, welcher Name Space an welches Volume gebunden werden soll.

BIND (Befehl)
Hiermit wird dem LAN-Driver mitgeteilt, welche Transportprotokolle dieser unterstützen kann. Das Transportprotokoll wird an den LAN-Driver gebunden.

CONFIG (Befehl)
Anzeigen der wichtigsten File-Server-Informationen (Konfiguration des File-Servers), wie zum Beispiel File-Server-Name, geladene

KAPITEL 17

LAN-Driver, unterstützte Transportprotokolle des LAN-Drivers oder auch die Nodeadresse der Netzwerkadapterkarte.

DISPLAY NETWORKS (Befehl)
Auflisten aller vorhandenen Netzwerkadressen im Internet.

DISLPLAY SERVERS (Befehl)
Auflisten aller vorhandenen File-Server im Internet.

EXIT (Befehl)
Nachdem der Server DOWN gefahren ist, kann hiermit zu DOS gewechselt werden, wenn dieses nicht entfernt worden ist. Es kann auch ein Warmstart durchgeführt werden, sollte DOS nicht mehr vorhanden sein.

MODULES (Befehl)
Auflisten aller bereits geladener NLMs am File-Server.

REMOVE DOS (Befehl)
Das DOS wird damit aus dem Hauptspeicher des File-Servers entfernt. NLMs können somit nicht mehr über das Diskettenlaufwerk oder die interne DOS-Platte (falls eingerichtet) geladen werden. Der freiwerdende Hauptspeicher wird dem File-Caching-Bereich zugewiesen.

RESET ROUTER (Befehl)
Die Router Tabelle (wichtig für Internetwork) im File-Server wird neu aufgebaut.

SEARCH (Befehl)
Dieser Befehl wird verwendet, um für den File-Server Suchpfade zu definieren, d.h. um diesem mitzuteilen, von welchen Directory-Pfaden NLMs geladen werden sollen. Es können zusätzliche Suchpfade definiert oder bestehende gelöscht werden. Insgesamt können 20 File-Server-Suchpfade eingerichtet werden.

UNBIND (Befehl)
Entfernen eines Transportprotokolls vom LAN-Driver.

UNLOAD (Befehl)
Entfernen eines NLMs aus dem Hauptspeicher des File-Servers. Der freiwerdende Speicher wird dem File-Caching-Bereich zugewiesen.

SET (Befehl)
Dieser Befehl dient zum Anzeigen und Ändern der Betriebssystem-Parameter von NetWare v3.11. Die Einstellungen werden normalerweise beim Starten und während des Betriebes von NetWare v3.11 selbst vorgenommen (Dynamic Ressource Configuration). Änderungen von Parametern sollten mit Sorgfalt duchgeführt werden, um die Leistungsfähigkeit des Servers nicht zu reduzieren. Sie haben folgende Möglichkeiten der Parameterbereiche zur Verfügung, die sich wiederum in Unterbereiche aufteilen:

- Communications
- Memory
- File-Caching
- Directory-Caching
- File-System
- Locks
- Transaction-Tracking
- Disk
- Miscellaneous

BROADCAST (Befehl)
Versenden von Nachrichten an alle angemeldeten Benutzer oder nur an bestimmte Benutzer.

CLEAR STATION (Befehl)
Freigabe aller File-Server-Ressourcen, die von diesem Benutzer belegt worden sind. Schließen aller offenen Dateien, die dieser Benutzer im Zugriff hatte und Löschen der Verbindung.

CLS (Befehl)
Löschen des File-Server-Bildschirms.

DISABLE LOGIN (Befehl)
Das Anmelden neuer Benutzer ist ab diesem Zeitpunkt nicht mehr möglich. Bereits angemeldete Benutzer sind davon nicht betroffen, außer sie melden sich ab und wollen sich an diesem File-Server erneut anmelden.

KAPITEL 17

DISABLE TTS (Befehl)
Abschalten der TTS-Funktion am File-Server.

DISMOUNT (Befehl)
Ein bestimmtes Volume wird vom File-Server abgehängt. Auf dieses kann solange nicht mehr zugegriffen werden, bis ein erneuter MOUNT des Volumes erfolgt.

DOWN (Befehl)
Zurückschreiben aller Puffer des File-Server-Hauptspeichers, Schließen aller geöffneten Dateien und anschließendes Herunterfahren des File-Servers.

ENABLE LOGIN (Befehl)
Neue LOGINs am File-Server werden wieder zugelassen, nachdem diese mit DISABLE LOGIN unterbunden worden sind.

ENABLE TTS (Befehl)
Das TTS-System wird wieder eingeschaltet, nachdem dieses mit DISABLE TTS abgeschaltet worden ist.

MONITOR (NLM)
Das Monitor-System dient zur Überwachung des gesamten File-Servers. In Abbildung 17.2 ist das Hauptmenü dargestellt. Sie können damit folgende Informationen erhalten:

- Auslastung des File-Servers
- Cache-Memory-Status
- User-Connections und deren Status
- Platten-und Volume-Information
- Ressourcen-Auslastung
- Sperren der File-Server-Tastatur
- Auslastung der Volumes
- LAN-Driver-Informationen
- NLM-Kapazitäten
- File-Lock-Status
- Hauptspeicherauslastung

Benutzeroberfläche von NetWare v3.11

*Bild 17.2
Aufbau des Monitor-NLMs unter NetWare v3.11*

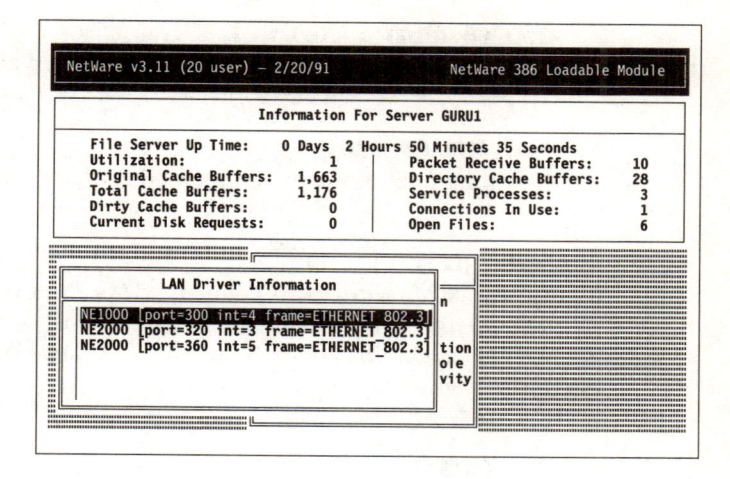

```
┌─────────────────────────────────────────────────────────────────┐
│ NetWare v3.11 (20 user) - 2/20/91          NetWare 386 Loadable Module │
├─────────────────────────────────────────────────────────────────┤
│                  Information For Server GURU1                    │
│   File Server Up Time:    0 Days  2 Hours 50 Minutes 35 Seconds  │
│   Utilization:                1     Packet Receive Buffers:  10 │
│   Original Cache Buffers: 1,663     Directory Cache Buffers: 28 │
│   Total Cache Buffers:    1,176     Service Processes:        3 │
│   Dirty Cache Buffers:        0     Connections In Use:       1 │
│   Current Disk Requests:      0     Open Files:               6 │
├─────────────────────────────────────────────────────────────────┤
│           ┌───────── LAN Driver Information ─────────┐          │
│           │ NE1000 [port=300 int=4 frame=ETHERNET 802.3] │       │
│           │ NE2000 [port=320 int=3 frame=ETHERNET 802.3] │  n    │
│           │ NE2000 [port=360 int=5 frame=ETHERNET 802.3] │       │
│           │                                          │  tion    │
│           │                                          │  ole     │
│           └──────────────────────────────────────────┘  vity    │
└─────────────────────────────────────────────────────────────────┘
```

MOUNT (Befehl)
Einzelne oder alle bisher nicht »mounted« Volumes können mit diesem Befehl an den Server gebunden und somit für den Zugriff freigegeben werden.

NAME (Befehl)
Anzeigen des File-Server-Namens.

OFF (Befehl)
Löschen des File-Server-Bildschirms (vgl. CLS Befehl)

SECURE CONSOLE (Befehl)
Hiermit werden gewisse Sicherheitsmechanismen für das Arbeiten an der Server-Console implementiert. Dies bedeutet:

- NLMs können nur noch von SYS:SYSTEM geladen werden.
- Der Betriebssystem-Debugger ist abgeschaltet.
- Datum und Uhrzeit des File-Servers können nur noch vom Consolen-Operator geändert werden.
- DOS wird aus dem Hauptspeicher des File-Servers entfernt.
- Es lassen sich für das Laden von NLMs keine Suchpfade mehr einrichten, d.h. der SEARCH Befehl ist abgeschaltet.

SET TIME (Befehl)
Hiermit können Datum und Uhrzeit am File-Server geändert werden.

TIME (Befehl)
Anzeigen von Datum und Uhrzeit des File-Servers.

VOLUMES (Befehl)
Auflistung aller momentan »mounted« Volumes am File-Server.

CLIB (NLM)
Dieses NLM wird von einigen NLMs benötigt (z.B. PSERVER, Btrieve). Normalerweise verwenden NLMs den Autoload-Mechanismus, so daß das erste NLM, welches dieses CLIB NLM benötigt, dieses von selbst lädt.

IPXS (NLM)
Dieses Modul wird benötigt, wenn NLMs Streams-basierende IPX-Protokolldienste verwenden. Wird in der Regel bei Bedarf auch automatisch vom ersten NLM, das dieses benötigt, geladen.

MATHLIB (NLM)
Dieses Modul wird benötigt, um den Coprozessor im Server nutzen zu können. Beim Einsatz von 80486 Servern muß dieses Modul geladen werden, da hier der Coprozessor fest implementiert ist.

MATHLIBC (NLM)
Dieses Modul wird eingesetzt, wenn der Server keinen Coprozessor besitzt.

MEMORY (Befehl)
Anzeigen des gesamten installierten Hauptspeichers, den das System adressieren kann.

NMAGENT (NLM)
Überwachung und Übergabe von Netzwerkmanagement-Parametern. Dieses Modul wird in der Regel beim Laden des ersten LAN-Drivers automatisch geladen.

REGISTER MEMORY (Befehl)
Dieser Befehl wird benötigt, um den Speicher über 16 Mbyte adressieren zu können.

ROUTE (NLM)
Damit der File-Server auch Datenpakete über IBM-Bridges in einem Token-Ring-Netzwerk transportieren kann, benötigen Sie auf dem File-Server dieses NLM.

SPXS (NLM)
SPXS wird dann benötigt, wenn NLMs Streams-basierende SPX-Protokolldienste einsetzen.

STREAMS (NLM)
Dieses Modul muß geladen werden, wenn NLMs das CLIB NLM- oder Streams-basierende Protokolldienste verwenden.

TLI (NLM)
Verwenden NLMs TLI-Kommunikationsdienste, dann muß dieses Modul geladen werden.

TOKENRPL (NLM)
Beim Einsatz von Diskless Workstations mit einer Token-Ring-Karte, muß dieses Modul am File-Server geladen werden, damit diese die benötigen Dateien zum Starten der Workstation von der Platte des File-Servers laden können.

PSERVER (NLM)
Mit diesem Modul wird ein unter *Pconsole* eingerichteter Print-Server am File-Server gestartet. In Abbildung 17.3 ist das Menübild eines aktiven Print-Servers an der File-Server-Console aufgezeigt.

UPS (NLM)
Mit diesem NLM wird das UPS-Monitoring-System am File-Server geladen, damit dieser in der Lage ist, ein Novell-taugliches UPS-System am File-Server ansteuern zu können.

VREPAIR (NLM)
Mit diesem Modul kann bei auftretenden Plattenproblemen versucht werden, diese zu beseitigen. In vielen Fällen sollte nach erfolgreicher Durchführung von VREPAIR ein Austausch der Platte erfolgen.

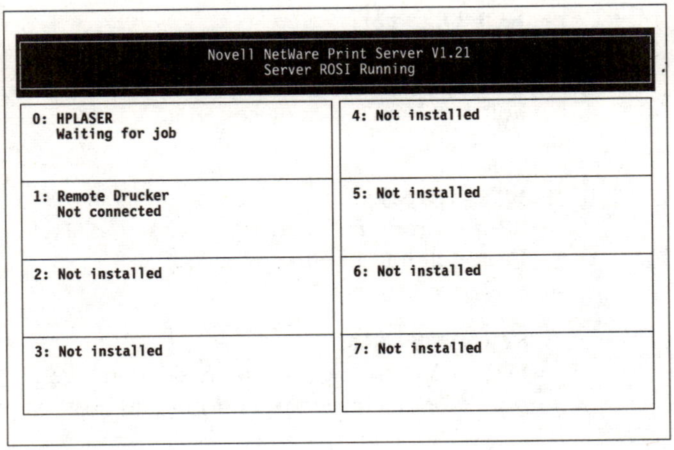

KAPITEL 17

Bild 17.3
Das PSERVER-NLM
für NetWare v3.11
(auch NetWare
v2.15 und NetWare
v2.2)

```
         Novell NetWare Print Server V1.21
              Server ROSI Running

 0: HPLASER                    4: Not installed
    Waiting for job


 1: Remote Drucker             5: Not installed
    Not connected


 2: Not installed              6: Not installed



 3: Not installed              7: Not installed
```

Ich habe Ihnen in dieser Aufstellung nur die gesamten Befehle und NLMs dargestellt, ohne dabei auf die zusätzlichen Parameterangaben, die jeder Befehl und jedes NLM zur Verfügung stellt, näher eingegangen zu sein, da es den Rahmen dieses Buches übersteigt. Sie sollen mit dieser Auflistung auch nur einen Eindruck über die Leistungsfähigkeit und Mächtigkeit bekommen, die Ihnen der File-Server damit zur Verfügung stellt.

Für das Laden von TCP/IP-, NFS-, Macintosh-Protokollen etc. werden eigene zusätzliche NLMs und damit verbundene Konventionen angeboten.

Zwei weitere Aspekte der Bedienung der File-Server-Console erleichtern das Arbeiten, Installieren oder auch Überwachen des File-Servers erheblich. Zum einen haben Sie die Möglichkeit, mit den Pfeiltasten nach oben und unten zwischen den letzten 20 eingegebenen Consolen-Befehlen vor- und zurückzublättern. Zum anderen können Sie zwischen den einzelnen aktivierten Menüsystemen (Task) hin- und herblättern. Dieses Blättern zwischen einzelnen Tasks geschieht mit der Tastenkombination [Alt][Esc]. Wenn Sie direkt in eine aktive Task gehen wollen, dann drücken Sie die Tastenkombination [Ctrl][Esc], und Sie erhalten alle aktiven Tasks von 1 bis n durchnumeriert angezeigt. Sie müssen nur noch die Nummer der Task eingeben, in die Sie wechseln wollen.

Die gesamten Consolen-Befehle müssen direkt am File-Server eingegeben werden. Ich habe eingangs bereits erwähnt, daß mit NetWare v3.11 ein Utility zur Verfüng steht, das es Ihnen erlaubt, den File-Server bequem von Ihrem Arbeitsplatz aus zu steuern. Es handelt sich dabei um die REMOTE CONSOLE, die in jedem NetWare v3.11 System enthalten ist. Dazu jedoch später mehr.

18 Novell NetWare v3.11 SFT III

Die Sicherheitsmechanismen von NetWare sind derart konzipiert, daß Sie einen Großteil der auftretenden Fehler im Netzwerkbetrieb sehr gut in den Griff bekommen können. Sie werden sehen, daß ähnlich konzipierte Mechanismen auch von anderen Netzwerkbetriebssystemen zur Verfügung gestellt werden. Somit tritt immer wieder die gleiche Situation auf: Jeder Hersteller versucht Mechanismen anzubieten, die andere nicht oder noch nicht anbieten können.

Novell hat mit NetWare SFT III eine Netzwerkbetriebssystem-Version entwickelt, die einen noch größeren Sicherheitsaspekt darstellt und unterstützen kann: das gespiegelte Serverkonzept.

Die nachfolgenden Ausführungen sollen helfen, das Konzept und die Mechanismen zu verstehen und zu sehen, welche Voraussetzungen erfüllt sein müssen, um die Mechanismen von SFT III nutzen zu können.

Es sei an dieser Stelle darauf hingewiesen, daß SFT III alle Mechanismen und Funktionen von SFT I und SFT II unterstützt. Da die Inhalte dieser Funktionen bereits ausführlich beschrieben worden sind, will ich mich nur noch auf die zusätzlichen Funktionen konzentrieren, die SFT III zur Verfügung stellt.

Es gibt Situtationen, in denen gefordert wird, daß der Server im Netzwerk 24 Stunden am Tag, 7 Tage in der Woche, 12 Monate im Jahr betriebsbereit sein muß. Ein Ausfall des Servers von nur wenigen Sekunden darf und soll nicht auftreten. Bislang konnte man nur Konzepte anbieten, mit denen durch zusätzliche Ersatzhardware ein ausgefallener Server innerhalb von 30 Minuten wieder in Betrieb genommen werden konnte. Wenn dies jedoch bereits nicht akzeptabel ist, muß auf NetWare SFT III umgestiegen werden.

Novell hat an dieser Version sehr lange gearbeitet, da es nicht ganz einfach ist, ein sicheres und stabiles System für ein gespiegeltes Serverkonzept zu entwickeln. Im Dezember 92 war es dann soweit: Die ersten Versionen von NetWare SFT III wurden ausgeliefert und installiert.

NetWare SFT III v3.11 verbindet die Funktionalität von NetWare v3.11 mit zusätzlichen Fault-Tolerant-Funktionen. Es ist speziell für Unternehmen entwickelt, die den höchsten Grad der Zuverlässigkeit und Ausfallsicherheit benötigen. Wenn SFT-III-Funktionen nicht unbedingt benötigt werden, sollte man sich dieses System nicht bloß als Reserve zulegen, da SFT III im Vergleich zur normalen NetWare v3.11 etwas teurer ist.

SFT III unterstützt zwei Server im Netzwerk, auf denen ständig und permanent die gleichen Inhalte (Hauptspeicher, Platten, etc.) vorhanden sind. Wenn ein Server ausfällt, übernimmt der »Ersatz-Server« ohne Verzögerung die Arbeit im Netzwerk, so daß der Anwender von diesem Ausfall nichts bemerkt, ähnlich wie ein Ausfall einer gespiegelten Platte für den Anwender nicht zu sehen ist.

SFT III für welchen Einsatz

Wenn man die Frage stellt, wie lange man einen Ausfall des Servers akzeptieren könnte, erhält man nicht selten die Antwort: Der Server muß Tag und Nacht zur Verfügung stehen. Es gibt Unternehmen, die tatsächlich sehr kritische Anwendungen im Einsatz haben, bei denen der Server keine Sekunde ausfallen darf. Da bei SFT III die Server dupliziert sind, können kritische Anwendungen im Netzwerk eingesetzt werden, ohne Ausfallzeiten berücksichtigen zu müssen.

Vermeidung teurer Stillstandzeiten

Mit SFT III stehen Ihnen die Serverfunktionen immer noch zur Verfügung, auch wenn die Serverhardware, Netzwerkadapterkarte, Netzwerkkabel, High-Speed-Verbindung zwischen den Servern ausfällt oder der Netzwerkverwalter irgendwelche Maintanance-Aufgaben am Server direkt ausführen muß.

Der Platten- und Hauptspeicherinhalt des einen Servers wird auf den zweiten physikalischen Server dupliziert. Da die Informationen dupliziert werden, ist das Betriebssystem in der Lage, auf jeden Hardwareausfall zu reagieren und den ausgefallenen Server down zu fahren und den anderen Server die Netzwerkfunktionen übernehmen zu lassen.

Mit SFT III können Netzwerkverwalter einen Hardware Upgrade am Server durchführen oder Routine Maintanance durchführen, ohne Stillstandzeiten im Netzwerk riskieren zu müssen. So kann der Hauptspeicher der Server erhöht werden, indem man einen Server down fährt, mehr Speicher einbaut, wieder Inbetrieb nimmt, synchronisieren läßt und dann den anderen Server down fährt und dort den Hauptspeicher erweitert.

Sicherung der Investition

SFT III ist eine reine Softwarelösung, mit einer geringen Hardware-Erweiterung. D.h. es können alle Serverplattformen eingesetzt werden, die unter NetWare v3.x betrieben werden können. NLMs, die nicht direkt mit Hardware korrespondieren, können auch unter NetWare SFT III eingesetzt werden. Zudem sind fast alle LAN- und Disk-Driver von NetWare v3.x mit SFT III kompatibel.

Sicherheit und Recovery-Lösung

Um zu vermeiden, daß im Falle eines Falles nicht beide Server ausfallen, kann der sekundäre Server in einer anderen Lokation des Unternehmens installiert werden, d.h. nicht direkt in unmittelbarer Nähe des primären Servers. Wenn der primäre Server ausfällt, übernimmt der sekundäre Server an der Stelle die Aufgabe im Netzwerk, an der der primäre Server ausgefallen ist (so die offizielle Aussage von Novell). Das Umschalten vom ausgefallenen auf den gespiegelten Server geschieht vollkommen transparent, d.h. es müssen auf dem Server und auf der Workstation keinerlei manuellen Eingriffe durchgeführt werden.

Die zulässige Entfernung zwischen primärem und sekundärem Server hängt von der eingesetzten Verbindungsoption zwischen den beiden Servern ab. Der Mirrored Server Link (MSL) zwischen beiden Servern kann über Koaxialkabel oder einem Lichtleiterkabel durchgeführt werden.

18.1 Produktübersicht

Durch SFT III wird das Netzwerk zuverlässiger, indem ein Ausfall der Serverhardware reduziert bzw. minimiert wird. Durch die Unterstützung einer gespiegelten Serverkonfiguration ermöglicht die SFT-III-Architektur einem sekundären Server die Durchführung der Aktivitäten, die vorher vom primären Server durchgeführt wurden (Disk- und Hauptspeicher-Aktivitäten). Dadurch ist es möglich, daß der sekundäre Server beim Ausfall des primären Servers automatisch die Arbeit im Netzwerk übernimmt.

Architektonisch betrachtet, besteht SFT III aus zwei separaten Server-Maschinen, einem primären und einem sekundären Server, die das System im gespiegelten Zustand hält. Den Netzwerkanwendern gegenüber erscheint nur der primäre Server. Ähnlich wie Sie bei gespiegelten oder geduplexten Platten auch nur eine logische Platte zu sehen bekommen.

Auf dem sekundären Server sind jedoch Hauptspeicher und Platteninhalte indentisch abgebildet. Wenn der primäre Server ausfällt oder angehalten wird, wird der sekundäre Server sofort zum aktiven primären Server.

Eine wichtige Eigenschaft sei in diesem Zusammenhang erwähnt. Der sekundäre Server läuft im Stand-By-Modus. D.h. die Aufgaben der Anwender werden nur vom primären Server übernommen und Hauptspeicher sowie Platteninhalte werden sofort auf den sekundären Server abgebildet. Es ist also nicht so, daß der primäre und der sekundäre Server Aufgabenteilung geschweige denn Aufgabenverteilung im Netzwerk durchführen. Erst wenn der primäre Server ausfällt, kann der sekundäre Server seine ganze Leistung im Netzwerk unter Beweis stellen, vorher nicht.

Da SFT III Softwarelösung ist, werden keine zusätzlichen Anforderungen an die Workstation gestellt, außer der Einsatz einer speziellen Workstation Shell. Die einzige zusätzliche Voraussetzung für effektiven Einsatz von SFT III ist die Installation eines Mirrored Server Link (MSL). MSL bietet eine bidirektionale Punkt-zu-Punkt-Verbindung zwischen primärem und sekundärem Server. Die MSL-Leitung wird benötigt, um primären und sekundären Server synchronisieren zu können.

Sowohl primärer Server als auch sekundärer Server sind im Netzwerk über das IPX-Protokoll ansprechbar. Das IPX-Netzwerk erfüllt dabei zwei Funktionen:

- die Kommunikation der Workstaions mit dem Server und umgekehrt,
- die Überwachung beider Server untereinander, indem regelmäßig zwischen beiden Servern Pakete transportiert werden, um zu wissen, wie der Zustand beider Server ist.

18.1.1 Komponenten von SFT III

NetWare SFT III ist in zwei unterschiedliche Syteme unterteilt:

- die Mirrored Server Engine (MSEngine) und
- die IOEngine.

Der strukturelle Aufbau dieser beiden Engines ist in Abbildung 18.1 und 18.2 dargestellt.

Novell NetWare v3.11 SFT III

*Bild 18.1
Der Zusammenhang IOEngine und MSEngine*

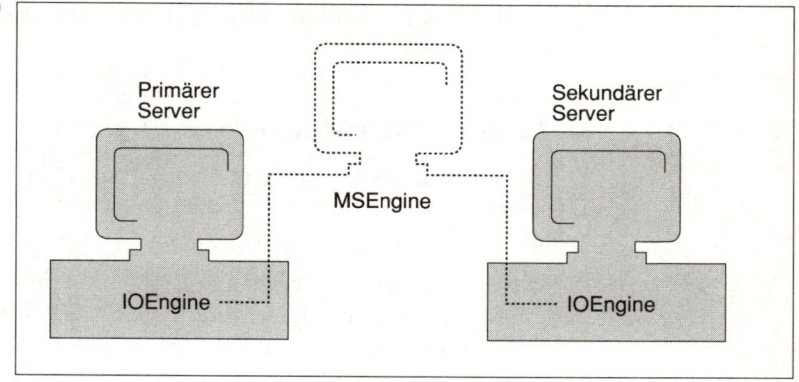

*Bild 18.2
Funktionsweise von SFT III*

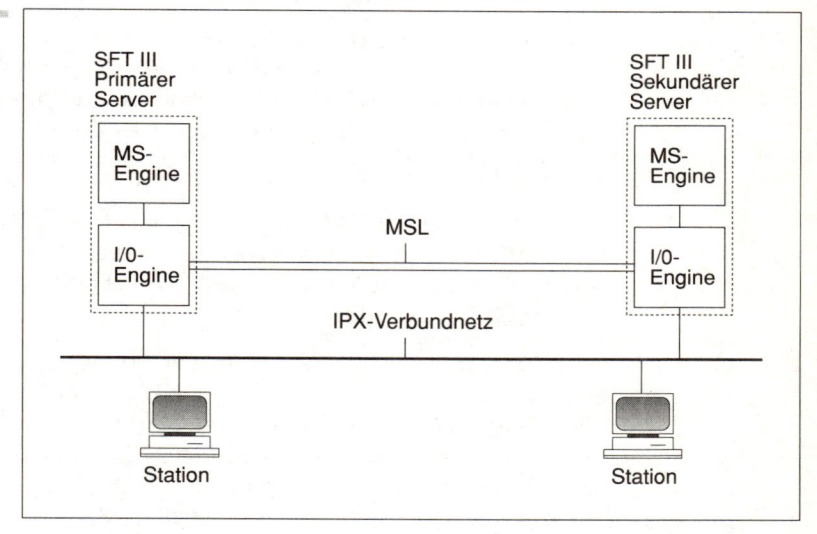

IOEngine (input/Output Engine)

Es handelt sich dabei um den Teil von NetWare SFT III, der physikalische Prozesse durchführt, z.B. Hardware Interrupts, Device Drivers, Timing und Routing.

Die IOEngine transportiert Pakete zwischen dem Netzwerk und der MSEngine. Den Workstations gegenüber erscheint die IOEngine wie ein Standard NetWare Router. Primärer und sekundärer Server haben jeweils eine eigene IOEngine, aber benutzen die gleiche MSEngine.

Da die IOEngine nicht gespiegelt wird, werden NLMs und Anwendungen, die direkt mit Hardware am Server gekoppelt sind (z.B. Backup-Systeme), nicht gespiegelt. Hardwareabhänige Anwendun-

481

gen und NLMs müssen somit auf der IOEngine auf beiden Servern installiert werden.

MSEngine (Mirrored Server Engine)

Es handelt sich hierbei um den Teil von SFT III, der keine physikalischen Prozesse durchführt, z.B. NetWare File System, Queue Management und die Bindery.

Dateisystem, Receive Buffers und Queue Management befinden sich alle in der MSEngine. Anwendungen und NLMs, die Hardware nicht direkt adressieren können, werden gespiegelt, indem diese in der MSEngine geladen werden. Wenn ein Server ausfällt, laufen die NLMs und Anwendungen in der MSEngine weiter.

Die MSEngine kennt alle aktiven Netzwerkprozesse und bietet ununterbrochenen Netzwerkdienst, wenn der primäre Server ausfällt und der sekundäre Server die Aufgaben erledigen muß. D.h., daß während des Umschaltens folgendes passiert:

- Geöffnete Dateien bleiben geöffnet.

- Workstation-Anforderungen, die im Receive Buffer eingetroffen sind, werden ohne Verzögerung verarbeitet. Anforderungen, die den Receive Buffer noch nicht erreicht haben, müssen nochmals verschickt werden.

- Druckaufträge, die bereits in der Print-Queue stehen, bleiben in der Queue erhalten, bis diese bedient werden. Druckaufträge, die noch in der Queue stehen, müssen nochmals übertragen werden. Wenn die Queue nur von einem Drucker bedient wird, der am ausgefallenen Server angeschlossen ist, bleiben die Druckaufträge in der Queue, bis der ausgefallene Server wieder hergestellt wird.

Die IO- und MS-Engine haben folgende Eigenschaften:

- Jede Engine hat unterschiedlichen Betriebssystem-Source-Code.

- Jede Engine besitzt einen eigenen Kernel, der einen eigenen Scheduler und Memory Allocator besitzt.

- Die beiden Engines adressieren den gleichen Hauptspeicher. Jedoch wird festgelegt, ob das Segment im Hauptspeicher zur IOEngine oder zur MSEngine gehört.

- NLMs die in der MSEngine geladen sind, werden automatisch immer dann gespiegelt, wenn der SFT III Server gespiegelt wird.

Novell NetWare v3.11 SFT III

- NLMs in der IOEngine laufen unabhängig voneinander und werden nicht gespiegelt.

18.1.2 Server Kommunikation

Jeder SFT III Server ist mit zwei Kommunikationsarten ausgestattet: IPX-Internet-Kommunikation und Mirrored-Server-Link-Kommunikation. Die IPX-Internet-Kommuniaktion wird zur Kommunikation mit den Workstations verwendet und zur Kommunikation von primärem und sekundärem Server, um den Status des Internets überwachen zu können.

Der MSL Link wird zur Synchronisation beider Server benutzt. Informationen wie Client Requests und Acknowledgements werden darüber transportiert.

Fehlerbehandlung Beim Einsatz von SFT III und aktivem primärem und sekundärem Server wird die Fehlerbehandlung sofort, automatisch und transparent für NetWare-Anwender durchgeführt. Workstations betrachten einen Serverausfall einfach als Routing-Änderung.

NetWare User können unter Umständen feststellen, daß eine kleine Pause auftritt, wenn zwischen primärem und sekundärem Server umgeschaltet wird. Die folgenden 4 Fehlersituationen und dazugehörigen Auflösungsmechanismen können auftreten:

Fall 1: Hardware-Ausfall im primären Server
Der sekundäre Server setzt eine Meldung an der Console mit in etwa folgendem Inhalt ab:

```
Primayry server failed ... this server is becoming the primary server.
```

Der sekundäre Server informiert alle aktiven Stationen, daß der sekundäre Server jetzt primärer Server ist. Workstation-Pakete werden nun zum neuen primären Server (vorher sekundären Server) weitergeleitet. SFT III behält alle Informationen, welche Änderungen auf der Platte nach dem Serverausfall durchgeführt worden sind.

Wenn das Problem des Serverausfalls behoben ist und dieser Server wieder in Betrieb genommen wird, stellt SFT III fest, daß beide Server nicht mehr synchronisiert sind. Der neue primäre Server überträgt die Änderungen über die MSL, um den wieder intakten Server zu resynchronisieren.

KAPITEL 18

Fall 2: Hardwareausfall im sekundären Server
Am primären Server wird an der Console in etwa folgende Meldung ausgegeben:

```
Secondary Server failed... this server is remaining the primary server.
```

SFT III behält sich, welche Änderungen auf der Platte seit dem Ausfall des sekundären Servers durchgeführt worden sind. Nachdem der sekundäre Server repariert worden ist und wieder Inbetrieb genommen wird, erkennt SFT III, daß beide Server nicht mehr synchronisiert sind.

Der primäre Server überträgt alle Änderungen über die MSL zum sekundären Server, um beide Server zu resynchronisieren.

Fall 3: Der Mirror Server Link fällt aus
Der sekundäre Server setzt den primären mit Hilfe der Internetwork Connection davon in Kenntnis, daß der Mirrord Server Link (MSL) ausgefallen ist. Der sekundäre Server führt einen Restart durch, kann sich aber nicht mit dem primären Server synchronisieren, da der MSL ausgefallen ist. SFT III behält sich, welche Disk-Änderungen seit dem Ausfall durchgeführt worden sind.

Nachdem der MSL repariert worden ist, wird der MSL Link Driver auf dem sekundären Server entladen und wieder geladen, und SFT III stellt fest, daß beide Server nicht synchronisiert sind. Der primäre Server überträgt seine Änderungen über den MSL, damit der sekundäre Server resynchronisiert werden kann.

Fall 4: Ausfall des LAN-Adapters im primären Server
Das Betriebssystem stellt die Störung des LAN-Adapters im primären Server fest. Es ermittelt den Zustand der Netzwerkadapterkarte im sekundären Server. Ist diese Karte noch funktionsfähig übernimmt der sekundäre Server die Aufgaben im Netzwerk. Der Administrator erhält eine Nachricht über die Störung auf der Serverconsole und in der Protokolldatei. SFT behält sich die Plattenänderungen, die seit der Übernahme der Netzwerkaufgaben durch den sekundären Server durchgeführt worden sind.

Der ausgefallene Server wird zum sekundären Server und der neue primäre Server überträgt seine Speicherinhalte und Plattenänderungen über die MSL an den neuen sekundären Server, um diesen zu aktualisieren und zu synchronisieren.

18.1.3 Dual Prozessor Unterstützung (Asymetrisches Multiprocessing)

NetWare SFT III unterstützt die Möglichkeit, für den primären und sekundären Server eine Multiprocessing-Architektur zu verwenden, um die Performance zu erhöhen. In Abbildung 18.3 ist dargestellt, wie NetWare SFT III mit einem Multiprocessing-Konzept arbeitet.

Da SFT III in eine IOEngine und eine MSEngine aufgeteilt ist, besteht die Möglichkeit, jede Engine auf einer eigenen CPU arbeiten zu lassen.

Bild 18.3
Dual-Processing-Unterstützung

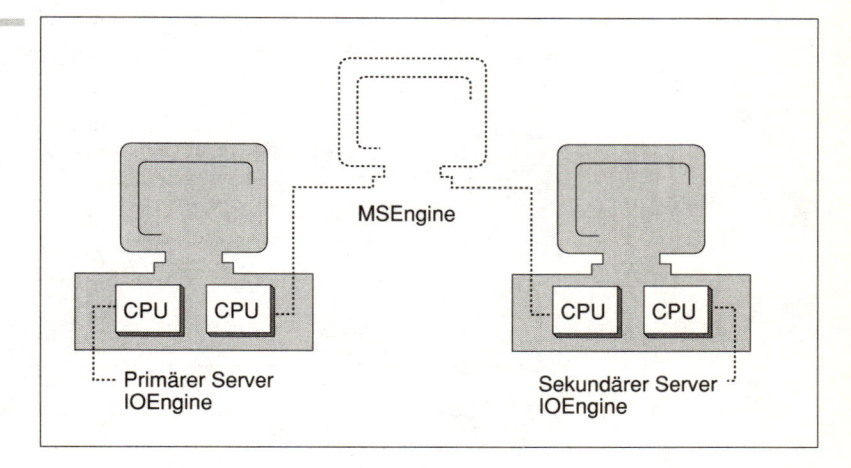

Die nachfolgende Abbildung zeigt auf, wie ein herkömmliches SFT-III-Konzept aussehen kann und welche Komponenten hierzu benötigt werden.

Bild 18.4
SFT-III-Implementierung

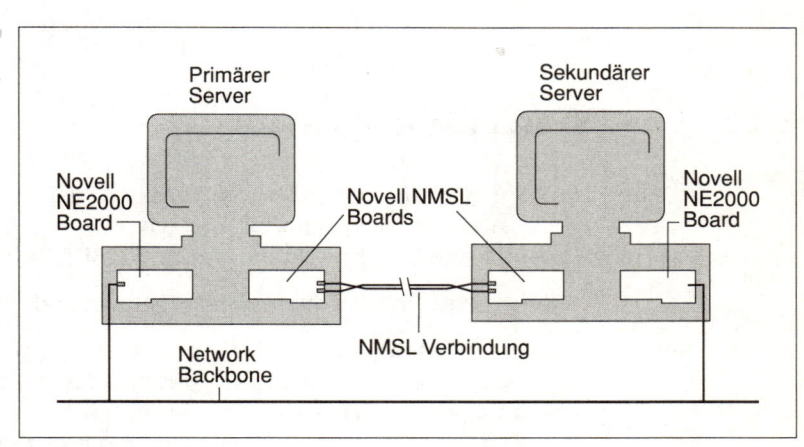

KAPITEL 18

Die einzige Änderung, die beim Einsatz von SFT III Servern beachtet werden muß, ist die Installation der neuen Workstation Shell, die mit SFT III ausgeliefert wird. Die neue Shell ist in der Lage, das Routing vom primären auf den sekundären Server durchzuführen. Ohne diese Shell könnte ein automatisches Umschalten der Workstation vom primären auf den sekundären Server nicht durchgeführt werden.

Um ein reibungsloses Drucken im Netzwerk zu gewährleisten, sollte man davon absehen, den Print-Server auf dem primären Server zu installieren, wie dies in Abbildung 18.5 dargestellt ist.

*Bild 18.5
Installation eines
Print-Servers unter
SFT III im Netzwerk*

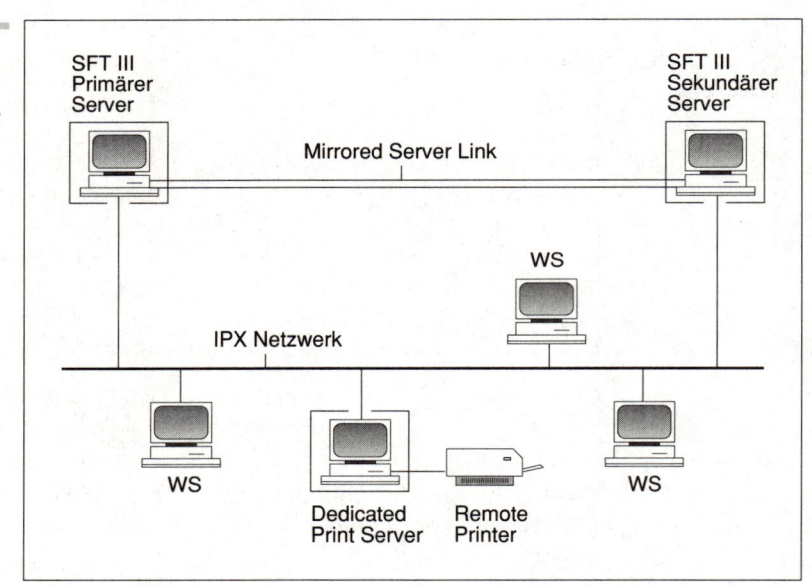

18.2   System Management

NetWare SFT III beinhaltet alle Server Utilities, die in NetWare v3.11 auch enthalten sind. Einige davon mußten leicht geändert werden. Neue Utilties wurden speziell für SFT III entwickelt.

Diese neuen Utiltities sollen kurz aufgeführt und erläutert werden.

Activate Server   Mit diesem Befehl wird die MSEngine gestartet, der Hauptspeicher beider Server synchronisiert und die Platteninhalte des einen Servers mit dem anderen Server synchronisiert. Bevor *Activate Server* ausgeführt werden kann, muß *Mserver* gestartet worden sein.

Novell NetWare v3.11 SFT III

Halt
Hiermit kann die IOEngine auf dem einen Server angehalten werden, während die IOEngine auf dem anderen Server weiterläuft.

Memory Map
Mit diesem Befehl erhalten Sie eine Aufstellung darüber, wieviel Speicher von DOS, IOEngine und MSEngine benutzt werden.

Mirror Status
Hiermit erhalten Sie Informationen darüber, wie der Status der gespiegelten Platten aussieht. Wenn gerade ein Remirroring (Synchronisation) durchgeführt wird, erhalten Sie damit auch Informationen darüber, wieviel Prozent davon bereits durchgeführt sind.

Mserver
Dieser Befehl lädt die IOEngine auf dem Server. Der Befehl *Mserver* wird unter DOS ausgeführt und ersetzt das SERVER.EXE Programm von NetWare v3.11, um den Server zu starten.

NLMs, die unter der MSEngine gestartet werden, werden auch automatisch auf dem anderen Server in der MSEngine gestartet. NLMs, die in der IOEngine geladen werden, müssen auf beiden Servern separat für sich getrennt geladen werden. Bei allen anderen Befehlen, die an der Server-Console abgesetzt werden können, ist zu unterscheiden, ob diese auf der IOEngine oder der MSEngine gestartet bzw. eingegeben werden. In der Dokumentation von NetWare SFT III ist genau dokumentiert, welche Befehle oder Module in welcher Engine zugelassen sind.

Neben Befehlen wurden auch neue SET-Parameter eingeführt, die am NetWare Server eingestellt werden können. Diese weiter auszuführen würde den Rahmen des Buches sprengen, so daß an dieser Stelle auf die Dokumentation von NetWare SFT III verwiesen sei.

Wichtig ist zu verstehen, wie SFT III funktioniert und wo die Vorteile dieser NetWare Version zu sehen sind. Für äußerst kritische Umgebungen mit großen Sicherheitsanforderungen und -bedürfnissen ist NetWare SFT III auf alle Fälle zu empfehlen. Die Installation, Bedienung und Handhabung ist nicht wesentlich schwieriger wie NetWare v3.11. Für den Anwender selbst ändert sich gar nichts, nur der Netzwerkadministrator hat einige Zusätze, die er von NetWare v3.11 her nicht kennt.

Unternehmen mit weniger kritischen Datenbeständen, die in der Lage sind, bis zu 30 Minuten auf den Server verzichten zu können, ist mit einem vernünftigen Ersatzserver-Konzept auch sehr gut gedient, da eine SFT III Installation doch sehr große Kosten verursacht. Nicht nur, daß NetWare SFT III wesentlich mehr kostet als NetWare v3.11, auch die Hardwarekosten fallen sehr stark ins Gewicht.

KAPITEL 18

Sie benötigen für SFT III eine 1:1 Abbildung Ihrer Serverumgebung, d.h. Rechnertyp sollte der gleiche sein, pro Server sollte eine MSL-Karte und die gleichen Netzwerkadapterkarten vorhanden sein, es sollten gleiche Plattentypen auf beiden Servern und nach Möglichkeit auch gleicher Hauptspeicher existieren. Der Hauptspeicher muß zwar nicht gleich groß sein, da Sie den größeren Hauptspeicher eines Servers an den kleineren Hauptspeicher durch Ausblenden von Speicher angleichen können, was jedoch nicht unbedingt zu empfehlen ist.

Ansonsten ist es Novell sehr gut gelungen, ein seit über 6 oder 7 Jahren angekündigtes Release fertigzustellen und der Öffentlichkeit zur Verfügung zu stellen. Es wird zwar noch an der einen oder anderen Stelle gefeilt werden müssen, da bestimmte Dinge noch nicht implementiert sind. Eine SFT III ist auch für NetWare v4.0 vorgesehen, wobei auf diese Version nicht solange gewartet werden muß, wie dies für NetWare v3.11 SFT III der Fall gewesen ist. Durch die Beschreibung von NetWare v4.0 und UnixWare sollen die Betriebssystemkonzepte von Novell abgerundet werden.

KAPITEL 19

19 Novell NetWare 4.0

In den vorherigen Abschnitten haben Sie eine Vielzahl von Funktionen und Mechanismen von NetWare v3.11 aufgezeigt bekommen. Als neue leistungsfähige Betriebssystemplattform von Novell gilt die Version 4.0, deren Auslieferung vor kurzem begonnen hat. Novell will mit dieser Version neue Zeichen setzen, um große Netze aufzubauen. Das heißt jedoch nicht, daß diese Version NetWare v3.11 ersetzen wird. NetWare v4.0 soll als neue Plattform gedacht sein, deren Einsatz von den Anforderungen der jeweiligen Unternehmen abhängt. Nicht jeder wird die technischen Möglichkeiten der NetWare v4.0 benötigen und mit dem Leistungsangebot von NetWare v3.11 vollkommen zufrieden sein.

Es ist auch gewährleistet, NetWare v3.11 und NetWare v4.0 gemischt im Unternehmen zu betreiben, wobei jedoch bereits jetzt darauf hingewiesen sei, daß dies nach Möglichkeit langfristig gesehen nicht zu empfehlen ist. Die nächsten Abschnitte sollen Ihnen die neuen Möglichkeiten der NetWare v4.0 aufzeigen. Es sei darauf aufmerksam gemacht, daß sich diese Informationen auf einen Zeitpunkt beziehen, wo es noch keine offizielle NetWare v4.0 Version gab, sondern diese Informationen von Novell vorab zur Verfügung gestellt worden sind. Dies bedeutet, daß einige Angaben nicht unbedingt bereits in der ersten NetWare v4.0 vollständig enthalten sein müssen.

Mit NetWare v4.0 läutet Novell eine neue Generation einer Netzwerkbetriebssystemarchitektur ein. Die implementierten Funktionen sind eine logische und konsequente Weiterentwicklung von NetWare, die aufgrund der Anforderungen der bereits am Markt existierenden Benutzer von NetWare zwingend notwendig geworden sind. Mit NetWare v4.0 verabschiedet man sich vom serverorientierten Verwaltungsmechanismus und geht hin zum netzwerkweiten Verwaltungsmechanismus. D.h. der Server ist nicht mehr Mittelpunkt der Verwaltung, wie dies bisher mit der zentralen Bindery auf jedem einzelnen Server gewesen ist, sondern man betrachtet das Netzwerk als globale Einheit, ohne dabei Rücksicht zu nehmen, wo sich die einzelnen Server im Netzwerk befinden. Ab diesem Zeitpunkt ist es für den Benutzer wesentlich einfacher, Dienste im Netzwerk zu benutzen, da diese nicht mehr an einen Server gebunden sind. Dies bedeutet auf der anderen Seite, daß der Benutzer im gesamten Netz nur noch einmal einzurichten ist, egal wieviel Server im Netzwerk existieren. Dem Benutzer werden die Rechte auf die einzelnen Ressourcen im Netz (Drucker, Communication-Dienste, Dateien, etc.) zur Verfügung gestellt.

NetWare v4.0 besitzt nach wie vor die Eigenschaften der Vorgängerversion 3.11, allerdings verbessert und angepaßt und wurde um einige wichtige und notwendige Funktionen ergänzt und erweitert. Nachfolgend werden die bereits bekannten Eigenschaften behandelt.

19.1 Heterogener Workstation Support

Nach wie vor ist es mit NetWare v4.0 möglich, als Arbeitsplatzrechner die unterschiedlichsten Betriebssystemplattformen und Rechnersysteme zu nutzen. Es ist somit möglich, neben DOS auch Windows-, Macintosh-, OS/2- und Unix-Systeme einzusetzen. Selbstverständlich arbeitet auch die UnixWare ohne Probleme mit der neuen NetWare v4.0 zusammen. Um den Einsatz dieser unterschiedlichen Systeme zu ermöglichen, müssen die bereits bekannten Add-Ons für Macintosh, Unix auf dem NetWare Server installiert werden. Dabei ist bei der Entwicklung von NetWare v4.0 darauf geachtet worden, daß die meisten NetWare v3.11 NLMs auch unter NetWare v4.0 eingesetzt werden können.

19.2 Performance und Kapazität

Performance und ausreichende, erweiterbare Kapazitäten sind zentrale Kundenanforderungen, wenn es um Downsizing und unternehmensweite Datenverarbeitung geht, sowie um die Verwaltung zentraler Netzwerkressourcen. NetWare wird diesen Anforderungen durch ein stabiles, 32-Bit-Multitasking-Betriebssystem gerecht, welches die Möglichkeiten der heutigen PC-Hardware ab den 386-Prozessoren voll nutzen kann. Mit NetWare v4.0 sind die Möglichkeiten im Vergleich zu NetWare v3.11 um ein Vielfaches erweitert und verbessert worden.

19.3 Zuverlässigkeit und Sicherheit

Beim Einsatz von LANs und Servern wird auch die Forderung aufgestellt, daß diese Systeme »immer« verfügbar sein müssen. Um den Ausfall so klein wie möglich zu halten, bietet Novell seit langem unterschiedliche Sicherheitsstufen an (SFT I bis SFT III). Es liegt im Ermessen des Kunden, welche und wieviele dieser Sicherheitsanforderungen genutzt werden sollen.

Der Einsatz von Servern, auf denen in der Regel die Daten aller Anwender gespeichert werden, erfordert Mechanismen, welche die Daten und andere Ressourcen im Netzwerk gegenüber unbefugten Zugriff andererer schützen können. NetWare bietet hierfür ein ausgereiftes und ausgefeiltes Sicherheitssystem, welches zum Teil überlappend Zugriffsschutz bietet. Dieser beginnt auf Datei- und Directoryebene und erstreckt sich über Sicherheitsmechanismen auf Userebene, um Netzwerkressourcen jeglicher Art abzusichern.

19.4 Managementbarkeit

Der Einsatz kleinerer, mittlerer und großer Netzwerke erfordert Mechanismen, die es ermöglichen, das Netzwerk vollständig von einer zentralen Stelle aus zu überwachen und zu steuern. Hierzu gehören auch Methoden zur Fehlererkennung und -behebung. Mit NetWare werden integrierte und Add-On-Tools angeboten, die diese Anforderungen erfüllen und ein leichtes Überwachen des Netzes ermöglichen.

19.5 Connectivity

Mit zunehmender Komplexität der Netzwerke steigt auch die Heterogenität dieser Netze, was bedeutet, daß neben NetWare auch noch andere Rechnersysteme, auf denen zentralisiert Daten abgelegt und verarbeitet werden, integriert sind. Dabei wird gefordert, daß eine kooperative Zusammenarbeit dieser Systeme ermöglicht werden soll. Mit NetWare werden die Möglichkeiten geschaffen, eine sogenannte »Multi-Vendor« Client-Server-Umgebung aufzubauen und auch Zugriff zu MDTs und Hosts zu ermöglichen.

Welche zusätzlichen Möglichkeiten werden mit NetWare v4.0 zu den bisher bereits bekannten Mechanismen zur Verfügung gestellt bzw. welche Funktionen von NetWare v4.0 wurden im Vergleich zu NetWare v3.11 verbessert oder geändert? Der nächste Abschnitt soll dies aufzeigen.

19.6 Memory Protection und Memory Management

Das Memory Management und die Memory-Allocation-Algorithmen von NetWare v4.0 sind vollkommen neu konzipiert. Damit wird eine erhöhte Performance, aber auch Sicherheit von NetWare v4.0 und den darauf installierbaren Diensten erreicht. NetWare v4.0 ist das erste Netzwerkbetriebssystem, bei dem Memory Protection als Option eingesetzt werden kann. Dies bedeutet, daß mit NetWare v4.0 die Möglichkeit besteht, neue oder nicht getestete oder freigegebene NLMs in einem Unternehmen in einer »geschützten« Speicher-Area auf dem Server ablaufen zu lassen. Wenn der Netzwerkverwalter davon überzeugt ist, daß die neue Software bzw. NLM ohne Fehler eingesetzt werden kann, kann dieses NLM in einem effizienteren und »nicht geschützten« Speicherbereich gestartet bzw. betrieben werden.

Läuft das NLM in einem geschützten Speicherbereich und führt dies zu einem Absturz, betrifft dies nicht die Funktionsfähigkeit bzw. Stabiltät des NetWare Servers. Hat man einen Fehler dieses NLMs übersehen und bereits in einem nicht geschützten Speicherbereich laufen lassen, und das NLMs »verabschiedet« sich, kann dies zum Absturz von NetWare v4.0 führen. Diesmal hat es der Administrator in der Hand, in welchen Bereichen NLMs zu laufen haben – Performance gegenüber Sicherheit. In NetWare v3.11 bestand die Gefahr, daß NLMs Speicherbreiche anderer Systemressourcen überschreiben konnten, was zur Fehlern und Abstürzen führen konnte.

Durch den Mechanismus Memory Protection wird NetWare v4.0 und der Ablauf von NLMs zwar sicherer, jedoch steigt der Overhead von NetWare, um diese Schutzmechanismen zu unterstützen. Rein theoretisch könnte man einen NetWare v4.0 Server als Produktiven- und Test-Server verwenden, indem alle nicht gesicherten NLMs im Ring 3 laufen. Dennoch sollte man von dieser Praxis absehen.

Die Performance von NetWare v4.0 wird auch dadurch gesteigert, das ein neues Memory-Management-Schema eingeführt worden ist, welches im Vergleich zu NetWare v3.11 wesentlich effizienter ist. Kennt NetWare v3.11 noch 5 Memory-Pools, jeder für ganz spezielle Systemressourcen auf dem Server, so nutzt man bei NetWare v4.0 nur noch einen Memory-Pool. Auf diese Art und Weise wird es für den Netzwerkverwalter auch einfacher, den Server zu optimieren, da nur noch ein Allocation-Pool betrachtet werden muß.

Novell NetWare 4.0

Zusammengefaßt hat das neue Memory-Management folgende Vorteile:

- Vereinfachtes Memory Allocation Interface
- Gesteigerte Server Performance
- Integriertes Paged Memory Management
- Integrierter Ring-Protection-Mechanismus

Durch dieses neue Memory-Management kommt es auch zu keiner zu großen Speicherfragmentierung mehr, wenn NLMs geladen und entladen werden, wie dies bei NetWare v3.11 der Fall ist.

19.7 Verbessertes Dateisystem

Wesentliche Verbesserung wurden auch für das Dateisystem von NetWare v4.0 eingeführt und hinzugefügt. Das Ziel ist es dabei, den Plattenplatz zu optimieren. Hierzu zählen folgende Eigenschaften:

File-by-File Compression
Die Funktion File-by-File Compression erhöht den Plattenplatz auf den NetWare Volumes unter NetWare v4.0, ohne zusätzliche Hardware hierfür einsetzen zu müssen und ohne großen Performanceverlust zu erleiden. Der Netzwerkverwalter kann dabei entscheiden, wann Dateien komprimiert werden sollen und welche Dateien, Directories und Volumes mit dieser Funktionalität ausgestattet werden sollen. Sobald auf komprimierte Dateien zugegriffen wird, werden diese dekomprimiert. Das Komprimieren erfolgt im Hintergrund, ohne daß der Anwender davon etwas bemerkt.

Data Migration
Mit dem Migration Feature ist es möglich, Daten, die selten benötigt werden, von der teueren Platte auf billigere Medien, z.B. Streamer, zu übertragen. Die Anwender sehen jedoch nach wie vor Directoryeinträge für alle Daten, die sich real auf einem ausgelagerten Medium befinden. Wird auf solche Daten zugegriffen, werden diese automatisch auf die Platte und das Volume zurückgespeichert, auf der diese ursprünglich abgespeichert waren.

Dem Netzwerkverwalter bleibt es überlassen, zu entscheiden, welche Dateien, Directories oder Volumes für die Migration der Daten ausgewählt werden sollen, als auch die Entscheidung zu treffen, nach welchen Kriterien dies erfolgen soll (Aging Mechanismus, Threshold).

Suballocation Wie unter NetWare v3.11 kann die Disk-Allocation-Block-Größe für ein Volume beim Einrichten 4 Kbyte, 8 Kbyte, 16 Kbyte, 32 Kbyte oder 64 Kbyte betragen. Bislang war es so, daß wenn eine Datei abgespeichert worden ist, diese einen oder mehrere Blöcke in der jeweiligen Disk-Allocation-Block-Größe belegen. D.h., daß eine Datei von 1 Kbyte auf einem Volume mit 8 Kbyte Block-Größe einen ganzen Block von 8 Kbyte belegt, wobei 7 Kbyte ungenutzt bleiben, außer die Datei wird irgendwann einmal vergrößert.

Mit der Funktion der Suballocation, werden der 1-Kbyte-Datei zwei 512-Byte-Suballocation-Blocks zugewiesen und die verbleibenden 7 Kbyte stehen für andere Dateien zur Verfügung. Da Suballocation-Blöcke in einer Größe von 512 Byte eingerichtet werden, bleiben 14 Suballocation-Blöcke übrig, die anderweitig genutzt werden können. Legen Sie hingegen eine 9 Kbyte große Datei an, so belegt diese einen ganzen 8 Kbyte Block und zwei 512-Byte-Suballocation-Blöcke.

Mit Hilfe dieser drei Funktionen wird die Speicherkapazität eines jeden NetWare v4.0 Servers erhöht und dies, ohne zusätzliche teure Zusatzhardware einsetzen zu müssen. Sie müssen somit seltener neue Plattensubsysteme kaufen und können ihre bestehenden externen Speicherkapazitäten wesentlich besser nutzen.

19.8 Verbessertes Sicherheitssystem und Auditing

Die Sicherheitsmechanismen von NetWare v4.0 umfassen nicht nur das Dateisystem und User Account Restrictions. Die Verbesserungen schließen ein:

Login Authentication Neueste Technologie, entwickelt von der RSA Corporation, bildet die Sicherheitsplattform für das gesamte Netzwerk. Wenn sich ein Benutzer unter NetWare v4.0 anmeldet, wird ein verschlüsselter »public key« über das Netzwerk vom Server zur Workstation übertragen. Das Paßwort des Benutzer, das an der Workstation eingegeben wird, autorisiert den Benutzer und bildet aus dem »public« key einen »private« key.

Immer wenn der Benutzer eine Ressource im Netzwerk anfordert, wird der private key übertragen, um die Berechtigung zu überprüfen, diese Ressource auch nutzen zu dürfen. Eine Access-Control-Liste wird durchsucht, um zu gewährleisten, daß der Benutzer auch die vom Administrator zugewiesenen Rechte besitzt.

Novell NetWare 4.0

Um diesen gesamten Sicherheitsmechanismus zu gewährleisten und durchführen zu können, mußte auch die NetWare-Umgebung auf der Workstation geändert werden. Hierzu sind komplett neue Treiber nötig. Dazu jedoch später mehr.

Directory Service Security

Der neue Directory Service von NetWare v4.0 bietet zusätzliche Sicherheits-Level, neben den bereits bekannten Datei-Sicherheitssystemen. Benutzer müssen Rechte haben, um Änderungen von Objekten innerhalb des NetWare Directory Services durchführen zu können. Sie werden noch sehen, daß hierbei eine wesentlich flexiblere Gestaltung der gesamten Netzwerkumgebung und Verwaltung der Objekte und Ressourcen ermöglicht werden kann.

File System Security

Das Dateisicherheitssystem von NetWare v4.0 wurde im Vergleich zu NetWare v3.11 nicht geändert. D.h. die Trustee-Rechte, Inherited Rights Mask und Datei- und Directory-Attribute sind die gleichen geblieben.

Management-Aufgaben

NetWare v4.0 unterstützt ein erweitertes Systemmanagement, indem unterschiedliche Level der Supervisor Security unterstützt werden. Einem Benutzer können jetzt Rechte zugewiesen werden, die zum Beispiel erlauben, Benutzer einzurichten, aber diese nicht mehr zu löschen. Dies kann dann einem anderen Benutzer erlaubt werden. Ebenso kann die Berechtigung existieren, Directory-Rechte im Dateisystem vergeben zu dürfen, aber nicht für Objekte der NetWare Directory Services Trustee.

Dies ist vergleichbar mit dem Workgroup-Manager-Konzept von NetWare v3.11, wobei die Möglichkeiten von NetWare v4.0 und den damit verbundenen NetWare Directory Services wesentlich flexibler gestaltet werden können.

Mit NetWare v4.0 können Netzwerkadministratoren so eingerichtet werden, daß diese die Ressourcen zwar verwalten können, aber wichtige Daten nicht sehen dürfen. Somit wird ein Schritt weiter in Richtung unternehmensweites Netzwerk gegangen, wobei man keine Angst mehr haben muß, daß ein »Supervisor« – wie früher – auf alle Daten zugreifen kann. Auf diese Art und Weise ist es auch wesentlich einfacher, Aufgaben der Administration im Netzwerk zu verteilen und dennoch den Überblick darüber zu behalten, was von wem durchgeführt worden ist.

Der von früheren Versionen bekannte Supervisor heißt bei NetWare v4.0 jetzt *Admin* und wird während der Installation von NetWare v4.0 eingerichtet. Dieser Admin-User kann, im Gegensatz zu NetWare 2.x und 3.x gelöscht werden, wobei man vorher dafür sorgen muß, daß anderen Benutzern Admin-Rechte vergeben worden sind. Somit ist es unter NetWare v4.0 nicht mehr so einfach herauszufinden, welcher Benutzer den Administratorstatus besitzt. Der Supervisor von früheren Versionen war inzwischen doch überall bekannt und es gab und gibt immer noch Installationen, bei denen mit der Vergabe von Paßwörtern sehr oberflächlich umgegangen worden ist.

19.9 Erweiterte Client-Dienste

Mit NetWare v4.0 werden auch die Client-Dienste erweitert. Dies betrifft vor allem:

- Verbesserte DOS Client Software
- Größere Unterstützung für Windows und OS/2
- Erweiterte Utilities

19.9.1 Verbesserte DOS Client Software

Für DOS und Windows Workstations wird eine neue Client Software angeboten deren Änderungen in folgenden Punkten zu sehen sind:

- Open Data-Link Interface (ODI) zum Transportieren der Daten zum Zielgerät
- DOS Requestor (nicht mehr als Shell bezeichnet) – diese interpretiert und bereitet die Daten zum Weitertransport auf

Die ODI-Treiber sind bereits von der NetWare v3.11 her bekannt, mußten jedoch nicht unbedingt eingesetzt werden, außer man benötigte Multiprotokollunterstützung auf der Workstation (IPX und TCP/IP). Mit NetWare v4.0 können nur noch DOS-ODI-Treiber eingesetzt werden. Mann kann zwar mit alten Treibern weiterarbeiten, verzichtet dabei aber auf wichtige und grundlegende Sicherheitsfunktionen, die nicht zur Verfügung stehen würden.

In der neuen Client Software wird automatisch das Burst Mode Protocol unterstützt, um den Datentransfer zwischen Server und Workstation zu beschleunigen. Für NetWare v3.11 mußte diese Funktion durch ein eigenes NLM und durch eine neue Shell implementiert werden. Mit dem Burst Mode stimmen sich Client und Server auf eine maximale Paketgröße ab, die mit einem Request übertragen werden können. Bislang geschah das Laden von Dateien immer in der Art und Weise, daß die Workstation einen Request an den Server abgesetzt hat und daraufhin ein Paket erhalten hat, dann wurde das nächste Paket angefordert, das übernächste und so weiter. Jetzt fordert die Workstation bis zu 64

Novell NetWare 4.0

Kbyte Daten vom Server an und bekommt diese ohne zusätzlichen Request. Ist die Datei noch nicht vollständig geladen, werden die nächsten Datenblöcke angefordert. Dadurch wird die Geschwindigkeit im Netzwerk stark beschleunigt und unnötiger Datenverkehr und ständige neue Requests vermieden.

Der DOS Requestor besteht aus einer Vielzahl sogenannter Virtual Loadable Modules (VLM). Diese werden vom VLM-Manager geladen (VLM.EXE). Dieser DOS Requestor ersetzt die frühere Shell, NETX.COM, und erlaubt jetzt die gleichzeitige Verbindung an bis zu 32 Server im Netzwerk. Um abwärtskompatibel mit NetWare v3.x zu bleiben, wird ein NETX.VLM angeboten, um auch auf NetWare v3.x Server zugreifen zu können.

Derzeit sind folgende VLMs bekannt, die vom VLM-Manager verwaltet werden können:

- CONN.VLM: Connection Table Manager (Verwaltung gemeinsamer Tabellen, die gleichermaßen für alle VLMs erreichbar sind)
- IPXNCP.VLM: IPX Transport Modul
- TRAN.VLM: Transportmultiplexer Modul
- NDS.VLM: NetWare Directory Service Protocol Modul
- BIND.VLM: NetWare Bindery Protocol Modul (Kompatibiliät mit früheren Versionen)
- NWP.VLM: NetWare Protocol Multiplexer Modul
- FIO.VLM: File Input-Output Modul
- GENERAL.VLM: General Purpose Function Modul
- REDIR.VLM: DOS Redirector Modul (Führt den Attach zum Server durch).
- PRINT.VLM: Printer Redirection Module
- NETX.VLM: NetWare Workstation Shell Modul (Kompatibilität zu früheren NetWare Versionen)

In diesem Zusammenhang wurden auch die Umgebungsbedingungen am NetWare Server geändert. Nicht nur, daß neue Befehle für die Ausführung der Login-Scripts zur Verfügung stehen, es wurde auch eine zusätzliche Login-Script-Ebene eingeführt. D.h. beim Anmelden des Benutzers am NetWare Server exisitieren nicht mehr System- und User-Login-Script, sondern System-Login-Script, Profile-Login-Script und User-Login-Script. Nach wie vor gilt, daß bei der Nichtexistenz von User-Login-Scripts ein Default-User-Login-Script ausgeführt wird.

KAPITEL 19

Der Login-Ablauf eines Benutzers und der gesamten Netzwerkumgebungen lassen sich somit wesentlich besser gestalten und strukturieren.

19.9.2 Größere Unterstützung für Windows und OS/2

NetWare v4.0 bietet Ihnen eine graphische Oberfläche für Windows oder OS/2 (Graphical User Interface), um die Verwaltung der Netzwerkumgebung noch einfacher durchführen zu können. Bedienung mit der Maus ist somit eine Selbstverständlichkeit. Das bedeutet, daß nicht nur die Verwaltung des Netzwerkes einfacher und bequemer ist, sondern auch das Durchsuchen des gesamten Netzwerkes und aller darin verfügbaren Ressourcen.

19.9.3 Erweiterte Utilities

Viele von NetWare v3.11 bekannte Commandline Utilities und Menüsysteme wurden angepaßt, um mit den neuen Directory Services arbeiten zu können. Viele dieser Menüsysteme sind zusammengefaßt worden, so daß die Bedienung auf DOS-Ebene weniger Befehle zur Verfügung stellt, aber dennoch genausoviel Unterstützung bietet wie bisher, da einfachere und kompaktere Menüsysteme bereitgestellt werden. Zum Beispiel sind die Menüsysteme *Salvage* und *Volinfo* im Menüssystem *Filer* integriert worden. Die Befehle *Allow*, *Grant*, *Remove*, *Revoke* und *Tlist* sind nun integraler Bestandteil des Befehls *Rights*.

Im Befehl *Flag* sind die bisherigen Befehle *Flagdir* und *Smode* zusammengefaßt.

Der Befehl *Map* beinhaltet den Befehl *Attach*.

Im Befehl *Ndir* ist der bisherige Befehl *Listdir* integriert worden.

Nlist (ein neuer Befehl) faßt die beiden alten Befehle *Slist* und *Userlist* zusammen.

Der Befehl *Send* enthält jetzt zusätzlich die Befehle *Caston* und *Castoff*.

Das *Syscon* Menüsystem wird durch das Menüssystem *Netadmin* ersetzt, *Session* wird durch das Menü *Netuser* ersetzt.

19.10 Network Auditing

In NetWare v4.0 sind Auditing-Funktionen integriert, um die Sicherheit und Integrität von Netzwerktransaktionen und -daten zu erweitern. Der Auditor ist ein herkömmlicher Benutzer, der diese Aufgaben unabhängig vom Netzwerkadministrator durchführt. Dabei ist das Auditing vollkommen losgelöst vom Accounting früherer NetWare-Versionen zu betrachten. Das Accounting ist in NetWare v4.0 immer noch vorhanden.

Wenn das Auditing installiert ist, werden entsprechende Logfiles eingerichtet. Diese Logfiles enthalten historische Daten über Logins und Logouts und Änderungen von Trusteerechten. Ein Auditor kann ebenfalls Datei- und Directory-Transaktionen wie Löschen, Schreiben oder Lesen beobachten und auswerten. Auf diese Art und Weise sind mögliche Fehlerquellen auf Datei- und Directory-ebene wesentlich leichter und einfacher festzustellen. Es geht dabei nicht um die Überwachung der Mitarbeiter, sondern um die Überprüfung, was in letzter Zeit auf Datei- oder Directoryebene durchgeführt worden ist, für den Fall, daß es wieder mal heißt »nichts geht mehr, aber wir haben gar nichts gemacht«.

19.11 Verbesserte Druckdienste

Wesentliche Veränderungen haben die Druckdienste unter NetWare v4.0 erfahren. Hierzu zählen folgende Änderungen:

- Unterstützung von bis zu 256 Druckern über einen Print-Server.
- Ein Drucker kann jetzt über den Namen angesteuert werden (neuer Capture Parameter) oder wie gewohnt über die Printer Queue.
- Einfachere Installation.

19.12 National Language Support

NetWare v4.0 erfüllt inzwischen eine lange geforderte Funktion: die Unterstützung unterschiedlicher Sprachen. Englisch ist dabei die Default-Sprache, die unterstützt wird. Dies gilt für NLMs und Utilities. Andere Sprachen können bei der Installation oder bei der Ausführung von Utilities und Diensten gewählt werden. Dabei ist es möglich, daß jede Workstation eine andere Sprachunterstützung wählt.

Durch einen neuen Befehl KEYB x (x Language Nummer) an der Serverconsole kann man jetzt auch die Bedienung der NetWare Console in der gewüschten Sprache durchführen, d.h. deutsche Tastaturunterstützung am Server. Ein Netzwerkverwalter an der Serverconsole oder ein Benutzer an der Workstation kann Befehle und Utitlities, oder das Lesen der Dokumentation in der Sprache ausführen, die von NetWare unterstützt wird.

19.13 Dokumentation

NetWare v4.0 wird standardmäßig nicht mehr mit Handbüchern ausgeliefert. Die Dokumentation von NetWare v4.0 wird auf Diskette oder CD-ROM ausgeliefert. An dieser Stelle sehen Sie auch einen neuen Mechanismus von NetWare v4.0, die Auslieferung auf CD-ROM. Neben der elektronischen Dokumentation sind auch die Hilfstexte der einzelnen Befehle erweitert und verbessert worden. Dies betrifft sowohl die Workstation-Programme und Menüsysteme als auch die Consolen-Befehle. An der NetWare Console gibt es jetzt den Befehl HELP, um eine Übersicht aller erlaubten Consolen-Befehle zu erhalten. Zu jedem Befehl kann man sich zudem weitere zusätzliche Informationen anzeigen lassen.

Die Hilfeunterstützung der Commandline Utilities wurde endlich vereinheitlicht. Immer wenn Sie jetzt Befehl und anschließend »?« eingeben, erhalten Sie einen Hilfstext zum Befehl angezeigt. Neben der Befehlssyntax werden jetzt auch Befehlsbeispiele mit angegeben. Der Hilfsbildschirm für jedes Menüsystem wird immer noch über die Funktionstaste F1 angezeigt. Die Hilfstexte sind jedoch wesentlich ausführlicher als in früheren Versionen. Die GUI Utilities bieten die Help-Unterstützung durch Anklicken des »Help Button«.

Eine gravierende Änderung hat das Einrichten und Verwalten der Netzwerkressourcen erfahren. Die altbekannte Bindery ist »tot« und wurde durch den NetWare Directory Service ersetzt. Mit dieser neuen Technik wird es den Netzwerkverwaltern wesentlich einfacher gemacht, große und komplexe Netzwerke mit einer Vielzahl von Servern einzurichten. Das NDS (NetWare Directory Service) soll im folgenden Abschnitt näher erläutert werden.

19.14 NetWare Directory Services

Bei den bisherigen NetWare-Versionen war es üblich, daß die Ressourcen im Netzwerk immer von dem Server verwaltet wurden, an dem diese angeschlossen waren. Die gleiche Situation ergab sich bei der Verwaltung der Benutzer. Jeder NetWare Server verwaltete seine eigene Bindery, in der eingetragen wurde, welche Benutzer und welche Gruppen am Server eingerichtet sind. Bei 3 Servern im Netzwerk und insgesamt 100 Benutzern, die alle die Berechtigung haben sollen, an jedem Server arbeiten zu dürfen, bedeutet dies, insgesamt 300 Benutzer zu definieren. Bei großen Netzwerken ergibt dieser Mechanismen einen enormen Verwaltungsaufwand und Overhead. Mit NetWare v4.0 muß man einen komplett neuen Denkansatz einschlagen.

NDS ist eine globale, verteilte Datenbank, welche die Bindery ablöst. Während die Bindery dafür konzipiert war, einen einzelnen Server zu unterstützen, ist NDS dafür geschaffen, ein ganzes Netzwerk zu verwalten. Dadurch wird eine wesentlich höhere Flexibilität erreicht, und die Verwaltung des Netzwerkes wird einfacher und bequemer.

Mit NDS wird die organisatorische Struktur eines Unternehmens auf eine logische Netzwerkstruktur umgelegt. Wenn sich der Benutzer im Netzwerk anmeldet, stehen ihm somit alle durch den Administrator bereitgestellten Ressourcen zur Verfügung.

NDS verwaltet Informationen über alle Ressourcen im Netzwerk, z.B. Benutzer, Gruppen, Drucker, Volumes, Print Queues, etc., alles in einer einzigen logischen und globalen Datenbank. Die Verbindungen im Netzwerk sind für den Anwender vollkommen transparent, da die Benutzer von der Komplexität des Netzwerkes nichts wissen müssen.

Der NetWare Directory Service ist, wie der Name schon sagt, ein »Directory«. Vergleichbar mit einem Telefonbuch oder Adreßbuch hilft Ihnen das Directory, Informationen über Ressourcen im Netzwerk schnell und einfach zu finden. Durch die Implementierung eines durchgängigen Namenschemas für Netzwerkressourcen, kann es Organisationen erleichtert werden, Informationen im Directory zu finden und zu benutzen. Da es sich bei NDS um eine leistungsfähige Datenbank handelt, können darin alle Informationen abgespeichert werden. Dies beginnt beim Namen der Ressource im Netzwerk bis hin zur Telefonnummer und Adresse der Benutzer im Netzwerk.

Objekte

Ein NetWare Directory Services (NDS) Objekt besteht aus einer Vielzahl von Informationen, Properties genannt, und den dazugehörigen Daten, die diese Properties haben können. All diese Informationen werden in der NDS gespeichert.

Einige Objekte können echte physikalische Einheiten darstellen. Zum Beispiel die Definition eines Benuzter – dieser existiert physikalisch – oder die Definition eines Druckers. Einige Objekte stellen jedoch nur logische Einheiten dar, zum Beispiel die Definition einer Print-Queue oder die Definition einer Gruppe. Andere Objekte dienen wiederum nur dazu, um den NDS-Direcrtory-Baum besser strukturieren zu können. Hierzu zählen zum Beispiel das Objekt Organizational Unit.

Es ist wichitg, zu verstehen, daß es sich bei einem NDS-Objekt um die Zusammenfassung gespeicherter Informationen handelt. Das Objekt Drucker speichert Informationen über einen einzelnen Drucker, um dessen Verwaltung zu ermöglichen.

Objekt-Properties

Unter Properties versteht man die Informationskategorien, die in der NDS für ein Objekt gepeichert werden können. Jedes Objekt besitzt Properties, die Informationen über dieses Objekt enthalten, z.B. den Vor- und Nachnamen des Benutzers, die physikalische Lokation des Druckers und dergleichen mehr. Für jede Property können entsprechende Werte eingegeben werden, um das Objekt und die dazugehörigen Daten zu bestimmen. Ein Objekt User kann zum Beispiel folgende Properties enthalten: Login-Name, E-Mail-Adresse, Paßwort-Restriction, Gruppenmitgliedschaft, Telefonnummer, vollständige Adresse und vieles mehr.

In vielen Fällen kann für ein Property mehr als ein Wert eingegeben werden. Für das Property Telefonnummer, bezogen auf das Objekt User, können folgende Werte eingegeben werden: private Telefonnummer, Telefonnummer im Büro und dergleichen mehr.

NetWare Directory Services Rights

Unter NetWare v3.11 können Rechte auf Directory- und Dateiebene vergeben werden. Mit NetWare v4.0 können zusätzlich Rechte für Objekte und für die Properties von Objekten vergeben werden.

Es sei darauf hingewiesen, daß die Zugriffsberechtigungen auf Directory- und Dateiebene unter NetWare v4.0 im Vergleich zu

NetWare v3.11 nicht geändert worden sind. Daher werde ich diese nicht nochmal erläutern. Ich werde mich deshalb ausschließlich mit den Rechten für Objekte und Properties beschäftigen, die im Zusammenhang mit den NDS zu betrachten sind.

Unterscheiden Sie bei NetWare v4.0 deshalb bei der Rechtevergabe zwischen Rechten, die das NDS-System betreffen, und Rechten, die das Dateisystem (Directory und Files) betreffen.

Objekt-Rechte beziehen sich auf NDS-Objekte, haben aber keine Auswirkung auf die Properties der Objekte. Property-Rechte beziehen sich auf NDS-Objekt-Properties, aber nicht auf das Objekt selbst. Wenn zum Beispiel in Objekt User eine private Telefonnummer als Wert des Properties abgespeichert ist, kann das Einsehen dieser Telefonnummer für jedermann unterbunden werden, wohingegen die restlichen Property-Werte von jedem gesehen werden könnten.

Access Control List

Jedes Objekt im NDS besitzt ein Property, als Access Control List (ACL) bezeichnet. Das ACL Property enthält Trustee Assignments und die Inherited Rights Filter. Die ACL des Objektes unterstützt die Kontrolle, d.h. bestimmt, wer Zugriff auf dieses Objekt und seine Properties erhält. Zum Beispiel ist ein Objekt, aufgeführt in der ACL des Objektes Printer Trustee für diesen Printer und hat für dieses Objekt die Rechte, die dafür definiert worden sind. Um den Trustee-Zugriff auf das Printer-Objekt zu ändern, muß die Trustee-Zuweisung in der ACL des Objektes Printer geändert werden.

Jedes Objekt in der ACL eines anderen Objektes kann unterschiedliche Rechte für dieses Objekt-Property haben. Wenn zum Beispiel in der ACL des Objektes Printer 5 User eingetragen sind, kann jeder dieser 5 User unterschiedliche Rechte für dieses Objekt Printer und die Properties haben. Die ACL unterstützt somit nicht nur die Kontrolle eines einzelnen Properties sondern auch das Objekt als ganze Einheit betrachtet. Für ein Objekt User können Sie zum Beispiel verbieten, daß ein anderer Benutzer dessen eingetragene Telefonnummer sieht, wohingegen alle anderen Informationen zur Verfügung stehen.

Inherited Rights Filter

Während Trustee-Zuweisungen den Zugriff auf ein Objekt erlauben, erlaubt der Inherited Rights Filter (Inherited Rights Mask) das Filtern von Rechten von einem Objekt auf das andere. In einigen Fällen kann ein User-Objekt automatisch die Rechte von einem anderen Objekt vererbt (inherit) bekommen. Der Inherited Rights Filter kann das Vererben von Rechten unterbinden, so daß diese dem Objekt nicht mehr zur Verfügung stehen.

Effective Rights

Die Kombination der Inherited Rights, Trustee Assignment in einer ACL und anderer Trustee Assignments (Gruppen und Security Equivalences) werden effektive Rechte genannt. Die effektiven Rechte eines Objektes legen fest, was der Einzelne »reell« mit dem Objekt und den Properties machen darf.

Aufbau des NDS-Baums durch Objekte

NetWare Directory Services bilden die logische Organisation und wird als Directory-Baum bezeichnet. Die Bezeichnung Directory-Baum ist gewählt, weil die Objekte in einer hierarchischen Baumstruktur gespeichert werden, die mit einer Wurzel beginnt und unten immer weiter verzweigt.

Es gibt zwei Objekt-Typen, die den Directory-Baum bilden: Container-Objekte und Leaf-Objekte (Blätter).

Ein Zweig des Directory-Baums besteht aus einem Container-Objekt und all den Objekten, die darin enthalten sind, welche wiederum andere Container-Objekte enthalten können. Leaf-Objekte befinden sich nur am Ende eines Zweiges und enthalten kein anderes Objekt. In der nachfolgenden Abbildung ist der Aufbau eines Directory-Baums aufgezeigt.

Bild 19.1 Objekte in einem Directory-Baum

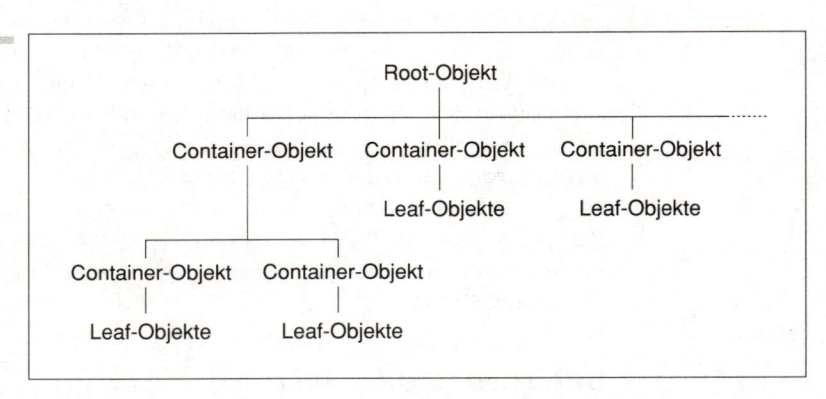

Objekttypen: Container-Objekte und Leaf-Objekte

Container-Objekte enthalten weitere Objekte. Container-Objekte werden verwendet, um alle anderen Objekte in einem Directory-Baum logisch zu strukturieren. Dies ist vergleichbar mit der Organisation (Directorystruktur) von Festplatten. Hier speichern Sie auch nicht alles im Root-Directory, sondern bilden Directories und Subdirectories, um bessere Strukturierung der Daten und Programme zu erhalten.

Ein Container-Objekt wird als Parent-Objekt bezeichnet, wenn es weitere Objekte enthält.

In Leaf-Objekten sind keine weiteren Objekte vorhanden. Sie stellen Netzwerkressourcen dar: z.B. Benutzer, Computer, Drucker.

Zur logischen Strukturierung des Directroy-Baums stehen folgende *Container-Objekte* zur Verfügung:

ROOT
: Die Wurzel des NDS. Pro NDS kann es nur ein Root geben, und dieses kann nicht gelöscht werden. Root wird bei der Installation von NDS erstellt und als [ROOT] dargestellt. Das ROOT-Objekt kann die Objekte Country, Organization, Organizational Unit und Alias-Objekte enthalten.

Country
: Dies ist Strukturierung des Directory-Baums, wenn sich das Unternehmen in unterschiedlichen Ländern befindet und ein NDS für das gesamte Unternehmen verwendet wird. Dieses Container-Objekt kann verwendet werden, muß aber nicht. Dargestellt wird dieses Objekt im NDS-Baum durch die Angabe "C=" und kann nur Organization-Objekte und Alias-Objekte enthalten.

Organization
: Angabe der Organisation des Unternehmens, um eine logische Strukturierung des NDS-Baums zu erhalten. Im NDS-Baum wird dies durch "O=" dargestellt. Das Container-Objekt Organization kann die Objekte Organizational Units und Leaf-Objekte enthalten.

Organizational Unit
: Hierin wird eine Organisation eines Unternehmens im NDS-Baum in Sub-Organisationen (Abteilungen in der Praxis) unterteilt. Im NDS wird dies durch "OU=" dargestellt. Das Objekt Organizational Unit kann weitere Organiztional Units oder Leaf-Objekte enthalten.

Als *Leaf-Objekte* stehen im NDS-Baum zur Verfügung:

AFP Server
: Ein Server, auf dem das AFP Protokoll installiert ist.

Alias
: Ein Objekt, welches auf ein anderes existierendes Objekt verweist. Ein Alias-Objekt in einem Directory-Baum verweist auf ein anderes Objekt in einem anderen Directory-Baum, um den Zugriff zu vereinfachen.

KAPITEL 19

Computer	Damit können Informationen abgespeichert werden (Seriennummer, Verwalter, etc.), um eine leichtere Inventarisierung durchführen zu können.
Directory Map	Zur Durchführung einer einfachen Laufwerkszuweisung von einem Container zu einem anderen.
Group	Vergleichen Sie mit NetWare v3.11. Mit Gruppendefinitionen werden die Vergabe von Rechtezuweisungen für Benutzer vereinfacht und besser strukturiert.
NetWare Server	Ein NetWare v4.0 Server im Netzwerk. Dieses Objekt wird von vielen Objekten verwendet, wenn diese Dienste nutzen, die vom NetWare Server zur Vergügung gestellt werden.
Organizational Role	Legt eine Position fest, die von einer Folge von Personen besessen werden kann.
Print-Server	Stellt einen Print-Server im Netzwerk dar.
Printer	Stellt einen Drucker im Netzwerk dar.
Print-Queue	Stellt eine Print-Queue im Netzwerk dar.
Profile	Repräsentiert ein Login-Script. Dies kann von Anwendern im Netzwerk gemeinsam genutzt werden, wobei sich die User-Objekte in unterschiedlichen Container-Objekten befinden können.
User	Hiermit wird ein Benutzer im Netzwerk eingerichtet, wenn dieser die Berechtigung haben soll, im Netzwerk arbeiten zu können.
Volume	Stellt ein Volume im Netzwerk dar, wenn dieses an einem NetWare v4.0 Server eingerichtet worden ist.
	Wenn Sie auf Ihrer Festplatte eine Datei bearbeiten wollen oder ein Programm aufrufen müssen, dann muß Ihnen bekannt sein, wo sich diese befinden, oder es muß ein passender Suchpfad definiert worden sein. Ebenso verhält es sich, wenn Sie auf ein Objekt im NDS zugreifen wollen bzw. müssen.
Context	Das Finden eines Objekts im Directory-Baum. Die NetWare Directory Services ermöglichen es Ihnen, auf Objekte entsprechend der Lokation im Directory-Baum zugreifen zu können. Wenn Sie ein Objekt im Netzwerk hinzufügen (Server, User, Print Server, etc.), dann müssen Sie wissen, in welchem Container-Objekt sich dieses neue Leaf-Objekt befinden soll.
	Die Position eines Objektes innerhalb der Container-Objekte wird als Context bezeichnet. In der nachfolgenden Abbildung ist ein möglicher Aufbau eines NDS-Baums dargestellt.

Bild 19.2
NDS-Directory-
Baum

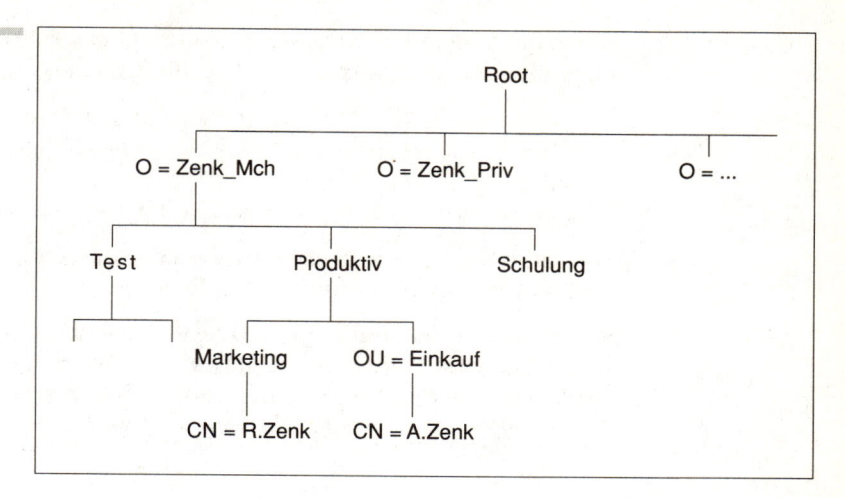

```
                              Root
                                |
        ┌─────────────────────┬──────────────────┐
    O = Zenk_Mch          O = Zenk_Priv         O = ...
        |
  ┌─────┼──────────┐
 Test  Produktiv  Schulung
        |
   ┌────┴─────┐
 Marketing  OU = Einkauf
    |          |
 CN = R.Zenk  CN = A.Zenk
```

Der Context für das Objekt A. Zenk ist:

EINKAUF.PRODUKTIV.ZENK_MCH

Der Context für das Objekt R. Zenk ist:

MARKETING.PRODUKTIV.ZENK_MCH

Objekt-Namen

Der Context für ein Objekt bildet somit auch seinen kompletten Namen. Der Pfad vom Objekt bis zum ROOT des Directory-Baums ergibt den vollständigen Namen für das Objekt, welcher eindeutig sein muß, und dadurch auch eindeutig bestimmt werden kann. D.h. auf der anderen Seite, daß zwei gleiche Usernamen für das Objekt User existieren dürfen, wenn deren Context-Name (vollständiger Pfad) unterschiedlich ist. Das ist zum Beispiel dann der Fall, wenn diese beiden User in unterschiedlichen Organisationen eingerichtet sind.

Die meisten Leaf-Objekte haben einen sogenannten Common-Namen. Für User-Objekte ist der Common-Name der Login-Name, der im Directory-Baum ausgewiesen wird. Auch andere Leaf-Objekte haben Common-Namen, die im Directory-Baum angezeigt werden, z.B. Printer-Objekte oder der Objekt-Name für einen Server.

Container-Objekte besitzen keinen Common-Namen. Die werden durch ihren Organizational-Unit-Namen oder den Organization-Namen oder den Country-Namen bestimmt.

Bei der Angabe des vollständigen Namens für ein Objekt (Context des Objektes), wird der Common-Name – wenn vorhanden – zuerst angegeben, danach folgt ein Punkt (.), dann der Name des Container-Objektes, ebenfalls von einem Punkt (.) gefolgt. Beim

KAPITEL 19

Container-Objekt kann es sich dabei um Organizational Unit (OU), Organizational (O) oder um ein Country-Objekt (C) handeln.

Der vollständige Name für ein Objekt wird somit durch folgende Angaben bestimmt:

```
Common Name.Organizational Unit Name.Organization Name.Country Name
```

Wie zu ersehen ist, wird die Angabe des vollständigen Namens als Bottom-Up-Angabe bestimmt: vom Blatt bis zur Wurzel.

Wenn Sie bei der Abfrage der Directory-Informationen einen vollständigen Namen angeben, dann erhalten Sie genau dieses Objekt angezeigt. Oder Sie geben einen Property-Wert eines Objektes an, und Sie erhalten eine Liste aller Objekte, die diesen Wert haben.

19.15 Verwaltung der NetWare Directory-Services-Datenbank

Zur Verwaltung der NDS-Datenbank gehören die gleichen Aufgaben, die ein Netzwerkverwalter in den Vorgängerversionen von Netware auch tun mußte. Mit NetWare v4.0 sind die Möglichkeiten und die Flexibiltät für dieses Aufgabengebiet jedoch viel umfangreicher geworden.

Es wurden auch sämliche Utitlities (DOS, OS/2 oder Windows-Programme) geändert und verbessert. Nicht nur daß weniger Menüsysteme und Befehle zur Verfügung stehen, da man bisher bekannte Befehle und Menüsysteme zusammengefaßt hat, auch die ganze Bedienung und Handhabung wurde wesenlich verbessert.

Man erhält jetzt bei jedem Befehl einheitlich durch die Eingabe `befehl /?` einen Hilfstext am Bildschirm angezeigt mit Beispielen, wie der Befehl ausgeführt werden kann. Durch den National Language Support erhält man die Menüsysteme und Fehlermeldungen in seiner eigenen gewählten Sprache angezeigt. Jeder Anwender kann dabei mit einer eigenen Sprache konfiguriert werden.

User Objekt Admin

Im Gegensatz zu NetWare v3.11 wird bei der Installation von NetWare v4.0 nicht mehr der Benutzer Supervisor sondern der Benutzer Admin eingerichtet. Dieser ist zuständig und verantwortlich für die Verwaltung und das Einrichten von NetWare v4.0, um die gesamte

Novell NetWare 4.0

Netzwerkumgebung so einrichten, daß einfaches und komfortables Arbeiten möglich ist.

Wenn bei der Installation von NetWare v4.0 der User Admin eingerichtet wird, erhält das User-Objekt Admin eine Default-Trustee-Zuweisung auf das Objekt ROOT. Durch diese Trustee-Zuweisung werden dem User-Objekt Admin alle Rechte für alle Objekte und Volumes (Directories und Dateien) im gesamten Directory-Baum gewährt. Diese Trustee-Zuweisung bedeutet für den User Admin, daß er alle Rechte hat, um alle anderen Objekte im Directory-Baum einzurichten und zu verwalten.

Das User-Objekt Admin hat keine so starke Bedeutung mehr, wie dies für den User Supervisor unter NetWare v3.11 der Fall gewesen ist bzw. immer noch ist. Admin ist nur das erste Benutzerobjekt welches bei der ersten Installation von NetWare v4.0 eingerichtet wird und deshalb die Rechte und Möglichkeiten haben muß, neue Objekte einzurichten.

Beim Einrichten neuer User-Objekte im Directory-Baum, können Sie einigen von ihnen mit Supervisor (Admin) Objekt-Rechten versehen, damit diese in der Lage sind, neue Container-Objekte oder Leaf-Objekte einzurichten und zu verwalten. Somit kann die Verwaltung des Netzwerkes zentralisiert oder dezentralisiert eingerichtet werden. Je nachdem auf welches Container-Objekt oder Leaf-Objekte Sie das Supervisor-Objekt-Recht vergeben, können Sie dieses und alles, was darunterliegt, managen.

Wenn Sie einem eingerichteten User-Objekt das Supervisor-Objekt-Recht auf das ROOT-Objekt vergeben, hat dieser alle die Rechte, die der Benutzer Admin auch besitzt. Anschließend können Sie den User Admin löschen. Unter NetWare v3.11 und den Vorgängerversionen konnte der User Supervisor hingegen nicht gelöscht werden. Bisher war immer bekannt, daß unter NetWare der User Supervisor alle Rechte hat. Es war von daher schon immer interessant, als User Supervisor in das Netzwerk einzudringen. Mit NetWare v4.0 kann man NetWare so installieren, daß nicht mehr bekannt ist, welcher User mit Supervisor-Rechten arbeitet, wenn nach den notwendigen Anpassungen der User Admin gelöscht worden ist.

Ein Teil der Flexibiltät von NDS besteht darin, eine zentralisierte und/oder dezentralisierte Netzwerkverwaltung einzurichten. Deshalb muß es nicht mehr notwendig sein, daß ein einzelner Benutzer mit sämtlichen Rechten ausgestattet wird und somit Einblick in das gesamte Netzwerk besitzt. Dies erfordert jedoch eine vorsichtige und gut durchdachte Planung, um sich nicht selbst im Netzwerk auszusperren, wenn es darum geht, wichtige Änderungen durchzuführen.

Partitions

Damit NDS besser skalierbar und zuverlässig ist, wird die NDS-Datenbank in kleinere Teile, Partitions genannt, unterteilt bzw. kann in Partitions unterteilt werden. Partitions werden standardmäßig bei der Installation von NetWare v4.0 eingerichtet, wenn der neue Server in einem neuen Context in Directory-Baum eingebunden wird.

Jede Partition besteht aus einem Container-Objekt, allen Objekten in diesen Container-Objekten und den Daten für diese Objekte. Partitions enthalten keinerlei Informationen über das Dateisystem oder die Dateien und Directories in diesem Dateisystem.

Das ROOT-Objekt (die Wurzel des NDS-Baums) wird nur in der ersten eingerichteten Partition installiert (das ist der erste NetWare v4.0 Server, der im Netz installiert wird). In der nachfolgenden Abbildung ist aufgezeigt, wie die Installation der Default-Partition aussieht und wie sich die Situation für das Einbinden weiterer Server darstellt.

Bild 19.3
Einrichten von
Default-Partitions

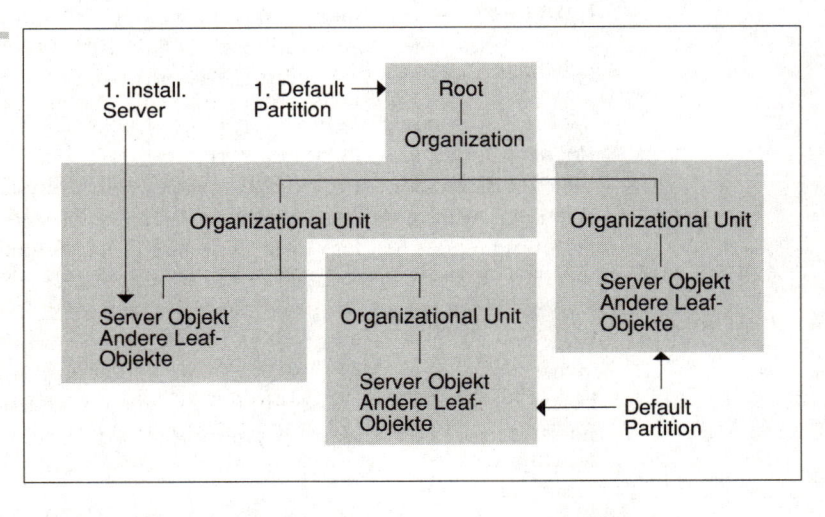

Für Directory-Benutzer ist der Partition-Baum vollkommen transparent. Benutzer sehen nur den globalen Baum von Directory-Objekten. Um nun zusätzlich den Zugriff auf unterschiedliche Bereiche des NDS-Baums zu optimieren und die Sicherheit von NDS zu erhöhen, kann jede Partition repliziert werden und auf unterschiedlichen Lokationen gespeichert werden.

Die Replizierung von Partitions verbessert den Zugriff und bietet für NDS zusätzliche Fault Tolerance. Da eine Partition auf unterschiedlichen Lokationen repliziert werden kann, bedeutet die Zerstörung einer Replica nicht, daß der Zugriff auf NDS-Informationen gestört ist. Zusätzlich können Sie bei der Installierung der Replicas festlegen, ob diese als Read-Write oder Read-Only bestimmt werden soll.

Replicas

Um die NetWare Directory Services über das Netzwerk zu verteilen, muß die Datenbank auf unterschiedlichen Servern gespeichert werden. Statt eine Kopie der gesamten Datenbank auf allen Servern zu halten und zu verwalten, werden Replicas von Partitions auf unterschiedlichen Servern im Netzwerk verteilt.

Eine Replica ist die Kopie einer Partition. Sie können eine beliebige Anzahl von Replicas für jede Partition im gesamten Netzwerk verteilen. Mit dem Einsatz von Replicas werden folgende Ziele verfolgt:

Kompensation des Ausfalls einer einzelnen Serverkomponente
Wenn zum Beispiel eine Platte oder ein Server ausfällt, können mit Hilfe der Replica auf einem anderen Server in einer anderen Lokation nach wie vor die Benutzer und alle anderen Objekte identifiziert werden, die in der ausgefallenen Partition enthalten waren.

Weil die gleichen Informationen über mehrere Server verteilt sind, sind Sie nicht mehr von einem einzelnen Server abhängig, Benutzer im Netzwerk zu identifizieren. Sie können eine Replica einer Partition mit der Replica einer anderen Partition auf demselben Server abspeichern. Die Replica des NDS-Baums bietet keine Fault Tolerance für Ihr Dateisystem. Es werden mit dem Replica-Service nur die NDS-Informationen im Netzwerk verteilt. Um Fault Tolerance für das Dateisystem (File- und Directoryinformationen) zu erhalten, müssen Sie die Mechanismen SFT II oder SFT III installieren (Disk Mirroring, Disk Duplexing, Server Duplexing und Transaction Tracking System).

Schnellerer Zugriff auf Informationen für Benutzer über WAN-Verbindungen
Muß ein Benutzer häufig über WAN-Verbindungen bestimmte Directory-Informationen (NDS) abfragen und auf diese zugreifen, können Sie die Zugriffszeit und den Netzwerkverkehr reduzieren,

KAPITEL 19

indem Sie eine Replica, welche die entsprechenden Informationen enthält, auf einen Server abspeichern, auf den diese Benutzer lokal zugreifen können.

Die Verteilung der Replica auf die Server im Netzwerk erlaubt es Ihnen, auf Informationen der NDS schneller und zuverlässig zuzugreifen, da die Informationen immer vom nächstgelegenen Server der zur Verfügung steht, bereitgestellt werden.

Man unterscheidet drei Arten von Replicas:

- Master
- Read-Write
- Read-Only

Obwohl eine Vielzahl von Replicas einer Partition in einem NDS Directory existieren können, ist nur eine davon die Master Replica. Nur diese Replica kann benutzt werden, um die Struktur der NDS in Relation zur entsprechenden Partition zu ändern. Sie können eine neue Partition in einer Directory-Datenbank nur in der Master Replica einrichten.

Die Master und Read-Write Replica wird benutzt, um Directory-Informationen zu lesen oder zu ändern, z.B. Hinzufügen oder Löschen eines Objektes. Die Read-Only Replica wird nur benutzt, um Directory-Informationen zu lesen, aber keine Informationen zu ändern. Die NetWare Utilities wählen automatisch die entsprechenden Partitions aus.

Zum Verwalten der Partitions und Replicas wird ein eigenes Partition Manager Utility zur Verfügung gestellt.

Bindery-Kompatibiltät

Um die Kompatibilität mit Bindery-orientierten Utilities und Clients zu gewährleisten, die zusammen mit NetWare v4.0 NDS-Systemen im Netzwerk genutzt werden, bietet NetWare v4.0 eine Bindery-Emulation an.

Objekte der Bindery werden in einer »flachen« Datenbank verwaltet, statt wie NDS-Informationen in einer hierarchischen Datenbank (Directory-Baum). Bindery-Emulation tritt auf, wenn NDS eine flache Struktur für Objekte innerhalb von Organizational- oder Organizational-Unit-Container-Objekten emulieren muß.

Alle Objekte in einem Container-Objekt können dann sowohl von NDS-Objekten als auch von Bindery-basierenden Clients und Servern benutzt werden. Bindery-Emulation wird nur auf die Leaf-Objekte in einer Organizational Unit angewandt. Wenn NetWare v4.0 installiert wird, ist die Bindery-Emulation standardmäßig eingeschaltet, womit in einer gemischten Netzwerkumgebung (NetWare v3.x und NetWare v4.x) Clients sofort mit existierenden Shells und Utilities auf NetWare v4.x Server zugreifen können.

Time-Synchronization

NetWare v4.0 unterstützt einen Mechanismus, um die Uhrzeiten untereinander zu synchronisieren. Die Zeitsynchronisation ist wichtig für Operationen der NDS-Dienste, da diese eine Aufstellung der durchgeführten Operationen einrichten. Immer, wenn ein Ereignis im NDS-Baum auftritt, z.B. wenn ein Paßwort geändert wird oder ein Objekt einen neuen Namen erhält, wird vom Directory Service eine Zeitänderung angefordert. Hiermit wird festgehalten, wann die Änderung durchgeführt worden ist. Dem Dirctory Service Event wird ein Zeitstempel zugewiesen, so daß die Reihenfolge, in der Replicas aktualisiert worden sind, korrekt ist.

Time-Server

Bei der Installation von NetWare v4.0 legen Sie fest, wie die Zeitsynchronisierung der NetWare v4.0 Server erfolgen soll. Hierzu legen Sie fest, welche Art Time-Server jeder einzelne NetWare v4.0 Server sein soll.

Jeder Time-Server führt dabei bestimmte Aufgaben zur Zeitsynchronisierung durch. Hierbei ist zwischen folgenden Möglichkeiten zu unterscheiden:

Single Reference Time-Server
Dieser Server bestimmt die Uhrzeit für das gesamte Netzwerk und ist die einzige Quelle, von wo aus die Abstimmung der Uhrzeit erfolgt. Der Netzwerkverwalter stellt, wenn nötig, die richtige Uhrzeit am Single Reference Time-Server ein.

Die Default-Einstellung bei der Installation zur Zeitsynchronisierung legt einen Single Reference Time-Server fest, und alle anderen Server werden als sekundäre Time-Server eingerichtet.

Reference Time-Server
Reference Time-Server werden mit Hilfe einer externen Funkuhr synchroniert. Reference Time-Server stimmen sich mit anderen primären oder Reference Time-Server ab, um festzulegen, welches die gemeinsame Uhrzeit im Netzwerk sein soll. Jedoch passen die Reference Time-Server ihre internen Uhren nicht an. Stattdessen

werden die internen Uhren der primären Server angepaßt, um mit der Uhrzeit des Reference Time-Servers synchronisiert zu sein.

Somit ist ein Reference Time-Server zentraler Punkt, um die Uhrzeit im Netzwerk zu bestimmen. Notfalls müssen alle internen Uhren der primären Time-Server angepaßt werden, um mit der Uhrzeit des Reference Time-Servers übereinzustimmen.

Primäre Time-Server
Primäre Time-Server stimmen sich ebenfalls mit anderen primären Time-Servern oder Reference Rime-Servern ab, um festzulegen, was die gemeinsame Uhrzeit sein soll. Jedoch passen primäre Time-Server ihre interne Uhr an, um mit dieser gemeinsamen Netzwerkuhrzeit zu synchronisieren. Da alle primären Time-Server ihre Uhrzeit anpassen, kann die Uhrzeit im Netzwerk leicht differieren.

Sekundäre Time-Server
Sekundäre Time-Server erhalten die Uhrzeit vom Single Reference Time-Server, primären Time-Server oder Reference Time-Server und passen die interne Uhr an, um mit der Netzwerkuhrzeit synchronisiert zu sein. Sekundäre Time-Server bestimmen die Uhrzeit der Clients (Workstations). Sekundäre Time-Server sind nicht daran beteiligt, die korrekte Uhrzeit im Netzwerk zu bestimmen.

Ich habe bereits darauf hingewiesen, daß unter NetWare v4.0 die Mechanismen zur Festlegung der Zugriffsberechtigungen auf Directory- und Dateiebene im Vergleich zu NetWare v3.11 die gleichen geblieben sind. Mit NetWare v4.0 kommen in Verbindung mit NDS zusätzliche Sicherheitsvorkehrungen hinzu, um festzulegen wer, wie und mit welchen Rechten innerhalb der NDS arbeiten darf und kann. Dieser Mechanismus soll im nachfolgenden Abschnitt näher erläutert werden.

19.16 Directory-Services-Sicherheit

Mit den Directory-Services-Sicherheitsmechanismen wird festgelegt, mit welchen Rechten auf Objekte und Properties in der NDS-Datenbank zugegriffen werden darf. Es legt fest, wer und wie auf die Informationen zugreifen darf. Auf diese Art und Weise wird die Benutzung fast aller Ressourcen im Netzwerk überwacht und kontrolliert.

Zum Beispiel muß ein Benutzer Rechte für sein eigenes User-Objekt und die dazugehörigen Properties haben, um sich überhaupt im Netzwerk anmelden zu können. Ein Benutzer muß die entsprechenden Rechte für ein Objekt haben, um dieses Objekt innerhalb des Directory-Baumes sehen zu können. Um die E-Mail-Adresse eines Benutzers sehen zu können, muß der Benutzer das Read-Recht für das Property E-Mail-Adresse haben.

Zur Realisierung der Zugriffsrechte auf das NDS Directory werden verwendet:

- Objekt-Trustee-Rechte
- Objekt- und Property-Rechte
- Inheritance und Inherited Rights Filter (IRF)
- Security Equivalence
- Effecitve Rechte

Directory-Service-Sicherheitsmechanismen sind getrennt von File-System-Sicherheitsmechanismen zu betrachten. Zwischen NDS Security und File System Security existieren folgende Unterschiede:

- NDS kennt zwei unterschiedliche Rechte: Objekt- und Property-Rechte.
- Rechte von NDS wirken nicht auf File System.
- Das Supervisor-Objekt und das Property-Recht kann in der NDS-Sicherheit unterbunden werden.

Objekt-Trustees

Unter einem Objekt-Trustee versteht man ein Objekt, das in der ACL (Access Control List) Property in einem anderen Objekt eingetragen worden ist. Jedes Objekt besitzt ein ACL-Property. Diese ACL-Liste legt fest, wer und wie auf das Objekt zugreifen kann. Benutzer und Gruppen werden die meisten Trustees sein, die verwendet werden.

Bevor ein Benutzer Rechte für ein Objekt und seine Properties haben kann, muß dieser als Trustee für dieses Objekt definiert worden sein. Dies ist vergleichbar mit der Trustee-Recht-Definition für das File-System. Damit Sie Rechte für ein Directory besitzen, müssen Sie als Trustee für das Directory definiert sein.

Mit Hilfe von Gruppendefinitionen können für Benutzergruppen Trustee-Rechte definiert werden. Wenn Sie als Benutzer Mitglied dieser Gruppe sind, dann haben Sie auch die Rechte für die darin aufgeführten Objekte. Die Definition von Gruppen erleichtert die Arbeit, wenn mehrere Benutzer die gleichen Trustee-Rechte auf dieselben Objekte benötigen. Um nicht jedem Benutzer diese

Rechte explizit immer wieder vergeben zu müssen, verwendet man die Festlegung von Gruppen.

Obwohl Gruppen- und User-Objekte die in einer ACL am häufigsten verwendeten Objekte sein werden, sind andere Objekte nicht davon ausgeschlossen, Objekt-Trustee zu sein.

Objekt- und Property-Rechte

NetWare v4.0 kennt und unterscheidet folgende Rechte für Objekte und Properties:

Objekt-Rechte	Property-Rechte
B Browse	R Read
C Create*)	C Compare
D Delete	W Write
R Rename	A Add or delete self
S Supervisor	S Supervisor

*) Gilt nur für Container-Objekte und nicht für Leaf-Objekte

Rechte legen fest, wie ein Trustee auf ein Objekt zugreifen darf. Ein Trustee kann auf ein Objekt nichts ausführen, wenn er keine Rechte hierfür besitzt. Im NDS existieren Objekt-Rechte und Property-Rechte.

Objekt-Rechte werden verwendet, um Objekte innerhalb von NDS zu verwalten und Property-Rechte legen fest, wie ein Trustee mit dem Objekt arbeiten darf.

Objekt-Rechte legen fest, was ein Trustee mit dem Objekt alles tun darf, d.h. wie das Objekt verwaltet werden kann. Diese Rechte kontrollieren das Objekt als einzelnes Item im Directory-Baum, aber erlauben nicht den Zugriff auf Informationen innerhalb des Objektes.

Die möglichen Rechte und deren Bedeutung sind wie folgt:

Browse   Sie erhalten die Berechtigung, die Objekte im Directory-Baum zu sehen. Damit haben Sie aber nicht die Rechte, die Property-Werte zu sehen.

Create   Sie erhalten die Berechtigung, ein neues Objekt unter diesem Objekt im Directory-Baum zu erstellen. Dieses Recht kann nur für Container-Objekte vergeben werden.

Delete   Sie erhalten die Berechtigung, das Objekt vom Directory-Baum zu löschen.

Rename   Sie erhalten die Berechtigung, den Namen des Objektes zu ändern.

Supervisor   Sie erhalten alle Zugriffsprivilegien. Ein Trustee mit dem Supervisor-Objekt-Recht hat Zugriff auf alle Properties. Das Supervisor-Recht kann mit dem Inherited Rights Filter entfernt werden.

Da sich Objekt-Rechte auf die Verwaltung von Objekten beziehen, benötigen User nur das Browse-Recht für Objekte, die diese im Directory-Baum sehen sollen. Verwalter und Directory-Services-Manager haben eine Mischung der Rechte Browse, Create, Delete, Rename und Supervisor. Wenn ein User-Objekt eingerichtet worden ist, dann werden diesem das Browse-Objekt-Recht für sein eigenes Objekt zugewiesen

Mit den *Property-Rechten* wird festgelegt, ob und wie auf die Informationen der Property Informationen eines Objektes zugegriffen werden kann und darf.

Folgende Property-Rechte stehen zur Verfügung:

Compare   Hiermit erhalten Sie das Recht, jeden Wert mit dem Wert, der für das Property definiert worden ist, zu vergleichen. Mit dem Compare-Recht ergibt eine Überprüfung des Property-Wertes nur True oder False. Sie können nur mit diesem Recht den Wert nicht sehen.

Read   Erlaubt es Ihnen, den Wert eines Properties zu lesen. Das Read-Recht beinhaltet auch das Compare Recht.

Write   Gewährt das Recht den Wert des Properties beliebig zu ändern, das heißt Werte hinzufügen, zu löschen oder zu ändern. Das Write-Recht beinhaltet das Add-Self-Recht.

Add Self   Man erhält mit diesem Recht die Berechtigung, sich selbst als Wert eines Properties hinzuzufügen oder zu löschen. Dieses Recht ist nur für Properties bedeutungsvoll, die Objekt-Namen als Werte enthalten, z.B. Gruppenmitgliedschaften oder Mailing-Listen.

Supervisor   Hiermit haben Sie für das Property alle Rechte. Das Property-Supervisor-Recht kann mit einem Inherited Rights Filter für das Objekt ausgeblendet werden.

Inheritance

Rechte, die einem Trustee für ein Container-Objekt gewährt worden sind, vererben sich auf Objekte, die darunter liegen weiter, solange nicht explizite Trustee Assignments weiter unten durchgeführt werden oder die Rechte durch einen Inherited Rights Filter (IRF) ausgeblendet werden.

Die Sicherheitsmechanismen für NetWare Directory Services sind ein eigenes System und haben nichts mit dem Sicherheitssystem auf Datei- und Directoryebene zu tun.

Inherited Rights Filter

Ein Inherited Rights Filter verhindert, daß unnötige Rechte im NDS auf darunterliegende Objekte vererbt wird. Mit dem IRF legen Sie fest, welche Rechte der Trustee-Recht-Zuweisungen vererbt werden können, die weiter oben durchgeführt worden sind. Wenn für ein darunterliegendes Objekt im NDS-Baum ein neues Trustee-Recht vergeben worden ist, hat dies keinen Einfluß durch einen gesetzten IRF. D.h. bei einem vergebenen Trustee-Recht gilt: Effektives Recht für das Objekt entspricht dem Trustee-Recht, und das effektive Recht der darunterliegenden Objekte ergibt sich aus der logischen Und-Verknüpfung von effektivem Recht des Parent und der IRF.

Jeder IRF kann die gleichen Rechte enthalten, die für Trustee-Recht-Zuweisungen zur Verfügung stehen. Das Objekt- und Property-Recht Supervisor kann im Gegensatz zum Supervisory-Recht auf Directory-Ebene, im NDS-Baum weiter unten durch eine IRF wieder entfernt werden.

Security Equivalence

Hiermit legt man fest, daß ein Benutzer A die gleichen Rechte erhält wie der Benutzer B, d.h. Benutzer A ist Security Equivalent Benutzer B.

Jedes User-Objekt hat ein Security Equivalent Property, in dem andere Benutzer und Gruppen eingetragen werden können, von denen der Benutzer die Rechte übernimmt, d.h. security equivalent ist. Ein Benutzer mit Supervisor-Recht auf ein User-Objekt kann diesen Benutzer zum Equivalent für andere Benutzer oder Gruppen definieren. Dies kann auch mit Write- oder Managed-Recht für das Security Equivalent Property eines Benutzers durchgeführt werden.

Effektive Rechte

Unter effektiven Rechten versteht man die Rechte, die ein Benutzer auf ein Objekt tatsächlich besitzt. Diese legen fest, was er damit auch wirklich tun kann und darf. NetWare rechnet die effektiven Rechte für ein Objekt immer wieder neu aus, und zwar immer dann, wenn auf ein Objekt zugegriffen wird. D.h. Änderungen der

Rechte für ein Objekt werden für den Benuzter sofort gültig, sobald er erneut auf dieses Objekt zugreift.

Um die effektiven Rechte bestimmen zu können, muß bekannt sein, welche Rechte

- durch Trustee Assignments für den Benutzer direkt vergeben worden sind,
- durch Security Equivalences vorliegen,
- durch Vererbungen vorliegen,
- durch Gruppen Trustee Assignments vorliegen,
- durch die IRF entfernt werden.

Rechte für ein Objekt oder ein Property, die ein anderes Objekt für dieses direkt durch eine Trustee-Zuweisung erhält, entsprechen dem effektiven Recht für dieses Objekt oder Property. D.h. in diesem Falle ist eine gesetzte IRF vollkommen irrelevant. Die weitere Festlegung der effektiven Rechte für die darunterliegenden Objekte ergibt sich dann aus der logischen UND-Verknüpfung des effektiven Rechtes für das Parent-Objekt und der IRF.

Wie bereits mehrfach angedeutet, bietet NetWare v4.0 neben einer charakterorientierten Bedienung (Menüsysteme und Befehle) auch eine ausgefeilte und komfortable graphische Oberfläche zum Einrichten und Verwalten der Netzwerkumgebung unter NetWare v4.0, damit die Aufgaben für den Netzwerkverwalter einfach gestaltet werden können.

Die GUI (Graphical User Interface) steht sowohl für Windows v3.x als auch für OS/2 Presentation Manager zur Verfügung.

In den nachfolgenden Abschnitten sollen zusammengefaßt die wichtigsten zusätzlichen Merkmale von NetWare v4.0 aufgeführt werden. Einen detaillierten Überblick wird Ihnen das Buch von mir über die Installation und Bedienung von NetWare v4.0 (Addison-Wesley Verlag) vermitteln.

19.17 Securitiy-Management

Diese Mechanismen können als »umfangreiche Konfiguration« und Zuweisung von Rechten bezeichnet werden. Damit werden die Kosten zur Administration von NetWare v4.0 reduziert und wesentlich erleichtert.

Der Zugriff auf Netzwerkressourcen kann individuell auf Dateiebene, Benutzergruppen, Properties und individuelle Benutzerobjekte (Telefonnummer eines Benuzters, etc.) festgelegt und gesteuert werden. Auf diese Art und Weise kann die Berechtigung, das Netzwerk zu verwalten, zentral für das gesamte Netzwerk durchgeführt werden und die Verteilung der einzelnen Administrationsaufgaben je nach Bedarf bestimmt werden. Es ist zum Beispiel möglich, einen Admininstrator zur Verwaltung der Paßwörter in einer Abteilung einzurichten, um bei Bedarf Paßwortänderungen für eine bestimmte Benutzergruppe durchführen zu können, wenn diese das Paßwort nicht mehr wissen. Somit könnten bestimmte Aufgaben vom Netzwerkverwalter delegiert werden, die ansonsten nur kostbare Zeit in Anspruch nehmen würden.

Das heißt, die Aufgaben in einem Netzwerk könnten je nach Bedarf und Anforderung verteilt werden und jeder tut das, wovon er am meisten profitieren kann.

19.18 Connectivity

Neben dem Packet Burst Mode Protocol, welches unter NetWare v3.11 optional eingesetzt werden kann, unterstützt NetWare v4.0 auch standardmäßig den sogenannten LIPX (Large IPX) Modus, den NetWare v3.11 ebenfalls optional unterstützten kann. Die Vorteile liegen in einer gesteigerten Performance beim Transportieren von Paketen.

Bislang besaß NetWare die Eigenschaft, beim Transportieren von Paketen über einen IPX Router diese in 512 Byte große Pakete zu unterteilen, ohne dabei Rücksicht zu nehmen, ob die Station oder der Server größere Pakete aufnehmen zu können. Mit dem LIPX-Mechanismus stimmen sich beide Seiten darauf ab, wie groß die unterstützte Paketgröße sein kann und darf, und verwenden daraufhin genau diese Paketgrößen beim Austausch von Daten.

Das RIP (Routing Information Protocol) in NetWare v4.0 wurde neu geschrieben und gestaltet, um für den Routermechanismus (interner oder externer Router) höhere Performance zu erzielen. NetWare v4.0 unterstützt jetzt einen Informationsaustausch zwischen den Routern, der als Link State Algorithmus bezeichnet wird.

Ein weiterer Mechanismus zur Performancesteigerung bzw. in diesem Falle zur Reduzierung von Overhead auf den Leitungen ist als SAP-Filter bekannt. Auch diese Unterstützung ist unter NetWare v3.11 optional verfügbar, bzw. der Multi Protocol Router (MPR) von Novell bietet auch diese Unterstützung. Mit dem SAP-Filter (Service Advertising Protocol) wird vermieden, daß zu viel und zu oft Kontrollinformationen zwischen Servern ausgetauscht werden.

Jeder Servermechanismus (File-Server, Print-Server, Communication-Server, etc.) verschickt in regelmäßigen Abständen SAP-Pakete, um allen anderen im Netzwerk bekanntzugeben, welche Dienste zur Verfügung gestellt werden. Wenn es zum Beispiel nicht notwendig ist, im Netzwerk München zu wissen, daß im Netzwerk Hamburg ein Print-Server zur Verfügung steht, muß über die remote Leitung keine SAP-Information vom Print-Server in Hamburg nach München transportiert werden. Diese Mechanismen können mit dem SAP-Filter kontrolliert werden.

19.19 Skalierbarkeit

NetWare v4.0 wird in unterschiedlichen Linzenzierungen angeboten werden. In der momentanen Planung werden folgende Userlizenzen angeboten: 5-, 10-, 25-, 50-, 100-, 250-, 500- und 1000-User-Versionen.

NetWare v4.0 bietet standardmäßig Utilities an, um von älteren NetWare Versionen die Umstellung auf NetWare v4.0 durchführen zu können. Das erstemal wird auch mit NetWare v4.0 ein Migrationmechanismus zur Verfügung gestellt, um von einem nicht NetWare-Betriebssystem auf NetWare v4.0 umzustellen. Die momentane Unterstützung wird für den Umstieg vom IBM LAN Server auf NetWare v4.0 angeboten.

19.20 Print Services

Mit NetWare v4.0 sind die Druck-Dienste wesentlich verbessert, einfacher zu administrieren, einzurichten und zu benutzen. Nach wie vor benutzt NetWare v4.0 Print-Server und Print-Queues, um Netzwerkdrucker bedienen zu können. In einer Bindery wird der Print-Server und die Print-Queue als Bindery-Eintrag verwaltet, wohingegen Printer als Attribut des Print-Servers verwaltet werden.

Unter NDS wird der Print-Server, die Print-Queue und der Drucker als individuelles Objekt im NDS erstellt und geändert. NetWare v4.0 Benutzer müssen nichts mehr über Print-Queues und Print-Server wissen, sondern schicken die Druckaufträge nur noch an den Drucker durch Angabe des Druckernamens.

Netzwerkdrucker können direkt im Netzwerk, an jeden beliebigen Server oder an einer DOS- oder OS/2-Workstation installiert wer-

KAPITEL 19

den. Der NetWare v4.0 Print-Server kann jetzt bis zu 256 Drucker im Netzwerk unterstützten und verwalten (bisher 16). Zudem ist es jetzt möglich, festzulegen, in welchem Intervall der Print-Server in einer Queue nachsieht, ob neue Druckaufträge vorhanden sind (Default 15 Sekunden).

19.21 Produkt-Voraussetzungen

Die Hardware des Servers muß bestimmte Voraussetzungen erfüllen, um die NetWare v4.0 Software installieren zu können.

Hardware-Voraussetzungen

- Ein PC mit einem 386- oder 486-Prozessor
- Mindestens 8 Mbyte Hauptspeicher
- Eine Festplatte mit mindestens 55 Mbyte Speicherkapazität (5 Mbyte für DOS Partition und 50 Mbyte für die Systemdateien)
- Eine zusätzliche Plattenkapazität von 25 Mbyte nicht komprimierter Datenbereich auf einem Volume sollte zur Verfügung stehen, um die Electronic Online Documentation auf dem Server installieren zu können.
- Eine Netzwerkadapterkarte (oder mehr, wenn der Server als Router für mehrere Netzwerksegmente dienen soll)
- Die richtige Netzwerkverkabelung
- Ein CD-ROM-Laufwerk, wenn Sie den Server von CD installieren. NetWare v4.0 wird standardmäßig auf einer CD ausgeliefert. Die meisten Hersteller von CD-ROM-Laufwerken bieten entsprechende Driverprogramme an, um das CD-ROM unter DOS ansprechen zu können. Da NetWare mit Hilfe von DOS gestartet wird, ist auch zur Installation die Ansteuerung des CD-ROM-Laufwerkes unter DOS notwendig.

Software-Voraussetzungen

▪ NetWare v4.0 CD-ROM (wenn von CD-ROM installiert wird)

▪ Wenn von Diskette installiert wird, werden folgende Disketten benötigt:

>Install
>Alle Disketten, die mit Language bezeichnet sind (English, Deutsch, etc. je nach Nationalitätsversionen)
>Alle Disketten, die mit NetWare bezeichnet sind
>Disketten eventueller Third-Party-Hersteller (LAN-, Disk-Driver, etc.)

Die Installation von NetWare v4.0 ist im Vergleich zu NetWare v3.11 nochmals verbessert und erleichtert worden. Alle notwendigen Angaben zum Konfigurieren der Serverumgebung und zum Laden der notwendigen Module werden interaktiv durchgeführt. Somit kann für die Grundkonfiguration nichts mehr vergessen werden, um einen lauffähigen Server zu installieren. Es sei auch an dieser Stelle wieder auf mein Buch über NetWare v4.0 verwiesen, wenn Sie nähere Informationen darüber benötigen.

Zusammengefaßt kann gesagt werden, daß mit NetWare v4.0 ein Netzwerkbetriebssystem zur Verfügung steht, welches erlaubt, einfach und komfortabel kleine und große Netzwerk zu betreiben und zu administrieren. Die Möglichkeiten und die Leistungsfähigkeit ist bereits mit NetWare v3.11 sehr groß und wird mit NetWare v4.0 noch um einiges übertroffen.

Einige wichtige und interessante Zusatzprodukte zu NetWare sollen später noch betrachtet werden. Dabei wird es vor allem um solche Produkte gehen, die von anderen Herstellern nicht oder zumindest nicht in dieser Art angeboten werden. Es ist inzwischen nicht mehr möglich, einen Überblick über die gesamte Produktpalette zu geben, da es den Umfang dieses Buches bei weitem sprengen würde. Zudem wäre dann weniger Platz, um auch die Konzepte der anderen Hersteller zu berücksichtigen (LAN Manager, Vines).

Abschließend will ich Ihnen die in NetWare v4.0 zur Verfügung gestellten Menüsysteme und Befehle aufzeigen, sofern Sie nicht mit dem GUI die Netzwerkverwaltung durchführen wollen. Dabei ist zu unterscheiden zwischen Befehlen, die an der Workstation zur Verfügung stehen und Befehlen, die direkt am Server eingegeben werden können.

19.22 Workstation-Befehle

Flag
In diesem Befehl sind die bisher bekannten Befehle *Flag*, *Flagdir* und *Smode* zusammengefaßt worden. Mit diesem Befehl werden im großen und ganzen die Datei- und Directory-Attribute geändert und der Search Mode für ausführbare Programme bestimmt. Der Befehl kann ebenfalls genutzt werden, um den Owner einer Datei oder eines Directories zu ändern.

Map
In diesem Befehl sind jetzt die Befehle *Map* und *Attach* zusammengefaßt worden.

Ndir
Dieser Befehl umfaßt die bisher bekannten Befehle *Listdir* und *Ndir*. Außer einer kleinen Änderung im Format der Anzeige am Bildschirm haben sich keine weiteren Modifikationen ergeben.

Nlist
Der bisher bekannte Befehl *Slist* heißt jetzt *Nlist* und beinhaltet zudem den Befehl *Userlist*.

Rights
In diesem Befehl sind die meisten Befehle der bisherigen NetWare zusammengefaßt worden. *Rights* umfaßt jetzt die Befehle: *Allow*, *Grant*, *Remove*, *Revoke*, *Rights* und *Tlist*. Dieser Befehl arbeitet zur Regelung der Sicherheitsmechanismen auf Datei- und Directory-ebene.

Send
In diesem Befehl sind *Caston*, *Castoff* und *Send* zusammengefaßt worden.

Capture
Dieser Befehl zum Umleiten von Druckaufträgen zu einen Netzwerkdrucker steuert jetzt auch über Parameter die Aufhebung der Druckerumleitung, d.h. der Befehl *Endcap* wurde in *Capture* integriert.

Cx
Dieser Befehl ändert den Kontext der Workstation, d.h. den Pfad, unter dem ein Objekt gesucht wird, wenn dieser nicht explizit angegeben wird. Daneben besteht auch die Möglichkeit, den derzeit aktuellen Kontext abzurufen.

Nprint
Dient wie bislang zum Ausdrucken von druckfertigen Dateien auf einem Netzwerkdrucker. Dabei kann es sich entweder um eine Textdatei handeln oder um eine Datei, die druckfertig von einer Applikation erstellt worden ist.

Bisher bekannte Befehle von NetWare v3.11 existieren als solche entweder gar nicht mehr oder wurden anders gestaltet. Folgende Änderungen haben sich dabei ergeben.

Novell NetWare 4.0

Auditcon — Die Befehle *Atotal* und *Paudit* sind in das Menüsystem *Auditcon* integriert worden. Hiermit werden die gesamten Mechanismen für das Auditing unter NetWare v4.0 eingerichet, verwaltet und ausgewertet.

Dsrepair — Der Consolen-Befehl *Dsrepair* beinhaltet die Mechanismen zur Korrektur von Sicherheitseinrichtungen, die bislang in der Bindery vorhanden waren und mit *Bindfix* und *Bindrest* behandelt worden sind. Die Befehle *Bindfix* und *Bindrest* gibt es nicht mehr, da es auch keine Bindery mehr gibt und wurden durch den Befehl *Dsrepair* (nur an Server-Console möglich) ersetzt.

Netadmin — Die bislang benutzten Befehle und Menüsysteme *Dspace*, *Security*, *Syscon* und *Userdef* sind in das Menüsystem *Netadmin* aufgenommen worden.

Login — In den *Login* Befehl sind die beiden Befehle *Login* und *Attach* vereint worden. Als Neuerung von NetWare v4.0 ist es jetzt möglich, nicht nur an 8 Servern gleichzeitig angemeldet zu sein, sondern an bis zu 32 Servern im Netzwerk zu arbeiten.

Logout — Dient zum Abmelden von allen File-Servern oder einem speziellen File-Server.

Ncopy — Kopieren von Dateien im Netzwerk. Die Leistungsfähigkeit dieses Befehls ist wesentlich mächtiger als die von DOS bekannten COPY und XCOPY Befehle. Beim Kopieren von Dateien innerhalb des gleichen Servers wird zudem Performance gewonnen, da die Daten innerhalb des Servers transportiert werden.

Uimport — Das *Makeuser* Menüsystem ist ersetzt worden, und *Uimport* bietet die ähnlichen Funktionen.

Monitor — Das Consolen-Menüsystem *Monitor* ersetzt jetzt das *Fconsole* Menüsystem auf der Workstation vollständig.

Netuser — Das bisherige *Session* Menüsystem wurde durch *Netuser* ersetzt. Die Funktionalitäten sind ähnlich geblieben.

Rconsole — Das Programm *Aconsole* und *Rconsole*, welche die remote Administration des Servers von einem beliebigen Arbeitsplatz ermöglichen (im Netzwerk oder remote), ist in das *Rconsole* Programm integriert worden.

Nprinter — Zum Aktivieren eines remote Netzwerkdruckers an der Workstation hat man bislang den Befehl *Rprinter* ausgeführt. Dieser wurde geändert in den Befehl *Nprinter* und muß an der entsprechenden Station ausgeführt werden, deren Drucker als Netzwerkdrucker installiert werden soll.

KAPITEL 19

Nver   Wie bisher zur Abfrage der wichtigsten NetWare-Versionsinformationen und der Server, an denen Sie derzeit arbeiten.

Psc   Wie bisher zur Abfrage und Steuerung der Netzwerkdrucker im LAN.

Rendir   Man hätte zwar vielleicht auch diesen Befehl konsolidieren können, aber er ist als einzelner Befehl beibehalten worden, um die Möglichkeit zu bieten, Directories am Server umzubenennen.

Setpass   Zum Ändern des Paßwortes wird nach wie vor dieser Befehl verwendet und eingesetzt.

Settts   Zum Setzen der Parameter für die TTS-Funktion kann dieser Befehl verwendet werden (hat sich auch nicht geändert).

Systime   Um die Workstation-Uhrzeit mit der Server-Uhrzeit zu synchronisieren wird dieser Befehl eingesetzt.

Whoami   Damit Sie Informationen darüber erhalten, an welchen Servern Sie derzeit arbeiten und wie Ihre Netzwerkumgebung aussieht, verwenden Sie diesen Befehl.

Wsupdate   Um aktuelle Dateien von der Serverplatte auf die lokale Platte der Workstation zu übertragen, wird dieser Befehl verwendet. Führt man diesen Befehl im Login-Script aus, wird gewährleistet, daß beim Login-Vorgang neue aktuelle Dateien von der Serverplatte abgeholt werden. Die Steuerung der notwendigen Schritte erfolgt über Parameter.

19.23 Neue und geänderte Menüsystem-Befehle

Colorpal   Zur Festlegung, wie die Farben der NetWare-Menüssysteme aussehen soll (Vordergund-, Hintergrundfarbe und Farbe der einzelnen Optionstexte), verwenden Sie dieses Menüsystem.

Filer   Zur Verwaltung der gesamten Dateisysteme auf dem NetWare v4.0 Server steht Ihnen dieses Menüsystem zur Verfügung.

Netadmin   Zum Einrichten der NDS-Objekte und Informationen (Benutzer, Gruppen, Rechte, etc.) steht dieses Menüsystem zur Verfügung. Vergleichbar mit *Syscon*, jedoch mit wesentlich mehr Möglichkeiten.

Netuser   Die Möglichkeiten sind vergleichbar mit *Session* und sind erweitert worden. Z.B. kann jetzt auch mit diesem Menü die Umleitung der lokalen Druckerschnittstellen durchgeführt werden.

Partmgr   Dieses Menüsystem ist notwendig, um die NDS Partitions und Replicas im Netzwerk zu verwalten und zu steuern.

Pconsole — Zum Einrichten und Verwalten der Netzwerkdrucker dient dieses Menü. Es ist vergleichbar mit den Optionen, die unter NetWare v3.11 zur Verfügung stehen, ist jedoch um die gesamten Funktionalitäten und Möglichkeiten der NDS-Dienste erweitert worden.

Printcon — An der Definition von Druck-Job-Konfigurationen hat sich unter NetWare v4.0 nichts geändert. Nähere Informationen sind in der Beschreibung für NetWare v3.11 zu finden.

Printdef — Auch hier hat sich nichts geändert, und es sei somit auf die Beschreibung unter NetWare v3.11 verwiesen.

Psetup — Dieses neue Menüsystem dient zur Verwaltung von Print-Servern unter NetWare v4.0. Es dient auch dazu, aktuelle Informationen über einen ausgewählten Print-Server zu erhalten.

19.24 Workstation-Unterstützung

Neben der standardmäßigen Unterstützung von DOS-Workstations ist unter NetWare v4.0 auch die notwendige Software enthalten, um OS/2-Workstations im Netzwerk zu betreiben.

Die GUI-Programme für Windows sind der NetWare Administrator und der Partition Manager. Für den OS/2 Presentation Manager stehen die gleichen GUI-Systeme zur Verfügung.

Die Anzahl der OS/2 Command Line Utilities ist etwas geringer, deren Bedeutung und Handhabung aber vergleichbar mit den bereits beschriebenen Befehlen.

Folgende OS/2 Befehle werden unterstützt:

Capture, Cx, Flag, Login, Logout, Map, Ncopy, Ndir, Nlist, Nprint, Nver, Psc, Rights, Send, Setpass, Settts, Systime, Whoami.

19.25 Neue Consolen-Befehle

Für den Netzwerkadministrator bietet NetWare v4.0 auch neue Consolen-Befehle. Die für NetWare v3.11 beschriebenen Befehle stehen nach wie vor zur Verfügung. Einige wurden jedoch ergänzt oder erweitert. Es sollen an dieser Stelle nur die neuen Befehle besprochen werden.

KAPITEL 19

Help	Auflistung aller zur Verfügung stehenden Befehle am Bildschirm. Sie müssen deshalb nicht unbedingt mehr in der Dokumentation nachsehen, welche Befehle zur Verfügung stehen, da diese direkt am Bildschirm angezeigt werden können.
Abort Remirror	Ein Abgleich gespiegelter oder geduplexter Platten kann mit diesem Befehl abgebrochen werden. Dies sollte nur im äußersten Notfall erfolgen, da der Datenbestand beider Platten solange inkonsistent bleibt, solange ein Remirroring nicht komplett und erfolgreich durchgeführt werden konnte.
Keyb Ländercode	Dieser Befehl ist vergleichbar mit dem DOS KEYB-Befehl und dient dazu, die gewünschte nationale Tastatur auszuwählen, mit der am NetWare Server gearbeitet werden soll. Durch den NLS (National Language Support) kann jetzt mit der gewohnten Tastatur am Server gearbeitet werden.
Language	Hiermit wird festgelegt, in welcher Sprache NLM-Meldungen ausgeben sollen. Es ist jedoch notwendig, daß die entsprechende Sprache am Server installiert und eingerichtet worden ist.
List Devices	Auflistung aller am Server bekannten Devices (Platten, CD-ROMs, WORMs, etc.).
Magazine	Mit diesem Befehl wird dem Server mitgeteilt, ob eine Consolenmeldung zum Einlegen oder Entfernen eines Magazines durchgeführt worden ist oder nicht.
Media	Hiermit wird eine Aufforderung des Servers, das Medium zu wechseln, beantwortet.
Mirror Status	Hiermit erhalten Sie Angaben darüber, wie der Status der gespiegelten bzw. geduplexten Platten aussieht. Insgesamt gibt es 5 Zustände, die auftreten können (Not Mirrored, Orphanded State, Fully Synchronized, Out of Synchonization, Being Remirrored).
Remirror Partition	Hiermit wird das Remirroring von NetWare Partitions angestoßen. Normalerweise wird ein Remirror von NetWare automatisch durchgeführt, wenn dies notwendig ist. Wenn dieser Remirror jedoch aus irgendwelchen Gründen abgebrochen worden ist, kann der Prozeß mit diesem Befehl erneut durchgeführt werden.
Scan For New Devices	Der Server überprüft alle Devices, wenn der Server gestartet wird. Mit diesem Befehl sucht der Server nach Devices, die nach dem Starten neu hinzugefügt worden sind.

19.26 Neue NLMs

Neben neuen Befehlen, die an der Server Console ausgeführt werden können, sind auch neue NLMs entwickelt worden, die jedoch zusätzlich für die Neuerungen von NetWare v4.0 benötigt werden. Es wurden jedoch auch neue NLM-Menüsysteme entwickelt, durch die eine Administration des Servers wesentlich verbessert wird, da zusätzlich nützliche und wichtige Informationen abgefragt werden können.

Das bereits bekannte Monitor NLM ist um eine zusätzliche Funktion erweitert worden, um weitere Informationen über die Serverkonfigurationen und deren Status zu erhalten.

Ebenfalls überarbeitet und verbessert wurden das Install-NLM, um neue Systemkomponenten am Server zu konfigurieren. Die Bedienung ist vor allem übersichtlicher und einfacher geworden.

Ein ganz neues Menüsystem am Server bildet das NLM SERVMAN. Mit diesem Menüprogramm lassen sich:

- System Parameter anzeigen und ändern,
- der Startup.ncf und Autoexec.ncf anzeigen und ändern,
- IPX/SPX-Konfigurationseinstellungen anzeigen und ändern,
- Adapter-, Device- und Disk-Partition-Informationen anzeigen,
- Volumeinformationen anzeigen und
- Netzwerkinformationen anzeigen.

Am Bildschirm selbst werden generelle Informationen über die Prozessorauslastung, Server Up Time, Prozessorgeschwindigkeit, Anzahl der Server-Prozesse, Anzahl geladener NLMs, gemountete Volumes, aktive Print-Queues, Anzahl angemeldeter Benutzer und Anzahl gemeldeter Name Spaces angezeigt.

Somit erhält man auf Anhieb einen umfangreichen Überblick über alle notwendigen Einstellungen und Konfigurationen am Server.

19.27 Änderungen im Rechtesystem

In den bisherigen Ausführungen wurde bereits darauf hingewiesen, daß NetWare v4.0 keine Modifikationen aufweist, um Benutzern Trustee-Rechte auf Datei- und Directory-Ebene zu vergeben. D.h. alle Ausführungen hierüber in der Beschreibung von NetWare v3.11 bleiben gültig. Änderungen ergeben sich jedoch bezüglich der Dateiattribute, da NetWare v4.0 neue Mechanismen besitzt, die mit Hilfe der Attibute gesteuert werden können.

KAPITEL 19

Die nachfolgende Aufstellung soll einen Überblick darüber geben. Die in Klammer gesetzten Ausdrücke verwendet NetWare bei der Anzeige der gesetzten Attribute am Bildschirm.

Directroy-Attribute

Normal (N)	Das Direcotry besitzt anschließend keine Attribute mehr.
Delete Inhibit (DI)	Verhindert, daß irgendein Benutzer das Directory löscht.
Hidden (H)	Das Directory bleibt beim DIR-Befehl unsichtbar.
Purge (P)	Weist NetWare an, das Directory und die Dateien in diesen Directories unwiederbringlich zu entfernen, wenn Löschungen durchgeführt werden. Ein Zurückholen gelöschter Dateien kann mit dem *Salvage* Befehl nicht durchgeführt werden.
Rename Inhibit (Ri)	Das Directory kann nicht umbenannt werden.
Immediate Compress (Ic)	Alle Dateien im Directory werden von NetWare komprimiert abgespeichert.
Don't Compress (Dc)	Dateien im Directory werden nie komprimiert abgespeichert.
Don't Migrate (Dm)	Die Dateien im Direcotry werden nie auf ein anderes Medium (Tape, Optical Disk) ausgelagert.
System (Sy)	Kennzeichnet, daß dieses Directory nur vom Betriebssystem verwendet wird. Der DOS DIR-Befehl zeigt solche Verzeichnisse nicht an.

Datei-Attribute

Archive Needed (A)	Die Datei ist seit der letzten Datensicherung geändert worden. Dieses Attribut ist notwendig, um einen Imcremental Backup durchführen zu können.
Can't Compress (Cc)	Ein Status-Attribut von NetWare. Hiermit zeigt NetWare an, daß eine Datei nicht komprimiert werden kann. Dieses Attribut kann von Benutzern nicht gesetzt werden, sondern nur von NetWare.
Compressed (Co)	Ein Status-Attribut von NetWare. Hiermit wird angezeigt, daß die Datei komprimiert abgespeichert ist. Das Attribut wird in der Attributliste angezeigt, kann aber von Benutzern nicht geändert werden.
Copy Inhibit (Ci)	Dieses Attribut hat nur für Macintosh-Rechner Gültigkeit. Eine Datei mit diesem Attribut kann nicht mehr kopiert werden.

Delete Inhibit (Di)	Die Datei kann nicht gelöscht werden, auch wenn das Erase-Recht vorhanden ist.
Don't Migrate (Dm)	Die Datei wird auf kein anderes Medium ausgelagert (Tape oder Optical Disk).
Execute Only (X)	Das Attribut kann nicht mehr rückgängig gemacht werden. Die Datei kann nicht mehr kopiert oder umbenannt werden. Backup-Programme sichern Dateien mit gesetztem Execute-Only-Attribut nicht mehr.
Hidden (H)	Die Datei ist beim DOS DIR-Befehl nicht aufgeführt. Die Dateien können nicht gelöscht oder kopiert werden.
Immediate Compress (Ic)	Sobald das Netzwerkbetriebssystem in der Lage ist, wird die Datei komprimiert auf der Platte abgespeichert.
Indexed (I)	Hiermit wird angezeigt, daß die Datei mehr als 63 FAT Blocks á 4 Kbyte belegt, so daß NetWare für diese Datei eine Turbo FAT einrichtet, sobald auf die Datei zugegriffen wird. Statusanzeige von NetWare, da dieses Attribut vom Anwender nicht gesetzt werden kann.
Migrate (M)	Ein Statusattribut von NetWare, mit dem angezeigt wird, daß die Datei ausgelagert worden ist. D.h. der Directory-Eintrag existiert noch, aber der Inhalt der Datei ist auf Tape oder Optical Disk ausgelagert worden. Das Attribut kann nicht durch den Anwender gesetzt werden.
Purge (P)	Eine Datei mit diesem gesetzten Attribut wird beim Löschen unwiederbringlich von der Platte entfernt. Ein Restaurieren der Datei mit der *Salvage* Option im *Filer* Menü ist nicht mehr möglich.
Read Only (Ro)	Dieses Attribut legt fest, daß diese Datei nicht mehr geändert werden kann. Gleichzeitig werden die Attribute Rename Inhibit und Delete Inhibit vergeben, so daß der Name der Datei nicht mehr geändert werden kann und eine Löschung der Datei untersagt wird.
Rename Inhibit (Ri)	Die Datei mit diesem Attribut kann nicht mehr umbenannt werden.
Shareable (S)	Die Datei kann von mehr als einem Anwender gleichzeitig geöffnet werden. Dieses Attribut ist vor allem für netzwerkfähige Programme wichtig oder für solche, auf die von mehreren Anwendern gleichzeitig zugegriffen wird.
System (Sy)	Diese Datei wird vom Betriebssystem genutzt. Mit dem DIR Befehl unter DOS bleibt diese Datei unsichtbar.

KAPITEL 19

Transactional (T)

Die Datei wird vom TTS abgesichert. Die Aufgabe des TTS-Systems wurde an anderer Stelle bereits ausführlich erläutert.

Da Sie nun einen Eindruck über die Möglichkeiten der beiden wichtigen NetWare Produkte haben, sollen im nächsten Abschnitt die Mechanismen und Funktionalitäten von UnixWare erläutert werden und anschließend die Konzepte und Mechanismen des LAN Managers von Microsoft und des Vines-Betriebssystems von Banyan betrachtet werden.

KAPITEL 20

20 UnixWare

In der letzten Zeit werden die Forderungen immer stärker, bessere und mehr Leistung aus seinen Rechnern holen zu können. Die Geschwindigkeit und Leistungsfähigkeit der 386- und 486-Prozessoren, demnächst der 586-Prozessoren wird zwar immer besser, aber mit einem darauf implementierten MS-DOS-Betriebssystem kann man diese Fähigkeiten nicht nutzen. Dies liegt darin begründet, daß MS-DOS für die 8088-Rechnerumgebung konzipiert worden ist. Damit verbunden sind alle Stärken und Schwächen dieses Betriebssystems, die jedem inzwischen hinreichend bekannt sind, auch wenn MS-DOS auf einem leistungsfähigeren Rechnersystem eingesetzt wird.

Man versucht zwar diesen Mißstand mit Expanded oder Extended Memory Manager Programmen zu umgehen, aber unter dem Strich bleiben als Base Memory 640 Kbyte Hauptspeicher zur Verfügung. Auch durch den Einsatz von Windows 3.1 gelingt es nicht, die volle Leistungsfähigkeit aus seinem Arbeitsplatzrechner zu holen. Man wünscht sich neue Betriebssysteme, die es erlauben, die gesamte zur Verfügung stehende Rechnerhardware nutzen zu können. Mit OS/2 sind die ersten Versuche durchgeführt worden. Bis zum heutigen Zeitpunkt ist es jedoch nicht gelungen, OS/2 am Markt so zu positionieren, wie man dies gerne gesehen hätte. Dies hat mehrere Gründe, wobei dies zum Teil in eine Philosophie ausartet bzw. ausarten kann. Man wünscht sich Betriebssyteme auf den Workstations, die es erlauben, auch alle bisher im Einsatz befindlichen Programme weiterhin nutzen zu können. Mit OS/2 v2.0 ist dies inzwischen auch sehr gut gelungen, wenn es um DOS und Windows 3.1 Programme geht, sofern es keine 32-Bit Anwendungen sind, da diese von OS/2 v2.0 noch nicht unterstützt werden. Wenn Sie dieses Buch lesen, dürfte dies für OS/2 jedoch bereits machbar sein.

Einen weiteren bedeutenden Betriebssystemmarkt hat man bislang immer vernachlässigt, bzw. diesen seit Jahrzehnten totgesagt: UNIX.

Das Betriebssystem Unix erlebt in den letzten Jahren einen immer größeren Marktanteil, weil man sich inzwischen dazu durchringen konnte, einen gewissen Standard für Unix zu setzen. Mit den neuen Betriebssystemen will man somit nicht nur leistungsfähige Workstations zur Verfügung stellen sondern zugleich Investitionsschutz der bislang im Einsatz befindlichen Programme bieten, um bei einer Umstellungen auf eine neue Betriebssystemplattform nicht sämtliche Anwendungsprogramme, von der Textverarbeitung bis hin zur Tabellenkalkulation auf einmal neu kaufen zu müssen.

Diesen neuen Ansatz verfolgen zwei Hersteller mit fogenden Betriebssystemen: Univel mit UnixWare und Microsoft mit Windows NT. In den nachfolgenden Kapiteln sollen diesen beiden Konzepte näher betrachtet werden.

20.1 Strategie von Univel

Die Firma Univel wurde im Dezember 1991 in einem Partnerschaftsabkommen zwischen der Firma Novell, Inc. und der Firma UNIX System Laboratories, Inc. (USL) gegründet. Mit der Ausweitung der Märkte für Unix- und Compunternetzwerke beauftragt, bietet Univel offene System-Softwarelösungen für unternehmensweite und verteilte Rechnersysteme und Netzwerke.

Das Hauptprodukt von Univel bildet das Betriebssystem UnixWare. Damit soll erreicht werden, Unix-Anwendungen in die bereits existierende vernetzte Rechnerumgebung bringen zu können. UnixWare kann jedoch auch als eigenständiges Standalone-Betriebssystem für den Arbeitsplatz eingesetzt werden. Es wird auch das Ziel verfolgt, einem Unternehmen die Möglichkeit zu geben, auf kleinere Unixlösungen umzusteigen, mit dem man in der Lage ist, die gleichen Unix-Anwendungen laufen zu lassen, die bisher nur auf Großrechnern und Minicomputern lauffähig waren.

Die Stärke von UnixWare wird vor allem darin gesehen, daß eine nahtlose Integration in eine bestehende NetWare-Umgebung möglich ist. D.h. das Unix System V, Release 4.2 bietet Sicherheit, Stärke und Leistung von Unix in einer heutzutage vorherrschenden PC-Netzwerkumgebung.

UnixWare kann sowohl auf einem Notebook, als Single User System, als auch auf großen Serverplattformen als Mehrbenutzer-System eingesetzt werden. UnixWare erweitert die standardisierten Plattformen um wesentliche und wichtige kritische Funktionen, einschließlich der Forderungen nach Verläßlichkeit, Datensicherheit, Wiederherstellungsverfahren, Unternehmensverwaltung und Sicherheit.

UnixWare bietet dem Anwender eine graphische Benutzeroberfläche, die es dem Benutzer erleichtert, mit der Handhabung und Bedienung des Systems vertraut zu werden. UnixWare wurde nicht entwickelt, um ein weiteres zusätzliches Unixprodukt am Markt ver-

UnixWare

treiben zu können. Die Strategie von Univel und der Vermarktung von UnixWare wird von Univel wie folgt beschrieben:

»Unsere Stärke liegt in der Skalierbarkeit, den Mehrbenutzer- und Multi-Tasking-Fähigkeiten, als auch in einer standardmäßigen offenen System-Architektur. UNIX SVR4.2 bietet die erprobte Verläßlichkeit und Stabilität, die in einer kommerziellen Umgebung erforderlich sind, zusammen mit der Unterstützung einer Vielzahl von heute erhältlichen Hardware-Plattformen. Univel baut auf diesen Stärken auf, indem es ein einfach zu benutzendes graphisches Unix anbietet, das auf Standard-PCs läuft und Novell NetWare nahtlos integriert. Das Ergebnis ist eine unternehmensweite Rechnerplattform, die alle anderen fortgeschrittenen Betriebssystemlösungen übertrifft.

Die Verbindung zwischen Unix und NetWare schafft eine natürliche Synergie. NetWare ist der »Leim«, der PC-Anwender und Arbeitsgruppen miteinander verbindet, und Unix fügt zur NetWare-Oberflächenumgebung eine leistungsstarke Anwendungsplattform und eine Querverbindungs-Lösung hinzu. Auf der Client-Seite ergänzt UnixWare das NetWare-Netzwerk um eine leistungsfähige Unix-Oberfläche. Der UnixWare Server ermöglicht DOS-, Unix- und anderen PC OS-Clients, Unix-basierte Client-Server-Anwendungen voll auszunutzen, und dabei gleichzeitig den Zugriff auf NetWare-Dienste und LAN-Ressourcen beizubehalten.«

Aufgrund der zunehmenden Rechenleistung von PCs beschleunigt sich der Prozeß des Downsizing, d.h. den Einsatz von Großrechner und MDTs zu reduzieren und Arbeitsabläufe in unternehmensweiten Rechnernetzen sinnvoll zu verteilen. Der weitverbreitete Einsatz von 32-Bit-Technologien ermöglicht den Aufbau und die Entwicklung von noch leistungsfähigeren Unix-Anwendungen auf PC-Plattformen.

Die verteilten »Client/Server«-Strukturen bieten gegenüber den traditionellen Time-Sharing-Systemen enorme Vorteile und verbessern dadurch auch das Preis-Leistungsverhältnis von Computernetzwerken. Auch wenn ein 486-Rechner als Server genug Leistung besitzt, um verteilte Anwendungen zu unterstützen, so fehlen DOS jedoch die Möglichkeiten, um ernsthaft als die Server-Betriebssystemlösung in Betracht gezogen zu werden. Deshalb haben sich NetWare- oder der LAN-Manager als Server-Plattform etabliert. Es gab jedoch schon immer Tendenzen, leistungsfähige Server-Systeme auf Unix-Plattformen zu portieren bzw. Unix als Server-Plattform einzusetzen.

Bislang deckten die herkömmlichen DOS-Anwendungen die Bedürfnisse von kleinen bis mittleren Unternehmen sehr gut ab,

KAPITEL 20

während die auf Unix-Systemen laufenden technischen Anwendungen in Großrechnerkonfigurationen die Bedürfnisse von großen Unternehmen, der Forschung und Regierungsinstitutionen abdecken. Erschwerend kam hinzu, daß die einzelnen Unix-Anwendungen nicht ohne Probleme auf andere Unix-Plattformen portiert werden konnten. Die komplizierten Unix-Befehle, die Verwaltung und der Systemaufbau beschränkten die Akzeptanz der Unix-Lösungen für den herkömmlichen Einsatz als »Schreibtischlösung« für den Individualgebrauch. Dies ist inzwischen jedoch stark neutralisiert worden, da es auch für Unix inzwischen graphisch orientierte Bedieneroberflächen gibt, z.B. X-Windows oder OSF Motif.

Wenn man sich heute Gedanken um die Installation von Netzwerken macht, dann spielen in sehr vielen Fällen die Integration von heterogenen Systemen eine gewichtige Rolle. Neben DOS wird es dabei vor allem um die Einbindung von OS/2, Windows, Windows NT, Macintosh, Großrechnersystemen (IBM, Siemens), MDT-Anlagen und in zunehmendem Maße um Unix gehen.

Die Zukunft der Rechnernetzwerke wird von Client-Server-Architekturen geprägt werden. Mit dieser Philosophie wird die Datenverarbeitung über die vernetzten PCs, MDTs und Großrechner verteilt werden. Dies erfordert nicht nur neue und ausgereifte Kommuniaktionsmechanismen, sondern auch geeignete, aufeinander abgestimmte Anwendungen, die dies ermöglichen werden. Dabei werden sowohl vom Server als auch vom Client besondere Aufgaben erwartet.

Als Server kann dabei ein zentraler Rechner oder ein Programm, das auf einem bestimmten Rechner zur Verfügung steht und auf diesem läuft, betrachtet werden. Andere Stationen im Netzwerk haben unter anderem Zugriff auf diese speziellen Ressourcen:

- Druck-Dienste
- Datei-Dienste
- Datenbank-Dienste
- Backup- und Restore-Dienste
- Kommunikations-Dienste
- Mail-Dienste

Der Client hingegen ist eine Workstation oder ein Programm im Netz, das auf einem Computer läuft, und die Ressourcen eines Servers anfordert und diese nutzt. Die Clients in einem Netzwerk verarbeiten die Ergebnisse, die vom Server zurückgesandt werden, und stellen diese in einer passenden Form am Bildschirm dar.

UnixWare

Wenn es um die Installation von Netzwerken geht, wird von Kunden inzwischen mit Recht »Schutz der Investition« gefordert. Wenn man bedenkt, wie rasant die Hard- und Softwareentwicklung in den letzten Jahren vor sich geht, heute gekauft und morgen schon wieder alt, ist dies durchaus gerechtfertigt. Aus diesen Gründen ist Kompatibilität und Einhaltung von Standards sowohl auf der Software- als auch auf der Hardwareseite nicht nur gewünscht sondern auch erforderlich. Bei der Entwicklung von UnixWare hat man sich diese Forderung zum Ziel gemacht. UnixWare läuft auf einer standardisierten Hardware (Intel Prozessoren) und übertützt laut Aussagen von Novell über 18.000 Unix-, DOS-, Windows- und X-Applikationen. Sie werden verstehen, daß diese Liste nicht vollständig überprüft werden konnte. Jedoch liefen die von mir getesteten Standardanwendungen unter UnixWare.

Als nächstes wird die Forderung auf Seiten der Kunden aufgestellt, Systeme einfach integrieren zu können, d.h. es sollte eine nahtlose und unproblematische Funktionsfähigkeit zwischen den unterschiedlichen im Einsatz befindlichen Betriebssystemen, Netzwerkprotokollen und Anwendungen möglich sein.

Eine weitere wichtige Forderung ist die Portierbarkeit der Software, d.h. geräteunabhängigen Code einzusetzen, der es erlaubt, die Architektur unterschiedlichster Systeme zu unterstützen; vom PC bis hin zum Großrechner.

Wenn bei einem Netzwerk nichts sicher ist, eines ist auf alle Fälle sicher – es wächst. Diese Tatsache erfordert Software, die nach Möglichkeit skalierbar ist und mit Hilfe von Zusatzpaketen vom alleinstehenden PC-System zum Multi User und sogar zum vollem Server-System erweitert werden kann. UnixWare stellt dem Anwender die Möglichkeit zur Verfügung, nur die benötigten Module einzusetzen und das Rechnersystem im Laufe der Zeit an die jeweiligen Begebenheiten anzupassen und zu erweitern.

Auf welchen Kundenkreis zielt UnixWare ab?

- NetWare Kunden, die Unix-basierende PCs und Server in bestehende NetWare Netzwerke integrieren wollen, um damit Zugriff auf leistungsfähige Unix-Anwendungen zu haben.

- Kommerzielle Kunden, die von herkömmlichen Großrechner-Lösungen auf standardisierte Plattformen und verteilte Anwendungen unter Unix umstellen wollen bzw. klassisches Downsizing realisieren möchten.

- Anwender, die bereits PC-basierende Unix-Produkte einsetzen und jetzt die neuen, leistungsstarken und flexiblen Lösungen von Unix System V Release 4.2 nutzen wollen, da eine nahtlose Integration von NetWare mit zusätzlichen leistungssteigernden Funktionen benötigt wird.

Univel entwickelte eine Vielzahl von Produkten, die zusammen die Univel-Produktfamilie bilden. Der nachfolgende Abschnitt soll einen Überblick über diese Module und deren Eigenschaften geben.

20.2 UnixWare von Univel

UnixWare besteht auf zwei UnixWare-Betriebssystemprogrammen, die zusammen die Client-Server-Konfigurationen bilden.

Das Programm UnixWare »Personal Edition« ist eine Single User Workstation (Client) Plattform, basierend auf Unix System V Release 4.2 und das Univels NetWare Unix Client Software integriert.

Der UnixWare »Application Server« ist eine Plattform, die vollständige NetWare IPX/SPX-Protokolle und Oberflächen mit Unix System V Release 4.2 vereinigt. Die Standardkonfigurationen unterstützen sowohl Netz- als auch Multi-User-Implementierungen.

Beide Plattformen lassen sich nahtlos in die NetWare-Umgebung integrieren. Somit haben die Anwender im Netzwerk Unix-Anwendungen und -Dienste zur Verfügung, um die damit verbundenen Arbeiten sinnvoll realisieren zu können.

Das Betriebssystem Unix System V Release 4.2 bietet eine sichere 32-Bit, Multi-User-, Multi-Tasking-Plattform. Die Release 4.2 integriert die verschiedenen Unix-Varianten (Berkeley, Xenix, SUNOS und frühere Ausgaben von System V Unix) in ein einziges, standardisiertes Betriebssystem. Zudem besteht Kompatibilität zu folgenden Industrienormen: POSIX, FIPS, X/OPEN (XPG3) und ICCCM.

Durch das modulare Design von UnixWare ist es möglich, das System vom alleinstehenden System- oder Netzwerk-Client bis hin zu einem voll funktionsfähigen Server-System auszubauen. Die Unix-Client-Server-Implementierung erweitert die Möglichkeiten des Anwenders neben DOS-, Windows- und anderen PC-Produkten auch Unix-Anwendungen einzusetzen. Zu den Merkmalen der einfachen Handhabung zählen unter anderem die automatische Installation (einfach und relativ schnell in Abhängigkeit der Installationsmethode), graphische Oberflächenbedienung und -verwaltung und ein Hypertext-Hilfs-Dienstprogramm.

UnixWare

Die Einbindung unter NetWare ist im Lieferumfang von UnixWare enthalten. Die Application-Server-Konfigurationen bieten NetWare-Kunden neue Dienstleistungen: z.B. Multi-User-Anmeldungen, Netzintegration, Drucker-Dienste und einen integrierten IP/IPX Name Server.

UnixWare läuft auf Standardsystemen mit Intel 386/486 Prozessor und anderen aufwärts kompatiblen Prozessoren, z.B. dem angekündigten 586-Prozessor. Zukünftige geplante Versionen von UnixWare sollen auch MIPS, SPARC oder andere RISC Architekturen unterstützen.

UnixWare basiert auf Unix System V Release 4.2, einem Betriebssystem von Univel und auf der Novell NetWare Protokoll- und Dienstleistungs-Familie. Neben dem Grundbetriebssystem UnixWare Personal Edition und Application Edition exisitieren eine Vielzahl von Erweiterungen durch einfaches Hinzufügen von weiteren Bausteinen. Zu diesen Bausteinen gehören UnixWare NFS und TCP/IP, UnixWare Personal-Dienstprogramme und Advanced Merge für die UnixWare Personal Edition. Für die UnxiWare Application Edition stehen zusätzlich UnixWare NFS und TCP/IP, NetWare for UnixWare und Server Merge für UnixWare zur Verfügung. Um Entwicklern die Möglichkeit zu bieten, Zusatzprogramme für UnixWare zu entwickeln, wird ein Entwicklungspaket zur Verfügung gestellt. Damit können Unix-Hardware- und Software-Produkte erstellt werden. Hierbei wird unterschieden zwischen Entwicklungspaketen für: UnixWare Treiber Tools, UnixWare Motif Tools, UnixWare Vernetzungs Tools und UnixWare GUI Tools. Die Entwicklungssoftware kann sowohl auf der Personal Edition als auch auf der Application Edition installiert und betrieben werden.

Durch das integrierte Client-Server-Konzept besteht die Möglichkeit, die Ver- und die Bearbeitungslast und die speicherintensiven Vorgänge auf die entsprechenden Systeme im Netzwerk zu verteilen. UnixWare bietet direkten als auch remote Zugriff auf die Unix-Anwendungen und Dateien, die im gesamten Netzwerk verteilt sein können. Die Einbindung eines NetWare Servers ist dabei ohne Probleme möglich. D.h. die Verteilung der Dienste muß nicht ausschließlich auf Unix-Systemen erfolgen. Diese komplexen Möglichkeiten erlauben es zudem, eine Einzelprotokollwelt und/oder gleichzeitigen Betrieb in einer IPX/SPX- und TCP/IP-Protokollumgebung zu realisieren.

KAPITEL 20

Aus den bisher beschriebenen Möglichkeiten von UnixWare ist ersichtlich, daß es ein großes Ziel von Univel ist, die Integration von Unix in die NetWare-Umgebung zu vereinfachen. Das beinhaltet hauptsächlich:

- Die UnixWare Personal Edition bietet die Unterstützung der NetWare Protokollunterstützung für den NetWare-Client-Betrieb, d.h. IPX/SPX und NCP Unterstützung.

- Die UnixWare Application Edition beinhaltet die vollständige IPX/SPX-Implementierung inklusive den internen IPX-Router-Unterstützungen.

- Zusätzliche Dienstleistungen sind der NetWare Print-Server, der virtuelle NetWare Terminal-Server und die integrierten IP/IPX Name Server und Resolve Mechanismen.

- Die NetWare-"C"-Oberfläche für Unix API ermöglicht es Anwendungsentwicklern, beim Design und in der Entwicklung von verteilten Anwendungen die Stärken und Vorteile beider Systemumgebungen auszunutzen.

Neben der Integration in eine bestehende oder zukünftige NetWare-Umgebung werden jedoch auch, durch die Unterstützung von TCP/IP und NFS remote, Login- und remote Copy-Mechanismen unterstützt. Mit NFS werden die Möglichkeiten unterstützt, auf vernetzte Systeme und deren Dateien zugreifen zu können. Weitere wichtige Mechanismen sind die remote Ausführung von Programmen und remote Druck-Funktionen. Diese gesamten Vernetzungsmöglichkeiten ermöglichen den Zugriff auf unternehmensweite Ressourcen. Die Multi-Tasking- und Multi-User-Funktionalität erlauben das Einrichten von einfachen Terminals, X-Terminals bis hin zu PC-gesteuerten Zentralsystemen.

UnixWare entspricht den POSIX, FIPS, X/OPEN und ICCCM Standards, die in großem Maße von Kunden in der Regierung und Wissenschaft gefordert werden. Mit Hilfe der vorhandenen Sicherheitsprogramme, inklusive Zugriffskontrolle, Dateiberechtigungen, komfortabler System- und Benutzerverwaltung wird ein leicht zu bedienendes System zur Verfügung gestellt.

Die graphische Benutzeroberfläche macht es nicht nur dem Systemverwalter sondern auch dem Anwender einfach, das System zu bedienen, ohne Unix-Shells oder Command Line Utilities beherrschen zu müssen. Die Windowstechnik ergänzt zudem die Multi-Tasking-Fähigkeiten von Unix. (Denken Sie an Windows 3.x oder OS/2.) Die Möglichkeit des Benutzers, zwischen einer OSF/Motif- oder Open-Look-Grafikoberfläche zu wählen, erspart

UnixWare

bereits erfahrenen Benutzern langwierige Einarbeitungszeit. Wer jedoch mit Windows oder OS/2 PM vertraut ist, dürfte bei der Arbeit mit der GUI von UnixWare auch keine allzu großen Schwierigkeiten haben.

UnixWare bietet Unterstützung für eine Vielzahl bereits existierender Unix-Programme, dies schließt SCO Xenix, SCO Unix, ISC Unix, SunOS, Solaris für Intel und BSD ein. Die Kompatibilität heutiger und zukünftiger Anwendungen wird durch eine strikte Einhaltung der Unix System V Binär-API (ABI), System V Schnittstellendefinitionen (SVID) und dem iBSC2 Industriestandard gewährleistet. Die ersten produktiven Einsätze von UnixWare in der Praxis werden zeigen, inwieweit diese Vorgaben erfüllt werden.

DOS unter Unix und die wahlweise zur Verfügung stehende Windows-Emulationssoftware tragen der Forderung Rechnung, die Investitionen für MS-DOS, DR-DOS und MS-Windows Programme zu schützen.

Welche Konkurrenz hat UnixWare?

UnixWare wurde so entwickelt, daß es mit anderen, technisch ausgereiften Desktopsystemen in Konkurrenz treten kann. UnixWare ist dem Open Desktop (ODT) von SCO und Solaris 2.0 von SunSoft sehr ähnlich, da alle drei Produkte auf Unix basierende Lösungen für Intel und andere gängigen Mikroprozessorsysteme sind. Die nahtlose Integration von NetWare und die Unterstützung des neuesten Unix-Standards dürften wohl die größten Unterschiede von UnixWare zu ODT und Solaris sein.

Windows NT und OS/2 sind Betriebssysteme, die nicht auf Unix basieren, aber dennoch Multi-Tasking-Fähigkeiten und Client-Vernetzung zur Verfügung stellen. Fraglich ist, ob Windows NT und OS/2 in der Lage sein werden, die für Unix-Systeme zur Verfügung stehenden Anwendungen, unterstützen zu können. Die Weiterentwicklung von OS/2 und der produktive Einsatz von Windows NT wird zeigen, wie sich die Systeme in diesen heterogenen Welten bewähren.

Da Sie jetzt einen Überblick über UnixWare, deren Positionierung und Zielrichtung haben, sollen in den nächsten beiden Abschnitten die beiden Systeme Personal Edition und Application Edition näher vorgestellt werden. Eine ins tiefe Detail gehende Behandlung ist nicht möglich (Installation, Bedienung, etc.), da ansonsten der Rahmen dieses Buches vollkommen gesprengt werden würde.

20.3 UnixWare Personal Edition

Die UnixWare Personal Edition wird hauptsächlich als Plattform für die Ausführung von Unix-, DOS- und Windows-Programme betrachtet, d.h. als Desktop System für den Anwender, Standalone oder vernetzt, mit Multitasking-Fähigkeit, um komplexe Aufgaben der unterschiedlichsten Bereiche mit den unterschiedlichsten Programmen einfach und komfortabel durchführen zu können.

Die integrierten NetWare Connectivity-Möglichkeiten bieten in einem NetWare-Netzwerk den Zugriff auf NetWare 2.x und 3.x Dienste sowie Zugriff auf Netzwerkressourcen. Über eine intuitive graphische Oberfläche ist der Zugriff auf Anwendungen, Dienstprogramme (Einrichten, Verwalten, Konfigurieren der Desktop Umgebung), Zubehörprogramme (Uhr, Calculator, Editor, etc.) und NetWare-Dienste möglich.

Die Minimalkonfiguration für diese Desktop-Variante wird zwar mit 6 Mbyte auf einem 386-Rechner vorgeschlagen, um damit Multi-Tasking und GUI-Betrieb zur Verfügung zu haben, aber für einen vernetzten Arbeitsplatz und der UnixWare Personal Edition werden bereits 8 Mbyte Hauptspeicher empfohlen. Wie man sich leicht vorstellen kann, wird es nicht schaden, mehr Hauptspeicher einzubauen, wenn größere und leistungsfähige Anwendungen parallel verwendet werden, um damit auch das Swapping zu reduzieren (dieses Problem ist uns von Windows und OS/2 zur Genüge bekannt).

Installation und Betrieb von UnixWare Personal Edition ist automatisiert, relativ einfach und auf Benutzerfreundlichkeit ausgerichtet. Die Netzwerkunterstützung in einem NetWare-Netzwerk (IPX/SPX) ist bereits im Lieferumfang enthalten. Optional stehen TCP/IP und NFS zur Verfügung, um damit auf herkömmliche Unix-Systeme Zugriff zu haben.

Die Funktionalitäten der Personal Edition sind jedoch nicht unbedingt dahingehend ausgerichtet, eine NetWare-Umgebung zu besitzen. Man kann dieses System sehr wohl auch als leistungsfähiges Standalone-Desktop-System oder in einer bestehenden Unix-Umgebung einsetzen, da auch diese Connectivity-Fähigkeiten zur Verfügung stehen. Zu einer der überragenden Möglichkeiten von UnixWare zählen die Fähigkeiten, neben Unix-Programmen auch DOS- und Windows-Applikationen ablaufen lassen zu können.

UnixWare

Zu den technischen Einzelheiten der UnixWare Personal Edition gehören:

▪ Das Grundpaket enthält Unix System V Release 4.2, Binär-API-Kompatibilität, Dateisystemunterstützung, grundlegende Verwaltungsfunktionalitäten und einen Unix-Kernel. Im Grundpaket ist ebenfalls das Veritas VJFS Dateisystem enthalten, welches ein sehr leistungsfähiges, schnell restaurierbares Dateisystem darstellt.

▪ Das Graphical User Interface (GUI) unterstützt Motif- und Open-Look, Definitionen für Symbol- und Dateiklassen zur Integration von Anwendungen, Unterstützung zur Druckerinstallation und ein Hypertext-Hilfsprogramm. Die Handhabung und Bedienung von UnixWare ist dadurch sehr einfach. Durch einfaches Drag-and-Drop können zum Beispiel eine Datei oder ganze Directories in ein neues Zielsystem verschoben (Move) werden. Fertige Druckdateien werden einfach auf das Druckersymbol geschoben und werden sogleich zum Drucker geschickt. Soll eine Datei oder ein Directory gelöscht werden, schiebt man das Symbol einfach auf den Papierkorb und dieses wird gelöscht. Bei Bedarf kann das Gelöschte jedoch, solange der Papierkorb nicht geleert worden ist, wieder aus diesem geholt werden. Durch das Offenhalten mehrerer Fenster, die unterschiedliche Directories oder Plattenbereiche darstellen, können Dateien oder Directories zwischen diesen Fenstern verschoben werden.

▪ Die Einbindung von UnixWare in ein NetWare-Netzwerk ist mehr als einfach, da die UnixWare Personal Edition standardmäßig das IPX/SPX-Protokoll unterstützt, welches die Möglichkeit enthält, das NetWare-Dateisystem zu verstehen. Um eine reibungslose Kommunikation zwischen UnixWare und NetWare zu ermöglichen und um alle Sicherheitsmechanismen von UnixWare und NetWare nutzen können, muß auf dem NetWare Server eine geringfügige Anpassung für UnixWare Clients durchgeführt werden. Es sollte zum Beispiel auf dem NetWare Server ein zusätzlicher Account für den UnixWare Client eingerichtet werden, wenn dieser auf bestimmte Dateien auf dem NetWare Server zugreifen soll. Zu beachten ist dabei, daß NetWare seine eigenen Benutzer verwaltet und UnixWare die eingerichteten Benutzer der Personal Edition verwaltet. Beim Zugriff von UnixWare auf Dateien oder Directories auf dem NetWare Server erfolgt eine Umsetzung der effektiven Rechte von NetWare in Unix konforme Rechte. Dies ist notwendig, da Unix nur 3 Rechte kennt und NetWare hingegen mit insgesamt 8 Rechten den Zugriff auf Dateien und Directories regelt. Die Verwaltung dieser beiden Welten ist jedoch sehr einfach zu realisieren.

KAPITEL 20

Ebenso einfach kann das Drucken unter UnixWare auf einen NetWare-Drucker eingerichtet werden. Statt einen lokalen Drucker einzurichten, wird angegeben, daß es sich beim zu installierenden Drucker um einen remote NetWare-Drucker handelt. Neben den Namen des Druckers und Druckertyps muß noch definiert werden, auf welchem NetWare Server die Print-Queue liegt, in die der Druckauftrag umgeleitet werden soll, wie der Name der Print-Queue ist und von welchem Print-Server diese Print-Queue abgearbeitet werden soll. Auf dem NetWare Server muß dann nur noch gewährleistet werden, daß die entsprechenden Einrichtungen auch vorhanden sind.

Über das bekannte Line-Printer-Daemon-Protokoll kann auch festgelegt werden, daß Drucker auf anderen Unix-Systemen genutzt werden sollen. Dazu muß jedoch auf der UnixWare Personal Edition das TCP/IP-Protokoll eingesetzt werden.

Das Anmelden und der Zugriff auf den NetWare Server erfolgt auf Desktop-Seite ausschließlich durch Anklicken der entsprechenden Symbole und der anschließenden Angabe von Benutzername und Paßwort. Dann kann über das Serversymbol der gewünschte Server angeklickt werden, auf den zugegriffen werden soll. Daraufhin werden in einem neu geöffneten Fenster die Volumes angezeigt, auf die Ihnen ein Zugriff gewährt worden ist. Wenn Sie eines der Volumesymbole anklicken, erhalten Sie die Directories in einem neuen Fenster angezeigt, auf die Sie zugreifen dürfen. Durch weiteres Anklicken der entsprechenden Symbole wandern Sie so durch die gesamte Dateistruktur auf dem Server (übrigens auch auf dem eigenen UnixWare System), bis Sie eine Datei öffnen.

Das Mailing System von UnixWare bietet auch die Unterstützung für NetWare MHS. Hierzu muß auf dem NetWare Server ein MHS Gateway installiert werden, welches ein- und ausgehende Mailings zur Weiterleitung behandelt. Auf dem UnixWare Server muß über ein MHS-Setup-Programm angegeben werden, auf welchem NetWare Server das MHS Gateway für diese UnixWare-Maschine liegt. Für jeden UnixWare-Rechner muß ein eigenes MHS Gateway auf dem NetWare Server eingerichtet werden. Wenn diese Konfiguration erfolgt ist, kann von UnixWare aus zu allen über MHS erreichbaren Usern eine Nachricht übertragen werden und umgekehrt. Über das gleiche MHS Gateway können auch UnixWare-Systeme untereinander Nachrichten austauschen.

Klicken Sie auf ein unter DOS ausführbares Programm, öffnet sich ein DOS-Fenster, und Sie können unter DOS arbeiten, so wie Sie es von einem normalen PC gewohnt sind.

UnixWare

Die Ausführung von DOS-Programmen ist möglich, da UnixWare eine sogenannte DOS-Merge-Unterstützung bietet. Es wird auch eine Advanced-Merge-Unterstützung geben, mit der es dann möglich sein wird, Windows 3.1 Anwendungen auszuführen. Die DOS-Merge-Unterstützung bietet standardmäßig DR DOS, wobei bei Bedarf auch MS DOS 5.0 eingerichtet werden kann. Unter DOS haben Sie alle gängigen DOS-Laufwerke zur Verfügung, welche auf die UnixWare-Platte oder auf einen NetWare Server verweisen können. Wenn Sie auf Laufwerk A: oder B: zugreifen, befinden Sie sich auf dem Diskettenlaufwerk auf dem UnixWare-Rechner.

Für das Netzwerk wird sowohl Ethernet- als auch Token-Ring-Unterstützung angeboten. Im UnixWare-Paket werden alle wichtigen und gängigen Netzwerkadapter unterstützt. Das Graphik-Dienstprogramm-Paket enthält die X11R5-Einrichtungen, mit dem es auch möglich ist, bit-zugeordnete Schrifttypen zu unterstützen.

Zudem ist ein ATM-Paket enthalten (Adobe Type Manager), welches Adobe-Schrifttypen und eben diesen Adobe-Type-Manager unterstützen kann. Innerhalb der graphischen Oberfläche können Sie jederzeit eine Terminalsitzung aufmachen, um unter Ihrer Anmeldung auf dem UnixWare-System Befehle auf direkter Command-Line-Ebene einzugeben. Jeder auf der Personal Edition eingerichtete Benutzer kann mit seiner eigenen Umgebung konfiguriert werden. So kann Benutzer A mit Motif-Oberfläche und Benutzer B mit Open-Look-Oberfläche installiert sein, wobei das Desktop-System entsprechend angepaßt werden kann, z.B. welche Standarddrucker eingerichtet sein sollen und dergleichen mehr. Die Individualität läßt dabei keine Wünsche offen.

Die Bedienung von UnixWare und die in UnixWare eingebauten Funktionalitäten sind nicht nur einfach, sondern bieten auch eine Vielzahl von Möglichkeiten, die es gestatten, damit ein leistungsfähiges und flexibles Desktop-System aufzubauen, mit dem nicht nur Unix-Anwendungen sondern auch DOS- und Windows-Applikationen eingesetzt werden können. Die eingebauten Anbindungsmöglichkeiten an NetWare und die optionale TCP/IP-NFS-Unterstützung erlauben die Integration in eine heterogene Netzwerkumgebung. Die UnixWare Personal Edition kann jedoch auch als eigenständiges Standalone-Desktop-System installiert werden. Damit haben Sie außer den nicht genutzten Netzwerkmöglichkeiten alle anderen Funktionalitäten auf einem Single User, Multitasking System.

Univel empfiehlt zwar als Mindestkonfiguration einen 386-Rechner mit 25 MHz, 8-Mbyte-Hauptspeicher und einer 120-Mbyte-Festplatte, aber eigene Tests haben gezeigt, daß diese Rechnerklasse

KAPITEL 20

nicht mehr ausreicht, um die Mächtigkeit des UnixWare-Systems darauf zu installieren, da die Performace nicht den gewünschten Ergebnissen entspricht. Das Starten der gesamten Anlage und das Ausführen von Programmen, Wechseln der Fenster und Aufbau der Fenster dauert viel zu lange. Deshalb sollte UnixWare entgegen den Angaben von Univel nicht unter 486-Rechner mit 33-MHz-Taktung, 12-Mbyte-Hauptspeicher und einer 120-Mbyte-Festplatte (in Abhängigkeit der installierten Softwarepakete) eingesetzt werden.

Mit UnixWare Personal Edition steht ohne zusätzliche Software ein voll funktionsfähiges Desktop-System zur Verfügung, inklusive Netzwerkanbindung an NetWare. Zur Anbindung an andere TCP/IP basierende Systeme stehen optional TCP/IP- und NFS-Module zur Verfügung. Für erfahrene Unix-Anwender, welche Shell-Dienstprogramme auf Command-Line-Ebene benötigen, werden zusätzliche Dienstprogramme bereitgestellt. Bevor man sich an die Installation von UnixWare macht, sollte man die Kompatibilitätsliste überprüfen, um festzustellen, daß Sie nicht Hardwarekomponenten in Ihrem Rechner benutzen, die unter UnixWare nicht genutzt werden können. Es werden allerdings die meisten Standardprodukte und Komponenten unterstützt, die in heutigen Rechner vorzufinden sind. Bei CD-ROM- und Streamer-Laufwerken ist dies besonders zu empfehlen, um keine bösen Überraschungen zu erleben, daß diese nicht angesteuert werden können, weil die dazugehörigen Treiberprogramme fehlen.

Die unterstützte Hardwareliste (ohne Angabe von Herstellern) lautet:

- Video Adapter (VGA, EVGA, SVGA, Hi-Res)
- Drucker (alle Standarddrucker)
- Maus (Serielle, Bus Mouse, PS/2 kompatible)
- Netzwerkkarten (Ethernet, Token-Ring)
- Streamer
- AT Plattenkontroller
- Festplatten (ESDI, ST506, MFM)
- SCSI Adapter (Festplatten, Streamer, CD-ROM, WORM, optische Platten)

Die UnixWare Personal Edition steht zur Installation für folgende Medien zur Verfügung:

- 1/4 Zoll QIC-24 60 Mbyte Band (inkl. 3.5 und 5.25 Zoll Startdisketten),
- alles auf 3.5 oder 5.25 Zoll Disketten,
- CD-ROM (inkl. 3.5 und 5.25 Zoll Startdisketten),
- nur Startdisketten (Installation erfolgt über UnixWare Application Server.

Die Installation der UnixWare Personal Edition erfolgt als ein Satz pkgadd-Formatpakete. Nach der Installation kann, mit Ausnahme des System-Grundpaketes, jedes der Personal-Edition-Pakete einzeln entfernt oder neu installiert werden. Es ist auch möglich, zukünftige Ausgaben von UnixWare durch Überlagerung zu installieren (sogenannte Overlay Technik), ohne dabei bereits existierende Benutzerdateien auf dem Rechner zu gefährden bzw. zu löschen. UnixWare bietet auch ein neues File-System (Veritas Dateisystem), welches es erlaubt, den UnixWare-Rechner einfach abzuschalten, statt wie bisher von Unix gewohnt, einen ordentlichen Shut Down durchzuführen. Man sollte zwar trotzdem immer daran denken, vor Abschalten des Systems das Shutdown durchzuführen, wenn dies jedoch vergessen wird, ist das Unixsystem nicht zerstört.

Für die Installation der UnixWare Personal Edition über Ethernet- oder Token-Ring-Netze ist die Installation und Konfiguration eines UnixWare Application-Servers auf demselben IPX-Netz wie der anfordernde Client erforderlich. Der vollständige Installationsprozeß ist im Vergleich zu anderen Unixsystemen vereinfacht und hat sowohl Vorgabe- als auch maßgeschneiderte Installationsabfolgen und erfordert nur minimale Benutzereingaben. Bei der Installation kann zwischen einer Default- und Custom-Installation gewählt werden.

Es wurde bereits mehrfach vom Application-Server gesprochen. Welche Möglichkeiten dieses UnixWare System bietet, will ich Ihnen im nächsten Abschnitt aufzeigen.

20.4 UnixWare Application Edition

Die UnixWare Application Edition bietet die gesamten Funktionalitäten, die ich Ihnen bereits für die UnixWare Personal Edition aufgezeigt habe. Zusätzlich ist die Application Edition um Server- und Multi-User-Funktionen erweitert. D.h. es handelt sich um eine Personal Edition plus Zusatzfunktionen, um daraus einen leistungsfähigen Server zu machen.

Das Multi User Modul ermöglicht es, daß mehrere Anwender gleichzeitig auf dem Application-Server arbeiten können. Ist die Personal Edition ein Single-User-Multitasking-System, handelt es sich bei der Application Edition um ein Multi-User, Multitasking-System. Somit haben auch herkömmliche Terminals die Möglichkeit, die Leitsungsfähgikeit des Application-Servers und die damit verbundenen Möglichkeiten zu nutzen, ohne am eigenen Arbeitsplatz einen entsprechenden Rechner installieren zu müssen. Statt

KAPITEL 20

einer eigenen Personal Edition können Sie somit einem Anwender zum Beispiel ein X-Terminal hinstellen und er kann die Möglichkeiten nutzen, die Ihnen bereits von der Personal Edition bekannt sind.

Das NetWare Server-Grundpaket der Application Edition umfaßt alle NetWare-spezifischen Integrationsfunktionen. Hierzu gehören die Funktionen des Netzwerkinstallations-Servers (damit lassen sich die Personal Editon und die Application Edition über einen Application-Server installieren). Sind in einem Application-Server mehrere Netzwerkadapterkarten eingebaut, werden von diesen auch das vom NetWare Server bekannte interne IPX-Routing unterstützt. Zu den Funktionalitäten zählt auch das IPX-Service-Protokoll, um im Netz allen anderen IPX-Systmen die Dienste bekannt machen zu können (ein spezielles Verfahren, welches auch von NetWare über IPX verwendet wird). Desweiteren stellt der Application-Server einen Print-Server-Mechanismus und einen virtuellen Terminal-Server im Netz bereit.

Ein erweitertes Sicherungs- und Wiederherstellungspaket bietet Mechnaismen, um mit Hilfe von Dienstprogrammen und GUI-Oberflächen leicht verständlich die Datensicherung und -wiederherstellung durchführen zu können. Der erweiterte Oberflächen-Manager beinhaltet eine nochmals verbesserte Systemeinrichtung auf Basis der GUI, erweiterte Dateiklassen- und Symbolsätze für die Systemintegration und erweiterte Hilfsprogramme.

Das Terminalpaket der Application Edition bietet die Unterstützung für eine Vielzahl von Endgeräten, um einen Mehrbenutzerzugriff auf den Application-Server über Terminals zu realisieren.

Die Hauptaufgabe des Application-Servers ist darin zu sehen, Client-Systemen in einer NetWare- und herkömmlichen Unix-Umgebung verteilten Zugriff auf Unix- und DOS-Anwendungen zu ermöglichen. NetWare-Umgebungen stehen zusätzliche Leistungsmerkmale zur Verfügung, z.B. mehrere gleichzeitig laufende Sessions auf einem NetWare Server, Netzinstallation und Unix-Druckdienste. Für die vernetzte Installation der UnixWare Personal Edition und der UnixWare Application Edition werden die entsprechenden Installationsdienste hierfür zur Verfügung gestellt.

UnixWare

Das Einsatzgebiet der Application Edition bietet mehrere Alternativen, je nach Anwendersicht.

1. Der Application-Server für Anwender in Unternehmen bzw. Abteilungen, um einen leistungsfähigen Multitasking-Arbeitsplatz auf Basis von Unix System V in einer NetWare-Umgebung bereitzustellen, da neben Unix auch DOS- und Windows-Anwendungen ausgeführt werden können.
2. Der Application-Server als eher traditioneller TCP/IP Server mit NFS-Unterstützung und den bekannten standardmäßigen Internet TCP/IP-Dienstsprogrammen.
3. Der Application-Server als Multi-User-Serversystem zur Anbindung von X-Terminals oder herkömmlichen einfachen Terminals. Diesen stehen somit nicht nur Unix-Anwendungen zur Verfügung, sondern es können über den Application-Server auf den Terminals DOS und Windows-Anwendungen ausgeführt werden, und es kann der Zugriff auf NetWare (IPX/SPX über Application Edition) oder andere Unix-Server (TCP/IP und NFS) durchgeführt werden.
4. Der Appliction-Server als Plattform für DOS-Workstations, um auf dieser ohne Zusätze mit einer Terminalemulation, die auf Interrupt 14h aufsetzt, die DOS-Workstation in eine Unix-Station umzuwandeln. D.h. auf dem Application-Server ist standardmäßig eine Software vorhanden (NVT.EXE), die auf der DOS Workstation im Netzwerk geladen werden kann. Das Programm NVT.EXE nutzt dabei das herkömmliche IPX-Protokoll, um die Verbindung zum Application-Server aufbauen zu können. Auf NVT.EXE setzt eine herkömmliche Terminalemulation auf (INT 14h gesteuert), und schon können Sie auf dem Application-Server alle Programme nutzen. Um jedoch auch den Desktop von UnixWare einsetzen zu können, benötigen Sie eine X-Server-Emulation, z.B. DesqView-X oder dergleichen. Somit können Sie Terminalemulationsfunktionen auf dem DOS-Rechner an einer Unix-Anlage durchführen, ohne zusätzlich TCP/IP und Telnet einsetzen zu müssen.

Die Application Edition eignet sich somit hervorragend für eine NetWare und/oder TCP/IP NFS Umgebung. Nachdem für die Personal Edition bereits 486-Rechner mit 33 MHz empfehlenswert sind, um die notwendige Performance zu erzielen, sollten Sie den Application-Server auf einem 486-Rechner mit mindestens 50 Mhz und EISA-Bus-Struktur einsetzen. Die Plattenkapazität sollte nicht unter 200 Mbyte liegen, und als Hauptspeicher sollten mindestens 16 Mbyte eingebaut sein. Diese Angaben liegen zwar weit über den Mindestanforderungen von Univel, aber alles was unter diesen Werten eingesetzt wird, bietet nicht die gewünschte Performance.

KAPITEL 20

Zudem möchte ich nicht, daß Sie eine Konfiguration aufbauen, mit der Sie einen falschen Eindruck bezüglich der Mächtigkeit erhalten und dies erfordert ein entsprechend großzügiges und leistungsfähiges System.

Die Angaben bezüglich der unterstützten Hardware und der zur Verfügung stehenden Medien, stimmen mit den Angaben für die Personal Edition überein. Auch die Möglichkeiten zur Installation von UnixWare Application Edition decken sich mit den Angaben für die Personal Edition.

Neben den geschilderten Standardprodukten der Personal Edition und der Application Editon werden weitere UnixWare System-Zusatz-Produkte bereitgestellt. Diese Zusatzprodukte sollen im nachfolgenden Abschnitt kurz erläutert werden.

20.5 UnixWare Zusatzprodukte

Bei den Zusatzprodukten für UnixWare muß unterschieden werden zwischen Zusatzprodukten für die Personal Edition und die Application Edition.

Zusatzprodukte für die UnixWare Personal Edition sind zum derzeitigen Stand:

UnixWare NFS und TCP/IP, UnixWare Personal Dientsprogramme und Advanced Merge für UnixWare.

Zusatzprodukte für die UnixWare Application Edition sind zum derzeitigen Stand:

UnixWare NFS und TCP/IP, NetWare für UnixWare und Server Merge für UnixWare.

UnixWare TCP/IP und NFS

Dieses Zusatzprodukt wird für beide Systeme zur Verfügung gestellt. Neben den TCP/IP-Transportprotokollen stehen die NFS-Funktionen zur gemeinsamen Nutzung von NFS-Dateien und Ressourcen zur Verfügung. Auch die von TCP/IP standardmäßig unterstützten Internet-Dienste wie rlogin (remote login), FTP oder rsh (remote Befehlsausführung) werden unterstützt. Dieser Zusatz für die TCP/IP-Vernetzung kann zusätzlich zur IPX/SPX-Unterstützung auf der Personal und Application Edition eingesetzt werden.

UnixWare Personal Dienstprogramme

Dieses Produkt ist für erfahrene Unix-Anwender gedacht, die eine komplette Sammlung der gewöhnlichen Unix-Dienstprogramme auf Consolen-Command-Ebene einsetzen möchten bzw. benötigen. Hierzu zählen Bibliotheks- und Verwaltungsprogramme, verbesserte Backup- und Restore-Programme, Terminal-Programme für die verbesserte Terminalunterstützung, Dienstprogramme zur Dateisystemverwaltung, Benutzer-Kommunikation und eine Vielzahl von Menüsystemen, um das Arbeiten mit UnixWare noch weiter zu verbessern und die Kompatibilität mit BSD-Systemen zu erweitern. Normalerweise sind solche Dienstprogramme im Lieferumfang anderer Unixsysteme enthalten, um jedoch den Platzbedarf der Personal Edition auf der Festplatte zu verringern, werden diese Programme als Zusatzprodukt angeboten. Wenn Sie den Application-Server von UnixWare erwerben, ist dieses Zusatzprodukt bereits im Paket enthalten, muß also nicht separat erworben werden. Für die Personal Edition hingegen müssen Sie dieses Produkt explizit kaufen.

UnixWare Advanced Merge

Dieses Zusatzprodukt ist zur Installation auf der Personal Edition gedacht. Mit dem Advanced-Merge-Produkt wird die Möglichkeit gegeben, Microsoft Windows 3.1 auf der Personal Edition zu installieren und im Standard-Modus laufende Windows-3.x-Anwendungen einsetzen zu können. Das Basic-Merge-Paket, im Lieferumfang der Personal Edition enthalten, muß zum Betreiben der Windows-3.1-Emulation bereits installiert sein. Microsoft Windows ist nicht im Lieferumfang enthalten und muß somit explizit erworben werden. UnixWare Advanced Merge ist für solche Anwender gedacht, die neben Unix-Anwendungen auch Windows-Anwendungen einsetzen möchten bzw. müssen.

UnixWare Server Merge

Das Zusatzprodukt Server Merge für UnixWare wurde für den Einsatz auf der Application Edition entwickelt. Wenn auf dem UnixWare Application-Server das Dienstprogramm Server Merge installiert ist, besteht Multiuser-Zugriff für die Unterstützung von Windows 3.1 und damit die Ausführung von Applikationen, die für Windows im Standard-Modus geschrieben sind. Die Basic-Merge-Unterstützung, die standardmäßig in allen Application-Server-Paketen enthalten ist, muß auf dem Application-Server auch installiert sein. Microsoft Windows ist nicht im Lieferumfang enthalten und muß somit einzeln erworben werden. Als Zielgruppe für dieses Zusatzprodukt kommen hauptsächlich Benutzer in Frage, die keine Personal Edition einsetzen, oder keine Advanced-Merge-Dienstprogramme besitzen, X-Terminal-User, die dennoch den Zugriff auf Windows und Windows-Programme benötigen und damit arbeiten müssen. Man beachte dabei, daß mit der Server-Merge-Funktionalität die Windows-Applikationen auf dem Application-Server ablaufen und nicht auf der Client-Maschine. Deshalb sind auch X-Terminal-Anwender plötzlich in der Lage, Windows-Programme zu nutzen.

NetWare für UnixWare

Das Dienstprogramm NetWare für UnixWare wurde speziell für den Einsatz auf dem Application-Server entwickelt. Mit diesem Zusatzprodukt haben Sie die Möglichkeit, neben einer Unix-Anwendungsserver-Plattform gleichzeitig auf demselben Rechner einen NetWare Server zu installieren. NetWare für UnixWare stellt die Dienste zur Verfügung, die von einem NetWare v3.11 Server bereitgestellt werden. Damit stehen für alle NetWare Clients die bekannten NetWare-Dienste zur Verfügung. Der Zielkundenkreis richtet sich vor allem an diejenigen, die UnixWare und NetWare auf einer leistungsfähigen Architektur installieren wollen, um somit Unix- und NetWare-Clients einfach und komfortabel gleichzeitigen Zugriff auf Dateien zu ermöglichen. Sie haben zwar mit UnixWare standardmäßig die Möglichkeit, auf einen separaten NetWare Server zuzugreifen, in diesem Fall wird jedoch von den NetWare Clients auf die UnixWare-Architektur zurückgegriffen, ohne daß der Anwender davon etwas bemerkt (sollte zumindest so sein).

Dieser Überblick sollte ausreichen, um Ihnen einen Eindruck von den Möglichkeiten zu geben, die hinter UnixWare stecken. Das erste Arbeiten auf diesem System war mehr als zufriedenstellend. Es wurde jedoch bereits eingangs erwähnt, daß Sie eine sehr leistungsfähige Maschine benötigen, wenn das Arbeiten Spaß machen soll (mindestens 486/33). Anwender werden sich jedoch sehr schnell mit den Möglichkeiten zurecht finden, da mit der graphischen Oberfläche keinerlei Unix-Kenntnisse erforderlich sind. Wer jedoch tiefer einsteigen will, muß sich sehr wohl mit Unix auseinandersetzen. Die Integrationsmöglichkeiten in eine bestehende Unix- und NetWare-Umgebung bieten gute Eigenschaften, heterogene Welten aufzubauen. Mit den Möglichkeiten, neben Unix auch DOS- und Windows-Programme einsetzen zu können, wird das gesamte System sehr gut abgerundet.

UnixWare

Aufgrund eigener Test und dem Arbeiten mit UnixWare kann gesagt werden, daß das System selbst einen sehr guten Eindruck macht. Das Arbeiten auf dem NetWare Server vom Desktop aus geht sehr schnell, d.h. Dateien suchen, lesen, öffnen, ändern und ähnliches mehr. Wenn Sie sich jedoch in der DOS Box bewegen, sich am NetWare Server auf die herkömmliche Art und Weise anmelden und übliche Programme (*SYSCON*, *PCONSOLE*, etc.) aufrufen und ausführen wollen, können Sie sich getrost eine, vielleicht auch zwei Tassen Kaffe holen, da die Verarbeitungsgeschwindigkeit nicht die beste ist. Es ist nur zu hoffen, daß dies in einer der nächsten Releasestände verbessert wird.

Kurz bevor ich dieses Buch fertig erstellt habe, kam die Nachricht über den Ticker, daß der Advanced Merge kurz vor der Auslieferung steht, um Windows Programme auf der Personal Edition bzw. dem Application-Server laufen lassen zu können. Leider konnte ich diese Funktion nicht mehr testen, um Ihnen detailierte Aussagen darüber machen zu können. Wenn jedoch die Problematik der DOS Box auf Windows-Programme umgesetzt wird, dann können Sie sich eine ganze Kanne Kaffe holen. Behaupten Sie anschließend aber bitte nicht, ich wäre an Ihrem hohen Blutdruck schuld. Sie können sich auch einen Kasten Mineralwasser holen.

Als Entscheidungsträger die Auswahl eines geeigneten Netzwerkbetriebssystems zu treffen, wird immer schwieriger. Ich stelle dies auch immer mehr fest, wenn es darum geht, Vergleiche zwischen den Systemen der rennomierten Hersteller durchzuführen.

Wenn man die Funktionalitäten und Möglichkeiten betrachtet, die in den einzelnen Systemen unterstützt werden, stellt man immer mehr fest, daß Grundfunktionen, die von jedem Administrator inzwischen gestellt werden, von allen Herstellern unterstützt werden. Unterschiede liegen dann zum Teil in Details und Möglichkeiten, die andere Hersteller nicht unterstützen. Es geht nun darum, diese Unterschiede herauszufinden.

Ich habe Ihnen bereits ausführlich die Möglichkeiten von NetWare vorgestellt. Wenn Sie anschließend die Ausführungen über Banyan Vines oder den LAN Manager durchlesen, werden Sie feststellen, daß viele dieser Eigenschaften auch von diesen Systemen unterstützt werden. Unterschiede treten dann zum Beispiel in den Möglichkeiten auf, Rechte für Anwender zu definieren, die Art wie die Rechte festgelegt werden und welche Arten von Rechten zur Verfügung gestellt werden.

Grundsätzlich unterscheidet sich NetWare von Vines und dem LAN Manager dahingehend, daß NetWare direkt auf der Hardware aufsetzt, wohingegen bei den anderen beiden Herstellern als Plattform

KAPITEL 20

ein Trägerbetriebssystem eingesetzt wird. Jedoch wird auch NetWare für andere Plattformen angeboten. Es gibt zum Beispiel mehrere NetWare für Unix-Varianten und eine Implementierung der Firma IBM, bei der NetWare auf dem AIX-Betriebssystem auf der RS6000 eingesetzt wird. NetWare v4.0 kann auch unter OS/2 installiert werden. NetWare läuft dann jedoch nicht unter OS/2 sondern neben OS/2.

KAPITEL 21

21 Banyan Vines

Banyan Systems, Inc. wurde 1983 in Amerika von 3 Netzwerk-Visionären gegründet, da diese damals bereits die Erkenntnis hatten, daß die Zukunft des Distributed Computing in den LANs zu sehen ist. Im nachhinein hatten sie recht, doch hätte es vielleicht auch ganz anders kommen können. Die erste Version von Vines wurde 1984 ausgeliefert.

Wenn man bedenkt, daß Novell und Banyan ziemlich zeitgleich mit einer Netzwerkbetriebssystemlösung auf den Markt gekommen ist, stellt sich die Frage, warum die Marktanteile von Banyan wesentlich geringer sind als die von Novell. Dies liegt nicht unbedingt daran, daß Vines schlechter ist als NetWare oder weniger funktionell. Novell war von Anfang an der bessere Marketingstratege, der es verstanden hat, frühzeitig ein Produkt an den Mann zu bringen. Banyan konzentrierte sich von Anfang an nur auf Großkunden und verfolgte das Konzept, große globale Netzwerke aufzubauen. Novell hingegen fing »klein« an und wurde dann immer größer. Mit diesem Wachstum sind auch die Features von NetWare gesteigert worden, so daß die Funktionalitäten von Vines denen von NetWare zum Teil nicht mehr »das Wasser reichen« können.

Interessant ist die Entstehung des Namens Banyan, der als Firmenname gewählt worden ist. Der Name Banyan stammt von einem indischen Feigenbaum. Das besondere an diesem Baum ist die Art wie dieser wächst. Die Verästelungen des Baumes reichen teilweise wieder bis zum Boden und bilden dadurch eine neue Wurzel für einen neuen Baum, der auf die gleiche Art und Weise wächst. D.h. aus einer einzigen Wurzel können im Laufe der Zeit ganze Wälder entstehen. Da Banyan das gleiche Ziel bei der Realisierung von Netzwerken verfolgt, wurde dieser Name gewählt.

Im folgenden soll ein allgemeiner Überblick über das Betriebssystem Vines gegeben werden. Im einzelnen werden einige Teilbereiche behandelt, die von besonderem Interesse sind, um die Funktionsweise und den Aufbau von Vines noch besser verstehen zu können.

Wie alle Netzwerkbetriebssysteme erlebt auch Vines derzeit eine rasante Entwicklung, was nicht immer zu Gunsten des Anwenders ist. Wurde vor nicht einmal einem Jahr Vines v4.11 ausgeliefert, kam kurz darauf die Version v5.0. Im 1./2. Quartal 1993 soll dann Vines v5.5 zur Verfügung stehen und es wird bereits darüber diskutiert, gegen Ende 1993 Vines v6.0 auszuliefern.

KAPITEL 21

21.1 Was steht hinter Vines

VINES steht als Acronym für VIrtual NEtworking System. Unter einem virtuellen Netzwerk ist dabei ein System zu verstehen, in dem alle Devices und Dienste so erscheinen, als seien diese direkt miteinander verbunden, obwohl tatsächlich tausende von Kilometern dazwischen liegen können. Eine Druckausgabe kann auf einen Drucker ausgegeben werden, der z.B. in Amerika steht. Durch den Umleitmechanismus muß der Benutzer nur wissen, daß die Ausgabe über LPT1 zu erfolgen hat. Im Hintergrund wurde definiert, daß alles was über LPT1 ausgegeben wird, über das Vines-Netzwerk zum Drucker in Amerika zu übertragen ist.

Vines ist somit ein Netzwerkbetriebssystem, das transparent alle Netzwerk-Systemressourcen und Topologien (LAN-WAN) in ein einziges logisches Netzwerk integriert. Das Betriebssystem setzt auf einem Trägerbetriebssystem auf – bis vor kurzen war dies ausschließlich AT&T Unix System V Release 3.2 – um darauf aufbauend mit Vines eine Netzwerkbetriebssystemlösung zu ermöglichen. Seit kurzen hat sich jedoch auch Banyan den neuen Tendenzen und Entwicklungen geöffnet und stellt die Möglichkeit zur Verfügung, Vines auf andere Plattformen zu portieren. Die erste Variante hiervon ist eine Lösung von Vines unter SCO Unix. Weitere Lösungen sollen im Laufe der Zeit oder auch im Laufe der Jahre folgen.

Dadurch werden Multiuser, Multitasking und Multiprozessorfähigkeiten von Unix für alle Netzwerkdienste genutzt. Es sei jedoch bereits jetzt darauf hingewiesen, daß der Anwender von Unix, die Plattform von Vines überhaupt nicht mitbekommt. Für den Anwender erscheint der Server so, als würde er mit erweiterten DOS Devices arbeiten (große Platte, viele Drucker, etc.).

Vines zeichnet sich durch einige Mechanismen aus, die bislang kein anderes Netzwerkbetriebssystem zur Verfügung stellen konnte. Sie werden jedoch nach dem Lesen dieses Abschnittes feststellen, daß mit NetWare v4.0 die Einmaligkeit verlorengegangen ist. In den nachfolgenden Abschnitten soll auf diese Besonderheiten genauer eingegangen werden.

Vines ist vom konzeptionellen Ansatz vergleichbar mit NetWare, d.h. es wird ein zentraler dedizierter Server im Netzwerk installiert, auf dem alle notwendigen Netzwerkdienste für die Benutzer zur Verfügung gestellt werden. Über diese Netzwerkdienste hat jeder einzelne Anwender im Netzwerk die Möglichkeit, alle Ressourcen am Server nutzen zu können.

Die Workstations im Netzwerk (DOS, Windows, OS/2 oder Macintosh) sehen diese Dienste vollkommen transparent als Erweiterung der eigenen Workstationumgebung. Wichtigster Aspekt bei Vines ist dabei die Philosophie, alle Dienste ausschließlich zentralisiert auf dem Vines Server bereit zu stellen. NetWare v3.11 und NetWare v4.0 verfolgen einen ähnlichen Ansatz. Jedoch ist es bei NetWare möglich, eine Runtime-Version (1 User Lizenz) im Netzwerk zu installieren, um darauf spezielle Netzwerkdienste zu implementieren. D.h. ein Communication-Server unter Vines ist nur auf dem Vines Server zu installieren. Bei NetWare kann entschieden werden, den Communication-Server zusätzlich auf einem existierenden NetWare Server zu installieren oder einen eigenen Rechner mit Runtime-Version auszustatten, um darauf die notwendigen Communication Services implementieren zu können. Dadurch wird nicht nur der Server entlastet, sondern auch die Ausfallsicherheit der einzelnen Komponenten im Netzwerk erhöht.

Die nachfolgenden Punkte sollen einen allgemeinen Überblick der Mechanismen und Konzepte von Vines wiedergeben. Wichtige Funktionalitäten werden später ausführlicher behandelt werden. An der einen oder anderen Stelle werde ich dabei versuchen, Parallelen zu anderen Netzwerkbetriebssystemen zu ziehen, um Ähnlichkeiten oder Unterschiede besser darstellen zu können. Dies soll es Ihnen erleichtern, die Konzepte der einzelnen Hersteller besser und einfacher einordnen zu können.

StreetTalk

Das »besondere« von Vines ist (wie bei inzwischen fast allen Netzwerkbetriebssystemen), die völlige Integration aller angebotenen Dienste. Dies bedeutet für die Anwender, daß durch einmaliges Anmelden alle im Netz lokal und remote zur Verfügung stehenden Dienste, sofern die Zugriffsberechtigung hierfür existiert, zur Verfügung stehen. Hierbei kann es sich um Dienste wie 3270-Anbindung, AS/400-Anbindung, BS2000-Anbindung, E-Mail, Fax, X.400-Kommunikation, Platten, Drucker, etc. handeln.

NetWare v4.0 realisiert diesen globalen Netzwerkdienst über NDS und Vines verwirklicht dieses globale Netzwerkkonzept seit Anfang an mit Hilfe von StreetTalk.

Hinter StreetTalk verbirgt sich sich also bei Vines das globale, netzwerkweite Namenssystem. StreetTalk basiert auf einer verteilten Datenbank und verwaltet damit alle Benutzer und Ressourcen, die im Gesamtnetzwerk existieren. Alle Benutzer, Dienste und Ressourcen werden durch eindeutige Namen verwaltet. StreetTalk basiert intern auf dem X.500-Standard und erlaubt so ein netzwerkweites Management von jedem beliebigen Arbeitsplatz aus im Netz, egal ob diese lokal oder remote über WAN-Strecken erreichbar sind.

Änderungen im Netzwerk oder bei Ressourcen (Drucker, etc.) haben keine Änderung für den Anwender zur Folge, da StreetTalk im Hintergrund die notwendigen Daten pflegt. Es ist dabei unerheblich wo sich eine Datei, ein Drucker oder irgendein anderer Dienst physikalisch befindet. Das entsprechende Objekt wird nur durch Angabe des Namens, StreetTalk-Konvention: `Objekt@Gruppe@Organisation`, angesprochen. Wenn sich die Lokation eines Druckers zum Beispiel ändert oder der Drucker an eine andere Workstation oder einen anderen Server angeschlossen wird, ist dies für die Ansteuerung des Drucker durch den Anwender unerheblich, denn dieser wird weiterhin über den bisherigen StreetTalk-Namen angesprochen.

Sicherheitsaspekte

Besitzt ein Benutzer die Berechtigung, auf einen Dienst oder eine Ressource zugreifen zu dürfen, kann er dies tun, sobald er sich im Netzwerk angemeldet hat und den Namen des Dienstes angibt. Es ist dabei unerheblich, auf welchem Server oder an welchem Standort sich der Dienst befindet. Wichtig ist, daß der Name des Dienstes bekannt ist und die Berechtigung hierfür existiert, diesen Dienst nutzen zu dürfen. Das Sicherheitssystem, welches netzwerkweit eingesetzt wird, ist unter dem Namen VanGuard bekannt geworden. Ab Vines 5.0 wird dieses System als VS (Vines Security Service) bezeichnet.

Integration mehrerer Dienste

Auf jedem Server stehen neben den LAN-Diensten für die gemeinsame Nutzung von Platten und Druckern auch alle WAN-, Kommunikations-, Management- und Administrationsdienste zur Verfügung. Durch die Integration der Dienste auf jedem Server, werden vor allem in großen Netzwerken erhebliche Investitionen eingespart und die Verwaltung des Netzwerkes stark vereinfacht. Vines bietet eine ausgezeichnete Möglichkeit beim Upgrade auf neuere Versionen. Wird eine neue Version von Vines von Band eingelesen, dauert dies in der Regel nur wenige Minuten. Dabei konfiguriert sich das System neu und installiert Mechanismen, so daß auch Workstations, wenn diese neu einloggen, automatisch aktualisiert werden.

Hardware

Vines unterstützt die Intel 32-Bit Prozessoren (80386/80486). Als Netzwerkadapter können von Banyan zertifizierte Adapter für ARCNET, Ethernet und Token-Ring eingesetzt werden. Die minimale Hauptspeicherausstattung für einen Vines Server beträgt 8 Mbyte. Es werden maximal 256 Mbyte Hauptspeicher unterstützt.

Versionen

Das Vines Betriebssystem wird in 2 Versionen zur Verfügung gestellt.

- User Limitierung

Vines wird als 5-, 10-, 20- und unlimitierte Version bereitgestellt. Somit läßt sich Vines in kleinen, mittleren und ganz großen Netzwerken einsetzen.

- Symmetric Multiprocessing

Zur besseren Auslastung der neuen Hardwaregeneration, die es erlauben, mehrere Prozessoren einzusetzen, unterstützt Vines das Symmetrische Multiprocessing (SMP). Dabei werden bis zu 8 Prozessoren unterstützt, wobei es sich um 80386 und/oder 80486 Prozessoren handeln kann.

SMP bedeutet dabei, daß die Prozessoren dem gesamten System zur Verfügung stehen und der nächste freie Prozessor die Aufgaben des Servers bearbeitet. Eine andere Alternative wäre Asymetric Multi Processing. Hierbei würde einem Prozessor eine bestimmte Aufgabe zugeteilt werden (z.B. File-Services), wohingegen ein anderer Prozessor eine andere Aufgabe durchführt. Da die Auslastung der CPUs symmetrisch ist, wird eine lineare Leistungssteigerung pro CPU erreicht. Unterstützt werden dabei Rechner von Compaq, AT&T und ALR. Sofern hardwaremäßig einsetzbar, besteht auch die Möglichkeit, Plattenspiegelung und Data Guarding zu verwenden.

Clients

Vines unterstützt als Clients alle Rechner unter DOS (ab 3.x), Windows (ab 3.x) und OS/2 (ab 1.x), um diese als Workstation einzusetzen. Die Einbindung von Unix- und Macintosh-Arbeitsplätzen kann durch den Einsatz optionaler Software von Banyan erreicht werden.

Sprachmodule
Das Vines Betriebssystem wird nicht nur in englischer Sprache ausgeliefert, sondern steht unter anderem auch in deutscher, spanischer oder französischer Sprache zur Verfügung.

Netzwerkmanagement
Mit der Mnet-Option erhält der Netzwerkverwalter ein Tool an die Hand, mit dem es möglich ist, jeden Server im Netz und jede Arbeitsstation zu überwachen. Die Option kann von jedem Server und von jeder Station im Netz genutzt werden. Mit diesem Tool können Disks, LAN-Adapter, Netz-Verkehr, CPU, User und Speicher überprüft werden. Das Assistant Toolkit ist graphisch orientiert und erweitert die normalen Optionen von Mnet.

Vines TCP/IP Option
TCP/IP ist ein Protokoll, welches nicht übersehen werden darf und sich im Markt als Quasi-Standard-Protokoll etablieren konnte. Deshalb werden von fast allen Herstellern entsprechende Implementierungen angeboten und unterstützt. NetWare wird mit TCP/IP ausgeliefert. Auch für Vines und wie noch zu sehen ist, ebenfalls für den LAN Manager, werden TCP/IP Lösungen angeboten. Für Vines werden verschiedene TCP/IP basierende Optionen angeboten.

- TCP/IP Routing

Hiermit werden Vines Server in die Lage versetzt, im LAN als IP Router zu fungieren. Unter NetWare würde diese Option durch Laden von TCP/IP und den Parameter FORWARD=Yes erfolgen. Die Unterstützung für TCP/IP Routing wird für Ethernet, Token-Ring, Starlan, Pronet und 10LAN angeboten.

- FTP PC/TCP

Diese Option ermöglicht es den Workstations, in einem Vines-Netzwerk TCP/IP-Ressourcen über eine Vielzahl von Utilities zu nutzen. Unterstützt werden damit z.B. FTP, SMTP, Telnet, E-Mail und die Berkley R-Utilities. Unter NetWare und dem LAN Manager muß eine solche Option über ein Zusatzprodukt implementiert werden, z.B. LAN Workplace für Novell NetWare-Netzwerke oder die FTP-Software für den LAN Manager. Für NetWare gilt, daß die Produkte ODI-Schnittstellen unterstützen sollen, und für den LAN Manager gilt, daß diese NDIS-Schnittstellen unterstützen sollten. Über Zusatzprodukte können Workstations so installiert werden, daß ODI- und NDIS-Treiber auf einer Workstation koexistierend konfiguriert werden können.

Vines IBM 3270 Option

Hiermit wird die Möglichkeit eröffnet, an der Workstation im Netzwerk als IBM-Terminal zu fungieren. Der Filetransfer ist im Lieferumfang enthalten. Diese Option wird in Sessions gestaffelt angeboten: 16, 32, 64 oder 128 LUs werden unterstützt. Zudem können alle im Netzwerk angeschlossenen Drucker einen IBM 3278 Drucker emulieren.

Vines Token-Ring-Bridging

Die Token-Ring-Bridging-Option unterstützt das IBM Source Routing. Für NetWare wird dies durch durch das zusätzliche ROUTE Modul, das am Server gestartet sein muß, ermöglicht. Token-Ring-Installationen haben sehr oft Source Routing Bridges installiert, um ein Netzwerk in Subnetzwerke zu unterteilen, um damit eine Lasttrennung zu erreichen. Mit dem Vines Token-Ring-Bridging können diese Ringe als ein logisches Netzwerk verwaltet werden. Die Vines-Option emuliert ein Subset des IBM Token-Ring-Programms v2.1 und beinhaltet den Support für den Transfer von Datenpaketen zwischen verschiedenen Token-Ring-Netzwerken.

Vines für Unix

Wie bereits erwähnt, wird NetWare als Portable NetWare auf unterschiedlichen Plattformen angeboten (z.B. HP, IBM RS/6000, DEC, OS/2). Den LAN Manager erhalten Sie als LM/X Version für unterschiedliche Unix-Systeme angeboten. Vines für Unix, in der erten Version für SCO Unix verfügbar, bietet im wesentlichen die gleichen Funktionen wie das originale Vines-Betriebssystem, das auf AT&T Unix aufsetzt.

Standardmäßig erhalten Sie Vines mit integriertem AT&T Unix ausgeliefert und können auch nicht umhin, die Installation unter diesem Unix-Derivat durchzuführen. Es sein nochmals darauf hingewiesen, daß ein Anwender von diesem Trägerbetriebssytem nichts bemerkt. Die Implementierung Vines für SCO Unix bietet jedoch auch noch eine Vielzahl zusätzlicher Vorteile, wenn bereits im Unternehmen SCO Unix eingesetzt wird. Durch die Installation auf dem SCO-System hat der Benutzer direkten Zugriff auf SCO-Plattenbereiche- und Drucker-Queues. Es lassen sich Client-Server-Applikationen entwickeln und auf den unterschiedlichen Systemen einsetzen.

Zu den Basisprodukten gehören die grundlegenden Netzwerk-Dienste, die für das originale Vines-Betriebssystem auch zur Verfügung stehen (StreetTalk, VanGuard, Netzwerk-Management und Netzwerk-Verwaltung). Zu den Basisprodukten gehört auch das

KAPITEL 21

Vines Internet Protokoll (VIP) zur Kommunikation, das bei der Installation zum Unix-Kernel hinzugefügt wird.

Das Dateisystem unterstützt drei unterschiedliche Mechanismen:

- *Banyan File Service* (BFS) zur optimalen Unterstützung von Vines Clients.

- *Unix Connectivity File Service* (UCFS) zur optimalen Unterstützung der gemeinsamen Nutzung von Dateien für Vines Clients und Unix Clients (vergleichbar NFS). Hierzu ist NFS auf den Unix Clients notwendig.

- *Vines Dateiservice*. Dieser Dateiservice bietet die Client-Programme, die von den Vines-Clients benötigt werden, um das Client-Server Modell realisieren zu können, d.h. damit überhaupt die Hauptaufgaben eines Servers bereitgestellt werden können. Hierzu zählen folgende Dateiservice-Mechanismen:

    Der *Druckservice* ermöglicht es den Vines Clients und Unix Clients, Druckaufträge an Drucker auszugeben, die direkt an den Vines Server, Unix Server oder an das Unix-Host-System angeschlossen sind. Die Drucker können aber auch direkt in das Netzwerk eingebunden sein oder an einer Workstation als remote Netzwerkdrucker konfiguriert sein.

    Die *Software zur Emulation virtueller Terminals* ermöglicht Vines Clients eine virtuelle Terminal-Session mit Vines für SCO-Plattform durchzuführen, die entweder ein VT100 oder IBM 3101 Terminal emuliert. Als Interrupt wird die Standardschnittstelle Interrupt 14h eingesetzt.

Vines für SCO-Unix-System unterstützt als Clients DOS, Windows und OS/2. Für OS/2 1.x ist zur Zeit noch keine Unterstützung der erweiterten Attribute verfügbar. Die geplanten Versionen sehen vor, später die Unterstützung von Macintosh Clients sowie die Unterstützung der erweiterten OS/2-Attribute und der OS/2 v2.0 zu ermöglichen.

Zudem können unter anderem folgende weitere Softwareoptionen bezogen werden:

Vines Mail, Remote-Administration, IP-Server-to-Server-Verbindung für Vines IP-Datenpaketvermittlung über TCP/IP-Backbone-Netzwerke sowie ein Toolkit zur Entwicklung von Anwendungen, das den NetRPC Compiler von Banyan enthält.

Ein Vines für SCO Server ist in der gleichen Art und Weise in das Netzwerk integrierbar, wie man dies von einem native Vines-

Banyan Vines

System gewohnt ist. Die nachfolgende Abbildung zeigt den strukturellen Aufbau von Vines for SCO Unix.

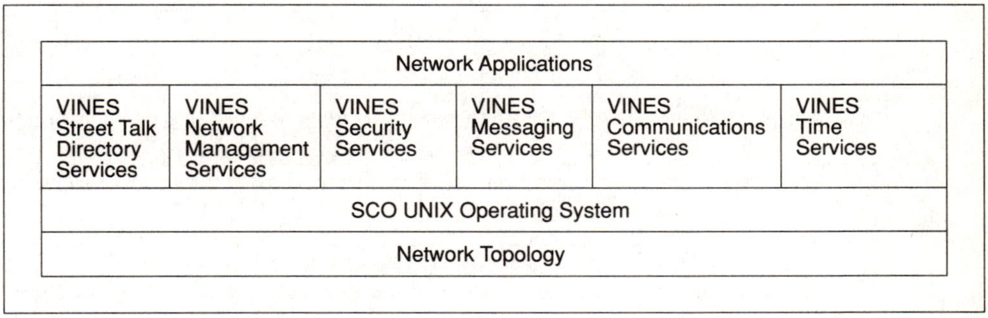

Network Applications						
VINES Street Talk Directory Services	VINES Network Management Services	VINES Security Services	VINES Messaging Services	VINES Communications Services	VINES Time Services
SCO UNIX Operating System						
Network Topology						

Bild 21.1 SCO Unix als Plattform für Vines

Nach diesem informellen Überblick der Funktionalitäten von Vines, will ich Ihnen im nächsten Abschnitt die wichtigsten Aspekte im Detail aufzeigen, so daß Sie einen Vergleich mit den anderen Netzwerkbetriebssystemen erhalten. Es geht dabei vor allem um Sicherheitsbetrachtungen, Handling, Netzwerkmanagement und Druckdienste. Die Ausführungen beziehen sich dabei auf die aktuellste Version Vines 5.5, sofern diese zum Zeitpunkt der Erstellung des Buches zur Verfügung standen bzw. bereitgestellt worden sind.

Ich hätte Ihnen gerne einen ähnlichen Strukturaufbau von Vines aufgezeigt, wie ich dies für NetWare einbinden konnte. Ich habe aber in keiner der Dokumentationen von Vines und anderen Dokumentationen dieses Systems eine passende Übersicht gefunden. Die nachfolgende Abbildung soll zumindest einen Gesamtüberblick von Vines und seiner Umgebung aufzeigen.

KAPITEL 21

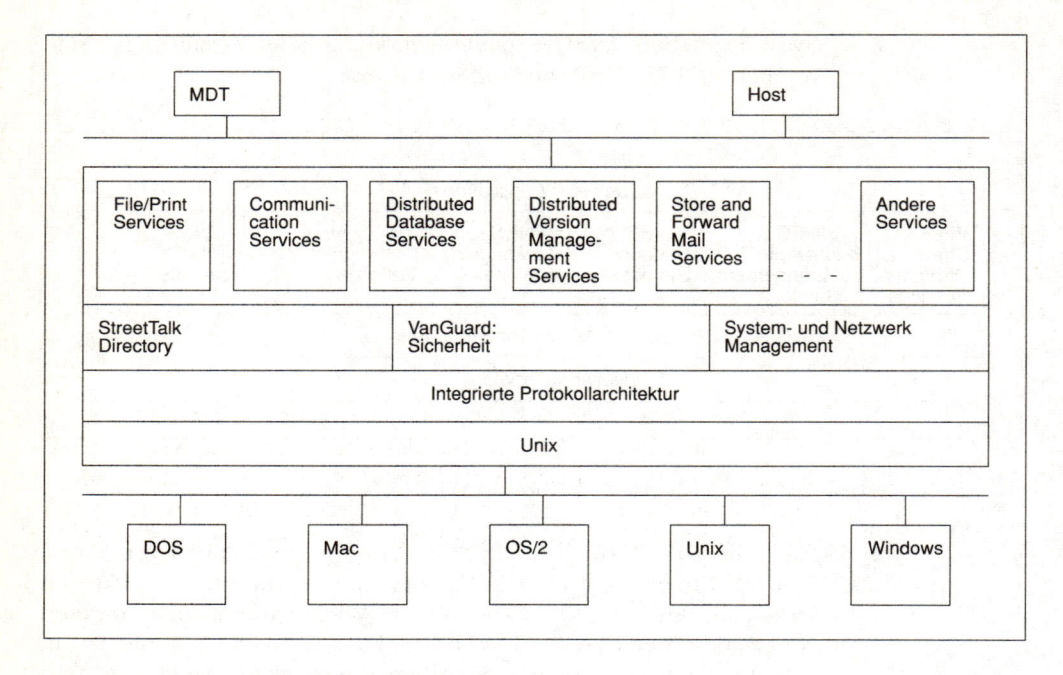

Bild 21.2 Aufbau von Vines

21.2 Wesentliche Funktionen von Vines

Wie alle anderen Netzwerkbetriebssysteme sind in Vines essentielle Funktionen implementiert, die zur Leistungsfähigkeit und Mächtigkeit des gesamten Systems beitragen. Wie noch zu sehen ist, sind dabei Funktionalitäten implementiert, die in ähnlicher Form von anderen Netzwerkbetriebssystem-Herstellern zur Verfügung gestellt werden. Die nachfolgenden Ausführungen sollen einen Eindruck über diese Möglichkeiten vermitteln.

21.2.1 StreetTalk

Banyan war der erste Hersteller, der ein globales Namenskonzept zur Verfügung stellte, um große Netzwerke leicht administrieren zu können. Der NetWare Directory Service für NetWare v4.0 ist eine lang geforderte Implementierung für Novell NetWare-Betriebssysteme. Für den LAN Manager sind es die Domain-Mechanismen, die ähnliches leisten wie StreetTalk von Vines. Wie jedoch noch zu sehen ist, hat die StreetTalk-Implementierung, im Vergleich zu NDS von NetWare v4.0 einige Einschränkungen.

Ein hierarchisch aufgebautes Namenssystem von Vines besteht bei StreetTalk auf einer Vielzahl von cross-referenced Files, die alle von Vines Servern verwaltet werden. Das Root-Element wird dabei als Organization bezeichnet. In den meisten Vines-Netzwerken existieren in der Regel nur ein paar Organizations. Man kann deshalb bei vernünftiger Planung mit einer Organization auskommen. In großen LAN/WAN-Netzwerken sind jedoch mehrere Organizations notwendig, um leicht unterscheiden zu können, wo welche Ressorucen zu finden sind.

Unter einer Organization können eine Vielzahl von Groups existieren. Groups repräsentieren dabei die Abteilung eines Mitarbeiters, eine Working Group oder auch die physikalische Lokation innerhalb der Firma. Durch geschickte Wahl des Group-Namens kann damit eine sinnvoll strukturierte Organization aufgebaut werden bzw. wiedergespiegelt werden.

Innerhalb einer Group können eine Vielzahl von Items existieren. Items stellen somit einen User- oder einen Vines-Dienst dar. Diese drei Elemente zusammen bilden einen eindeutigen StreetTalk-Namen. Nachfolgend ist das StreetTalk-Konzept nochmals formal und als Beispiel dargestellt:

Format: `Item@Group@Organization`

Beispiel: `A. Zenk@GF@Zenk Systemberatung mbH`

Zu beachten ist dabei, daß Item, Group und Organization mit einem @ voneinander getrennt werden müssen. Man sollte es in der Praxis vermeiden, zu lange Namen zu verwenden, da dies beim Ausschreiben des kompletten StreetTalk-Namens zu Eingabefehlern führen kann. Das oben aufgeführte Beispiel könnte kürzer gefaßt, wie folgt eingerichtet werden:

`AZenk@GF@ZENKGMBH`

Es fällt bei diesen Darstellungen auf, daß StreetTalk nur drei Ebenen kennt. Obige Darstellung ist vergleichbar mit dem NetWare Directory Service von Novell:

`Common Name.Organization.Country` oder
`Common Name.Organizational Unit.Organization`

Mit dieser Darstellung ist bei NDS jedoch noch nicht Schluß. Ein NDS kann beliebig viele Stufen nach unten aufweisen. Ein weiterer Unterschied zu NDS besteht darin, daß Item das einzige Blattobjekt

KAPITEL 21

ist, d.h. unter Group eingegliedert wird. Ein Item unter dem Objekt Organization im StreetTalk-Konzept ist nicht möglich. NetWare v4.0 hingegen läßt es zu, unter jedes Container-Objekt ein Blattobjekt eingliedern.

NetWare v4.0 erlaubt Ihnen die gesamte Administration des Netzwerkes, einschließlich User, Groups, Files und der NDS über ein graphisches User Interface. Für Vines wird zur einfacheren Handhabung der StreetTalk-Datenbank ein Modul zur Verfügung gestellt, welches unter dem Namen StreetTalk Directory Access (STDA) bekannt ist. Hiermit läßt sich die globale Namensstruktur von Vines wie die »gelben Seiten« ohne großen Lernaufwand handhaben, d.h. Abrufen von Namen, Systemen, Ressourcen, Printer, etc. Ähnliches läßt sich mit NetWare v4.0 auf Befehlsebene und im GUI bewerkstelligen. An dieser Stelle ist wieder zu ersehen, daß sich NetWare und Vines diesbezüglich sehr ähnlich sind. Der STDA-Dienst ermöglicht es jedem Benutzer im Netzwerk, schnell und einfach jede Ressource im Netzwerk zu finden. Mit Hilfe der vergebenen Attribute kann auch abgefragt werden, ob ein bestimmtes Objekt mit speziellen Eigenschaften bzw. Attributwerten existiert, und Sie bekommen diese dann aufgelistet.

STDA läßt es auch zu, die Sortierreihenfolge der StreetTalk-Namen innerhalb des STDA Service anzugeben. Eine Realtime-Aktualisierung gewährt, daß StreetTalk-Informationen immer aktuell angezeigt werden. Mit StreetTalk III wird für Vines die Nachfolgegeneration eines globalen Namenssystems eingeführt.

Die Verbesserungen zum bisherigen StreetTalk-Konzept beinhalten:

- Objektorientiertes Datenbank-System
- Unterstützung von StreetTalk-Attributen
- Verbesserte StreetTalk-Verwaltung (STDA)
- APIs für Entwickler zur Erstellung abgestimmter Anwendungen

StreetTalk III wurde dahingehend verbessert, das Umbenennen von Anwendern und Listen, die Verlagerung von Objekten in eine andere Gruppe und die direkte Verlagerung von Gruppen von einem Server auf den anderen zu ermöglichen. Auch hier stellt man fest, daß große Ähnlichkeiten mit den NDS-Diensten von NetWare v4.0 existieren.

Die von StreetTalk III unterstützten Attribute sind vom Netzwerkverwalter definierbar und werden von diesem mit Informationen für das dazugehörige Objekt versehen. StreetTalk III unterstützt dabei einen breit angelegten Set von Attributen und nicht nur solche, die direkt mit Usern, Alias, Gruppen, Listen und Services in Zusammen stehen müssen. Jedes StreetTalk-Objekt kann dabei mit

Attributen eingerichtet werden. Dem Netzwerkverwalter ist es überlassen, für jedes Objekt unter StreetTalk III sinnvolle oder weniger sinnvolle Attribute zu definieren. Diese Attribute können vom Netzwerkadministrator oder durch die Installation einer Applikation von Drittherstellern definiert werden.

Wie bereits für NDS von NetWare v4.0 erläutert, ist es auch beim Aufbau von Vines-Netzwerken sehr wichtig, sich vorher einen durchdachten Plan aufzustellen, wie die organisatorische Struktur aussehen sollte, um anschließend einfach und komfortabel die Umsetzung zu realisieren.

Zusammengefaßt ergeben sich für StreetTalk folgende Vorteile (Vergleiche mit NDS sind erlaubt):

- Einfacher Zugriff

Die Anwender müssen nicht über den physikalischen Standort einer Ressource Bescheid wissen, da alle Objekte über einen einfachen StreetTalk-Namen verfügbar sind. Der Anwender meldet sich von einem beliebigen Standort im Netzwerk nur einmal an und erhält damit Zugriff auf alle Ressourcen, für die er entsprechende Berechtigungen besitzt.

- Verteilung und Kooperation der Services

Die StreetTalk Services sind auf jedem Vines Server im Netzwerk resident. Jeder Server unterstützt dabei lokale Anwender und Ressourcen auf individueller Basis, so daß damit eine optimale Leistung erzielt wird und eine Betriebsstörung aufgrund eines Fehlers bei einem anderem Server vermieden wird. Alle Server bilden ein einziges geschlossenes System. StreetTalk bietet jedoch nicht die Replicamechanismen, so wie dies mit NDS von NetWare v4.0 angeboten wird. Ein Ausfall eines Servers könnte somit zu Schwierigkeiten für die davon betroffenen Benutzer führen.

- Netzwerkänderung ohne Unterbrechung

Endanwender und Administratoren können StreetTalk-Namen zur Herstellung von Verbindungen nutzen. Da die Anwendungen von der physikalischen Komplexität des Netzwerkes abgeschirmt sind, wird der Betrieb durch das Hinzufügen, Löschen oder Ändern (Verlagern) von Ressourcen nicht unterbrochen. Lokale Aktualisierungen werden automatisch an jeden Server im Netzwerk weitergeleitet. Es sei nochmals darauf hingewiesen, daß keine Replicastruktur existiert.

In der Zeit, als noch nicht sehr viel über NetWare v4.0 bekannt war, wurde von Banyan ein Produkt entwickelt und auf den Markt gebracht, welches als ENS for NetWare bekannt ist. Der Enterprise Networking Service (ENS) bietet für Novell NetWare-Umgebungen

Mechanismen, die bislang nur unter Vines zur Verfügung standen bzw. jetzt durch NDS unter NetWare v4.0 ermöglicht werden.

21.2.2 ENS for NetWare

Mit ENS for NetWare werden die grundlegenden Netzwerk-Dienste von Vines einschließlich StreetTalk als Zusatzoption in einem NetWare-Netzwerk verfügbar gemacht. Ein bestehendes NetWare-Netzwerk kann mit ENS erweitert werden, um die grundlegenden Eigenschaften und Dienste wie Netzwerkmangement, Netzwerkverwaltung, Sicherheit, WAN-Betrieb, Mailing, Time Services und StreetTalk in den Umgebungen integrieren zu können, wo diese nicht zur Verfügung stehen, bzw. unbedingt benötigt werden. Sie kennen bereits die Eigenschaften von NetWare v3.11 und NetWare v4.0 und werden feststellen, daß die technischen Möglichkeiten von ENS für ganz spezielle Bereiche von Interesse sind. Banyan Vines zeichnete sich seit langem durch ausgezeichnete WAN-Dienste aus, deren Möglichkeiten von Novell NetWare inzwischen ausgeglichen worden sind. D.h. NetWare bietet in diesem Bereich die gleichen und zum Teil vielleicht auch manchmal besseren Möglichkeiten. Dies ist aber zum Teil nur subjektiv zu bewerten. Wichtig ist zu berücksichtigen, in welchen Detail sich die einzelnen Optionen unterscheiden. Ich werde am Ende dieser Beschreibung noch aufzeigen, welche WAN-Dienste und Add-On Produkte für NetWare, Vines und dem LAN Manager zur Verfügung stehen.

NetWare v2.x und NetWare v3.x sind serverorientierte Netzwerkbetriebssyteme, d.h. die Verwaltung der Objekte waren immer nur auf einen Server eingerichtet und konnten nicht netzübergreifend genutzt werden. Mit dem integrierten ENS Service und StreetTalk als wesentlicher Bestandteil von ENS wird ein Novell-Netzwerk in ein einziges und einheitlich zu verwaltendes unternehmensweites Netzwerk umgewandelt. Mit NetWare v4.0 stehen die NDS-Dienste zur Verfügung, die auch diese Funktion erfüllen, allerdings ist ein unternehmensweites Netzwerkkonzept nur mit NetWare v4.0 Servern machbar. Es lassen sich zwar alle NetWare-Versionen im LAN gemischt betreiben, jedoch sind NetWare v2.x und NetWare v3.x nur serverorientiert anwendbar.

ENS ist für eine Novell-Umgebung für NetWare v2.x, NetWare v3.x und NetWare v4.x Server konzipiert. Die bekannte Banyan-Philosophie ist die unternehmensweite Vernetzung, die WAN-Möglichkeiten, die Einbindung unterschiedlicher Protokollwelten und die einfache Administration. Ein dreiteiliger Name legt den Zugriff auf die einzelnen Dienste und Objekte fest. Die Anmeldung im Netzwerk erfolgt mit ENS nur noch einmal, und es stehen sodann alle

NetWare Ressourcen aller Server zur Verfügung, für die einem Benutzer Berechtigungen vergeben worden sind. Unter ENS sorgt VANGuard für die Sicherheit, um den Zugriff auf die Ressourcen festzulegen. Der Einsatz von ENS for NetWare reduziert den Aufwand für die Installation von netzübergreifenden Diensten, solange es sich um NetWare v2.x und NetWare v3.x Umgebungen handelt.

Die Argumentation, ein Umsteigen auf NetWare v4.0 ist nicht nötig, da ENS für NetWare 2.x und NetWare v3.x implementiert werden kann, um Directory Services zu erhalten, ist so nicht zu halten, da mit NetWare v4.0 noch wesentlich mehr Features zur Verfügung gestellt werden.

Unter ENS for NetWare müssen User nur einmal global und nicht an jedem Server separat eingerichtet werden. Die Bibliotheken für den Login werden von StreetTalk automatisch aktualisiert. Für den Einsatz von ENS for NetWare werden NetWare v2.x, NetWare v3.x und NetWare v4.x unterstützt. Für die Kommunikation mit den ENS-Diensten muß auf jedem Server eine Zusatzsoftware gestartet werden: auf NetWare v2.x in Form von Value Added Processes (VAPs) und auf NetWare v3.x (v4.x) Servern in Form von NLMs.

Entscheidend für den Einsatz von ENS for NetWare ist die Existenz eines eigenen ENS-Servers. Dieser ENS-Server ist ein eigenständiger PC, d.h. kein Novell Server, der die Verwaltungsaufgabe für alle NetWare Server übernimmt. Sollte zufällig ein Vines Server im Novell-Netz existieren, auch das kommt vor, kann dieser die Funktion des ENS-Servers übernehmen.

Der ENS-Server stellt folgende Dienste zur Verfügung:

- Security Services: Festlegung der Zugriffsberechtigungen
- Messaging Services: Plattform von E-Mail-Anbindungen für Mailing Systeme
- StreetTalk-Dienste: Globales Namenssystem für Dienste und Ressourcen
- Netzwerk-Management: Verwaltung des Netzwerkes
- System Management Services: Funktionen zur Steuerung des Netzwerkes

Auf dem ENS-Server wird die ENS for NetWare Software installiert und auf den NetWare Servern müssen VAPs bzw. NLMs geladen sein. Auf den Workstations muß eine Client-Software kopiert und gestartet werden. Bei dieser Software handelt es sich um ein kleines residentes Programm. Noch ein TSR unter eventuell vielen auf der Workstation!

Am Aufbau des Protokollstacks für IPX/SPX ändert sich nichts, so daß nach wie vor alle NetWare-Anwendungen auch unter ENS lauffähig bleiben. Mit ENS können auch die Banyan APIs auf der Workstation geladen werden (wieder ein kleines Programm), so daß auf der Workstation auch Vines-Anwendungen ablaufen können.

Für den Anwender selbst bedeuten die Dienste von ENS letztendlich ein einmaliges Anmelden im Netzwerk, um anschließend den Zugriff auf alle im Netzwerk verfügbaren Services und Ressourcen der NetWare Server und – wenn vorhanden – auch Vines Server verfügbar zu haben. Nach wie vor können alle NetWare-Netze über die bisherigen Koppelelemente miteinander verbunden sein. Es können jedoch auch die ENS-Server, auf Basis des IPX-Protokolls untereinander, die Verbindungen in Novell Netzwerken realisieren. Zu bedenken ist dabei, daß in jedem physikalischen Netzwerk ein eigener ENS-Server installiert werden muß.

Folgende Spezifikationen und Optionen werde von ENS for NetWare erfüllt bzw. vorausgesetzt:

Software Spezifikation
- NetWare Server

  Unterstützte Versionen:
  NetWare v2.15, v2.2, NetWare v3.10, v3.11, v4.x

- ENS-Server

  Unterstützte Rechner: 80386, 80486
  Unterstützte Bussysteme: ISA, EISA
  Speicheranforderung: min. 8 Mbyte, max. 256 Mbyte
  Plattenspeicher: min. 80 Mbyte, max. 20 Gbyte

- Unterstützte Workstations

  DOS: 3.x, 4.x, 5.x
  Windows: 3.x

ENS-Funktionen
- StreetTalk Service
- Security Service
- LAN Bridges (IPX/SPX)
- NDIS Support
- ODI Support (über NDIS)
- DOS- und Windows Workstations

Zusatzoptionen
- Intelligent Messaging
- SMTP Gateway
- Vines Assitant

- Network Management
- SNMP Proxy Agent
- Server-Server WAN (asynchrone oder HDLC Verbindung)
- Server-Server (Datex-P)
- Server-Server (IP)
- Server-Server (SNA)
- IP-Routing
- Token-Ring Bridging

21.2.3 User Profiles

Um eine einfache Steuerung aufzubauen, welche Benutzer wie den/die Vines Server nutzen dürfen, gestattet Vines das Einrichten eines Profiles. Es wird automatisch errichtet, wenn ein neuer Benutzer eingerichtet wird, und beinhaltet z.B. Angaben der StreetTalk-Namen für Dienste, die der Benutzer verwenden darf, Druckerumleitungen, Mailingdienste und die Festlegung der DOS-Umgebung (Pfaddefinitionen, Laufwerkszuweisungen, etc.). Profiles können unter Vines auch für Gruppen definiert werden, wobei alle Benutzer einer Gruppe das gleiche Profile benutzen.

21.2.4 Nicknames und Listen

Um die Flexibilität von StreetTalk zu verbessern, hat der Netzwerkverwalter die Möglichkeit, sogenannte Nicknames für jeden Benutzer und jede Gruppe zu definieren. Dies ist vergleichbar mit dem Alias-Namen-Konzept von NetWare v4.0, um die Bedienung zu vereinfachen.

So kann aus der StreetTalk-Konvention `AZenk@GF@ZENKGMBH` die einfachere Bezeichnung `ANDI@GF@ZENKGMBH` gemacht werden.

Zusätzlich zur Nickname-Funktion können unter StreetTalk-Listen von StreetTalk-Namen erstellt werden, die über einen Namen angesprochen werden können. So kann der Netzwerkverwalter zum Beispiel in der Gruppe `GF@ZENKGMBH` eine Liste `ANGESTELLTE@GF@ZENKGMBH` erstellen, in der alle Mitarbeiter dieser Gruppe aufgelistet sind.

Es gibt auch reservierte Listen, die vom Vines-Sicherheitssystem (VANGuard/VS) benutzt werden. Die Liste `AdminList@Group@Organization` wird automatisch für jede Gruppe eingerichtet. Durch den Einsatz dieser Liste, kann der Zugriff auf Gruppen nach Bedarf festgelegt werden. Durch das Einfügen der AdminList von einer Gruppe in die AdminList einer anderen Gruppe kann eine verschachtelte administrative Zugriffsliste aufgebaut werden.

21.2.5 Services

Die vier wichtigsten Services in einem Vines-Netzwerk sind: File Services, Print Services, Communication Services und System Services. File Services werden durch den Netzwerkverwalter erstellt und befinden sich auf der Platte des Servers. Für den Anwender sieht ein File Service wie eine lokale Platte aus. Die Verbindung vom PC zum Vines File Service wird mit Hilfe des User Profiles durchgeführt. Einem File Services wird dabei ein logischer DOS-Laufwerksbuchstabe zugewiesen. Durch Eingabe des Laufwerksbuchstabens an der Workstation hat der Benutzer Zugriff auf den zugewiesenen File Service auf dem Vines Server.

Mit Hilfe der Print Services werden die lokalen Schnittstellen LPT1,...,LPT3 der Workstation einem Netzwerkdrucker zugewiesen, der von Vines verwaltet wird. Die Druckaufträge werden sodann in eine Queue am Vines Server umgeleitet und zum Drucken freigegeben. Auch dieser Dienst wird im Profile des Benutzers definiert und erscheint für den Benutzer vollkommen transparent. Mechanismen zur Druckerverwaltung und Steuerung, wie dies bereits für NetWare erläutert worden ist, sind auch unter Vines verfügbar. Die Festlegung, wer erhält Alert-Meldungen, die Definition von Druckereinstellungen, die Festlegung von Pre-Steuersequenzen, die Überwachung und Kontrolle der Print-Queues, Parameter wie die Druckausgaben aussehen sollen (Anzahl Kopien, Papier Format, etc.) sind alles Mechanismen die in gleicher oder ähnlicher Form von NetWare, Vines oder auch dem LAN Manager unterstützt werden.

Mit den Communication Services werden die wichtigsten Kommunikationsprotokolle, z.B. IBM, TCP/IP, unterstützt. Alle diese Dienste werden zentral installiert und konfiguriert. Auch diese Dienste können direkt im User Profile für den Benutzer definiert werden. Diese Liste läßt sich mit allen anderen noch zur Verfügung stehenden Diensten erweitern. Dies betrifft unter anderem auch die immer wichtiger werdenden Mailing-Dienste, die in einem Netzwerk benötigt werden.

Während der Installation des ersten Servers im Netz richtet Vines die Organization *Servers* ein. Dabei handelt es sich um einen reservierten Organization-Namen von StreetTalk, der von StreetTalk benutzt wird, um spezifische Informationen und Dienste der Server zu verwalten. Jedesmal wenn ein neuer Server installiert wird, wird die Gruppe server_name@Servers eingerichtet. Vines errichtet dann Access Lists zum Verwalten des Systems. Diese werden AdminLists genannt. Diese Listen werden sowohl für die Gruppe server_name@Servers als auch Servers@Servers erstellt. Vines fügt dann den Namen des ersten Administrators in die neue

Banyan Vines

AdminList hinzu. In einem Multi-Server-Netzwerk werden die AdminList-Informationen und alle Group-Namen unter den Servern ausgetauscht.

Einige Services werden bereits bei der Installation von Vines eingerichtet. Andere hingegen werden nach und nach vom Administrator definiert und installiert. Es wird zum Beispiel ein StreetTalk Service auf jedem Vines Server eingerichtet. Angenommen, es wird ein Server Zenk eingerichtet, dann können die Standard-Services wie folgt aussehen:

   ST@Zenk@Servers
   SS@Zenk@Servers
   VANGuard@Zenk@Servers
   Vines Files@Zenk@Servers
   MS@Zenk@Servers

ST ist dabei der StreetTalk Service auf dem Server und SS ist der Server Service, der transparente Kommunikation zwischen den Servern im Netzwerk ermöglicht und alle anderen Dienste auf den Servern überprüft und kontrolliert. Der VANGuard Service (ab Vines 5.0 VS – Vines Security Service) stellt die Sicherheitsmechanismen für Vines zur Verfügung. Hiermit wird festgelegt, welcher Benutzer mit welchen Rechten die Dienste im Netzwerk nutzen darf.

21.2.6 Remote Verwaltung

Da die Server eines Netzes immer mehr an gesicherten und nicht allgemein zugänglichen Standorten aufgestellt werden, wird auch verlangt, den Server von einer Workstation aus zu überwachen. Mit der Einführung von NetWare v3.0 wurde diese Unterstützung voll integriert. Auch für Vines steht diese Möglichkeit inzwischen zur Verfügung. Mit dem VNSM-Befehl wird das Netzwerkmanagement-Programm an der Server-Console gestartet. Dabei werden nur die Informationen für diesen Server angezeigt. Die Anzeige anderer Server oder VNSM auf einer Workstation setzt die VNSM-Option voraus.

Mit Hilfe der Remote-Consolen-Option kann die DOS-Workstation zu einer Server-Console umfunktioniert werden. Von jedem beliebigen Standort im Netzwerk aus können alle Befehle des Operator-Menüs ausgeführt werden. Erinnern Sie sich, daß NetWare v4.0 die Möglichkeit der Time-Synchronisation zur Verfügung stellt. Die dabei aufgeführten Möglichkeiten sind notwendig, um auch über Zeitzonen hinweg korrekt arbeiten zu können. Auch für Vines wurden diesbezüglich Änderungen im Time Service durchgeführt.

Durch den Alert Management Service (AMS) können Warnsignale von Vines Services an jede beliebige Stelle im Netzwerk umgeleitet werden. Andere Anwendungen können im ASM eingetragen werden, damit diese ebenfalls über auftretende Alerts benachrichtigt werden. Der Alert Management Service gehört zum Kernel der Vines Services und ist deshalb auch nicht als separates Produkt erhältlich.

21.2.7 Distributed Version Management Service

Ein immer wieder auftretendes Problem im Netzwerkbetrieb ist das Aktualisieren der Systemprogramme auf der Workstation. Software-Distribution-Mechanismen werden inzwischen von einer Vielzahl Hersteller als Add-On angeboten. Bei kleinen Netzwerken ist es vielleicht noch in relativ kurzer und angemessener Zeit machbar, alle Stationen zu aktualisieren, anders sieht es jedoch bei 50 PCs oder mehr aus. Novell bietet für NetWare Zusatzprodukte an. Der LAN-Manager hat eine integrierte Funktionalität genauso wie Vines. Wird der Update auf eine neue Vines-Version durchgeführt, werden durch den DVMS (Distributed Version Management Service) automatisch alle Benutzerdateien auf den jeweiligen PCs aktualisiert. Ein eigener Management Service ist ständig auf dem Vines Server aktiv, um alle notwendigen und wichtigen Informationen über Funktionen und Auslastung des Servers sammeln zu können. Die Daten werden protokolliert, damit bei Bedarf rechtzeitig Aktionen ausgelöst werden können.

Durch diese Werte lassen sich die Server auf Umgebungsbedingungen optimal anpassen. Bei NetWare stehen ähnliche Funktionen zwar auch zur Verfügung, jedoch müssen diese Werte manuell ausgewertet werden, Parameter müssen am Server geändert werden und es muß anschließend überprüft werden, ob sich Verbesserungen oder Verschlechterungen ergeben haben. Es werden jedoch Zusatzprodukte angeboten (NetWare Management Services), um graphisch alle notwendigen Informationen sammeln zu können. Auch andere Hersteller stellen entsprechende Tools zur Verfügung (z.B. Fresh, FileWizard, etc.).

21.2.8 MNet – Netzwerkmanagement-Option

Es wurde bereits kurz darauf eingegangen, daß Vines ein Tool zur Verfügung stellt, um zusätzliche Managementinformationen über den Server zu erhalten. Unter NetWare sind diese Möglichkeiten mit dem MONITOR Programm und unter NetWare v4.0 zusätzlich mit dem SERVMAN NLM abrufbar. Das MNet-Programm von Vines ermöglicht es dem Netzwerkverwalter, alle Prozesse und Aufgaben, die im Netzwerk durchgeführt werden, und logischerweise auf dem Server ablaufen, zu überwachen. Die Unterteilung der Informationen erfolgt dabei in die Bereiche: Vines-Service-Statistiken, Toplogie-Übersichten, LAN-Interface-Statistiken, WAN-Interface-Statistiken, Plattenbenutzung und -auslastung, Dateizugriffe, Dateinutzung, Dateibelastungen und Kommunikationsstatistiken.

Ergänzt wird die Managementfunktion durch die Vines Assistant-Option. Dabei handelt es sich um eine Sammlung von 50 Administrationstools und -utilities, um die Möglichkeiten der Netzwerkverwaltung noch zusätzlich zu verbessern und zu vereinfachen. Netzwerkstatistiken lassen sich mit diesem Tool zum Beispiel graphisch darstellen, was die Aussagefähigkeit mit Sicherheit erhöht. Regelmäßig ablaufende Netzwerkverwaltungsaufgaben lassen sich in regelmäßigen Abständen automatisch starten. So wie NetWare einen Zusatz anbietet, um die Überwachung und Bedienung des Servers nicht nur von einer DOS-Workstation sondern auch von einer Unix-Station aus durchführen zu können, bietet auch Vines mit diesem Produkt ein Programm an, um Serverinformationen direkt unter Unix zu erhalten.

21.2.9 Druckerverwaltung

Drucker können unter Vines wie unter NetWare direkt am Server oder an einer Workstation angeschlossen und allen Anwendern im Netzwerk verfügbar gemacht werden. Die Verwaltung der Drucker wird ausschließlich vom Netzwerkbetriebssystem realisiert. Wie unter NetWare beschrieben, werden auch hier die Druckaufträge in eine Queue gestellt und nach FIFO-Prinzip abgearbeitet. Um bei großen Druckvolumen die einzelnen Aufträge voneinander trennen zu können, kann auch unter Vines ein Banner (Deckblatt) vor jedem Druckauftrag ausgegeben werden.

Wie jedes Netzwerkbetriebssystem stellt auch Vines ein Programm zur Verfügung, um Druckaufträge verwalten zu können, d.h. zu löschen, Priorität zu ändern oder ähnliches mehr. NetWare stellt die Möglichkeit zur Verfügung, einen eigenen PC als dedizierten Print-Server einzurichten. Ähnliches stellt auch Vines mit der Vines PC Print Option zur Verfügung.

Jedes Netzwerkbetriebssystem wird in einer Grundversion ausgeliefert, welches durch Zusatzprodukte je nach Bedarf und Anforderung erweitert werden kann. Das Konzept sieht dabei von Hersteller zu Hersteller etwas anders aus. Novell ist sein Jahren von seinem Kopierschutzmechanismus abgegangen. Die Sicherung von

NetWare erfolgt dadurch, daß alle Server im Netzwerk die Seriennummer in regelmäßigen Abständen aller anderen Server mit der eigenen vergleichen. Wird eine doppelte Seriennummer gefunden, erhält man immer wieder die Meldung, daß eine Kopierschutzverletzung aufgetreten ist.

Vines wird hingegen mit einem eigenen Dongle geschützt. Ohne diesen Dongle, der auf die parallele Schnittstelle des Servers angebracht wird, läuft gar nichts.

21.2.10 Integrierte Software-Optionen

Alle notwendigen Dienste sind in Vines bereits integriert. Drittherstellern wird jedoch auch die Möglichkeit geboten, eigene Zusatzoptionen bereitzustellen. Vines ist wie NetWare oder der LAN Manager modular aufgebaut. Zusatzoptionen, die nicht benötigt werden, müssen auch nicht aktiviert werden und kosten auch nichts, obwohl deren Funktion bereits im Netzwerkbetriebssystem vorhanden sind.

Neben den standardmäßig ausgelieferten Funktionen sind eine Vielzahl von Zusätzen erhältlich, die jederzeit nachträglich am Server aktiviert werden können. Die Aktivierung erfolgt einfach durch eine Erweiterung der Lizenz, da alle Optionen in der Software bereits enthalten sind. Alle Optionen laufen zentral am Server ab und erfordern keinen zusätzlichen dedizierten Rechner. Findet ein Releasewechsel statt, werden die freigegebenen Optionen auch umgerüstet und stehen sofort zur Verfügung. Ein aufwendiger Upgrade dieser und jener Zusatzsoftware am Server ist somit nicht erforderlich.

Zu den Standard-Vines-Eigenschaften gehören:

- StreetTalk Name Service
- Print Service
- Globale Netzwerkadministration
- NetBIOS Interface
- File Sharing Service
- Security
- LAN Bridging

Zu den voll integrierten Optionen, die zusätzlich lizensiert werden können zählen:

- Electronic Mail
- PC Dial In-Anbindung
- 3270/SNA Emulation

Banyan Vines

- Server/Server-Kommunikation über LAN, WAN, X.25, TCP/IP, SNA, ISDN, T1, Standleitung, Wählleitung
- MNet-Netzwerkmanagement
- Asynchrone Terminalemulation
- TCP/IP Routing
- Remote Printer Support
- Token-Ring-Bridge-Funktion

Wie NetWare und LAN Manager bietet auch Vines einen Mechanismus, um den Server über eine vom Netzwerkbetriebssystem gesteuerte USV absichern zu lassen, um im Falle eine Stromausfalls nicht wichtige Daten am Server zu verlieren. Die Mechanismen sind vergleichbar mit denen von NetWare und LAN Manager.

Neben dem Aufbau von Netzwerken ist auch die Verbindung der Netzwerke untereinander ein wichtiger Aspekt, der bei der Konzeption von LANs/WANs berücksichtigt werden muß. Die Frage stellt sich dabei, ob externe oder interne Mechanismen verwendet werden sollen. Interne Mechanismen bedeutet dabei, daß im Netzwerkbetriebssystem die entsprechenden Komponenten bereits vorhanden sind oder zusätzlich auf dem Server installiert werden können, um den Aufbau von gekoppelten Netzwerken realisieren zu können.

Sowohl Vines, NetWare als auch der LAN Manager bieten entsprechende Mechanismen aus dem eigenen Hause oder über Dritthersteller an. Externe Mechanismen heißt, daß Bridges, Router oder Brouter eingesetzt werden, die die Aufgabe der Kopplung von LANs verwirklichen. Da diese Koppelelemente sehr viel leistungsfähiger sind, als die eingebauten Mechanismen auf dem Server, ist es von der Konfiguration abhängig, für welchen Weg man sich entscheiden will.

Heutige Koppelelemente von Drittherstellern haben einen Durchsatz, der vom Server selbst, egal ob NetWare, Vines oder LAN Manager, nie erbracht werden kann. Dies liegt ganz einfach darin begründet, daß die speziellen Bridges, Router oder Brouter-Systeme speziell für diese Aufgaben konzipiert worden sind. Ein PC als Server kann nun mal nicht die Leistungsfähigkeit erbringen, wenn großer Durchsatz gefordert wird, vor allem dann, wenn auf dem gleichen Rechner auch noch die Aufgaben des Netzwerkbetriebssystems erfüllt werden müssen.

Exemplarisch für alle hier behandelten Netzwerkbetriebssysteme soll der Mechanismus für Vines kurz aufgezeigt werden. Eine detaillierte Analyse der gewünschten Methode ist erst bei genauer Kenntnis der Netzwerkumgebung möglich. Gehen Sie einfach

KAPITEL 21

davon aus, daß die Kopplung in ähnlicher Form auch für die anderen Netzwerkbetriebssysteme zur Verfügung gestellt wird.

Vines ermöglicht eine sogenannte LAN/WAN-Kopplung, um lokale und überregionale Netze zu einem Gesamtsystem zusammenfassen zu können. Das Netzwerk erscheint dann wie ein großes Gesamtnetzwerk. Vines unterstützt zur lokalen Kopplung Ethernet, Token-Ring, ARCNET, FDDI und was in Zukunft noch alles kommen könnte. In einem Server können bis zu vier Netzwerkadapterkarten eingebaut werden (homogen oder heterogen) und gewährleisten damit auch das Bridging der verschiedenen Systeme. D.h. die Kommunikation untereinander in den verschiedenen Netzwerken wird damit möglich. Die Verbindung der Systeme über WAN-Verbindungen wird durch spezielle Zusatzprodukte unterstützt. Kernstück für die WAN-Kopplung ist der Vines Intelligent Communications Adapter (ICA).

21.2.11 Vines Intelligent Communications Adapter (ICA)

Der ICA ist ein Coprozessor für alle verfügbaren Kommunikationsadapter. Das 80286 basierende System ist praktisch ein Rechner im Rechner in Form einer Adapterkarte. Darüber können unabhängig vom LAN-Betrieb Kommunikationsaufgaben im WAN durchgeführt werden. Durch eine asynchrone Multiprocessing-Verwaltung arbeiten bis zu 5 dieser Prozessoren parallel zum Serverbetrieb. Die ICA-Adapterkarte stellt sechs Kommunikationsschnittstellen zur Verfügung, die von Vines für die Hostkommunikation, PC-Dial-In-Kommunikation, WAN-Kopplung, Server/Server-Kopplung, etc. genutzt werden kann. Jede ICA-Adapterkarte kann unterschiedliche Protokolle verarbeiten, und man kann zwischen asynchron, synchron, HDLC, SDLC und X.25 wählen. Alle sechs Kanäle bieten 19.2 kbit/s Übertragungsgeschwindigkeit, wobei die Kanäle 1 und 2 auch 64 kbit/s unterstützen.

Über eine einzige ICA-Karte ist es so zum Beispiel möglich, auf Kanal 1 eine SNA-Verbindung zu unterstützen, auf Kanal 2 mit einem anderen Server verbunden zu sein, auf Kanal 3 den Anschluß an eine DEC VAX zu realisieren, auf Kanal 4 eine Standleitung zu unterstützen und Kanal 5 und 6 als PC-Dial-In zu nutzen. Und dies alles, ohne einen zusätzlichen Gateway-Rechner im LAN einsetzen zu müssen.

An dieser Stelle tritt immer wieder die gleiche Frage auf: Macht das Sinn? Die Antwort lautet ja und nein. Man kann inzwischen fast alle Aufgaben auf ein und denselben Server verlagern bzw. integrieren, ohne einen zusätzlichen Server im Netz einsetzen zu müssen. Dadurch spart man sich sehr viel Geld, da keine zusätzliche Hardware benötigt wird. Aus Sicherheitsgründen sind solche Konzepte jedoch nicht immer sinnvoll, da beim Ausfall dieses hochintegrierten Servers alle Funktionen auf einen Schlag entfallen. Eine sinnvolle und gut durchdachte Dezentralisierung dieser Dienste ist auf alle Fälle sinnvoll, um im Fall des Falles nicht plötzlich vor dem Nichts zu stehen.

Ein ICA-Adapter unterstützt folgende möglichen Protokolle:

Asynchron	Asynchrone Host Verbindung
	PC-Dial-In (Remote PC Anbidung)
	Server/Server-Verbindung über Wählleitung
SDLC	3270/SNA Hostanbindung
HDLC	Server/Server-Kopplung über Standleitung
Datex-P	Server/Server-Kopplung über private und öffentliche Datennetze (X.25)
ISDN	ISDN Protokoll der DBP und andere PTTs

Abschließend will ich Ihnen die Mechanismen des Sicherheitssystems VANGuard (VS – Vines Security System) von Vines etwas näher erläutern, um Ihnen einen Eindruck zu vermitteln, wie Sicherheit unter Vines erreichbar ist. Dies soll auch dazu dienen, um einen Vergleich mit den anderen Netzwerkbetriebssystemen herstellen zu können.

21.2.12   VFS und VS

Mit Vines 5.x hat Vines auch interne Änderungen erfahren, die notwendig sind, um eine Unterstützung der unterschiedlichen Workstations im Netzwerk unter Vines optimal verfügbar zu machen. Dies beginnt bei Vines 5.x mit dem Dateisystem. Das neue Vines File System (VFS) bietet für den jeweiligen Client eine unterschiedliche Sichtweise auf Dateien und Directories, in Abhängigkeit davon, ob es sich um DOS, OS/2 oder Macintosh Workstations handelt. Es handelt sich um einen vergleichbaren Mechanismus, der bei NetWare als Name Space Support beschrieben ist. Zudem wurden mit Vines 5.x die Möglichkeiten der Überwachung und Administration des Netzwerkes um einiges verbessert.

VFS ist ein neues Netzwerk-Dateisystem, um unter Vines die unterschiedlichen Client-Systeme unterstützen zu können. Es werden DOS, OS/2 und Macintosh Clients in ihrer native Umgebung unterstützt. Da alle diese drei Workstation-Systeme unterschiedliche Dateinamenskonventionen und -mechanismen verwenden, muß das Dateisystem auf dem Server in der Lage sein, alle diese Möglichkeiten unterstützen zu können.

KAPITEL 21

Es kann somit auf ein und dieselbe Datei von den oben aufgeführten Clientsystemen zugegriffen werden, ohne daß die Datei eigens für DOS, OS/2 oder Macintosh abgespeichert wird. Auch hier läßt sich der Vergleich zu NetWare herstellen: Die Datei liegt einmal auf der Platte und für jeden Client wird ein eigener Directory-Eintrag durchgeführt.

Mit VFS werden folgende Funktionen unterstützt:

- Spezielle Utilities zur Verwaltung der Dateien im VFS-Dateisystem (vgl. Filer unter NetWare)
- Backup/Restore-Erweiterungen und Verbesserungen
- Sicherheit bis auf Dateiebene möglich
- Erweiterte Zugriffsrechte und Owner-Optionen
- AppleTalk AFP (Apple Filing Protocol) für Macintosh Clients

Vines Security Service (VS)

Bei der Betrachtung von Dateien und Directories aus der Sicht von Vines zur Vergabe von Zugriffsrechten fallen Mechanismen auf, die von Unix bereits bekannt sind. Die Vergabe von Rechten wird dabei unterteilt in: Owner – Group – World

So wie bei Unix eine Rechtemaske definiert werden kann, ist es unter Vines möglich, eine Access Rights List für neu erstellte Dateien zu definieren. Jede neu erstellte Datei wird dann mit diesen Rechten versehen.

Als *Zugriffsberechtigung für Directories* stehen Ihnen zur Verfügung:

Control Access (C)	Hiermit besitzen Sie das Recht, Zugriffsrechte zu ändern. Für den Owner eines Directories kann dieses Recht nicht entfernt werden. Jeder Administrator in der AdminList für die StreetTalk Group des Datei-Dienstes hat immer das Control-Access-Recht.
Search (S)	Erteilt das Recht, nach Dateien und Directories im Directory zu suchen und das Recht die Attribute von Dateien und Directories angezeigt zu bekommen.
Read (R)	Man erhält das Recht, den Inhalt eines Directories zu lesen (Auflisten der Dateien).
Write (W)	Man erhält »drop box« Funktionalität, wenn Read- und Write-Recht für neu eingerichtete Dateien vergeben sind. Wenn zusätzlich auch noch das Search-Recht vergeben ist, erhalten Sie auch das Recht, Subdirectories und Dateien einzurichten, umzubenennen und Attribute zu ändern.

Delete (D)	Aus dem Directory dürfen Dateien mit Subdirectories und Dateien gelöscht werden. Es wird zusätzlich auch das Recht Search im Parent Directory benötigt.

Für *Dateien* stehen unter Vines folgende Zugriffsberechtigungen zur Verfügung:

Control Access (C)	Erlaubt das Ändern von Zugriffsrechten, einschließlich Owner und Group. Das Control-Access-Recht kann nicht vom Owner der Datei entfernt werden.
Execute (E)	Wenn es sich um eine ausführbare Datei handelt (Programm), kann damit bestimmt werden, daß das Programm gestartet werden darf.
Read (R)	Die Datei darf zum Lesen geöffnet werden.
Write (W)	Die Datei darf zum Schreiben geöffnet werden.

Bei genauer Betrachtung stellt man fest, daß viele Ähnlichkeiten mit Unix vorhanden sind, z.B. die Möglichkeit festzulegen, welche Default-Rechte eine neu eingerichtete Datei erhält oder die Aufteilung der Rechte in Owner, Group und World.

Wenn unter Vines Zugriffsberechtigungen vergeben worden sind, hat der Owner des Directories oder jeder andere Benutzer mit Control-Access-Recht für das Directory die Möglichkeit, zu überprüfen, welche Rechte für das Directory andere Benutzer haben. Sie erhalten dann die Zugriffsberechtigungen, aufgeteilt nach Vines-Rechten, Macintosh-Rechten und Unix-Rechten, angezeigt. Sie sehen bereits eine andere Funktionalität von Vines, nämlich die Anzeige der Vines-Rechte in der richtigen Form für die unterstützten Clients.

Die Vergabe von Rechten auf Dateiebene erfolgt zum einen beim Einrichten einer neuen Datei durch die gesetzte Access Right List für neue Dateien und zum anderen durch ein nachträgliches Ändern der Zugriffsberechtigungen. Auch für Dateien erfolgt die Vergabe der Berechtigungen nach dem Schema Owner, Group, World so wie dies von Unix bekannt ist.

Neben Zugriffsberechtigungen können für Dateien zusätzlich Dateiattribute und Directoryattribute vergeben werden. Vines 5.x unterscheidet dabei DOS-, Macintosh- und Vines-Attribute. Dabei kann es durchaus zu Verwirrungen kommen, da nicht alle Attribute des einen Systems direkt in das andere System konvertiert werden können. Zum Beispiel besitzt das DOS-Read-Only-Attribut als Vine-Attribut zwei Möglichkeiten der Vergabe: Read-Only oder No Delete.

KAPITEL 21

Für DOS unterstützt Vines folgende Attribute: Read-Only, Hidden, System und Archive. Die Bedeutungen dürften aus der DOS-Umgebung hinreichend bekannt sein.

Vines-Attribute unterstützten somit die DOS- und Macintosh-Umgebung. Als Vines-Attribute können gesetzt werden: Read-Only, No Delete, No Rename, Sharing, Execute Only, Hidden, System, Archive, MultiUser und CopyProtect.

Somit können keine Probleme auftreten, wenn die unterschiedlichen Clients im LAN eingesetzt werden, da für jeden Client tatsächlich die eigene native Umgebung unterstützt wird.

Man sieht anhand der bisherigen Beschreibungen, daß funktionell Ähnlichkeiten mit anderen Netzwerkbetriebssystemen exisitieren. Das Konzept und die Beweggründe dafür sind von Hersteller zu Hersteller anders und jedes System hat seine Vor- und Nachteile. Nur eine genaue Analyse der gesetzten Anforderungen versetzen einen in die Lage, das richtige System für den jeweiligen Umgebungsbereich zu finden. Ich hätte Ihnen gerne systemtechnisch weitere Einzelheiten von Vines aufgezeigt, so wie ich es bereits für NetWare gemacht habe. Das Problem dabei ist nur, daß es sehr schwierig ist, an diese Informationen bei Banyan zu kommen.

Um die gesamte Betrachtungsweise der jeweiligen Systeme abzurunden, will ich Ihnen in den nächsten Abschnitten den Microsoft LAN Manager v2.2 und das Konzept von Windows NT und dem LAN Manager NT näher aufzeigen.

KAPITEL 22

22 Microsoft LAN Manager v2.2

Die Firma Microsoft tummelt sich auf dem Gebiet der Netzwerkbetriebssysteme fast ebenso lange wie die Firmen Novell oder Banyan. Microsoft begann seine Entwicklung jedoch auf Basis von MD-DOS und konnte mit dem Netzwerkbetriebssystem MS-NET keinen sehr großen Erfolg verbuchen. Dies änderte sich etwas, als Microsoft seine Netzwerkbetriebssysteme auf Basis von OS/2 entwickelte. Der letzte Stand dieser Entwicklung ist der LAN Manager v2.2, der in diesem Kapitel näher betrachtet werden soll. Diese Ausführungen legen auch bereits Konzepte fest, die für das nächste Kapitel über Windows NT und Windows NT Advanced Server benötigt werden.

Die Betriebssystembasis für die Netzwerkbetriebssysteme von Microsoft wird zwar in nächster Zeit nicht mehr OS/2 sein, sondern Windows NT, jedoch sind im LAN Manager für Windows NT (offizielle Bezeichnung von Microsoft: Windows NT Advanced Server) so viele Konzepte aus dem LAN Manager v2.2 enthalten, daß es durchaus gerechtfertigt ist, auch dieses System zu betrachten. Zudem wird von Mircosoft offiziell der LAN Manager v2.2 als Netzwerkbetriebssystem ausgeliefert, da die andere Plattform noch nicht zur Verfügung steht. Eine genauer Termin für NT konnte bis jetzt nicht erfahren werden. Vielleicht haben Sie Glück und sind beim Lesen dieser Zeilen bereits im Besitz einer offziellen NT Version.

22.1 Überblick über LAN Manager-Konzepte

Die Grundidee der Netzwerkstrategie von Microsoft ist darin zu sehen, Lösungen zum Aufbau von LANs zur Verfügung zu stellen, um unternehmensweite Netzwerke in herstellerunabhängigen Umgebungen aufbauen zu können. Die Verbindungen werden von Microsoft durch folgende Konzepte ermöglicht:

- Unterstützung für Client/Server-Anwendungen
- gemeinsame Benutzung von Ressourcen
- Sicherheit und Zuverlässigkeit
- anspruchsvolle Verwaltungshilfsmittel
- ein solides Software-Entwicklungsumfeld
- graphische Benutzeroberfläche auf dem Desktop
- »strategische« Beziehungen zu führenden Industrieleuten in Schlüsselstellungen sowie
- hochqualifizierte Unterstützung und Ausbildung.

KAPITEL 22

Die konsequente Weiterentwicklung dieser Verbindungsmöglichkeiten führt dazu, unmittelbaren Zugriff auf alle Daten im Unternehmen zu haben. Diese Strategie bzw. dieses Konzept nennt Microsoft »Information at your Fingertips«. Microsoft verwirklicht durch folgende Aspekte sein netzwerkstrategisches Konzept:

- Client/Server-Datenverarbeitung

Die Verarbeitung der Daten im Netz erfolgt nicht mehr nach dem klassischen Prinzip der zentralisierten Datenverarbeitung und dezentralisierten Rechenleistung, sondern wird um eine Möglichkeit erweitert, Rechenleistung im Netzwerk zu verteilen. Auf diesen Mechanismus wird an anderer Stelle noch näher eingegangen werden.

- Große, integrierte Netzwerke

Management-Informations-System (MIS)-Abteilungen, die mehr und mehr den gemeinsamen Zugriff zu Informationen auf breiterer Ebene fordern, gehen allmählich dazu über, kleine, isolierte LANs in große, das gesamte Unternehmen umfassende, Netzwerke zu integrieren. Dieser Schritt ist allerdings nur mit Hilfe fortschrittlicher Connectivity-Lösungen zwischen Multiserver-Netzwerken durchführbar. Der LAN Manager stellt zu diesem Zweck die nötigen Mittel zur Verfügung, um den Zusammenschluß mehrerer separater, abteilungseigener LANs unter ein zentrales Management zu bringen.

- Integration der Workstation

Um den Benutzern die ihnen zur Verfügung gestellten Ressourcen optimal verfügbar zu machen, ist generell eine reibungslose Einbindung in das Netzwerk Voraussetzung. Microsoft hat sich dazu entschieden, im LAN-Manager-Netzwerk die graphische Benutzeroberfläche einzuführen, die Anwendern die Möglichkeit gibt, die Leistung des Systems mühelos und voll auszunutzen, die zum Lernen notwendige Zeit und den Trainingsaufwand auf ein Mindestmaß herabzusetzen und für Client/Server-Anwendungen die beste Desktop-Umgebung bereitzustellen.

- Einsatz kleinerer Maschinen (Rightsizing-Prozeß)

Im Zuge des »Rightsizing«-Verfahrens, das die Arbeitslast im Netzwerk vom Mainframe auf die im Unternehmen vorhandenen Systeme verteilt, bietet der LAN Manager die Möglichkeit kleinere, weniger teure Maschinen, sprich PCs, einzusetzen, die die Arbeit größerer Maschinen bzw. Systeme ausführen. Das führt, angesichts der nüchternen Wirklichkeit, in der meist knappe Etats vorherrschen, zukünftig zu leistungsfähigen Datenverarbeitungssystemen, die ein verbessertes Preis-Leistungs-Verhältnis bieten. Mit der »Verkleinerung der Maschinen« wird gleichzeitig ein solides Entwicklungsumfeld gefordert, das den Software-Entwicklungsprozeß rationalisiert und eine breitere Auswahl an Anwendungen unterstützt. Der Microsoft LAN Manager, der das Konzept des »Rightsizing«-Prozesses fördert, kann auch zukünftig den Anforderungen großer Unternehmen gerecht werden. Dies soll jedoch nicht bedeuten, daß der Host komplett abgeschafft werden soll. Arbeiten, die auch mit Hilfe geeigneter Vernetzungstechniken einfacher und billiger zu bewältigen sind, sollen auf Ebenen tieferer Stufe in der Rechnerhierarchie verlagert werden. Man soll dies unter dem Stichwort »Jeder Rechner für seinen richtigen Einsatz und die Aufgabe, die er am besten erledigen kann« betrachten.

■ Enterprise Service Architecture

Das Microsoft Enterprise Service Architecture (ESA)-Konzept soll die vielen, verschiedenen Datenverarbeitungs-Ressourcen innerhalb einer Organisation derart miteinander verbinden, daß standardmäßige Workstationanwendungen mit sämtlichen Servern, unabhängig von der Plattform, interaktiv kommunizieren können. So sollen beispielsweise Minicomputer und Großrechner ihre Ressourcen den Benutzern im LAN zur Verfügung stellen. Durch die Möglichkeit des freien Zugriffs auf alle Netzwerk-Ressourcen, sichert die ESA bereits bestehende Investitionen in diesen Systemen. So unterstützt der LAN Manager alle bedeutenden Unternehmen in der Industrie mit allen ihren ausschlaggebenden Plattformen, wie z.B. DEC mit VMS oder AT&T und HP mit Unix. D.h. durch die Einsatzmöglichkeiten des LAN Manager auf unterschiedlichen Plattformen, nicht nur auf PC-Basis, wird die Integration und Zusammenführung heterogener Welten gefördert.

■ Netzwerkkomponenten unterschiedlicher Hersteller

Mit der Einbindung der verschiedensten Kombinationen von Hardware und Software wie PCs, Minicomputer, Großrechner, LANs, WANs (Fern- oder Postnetze), Betriebssysteme und Anwendungen wurde es immer wichtiger aber auch schwieriger, die physikalische und logische Interoperabilität im Netzwerk zu gewährleisten. LANs rücken mehr und mehr in den Brennpunkt großer Unternehmen indem Host-Ressourcen umgeleitet werden, um Anwendern in Lokalen Netzen zu dienen. Client/Server-Anwendungen können in Lokalen Netzwerken auf Datenbestände der Großrechnersysteme zurückgreifen und erzeugen außerdem oft noch zusätzliche Jobs, die an eben erwähnte Großrechnersysteme geleitet werden. So setzte sich Microsoft bei der Entwicklung des LAN Managers u. a. die strenge Einhaltung von Normen, die offene Systeme begünstigen, sowie die Entwicklung eines LAN-Betriebssystems, das von den wichtigsten Minicomputer und Großrechnerlieferanten lizensiert und unterstützt wird, zum Ziel. Die Erfüllung dieser Anforderungen durch den LAN Manager garantiert die nahtlose Interoperabilität und Connectivity, die notwendig ist, um einen relativ reibungslosen Einsatz von Produkten unterschiedlicher Hersteller realisieren zu können.

22.2 Das Client/Server-Konzept des LAN Managers

Ein grundlegendes Konzept des LAN Managers ist die Unterstützung der Client/Server-Architektur. Microsoft ist der Auffassung, daß Client/Server-Datenverarbeitung sowie verteilte Anwendungen die Lösungen der Zukunft sind und Minicomputer-Umgebungen bezüglich Leistungsstärke und Sicherheit bald einholen werden. Deshalb setzt die Firma im Laufe der nächsten Jahre auf einen explosionsartigen Anstieg der Client/Server-Datenverarbeitung und entwickelte den LAN Manager, um der Client/Server-Umgebung ein optimales Leistungsniveau für die Netzwerkverarbeitung zur Verfügung zu stellen. Ein Konzept, das von allen anderen Herstellern in punkto Netzwerkbetriebssystem auch immer mehr Aufmerksamkeit erhält. Man geht weg von einer starren und inflexiblen Netzwerkstruktur.

Microsoft sieht die Vorteile der Client/Server-Architektur in folgenden Punkten:

- Steigerung der Leistungsfähigkeit

Die Client/Server-Architektur des LAN Managers verbessert die Leistungsfähigkeit eines Netzwerkes dadurch, daß ein Großteil der Verarbeitungsprozesse einer Applikation auf der Server-Hardware laufen, die wesentlich leistungsfähiger ist, als die Workstation-Hardware. Dabei ist nur zu beachten, die Hardware des Servers auch wirklich leistungsfähiger zu konzipieren, als dies für die Workstations der Fall ist, was jedoch im Zuge der technolgischen und preislichen Entwicklung immer schwerer fällt. Ebenso wird die Leistung durch Dienste, die auf dem Server zentralisiert sind, gesteigert, da der Netzwerkverkehr reduziert und gleichzeitig auftretende Requests besser koordiniert werden können.

- Ideale Datenverarbeitungs-Umgebung

Die Client/Server-Architektur des LAN Managers bietet für Workgroups eine ideale Datenverarbeitungs-Umgebung, indem sie die Vorzüge von Standalone-Systemen mit den traditionellen Vorteilen der Minicomputer und Großrechner verbindet; d.h. die Client/Server-Datenverarbeitung vereinigt die vorteilhaften Aspekte beider Welten.

Microsoft LAN Manager v2.2

■ Steigerung der Arbeitsgruppenproduktivität
Die Client/Server-Architektur ermöglicht den schnellen, einfachen Zugang zu einer Reihe von gemeinsam benutzten Informationen und Diensten und erlaubt Benutzergruppen z.B. leistungsfähige Tools zu benutzen.

■ Nutzung von Datenbank- oder Kommunikations-Diensten
Die Client/Server-Architektur gewährleistet die gleichzeitige Nutzung von Diensten, die von einem Datenbank- oder Kommunikationsserver bereitgestellt werden, durch eine Vielzahl von Frontend-Client-Anwendungen unterschiedlicher Hersteller. So ist es zum Beispiel möglich, daß jedes Mitglied einer Arbeitsgruppe im Unternehmen mit einer zentralen SQL-Serverdatenbank arbeiten kann und dabei die Applikation als Front-End verwendet, die am besten für seine Aufgabe geeignet ist (DataEase SQL, Microsoft Excel, Borland Paradox, angepaßte C- oder Cobol-Applikation). Dabei braucht man sich keine Gedanken über das Konvertieren der Daten aus einem Datenformat in ein anderes zu machen (wie es normalerweise der Fall ist, wenn Informationen von mehreren Produkten gemeinsam genutzt werden), da die Anwendungen direkt auf die unter den verschiedenen Server-Applikationen gespeicherten Daten zugreifen können.

Ist eine Client-Anwendung mit einer bestimmten Server-Anwendung kompatibel, kann sie Daten mit jeder anderen Anwendung austauschen, die auf diesem Server läuft.

■ Entwicklungsumgebung
Entwickler in Client/Server-Netzwerken müssen keine Backend-Dienste programmieren, sondern können sich voll auf die Frontend-Programmierung und anwendungsspezifische Problemstellungen konzentrieren. Beispielsweise ist Saros FileShare ein Softwaresystem für verteilte Datei- und Dokumentenverwaltung, das den Microsoft SQL-Server als Betriebssoftware für seine relationale Datenbank benutzt.

Dies sind Trends und Tendenzen, die bei allen zukünftigen Entwicklungen berücksicht werden müssen und als integrales Konzept betrachtet werden können. Sämtliche Netzwerkbetriebssystemhersteller orientieren sich auch in Richtung Client/Server-Architekturen, da die Marktanforderungen diese Konzepte verlangen und benötigen.

22.3 Grundlegende Betriebssystemeigenschaften

Der LAN Manager v2.2 läuft als Task auf dem Trägerbetriebssystem OS/2 v1.31 und ist somit kein eigenständiges Betriebssystem. OS/2 übernimmt die Verwaltung von Hardware- und Peripherieeinheiten und stellt Mittel zur Interprozeßkommunikation (IPC) bereit. Der LAN Manager stellt als OS/2-Betriebssystemerweiterung alle wichtigen Netzwerkfunktionen wie z.B. Sicherheitsmechanismen, Netzwerkdienste oder Verwaltungsfunktionen zur Verfügung.

Man kann sich selbst vorstellen, was dies bedeutet. Eine optimale Abstimmung des Betriebssystems auf Netzwerkfunktionalität kann somit nicht gegeben sein, da OS/2 auch als normale Workstationumgebung eingesetzt werden kann. D.h. eine Optimierung, so wie dies von NetWare eingeführt ist, kann nicht durchgeführt werden.

22.3.1 OS/2 – das Trägerbetriebssystem des LAN Managers

Das multitaskingfähige OS/2 v1.31 arbeitet mit einer 16 Bit breiten Betriebssystemarchitektur, d.h. die 32 Bit eines 80386- bzw. 80486-Mikroprozessors werden nicht voll ausgenutzt. Die Breite der Dateisystemarchitektur beträgt ebenfalls 16 Bit; sie wird jedoch später bei der Installation des LAN Managers durch den HPFS386-Treiber auf 32 Bit erweitert. Nachfolgend sollen die wichtigsten Eigenschaften für OS/2 aufgezeigt werden. Wenn Sie das Kapitel über Windows NT lesen, werden Sie einige dieser Aspekte wieder finden, da Windows NT in einigen Punkten OS/2-Konzepte übernommen hat.

Memory Management im Protected Mode

OS/2 arbeitet im Protected Mode. Dieser Modus der 80386/80486-Prozessoren ermöglicht das parallele Ablaufen mehrerer Anwendungen im Hauptspeicher. Da diese Anwendungen quasi zur gleichen Zeit auf den Adreßraum des Hauptspeichers zugreifen, muß dieser in gegeneinander abgegrenzte bzw. geschützte Bereiche, sogenannte Segmente, unterteilt werden (daher auch die Bezeichnung Protected Mode). OS/2 teilt den Hauptspeicher in maximal 64 Kbyte große Segmente auf. Das einer Anwendung zugewiesene Segment wird als benutzt deklariert und kann deshalb kein zweites Mal vergeben werden. Die von einer Anwendung benutzten Segmente liegen meist in verschiedenen Bereichen des Hauptspeichers verstreut.

Den Anwendungsprogrammen kann jedoch ein zusammenhängender Speicherbereich vorgetäuscht werden, indem der Zugriff auf Segmente nicht direkt durch physikalische Adressen erfolgt, sondern durch virtuelle Adressen, die mit Hilfe von Deskriptor-Tabellen in physikalische Adressen übersetzt werden. Näher auf das Konzept der virtuellen Speicheradressierung einzugehen, würde den Rahmen des Buches sprengen. Wenn Sie mehr über dieses Verfahren wissen möchten, sei auf die einschlägige Fachliteratur verwiesen.

Multitasking

OS/2 ist ein echtes Multitasking-Betriebssystem, d.h. es werden gleichzeitig verschiedene Prozesse oder Programme abgearbeitet. Unter OS/2 können mehrere OS/2-Tasks und eine DOS-Task zur gleichen Zeit laufen, aber nur eine dieser Tasks kann auf Bildschirm und Tastatur zugreifen. Diese wird vom Benutzer aus einer Tabelle, in der alle Tasks aufgelistet sind (Task-Liste), ausgewählt. Um eine DOS-Task starten zu können, schaltet OS/2 den Prozessor über ein Status-Bit vom Protected- in den Real-Mode um. Dies ist nach der Installation des LAN Managers bzw. des HPFS386-Dateisystems nicht mehr möglich und wird hier deshalb nicht mehr näher betrachtet. Um Multitasking realisieren zu können

- muß der Prozessor 80386 oder 80486 im Protected Mode arbeiten,
- muß der Betriebssystemkern vor Anwenderprogrammen geschützt werden,
- müssen verschiedene System-Objekte existieren,
- muß die Hardware vor direktem Zugriff innerhalb der Programmierung geschützt werden.

Dieser Schutz wird dadurch gewährt, daß nur der Systemkern von OS/2 auf die Hardware zugreifen darf. Den Anwenderprogrammen stehen eine Vielzahl Funktionsaufrufe zur Verfügung, die vom sogenannten Application Programming Interface (API) übersetzt und an den Systemkern von OS/2 weitergeleitet werden, der dann die Ausführung der jeweiligen Aufgaben auf Hardwareebene veranlaßt.

Prozeßsteuerung

Im letzten Kapitel wurde schon angedeutet, daß Multitasking unter OS/2 über das Konzept verschiedener System-Objekte bzw. Organisationseinheiten realisiert wird. Hierfür existieren 3 System-Objekte:

KAPITEL 22

■ Threads

In OS/2 wird die kleinste ablauffähige Einheit, der vom Scheduler CPU-Zeit zugewiesen werden kann, als Thread bezeichnet. Diese Ausführungseinheit liegt immer innerhalb eines Prozesses. Existieren in einem Prozeß mehrere Threads, können sie innerhalb von diesem parallel laufen. Man kann sich einen Thread auch als eine C-Funktion vorstellen, die zur gleichen Zeit wie eine andere Funktion in einem Programm ablaufen kann. Das Konzept der Threads stellt praktisch eine Art prozeß-internes Multitasking, das Threading genannt wird, dar.

Threads gehören jeweils einer von 3 Prioritätsklassen an: zeitkritisch (time critical), normal oder ruhend (idle).

Jede dieser Klassen ist in sich nochmals in 32 Prioritätsstufen unterteilt. Der zeitkritischen Kategorie gehören z. B. Threads an, die für die Kommunikation zwischen Prozessen zuständig sind. Der normalen Kategorie gehören sogenannte Dialog-Threads (Interactive Threads) an, also Threads, die mit Bildschirm und Tastatur kommunizieren. Zur ruhenden Kategorie gehören Threads, die mit sehr geringer Priorität laufen.

Ein Thread, der eine besondere Rolle einnimmt, ist der Default Thread. Er wird automatisch angelegt, wenn ein Prozeß startet. Somit verfügt jeder Prozeß über einen Default Thread. Wird dieser beendet, terminieren auch alle anderen Threads und der Prozeß wird abgeschlossen. Ein Default Thread schafft, ausgehend von einem Initialisierungspunkt, für einen Prozeß eine Umgebung (Environment) und kann andere Threads anstoßen, die selbst dynamisch und asynchron ablaufen können.

■ Prozesse

Prozesse sind unter OS/2 im Gegensatz zu Threads keine Ausführungseinheiten, sondern reine Verwaltungseinheiten. Da mehrere Prozesse gleichzeitig laufen können, spricht man hier auch vom äußeren Multitasking. Jede der Verwaltungseinheiten ist eine geladene Applikation, die vom Default Thread eine Programmumgebung mit Systemressourcen wie Speicher, Peripherie (Bildschirm, Drucker usw.) und Dateien erhalten hat. Wenn ein Prozeß andere Prozesse aufruft, spricht man von Parent- und Child-Prozessen.

Die 80386/80486 Prozessoren stellen Schutzmechanismen bereit, die dem Betriebssystem reservierte Speichersegmente vorbehalten. Dadurch sollen Applikationen hardwareunabhängig und multitaskingfähig gemacht werden. Die Schutzmechanismen werden durch 4 Ringe definiert, die auch als Privilege Levels bezeichnet werden. Insgesamt stehen 4 Privilege Levels zur Verfügung:

Microsoft LAN Manager v2.2

Ring 0, Kernel Mode (Dies ist der höchste Privilege Level; er ist streng geschützt. Hier liegen z.B. der OS/2-Kernel und alle Gerätetreiber.)

Ring 1, wird unter OS/2 nicht benutzt

Ring 2, Input/Output Privilege Level (IOPL) (Bestimmten Applikationen kann Zugang zu diesem Ring der erweiterten Systemservices gestattet werden. Das ist notwendig, um z. B. Interrupt Flags zu setzen oder um einen Software-Schutz aufheben zu können. Der LAN Manager greift auch auf diesen Ring zu.)

Ring 3, User Mode (Dieser Ring ist Anwendungsprogrammen ohne Rechte vorbehalten. Dazu zählen beispielsweise der LAN Manager, SQL- oder Kommunikations-Server.)

Unter OS/2 werden unterschiedliche Prozesse den entsprechenden Privilege Levels zugeordnet. In diesem Zusammenhang unterscheidet man zwischen Systemprozessen und Anwenderprozessen.

Systemprozesse sind resident im Speicher vorhanden, nehmen nicht am Scheduling teil und befinden sich im Privilege Level-Ring 0 (Kernel Mode). Zu den Systemprozessen gehören beispielsweise Desktop- und Memory-Manager. *Anwenderprozesse* sind hauptsächlich im Ring 3 und teilweise auch im Ring 2 angesiedelt. Aufgrund des Swapping-Mechanismus sind sie manchmal nur teilweise im Hauptspeicher vorhanden. Anwenderprozesse sind z.B. Applikationen wie LAN Manager, SQL-Server oder Textverarbeitungsprogramme.

- Bildschirmgruppen (Screengroups)

Eine Bildschirmgruppe ist eine Gruppe von Prozessen, die sich physikalisch einen Bildschirm und eine Tastatur während einer Arbeitssitzung teilen. Der Prozeß, der die Kontrolle über Bildschirm und Tastatur bzw. über Ein- und Ausgaben hat, wird als Vordergrund-Prozeß bezeichnet. Ein Prozeß, der unabhängig von Bildschirm und Tastatur, also unabhängig von I/O-Aktivitäten, läuft, nennt man Hintergrund-Prozeß. Ein Vordergrund-Prozess besitzt grundsätzlich eine höhere Priorität als Hintergrund-Prozesse. OS/2 unterstützt im Protected Mode gleichzeitig 12 Bildschirmgruppen, von denen jede ihren eigenen Bildschirm hat. Genau eine Gruppe verfügt im Vordergrund über den physikalischen (realen) Bildschirm; alle anderen Gruppen werden im Hintergrund virtuell simuliert. Die Simulation erfolgt im Hauptspeicher in Puffern (video buffers), so daß ein Umschalten vom virtuellen zum realen Bildschirm schnell erfolgen kann. Die Task-Liste erteilt

Informationen über momentan aktive Bildschirmgruppen. Der Presentation Manager ermöglicht das Starten dieser Gruppen.

Man kann also eine Bildschirmgruppe kurz als eine Multitasking-Verwaltungseinheit beschreiben, in der ein Vordergrund- und mehrere Hintergrund-Prozesse möglich sind.

Scheduling

Wenn bisher davon gesprochen wurde, daß Prozesse bzw. Threads gleichzeitig/parallel ablaufen, dann ist das natürlich nicht ganz richtig, denn ein Prozessor kann pro Zeiteinheit nur einen Befehl abarbeiten. OS/2 verteilt die durch den Prozessor zur Verfügung gestellte Rechenzeit im Zeitscheibenverfahren (time slicing), d.h. Multitasking wird simuliert, indem verschiedene Programme in so kurzen Zeitintervallen wechselseitig bearbeitet werden, daß für den Anwender der Eindruck entsteht, es würden alle Programme gleichzeitig laufen.

Die Zeitverteilung, also die Aufteilung der CPU-Rechenzeit in exakt gleiche Zeitscheiben, wird in OS/2 durch einen preemptiven Scheduler geregelt. Dieser arbeitet Threads, die vom Dispatcher definiert und dem Scheduler zugeführt wurden, nach dem Round-Robin-Verfahren ab. D.h. es wird zuerst den Threads CPU-Zeit zur Verfügung gestellt, die die höchste Priorität besitzen. Haben mehrere Threads die gleiche Priorität, so wird ihre Reihenfolge nach der Ankunftszeit entschieden. Sollte sich ein Prozeß z.B. aufgrund eines Programmierfehlers einmal der Kontrolle des Betriebssystems entziehen wollen, kann der Scheduler auch diesen Prozeß bzw. Thread terminieren.

Interprozeßkommunikation (IPC)

Mit Hilfe verschiedener Interprozeßkommunikationsmechanismen lassen sich Nachrichten und Daten zwischen Programmen und somit zwischen Prozessen übermitteln. Die Prozesse müssen dabei nicht auf dem gleichen Rechner aktiv sein, was für das Konzept der Netzwerkfunktionalität äußerst wichtig ist. OS/2 unterstützt folgende IPC-Mechanismen:

- Pipes

Pipes sind Datenkanäle, die einen Informationsaustausch zwischen mehreren Prozessen ermöglichen. Sie liegen in der Regel vollständig im Hauptspeicher und können ein Datenvolumen bis zu 64 Kbyte aufnehmen. Pipes arbeiten nach dem First In/First Out-Prinzip (FIFO); man kann sie deshalb mit einem seriellen Kommunikationskanal vergleichen. Bei der Kommunikation mit

Microsoft LAN Manager v2.2

einer Pipe können grundsätzlich mehrere Prozesse in die Pipe schreiben (Sender); ebenso können mehrere Prozesse aus der Pipe lesen (Empfänger). Man unterscheidet zwischen anonymen und benannten (named) Pipes.

- Queues

Queues dienen, ebenso wie Pipes, dem Datenaustausch und liegen in einem Bereich des Hauptspeichers, der von allen Prozessen gemeinsam genutzt werden kann (Shared Memory). Somit steht den Queues der gesamte virtuelle Adreßraum zur Verfügung. Dies ermöglicht eine Interprozeßkommunikation zwischen Prozessen verschiedener Bildschirmgruppen. Nachrichtenpakete dürfen eine Größe von bis zu 64 Kbyte besitzen. In einer Queue beliefern mehrere Sender nur einen Empfänger, der die eingegangenen Daten auf 3 verschiedene Arten lesen kann:

First In/First Out-Prinzip (FIFO),
Last In/First Out-Prinzip (LIFO) oder
prioritätsgesteuert.

Queues werden häufig benutzt, um große Nachrichtenpakete schnell zu transportieren und bieten so eine sehr leistungsfähige Möglichkeit, Nachrichten zwischen Prozessen auszutauschen.

- Shared Memory

Shared Memory ermöglicht den Datenaustausch zwischen mehreren Prozessen, die auf gemeinsame Speicherbereiche konkurrierend zugreifen können: Im Gegensatz zur Queue gibt es also mehrere Empfänger. Shared Memory liegt im Hauptspeicher des gemeinsamen Adreßraumes und bietet die Möglichkeit eines effizienten Datenaustausches, da keine Daten bewegt werden müssen. Wie schon die Pipes, läßt sich auch Shared Memory in anonymen Shared Memory (auch giveaway Shared Memory) und named Shared Memory unterteilen.

Beim anonymen Shared Memory können die Zugriffsrechte vom Besitzer z.B. durch Übermittelung der Speicheradresse per Pipe an einen anderen Prozeß übergeben werden.

Beim named Shared Memory wird ein Name für einen Speicherbereich nach OS/2-Konventionen vergeben. Andere Prozesse erhalten Zugriff auf diesen Speicherbereich, wenn ihnen der Name des Bereiches bekannt ist.

- Semaphore

Semaphore können generell als binäre Schalter definiert werden, die entweder »an« oder »aus« sind und so einen bestimmten Status anzeigen. Sie schützen kritische Datenbereiche, indem sie Prozesse bzw. Threads serialisieren; dies gilt insbesondere im Zusammenhang mit Betriebsmitteln wie z.B. Festplatte oder Drucker, die nur von einem Thread zur gleichen Zeit benutzt werden können. Semaphore lassen also Threads warten, bis ein bestimmtes Ereignis eingetreten ist (z.B. die Fertigstellung eines Druckvorganges). Semaphore lassen sich in RAM- und System-Semaphore unterteilen. RAM-Semaphore koordinieren innerhalb von Prozessen; System-Semaphore koordinieren dagegen zwischen verschiedenen Prozessen und werden im Systemspeicher verwaltet.

■ Signale

Wie die Semaphore können auch die Signale mit Schaltern verglichen werden; allerdings können Signale Prozesse bzw. Threads unterbrechen. Diese Unterbrechung funktioniert ähnlich wie ein Hardware-Interrupt unter DOS. Ein Signal-Handler spricht die Signale an, von denen insgesamt 7 existieren: CTRL-C, Broken Pipe, Prozeß-Termination, CTRL-Break, Flag A, Flag B und Flag C. Der LAN Manager beispielsweise kommuniziert über Flag A mit seinen Service-Programmen.

■ Mailslots

Interprozeßkommunikation durch Mailslots wird erst durch die Erweiterung von OS/2 durch den LAN Manager ermöglicht. Ein Mailslot stellt einen Mechanismus zum Lesen und Schreiben im Netzwerk dar, dient also der Nachrichtenübermittlung im Netz. Legt ein Prozeß einen Mailslot an und gibt diesem einen Namen, so kann ein anderer Prozeß unter Verwendung des Mailslot-Namens auf diesen zugreifen und Nachrichten darin ablegen. Der Prozeß, der den Mailslot eingerichtet hat, besitzt als einziger Prozeß Lese-Zugriff auf diesen Mailslot. Dabei wird immer die Nachricht gelesen, die obenauf liegt. Da die Absender ihren Nachrichten verschiedene Prioritäten zuordnen können, gilt hier nicht das FIFO-Prinzip und eine Applikation weiß daher nicht, wann ihre abgelegte Nachricht gelesen wird.

HPFS- und HPFS386-Dateisystem

Unter OS/2 besteht die Möglichkeit, neben dem von DOS-Rechnern bekannten FAT-Dateisystem ein zusätzlich installierbares Dateisystem (IFS = Installable File System) als Dateisystemtreiber (FSD = File System Driver) zu implementieren. Dieses High Performance File System (HPFS) genannte System, wurde speziell für die Verwaltung großvolumiger Festplatten entworfen und erlaubt auch bei sehr großen Datenmengen kurze Zugriffszeiten. Im Vergleich zum FAT-Dateisystem hat sich für den Benutzer nicht nur der unsichtbare interne Aufbau geändert, sondern auch die Vergabe von erweiterten Dateiattributen und Dateinamen.

OS/2 und der LAN Manager können entweder nur mit dem FAT-Dateisystem, einer Kombination aus FAT- und HPFS-System oder nur mit HPFS installiert werden. Um alle Möglichkeiten und eine optimale Performance ausschöpfen zu können, wird jedoch geraten nur HPFS zu installieren. Nur das HPFS Dateisystem ermöglicht den Einsatz zusätzlicher Fault Tolerant Mechanismen, die von OS/2 mit einem FAT Dateisystem nicht unterstützt werden können. Hierzu zählen die folgenden Eigenschaften:

- Volume-Architektur

HPFS teilt die gesamte Festplatte in Bänder ein, die jeweils über einen 8 Mbyte großen Datenbereich und eine Bitmap verfügen. Die Verteilung der Bänder erfolgt so, daß die Bitmaps aufeinanderfolgender Bänder zusammenliegen. In der Bitmap befindet sich der Sektorbelegungsplan für den zugehörigen Datenbereich. Ein Sektor bildet mit einem Datenvolumen von 512 Byte unter HPFS die kleinstmögliche Einheit. In der Mitte der Festplatte reserviert HPFS einen gewissen Bereich, in dem ausschließlich Verzeichnisse angelegt werden. Durch das Bändermodell liegen Benutzer- und Verwaltungsdaten physikalisch eng beieinander, so daß die Festplattenköpfe nur kurze Wege zurücklegen müssen, falls HPFS zusammengehörige Daten in einem Band unterbringen konnte. Davon kann in der Regel ausgegangen werden, denn das Abspeichern zusammengehöriger Daten in einem Band stellt ein Hauptkriterium bei der Auswahl des Datenspeicherbereiches dar. Zugriffszeiten innerhalb eines Bandes sind, egal wo sich das Band befindet und wie groß die Festplatte ist, konstant. So variieren nur die Positionierungszeiten der Köpfe bei Bandwechseln. Im Optimalfall sind alle Bänder völlig unabhängig voneinander, so daß der Verwaltungsaufwand nicht-linear mit der Datenträgergröße ansteigt.

Durch den eigenen Verzeichnisbereich in der Plattenmitte brauchen die Plattenköpfe auch bei einer tiefen Verschachtelung von Unterverzeichnissen keine großen Wege über die Platte zurücklegen. Da sich die Köpfe statistisch am häufigsten in der Plattenmitte befinden und beim Speichern oder Lesen immer als erstes auf die Verzeichnisstruktur zugegriffen werden muß, ergibt sich hier ein enormer Geschwindigkeitsvorteil.

- Caching

HPFS speichert Daten von und zur Festplatte im Hauptspeicher zwischen. Dies wird als Caching bzw. Plattencaching bezeichnet. Über einen Eintrag in der CONFIG.SYS kann das sogenannte Lazy-Writing aktiviert werden. Lazy-Writing schreibt Daten bei Schreibzugriffen nicht sofort physikalisch auf die Festplatte, sondern erst dann, wenn System- und Plattenauslastung gering sind. Daraus

KAPITEL 22

ergibt sich ein weiterer Vorteil: Daten, die abermals von einer Anwendung benötigt werden, können, falls sie noch im Cachespeicher stehen, aus diesem eingelesen werden. Da so kein Plattenzugriff nötig ist, kann eine Leseoperation wesentlich schneller ausgeführt werden.

▬ Hot Fix

Um Datenverluste durch fehlerhafte Sektoren zu verhindern, reserviert HPFS einen Hot-Fix-Bereich auf der Platte. Dieser Bereich besteht aus mehreren Sektoren, die die Aufgabe haben, kurzzeitig Daten aus zerstörten Sektoren aufzunehmen und so die Daten vor dem Verlust zu bewahren. Entdeckt HPFS einen defekten Sektor, wird dieser in die Liste der zerstörten Sektoren aufgenommen und ein Sektor aus dem Hot-Fix-Bereich als Ersatz herangezogen. Außerdem wird im Fnode der entsprechenden Datei eine Änderung der Zuweisungsliste durchgeführt. Beim nächsten Lauf von CHKDSK wird ein neuer Datensektor reserviert und der belegte Hot-Fix-Sektor kann wieder freigegeben werden. So stehen immer genügend Hot-Fix-Sektoren zur Verfügung. Ein Anwendungsprogramm läuft unberührt von diesen Aktivitäten; alle Aktionen werden ausschließlich über HPFS gesteuert. Dieser Hot-Mechanismus unterscheidet sich grundlegend von der Art und Weise, wie dies bei NetWare realisiert ist. Das Ergebnis ist in beiden Fällen jedoch das gleich.

▬ Erweiterte Dateiattribute

Erweiterte Dateiattribute werden von HPFS in einer den Umgebungsvariablen einer Batchdatei ähnlichen Forn abgelegt, die wie folgt aussieht: ATTRIBUT=WERT. Sie können ein maximales Datenvolumen von 64 Kbyte aufnehmen. So ist es möglich, neben Read-Only-, System-, Hidden- und Archive-Attributen Informationen jeglicher Art abzulegen. Beispielsweise kann man eine Datei mit einem Programm verbinden und diese beim Programmaufruf gleichzeitig mitausführen lassen. Ebenso lassen sich Icons Dateien zuordnen.

▬ Namenskonventionen

Unter HPFS dürfen Dateinamen maximal 254 Zeichen lang sein. Ein Pfad und ein Dateiname dürfen zusammen 259 Zeichen lang sein. Neben Leerzeichen und Punkten dürfen »,«, »+«, »=«, »[«, »]« und »;« überall und so oft, wie gewünscht, in Datei- oder Directorynamen vorkommen. Groß- und Kleinschreibung sowie eine Mischung aus beiden Formen wird von HPFS erkannt. Aufgrund dieser Konventionen lassen sich HPFS-Dateien nicht direkt von DOS aus ansprechen.

Microsoft LAN Manager v2.2

- Kompatibilität zum FAT-System

HPFS ist abwärtskompatibel, d.h. FAT-Dateien können von HPFS ohne Probleme bearbeitet werden; dies gilt allerdings nicht für den umgekehrten Fall. Ein Kopieren von FAT-Dateien auf HPFS-Partitionen ist genauso möglich, wie das Kopieren von HPFS-Dateien auf FAT-Partitionen. Im zweiten Fall muß jedoch die Einschränkung gemacht werden, daß die HPFS-Dateien bezüglich Dateinamen und -attributen den FAT-Konventionen genügen müssen.

- 80386/80486-Optimierungen

Bei der Installation des LAN Managers wird zur Erhöhung der Rechenleistung automatisch ein 32 Bit-Netzwerk-I/O-System installiert. Dieses Untersystem stellt 80386/80486-spezifische Betriebssystemkernerweiterungen zur Verfügung und ersetzt das 16 Bit-OS/2-HPFS-System durch ein 32 Bit-HPFS386-System. HPFS386 ist für Applikationen in einer Server-Umgebung optimiert, in der möglicherweise viele Dateien gleichzeitig geöffnet sind. Wichtige HPFS386-Leistungsmerkmale sind eine erweiterte Zugriffs- und Überwachungskontrolle, eine eng zusammenhängende Dateizuordnung (file allocation) sowie Mechanismen, die eine schnelle Suche unter minimalen Plattenzugriff garantieren sollen. Dazu unterstützt HPFS386 folgende Caching-Mechanismen: Data Caching, Subdirectory Caching und Directory Look Aside Caching.

Data Caching ist ein Daten-Caching-Mechanismus auf unterster Ebene, der mit einem Zwischenspeicher arbeitet, welcher aus 2 Kbyte großen Blöcken besteht. Um zu entscheiden, welche der im Cachespeicher befindlichen Blöcke überschrieben werden sollen, wendet HPFS386 beim Data Caching die Least Recently Used-Strategie (LRU) an; Read Ahead und Write Behind werden jeweils über einen eigenen Thread realisiert.

Beim *Subdirectory Caching* wird für jedes logische Laufwerk eine Subdirectory-Struktur angelegt; diese wird um entsprechende Einträge ergänzt, wenn Subdirectories erstmals angesprochen werden. Die angelegte Subdirectory-Struktur enthält unter anderem Informationen über die logischen Sektornummern des Fnodes, Verzeichnisnamen und Locking-Informationen.

Beim *Directory Look-Aside Caching* existieren Listen, die Informationen über vollständige Verzeichnispfade enthalten. Jede dieser Look Aside-Listen enthält also einen Verweiß auf die jeweilige Subdirectory-Struktur eines Directories. Bei einem Request an das HPFS386-Dateisystem wird zuerst in der Look-Aside-Liste gesucht, ob für das entsprechende Verzeichnis ein Eintrag vorhanden ist. Ist dies der Fall, muß nicht erst im Subdirectory Cache gesucht werden.

KAPITEL 22

HPFS386 läßt aus Sicherheitsgründen kein DOS-Fenster zu und ist Grundvoraussetzung für lokale Sicherheit und Fault Tolerance.

22.3.2 LAN Manager v2.2 – die Netzwerkplattform auf OS/2-Basis

Neben den Eigenschaften, die das Trägerbetriebssystem für den LAN Manager zur Verfügung stellt, sind auch die zusätzlichen Erweiterungen wichtig und interessant, mit denen der LAN Manager selbst ausgestattet ist, um die Funktionalitäten einer Netzwerkumgebung zu implementieren. Dies ist vor allem deshalb wichtig, da es von diesen Eigenschaften abhängt, wie leistungsfähig sich der LAN Manager dem Anwender und dem Systemadministrator gegenüber darstellt.

Multiprozessor-Unterstützung

Zur Performance-Steigerung kann das mit dem LAN Manager installierte 32 Bit-Netzwerk-I/O-System auf einem zweiten Prozessor ausgeführt werden. Diese Multiprozessor Unterstützung basiert dabei auf dem Prinzip des asymmetrischen Konzeptes.

So kann sich ein Prozessor um die Ausführung von Servergestützten-Anwendungen kümmern, während der andere Prozessor den gemeinsamen Dateizugriff regelt. Eine Multiprozessor-Lösung empfiehlt sich also besonders für Server, die sowohl durch Client/Server-Applikationen als auch durch Ressourcensharing beansprucht werden.

Verbindungsdienste

Der LAN Manager stellt umfangreiche Verbindungsdienste zur Verfügung, die den Aufbau heterogener Netzwerkstrukturen mit unterschiedlichen Betriebssystemplattformen und Rechnersystemen erlauben. Dies wird sowohl auf Server-, als auch auf Workstation-Seite durch den Microsoft Protokoll/Treiber-Stack ermöglicht. Die einzelnen Komponeten und deren Funktionen sind wie folgt definiert und konzipiert:

- Redirector

Der Redirector hat im wesentlichen zwei Aufgaben zu erledigen. Zunächst muß er Anforderungen, die eine Workstation lokal nicht erledigen kann, in eine Befehlsform übersetzen, die das Netzwerk-Betriebssystem versteht. Nach erfolgter Übersetzung muß er dann die Anforderung an das Netzwerk weiterleiten. Er bildet also sozusagen das »Tor zum Netzwerk«. Die Funktion des Redirectors soll hier kurz am Beispiel einer DOS-Workstation veranschaulicht werden:

Setzt eine Anwendung auf einer DOS-Workstation einen File-Request ab, so wird dieser an das lokale Betriebssystem der Workstation, also an DOS, übergeben. DOS überprüft nun, ob der Request lokal erfüllt werden kann; ist dies nicht der Fall, wird er an den Redirector weitergegeben. Dieser übersetzt den File-Request zunächst in eine Kommandoform, die der LAN Manager versteht. Konvertiert wird nach den Konventionen des SMB-Protokolls (Server Message Block). Nach erfolgter Konvertierung leitet der Redirector den Request über den Software-Interrupt 5Ch an die NetBIOS-Schnittstelle und somit ins Netzwerk weiter. Neben dem Interrupt 5Ch, der eigens für den Redirector reserviert wurde, existiert neuerdings der Interrupt 2Ah. Er wurde dem Übergabemechanismus als Verbesserung hinzugefügt, um den File-Request nach einer genaueren Überprüfung an den Interrupt 5ch weiterzureichen.

Der Redirector hat im allgemeinen sowohl unter DOS als auch unter OS/2 die gleiche Funktionalität. Der größte Unterschied zwischen einer Implementierung auf einer DOS-Workstation und einer OS/2-Workstation ist die Art des Zugriffes auf die NetBIOS-Schnittstelle. Wie schon im oberen Beispiel beschrieben, erfolgt dieser Zugriff unter DOS per Software-Interrupt-Steuerung, während unter OS/2 der Zugriff über ein sogenanntes Call Level-API erfolgt.

Das Laden des Redirectors geschieht unter DOS mit dem Aufruf des NET START WORKSTATION-Kommandos in der AUTOEXEC.BAT-Datei. Unter OS/2 verfügt die Datei CONFIG.SYS über einen Eintrag, der die NETWKSTA.SYS-Datei und somit auch den Redirector als IFS (Installable File System) installiert.

- NetBIOS

Die NetBIOS-Schnittstelle befindet sich beim Vergleich mit dem ISO/OSI-Modell zwischen den Schichten 4 und 5. Sie wurde 1981 von IBM entwickelt und kennt insgesamt 19 Befehle. NetBIOS überprüft mit welchem Protokoll gearbeitet wird und über welche Netzwerkkarte Daten ins Netzwerk versendet werden und bildet somit für Applikationen die Netzwerk-Schnittstelle. NetBIOS wird im allgemeinen durch 4 Eigenschaften gekennzeichnet:

Spezielle Adressierung durch Namensvergabe
NetBIOS vergibt jeder Arbeitsstation zusätzlich zur Netzwerkkartenadresse logische Namen, die nur einmal im gesamten Netzwerk vorkommen dürfen. Dies wird beim Anmelden im Netzwerk durch eine spezielle Routine überprüft. Mit Hilfe der

Namen wird es möglich, Arbeitsstationen im Netzwerk anzusprechen.

Datagramm-Support
Die Unterstützung von Datagrammen bietet die Möglichkeit einer schnellen Ein-Weg-Kommunikation. Dazu werden bis zu 512 Bytes Daten in ein Datagramm verpackt, das mit dem Namen des Emfängers bzw. der Emfängergruppe versehen in das Netzwerk gesendet wird. Es erfolgt keine Meldung über Erfolg oder Mißerfolg der Sendung an den Absender, d.h. daß das Datagramm (und somit die Nachricht) verlorengeht, falls der Emfänger zum Zeitpunkt der Versendung nicht empfangsbereit war. Datagramme werden deshalb auch als ungesicherte Verbindungen bezeichnet. Ungesicherte Verbindungen gehören zur LLC Class I und laufen im ISO/OSI-Modell auf der Ebene 2 (Sicherung) ab. Typisches Beispiel einer ungesicherten Verbindung ist der Befehl NET VIEW, der die Information liefert, welche Server sich im Netz befinden. Hier wäre es reine Zeitverschwendung gesicherte Verbindungen zu allen Servern, die sich im Netzwerk befinden, aufzubauen.

Session-Support
Im Gegensatz zum Datagramm-Support bietet der Session-Support die Unterstützung von gesicherten Verbindungen der LLC Class II durch eine Zwei-Wege-Kommunikation an. Gesicherte Verbindungen werden z. B. aufgebaut, wenn eine Arbeitsstation eine Text-Datei von einem bestimmten Server laden will, also ein Datenaustausch zwischen Station und Server stattfinden soll.

Demzufolge sind Sessions virtuelle Verbindungen zum Datenaustausch zwischen 2 Teilnehmern im Netzwerk. Der Verbindungsaufbau erfolgt über *Call/Listen*-Kommandos. Die Station, die eine Verbindung aufbauen will, sendet ein *Listen*-Kommando mit eigenem Namen und Emfängernamen ins Netzwerk. Der Emfänger sendet darauf ein *Call*-Kommando mit Ziel- und Quellnamen zurück. »Steht« nun die Verbindung, können mit Hilfe von *Send/Receive*-Kommandos Informationen ausgetauscht werden. Hierbei verwenden beide Kommunikationspartner zum gegenseitigen Ansprechen nur noch eine LSN (Local Session Number). Sind alle Informationen übergeben, beendet ein Kommunikationspartner die Session mit einem *Hang Up*-Befehl.

Sessions gehören übrigens zu den gesicherten Verbindungen, weil nach jedem *Send* ein *Receive*, also eine Rückmeldung, erfolgt. NetBIOS unterstützt bis zu 32 Sessions, in denen

Microsoft LAN Manager v2.2

Datenpakete bis zu einer Größe von 64 Kbyte übertragen werden können. Kommunikationspartner können im Netzwerk mehrere, voneinander unabhängige Sessions aufbauen. Der Session-Support reicht im ISO/OSI-Modell bis zur Ebene 5 (Session).

NCB

NCBs (Network Control Blocks) sind für die Übermittlung von Anweisungen Argumenten und Ergebnissen der Kommandoausführung von NetBIOS zwischen Betriebssystem (Redirector) und NetBIOS-Schnittstelle zuständig. Ein NCB ist 64 Byte groß und in 14 Felder unterteilt. Beispielsweise funktioniert die Kommunikation vom Betriebssystem zur NetBIOS-Schnittstelle so, daß ein NetBIOS-Kommando in das NCB_COMMAND-Feld des NCBs eingetragen wird. Dies kann ein *Send*-Kommando zur Datenübermittelung, ein *Call*-Kommando zum Eröffnen einer Session oder sonst ein Kommando sein. Das Ansprechen der NetBIOS-Schnittstelle und Übermitteln der NCBs erfolgt, wie schon im letzten Abschnitt erläutert wurde, per Software-Interrupt-Steuerung bzw. per Call level-Interface.

- Protokoll-Treiber

Der LAN Manager kann wie alle bisher besprochenen Netzwerkbetriebssysteme die unterschiedlichsten Transport-Protokolle, wie z.B. NetBEUI, TCP/IP, XNS oder AFP, unterstützen. Die Treiber für das NetBEUI-, das TCP/IP- und das COMTOKR-Protokoll sowie für den 802.2-DLC-Protokoll-Stack werden mit dem LAN Manager v2.2 ausgeliefert, sind also ohne den Erwerb zusätzlicher Software einsetzbar. Der COMTOKR-Treiber wird auf dem Server installiert und ist für die Funktion des Remote-Boot-Dienstes verantwortlich. DLC ist innerhalb der SNA-Umgebung die meist verbreiteste Protokolloption, damit Applikationen für 3270-Terminalemulationen mit IBM-Mainframes und Terminal-Controllern kommunizieren können.

In diesem Abschnitt werde ich nur auf das NetBEUI-Protokoll näher eingehen, da dieses das Standard-Protokoll des LAN Managers ist.

NetBEUI (NetBIOS Extended User Interface) liegt im Protokoll/Treiber-Stack des LAN Managers zwischen zwei Schnittstellen. Auf der oberen Seite ist dies die NetBIOS-Schnittstelle und auf der unteren Seite ist es die NDIS-Schnittstelle. NetBEUI wurde 1985 als kleines, effektives Protokoll für den Einsatz in Lokalen Netzwerken von IBM entwickelt. Damals hielt man NetBEUI so klein, daß auf Protokollfelder der ISO/OSI-Ebene 3 völlig verzichtet wurde. Solche Protokollfelder sind z. B. das Netzwerk-Adressen-Feld oder das

Time-to-live-Feld. Der Verzicht auf diese Felder hat den Nachteil zur Folge, daß das NetBEUI-Protokoll nicht routing-fähig ist.

Das NetBEUI-Protokoll arbeitet im oberen Teil des ISO/OSI-Modells direkt mit der NetBIOS-Schnittstelle zusammen. NetBEUI benutzt NetBIOS als Schnittstelle, die von Applikationen auf höherer Ebene angesprochen wird, um Zugriff auf die verbindungslosen- bzw. verbindungsorientierten Dienste von NetBEUI zu erhalten. Daraus geht hervor, daß NetBEUI, ebenso wie NetBIOS, zwei Formen der Datenübertragung beherrscht: Die verbindungslose Art (ungesicherte Verbindung, LLC Class I) und die verbindungsorientierte Art (gesicherte Verbindung, LLC Class II).

Im unteren Teil des ISO/OSI-Modells ist NetBEUI über den Protokoll-Manager und die NDIS-Schnittstelle mit dem MAC-Treiber verbunden. Der Kommunikationsablauf über diese Schichten wird jedoch in den folgenden Abschnitten genauer erläutert.

Der LAN Manager bietet die Möglichkeit, NetBEUI über Parameter an die speziellen Eigenschaften eines Lokalen Netzwerkes anzupassen. Diese Parameter lassen sich in verschiedene Kategorien unterteilen, von denen hier einige der wichtigsten aufgeführt werden: Verbindungszeit-Parameter, verbindungslose Übertragungsparameter, veränderbare Fenstergrößen und leistungsorientierte Parameter.

Eine vorsichtige Variation der Grundeinstellungen mit Hilfe der Parameter kann zum einen bei der Fehlersuche im Netzwerk hilfreich sein und zum anderen eine Optimierung der Netzwerkperformance begünstigen. Die Einstellung der Parameter wird über Einträge in der PROTOCOL.INI-Datei gesteuert.

NetBEUI wird auf DOS-Rechnern per *Load*-Kommando in der AUTOEXEC.BAT-Datei und auf OS/2-Rechnern über einen Eintrag in der CONFIG.SYS-Datei geladen.

■ Protokoll-Manager

Der Protokoll-Manager liegt im ISO/OSI-Modell unterhalb der Protokoll-Ebene und oberhalb der NDIS-Schnittstelle auf Ebene 2 (Data Link Control). Dort ist er für die Konfiguration von MAC-Treibern sowie für die Kommunikation zwischen diesen zuständig. Der Protokoll-Manager unterstützt bis zu 12 Netzwerkeinträge auf einem Server oder einer Arbeitsstation. Das heißt, daß theoretisch 12 Netzwerkkarten mit je einem Protokoll, 6 Netzwerkkarten mit je 2 Protokollen oder 4 Netzwerkkarten mit je 3 Protokollen u.s.w. in einem Rechner installiert werden können. In der Praxis bildet meist der auf einer Arbeitsstation zur Verfügung stehende Speicher die maximale Grenze für die Anzahl der eingesetzten Protokolle, die natürlich einen gewissen Speicherbedarf haben. In diesem Zusammenhang ist die DPA (Demand Protocol Architecture) ein wichtiges Merkmal des LAN Managers. Sie erlaubt ab NDIS v2.01 das dynamische Laden und Entladen von Protokollen in und aus dem Arbeitsspeicher während des Betriebes eines Rechners. Dieser muß also nicht mehr neu gestartet werden, wenn ein Protokoll hinzukommt oder wegfällt, was besonders für Wokstations mit grundsätzlich beschränktem Speicherraum einen großen Vorteil darstellt. Z. B. kann auf einer DOS-Workstation als Standard-Protokoll NetBEUI verwendet werden. Muß über ein WAN auf einen UNIX-Server zugegriffen werden, wird TCP/IP in den Speicher geladen und nach Beendigung der Interaktion wieder entladen.

Der Protokoll-Manager ermöglicht 1:1-, 1:n- und n:1-Verbindungen zwischen Protokollen und MAC-Treibern, d.h. daß die folgenden Zuordnungen möglich sind:

ein Protokoll zu einer Netzwerkkarte,
ein Protokoll zu mehreren Netzwerkkarten und
mehrere Protokolle zu einer Netzwerkkarte.

Während des Ladevorgangs eines Protokolls durch den Protokoll-Manager wird ein sogenanntes Binding durchgeführt. Dieses Binding verbindet Protokoll(e) und MAC-Treiber miteinander zu einer funktionsfähigen Einheit zwischen NetBIOS und Netzwerkkarte.

Damit der Protokoll-Manager die unterschiedliche Konfiguration von Protokollen und MAC-Treibern sowie deren Bindings durchführen kann, muß er gesteuert werden. Diese Steuerung erfolgt über die PROTOCOL.INI-ASCII-Datei. Die Datei läßt sich in die 3 Steuersektionen, Protokoll-Manager, Protokoll und MAC-Treiber unterteilen, die alle relevanten Informationen für den Protokoll-Manager enthalten. Beispielsweise enthält die für den MAC-Treiber reservierte Gruppe unter anderem Parametereinstellungen für Interrupt, I/O-Adresse oder DMA-Kanal. Durch diese individuelle Konfiguration ist es z. B. möglich, mehrere Netzwerkkarten desselben Typs in einem Rechner zu installieren.

Der *Protokoll-Manager* wird auf einer DOS-Workstation wie auch auf einer OS/2-Workstation durch einen Aufruf in der CONFIG.SYS-Datei vor allen anderen Netzwerk-Komponenten geladen. Beim Ladevorgang liest er die PROTOCOL.INI-Datei aus und legt ein Memory-Image an, wodurch entsprechende Protokolle und Netzwerk-Adapter unterstützt werden. Nach dem Laden der MAC- und Protokoll-Treiber wird unter DOS ein Binding durch ein *Netbind*-Kommando in der AUTOEXEC.BAT-Datei ausgeführt. Unter OS/2 wird das Binding automatisch mit dem Aufruf des NETWKSTA.SYS-Treibers in der CONFIG.SYS-Datei durchgeführt.

KAPITEL 22

Abschließend soll noch an einem Beispiel erklärt werden, was der Protokoll-Manager nach erfolgter Konfiguration und durchgeführten Binding(s) macht:

Erhält eine Netzwerkkarte in einer Workstation ein Datenpaket aus dem Netzwerk, wird dieses über die NDIS-Schnittstelle zum Vektormodul des Protokoll-Managers geleitet. Das Vektormodul überprüft das Datenpaket auf den Protokoll-Typ und übergibt es gegebenenfalls dem entsprechenden Protokoll-Stack. Von dort erreicht das Datenpaket dann endlich über die NetBIOS-Schnittstelle die Applikationssoftware.

■ **NDIS**

Die NDIS-Spezifikation (Network Driver Interface Specification) wurde 1988 von den Firmen 3Com und Microsoft definiert. Wichtigstes Ziel war es, den Kommunikationsunterbau des LAN Manager zu standardisieren und so flexibel wie möglich zu gestalten. Angeregt durch das ISO/OSI-Modell, wurde NDIS modular aufgebaut, um den Netzwerkadapter von höher gelegenen Protokollen isoliert zu halten. So soll sich jedes Protokoll auf jeder Netzwerkkarte realisieren lassen.

Um NDIS auch für die Zukunft sicher und beständig zu machen, berücksichtigte man die Notwendigkeit der Multiprotokoll- und Multinetzwerk-Unerstützung. Ein weiteres, wichtiges Kennzeichen ist die übergreifende Gültigkeit der Spezifikation auf unterschiedlichen Betriebssystemen wie DOS oder OS/2. Mittlerweile ist die WfW-Version (Windows for Workgroups) von Windows auf dem Markt verfügbar, deren Verbindungsdienste sich ebenfalls am NDIS-Standard orientieren.

Die NDIS-Spezifikation definiert 3 Arten von Treibern; dies sind der Protokoll-Treiber, der Protokoll-Manager und der MAC-Treiber.

Die NDIS-Schnittstelle ordnet sich, wie auch der Protokoll-Manager, im ISO/OSI-Modell in der zweiten Ebene (Data Link Control) ein. Genaugenommen liegt NDIS oberhalb der MAC-Ebene und unterhalb der LLC-Ebene, ist also von MAC-Treiber und Protokoll-Manager umgeben. NDIS kann so als Bindeglied zwischen der Hardware und den Protokollen betrachtet werden. NDIS ist also eine andere Variante der ODI-Schnittstelle, die von NetWare eingesetzt wird.

Microsoft LAN Manager v2.2

Diese Situation ist kennzeichnend für den Markt, für das im Prinzip gleiche Prinzip unterschiedliche Mechanismen anzubieten. Es ist jedoch inzwischen möglich, NDIS und ODI miteinander zu vereinen. Microsoft selbst bietet einen IPX-Driver an, der für NDIS angepaßt werden kann. Auf diese Art und Weise ist eine Netzwerkkonfiguration möglich, in denen sowohl NDIS- als auch ODI-Systeme gemeinsam eingesetzt werden können.

- Monolith-Treiber

Monolith-Treiber (auch: All-In-One-Treiber) nutzen die durch die NDIS-Spezifikation zur Verfügung gestellte Flexibilität nicht aus. Sie stellen eine Kombination aus Protokoll- und MAC-Treiber dar und sind speziell auf eine Netzwerkkarte zugeschnitten. Sie werden meistens dann eingesetzt, wenn durch NDIS-Treiber besondere Funktionen der Netzwerkkarte verloren gehen könnten. Sie liegen im Protokoll/Treiber-Stack zwischen der Netzwerkadapterkarte auf der unteren Seite und der NetBIOS-Schnittstelle auf der oberen Seite und müssen, um mit dem LAN Manager kommunizieren zu können, den Richtlinien der NetBIOS-Schnittstelle entsprechen.

- MAC-Treiber

Der MAC-Treiber ist für Hardwarezugriffe auf die Netzwerkkarte zuständig. Er stellt die Regeln zur Verfügung, die den Zugriff auf das Kabel steuern. Diese Regeln definieren, daß und wie Daten in Rahmen gepackt und adressiert werden und wie Übertragungsfehler im Lokalen Netzwerk erkannt werden.

MAC-Treiber müssen natürlich der NDIS-Spezifikation genügen, um mit den Verbindungsdiensten des LAN Managers arbeiten zu können. Der MAC-Treiber liegt im ISO/OSI-Modell in der zweiten Ebene (Data Link Control). Genaugenommen liegt er in der MAC-Ebene, also dem unteren Teil der Ebene 2. Das obere Ende des MAC-Treibers grenzt an die NDIS-Schnittstelle und sein unteres Ende greift über das NDI (Network Driver Interface) auf die Netzwerkkarten-Hardware zu.

Die nachfolgende Abbildung zeigt diese Mechanismen zusammengefaßt, um einen einheitlichen Überblick zu erhalten.

KAPITEL 22

*Bild 22.1
Die Schnittstellen des LAN Manager im ISO-OSI Schichtenmodell und deren Zusammenhänge*

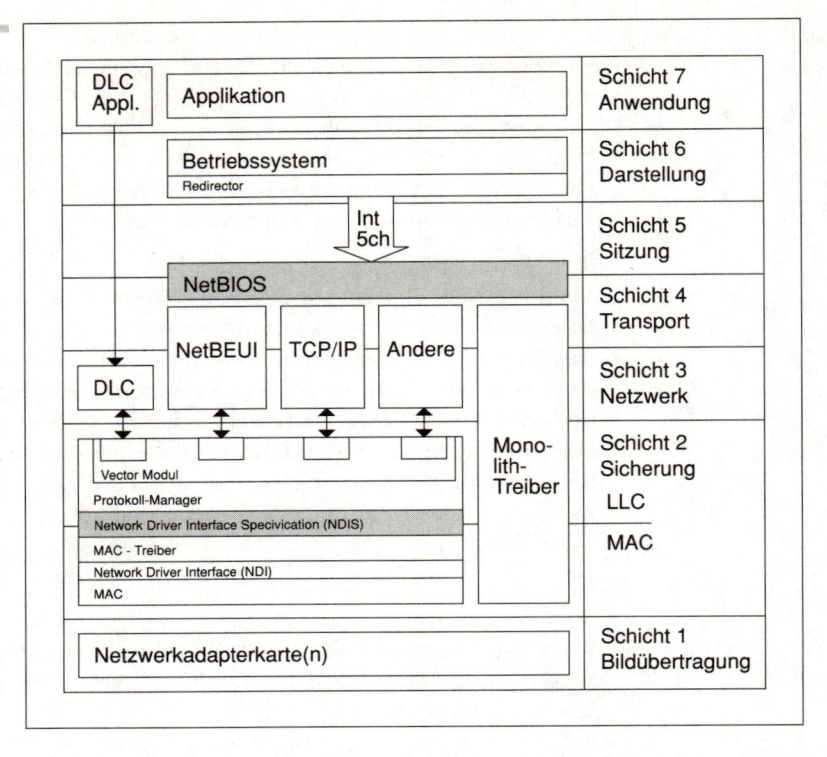

DLC Appl.	Applikation	Schicht 7 Anwendung
	Betriebssystem / Redirector	Schicht 6 Darstellung
	Int 5ch	
	NetBIOS	Schicht 5 Sitzung
		Schicht 4 Transport
DLC	NetBEUI / TCP/IP / Andere	Schicht 3 Netzwerk
	Vector Modul / Protokoll-Manager / Network Driver Interface Specivication (NDIS) / MAC-Treiber / Network Driver Interface (NDI) / MAC	Monolith-Treiber — Schicht 2 Sicherung LLC / MAC
	Netzwerkadapterkarte(n)	Schicht 1 Bildübertragung

Der nächste Abschnitt soll Ihnen aufzeigen, welche Dienste der LAN Manager zur Verfügung stellt, um Netzwerkdienste für Clients zur Verfügung zu stellen.

Betriebssystemdienste

Alle wichtigen Funktionen des LAN Managers sind in Dienste unterteilt, die die Übersicht und Flexibilität des Netzwerkbetriebssystems erhöhen. Die verschiedenen Funktionen können größtenteils unabhängig voneinander gestartet bzw. gestoppt werden. Der LAN Manager stellt die nachfolgend aufgeführten Dienste zur Verfügung:

- Workstationdienst

Der Workstationdienst bildet die Grundlage für alle Netzwerkaktivitäten und alle anderen Dienste. Er beinhaltet Basis-Funktionen wie Zugriff auf Protokoll und Netzwerkkarte oder Schnittstellen- und Laufwerk-Simulationen und deren Verwaltung. Der Workstationdienst wird aufgrund seiner wichtigen Funktionen vor allen anderen Diensten gestartet (auch vor dem Server-Dienst).

Microsoft LAN Manager v2.2

- Serverdienst

Der Server-Dienst stellt dem Netzwerk alle bekannten Ressourcen wie z. B. Festplatten und Schnittstellen zur Verfügung und verwaltet diese. Jeder Ressource wird ein Share-Name vergeben, unter dem sie dann von Arbeitsstationen im Netzwerk angesprochen werden kann. Außerdem vergibt der Server-Dienst bei seinem Start Zugriffsberechtigungen für Benutzer und Gruppen.

- Nachrichtendienst

Mit Hilfe des Nachrichtendienstes lassen sich kurze Nachrichten oder Dateien mit einem Datenvolumen von bis zu 62 Kbyte über das Netzwerk versenden bzw. emfangen. Nachrichten lassen sich sowohl aus Menues als auch auf Kommandozeilenebene eingeben und können an einzelne Benutzer, Benutzergruppen, alle Mitglieder einer Domäne, alle Mitglieder eines Servers oder alle Benutzer des LANs gesendet werden.

- Warnmeldungsdienst

Der Warnmeldungsdienst macht Systemverwalter bzw. Administratoren und/oder andere ausgewählte Benutzer durch Warnmeldungen auf wichtige Probleme im Netzwerk aufmerksam. Beim Warnmeldungsdienst sind die Warnungen in drei verschiedene Klassen unterteilt: Administratoralarm, Fehleralarm und Drucker-Warnungen.

Administratoralarm-Meldungen werden z.B. bei Paßwortverstößen oder Problemen mit Serverressourcen gegeben; Fehleralarm tritt z.B. bei Netzwerk-E/A-Fehlern auf und Drucker-Warnungen werden beispielsweise gegeben, wenn sich kein Papier mehr im Drucker befindet.

- Netz-POPUP-Dienst

Durch den Netz-POPUP-Dienst werden Mitteilungen des Nachrichten- oder Warnmeldungsdienstes auf dem Bildschirm in einem POPUP-Fenster dargestellt. Die Darstellung erfolgt unabhängig davon, in welcher Anwendung man sich gerade befindet. Die Nachricht bleibt ca. 45 Sekunden aktiv oder kann vorher mit der ESC-Taste abgebrochen werden.

- Anmeldedienst

Der Anmeldedienst arbeitet mit der vom Domänensystem verwalteten Benutzer- und Gruppenkontendatenbank zusammen, um Benutzernamen und Kennwörter zum Zeitpunkt der Anmeldung auf Gültigkeit zu überprüfen und um eine zentrale Liste der angemeldeten Benutzer zu führen. Systemzugang wird nur gewährt, wenn Benutzername und Kennwort zusammenpassen.

- Netrun-Dienst

Der Netrun-Dienst ermöglicht OS/2-Arbeitsstationen den Start von Anwendungen direkt im RAM-Speicher des LAN Manager-Servers und die Umlenkung der Ergebnisse auf den eigenen Bildschirm. Mit Hilfe des Netrun-Dienstes lassen sich also Client/Server-Anwendungen ausführen. Im Speicher des Servers dürfen maximal zehn »fremde« Programme ablaufen. Um den Netrun-Dienst starten zu können, muß die administrative Ressource IPC$ geshared werden.

- Reproduktionsdienst (Replication Service)

Mittels dieses Dienstes kann automatisch ein auf einem Server gespeicherter Satz von Dateien oder Verzeichnissen selektiv auf andere Server oder OS/2-Arbeitsplätze innerhalb des Netzwerkes reproduziert werden. Der Server, von dem die Daten kopiert werden, wird als Export-Server bezeichnet. Die Server, auf die der Export-Server die Daten kopiert, heißen Import-Server.

Werden die zu reproduzierenden Dateien aktualisiert bzw. verändert, erfolgt automatisch eine Kopie auf alle Import-Server. Das beinhaltet den Vorteil, daß z.B. Applikations- oder Systemkonfigurations-Dateien immer nur an einer Stelle im Netzwerk aktualisiert werden müssen. Die Zeitabstände zwischen den Reproduktionen lassen sich vom Systemverwalter einstellen.

- UPS-Dienst

Der UPS-Dienst (Uninterruptible Power Supply) arbeitet mit der UPS-Hardware zusammen, um einen Server bei sinkender Energiereserve ordnungsgemäß herunterzufahren.

Findet ein Stromausfall statt, erhält der UPS-Dienst ein entsprechendes Signal von der Hardware. Der Dienst veranlaßt darauf, daß sich kein neuer Benutzer mehr im Netzwerk anmelden kann und warnt alle angemeldeten Benutzer, daß ein Stromausfall eingetreten ist. Nach dem Ablauf einer vorgegebenen Zeit wird eine zweite Meldung ausgegeben, die besagt, daß alle bestehenden Netzwerkverbindungen zu beenden sind, weil der Server in Kürze heruntergefahren wird. Diese Meldung wird in kurzen Intervallen wiederholt, bis der Server tatsächlich heruntergefahren ist. Sollte die Stromversorgung innerhalb solch einer Zeitspanne wiederhergestellt worden sein, wird eine Meldung ausgegeben, daß der Fehler behoben ist und ohne Unterbrechung weitergearbeitet werden kann.

- Fernstartdienst (Remote Boot)

Der Fernstartdienst ermöglicht das Booten von DOS- oder OS/2-Arbeitsstationen über die Festplatte des Servers, d.h. daß eine Arbeitsstation, die über die Serverplatte bootet, weder über Diskettenlaufwerk noch über Festplatte verfügen muß. Der Bootvorgang über die Serverplatte wird als Fernstart bzw. als Remote Boot oder RPL (Remote Program Load) bezeichnet.

Um einen Fernstart durchführen zu können, müssen die Betriebssystem-Dateien der Arbeitsstation in ein Unterverzeichnis des Servers kopiert werden und die Netzwerkkarte der Arbeitsstation muß über ein RPL-Prom (Boot-Prom) verfügen, das nach dem Einschalten der Arbeitsstation das Lesen der Betriebssystem-Dateien auf dem Server veranlaßt.

- Peer-Dienst

Nach dem Start des Peer-Dienstes kann eine OS/2-Arbeitsstation innerhalb des Netzwerkes Teilfunktionen des Servers übernehmen bzw. als Server mit begrenzten Funktionen eingesetzt werden. Der Peer-Dienst soll natürlich nicht als Ersatz für »echte« Server dienen, sondern lediglich die Leistungsfähigkeit der Arbeitsstation verbessern. Die wichtigste Eigenschaft des Peer-Dienstes ist darin zu sehen, daß er den OS/2-Arbeitsstationen eine unbegrenzte, gemeinsame Benutzung der Interprozeßkommunikation zur Verfügung stellt. Zudem wird OS/2-Arbeitsstationen unter anderem ermöglicht, dem Netzwerk z.B. Drucker oder Modems zur Verfügung zu stellen und Dienste, wie z.B. den Netrun- oder den UPS-Dienst zu starten. Ein Netzwerkbenutzer kann die Ressourcen dieses Rechners ebenso wie die eines Servers zur gleichen Zeit nutzen.

Ein häufig genutzter Vorteil des Peer-Dienstes dürfte wohl auf die Möglichkeit entfallen, dem Netzwerk Drucker zur Verfügung zu stellen, da diese so standortmäßig nicht mehr am Server gebunden sind.

- Zeitquellendienst (Time Synchronisation)

Der Zeitquellendienst wird auf einem speziellen Rechner, dem Zeitquellen-Server gestartet. Über diesen lassen sich nun alle Uhren innerhalb des Netzwerkes synchronisieren, so daß im Netz eine einheitliche Uhrzeit zur Verfügung steht. Im Regelfall wird der Primäre-Domänen-Controller als genormter Zeitquellen-Server definiert.

Sicherheitsmechanismen

Im engen Zusammenhang mit den Sicherheitsmechanismen steht das Domänen-Konzept des LAN Managers. Dabei werden mehrere Server zu einer Gruppe, der Domäne, zusammengefaßt und können so als »einheitliches Ganzes« verwaltet werden.

Mit Hilfe von Domänen können Systemadministratoren alle Benutzer- und Gruppenkontoinformationen von einem zentralen Platz aus kontrollieren; ebenso lassen sich alle Netzwerk-Ressourcen über

KAPITEL 22

Anwendergruppen von einem Zentralpunkt aus steuern. Domänen erleichtern Benutzern den Zugriff auf das Netzwerk, da diese lediglich ein Paßwort benötigen, um auf alle Ressourcen zuzugreifen, auf die sie innerhalb der Domäne zugriffsberechtigt sind. Innerhalb von Domänen lassen sich Unternehmensdaten, Applikationen und Ressourcen durch zahlreiche Sicherheitseinrichtungen wie z.B. einer zentralisierten Anmeldungskontrolle sowie Validierung und einer automatischen Verfolgung der angemeldeten Benutzer schützen.

In Anlehnung an das Domänen-Konzept sei hier das SSI-Domänen-Konzept (Single-System-Image) erwähnt. Durch das Single-System-Image besteht die Möglichkeit, daß alle Server einer Domäne die gleichen Benutzer- und Gruppenkontoinformationen in einer Datenbank bereithalten. SSI bietet scheinbar eine einzige UAD (User Account Database) für alle Server einer Domäne. In Wirklichkeit existiert eine Kopie der UAD auf jedem Server; der LAN Manager synchronisiert sie durch den Replikationsprozeß.

Innerhalb eines LAN Manager-Netzwerkes lassen sich Server als Primär-Domänen-Controller, Reserve-Domänen-Controller, Mitglied-Server und als alleinstehende Server definieren. Alleinstehende Server werden, wie schon der Name sagt, nicht in Domänen installiert und sind in diesem Abschnitt nur der Vollständigkeit halber aufgeführt. Die Verwaltung der auf diesem Server arbeitenden Benutzer ist somit separat von den anderen Servern, die sich in der Domäne befinden, durchzuführen, womit der Verwaltungsaufwand natürlich in diesem Fall um einiges größer und komplexer wird.

■ Primär-Domänen-Controller

In jeder Domäne muß genau ein Primär-Domänen-Controller existieren, der die sogenannte Master-UAD verwaltet. Er fungiert praktisch als Datenbankzentrale, an die der Administrator Aktualisierungen übermittelt. Nach jeder Veränderung der Master-UAD, die nur am Primär-Domänen-Controller durchgeführt werden kann, reproduziert ein automatischer Kopiermechanismus die Kontendatenbank auf alle anderen Server der Domäne. Dies hat zwei Vorteile: Weil sich Benutzer auch an Reserve-Domänen-Controllern anmelden können, muß der Primär-Domänen-Controller nicht bei jeder Anforderung einer neuen Arbeitssitzung in Anspruch genommen werden, so daß das Antwortverhalten des Systems auch bei vielen Anmeldevorgängen stabil bleibt. Weiter wird durch die Reproduktion der Kontendatenbank auf andere Server eine zu hohe Abhängigkeit vom Primär-Domänen-Controller verhindert.

- Reserve-Domänen-Controller (Backup Domain Controller)

Der Reserve-Domänen-Controller (auch Sicherungs-Domänen-Controller genannt) unterstützt den Primär-Domänen-Controller, Anmeldevorgänge im Netzwerk zu bearbeiten, insbesondere dann, wenn dieser überlastet oder ausgefallen ist. Er verfügt über ein Duplikat der UAD und läßt sich im Notfall schnell in den Status eines Primär-Domänen-Controllers umwandeln. In einer Domäne können mehrere Reserve-Domänen-Controller installiert sein.

- Mitglied-Server (Member Server)

Mitglied-Server benutzen ebenfalls die gemeinsame UAD, bedienen aber keine Anmelde-Requests im Netzwerk. Da sie keine Anmeldevorgänge bearbeiten müssen, können sie dort eingesetzt werden, wo große Rechenleistung gefordert wird und bieten so z.B. Client/Server-Anwendungen eine leistungsfähige Plattform.

- Alleinstehende Server

Alleinstehende Server sind nicht Mitglied einer Domäne. Aus diesem Grund wird der Zugang zu alleinstehenden Servern nicht über die UAD des Primär-Domänen-Controllers gesteuert. Ein alleinstehender Server hat seine eigene UAD.

Informationssicherheit

Der LAN Manager verfügt über 2 Sicherheitsmodi: Sicherheit auf Benutzerebene und Sicherheit auf Ressourcenebene.

- Sicherheit auf Benutzerebene

Bei der Sicherheit auf Benutzerebene kann für jeden Benutzer genau festgelegt werden, welche Ressourcen wie benutzt werden dürfen. Der Zugriff auf die Ressourcen wird über den Benutzernamen gesteuert. Ist in einem LAN Manager-Netzwerk Sicherheit auf Benutzerebene installiert, so können auch die Funktionen der Anmeldesicherheit und der lokalen Sicherheit genutzt werden. Sicherheit auf Benutzerebene ist der Standardsicherheitsmodus des LAN Manager und wird für die meisten Umgebungen empfohlen. Nachfolgend sollen wichtige Merkmale der Sicherheit auf Benutzerebene aufgeführt werden:

Anmeldesicherheit

Durch die Implementierung der Anmeldesicherheit in einer Domäne, wird ein zentrales Anmelden über den Primär-Domänen-Controller erzielt und festgelegt, ob ein Benutzer das Recht hat, sich im Netzwerk anzumelden. Will sich ein Benutzer im Netzwerk anmelden, wird ein Request durch die Domäne geschickt, der entweder vom Primär- oder Reserve-Domänen-Controller bearbeitet wird. Der Server, der den

Request bearbeitet, ist der Anmelde-Server des Benutzers. Er überprüft Namen und Paßwort des Benutzers:
Passen Benutzernamen und Paßwort zusammen, ist der Benutzer im Netzwerk angemeldet. Ist ein falsches Paßwort angegeben worden, wird der Benutzer nicht angemeldet. Ist der Benutzername nicht in der UAD der Domäne vorhanden, wird der Benutzer zwar angemeldet, kann aber nur Ressourcen auf alleinstehenden Servern und Servern, die unter Sicherheit auf Ressourcenebene arbeiten, nutzen. Ist ein Benutzer im Netzwerk angemeldet, wird bei jedem Versuch, Zugang zu den Ressourcen eines Servers zu erhalten, die Zugriffsberechtigung in der UAD überprüft. Ist der Primär-Domänen-Controller ausgefallen, lassen sich keine Benutzer- und Gruppenkontenänderungen in der UAD ausführen. Anmeldeversuche werden jedoch von Reserve-Domänen-Controllern bearbeitet.

Die Anmeldesicherheit bildet im Sicherheitssystem des LAN Managers eine wichtige Komponente, da sie entscheidet, wer im Netzwerk mit welchen Ressourcen arbeiten darf.

Lokale Sicherheit
Lokale Sicherheit kann nur benutzt werden, wenn der HPFS386-Treiber installiert worden ist. Sie schützt HPFS386-Server-Partitionen mittels software-internen Dateischutzes vor physikalischem- und Fernzugriff – egal, ob der LAN Manager aktiv ist oder nicht. Wenn lokale Sicherheit installiert wurde, wird automatisch eine Benutzergruppe mit dem Namen LOCAL angelegt. Um Dateizugriffe unter lokaler Sicherheit zu ermöglichen, sollten die entsprechenden Benutzer durch den Systemadministrator der Gruppe LOCAL zugewiesen werden, da sie sonst keinerlei Berechtigungen besitzen, an der Serverkonsole auf Dateien oder Programme zuzugreifen. Im einzelnen stehen 3 Möglichkeiten zur Arbeit unter lokaler Sicherheit an der Serverkonsole zur Verfügung: Der lokale Benutzer ist nicht angemeldet. Der lokale Benutzer ist am lokalen Server angemeldet. Der lokale Benutzer ist im Netzwerk angemeldet.

Im ersten Fall hat der Benutzer nur lokale Rechte und keinen Zugriff auf das Netzwerk; im zweiten Fall hat der Benutzer die Rechte der Gruppe LOCAL und die Rechte seines eigenen Kontos, kann aber nicht auf das Netzwerk zugreifen. Im letzten Fall hat der Benutzer gleiche Rechte wie im zweiten Fall und darf zusätzlich auf das Netzwerk zugreifen.

Durch die lokale Sicherheit sind also Benutzer ohne entsprechende Zugriffserlaubnis nicht in der Lage auf Dateien an der Server-Konsole zuzugreifen, selbst wenn der Server einmal von einer Diskette aus erneut gebootet werden sollte.

Benutzerkonto-Definitionen
Jeder Benutzer, der Server-Ressourcen benutzen möchte, benötigt ein Benutzerkonto auf diesem Server. Dieses wird für jeden Benutzer durch die nachfolgend aufgelisteten Informationen definiert: Benutzername, Kennwort, ADMIN-, USER- oder GUEST-Benutzer-Privileg-Status, SERVER-, KONTO-, DRUCK- oder DFÜ-Operator-Privilegien, gültige Anmeldezeiten (ggf. erzwungenes Abmelden vom Netz), gültige Arbeitsstationen, Verfallsdatum der Konto-Berechtigung (ggf. erzwungenes Abmelden vom Netz), Existenz eines Stammverzeichnisses, gültige(r) Anmelde-Server und Anmelde-Skript.

Für Kennwörter wird das Verschlüsselungsverfahren DES (Data Encryption Standard) der amerikanischen Regierung verwendet und ein anspruchsvoller Authentisierungsalgorithmus (jeder Anmeldeversuch erfordert einen anderen Anmeldedialog) eingesetzt, um Sicherheit gegen Lauscheingriffe in Netzwerkdatenleitungen bereitzustellen. Außerdem werden nicht berechtigte Benutzer nach einer festgelegten Anzahl erfolgloser Anmeldeversuche ausgesperrt; dies stellt einen sicheren Schutz vor Kennwort-Such-Programmen dar.

Sicherheitseinstellungen wie minimale Kennwortlänge, maximales Kennwortalter, minimales Kennwortalter und Kennwortverfolgung (Unterscheidung von früher verwendeten Kennwörtern) können für bestmöglichen Kennwortschutz angegeben werden.

Benutzergruppen
Um die Zuordnung der Rechte zu vereinfachen, lassen sich Benutzer zu Gruppen, die ähnlich wie Benutzer behandelt werden können, zusammenfassen.

Die Anzahl der Gruppenmitglieder ist unbegenzt, allerdings dürfen Gruppen nicht Mitglieder einer anderen Gruppe sein. Alle Gruppen, die auf dem Primär-Domänen-Controller eingerichtet wurden, existieren automatisch auf allen anderen Servern im Netzwerk. Nach der Installation des LAN Managers sind standardmäßig die Gruppen ADMINS, USERS, GUESTS und eventuell LOCAL vorhanden.

KAPITEL 22

Ressourcenzugriffskontrolle
Die Ressourcenzugriffskontrolle wird beim LAN Manager über die Zugriffskontrolliste abgewickelt. Will ein Benutzer auf eine bestimmte Ressource zugreifen, sucht das LAN Manager-Sicherheitssystem den Benutzernamen des jeweiligen Benutzers in der Zugriffskontrolliste für diese Ressource und überprüft, ob der Benutzer zugriffsberechtigt ist und welche Zugriffsrechte ihm gegebenenfalls gewährt wurden. Mit Hilfe der Zugriffskontrolliste können natürlich auch Zugriffsrechte für Benutzergruppen vergeben werden. Man unterscheidet zwischen Rechten für Verzeichnisse, Dateien, Named Pipes, Drucker- und DFÜ-Warteschlangen. Beispielsweise können für Verzeichnisse Read, Write, Create, Delete, Execute, Change Attributes, Change Permissions, Yes oder No-Rechte vergeben werden.

Netzwerküberwachung (Protokollierung)
Sobald Rechte für Ressourcen vergeben wurden, lassen sich sämtliche Aktivitäten im Netzwerk protokollieren (auch Auditing genannt). Dazu schreibt der LAN Manager einen Eintrag in ein Protokoll, der Angaben zum Benutzer, zur Art des Zugriffs, zum Datum und zur Zeit enthält. Für Named Pipes, Drucker- und DFÜ-Warteschlangen können erfolgreiche und fehlgeschlagene Zugriffsversuche protokolliert werden; für Verzeichnisse und Dateien kann sowohl erfolgreiches als auch fehlgeschlagenes Öffnen, Löschen oder Ändern der Rechte dokumentiert werden.

- Sicherheit auf Ressourcenebene

Unter Sicherheit auf Ressourcenebene wird jeder gemeinsam benutzten Ressource ein eindeutiges Kennwort, ein Benutzungsname (auch Share-Name genannt) und eine Liste von maximalen Zugriffsrechten vom Systemadministrator zugeordnet. Jeder Anwender, der das Kennwort einer Ressource kennt, kann diese über die festgelegten Zugriffsrechte benutzen. Für mehrere Benutzungsnamen müssen sich vom Anwender also auch mehrere Kennwörter gemerkt werden. Oft ist es für den Systemadministrator nicht nachvollziehbar, wer welche Kennwörter kennt. So ist es nicht verwunderlich, daß Sicherheit auf Ressourcenebene meist in Umgebungen installiert wird, in denen keine allzu hohen Anforderungen an die Sicherheit gestellt werden.

Ressourcen werden über Benutzungsnamen (Share-Namen) den Benutzern im Netzwerk zur Verfügung gestellt. Dieser Namen wird als Bindeglied benutzt, damit Arbeitsstationen eine Verbindung zur Ressource herstellen können und so Zugriff auf diese erhalten.

Man unterscheidet verschiedene Arten von Ressourcen:

Administrative Ressourcen
Administrative Ressourcen werden von Systemadministratoren und anderen Benutzern benötigt, um bestimmte Arbeiten wie die Anzeige von gesharten Ressourcen, Fern-Administration, den Netrun-Dienst und Client/Server-Datenverarbeitung auf dem Server auszuführen.

Bei der Sicherheit auf Ressourcenebene müssen die beiden Ressourcen ADMIN$ und IPC$ verfügbar sein, wenn sie von einer Arbeitsstation genutzt werden sollen. ADMIN$ ist für Fern-Administration, und IPC$ ist für Interprozeßkommunikation zuständig.

Platten-Ressourcen
Die Sicherheit auf Ressourcenebene unterstützt das Sharen von Platten und Verzeichnissen. Für jedes Gerät wird ein Benutzungsname vergeben, der auf einem Server eindeutig sein muß. Durch Rechtevergabe an Verzeichnisse kann festgelegt werden, welche Zugriffsberechtigungen Benutzer im jeweiligen Verzeichnis haben. Auf Verzeichnisse können Read-, Write-, Create-, Delete-, Execute-, Change-Attributs- oder Admin-only-Rechte vergeben werden.

Drucker
Das Sharen von Druckern wird direkt über Druckerwarteschlangen vollzogen. Die Vergabe von Benutzungsnamen und Zugriffsrechten erfolgt wie bei den Platten-Ressourcen. Jeder Warteschlange wird ein Kennwort vergeben.

DFÜ-Geräte
Ähnlich wie bei den Druckern, wird den DFÜ-Geräten eine DFÜ-Warteschlange zugewiesen. Auch diese erhält einen Benutzungsnamen, Zugriffsrechte und ein Kennwort.

Netzwerküberwachung (Protokollierung)
Auch bei der Sicherheit auf Ressourcenebene kann eine Protokollierung von Netzwerkaktivitäten durchgeführt werden (siehe dazu Unterpunkt Netzwerküberwachung im vorhergehenden Abschnitt Sicherheit auf Benutzerebene). Man kann sich beim Betreiben des LAN Managers nur zwischen einen der beiden Möglichkeiten entscheiden (Sicherheit auf Benutzerebene oder Sicherheit auf Ressourcenebene). Da der Aufwand der letzten Alternative viel zu groß ist und weniger Flexibiltät verbindet, ist in der Regel von dieser Funktionalität abzuraten.

Ein letztes, wichtiges Sicherheitsmerkmal, das in beiden Sicherheitsmodi zum Schutz der Server-Konsole unterstützt

KAPITEL 22

wird, ist die Funktion des *Unbedienten Servers* (Unattended Server). Bei dieser Funktion wird an der Server-Konsole durch Aufruf des *Net Konsole*-Kommandos eine Bildschirmmaske aufgebaut, die nur mit Kenntnis eines Kennwortes wieder verlassen werden kann. Aus diesem Grund kann man natürlich an der Konsole auch nicht arbeiten. Innerhalb des Konsolenbildschirmes können Benutzer lediglich den Status der Drucker- und DFÜ-Warteschlangen abfragen, ihre eigenen Druckaufträge löschen, anhalten oder fortsetzen, Server-Ressourcen auflisten und Einsicht in den Status der Peripheriegeräte nehmen.

Ein Unbedienter Server hat einen weiteren Vorteil: Da man die Bildschirmmaske nur unter Kenntnis eines Kennwortes wieder verlassen kann, können am Server keine Programme mehr gestartet werden. So arbeitet der Server nun nicht mehr im non-dedicated-, sondern im dedicated-Modus; d.h. der Server kann nicht mehr als Arbeitsstation genutzt werden. Das hat sowohl Sicherheits- als auch Performancevorteile.

Ausfallsicherheit

Der LAN Manager stellt im Bereich der Ausfallsicherheit folgende Sicherheitsmechanismen zur Verfügung:

- Hot Fix

Es sei auf die bereits für HPFS behandelten Ausführungen verwiesen.

- Festplattenspiegelung

Bei der Festplattenspiegelung werden zwei Festplattenlaufwerke über einen Platten-Controller gekoppelt, so daß der Controller gleichzeitig auf eine Primärplatte und auf eine Reserveplatte schreibt. Fällt die Primärplatte aus, ist immer eine Kopie der Daten auf der Reserveplatte vorhanden. Bei einem Defekt des Primär-Laufwerks werden vom Reservelaufwerk alle Funktionen des ausgefallenen Laufwerkes vollautomatisch übernommen, so daß im Netzwerk ohne Datenverlust und Arbeitsunterbrechung weitergearbeitet werden kann. Ein so gespiegeltes Laufwerkspaar wird von LAN Manager als ein einziges Plattenlaufwerk behandelt.

- Festplattenduplizierung

Während bei der Festplattenspiegelung nur die Festplatten doppelt vorhanden sind, werden bei der Festplattenduplizierung auch die Platten-Controller doppelt ausgelegt, so daß also 2 Controller mit jeweils einer Festplatteneinheit gekoppelt sind. So kann ein zusätzlicher Schutz gegen das Versagen der Controller-Hardware gewährleistet werden. Die Festplattenduplizierung arbeitet ansonsten nach dem gleichen Prinzip wie die Festplattenspiegelung.

■ USV

Durch die Unterstützung verschiedener USV-Anlagen (unterbrechungsfreie Stromversorgung) bietet der LAN Manager eine Schutzmöglichkeit gegen einen »Absturz« des Servers bei einen Netzausfall. Eine USV-Anlage bietet so einen Schutz vor Datenverlust und mögliche Hardwareschäden durch ein ordnungsgemäß gesteuertes Abschalten des Servers. Die softwaremäßige Unterstützung einer USV-Anlage durch den LAN Manager findet durch den schon in beschriebenen USV-Dienst statt.

Neben diesen notwendigen Sicherheitsmechanismen und -funktionen bietet der LAN Manager eine Vielzahl weiterer Komponenten und Möglichkeiten, die im Netzwerkbetrieb als schon fast zwingend und notwendig gefordert werden können. Diese wichtigen Funktionen sollen nachfolgend kurz beschrieben werden.

Druckerverwaltung und Drucken im Netzwerk

Druckaufträge werden beim LAN Manager über Drucker-Warteschlangen abgewickelt, die die Druckaufträge im Netzwerk zwischenspeichern. Sobald der Drucker, auf dem ausgedruckt werden soll, verfügbar ist, werden die Druckaufträge je nach der Reihenfolge ihres Eingangs in die Warteschlange abgearbeitet. Die Druckerwarteschlangen können ihre Aufträge entweder an einen oder an mehrere Drucker senden. Ebenso können die Druckaufträge verschiedener Warteschlangen mit unterschiedlicher Priorität auf mehrere Drucker verteilt werden. Über DFÜ-Warteschlangen lassen sich entfernte (remote) Drucker angesteuern. So lassen sich z.B. Drucker lokaler OS/2-Arbeitsstationen per Peer-Dienst nutzen.

Drucker-Warteschlangen lassen sich über verschiedene Parameter steuern:

■ Prioritätsstufen

Warten 2 Druckaufträge zur gleichen Zeit auf einen freien Drucker, dann wird über die Priorität entschieden, wecher Auftrag zuerst ausgedruckt wird.

■ Druckzeiten

Für jede Warteschlange können Zeiten festgelegt werden, in denen sie bedient wird. Aufträge, die während dieser Zeit nicht abgearbeitet werden, werden für den folgenden Tag aufgehoben.

■ Druckertreiber

Jede Warteschlange verwendet einen Druckertreiber für den Drucker, an den sie ihre Druckaufträge sendet.

- Druck-Prozessor

Aufträge aus der Warteschlange werden durch den Druck-Prozessor für das Drucken vorbereitet. LMPRINT ist der Druck-Prozessor des LAN Managers (default); PMPRINT ist der OS/2-eigene Druck-Prozessor. Für Applikationen können eigene Treiber eingebunden werden.

- Trennseiten

Trennseiten sind optional, d.h. sie lassen sich abschalten. Sie enthalten Angaben über den Druckauftragseigentümer, das Druckdatum und die Druckzeit.

Neuerdings ist der Einsatz einer LAN Manager Print Station möglich. Mit ihr kann ein beliebiger DOS- oder Windows-basierender Rechner als Druckserver bestimmt werden. So können Dokumente, ohne den Druckauftrag erst an einen dedizierten Netzwerk-Server senden zu müssen, sofort ausgedruckt werden. Die Print Station erhöht die Flexibilität bei der Netzwerkkonfiguration und entlastet die Hardware.

DFÜ-Geräte

DFÜ-Geräte wie z.B. Modems können an allen Servern über die serielle oder die parallele Schnittstelle angeschlossen werden. Sie lassen sich dort von den Arbeitsstationen über das Netzwerk erreichen. Um DFÜ-Geräte ansprechen zu können, muß auf dem Server, ähnlich wie beim Drucken, eine DFÜ-Warteschlange angelegt und freigegeben werden. Falls ein Benutzer auf ein DFÜ-Gerät zugreifen will, sendet die Arbeitsstation eine Anfrage an die DFÜ-Warteschlange. Ist das angeschlossene Gerät frei, leitet die Warteschlange die Anfrage weiter und die Verbindung zum Gerät ist aufgebaut. Ist das angeschlossene Gerät belegt, bleiben Anfragen in der Reihenfolge in der Warteschlange, in der sie eingegangen sind. Eine DFÜ-Warteschlange kann zu einem- oder zu mehreren DFÜ-Geräte(n) zugeordnet werden; ebenso lassen sich mehrere DFÜ-Warteschlangen zu einem- oder zu mehreren DFÜ-Geräte(n) zuordnen.

Fernadministration

Unter Zuhilfenahme der Fernadministration kann ein System-Administrator von jeder beliebigen Arbeitsstation aus im Netzwerk jeden beliebigen Server steuern und verwalten. Auf DOS-Arbeitsstationen wird unter Verwendung der DOS-Befehlszeile fernadministriert; unter OS/2 kann dazu die grafische Benutzeroberfläche benutzt werden. Die Fernadministration bietet den vollen Funktionsumfang, so wie er auch direkt von der Server-Konsole her bekannt ist. Zur Sicherheit können Überwachungsprotokolle bei jeder Fernverbindung erstellt werden. Dieser Mechanismus wird ebenfalls von Vines und NetWare unterstützt. Sie sehen wieder einmal an dieser Stelle, daß bestimmte Funktionalitäten nicht mehr Bestandteil eines bestimmten Netzwerkbetriebes sind, sondern von allen renormierten Herstellern unterstützt werden.

Microsoft Windows-Unterstützung

Durch die Unterstützung von Microsoft Windows und Microsoft WfW (Windows for Workgroups) steht Benutzern auch im LAN Manager-Netzwerk die grafische Benutzeroberfläche der DOS-Betriebssystemerweiterung zur Verfügung. Die Windows-Arbeitsstationsumgebung zeichnet sich durch den verfügbaren Hauptspeicher, die Netzwerkkompatibilität und den einfachen Zugriff auf Netzwerk-Ressourcen besonders aus.

Folgende LAN Manager-Funktionen stehen Windows-Benutzern im Netzwerk zur Verfügung:

- schnelle Verfügbarkeit von Netzwerk-Ressourcen,
- direkter Verbindungsaufbau und -abbau zu Netzwerk-Servern und -druckern,
- direkter Zugriff auf Netzwerkapplikationen,
- Überwachen des Status entfernter Druckerwarteschlangen,
- automatisches Wiederherstellen einer Verbindung nach einer versehentlich verlorengegangenen Verbindung,
- Fernzugriff über Modem und Windows-Umgebung auf Server, die den LAN Manager-Fernzugriff-Dienst als Gateway benutzen,
- gleichzeitiger Verbindungsaufbau zu Novell NetWare- und LAN Manager-Server,
- schneller und bequemer Dateizugriff auf Netzwerkressourcen via Datei-Manager,
- zentrale Verwaltung und Steuerung mehrerer LAN Manager-Server oder WfW-Rechner von einer einzigen Workstation aus über ein Verwaltungsprogramm.

Seit kurzem unterstützt der LAN Manager die Integration von Windows for Workgroups in ein unternehmensweites Netzwerk, so daß Benutzer (-gruppen) Netzwerk-Informationen und -Ressourcen problemlos gemeinsam nutzen können. Arbeitsplatzrechner unter WfW können nahtlos mit den Diensten des LAN Managers zusammenarbeiten.

KAPITEL 22

Mit Hilfe des Windows Network Applications Starter können Benutzer ihre Anwendungen ohne fundierte Netzwerkkenntnisse einfacher ablaufen lassen. Mit einem einfachen Klick auf ein entsprechendes Programmsymbol in der Windows-Benutzeroberfläche wird im Hintergrund eine Netzwerkverbindung aufgebaut, ein Server gewählt und das gewünschte Programm gestartet. Beim Beenden des Programmes wird automatisch und ebenfalls im Hintergrund die Netzwerkverbindung unterbrochen.

Außerdem gestattet der Network Applications Starter Systemadministratoren die problemlose Konfiguration der Windows-Arbeitsstationen von Anwendern via Netzwerk.

Neuerdings ist der Einsatz einer LAN Manager Print Station möglich. Mit ihr kann ein beliebiger DOS- oder Windows-basierender Rechner als Druckserver bestimmt werden. So können Dokumente, ohne den Druckauftrag erst an einen dedizierten Netzwerk-Server senden zu müssen, sofort ausgedruckt werden. Die Print Station erhöht die Flexibilität bei der Netzwerkkonfiguration und entlastet die Hardware.

Novell NetWare-Unterstützung

Mit Hilfe der LAN Manager NetWare-Unterstützung wird es DOS- und Microsoft Windows-Clients ermöglicht, Dateien zwischen Novell NetWare- und LAN Manager-Netzwerken auszutauschen. Dies wird durch eine spezielle dual redirector-Software ermöglicht.

Profile

In Profilen werden bestimmte Server-Einstellungen wie die Konfiguration der freigegebenen- und benutzten Ressourcen abgespeichert. In solchen Profilen lassen sich *Net Use-*, *Net Share-*, *Net Print-* und *Net Comm-*Kommandos benutzen. Falls vorhanden, wird die Datei SVRAUTO.PRO beim Start des LAN Manager-Servers automatisch geladen und die entsprechende Konfiguration findet Berücksichtigung. Auf Arbeitsstationen wird für diese Zwecke die Datei NETLOGON.PRO benutzt. Andere Profile lassen sich bei Bedarf nachladen; z.B. nimmt die Datei RPL.PRO das Profil für den Fernstart-Dienst auf. Beim Laden von abgespeicherten Profilen gibt es die Möglichkeit, ein anderes Profil an eine bestehende Konfiguration anzuhängen oder eine existierende Konfiguration zu ersetzen. Profile können sowohl vom lokalen als auch vom Fern-Server geladen werden.

Bei der Behandlung der Netzwerkmöglichkeiten unter Windows NT und Windows NT Advanced Server werden Sie sehen, daß sehr viele Gemeinsamkeiten mit dem LAN Manager v2.2 existieren. Dies verwundert im Prinzip gar nicht, da statt einer OS/2 Plattform Windows NT als Plattform gewählt wird und entsprechende Anpassungen und Neuentwicklungen durchzuführen sind, um ein neues Netzwerkbetriebssystem zu erhalten.

Um den Vergleich mit den anderen Netzwerkbetriebssystemen herstellen zu können, ist noch die Frage zu beantworten, welche Mechanismen der Rechtevergabe mit dem LAN Manager v2.2 zur Verfügung stehen. Dies soll im nächsten Abschnitt behandelt werden.

22.3.3 Die Rechtestruktur für den LAN Manager v2.2

Um die Zugriffsschutzmechanismen realisieren zu können, die von einem Netzwerkbetriebssytem erwartet werden, d.h. um festlegen zu können, welcher Benutzer bzw. welche Benutzergruppe mit welchen Rechten auf welche Ressourcen zugreifen darf, enthält auch der LAN Manager entsprechende Methoden, die vom Netzwerkadministrator eingesetzt werden können, um ein Netzwerk vor unbefugten Zugriffen zu schützen.

Da der Mechanismus der User-Level-Security dem Mechanismus der Share-Level-Security vorzuziehen ist, werde ich mich auf die Behandlung der Mechanismen für User-Level-Security beschränken. Eine kurze Beschreibung, wie Rechte für Share-Level-Security zu vergeben sind, soll Ihnen ein Eindruck über die Kompelxität vermitteln.

Mit der Share-Level-Security wird jede gemeinsam benutzte Ressource im Netzwerk mit einem eigenen Paßwort versehen. Das Paßwort wird zugewiesen, wenn die Ressource als Shared Ressource definiert wird. Jemand, der das Paßwort für diese Shared Ressource kennt, kann auch darauf zugreifen. Es gibt beim Einsatz der Share-Level-Security keine User Accounts, die auf dem Server eingerichtet werden müssen. Wenn ein Dirctory als Shared Ressource definiert wird, werden auch hierfür Zugriffsrechte definiert. Diese Rechte sind gültig für alle Benutzer, die auf diese Ressource zugreifen, d.h. für alle Benutzer, die das Paßwort für diese Ressource kennen (sehr sinnvoll). Die Rechte gelten dann für alle Subdirectories und Dateien in diesem Dircetory. Der LAN Manager kennt hierfür die Rechte Read, Write, Create, Delete, Execute und Change Attributes. Um jetzt ein Shared Directory im Share-Level-Security-Modus mit unterschiedlichen Rechten für verschiedene Personen verfügbar zu machen, ist das Directory als Shared Ressource mit unterschiedlichen Namen, Rechten und Paßwörtern einzurichten und den entsprechenden Benutzer die passenden Sha-

KAPITEL 22

red-Ressource-Namen bekanntzugeben. Man ist jedoch nicht verpflichtet, auf eine Shared Ressource ein Paßwort zu legen. Ich glaube diese Ausführungen reichen aus, um die Nachteile dieses Modus zu verstehen.

Widmen wir uns jetzt lieber den Zugriffsmechanismen, wie sie im User-Level-Security-Modus verfügbar sind. Diese Methode ist mit den bereits bekannten Mechanismen von NetWare oder Vines vergleichbar: Benutzer einrichten, Gruppen einrichten, Zugriffsrechte definieren, User Account Restrictions definieren, etc.

Wie bereits bekannt, legen die Zugriffsberechtigungen fest, welche Rechte ein Benutzer auf die Ressource hat. Man unterscheidet bei den Ressourcen Drucker, Kommunikations Devices, Directories, Dateien und Named Pipes. Die möglichen Zugriffsberechtigungen für eine Ressource hängen davon ob, um welche Art Ressource es sich handelt. Die nachfolgenden Ausführungen, zeigen diese Möglichkeiten auf.

Directory- und Datei-Zugriffsrechte

Für Dateien und Directories stehen folgende Rechte zur Verfügung:

R (Read)   Dateien können gelesen und kopiert werden. Der Benutzer hat ebenfalls das Recht, in ein Subdirectory dieses Directories zu verzweigen sowie die Extended Attributes einer Datei zu lesen. Um ein Programm ausführen zu dürfen, muß der Benutzer das Read-Recht sowohl im Directory als auch für die Datei besitzen.

W (Write)   Der Benutzer kann den Inhalt einer Datei bzw. Extended Attributes abspeichern. Zu beachten ist dabei: Wenn Sie eine Datei unter MS-DOS öffnen, um Änderungen auszuführen, und diese Änderungen abspeichern, wird die Original-Datei gelöscht und die geänderte Datei neu eingerichtet (ein Mechanismus, der in MS-DOS verankert ist). Deshalb benötigt ein MS-DOS-Benutzer, um wirklich Änderungen zurückschreiben zu können, zusätzlich das C-Recht.

C (Create)   Benutzer können Dateien und Subdirectories einrichten bzw. erstellen. Nachdem eine Datei eingerichtet ist, kann ein Benutzer mit dem Create-Recht von der Datei lesen oder in die Datei schreiben (das gleiche gilt für die Extended Attributes), solange die Datei nicht geschlossen worden ist. Dieser Vorgang ist identisch mit dem Create-Recht unter NetWare.

D (Delete)   Benutzer können Dateien im Directory bzw. Subdirectory löschen. Das Directory selbst kann nicht gelöscht werden.

X (Execute)	Benutzer können die Datei ausführen (Programmdateien), aber den Inhalt der Datei selbst nicht lesen (deren Inhalt) bzw. kopieren. Dieses Recht wird nur von MS-DOS 5.0 bzw. MS-OS/2 akzeptiert. In allen anderen Fällen reicht den Benutzern das Read-Recht, um eine Datei ausführen zu können.
A (Change Attributes)	Es verleiht die Berechtigung, die physikalischen Datei-Flags für eine Datei zu setzen.
P (Change Permission)	Benutzer können die Berechtigungen für das Directory oder die Datei ändern. Die Vergabe der Zugriffsberechtigung für ein Directory bedeutet nicht, daß auch die Zugriffsrechte für die darin befindlichen Subdirectories geändert werden dürfen.
Y (Yes)	Der Benutzer erhält die Berechtigungen RWCXDA für Dateien, RW für Pipes, C für Print Queues und RWC für Communication Queues. Man kann somit einfach und schnell Rechte für alle notwendigen Ressourcen vergeben.
N (No)	Der Benutzer kann auf das Directory oder Datei nicht zugreifen. Dieses Recht überschreibt die Zugriffsberechtigungen, die ein Benutzer eventuell anhand von Gruppenzugehörigkeiten erworben hätte. D.h. dieses Recht ist stärker als die vergebenen Gruppenrechte und kann nur für einen Benutzer und nicht für eine Gruppe vergeben werden.

Wenn das HPFS-Dateisystem verwendet wird, dann werden die Rechte des Directories an alle Subdirectories vererbt, die vom Benutzer in diesem Directory eingerichtet werden. Bei Verwendung der FAT-Dateisysteme erhalten neu eingerichtete Subdirectories keinerlei Rechte, bis explizit hierfür neue Rechte definiert werden. Ein weiterer Aspekt, der für den Einsatz des HPFS-Systems spricht!

Print-Queue-Rechte

Für Print Queues stehen beim LAN Manager folgende Rechte zur Verfügung:

Y (Yes)	Der Benutzer kann in diese Queue Druckaufträge stellen, damit diese später ausgedruckt werden können.
N (No)	Dem Benutzer wird der Zugriff auf diese Queue verweigert, und er kann somit auch keine Druckaufträge in dieser Queue ablegen.
Y+P (Yes+Change Permissions)	Der Benutzer kann Druckaufträge in die Queue stellen und gleichzeitig Zugriffsberechtigungen ändern.

Communication-Queue-Rechte

Für Communication Queues (um Communication Devices ansteuern zu können) stehen beim LAN Manager folgende Rechte zur Verfügung:

Y (Yes)	Der Benutzer kann in diese Queue Requests stellen.
N (No)	Dem Benutzer wird der Zugriff auf diese Queue verweigert, und er kann somit auch keine Requests in dieser Queue ablegen.
Y+P (Yes+Change Permissions)	Der Benutzer kann Requests in die Queue stellen und gleichzeitig Zugriffsberechtigungen ändern.

Named-Pipe-Zugriffsrechte

Named Pipes wird für IPC (Inter Process Communication) verwendet, d.h. sie dient der Kommunikation zweier Prozesse, die auf dem gleichen Rechner ablaufen können oder über das Netzwerk auf unterschiedlichen Rechnern verteilt sind. Named Pipes werden von einigen Netzwerkapplikationen eingerichtet und werden benutzt, Informationen zwischen diesen Rechner hin- und her transportieren zu können. Mit dem LAN Manager kann festgelegt werden, welche Benutzer die Berechtigung erhalten, Named Pipes zur IPC-Kommunikation zu verwenden. Folgende Berechtigungen stehen hierbei zur Verfügung:

Y (Yes)	Der Benutzer kann auf die Named Pipe zugreifen. Eine Named Pipe wird eingerichtet wie ein Directory.
N (No)	Dem Benutzer wird der Zugriff auf die Named Pipe verweigert.
Y+P (Yes+Change Permission)	Der Benutzer hat Zugriff auf die Named Pipe und kann Zugriffsberechtigungen ändern.

Man kann feststellen, daß der LAN Manager zwar vom funktionalen Konzept anders aufgebaut ist als Vines oder NetWare, daß jedoch die grundsätzlichen Mechanismen zur Benutzerverwaltung und zur Vergabe der Berechtigungen sehr viele Gemeinsamkeiten aufweisen (Account Restrictions, Time Restrictions, Login Restrictions, Remote Boot, Logon Script, etc.). Die Angleichung der Netzwerkbetriebssysteme wird dabei in den letzten Jahren immer größer.

Bei der Verwaltung der Netzwerkumgebung haben Sie beim LAN Manager ebenfalls die Wahl zwischen einer menügesteuerten Oberfläche und der Durchführung der Konfiguration auf der reinen Kommandoebene. Kennzeichnend für den LAN Manager ist dabei, daß jeder Befehl mit dem Schlüsselwort NET beginnt. So stehen

Microsoft LAN Manager v2.2

zum Beispiel folgende Befehle zur Verfügung (ohne dabei Rücksicht auf die Parametersteuerung zu nehmen):

NET Access, NET Audit, NET Accounts, NET Admin, NET Comm, NET Config, NET Config Server, NET Config Workstation, NET Device, NET Start, NET Start Server, NET Start UPS, NET Start Timesource, NET User, NET View, NET Who, NET Use, NET Time etc, um nur einen kleinen Auszug der möglichen Befehle aufzuzeigen.

Da Microsoft ganz offensichtlich seine Plattform-Strategie ändert – OS/2 ist für Microsoft kein Thema mehr – soll im nächsten Kapitel die von Microsoft neu propagierte Plattform Windows NT und der LAN Manager für Windows NT betrachtet werden. Daß es eine neue Plattform geben wird, ist ganz offensichtlich daran zu erkennen, daß der OS/2 LAN Manager noch auf einer 16-Bit-Plattform aufsetzt, und nur das Dateisystem mit Hilfe von HPFS auf 32-Bit angepaßt wird. Windows NT hingegen bietet eine vollständige 32-Bit-Struktur und generelle neue Konzepte, die mit OS/2 v1.31 nicht mehr zu vergleichen sind. Lassen Sie sich deshalb in die neuen Gedankengänge von Microsoft einführen und die neue Plattform Windows NT betrachten.

KAPITEL 23

23 Windows NT

Die nachfolgenden Ausführungen über Windows NT und dem LAN Manager NT, im nachfolgenden als Advanced Server bezeichnet, beruhen auf Informationen, die von Microsoft zur Verfügung gestellt worden sind. Bei der bereitgestellten Software handelt es sich in beiden Fällen um Beta-Versionen, wobei nach eigenen Aussagen von Microsoft zum Zeitpunkt der Erstellung dieser Kapitel noch nicht genau feststand, ob das endgültige Produkt auch tatsächlich so aussehen und ausgeliefert werden wird.

Ich bitte dies beim Lesen der nächsten Abschnitte zu berücksichtigen. Dennoch ist sehr gut zu erkennen, welche Ziele und Konzepte Microsoft mit diesem neuen Produkt verfolgt und beabsichtigt.

Im vorherigen Kapitel wurde sehr ausführlich die Funktionsweise und das Konzept des LAN Managers v2.2 dargestellt, basierend auf einer OS/2-Plattform. Bei der Betrachtung der neuen Entwicklungen von Microsoft ist jedoch ganz klar zu ersehen, daß OS/2 nicht mehr als strategisches Produkt zu sehen ist, sondern Windows als die Plattform aller zukünftigen Entwicklungen angesehen wird. Man muß dabei zwischen drei Produktwelten unterscheiden: Windows 3.1, Windows for Workgroups und Windows NT.

Auf Windows 3.1 muß nicht näher eingegangen werden. Windows for Workgroups ist konzipiert, um einfach und schnell kleine Peer-to-Peer Netzwerke zu installieren, damit Ressourcen auf den einzelnen Workstations unter Windows gemeinsam benutzt werden können. Die Vor- und Nachteile dieser kleinen Netzwerke liegen auf der Hand. Anders die Situation bei Windows NT. Es handelt sich dabei um ein vollkommen neu entwickeltes Konzept, nicht nur um leistungsfähige Workstations zu erhalten, sondern auch um eine neue Plattform als Trägerbetriebssystem für den Advanced Server zu erhalten. Hierzu jedoch später mehr. Zuerst will ich Ihnen das Konzept von Windows NT näher beschreiben und auf die darin enthaltenen Netzwerkfunktionalitäten eingehen.

23.1 Windows NT Features

Das Betriebssystem Windows NT bietet Produktivität, einfache Benutzung und breite Unterstützung an Softwareapplikationen auf Basis eines High-End Betriebssystems. Es handelt sich dabei um

Windows NT

ein skalierbares, robustes und »sicheres« Betriebssystem, um die gesamte Leistungsfähigkeit der PCs der 90er Jahre nutzen zu können.

Folgende Zusammenstellung soll einen ersten Überblick der Leistungsfähigkeit von Windows NT bieten:

- Verbesserte Leistung und Performance

32-Bit Betriebssystem, hohe Kapazitäten (4 Gbyte Hauptspeicher, zig-Tbyte Plattenkapaztät durch 64-Bit Adressierung, 2 Gbyte virtueller Speicher pro Anwendung)

- Skalierbarkeit

Lauffähig auf einer Vielzahl Plattformen (Intel 386/486/586, MIPS R4000 und DEC Alpha), symmetrisches Multiprocessing

- Zuverlässigkeit

Speicherschutzmechanismen, transaktionsorientiertes, recoverfähiges Dateisystem (NTFS), Sicherheit basierend auf C2

- Einfache Bedienung

Windows-Oberfläche (und diese ist sehr bekannt)

- Einfache Managementbarkeit

Graphical User Interface Management Tools, Remote Management Tools

- Kompatibilität

Lauffähig sind MS-DOS-, Windows-, 16-Bit und 32-Bit-Anwendungen, einsetzbar in einer Vielzahl von Netzwerken (Windows for Workgroups, LAN Manager, Novell NetWare, DEC Pathworks und Banyan Vines), Anbindung an Minicomputer und Hosts möglich (TCP/IP-basierend, SNA Dienste und RPC).

- Offene Systemarchitektur

Windows Open Service Architektur, modulares Design von Windows NT.

- Workgroup-Computing-Mechanismen

Integrierte Netzwerkfunktion für Workgroup-Computing-Anwendungen (Mail und Scheduling) inklusive der dazugehörigen Administrationtools.

Zur Entwicklung eines Betriebssystems der Zukunft verpflichtete Microsoft einen der bekannten Entwickler auf dem Gebiet der Computertechnologie: David N. Cutler. Cutler ist bekannt als einer der Entwickler des VMS-Betriebssystems und der MicroVax. David Cutler stellte ein Team von Ingenieuren zusammen, um mit diesen Windows NT (New Technology) zu entwickeln.

KAPITEL 23

Im Vorwort von Helen Custers Buch »Inside Windows NT« schreibt D. Cutler: »In the summer of 1988, I received an interesting call from Bill Gates at Microsoft. He asked whether I'd like to come over and talk about building a new operating system at Microsoft for personal computers, but I thought this would be a good opportunity to meet Bill and discuss what he had in mind. What Bill had to offer was the opportunity to build another operating system, one that was portable and addressed some of the concerns, people had about using personal computers to run mission-critical applications. For me, it meant the chance to build another operating system!".

Die Ziele beim Entwurf von Windows NT beinhalten:

Erweiterbarkeit

Der Code des Betriebssystems muß bei Bedarf erweitert werden können, wenn es die Marktgegebenheiten erfordern. Damit dies für Windows NT erreicht werden kann, besteht das Betriebssystem aus einem privilegierten Executive und einer Reihe von nichtprivilegierten Servern, die »geschützte Subsysteme« genannt werden. Was heißt dabei privilegiert? Man versteht darunter eine besondere Betriebsart des Prozessors. Die meisten Prozessoren bieten einen privilegierten Modus, in dem ein Programm alle Maschinenbefehle benutzen darf und der Systemspeicher zugänglich ist. Der nichtprivilegierte Modus bedeutet, daß in diesem Fall bestimmte Maschinenbefehle nicht erlaubt sind und der Systemspeicher nicht zugänglich ist. Windows NT bezeichnet den privilegierten Modus als Kernmodus (Kernel Mode) und den nichtprivilegierten Modus als Anwendermodus (User Mode).

Das Betriebssystem läuft dabei im Normalfall ausschließlich im privilegierten Modus und die Anwendungen im nichtprivilegierten Modus, es sei denn, die Anwendungen rufen Funktionen des Betriebssystems auf. Bei der Konzeption von Windows NT wurde darauf geachtet, daß auch die geschützten Subsysteme im User Mode laufen, genauso wie Anwendungen. Somit können die geschützten Subsysteme geändert, oder es können gar neue hinzugefügt werden, ohne die Integrität der Executive zu verletzen, d.h. das Betriebssystem kann leicht erweitert werden.

Zusätzlich zum geschützten Subsystem enthält Windows NT eine Vielzahl weiterer Funktionen, um die Erweiterbarkeit zu unterstützen. Hierzu gehören:

Windows NT

- Modulare Struktur

Die Executive enthält einen Set individueller Komponenten, die mit anderen Komponenten nur über funktionelle Interfaces kooperieren. Neue Komponenten können zur Executive modular hinzugefügt werden, die ihre Arbeit dadurch bewerkstelligen, daß das Interface der existierenden Komponenten aufgerufen wird.

- Objekte

Objekte, abstrakte Datentypen die nur durch spezielle Sets von Objekt-Diensten manipuliert werden können, ermöglichen es, daß System-Ressourcen einheitlich verwaltet werden. Das Hinzufügen neuer Objekte beeinflußt keine existierenden Objekte oder verlangt, existierenden Code zu ändern.

- Ladbare Driver

Das Windows NT I/O System unterstützt Driver, die im laufenden Betrieb hinzugefügt werden können. Neue Dateisysteme, Devices und Netzwerke können unterstützt werden, indem einfach ein Device Driver, File System Driver oder Transport Driver geschrieben wird und zum System hinzugeladen wird.

- Remote Procedure Call (RPC)

Die RPC-Funktionalität ermöglicht es Applikationen, remote Dienste aufzurufen, ohne darauf Rücksicht zu nehmen, wo sich diese im Netzwerk befinden. Neue Dienste können auf einer beliebigen Maschine im Netzwerk hinzugefügt werden und sofort verfügbar sein für Anwendungen, die auf anderen Maschinen im Netzwerk laufen.

Portierbarkeit

Portierbarkeit bedeutet, daß das gesamte Betriebssystem auf eine andere Maschine übertragen werden kann, die andere Prozessorarchitekturen einsetzen, indem der Code von Windows NT nur geringfügig angepaßt werden muß. Durch den strukturellen Aufbau von Windows NT ist dies relativ einfach möglich.

Windows NT ist fast vollständig in C geschrieben. Für die Entwicklung von Windows NT hat man sich vor allem deshalb für C entschieden, da C weitgehend standardisiert ist und für eine Vielzahl von Rechnerwelten C-Compiler und Entwickler-Tools angeboten werden. Assembler ist nur in den Systemteilen eingesetzt worden, die direkt mit der Hardware des Rechners zusammenarbeiten müssen oder auf Grund von Performancegewinn unbedingt in dieser Sprache erstellt werden mußten. Der nicht portierbare Code von Windows NT ist in den Komponenten, die ihn benutzen, sorgfältig isoliert. Zusätzlich zu C und Assembler sind einige Teile

KAPITEL 23

auch in C++ geschrieben. Dies betrifft vor allem die graphische Komponente der Windows-Umgebung und Teile der Netzwerkschnittstelle.

Bestimmte Low-Level-Teile des Betriebssystems müssen auf prozessorabhängige Datenstrukturen und Register zugreifen. Jedoch ist der Code, der dies durchführt, in kleinen Modulen enthalten, die einfach und schnell gegen entsprechende Module für andere Prozessoren ersetzt werden können.

Zusätzlich zu der Abhängigkeit von bestimmten Prozessoren müssen für die Portierung auch noch andere Abhängigkeiten vom Zielsystem berücksichtigt werden. Windows NT bringt den systemabhängigen Code in einer DLL unter, die als HAL (Hardware Abstraction Layer) bezeichnet wird. Die HAL verbirgt dabei Hardware (Cache oder I/O Interrupt Controller) durch eine Low-Level-Software, so daß darüberliegender Code nicht geändert werden muß, wenn eine andere Plattform portiert wird.

Windows NT wurde so konzipiert, daß es einfach auf Maschinen portiert werden kann, die einen linearen 32-Bit-Adreßraum und virtuelle Speicherverwaltung verwenden.

Derzeit kann Windows NT auf Intel 386/486/586 Prozessoren, MIPS R4000 Risc Architekturen und DEC-Alpha-Rechner eingesetzt werden. Jede Windows-NT-Plattform bietet das gleiche User Interface und unterstützt 16-Bit- und 32-Bit-Windows-Andwendungen, MS-DOS-Programme und POSIX-konforme Applikationen. Eine große Anzahl Hersteller plant, Windows NT auf ihre Plattformen zu portieren. Die nächsten Monate werden zeigen, inwieweit diese Vorstellungen von Microsoft erfüllt werden. Die Voraussetzungen hierfür sind auf alle Fälle sehr gut geschaffen und gelungen.

Zuverlässigkeit

Bereits beim Entwurf von Windows NT wurde darauf geachtet, ein robustes System zu entwickeln, welches vorhersagbar auf Fehlersituationen reagiert. Es schützt sich selbst und die Anwender aktiv vor zufälligen oder absichtlichen Versuchen, entweder durch den Benutzer oder durch Applikationen, das System zu sabotieren.

Windows NT benutzt dabei eine strukturierte Ausnahmebehandlung zur Erkennung von Fehlersituationen und deren einheitlicher Bearbeitung. Es ist dies der primäre Schutz von Windows NT gegen Hard- und Softwarefehler. Entweder verursacht das Betriebssystem oder der Prozessor eine Ausnahmebedingung, wenn ein abnormales Ereignis eintritt. Daraufhin wird automatisch der Code zur Bearbeitung dieser Ausnahmesituation aktiviert, um sicherzustellen, daß kein unentdeckter Fehler das System zerstört oder dem Anwender vermeidbarer Schaden entsteht.

Kompatibilität

Softwarekompatibilität für ein Betriebssystem zu gewähren ist ein nicht einfaches Aufgabengebiet. Kompatibilität zeichnet sich für ein Betriebssystem vor allem dadurch aus, daß Programme ausgeführt werden können, die für ein anderes Betriebssystem oder für die Vorgängerversion des Betriebssystems geschrieben worden sind. Für Windows NT nimmt die Kompatibilität mehrere Formen an. Es geht dabei um die Frage der Binär- oder Sourcecodekompatibiltät. Binärkompatibel heißt, daß ein Programm, so wie es ist, auf einem anderen Betriebssystem laufen kann. Sourcecodekompatibel bedeutet, ein Programm muß neu compiliert werden, bevor es auf dem neuen Betriebssystem laufen kann.

Die Frage der Binär- oder Sourcecodekompatibilität zu bestehenden Systemen hängt von verschiedenen Randbedingungen ab. Einer der wichtigsten Faktoren ist dabei die Architektur des Prozessors. Verwendet der Prozessor denselben Befehlssatz, eventuell mit einigen Erweiterungen und stimmt die Speicheradressierung mit dem alten Prozessor überein, kann Binärkompatibilität erreicht werden.

Binärkompatibilität wird schwieriger, wenn es sich um unterschiedliche Prozessortypen handelt. Da jede Prozessorarchitektur normalerweise eine eigene Maschinensprache verwendet, kann die Binärkompatibilität zwischen unterschiedlichen Architekturen nur durch den Einsatz eines Emulationsprogrammes erzielt werden. Dieses Emulationsprogramm bildet die Maschinensprache des einen Prozessors in den Befehlssatz des anderen Prozessors ab. Existiert dieser Emulator nicht, muß das Programm neu kompiliert und neu gebunden werden – das bedeutet in den meisten Fällen neue Fehlersuche beim Einsatz des Programms auf dem neuen Prozessor.

Durch den Einsatz geschützter Subsysteme (protected Subsystems), stellt Windows NT auch für andere Anwendungen andere Laufzeitumgebungen zur Verfügung als diejenigen, die sich auf das primäre API stützten, es handelt sich dabei um WIN32 API. Auf den Intel Prozessoren bieten die Windows NT geschützten Subsysteme Binärkompatibilität für bestehende Microsoft-Anwendungen, einschließlich MS-DOS, 16-Bit Windows, OS/2 und LAN Manager. Auf der MIPS-Risc-Architektur wird die Binärkompatibilität für MS-DOS,

16-Bit Windows und LAN Manager durch einen Emulator erreicht. Zudem bietet Windows NT Sourcecodekompatibilität für POSIX-Anwendungen, die sich an die POSIX-Schnittstellen halten, wie diese vom IEEE 1003.1 Standard festgelegt worden sind.

Zur Programmierschnittstellen-Kompatibilität unterstützt Windows NT zusätzlich bestehende Dateisysteme für MS-DOS (FAT), OS/2 HPFS, CD-ROM CDFS und das neue NTFS (NT File System). NTFS bietet eine Vielzahl von Sicherheitsmechanismen, die von bisherigen Dateisystemen nicht geboten werden können. Ich werde an anderer Stelle auf diese Funktionen nochmals zurückkommen.

Leistungsfähigkeit

Die Leistungsfähigkeit eines Betriebssystems hängt nicht nur von der Geschwindigkeit des Prozessors ab. Daß Ihr MS-DOS auf einem 486/66-MHz-Rechner schneller ist, hängt sicher von der besseren Performance des Prozessors ab. Wenn man jedoch bedenkt, daß MS-DOS im 8086-Modus auf diesem Prozessor läuft, und somit gar nicht die eigentlichen Leistungsmerkmale des 486 nutzen kann, kommt man von selbst darauf, daß mit MS-DOS nur ein Bruchteil der Leistungsfähigkeit genutzt wird.

Es wurde bereits bei der Entwicklung und Konzeption von Windows NT großer Wert darauf gelegt, ein performantes Betriebssystem zu erhalten, welches alle Möglichkeiten des Prozessors voll nutzen kann.

Dieses Ziel wurde durch die folgenden integrierten Prozesse erreicht:

■ Beim Entwurf jeder einzelnen Komponente von Windows NT stand die Leistungsfähigkeit jeder Komponente im Vordergrund. Systemteile, die besonders kritisch bezüglich Geschwindigkeit sind, wurden mit Hilfe spezieller Performancetests geprüft und entwickelt. Systemaufrufe, Page Faults in der Speicherverwaltung und andere kritische Anwendungen wurden immer wieder optimiert, um die besten Ergebnisse zu erzielen.

■ Die geschützten Subsysteme (Servers), die Betriebssystemaufgaben erfüllen, müssen sehr oft miteinander/untereinander und mit Client-Anwendungen kommunizieren. Um zu gewährleisten, daß diese Kommunikationsaufgaben die Performance nicht beeinträchtigen, wurde als integraler Bestandteil des Betriebssystems ein sehr schneller Mechanismus zur Übergabe von Nachrichten implementiert. Dieser wird als *Local Procedure Call* (LPC) bezeichnet.

Windows NT

▪ Jedes geschützte Subsystem, das eine Betriebssystemumgebung bereitstellt (environment subsystem), wurde so konzipiert, daß die am häufigsten benutzten Systemdienste so schnell wie möglich verarbeitet werden.

▪ Windows NT beinhaltet standardmäßig Netzwerkfunktionalitäten. Die kritischen Komponenten der Netzwerksoftware von Windows NT sind fester Bestandteil des privilegierten Teils des Betriebssystems, da dadurch die größtmögliche Performance erreicht werden kann. D.h. diese Netzwerkfunktionen müssen nicht mehr als Driver oder Anwendung zum Windows-NT-Betriebssystem hinzugefügt werden.

23.2 Systemübersicht

Unter einem Betriebssystem wird ein spezielles Programm verstanden, das eine Umgebung zur Verfügung stellt, in der Programme auf einem Computer ablaufen können. Den Programmen wird somit auch der Zugriff auf den Prozessor, auf I/O Devices und andere Systemumgebungen ermöglicht und erleichtert. Die ersten Betriebssysteme waren sehr einfach gestaltet. Wenn man sich jedoch die heutigen Systeme betrachtet, werden diese immer mächtiger und leistungsfähiger. Dies gilt auch für Windows NT. Für das Konzept von Windows NT hat man mehrere Betriebssysteme kombiniert, um ein Optimum an Leistung erzielen zu können.

Für Benutzer bieten Betriebssysteme heute zwei wichtige Dienste:

▪ Die Verwendung der Hardware wird wesentlich erleichtert. D.h. der Benutzer bekommt aufgrund der heutigen Benutzeroberflächen vom darunterliegenden Betriebssystem gar nichts mehr mit. Diese Situation wurde bereits sehr früh herbeigeführt. Eine einfache benutzerfreundliche Oberfläche wie der Norton Commander führten sehr rasch dazu, daß Anwender gar nicht mehr wissen, wie zum Beispiel eine Diskette auf dem herkömmlichen DOS Prompt zu formatieren ist oder der Inhalt des Directories angezeigt werden kann.

▪ Das Betriebssystem verteilt den Zugriff auf die Hardwareressourcen auf das oder die laufenden Programme. Ganz wichtig ist dieser Vorgang für Multitasking-Betriebssysteme. Windows NT, ebenfalls ein Multitasking-Betriebssystem, teilt die Arbeiten in Prozesse auf, wobei jedem Prozeß Hauptspeicher, Systemressourcen und mindestens ein Thread (ausführbare Einheit innerhalb eines

Prozesses) zugewiesen wird. Das Betriebssystem führt dabei den Thread für eine kurze Zeit aus und wechselt sodann zum nächsten Thread. Auf diese Art und Weise entsteht der Eindruck, daß die aktiven Programme alle gleichzeitig laufen würden, obwohl es in Wirklichkeit eine Quasi-Parallelität ist, da nur ein Prozessor verwendet wird. Anders sieht dies jedoch aus, wenn das Betriebssystem eine Multiprocessor-Unterstützung aufweist, wie dies auch von Windows NT angeboten wird.

Windows NT benutzt folgende Modelle:

- Client/Server-Modell, um für die Anwender unterschiedliche Betriebssystemumgebungen bereitstellen zu können (Windows, MS-DOS, OS/2 und POSIX).

- Objekte, um die Systemressourcen einheitlich verwalten zu können und dem Benutzer verfügbar zu machen.

- Das SMP (symmectric multiprocessing) ermöglicht es Windows NT, auf Rechnern mit mehreren Prozessoren eingesetzt zu werden, um die optimale Performance zu erzielen.

23.2.1 Client/Server-Modell

Der Systemcode eines Betriebssystems kann auf unterschiedlichste Art und Weise aufgebaut werden. Die meist in kleinen Betriebssystemen wie MS-DOS eingesetzte Form, ist die Aufteilung des Betriebssystems in eine Reihe von Prozeduren, wobei jede Prozedur von der anderen Prozedur aufgerufen werden darf. Diese Form wird auch als monolithische Struktur bezeichnet. Die Erweiterung solcher Strukturen kann zu gewaltigen Problemen führen, da die Änderung einer Prozedur an irgendeiner Stelle in anderen Teilen des Betriebssystems zu Fehlern führen kann, auch wenn offensichtlich kein direkter Zusammenhang zu erkennen ist.

Es gilt jedoch auch in monolithischen Systemen, daß die Anwendungen vom Betriebssystem getrennt werden. Das Betriebssystem läuft dabei im privilegierten Prozessor Mode (Kernel Mode) und dem erlaubten Zugriff auf Systemdaten und Hardware, wohingegen die Anwendungen im nichtprivilegierten Prozessor Mode (User Mode) laufen, mit einer begrenzten Anzahl Interfaces und einem beschränkten Zugriff auf Systemdaten.

Ruft ein Programm, welches im User Mode läuft, einen System-Dienst auf, fängt der Prozessor den Aufruf ab und schaltet den aufrufenden Thread in den Kernel Mode. Wenn der System-Dienst beendet ist, schaltet das Betriebssystem den Thread wieder in den

Anwendermodus und der Anwender kann mit seiner Arbeit weitermachen.

Ein anderer Ansatz wird darin gesehen, das Betriebssystem in Module aufzuteilen, wobei in den einzelnen Modulen verschiedene Schichten implementiert sind. Jedes Modul stellt einen Satz Funktionen zur Verfügung, die von anderen Modulen aufgerufen werden können. Der Code in einer bestimmten Schicht ruft aber nur Funktionen von darunterliegenden Schichten auf.

Ein Vorteil dieser Schichtenstruktur kann darin gesehen werden, daß jede Codeschicht nur den Zugriff auf die darunterliegenden Schnittstellen und Datenstrukturen durchführt, die für die Arbeit benötigt werden. Der Programmcode mit uneingeschränkten Möglichkeiten für das Betriebssystem wird dadurch verringert. Zudem wird durch diese Struktur auch eine einfache Fehlerlokalisierung und -suche ermöglicht, da man in der untersten Schicht beginnt und dann Schicht für Schicht nach oben fortsetzt. Eine Schichtenbildung vereinfacht auch die Erweiterung des Betriebssystems, da eine ganze Schicht ausgetauscht werden kann, ohne die anderen Bereiche des Systems dadurch zu beeinflussen.

Die dritte Möglichkeit, ein Betriebssystem aufzubauen, erfolgt nach dem Client/Server-Modell. Die Idee, die man dabei zu Grunde legt, ist, das Betriebssystem in mehrere Prozesse aufzuteilen, wobei in jedem Prozeß eine bestimmte Anzahl Dientsleistungsfunktionen implementiert sind – z.B. Speicherverwaltung, Prozessorverwaltung oder Prozeßsteuerung. Jeder Server läuft im User Mode und führt eine Programmschleife aus, in der überprüft wird, ob ein Client eine seiner Dienstleistungen angefordert hat. Der Client, entweder eine andere Betriebssystemkomponente oder ein Anwendungsprogramm, fordert einen Dienst an, indem eine Nachricht an den Server geschickt wird.

Ein Betriebssystem-Kernel (Microkernel), der im Kernel Mode läuft, gibt die Nachricht an den Server weiter. Der Server führt die Operation durch, und das Ergebnis wird mit einer neuen Nachricht über den Microkernel an den Client weitergegeben.

Durch diesen Ansatz wird ein Betriebssystem geschaffen, dessen Komponenten klein und abgeschlossen sind. Da jeder Server als eigener Anwendungsprozeß läuft, kann ein einzelner Server ausfallen oder neu gestartet werden, ohne das restliche Betriebssystem zu zerstören oder zu einem Absturz des Gesamtsystems zu führen. Es ist auch denkbar, daß unterschiedliche Server in einer Multiprozessorumgebung auf unterschiedlichen Prozessoren laufen oder auf unterschiedlichen Computern bereitgestellt werden (Netzwerkfunktionalität in Windows NT). Dadurch sind solche Betriebs-

KAPITEL 23

systeme hervorragend für den Einsatz in verteilten Umgebungen geeignet.

In der Praxis gibt es ein breites Spektrum unterschiedlicher Implementierungen dieser Betriebssystemform. Die einen führen weniger Arbeiten im Kernel Mode aus, wohingegen andere Konzepte mehr Arbeit in diese Ebene verlagern. Das Mach-Betriebssystem, das an Unix angelehnt ist, und ebenfalls eine Client/Server-Architektur aufweist, enthält einen Minimalkern, der sich um das Thead Scheduling, Nachrichtenverarbeiten, virtuelle Speicherverwaltung und Device Driver kümmert. Alle anderen Dinge wie Application Programming Interfaces (APIs), Dateisysteme und Netzwerkdienste laufen im User Mode.

Die Struktur von Windows NT nutzt sowohl die Konzepte des Schichtenmodells und des Client/Server-Modells. Der Teil von Windows NT, der im Kernel Mode läuft, wird als NT Executive bezeichnet. Dieser Teil besteht aus einer Reihe von Komponenten, die sich um die virtuelle Speicherverwaltung, Objekt-(Ressource-)Verwaltung, I/O- und Dateisystem (einschließlich Netzwerk Driver), Interprocess Communication und Teile des Sicherheitssystems kümmern. Die Zusammenarbeit zwischen diesen Teilen ist eher modular als geschichtet: Jede Komponente ruft die andere Komponente über einen sorgfältig definierten Satz interner Routinen auf.

Der Schichtenmodellansatz kommt für das I/O-System der NT Executive und für tiefere Schichten von NT – NT Kernel und Hardware Abstraction Layer (HAL) – zum Einsatz. Alle anderen Komponenten der Executive liegen in Schichten über diesen beiden Komponenten.

Der NT Kernel führt auf den unteren Ebenen Betriebssystemfunktionen durch, die auch im Microkernel von Client/Server-Betriebssystemen vorzufinden sind. Es handelt sich dabei vor allem um Thread Scheduling, Interrupt und Behandlung von Ausnahmebedingungen und Multiprozessor-Synchronisation. Zudem wird eine Reihe von Funktionen und Basisobjekten angeboten, die vom Rest der Executive für die Implementierung von Konstrukten auf höherer Ebene benötigt werden.

Unterhalb des Kernels befindet sich die HAL Dynamic Link Library (HAL DLL). Dabei handelt es sich um eine Schicht hardwarespezifischen Codes, der den Kernel und den Rest der NT Executive vor rechnerspezifischen Hardwareunterschieden schützt und somit NT hardwareunabhängig macht. Die Portierung auf eine andere Plattform geschieht in der Regel nur durch Austausch der HAL. Die HAL greift direkt auf die Hardware zu. In der nachfolgenden

Windows NT

Abbildung ist die Client/Server-Struktur von Windows NT aufgezeigt.

*Bild 23.1
Client/Server-
Struktur von Windows NT*

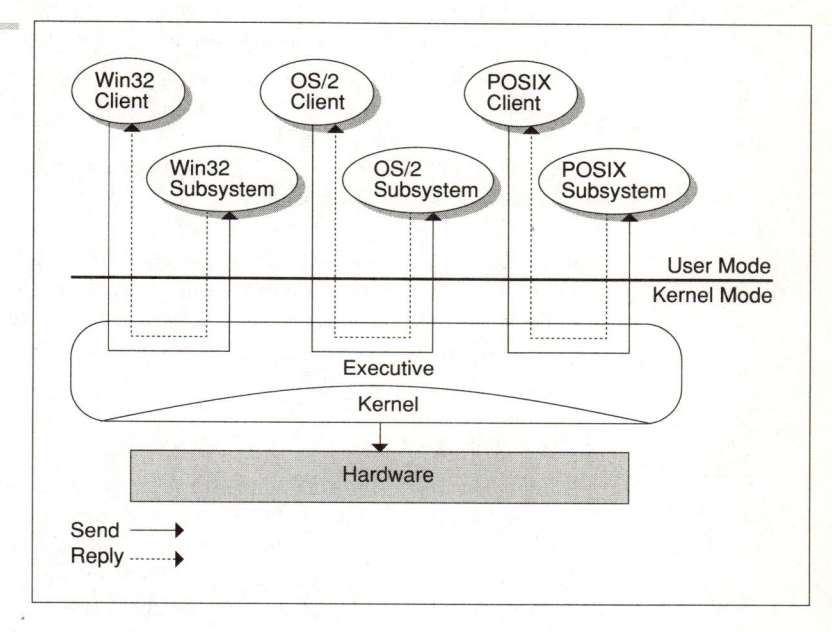

Windows NT benutzt das Client/Server-Modell in erster Linie für die APIs und die anderen Dinge, die man als Betriebssystemumgebung bezeichnen kann. Obgleich das Win32 Protected Subsystem (Server) die Benutzerschnittstelle bereitstellt und den Hauptbestandteil des Betriebssystems bildet, können die anderen Server in die Executive eingehängt werden und bei Bedarf geladen werden. Die Server kommunizieren mit Anwendungsprozessen durch eine Nachrichtenübertragung in der NT Executive.

Der Einsatz eines Client/Server-Modells bietet unter anderem folgende Vorteile:

■ Es vereinfacht die Basis des Betriebssystems, die NT Executive. Ein Ziel von Windows NT ist die Bereitstellung von Win32, MS-DOS, 16-Bit Windows, POSIX und OS/2 APIs. Die Verlagerung jeder API in einen eigenen Server vermeidet Konflikte und Mehrfachimplementierungen von Teilen des Betriebssystems und ermöglicht ein einfaches Hinzufügen neuer APIs.

■ Die Zuverlässigkeit wird erhöht. Jeder Server läuft in einem eigenen Prozeß, hat einen eigenen Adreßraum und ist somit von den anderen Prozessen geschützt. Da die Server im User Mode laufen, haben diese zudem keine Möglichkeit, direkt auf die

Hardware zuzugreifen oder Speichermanipulationen der Executive durchführen. Ein Problem, das von MS-DOS sehr gut bekannt ist.

■ Es kommt somit von alleine der Mechanismus verteilter Systeme zustande. Da vernetzte Rechner nach dem Prinzip des Client/Server-Modells arbeiten und Nachrichtendienste verwenden, um miteinander zu kommunizieren, können lokale Server sehr einfach Nachrichten an remote Rechner versenden. Clients müssen von daher gar nicht wissen, wo sich die Dienste befinden und ausgeführt werden: lokal oder remote.

Um die Flexibiltät von Windows NT zu erhöhen, hat man sich bei der Konzeption für den Einsatz eines Objektmodells entschieden. Wie dieses Modell aussieht und welche Vorteile damit verbunden sind, soll nachfolgend näher erläutert werden.

23.2.2 Objektmodell

Wie aus den bisherigen Beschreibungen zu ersehen ist, liegen die Schwierigkeiten vor allem darin, ein leistungsfähiges und flexibles Betriebssystem zu entwickeln. Statt zu versuchen, ein Sysstem von oben nach unten zu entwerfen, konzentriert man sich beim objektorientierten Entwurf zuerst auf die Daten, die von der Software bearbeitet werden müssen. Für ein Betriebssystem haben diese Daten die Form von Systemressourcen: Dateien, Prozesse, Speicherblöcke, etc.

Das Ziel ist, ein System um diese Daten herum zu entwerfen, das leicht geändert werden kann. Ein Weg, wie objektorientierte Software den Änderungsaufwand minimiert, liegt darin, die physikalische Darstellung von Daten innerhalb von Objekten zu verbergen. Ein Objekt ist dabei als Datenstruktur zu verstehen, dessen physikalisches Format hinter einer Typ-Definition verborgen wird. Es beinhaltet eine Anzahl formaler Properties (Attributes genannt) und kann durch eine Anzahl Dienste manipuliert werden.

Windows NT benutzt Objekte, um Systemressourcen darzustellen. Alle Systemressourcen, die von mehr als einem Prozeß benutzt werden können, einschließlich Dateien, gemeinsamer Speicher und physikalische Endgeräte, sind als Objekte implementiert und mit Hilfe von Objekt-Diensten manipuliert. Dieser Konzeptansatz verhindert Auswirkungen von Änderungen, die im Laufe der Zeit im Betriebssystem durchgeführt werden bzw. durchgeführt werden müssen. Zieht eine Hardwareänderung zum Beispiel die Änderung des Betriebssystems nach sich, müssen nur das Objekt, das die Hardware Ressource repräsentiert und die Dienste, die für das

Objekt möglich sind, geändert werden. Code, der dieses Objekt nur benutzt, bleibt unverändert.

Genauso einfach können neue Ressourcen in das System aufgenommen werden, ohne daß der bestehende Code geändert werden muß. Neben diesen Vorteilen der geringen Änderungen im Betriebssystem, bietet das Objektmodell auch noch andere Vorteile:

- Der Zugriff und die Manipulation der Ressourcen wird auf einheitliche Art und Weise durchgeführt. Er erzeugt, löscht und benutzt ein Ereignisobjekt auf die gleiche Weise wie ein Prozeßobjekt – durch eine Objektnummer. Da jede Ressource als Objekt verwaltet wird, kann man die Ressourcen sehr einfach überblicken, indem man die Anlage und den Einsatz der Objekte verfolgt.

- Der Einsatz der Sicherheitsvorkehrungen ist einfacher, da alle Objekte in der gleichen Weise geschützt werden. Wenn irgendjemand versucht, auf ein Objekt zuzugreifen, wird das Sicherheitssystem dazwischengeschaltet, und dieses überprüft die Gültigkeit der Operation. Dabei ist es unerheblich, ob es sich um ein Objekt, einen Teil gemeinsamen Speichers oder um einen Kommunikationsport handelt.

- Objekte sind ein bequemes und einheitliches Mittel zur gemeinsamen Nutzung von Ressourcen zwischen zwei oder mehr Prozessen. Zur Bearbeitung aller Objekttypen reicht der Einsatz der Objektnummern. Zwei Prozesse benutzen gemeinsam ein Objekt, wenn beide eine Nummer hierfür anfordern. Das Betriebssystem kann überprüfen, wie viele Nummern für ein Objekt geöffnet sind, um festzustellen, ob das Objekt gerade benutzt wird. Das Betriebssystem kann dann das Objekt löschen, wenn es nicht mehr benötigt wird, da keine Nummer mehr hierfür geöffnet ist.

23.2.3 Symmetrisches Multiprocessing

Beim Multitasking teilen sich mehrere aktive Threads einen Prozessor. Besitzt ein Rechner mehr als einen Prozessor, muß das Modell in Richtung Multiprocessing-System angepaßt werden. Ein Rechner mit x Prozessoren ist in der Lage, x Threads parallel auszuführen. Bei einem reinen Multitasking-Betriebssystem hat man nur den Eindruck, daß Threads parallel ausgeführt werden, bei einem Multiprocessor-System geschieht die Abarbeitung tatsächlich parallel.

Das Multiprocessing muß in zwei Kategorien aufgeteilt werden, da es zwei Formen gibt: Asymmetrisches Multiprocessing und Symmetrisches Multiprocessing.

KAPITEL 23

▪ Asymmetrisches Multiprocessing (ASMP)

Bei einem ASMP-Betriebssystem wählt das Betriebssystem normalerweise einen Prozessor, auf dem das Betriebssystem läuft, wohingegen die Anwendungen auf dem anderen Prozessor laufen. Eine sinnvolle Lastteilung ist bei diesem Konzept nicht möglich, da der andere Prozessor von einer Anwendung auch dann nicht genutzt werden kann, wenn dieser frei ist. Wesentlich effektiver und performanter ist dann schon das Konzept des Symmetrischen Multiprocessing.

▪ Symmetrisches Multiprocessing (SMP)

Windows NT baut auf das Konzept des SMP. Dabei ist es möglich, daß das Betriebssystem auf einem beliebigen Prozessor läuft oder auf allen gleichzeitig, dasselbe gilt für den Ablauf der Anwendungen. Die Prozessoren können Speicherbereiche gemeinsam nutzen. Dieser Ansatz nutzt die Prozessoren besser aus, da das Betriebssystem zur Laufzeit einen großen Teil des Rechners beanspruchen kann. Läuft das Betriebssystem hingegen nur auf einem Prozessor, kann es vorkommen, daß der Prozessor die Flut von Anforderungen nicht mehr zeitgerecht bedienen kann und dadurch die Gesamtleistung des Systems leidet. Zudem wird beim SMP-Konzept die Ausfallsicherheit erhöht, da das System auch dann noch weiterlaufen kann, wenn ein Prozessor ausfällt. Die Performance wird dabei zwar schlechter, da ein Prozessor weniger zur Verfügung stellt, aber wichtiger ist, daß die Arbeit weiter ausgeführt werden kann.

SMP-Betriebssysteme sind in der Regel komplett neu konzipiert und geschrieben, da strenge Codierregeln eingehalten werden müssen, um korrekte Funktionsfähigkeit sicherstellen zu können. Zudem treten in Multiprocessing-Systemen eine Vielzahl von Besonderheiten auf, die in Systemen mit nur einem Prozessor nicht berücksichtigt werden müssen. Viele Funktionen sind für Windows NT entscheidend für den Erfolg eines SMP-Betriebssystems:

▪ Die Fähigkeit, das Betriebssystem auf jedem freien Prozessor laufen zu lassen, sofern es sich um ein Multiprocessor-System handelt. Mit Ausnahme der Kernel-Komponente, welche sich um das Thread Scheduling und Interrupts kümmert, können alle anderen Teile des Betriebssystems gezwungen werden, den Prozessor freizugeben, wenn ein Thread mit höherer Priorität auftritt.

▪ Mehrere ausführbare Threads innerhalb eines Prozesses ermöglichen es, einen Prozeß, verschiedene Teile (Threads) auf mehreren Prozessoren gleichzeitig laufen zu lassen.

- Es werden Server-Prozesse bereitgestellt, die mehrere Threads nutzen, um Anforderungen von mehr als einem Client gleichzeitig zu bearbeiten.

- Windows NT unterstützt geeignete Mechanismen, um Objekte zwischen Prozessen gemeinsam nutzen zu können und eine flexible Interprocess Communication (Shared Memory und optimierte Nachrichtenübertragung) durchführen zu können.

Nach dieser Darstellung über den Mechanismus von Windows NT sollen im nachfolgenden Abschnitt die wichtigsten Strukturen von Windows NT und eine kurze Darstellung der Bedienung von Windows NT aufgezeigt werden, bevor ich mich danach den Netzwerkfunktionalitäten von Windows NT widmen will.

23.3 Die Struktur von Windows NT

Windows NT wird in zwei Teile aufgesplittet: der User Mode (Protected Subsystems) und der Kernel Mode (NT Executive). Einen Überblick dieser Aufteilung zeigt die Abbildung 23.2.

Die Windows NT Server bezeichnet man als geschützte Subsysteme (Protected Subsystems), da jeder in einem eigenen Prozeß abläuft und der davon benutzte Speicher über das Virtual Memory System von den anderen Prozessen geschützt wird. Da die Server nicht automatisch gemeinsamen Speicher nutzen, kommunizieren sie über Nachrichtenaustausch miteinander. Wie bereits erwähnt, ist die Executive als Betriebssystemkomponente in der Lage, eine beliebige Anzahl Server zu bedienen. Aufgrund der Wichtigkeit sollen der Mechanismus der Protected Subsystems und die Executive näher betrachtet werden.

KAPITEL 23

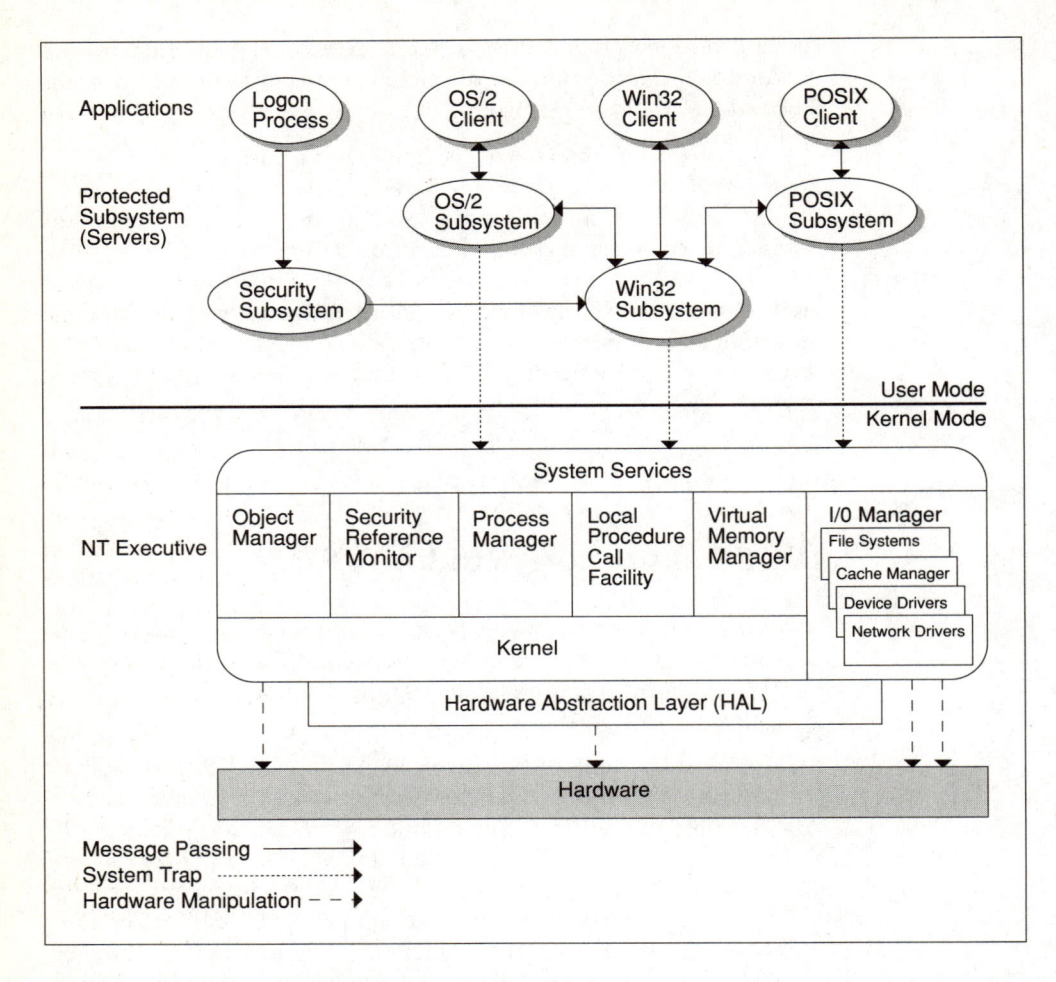

Bild 23.2 Windows NT im Überblick

23.3.1 Protected Subsystems

Jedes Protected Subsystem stellt einen Satz APIs zur Verfügung, die von Programmen aufgerufen werden können. Wenn eine Anwendung oder ein Server ein API aufruft, wird eine Nachricht an den Server geschickt. Dies geschieht über den Local Procedure Call (LPC) Mechanismus der NT Executive. Der Server antwortet über das Zurücksenden einer Nachricht zum rufenden Client.

Windows NT kennt zwei Protected Subsystems: Environment Subsystems und Integral Subsystems. Ein Environment Subsystem ist ein Server, der im User Mode abläuft, und die APIs für eine spezielle Umgebung zur Verfügung stellt. Das wichtigste Windows NT Environment Subsystem ist das Win32 Subsystem, welches die Microsoft Windows 32-Bit API für Anwendungsprogramme zur Verfügung stellt. Zusätzlich stellt das Win32 Environment Subsystem das GUI von NT zur Verfügung und überwacht jede Benutzereingabe und -ausgabe.

Windows NT stellt ebenfalls ein POSIX Environment Subsystem, ein OS/2 Environment Subsystem, ein Windows-16-Bit-Subsystem und ein MS-DOS-Subsystem zur Verfügung. Diese Subsysteme stellen den Anwendungsprogrammen ihre eigenen APIs zur Verfügung, benutzen jedoch zur Ein- und Ausgabe das Win32 Subsystem.

Die restlichen Protected Subsystems – die Integral Subsystems – sind Server, die wichtige Betriebssystemfunktionen übernehmen und ausführen. Eines der wichtigsten Integral Subsystems bildet das Security Subsystem. Das Security Subsystem läuft im User Mode und überwacht die Sicherheitseinrichtungen, die auf dem lokalen Rechner aktiviert worden sind. Es wird zum Beispiel überwacht, welche Benutzer mit besonderen Rechten ausgestattet worden sind, auf welche Ressourcen der Zugriff gewährt worden ist und ob Alarmmeldungen und -nachrichten wegen Sicherheitsverletzungen erzeugt werden sollen. Zusätzlich pflegt das Security Subsystem eine Datenbank, in der User Accounts, Benutzernamen, Paßwörter, Gruppen, in der der Benutzer Mitglied ist, oder Sonderrechte, die der Benutzer besitzt, gespeichert werden. Nur so können die notwendigen Sicherheitsanforderungen erfüllt werden. Sie werden noch sehen, daß Sie auf dem Windows NT System unterschiedliche Benutzer einrichten können, die die Berechtigung haben, an diesem Rechner zu arbeiten. Je nach Berechtigungen kann der ein oder andere Benutzer auf mehr oder weniger Ressourcen zugreifen. D.h. daß mit Windows NT bereits die lokalen Daten vor unberechtigen Zugriffen geschützt werden können, Mechanismen die unter DOS nur mit Zusatzsoftware erreicht werden können. Windows NT hat diese Funktionen bereits optimal integriert.

Im Integral Subsystem sind bereits die Komponenten der Netzwerksoftware von Windows NT enthalten. Zwei wichtige und interessante Funktionen sind dabei der Workstation Service und der Server Service. Jeder dieser beiden Dienste, oft als Netzwerksubsystem bezeichnet, ist ein User-Mode-Prozeß, der APIs implementiert hat, um auf den LAN-Manager-Netzwerk-Redirector und Server zugreifen zu können und diesen zu verwalten. Beim Redirector handelt es sich um eine Netzwerkkomponente, die verantwortlich ist, I/O-Anforderungen über das Netzwerk zu transportieren, wenn die Dateien oder Endgeräte, auf die zugegriffen werden soll, nicht lokal vorhanden sind. Der Server ist dabei auf einem remote Rechner installiert und empfängt diese Anforderung. Sowohl der LAN-Manager-Redirector als auch der LAN-Manager-Server-Dienst (mit eingeschränkten Funktionalitäten im Vergleich zum Original LAN Manager) sind bereits als Dateisystem-Driver implementiert. Somit kann Windows NT nicht nur als Workstation im Netzwerk eingesetzt werden sondern bereits Serverfunktion im Netzwerk übernehmen. Die volle Leistungsfähigkeit als Server im Netz erhält Windows NT jedoch erst durch den Advanced Server (LAN Manager for Windows NT), der separat bezogen und installiert werden muß. Hierzu jedoch später mehr.

23.3.2 Executive

Die Windows NT Executive ist der Kernel-Mode-Teil und ist, außer für das User Interface, ein vollständiges Betriebssystem in sich selbst. Die Executive besteht aus einer Vielzahl Komponenten, wobei jede zwei Funktionen wahrnehmen muß: System Services, die vom Umgebungssubsystem und anderen Executive-Komponenten aufgerufen werden können, und Internal Routines, die nur den Komponenten innerhalb der Executive zur Verfügung gestellt werden.

Obwohl die Executive API-ähnliche System Services zur Verfügung stellt, unterscheidet sie sich grundsätzlich vom Umgebungssubsystem. Die Executive läuft nicht die ganze Zeit als eigenständiger Prozeß. Die Executive wird erst im Kontext eines bestehenden Prozesses zum eigenständigen Prozeß, indem der Prozeß einen ausführenden Thread übernimmt, wenn wichtige Systemereignisse auftreten. Ruft ein Thread zum Beispiel eine Systemfunktion auf, und fängt der Prozessor diesen Aufruf ab oder unterbricht ein externes Gerät den Prozessor, dann erhält der Kernel die Kontrolle über den dazugehörigen Thread.

Der Kernel ruft den passenden Code zur Bearbeitung des Ereignisses auf, führt diesen aus und gibt die Kontrolle an den Code zurück, der vor der Unterbrechung lief.

Executive-Komponenten sind weitgehend unabhängig voneinander. D.h. jede benutzt und erstellt die eigenen Datenstrukturen, die benötigt werden. Da die Schnittstellen zwischen den Komponenten sorgfältig festgelegt sind, ist es möglich, eine Komponente vollständig aus dem Betriebssystem zu entfernen und durch eine andere zu ersetzen. Sofern die neue Version alle notwendigen System Services zur Verfügung stellt und die internen Schnittstellen richtig bedient werden, läuft das Betriebssystem wie zuvor. Die

Pflege des Betriebssystems ist ebenfalls einfacher wie bisher, da die NT Executive-Komponenten in einer verhersagbaren Art und Weise zusammenarbeiten.

Folgende Übersicht soll die Aufgaben der Executive-Komponenten verdeutlichen.

- Object Manager

Erzeugt, verwaltet und löscht Objete der Executive – abstrakte Datentypen die benutzt werden, um Betriebssystem-Ressourcen darzustellen.

- Security Reference Monitor

Zwingt zu Sicherheitsvorkehrungen am lokalen Computer. Er überwacht die Betriebssystem-Ressourcen, führt Run-Time-Objekt-Schutz und Auditing aus.

- Process Manager

Erzeugt und schließt Prozesse und Threads. Zudem setzt er die Bearbeitung von Threads aus oder nimmt sie wieder auf und verwaltet die Informationen über Windows NT Prozesse und Windows NT Threads.

- Local Procedure Call (LPC)

Transportiert Nachrichten zwischen Client-Prozessen und Server-Prozessen auf dem lokalen Rechner. Bei LPC handelt es sich um eine flexible und optimierte Version der Remote Procedure Call (RPC) Architektur, einem Industriestandard zur Kommunikation zwischen Clients und Servern über das Netzwerk.

- Virtual Memory Manager (VM)

Zuständig für die Implementierung von virtuellen Speichern, eine Speicherverwaltung, welche große und private Adreßräume für jeden Prozeß zur Verfügung stellt und gewährleistet, daß die Speicherbereiche gegenüber allen anderen Prozessen geschützt sind. Ist der Speicherbedarf zu groß, überträgt der VM-Manager ausgewählten Speicherinhalt auf Platte und lädt diesen Bereich wieder in den Hauptspeicher zurück, wenn er wieder benötigt wird. Dabei handelt es sich um ein Verfahren, das als Paging bezeichnet wird.

- Kernel

Reagiert auf Interrrupts und Ausnahmebedingungen, führt die Thread Verwaltung durch, synchronisiert die Aktivitäten mehrerer Prozessoren und stellt eine Vielzahl elementarer Objekte und Schnittstellen bereit, die vom Rest der NT Executive benutzt werden, um Objekte auf höherer Ebene einzurichten.

KAPITEL 23

- **I/O-System**

Dabei handelt es sich um eine Gruppe von Komponenten, die verantwortlich dafür sind, den Input von einer Vielzahl Devices und den Output zu einer Vielzahl Devices durchzuführen. Das I/O Subsystem besteht aus folgenden Subsystemen:

I/O-Manager
Stellt geräteunabhängige Input/Output-Funktionen zur Verfügung und errichtet ein I/O Modell für die NT Executive.

File Systems
NT Driver, die dateiorientierte I/O-Anforderungen annehmen und diese in I/O-Anforderungen umwandeln, die an ein bestimmtes Device gebunden sind.

Netzwerk-Redirector und Netzwerk-Server
File System Driver, die remote I/O-Anforderungen zu einem Rechner im Netzwerk übertragen und auch solche Anforderungen von einem anderen Rechner empfangen können (wenn Windows NT selbst Serveraufgaben bereitstellt).

Windows NT Executive Driver
Hierbei handelt es sich um Driver auf der unteren Ebene, die direkt auf die Hardware zugreifen, um Ausgaben auf das physikalische Device oder das Netzwerk zu schreiben oder Eingaben von einem phyisikalischen Device oder dem Netzwerk lesen.

Cache-Manager
Der Cache-Manager verbessert die Performance von dateiorientierten I/O, indem die zuletzt gelesenen Informationen im Speicher behalten werden. Der Cache-Manager nutzt die Paging-Funktionen des VM-Managers, um automatisch die Änderungen im Hintergrund auf Platte zu schreiben. Dieser Mechanismus kann durchaus mit dem Caching-Mechanismus von NetWare verglichen werden.

- **Hardware Abstraction Layer (HAL)**

Eine Codeschicht zwischen der Executive und der Hardwareplattform, auf der Windows NT läuft. Es verbirgt die hardwareabhängige Einzelheiten, wie I/O-Schnittstellen, Interrupt Controller und Multiprocesser-Communication-Mechanismen, so daß Windows NT durch Austausch der HAL einfach auf andere Rechnerplattformen portiert werden kann. Die Komponenten der Executive erreichen dadurch maximale Portabilität, indem nicht direkt auf die Hardware zugegriffen wird, sondern die Routinen der HAL aufgerufen werden, wenn hardwareabhängige Informationen benötigt werden.

Windows NT zeichnet sich als portierbares Betriebssystem aus, konzipiert, um den hardwareabhängigen Code so gering wie möglich zu halten. Somit wird der Aufwand zur Anpassung an eine andere Plattform relativ gering. Man kommt jedoch nicht umhin, prozessorabhängigen Code (z.B. für Intel 486/586, DEC Alpha oder MIPS R4000) einzusetzen. Dieser liegt in den untersten Ebenen des NT Kernel und kleine Anteile im VM-Manager. Diese Komponenten, vor allem der Kernel, verbergen die Prozessorunterschiede vor dem Rest des Betriebssystems.

Rechnerabhängiger Code, d.h. Code, der abhängig von der Rechnerplattform ist, wird bei NT in der HAL eingebettet und wird von jedem Rechnerhersteller, der Windows NT auch unterstützen will, zur Verfügung gestellt. Zwar enthalten auch Device Driver geräteabhängigen Code, aber prozessorabhängiger und rechnerabhängiger Code wird dadurch vermieden, indem NT Kernel-Routinen und HAL-Routinen aufgerufen werden.

Da Sie nun in etwa wissen, wie die einzelnen Komponten von Windows NT aufgebaut sind und zusammenarbeiten, sollen im nächsten Abschnitt ein paar interessante und wichtige Eigenschaften beim Arbeiten mit Windows NT erläutert werden. Die Oberfläche von Windows NT ist zwar sehr ähnlich zu Windows 3.1, jedoch ergeben sich einige Unterschiede. Dies beginnt bereits damit, daß Sie Ihren Windows-NT-Rechner nicht einfach einschalten und das Arbeiten beginnen. Um Zugriff auf Windows NT zu erhalten, müssen Sie sich zuerst anmelden.

23.4 Die wichtigsten Eigenschaften von Windows NT

Mit wenigen Ausnahmen erscheint Windows NT für den Anwender nicht so, als würde es sich um ein neues Betriebssystem handeln. Es sieht aus wie Windows 3.1 und ermöglicht auch den Einsatz reiner Windows Anwendungen. Hinter der Benutzeroberfläche sieht es jedoch ganz anders aus. Die nachfolgenden Ausführungen zeigen Ihnen, wie die einzelnen Teile von Windows NT zusammenpassen. Dies beginnt bei der Schnittstelle für den Benutzer und endet mit der Schnittstelle zur Executive.

23.4.1 Der Logon-Prozeß

Windows NT ist ein sicheres Betriebssystem, welches verlangt, für jeden Benutzer, der am Windows-NT-Rechner arbeiten kann und darf, einen Account einzurichten. Mit diesem Account ist der Benutzer berechtigt, sich unter Windows NT anzumelden, und erhält dann Zugriff auf alle Ressourcen, für die ihm vom Administrator Berechtigungen vergeben worden sind. Sie können sich das in etwa so vorstellen, daß Sie einen Server einrichten, an dem zu einem Zeitpunkt nur ein Benutzer arbeiten darf. Mit Hilfe der Netzwerkfunktionen können sich aber auch Benutzer über das Netzwerk am Windows NT-Rechner anmelden, um Zugriff auf die freigegebenen Ressourcen zu haben.

Jeder User-Account wird somit mit einem Sicherheitsprofil verknüpft, einer Sammlung von sicherheitsrelevanten Informationen, die in einer Systemdatenbank gespeichert werden. Das Security-Subsystem arbeitet mit diesen Informationen, um feststellen zu können ob es sich beim angemeldeten Benutzer auch um den Benutzer handelt, der auf die Ressourcen zugreifen darf. Die System-Komponenten, die mit dem Logon-Prozeß verknüpft sind heißen: Security Subsystem, Win32 Subsystem.

Ein Prozeß des Sicherheitssystems, Logon-Prozeß genannt, wartet auf die Eingaben eines Benutzers. Es können mehrere Logon-Prozesse aktiv sein, jeder für eine eigene Klasse von Logon Devices – z.B. die Kombination Tastatur/Maus oder die Netzwerkverbindung. Ein Thread im Prozeß stellt fest, wenn ein Benutzer Windows NT benutzen will, und verlangt von diesem die Eingabe eines Benutzernamens und, wenn definiert, die Eingabe eines Paßworts.

Wenn Sie Windows NT gestartet haben, erscheint ein Fenster am Bildschirm, in dem geschrieben steht, die Tastenkombination [Alt]+[Strg]+[Entf] zu drücken, um sich anmelden zu können. Wer DOS gewöhnt ist, erinnert sich dabei erst daran, daß die Tastenkombination früher zum Warmstart des Systems geführt hat. Jetzt verwenden Sie diese Kombination zum Anmelden unter Windows NT.

Nach Eingabe von Benutzername und Paßwort gibt der Logon-Prozeß die Informationen zum Security-Subsystem, welches die Angaben in der Security-Datenbank überprüft. Ist der Logon erfolgreich, errichtet das Subsystem ein Objekt, das diesen Benutzer in allen nachfolgenden Transaktionen eindeutig identifiziert. Dieses Objekt, Access Token genannt, ist der Schlüssel zur Sicherheit von Windows NT. Es legt fest, welche Systemressourcen die Threads des Anwenders benutzen dürfen.

Windows NT

Sobald die Identität des Benutzers festgestellt worden ist, erzeugt das Securtiy-Subsystem einen Prozeß und fügt das Access Token an diesen Prozeß und übergibt diesen Prozeß an das Win32-Subsystem, das den Win32-Programm-Manager im Adreßraum des Prozesses laufen läßt. Nach all diesen Vorgängen ist der Anmeldevorgang für den Anwender vollzogen. Windows NT unterstützt sowohl lokale als auch remote Logons. Ein Server, auf dem Windows NT läuft, wird zu einem Zeitpunkt mehrere Logon-Sessions aktiv haben.

Sobald ein Benutzer erfolgreich angemeldet ist, übernimmt das Win32-Subsystem die Kontrolle über den Bildschirm und stellt eine Oberfläche zur Verfügung, die ähnlich der von Windows 3.1 ist. Bei genauer Betrachtung stellt man einige Unterschiede fest, die jedoch mit den zusätzlichen Mechanismen von Windows NT im Vergleich zu Windows 3.1 zusammenhängen. Ab diesen Zeitpunkt kann der Benutzer Win32-Programme, 16-Bit-Windows-Anwendungen, MS-DOS-, OS/2- und POSIX-Programme starten, sofern die Berechtigung hierfür existieren.

23.4.2 Environment Subsystems

Das Win32 Environment Subsystem stellt das Windows NT User Interface zur Verfügung. Es überwacht nicht nur den Bildschirm, sondern auch die Tastatur, die Maus und andere Input Devices, die am NT-Rechner angeschlossen sind. Bei nicht allen Anwendungen handelt es sich um Win32-Anwendungen. Die Überwachung von nicht Win32-Anwendungen wird nicht vom Win32-Subsystem durchgeführt. Startet der Anwender ein Programm, welches das Win32-Subsystem nicht erkennt, bestimmt das Subsystem, um welche Art Anwendung es sich handelt, und ruft daraufhin entweder ein anderes Subsystem auf, um die Anwendung laufen zu lassen, oder initialisiert eine DOS-Umgebung, in welcher das Programm gestartet wird.

Jedes Environment-Subsystem stellt APIs bereit, die von der Client-Anwendung benötigt werden. Das Win32-Subsystem bietet 32-Bit-Windows-API-Routinen, und das OS/2-Subsystem stellt OS/2-APIs zur Verfügung. Die Anwendungen können aber nicht APIs aus verschiedenen Subsystemen mischen, da jedes Subsystem anders arbeitet und anders konzipiert ist. Ein File Handle, vom Win32-Subsystem erstellt, kann nicht für das POSIX-Subsystem umgesetzt werden.

Die Emulationen für MS-DOS- und 16-Bit-Windows-Anwendungen werden durch ein Subsystem verfügbar gemacht, welches als

KAPITEL 23

Virtual DOS Machine (VDM) bezeichnet wird. Dieses VDM stellt eine komplette MS-DOS-Umgebung zur Verfügung. Es lassen sich jedoch nicht alle von MS-DOS bekannten Befehle aufrufen. Genaue Angaben bezüglich dieser Einschränkungen sind der Dokumentation zu entnehmen. MS-DOS- und 16-Bit-Windows-Anwendungen laufen in VDMs, die wiederum als Clients auf dem Win32-Subsystem laufen. Jede MS-DOS-Anwendung läuft im eigenen VDM-Prozeß. Windows 3.1-Anwendungen werden als MS-DOS-Anwendungen angesehen, und deshalb teilen sich alle Anwendungen unter dem emulierten Windows 3.1 eine VDM.

Da das Win32-Subsystem alle Bildschirmausgaben durchführt, müssen die anderen Environment-Subsysteme die Bildschirmausgaben der Anwendung dem Win32-Subsystem übergeben. Läuft in einer VDM eine 16-Bit-Windows-Anwendung wird die Bildschirmausgabe in Win32-Aufrufe übersetzt und über eine Nachrichtenübertragung an das Win32-Subsystem übergeben. Das OS/2- und POSIX-Subsystem, wie auch jedes VDM, in dem eine MS-DOS-Anwendung läuft, übergibt die zeichenorientierte Ausgabe zum Win32-Subsystem und zeigt die Ausgaben in zeichenorientierten Bildschirmen an, die als Console bezeichnet werden.

Ein Environment-Subsystem kann zu einem Zeitpunkt eine Vielzahl Client-Anwendungen unterstützen. Jedes Subsystem kümmert sich um seine Clients und alle globalen Informationen, die von allen Clients gemeinsam benutzt werden. Obwohl mehrere Subsysteme und VDMs aktiv sein können, bleibt Win32 das einzige Environment-Subsystem, das man zu Gesicht bekommt. Der Anwender hat den Eindruck, daß alle Anwendungen unter Windows NT laufen.

23.4.3 Native Servise

Darunter sind die Basisdienste von Windows NT zu verstehen. Environment Subsystems implementieren ihre API-Routinen durch den Aufruf von NT-Basisdiensten, System Services, die von individuellen Komponenten der NT Executive bereitgestellt werden.

Wenn ein Subsystem einen NT-Basisdienst aufruft, erkennt die Hardware den Aufruf und übergibt die Kontrolle an die NT Executive. Der Dienst läuft dann im Kernel Mode. Da die Basisdienste von verschiedenen Environment Subsystems benutzt werden, müssen diese sehr allgemein sein, man kann sagen schon fast primitiv. Sie müssen flexibel sein und ohne unnötige eingebaute Beschränkungen. Sie dürfen keine Seiteneffekte bewirken, die mit den verschiedenen anderen Environment Subsystems in Konflikt geraten können.

Eine Art der Flexibilität liegt darin, daß die Fähigkeit besteht, mit jedem beliebigen Prozeß zu arbeiten, der vom Anwender angegeben wird. Die Hauptanwender der Windows-NT-Basisdienste sind die Protected Subsystems, DLLs und Komponenten der NT Executive.

23.4.4 Objekte

Die meisten Windows-NT-Basisdienste sind Object Services, das heißt, daß sie irgenwelche Dinge mit Objekten der NT Executive durchführen. Gemeinsam nutzbare Ressourcen, einschließlich Prozesse, Threads, Dateien und gemeinsam verwendeter Speicher sind als Objekte in der NT Executive implementiert. Dadurch wird es dem Betriebssystem ermöglicht, die Vorteile der Ähnlichkeiten von Ressourcen zu nutzen und gemeinsamen Code zu verwenden, wann immer dies möglich ist, um die Objekte zu verwalten.

Zusätzlich zur Verwaltung der Ressourcen und der Regelung zur gemeinsamen Nutzung von Ressourcen ist das Object System auch wichtigster Bestandteil für die Ressourcen-Sicherheit. Wenn ein Thread ein NT-Objekt öffnet, wird das NT-Sicherheitssystem aktiviert. Zu jedem Objekt gehört eine kleine Datenbank, Access Control List (ACL), die festlegt, welche Threads Zugriff auf das Objekt haben und was mit diesem Objekt gemacht werden darf. Öffnet ein Thread ein Objekt, gibt er die Operation an, die ausgeführt werden soll.

23.4.5 Virtueller Speicher

Unter Windows NT laufen Anwendungen in einer Betriebssystemumgebung, die sich wie Windows, MS-DOS, POSIX oder OS/2 verhält. Der Trick dabei ist, alle Arten von Anwendungen lauffähig zu machen, ohne die Anwendung selbst neu schreiben zu müssen. Jedes Windows-NT-Environment-Subsystem sorgt dafür, daß die Clients den Speicher so sehen, wie ihn die Applikation auf dem Originalsystem auch vorfinden würde. Bei der Speicherarchitektur von Windows NT handelt es sich um einen virtuellen Speicher mit einem flachen, linearen Adreßraum, in dem mit 32-Bit-Adressen gearbeitet werden kann.

Zur Laufzeit übersetzt der VM-Manager die virtuellen Adressen in die physikalischen Adressen, an denen die Daten tatsächlich gespeichert sind. Durch die Überwachung der Umrechnung der Adressen kann vom Betriebssystem garantiert werden, daß einzelne Prozesse nicht überlagert oder Teile des Betriebssystems überschrieben werden.

KAPITEL 23

Der virtuelle Adreßraum, der von jedem Prozeß genutzt werden kann, beträgt 4 Gbyte, wobei 2 Gbyte als Speicher für die Anwendung zur Verfügung stehen und 2 Gbyte als Systemspeicher genutzt werden können. 4 Gbyte Speicher ist bei weitem mehr, als man heutzutage physikalisch im Rechner eingebaut hat. Ist der physikalische Speicher voll, lagert der VM-Manager Teile des Hauptspeichers auf Platte aus (Paging). Das Paging von Daten auf Platte setzt physikalischen Hauptspeicher frei, so daß dieser freie Speicher für andere Prozesse oder auch den gleichen Prozeß zur Verfügung steht.

Unter Windows NT liegt der Systemcode im oberen virtuellen Speicher, wohingegen Anwendungen und Daten im unteren virtuellen Speicherbereich abgelegt werden. Threads, die im User Mode laufen, können den Systemspeicher nicht direkt nutzen. Ein Teil des Speichers, als nonpaged Pool bezeichnet, wird nie auf Platte ausgelagert und enthält einige Objekte und Datenstrukturen, die für Windows NT besonders wichtig sind.

Der andere Teil des Systemspeichers, als paged Pool bezeichnet, kann auf Platte ausgelagert werden. Der gesamte User-Memory-Bereich kann auf Platte ausgelagert werden.

23.4.6 I/O- und Datei-Systeme

So wie für den Speicher bieten Environment Sybsystems alle I/O-Möglichkeiten, die von der Applikation erwartet werden. Die Implementierung dieser Mechanismen erfolgt auch wieder durch Aufruf der NT-I/O-Basisdienste. Das Basis-I/O-System benutzt ein asynchrones I/O-Modell, aber es stellt Systemdienste zur Verfügung, die einem Environment Subsystem den Einsatz eines asynchronen oder synchronen Modells ermöglichen. Asynchrone I/Os bedeuten für den Aufrufer, eine I/O-Operation anzufordern und anschließend andere Arbeit durchzuführen, solange das Device mit der Übertragung der Daten noch nicht fertig ist. Das I/O-System informiert den Aufrufer automatisch, wenn der I/O abgeschlosssen ist, so daß die weitere Verarbeitung durchgeführt werden kann.

Da I/O Devices generell langsamer sind als die Prozessoren, kann ein Programm, das eine Vielzahl von I/Os durchführt, seine Geschwindigkeit erhöhen, indem asynchrone I/Os ausgeführt werden.

Windows NT unterstützt eine Vielzahl Dateisysteme, einschließlich FAT (File Allocation Table) Dateisysteme, HPFS (High Performance File System) Dateisysteme und ein neues Dateisystem für Windows NT: NTFS (NT File System). NTFS bietet als Dateisystem wesentlich

Windows NT

mehr Möglichkeiten und Funktionen, als dies von FAT oder HPFS zur Verfügung gestellt werden können. Hierzu zählen folgende Eigenschaften:

- File System Recovery (ermöglicht eine schnelle Restaurierung der Daten auf der Platte nach einem Systemfehler);

- die Unterstützung großer Plattenkapazitäten von bis zu 2^{64} Byte oder anders ausgedrückt 17 Milliarden Gbyte;

- Sicherheitseinrichtungen auf Directory- und Dateiebene;

- Unicode-Dateinamen, womit es möglich wird, Dateien von einen Computer auf einen anderen Computer zu übertragen, ohne die Dateinamen zu verändern;

- Unterstützung der POSIX-Betriebssystemumgebung, einschließlich Hard Links, case-sensitive Namen und Informationen darüber, wann die Datei das letztemal geöffnet worden ist;

- Funktionen für zukünftige Erweiterungen wie zum Beispiel transaktionsorientierte Operationen um Fehler-Tolerante-Anwendungen zu unterstützen, benutzergesteuerte Versionsnummern für Dateien, flexible Optionen für Dateinamen und Dateiattributen und Unterstützung für die wichtigsten File-Server wie Novell, AppleShare oder SUN NFS.

Je nach Anforderung ermöglicht es der I/O Manager Device Driver, daß File Systems dynamisch geladen oder entladen werden. Die Driver sind modular und können übereinander geladen werden. Dadurch ist es möglich, daß unterschiedliche Dateisysteme den gleichen Harddisk Driver aufrufen, um auf Dateien zugreifen zu können. In der Abbildung 23.2 wird auch dieser Mechanismus dargestellt.

Das Schichtenmodell für die Driver bietet zudem die Möglichkeit, zusätzliche Driver in die Hierachie einzufügen.

Soweit zu den wichtigsten Merkmalen und Funktionen von Windows NT. Es wurde bereits mehrfach erwähnt, daß Windows NT eingebaute Netzwerkfunktionalitäten besitzt. Diese Funktionalitäten eignen sich jedoch nur für den Aufbau kleinerer Netzwerke, da ansonsten der Verwaltungsaufwand viel zu groß wird. Die volle Leistungsfähigkeit als Serverbetriebssystem erhält Windows NT nur durch den Einsatz und die Installation von LAN Manager NT. Die offizielle Bezeichnung hierfür lautet bei Microsoft, zumindest zum Zeitpunkt der Erstellung dieses Buches, Advanced Server. Wenn ich somit in den nachfolgenden Ausführungen von Advanced Ser-

KAPITEL 23

ver schreibe, ist damit die LAN-Manager-Applikation von Microsoft für Windows NT gemeint.

23.5 Die Netzwerkfunktionalitäten von Windows NT

Bei allen bisherigen Netzwerklösungen von Microsoft mußten die Netzwerkfunktionen für das Betriebssystem und den Computer zusätzlich installiert werden. Obwohl man den LAN Manager als Netzwerkbetriebssystem bezeichnet, ist der LAN Manager nichts anderes als eine Ansammlung spezieller Anwendungen und Driver, durch deren Installation auf OS/2- oder Unix-Netzwerkfunktionen und -fähigkeiten implementiert werden. Dadurch werden Funktionen wie User-Accounts, Ressourcen-Sicherheit und Intercomputer-Kommunikation mit Hilfe von Mail Slots oder Pipes über das Netzwerk erreicht.

Der LAN Manager bietet diese Netzwerkunterstützung nach wie vor für andere Betriebssysteme. Unter Windows NT ist die Netzwerksoftware nicht mehr länger als Add-On zum Betriebssystem implementiert. Stattdessen ist es integraler Bestandteil der NT Executive. Die genauen Funktionalitäten, die damit verbunden sind, werden an anderer Stelle erläutert werden. Was ist jedoch unter der eingebauten Netzwerkfunktionalität von NT zu verstehen?

Die erste wichtige Eigenschaften sind die Peer-to-Peer-Netzwerkmechanismen von NT, die auch in Windows for Workgroups vorzufinden sind. Windows NT ist mit Eigenschaften ausgestattet, die das Kopieren von Dateien, Electronic Mail oder das Drucken auf Netzwerkdruckern ermöglichen, ohne daß der Benutzer zusätzliche Serversoftware und Driversoftware installieren muß. Einzige Voraussetzung ist logischerweise, daß der Rechner, auf dem Windows NT eingerichtet wird, mit einer Netzwerkkarte ausgestattet ist, damit beim Installieren und Einrichten von Windows NT bereits die korrekten Eingaben für das Netzwerk gemacht werden können.

In Kapitel 9 wurde ausführlich über die Aufgaben und Funktionen des ISO-Schichtenmodells berichtet. In der nachfolgenden Abbildung sollen Sie einen Eindruck erhalten, wie die Netzwerkkomponenten von Windows NT in das ISO-Schichtenmodell eingeordnet werden können.

Windows NT

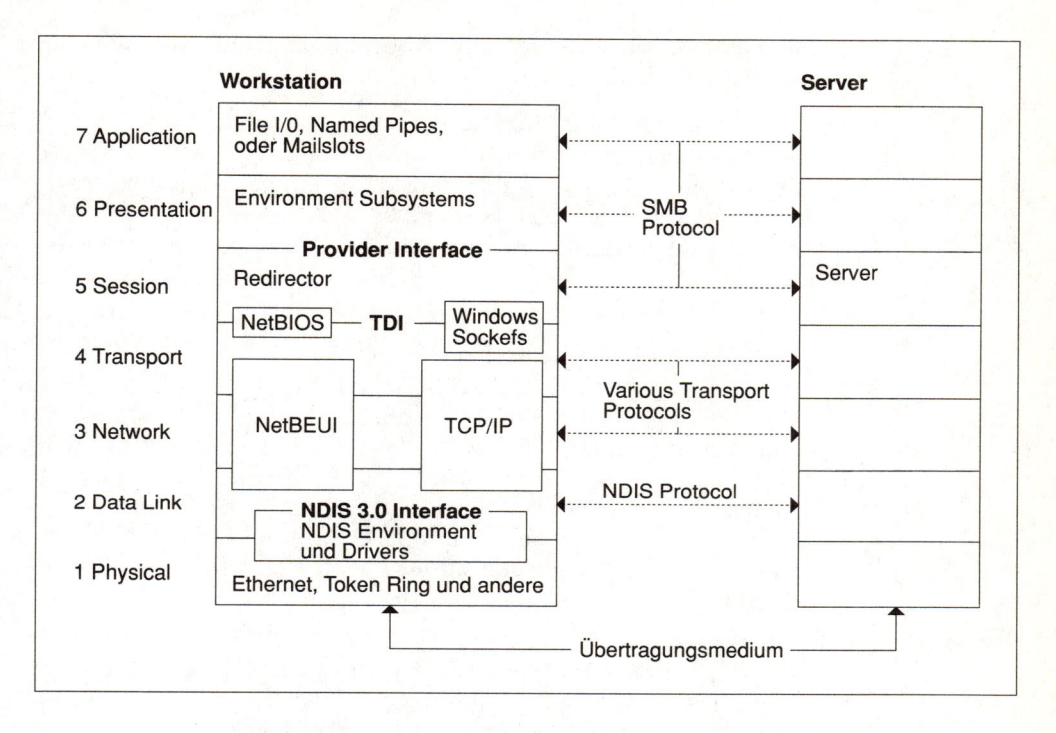

Bild 23.3 ISO-Schichtenmodell und Windows-NT-Netzwerkfunktionen

User-Mode-Anwendungen (z.B. Win32 I/O APIs) führen eine remote I/O-Request aus, indem die Basis-NT-I/O-Dienste aufgerufen werden. Daraufhin errichtet der I/O-Manger ein I/O-Request-Paket (IRP) und gibt die Anforderung zu einem der eingerichteten File System Driver, in diesem Fall dem Windows NT Redirector. Der Redirector gibt das Paket zu darunterliegenden Drivern (Transport Driver) weiter, die es bearbeiten, und auf das Netzwerk geben. Wenn das Paket das Zielsystem erreicht, wird es vom Transport Driver empfangen und durchläuft eine Vielzahl weiterer Driver.

Der Zugriff einer Applikation auf Netzwerkressourcen kann auf mehrere Arten erfolgen:

- Win32 I/O API

Die I/O-Routinen führen standardmäßiges Öffnen, Schließen, Lesen, Schreiben und andere Funktionen durch. Der Durchgriff über das Netzwerk kann nur erfolgen, wenn die Datei oder Named Pipe, auf die zugegriffen werden soll, auf einem remote Rechner existiert. Dies bedeutet, daß es sich beim Dateinamen um einen Uniform-Naming-Convention-Namen handelt oder der Dateiname

KAPITEL 23

mit einem Laufwerksbuchstaben beginnt, der auf einen remote Rechner verweist.

- Win32 Network API (WNet)

Diese Routinen sind hilfreich für Anwendungen, z.B. Windows NT File Manager, die die Verbindung zum remote Dateisystem aufbauen oder dieses nach bestimmten Dateien durchsuchen. Die WNet-Routinen können benutzt werden, um auf Microsoft Dateisysteme oder auf andere Dateisysteme wie NetWare oder Vines zugreifen zu können.

- Win32 Named Pipe und Mailslots API

Named Pipes bieten eine Schnittstelle auf höherer Ebene, um Daten zwischen zwei Prozessen auszutauschen, ohne Rücksicht darauf, ob der andere Prozeß lokal oder remote ist. Mailslots sind vergleichbar mit Named Pipes, mit dem Unterschied statt einer 1:1 Kommunikation zwischen Sender- und Empfänger-Mailslots eine 1:m oder m:1 Kommunikation ermöglichen. Mailslots sind hilfreich, wenn Broadcast-Nachrichten an eine Vielzahl von Prozessen weitergegeben werden müssen.

- NetBIOS API

Dieses API bietet Abwärtskompatibilität für solche MS-DOS-, 16-Bit-Windows- und OS/2-Anwendungen, die Datenströme direkt über das Netzwerk transportieren. Es wird von Windows NT auch eine neue 32-Bit-Version unterstützt.

- Windows Socket API

Dieses neue API stellt 16-Bit und 32-Bit Sockets zur Verfügung, ein Standard Unix-ähnliches Interface für Internetworking. Windows NT bietet auch Code auf unteren Ebenen, der Unix-Anwendungen unterstützt, und ermöglicht es Windows NT, einfach in einem WAN-Internetwork zu kooperieren.

- Remote Procedure Call (RPC)

Mit dieser Library und dem Compiler wird es Programmierern erleichtert, verteilte Anwendungen zu schreiben.

Jedes API findet seinen Weg im Netzwerk auf unterschiedliche Art und Weise. Zum Beispiel: NetBIOS DLLs über den NetBIOS Driver oder Windows Sockets DLLs üder den Windows Sockets Driver, wobei diese wiederum über das Transport Driver Interface an das Netzwerk übergeben werden.

23.5.1 Eingebaute Netzwerkkomponenten

Zu den wichtigsten Netzwerkkomponenten von Windows NT gehört der Redirector und der Netzwerk-Server. Durch die Implementierung des Redirectors und des Servers als File System Driver, werden diese zum Bestandteil der NT Executive.

- Redirector

Der Netzwerkredirector stellt die Mechanismen zur Verfügung, die für Windows NT notwendig sind, um auf Ressourcen zugreifen zu können, die sich auf einem anderen Server befinden. Der Windows NT Redirector kann auf remote Dateien, Named Pipes und remote Drucker zugreifen. Da der Redirector das SMB-Protokoll implementiert hat, kann er mit existierenden MS-NET- (sofern es diese noch gibt) und LAN Manager-Servern arbeiten. Umgekehrt können MS-DOS-, Windows- und OS/2-Systeme auf Windows NT zugreifen, sofern auf den Clients die entsprechende Redirector-Software installiert ist und für Windows NT der Server-Service aktiviert ist.

Sicherheitsmechanismen tragen Sorge dafür, daß nur berechtigte Benutzer den Logon am Windows NT Server durchführen können. Der Redirector versendet und empfängt SMB-Daten, um seine Arbeit ausführen zu können.

23.5.2 Server

Wie der Redirector ist auch der Windows NT Server für 100-prozentige Kompatibilität mit existierenden MS-NET- und LAN-Manager-SMB-Protokollen geschrieben. Auf diese Art und Weise ist es dem Windows NT Server möglich, Requests zu bearbeiten, die nicht von einem anderen Windows NT System stammen, sondern von anderen Stationen, die die LAN-Manager-Software installiert haben. Ebenso wie der Redirector ist der Server als File System Driver implementiert.

Lassen Sie sich nicht verwirren, daß etwas als Server bezeichnet wird, obwohl es nicht als Server-Prozeß implementiert ist. Dadurch daß der Windows NT Server als Driver direkt in der Executive implementiert ist, kann der NT Cache Manager direkt aufgerufen werden, was die Performance wesentlich erhöht. Obwohl der Windows NT Server als File System Driver installiert ist, können andere Server entweder als Driver oder als Server-Prozeß eingerichtet werden.

KAPITEL 23

Windows NT stellt eine offene Architektur dar, um nicht nur die Einbindung in Netzwerke mit SMB-Protokoll zu ermöglichen, sondern Windows NT auch als Client für andere Netzwerke einzusetzen (Unix, NetWare, Vines). Die Win32-WNet-Funktionen ermöglichen es Anwendungen (einschließlich dem Windows File Manager), die Verbindung zu Netzwerk-Ressourcen herzustellen, z.B. File-Server und Drucker. Diese Funktionen ermöglichen auch das Durchsuchen von beliebigen remote Dateisystemen. Da das API aufgerufen werden kann, um auch auf anderen Netzwerken mit unterschiedlichen Transportprotokollen arbeiten zu können, muß Software vorhanden sein, um die Anforderung korrekt über das Netzwerk zu verschicken und um das Ergebnis zu verstehen, welches vom remote System zurückkommt. In der nachfolgenden Abbildung ist dargestellt, welche Software für diese Mechanismen verantwortlich ist. Alle renommierten Hersteller wie Banyan und Novell haben die Absichtserklärungen abgegeben, entsprechende Software zu entwickeln.

Unter einem Provider ist Software zu verstehen, die Windows NT als Client in einem Netzwerk einrichtet. Aufgaben, die vom WNet Provider ausgeführt werden, sind das Aufbauen und Auflösen einer Netzwerkverbindung, das Drucken auf einem Netzwerkdrucker und die Übertragung von Daten. Der eingebaute WNet Provider enthält ein DLL, die Workstation Dienste und den eingebauten Redirector. Andere Netzwerkhersteller müssen nur ein entsprechendes DLL und einen Redirector entsprechend den Anforderungen des Netzwerkbetriebssystems dieses Herstellers zur Verfügung stellen.

Der in Abbildung 23.4 dargestellte Multiple Provider Router DLL hat die Aufgabe, zu entscheiden, auf welches Netzwerk zugegriffen werden soll, wenn die Win32 WNet API ein remote Dateisystem verwenden will.

Damit die Daten jetzt auch noch den richtigen Server erreichen und dieser auch das eintreffende Paket versteht, benötigt Windows NT ein entsprechendes Transportprotokoll (oder auch mehrere davon).

Windows NT

Bild 23.4
Einbindung in eine
heterogene Welt

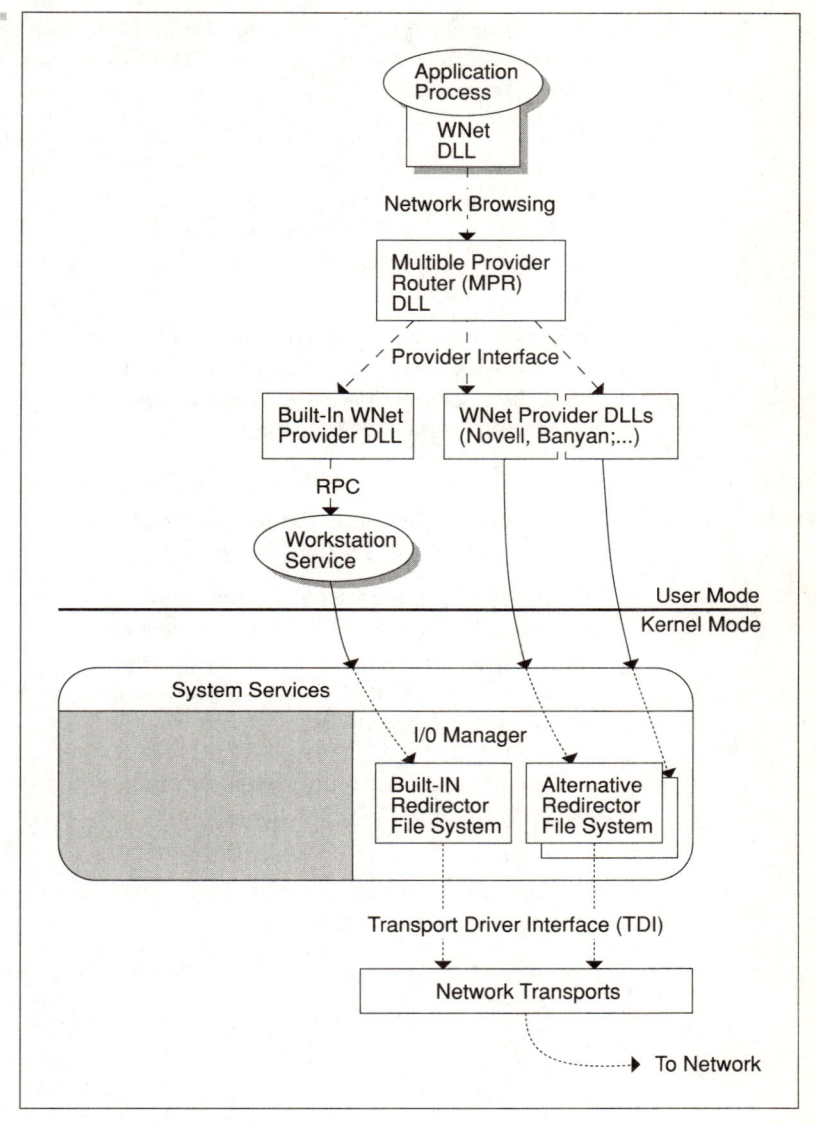

```
                    ┌─────────────┐
                    │ Application │
                    │   Process   │
                    │   ┌─────┐   │
                    │   │WNet │   │
                    │   │ DLL │   │
                    └───┴──┬──┴───┘
                           │ Network Browsing
                    ┌──────▼──────┐
                    │ Multible Provider │
                    │ Router (MPR)│
                    │     DLL     │
                    └──────┬──────┘
                    Provider Interface
         ┌─────────────┐       ┌─────────────────┐
         │ Built-In WNet│       │ WNet Provider DLLs│
         │ Provider DLL │       │ (Novell, Banyan;...)│
         └──────┬──────┘       └─────────────────┘
                │ RPC
         ┌──────▼──────┐
         │ Workstation │
         │   Service   │
         └─────────────┘
```

— User Mode / Kernel Mode —

System Services — I/O Manager: Built-IN Redirector File System, Alternative Redirector File System

Transport Driver Interface (TDI)

Network Transports → To Network

23.5.3   Transport-Protokolle

In Windows NT sind auch die Transport-Protokolle als Driver installiert, welche ebenfalls wie Redirector und Server geladen und entladen werden können. In einem herkömmlichen Netzwerkmodell muß der Redirector, der ein bestimmtes Transport-Protokoll verwendet, wissen, welchen Typ Input dieser Protokoll-Driver erwartet. Er schickt dann die Anforderungen in diesem Format zu

659

KAPITEL 23

ihm. Die unteren Schichten des Redirector müssen umgeschrieben werden, um unterschiedliche Transfermechanismen für jeden Transport zu unterstützen.

Windows NT umgeht dieses Problem, indem eine einzige Programmierschnittstelle zur Verfügung gestellt wird – für Redirectors und andere Netzwerk Driver auf höherer Ebene. Diese wird als Transport Driver Interface bezeichnet (TDI). TDI ermöglicht es dem Redirector und den Servern unabhängig vom eingesetzten Transportmechanismus zu bleiben.

TDI stellt einen Satz Funktionen zur Verfügung, um den Redirector nutzen zu können, d.h. um jeden Datentyp transportieren zu können. Der TDI unterstützt sowohl verbindungslose als auch verbindungsorientierte Übertragung.

Microsoft unterstützt standardmäßig folgende Transportprotolle:

■ NetBEUI (NetBIOS Extended User Interface)
Ein LAN Transport Protokoll von IBM entwickelt.

■ TCP/IP (Transmission Control Protocol/Internet Protocol)
Ein meist in der Unix-Welt eingesetztes Protokoll. Dieses ermöglicht Windows NT, auf Unix Hosts zu arbeiten (Terminalemulation, FTP, etc.). Das TCP/IP-Transportprotokoll arbeitet in einer Streams-kompatiblen Umgebung.

Folgende Transport-Protokolle sollen zusätzlich verfügbar sein:

■ IPX/SPX (Internet Packet Exchange/Sequenced Packet Exchange)
Transport-Protokolle, die von Novell für NetWare eingesetzt werden.

■ DECnet
DECnet ist ein Protokoll von Digital Equipment Corporation. Hiermit besteht die Möglichkeit, Windows NT in eine DEC-Umgebung zu integrieren.

■ AppleTalk
Transport-Protokoll zur Einbindung in eine Apple-Umgebung.

■ XNS (Xerox Network Systems)
XNS ist ein Transport-Protokoll, von Xerox Corporation entwickelt, und wurde in früheren Ethernet-Netzwerken eingesetzt.

Bei der Entwicklung der Transport-Driver kann entschieden werden, ob diese für eine Streams-Umgebung konzipiert werden oder als monolithischer Driver wie NetBEUI gestaltet werden sollen.

Windows NT

In den nachfolgenden Ausführungen möchte ich Ihnen aufzeigen, wie Sie die Windows-NT-Netzwerkfunktionen einsetzen können. Dabei geht es nicht nur um die integrierten Netzwerkfunktionen von Windows NT sondern auch um die Möglichkeiten, die mit Hilfe des Advanced Servers für Windows NT geboten werden.

23.6 Der Einsatz der Windows NT-Netzwerkfunktionen

Aus den bisherigen Kapiteln wissen Sie inzwischen ganz genau, welche Komponenten für den Aufbau von Netzwerken notwendig sind. Um die Netzwerkfunktionen von Windows NT nutzen zu können, benötigen Sie mindestens zwei Computer, passende Netzwerkadapter und Kabel, um diese verbinden zu können, und natürlich Windows NT als jeweils eigene Lizenz pro Rechner. Daß auch noch andere Serversysteme unterstützt werden, wurde bereits erläutert.

Netzwerke können auf unterschiedliche Art und Weise klassifiziert werden. Die eine Möglichkeit ist, die Klassifikation anhand der Topologie und Transportprotokolle durchzuführen. Dies wurde bereits ausführlich besprochen. Es ist auch möglich, die Klassifikation durch die Aufgaben, die die Rechner im Netzwerk erhalten, durchzuführen: Client, Server oder beides gleichzeitig. Windows NT unterstützt zwei Arten von Netzwerkstrukturen: Distributed Networks und Dedicated Server Networks. Eine dritte Art Netzwerktyp wird als Domain Network bezeichnet. Das Domain-Network-Konzept wird jedoch nicht standardmäßig von Windows NT unterstützt. Diese Funktionalität erhält Windows NT erst mit der Installation von Advanced Server für Windows NT.

Die Unterschiede dieser Konzepte sollen nachfolgend etwas näher ausgeführt werden, damit Sie einen Eindruck bekommen, wann sich welche Funktion für welchen Einsatz am besten eignet.

Distributed Networks

Ein Distributed Network besteht aus mindestens zwei Computern, die miteinander vernetzt sind, wobei jeder dieser Computer als Server und Workstation gleichzeitig fungieren kann. Das gleiche Prinzip erreichen Sie auch durch den Einsatz von Windows for Workgroups. Dadurch, daß jeder oder zumindest ein Teil der Rechner als Server und Workstation eingerichtet wird, können die Daten im Netzwerk vollkommen verteilt werden, deshalb auch die Bezeichnung Distributed Network.

KAPITEL 23

Problematisch dabei ist jedoch, daß auf jedem Server die Benutzer separat für sich eingerichtet werden müssen, um anderen Stationen bzw. Benutzern im Netzwerk die Berechtigung zu geben, auf Daten des Servers zugreifen zu dürfen. In kleinen Netzwerken ist dieses Konzept noch empfehlenswert, sollte jedoch bei großen Netzwerken nicht mehr verwendet werden. Hier ist entweder das Konzept des Dedicated Server Network bzw. das Domain Network zu empfehlen. Die Gefahr bei diesem Konzept liegt eindeutig darin, daß Daten im Laufe der Zeit vollkommen zerklüftet im Netzwerk verteilt werden. Ein Problem tritt bereits auf, wenn ein Mitarbeiter seinen Rechner mit Serverfunktion nicht gestartet hat, und Sie auf Daten dieses Servers zugreifen wollen. Noch schlimmer wird es, wenn ein Benutzer mit seiner eigenen Arbeit fertig ist, seinen Rechner abschaltet und dieser Rechner auch noch als Server im Netz arbeitet, auf dem momentan auch noch ein anderer Benutzer Daten bearbeiten will. Bei diesem Konzept stehen jedoch nicht nur die Platten der definierten Server zur Verfügung, sondern auch die an diesem Rechner installierten Drucker. Ein gemeinsames Ressourcen Sharing ist somit relativ einfach. Der Aufwand zum Einrichten und Verwalten der Benutzer mit all den dazugehörigen Zugriffsberechtigungen ist als ziemlich hoch einzuordnen.

Aus diesen kurzen Beschreibungen dürfte bereits ersichtlich sein, daß dieses Netzwerkprinzip wirklich nur im äußersten Notfall eingesetzt werden sollte. Dies ist jedoch auch Ansichtssache, über die man lange Diskussionen führen könnte.

Dedicated Server Network

Bei diesem Netzwerkkonzept wird ein Rechner als reiner Server definiert und eingerichtet. Es können aber auch mehr als ein Server im Netzwerk vorhanden sein. Der grundsätzliche Unterschied zum vorher beschriebenen Konzept liegt darin, daß der oder die Server nicht mehr gleichzeitig als Workstation eingesetzt werden. Wenn man das Konzept von Banyan Vines oder Novell NetWare betrachtet, arbeiten diese Systeme genau nach diesem Prinzip. Das Konzept von Windows NT ist zwar zuerst im Distributed Network zu sehen, aber Windows NT läßt sich auch als Dedicated Server Network nutzen. Man muß dann nur gewährleisten, daß auf dem Server kein normaler Benutzer mehr arbeitet. Vorteile sind darin zu sehen, daß die Benutzerverwaltung zentralisiert auf diesem Server durchgeführt wird und auch die Datenhaltung und -verwaltung zentralisierter abläuft. Nachteilig ist, daß beim Einsatz mehrerer Server im Netz, auf denen alle Benutzer arbeiten dürfen, diese doppelt und dreifach eingerichtet und verwaltet werden müssen.

Dies sind ähnliche Problematiken, die auch NetWare v3.11 aufweist und die durch NetWare v4.0 behoben werden. Für Windows NT

Windows NT

wird die Abhilfe für diese Problematik durch den Einsatz von Advanced Server für Windows NT gelöst und als Domain Network bezeichnet.

Domain Network

Um die Verwaltung der Benutzer im Netzwerk zu erleichtern, wird von Microsoft das Domain-Controller-Konzept zur Verfügung gestellt. Dieses Konzept wurde bereits ausführlich für den LAN Manager erklärt. Windows NT selbst unterstützt dieses Konzept standardmäßig nicht. Der Domain Controller muß auf einem LAN Manager-System laufen, z.B. Advanced Server für Windows NT. Jedoch kann ein Computer, auf dem Windows NT läuft, Mitglied einer LAN Manager Domain sein und ist besonders dafür ausgestattet, Mitglied einer Windows NT Advanced Server Domain zu sein.

Zusammengefaßt ergeben sich folgende Ergebnisse:
Meist sind Distributed Networks klein und einfach, bei denen sich dieser Einsatz lohnt. Nicht selten werden die anfänglichen Installationen auf diese Art und Weise durchgeführt, weil man sich erst an das Arbeiten im Netzwerk gewöhnen will. Oft geht es auch nur darum, Ressourcen auf den einzelnen Rechnern gemeinsam nutzen zu können.

Nicht zu unterschätzen ist dabei, daß in der Regel jeder einzelne Benutzer Kenntnisse über die Serverfunktion des Rechners besitzen muß, um im laufenden Betrieb eventuelle Anpassungen der Benutzerberechtigungen und des Ressourcen-Sharing durchführen zu können. Damit liegt auch die Gefahr der Unübersichtlichkeit sehr nahe. Sollte ein Administrator die einzelnen Server im Netzwerk verwalten müssen, ist dieser sehr gut ausgelastet, um alles am Laufen zu halten.

Die Leistungsfähigkeit des Computers, der sowohl Server als auch Workstation sein soll, muß entsprechend groß sein, damit keine Beeinträchtigung für den Serverbetrieb und den Workstationbetrieb zu befürchten ist. Dabei ist zu überlegen, ob sich diese generelle Investition auch rechnet.

Der Einsatz des Dedicated-Server-Konzepts ist in der Regel wesentlich effizienter, da die Verwaltung und Administration sehr viel einfacher durchzuführen ist. Durch die Zentralisierung der Verwaltung (User, Groups, Ressourcen) ist die Übersichtlichkeit im gesamten Netzwerk wesentlich einfacher. Die Verwaltung des Netzwerkes kann von einem Administrator übernommen werden, wobei trotzdem ein oder mehrere Ersatzpersonen vorhanden sein müssen, die sich mit der Installation des Netzwerkes gut auskennen. Dies gilt jedoch generell für jede Netzwerkinstallation. Nach-

KAPITEL 23

teilig bei Dedicated-Server-Systemen ist die mehrfache User-Verwaltung, wenn ein und derselbe Benutzer auf mehreren Servern im Netzwerk Zugriffsberechtigungen erhalten soll. Die Administration und Pflege wird dabei wieder etwas aufwendiger und schwieriger.

Bei einem Domain Network handelt es sich um eine spezielle Form des Dedicated Server Network. Wie aus der Erklärung über das Domain-Konzept beim LAN Manager zu ersehen ist, kennt das Domain Konzept einen Primary Domain Controller, auf dem alle Informationen abgelegt und verwaltet werden, die mit der Verwaltung des Netzwerkes zu tun haben. Ein Benutzer zum Beispiel muß in einem solchen Netzwerk nur noch einmal eingerichtet werden, um Zugriff auf alle anderen Server im Domain-Netzwerk zu erhalten.

Ein Domain-Administrator für den Advanced Server für Windows NT kann für jeden Benutzer ein Profile einrichten und verwalten, mit dem festgelegt wird, wie Windows NT selbst einzurichten ist, wenn sich der Benutzer in einer Advanced Server Domain anmeldet.

Windows NT stellt eine Reihe von Möglichkeiten zur Verfügung, um den Rechner als Workstation oder Server im Netzwerk einzurichten. Diese sollen im nachfolgenden etwas näher betrachtet werden.

■ Installation des Netzwerkadapter-Driver
Jeder Rechner im Netzwerk muß mit einer Netzkarte ausgestattet werden, damit dieser im Netzwerk auch betrieben werden kann. Die Karte allein reicht jedoch nicht aus. Die passenden Device Driver für Netzkarte und Betriebssystem müssen installiert werden, um die Kommunikation im Netzwerk durchführen zu können. Windows NT unterstützt bereits eine Vielzahl herkömmlicher Netzwerkadapter. Man sollte sich jedoch vorher vergewissern, ob der Hersteller der Karte eine entsprechende Driver-Software zur Verfügung stellt oder ob die Unterstützung der Karte bereits in Windows NT enthalten ist. Hierzu existieren Kompatibilitätslisten, aus denen diese Informationen zu entnehmen sind.

■ Installation und Binding der Netzwerk-Protokoll-Software
Der Karten-Driver ermöglicht nur die Kommunikation von Windows NT mit der Karte. Zusätzliche Software (z.B. Protokoll-Software) ist notwendig, um der Karte die Kommunikation mit dem Netzwerk zu ermöglichen, d.h. mit anderen Systemen im Netzwerk. Diese Software wird als Transport-Software bezeichnet und wird entweder mit der Karte ausgeliefert oder ist im Lieferumfang von NT enthalten.

Windows NT

■ Directory und Printer Sharing

Wenn die Installation der Netzwerkkarte und der Transport-Software erfolgreich durchgeführt worden ist, steht die Netzwerkfunktion zur Verfügung. Die hauptsächlichen Aufgaben für das Arbeiten im Netzwerk sind dabei der gemeinsame Zugriff auf Directories, Dateien und Drucker. Diese Ressourcen werden von Serversystemen zur Verfügung gestellt, die auch gleichzeitig Workstation-Funktion haben können (dedicated Server).

■ Verbindung zu remote Directories und Drucker

Der Zugriff auf remote Directories und Drucker macht nur dann Sinn, wenn der Benutzer selbst Zugriff auf diese Ressourcen gewährt bekommt. File-Manager und Print-Manager erleichtern die Arbeit unter Windows NT ungemein, den Zugriff auf remote Directories und Drucker durchzuführen.

■ Benutzerzugriff auf Shared Ressources

Der gemeinsame Zugriff auf Ressourcen bedeutet noch nicht, daß alle Benutzer uneingeschränkten Zugriff auf diese Ressourcen haben. Windows NT ermöglicht Ihnen die Festlegung, welche Benutzer auf Shared Ressources zugreifen können und mit welchen Rechten auf diese Ressourcen zugegriffen werden darf.

Mit Hilfe einer Benutzerverwaltung unter Windows NT ist es möglich, User-Accounts einzurichten, mit denen festgelegt wird, welche Ressourcen auf diesem Computer vom User benutzt werden dürfen. Für den Account wird festgelegt, welchen Grad der Verwaltung dieser Benutzer für die Ressourcen und den Computer selbst erhält. Mit dem User-Account kann man sich entweder direkt am Windows NT-Rechner anmelden oder die Anmeldung kann über das Netzwerk von einem anderen Rechner aus erfolgen.

Über den File-Manager kann definiert werden, wie Benutzer auf Shared Directories zugreifen können. Auf Laufwerken, die mit NTFS-Dateisystem eingerichtet worden sind, sind zusätzliche Optionen möglich, die später besprochen werden sollen.

Über den Print-Manager kann festgelegt werden, welche Benutzer auf die Drucker zugreifen können.

■ Überwachung der Benutzerzugriffe für Shared Ressources

Vollständige Sicherheit bedeutet und verlangt die Überwachung der Benutzeraktivitäten auf dem Server, um feststellen zu können, wer versucht, die Sicherheitseinrichtungen von NT zu umgehen. Zudem können mit dem Utility User-Manager und File-Manager Security-Auditing-Mechanismen aktiviert werden und mit dem Event Viewer die Audit-Log-Dateien ausgewertet werden. Mit dem

Event Viewer können auch Datensätze angezeigt werden, in denen wichtige Systemmeldungen abgespeichert sind.

▪ Überwachung der Verbindungen zu Shared Ressources

Mit dem Utility Control Panel kann eingesehen werden, welche Benutzer gerade an dem Computer arbeiten, d.h. angemeldet sind, Shared Ressources können aufgelistet werden, und es kann angezeigt werden, welche Benutzer mit diesen Shared Ressources gerade arbeiten. Es können auch die Dateien anzeigt werden, die gerade von remote Benutzern benutzt werden. Es ist auch möglich, einzelne oder alle dieser Benutzer vom Computer zu trennen und die von diesen Benutzern geöffnete Dateien schließen zu lassen.

▪ Electronic Mail und Group Scheduling

Ein immer wichtigerer Aspekt für den Einsatz von Netzwerken ist die Möglichkeit, Nachrichten und Informationen zwischen Benutzern austauschen zu können. Ein häufig eingesetztes Mittel hierfür ist Electronic Mail, um Nachrichten, Texte und Dokumente von einem Rechner zu einem anderen Rechner zu versenden. Eine ähnliche Anwendung steckt hinter Group Scheduling. Hierbei geht es jedoch mehr um den Einsatz eines gemeinsamen Terminkalenders, um es einfacher zu machen, Termine zu planen. Microsoft Mail und Schedule+ sind verfügbare Anwendungen, die in Windows NT enthalten sind, um bereits Standardprogramme für diese Einsatzgebiete verfügbar zu haben.

23.7 Andere Betriebssysteme und der Einsatz im Netz mit Windows NT

Windows NT ist konzipiert, um mit einer Vielzahl anderer Systeme gemeinsam im Netz eingesetzt werden zu können. Die Netzwerkfunktionalitäten basieren auf den Funktionen des LAN-Manager-Betriebssystems. Daher ist Windows NT laut Aussagen von Microsoft vollkommen kompatibel zu Rechnern, die eine andere Form der LAN-Manager-Software einsetzen oder ähnliche Betriebssysteme im Einsatz haben.

Computer mit folgenden Softwareprodukten können gemeinsam mit Windows NT im Netzwerk eingesetzt werden und auf die Ressourcen von Windows NT zugreifen, wenn auf dem NT-System die Serverfunktionalität aktiviert worden ist:

▪ MS-DOS und Windows für MS-DOS, wenn darauf die entsprechende Software installiert ist, um damit auf LAN Manager oder Windows NT zugreifen zu können,

Windows NT

- Microsoft Windows for Workgroups und
- OS/2, wenn darauf der LAN Manager installiert ist.

Wichtig dabei ist, daß alle Rechner die gleiche Kommunikationssoftware nutzen müssen, damit diese untereinander kommunizieren können. Windows NT selbst kann auch auf Ressourcen anderer Systeme zugreifen, wenn die entsprechende Kommunikationssoftware eingerichtet ist bzw. zur Verfügung steht. Windows NT kann als Client für Windows for Workgroups, LAN Manager for OS/2 v2.x und Novell NetWare eingesetzt werden.

Da Windows NT multiprotokollfähig ist, können auch andere Kommunikationsmechanismen eingesetzt werden. NT wird zum Beispiel standardmäßig mit TCP/IP ausgeliefert, somit ist es möglich, daß der Windows NT Client die Verbindung zu einem Unix Host herstellt und als Terminal fungiert oder FTP oder r-Utilities ausführt.

Es gilt jedoch auch für Windows NT, eine sorgfältige Planung durchzuführen, welche NT Rechner Workstation, Server oder beides sein sollen, welche Benutzer auf welchen Rechnern auf welche Ressourcen mit welchen Zugriffsrechten eingerichtet werden müssen. D.h. für den Einsatz von Windows NT als Serverbetriebssystem ist mit der gleichen Sorgfalt die Planung und Installation durchzuführen, wie dies bereits für NetWare, Vines und LAN Manager angesprochen worden ist, da ansonsten das Chaos im Netzwerk vorprogrammiert ist.

23.8 Sicherheitsmechanismen von Windows NT

Wie bei allen bisher besprochenen Netzwerkbetriebssystemen bietet auch Windows NT entsprechende Mechanismen, um Zugangs- und Zugriffsschutzmechanismen im Netzwerk gewähren zu können. Es wäre fatal, wenn man von jedem Rechner im Netz auf die Daten eines Windows NT Systems zugreifen könnte, sobald die Serverfunktion aktiv ist. Es müssen Maßnahmen zur Verfügung stehen, um Vorkehrungen treffen zu können, festzulegen, welche Benutzer auf einen Server Zugriffsrechte haben, welche Zugriffsrechte festgelegt werden und auf welche Ressourcen Zugriffsrechte vergeben werden sollen.

Die gesamten Sicherheitsvorkehrungen auf Directory- und Datei-Ebene können bei Windows NT nur dann ausgeführt werden, wenn das neue Dateisystem NTFS eingesetzt wird. Windows NT unterstützt zwar auch FAT- und HPFS-Dateisystem, jedoch ist auf-

KAPITEL 23

grund der Vorteile, die NTFS bietet, anzuraten, bei der Installation ausschließlich dieses neue Dateisystem auf den Platten zu konfigurieren. Man kann jedoch auch eine Mischung der Dateisysteme durchführen, wenn NT installiert wird. Ich werde Ihnen aber nur die Sicherheitsvorkehrungen aufzeigen, die Ihnen das NTFS-Dateisystem bietet. Vorab soll jedoch ein kleiner Vergleich der drei Dateisysteme durchgeführt werden:

NTFS

Vorteile: Unterstützung der vollen Windows-NT-Sicherheitsmechanismen, so daß ausgereifte Zugriffsberechtigungen auf Datei- und Directory-Ebene vergeben werden können. Die uneingeschränkten Zugriffsrechte auf Dateiebene sind nur mit dem NTFS-Dateisystem möglich. D.h. Zugriffsrechte auf Dateiebene sind mit HPFS- oder FAT-Dateisystem unter Windows NT nicht möglich. NTFS unterstützt die Fault-Tolerant-Möglichkeiten von Windows NT, um eine automatische Fehlerkorrektur auf Dateien oder NTFS-Partitions durchzuführen.

Unterstützt Datei- und Directory-Namen beliebiger Länge und erlaubt fast jedes Zeichen in den Namen. Zudem werden auch die Extended File Attributes unterstützt, die bereits vom HPFS-Dateisystem bekannt sind. Damit auch DOS-Anwender im Netz auf solche Dateinamen zugreifen können, werden automatisch entsprechende DOS-Namen eingerichtet (vergleichbar mit dem Name Space Support von NetWare). MS-DOS-Programme können auf NTFS-Dateien zugreifen, wenn diese Programme unter Windows NT ablaufen.

Nachteile: Das NTFS-Dateisystem wird derzeit nur von Windows NT unterstützt. Wird der Windows-NT-Rechner unter einem anderen Betriebssystem gestartet (z.B. DOS oder OS/2) können diese Betriebssysteme nicht auf die NTFS-Partitions zugreifen. Dies muß unter Betrachtung der Sicherheit jedoch nicht unbedingt als Nachteil angesehen werden. Auf eine Platte mit NetWare-Partition kann auch nur NetWare zugreifen und sonst kein anderes Betriebssytem, und dies ist auch gut so. In den jetzigen Versionen ist es nicht möglich, eine Floppy-Disk mit NTFS-Dateiformat zu formatieren. Windows NT formatiert, liest und beschreibt Disketten nur mit FAT-Dateisystem-Format.

FAT

Vorteile: Auf die Dateien und Directories kann unter MS-DOS und OS/2 zugegriffen werden. Da NT auch dieses Format unterstützt, ist natürlich auch von Windows NT aus der Zugriff auf diese Dateien möglich.

Auf dem Laufwerk C muß eine DOS-Partition eingerichtet sein, wenn der Computer auch unter MS-DOS von der Platte aus gestartet werden soll. Floppy-Disks oder wechselbare Festplatten,

Windows NT

die gemeinsam im Netzwerk benutzt werden sollen, müssen das FAT-Dateisystem nutzen. An dieser Stelle sei angemerkt, daß Windows NT, vergleichbar mit NetWare v4.0, eine automatische Unterstützung des CDFS-Dateisystems (CD-ROM-Dateisystems) beinhaltet. Auf ein CD-ROM kann somit ohne zusätzlichen Installationsaufwand von allen anderen Anwendern im Netzwerk zugegriffen werden.

Nachteile: Dateien einer FAT-Partition können unter Windows NT nicht mit den Sicherheitsmechanismen und Fault-Tolerant-Mechanismen von NT geschützt werden. Dateien und Directories einer FAT-Partition unterliegen der herkömmlichen 8.3 Konvention (8-stelliger Dateiname und 3-stellige Extension).

HPFS

Vorteile: Unterstützung längerer Dateinamen (s. Beschreibung LAN Manager) und verbesserte Fehlerkorrekturmechanismen, als dies vom FAT-Dateisystem unterstützt wird.

Nachteile: Keine automatische Erzeugung von gültigen DOS-Dateinamen. Dateien auf einer HPFS-Partitions können nicht mit den vollen Sicherheitsmechanismen von NT geschützt werden.

Soll der eingesetzte Rechner ausschließlich als Server oder Workstation für Windows NT verfügbar gemacht werden, ist auf alle bei der Installation das NTFS-Dateisystem einzurichten. Es ist jedoch auch möglich, eine FAT- oder HPFS-Partition in ein NTFS-Dateisystem umzuwandeln. Man kann jedoch eine NTFS-Partition nicht in eine FAT- oder HPFS-Partition umwandeln.

Windows NT unterstützt folgende Mechanismen, um Sicherheit für das System verfügbar zu machen:

- Unterstützung einer UPS (Uninteruptable Power Supply)

- Als reiner PC betrachtet, bietet Windows NT die bislang besten Mechanismen, um Sicherheit auf Benutzerebene gewährleisten zu können. Für ein Serverbetriebssystem sind die Mechanismen jedoch zwingende Voraussetzung. Wenn Windows NT als Workstation eingesetzt werden soll, benötigt man auf keinen Fall mehr zusätzliche Software, um Zugangsschutz für diesen Rechner einzuführen, so wie dies unter DOS z.B. mit SafeGuard realisiert werden muß. Es sei nochmals darauf hingewiesen, daß dieser Schutz erst dann vollständig eingerichtet werden kann, wenn die Partitions mit NTFS-Format eingerichtet sind.

- Eingebaute Backup-Mechanismen ermöglichen einen einfachen und schnellen Backup auf Band. Dies ist für eine Workstation nicht zu vernachlässigen und schon gar nicht für NT, wenn es als Server genutzt wird.

KAPITEL 23

Beim Einrichten der Sicherheitsvorkehrungen für Windows NT ist Ihnen sehr viel Freiheit gegeben, um das System absolut sicher oder weniger sicher einzurichten. Um jedoch ein großes Maß an Sicherheit zu erhalten, sollten Sie sich zum einen mit den Möglichkeiten vertraut machen und daraufhin entscheiden, welche Mechanismen für Ihre Umgebung am besten geeignet ist. Zum anderen sollte man darauf achten, die gesamten Möglichkeiten in Ihrer Einfachheit zu verwenden, d.h. eingebaute Methoden zu nutzen, um sich das Arbeiten soweit wie möglich zu vereinfachen. Sie werden nachfolgend feststellen, daß sich die Konzepte von Windows NT nur geringfügig von anderen Netzwerkbetriebssystemen unterscheiden. Es liegt jedoch aufgrund der Anforderungen der Anwender auf der Hand, daß die Unterschiede nicht mehr marginal sein können.

Windows NT nutzt drei wichtige Sicherheitsmethoden:

- User Identifikation und Authentication

Es kann auf einem Windows NT-Rechner als lokaler oder remote User nur dann gearbeitet werden, wenn für diesen Benutzer ein User-Account eingerichtet worden ist und die entsprechenden Rechte vergeben wurden, um auf Ressourcen zugreifen zu dürfen. Der Benutzer-Account, d.h. Name und eventuelles Paßwort, müssen bekannt sein, damit eine Anmeldung am System erfolgen kann (s. Beschreibung über den Logon-Vorgang bei Windows NT). Solange User-Account und Paßwort den Mitarbeitern einer Firma nicht bekannt sind, ist auch gewährleistet, daß Sicherheit im Netzwerk gewährt werden kann. Nicht selten ist es leider jedoch so, daß User-Accounts in Firmen sehr vielen bekannt sind und somit gewisse Sicherheitsvorkehrungen umgangen werden.

- Ausgereifte Zugangskontrollen

Sicherheit ist mehr, als nur den Zugang einer Person zu bestimmen. Hierzu gehören auch die Festlegungen, auf welche Ressourcen Zugriffe gewährt werden sollen und mit welchen Rechten die Zugriffe durchgeführt werden können und dürfen. Damit nicht jeder seine eigenen Konfigurationen ändern kann, gibt es normale Benutzer und Administratoren bzw. Rechte eines Administrators, die ein Benutzer haben kann. Die Festlegung der Rechte und der Umgebung für einen Benutzer wird vom Administrator in einem Netzwerk bzw. für einen Windows NT-Rechner definiert.

- Accounting

Vollständige Sicherheit kann nur dann garantiert werden, wenn auch die Möglichkeit besteht, nachvollziehen zu können, welche Aktionen ein Benutzer durchgeführt hat. Nicht selten werden aus Versehen Dateien gelöscht, da ein Benutzer auch das Recht dazu

Windows NT

hatte. Um überprüfen zu können, von wem diese Datei gelöscht wurde, werden solche Vorgänge in einer Accounting-Datei gespeichert, die bei Bedarf ausgewertet werden kann, um soche Vorgänge nachprüfen zu können. Diese Funktion stößt jedoch bei Betriebsräten größerer Unternehmen immer wieder auf Widerstand, da nach deren Meinung dadurch eine verstärkte Mitarbeiterkontrolle möglich ist. Es ist jedoch verwunderlich, daß auf Hostsystemen die Mechanismen akzeptiert werden, und im PC-Netzwerk großes Aufsehen gemacht wird, obwohl hier diese Möglichkeiten genauso wichtig und notwendig sind.

Sicherheitsmechanismen sind jedoch nur so gut und so schlecht, wie man sich an deren Einsatz hält und durchführt. Ich habe schon eine Vielzahl installierter, meist kleinerer Netzwerke gesehen, in denen alle Mitarbeiter Administrator-Rechte haben, da der Aufwand zum Einrichten und Verwalten dadurch einfacher wird. Dies widerspricht jedoch voll den Zielen, die mit Netzwerken und den eingebauten Sicherheitsvorkehrungen erreicht werden sollen.

Was wird unter Windows NT unter einem User-Account verstanden und welche Informationen werden dabei abgespeichert bzw. können abgespeichert werden? Der Mechanismus ist durchaus vergleichbar mit den Methoden von NetWare, LAN Manager, Vines oder UnixWare.

Der User-Account ist eine Verwaltungseinheit in Windows NT, über die bestimmt wird, welche Rechte beim Anmelden mit diesem Account zu Verfügung gestellt werden. Jeder Anwender, der unter Windows NT oder einem Server arbeiten darf, muß einen User-Account haben. In einem User-Account von Windows NT werden folgende Informationen gespeichert:

- Der Benutzername, mit dem der Account identifiziert wird. Normalerweise verwendet man als *User-Account-Namen* den Vor- oder Nachnamen einer Person. Es kann jedoch auch eine beliebige Zeichenfolge verwendet werden. Man sollte nur beachten, den User-Account-Namen nicht zu lang zu machen oder zu kompliziert gestalten, da man sich mit diesen Namen am System anmelden muß.

    Bei Bedarf kann der *vollständige Name* des Benutzers für dessen User-Account eingetragen werden, damit eine leichtere Identifizierung möglich ist, vor allem bei späteren Auswertungen.

    Eine aussagefähige *Beschreibung* für diesen User-Account, z.B. den Arbeitstitel dieser Person oder einen zweckgebundenen Namen für diesen Account.

KAPITEL 23

■ Das *Paßwort* für diesen User-Account. Beim Einrichten des Accounts sind mehrere Möglichkeiten vorhanden, um die Verwendung der Paßwörter zu definieren (z.B. Ablaufdatum, etc.).

■ Ob der Account *disabled* ist oder nicht. Ist ein Account disabled, kann man sich unter diesem Namen nicht mehr am System anmelden. Wenn aus Sicherheitsgründen das Anmelden eines Benutzers für bestimmte Zeit unterbunden werden soll, muß man nicht den gesamten Benutzer löschen (dann ist das Anmelden mit diesem Account auch nicht mehr möglich), sondern man sperrt einfach den Zugriff für diesen Account und kann den Account selbst bei Bedarf wieder freigeben.

■ Die *Gruppenzugehörigkeiten* für diesen Account. Die Steuerung der Rechtevergabe im Netzwerk über Gruppen ist eine sinnvolle, hilfreiche und flexible Möglichkeit, strukturiert und übersichtlich Rechtedefinitionen durchzuführen. Erfolgt die Rechtevergabe über Gruppen, erhält ein Benutzer auf eine Ressource Rechte, sobald er Mitglied einer Gruppe ist, in der die Rechte für diese Ressource definiert worden sind. Die explizite Vergabe der Rechte auf direkter Benutzerebene kann somit reduziert werden. Direkte Rechtevergabe explizit im User-Account selbst wird nur dann durchgeführt, wenn die Rechtvergabe nicht über geeignete Gruppendefinitionen möglich ist.

■ Vorgänge, die beim Initialisieren des Accounts zum Logon-Zeitpunkt festgelegt werden sollen bzw. beim Einrichten des Benutzers. Hierbei handelt es sich vor allem um das Einrichten eines *Home Directories* und das Einrichten eines *Logon-Scripts* (unter NetWare als Login-Script und beim LAN Manager als Profile bezeichnet).

23.8.1 Paßwörter unter Windows NT

Beim Einrichten eines Benutzers bzw. bei der nachträglichen Pflege hat man unter Windows NT im User Manager Utility die Möglichkeit, folgende Restriktionen für die Verwendung von Paßwörtern zu definieren:

■ Gültigkeitsdauer
Festlegung, wie lange ein Paßwort gültig ist, bis Windows NT den Benutzer auffordert, ein neues Paßwort festzulegen (Never oder 1-999 Tage).

Windows NT

■ Gültigkeitsdauer für Änderung

Hiermit wird festgelegt, wie lange ein Benutzer warten muß, bis ein neu vergebenes Paßwort geändert werden darf. Da der Benutzer die Möglichkeit hat, bei Bedarf sein Paßwort jederzeit ändern zu dürfen, wird hiermit eine Schranke auferlegt, wie lange ein Paßwort bestanden haben muß, bevor eine vorzeitige Änderung durchgeführt werden kann (immediately oder 1-999 Tage).

■ Minimale Länge des Paßwortes

Ein Paßwort muß mindestens die angegebene Anzahl Zeichen haben, damit es von NT akzeptiert wird. Paßwörter die kürzer sind, werden abgewiesen (Blank Passwords oder 1-14 Zeichen).

■ Eindeutigkeit des Paßwortes

Hiermit legt man fest, wieviele unterschiedliche Paßwörter benutzt werden müssen, bevor ein älteres Paßwort wieder verwendet werden kann. Es wird im Prinzip die Größe des Ringpuffers definiert, in dem die verwendeten Paßwörter abgelegt werden, um deren Eindeutigkeit zu garantieren (keine History führen oder 1-8 Paßwörter aufzeichnen).

Beim Einrichten eines User-Accounts haben Sie zudem die Möglichkeit folgende Maßnahmen für das Paßwort zu definieren:

■ `User Must Change Password at Next Logon`: D.h. beim nächsten Logon wird der Benutzer bereits aufgefordert, ein neues Paßwort zu vergeben. Diese Option kann nur beim erstmaligen Einrichten des Benutzers vergeben werden. Die anderen unten aufgeführten Möglichkeiten können individuell auch für bestehende Accounts gesetzt werden.

■ `User Cannot Change Password`: Dem Benutzer wird das Recht entzogen, sein Paßwort zu ändern. Die Vergabe eines neuen Paßworts kann nur vom Administrator oder einem Equivalent durchgeführt werden.

■ `Password Never Expires`: Das Paßwort für diesen Account läuft nie ab und müßte somit nie geändert werden.

23.8.2 Default Accounts

Bei der Installation von Windows NT werden drei Standard-Accounts eingerichtet. Die individuelle Anpassung kann nach der Installation vom Administrator durchgeführt werden.

KAPITEL 23

System Administrator Account — Hierbei handelt es sich um einen Account, der unter dem Namen Administrator eingerichtet wird. Jeder Anwender, der in der Lage ist, sich mit diesem Namen unter NT anzumelden (oder an einem Server), hat die vollen Rechte auf das System. Er kann auf alle Ressourcen zugreifen und neue Benutzer oder Gruppen einrichten, sowie Rechtevergaben hierfür festlegen. Bestehende Benutzer oder Gruppen können individuell geändert werden. Mit diesem Account sollte deshalb, wie bei allen anderen Systemen auch, sehr vorsichtig umgegangen werden.

System Guest Account — Dabei handelt es sich um einen User-Account mit dem Namen Guest, der ebenfalls bei fast allen Netzwerkbetriebssystemen eingerichtet wird. Dieser Benutzer-Account dient nur dazu, einen Anwender einfache Dinge auf dem System durchführen zu lassen. Kaputt machen können solche Benutzer nichts, da die Rechte hierfür vollständig eingeschränkt sind.

Initial User Account — Dies sind vom Adminstrator individuell eingerichtete Benutzer, die mit den notwendigen Rechten ausgestattet werden, um auf entsprechende Ressoucen zugreifen zu können. Standardmäßig wird dieser Benutzer der Gruppe Power User zugewiesen. Welche Aufgaben damit verbunden sind, werden Sie anschließend erfahren. Bei Bedarf kann diese Berechtigung entzogen werden bzw. jeder Benutzer mit zusätzlichen Gruppenzugehörigkeiten ausgestattet werden.

Jedes Netzwerkbetriebssystem enthält einen User-Account, der mit allen Rechten ausgestattet ist. Die Namengebung ist von System zu System unterschiedlich, der Aufgabenbereich jedoch überall ähnlich. Der Systemadministrator von Windows NT oder ein Benutzer, der Mitglied der Gruppe Administrator ist, kann folgende Aufgaben durchführen:

- Einrichten, Ändern oder Löschen von User-Accounts
- Einrichten, Ändern oder Löschen von Gruppen
- Hinzufügen oder Entfernen von Gruppenzugehörigen für User Accounts
- Hinzufügen von Special Rights für eine Gruppe
- Ändern der Betriebssystem-Software
- Einrichten oder Ändern von Anwendungssoftware
- Einrichten oder Ändern von Device Drivern
- Formatieren der Festplatte
- Setup für den Rechner durchführen, damit eine remote Administration möglich ist.

Wenn ein Benutzer unter Windows NT eingerichtet wird, kann unter anderem ein Logon-Script und ein Home Directory für diesen Benutzer definiert werden. Mit diesen beiden Einrichtungen kön-

Windows NT

nen die Umgegungsbedingungen für jeden einzelnen User festgelegt werden, die zur Verfügung stehen, wenn sich dieser unter Windows NT anmeldet. Zusätzlich zum Gebrauch von Home Directory und Logon-Script kann bestimmt werden, wie die Computer-Konfiguration für jeden Benutzer auszusehen hat. Dies geschieht durch ein Initial Profile für den Benutzer.

Für jeden Benutzer, der sich an Windows NT anmeldet, behält sich Windows NT Informationen über die Änderungen, die ein Benutzer für bestimmte Voreinstellungen durchgeführt hat, speichert diese Informationen in einer Datenbank beim Abmelden des Benutzers und stellt die gleiche Umgebungsbedingung für diesen Benutzer wieder her, wenn er sich erneut am System anmeldet. Hierbei kann es sich zum Beispiel um die Farben, die Gestaltung der Fenster, etc. handeln.

Windows NT sichert und restauriert folgende Benutzereinstellungen, wenn man sich unter Windows NT anmeldet:

- Program Manager: Alle Einstellungen, überwacht durch die Save Settings Option beim Verlassen des Program Manager, einschließlich Programm-Gruppen und Items.

- File Manager: Alle Einstellungen, überwacht durch die Option Save Settings beim Verlassen des Programms.

- Windows NT Command Prompt: Alle Windows-Einstellungen.

- Print Manager: Alle Druckerverbindungen und Einstellungen.

- Control Panel: Farbe, Maus, Desktop, Sound, International Einstellung, Tastatureinstellungen und User-Environment-Variablen.

- Accessories and Applications: Alle Benutzereinstellungen für Windows NT Accessories und für Windows-Anwendungen, die Benutzereinstellungen speichern können

- Windows NT Help: Alle Marken, die gesetzt worden sind (Einmerkungen=Bookmarks).

- Applications: Alle Voreinstellungen (Windows Position, vorher geöffnete Dateien, etc.), die von der Applikation gesichert werden können.

Da der Benutzer in der Lage ist, diese Einstellungen selbst zu ändern, können Sie es nicht vermeiden, daß die Oberfläche von Windows NT für jeden Benutzer im Laufe der Zeit etwas anders aussehen wird. Sollen jedoch bestimmte Programmteile von Windows NT nicht verfügbar sein (z.B. File Manager), müssen diese Programmteile mit Hilfe der Sicherheitsmechanismen auf Dateiebene blockiert werden, um einen Zugriff zu unterbinden.

KAPITEL 23

Man sieht jedoch, daß pro User eine individuelle Arbeitsumgebung geschaffen werden kann. Dies ist vor allem dann interessant, wenn sich an einem Windows-NT-Arbeitsplatz mehrere Benutzer nacheinander anmelden können, und jeder von diesen seine eigene Umgebung zur Verfügung gestellt bekommt. Dies gilt natürlich auch, wenn ein remote Login an einer Windows-NT-Servermaschine erfolgt bzw. der Advanced Server auf einem oder mehreren Windows NT-Rechnern installiert ist.

Sie können bereits aus diesen Ausführungen ersehen, daß eine Verwaltung im Distributed Network Environment (Workgroups) sehr aufwendig werden kann, da jeder Windows NT Server seine eigenen Informationen sammelt und speichert. Um auf unterschiedlichen Windows NT Servern die gleiche Umgebung zur Verfügung zu haben, müssen wesentlich mehr Anpassungen durchgeführt werden. Anders wird es aussehen, wenn der Advanced Server zum Einsatz kommt, der mit einem Domain-Konzept ausgestattet ist.

Man sieht aus den bisherigen Beschreibungen auch, daß die vorliegende Beta-Version mit englischer Oberfläche ausgestattet ist. Ich habe es mir erspart, zu versuchen, die einzelnen Programmteile ins Deutsche zu übersetzen, da noch nicht feststeht, welche Namen hierfür vergeben werden.

Ein weiteres wichtiges Instrument zum Einrichten, Verwalten und Überwachen der Zugangsberechtigungen unter Windows NT ist das Konzept der Gruppendefinitionen. Windows NT kennt nach der Installation bereits eine Vielzahl von Gruppen, mit der ein Administrator bereits die Möglichkeit hat, bestimmte Arbeitsberechtigungen für User zu bestimmen.

Nach der Installation existieren folgende Gruppen: Users, Power User, Administrator, Backup Operator, Guests, Interactive Users, Network Users, Everyone und Creator/Owner. Jeder Benutzer, der unter Windows NT arbeiten soll, sollte auch Mitglied der Gruppe Users sein, da damit grundlegende Rechte zum Arbeiten unter Windows NT vergeben werden.

Wenn ein Benutzer Mitglied der Gruppe Power User ist, erhält er die Möglichkeit, festzulegen, welche Directories als Shared Directories im Netzwerk freigegeben werden sollen. Da man diese Aufgabe nicht herkömmlichen Benutzern überlassen will, aber auch nicht Administrator-Status vergeben will, um diese Aufgaben durchführen zu können (ein Administrator kann noch wesentlich mehr durchführen als ein Power User), gibt es unter Windows NT die Gruppe Power User. Mit dieser Gruppenzugehörigkeit können und dürfen folgende Aufgaben durchgeführt werden:

Windows NT

- Shared Directories im Netzwerk

Festlegen, welche Directories als Shared Directories im Netzwerk verfügbar gemacht werden, bzw. ein Shared Directory im Netzwerk aufheben. Zudem können Permissions für diese Shared Directories festgelegt werden, die festlegen, mit welchen Rechten auf diese Directories und die darin befindlichen Dateien zugegriffen werden dürfen.

- Installation, Sharen und Verwalten von Druckern

Mitglieder der Gruppe Power User können Shared Printer im Netzwerk definieren. Somit können Drucker eingerichtet und verwaltet werden.

- Einrichten, Ändern und Löschen von User-Accounts

Die Festlegung von Shared Ressources im Netzwerk nützt relativ wenig, wenn nicht auch festgelegt werden kann, welche Benutzer darauf zugreifen dürfen. Benutzer mit diesen Gruppenrechten können neue Benutzer einrichten, ändern oder auch wieder löschen. Benutzer, die von einem anderen Benutzer eingerichtet worden sind, können von diesem nicht geändert, geschweige gelöscht werden.

- Setzen der internen Uhr

Ein User-Account, welcher zur Gruppe Power User gehört, hat die Berechtigung, die interne Uhr auf dem Rechner zu setzen.

Auf die einzelnen Aufgaben, die ein User durchführen kann, wenn dieser zur Gruppe Administrator Group gehört, brauche ich nicht näher einzugehen, da dies auf der Hand liegt. Die Bedeutung der anderen Gruppen bedarf keiner weiteren Erklärung, da sich deren Funktion aus dem Namen bereits ersehen läßt. Wesentlich wichtiger ist es jedoch noch zu erfahren, welche Möglichkeiten bei der Vergabe von Zugriffsrechten auf Directory- und Dateiebene zur Verfügung stehen. Dies soll im nachfolgenden durchleuchtet werden.

23.8.3 Zugriffsrechte für Directories und Dateien

Bei der Vergabe von Zugriffsrechten muß man zwischen Standard-Rechten und Special-Access-Rechten unterscheiden.

Windows NT weist bei der Festlegung der Rechte für Directories eine Besonderheit auf, die bereits von Vines bekannt ist. Für ein Directory können Standard-Rechte definiert werden, die einer neu eingerichteten Dateien in diesem Directory übertragen werden. Wenn jedoch ein Subdirectory in diesem Directory eingerichtet wird, erhält es die Rechte, die im Parent definiert worden sind. Die

Standard-Rechte-Bestimmung für neu eingerichtete Dateien funktioniert also nur auf Dateiebene.

Standard-Rechte für Directories

Windows NT kennt 6 Standard-Rechte, die für ein Directory definiert werden können, um festzulegen, mit welchen Rechten auf das Directory und die darin befindlichen Dateien zugegriffen werden können. Die Rechte können auf Dateiebene zusätzlich explizit nochmals anders gesetzt werden als für das Directory selbst. Zu diesen 6 Rechten zählen:

No Access   Mit diesem Recht bekommt der Benutzer die Dateien im Directory nicht angezeigt. Zudem erhält der Benutzer das Standard-Datei-Recht No Access für alle Dateien, die nachträglich in diesem Directory eingerichtet worden sind.

List   Hiermit erhält der Benutzer das Recht, die Dateien im Directory angezeigt zu bekommen. Zudem erhält er Zugriff auf die Subdirectories in diesem Directory. Der Benutzer kann jedoch keine Dateien einrichten und hat standardmäßig nicht das Recht, Dateien in diesem Directory zu benutzen, wenn diese von anderen Benutzern neu eingerichtet werden.

Read   Das Read-Recht erlaubt es dem Benutzer, Dateien in diesem Directory angezeigt zu bekommen und er erhält Zugriff auf Subdirectories in diesem Directory. Der Benutzer kann keine neuen Dateien erstellen und erhält für neu eingerichtete Dateien anderer Benutzer das Standard-Read-Recht für diese Dateien. Ein Vergleich mit der Directory-Access-Tabelle im Beta-Handbuch ergibt, daß dieses Recht von der Bedeutung fast identisch ist mit dem List-Recht. Der Unterschied besteht nur bei der Vergabe des Datei-Rechtes für neu erstellte Dateien.

Add   Dieses Recht befähigt einen Benutzer, in diesem Directory neue Dateien zu erstellen, der Benutzer kann jedoch den Inhalt des Directories nicht sehen bzw. angezeigt bekommen. Der Benutzer erhält automatisch keine Rechte, um auf Dateien in diesem Directory zugreifen zu können. Dies gilt auch für Dateien, die der Benutzer selbst erstellt hat.

Add & Read   Mit diesem Recht erhält der Benutzer die gleichen Rechte, die beim Read-Recht beschrieben sind, und kann zusätzlich neue Dateien einrichten. Der Benutzer erhält automatisch das Standard-Read-Recht für jede neu erstellte Datei in diesem Directory.

Change	Mit diesem Recht kann ein Benutzer in diesem Directory neue Dateien erstellen und sich Dateien und Subdirectories in diesem Verzeichnis anzeigen lassen. Zudem können die Directory-Attribute angezeigt und geändert werden. Der Benutzer erhält für alle neu eingerichteten Dateien das Standard-Change-Recht.
Full Access	Mit diesem Recht kann der Benutzer Dateien erstellen, sich Dateien auflisten lassen, Attribute und Rechte für das Directory anzeigen lassen und diese ändern und Owner für das Directory werden. Werden im Directory neue Dateien eingerichtet, erhält der Benutzer das Standard-Full-Access-Recht für diese Dateien zugewiesen.

Neben diesen Standard-Directory-Rechten kennt Windows NT auch noch Special-Access-Rechte für Directories. Worin liegt der Unterschied dieser beiden Strukturen?

Standard-Directory-Rechte schützen den Zugriff auf Directories in der gleichen Art und Weise, wie dies mit Special-Access-Rechten durchgeführt werden kann. Bei den Standard-Directory-Rechten handelt es sich jedoch um eine Kombination vordefinierter Rechte der Special-Access-Rechte und der Special-File-Access-Rechte. Im Gegensatz zu den Standard-Rechten wird beim Einsatz der Special-Access-Rechte keine Voreinstellung der Rechtevergabe durchgeführt, die ein Benutzer erhält, wenn neue Dateien im Directory eingerichtet werden.

Ich habe bei der Einführung der NT-Rechte bereits darauf hingewiesen, daß NT eine Funktion zur Verfügung stellt, um für einen Benutzer und eine Gruppe festzulegen, welche Rechte vergeben werden, wenn eine neue Datei im Directory eingerichtet wird. Bei der Vergabe der Rechte für neue Dateien entnimmt NT die Informationen beim Einsatz der Special-Access-Rechte aus dieser Definition. Man sollte deshalb beim Einsatz dieser Special-Access-Rechte für Directories dafür Sorge tragen, daß Default-Special-File-Access-Rechte definiert sind.

Special-Access-Rechte für Directories

Read	Ein Benutzer kann die Namen der Dateien angezeigt bekommen und erhält zugleich Zugriff, um die Attribute des Dirctories zu sehen.
Write	Es dürfen neue Dateien eingerichtet werden und die Attribute des Directories geändert werden.
Execute	Mit diesem Recht hat der Benutzer die Berechtigung, den Directory-Baum zu durchsuchen. D.h. er hat auch das Recht, den Inhalt des Subdirectories zu sehen.

KAPITEL 23

Delete
: Wenn das Directory leer ist, hat der Benutzer das Recht, dieses zu löschen. Ist das Directory nicht leer, muß er auch noch das Recht besitzen, die Dateien und Subdirectories löschen zu dürfen.

Change Permissions
: Hiermit können die Berechtigungen für das Directory geändert werden. Der Benutzer hat aber nicht das Recht, Zugriffsberechtigungen für Subdirectories und Dateien zu ändern.

Take Ownership
: Der Benutzer kann sich mit diesem Recht zum Owner der Datei machen. Es besteht somit die Gefahr, daß der frühere Owner des Directories jede besondere Beziehung zum Directory oder gar den Zugriff auf dieses Directory verliert.

Ein Stufe tiefer können Sie auch noch den direkten Zugriff auf Dateiebene festlegen.

Standard-Rechte für Dateien

Mit den Dateirechten kann festgelegt werden, wie auf Dateien zugegriffen werden kann. Insgesamt stehen Ihnen 4 Standard-Rechte für Dateien zur Verfügung:

No Access
: Der Benutzer hat kein Recht auf diese Datei. Dieses Recht überschreibt jedes andere Recht, das ein Benutzer für die Datei hat. Hat ein Benutzer direkt das Read-Recht für die Datei erhalten, gehört aber zu einer Gruppe, die für diese Datei das No-Access-Recht zugewiesen bekommen hat, kann der Benutzer die Datei nicht mehr öffnen und lesen, da das Read-Recht nicht mehr gilt.

Read
: Mit diesem Recht kann der Benutzer die Datei öffnen und den Inhalt der Datei bearbeiten. Handelt es sich bei der Datei um ein Programm, verleiht dieses Recht auch die Berechtigung, dieses Programm auszuführen. Was nicht erlaubt ist, ist Änderungen in der Datei durchzuführen und den neuen Inhalt abspeichern. Wenn jedoch die Read-Berechtigung existiert, kann die Datei kopiert werden oder eine durchgeführte Änderung mit neuem Namen abgespeichert werden. Mit dem Read-Recht hat der Benutzer auch die Möglichkeit, sich die Dateiattribute und Berechtigungen anzeigen zu lassen und auch den Owner der Datei zu sehen.

Change
: Dieses Recht enthält die gleichen Berechtigungen wie das Read-Recht, mit der zusätzlichen Möglichkeit, die Änderungen der Datei abzuspeichern. Mit der Change-Berechtigung kann die Datei auch gelöscht werden.

Windows NT

Full Access Dies Recht vergibt volle Kontrolle über die Datei. Neben der Berechtigung, die Datei zu lesen, auszuführen und den Inhalt der Datei zu ändern, bestehen auch die Rechte, die Datei Berechtigungen zu ändern und sogar die Möglichkeit, den Benutzer als neuen Owner für die Datei einzutragen.

Sie stellen fest, daß diese Berechtigungen in der Regel ausreichen, um ausreichenden Schutz für Dateien zu definieren. Es kann jedoch sein, daß diese Möglichkeiten nicht ausreichen, um Ihre Dateien ausreichend zu schützen. Wenn dies der Fall ist, betrachten Sie die Mechanismen, die Windows NT mit den Special-Access-Rechten für Dateien zur Verfügung stellt.

Special-Access-Rechte für Dateien

Read Das Special-Access-Read-Recht unterscheidet sich vom Standard-Read-Recht dahingehend, daß in diesem Falle das Read-Recht nicht die Berechtigung vergibt, eine Programmdatei auszuführen, d.h. ein Programm zu starten (.COM, .EXE oder .BAT). Hierfür gibt es ein eigenes Recht.

Write Das Special-Access-Write-Recht berechtigt den Benutzer zum Öffnen der Datei und dazu, Änderungen der Datei auf die Platte zurückzuschreiben. Jedoch ist zu beachten, daß solange dieses Recht nicht mit dem Special-Access-Read-Recht kombiniert ist, der Benutzer keine Daten von der Datei lesen kann und so der Benutzer entweder den gesamten Inhalt der Datei ersetzen wird oder Daten an die Datei anfügen wird, in Abhängigkeit der Applikation, die mit dieser Datei arbeitet.

Im Gegensatz zum Standard-Access-Recht Change, erlaubt das Special-Access-Recht Write nicht, die Datei zu löschen. Jedoch kann ein Benutzer die Datei öffnen, um den Inhalt der Datei zu ersetzen und dann die Datei schließen, ohne neue Daten zu schreiben, was darin resultiert, daß eine leere Datei entsteht. Also Vorsicht beim Umgang mit diesem Recht, um nicht unfreiwillig Datenverluste zu erzielen.

Execute Hiermit wird der Benutzer berechtigt, ein Programm auszuführen. Dieses Recht muß in Kombination mit dem Special-Access-Recht Read für eine Programmdatei vergeben werden, wenn der Benutzer auch das Recht haben soll, ein Programm zu starten.

Delete Dieses Recht berechtigt einen Benutzer, eine Datei aus dem Directory zu löschen. Ein Benutzer benötigt dieses Recht, um eine Datei entweder zu löschen oder für die Datei einen Move durchzuführen.

KAPITEL 23

Change Permissions | Dieses Recht erlaubt dem User, die Rechte für die Datei zu ändern, einschließlich der Rechte, die einen Zugriff auf die Datei für den User verhindern würde. Ein Benutzer, dem dieses Recht für die Datei verliehen wird, hat im Prinzip volle Kontrolle über die Datei, da sogar die Dateiberechtigung geändert werden kann, um sich selbst als Owner für die Datei eintragen zu lassen.

Take Ownership | Der Benutzer kann mit diesem Recht zum Owner der Datei werden. Wird der Benutzer neuer Owner der Datei, verliert der frühere Owner jeglichen speziellen Bezug zu dieser Datei und kann darin gehindert werden, Zugriff auf diese Datei zu haben.

Dateiattribute

Neben der Vergabe von Zugriffsberechtigungen bietet Windows NT auch die Möglichkeit, für Dateien Atrribute zu vergeben. Dieser Mechanismus ist jedoch bei weitem nicht so stark ausgeprägt wie zum Beispiel bei NetWare. Folgende Dateiattribute stehen unter Windows NT zur Verfügung:

R (Read Only) | Die Datei kann nur gelesen werden. Auch wenn der Benutzer Schreiberechtigung besitzt, kann eine Datei, die dieses Attribut besitzt, nicht mehr geändert werden.

A (Archive) | Eine Datei, die seit dem letzten Backup geändert worden ist, erhält das Archive-Attribut zugewiesen. Dies macht Windows NT ohne Ihr Zutun. Somit ist es möglich, statt einen erneuten Full Backup durchzuführen, einen Incremental Backup anzustoßen, bei dem nur die Dateien gesichert werden, deren Archive-Attribut gesetzt ist. Beim Backup dieser Dateien wird dieses Attribut wieder zurückgenommen.

H (Hidden) | Die Datei erscheint nicht mehr beim Auflisten des Directory-Inhalts, wenn der DIR-Befehl auf Command-Line-Ebene durchgeführt wird. In einem Windows NT-Fenster werden Dateien mit diesem Attribut nur dann angezeigt, wenn man explizit angibt, auch Hidden-Dateien angezeigt zu bekommen.

S (System) | Die Datei wird als System-Datei identifiziert. Die Datei wird beim DIR-Befehl nicht angezeigt. Im Directory Fenster von Windows NT erscheint die Datei nur dann, wenn explizit angegeben wird, auch solche Dateien sehen zu wollen.

Sie haben jetzt einen umfassenden Überblick über Windows NT, der helfen sollte, Ihnen einen guten Gesamteindruck von den Möglichkeiten dieses Systems zu bieten. Bei der täglichen Arbeit mit den bisherigen Beta-Versionen war festzustellen, daß sich im Prinzip nur wenige Änderungen im Vergleich zu Windows 3.1

ergeben. Die Installation herkömmlicher Windows-Programme, wie Corel Draw, Aldus Free Hand und dergleichen führte zu keinerlei Problemen. Bevor ich Ihnen die grundsätzlichen Eigenschaften für den Advanced Server darstellen will, soll abschließend betrachtet werden, wie beim Einrichten von Windows NT die Konfiguration der Festplatten durchgeführt werden kann.

Dies ist notwendig, um sich einen Eindruck über die Flexibilität dieser Mechanismen machen zu können, vor allem unter den Gesichtspunkt, Windows NT als Server einsetzen zu wollen und noch mehr unter dem Aspekt, das Advanced-Server-System darauf installieren zu wollen.

23.9 Plattenverwaltung unter Windows NT

Die Plattenverwaltung unter Windows NT kann als sehr flexibel bezeichnet werden. Auf dem freien Platz einer Platte können bis zu 4 Partitions eingerichtet werden. Zudem haben Sie die Möglichkeit, mehrere logische Laufwerke im freien Bereich einer Extended Partition zu definieren. Im freien Bereich einer Platte können folgende Einrichtungen durchgeführt werden:

- Single Primary Partition
- Bis zu vier Additional Partitions
- Extended Partition mit einer beliebigen Anzahl logischer Laufwerke
- Andere Windows NT Typen, Volume Sets und Stripe Sets

Zum besseren Verständnis, einige Erklärungen zu den verwendeten Bezeichnungen und Möglichkeiten.

Free Space Ein nicht benutzter Teil auf der Platte, der partitioniert werden kann. Free Space innerhalb einer Extended Partition ist zum Einrichten logischer Laufwerke verfügbar. Free Space, der sich nicht innerhalb einer Extended Partition befindet, ist zum Einrichten von Partitions verfügbar, wobei eine maximale Anzahl von 4 erlaubt ist.

Partition Der Teil einer Platte, der als eigene separate physikalische Einheit behandelt werden kann. Eine Partition wird normalerweise als Primary oder Extended Partition bezeichnet.

Primary Partition Der Teil einer Platte, der für ein Betriebssystem markiert werden kann. Es können bis zu 4 Primary Partitions pro physikalischer Platte benutzt werden (bis zu 3, wenn eine Extended Partition eingerichtet ist). Eine Primary Partition kann nicht in Subpartitions unterteilt werden.

KAPITEL 23

Extended Partitions Wird auf dem Free Space einer Platte eingerichtet und kann unterteilt werden in 0 oder mehrere logische Laufwerke. Der Free Space einer Extended Partition kann auch benutzt werden, um Volume Sets oder andere Volumetypen zu definieren oder um Fault Tolerant Volumes einzurichten. Nur eine der vier Partitions, die pro Platte erlaubt sind, können als Extended Partition eingerichtet werden. Es muß keine Primary Partition vorhanden sein, um eine Extended Partition einrichten zu können.

Volume Dies ist eine Partition oder eine Ansammlung von Partitions, die für die Verwendung eines Dateisystems formatiert worden sind. Einem Windows NT Volume kann ein Laufwerksbuchstabe zugewiesen werden, der zum Einrichten von Directories oder Dateien genutzt werden kann.

Besonders interessant ist für Windows NT das Einrichten von Volume Sets. Man kann somit eine wesentlich effizientere Ausnutzung des gesamten verfügbaren freien Speicherplatzes auf der Platte erreichen. Das Einrichten von Volumes geschieht dadurch, daß die unterschiedlich großen Free-Space-Bereiche von bis zu 8 Platten in einen logischen Volume Set zusammengefaßt werden und danach wie eine einzelne Partition zu betrachten sind.

Eine andere Alternative besteht darin, sogenannte Stripe Sets zu definieren. Das Einrichten von Stripe Sets ist mit Volume Set vergleichbar, jedoch existieren hierfür zusätzliche Einschränkungen. Jede Partition in einem Stripe Set muß sich auf einer eigenen Platte befinden. Die Anzahl der Platten ist auf 8 beschränkt. Beim Einrichten von Stripe Sets werden die Free-Space-Bereiche von bis zu 8 Platten zu einem gesamten Volume zusammengefaßt, wobei der Disk-Manager beim Einrichten der Stripe Set die Größe der einzelnen Partitions in etwa gleich groß macht.

Die Daten können somit in »Stripes« auf die einzelnen Partitions geschrieben werden. Dadurch können I/O Befehle gleichzeitig durchgeführt werden, wodurch der Durchsatz wesentlich erhöht wird.

Ich habe versucht, bis zu diesem Punkt alle wichtigen und interessanten Eigenschaften von Windows NT und den damit verbundenen Netzwerkfähigkeiten darzustellen. Es gäbe noch eine Vielzahl weiterer Informationen, die in Windows NT eingebaut sind und ebenso interessant sind. Jedoch würde dies den Rahmen dieses Buches bei weitem sprengen. Man muß sich für Windows NT nur vor Augen halten, daß es sich um ein leistungsfähiges Betriebssystem handelt, mit einer Oberfläche, die vielen bereits bekannt ist. Es wurden Funktionen und Mechanismen eingebaut, die sowohl für ein Netzwerkbetriebssystem zur Verfügung stehen,

Windows NT

aber auch dann eingesetzt werden können, wenn Windows NT als reines Workstation-Betriebssystem eingesetzt wird.

Windows NT kann ohne Zweifel als Alternative zu Unix, OS/2 oder UnixWare betrachtet werden. Die Akzeptanz bei den Anwendern wird zeigen, welches dieser Systeme in Zukunft am Markt bestehen wird. Windows NT als herkömmliches Arbeitsplatzsystem für normale Routinearbeiten dürfte zwar leicht überzogen sein, da die Anforderungen von 16-Mbyte-Hauptspeicher und mindestens 100-Mbyte-Plattenkapazität doch ziemlich groß sind. Wer jedoch echtes Multitasking haben will, mit der Möglichkeit alle herkömmlichen Programme unter DOS, Windows, etc. nach wie vor einsetzen zu können, der ist mit Windows NT auf alle Fälle gut bedient. Im Vergleich zu UnixWare ist dar Arbeiten mit DOS-Applikationen und Windows-Applikationen viel schneller und leistungsfähiger.

UnixWare muß an dieser Stelle noch einiges tun. Es kann bis jetzt nicht genau gesagt werden, welche Änderungen für Windows NT bis zur endgültigen Auslieferung noch durchgeführt werden. Am Grundkonzept und den in diesem Buch gemachten Aussagen wird sich wahrscheinlich nichts mehr ändern. Wenn, dann wird an Kleinigkeiten gefeilt oder an der Oberfläche das eine oder andere geändert werden. Das fertige Produkt wird zeigen, wie sich Windows NT dem Endanwender im offiziellen Release präsentieren wird.

24 Microsoft Windows NT Advanced Server

Mit dem Advanced Server für Windows NT, in der bisherigen Dokumentation von Microsoft als LAN Manager für Windows NT bezeichnet, handelt es sich um eine Erweiterung der Netzwerkfunktionalitäten für Windows NT. Ich habe bereits mehrfach darauf hingewiesen, daß sich die Distributed-Network- und Dedicated-Server-Network-Struktur nicht besonders für Multi-Server-Netze eignet. Der Verwaltungsaufwand und die damit verbundenen Möglichkeiten sind bei Windows NT viel zu gering. Abhilfe hierfür schafft Microsoft mit dem Advanced Server.

Der Microsoft Advanced Server für Windows NT ist das Netzwerkprodukt für eine vereinfachte Verwaltung von Multi-Server-Netzen. Durch die erweiterte Zuverlässigkeit und Sicherheitsmechanismen eröffnen sich neue Wege zum Einrichten großer Netze. Es ist jedoch nicht zu verkennen, daß der Advanced Server sehr viele Gemeinsamkeiten mit dem LAN Manager v2.2 aufweist. Boshafterweise könnte man auch versucht sein zu sagen, die Plattform wurde geändert: statt auf OS/2 setzt man jetzt auf Windows NT und führt einige notwendige Änderungen und Anpassungen durch.

24.1 Überblick

Der Advanced Server für Windows NT nutzt die Leistungsfähigkeit, die einfache Bedienbarkeit und die Skalierbarkeit, die mit Windows NT verbunden ist, um große Netzwerke zu verbinden und zu verwalten. Der Advanced Server für Windows NT bietet Lösungen, um den wachsenden Kapazitäts- und Leistungsanforderungen expandierender, komplexer Netzwerke beggnen zu können. Windows NT Advanced Server kann mit Windows, Windows for Workgroups und Windows NT genausogut zusammenarbeiten wie mit LAN Manager für OS/2 und LAN Manager für Unix. Eine vereinfachte Logon-Prozedur erlaubt es dem Benutzer, das gesamte Netzwerk mit nur einem einzigen Logon-Vorgang zu erreichen. Mit dem Advanced Server für Windows NT lassen sich Ressourcen verwenden, die eine Vielzahl verschiedener Plattformen innerhalb des Unternehmens umfassen.

Die vereinheitlichte Verwaltung von Benutzerkonten und die Verbindungen über ein breites Spektrum von Systemen hinweg machen Windows NT Advanced Server zur idealen Plattform, um große und komplexe Netzwerke einzurichten. Die Verwaltung umfaßt die Multi-Server-Administration, heterogene Systemverbindungen und die Skalierbarkeit für ein breites Feld von Hardwarekonfigurationen. Mit Hilfe guter Administrationswerkzeuge zur Organisation von Benutzern und Netzwerkressourcen wird die unternehmensweite Verwaltung der Netze erleichtert. Fortschrittliche Sicherheitsmechanismen machen Windows NT Advanced Server zur ausgezeichneten Plattform, um leistungsfähige Branchenlösungen für Netzwerke zu entwickeln.

Windows NT Advanced Server erweitert die hohe Leistungsfähigkeit und die Fähigkeit des Betriebssystems Windows NT, große Kapazitäten zu verwalten um erweiterte Fehlertoleranz und zentralisierte Sicherheitsmerkmale. Somit wird man auch den Forderungen nach Datenintegrität gerecht, die von sicheren und zukunftsweisenden Netzwerken gefordert werden.

24.2 Technische Features von Windows NT Advanced Server

Der Windows NT Advanced Server enthält die Netzwerk- und Administrationsfunktionen des LAN Manager v2.2 und erweitert zudem die mächtigen lokalen Verwaltungs- und Sicherheitsfähigkeiten von Windows NT für den Einsatz in großen und komplexen Netzwerken. Die Schlüsseleigenschaften von Windows NT Advanced Server werden nachfolgend beschrieben:

Erweiterte unternehmensweite Administration

Die Architektur von Windows NT Advanced Server basiert auf dem Domain-Konzept, das den Zusammenschluß mehrerer Server für die vereinfachte Administration erlaubt (s. Erläuterungen hierzu für LAN Manager v2.2). Hierdurch erhalten der Systemverwalter und die Anwender im Netzwerk folgende Vorteile:

- Alle Benutzer- und Gruppenkonten lassen sich von einer zentralen Stelle aus mit einer einzigen Datenbank verwalten. Dies vereinfacht die Netzadministration in Multi-Server-Netzwerken ungemein. Möchte zum Beispiel der Systemverwalter einem Benutzer neue Zugriffsrechte vergeben oder einen neuen User-Account einrichten, dann muß diese Änderung nur ein einziges Mal durchge-

KAPITEL 24

führt werden und hat Gültigkeit für alle Server, die in der Domain vorhanden sind.

- Der Benutzerzugriff wird vereinfacht. Wird ein neuer User-Account in der zentralen Datenbank eingerichtet, dann kann sich der Benutzer anschließend auf jedem zur Domain gehörenden Server anmelden, um die Zugriffsvalidierung durchzuführen.

- Das Domain-Konzept erleichtert den Benutzern den Zugang zum Netz. Mit einem einzigen Paßwort erhalten die Benutzer Zugriff auf alle Server und Netzwerkressourcen innerhalb der Domain. Dadurch wird verhindert, daß für jeden Server ein eigenes Paßwort benötigt wird. Das Ergebnis davon ist ein schnellerer und einfacher Ressourcenzugriff für alle Benutzer im Netz. Die strikte Einhaltung der Sicherheitsregeln bleibt dabei für alle Ressourcen erhalten.

Das Domain-Konzept von Windows NT Advanced Server umfaßt das gesamte Netzwerk des Unternehmens. Unternehmensweite Domains bieten den sicheren Zugriff auf Ressourcen im gesamten Netz. Über die Definition spezieller Übergangsverhältnisse zwischen unterschiedlichen Domains im Netz (Trusted Domains), können Benutzer einer Domain auf Ressourcen einer zweiten bzw. anderen Domain zugreifen. In der anderen Domain ist es deshalb nicht nötig, für den Benutzer einen eigenen Account einrichten zu müssen. So erhalten die Benutzer einfache und sichere Verbindungen zu allen Ressourcen, auch wenn sich diese in unterschiedlichen Domains befinden. Selbstverständlich wird dadurch auch der Verwaltungsaufwand für den Administrator wesentlich einfacher, da trotz mehrfacher Domains, der User-Account nur einmal eingerichtet werden muß, und der Übergang durch eine Trusted-Domain-Definition durchgeführt wird. Dadurch lassen sich immer noch einfache Konzepte erstellen, auch wenn das Netz in mehrere Domains aufgeteilt worden ist, indem mehrere Domain-Beziehungen aufgebaut werden.

Fortschrittliche Fehlertoleranz

Windows NT Advanced Server bietet dem Domain-Verwalter eine Vielzahl ausgereifter Optionen, um verschiedene Stufen von Server-Zuverlässigkeit, Datenintegrität und Dateischutz einzurichten. Die Kombination dieser Optionen ermöglichen ein großes Maß an Schutzmechanismen für serverbasierende Informationen. Zu diesen Sicherheitsmechanismen zählen:

- *Disk Striping mit Parität* (RAID 5): Das logische Laufwerk wird in 5 oder mehr gleich große Partitions und/oder physikalische

Laufwerke aufgeteilt. Dadurch, daß jede Datei auf vier Laufwerke geschrieben wird und das fünfte Laufwerk eine Prüfsumme enthält, lassen sich Dateien leicht rekonstruieren, falls ein Laufwerk ausfallen sollte. Es handelt sich dabei um eine Erweiterung der Striping-Funktion von Windows NT, die ohne Parität durchgeführt worden ist.

■ *Disk Mirroring*: Spiegelung eines Laufwerkes auf ein anderes Laufwerk gleicher Größe, um auf beiden Laufwerken die identischen Daten zu halten. Diese Technik benötigt exakt die doppelte Festplattenkapazität der zu schützenden Daten (vgl. Disk Mirroring unter NetWare).

■ *Disk Duplexing*: Vergleichbar mit Disk Mirroring, jedoch mit dem Unterschied, daß beide Platten an eigenen Plattencontrollern angeschlossen sind. Beim Disk Mirroring sind beide Platten am gleichen Plattencontroller angeschlossen (vgl. Disk Duplexing von NetWare).

■ *File Replication*: Ausgewählte Dateien oder Directories können automatisch auf einem anderen Server im Netz repliziert werden. Für den Fall, daß ein Server ausfällt, kann immer noch mit den vorhandenen Kopien gearbeitet werden.

■ *Remote Access Service*: Client-Workstations können ohne zusätzlichen Service über Modem verbunden werden.

Neue Verwaltungsmöglichkeiten

Für die Domain-Verwaltung werden dem Administrator eine Vielzahl verschiedener Tools zur Verfügung gestellt, um den gesamten Administrationsaufwand zu erleichtern. Hierzu zählen folgende Möglichkeiten:

■ *User Manager für Domains*: Dem Domain-Verwalter werden Mechanismen an die Hand gegeben, um die Netzwerksicherheit zu überwachen und die Zugangsberechtigungen für Benutzer und Gruppen zu verwalten. Der User Manager für Domains gestattet zudem die remote-gesteuerte Verwaltung, mit der ein Netzwerkverwalter mehrere Domains von einem einzigen Computer aus administrieren kann.

■ *Server Manager*: Der Server Manager gestattet es dem Systemverwalter, die Benutzung mehrerer Server zu überwachen und zu kontrollieren. Hierzu gehören unter anderem das Schließen offener Dateien, das Abmelden von Benutzern oder auch die Anzeige der aktuellen Server-Verbindungen. Der Server Manager faßt viele der Funktionen von Windows NT zusammen.

KAPITEL 24

- *Disk Manager*: Mit diesem Tool kann der Systemverwalter die vorher beschriebenen Fehlertoleranzfunktionen für Platten konfigurieren. Dies geht über die normalen Windows-NT-Disk-Manager-Optionen weit hinaus.

- *Performance Monitor*: Hiermit werden die System- und Server-Leisung angezeigt. Eine Option, die auch bereits in Windows NT enthalten ist.

- *Event Viewer*: Der Event Viewer stellt ausgereifte Überwachungsmöglichkeiten zur Verfügung, mit denen Domain-Administratoren Netzwerkprobleme schnell erkennen können, um schnellstmöglich Fehlerbehebungen einleiten zu können. Der Event Viewer dient zudem zum Filtern und Verwalten der Server-Protokolldateien.

- *Backup Manager*: Ein Tool, um die Serverdateien auf Band sichern zu können.

- *Network Control Panel Applet*: Hiermit wird die Netzwerkkonfiguration und -installation für spezielle Komponenten durchgeführt. In Frage kommen dabei die Netzwerkkarten, Bindings der Netzwerkprotokolle oder andere Netzwerksoftware.

Skalierbare Architektur

Die Plattform-Unabhängigkeit, große verwaltbare Kapazitäten und die Multiprozessorunterstützung bedeuten, daß Windows NT Advanced Server ein sehr großes Spektrum der unternehmensweiten Datenverarbeitung abdeckt und sich vor allem für Anwendungsbereiche eignet, in denen höchste Anforderungen an Leistung, Sicherheit und Kapazität gestellt werden. Unterstützt werden dabei:

- *Mehrere Plattformen*: Windows NT und Windows NT Advanced Server werden derzeit von Intel-, MIPS- und DEC-Alpha-Prozessoren unterstützt.

- *Hohe Kapazität*: Die Unterstützung von 4 Gbyte Hauptspeicher und mehreren Tbyte Plattenspeicher sollten ausreichen, um Netzwerke aufzubauen, deren Kapazitätsanforderungen erfüllt werden können.

- *Symmetrisches Multiprocessing* (SMP): Der Windows NT Advanced Server ist nicht nur skalierbar sondern unterstützt zudem auch extrem leistungsfähige SMP-Architekturen wie z.B. das 8-Prozessor-System NCR 3550 oder die 16-Prozessor-Architektur der Sequent Corporation. Da SMP-Systeme mit Hilfe der Windows NT-Architektur die Tasks gleichzeitig auf alle verfügbaren Prozessoren verteilen, können Windows NT Advanced-Server-Systeme enorme Leistungen erbringen.

Eine sichere Umgebung

Das Sicherheitsmodell von Windows NT Advanced Server basiert auf Windows NT. Windows NT (s. Ausführungen im letzten Kapitel), kann mit der Sicherheitsstufe C2 des amerikanischen Verteidigungsministeriums verglichen werden. Dieses Sicherheitsmodell gilt uneingeschränkt und kann sich ebenso auf Dateien wie auch auf andere Objekte wie etwa Drucker beziehen. Es sichert die Kontrolle über den Zugriff auf Dateien oder Directories und legt fest, mit welchen Rechten ein Benutzer darauf zugreifen kann und darf. Somit existiert eine zusätzliche Kontrollebene für den Schutz von Serverdaten.

RPC-Mechanismen

Windows NT enthält eine vollständige Einrichtung der Remote Procedure Call Mechanismen (RPC). RPC-Mechanismen ermöglichen die Entwicklung verteilter Anwendungen für die Netzwerkumgebung. Die RPC-Einrichtungen von Windows NT sind kompatibel zu den OSF-DCE-Standards. Windows NT Advanced Server unterstützt neben den RPC API zusätzlich Mailslots, Named Pipes und andere von LAN Manager v2.x bekannte Kommunikationsmechanismen.

Plattformübergreifende Verbindungen

Der Windows NT Advanced Server kann mit dem LAN Manager v2.2, LAN Manager für Unix und DEC Pathworks (basiert auf Microsoft LAN Manager) zusammenarbeiten. Windows NT Advanced Server stellt zudem eine leistungsfähige zentrale Verwaltung für Sicherheit und erweiterte Verbindungen zu heterogenen Netzwerk-Servern für Windows-, Windows for Workgroups-, MS-DOS-, Macintosh-, OS/2- und Remote-basierenden Clients bereit.

Windows NT Advanced Server bietet auch weiterhin die Verbindung zu Macintosh-Clients, Fernzugriff, TCP/IP Werkzeuge und NetWare-Verbindungen an, die heute auch bereits für den LAN Manager v2.x zur Verfügung gestellt werden.

Für Benutzer von Windows for Workgroups oder Windows NT, die Multi-Server-Verwaltungsdienste, zusätzliche Server-Zuverlässigkeit oder leistungsfähigere Serveroptionen benötigen, ist Windows NT Advanced Server unter Umständen der Nachfolger zu diesen

KAPITEL 24

Systemen. Netzwerkanwendern, die Netze mit OS/2-basierten LAN-Manager-Systemen einsetzen und ihr Netz auf größere Kapazitäten und höhere Leistung erweitern möchten, bietet Windows NT Advanced Server einen guten Migrationspfad an. Eigene Konvertierungsprogramme helfen dabei, User- und Group-Accounts von LAN Manager für OS/2 umzuwandeln, wenn Windows NT Advanced Server eingesetzt werden soll, d.h. eine Umstellung auf dieses System zu erfolgen hat.

Diese Hilfsprogramme unterstützen den Administrator außerdem dabei, ohne Datenverlust FAT- oder HPFS-Dateisysteme in das neue und leistungsfähige NTFS-Dateisystem umzuwandeln. Um alle aufgeführten Windows NT Fehlertoleranz- und Sicherheitsoptionen voll nutzen zu können, ist eine Umwandlung in dieses Dateisystem unumgänglich.

Ich möchte nochmals darauf hinweisen, daß die Ausführungen über den Windows NT Advanced Server auf einer Beta-Version basieren und daß sich mit Sicherheit bis zur vollständigen Auslieferung Änderungen und Verschiebungen der aufgeführten Optionen und Möglichkeiten ergeben.

Eines ist jedoch bereits anhand dieser Ausführungen festzustellen. Microsoft hat mit diesem Produkt ein Netzwerkbetriebssystem geschaffen, das sich durchaus mit anderen Netzwerkbetriebssystemen vergleichen läßt und diesen Vergleichen auch Stand halten wird. Microsoft hat zwar länger gebraucht, um ein für den Markt adäquates System verfügbar zu machen, da die anderen Hersteller wie Novell oder Banyan bislang immer große Technolgievorsprünge aufweisen konnte. Die Abstände zwischen diesen Systemen werden jedoch immer kleiner, wodurch auch die Entscheidungsfindung schwieriger werden wird.

Da die Grundkonzepte und -funktionen immer mehr angeglichen sind, müssen bei der Entscheidungsfindung exakte Analysen durchgeführt werden, um für den jeweiligen Einsatz das am besten geeignete System finden zu können. Die bisherigen Ausführungen sollten Ihnen eine Unterstützung bieten, um den Wildwuchs an Informationen besser einordnen zu können.

Sollte dies an der einen oder anderen Stelle zu irgendwelchen Unklarheiten führen, lassen Sie es mich wissen, um bei der nächsten Fassung eines Buches dieser Form darauf Rücksicht nehmen zu können.

Stichwortverzeichnis

1-persistent 66
10Base-F 80
10Base-T 80, 92, 95
– Concentrator 94
– Standard 94
10Base2 80
10Base5 80
10Broad5 80
32-Bit API 643
32-Bit-Adreßraum 630
32 Bit-HPFS386-System 597
3270-Welt 99
3C503 467
3C505 468
3C523 468
3COM 84, 604
802.6 266
80286 Protected Mode Betriebssystem 322
8230 Basismodul 117
– Ringleitungsverteiler 116

A

Abakus 23
ABI 541
Abort Remirror 528
Abschlußwiderstand 82
Access
– Control 422
– Control List 503, 515, 651
– Rights List 580
– Token 648
Accessories and Applications 675
Account-Balance 415
Account-Management 414
Accounting 402, 461, 499, 670
– Management 167
Accounting-System 409, 415
ACL 503, 651
– Liste 515
– Property 515
ACSE 205
Active Hubs 123
Adaptiven Routing-Methode 203
ADD NAME SPACE (Befehl) 469
Add-On 654
Adjusted ring length 113
Admin 508
Administrative Ressourcen 615
Adobe Type Manager 545
Adobe-Schrifttypen 545

Advanced Merge 550
– Server 583, 626, 653, 663, 686
Äquivalenzdefinitionen 408
AFP 601
Agent Process 166
AIX-Betriebssystem 554
Alert Management Service 574
Alias 566
All-In-One-Treiber 605
Alloc Pool 374
ALLOW 456
Anmeldedienst 607
Anmeldesicherheit 611
Anpassung der Paketgröße 235
Anschaltboxen 257
Anschlußeinheiten 289
ANSI X3T9.5 127
Anwenderprozesse 591
Anwendungs-Software 309
Anwendungs-Standards 342
Anwendungsschicht 205
Any-successor 74
APPC 309
Apple 434
– Computer 331
– Filing Protocolls 331
Apple-Macintosh 350
AppleTalk 363, 429, 434, 660
– Filing Protocol 436
– Transaction Protocol 358
Application Layer 205
– Programming Interface 589
– Programming Interfaces 636
– Server 538
Application-Server 549
Applications 675
Arbeitsplatzrechner 290, 300, 305
Archivierungs-Server 357
Archive Needed 425
Archive-Server 41
ARCNET 54, 76, 279
ARCNET-LANs 123
Arithmetische Einheit 24
ARL 113
ASCII-Zeichen 183
ASMP 640
ASN.1 174
Asymmetrisches Multiprocessing 640
Asynchrone Datenübertragung 182
– Service-Schnittstelle 361

STICHWORTVERZEICHNIS

– Datenverkehr 269
AT&T 433
ATM 545
ATOTAL 457
ATP 358
ATTACH 452
Attachment Unit Interface 95
Attribut-Sicherheit 408
Attributes 638
Auditcon 525
Auditing 494
AUI 95
Ausdehnung 34
Ausgabe 24
Auswahlkriterien für LANs 275
Ausweichzeichen 184
Authentication 670
AUTOEXEC.BAT 380, 414

B
B-Kanal 247, 254
Babbage 24
Backbone 115
– Verkabelung 139
Backoff 65
Backup Domain Controller 611
– Manager 690
Bandbreite 60
Banyan File Service 562
– Vines 555, 662
Basic-Merge 551
Basisfestanschluß 251
Basis-I/O-System 652
Basis-Mode-Protokolle 190
Basisband 59, 60
Beginning of Message 269
Benutzerdimension 157
Benutzer-Equivalence 405
Benutzergruppen 613
Benutzerkonto-Definitionen 613
Benutzername 648
Benutzerverwaltung 151
Berechtigungsmarke 67
Beteiligte Stationen 37
Betriebsarten 189
Betriebssystem-Kernel 635
Betriebssystemkern 367
Bewegtbild 62, 258
BFS 562
BIGFON 263
Bildfernsprechen 263
Bildschirmgruppen 591
Bildschirmtext 242, 251
BIND (Befehl) 469
Bindery 402, 407, 521
– Dateien 402
– Eintrag 521
– Emulation 512
– Kompatiblität 512
– Komponenten 402
– Objekt 404

– Sicherheit 402, 404
– Überprüfung 440
BINDFIX 456
Binding 664
BINDREST 456
Binärkompatibilität 631
Bit stuffing 185
Bit-Synchronisation 183, 185
Bitmap 595
Bitserielle Informationsübertragung 32
Blockbildung 189
Blocknumerierung 189
Blocks Read 411
– Written 411
Blockungsfaktor 384
Blockungsgröße 383
BNC-Stecker 99
BNC-T-Stecker 90
Boeing 210
BOM 269
Boole 23
Borland Paradox 587
Bottom-Up-Angabe 508
Breitband 59, 60
– ISDN 262
– Netz 60
– System 62
– technologie 60
Bridge 140, 210, 217, 219, 290
Bridging Router 230
Broad-Cast 208
BROADCAST (Befehl) 471
Brouter 140, 217, 230
Browse 516
Btx-Netz 242
Btx-Server 261
BURN-IN 124
Burst Mode Protocol 496
Bus A 267
– B 267
– Struktur 72
– systeme 52, 63
– topologie 34, 51
– verkabelung 52
Byte-(Oktett-)Synchronisation 183
Bürokommunikation 313
Bänder 595

C
C-Concentrator 128
Cache-Manager 646
Cache-Puffer 370
Caching 391, 595
– Verfahren 389
CAPTURE 455, 524
Carrier Sense 83
CASTOFF 454
CASTON 454
CCITT 245
CD-ROM 546
– Laufwerk 522

STICHWORTVERZEICHNIS

CDFS 632
Charge Rates 411
Cheapernet 79, 89
CHKDIR 454
CHKVOL 454
CIM 209
Claim-token 75
Class-A 128
Class-B 128
CLEAR STATION (Befehl) 471
CLIB (NLM) 474
Client-Dienste 496
Client-Server 325, 583
– Architektur 586
– Datenverarbeitung 584
– Konzept 539, 586
– Modell 352, 634
– Prinzip 345
– Protokoll NCP 362
– Protokolle 345
CLS (Befehl) 471
CNC-Steuerungen 209
Code-Konvertierung 290
Codierung 189
Colorpal 466, 526
COM 269
Commandline-Utilities 452
Common-Name 507
Communication Protocols 363
– Queues 624
Communication-Server 290, 308, 315, 357, 557
Compu-Shack 84
Computer Integrated Manufactoring 209
COMTOKR-Treiber 601
CONFIG (Befehl) 469
Configuration Management 151, 167
Connect Time 412
Connectivity 491, 520
Console 426
Consolen-Befehle 452
Container-Objekt 504, 505, 512
Context 506, 507
– des Objektes 507
Continuation of Message 269
Control Panel 675
Copy Inhibit 425
Country 505
CPU-Rechenzeit 592
Create 421, 422, 516
CSMA 64
CSMA/CA 64
CSMA/CD 63, 64
– Netz 89
– Standard 212
– Verfahren 66
– Zugriffsverfahren
CSMA/CE 64
Customer Access System 271
– Gateway 272
– Network Interface Unit 272
Cx 524

D

D-Kanal 247, 254
Data Caching 597
– Encryption Standard 613
– Link Control 602, 604, 605
– Migration 493
– Set 406
DataEase 587
Datagramm 201, 214
– Delivery Protocol 358
– schnittstelle 359
– Support 600
– technik 202
Datapoint 71
Datei
– Attribute 420, 530, 682
– Dienste 536
– Einträge 396
– Manager 619
– namenskonventionen 361
– Rechte 420
– Sharing 30
– system 404, 493
– Trustee-Einträge 396
– Trustee-Liste 397
Daten-Fern-Übertragung 28
Datenbank
– Dienste 536
– Server 308, 357
Datenfernübertragung 181
Datenformat 36, 47, 189
Datenintegrität 688
Datenkommunikation 194
Datenmanipulation 368
Datenpaket 36, 184
Datensammelstation 313
Datenschutz 303, 326
Datensicherheit 303, 326, 401
Datentransfer-Rate 284
Datentransferphase 187
Datenverbund 237
Datenverlust 616
Datenübertragung 63, 181, 189, 251, 302
Datex-L 241
– Netz 240
Datex-P 241
– Netz 240
DCB 394, 467
– /2 382
DDN-Network Information Center 214
DDP 358
DEC 287
– VAX 304
– Alpha 630
DECnet 350, 434, 660
Dedicated Server Network 357, 662
Dedizierter Print-Server 575
DEE 241
Default Accounts 673
Default-Partition 510
Delete 516

695

STICHWORTVERZEICHNIS

– Inhibit 425, 426
DELETED.SAV 400
Demand Protocol Architecture 603
DEModulator 62
Department of Defense 212
De Morgan 24
DFÜ-Gerät 615, 618
Dialog-Terminals 28
Digital Equipment 29, 79
Directory Look-Aside Caching 597
– Service Security 495
– Services 569
Directory
– Attribute 420, 530
– Block 395
– Caching 283, 370, 389, 390
– Eintrag 396, 404
– Hashing 370, 389
– Pfad 424
– Rechte 420
– Services-Sicherheitsmechanismen 514
– Tabellen 395
– Trustee-Einträge 396
– Überprüfung 440
Direktrufnetz 240
DISABLE LOGIN (Befehl) 471
– TTS (Befehl) 472
Disk Allocation Block Size 380, 383, 388, 411
– Caching 447
– Coprocessor Board 394
– Duplexing 689
– Manager 690
– Mirroring 689
– Storage 412
– Striping mit Parität 688
Disk-Driver 438, 467
Disk-Duplexing 443, 444
Disk-I/O 380, 381
Disk-Mirroring 443
Diskless-Workstation 315
DISLPLAY SERVERS (Befehl) 470
DISMOUNT (Befehl) 472
DISPLAY NETWORKS (Befehl) 470
Dissos/Profs 43
Distributed Applications 345
– Networks 661
– Queue Dual Bus 266
– Version Management Service 574
DIX 79
DLC 601
– Protokoll 190
DMA-Kanal 603
DN – Digital Network 245
DoD 212
Dokumentation 500
Domain 663
– Administrator 664
– Konzept 688
– Network 663, 664
– Network-Konzept 661
Domäne 610

Domänen-Konzept 610
DOS 327, 364
– Befehlszeile 618
– Box 553
– Client Software 496
– Dateiservice 360
– Fenster 598
– Funktionsaufrufe 369
– Interrupt 21H 369
– Laufwerksbuchstabe 572
– Requestor 496
– Umgebung 369, 649
DOWN (Befehl) 472
– LOAD 313
DPA 603
DQDB 266
– Standard 267
– Technik 266
Drag-and-Drop 543
Driversoftware 654
Druck-Dienste 499, 536
Druck-Prozessor 618
Druck-Server 357, 618
Druckservice 562
Druckzeiten 617
Drucker 615
– treiber 617
– verwaltung 575
DS 206
Dspace 460
Dsrepair 525
Dual Attachment Concentrator 135
– Attachment Station 135
– MAC-Option 128
Duplex-Betrieb 181
Durchsatz 66
Durchschaltvermittlung 266
DVMS 574

E

Early Token Release 113, 121
ECB 430
ECMA 207
Edge Gateway 272
EDV-Konzept 327
Effektives Recht 424, 504
Eigenschaften von Windows NT 647
Eingabe 24
Einprotokoll-Router 230
Electronic Mail 30, 43, 178, 654, 666
Elevator-Seeking 393
– Algorithmus 393
Empfangseinheit 180, 181
Empfänger 182
Empfängeradresse 187
Emulationsprogramm 631
ENABLE LOGIN (Befehl) 472
– TTS (Befehl) 472
Encrypted Password 404, 407
End of Bus 268
– of Message 269

696

STICHWORTVERZEICHNIS

– of Text 183
– of Transmission 183
End-to-end-Protokoll 214
ENDCAP 455
Enhanced DCB 382
ENIAC 25
ENS for NetWare 568
ENS-Funktionen 570
ENS-Server 569, 570
Enterprise Service Architecture 585
Entwicklungsgeschichte von Novell 316
Entwicklungsumgebung 587
Environment Subsystems 649
EOB 268
Erase 421, 422
Erkennung von Eindringlingen 419
Error-Log-File 442
Erweiterbarkeit 628
Erweiterte Dateiattribute 596
ESA 585
Ethernet 29, 76, 79, 215, 279, 325
Event Control Block 430, 431
– Viewer 690
Execute Only 425
Executive 644
– Driver 646
EXIT (Befehl) 470
Extended Partitions 684

F

Fan-Out-Unit 86
FAT 372, 383, 384, 442, 652, 668
– Dateisystem 594
– Eintrag 386, 388
– Index 387
– System 597
Fault Management 167, 169
– Tolerance 511
Fax-Server 260
Fconsole 466
FDDI 76, 127, 325
– Physical Layer Protocol 133
– Physical Medium Dependent 133
– Protokoll 128
– Ring 127
– Station-Management 134
– Stationstypen 134
– Topologie 128
Fehler-Tolerante-NetWare 303
– erkennung 189, 440
– management 151
– toleranz 303, 688
Fernschreiben 251
Fernkopieren 251
Fernmeldewege der Telekom 239
Fernnetze 29, 36
Fernskizzen 258
Fernsprechen 242
Fernsprechnetz 240
Fernstartdienst 608
Fernsteuern 259

Fernwirk-Informationen 243
Fernzeichnen 258
Fernüberwachen 259
Festbilder 62
Festbildübertragung 258
Festplattenduplizierung 616
Festplattenspiegelung 616
Festplattenverwaltung 302
Fibre Distributed Data Interface 76
– Optic 110
FIFO 592, 593
FIFO-Prinzip 575
File Allocation Table 383, 384, 440, 652
– Manager 675
– Replication 689
– Scan 421, 422
– System Driver 594
– System Recovery 653
– System Security 495
– Systems 646
– Transfer Protocol (FTP) 215
File-by-File Compression 493
File-Caching 283, 370, 391
File-Manager 665
File-Server 38, 49, 282, 286, 289, 308
– Sicherheit 408, 426
– System 393
File-Service 320
– Core Protocol (NCP) 356
File-Sharing 30, 346
File-Transfer 178, 215
Filer 459, 526
FIPS 538
Firmengelände 34
FLAG 454, 524
FLAGDIR 454
Flußkontrolle 190
Flußsteuerung 36, 201
Folgenummer 214
Formelle Methode 358
Frame 37
Frame-Relay-Technik 265
Free Space 683
Frei-Token 67, 70, 73
Frequenzspektrum 62
FSD 594
FTAM 205
FTP 215, 436, 667
– PC/TCP 560
Funktionen von Vines 564
Funktionsverbund 237

G

Gateway 115, 210, 217, 231, 290, 619
– Rechner 290
– Server 309
Gebührensatz 411
General Motors 72
Glasfaser 282
– kabel 36, 60, 127
– netze 262

697

STICHWORTVERZEICHNIS

Gleichlaufverfahren 189
Grace Logins 417
GRANT 455
Graphical User Interface 498, 519
Group 580, 581
– Scheduling 666
Großrechner 308
GUI 523, 543, 548, 643
GUI-Systeme 527

H
HAL 630, 636, 646
– Dynamic Link Library 636
Halb-Duplex-Betrieb 181
Hardware Abstraction Layer 630, 636, 646
– konfiguration 298
– Sicherheit 401
Hash-Algorithmus 390
Hauptspeicher 283
Hauptanschluß für Direktruf (HfD) 242
HDLC 185
HDLC/SDLC-Protokolle 190
Head of Bus 268
Help 528
Hermaphroditischer Stecker 100, 103
HfD 242
Hidden 425, 426
High Level Data Link Control 185
– Performance File System 594, 652
HOB 268
Hollerith 24
Host-Rechner 307
Hostbasierende Server 338
Hot Fix 596, 616
– Fix II 446
– Fix Redirection Area 380
– Bereich 596
– Mechanismus 441
– Sektor 596
HPFS 594, 595, 616, 625, 652, 669
HPFS386 588
– Dateisystem 597
– Treiber 612
Hypertext 538

I
IEEE 802.3 63
I/O
– Belastung 280
– Manager 646
– Manager Device Driver 653
– Operation 652
– Request-Paket 655
– System 636, 646
– und Datei-Systeme 652
IAB 173
IAE 249
IBM 24, 30, 355
– 3600/4700 99
– 4300 99
– 5250 99

– 8100 99
– 8218 108
– 8219 108, 109
– 8228 108
– 8230 117
– 8250 143
– AIX 144
– Gateway-Schnittstelle 361
– Kabeltypen 108
– MVS-Großrechner 350
– PC 31
– Token-Ring 99, 104
– Token-Ring-Kabel 282
– Verkabelungssystem 99
ICA 578
ICCCM 538
IDN 244
IEEE 207
– 1003.1 632
– 802.2 208
– 802.3 208, 212
– 802.4 71, 210
– 802.5 99, 104, 114
– 802.6 208, 267
IFS 594
IMC 84
Indexed 387, 425
Individuelle Datenverarbeitung 301
Informelle Methode 357
Inherited Rights Filter 503, 517
– Rights Mask 420, 424, 459
Initial Profile 675
– User Account 674
Initialisierung 189
Input/Output Privilege Level 591
INSTALL (NLM) 468
Installable File System 594
INT 14h 549
Integral Subsystem 643
Integrated Services Digital Network 62
Integration der Workstation 584
– von LANs 311
Integrierte Software-Optionen 576
Intel 29, 79
– 8088 Prozessor 31
Inter-MSS Router 272
Interframe gap 64
International Standard Organisation 32
Internes Routing 430
Internet Packet Exchange 358
– Protocol (IP) 214
Internetworking 217
Internetwork Packet Exchange Protocol 434
Internetwork-Konzept 367
Interprozeßkommunikation 588, 636, 641
Interrupt 5Ch 599
Intruder 419
IOEngine 480
IOPL 591
IP 214
– IPX Name Server 539

STICHWORTVERZEICHNIS

IPC 435, 588
– Kommunikation 624
– Mechanismen 592
IPTUNNEL 468
IPX 345, 358, 427, 428, 429
– Driver 605
– Netz 547
– Router 540
– Routing 548
– Service-Protokoll 548
– SPX 363, 429, 435, 540, 542, 569, 660
IPXS (NLM) 474
IRF 518
IS – Integrated Services 245
ISADISK 467
ISC Unix 541
ISDN 62, 243, 244, 245, 246, 259, 264
– Anschluß-Einheit 249
– Basisanschluß 247
– Bilddienste 258
– Bildschirmtext 257
– Datenübermittlung 253
– Fernsprechen 251
– Fernwirken 259
– Festanschluß 251
– IDN für Datex-P 256
– IDN für Teletex und Telex 256
– Netz 243
– Telefax 253
– Teletex 252
– Textfax 259
ISO 32, 192, 238
– 8802/3 212
– OSI-Modell 288, 290, 369
– Referenzmodell 195
– Schichtenmodell 191
ISO/OSI 209
– Modell 210, 357
– Referenzmodell 84, 213
Isochronen Datenverkehr 269
ITEM Properties 403

J
Jam signal 65
Jitter 104
JTM 206

K
Kabelbruch 52
Kabeltypen 56
Kapazität 490
Kernel 645
– Mode 591, 628, 634, 641, 650
Keyb Ländercode 528
Klassifikationen Lokaler Netzwerke 47
Knotenrechner 36
Koax-Kabel 61
Koaxialkabel 36, 56, 59, 282
Koaxialkabelsegment 87
Kommunikation 191
– dienst 186, 536

– protokolle 189
– Server 40
– software 336, 338
– steuerungs-Schnittstelle 359
– system 180
Komponenten eines PC-Netzwerkes 287
Konfigurationsverwaltung 151
Kontrollesens 441

L
Ladbare Driver 629
LAN 238, 285, 300
– Anwender 304
– Driver 321, 361, 429, 438, 467
– Host-Verbindung 313
– Kopplung 45
– Manager 325, 327, 351, 654
– Manager 2.xx 365
– Manager Domain 663
– Manager v2.2 583, 621
– Manager-Konzepte 583
– Manager-Redirector 644
– Manager-Server 619
– Manager-SMB-Protokollen 657
– Manager-Software 657
– Netzwerkmanager 120
– Server 261, 325
Langsames Bewegtbild 258
Language 528
Large IPX 520
Lastverbund 30, 237
Leaf-Objekte 504, 505
Leibniz 23
Leistungsverbund 237
Leistungsfähigkeit 339, 632
Leistungsmeßverfahren 283
Leitungsdurchschaltung 201
Leitungssignal 183, 185
Leitungsverstärker IBM 8218 109
Leitwerk 24
Lesekopf 394
Lichtleiter-Umsetzer 109
Lichtwellenleiter 56, 60
LIFO 593
Line-Printer-Daemon-Protokoll 544
Link State 97
– Support Layer 429, 430
Linksegmente 80, 88
LIPX 520
List Devices 528
LISTDIR 454
Listen while talking 64
LLC Class I 600, 602
– Class II 600, 602
LLC-Ebene 604
LLC-Layer 194
LM/X 561
LMPRINT 618
LOAD (Befehl) 467
LOCAL 612
Local Area Network 30, 33, 238

STICHWORTVERZEICHNIS

– Procedure Call 632, 642, 645
– Repeater 85
– Session Number 600
Logical Link Control 194
LOGIN 452
Login 540, 525
– Authentication 494
– Restriktionen 415
– Sicherheit 408, 412
Logische Verbindung 186
Logischer Ring 104
Logisches Laufwerk 458
Logon-Prozeß 648
Logout 452, 525
Lokale Netze 31
– Netzwerke 274
– Sicherheit 612
Look-Aside-Liste 597
Looped Bus 270
LPC 632, 642, 645
LSL 430, 431
– Layer 430
LSN 600
LU 6.2 309
LWL 262, 263
Längenausdehnung 52

M
MAC (NLM) 469
– Layer 194
– Protokoll 89
– Treiber 603, 604, 605
MACintosh-OS 364
Magazine 528
Mail Transfer 215
– Transfer (SMTP) 215
– Dienste 536
Mailslots 594
– API 656
Maintenance 151
Mainframe 48
MAN Switching System 271
Managed Object 163
Management 44
– Aufgaben 495
– Notification Services 167
– Operation Services 168
Managementbarkeit 491
Managing Process 166
Manufacturing Automation Protocol 72, 209
MAP 72, 209, 210, 453, 524
– Netze 209
– Spezifikation 210
– Standards 210
Mark I 25
Master 512
– UAD 610
MATHLIB (NLM) 474
MATHLIBC (NLM) 474
MAU 95
Maximale Gesamtausdehnung 278

MDI 95
MDT 285, 300
– Anlage 287, 302, 306, 309
Media 528
– Access Control 194, 208
– Access Unit 95
Medium 102
Meilensteine von Novell 330
Member Server 611
MEMORY (Befehl) 474
Memory Management 337, 492, 588
– Protection 492
Menüprogramm 466
Menü-Utilities 452
Messaging Services 569
Metropolitan Area Network 264
MHS 43, 206
– Gateway 544
MIB 174
– II 174
MICOM 84
Microkernel 635
Microsoft 355, 583, 604
– Excel 587
Mietleitungsnetze 240
Minicomputer 308
MIPS 539, 630
Mirror Status 528
Mittlere Datentechnik 295, 299
MLID 430
– Layer 430
MNet 574
– Programm 574
MODEM 62
Modify 421, 422
Modulare Struktur 629
Modularisierung 295
MOdulator 62
MODULES (Befehl) 470
Monitor 525, 574
– (NLM) 472
Monitorstation 67, 70
Monolith-Treiber 605
Moreland 23
Motif 545
MOUNT (Befehl) 473
Moveable Memory 375
MPR 520
MS-DOS 355, 651
MS-Mail 43
MS-NET 355, 583
MSEngine 480
Multi Protocol Router 520
– Station Access Unit 105
Multi-Cast 208
Multi-Link-Interface-Driver 429
Multi-Port-Repeater 91
Multi-Port-Transceiver 86
Multi-User-Fähigkeit 179
Multi-User-Software 302
Multifunktionaler Arbeitsplatz 62, 312

STICHWORTVERZEICHNIS

Multiple access 64
– Name Space Support 395, 396
Multiplex 202
Multiprotokoll Hub 143
Multiprotokoll-Router 230
Multiprozessor-Synchronisation 636
Multiprozessor-System 639
Multiprozessor-Unterstützung 598, 634
Multitasking-Betriebssystem 589

N
N-Barrel-Steckern 81
Nachfolger 72
Nachrichtenaustausch 29, 178
Nachrichtendienst 607
Nachrichtenquelle 180, 181
Nachrichtensenke 180, 181
Nachrichtentransportnetz 209
Nachrichtenübermittlung 594
NAME (Befehl) 473
Name Space 397
– Space Modul 397
Name-Server 216
Named Pipes 435
Namenskonventionen 596
Naming-Service-Dienst 331
National Language Support 499
Native Mode 396
– Server 338
– Servise 650
NCB 601
NCOPY 454
Ncopy 525
NCP 427, 428, 540
NDIR 454
Ndir 524
NDIS 604
– Schnittstelle 601, 602
– Schnittstellen 560
– Spezifikation 604, 605
NDS 501, 557
– Datenbank 508
– Objekt 502
NE-32 468
NE2 468
NE1000 468
NE2000 468
NE3200 468
Nebensprechen 59
NET$OBJ.SYS 403
NET$OS.EXE 371, 437
NET$OS.OBJ 437
NET$PROP.SYS 403
NET$VAL.SYS 403
Netadmin 525, 526
NetBEUI 601, 660
– DLC 345, 434, 435
– Protokoll 601
NetBIOS 309, 350, 360, 599
– API 656
– Extended User Interface 601

– Schnittstelle 599, 605
– Unterstützung 321
Netrun-Dienst 608
Netuser 525, 526
NetWare 286 323, 352
– 4.0 489
– 86 31
– Core Protocol 436
– Datenbereich 380
– Dienste 332, 361
– Directory Services 501
– Directory Services Rights 502
– for VMS 304
– für UnixWare 552
– Lite 354
– Naming Service 216
– Open System 323, 333, 334
– Partition 378, 380, 381
– Partitions 380
– SFT III 486
– v3.11 323, 333, 337, 352, 354, 356, 357, 365
– v3.11 SFT III 477
– v3.11/4.0 331
– v4.0 324, 354, 378, 451, 554
– Volume 381
Netwise 350
Network Auditing 499
– Computing 323, 327, 332, 331, 333, 352, 362, 396
– Control Blocks 601
– Control Panel Applet 690
– Driver Interface 605
– Driver Interface Specification 604
– File System 436
– File System (NFS) 216
– Server 261
Netz-POPUP-Dienst 607
Netz-Tuning 151
Netzabschluß 249
Netzsteuerung 151
Netzwerk 300
– adapter-Driver 664
– adapterkarte 288, 290, 376
– betriebssystem 47
– Dienste 336
– dimension 152
– drucker 292
– komponenten 657
– management 147, 569
– management-Option 574
– Redirector 646
– Server 646
– ressourcen-Sharing 42
– überwachung 614, 615
Newhall-Verfahren 67
NFS 539
– remote 540
Nicknames und Listen 571
Nlist 524
NLM 371, 426, 434, 437, 438
– Konzept 439

701

STICHWORTVERZEICHNIS

NMAGENT (NLM) 474
NMS-Console 175
Node-Address 419
Non-dedicated 357
Non-persistent 66
Nonmoveable Memory 375
Nonreturnable Memory 373
Novell 84, 303
– NetWare 78, 216, 281, 330
Nprint 455, 524
Nprinter 525
NT Executive 641, 642
– File System 652
NT-Basisdienst 650
NT-Objekt 651
NTFS 632, 652, 668
– Dateisystem 665
Nukleus 367
Nutzsignal 62
NVER 455
Nver 526
NVT.EXE 549

O

Objekt 403, 502, 629, 634, 651
– ID 404, 406
– Manager 645
– modell 638
– Namen 507
– nummer 639
– Properties 502
– Trustees 515
ODI 435
– Schnittstelle 604
– Treiber 435
Öffentliche Datenkommunikationseinrichtungen 239
OFF (Befehl) 473
Offene Architektur 318, 332, 356, 367
– Protokolltechnologie 332
– Systemarchitektur 627
Oktett 214
Oktett-Sequenz 185
Onboard-Processor 283
One-way Interaction 204
Open Data Link Interface 363
– Data-Link Interface 427, 435
– Bus 270
– Desktop 541
– Look 545
– Protocol Technology 322, 331
– Systems Interconnection 192, 213
Operational Management 151
OPT 331
Organization 505, 572
Organizational Unit 505
OS/2 325, 327, 364, 427, 554, 588, 651
– Arbeitsstation 609
– NetWare Requester 427
– Presentation Manager 527
– Subsystem 649

– Unterstützung 323
– Workstation 427
OSF-DCE-Standards 691
OSI 192, 435
– Environment 163
– Modell 194
– Netzwerkmanagement 163
– Ressourcen 163
Overlay Technik 547
Owner 580, 581

P

P-persistent 66
Packet Burst Mode 520
– Exchange Protocol 358
Page 632
Paged Pool 652
Paging 652
Partition 380, 510, 683
– Baum 510
– Manager Utility 512
Partmgr 526
Pascal 23
Passive Hub 123
PAUDIT 456
Paßwort-Schutz 402, 672
– Vergabe 416
PC-Host-Kopplung 314
PC-LAN 30, 287, 355
PC Print Option 575
PCN2L 468
Pconsole 463, 527
Peer-Dienst 609, 617
Peer-to-Peer 50, 328, 654
– Protokoll 309, 321
PEP 358
Performance 317, 490, 627
– Management 151, 167
– Monitor 690
– Steigerung 598
Peripherie am File-Server 289
Permanent Memory Alloc Pool 374
– Returnable 374
Personal Computer 29, 211
– Edition 538, 550
Pflichtenheft 295
Phasen der Netzwerkinstallation 294
PHY 130
Physical Layer Medium Dependent 130
– Layer Protocol 130
Pipes 592
Pkgadd-Formatpakete 547
Platten-Ressourcen 615
Plattenkanal 377
Plattenkanalausnutzung 377
Plattenkapazitäten 653
Plattenverwaltung 683
PMA 95
PMD 130
PMPRINT 618
Polling-Verfahren 50

STICHWORTVERZEICHNIS

Portable NetWare 331, 333, 334
Portierbarkeit 629
POSIX 538, 637, 643, 651, 653
Power User 676
Presentation Layer 205
Primary Partition 683
Primär-multiplex-festanschluß 251
Primär-Domänen-Controller 610
Primäre Time-Server 514
Primäres LAN 139
Primärmultiplexanschluß 247
Print Manager 665, 675
– Queue 521, 623
– Services 521
– Station 618, 620
– Server 40, 308, 521
Printcon 464, 527
Printdef 465, 527
Printer Sharing 665
Prioritätsindikator 70
Prioritätsstufen 617
Privileges 404, 405
Process Manager 645
Processor-Sharing 346, 347
Profile 620
Profile-Login-Script 497
Program Manager 675
Programm-Server 39
ProNET10 122
ProNET80 122
Properties 403, 638
Property 404, 502
– ACCOUNT_BALANCE 410
– ACCOUNT_HOLDS 410
– ACCOUNT_SERVERS 410
– Rechte 516
– SET 403, 406
– Set OBJ_SUPERVISOR 406
– Sicherheit 404
– Wert 403
Protected Mode 588, 591
– Subsystems 631, 641
Proteon 101
Protocol Stack 429
Protocol-ID 431
PROTOCOL.INI 602
Protokolltechnologie 333
Protokoll 47, 189
– abhängigkeit 436
– anpassung 235
– aufbau 313
– Manager 602, 603
– Standards 344
– Treiber 601
– Treiber-Stack 598
– unabhängigkeit 331
Provider 658
Proxy Agent 174
Prozesse 590
Prozessorleistung 306
Prozeßsteuerung 37

Präsentationsschicht 205
PS2ESDI 467
PS2MFM 467
PS2SCSI 467
PSC 455
Psc 526
PSERVER (NLM) 475
Psetup 527
Puffer-Speicher 283
Punkt-zu-Mehrpunkt-Konfiguration 250
Punkt-zu-Punkt-Konfiguration 249
PURE DATA 84
PURGE 400, 425, 426, 455

Q
Quasi-Parallelität 634
Queued Packet Switch Exchange 266
Queues 593

R
R-Utilities 667
Rahmen 182
Rahmenaufbau 184
RAID 688
RAM-Semaphore 594
RCONSOLE 469
Rconsole 525
Read 421, 422
– after Write Verification 440
– Audit 425
Read-Only 425, 512
Read-Write 512
Real-Mode 589
Real-Time-Betriebssystem 365
Realzeit-Steuerung 66
Receiver 82
Rechnernetze 237
Rechte-Sicherheit 408
Rechtesystem 529
Record-Locking 346
Redirection Software 336
Redirector 598, 655, 657, 659
Redundante Dateisystemkomponenten 442
Redundanz 183
Reference Time-Server 513
REGISTER MEMORY (Befehl) 474
Remirror Partition 528
REMOTE (NLM) 469
Remote Access Service 689
– Boot 608
REMOTE CONSOLE 476
Remote Copy- 540
– Directories 665
– Execution 216
– I/O-Request 655
– Job Entry 28, 205
– Management Facility 457
– Procedure Call 349, 629, 656
– Program Load 609
– Repeater 86, 88
– Reset 125

STICHWORTVERZEICHNIS

– Verwaltung 573
REMOVE 456
– DOS (Befehl) 470
Rename 516
– Inhibit 425, 426
RENDIR 455
Rendir 526
Repeater 85, 217, 218
Replicas 511
Replication Service 608
Replies 338
Requests 338
RESET ROUTER (Befehl) 470
Resolve-contention 73
Ressourcen-Sharing 30, 178, 179
Ressourcensharing 598
Ressourcenzugriffskontrolle 614
Returnable Memory 375
REVOKE 456
RFC 1065 173
– 1066 173
RFC1052 173
RFC1157 173
RG58-A/U-Koaxialkabel 90
RG62/U 125
RIGHTS 454
Rights 524
Rightsizing 584
Ring 0 591
– 1 591
– 2 591
– 3 591
– Input 105
– Output 105
– leitungsverteiler 105
– struktur 52
– topologie 34, 52, 63
RIP 520
RISC 539
RJ45 118
RJ45-Stecker 97
RJE-Stationen 28
RLV 105
ROOT 505
– Directory 449, 458
– Objekt 510
Round-Robin-Methode 69
ROUTE (NLM) 475
Router 140, 210, 217, 226
Routing 201, 367
– Algorithmen 202
– Information Protocol 520
– Service 321
RPC 629, 656, 691
– API 691
– Mechanismen 691
– Modul 349
– Tools 349, 350
RPL 609
RS6000 554
RSPX (NLM) 469

Runtime-Version 557
Räumliche Ausdehnung 47

S

SALVAGE 399, 460
Salvage 460
Salvageable Dateien 395, 399
SAP 196
SAP-Filter 520
SASE 205
Satellitenübertragung 282
Scan For New Devices 528
Schedule+ 666
Scheduler 592
Scheduling 337
Schichtenstruktur 635
Schmalband-ISDN 265
Schneider & Koch 84
Schnittstelle 181
Schreibkopf 394
SCO Server 562
– Unix 541, 556, 561
– Unix-System 562
– Xenix 541
Screengroups 591
SCSI Controller 381
– Disconnect 382
– Driver Prozeß 382
SDLC-Protokoll 190
SEARCH (Befehl) 470
SECURE CONSOLE 426
– CONSOLE (Befehl) 473
SECURITY 456
Security Access 404
– Equivalence 408, 413, 518, 519,
– Equivalence-Funktion 405
– Equivalence-Rechte 405
– Management 167, 519
– Reference Monitor 645
– Services 569
– Subsystem 643, 648
Sekundäre Time-Server 514
Sekundäres LAN 139
Semaphore 593
SEND 453, 524
Sendeeinheit 180, 181
Sender 182
Sequence Number 214
Sequenced Packet Protocol 358
Server 297, 632, 635, 657
– Based 347
– dienst 607
– .EXE 362, 380, 437
– Host 300
– konsole 612
– Manager 689
– Merge 539, 550
– Message Block 436, 599
– Peripherie 296, 297
– plattform 332, 336
– Server-Kopplung 578

704

STICHWORTVERZEICHNIS

– Strategie 351
Service 572
– Access Point 196
– Advertising Protocol 520
– Requests 412
– Protokoll 427
SERVMAN 574
Session 458
– Layer 204
– Support 600
SET (Befehl) 471
Set Filer Options 459
SET Properties 403
– TIME (Befehl) 473
Set-successor 74
SETPASS 453, 526
SETTTS 455, 526
SFT I 440, 445
– II 440, 441, 445
– III 363, 440, 445, 447, 477
– Level I 380, 441
– Level II 427, 443
– Level III 427, 451
Share-Level-Security 621
Share-Name 614
Shareable 425
Shared Memory 593, 641
– Ressources 665
Shell 369
Shutdown 547
Sicherheit 44, 318, 341, 490
– auf Benutzerebene 611
– auf Ressourcenebene 614
Sicherheitsmechanismen 320, 609
Sicherheitsstufen 404
Sicherheitssystem 494
Sicherungsverfahren 189
Siemens 287
Signal 594
– reflexionen 81
– senke 87
– verzerrungen 182
Simple Mail Transfer Protocol 215
Simplex-Betrieb 181
Single Attachment Concentrator 135
– Attachment Station 135
– Reference Time-Server 513
– System-Image 610
– User-Anwendungen 346
Sitzungsschicht 204
Skalierbare Architektur 690
Skalierbarkeit 521
SLIST 453
Small Computer Systems Interface 381
SMB 599
SMFA 167
SMI-Spezifikation 174
SMODE 453
SMP 559, 634, 640
SMT 130
SMTP 215, 436

SNA 435
– APPC 350
SNMP Management 145
– Protokoll 173
SNMP-Konzept 173
SNMP-Netzwerkmanagement 172
Solaris 541
Solicit successor 73
Source-Routing-Verfahren 225
Sourcecodekompatibilität 632
Spanned Files 398
SPARC 539
Sparse Files 395, 398
Special-Access-Rechte 679, 681
Speicher 24
Speicherverwaltung 632
Spezielle Adressierung durch Namensvergabe 599
Split Seeks 446
SPP 358
Sprach-Server 261
Sprachmodule 560
SPX 350
SPXS (NLM) 475
SQL 587
– Server 337
– Serverdatenbank 587
SSI-Domänen-Konzept 610
SSM 269
Standard-Rechte 678, 680
Standard-Topologien 60
Standards 342
Stapeljob 179
– Server 357
Start of Header 183
– of Text 183
Startbit 182
Station Management 130
Stationen-Restriktion 418
Stations-Shell-Schnittstelle 359
Stationsadresse 419
Status-Bit 589
STDA 566
– Dienst 566
Stecker 103
Sternnetz 51, 104
Sterntopologie 34, 48, 96
Steuerung 36
– der Datenverbindung 189
Stopbit 182
Store and Forward 201
Stream End 433
– Head 433
Streamer 293, 546
STREAMS (NLM) 475
Streams Interface 363, 433
StreetTalk 557, 564
– Directory Access 566
– III 566
– Service 573
StreetTalk-Dienste 569

705

STICHWORTVERZEICHNIS

– Konvention 558
– Konzept 565
– Objekt 566
Stripe Sets 684
Suballocation 494
Subdirectory Caching 597
Subnetwork Router 272
SunOS 541
Supervisor 405, 406, 416, 418, 517
– Equivalence 408
– Utilities 452
Supervisory 421, 422
Swapping-Mechanismus 591
Symmetric Multiprocessing 559, 634
Symmetrisches Medium 102
– Multiprocessing 640
Synchrone Datenübertragung 182, 183
Synchronisation 181, 183, 189
Synchronisationsverfahren 181
Syscon 461
System 425, 426
– Administrator Account 674
– code 652
– Dienst 634
– Executive 371
– Fault Tolerant 331
– Fault Tolerant Stufe II 363
– Guest Account 674
– Login-Script 414, 497
– Management 486
– prozesse 591
– übersicht 633
Systems Management 166
– Management Functional Areas 167
SYSTIME 453, 526

T
TAP 82
Task 476, 588
– Liste 589, 591
TCC 105, 124, 325
TCNS 325
TCP 358
TCP/IP 60, 212, 215, 345, 350, 363, 429, 434, 435, 539, 540
– Anwendung 215
– NFS 549
– Protokolle 213
– Protokollfamilie 173
– Routing 560
Technical and Office Protocols 210
Technische Eigenschaften 275, 276, 687
Telebox 243
Telefax 242, 251
Telefonnetz 244
Telekommunikations-Server 260
Teletex 241
Telex 240
Telexnetz 240
Telnet 215, 436
Temex 243

Terminal-Server 540
Terminaladapter a/b 255
Terminalemulation 215, 290
– (TELNET) 215
Terminals 28
Terminierung 189
Tertiäres LAN 139
Text- und Datennetz (IDN) 244, 252
Text-Server 260
Thick-Ethernet 80
Thin-Ethernet 89
Thin-Wire-Verkabelung 79
Thread 590, 633, 644, 648
TIME (Befehl) 474
Time slicing 592
– Synchronisation 609
Time-Server 513
Time-Synchronization 513, 573
TLI (NLM) 475
TLIST 453
Token 67, 468
– Verfahren 63
Token-Bus 63, 72
– Zugriffsverfahren 71
Token-Passing 63, 72
– Methode 71
– Zugriffsverfahren (.i.IEEE 802.5 67
Token-Ring 54, 72, 76, 113, 215, 279, 325
– Bridging-Option 561
– LANs 98
– Netzwerkunterstützung 322
– Verfahren 67
TOKENDMA 468
TOKENRPL (NLM) 475
Tokenzyklus 71
TOP 210
– v1.0 212
– v3.0 212
Topologie 34, 36, 47, 52, 276
TOPS Filing Protocol 436
TORUS 84
Trailer 121
Transport/Client-Server-Protokoll 361
Transactional 425
Transaktions-Backout 447
Transaktionsfortschreibung 367
Transceiver 82
Transceiverkabel 83
Transmission Control Protocol 214, 358
– Control Protocol/Internet Protocol 212
Transmitter 82
Transparenz 184, 190
Transportprotokoll IPX 362
Transport Driver 655
– Driver Interface 660
– Layer 203
– Layer Interface 435
– Level Interface 433
Transport-Protokolle 659
Transportmedium 62
Transportprotokoll 435

STICHWORTVERZEICHNIS

Transportschicht 203
Transportsystem 186, 288
Trennseiten 618
Trusted Domains 688
Trustee 420
– Assignments 413, 519
– Recht 402, 420
– Recht-Definition 420, 424
– Recht-Zuweisung 424
TRXNET 467
Trägerbetriebssystem 351
Trägerfrequenz 62
TTS 446, 447
– System 446
Turbo-File Allocation Table 386
Twisted-Pair-Ethernet 91
Two-way Alternate Interaction 204
– Simultaneous Interaction 204
Typ 1 Kabel 100
– 2 Kabel 101
– 3 Kabel 101
– 5 Kabel 101
– 6 Kabel 101
– 8 Kabel 101
– 9 Kabel 102

U

UAD 610, 611, 612
UCFS 562
UDP 358
Übertragungsgeschwindigkeit 47, 189, 277, 283
– kanal 180, 181
– medium 35, 47, 56, 180, 276, 289
– netz 33
– raten 56
– technik 47
– verfahren 278
Uimport 525
Unabhängigkeit 318
– des Mediums 320
Unattended Server 616
UNBIND (Befehl) 470
Unicode-Dateinamen 653
Uninterruptable Power Supply 449, 608, 669
Univel 534
Unix 533
– Connectivity File Service 562
UNIX Partition 378
– SVR4.2 535
Unix System V 534
– V 433
Unix-Rechner 364
UNIX-Server 603
Unix-Systeme 287
UnixWare 324, 533
– Advanced Merge 551
– Application Edition 547
– Personal Dienstprogramme 551
– Personal Edition 542
– Server Merge 551
– TCP/IP und NFS 550

– Zusatzprodukte 550
UNLOAD (Befehl) 471
UP LOAD 313
Upgrade 558
UPS 442
– Dienst 608
– Monitoring 440, 442, 449
– (NLM) 475
User-Account 414, 671
User Account Database 610
– Administration 151
– Datagram Protocol 358
– Identifikation 670
– Interface 644
– Manager für Domains 689
– Manager 407, 415-418
– Mode 591, 628, 634, 641
– Profiles 571
User-Level-Security 621
User-Login-Script 413, 497
User-Memory-Bereich 652
User-Mode-Prozeß 643
User-Objekt-ID 404
USERLIST 453
Username 412
USV 617
USV-Anlage 617
UTP-Kabel 58
UTP-Verkabelungstechnik 58

V

Value Added Processes 569
VanGuard 558, 579
VANGuard Service 573
VAP-Technologie 438
VDM 650
Verarbeitungskapazität 179
Verbindungsabbauphase 187
Verbindungsdienste 598
Verbindungslos 186
Verbindungslose Kommunikation 186
Verbindungsorientiert 186
Verbindungsorientierte Kommunikation 187
Verbindungsphase 187
Verdrillte Vierdrahtleiter 56, 59
– Zweidrahtleiter 56
– Zweidrahtleitung 59
Verfügbarkeitsverbund 237
Veritas Dateisystem 547
– VJFS Dateisystem 543
Verkabelungslänge 52
Verteilerrahmen 103
Verteilte Datenbank 501
– Datenverarbeitung 307
– Verarbeitung 301
VFS 579
VHS-Funktion 306
Vines 556
– Attribute 582
– Dateiservice 562
– Dienst 565

STICHWORTVERZEICHNIS

– File System 579
– für Unix 561
– Intelligent Communications Adapter 578
– Security Service 558, 573, 580
– Security System 579
– TCP/IP Option 560
– Token-Ring-Bridging 561
Virtual DOS Machine 650
– Loadable Modules 497
– Memory Manager 645
– Memory System 641
Virtuelle Kanäle 201, 202
– Verbindung 359
– Speicheradressierung 589
– Verbindung 202
– Speicher 651
VLM-Manager 497
VM 645
VM-Manager 651, 652
VMS-Unterstützung 323
VNSM-Befehl 573
VNSM-Option 573
Volinfo 461
Vollständiger Pfad 507
Volume 378, 380, 684
– Architektur 595
– segment 381
VOLUMES (Befehl) 474
Vordergrund-Prozeß 591
Vorgänger 72
Vorverarbeitung von Daten 313
VREPAIR (NLM) 475
VS 579, 580
VT 206
VT100 215
VT220 215

W

WAN 34, 238, 361
– Konzept 261
– Kopplung 578
Warnmeldungsdienst 607
Wegesteuerung (Routing) 202
WESTERN DIGITAL 84
WfW 619
– Version 604
WG_MANAGER 406
Who-follows 74
WHOAMI 453, 526
Wide Area Network 30, 34, 238, 361
Wiederherstellbare Dateien 395, 399
Wiederherstellungsverfahren 190
Win32 650
– API 631
– I/O API 655
– Named Pipe 656
– Network API 656
– Programm-Manager 649
– Protected Subsystem 637
– Subsystem 648, 649
– WNet 658

Windows 651
– for Workgroups 604, 619
– NT 541, 583, 588, 621, 625, 626
– NT Advanced Server 620, 692
– NT Command Prompt 675
– NT Environment-Subsystem 651
– NT Features 626
– NT Help 675
– Programme 553
– Socket API 656
Wire-Center 105
WNet 656
– API 658
– Provider 658
Workgroup Computing 326, 329, 333, 627
– Manager 406, 412, 413, 416, 418
– Manager-Status 406
Workgroups 44
Workstation 50, 297
– Based 347
– Betriebssystem 329
– dienst 606
– Support 490
– Unterstützung 341
World 580, 581
Write 421, 422
– Audit 426
Wsupdate 526
Wählnetze 240

X

X.400 43, 206
X.500 206
X.500-Standard 557
X/OPEN 538
X-Terminal 548
X-Terminal-User 552
Xerox 29, 79
– Network System 434
XNS 601, 660
XPG3 538

Y

Yellow-Cable 79, 90

Z

Zeitquellendienst 609
Zeit-Restriktion 418
Zeitscheibenverfahren 592
Zeitsynchronisation 513
Zentrale Betriebsmittel 178
– Datenbestände 178, 179
– Datenverarbeitung 28, 307
Zentraler Knotenrechner 49
Zugangskontrolle 190
Zugangsverfahren 36
Zugriffssynchronisation 368
Zugriffsberechtigung 326
– für Directories 580
Zugriffsmethode 71
Zugriffsrechte 614, 677

STICHWORTVERZEICHNIS

Zugriffsregelung 49
Zugriffsschutz 368
Zugriffsverfahren 47, 62, 277, 313
Zusatzoptionen 570
Zuse 25
Zuverlässigkeit 318, 340, 490, 627, 630
Zweidrahtleitung 36

CBT

Computer Based Training (CBT) ist ein Gemeinschaftsprojekt der FernUniversität Hagen und des Addison-Wesley Verlags. Es handelt sich um elektronische Weiterbildungskurse zu wichtigen Themen der Informatik, die Sie an Ihrem PC unter Windows 3.1 bearbeiten können.

Einführung in UNIX

Martin Kramer
Begleitbuch: 64 Seiten, inkl. 1 Diskette
298,- DM, ISBN 3-89319-439-8

Elnführung In C

Thomas Horn
Begleitbuch: 144 Seiten, inkl. 2 Disketten
298,- DM, ISBN 3-89319-440-1

Die relatinonale Datenbanksprache SQL

Thomas Berkel
Begleitbuch: 128 Seiten, inkl. 2 Disketten
298,- DM, ISBN 3-89319-441-x

Neuronale Netze

Richard Walker
Begleitbuch: 80 Seiten, inkl. 3 Disketten
298,- DM, ISBN 3-89319-442-8

Wissensbasierte Systeme

Hans Kleine-Büning
Begleitbuch: 144 Seiten, inkl. 3 Disketten
298,- DM, ISBN 3-89319-438-x

Hardware-Voraussetzungen

- IBM kompatibler PC
- *2 MB Hauptspeicher*
- *zwischen 4 und 12 MB freier Festplattenspeicher, je nach Kurseinheit*
- *Microsoft Windows 3.0 oder höher*

Leistungsnachweis:

Nach erfolgreicher Bearbeitung eines Kurses kann jeder CBT-Teilnehmer eine Prüfung absolvieren und das FernUniversitäts-Zertifikat als Leistungsnachweis erwerben!

ADDISON-WESLEY

Sachbuch

Virtuelle Gemeinschaft
Soziale Beziehungen im Zeitalter des Computers
Howard Rheingold

Wie wird die Zukunft dieser vielfältigen Gemeinschaft aussehen, besonders heute, im Zeitalter der zunehmenden Kommerzialisierung der „elektronischen Daten-Highways"?

Aus der Sicht des Insiders schildert Rheingold die Intensität menschlicher Beziehungen, die Stärke elektronischer Demokratie und die Bildungschancen, die ein vielfältig verknüpftes Kommunikationsnetz eröffnet. Doch er warnt auch vor den dunkleren Seiten. Sind wir erst einmal alle im Netz verkabelt, können all unsere Aktivitäten elektronisch übermittelt und aufgezeichnet werden.

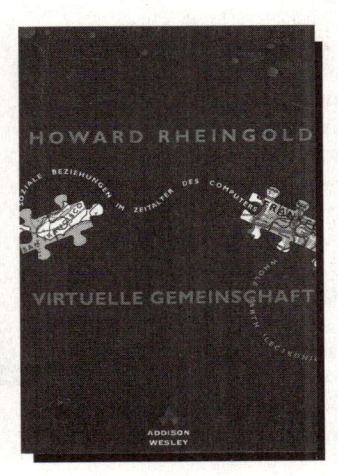

Virtuelle Gemeinschaft ist ein Muß für jeden, der die nächste Welle menschlicher Kulturentwicklung, die sich online abspielen wird, verstehen möchte.

350 Seiten, 1994, 48,– DM, geb., ISBN 3-89319-671-4

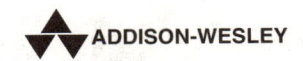

ADDISON-WESLEY

Datenkommunikation

Apple Handbuch
Datenkommunikation und Netzwerke
Karlstetter / Mayr / Wunsch (Hrsg.)

Dieses Buch enthält Informationen über die gängigen Netzwerkarchitekturen sowie Kommunikationsprodukte für und mit Apple Macintosh. Es dient sowohl als detaillierte technische Beschreibung der Kommunikationsmöglichkeiten mit den Produkten von Apple Computer und Drittfirmen, aber auch als allgemeines Nachschlagewerk.

Aus dem Inhalt:
- Netzwerkarchitektur des Macintosh
- Verbindung zwischen MS-DOS und Apple
- Öffentliche Netze und Dienste
- Beschreibung der Dienstprogramme und Utilities
- Werkzeuge zur Entwicklung von speziellen Anwendungen im Bereich Netzwerke und Kommunikation
- Grundlagen der Datenbanktechnik
- Alle aktuellen Datenblätter der Apple Computer GmbH zum Bereich Datenkommunikation

625 Seiten, 1993
79,90 DM, kartoniert, ISBN 3-89319-475-4

ADDISON-WESLEY